ISRAEL

Das Gottesgeschenk

Arendt Roland Jachwe

ISRAEL

! „Jach – We" !

Das Gottesgeschenk

Der unausweichliche Weg des auserwählten Volkes Gottes ins endlose Verhängnis … … … und der Weg daraus zurück

Was aus moderner Sicht *wirklich* geschah beim Auszug der Kinder Israel aus Ägypten und auf ihrer langen Wanderung und wie diese Ereignisse bis heute das Leben der Menschen bestimmen – im Judentum und auch im Christentum.

Copyright

Alle Rechte vorbehalten

Das Werk einschließlich aller seiner Teile ist urheberrechtlich geschützt. Jede Verwendung, die nicht ausdrücklich vom Urheberrechtsgesetz zugelassen ist, bedarf der vorherigen Zustimmung des Verfassers. Das gilt insbesondere für jegliche Art der Vervielfältigung, Bearbeitung, Übersetzung, Mikroverfilmung und für die Einspeicherung in und Verarbeitung mit elektronischen Systemen, sowohl für das Werk insgesamt als auch für beliebige Teile davon.
Es ist weiterhin nicht gestattet, den Text oder Textteile oder Abbildungen dieses Buches mit Computern oder anderen elektronischen Geräten zu verändern oder einzeln oder zusammen mit anderen Bildvorlagen zu manipulieren.
Auch die Filmrechte aller Art des Gesamt-Buches oder von Teilen des Buches liegen beim Verfasser.

Herstellung und Verlag: BoD - Books on Demand, Norderstedt
ISBN 978-3-7431-4454-5

„Wer die Quelle finden will,

muß gegen den Strom schwimmen!"

(*Konfuzius*)

Und während wir mit diesem Buch stromaufwärts schwimmen, wollen wir dabei einem anderen Ausspruch des Herrn Konfuzius folgen:

„... die Wahrheit in (bei) den Fakten suchen ..."

Inhaltsverzeichnis
Zur Einführung
Vorab …
Wie alles begann: Eine seltsame Hütte und ein lebensgefährliches Fragezeichen
Die Jagd nach der Wahrheit beginnt: Wer oder was `wohnt´ da in der seltsamen Hütte?
Zu diesem Buch: Hinweise an den Leser, die Leserin; benutzte Quellen
Begriffserläuterungen, Abkürzungen und Namen

Erster Teil
Exodus (Auszug) – Vom Nil nach dem Har Karkom, dem Gottesberg
Einleitung
Der Anfang – Ein Plan entsteht
Moses' Berufung
Bei Pharao
Die zehn Plagen – Was sie in Wahrheit erzählen, zwischen den Zeilen
Einige Überlegungen zur Lebenssituation der Ausziehenden
Der Exodus
Auf der Nehrung
Der dramatische Durchzug durch das Schilfmeer wird vorbereitet
Der eigentliche Durchzug
Abschnitt a, Abschnitt b, Abschnitt c, Abschnitt d
Der seltsame Gesang – Wo war Pharao?
Das unlösbare Problem mit dem Gottesnamen
Aufbruch zum ersten, kurzen Abschnitt der Wanderung, vom Schilfmeer bis zum Har Karkom
Das ungenießbare Wasser von Mara
Kadesch-Barnea
Massa und Meriba
Der Besuch des Schwiegervaters

Zweiter Teil
Am Gottesberg (Har Karkom) – Die Landung des `Ewigen´ – Die Unterrichtung auf dem Gottesberg – Die Stiftshütte – Das Lager
Einleitung
Am Gottesberg (Har Karkom)
Der Bau der Stiftshütte wird vorbereitet
Der äußere Sichtschutz, der Hof der Wohnung
Die Stiftshütte und das Lager
Die Stiftshütte
Die drei Abschnitte der Stiftshütte
Der doppelte Vorhang

Das Dach der Stiftshütte
Was dummes Gerede vermag – Die zufällige Bestätigung der Überdachung des mittleren Abschnitts der Stiftshütte
Die Bundeslade, die Gesetzestafeln, die Bezeugung mit der Kapporet
Die Wolke und ihr Licht
Das Lager

Dritter Teil
!JACH – WE! – Das Gottesgeschenk – Das außerirdische Ungeheuer im Allerheiligsten – Die Mannamaschine, Der Hochbetagte, Der Alte der Tage, Der Transportierbare mit den Tanks
Einleitung
Zur Entstehungsgeschichte des Buches Sohar, nach Sassoon und Dale

ABSCHNITT A
Das Haupt, die Schädel (die Aushöhlungen)
Der Tyrann
Der Bart
Die Alarmsirene – Die Notabschaltung
Der Bart – Fortsetzung
Der Kulturtank – Das große Meer
Allgemeine Technik der Mannamaschine – Das Licht im Kulturtank
Das Auge des Hochbetagten – Die Augen
Das Beleuchtungssystem im Kulturtank
Der Mund des Hochbetagten
Der Arm der Mannamaschine – Die Arme
Das Vermessen der Mannamaschine
Die Tanks der Mannamaschine – Die Hoden des Hochbetagten
Die Energiequelle – Die Regulierung des Miniatur-Reaktors: die spitzen/scharfen Schlüssel
Die Nasen des Alten der Tage
Die Nase des Alten
Die Nase des Kleingesichtigen
Der Funkverkehr
Einige allgemeine Anmerkungen zum technischen Textverständnis
Das Ohr des Hochbetagten
Das kabbalistische „Glaubensbekenntnis"
Das Demontieren und Wiederzusammenfügen des Hochbetagten
Der Kleingesichtige
Der Sohn – Das Zwischending
Die Beine des Hochbetagten
Die äußeren Umrundungen am Kleingesichtigen – Die ausklappbaren Abdeckklappen (Mathers „Kronen")
Das Manna
Kommentar des Verfassers zum Manna

ABSCHNITT B
Kabbala und Kabbalistik – Religionsableitung und Religion
Technik – Religion
Antike Abbildungen der Mannamaschine
Die Anmerkung zum Buchs des Mysteriums: Schlußbemerkung
Die außerordentlich erhellende Art zu beten
Zum Entstehen der Kabbala und der Kabbalistik
Habakuks vergebliches Flehen
Der Sabbat
Die Beschneidung
Jom Kippur
Die Liturgie
Das Un-Wort: !JACH – WE!
Das Verbot, `den Namen des Herrn´ auszusprechen
Der elektro-akustische !JACH-WE! - Schalter
Die Mannamaschine in der Bibel und später
Die Mannamaschine im Habitat
Die Mannamaschine und Religion – Religion und Mannamaschine
Das Hohelied
Die Mannamaschine und die menschliche Sexualität – Sexualverhalten
Das Labyrinth – Der unauflösbare Konflikt
Die seltsame Kleidung der Priester und der orthodoxen Juden
Die Dienst-Kleidung des Hohepriesters – Der Hohepriester an der Kette
Davids `schamloser´ Tanz vor dem `Ewigen´
Das Durchdringen der Welten – Wechselseitiges Beeinflussen
Auf die Menschen, d. h. auf die Kinder Israel, und auf ihre Umgebung wirkten ein:
Auf die Mannamaschine und auf die Extraterrestrier wirkten ein:
Der Mensch Moses – seine Position bei der ganzen Geschichte
Vom unweigerlichen Entstehen zweier Religionen
Jahrhunderte später: der Redaktor, d. h. der Religionsmacher, bei der Arbeit – Die Irrtümer um den `Boten Gottes´

Vierter Teil
Der Feldversuch: Die Mannamaschine in der praktischen Anwendung: Das Überstülpen der un-menschlichen `Religion´: Religionsmaschine – Maschinenreligion. Die Jordandurchquerung: Wo war die Mannamaschine?
Einleitung
Der doppelte Vorhang – wo stand die Bundeslade?
Die Wartung des `Ewigen´
Der Tod der Söhne Aharons
Schlachtungen, privat
Die Scheinrechtfertigung für das „Vertilgen" der Ureinwohner Kanaans
Der Namens-Lästerer
Die Rolle der Leviten
Das Aufbrechen zur Wanderung – Die Organisation der Marschsäule

Die Söhne Kehats: die tödliche Quadratur des Kreises
Was die Wagen der „Fürsten" ganz unbeabsichtigt erzählen
Der Pfadfinder
Die Bundeslade – Das Sprechen
Der Aufbruch und die Wolke
Das Feuer am Rande des Lagers – Das Problem mit dem Fleisch – Das Wachtel-`Wunder´
Eine „Ausgießung des Heiligen Geistes"?
Mirjams Sünde
Das Land wird abgeschritten – Das Problem mit den Riesen
Die Revolte der Rotte Korah: Der Blick in den Abgrund: Massenmord und eine perfide Sprengfalle
Erneute Verhaltensregeln
Die tödliche Wassersuche am Haderwasser in der Wüste Zin
Aharons Hinrichtung
Bileam und Balak
Der Massenmord in Schittim
Die Rache an den Midianitern
Am Jordan
Die Durchquerung des Jordans – Wo war die Mannamaschine?
Einige Hinweise und Denkanstöße zum Neuen Testament
Die zentralen - ursprünglich extraterrestrischen – Punkte des ATs, die an prominenter Stelle im NT wiederkehren:
Die jungfräuliche Geburt – die unbefleckte Empfängnis
Der Gottessohn
Die körperliche Wiederauferstehung
Die Ausgießung des `Heiligen Geistes´
Christi Himmelfahrt
Das Zerreißen des Tempelvorhangs

Anhang
Der Weg zurück aus dem endlosen Verhängnis
Ein neuer Babel-und-Bibel-Streit – jetzt anhand der Prä-Astronautik und der Mannamaschine
Zwölf Jahre Weltgeschichte (1973 – 1985): Die technische Erkenntnis-Kaskade
Der Weg zurück ins normale Leben

Zum Beschluß: Eine todernste Mahnung

Literaturverzeichnis

Abbildungsteil
Abbildungserläuterungen
Abbildungsnachweis – Danksagung
Abbildungen
Bisher vom Verfasser bei BoD publizierte Bücher

Abbildungsliste
Alle Abbildungen und die Abbildungserläuterungen sowie der Abbildungsnachweis und die Danksagung befinden sich am Schluß des Buches.

Abb. 1 Ägypten in Bedrängnis: Die Zeit zwischen etwa 1250 und etwa 1180 v. Chr.: Der Sturm der Seevölker und Proto-Philister.
Abb. 2 Der Auszug der Kinder Israel aus Ägypten, Teil 1
Wie er hätte sein können (1), wie er geplant war (2) und wie er wirklich ablief (3).
Abb. 2a Der Auszug der Kinder Israel aus Ägypten und die Jordandurchquerung, Teil 2
Abb. 3a - d Der Durchzug durch das Schilfmeer: (a) Die Nacht davor, (b), Der Beginn des Durchzuges, (c) Das Nachdrängen der Ägypter, (d) Die Katastrophe: der Untergang der Ägypter.
Abb. 4 Das Wasserloch in den Nuba-Bergen (aus Tagebuch des Verfassers)
Abb. 5 Das Weltraum-Landefahrzeug vom Typ `Ezechiel´ mit den Kerubim
Abb. 6 Die Bundeslade mit den aufsitzenden Kerubim, der Funkverkehr
Abb. 7 Die Vorhänge der Stiftshütte, was der doppelte Vorhang verbarg
Abb. 8 Die Ventilation der Stiftshütte, zwei Luftzirkulations-Systeme
Abb. 9 Das außerirdische Ungeheuer im Allerheiligsten: Die Mannamaschine, der Hochbetagte, der Alte der Tage
Abb. 9a Die Mannamaschine im Salomonischen Tempel (Dura Europos)
Abb. 9b Die Mannamaschine wird auf einem von Rindern gezogenen Wagen gefahren (Dura Europos)
Abb. 10 Schematische Darstellung des Taukondensators
Abb. 11 Die drei Schädel
Abb. 11a Die technische Interpretation von Abb. 11
Abb. 12 Die Weisheit dringt in die Einsicht ein
Abb. 13 Die Anordnung des Taukondensators
Abb. 14 Schematische Darstellung des Kulturtanks
Abb. 15 Diagramm zur Darstellung der Funktion der Maschine
Abb. 16 Der Bart: Die Konvektionsrohre
Abb. 17 Querschnitt durch ein Konvektionsrohr („Barthaar")
Abb. 18 Schematische Darstellung zur Kultivierung und Ernte einer Algenkultur
Abb. 19 Der große Kulturtank, die Lichtquelle und die unteren „Augen", d. h. die kugelförmigen Gefäße für Nährsalze
Abb. 20 Das Beleuchtungssystem im großen Kulturtank nach GHV 123 (Schnittbild)
Abb. 21 Die „Hand" des Hochbetagten
Abb. 22 Das Messen am Hochbetagten
Abb. 23 Mannaspeicherung und -verteilung (Die „Hoden" des Hochbetagten)
Abb. 24 Schematische Schnittzeichnung des Reaktors (irdische Technologie)
Abb. 24a,b Die scharfen/spitzen Schlüssel zur Regulierung der Energie-Ausbeute
Abb. 25 Der Luftstrom in der Maschine (schematische Darstellung)
Abb. 26 Die kurze Nase als Einspritzpumpe

Abb. 27 Die Nasen als Ventilations- und Auspuffrohre, schematische Darstellung
Abb. 27a Die neun hellen Strahler (Interpretation von KHV 43)
Abb. 28 Der Zusammenbau der beiden Hauptkomponenten, der „Sohn"
Abb. 29 Das System der Manna-Verarbeitung im Kleingesichtigen (nach GHV 559, 563, 577 und KHV 488)
Abb. 30 Lesender orthodoxer Jude mit der charakteristischen Kleidung
Abb. 31 Flußdiagramm nach KHV 759
Abb. 32 Flußdiagramm: Moderne, technische Interpretation der Maschine
Abb. 33 Der Lebensbaum der Mystiker
Abb. 34 Kleidung und Ausrüstung des Hohepriesters nach 2 Moses 28, Sohar 3, 67a und Alte Jüdische Geschichte III 8, 8: Der Hohepriester an der Kette
Abb. 35a,b Das Durchdringen der Welten
Abb. 36 Die Organisation der Marschsäule während der Wanderung
Abb. 37 Die Jordandurchquerung bei Jericho: Das interaktive Dreieck

Zur Einführung

Vorab … …
In diesem Buch ist etwas Einzigartiges dargestellt: Wir bekommen hier im
Feldversuch, also in der alltäglichen Praxis, vorgeführt, was es heißt, auf einem
fremden Planeten mit Hilfe einer komplizierten Maschine einem Volk - und zwar
nur einem einzigen von vielen! - eine gänzlich neue, theoretisch-abstrakte
Religion, letztlich `Gott´, aufzudrängen und schließlich wie eine Maske
überzustülpen – wie mag das wohl ausgehen?

Während im vorausgehenden Buch, „Die Ur-Kabbala", anhand der ältesten Sohar-
Texte eine außerirdische Maschine rekonstruiert wurde, treten nun die Kinder
Israel ihre lange Wanderung an in Begleitung eben dieses unfaßbaren Ungeheuers,
ihres Religionsbegründers. Wir werden sie mit diesem Buch auf ihrem
schicksalsschweren Weg begleiten und dabei erleben, welche Folgen dieses
künstliche Erzwingen einer abstrakten Religion hatte.

Die Beschreibung eines solchen Feldversuchs liegt vor im Alten Testament mit
dem 2. Buch Moses (Exodus, Auszug) und der anschließenden Wüstenwanderung
bis hin zum Durchqueren des Jordans bei Jericho. Und mit Hilfe der von GEORGE
SASSOON und RODNEY DALE vorgelegten Rekonstruktion der Mannamaschine
ist es erstmals möglich, genauer zu beschreiben, was da während dieser
Wanderung wirklich geschehen ist. Besonders die jetzt zwischen den Zeilen
erkennbar werdenden Fakten - das bisher Totgeschwiegene - und die daraus sich
ergebenden Vermutungen erweisen sich dabei als geradezu bestürzende
Offenbarungen über die wirkliche Natur dieses `Gottes´, seiner `Religion´ und
seiner Vorgehensweise den wehrlosen Menschen gegenüber: Der zunächst naiv-
harmlos wirkende Feldversuch, der mit dem überstürzten Auszug aus Ägypten
begonnen hatte - buchstäblich bei Nacht und Nebel -, wuchs sich während der
Wanderung rasch zu einer mörderisch-brutalen Vergewaltigung der wehrlosen
Kinder Israel aus. Und das Resultat des Versuchs, die `Religion´, wirkt bis heute
bei ihnen weiter – durch drei Jahrtausende hindurch; ebenso auch bei allen anderen
`monotheistischen´ `Religionen´.

Wie alles begann: Eine seltsame Hütte und ein lebensgefährliches Fragezeichen
Da hatten sie an Tausend Dingen gearbeitet, und schließlich war diese
merkwürdige Hütte entstanden, die Moses weit ab vom Lager aufgestellt hatte.
Beim Aufstellen hatten sie aber nicht helfen dürfen; das taten nur Moses, Aharon
und einige Leviten. Den anderen war der Zutritt zur Hütte nachdrücklich verboten
worden. Wofür das Ganze war, blieb seltsam diffus. Mal hieß es, ein Gott solle da
wohnen (man sprach wirklich von `wohnen´), und der brauche natürlich ein

vornehmes Zelt. Dann wurde aber auch geflüstert, daß Moses auf dem Berg ein kostbares Geschenk von den außerirdischen Göttern ausgehändigt worden war, und daß dieses Geschenk dort im Zelt verborgen werden solle, und es werde den Willen des einzigen, ewigen Gottes verkünden, der von den Sternen zu ihnen herabgekommen war und so überwältigend zu ihnen gesprochen hatte mit seiner feurig-brüllenden Donnerstimme. Bestimmtes erfuhr man nie; und wer direkt fragte, bekam unweigerlich etwas von Gott und vom Gottesboten zu hören – man war anschließend immer genauso schlau wie vorher. Daran änderte sich auch nichts als die Begleiter Moses' mehrere sorgfältig verpackte seltsame Objekte mit großer Vorsicht vom Berg herabtrugen. Sie verschwanden damit sofort in der Hütte. Das hatte auch keine Konsequenzen gehabt, und nur wer den ganzen Vorgang sorgfältig beobachtete, bemerkte, daß bald danach die Leviten anfingen, mit ihren Zelten die Hütte 'da draußen' wie mit einem Schutzschirm zu umgeben. Sie hatten wohl den Auftrag, andere fernzuhalten und fingen an, sich recht ungeduldig und hochfahrend zu benehmen. Seit der Zeit war es ganz unmöglich, der Hütte auch nur nahe zu kommen; von einem Blick hinein ganz zu schweigen.

Dann war eines Tages etwas sehr seltsames geschehen: Aus der Hütte hatte sich eine weiße Wolke erhoben und einige vorwitzige hatten schon geglaubt, daß dort etwas brannte. Es brannte aber doch wohl nichts, denn die merkwürdige Wolke, die mehr an Wasserdampf als an Rauch erinnerte, blieb konstant über dem Zelt stehen; sie wurde weder größer noch kleiner. Als es aber zur Nacht dunkel wurde, verfärbte sich die Wolke mit der schnell einfallenden Dunkelheit und wurde rötlich; schließlich wurde allen klar, daß in ihr ein Feuer brannte. Man sah aber keine Flammen – brannte da womöglich etwas unterhalb der Wolke, die davon nur angeleuchtet wurde und dunkel, feurig-rot gloste? Die Leviten, die man befragen wollte, fuhren die neugierigen nur barsch an und gaben keine Auskunft. Man glaubte auch eine gewisse unsichere, nervöse Anspannung in ihren Gesichtern und in ihrem Gehabe zu bemerken. Von Moses war auch nichts zu erfahren; der erzählte immer nur von Gott, dem Ewigen und dem heiligen Dienst der Leviten – vom Feuer sagte er nichts. Wer nicht aufmerksam hinsah, bemerkte am Tage übrigens kaum etwas von der Wolke, denn nun brannte da immer ein Feuer auf dem Altar, und dessen Rauch verbarg die Wolke so, daß man beide kaum voneinander unterscheiden konnte – aber in der Nacht … ?

Am sechsten Tag geschah plötzlich etwas Anderes: Sie erhielten am Morgen dieses Tages die doppelte Portion Manna, so wurde das seltsame Himmelsbrot genannt, das ihnen am Zelteingang ausgehändigt wurde. Die Wolke verschwand bald danach und es wurde ihnen gesagt, daß es am nächsten Tag kein Manna geben werde; und sie sollten sich alle am nächsten Tag ganz still verhalten; Sabbat nannte man diesen Tag jetzt. Wer aber nach dem Ausbleiben der Wolke fragte, wurde mit irgendwelchen Sprüchen abgespeist, und ihr Gott werde bald wieder für sie da sein. Es wurde dann auch am Abend des siebenten Tages seine glückliche Vereinigung gemeldet - mit einem Gebet -, und alles war wieder in Ordnung: Die Wolke war am anderen Tag wieder da, und sie glühte in der Nacht auch wieder, und es gab auch wieder Manna. Das alles war ganz wunderbar; nur – daß man so rein *garnichts* erfuhr von dem, das sich da so verborgen abspielte. Als einmal ein besonders Neugieriger einen Leviten mit drängendem Ernst um Auskunft anging und schließlich eine solche rundheraus von ihm forderte - sonst werde er selbst hineingehen und nachschauen -, hatte der so Bedrängte sich scheu nach rechts und links umgesehen, war ganz nahe an ihn herangetreten, hatte ihn mit durchdringendem Ernst angestarrt und mit leiser, kaum verständlicher, bebender Stimme geflüstert: „Wer da hineingeht, der stirbt auf der Stelle!"

Was um alles in der Welt war da verborgen – was ging da vor?
Sie würden es nie erfahren ...
und eben deshalb würden sie zu Ausgestoßenen unter den Menschen werden.

Wir aber können es erfahren - nach über Dreitausend Jahren -
wenn wir es denn wissen wollen ...
und können dieses Ausgestoßen-Sein beenden –
eben durch WISSEN-WOLLEN!

Die Jagd nach der Wahrheit beginnt:
Wer oder was `wohnt´ da in der seltsamen Hütte?
Wenn wir uns auf die Suche nach dem Ungeheuerlichen machen, das da so überaus sorgfältig und mit brutaler Konsequenz in der Hütte verborgen wurde, so müssen wir uns wie ein Detektiv bei der Suche nach einem Verbrecher die Spuren anschauen, die der Täter hinterlassen hat. Die Aufgabe ist nicht hoffnungslos, denn der Täter hat eine solche unübersehbar hinterlassen: das berühmte Manna, von dem die Kinder Israel[1)] während ihrer langen Wanderung lebten. Es war sozusagen der Eintrittspreis, den der `Ewige´, bei ihnen entrichtete, um sich, als Religion, bei ihnen etablieren zu können. Nun haben zwar alle vom Manna gehört, damals und auch heute, aber niemand weiß, wo es herkam und wie es entstand.
[1)]In Anlehnung an Tur-Sinai schreiben auch wir Kinder Israel statt Kinder Israel*s*, wie sonst üblich.

`Ja, was wird denn über das Manna erzählt?´ werden Sie nun fragen wollen. Drum herum, sehr viel, letztlich fast die ganze `Religion´, d. h. ihre frühesten Anfänge. Aber vom Manna selbst, von seiner Herkunft und seinem Entstehen, verdächtig wenig – fast nichts. Die Sache mit dem Einsammeln des Himmelsbrots durch die Kinder Israel können Sie jedenfalls schon mal in den Papierkorb werfen: Die Geschichte wurde später frei hinzuerfunden; und damit nimmt das Ganze seinen Lauf: Wenn nicht aufgesammelt, oder von irgendwelchen Bäumen als Ausscheidung der Rinde abgekratzt und abgesammelt (das können sie auch vergessen), wie dann – *wo kam das Manna her und: wie entstand es?*

Wir brauchen bei unserer Suche nach der wirklichen Herkunft, dem wirklichen Entstehen des Mannas nur mit wachem, neuzeitlich-technischem Verstand seiner

Spur zu folgen. Das ist durchaus kein Wunschtraum: Sie müssen nur dahin gehen, wo sich die ganze Geschichte abgespielt hat, wo sozusagen der Täter aktiv war; dort muß seine Spur zu finden sein. Da vom Manna im Text des Buches Exodus (i. w. S., d. h. im 2., 3. und 4. Buch Moses, s. u.) berichtet wird, wollen wir dort mit unserer Suche nach ihm und seinem wirklichen Produzenten beginnen. Dort wollen wir die Spur aller Manna-bezogenen Ereignisse aufnehmen und zum angeblichen `Gott´, dem Manna-Produzenten, zurückverfolgen; wollen also mit Herrn Konfuzius gegen den Strom der Zeit und des Vergessens schwimmen – und auch gegen den des vorsätzlichen, böswilligen Totschweigens – wollen uns also auf den Weg zur Quelle begeben.

Das Schwimmen in diesem Strom wird nicht immer angenehm sein, machen Sie sich auf ungemütliche Erkenntnisse gefaßt. Aber es wird immer spannend und hier und da auch überwältigend sein, und anschließend wird Ihnen in Sachen unserer `Religion´ niemand mehr ein X für ein U machen können. Sie werden dann zu den wenigen wissenden Menschen gehören, die öfter mal mit einem leisen Lächeln bei sich selbst denken: „Wenn Ihr wüßtet …!" Aber sagen Sie nichts – die meisten Menschen wollen die Wahrheit nicht wissen, sie möchten lieber in desinteressierter Unwissenheit dahinschlummern. Und von eben dieser allgegenwärtigen, desinteressierten Verschlafenheit und Gedankenlosigkeit lebt die Institution `Kirche´ und auch ihre `Religion´, die sie selbst erfunden hat. Hier aber, mit diesem Buch, werden Kolumbus-Naturen gesucht; Menschen, die sich trauen, ins Unbekannte vorzustoßen, sich trauen aufzuwachen, zu erkennen und zu durchschauen, sich also nicht vor einer neuen Welt fürchten. In diesem Buch wird beim Aufspüren der Wahrheit Klartext gesprochen, wird diese - wieder nach Konfuzius - bei und in den Fakten gesucht und auch gefunden werden, nicht in auswendig gelernten Lehrsätzen und Phrasen – *sind Sie bereit?*

Wenn Sie sich nun mit wenig Hoffnung - nach so langer Zeit! - auf die Suche nach der Antwort auf ihre Frage nach der Herkunft des Mannas machen, kann ich Sie beruhigen, Ihr Unterfangen ist keineswegs hoffnungslos: Das gesuchte Objekt, der Manna-Produzent, hat nicht nur eine unverwechselbare Spur, das Manna (und zwei Religionen), hinterlassen, es wurde bereits gefunden und beschrieben:

Was da so strikt geheim gehalten wurde und das Manna produzierte, war . . . . eine außerirdische Maschine!

Und wer war der Finder? Es waren - und das ist unendlich typisch, und auch ebenso wichtig - zwei Wissenschaftler (Ingenieure): G. Sassoon und R. Dale aus Großbritannien haben vor uns die Sisyphusarbeit geleistet und in mehrjährigem Bemühen und Studien den Text der ältesten Bücher des *Sohars* Wort für Wort übersetzt. Diese Bücher galten bisher als mystisch-unverständlich, und aus religiöser Sicht sind sie das auch.

Aber die Herren Sassoon und Dale übersetzten diese Texte eben nicht mit der Brille der Religion, sondern mit der der Wissenschaft, d. h. exakt wortwörtlich. Der Verfasser dieser Zeilen war bei der jahrelangen Übersetzungsarbeit dieser beiden Herren (G. Sassoon ist inzwischen verstorben) zwar nicht dabei, kann sich aber gut vorstellen, daß sie mehr als einmal sozusagen an der Tischkante sich festhalten mußten, um nicht vor Staunen und Verblüffung vom Stuhl zu fallen. Auch wir werden uns hier und da beim Verfolgen dieser Spur an der Tischkante festhalten müssen, werden uns hier und da aber auch den Bauch halten wollen – vor Lachen. Die ganze Geschichte ist gar zu seltsam und grotesk: Sie ist in ihrer verqueren, von Irrtümern und Mißverständnissen und von brav-dümmlich gläubiger Unwissenheit strotzenden Blödsinnigkeit schlicht einzigartig. Sie ist aber auch unendlich traurig. Und am Schluß wird uns garnicht mehr zum Lachen zumute sein, und von Religion werden Sie womöglich nichts mehr hören wollen – dank der bis heute nachwirkenden mörderischen Tragödie, die dieses außerirdische Ungeheuer verursachte und immer noch verursacht und als endlose Kette der Judenverfolgungen gleichsam am Köcheln hält. Ein weiteres Glied dieser tödlichen Kette bereitet sein Erscheinen unter den Menschen gerade vor – und es ist kein Ende abzusehen!

Umwerfend und himmelsstürzend auch die Erkenntnis: Von `Gott´ war bei der ganzen Geschichte ursprünglich keine Rede; was sich da notdürftig als `Ewiger´ oder `Gott´ anreden ließ, war alles andere als ein Gott! – *der wurde später hinzuerfunden!* Zunächst nur zögernd und erzwungen, dann - mit zunehmender Gewohnheit des ganzen auswendig gelernten Kultes - immer selbstverständlicher und schließlich befehlerisch gebietend; das ganze Leben und auch das Denken und Fühlen der Menschen durchdringend.

Da alle Ereignisse unseres `Falls´ schon so lange zurückliegen, können wir uns bei unserer Jagd nach der Wahrheit nur an alte Texte halten, die den von uns schon wiederholt behaupteten außerirdischen Besuch beschreiben. Das ist zwingend nötig, weil ein *dingliches* Corpus delicti, also ein extraterrestrischer *Gegenstand*, welcher Art auch immer, bisher nicht aufgetaucht ist. Nun hat der Verfasser in seinem ersten Buch zur Prä-Astronautik zwar einen kritischen *Ereignis*-Beweis erbracht - den im Hebräischen Henochbuch beschriebenen Start einer Großrakete -, aber vom außerirdischen Ungeheuer, das wir mit diesem Buch gleichsam zur Strecke bringen wollen, ist in seinem ersten Text nur mit einem Kapitel die Rede. Es war deshalb zu überlegen, ob wohl ein vergleichbarer kritischer Beweis für die Existenz der von Sassoon und Dale aus alten Texten `ausgegrabenen´ Mannamaschine zu erbringen ist. Sie haben bei ihrer Übersetzungstätigkeit im Text der ältesten Bücher des Sohars zum „Alten der Tage" ihre `Grabung´ angesetzt und sind dank detektivisch-technischer Textanalyse fündig geworden: Sie spürten im mystisch-dunklen und angeblich unverständlichen Text dieser Bücher des Sohars die technische Beschreibung einer außerirdischen Maschine auf, die die Kinder Israel während ihrer Wüstenwanderung mit Manna versorgte.

Dieses geistige `Grabungsergebnis´ haben sie in zwei Büchern publiziert, die 1978 in Großbritannien erschienen sind: 1) „The Manna-Machine" (Deutsch: „Die Mannamaschine") und 2) „The Kabbalah Decoded" (Deutsch: „Die Ur-Kabbala").

Nun rekonstruiert ein guter Detektiv nicht nur das eigentliche Ereignis, den `Fall´, er wird auch bemüht sein, das Umfeld von `Täter´ und `Opfer´ zu untersuchen und zu verstehen. Das haben Sassoon und Dale nur sehr am Rande getan; sie waren ja auch zur Genüge mit dem eigentlichen Täter beschäftigt, der Rekonstruktion der komplizierten Maschine. Die welthistorischen Folgen ihres `Grabungsergebnisses´ für das Buch Exodus, für das ganze Alte Testament und letztlich für alle monotheistische Religionen, werden in ihren Büchern nur sehr am Rande behandelt.

Hier nun setzt unser Buch an: Da die Maschine die Kinder Israel über viele (angeblich vierzig) Jahre auf ihrem Wüstenzug begleitet hat und sie obendrein permanent mit Manna versorgte, war für uns bei der Beschreibung dieses Wüstenzuges der `Spaten´ anzusetzen. Es war also der Text des Buches Exodus im Alten Testament nach dem Vorbild von Sassoon und Dale auf verräterische Hinweise zu überprüfen. Denn es ist kaum vorstellbar, daß ein solches unfaßbares (außerirdisches!) Objekt die Kinder Israel (ca.) vierzig Jahre lang begleitet hat, ohne Spuren in diesem Buch zu hinterlassen.

Der Verfasser hat also wie Sassoon und Dale das Buch Exodus mit den Augen des Wissenschaftlers aufmerksam-mißtrauisch durchforstet und das nicht etwa durch die Brille der Religion, denn das hätte nichts Neues gebracht. Wer ihn bei seiner `Ausgrabung´ begleitet, also das vorliegende Buch liest, kommt bald aus dem Staunen nicht mehr heraus: Es gibt sehr bald keinen Zweifel mehr daran, daß im Buch Exodus nicht nur dramatische Dinge geschehen, sondern noch sehr viel dramatischere, letztlich tödliche, verschwiegen und vertuscht werden sollen. Das ist freilich ein hoffnungsloses Unterfangen, denn das Ungeheuer aus der anderen Welt war nicht nur mit seinen regelmäßigen Mannalieferungen ständig gegenwärtig, es hat zudem verräterische Spuren im Bauplan der Stiftshütte und im Verhalten und der Kleidung der orthodoxen und ultraorthodoxen Juden hinterlassen – bis auf den heutigen Tag. Auch sein Einfluß auf die während des Wüstenzuges entstehende alttestamentliche `Religion´ war Richtung-weisend:

Alttestamentlich-monotheistisch glaubende Menschen dienen mit ihrer Religion, ihrer Gottesvorstellung, bis heute einer außerirdischen Maschine, ohne das mindeste davon zu ahnen! Das gleiche gilt auch für die Kabbalisten.

Oft war die Suche nach der Wahrheit deshalb auch eine Ausgrabung in den Köpfen der Menschen, d. h. in ihrer auswendig gelernten `Religion´. All diese Dinge werden in diesem Buch untersucht und erklärt. Das Resultat ist für alle alttestamtlich-monotheistisch glaubende Menschen eine geistige Katastrophe: Ihre `Religion´ erweist sich als auswendig gelernter Kargo-Kult, der schon den kleinen

Kindern im `Religions´-Unterricht eingepaukt und bei `Bedarf´ auch eingeprügelt wird! Initiiert wurde das Ganze ursprünglich von einer außerirdischen Maschine, deren fleißige Diener, die Priester, eben anhand dieser die `Religion´ begründeten. Wer die Wahrheit um diese Dinge wissen will, sollte den Verfasser bei seinen `Ausgrabungen´ begleiten; er oder sie wird nicht enttäuscht werden!

Es wird also mit diesem Buch der Versuch einer historisch-technischen Rekonstruktion und Ausdeutung der *wirklichen* Ereignisse im Buch Exodus vorgelegt. Dieses Buch beschreibt bekanntlich den Auszug der Kinder Israel aus Ägypten und die anschließende Wüstenwanderung. Dazu werden die in der Jüdischen Bibel (JB) dargestellten Ereignisse unmittelbar vor, während und unmittelbar nach dem Exodus der Kinder Israel aus Ägypten, sowie bei der Durchquerung des Schilfmeeres, am Berg Gottes (Har Karkom, Berg Horeb), während ihres Zuges durch die Wüste, sowie unmittelbar vor und während der Durchquerung des Jordans anhand der entscheidenden Ereignisse rekonstruiert und erläutert.

Von grundlegendem Interesse ist in diesem Zusammenhang nicht nur das Gottesgeschenk, die eigentliche Mannamaschine, die eine so schicksalsschwere Rolle während der Wüstenwanderung spielen sollte; von ebensolcher richtungweisenden Bedeutung für die entstehende Religion bzw. entstehenden Religionen, aber auch für den Staat der Juden, sollten sich die mörderisch fanatische Geheimhaltung dieser Maschine und der vergebliche Versuch erweisen, im Verlauf der Vorbereitungen zur Jordandurchquerung, während des eigentlichen Durchquerens und auch noch danach, sie wieder *peu à peu* aus der ganzen Geschichte (in des Wortes doppelter Bedeutung) verschwinden zu lassen. Das ist durch all die Jahrhunderte bis heute nicht gelungen, denn sie lebt und wirkt - unentdeckt bis 1978 - in allen monotheistischen Religionen fort. Ein Aufhellen ihrer verhängnisvollen und nicht selten auch lächerlichen Rolle war erst in unseren Tagen mit Hilfe moderner technischer Kenntnisse möglich.

Es kann deshalb auch nicht überraschen, daß es samt und sonders technische Experten, Raketentechniker, Ingenieure und Bauingenieure/Architekten waren, denen das Entschlüsseln, also die Rückübersetzung, der religiös kanonisierten Texte, aber auch von Abbildungen zur Prä-Astronautik, gelang. Denn es waren ja ursprünglich technische, d. h. Weltraum-technische Ereignisse und Objekte gewesen, von denen die Grundlagen der `monotheistischen Religionen´ abgeleitet worden waren; d. h. sie wurden aufgrund grotesker Irrtümer und Mißverständnisse herbeiphantasiert. Nur solcherart ausgebildeten Experten konnte der Blick durch den dichten Schleier eben dieser allumfassenden Irrtümer, Mißverständnisse und herbeiphantasierter Religionsmacherei hindurch zur ursprünglichen, technischen Wahrheit gelingen.

Vorher hatte die monotheistisch glaubende Menschheit nicht die geringste Möglichkeit gehabt, die wirkliche, die ursprüngliche Wahrheit in ihrer `Religion' zu entdecken! Wer vorher etwas Technisches vermutete, dem wurde klargemacht, daß da doch nur von religiösen Wahn- und Wahrträumen die Rede sein konnte. Tatsächlich war es aber genau umgekehrt: Erst waren die technischen Ereignisse geschehen, und dann waren daraus die religiösen Wahn- und Wunschvorstellungen geworden, als Resultat allumfassender Mißverständnisse und Irrtümer. Die moderne wissenschaftliche Prä-Astronautik ist mit der Sisyphusarbeit beschäftigt, Dreitausend Jahre religiösen Wahns in die ursprüngliche Fakten-bezogene technische Wahrheit zurückzuübersetzen – wie von G. Sassoon und R. Dale vorgeführt. Für Wunschvorstellungen, die von einem vorher auswendig gelernten `Glauben' abgeleitet wurden, ist da kein Platz!

Es werden hier nur die entscheidenden technischen Einzelereignisse und die sich daraus ergebenden Konsequenzen aller Art erläutert. Letztere ergaben sich bestürzend logisch-selbstverständlich, und sie wälzten und wälzen sich mit bedrückender Eigen-Dynamik als `Religion' bis in die Gegenwart fort – teils bewußt, teils unbewußt; insgesamt aber doch dank der Arbeit wissenschaftlich-technisch ausgebildeter Experten seit ca. vierzig Jahren zunehmend bewußt.

Dabei wird klar wie diese Maschine, zusammen mit einigen `überirdischen' (d. h. weltraum-technischen) Ereignissen, unausweichlich die entstehenden Religionen, d. h. Kargo-Kulte (es entstanden zwei gleichzeitig) verursachte, formte und sie gleichzeitig mit ihren unfaßbaren Eigenschaften gleichsam `an sich riß'. Wir gelangen Schritt für Schritt zu der Erkenntnis, daß beide `Religionen', und damit letztlich alle monotheistische `Religionen', maschinenanbetende Kargo-Kulte sind! Der ursprünglich von den Extraterrestriern geplante Versuch, eine wirklich monotheistisch-abstrakte Religion zu installieren, ist gescheitert. Im Gegenteil: das Ganze wuchs sich schließlich zu einer entsetzlichen Tragödie aus. Die lief so unausweichlich-folgerichtig ab und erfaßte schließlich die ganze monotheistisch `glaubende' (nicht etwa `wissende') Menschenwelt auf eben die Art und mit der Konsequenz, wie es auf den Gemälden von Hieronymus Bosch und Pieter Bruegel d. Ältere so unmißverständlich dargestellt ist:
„*Der Steinschneider*" *(Kastration am Gehirn) von H. Bosch und*
„*Der Blindensturz*" *(blind nachfolgendes Hineinstolpern in den anerzogenen und dabei auswendig gelernten Lebens- und Dummheits-Sumpf) von P. Bruegel d. Ä.*

Zu diesem Buch: Hinweise an den Leser, die Leserin; benutzte Quellen
Zum besseren Verständnis des Textes folgen einige erklärende Hinweise.
Wer in die Gesamtmaterie der Prä-Astronautik tiefer und umfassender eindringen möchte, sei auf das erste Buch des Verfassers zu dieser Thematik hingewiesen:
„*Gottes Sturz aus dem Himmel – Was sich hinter `Gott', seinen `Engeln' und den Marienerscheinungen in Wahrheit verbirgt*", *das ebenfalls bei BoD erschienen ist.*
Neben zahlreichen anderen Aspekten zur Prä-Astronautik und zu den

alttestamentlichen Ereignissen vor und nach der Sintflut, wird dort auch ein *kritischer* Beweis geführt zum Besuch extrasolarer Astronauten auf der Erde, der Extraterrestrier. Auf dieses Buch wird im vorliegenden Text mit der Formulierung hingewiesen: „Der Verfasser hat in seinem ersten Buch zur Prä-Astronautik ...", oder: „... siehe erstes Buch des Verfassers zur Prä- Astronautik.", oder kurz: „ ... siehe erstes Buch des Verfassers.", o. ä.

Darüber hinaus wird - mit wenigen Ausnahmen - als entscheidende Quelle für unsere historische Ausdeutung der wichtigsten Ereignisse während der Wüstenwanderung die deutsche Übersetzung der jüdischen Bibel von TUR-SINAI (Harry Torczyner) des Hänssler Verlages, (1995, 2. Auflage), benutzt. Längere Zitate daraus sind stets kursiv gesetzt. Kurze Kommentare oder Hinweise des Verfassers innerhalb solcher Zitate, stehen in eckigen Klammern. Von ähnlicher Bedeutung für dieses Buch ist „Die Ur-Kabbala" des Verfassers und für die Prä-Astronautik insgesamt auch das Hebräische Henochbuch (3 Henoch) von H. HOFMANN (1985).

Ein umfangreicheres Literaturverzeichnis zur Gesamt-Thematik der Prä-Astronautik befindet sich am Schluß des ersten Buchs des Verfassers und ein solches zur Kabbala und zur Kabbalistik am Schluß der von ihm publizierten Übersetzung „Die Ur-Kabbala".

Begriffserläuterungen, Abkürzungen und Namen
Es werden hier einige zentrale Begriffe der Prä-Astronautik kurz erläutert, zusammen mit anderen wichtigen Begriffen und Abkürzungen (in alphabetischer Reihenfolge).

Ausgangsplanet = Der (einstweilen noch) unbekannte Planet, von dem aus die Extraterrestrier gestartet sind.

Bundeslade: Die Bundeslade enthielt die beiden Gesetzestafeln mit den zehn Geboten und die Bezeugung; letztere war wahrscheinlich der elektromagnetische Mechanismus, der es ermöglichte, einen Funksprechverkehr zwischen den Kindern Israel und den Extraterrestriern zu unterhalten. Er diente auch als Horchgerät, wie die Ereignisse zeigen werden.

Die Bundeslade darf nie mit der Mannamaschine verwechselt werden!

Die Engel, die das Habitat bewohnten/bewohnen, sind drei Klassen zuzuordnen:
- Die Heiligen Engel, das sind die wirklichen extraterrestrischen Menschen (bei Henoch wahrscheinlich die „Heiligen Engel" im Äthiopischen Henochbuch).
- Die Androiden-Engel, wahrscheinlich genetisch manipulierte Menschen stark unterschiedlicher Intelligenz. Es ist vorstellbar - und auch nicht mehr jenseits des heute schon auf der Erde Machbaren -, daß im Bereich der Androiden-Engel alle Abstufungen vorhanden waren, bzw. sind, von reinen Robotern, die von künstlicher Intelligenz kontrolliert werden und nur ein eingegebenes Programm bzw. eingegebene Programme `abspulen´ können, bis hin zu nur wenig manipulierten Menschen, deren Intelligenz

wahrscheinlich mit der der Heiligen Engel konkurrieren konnte. Soweit erkennbar, waren alle Androiden-Engel wahrscheinlich geschlechtslos, wußten also nichts von sexuellen Gefühlen und Begierden. Aus dem Text des Hebräischen Henochbuchs geht zudem hervor, daß sie vermutlich keine männlichen Genitalien hatten.
Die sich daraus ergebenden Probleme, zumindest den intelligentesten Androiden-Engeln gegenüber, waren an Bord des Habitats letztlich nicht überzeugend lösbar und hatten auf dem Umwege des permanenten Diffamierens der menschlichen Sexualität - zur Beruhigung der diesbezüglichen Fragen der intelligentesten Androiden - eine nicht zu unterschätzende Auswirkung auf das Verhältnis der zu installierenden neuen Religion zur Sexualität der Menschen. Es gehört der sich daraus ergebende Problemkreis wahrscheinlich mit zu den Schwierigkeiten, die ursprünglich von den Extraterrestriern nicht erwartet worden waren.

- Die Raketenengel, das sind die Weltraumfahrzeuge, mit denen die Extraterrestrier auf der Erde landeten. Die wurden in der Tat als Engel angesehen, da sie Laute von sich gaben, also `reden´, `schreien´, `singen´ konnten und flogen wie lebendige Vögel; sie hatten also ein gewisses, göttliches, `Leben ´! Selbst die einzelnen Hubschrauberlandebeine des Weltraum-Landefahrzeugs bei Ezechiel werden manchmal als Engel bezeichnet, und es ist nicht ausgeschlossen, daß sie das Ur-Vorbild für die (meist vier) Erzengel waren! An größere Hauptraketen mit Schellen angeschlossene Hilfsraketen wurden dementsprechend (durchaus logisch!) als „gefesselte Engel" bezeichnet; siehe dazu im ersten Buch des Verfassers.

Der bekannte Engel-Chor leitet sich zudem ursprünglich wahrscheinlich vom Triebwerksgeräusch startender Großraketen ab, die aufsteigen, um oben (im `Himmel´) vorzusingen (so nach Hebräischem Henochbuch).
Zu diesem akustischen `Mißverständnis´ siehe im vorliegenden Buch besonders die Landung der Großrakete auf dem Har Karkom, wo die überwältigenden donnernden Geräusche der sich absenkenden Rakete von den Kindern Israel als die Sprache Gottes mißverstanden werden!
Es ist nicht klar, ob Moses überhaupt jemals einem `heiligen´ Engel der ersten Kategorie begegnet ist, also einem echten extraterrestrischen Menschen. Es ist durchaus möglich, daß während des Exodus' immer nur Androiden-Engel auf der Erde tätig waren. Für weitere Informationen zu den unterschiedlichen Engeln, zu Henoch und zu den Extraterrestriern allgemein, auch zur Grundfrage: „Warum das Ganze?", siehe das erste Buch des Verfassers zur Prä-Astronautik: „Gottes Sturz aus dem Himmel".
Exodus (bzw. Exodus i. w. S.): Das Buch Exodus (2. Buch Moses) beschreibt nur den eigentlichen Auszug der Kinder Israel aus Ägypten. In unserem Text ist der Begriff weiter gefaßt und bezieht sich auf den Auszug und auf die gesamte anschließende Wanderung bis zur Jordandurchquerung, umfaßt also das 2., 3., und 4. Buch Moses.

Extrasolar: Als extrasolar ist jedes Objekt, tot oder lebendig, zu bezeichnen, das nicht aus unserem Sonnensystem stammt; also auch die Astronauten und ihr Raumschiff, die, aus einem anderen Sonnensystem kommend, das unsrige wiederholt besuchten und evtl. permanent unauffällig (mit automatischen Sonden?) beobachten.

Extraterrestrier: Die extrasolaren Weltraumfahrer, die wahrscheinlich mehrere Male die Erde von einem anderen Sonnensystem her mit einem Habitat besucht haben und dabei die heutigen `monotheistischen´ `Religionen´, d. h. Kargo-Kulte, initiierten. Das geschah ursprünglich (zur Zeit der Urväter des Alten Testaments) vielleicht unbeabsichtigt, aber später, während des Exodus', vorsätzlich.

Ezechiel-Weltraum-Landefahrzeug: Das vom Propheten Ezechiel (Hesekiel) beschriebene Weltraum-Landefahrzeug, das von Joseph Blumrich aus dem entsprechenden AT-Text rekonstruiert wurde; siehe dazu das erste Buch des Verfassers zur Prä-Astronautik und Abb. 5 in diesem Buch.

Habitat: Ein sehr großes Raumschiff, in dem eine Menschen- u/o Androiden-Besatzung unabhängig von Versorgungen von außen leben kann, also autonom ist (Der Begriff selbst kommt aus dem Lateinischen: habitare = wohnen, bewohnen, sich aufhalten).

Kabbala(h): Beschäftigte sich ursprünglich mit dem „Alten der Tage", der Mannamaschine des AT. Die wahre, technische, Bedeutung der ältesten Texte geriet aber bald in Vergessenheit. Heute wird der Begriff meistens mehr als „mystische Tradition des Judentums" aufgefaßt (zitiert nach Internet, Wikipedia). Durch die Jahrhunderte ist daraus ein umfangreiches, kompliziertes pseudo-religiöses Gedankengebäude geworden, dessen ursprüngliche, technische Bedeutung erst wieder von zwei Britischen Wissenschaftlern (George Sassoon und Rodney Dale) erkannt, rekonstruiert und 1978 publiziert wurde. Sie sind darüber hinaus der Meinung, daß das Wort „Kabbala" ursprünglich auch `das Zusammenstöpseln´ bedeuten kann; d. h. das Vereinen (also der Wiederzusammenbau) der Hauptkomponenten der Mannamaschine nach ihrer wöchentlichen Reinigung und Wartung.

Kargo-Kult: Der Begriff Kargo-Kult (oft auch englisch Cargo-Kult geschrieben) bezeichnet eine religionsähnliche Verehrung, die technisch unaufgeklärte Menschen Vertretern entsprechend höher entwickelter technischer Kulturen entgegenbringen, und die deren `Guten Dinge´, z. B. Fracht (englisch Cargo), sich wieder zurückwünschen. Dabei treten grundsätzlich zwei verschiedene Phänomene gleichzeitig auf: Einerseits werden die Geräte, z. B. Flugzeuge, derer sich die `Götter´ bedienen als gottähnlich verehrt und mit Opfern bedacht – so bis in die dreißiger und vierziger Jahre des vergangenen Jahrhunderts von den Ureinwohnern Neuguineas, wenn sie von Wissenschaftlern der westlichen Zivilisation mit Flugzeugen besucht wurden. Andererseits wurden aber auch die Piloten solcher Luftfahrzeuge als übermenschliche Wesen angesehen, da sie dank der von ihnen beherrschten Technik als allmächtig galten. Von dort ist es dann nur noch ein kleiner Schritt hin zur göttlichen Verehrung der Extraterrestrier und ihrer Gerätschaften. Dabei ist der Wunsch nach Rückkehr der `Götter´ (und ihrer guten Dinge) ein zentraler Gedanke im entstehenden Kargo-Kult. Um die Rückkehr der

`Götter´ zu bewirken, werden nicht selten besondere Ereignisse, z. B. Flugzeugstarts, mit einfachsten Mitteln simuliert. In den monotheistischen Religionen, die ausnahmslos als unmittelbare Kargo-Kulte (z. B. das AT), oder als von solchen abgeleitet, anzusehen sind (das NT), dokumentiert dieser Wunsch sich z. B. in der Hoffnung, daß der „Messias" wiederkehren möge.
Dieser Vorgang mit eventuell dabei entstehenden Texten, z. B. `Gebeten´ oder Liturgie-ähnlichen Gesängen bzw. Wechselgesängen, wird nicht nur in der Prä-Astronautik als Kargo-Kult bezeichnet (so bei STEINBAUER, 1971, ohne Prä-Astronautik).

Kritischer Beweis: Ein *kritischer* Beweis zu einer vorher offenen Frage liegt nur dann vor, wenn die zugehörigen Argumente und/oder die Faktenlage, bezogen auf die offene Frage, eine Beweisführung zulassen, die nicht mehr sinnvoll anfechtbar ist.

Da die Längenangaben für die alttestamentliche Elle schwanken (es werden Werte zwischen ca. 40cm und ca. 60cm angegeben), wird in diesem Buch für die Länge einer Elle ca. 50cm angenommen.

Mannamaschine: Die Mannamaschine war ein von extraterrestrischen, also auch extrasolaren, Weltraumfahrern zur Erde gebrachtes, nuklear angetriebenes hochkompliziertes Gerät zur Manna-Herstellung aus Algen. Diese wurden in einem zentralen Kulturtank mit Hilfe von Wasser, Licht und Nährsalzen ständig gezüchtet und in einem anderen Abschnitt der Maschine weiterverarbeitet. Die unfaßbaren technischen Eigenschaften dieser Maschine und ihre oberflächliche Ähnlichkeit mit einem sitzenden Menschen haben entscheidend dazu beigetragen, daß von ihrer Anwesenheit während des längeren Abschnitts der Wüstenwanderung (nach dem Aufenthalt der Kinder Israel am Har Karkom) zwei Religionen initiiert wurden: eine Geheimreligion, die Kabbala, unter den unmittelbar mit der Maschine beschäftigten Leviten und gleichzeitig die `öffentliche´ jüdische Allgemeinreligion. Gleichsam wiederentdeckt wurde die Maschine von zwei Britischen Ingenieuren, G. Sassoon und R. Dale, als sie älteste Kabbala-Texte analysierten und ins Englische übersetzten. Die bereits 1978 erschienenen zugehörigen Publikationen („The Kabbalah Decoded" und „The Manna-Machine") liegen auch auf Deutsch vor. Erstere wurde vom Verfasser übersetzt und unter dem Titel „Die Ur-Kabbala" bei BoD publiziert.

Pelischtäer bzw. Pelischtäerland: Philister bzw. Philisterland, d. h. deren späteres Siedlungsgebiet entlang der Mittelmeerküste, das z. T. im Bereich des heutigen Gaza-Streifens sich befand.

Prä-Astronautik: Die Prä-Astronautik beschäftigt sich mit der Möglichkeit des (wiederholten) Besuchs extraterrestrischer, also auch extrasolarer, Weltraumfahrer (Astronauten) auf der Erde, dem Nachweis solcher Kontakte mit der Menschheit und - als Resultat solcher Besuche - mit der Frage nach der Herkunft der `monotheistischen´ `Religionen´ auf unserem Planeten. Sie ist der Überzeugung, daß diese durch den Besuch extraterrestrischer Raumschiffe, derer Astronauten, Fahrzeuge und Geräte initiiert und installiert wurden – anfangs wahrscheinlich eher zufällig und ungewollt, später aber absichtlich und gezielt. Diese `Religionen´ sind, zumindest soweit sie sich ausschließlich auf die Fünf Bücher Moses beziehen, hoch entwickelte Kargo-Kulte, also ursprünglich keine Religionen; sie waren anfangs von den Extraterrestriern als `Religion´ möglicherweise auch nicht beabsichtigt. Die zeitliche Trennlinie zwischen den vielleicht unbeabsichtigten (Kargo-Kult)-`Religionen´ und der endgültig wirklich gewollten, (nur scheinbar!) streng monotheistischen `Religion´ dokumentiert sich etwa im Verlauf der Ereignisse des Buches Exodus, in dem erstmals ausdrücklich von: „*… und ich will euer Gott sein.*" die Rede ist.

Sohar (auch Zohar): Bedeutendstes Schriftwerk der Kabbala. Der Name bedeutet „(strahlender) Glanz". Das umfangreiche Gesamtwerk ist in fünf Bücher untergliedert. Als Autor gilt Schimon ben Jochai, ein Rabbiner des zweiten Jahrhunderts. Das Buch tauchte zuerst gegen Ende des 13. Jahrhunderts in Spanien auf. Die erste schriftliche Fassung des Werkes besorgte wahrscheinlich Mosche ben Schemtow de León.

AT = Altes Testament
NT = Neues Testament
JB = Jüdische Bibel (deutsche Übersetzung nach : H. N. TUR-SINAI (1995))
Ges. = Das Hohelied Salomos
Goschen = Gosen (eine fruchtbare Landschaft im Nildelta)
Jisrael = Israel (einige diakritische Zeichen werden aus technischen Gründen nicht wiedergegeben.)
Jizhak = Isaak
Kenaan = Kanaan
Mizraim/Mizräer = Ägypten/Ägypter
Mosche = Moses (die allseits bekannte Schreibweise Moses wird hier beibehalten, außer in Zitaten); CLEMENTZ (19. Jahrhdrt.) benutzt für seine Übersetzung der Werke des Flavius Josephus' die (veraltete) Schreibweise `Moyses´ für Moses.
Par'o = Pharao (Es wird auch hier die bekannte Schreibweise Pharao beibehalten, außer in Zitaten.)

Es wurde in nahezu allen Fällen die im AT und in der JB vorhandene Reihenfolge der Orte und der Ereignisse übernommen, obwohl diese mit Sicherheit nicht immer korrekt ist. Einige entsprechende Hinweise sind im Text vorhanden.

Teil I

Exodus (Auszug)

Vom Nil bis hin nach dem Har Karkom, dem Gottesberg

Einleitung
Nachdem ein kritischer, also nicht mehr sinnvoll anfechtbarer Beweis zum mindestens einmaligen Besuch der Erde durch extrasolare Menschen vorliegt - also Menschen aus einem anderen Sonnensystem -, wird mit diesem Buch erstmals der Auszug der Kinder Israel aus Ägypten und ihr weiterer Aufenthalt in der Wüste, die Wüstenwanderung, anhand der neuen Sehweise beschrieben und erläutert (zum kritischen Beweis und zum Verwandtschaftsgrad der Extraterrestrier mit den Erdenmenschen, siehe erstes Buch des Verfassers zur Prä-Astronautik: „Gottes Sturz aus dem Himmel"). Aus dieser neuen, konsequent prä-astronautischen Sicht gesehen, war einerseits die permanente Überwachung der Kinder Israel durch die Extraterrestrier während der gesamten Dauer ihres Wüstenzuges zu berücksichtigen, andererseits war gleichzeitig die Anwesenheit der Mannamaschine im Allerheiligsten der sogenannten Stiftshütte als Tatsache zweifelsfrei zu belegen. Aus diesen beiden so gänzlich neuen Gegebenheiten während des Auszuges der Kinder Israel aus Ägypten und während ihrer gesamten Wüstenwanderung ergaben sich nicht nur überraschende neue Erkenntnisse für den Ablauf der ganzen Wanderung, es zeigte sich darüber hinaus, daß besonders die unfaßbaren Eigenschaften dieser seltsamen, außerirdischen Maschine in der gesamten monotheistisch glaubenden Menschheit bis in die Gegenwart auf mannigfaltigste Weise nachwirken. In gewisser Hinsicht dienen wir alle immer noch diesem außerirdischen Ungeheuer - nicht nur die orthodoxen und ultraorthodoxen Juden -, freilich ohne, daß es uns bisher bewußt geworden ist. Denn: Dank ihrer `göttlichen´ technischen Überlegenheit, mußte buchstäblich *jede* Äußerung, *jedes* Tun der Extraterrestrier - aber auch *jedes* Objekt, dessen sie sich bedienten, und auch dessen *Eigenschaften* - als religionsbildend und religionsgestaltend sich auswirken. Andererseits gab es da noch eine andere, strikt geheim gehaltene Eigenschaft dieser `Götter´ selbst – sie waren Menschen!

Dabei war dieses Gottesgeschenk den Kindern Israel von den Extraterrestriern geschenkt und doch auch wieder nicht geschenkt worden: Es wurde dieses Monstrum ja während des ganzen Zuges mit mörderischer Konsequenz im Allerheiligsten der Stiftshütte verborgen. Sehr viele nur scheinbar unerklärlich-wunderbare Ereignisse während des Auszuges aus Ägypten und während des anschließenden langen Aufenthalts in der Wüste, die damals wohl eher eine Akazien-Dornbusch-Savanne mit eingestreuten steppenartigen Grasebenen war, finden aus prä-astronautischer Sicht eine manchmal (für die *damaligen* Kinder Israel) existenzbedrohend-religiös-dramatische, manchmal aber auch (für die *heutigen,* technisch orientierten Menschen) eine banale, fast lächerliche Erklärung:

Wunder – suchen wir vergebens!

Es brachte das Gesamtereignis aber doch für beide Parteien, für die Kinder Israel und für die Extraterrestrier, eine so unerwartete Verkettung nicht vorhergesehener Zwischenfälle und deren Konsequenzen aus menschlichen Schwächen und himmlischer Unwissenheit bzw. Fehleinschätzungen mit sich, daß die daraus entstehende Eigendynamik des Gesamtvorhabens für die Extraterrestrier wiederholt unkontrollierbar zu werden drohte. Mehrere Male drohte auch der Untergang, der physische Tod der kleinen Schar von etwa sechshundert Familien[1] und den Mitläufern, die dieses seltsamste und beängstigendste, aber auch folgenschwerste Abenteuer der jüngeren Menschheitsgeschichte durchleben und irgendwie *über*stehen mußten. *Ver*stehen konnten sie nicht, was da mit ihnen geschah, von einer Einschätzung der langfristigen Folgen ihres Abenteuers ganz zu schweigen. Daran sind auch die Extraterrestrier gescheitert – wenn sie es denn je versucht haben.

[1] Die Bibel schreibt 600 000, das ist natürlich Unsinn, wie wiederholt noch gezeigt werden wird. Nach Sassoon und Dale sind die Zeichen für „Tausend" und für „Familie" in der jüdischen Schrift identisch.

Der Anfang – Ein Plan entsteht
Insgesamt ist es recht frustrierend, daß ausgerechnet der Anfang, der wirkliche allererste Anfang des größten Abenteuers der jüngeren Menschheitsgeschichte im Dunkeln liegt. Nein, hier ist jetzt nicht die Geschichte mit Moses im Schilfkörbchen gemeint – ähnliche Histörchen oder Märchen gab es bei mehreren Völkern in der antiken Welt. Als Moses im Körbchen lag (oder nicht, das Ganze kann auch erfunden sein), da hatte die Geschichte schon längst begonnen; aber ihren frühesten, wirklichen Anfang kennen wir nicht genau. Wir wissen auch nicht, *warum* die Extraterrestrier die Israelis heimführen wollten; und warum der Auszug aus dem Lande Mizraim gerade *zu diesem Zeitpunkt* so dramatisch-überstürzt inszeniert wurde, ist auch nicht bekannt. Wir haben zwar eine Überfülle an Details von der eigentlichen Wüstenwanderung (wie wir sie vereinfachend und zusammenfassend nennen wollen), die in diesem Buch näher erläutert und gedeutet werden sollen, aber die eigentliche *Begründung* für das Gesamtunternehmen fehlt; wir können darüber nur spekulieren.

Auch die zweite Frage muß offen bleiben: *Wann* haben die Extraterrestrier mit der Vorbereitung des Auszuges begonnen; d. h. wann sind sie nach Ägypten zurückgekehrt und haben den bei Abraham verlorenen Faden wieder aufgenommen? Daß sie überhaupt in Ägypten waren, mag an der einfachen Tatsache liegen, daß die Kinder Israel während einer Dürre nach Ägypten gezogen waren – wie sie es wohl auch schon früher aus dem gleichen Grunde getan hatten. Oder waren sie nie ganz fort – haben sie immer Ägypten beobachtet und gleichsam aus der Ferne `die Hand am Puls der Ereignisse´ gehabt? Aber wenn das der Fall war, erhebt sich die Frage nach dem `Warum gerade jetzt, zur Zeit Moses' (etwa um 1210 v. Chr.)?´, mit um so größerer Eindringlichkeit. Es muß da etwas ganz Außerordentliches geschehen, beziehungsweise im Anzuge gewesen sein – und so war es auch: Es nahte von Norden her die alles niederwalzende und verheerende Völkerwanderung der Seevölker und Proto-Philister; mit ihnen zogen mitgerissene Splittergruppen der zahlreichen Völker, die sie auf ihrer bisherigen Wanderung überwältigt hatten.

Ganz ist die Möglichkeit, daß die Extraterrestrier schon immer aus der Ferne `die Hand am Puls der Ereignisse´ in Ägypten hatten, nicht auszuschließen. Es gibt da eine seltsame Geschichte, die auf dem Tulli-Papyrus verzeichnet ist. Demnach ist zur Zeit des Pharao Thutmosis III. (18. Dynastie, ca. 1483 – 1425 v. Chr. Geburt) ein Feuerkreis am Himmel erschienen, der keinen Kopf hatte. Dennoch heißt es in der Übersetzung weiter: „Seinem Mund entströmte ein Atem, der schrecklich stank; er war lautlos." Nach drei Tagen sollen diese Kreise in größerer Zahl wieder am Himmel aufgetaucht sein und der Pharao hat sie mit seinem Heer verfolgt. Am Abend flogen diese Gebilde nach Süden davon und stiegen dabei in den Himmel auf. Möglicherweise wurde hier nur ein Meteorfall beobachtet, aber wieso *erhob* das Phänomen sich dann schließlich gen Himmel?
Die Bedeutung dieses Berichts ist unklar, zumal die Echtheit des Papyrus' bezweifelt wird. So scheint es zum Beispiel nicht klar zu sein, ob es sich um ein Original handelt, oder nur um eine Abschrift. Andere Zweifler sind sogar der Meinung, daß das `Original´ des Papyrus' aus mehreren Einzelteilen zusammengeschnipselt wurde. Wir können das hier nicht näher untersuchen und lassen deshalb all diese Fragen offen.

Die Verbindungen der Extraterrestrier nach Ägypten und zum Volk der Kinder Israel waren also vielleicht nie ganz abgebrochen: Einige jüdische Familien waren während einer grausamen Dürre in höchster Not nach Ägypten geflohen und hatten sich dort im fruchtbaren Lande Gosen, im Nildelta, als Hirten durchschlagen können; schließlich waren sie dort ansässig geworden. Dabei hatte es auch in der Folgezeit immer wieder Wanderungen nach Kanaan gegeben, und es waren auch immer wieder von dort Händler mit ihren Karawanen und mit ganzen Familien aus den unterschiedlichsten Gründen hinab nach Ägypten gezogen. Dieser Zustand hielt Jahrhunderte so an, und niemand hatte sich dabei jemals etwas gedacht. Unsichtbar mitgezogen waren dabei jedesmal die alten Legenden der Kinder Israel, die von den dunklen, kaum noch verstandenen Ereignissen ihrer Urzeit so Ungeheuerliches zu berichten wußten, von aufheulenden singenden Engeln, von rasend aufbrüllenden feurigen Ungeheuern und ihrem fallenden Feuerschweif, die gen Himmel fuhren, von Engeln, die liegend bliesen und von den wenigen Auserwählten, die mit auffahren und den himmlischen Palast eines allmächtigen Sternen-Gottes hatten betreten dürfen. Dabei wurde wohl der hoch gerühmte

Henoch oft genannt, denn der hatte in jener fernen Urzeit am meisten zu berichten gewußt und war schließlich - so hieß es - endgültig mit den Gottesmenschen aus dem Himmel gegangen. Das waren Geschichten, die man sich - von Dunkelheit umgeben - erschauernd abends am Lagerfeuer erzählte, und die bei hellem Tageslicht wieder vergessen waren: *auf ihr alltägliches Leben hatte das keinen Einfluß gehabt.*

Gespeist von der großen, nie versiegenden Lebensader, dem Nil, war Ägypten in Zeiten katastrophaler Dürre im südlichen Bereich des „Fruchtbaren Halbmondes" schon immer so etwas wie eine letzte Zuflucht, wie ein letzter Rückzugsort für die Menschen aus Kanaan gewesen. Von der anderen Seite, aus der langsam sich ausdehnenden Wüste, die einmal Sahara genannt werden würde, geschah das gleiche. Auch dort zog man bei Dürre und Hungersnöten ins immer fruchtbare Niltal. Daß der Nil ein rettender Lebensspender war, wußten die Menschen, die in seiner weiteren Umgebung lebten, seit undenklichen Zeiten. Und weil der Fluß mit seinen segenbringenden Überschwemmungen ein so absolut zuverlässiger Erhalter war – wie konnte es da verwundern, daß auch der Staat an seinen Ufern die gleichen scheinbar ewigen Eigenschaften hatte: Es hatte schon immer die fruchtbaren Felder im Delta und entlang des Flusses gegeben, die Paläste und den Pharao, seine vielen Beamten und Diener und die riesigen Tempel mit ihren Priesterscharen. Das war schon immer so, und so würde es auch bis in alle Ewigkeit bleiben.

Es bahnten sich aber doch welthistorische Dinge an, die zu ebensolchen Umwälzungen führen sollten. Da kamen immer häufiger erschreckende Nachrichten von einem hellhäutigen Volk, das an den Enden der Welt gewohnt hatte, am äußersten Nordbogen, und dort von einer furchtbaren Flutkatastrophe aus seiner Heimat vertrieben worden war. Als ständig anschwellende Lawine, die immer auch Teile der von ihr überrannten Völker mitriß, ergossen diese Menschenmassen sich nach Süden und hatten auf ihrem Weg sogar die großen Reiche der Achäer und der Hethiter mit ihren festen Städten verwüstet und verbrannt. Da das Hauptvolk, dessen Menschen einmal die Philister genannt werden würden, die Seefahrt perfekt beherrschte, wurden diese raubenden und plündernden Horden, dieser bunt gemischte Haufen, später in der Wissenschaft zusammenfassend „die Seevölker" genannt. Die sich häufenden Berichte über diese alles niederwalzende Menschenflut zwangen den Pharao dazu, die Ostgrenze seines Reiches zu befestigen, denn nur entlang der Ostflanke des Deltas konnte eine Invasion von diesen Seevölkern und Proto-Philistern versucht werden. Also galt es, die zur Sinaihalbinsel hin offene Flanke zu schützen, koste es was es wolle. Zum Streichen der unzähligen Ziegel für seine Festungsbauten, mit denen er Ägypten nach Osten hin so sehr befestigte, daß in der Bibel in diesem Zusammenhang von der „Schur Ägyptens" (wörtlich: die Mauer Ägyptens) die Rede ist, wurden auch die im Nildelta ansässigen Juden herangezogen – ob es ihnen gefiel oder nicht. Dabei war Eile geboten, denn es mehrten sich nicht nur die Nachrichten über die von Norden sich heranwälzenden Horden, es wurden für die

Befestigung die Ziegel auch nur aus luftgetrocknetem Ton hergestellt, der mit Stroh bewehrt war. Zum Trocknen solcher Ziegel, bis sie gebrauchsfertig sind, vergehen aber nach dem Streichen drei bis fünf Jahre (ZAHN, 1979). Auch wenn diese Angabe möglicherweise überzogen ist – Pharao hatte allen Grund, nervös zu sein und sich mit seinen Befestigungsbauten zu beeilen!

Am Himmel, also im Habitat der Extraterrestrier, sah es aber so aus: da hatte man das Schicksal des kleinen Häufleins der Juden beobachtet (seit wann?), denn die trugen ja in ihren Genen das Erbe der Göttersöhne in sich, das diese ihnen per genetischer Manipulation und auch per Vererbung übertragen hatten, als sie mit ihrem Habitat vor über Tausend oder Zweitausend Jahren auch schon die Erde und die Menschen besucht hatten. Und dieses Erbteil sollte nicht untergehen; es sollte einmal die ganze Menschheit befruchten. Und nun war dieses Erbteil aufs äußerste bedroht: einerseits, weil man sich mit den Ägyptern langsam vermischte, und andererseits, weil nicht abzusehen war, was die Seevölker und Proto-Philister, falls sie auch Ägypten überwältigen würden, von diesem kleinen Häuflein übrig lassen würden. Zumindest würden ihre Frauen vergewaltigt und so der Same der Göttersöhne womöglich endgültig bis zur Unkenntlichkeit vermischt und ausgedünnt werden. Die nachfolgenden Ereignisse zeigen, daß man im Habitat entschlossen war, das um nahezu jeden Preis zu verhindern. Also machte man sich auf die Suche nach den wenigen genetisch reinen Juden, der jüdischen Elite. Damit nahm die Geschichte ihren Lauf ... ...

So entstand `oben´, im Habitat, der nur scheinbar einfache Plan, die Kinder Israel zurück nach Kanaan zu führen; schließlich hatte man ihren Vorfahren dieses Land vor langer Zeit versprochen. Dabei schied der bequemste Weg von vornherein aus: die Via Maris am Mittelmeer entlang wurde wegen der heranrückenden Horden der Seevölker und Proto-Philister rasch zunehmend so gefährlich, daß schon an Moses und Aharon gleich zu Anfang die Weisung erging „ ... *und [ihr] werdet mir am Gottesberg* [d. h. am Har Karkom] *dienen.*" Man war also von Anfang an der Meinung, daß die Besiedlung des Landes Kanaan von Süden her, vom Har Karkom aus, erfolgen sollte. Das wurde zunächst auch so versucht, wie wir noch hören werden. Tatsächlich gelangte man aber auch auf diesem Weg nicht unmittelbar zum Ziel. Es störten die rasch heranwachsenden und -flutenden Scharen der Seevölker und Proto-Philister auch diesen Weg, der von Ägypten ungefähr geradeaus nach Osten, nach dem Har Karkom hatte führen sollen. Es war auch die psychologische Belastung für die kleine Schar der Kinder Israel bald so groß, daß sie den häufigen Problemen, die sich fast täglich während der Wüstenwanderung ergaben, sich nicht gewachsen glaubten – sie wollten zurück. Mehrere Male drohte das ganze Vorhaben zu scheitern.

Das alles war aber leichter gesagt und beschlossen - wohl nach längeren Diskussionen im Habitat - als tatsächlich ausgeführt. Man konnte nicht so ohne weiteres, mir nichts dir nichts, aus der kleinen Gruppe der dafür in Frage kommenden Juden einen passenden sich greifen und sagen: „So, führ mir mal diese

Leute nach Kanaan hinauf!" Der Kandidat mußte natürlich ein Angehöriger der Kinder Israel sein, damit seine Landsleute Vertrauen zu ihm hatten, ihn verstanden, und ihm auf dem Weg ins Ungewisse folgten. Ein gänzlich fremder, etwa ein begabter Ägypter, kam dafür nicht in Frage.

Bei der detaillierten Planung wurde dann bald klar, daß die endgültige Auswahl recht kompliziert und anspruchsvoll sein würde: Man brauchte einen begabten Israeliten, der sich in der Nordhälfte der Sinaihalbinsel möglichst gut auskannte, und der sich oft dort alleine herumtrieb; mit dem man also unauffällig Kontakt aufnehmen konnte. Mit einem Wort: man brauchte einen großräumig ortskundigen, möglichst intelligenten, jüdischen Hirten. Wenn der seine Herde alleine hütete, war das von Vorteil, denn dann konnte man ihn mit einer kleinen beeindruckenden Szene gewinnen, ohne andere Menschen zu erschrecken oder als unnötige Zeugen herbeizulocken. Auch konnte man ihn dann ungestört unterrichten und auf seine Aufgaben vorbereiten, ohne fürchten zu müssen, einen ungewollten Kargo-Kult zu verursachen – nach den Erfahrungen aus der Frühzeit im Paradiesgarten, der damaligen Bodenstation, eine allgegenwärtige Furcht der Extraterrestrier (siehe dazu im ersten Buch).

Moses' Berufung

Als Moses, nachdem er einen Ägypter erschlagen hatte, in die `Wüste´ floh und der Schwiegersohn des Jitro (Jetro) wurde, dessen Schafe er hütete, trat er einen schicksalsschweren Weg an. Von seinem Sprachfehler abgesehen, war er genau der passende: Er kannte sich als Hirte bald im Gelände gut aus, zwischen den Sinai-Bergen im Süden und dem Mittelmeer im Norden, kannte also auch die besten Weideplätze und Brunnen, was später auf der Wanderung von lebenswichtiger Bedeutung sein sollte. Auch war er beim Hüten der Schafe seines Schwiegervaters oft alleine; genau das suchten die Extraterrestrier.
Den Kandidaten so zu beeindrucken, daß er sich wirklich Gott gegenüberstehend glaubte, war dann schon etwas anderes. Man griff in die sattsam bekannte Trickkiste: Zunächst wurde ihm mit Hilfe der Holographie ein Feuer in einem Dornbusch vorgegaukelt, was natürlich zur Folge hatte, daß es so aussah, als werde der Busch brennen aber nicht *ver*brennen; denn das konnte der Busch in einem holographisch projizierten Feuer natürlich nicht. Um das Ganze auch richtig religiös-heilig erscheinen zu lassen, wurde ihm dann zugerufen, daß er gefälligst seine Schuhe ausziehen solle, denn der Boden auf dem er stehe sei heilig. Das war natürlich frei erfunden, gab dem Ganzen aber doch einen religiösen Anstrich – schon hier diese typische Kombination, der wir noch wiederholt beggnen werden. So weit, so gut; man kennt diese Vorgehensweise seit Fatima und anderen Marienerscheinungen in- und auswendig. Aus der Sicht heutiger Laser- und Holographie-Technologie war daran nichts Aufregendes (mehr dazu weiter unten und im ersten Buch des Verfassers).

Aber dann kommt die große, so vielsagende Überraschung, die eine endlose Kette unlösbarer Probleme nach sich ziehen sollte: Der `Gott´, der da zu ihm spricht, stellt sich ihm vor; das mag ja auch noch gehen, Moses wollte schließlich überzeugt sein, und er mußte den Ältesten der Kinder Israel Überzeugendes berichten können, damit die ihre Zustimmung zu dem Ganzen gaben. Der `Gott´ stellt sich aber ausdrücklich nur als der Gott Abrahams und Isaaks vor. Die Urväter *vor* der Sintflut, Adam, Eva, Henoch und Noah, mit denen die Extraterrestrier so viel (zu viel!) zu schaffen gehabt hatten, werden hier, und auch in Zukunft, während der ganzen Geschichte, mit keinem Wort erwähnt. Deutlicher kann man das konsequente Abwenden der Extraterrestrier von den Ereignissen *vor* der Sintflut nicht klarmachen. Sie wollten mit der üblen Geschichte, die in die Doppelkatastrophe des Engelssturzes und der Sintflut eingemündet war, nichts mehr zu tun haben, also – totschweigen!
Der Verfasser hat diese für die Extraterrestrier so wenig schmeichelhaften Ereignisse, zusammen mit der genetischen Manipulation an Adam und Eva, im `Paradies´, in seinem ersten Buch zur Prä-Astronautik rekonstruiert und erläutert – soweit das heute schon bzw. noch möglich ist.

Insgesamt lief die Berufung Moses' so ab (zitiert nach Tur Sinai, JB):
„Und es ging ein Mann aus dem Hause Lewi[1] *und nahm die Tochter Lewis."*
Die aus dieser Verbindung hervorgehenden Kinder, Moses und Aharon, waren also Leviten. Dann folgt die Geschichte mit dem Kästchen im Schilf in dem der kleine Moses lag und bald gefunden und aufgezogen wurde:
„Es war nun zu jener Zeit, als Mosche herangewachsen war, da ging er zu seinen Brüdern hinaus und sah ihre Lastknechtschaft. Da sah er, wie ein Mizräer einen Ebräer von seinen Brüdern schlug. Da wandte er sich dahin und dorthin, und als er sah, daß niemand zugegen war, erschlug er den Mizräer und verscharrte ihn im Sand."
[1] Tur-Sinai schreibt Lewi bzw. Lewiten, wir stets Levi bzw. Leviten.

Der Vorfall war aber doch bemerkt worden, und Moses muß ins Land Midian (Midjan) fliehen. Dort heiratet er bald die Tochter des Priesters Reuel, Zippora.
„Und es war während jener langen Zeit, da starb der König von Mizraim. Die Kinder Jisrael aber seufzten aus der Fron und schrien, und ihr Hilfeschrei stieg zu Gott empor aus der Fron. Und Gott hörte ihr Gestöhn, und Gott gedachte seines Bundes mit Abraham, mit Jizhak und mit Jaakob. Und Gott sah die Kinder Jisrael und Gott merkte es."
In der Formulierung „... *während jener langen Zeit* ..." steckt möglicherweise eine Anspielung auf die ungewöhnlich lange Regierungszeit des Pharao Ramses II (der `Große´), der etwa neunzig Jahre alt wurde und sechsundsechzig(!) Jahre regierte; er ist 1213 v. Chr. gestorben. Wenn diese Vermutung zutrifft, müßte der Exodus bald danach erfolgt sein, also nicht schon „um 1220 v. Chr.", wie vielfach vermutet wird; zu den in Frage kommenden Pharaonen dieser Ereignisse unten mehr.

„Mosche aber hütete die Schafe seines Schwiegervaters Jitro, des Priesters von Midjan. Und er trieb die Schafe hinter die Wüste und kam an den Berg Gottes, zum Horeb. Da erschien ihm ein Sendbote des Ewigen in einer Feuerflamme aus dem Dornbusch her. Er schaute, und sieh: Der Dornbusch brannte im Feuer; aber der Dornbusch wurde nicht verzehrt. Da sprach Mosche: „Ich will doch hingehen und diesen gewaltigen Anblick schauen, warum der Dornbusch nicht verbrennt" Als der Ewige sah, daß er hintrat, um zu schauen, da rief ihm Gott aus dem Dornbusch zu und sprach: „Mosche, Mosche!" Und er sprach: „Hier bin ich!" Und sprach: „Tritt nicht näher herzu! Wirf deine Schuhe von deinen Füßen, denn der Ort auf dem du stehst, ist heiliger Grund." Und er sprach: „Ich bin der Gott deines Vaters, der Gott Abrahams, Jizhaks und Jakobs." Da barg Mosche sein Angesicht, denn er fürchtete, zu Gott hinzublicken. Der Ewige aber sprach: „Gesehen habe ich das Elend meines Volkes, das in Mizraim ist, und sein Schreien ob seiner Treiber habe ich gehört; denn ich weiß seine Leiden. So bin ich herabgestiegen [sic!], *es zu erretten aus der Gewalt Mizraims, und es hinaufzuführen aus jenem Land in ein schönes und geräumiges Land, in ein Land, das von Milch und Honig fließt, an den Ort des Kenaani, Hitti, Emori, Perisi, Hiwwi und Jebusi. Und nun: Das Schreien der Kinder Jisrael ist zu mir gedrungen, und gesehen habe ich auch den Druck, mit dem die Mizräer sie bedrücken. Und nun geh, und ich will dich zu Par'o senden, führe du mein Volk, die Kinder Jisrael, aus Mizraim!"*

Der Text zeigt das hinlänglich bekannte Strickmuster bei solchen `Wundern´, die in Wahrheit nur Holographien sind: der Sendbote erscheint in einer Feuerflamme aus dem Dornbusch her. Es wird also zwischen der (scheinbaren) Feuerflamme und dem Dornbusch klar unterschieden – der Busch selbst brannte halt nicht. Darauf weist auch der etwas gewundene Ausdruck hin: „*Der Dornbusch brannte im Feuer*"; warum nicht einfach: `der Dornbusch brannte´?

Auch ist wohl mehr erkennbar gewesen als nur das (holographische) Feuer, denn es heißt ausdrücklich: „*Da erschien ihm ein Sendbote des Ewigen in einer Feuerflamme aus dem Dornbusch her*". Dieser Sendbote, auch nur ein holographisches Abbild (wohl eines Menschen), war also klar im Feuer erkennbar, wie hätte er ihn sonst als „Sendbote" benennen können; und was hätte er den Ältesten sagen sollen, wer ihm erschienen sei, wenn außer dem `Feuer´ garnichts zu erkennen gewesen wäre? Die Stimme und das seltsame `Feuer´ alleine hätten wohl kaum genügt; man hätte ihn leicht für einen Tagträumer halten können, der beim Hüten der Schafe wohl etwas eingenickt war.

Daß das Ganze sich eines Dornbuschs bedient - auch die Stimme kommt aus dem Dornbusch, also nicht vom Himmel -, kann nicht überraschen: In Fatima (1916/17) war es eine kleine Steineiche, die als `Antenne´ o. ä. diente [1].

[1] Bei FIEBAG, (1986) lesen wir dazu: „Für diese Annahme spricht auch die Wahrnehmung eines weiteren Phänomens. Barthas (1955) äußert darüber zum Beispiel: „Immerhin konnten Maria de la Capelina und andere Augenzeugen berichten, daß sie zwischen den Worten Lucias etwas wie das leise Sprechen einer

sehr feinen aber unverständlichen Stimme gehört hätten. Sie verglichen es mit dem Summen einer Biene." Ähnliches wird auch von der dritten Erscheinung berichtet. Barthas (1955) zitiert einen Herrn Marto, der sich an diesem 13. Juli in unmittelbarer Nähe der Steineiche befand: „Die Leute ringsum verstummten, so groß war der Eindruck auf sie. Und dann fing ich an ein Murmeln zu vernehmen, ein Summen, wie von einer Bremse in einem leeren Krug. Aber verständliche Worte ... nein, solche vernahm ich keine!"

Nun sind Geräusche, wie sie beispielsweise bei laufenden Generatoren oder anderen elektrischen Geräten auftreten, heute nichts Ungewöhnliches mehr. Für die Menschen damals aber, die - zumindest in dieser ländlichen Region - solche Geräte nicht kannten, mußte ein derartiges Geräusch genauso wirken: wie „das Summen einer Biene" oder das „einer Bremse in einem Krug". Und wenn wir ehrlich sind, müssen wir zugeben, daß dieser Vergleich sogar ganz ausgezeichnet gewählt wurde."

Soweit das Zitat nach Fiebag. Bei der `Berufung´ Moses' wird man sich der gleichen Technik bedient haben. Es lief also in der Steineiche bzw. dem Dornbusch wahrscheinlich ein kleines Gerät, das die Übertragung der Stimme ermöglichte.

Wir fahren fort mit dem Haupt-Text.
Der Hinweis, daß Moses die Schafe „*... hinter die Wüste (trieb) und kam an den Berg Gottes, zum Horeb.*" ist bemerkenswert. Der Berg Gottes ist der Har Karkom, der sehr wahrscheinlich mit dem Berg Horeb identisch ist, wie der Verfasser in seinem ersten Buch zur Prä-Astronautik gezeigt hat (in Anlehnung an Prof. ANATI, 2001). Es ist der Berg auf dem später die Mannamaschine übergeben wurde. Die Extraterrestrier waren also auch schon vorher auf diesem so bequemen, weil so schön ebenen, tafelartigen Berg gelandet und hatten Moses mit seinen Schafen dort erwartet. Vielleicht hatte man dort in einer Schlucht das Weltraum-Landefahrzeug (evtl. vom Typ `Ezechiel´?) verborgen. Den Weg hin zum passenden Dornbusch in der Nähe der von Moses gehüteten Schafe wird man dann in einem unauffälligen `UFO´ (Flugscheibe) zurückgelegt haben. Und von diesem Fluggerät aus konnte man die ganze Vorstellung mit dem Dornbusch dann bewerkstelligen – wie sehr viel später auch, u. a. in Fatima. Wenn das Gerät bei dem fast ständig strahlendblauen Himmel entsprechend gefärbt war, würde der vom `brennenden´ Dornbusch abgelenkte Moses es nie und nimmer am Himmel bemerken.

„*Da sprach Mosche zu Gott: „Wer bin ich, daß ich zu Par'o gehe, und daß ich die Kinder Jisrael aus Mizraim führe?" Da sprach er: „Werde ich ja mit dir sein. Und das sei dir das Zeichen, daß ich dich gesandt: Wenn du das Volk aus Mizraim führst, werdet ihr Gott an diesem Berg dienen* [Man befand sich also in der Nähe des Har Karkom.]*!" Da sprach Mosche zu Gott: „Wenn ich nun zu den Kindern Jisrael komme und ihnen sage: `Der Gott eurer Väter sendet mich zu euch´, und sie mir sagen werden: `Wie ist sein Name?´ – , was soll ich ihnen dann sagen?"*

*Da sprach Gott zu Mosche: „Ich bin, der ich sein mag." Und er sprach: „So sollst du sprechen zu den Kindern Jisrael: `Ich bin!´ hat mich zu euch gesandt."
„Und weiter sprach Gott zu Mosche: „So sollst du zu den Kindern Jisrael sprechen: Der Ewige, der Gott eurer Väter, der Gott Abrahams, Jizhaks und Jaakobs hat mich zu euch gesandt. Das ist mein Name für ewig, und dies meine Anrufung für alle Zeit. Geh hin, versammle die Ältesten Jisraels und sprich zu ihnen: Der Ewige, der Gott eurer Väter ist mir erschienen, der Gott Abrahams, Jizhaks und Jaakobs, und hat gesprochen: Bedacht habe ich euch und das, was euch in Mizraim geschieht und habe gesprochen: Ich will euch hinwegführen aus dem Elend Mizraims, hinauf in das Land des Kenaani, Hitti, Emori, Perisi, Hiwwi und Jebusi, in ein Land, das von Milch und Honig fließt! Und sie werden auf deine Stimme hören. Dann sollst du mit den Ältesten Jisraels zum König von Mizraim kommen, und ihr sollt zu ihm sprechen: Der Ewige, der Gott der Ebräer, ist uns begegnet; und nun: Laß uns doch drei Tagemärsche weit in die Wüste ziehen und dem Ewigen, unserm Gott, Opfer schlachten.*

Es fällt auf, daß Moses mit den übrigen Kindern Israel (die Ältesten des Volkes!) als „eurer" spricht. Er schafft damit einen Abstand zwischen sich - weil Levite? - und den übrigen Juden. Das würde auch so bleiben und durch das ihnen am Har Karkom verliehene Priestertum noch vertieft werden; aber wieso schon hier? War es vielleicht nie anders, waren die Leviten schon immer etwas Besonderes gewesen – sozusagen die Auserwählten unter den Auserwählten?

Die vielen hier aufgezählten Völker zeigen deutlich, daß die Extraterrestrier genau wußten, was sie in Kanaan würden anrichten müssen, um dort den Juden eine Wohnstätte zu verschaffen: Ausrottung und Vertreibung.
Es ist doch seltsam, daß selbst der `Ewige´ sich nicht mit sich selbst einig ist, wie er heißt: Zuerst nennt er sich „*Ich bin*" und will ausdrücklich so genannt werden. Dann besinnt er sich aber plötzlich und will „*Der Gott eurer Väter ... dies meine Anrufung für alle Zeit,*" genannt werden. Ja, wie denn nun? Dieses Namensproblem wird uns noch wiederholt begegnen – es wird nie ganz gelöst werden.

Auch werden schon hier Betrug und Täuschung vorbereitet: Man spricht von drei Tagen, wohl wissend, daß es eine Reise auf Nimmerwiedersehen werden würde; und man will wertvolle Kleider und Geräte nur für die gleiche Zeit ausleihen, mit dem gleichen Hintergedanken. Es steht denn auch völlig richtig die Bemerkung am Schluß, daß sie „*... so Mizraim ausräumen.*" Wir wollen dabei aber nicht übersehen, daß dieses Vorgehen, dieses Ausräumen, von den Extraterrestriern angeordnet wurde, also einem göttlichen Befehl entsprach!

Ich weiß aber, daß der König von Mizraim euch nicht gestatten wird zu ziehen, wenn nicht durch starke Hand. So werde ich denn meine Hand ausstrecken [sic] und Mizraim schlagen durch alle meine Wundertaten, die ich in seiner Mitte vollbringe; und hernach wird er euch ziehen lassen. Ich lege aber Gefallen an

diesem Volk in die Augen der Mizräer, so daß, wenn ihr hinwegzieht, ihr nicht mit leeren Händen ziehen werdet. Ausbitten wird jedes Weib von ihrer Nachbarin und von ihrer Hausinsassin [sic!] *silberne und goldene Geräte und Gewänder, und ihr werdet sie euren Söhnen und Töchtern anlegen und so Mizraim ausräumen."*
Dieser allgemein bekannte Text beinhaltet den Anfang des großen Unglücks, das da über die Kinder Israel und schließlich über alle `monotheistisch´ glaubende Menschen hereinbrechen sollte. Der Gott, der sich ihm da vorstellt hat keinen Namen! Seine Formulierung *„Ich bin"* ist in jeder Beziehung als schwache Ausrede zu werten. Wahrscheinlich ist die so drängende Frage Moses' an `Gott´, also an die Extraterrestrier, überraschend gekommen; und als Verlegenheitslösung wurde das Notkonstrukt der nichtssagenden Formulierung „Ich bin" vorgeschoben. Auch der Begriff *„Ewiger"* benennt nur eine Eigenschaft, keinen Namen.
Die Tatsache, daß die Hand, bzw. der Arm, hier und noch an vielen anderen Stellen grundsätzlich im Singular steht, leitet sich vermutlich von der Mannamaschine ab, die nur eine `Hand´ an einem `Arm´ hatte; entsprechendes gilt auch für das Auge `Gottes´ und für `Gottes´ Ohr.

Man bemerke sehr wohl: der angeblich so selbstverständliche Gottesname `Jachwe´ wird nicht genannt, obwohl doch dieser Gottesname, zusammen mit `Elohim´, der einzige Gottesname ist (bzw. die einzigen Gottesnamen sind), die das heutige AT kennt. Es wird damit unabweislich klar, wie konsequent all die `Namen´ aus der Frühzeit, der Zeit der Urväter, jetzt gemieden werden, und was von diesen `Gottesnamen´ zu halten war – nichts! Sie waren samt und sonders Begriffe gewesen, die jeweils gerade für passend befunden wurden. Alle zusammengezählt, hätte sich da wohl etwa ein halbes Dutzend gefunden – aber keiner von diesen Kandidaten wird hier bei der `Vorstellung´ genannt.

Man wollte also unbedingt einen Neuanfang, diesmal wirklich eine (nicht-kargokultische!) Religionsgründung. Das Unterdrücken der vielen alten Namen für `Gott´ war also logisch, würde aber am Har Karkom und im Zuge der weiteren Wüstenwanderung, zusammen mit dem fanatisch-konsequenten Verbergen des potentiellen neuen Kargo-Gottes, der Mannamaschine, zu mörderischen Resultaten führen, die dennoch in letzter Konsequenz vergebens waren: Es entstanden während der Wüstenwanderung gleichzeitig *zwei* Kargo-Kulte, ein öffentlicher, die allgemeine und von den Extraterrestriern ausdrücklich gewollte Religion, und ein gänzlich anderer, ein streng geheimer, die Ur-Kabbala.

Es ging aber doch nicht alles so glatt, wie man `oben´ vielleicht gehofft hatte – der Kandidat wollte nicht; trotz des so überzeugend vorgegaukelten holographischen Wunderereignisses. Neben vielen Ausflüchten - man würde ihm ja doch nicht glauben und wie eine Begegnung mit dem Gott ihrer Vorväter beweisen? - führte er auch an, daß er einen Sprachfehler hatte: *„ Und ich bin doch ungelöster Lippen."* Es kam zu einer längeren Diskussion mit dem Kandidaten, der sich so garnicht geeignet fühlte. Das führte schließlich soweit, daß der `Ewige´ zunächst Moses mit weiteren `Wundern´ überzeugen mußte, bevor der sich endlich herbeiließ und gehorchte.

Es muß das Sprachproblem Moses' so gravierend gewesen sein, daß er Aharon sprechen ließ, obwohl der `Ewige´, d. h. die Extraterrestrier, zu *ihm* gesprochen hatte(n). Man wollte wohl kein Mißfallen beim Volk und den Ältesten erregen. Bemerkenswert ist die Tatsache, daß von den Extraterrestriern kein Versuch unternommen wurde, ihn von seinem Stottern zu befreien. Es war sein Sprachfehler also wahrscheinlich ein wirklich angeborener, während man eine entsprechende, nur psychisch bedingte Sprachstörung (etwa eine von einer psychisch traumatisierenden Kindheit verursachte) ohne Zweifel behoben hätte.

„Da antwortete Mosche und sprach: „Aber wenn sie mir nun nicht glauben und nicht auf meine Stimme hören, sondern sagen: Der Ewige ist Dir nicht erschienen?" Da sprach der Ewige zu ihm: „Was ist da in deiner Hand?" Und er sprach; „Ein Stab." Und er sprach: „Wirf ihn zur Erde!" Er warf ihn zur Erde, da ward er zur Schlange und Mosche floh vor ihr. Da sprach der Ewige zu Mosche: „Strecke deine Hand aus und packe sie am Schwanz!" Er streckte seine Hand aus und ergriff sie; und sie wurde zum Stab in seiner Hand. ... ... Und der Ewige sprach weiter zu ihm: „Tu deine Hand in deinen Schoß!" Und er tat seine Hand in seinen Schoß, und als er sie hervorzog, da war seine Hand aussätzig, weiß wie Schnee. Und er sprach: „Tu deine Hand nochmals in deinen Schoß!" Und er tat sie abermals in seinen Schoß, und als er sie aus seinem Schoß hervorzog, da war sie wieder wie sein Körper. „Wenn sie dir nun nicht glauben und nicht hören werden auf das erste Zeichen, so werden sie doch auf das spätere Zeichen hin glauben. Wenn sie nun aber auch auf diese beiden Zeichen hin nicht glauben und nicht auf deine Stimme hören, so nimm von dem Wasser des Flusses und gieße es aufs Trockene, dann wird das Wasser, das du aus dem Fluß nimmst, zu Blut werden auf dem Trockenen."
Da sprach Mosche zum Ewigen: „Ach Herr, ich bin kein Mann der Rede, weder von gestern noch ehegestern, noch seitdem du zu deinem Knecht redest, denn schwer von Mund und Zunge bin ich." Der Ewige aber sprach zu ihm: „Wer schafft dem Menschen einen Mund? Oder wer macht stumm oder taub, sehend oder blind? Bin ich es nicht, der Ewige? So geh nun ich werde mit deinem Mund sein und dich lehren, was du reden sollst." Er aber sprach: „Ach Herr, sende doch, durch wen du senden magst." Da flammte des Ewigen Angesicht auf wider Mosche, und er sprach: „Ist nicht Aharon, dein Bruder, da, der Lewite? Ich weiß, daß er zu reden versteht; auch zieht er dir schon entgegen, und wenn er dich sieht, wird er sich in seinem Herzen freuen. Dann sollst du zu ihm reden und ihm die Worte in den Mund legen; und ich will mit deinem und mit seinem Mund sein, und ich werde euch lehren, was ihr tun sollt. Und er soll für dich zum Volk reden, so daß er dir Mund ist, und du ihm Gott bist. Diesen Stab aber nimm in deine Hand, um damit die Zeichen zu vollbringen."

Es muß also (genau) „*dieser(n) Stab*" von Moses mitgenommen werden für das Schlangen-Wunderzeichen bei Pharao – war der Stab präpariert; hatte er ihn schon früher von den Extraterrestriern (dem ʼEwigenʼ) bekommen? Es ging wohl nicht jeder x-beliebige Knüppel, der nie und nimmer schlangenähnliche Bewegungen ausgeführt haben würde. Es war dies wohl eher ein von den Extraterrestriern angefertigtes dynamisches, stabförmiges Gebilde, dessen schlängelnde Bewegungen möglicherweise vom Hinwerfen ausgelöst wurden. Beim Packen am Schwanz (das wird ausdrücklich befohlen, dort war also der Mechanismus im Stab verborgen, der die Schlängelbewegungen anhielt) wurden die Schlängelbewegungen unterbunden und alle Abweichungen von der Geraden auf ʼnullʼ zurückgestellt: Es war dann wieder ein harmloser Stock. Auch konnte dieser Stab vielleicht elektrische Signale, evtl. Kommandos, aussenden, was seine wundersame Wirkung beim Durchqueren des Schilfmeeres erklären könnte. Auch die Hautverfärbung seiner Hand ist wenig wunderbar, wenn man sich der holographischen Möglichkeiten erinnert, über die die Extraterrestrier verfügten; wir werden das später, bei Mirjams Sünde, näher erläutern.

Die Formulierung: „ … *noch seitdem du zu deinem Knecht redest …* ." ist nach Meinung des Verfassers ein Beweis dafür, daß man mindestens schon einmal vorher zusammengetroffen war und miteinander geredet hatte; bzw. zumindest der ʼEwigeʼ hatte zu ihm geredet. Das wird wahrscheinlich mit dem Brennender-Dornbusch-Spektakel geschehen sein, und Moses war damals so neugierig-überrascht gewesen, weil der Dornbusch wirklich (nicht) brannte – man kannte sich also schon! Das ist angesichts der Tatsache, daß der Kandidat für ein welthistorisches Ereignis auszuwählen war auch nicht weiter merkwürdig – ein kurzes Gespräch hätte wohl kaum genügt, ihn zu beurteilen. Ähnliches gilt möglicherweis auch für Aharon. Bei späteren Zusammentreffen wurde er sicher nicht jedesmal mit dem Dornbusch-Spektakel zum Gespräch befohlen. Der nicht brennende Dornbusch ereignete sich also wohl nur beim erstenmal, als Moses vom ʼEwigenʼ angesprochen wurde. Das werden spätere Redaktoren dann wahrscheinlich durcheinandergebracht haben, d. h. sie haben nicht begriffen, daß da in Wahrheit mehrere Zusammenkünfte stattgefunden hatten.

Da ging Mosche fort und kehrte zu seinem Schwiegervater Jeter zurück. … … …
Der Ewige aber sprach zu Mosche in Midjan: „Geh, kehre nach Mizraim zurück, denn gestorben sind alle die Leute, die dir nach dem Leben getrachtet! … … … Da sprach der Ewige zu Mosche: „Wenn du nun hinziehst, um nach Mizraim zurückzukehren, so achte auf alle die Wahrbeweise, die ich in deine Hand gelegt, und vollbringe sie vor Parʼo! <u>Ich aber werde sein Herz verhärten, und er wird das Volk nicht ziehen lassen</u> [vom Verf. hervorgehoben]. *Dann sollst du zu Parʼo sprechen: So spricht der Ewige: Mein erstgeborener Sohn ist Jisrael. Und ich habe dir gesagt: Entlasse meinen Sohn, daß er mir diene! Du aber hast dich geweigert, ihn ziehen zu lassen; so erschlage ich denn deinen erstgeborenen Sohn!"*
Die Formulierung vom ʼerstgeborenen(r) Sohn ʼ mag seltsam vorkommen; wir werden noch sehen, daß sie aus der Sicht der Mannamaschine eine grotesk

seltsame, aber auch unsäglich lächerliche Erklärung findet. Dennoch: Der Gottes-Sohn - Gedanke ist mit dieser Formulierung schon vorgegeben!

Es ist bemerkenswert, daß schon hier die später häufig auftauchende Wendung: *„Da flammte des Ewigen Angesicht auf wider Mosche ..."* verwendet wird, obwohl von einem Angesicht, wie später bei der Mannamaschine, keine Rede sein kann. Es wird sich um einen allgemeinen Terminus technicus für `in Zorn geraten´ gehandelt haben, mit oder ohne `Angesicht´. Auch sei darauf hingewiesen, daß diese Anordnung jetzt in Midjan erfolgt, also nicht am Dornbusch. Man sprach wohl mit einiger Selbstverständlichkeit mehrere Male miteinander; auch später noch, während die Aktion mit Pharao lief. Es ist einigermaßen bemerkenswert - man sollte eigentlich fassungslos darüber sein -, daß der angeblich allmächtige, allgegenwärtige und allumfassende Weltenschöpfer, `Gott´, vom Himmel hinabsteigt zu den Menschen – wie ein Astronaut, der sich eines dafür geeigneten Fahrzeuges bedienen muß; wie wir am Har Karkom so dramatisch miterleben werden.

Nachdem all diese Ausflüchte ausgeräumt waren, galt es das nächste Hindernis zu überwinden: entscheidend war, die Ältesten der Kinder Israel auch zu überzeugen. Das aber gelang mit Hilfe der Wunderzeichen ohne Mühe, die `Gott´, also die Extraterrestrier, ihm mitgegeben hatte:

„Und der Ewige sprach zu Aharon: „Geh Mosche entgegen in die Wüste." Da ging er und traf ihn am Berg Gottes und küßte ihn [Das hat sich also am Har Karkom, oder doch in dessen Nähe zugetragen. Der Text ist eine Bestätigung für unsere oben geäußerte Vermutung, daß die Extraterrestrier dort wohl schon öfter gelandet waren.]. *Und Mosche berichtete Aharon alle Worte des Ewigen, mit denen er ihn gesandt, und alle Zeichen, die er ihm aufgetragen. Dann gingen Mosche und Aharon hin und versammelten alle Ältesten der Kinder Jisrael. Und Aharon verkündete alle Worte, die der Ewige zu Mosche gesprochen, und er vollführte die Zeichen vor den Augen des Volkes. Da glaubte das Volk; und sie hörten, daß der Ewige die Kinder Jisrael bedacht, und daß er ihr Elend gesehen; da verneigten sie sich und warfen sich nieder."*

Es ergibt sich beim aufmerksamen Lesen des Textes so mancher Verdacht: Ohne Zweifel hatte man Moses auch schon vorher von oben beobachtet, wie es bei einigen Kandidaten der Marienerscheinungen der jüngeren und jüngsten Vergangenheit wahrscheinlich auch geschehen ist (z. B. in Fatima). Das Treiben der Schafe *„hinter die Wüste"* war also im fortgeschrittenen Zustand der Kontakte mit den Extraterrestriern wohl nur ein Vorwand – man konnte da so schön ungestört miteinander reden (und auch ungesehen – nur keinen Kargo-Kult verursachen!). Auch die Formulierung: *„ ... werdet ihr Gott an diesem Berg dienen."* hat Konsequenzen: Man wollte also schon ursprünglich die Kinder Israel nach dem Auszug am Gottesberg, dem Har Karkom, `empfangen´ und sie wahrscheinlich in religiösen Dingen unterweisen. Von einem Geschenk, der Mannamaschine, ist aber nicht die Rede; und das ist auch logisch so, wie wir noch erfahren werden. Der Weg hin nach dem Gottesberg war also von Anfang an geplant und nicht der entlang der Via Maris, der der nächste und bequemste gewesen wäre. Auch die Formulierung *„… denn gestorben sind alle die Leute, die dir nach dem Leben getrachtet."* macht nachdenklich: Wieso waren da viele Leute, die Moses nach dem Leben trachteten? Hatte sich da womöglich mehr ereignet als nur der eine Totschlag an einem Ägypter, und wieso wußte Pharao von dem ganzen Vorfall? Gab es vielleicht so etwas wie eine Jüdische Untergrundbewegung unter den Fronarbeitern? Und woher wissen die Extraterrestrier so genau, daß alle tot sind – hatte man da womöglich nachgeholfen? Einen Fehlschlag im Sinne einer Ermordung Moses' konnte und wollte man sich jedenfalls nicht leisten – man brauchte den Mann, den man in mühevoller, vielleicht monatelanger Arbeit aufgebaut hatte, und der sich obendrein dank seiner Hirtentätigkeit im Gelände so gut auskannte, und der deshalb auch bei den anderen Hirten und den Beduinen bekannt war – beides war lebenswichtig!

Dann war da noch das Problem mit dem Überzeugen der Kinder Israel selbst – niemand verläßt gerne die Umgebung und die Lebenssituation, die er gewohnt ist; auch dann nicht, wenn das Leben dort vielleicht etwas unbequem ist; und in damaligen Zeiten, in denen man ´draußen´ ein rechtloses Nichts war, erst recht nicht. Es gelingt die Überzeugung bei den Ältesten verblüffend einfach; bei den gewöhnlichen Menschen war es vielleicht nicht so leicht, wie die vielen Vorwürfe zeigen werden, die an Moses und Aharon bei jedem Problem auf der Wanderung gerichtet wurden. Das schnelle Einwilligen der Ältesten - wohl der Elite der Kinder Israel - läßt den Verdacht aufkommen, daß zumindest die Angehörigen dieser Elite von der Gottesbotschaft und der Gottesvorstellung, die da vermittelt wurden, nicht gar zu sehr überrascht waren. Es war wohl der Gedanke für sie nicht neu an den Gott, der unter Feuererscheinungen und mit Donnergetöse vom Himmel herabsteigen konnte.

Das wirft die Frage auf nach der Weitergabe der alten Geschichten aus dem Zweistromland bis hin zu den ausziehenden Juden in Ägypten (z. B. feurige, donnernde ´Engel´, die Paradies-Vorstellung, die Sintflut-Sage, die eindeutig sumerischen Ursprungs ist). Zwei Wege sind denkbar: Einerseits ist eine Weitergabe durch Erzählen von Generation zu Generation unter den Kindern Israel vorstellbar – zumindest unter den wissenden Ältesten; andererseits ist aber auch eine Wieder-Übernahme solcher Erzählungen von den Völkern, die man in Kanaan antraf, nicht auszuschließen. KRAMER (1959, Seiten 110/111 [zitiert nach der Deutschen Übersetzung]) schreibt dazu: „Sowohl an Form wie an Inhalt haben die Bücher der Bibel eine ziemlich große Ähnlichkeit mit den Literaturen früherer Zivilisationen im Nahen Osten. … … … . Die von den Sumerern geschaffene Literatur hat auf die Hebräer tiefen Eindruck gemacht, und eine der aufregendsten Seiten der Rekonstruktion von sumerischer schöner Literatur besteht darin, Ähnlichkeiten und Parallelen zwischen sumerischen und biblischen Motiven aufzustöbern. Freilich können die Sumerer die Hebräer nicht direkt beeinflußt haben, weil sie längst aufgehört hatten zu existieren, als das hebräische Volk die Bühne betrat. Aber es besteht kaum ein Zweifel daran, daß die Sumerer die Kanaaniten, die den Hebräern in dem später unter dem Namen Palästina bekannt gewordenen Lande vorangingen, und ihre Nachbarn, die Assyrer, Babylonier, Hethiter, Churrianer und Aramäer, tief beeinflußt haben. Ein gutes Beispiel für die sumerisch-hebräischen Parallelen liefert uns der Mythus von `Enki und Ninhursaga´. ..."

Es folgt dann bei KRAMER (1974) die sumerische Paradiesgeschichte vom Lande Dilmum: „Dilmum ist ein Land, das `rein´, `sauber´ und `hell´ ist – ein `Land der Lebenden´, wo es weder Krankheit noch Tod gibt. ... ... "

Bei Pharao

Man begibt sich schließlich zu Pharao, und da beginnt der ganze Trubel, den die Extraterrestrier mit allen seinen Konsequenzen ausdrücklich so wollten, wie der Text oben zeigt („*Ich aber werde sein Herz verhärten, und er wird das Volk nicht ziehen lassen.*"):

„*Hernach gingen Mosche und Aharon hin und sprachen zu Par'o: „So spricht der Ewige, der Gott Jisraels: Laß mein Volk ziehen, daß es mir ein Fest feiere in der Wüste!" Da sprach Par'o: „Wer ist der Ewige, auf dessen Stimme ich hören soll, Jisrael zu entlassen? Ich kenne den Ewigen nicht, und auch Jisrael werde ich nicht ziehen lassen." Da sprachen sie: „Der Gott der Ebräer ist uns begegnet; so laß uns doch drei Tagemärsche weit in die Wüste ziehen, daß wir schlachten dem Ewigen unserem Gott, daß er uns nicht heimsuche mit Pest oder Schwert." Der König von Mizraim aber sprach zu ihnen: „Warum, Mosche und Aharon, wollt ihr das Volk von seiner Arbeit abhalten? Geht an eure Fronarbeit" Und Par'o sprach: „Wahrlich, zuviel ist schon des Volks im Land, und ihr wollt es gar von seiner Fronarbeit feiern machen?"*

Und Par'o gebot zu jener Zeit den Fronvögten des Volkes und seinen Amtmännern und sprach: "Ihr sollt dem Volk kein Stroh mehr geben zum Verfertigen der Ziegelsteine wie gestern und ehegestern, sie selbst sollen hingehen und sich Stroh zusammenlesen. Das Ausmaß der Ziegel aber, die sie gestern und ehegestern verfertigt, sollt ihr ihnen auferlegen; mindert nichts daran, denn faul sind sie, darum schreien sie und sagen: `Wir wollen gehen und unserem Gott schlachten.´ Schwer muß die Arbeit auf den Leuten lasten, daß sie daran zu tun haben und nicht auf Lügenreden achten. Da gingen die Fronvögte des Volkes und seine Amtmänner hinaus und sprachen zu dem Volk: „So spricht Par'o: `Ich liefere euch kein Stroh mehr.´ Geht nun selbst hin und holt euch Stroh, wo ihr es findet, denn an eurer Arbeit wird nichts gemindert." ... ... Und die Amtmänner der Kinder Jisrael, die die Fronvögte Par'os über sie gesetzt hatten, wurden geschlagen, indem man sprach: „Warum habt ihr euren Satz Ziegel nicht wie vordem fertig gemacht, so gestern als heute?" Da kamen die Amtmänner der Kinder Jisrael, jammerten vor Par'o und sprachen: „Warum tust du so deinen Knechten? Stroh wird deinen Knechten nicht gegeben, `Ziegel aber´ - sagt man uns - `macht!´ Und nun werden

deine Knechte geschlagen und dein Volk gerät in Schuld." Er aber sprach: „Faul seid ihr, faul. Darum sprecht ihr: `Wir wollen hinziehen und dem Ewigen schlachten.´ ... ...
Da sahen die Amtmänner der Kinder Jisrael sich in Not ... ... Als sie nun Mosche und Aharon trafen, die dort standen, ihnen zu begegnen, da sie von Par'o herauskämen, sprachen sie zu ihnen: „Gott sehe auf euch und richte, die ihr uns bei Par'o und seinen Dienern in üblen Ruf gebracht ... ... Da kehrte Mosche zu dem Ewigen zurück und sprach: „Herr, warum tust du diesem Volk so übel? Warum hast du mich denn gesandt? ... ... gerettet aber hast du dein Volk nicht!"

Kapitelabsatz (6)

Der Ewige aber sprach zu Mosche: „Nun wirst du sehen, was ich Par'o tun werde; denn durch starke Hand wird er sie ziehen lassen, und durch starke Hand wird er sie aus seinem Land treiben."[Auch hier wird das Wort `Hand´ immer im Singular verwendet.] "

Es folgt dann der schon von der ersten Begegnung her bekannte Absatz, in dem der `Ewige´ (d. h. die Extraterrestrier) sich vorstellt als der Gott ihrer Väter (nur solche *nach* der Sintflut werden genannt): Es wird ausdrücklich gesagt: „*Ich bin der Ewige! ... ... aber mit meinem Namen „Ewiger" habe ich mich ihnen* [den Vorvätern] *nicht kundgetan.*" Man bemerke, daß der uns so geläufige und später so selbstverständliche Gottesname `JACHWE´ auch hier nicht erwähnt wird! Damit wird - ungewollt? - eine Entwicklung bei den Extraterrestriern erkennbar hinsichtlich ihres Namens, mit dem sie genannt (d. h. angerufen) werden wollen. Sie hatten wohl schon gemerkt, daß der Name „Ich bin" gar zu dürftig war. Also wurde hier eine Fortentwicklung vorgenommen, die der menschlichen Psyche schon erheblich besser angepaßt war. Es ist die Verlegenheit um den so ungenügenden Gottesnamen („Ich bin") jetzt dahingehend verbessert, daß man sich immerhin der „Ewige" nennt. Das war ein psychologisch bedeutsamer Fortschritt, denn aus der Formulierung „Ewiger" leitet sich automatisch eine gewisse Göttlichkeit ab, da nichts Menschengemachtes „ewig" ist, und das menschliche Leben erst recht nicht.

Ebenso psychologisch bedeutsam ist natürlich auch die gleichermaßen erklärende und wohl auch etwas entschuldigende Bemerkung: „*... aber mit meinem Namen „Ewiger" habe ich mich ihnen nicht kundgetan.*" Da keine Begründung für dieses Nicht-Kundtun gegeben wird, liegt hier ein Geständnis vor, daß der Name „Ewiger" wirklich eine Neuschöpfung war, also auch eine Verlegenheitslösung, wenn auch eine fortentwickelte und besser durchdachte.

Wir werden später die so überaus verblüffende, und ebenso folgenschwere Begründung dafür erhalten, weshalb der Gottesname `JACHWE´ hier noch nicht genannt sein *kann*. Zum jetzigen Zeitpunkt wird dieser Name jedenfalls mit so großer Selbstverständlichkeit übergangen, daß der Verdacht gerechtfertigt ist, daß es einen solchen Gottesnamen in der Tat noch nicht gab. Insgesamt werden wir den Eindruck nicht los, daß hier zwar von einem abstrakten Nicht-Kargo-Gott die Rede ist, daß aber diejenigen, die diese Figur in die Menschheitsgeschichte einführen wollen, sich über seine Benennung unter den Menschen im Unklaren sind – es herrschte da wohl `im Himmel´, also im Habitat, eine gewisse Ratlosigkeit. Das ist verständlich: Denn wie sollte man einen unsichtbaren, transzendenten Gott in einer Welt benennen, die nur sichtbare Götter, d. h. Gottesbildnisse, kannte und diese auch anbetete? Jede Benennung mußte sich unweigerlich auf ein Objekt beziehen; der Name „Ewiger" bot (scheinbar) eine brauchbare Lösung für das Problem. Aber: Das Wort „Ewiger" beschreibt letztlich doch nur eine Eigenschaft dieses neuen Gottes, nämlich, daß er „ewig" ist. So – wer oder was verbarg sich schlußendlich *hinter* dieser Eigenschaft? Wer oder was war da „ewig"? Kein Wunder, daß es im Habitat Verwirrung (und auch Streit?) über den zu findenden Gottesnamen gab: Einerseits mußte man den neu zu installierenden Gott benennen; andererseits würde jeder Name bei den Kindern Israel zu Gedanken-Assoziationen führen, die seiner transzendenten, unsichtbaren, allwissenden und allmächtigen Allgegenwart nicht gerecht werden konnten – ein unauflösbarer Teufelskreis!

Bei einem Kargo-Gott hätte man mit dem Problem keine Schwierigkeiten gehabt. Jedes Religion-auslösende Objekt und/oder Ereignis hätte für eine Namensgebung herhalten können. Wir erinnern uns an den Zwischenfall mit der Schechina im Paradies (dem Weltraum-Landefahrzeug und seinem Glanz; siehe erstes Buch des Verfassers), die alsbald von den Menschen mit so großer Selbstverständlichkeit verehrt wurde, daß die Extraterrestrier sich genötigt sahen, sie sofort in den Himmel zu heben; d. h. sie aus dem Gesichtskreis der Menschen zu entfernen.[1]
Bei der Verehrung einer solchen Maschine hätte sich jede Frage nach der Identität des neuen Gottes erübrigt, denn er hätte dann ja vor ihnen gestanden – was da noch fragen? Aber es wäre das wieder ein Bildnis-Gott gewesen, von denen man unter den Menschen überall (und besonders in Ägypten!) so viele aus Stein, Holz, Metall oder Ton schon hatte und verehrte – immer mit einem individuellen Namen, den jedes Kind kannte und auch völlig frei und offen aussprach. Eben das sollte sich nicht wiederholen, und deshalb das Grundproblem, den neuen Gott mit einem Namen zu belegen, der alles Geistige offen ließ und gleichzeitig jede Verwechslung mit den anderen Göttern ausschloß. Der aber dennoch den Menschen als allgegenwärtige, allwissende und omnipotente Instanz eben nicht nur helfend zur Seite stand, sondern auch als drohende Strafinstanz Tag und Nacht allgegenwärtig war (`Gott sieht und weiß alles!´).
[1] Wer dächte da nicht an das identische Verhalten der Ureinwohner Neuguineas, als sie zum erstenmal weiße Männer und deren Flugzeuge sahen; dazu unten mehr.

Das Problem wurde nie gelöst – auch unser Wort `Gott´ entläßt den Fragenden genau so schlau wie er/sie gekommen ist. Aber die Menschen, die den Auszug aus Ägypten vollzogen und überstehen mußten, kannten keinen abstrakten, namenlosen Gott; eine solche Vorstellung war ihnen völlig fremd. Sie waren schließlich in Ägypten aufgewachsen, dem Land mit den vielen Göttern und den vielen ungeheuer großen Gottes-Häusern, den Tempeln; dort hatte jeder Gott ganz selbstverständlich seinen Namen gehabt. Die Kinder Israel lösten das Problem, wohl mehr unbewußt, auf ihre Art, und die Extraterrestrier halfen ihnen dabei – ursprünglich wohl auch unbewußt und ungewollt. Sie waren mit dieser typisch menschlichen Lösung, die sich da so ganz selbstverständlich ergab, vielleicht auch sehr einverstanden; sie hatten selbst ja auch keine bessere. Wehe aber, wenn das Entstehen und die tatsächliche Bedeutung dieses von den Menschen(!) unbewußt geschaffenen Gottes-`Namens´ (!JACH-WE!) eines Tages durchschaut wurde! Alle alttestamentlich-kargokultisch Glaubenden würden dann wieder vor dem Nichts stehen. Und auch das Wort `ELOHIM´, das von den Extraterrestriern Moses und Aharon gegenüber gar nicht erst erwähnt wurde, würde keinen Ausweg zu bieten haben. Denn damit wären ja die Extraterrestrier selbst als Gott (korrekt `Götter´) benannt; und genau das sollte ja nicht geschehen – wahrlich, eine schier ausweglose Situation!

Es blieb aber das Hauptproblem: Pharao mußte zustimmen (wahrscheinlich Merenptah, eventuell kommt auch Ramses III. in Frage). Als man ihm schließlich den Wunsch vorträgt, in die Wüste zu ziehen und dem Gott der Kinder Israel zu opfern, wird er sehr böse, beschimpft sie als faul und verweigert ihnen das bisher zum Ziegelstreichen gelieferte Stroh; sie müssen es von jetzt an selbst sammeln. An der Zahl der täglich zu verfertigenden Ziegel wird aber nichts gemindert. Von der allgemein bekannten Knechtschaft abgesehen, möchten wir aus der Tatsache, daß die Zahl der abzuliefernden Ziegel nicht vermindert wird, zwischen den Zeilen eine gewisse hastige Eile beim Bau der Schur Ägyptens erkennen; denn damit, und mit dem Bau benachbarter Festungswerke und Vorratshäuser, war man wahrscheinlich beschäftigt. Aufgeschreckt vom Schicksal des Reiches der Achäer und dem der Hethiter und vieler anderer Völker, sowie zahlreicher großer, fester Städte - sie waren samt und sonders zerstört worden -, ahnte Pharao, was da mit dem Einbruch der Seevölker und Proto-Philister von Osten her auf ihn zu kam – höchste Eile war geboten! Ausgerechnet in einer solchen prekären Situation wollte dieses renitente Volk, das sich auch noch so stark vermehrte, daß es - angeblich - beängstigend war, in die Wüste ziehen und ein Fest feiern! Wen wundert es, daß Pharao böse wurde?!

Und er hatte Ursache dazu, denn es sollte sehr bald knüppeldick für ihn und für ganz Ägypten kommen – und jetzt ist wirklich *ganz* Ägypten gemeint! Es sollte bald zu einer welthistorischen Doppelschlacht kommen, zwischen den Seevölkerscharen und Proto-Philistern, einerseits, und den Truppen Ramses III., andererseits. Welthistorisch war diese Schlacht in vielerlei Hinsicht: Es ging nicht nur um Sein oder Nichtsein des Ägyptischen Staates, es ging auch um die (welt-)historische Zukunft für den gesamten Bereich des östlichen Mittelmeeres und des Vorderen Orients auf Jahrhunderte hinaus. Welthistorisch war diese Schlacht aber auch, weil sie gleichzeitig gegen die von Osten herandrängenden Scharen der Proto-Philister und Seevölker und auf einem Nilarm als kaum weniger bedeutende Flußschlacht gegen die von Norden herandrängenden gleichen Volksscharen geschlagen werden mußte. Es gelang Ramses III. (1187 - 1156 v. Chr.) unter

Aufbietung aller Kräfte, diesen Doppelangriff abzuwehren. Beide Schlachten sind in einer beispiellosen, ebenso detaillierten wie triumphalen Bilderfolge an den Mauern des Tempels von Medinet Habu dargestellt und dort heute noch zu besichtigen!

Einzelne Scharmützel und kleinere Schlachten hatten schon vorher im östlichen Bereich Ägyptens stattgefunden; wohl schon in den letzten Regierungsjahren seines (nicht unmittelbaren) Vorgängers Ramses II. Es wird meistens angenommen, daß der Auszug der Kinder Israel unter diesem Pharao stattfand. Wenn die Annahme zutrifft, daß der Auszug etwa 1220 v. Chr. sich ereignete, hätte er in den letzten Regierungsjahren dieses Pharaos stattgefunden, denn Ramses II. regierte (lt. Internet, Liste der Pharaonen) von 1279 - 1213 v. Chr. Siehe dazu aber die unten ausgeführten Überlegungen, die es wahrscheinlich machen, daß der Exodus frühestens unter seinem Nachfolger Merenptah stattfand.

Daß Ägypten etwa zur gleichen Zeit auch von Westen her von einer Koalition der (damaligen) Libyer zusammen mit den Seevölkern (und Tyrsenern, Proto-Etruskern?) bedrängt wurde, sei hier nur am Rande erwähnt. Dieser Ansturm ist für den Fortgang der hier modern-technisch ausgedeuteten Geschichte der Kinder Israel, dem Exodus, ohne Bedeutung geblieben (siehe Abb. 1).

Es ging also auf Biegen oder Brechen darum, die Befestigung möglichst rasch fertigzustellen! Dementsprechend bockbeinig stellte Pharao sich an: Er sagte „Nein!", und das neunmal. Wir wissen alle, wie er von den Extraterrestriern mit sogenannten Plagen langsam mürbe gemacht wurde, bis er dann schließlich nach der zehnten Plage so plötzlich - aus schierem Entsetzen - vorübergehend nachgab. Zunächst aber sah es gar nicht nach einem baldigen, friedlichen Auszug aus – ganz im Gegenteil:

*„Der König von Mizraim aber sprach zu ihnen: „Warum, Mosche und Aharon, wollt ihr das Volk von seiner Arbeit abhalten? Geht an eure Fronarbeit." ... ...
Ihr sollt dem Volk kein Stroh mehr geben zum Verfertigen der Ziegelsteine wie gestern und ehegestern... . ... Schwer muß die Arbeit auf den Leuten lasten, daß sie daran zu tu haben und nicht auf Lügenreden achten. ... ... Nun zerstreute sich das Volk im ganzen Lande Mizraim, um Stoppeln für das Stroh zu sammeln. Die Fronvögte aber drängten und sprachen: „Macht eure Arbeit fertig, des Tages Satz an seinem Tag, wie als es noch Stroh gab." Und die Amtmänner der Kinder Israel, die die Fronvögte Par'os über sie gesetzt hatten, wurden geschlagen, indem man sprach: „Warum habt ihr euren Satz Ziegel nicht wie vordem fertig gemacht, so gestern als heute?" Da kamen die Amtmänner der Kinder Jisrael, jammerten vor Par'o und sprachen: „Warum tust du so deinen Knechten? Stroh wird deinen Knechten nicht gegeben, `Ziegel aber - sagt man uns -, macht!' Und nun werden deine Knechte geschlagen und dein Volk gerät in Schuld." ... ...
Da sahen die Amtmänner der Kinder Jisrael sich in Not, weil sie sagen mußten: „Ihr sollt nichts mindern an euern Ziegeln, an des Tages Satz für seinen Tag." Als*

sie nun Mosche und Aharon trafen, die dort standen, ihnen zu begegnen, da sie von Par'o herauskämen, sprachen sie zu ihnen: „Gott seh auf euch und richte, die ihr uns bei Par'o und seinen Dienern in üblen Ruf gebracht und ihnen ein Schwert in die Hand gegeben habt, uns zu töten!" Da kehrte Mosche zu dem Ewigen zurück und sprach: „Herr, warum tust du deinem Volk so übel? Warum hast du mich denn gesandt? Denn seitdem ich zu Par'o gekommen, um in deinem Namen zu reden, hat er diesem Volk noch übler getan, gerettet aber hast du dein Volk nicht!"

Man möchte wissen, wohin Moses zum Ewigen zurückkehrte; es muß da einen ständigen Treffpunkt gegeben haben, nicht weit vom Palast entfernt. Er (oder Aharon) wird wohl kaum für jedes Gespräch mit den Extraterrestriern nach dem Berg Horeb, dem Har Karkom, gepilgert sein, denn der ist Luftlinie etwa 270km vom damaligen Ostägypten (d. h. dem östlichsten Nilarm) entfernt. Als eleganteste Lösung dieses Kommunikationsproblems war wohl schon jetzt ein Funkgerät in ihrem Besitz, das sie später, am Har Karkom und während der weiteren Wanderung, sowieso ständig brauchen würden.
(Den Funkverkehr zwischen Moses (auch Aharon?) und den Extraterrestriern werden wir unten in Teil III u. IV näher kennenlernen; siehe dazu auch „Die Ur-Kabbala" des Verfassers, wo der Funkverkehr im Urtext geradezu erklärt wird – wenn auch mit sehr einfachen, angemessenen Vergleichen.)

Kapitel-Absatz zwischen Kapitel 5 und Kapitel 6.
Der Ewige aber sprach zu Mosche: „Nun wirst du sehen, was ich Par'o tun werde; denn durch starke Hand wird er sie ziehen lassen, und durch starke Hand wird er sie aus seinem Land treiben."
Und Gott redete zu Mosche und sprach zu ihm: „Ich bin der Ewige! Und ich erschien Abraham, Jizhak und Jaakob als der gewaltige Gott; aber mit meinem Namen `Ewiger' habe ich mich ihnen nicht kundgetan. Und dann habe ich auch meinen Bund mit ihnen errichtet, ihnen das Land Kenaan zu geben, das Land ihres Aufenthalts, in dem sie weilten. Und nun: Ich habe auch das Gestöhn der Kinder Jisrael gehört, da die Mizräer sie knechten, und ich gedachte meines Bundes. Darum sage den Kindern Jisrael: Ich bin der Ewige! Und ich werde euch hinausführen aus der Lastknechtschaft Mizraims und euch erretten aus ihrer Fron und euch erlösen mit gestrecktem Arm[1)] *und durch große Strafgerichte. <u>Und ich nehme euch mir zum Volk, und ich will euer Gott sein</u>* [vom Verf. hervorgehoben], *und ihr sollt erkennen, daß ich, der Ewige, euer Gott, es bin, der euch hinausführt aus der Lastknechtschaft Mizraims. Und ich bringe euch in das Land, das Abraham, Jizhak und Jaakob zu geben ich meine Hand erhoben habe, und werde es euch zum Erbteil geben, ich, der Ewige." Da redete Mosche so zu den Kindern Jisrael; aber sie hörten nicht auf Mosche aus Kleinmut und wegen der schweren Arbeit. Aber der Ewige redete zu Mosche und sprach: „Geh, rede zu Par'o, dem König von Mizraim, daß er die Kinder Jisrael ziehen lasse aus seinem Land." Da redete Mosche vor dem Ewigen und sprach: „Sieh, die Kinder Jisrael haben nicht auf mich gehört, wie sollte da Par'o auf mich hören? Und ich bin doch ungelöster Lippen." Und Gott redete zu Mosche und Aharon und entbot sie an die Kinder*

Jisrael und an Par'o, den König von Mizraim, um die Kinder Jisrael herauszuführen aus dem Land Mizraim. ..."

[[1]) Der gestreckte Arm bzw. die erhobene Hand ist auch hier wahrscheinlich eine (unbewußte) Erinnerung an die Mannamaschine, die ihren „Arm" mit der „Hand" hervorstrecken konnte, beide im Singular (die Maschine hatte nur einen `Arm´ mit einer `Hand´; siehe Teil III und „Die Ur-Kabbala").]

„Der Ewige aber sprach zu Mosche: „Sieh ich habe dich als Gott [sic!] *für Par'o eingesetzt, und Aharon, dein Bruder, soll dein Weissager sein." ... ... Und Mosche war achtzig Jahre alt und Aharon dreiundachtzig Jahre, als sie zu Par'o redeten."*

Mit dem Wort „Gott" ist das so eine Sache, wie oben erläutert wurde. Da hatte der Ewige ja auch schon vorher zu Moses gesagt, daß er (Moses) „Gott" für Aharon beim Sprechen sein sollte. Mit dem Wort ist wohl nicht immer die Bedeutung gemeint, die wir heute mit dem Wort „Gott" verbinden. Es ist wohl eher nur im Sinne von `Vorsprecher´ oder `Aufseher´ oder so ähnlich gemeint. Wie könnte sonst der Ausspruch: „ *... ich habe dich als Gott für Par'o eingesetzt ...*" sinnvoll, also religiös, zu verstehen sein. Das mag hingehen, bringt uns aber in einige Verlegenheit: Wann immer von „Gott" aus dem Munde der Extraterrestrier die Rede ist, müssen wir nach der gerade gemeinten Bedeutung dieses inhaltsschweren Wortes fragen: ist der religiöse (allmächtige) „Gott" gemeint, oder nur irgend eine irdische Kommandogewalt, eine Oberaufsicht, o. ä.? Da tun sich möglicherweise Abgründe auf, die geeignet sind, die bisherige Deutung etlicher religiöser Aspekte des Buches Exodus zu erschüttern! – ähnliches gilt möglicherweise auch für das inhaltsschwere Wörtchen „heilig", wie wir noch sehen werden.

Der angekündigte Wahrbeweis mit dem Stock, der zur Schlange werden soll, wirkt nicht, wie ebenfalls angekündigt, denn Pharaos Zauberer können das ebenso gut (wie das möglich war, bleibt unklar). Auch hatte der `Ewige´ ja ausdrücklich erklärt, daß das nicht funktionieren *sollte*:

„Ich aber werde Par'os Herz verhärten und will meiner Zeichen und Wahrbeweise viel sein lassen im Land Mizraim."
[Man wollte also Eindruck schinden. Das hindert den Text aber nicht daran, noch im gleichen Absatz den `Ewigen´ ausrufen zu lassen:]
„Verstockt ist das Herz Par'os; er hat sich geweigert, das Volk ziehen zu lassen. Geh zu Par'o am Morgen, da geht er ans Wasser hinaus; dann tritt ihm entgegen am Ufer des Flusses, ... "

Die Extraterrestrier kennen also die Gewohnheiten Pharaos ganz genau und sie orientieren ihr Verhalten daran: Er tritt morgens ans Ufer, da kann man ihn abfangen und ihn in ein Gespräch verwickeln. Es stört die Extraterrestrier auch nicht weiter, wenn sie einerseits das Herz Pharaos verstocken (Wie geschieht das? Darüber wird bei einem späteren Anlaß noch zu sprechen sein.) und andererseits nahezu im gleichen Atemzug vorwurfsvoll sagen: „*Verstockt ist das Herz Par'os;*

er hat sich geweigert, das Volk ziehen zu lassen." Einer der zahlreichen Hinweise auf die grenzenlose und bedenkenlose Überheblichkeit der Extraterrestrier den Menschen gegenüber: Man spielt mit diesen „Mücken"[1] ganz nach Belieben; irgendeine Rücksicht, oder auch nur die primitivste Logik, ist da nicht nötig. Es sei denn, man braucht gerade einige von diesen Mücken, wenn es aus irgendeinem Grunde für die Pläne und Absichten der Extraterrestrier opportun ist. Daß das alles auch so gewollt inszeniert wurde von den Extraterrestriern, geht zweifelsfrei aus der Tatsache hervor, daß nicht die geringsten Vorbereitungen für den Auszug der Kinder Israel getroffen werden; so auch bei den nachfolgenden Plagen. Erst bei der zehnten ist man sich sicher (und erst da ist das Nachgeben Pharaos wohl auch wirklich gewollt): Jetzt wird es funktionieren! Aber wozu das ganze Getue mit den übrigen Plagen, von denen die meisten obendrein von einer fast lächerlichen Selbstverständlichkeit waren, wie wir gleich sehen werden?

Es hilft aber alles nichts, Pharao weigert sich aus den oben angeführten Gründen, die Kinder Israel ziehen zu lassen. Um die Erlaubnis für den Auszug dennoch zu erzwingen, werden die berühmten zehn Plagen inszeniert.

[1] Der verächtliche Begriff „Mücke(n)" für Menschen stammt aus dem Hebräischen Henochbuch (Kapitel 5, 2A): „...(ist er nicht nur) eine Mücke zwischen denen, die die Flamme spalten?"

Die zehn Plagen: Was sie in Wahrheit erzählen – zwischen den Zeilen
Obwohl jeder von diesen sprichwörtlichen zehn „Biblischen Plagen" gehört hat, und die wichtigsten auch mit Einzelheiten allgemein bekannt sind (z. B. die Rotalgen (Wasser in „Blut" verwandeln) und die Heuschrecken; die „ägyptische Finsternis" ist sprichwörtlich), wollen wir uns diese Plagen und die mit ihnen einhergehenden Begleiterscheinungen näher ansehen und sie analysieren. Wir können da eine Menge über die wahre Natur von sogenannten `Wundern´ und über die Vorgehensweise der Extraterrestrier lernen. Vieles wird dann unmittelbar verständlich, und einiges weist auch in die Zukunft – auf eine insgesamt ungute, nicht selten mörderische Zukunft.

Also zunächst die zehn Plagen der Reihe nach, wie in der JB beschrieben; ob das die tatsächliche, also ursprüngliche, Reihenfolge war, muß offen bleiben:

1) W a s s e r   i n   B l u t   v e r w a n d e l n
„Sieh, ich schlage mit dem Stab, der in meiner Hand ist, auf das Wasser, das in dem Fluß ist, und es wird sich in Blut verwandeln. Und die Fischbrut, die im Fluß ist, wird sterben, und der Fluß wird stinkend werden, daß die Mizräer kein Wasser aus dem Fluß trinken können. ... ... Blut wird sein im ganzen Lande Mizraim, selbst in Holz und Stein. ... ... Da verwandelte sich alles Wasser, das im Fluß war, in Blut.

2) **F r ö s c h e**
... so will ich dein ganzes Gebiet mit Fröschen schlagen ... und sie werden heraufkommen und in dein Haus und dein Schlafgemach ... und in deine Teigtröge.
3) **U n g e z i e f e r**
... und Aharon ... schlug den Staub der Erde. Da war das Ungeziefer an den Menschen und an dem Vieh, aller Staub der Erde wurde zu Ungeziefer im ganzen Land Mizraim.
4) **H u n d s f l i e g e n**
... so sende ich ... die Hundsfliegen, und voll werden sollen die Häuser der Mizräer von den Hundsfliegen ... . Ausnehmen aber werde ich an jenem Tag das Land Goschen, darauf mein Volk sich aufhält, daß dort keine Hundsfliegen sind. ... . Und ich will eine Rettungswand aufrichten zwischen meinem Volk und deinem.
5) **V i e h s e u c h e**
... sieh, so kommt die Hand Gottes über dein Vieh ... mit einer sehr schweren Seuche. Und der Ewige wird scheiden zwischen dem Vieh Jisraels und dem Vieh Mizraims, daß von allem, was den Kindern Jisrael gehört, nicht ein Stück sterben wird.
6) **G e s c h w ü r e**
Nehmt euch, eure Hände voll Ofenruß ... und er wird an Mensch und Vieh zu Geschwür werden, das in Blattern wuchert, im ganzen Land Mizraim.
7) **H a g e l**
So lasse ich denn morgen um diese Zeit einen sehr schweren Hagel niedergehen, ... Da streckte Mosche seinen Stab zum Himmel hinan; und der Ewige sandte Donnerschläge und Hagel, und Feuer [sic] fuhr zur Erde nieder; und der Ewige ließ Hagel fallen auf das Land Mizraim. Es war Hagel, und Feuer, sich ballend mitten im Hagel, sehr schwer, ... Und der Hagel erschlug im ganzen Land Mizraim alles, was auf dem Felde war, Mensch und Vieh; ... ... Jedoch der Weizen und der Spelt waren nicht zerschlagen, denn sie sind spätreifend. ... ... Da hörten die Donnerschläge und der Hagel auf, und der Regen ergoß sich nicht mehr zur Erde.
8) **H e u s c h r e c k e n**
... sieh, so bringe ich morgen Heuschrecken in dein Gebiet ... und sie werden den verschonten Rest wegfressen, der euch von dem Hagel übrig geblieben ... ... Da streckte Mosche seinen Stab über das Land Mizraim hin, und der Ewige trieb einen Ostwind über das Land ... ; als es Morgen wurde trug der Ostwind die Heuschrecken herbei.
9) **F i n s t e r n i s**
... so wird Finsternis sein über dem Land Mizraim, dunkelste Finsternis. ... und es wurde dichte Finsternis im ganzen Land Mizraim, drei Tage lang. Keiner sah den andern, und niemand konnte sich von seiner Stelle erheben, drei Tage lang; aber die Kinder Jisrael hatten alle Licht an ihren Wohnsitzen.
10) **T o d d e r E r s t g e b u r t a n M e n s c h u n d V i e h**
Und ich werde in dieser Nacht durch das Land Mizraim ziehen und werde jeden Erstgeborenen im Land Mizraim schlagen, so Mensch wie Vieh ... . Ihr aber, keiner von euch gehe hinaus aus der Tür seines Hauses, bis zum Morgen."

Bei aufmerksamem Lesen wird sofort eines klar: Die hier aufgeführten Ereignisse, die Plagen, gehören zwei, beziehungsweise drei Gruppen an.
Da ist zunächst die Gruppe der überwiegend biologisch-natürlichen alltäglichen Erscheinungen, die entlang eines großen Flusses mit stark schwankendem Wasserstand nichts überwältigend Neues und Unerhörtes waren (die alljährlich *rasch* einsetzende Nilüberschwemmung und ihr *langsames* Wiederabnehmen). In diese Gruppe gehören mit Sicherheit die Plagen der Nummern 1 – 4, 8 und 9. Daß die Extraterrestrier das Eintreten dieser Ereignisse als Wunderwerk des `Ewigen´ hinzustellen versuchen, kann nur als Trittbrettfahrerei bezeichnet werden. Es haben diese Plagen schon damals die Ägypter (und wohl auch die Kinder Israel) nicht sonderlich beeindruckt – sie alle kannten solche Vorfälle zur genüge. Dementsprechend sagt Pharao später, bei den wirklichen `Wundern´: „*Diesmal* habe ich gesündigt". Er erkennt also, wenn auch vielleicht unbewußt, den grundsätzlichen Unterschied der beiden `göttlichen´ Plagen (7 und 10) zu den übrigen Plagen, die wenig Göttliches an sich hatten, trotz des Tamtams, das Moses (und Aharon?) jedesmal machten.

Wir wollen uns diese Plagen und ihre Begleiterscheinungen der Reihe nach kurz aus naturwissenschaftlicher Sicht näher ansehen.
Beschrieben werden in der ersten Gruppe der Plagen ausschließlich natürliche Dinge und Ereignisse, die entlang des Nils oft aufgetreten sein werden; deshalb wohl auch ihr vergleichsweise geringer Eindruck auf Pharao und seine Männer. Wasser in (echtes) Blut zu verwandeln (**1**) ist unmöglich; es wird sich um die oft auftretende massenhafte Vermehrung von Rotalgen gehandelt haben. Die Ägypter waren wenig beeindruckt; sie kannten das Phänomen und wußten auf der Stelle Abhilfe: sie gruben kleine Notbrunnen entlang des Flusses. In denen war das Wasser rein und genießbar, weil die Siebwirkung des angezapften Flußsediments die Algen zurückhielt. Daß die verwesenden Algenmassen in stehenden Wasserlachen einen unangenehmen Geruch verbreiteten, konnte auch niemand verwundern: es war jedes Jahr so.

Wir lesen dazu bei SCHWAB (1995): „Blutregenalge [die heißt lt. Schwab auf Deutsch wirklich so] *Haematococcus pluvialis*: Färbung grün bzw. hellrot, wenn sie sehr zahlreich vorkommen oder das Wasser sehr nährstoffarm ist. Dauerstadien intensiv rot ... . Vor allem in kurzlebigen Gewässern, z. B. Pfützen, Felslöchern und manchmal sogar in Weihwasserbecken . ... Die Blutregenalge erscheint meist im frühen Sommer ... . Im Laufe des Sommers wandelt sie sich in die rot gefärbte, kreisrunde Überdauerungsform um. ... Carotinoide (verursachen) die Rotfärbung von *Haematococcus*. Carotinoide sind Farbstoffe, die auch in Karotten vorkommen." Daß diese Algen auch in Stein und Holz auftraten, das sich in der Nähe des Wassers befand, kann ebenso wenig überraschen. Das Phänomen ist von vielen Algenarten weltweit bekannt, die von der Oberfläche entlang feinster Haarrisse ins Gestein eindringen und dort mit bloßem Auge erkennbare, mehr oder

weniger zusammenhängende Farbhorizonte bilden können (rot oder grün); das gleiche mag u. U. auch für Holz gelten.
Auch das Phänomen des üblen Geruchs bei absterbenden und verwesenden Algen (zusammen mit verendenden und ebenfalls verwesenden Fischen) ist von ausgesprochen banaler Selbstverständlichkeit – weltweit. Im gleichen Werk von Schwab lesen wir über das Verwesungsverhalten der auch in Deutschland einheimischen Netzblaualge (*Microcystis aeruginosa/flos-aquae*): „Kommt die Netzblaualge massenweise vor, dann färbt sich das Wasser gelblich und nimmt einen üblen Geruch an. Der Gestank kommt daher, daß beim Absterben der riesigen Algenmassen sehr viel Sauerstoff verbraucht wird. Es kommt zu Fäulnisprozessen im Wasser, die gelegentlich zu dramatischen Fischsterben führen können [sic]." Ob Schwab geahnt hat, daß er mit dieser Beschreibung die wichtigsten Aspekte der ersten Plage beim Auszug der Kinder Israel aus Ägypten beschrieben hat (man braucht „gelblich" nur durch „rot" = „Blut", zu ersetzen)? – alles andere stimmt fast wörtlich überein. Dabei bezieht dieser Text sich auf die hiesigen Verhältnisse im klimatisch gemäßigten Mitteleuropa – was mag da unter der heißen Sonne des ägyptischen Frühlings bzw. Frühsommers an Gerüchen jedes Jahr mit größter Selbstverständlichkeit entstanden sein. Kein Wunder, daß die Ägypter wenig beeindruckt waren und ganz selbstverständlich die kleinen Notbrunnen gruben – wie sie es schon so oft getan hatten. Daß die von Schwab beschriebenen Dinge sich besonders in Pfützen, kleinen Wasserlöchern etc. abspielen, gibt einen wichtigen Hinweis auf die Jahreszeit des Auszuges: Solche Pfützen bildeten sich nicht bei rasch steigendem Wasserspiegel, wohl aber bei langsam sinkendem. Man war also in der Zeit des wieder absinkenden Wasserspiegels des Nils im späten Frühling bzw. im Frühsommer, s. u.

Plage **2**, die Frösche, ist angesichts des Flusses und seiner großflächigen Überschwemmung fast schon lächerlich, wenn auch die Zahl der Frösche in diesem Jahr wahrscheinlich ungewöhnlich groß war, was vielleicht einen Rückschluß auf einen ungewöhnlich hohen Wasserstand mit entsprechend großflächiger Überschwemmung zuläßt. Die Plagen **3** und **4** beschreiben beide Ungeziefer, dessen Larven wohl im flachen Wasser der großflächigen Nilüberschwemmung gediehen. Besondere Bedingungen, die unten diskutiert werden sollen, konnten aus diesen ebenfalls alljährlich auftretenden Erscheinungen leicht vorübergehend eine wirkliche „Plage" machen.

(Es mag in diesem Zusammenhang interessant sein, daß in Plage 3 behauptet wird, daß „aller Staub der Erde … zu Ungeziefer" wird. Diese Bemerkung, so falsch sie biologisch ist, darf uns nicht verwundern: Auch in Europa wurde bis ins siebzehnte Jahrhundert hinein geglaubt, daß Ungeziefer *unmittelbar* aus Staub, d. h. Schmutz, entstehen kann. Abhilfe brachte erst die Erfindung des Mikroskops, das zeigte, daß auch Ungeziefer Eier legt, aus denen dann rasch weitere Ungeziefer-Scharen heranwachsen, die wieder Eier legen, usw.)

Das gleiche gilt für Plage **8**, die Heuschrecken, die sicher nichts Neues in Ägypten waren, was im Text auch angedeutet ist. Bezeichnenderweise mußte der Ostwind die ganze Nacht wehen, bis dann am anderen Morgen die Heuschrecken wirklich erschienen. Daß diese Plage bei drehendem Wind von der Natur rasch wieder behoben werden konnte, kann bei Insekten, die sich fliegend fortbewegen, nicht überraschen. Es war also der *Wind* nötig (und nicht etwa ein Wunder) um die Heuschrecken aus Arabien heranzuführen, einer trockenen Landschaft, die bis heute als klassische Brutstätte der Wüstenheuschrecke gilt.

Bemerkenswert ist Plage **9**: Ein solches Phänomen, mehrere Tage absolute Finsternis, ist außerhalb der Polarregionen auf der Erde nur bei schweren Vulkanausbrüchen (und evtl. bei extrem umfangreichen Bränden) bekannt, die die Sonne verfinstern können. Möglicherweise war ein Vulkan in der Ägäis besonders heftig ausgebrochen, etwa der Vulkan Santorin/Thera? Abgesehen von dieser Plage, der „ägyptische Finsternis", handelt es sich bei den bisherigen Plagen, mit Ausnahme der Heuschrecken, um solche, die von der Nähe des Nils und seiner speziellen Hydrodynamik nicht nur problemlos zu erklären sind, sondern sich zwangsläufig ergaben - alljährlich einmal großflächige Überschwemmung seiner Umgebung, besonders im weiteren Deltabereich -, daran war nichts Neues, nichts Wunder-bares!

Es folgen dann zwei Plagen, die Nummern **5** und **6** (Viehseuche und Geschwüre), die zwar auch natürlich-biologisch sind, und die ohne Zweifel so schon vorher in Ägypten aufgetreten waren, die aber möglicherweise von den Extraterrestriern als eine Art biologische Kriegsführung künstlich verstärkt wurden. Bei Ausschütten entsprechender Krankheitskeime, z. B. von Fluggeräten aus, konnte man diesen bekannten Krankheiten leicht eine noch nie dagewesene Dimension verleihen. Solche Krankheitskeime konnte man bei konsequenter Berücksichtigung der Windrichtung überdies recht genau platzieren – und so das Vieh der Kinder Israel schonen. Insofern nehmen diese beiden Plagen eine Zwischenstellung ein zwischen den rein natürlichen, bekannten, und den rein künstlich-technisch verursachten `Wunder´ - Plagen, die anschließend erläutert werden.

Unklar bleibt die Bedeutung des Wortes „Rettungsmauer". Konnte man von oben her möglicherweise eine (unsichtbare) elektromagnetische Barriere um das wahrscheinlich kleine Gebiet der Israelis ziehen (ca. sechshundert Familien), die das Eindringen der Krankheitskeime verhinderte und/oder solche abtötete; verfügten die Extraterrestrier über die Möglichkeit, das Gebiet elektromagnetisch abzugrenzen und/oder zu desinfizieren? Eine solche Vermutung ist nicht so phantastisch, wie sie auf dem ersten Blick erscheinen mag. So lesen wir in Spiegel ONLINE vom 28. 3. 2011: „Brandbekämpfung: Forscher bändigen Feuer mit elektrischem Feld." Geht das womöglich auch mit Luftströmungen und den von ihnen eventuell transportierten Krankheitskeimen? Kann man solche Strömungen womöglich elektromagnetisch steuern? Daß die Extraterrestrier über eine solche Möglichkeit in der Tat verfügten, beweist z. B. im AT die Geschichte mit den drei

Männern im Feuerofen, die nicht verbrennen, aber bei denen plötzlich ein vierter ist, dessen „Aussehen … gleicht dem eines Gotteswesens." Oder hatten sie die Möglichkeit, einen entsprechenden Luftstrom mechanisch so zu lenken, daß er das (kleine) Gebiet der für den Auszug vorgesehenen Juden umfloß und damit für evtl. Krankheitskeime unerreichbar machte; konnte man womöglich beide Vorgehensweisen (elektromagnetische ʾRettungsmauerʾ und Luftstrom-Lenkung) miteinander kombinieren? Später, auf dem Berg Sinai (dem Har Karkom) werden wir eine wahrscheinlich vergleichbare Vorgehensweise der Extraterrestrier kennenlernen, dort aber mit einer Rauchwand.

Kurze zusammenfassende Betrachtung der hydrodynamischen Gegebenheiten im Nildelta für das Zustandekommen der Wasser-bezogenen Plagen.
Die genaue Beschreibung der ersten Plage, die eben nicht nur vom Blut (den Rotalgen) im Wasser spricht, sondern ausdrücklich auch vom Absterben der Fischbrut, erlaubt, zusammen mit dem massenhaften Auftreten der Frösche, wahrscheinlich noch weitergehende Rückschlüsse auf die näheren Umstände, die zu den Plagen der ersten Gruppe führten.

Vergegenwärtigen wir uns was beschrieben wird, so ist zu vermuten, daß die Plagen der ersten Gruppe während des langsamen Zurückweichens der alljährlichen Nilüberschwemmung aufgetreten sind. Denn während des Zurückweichens des Hochwassers haben sich ohne Zweifel zahlreiche flache Pfützen, Teiche und kleine Seen gebildet, die mehrere Wochen existiert haben, bevor sie endgültig austrockneten. In ihnen konnten sich die Fischbrut, die Kaulquappen der Frösche und auch die Larven des Ungeziefers und der Hundsfliegen entwickeln; das war der normale Gang der Dinge. Beim raschen Einsetzen des Hochwassers oder während des normalen Wasserstandes wäre all dieses Kleingetier von der Fließbewegung des Wassers fortgeschwemmt worden, und die Rotalgen hätten sich gar nicht erst so massenhaft vermehrt.

Insgesamt haben wir deshalb nahezu mit Sicherheit ein Szenario, das alljährlich beim *Rückzug* des Nilhochwassers mehr oder weniger ausgeprägt auftrat.
Da Angaben zum unbeeinflußten Gang des Nilhochwassers vor Einsetzen der modernen Verbauungen des Flusses in der Literatur nicht mehr so leicht zu finden sind, hier eine kurze Beschreibung mit den entsprechenden Monatsangaben (nach SCHAMP, 1977): „Das Einsetzen der Flut wurde alljährlich - nach unserem Kalender am 19. Juli - mit großem Gepränge gefeiert. Denn nach einem Tiefstand im Mai–Juni steigt der Fluß nun rasch an, um im August–September seinen Höchststand zu erreichen, der im Durchschnitt den Wasserstand am Pegel Kairo von 1m auf über 7m steigen läßt. Dem *raschen* Anstieg der Flut folgt in den Wintermonaten ein zunächst nur *zögerndes* Fallen des Flusses bis zum erneuten Tiefstand im Frühsommer des nächsten Jahres." (Kursiv: vom Verfasser hervorgehoben.)

Es war also nach dem Eintreten des Höchststandes des Flusses genug Zeit für die Fischbrut, die Kaulquappen, die Larven des Ungeziefers und auch für die Rotalgen, sich zu entwickeln beziehungsweise sich zu vermehren. *Das war jedes Jahr so.* Wenn aber der Vorgang von einem ungewöhnlich langandauernden Rückzug des Wassers begünstigt wurde - vielleicht wegen eines besonders starken Hochwassers - dann konnten sich da Unmassen an Kleingetier und Geziefer entwickeln und leicht zu einer noch größeren Plage werden, als es sowieso jedes Jahr der Fall war.

Diese Hydrodynamik und die im AT beschriebenen Ereignisse lassen einen bemerkenswerten Schluß auf die Dauer der Plagen-Zeit zu: Wenn Pharao zu Beginn der Auszugspläne noch an den Fluß treten konnte, wie oben von den Extraterrestriern ausdrücklich bezeugt wird, so war dieser wahrscheinlich gerade in der Endphase seines Anschwellens begriffen, und Pharao hatte allen Grund, sich um die endgültige Höhe der Überschwemmung zu sorgen, denn vom endgültigen Ausmaß der jeweiligen Nilschwelle hingen Wohl und Wehe von ganz Ägypten ab! Während des Höchststandes und des zunächst langsamen Zurückgehens des Wassers konnten dann die oben erläuterten biologisch bedingten ´Plagen´ auftreten. Danach kamen die wirklichen ´Wunder´, und erst dann wurde überstürzt ausgezogen. Das bedeutet aber, daß die ganze Ereigniskette - vom ersten Wunsch nach Auszug bei Pharao bis hin zum wirklich erfolgten Auszug - über mehrere Monate sich erstreckt hat.

Der Verlauf der gesamten Geschichte erlaubt möglicherweise eine genaue Datierung des Auszugs*jahres* der Kinder Israel aus Ägypten: Wenn die oben geäußerte Vermutung stimmt, daß mit der Formulierung: „ *... nach so langer Zeit* ...“ der Tod Ramses II. gemeint ist, dann wäre der Auszug also - nach Vollzug der Plagen - unter seinem Nachfolger Merenptah erfolgt, der von 1213 bis 1204 v. Chr. regierte. Aus seiner Regierungszeit sind, bezogen auf die Nilschwemme, die folgenden Angaben überliefert (Auswahl; nach Internet, Wikipedia; Gregorianischer Kalender):
1. Regierungsjahr (1213 v. Chr.): 11. August: Geburt der großen Nilflut;
2. Regierungsjahr (1212 v. Chr.): 12. Juli: Geburt der großen Nilflut;
10. Regierungsjahr (1204 v. Chr.): 20. Juli: Geburt einer großen Nilflut.

Nun werden die Extraterrestrier nach dem Tode Ramses II. sich nicht zehn Jahre Zeit genommen haben, (also bis 1204), um Moses (und Aharon) zu informieren, daß ihre Feinde und auch der Pharao gestorben waren, denn man war ja auch ´oben´ in Eile: Die heranrückenden Seevölker und Proto-Philister würden nicht warten! Da für die Nil-bezogenen Plagen aber eine besonders starke Überschwemmung nötig war, ergibt sich damit für Merenptah als Jahr des Auszuges nahezu mit Sicherheit das Jahr 1213 oder 1212 v. Chr. Scheinbar problematisch wird der Fall dadurch, daß Merenptah aber nach diesen Jahren noch bis 1204 gelebt und regiert hat; er kann also beim Verfolgen der Kinder Israel, d. h. beim Durchqueren des Schilfmeeres, nicht mit umgekommen sein; dazu unter mehr.

Aus dieser scheinbaren Problematik ergeben sich zwei Möglichkeiten: Entweder war Merenptah auf dem Zug entlang der Nehrung und beim tödlichen Durchqueren des Schilfmeeres nicht dabei (Wir werden noch sehen, daß es um maximal Zwei- bis Dreitausend bestenfalls mangelhaft bewaffnete Menschen ging; war es da nötig, den Pharao mit seinem gesamten Heer hinterherziehen zu lassen?); oder es war einer der nur kurz regierenden Pharaonen nach Merenptah, der an diesem katastrophalen Zug teilnahm, dabei aber auch nicht umkam, wie wir sehen werden. Dann ergäben sich für den Auszug aber Zahlen nach 1204.

Aus dem Fortgang der Geschichte geht hervor, daß die Kinder Israel nach diesen Ereignissen, also ungefähr am Ende des Hochwassers, Ägypten endgültig verließen. Diese zeitliche Abstimmung war auch für die Kinder Israel sehr günstig: Sie hatten dann den Vorsommer für ihre Wanderung vor sich. Das war durchaus vernünftig, denn ursprünglich war ja von den Extraterrestriern eine vergleichsweise kurze Wanderung bis zum Gottesberg geplant, dem Har Karkom. Diese Wanderung hätte höchstens einige Wochen gedauert. Man wäre also im späten Frühling, oder der ersten Hälfte des Sommers, nach Ablauf des Hochwassers am Nil, aus Ägypten fortgezogen und hätte den Süden des Landes Kanaan zur günstigsten Jahreszeit erreicht, etwa am Ende der ersten Sommerhälfte, wenn das Gras noch nicht verdorrt und vertrocknet war.

Es sollte aber alles ganz, ganz anders kommen – welthistorisch anders!

Die noch ausstehenden Plagen **7** und **10** gehören einer anderen Kategorie an, einer anderen Machart. Sie sind eindeutig von einer außerirdischen Intelligenz technisch verursacht (7) beziehungsweise von einer solchen Intelligenz ´eigenhändig´ durchgeführt (10). Bei der zehnten Plage wird zudem erkennbar, daß die Extraterrestrier davon ausgehen, daß diese, letzte, Plage das gewünschte Ziel, die Erlaubnis zum Auszug der Kinder Israel aus Ägypten, mit Sicherheit unmittelbar bewirken wird.

Die Plage **7** erinnert an mehrere schon bekannte Ereignisse aus späterer Zeit: Da ist zunächst der Vorfall im Buch 1 Kön. 18, 41-45, wo der Bursche des Elija mehrere Male aufs Meer schauen muß und erst mit dem Erscheinen einer kleinen, faustförmigen Wolke, die aufsteigt vom Meer her, die korrekte Vorhersage des zu erwartenden Regens ausgesprochen wird; es regnet dann auch bald danach. Erinnert sei auch an die Abfolge Regen und danach Wärme, die sich im Rahmen der Ereignisse von Fatima mindestens einmal abspielte. Es erinnert die Plage **7** auch sehr an in jüngster Vergangenheit vorhergesagte Katastrophen, deren Haupt-Aspekte sich sehr gut in dieses Szenario einfügen. Der Verfasser hat in seinem ersten Buch zur Prä-Astronautik die fast schon primitiv einfache Physik erläutert, die hinter diesen ´göttlichen´ Ereignissen, diesen ´Wundern´, verborgen ist.

Auffällig ist bei der siebenten Plage nur, daß Regen und Feuer gleichzeitig vom Himmel fallen, was sich aber mit zwei Fluggeräten leicht im Sinne der Rekonstruktion des Verfassers bewerkstelligen läßt. Während aber ansonsten eine sorgfältige Trennung zwischen Regen und *danach* Feuer, das vom Himmel fällt, vollzogen wird, fallen bei der siebenten Plage beide *gleichzeitig* vom Himmel. Da die Möglichkeit der Trennung beider Phänomene (Regen und Feuer) den Extraterrestriern ohne Zweifel klar war, muß die Gleichzeitigkeit hier gewollt sein. Vielleicht wollte man eine großflächige Feuerkatastrophe vermeiden, da Ägypter und Juden offensichtlich nahe beieinander wohnten, zum Teil wohl sogar zwischeneinander. Ein allgemeiner Flächenbrand hätte also auch für die Kinder Israel katastrophale Folgen gehabt. Andererseits wollte man natürlich nicht auf den psychologischen Eindruck des vom Himmel fallenden Feuers verzichten; also wurde der Brand durch den gleichzeitigen (starken) Regen gelöscht, bevor er größeren Schaden anrichten konnte.

Daß Juden und Ägypter für die Ereignisse, die den Auszug erzwingen sollten, in der Tat gefährlich nahe beieinander wohnten, zeigt unzweideutig die Vorsichtsmaßnahme, die den in der entscheidenden Nacht umgehenden Würgeengel über `Freund´ und `Feind´ unterrichten mußte: Es wurde das Blut der geschlachteten Lämmer an die Türpfosten gestrichen, ausdrücklich auch oben, an die Oberschwelle! Ob das wirklich ausreichte, Verwechslungen zu verhindern, mag bezweifelt werden: Bei der `ersten´ Begegnung mit dem `Ewigen´ wird Moses ausdrücklich gesagt: *„Ausbitten wird jedes Weib von ihrer Nachbarin und von ihrer Hausinsassin* [sic!] *silberne und goldene Geräte und Gewänder, ...“* Damit wird doch unmißverständlich gesagt, daß Juden und Ägypter nicht nur nahe beieinander wohnten, sondern daß sie zum Teil jeweils im gleichen Haus lebten. Wie sollte da das Bestreichen der Türpfosten tödliche Verwechslungen ausschließen? Entweder wurden auch Juden in der bewußten Mordnacht irrtümlich getötet, oder es gab eine ganze Menge ägyptische Familien, die am anderen Morgen feststellen konnten, daß sie ohne Opfer davongekommen waren. Als Kompromiß ist die Möglichkeit denkbar, daß das Ganze nicht gar so mörderisch konsequent durchgeführt wurde, wie ursprünglich angedroht, und daß man nur da mordete, wo keine gemischt wohnende jüdisch-ägyptische Familien lebten (z. B. im Palast des Pharaos und wohl auch in seiner näheren Umgebung); insgesamt war das Wohngebiet der Kinder Israel den Extraterrestriern ohne Zweifel detailliert bekannt. Zudem weckt die Formulierung: *„ Ihr aber, keiner von euch gehe hinaus aus der Tür seines Hauses, bis zum Morgen."* den Verdacht, daß da ganz überwiegend nur solche ermordet wurden, die sich außerhalb ihrer Häuser aufhielten.

Pharao erkannte intuitiv den grundsätzlich anderen Charakter dieses Ereignisses – was auch indirekt beweist, daß man mit den vorher stattgefundenen `Wundern´ in der Tat bekannt war; sie waren von `Wundern´ weit entfernt. Er rief aus: *„Diesmal habe ich gesündigt!"* Er erkennt also jetzt („Diesmal") das `Wunder´ als ein solches an, mußte also an ein wirkliches, göttliches `Wunder´ glauben – was er auch bereitwillig tat. Er war also vorher nicht böswillig-sündhaft stur gewesen, sondern war einfach nur nicht überzeugt worden, weil er diese Art `Wunder´, die ihm da als *göttliche* Plagen angedreht werden sollten (mit Ausnahme der Finsternis und Plage 7), aus alljährlicher Erfahrung nur zu gut kannte!

Die Plage **10**
Die zehnte Plage steht in vielerlei Hinsicht einzig dar: Ihre Vorbereitung zeigt, daß die Extraterrestrier sich sicher sind, daß Pharao die Kinder Israel jetzt ziehen lassen wird. Anderenfalls wären die umfangreichen Maßnahmen für den Auszug sinnlos. Man ist sich aber doch wohl nicht so ganz sicher, *wie* der Auszug im einzelnen ablaufen wird; deshalb müssen alle mit geschnürtem Bündel und die Sandalen an den Füßen (so wörtlich) `auf dem Sprung sein´. Es konnten wohl auch schnelle und dramatische Ereignisse eintreten. Der grundsätzliche Unterschied zu den anderen `Wundern´ liegt aber darin, daß die Extraterrestrier sich genötigt sehen, eigenhändig einzugreifen. Das steht in bemerkenswertem Gegensatz zu ihrer auf allgemeinen Rückzug bedachten Vorgehensweise den Menschen gegenüber nach der Sintflut. Man muß dramatisch tätig werden, um den Pharao zu überzeugen. Das war nur mit einer tödlichen Warnung möglich: man ermordete alle erstgeborenen Kinder in Ägypten. Dazu ist zunächst zu sagen, daß natürlich nicht wirklich ganz Ägypten gemeint war; dazu hätte man im Habitat wahrscheinlich nicht genug Personal gehabt. Und wozu auch? Man wollte Pharao beeindrucken und nicht etwa die ganze Ägyptische Bevölkerung. Dazu genügte es, die Menschen im Palast und seiner näheren Umgebung sich vorzuknöpfen.

Die unmißverständliche Anordnung, die Türrahmen mit dem Blut der geschlachteten Lämmer zu kennzeichnen, zeigt zweierlei: einerseits war man entschlossen zu handeln, andererseits zeigt die angeordnete Sicherheitsmaßnahme, daß in der Landschaft Gosen tatsächlich Juden und Ägypter eng verflochten zwischeneinander wohnten. So wurden also die Pfosten und auch die Oberschwellen von den Juden mit dem Blut der geschlachteten Lämmer bestrichen. Man wollte unbedingt (tödliche) Verwechslungen ausschließen. In der Nacht gingen dann `Würgeengel´ (wahrscheinlich extraterrestrische Androiden aus dem Habitat) herum und töteten möglichst viele Ägypter – ob das immer wirklich die Erstgeborenen waren, und ob man auch tatsächlich bei den Tieren so verfuhr, und mit der behaupteten Konsequenz, sei dahingestellt. Es ist müßig, sich Gedanken zu machen über die Art der durchgeführten Morde: man würgte bedenkenlos wen man erwischte und wie es gerade ging (vielleicht mit einer tragbaren tödlichen Strahlenwaffe)! Und da das Ganze in der Dunkelheit der Nacht stattfand, brauchte man auch das Initiieren eines neuen Kargo-Kults nicht zu befürchten; man konnte hier also eine Ausnahme machen und unmittelbar in das Schicksal der Menschen eingreifen. Etwas später, beim eigentlichen Auszug, würde das nach Tagesanbruch schon komplizierter werden; es ließ sich aber mit einem Trick doch bewerkstelligen.

Das mörderische Vorgehen der Extraterrestrier würde später bei anderen Gelegenheiten noch oft, und ebenso bedenkenlos, sich wiederholen – wir erinnern uns an die „Mücken-Menschen" im Hebräischen Henochbuch. Entsetzt ließ Pharao die Juden auf der Stelle ziehen – das göttliche Morden hatte den gewünschten Erfolg gehabt! Die Kinder Israel aber hatten am Tage vorher noch etwas anderes getan:

„Die Kinder Jisrael aber hatten getan, wie Mosche gesprochen; sie hatten von den Mizräern silberne und goldene Geräte sowie Kleider erbeten. Der Ewige aber legte Gefallen an den Kindern Jisrael in den Augen der Mizräer, und sie liehen es ihnen, so räumten sie Mizraim aus."

Selbstredend glaubten die Ägypter, daß sie das ausgeliehene Gut zurückerhalten würden, und ebenso selbstredend wußten die Juden, daß sie es nie wieder zurückgeben würden. Sie räumten also wirklich diesen Teil des Landes nach Kräften aus. Sie hatten also einen unmißverständlichen Hinweis ʻvon obenʼ erhalten, daß es diesmal mit dem Auszug klappen würde; und ebenso selbstverständlich hatten sie bei allen vorhergehenden Fällen gewußt, daß nichts geschehen würde, *weil nichts geschehen sollte.*

„Und die Kinder Jisrael brachen auf von Ra'meses gegen Sukkot, bei sechshunderttausend Marschfähige, die Männer, ohne die Kinder. Auch viel Fremdgemisch zog mit ihnen hinauf, und auch Kleinvieh und Rindvieh, eine sehr große Herde. ... ..."

Der Text läßt tief blicken: er weiß nichts von den Frauen! Sechshunderttausend marschfähige Männer kennt er, dazu die Kinder, und dann kommt auch schon viel Fremdgemisch und das liebe Vieh – keine Frauen! Spürte der Verfasser instinktiv, daß die gesamte Schar, mit den Frauen - dann wohl weit über eine Million(!) Menschen - selbst in den Augen der Großzahlen-gläubigen Alttestamentler nicht mehr akzeptabel gewesen wäre?

Die absolute Unsinnigkeit dieser Zahlenangabe (Sechshunderttausend Personen, statt (korrekt) Sechshundert Familien) wurde schon oft diskutiert; so auch im ersten Buch des Verfassers zur Prä-Astronautik. *Diese Zahl kann nicht annähernd stimmen(!)*, denn der Auszug der Kinder Israel wird in keiner Ägyptischen Quelle erwähnt. Bei ca. einer Million Menschen, die einen bedeutenden Prozentsatz der Bevölkerung des gesamten Nildeltas ausgemacht hätten, ist das schlechterdings unvorstellbar! – von den ebenso unvorstellbaren Konsequenzen während der Wanderung ganz zu schweigen. Man hätte nur einen Bruchteil einer solchen Menschenmasse lebendig nach Kanaan bekommen – vom Vieh ganz zu schweigen. Es wäre der ganze Vorgang (auf den die Extraterrestrier sich dann wohl nie und nimmer eingelassen hätten) sofort in ein Hunger- und Durstinferno eingemündet. Und im Nildelta hätte der Wegzug einer solchen Menschenmasse bei den zurückbleibenden Ägyptern zum Zusammenbruch jeder Organisation, jeder landwirtschaftlichen Ordnung und damit jeder geregelten Versorgung mit Nahrungsmitteln geführt. Auch der Bau der Befestigungen, die für den Fortbestand des Landes als lebenswichtig angesehen wurden - die ersten Horden der Seevölker und Proto-Philister müssen schon sehr nahe gewesen sein - wäre sofort zum Erliegen gekommen. Unweigerlich wäre eine solche Katastrophe, wären so dramatische Vorgänge irgendwo in den altägyptischen Texten aufgetaucht!

Man machte sich also schließlich auf und zog los – mitten in der Nacht! Haben Sie je versucht, eine Viehherde mitten in der Nacht auf ungewohntem Weg in eine kontrollierte Richtung zu treiben? – das ist nahezu unmöglich![1] Dieser Auszug muß ein enormer Aufwand und `Aufstand´ gewesen sein – es war ein Riesendurcheinander! Man muß es sehr, sehr eilig gehabt haben, aus dem Zugriffsbereich der Ägypter zu kommen. Schon diese Eile ist bemerkenswert: die Extraterrestrier wollten wohl den ganzen Vorgang möglichst in der Hand der Kinder Israel belassen, damit sie selbst nur wenig in Erscheinung treten mußten. Anderenfalls wäre die hastige Eile, bei Nacht aufzubrechen, nicht verständlich. Denn sie hätten ja, bei einem Aufbruch am Tage, zu jeder Zeit mit einem Luftfahrzeug eingreifen können und die Kinder Israel vor den sie eventuell bedrohenden Ägyptern schützen können – aber genau das wollten sie nicht, denn dann wäre womöglich ein Kargo-Kult um dieses Fluggerät entstanden. Später, beim Durchqueren des Schilfmeeres, war ein solcher Eingriff dann doch nötig, obwohl er ursprünglich wahrscheinlich nicht vorgesehen war.

[1] Verfasser stammt aus der Landwirtschaft und kennt das. Auch jeder Dompteur kann Ihnen bestätigen, daß Tiere grausame Pedanten sind; die gehen schon am Tage nur mit deutlicher `Ermunterung´ einen ungewohnten Weg!

Einige Überlegungen zur Lebenssituation der Ausziehenden
Bevor wir uns endgültig in das große Abenteuer stürzen, den Exodus, wollen wir einige nachdenklich machende Überlegungen anstellen: Die Tatsache, daß so selbstverständlich von den Türpfosten und den Oberschwellen die Rede ist, hat möglicherweise Grund-legende Konsequenzen: Die kleinen Leute, die das Stroh sammeln und die Ziegel streichen mußten für Pharaos Befestigungswerk - die `Schur´ Ägyptens - werden wohl kaum in Häusern mit so aufwendigen Türen gelebt haben; sie lebten in kleinen, elenden, engen Stein- Stroh- oder Lehmhütten oder in ebenso primitiven Zelten – Türpfosten und Oberschwellen gab es da nicht. Wer über solche Häuser verfügte oder zumindest in ihnen (mit)wohnen konnte, der hat wohl kaum Stroh gesammelt und Ziegel gestrichen. Es fragt sich also: *Wer* wurde da auf den Auszug vorbereitet? Doch wohl nur eine kleine Elite, die sich vergleichsweise genetisch `rein´ erhalten hatte, was von der größeren Anzahl der einfachen Arbeiter nicht zu erwarten war. Die Ägypter werden sich nicht gerade die Unwissenden, das `gemeine Volk´ als Hausdiener ausgesucht haben. Auch die geringe Zahl der Ausziehenden, etwa sechshundert Familien, und das „Fremdgemisch" (genetisch vermischte, also nicht reinrassige und `Kleine Leute´ unklarer Abstammung; insgesamt wohl ein bunt zusammengewürfelter Haufen Mitläufer unterschiedlicher Herkunft) fände so eine plausible Erklärung.

Es gab also wahrscheinlich solche, die mit den Ägyptern in einem Hause wohnten (Dienstpersonal) und solche, die in ihnen benachbarten Häusern wohnten. Es war also nötig, die Häuser, in denen Kinder Israel wohnten, bzw. mitwohnten, kenntlich zu machen, um tödliche Irrtümer zu vermeiden. Von den schließlich Ausziehenden hatten wohl nur die eng mit den Ägyptern zusammenwohnenden als einzige die Möglichkeit, sich Wertgegenstände aller Art, als Leihgabe, von den Ägyptern auszubitten. Andererseits gab es da die einfachen Leute, die Hirten und Bauern, die nebenbei auch Fronarbeit leisten mußten, und die mit ihrem Vieh natürlich weiter abseits wohnten. Die konnten Mizraim natürlich nicht ausräumen: wenn die zum nächsten begüterten Ägypter gegangen wären und um goldenes Geschirr oder wertvolle Kleider gebeten hätten – der Erfolg wäre wohl nicht groß gewesen: man hätte sie entweder ausgelacht oder von Wächtern mit Stöcken fortprügeln lassen.

Ein zweites Grund-legendes Phänomen ist das Alter der beiden Brüder, die da zu den Ältesten der Kinder Israel und zu Pharao sprachen: *„Und Mosche war achtzig Jahre alt und Aharon dreiundachtzig Jahre, als sie zu Par'o redeten."* Das sind Alter, die damals kaum ein Mensch je erreichte – und Moses (und auch Aharon?) sind noch als Hirten tätig und ziehen über größere Strecken ohne jede Begleitung herum! Und nun gleich zwei Brüder, die obendrein beide noch so rüstig und agil sind, daß sie am ganzen weiteren komplizierten und oft auch anstrengenden und gefahrvollen Vorgang aktiv teilnehmen können, ihn sogar gestalten und auch noch den langen Aufenthalt in der Wüste medizinisch problemlos bewältigen. Es kommt aber noch besser: als der Auszug beginnt, werden *„die Häupter der Vaterhäuser"* aufgezählt. Für die Eltern Moses' und Aharons heißt es da: *„Amram aber nahm seine Base Jochebed sich zum Weib, und sie gebar ihm Aharon und Mosche. Und die Lebensjahre Amrams waren hundertsiebenunddreißig*[!] *Jahre."* Es wurde vom Verfasser in seinem ersten Buch zur Prä-Astronautik auf das ungewöhnlich hohe Alter der sog. Urväter und ihrer Nachfahren eingegangen. Nur aufgrund der dort vorgetragenen Argumente ist das ansonsten nicht nachvollziehbare Alter der hier genannten Personen mit `Ach und Krach´ gerade noch vorstellbar.

Das hohe Alter zwingt zu einigen weitreichenden Schlüssen: Weiter unten kommt es zu so großen Problemen, daß (nach Übergabe der Mannamaschine, oder schon vorher?) die Extraterrestrier beschließen, die Kinder Israel so lange in der Wüste herumziehen zu lassen, bis der letzte verstorben war, der (bewußt) die `Fleischtöpfe Ägyptens´ gesehen und ihren Inhalt genossen hatte. Man wollte damit wohl ein für allemal den latent allgegenwärtigen und stets zum Ausbruch drängenden Wunsch nach Rückkehr ausmerzen – auf die brutale Art der Extraterrestrier halt; das kann nicht überraschen. Aber: man setzte dafür schlappe (ungefähr) vierzig Jahre an; und so wurde es dann auch durchgeführt; d. h. die ca. vierzig Jahre genügten wirklich, eine ganze Generation wegsterben zu lassen. Andererseits: Nimmt man das angegebene Alter von Moses und Aharon und das ihres Vaters wörtlich, dann wäre ihr Vater um die fünfzig Jahre alt gewesen, als er seine beiden Söhne zeugte. In dem Alter war man zur hier abgehandelten Zeit ein alter Mann!

Hier tun sich weitreichende Probleme auf: Wenn es möglich war, alle Erwachsenen innerhalb von nur vierzig Jahren auf natürlichem Wege wegsterben zu lassen, wie konnten dann Moses und Aharon über Hundertzwanzig Jahre alt werden und ihre Eltern davor auch schon?! Die anderen Kinder Israel sind bei weitem nicht so alt geworden, sie wären sonst unmöglich innerhalb von vierzig Jahren weggestorben, und zwar (fast) alle! Gab es bei einer so dramatischen Lebenserwartungs-Diskrepanz keine Reibereien? Da niemand gerne stirbt, muß doch das hohe Alter der Leviten zu ganz außerordentlichen Neidgefühlen bei den Nicht-Leviten geführt haben; daraus konnte doch nur Abneigung, Streit und schließlich Haß entstehen. Mehr noch: Wenn die Leviten so sehr vom Schicksal begünstigt waren, mußte doch ein Druck der `Gewöhnlichen´ entstehen, sich mit ihnen zu vermischen; sie konnten sich also die schönsten Frauen nach Belieben aussuchen. Das alles kann doch in dem kleinen Haufen (ca. Sechshundert Familien der Elite), in dem jeder jeden kannte, nicht ohne ernste Spannungen, Auseinandersetzungen und Überheblichkeiten abgegangen sein – schließlich kennt man die Menschen. Es sollte dazu auch noch kommen, wir werden einen Fall erleben, an höchster Stelle, bei Moses. Wer das alles bedenkt, der wundert sich nicht mehr, daß der kleine Haufen so viele Probleme hatte, daß Moses sie als Schiedsrichter nicht alle bewältigen konnte. Erst der Besuch seines Schwiegervaters während der Wanderung bringt in dieser Hinsicht Abhilfe, läßt aber auch tief blicken. Insgesamt: Entweder es wurden nur sehr wenige so alt, oder wir müssen hier eine andere Gedankenrichtung einschlagen: Durften die ältesten der Alten doch mit nach Kanaan? Man denke an die Kehatiter, die Leviten und zwei der Land-Abschreiter – aber das löst nicht das Problem insgesamt.

Dem steht aber wieder gegenüber, daß auch die ausdrücklich zum Dienst in der Stiftshütte auserwählten nur zwischen 30 und 50 Jahre alt sein durften;[1] danach also für diesen (komplizierten) Dienst wohl schon zu alt waren. Aber das ist ein Altwerden, das sich auf *unser* Alter bezieht, nicht auf Hundertdreißig Jahre. Es ist kaum vorstellbar, daß so alte Menschen während der ganzen Zeit `nutzlos´ mitgeschleppt wurden. Andererseits beweisen Moses und Aharon durch ihren täglichen Einsatz, daß auch die wirklich alten Leviten durchaus noch körperlich und geistig dienstfähig waren. Möglicherweise ist in der Altersdiskrepanz aber auch die Lösung des Eingangsrätsels verborgen: Warum das kleine Völkchen mit einem so enormen Aufwand aus Ägypten herausbringen? Das hohe Alter einiger weniger Auserwählter läßt den Verdacht aufkommen, daß hier ein genetischer Rest (überwiegend/ausschließlich Leviten?) der ehemals noch sehr viel älter gewordenen Urväter mitspielte,[2] und daß man diesen `Zuchtstamm´, aus welchen Gründen auch immer, gefährdet sah („*und an euch werde ich mich erherrlichen*" – was hatte das konkret zu bedeuten?). Diesen Zuchtstamm wollte man möglicherweise unbedingt erhalten – koste es was es wolle!

¹⁾ Es ist die Tatsache, daß Männer mit einem Alter von immerhin bis zu fünfzig Jahren Dienst tun durften auch wieder bemerkenswert: Nach dem heutigen Stand der Forschung betrug die mittlere Lebenserwartung im Alten Ägypten - quer durch alle Bevölkerungsschichten - etwa dreißig Jahre. Es waren also die Fünfzigjährigen in der Tat schon recht alt – aus der Sicht der übrigen, nicht-levitischen Wanderungsteilnehmer. Es mag also das hohe Alter von Moses und Aharon vielleicht nicht gar so verwunderlich gewesen sein; man war wohl alte Leviten gewohnt.

²⁾ Diese hohen Alter sind wohl kaum frei erfunden: Adam lebte 930 Jahre, Sem 600 Jahre, Eber 464 Jahre, Peleg 239 Jahre, Abraham 175 Jahre und Moses 120 Jahre. Das langsame Abnehmen der Alter ist auffällig; ist da womöglich im Verlaufe der Zeit eine genetische Information langsam ʻausgedünnt`? War es dieser kaum nachvollziehbare Altersunterschied, der Moses und Aharon den Ältesten gegenüber vom „Gott *Eurer* Väter" reden ließ? Damit nahmen sie psychologisch eine so distanzierte Position ein, daß sie kaum noch zu den Anderen gehörten – und am Har Karkom wurden sie dann mit größter Selbstverständlichkeit zu Dienern und Priestern berufen – ausschließlich Leviten.

Der soziale Abstand, der sich da zwangsläufig von ʻganz oben` (Moses, Aharon und die an der Mannamaschine Dienst verrichtenden Leviten) bis nach ʻganz unten` (das Fremdgemisch) auftat, war enorm; und entsprechend enorm würde auch der Abstand zwischen diesen Gruppen sein, wenn es um das konkrete Wissen, um die entstehende Religion ging und um deren Vorgeschichte: Die den Dienst verrichtenden Leviten würden die Wissenden sein (was immer sie unter ʻWissen` verstanden), und nach unten hin würde das Unwissen über ahnendes Gemunkel und ängstliches Flüstern rasch zu umfassendem Unverständnis, gepaart mit potentieller Ab- und Auflehnung, zunehmen. Daran hat sich in der monotheistisch glaubenden Menschenwelt bis heute nicht viel geändert!

Wie immer das Rätsel des hohen Alters einiger weniger eines Tages sich klären wird: Das kleine Häuflein der Kinder Israel war aufs äußerste gefährdet, denn Ägypten ging im Gefolge der Seevölker - und Proto-Philister - Stürme in der Tat einer gefahrvollen, existenzbedrohenden Zeit entgegen, und mit seiner Macht würde es danach rasch bergab gehen. Obwohl die bald nach dem Auszug der Kinder Israel unter Ramses III. geschlagene große (Doppel)-Hauptschlacht gewonnen wurde (siehe die Darstellungen an den Tempelwänden von Medinet Habu), hat es sich von diesen Stürmen nie wieder erholt. Andererseits wurden die Seevölker, als ʻPhilister` (Philistim; es waren zwei Völker, die die Juden aber nicht unterscheiden konnten), entlang der Mittelmeerküste Palästinas (das Wort ʻPalästina` leitet sich von den Philistern ab!) in diesen Jahrhunderten seßhaft. Das Land Kanaan wurde als Folge dieser Völkerwanderung gleichsam neu verteilt. Es bot sich also an, jetzt tätig zu werden. Angesichts der insgesamt zunehmenden Menschenzahl auf der Erde und des Eindringens der Proto-Philister und Seevölker nach Kanaan und ihrer dortigen Landnahme entlang der Mittelmeerküste, mag eine

`Jetzt oder nie mehr´- Überlegung bei den Extraterrestriern eine entscheidende Rolle gespielt haben. Beide Momente zusammen, das Retten der kleinen Schar der genetisch reinen Elite der Kinder Israel, und die Chance auf ein (scheinbar!) leeres Kanaan waren für die Extraterrestrier wohl Anlaß genug, das so gefahrvolle Wagnis des Auszuges und der Wüsten-Wanderung zu unternehmen.

Dieser auf so bedenkliche Art heterogene Haufen - hier die auserwählten Leviten mit ihrem hohen Alter, dann die Stammesältesten, die `Fürsten´, mit ihren Familien und ihrem Anhang, dann das `gewöhnliche´ Volk und schließlich das nur geduldete Fremdgemisch; die einzigartige Situation Moses´ werden wir am Har Karkom näher erläutern - würde zudem auf der Wanderung durch zwei so grundverschiedene Abschnitte mit entsprechend fundamental anderen Problemen sich hindurchfinden müssen, daß man geneigt ist zu sagen, sie würden auf diesem Weg durch zwei verschiedene Welten sich hindurchtasten und -quälen müssen: Eine *irdische* Welt während der kurzen Wanderung bis hin nach dem Har Karkom mit unmittelbar verständlichen und begreifbaren Sorgen und Problemen zum alltäglichen körperlichen Überleben (Wassermangel, Hunger) und danach (noch dazu!) eine so ganz *unirdische* Welt während der anschließenden endlos langen Wanderung mit dem unfaßbaren, völlig unbegreiflichen Gottesgeschenk und seinen ebenso unfaßbaren Eigenschaften und den sich daraus ergebenden geistigen Problemen, Zwängen und Anordnungen. Die wurden obendrein nur mittelbar von den Priestern zur Religionsbegründung aus dem Bereich der Stiftshütte hinausgelassen und verkündet – meistens nur an die Leviten, darf man vermuten. Durch diesen gewollten, weil von den Extraterrestriern vorgegebenen Wissens- und Informations-Unterschied entstand automatisch eine Elite in der Elite. Die Eingeweihten, die im Allerheiligsten Dienst verrichten durften, erlagen wohl bald einer zunehmend krankhaften Überheblichkeit, wie es in Teil III dieses Buches (und in „Die Ur-Kabbala") nachzulesen ist. Sie würden ihr Wissen als Ur-Kabbala, als geheime Elite-Religion, auswendig lernen und verinnerlichen. Nur den übrigen Leviten und wohl auch den Ältesten (den Fürsten, d. h. der nächst tieferen Elite) wurden religiöse Verhaltensmaßregeln, gleichsam administrativ, in Befehlsform, mitgeteilt. Ob der Rest des Volkes über die aus technischen Gründen notwendigen Anordnungen hinaus (z. B. das Stillhalten am Sabbat, die Anordnungen zu Schlachtungen und zu Opfern, u. a.) überhaupt ernsthaft religiös unterrichtet wurde, bleibt offen.
Wie sollte das alles sich zusammenfinden auf der endlos langen Wanderschaft von ca. vierzig Jahren?!

Der Exodus
„... daß sie <u>umkehren</u> und sich vor der Hirotmündung lagern ..."
So zog man nun also los ins gelobte Land nach dem erfolgreichen, mörderischen Vollzug der zehnten Plage, die schon hier als „Gottesschlag" bezeichnet wird – das Wort wird uns noch oft begegnen. Vom ersten Tag an hing wie ein böses Omen über dem ganzen Vorhaben die Bedrohung durch die von Nordosten

herannahenden, also den Juden direkt entgegenkommenden, Proto-Philister - und Seevölkerscharen; und zwar so sehr, daß die Extraterrestrier von Anfang an sich genötigt sahen, dieser Tatsache Rechnung zu tragen:

„Und es war nun, als Par'o das Volk ziehen ließ, da führte Gott sie nicht den Weg des Pelischtäerlandes, der doch nahe ist, denn Gott sprach: „Das Volk könnte, wenn es Krieg sieht [Der Bibel Atlas (AHARONI u. AVI-YONAH, 1991) schreibt: „*... wenn es sich in Kämpfe verwickelt sieht ...*"], *sich bedenken und nach Mizraim zurückkehren." Da ließ Gott das Volk durch die Wüste nach dem Schilfmeer ausbiegen. Geschlossen zogen die Kinder Jisrael aus dem Lande Mizraim herauf. ... ... Der Ewige aber ging vor ihnen her, des Tages in einer Wolkensäule, um sie des Weges zu leiten, und des Nachts in einer Feuersäule, um ihnen zu leuchten, so daß sie zogen Tag und Nacht. Nicht wich die Wolkensäule des Tags, noch die Feuersäule des Nachts vor dem Volk.*

Schon dieser harmlos klingende Text birgt das ganze spätere Verhängnis für alle Beteiligten in sich: für die Kinder Israel, für die Extraterrestrier und als Folge von den ad hoc `Lösungen´ der jeweiligen Probleme auch für die Gläubigen der gesamten alttestamentlich-monotheistischen Zukunft – bis heute! Es ist deshalb angebracht, diesen Text näher zu untersuchen.

Da ist doch wohl sehr viel mehr geschehen, als im ersten Moment erkennbar wird: Man zieht zunächst aus, in Richtung des Har Karkom, des Gottesberges, und es ist ein außerirdisches Objekt, *„der Bote Gottes" (Mal'akh)*, bei ihnen, das sie führt und leitet. Dieses Gerät, von dem leider keine näheren Angaben und Beschreibungen vorliegen, darf keinesfalls mit der Mannamaschine verwechselt werden, die erst wesentlich später am Berge Horeb (Har Karkom) die Szene betritt und natürlich auch nicht mit der Bundeslade. Die Bemerkung mit der Wolken- und der Feuersäule ist aber doch richtig, denn wie hätten die Kinder Israel sich sonst orientieren sollen? Der ganze Haufen war ja noch völlig regellos, und eine Führung, die die Richtung angab, mußte von allen gesehen werden, mußte also so hoch wie ein (kleiner) Leuchtturm sein und auch solche Eigenschaften haben. D. h. er mußte in der Auszugsnacht die Ausziehenden (wahrscheinlich nur in dieser einen Nacht!) mit einem ständigen Lichtzeichen leiten können. Bei Tageslicht war es genau umgekehrt, denn ein Lichtzeichen wäre von der Tageshelligkeit überstrahlt worden; dann war also ein (dunkles) Rauchzeichen sinnvoll. Da aber die Kinder Israel mit Sicherheit nur dieses eine Mal in der Nacht zogen, war auch nur einmal nachts ein Feuerschein in diesem Abschnitt der Wanderung nötig und tatsächlich auch vorhanden. Gegeben wurde dieses Zeichen von einem wandelnden Turm, dem Boten Gottes, kam also von den Extraterrestriern. Schon aus diesem Grunde mußte er in einem gehörigen Abstand vor den Ausziehenden herziehen. Denn wenn sie ihn mit seinen wunderbaren Eigenschaften hätten sehen können, hätte sofort die Gefahr bestanden, daß er mit Gott verwechselt wurde, also einen Kargo-Kult ausgelöst hätte – was er natürlich nicht sollte, denn das wäre ja die Anbetung eines Idols gewesen, also Götzendienst. Da er aber weit voraus ging und trotzdem seine Rauch- und Lichtzeichen erkennbar waren, mußte er doch recht hoch sein. Es war wahrscheinlich kein Fluggerät, wie wir später, auf der Nehrung, sehen werden.

Der Bote Gottes war in der Tat zwingend nötig als ständig sichtbares vorausziehendes Zeichen während der Anfangsphase der Wanderung. Da konnte man weit ausschwärmen (was unweigerlich auch geschah) und deshalb hätten die Geländekenntnisse Moses' nicht genügt – sie hätten ihn in der wellig-hügeligen und buschbewachsenen Landschaft ganz einfach bald nicht mehr gesehen. Also schickte man am Anfang diesen wandelnden `Leuchtturm´ voraus.

Der Text beinhaltet aber noch einen ganz anderen Hinweis auf die Natur und Aufgabe dieses Boten Gottes – oder vielleicht auch gerade nicht: Da steht, sie sollen seiner *Stimme* gehorchen. Warum steht da nicht einfach, daß sie ihm (dem Boten Gottes) gehorchen sollen – was war das für ein Bote? An anderer Stelle wird aber betont, daß das vom Boten Gesagte aber doch `Gottes´ (= der Extraterrestrier) Stimme sei: „Wenn du aber *seiner Stimme* gehorchst und alles tust, was *ich rede* …" Der Bote Gottes war also eine Gestalt, die (unter anderem) einen Lautsprecher trug, der den Juden (Moses, auch Aharon?) die Befehle der Extraterrestrier sagte oder zurief. Daß das wirklich so war, wird bestätigt mit der Formulierung: „… *denn mein Name ist in ihm*". Mit „Name" kann hier doch nur die göttliche Anordnung, das göttliche Programm, d. h. der elektromagnetisch übermittelte Wille der Extraterrestrier gemeint sein. Also fand ein Funkverkehr zwischen diesem Boten und den Extraterrestriern statt, die sich möglicherweise - unbemerkt - wesentlich höher in einem Fluggerät befanden und das Ganze überwachten.

Diese Anordnungen sind zwar ganz logisch, sie bringen aber doch ein Problem mit sich: Wer wurde da instruiert? Und wieso blieben diese Anordnungen so detailliert erhalten? Für die wenigen Tage, die der Bote Gottes sie durch die Wüste bis auf die Nehrung führen würde, war das zwar sinnvoll, aber doch nur für die eine Kontaktperson, die wahrscheinlich dem Boten Gottes nahe war, um seine Anordnungen an die Kinder Israel zu überbringen. Der Text dieser Anordnungen richtet sich aber an viele Personen „Ihr", und er hört sich ganz nach einer Anordnung mit dauernder Gültigkeit für die Kinder Israel an. Es erscheint naheliegend, daß diese Anordnungen mit denen der Bundeslade am Gottesberg (dem Har Karkom) von späteren Redaktoren vertauscht bzw. zusammengefaßt und vermischt wurden.

Wir erfahren leider nichts Konkretes vom Aussehen dieses Boten Gottes. Der Verfasser wird den Verdacht nicht los, daß es sich dabei um ein Objekt handelte, das dem *Huwawa* (auch Humbaba, o. ä. geschrieben) im Gilgamesch-Epos ähnlich, oder vielleicht sogar mit ihm identisch war. Es sollte mit diesem Gottesboten später bei der Bearbeitung des ganzen Buches Exodus durch Redaktoren noch zu einem zwar nicht gar zu folgenschweren, aber doch bezeichnenden Doppel- bzw. Dreifachirrtum kommen. Wir werden darauf am Har

Karkom zurückkommen, wenn der eigentliche, der endlos lange Wüstenzug beginnt (s. Teil III, Abschnitt B).

Man hielt diesen Boten Gottes konsequent von den Nachfolgenden ein gutes Stück entfernt. Das war wegen seiner Größe nicht nur möglich, denn seine optischen Zeichen waren deshalb über eine gewisse Distanz zu erkennen, es war sogar unumgänglich nötig, denn er sollte ja nicht den Haufen der Ausziehenden möglichst eng zusammenhalten, er sollte nur die einzuschlagende Gesamt-Richtung angeben, und das konnte er nur tun, wenn er aus größerer Distanz sein Signal: „Hier entlang, in diese Richtung!" gab und sich dann weiter fortbewegte; immer weit vor den ausziehenden Kindern Israel her, also immer weit von ihnen entfernt. Er würde sich also nicht inmitten der Ausziehenden befinden und auch nicht in deren Nähe. So konnte der außerirdische Gottesbote von niemandem detailliert gesehen und beschrieben, also auch nicht verehrt werden; man sah ja immer nur sein Lichtzeichen (wohl nur während einer Nacht) bzw. sein Rauchzeichen (evtl. mehrere Tage). Damit ist wahrscheinlich erklärt, warum wir so garnichts über sein Aussehen erfahren. Das war von den Extraterrestriern natürlich so gewollt, wie oben erläutert. Insofern galt für den Boten Gottes das gleiche wie später für die Mannamaschine. Da er aber nur wenige Tage die Kinder Israel auf großer Distanz begleitete, waren die mörderischen Vorkehrungen hier nicht nötig, die später für das Verbergen des anderen `Gottesboten´ getroffen wurden, der Mannamaschine.

Aber zunächst weiter beim Auszug. Da ist die Rede vom „... *Weg des Pelischtäerlandes, der doch nahe ist, ...* ", gemeint ist die Via Maris entlang des Mittelmeeres. Das war die „befestigte Militärstraße" (so WEIMAR und ZENGER, 1979, Abb. Seite 180) entlang der Küste des Mittelmeeres etwa zwischen Nordostägypten und Gaza (das heutige Gaza, die Stadt existierte schon damals). Wegen seiner Kürze, wäre das in der Tat der vernünftigste und bequemste Weg gewesen. Die Wanderung hätte auf diesem Wege höchstens einige Wochen gedauert, und man hätte das Land Kanaan, von der fruchtbaren Küstenebene her nach Norden, Nordosten und Osten vordringend, in Besitz nehmen können. Es muß schwerwiegende Gründe für die Extraterrestrier gegeben haben, diesen einfachsten und bequemsten Weg nicht zu beschreiben – und es gab sie! Es näherten sich von Norden - also ungefähr entlang der Via Maris - schon die Seevölker zusammen mit den Proto-Philistern, und die Stadt Gaza war vielleicht schon ihrem Ansturm erlegen. Das Ganze war ein permanenter kriegerischer Raubzug, sodaß die Extraterrestrier fürchteten, daß die Kinder Israel ihren Auszug angesichts der rauhen Kriegs-Wirklichkeit bedauern würden. Ganz richtig begründen die Extraterrestrier ihren Umweg über den Har Karkom mit der Formulierung: „... *wenn es Krieg sieht ...* ".

Es wären also die Kinder Israel auf ihrem Weg entlang der Via Maris unweigerlich mit den übermächtigen Horden der Seevölker und Proto-Philister zusammengestoßen. Und es wäre dann unweigerlich der Ruf nach Umkehr, zurück nach den „Fleischtöpfen Ägyptens", aufgetaucht. Der ersten Gefahr glaubten die Extraterrestrier mit einem geradewegs nach Osten gerichteten Zug in Richtung Har Karkom, zum Gottesberg hin, begegnen zu können, also quer durch die Wüste. Sie hatten ja schon zu Moses und Aharon gesagt: *„Wenn du das Volk aus Mizraim führst, werdet ihr Gott an diesem Berg dienen."* – Was immer das im einzelnen bedeuten mochte. Vom Har Karkom aus konnte man dann von Süden her nordwärts nach Kanaan hinein vordringen und es in Besitz nehmen – so war es zumindest wahrscheinlich ursprünglich geplant. Das war zwar nicht ganz so `elegant´ wie es der Weg entlang der Via Maris gewesen wäre, aber es wäre immer noch erheblich besser gewesen als es der Weg war, den man schließlich tatsächlich zurücklegen mußte: `hintenherum´ durch das heutige Jordanien, durch die Wüste Moab, vielleicht entlang des sog. Königswegs (siehe Abb. 2a).

Tatsächlich war dieser Plan also ein Ausweichmanöver, war nur die zweitbeste Lösung, weil die beste, entlang der Via Maris, schon bei der Planung des Unternehmens, der herandrängenden Seevölker und Proto-Philister wegen, als nicht durchführbar sich erwies. Das hatte man aber so früh erkannt, daß es schon vor Beginn des Auszuges Moses und Aharon angekündigt wurde. Die Tatsache, daß wir die Gedanken des `Ewigen´ wortwörtlich erfahren *„ ... wenn es Krieg sieht ... "*, weist darauf hin, daß Moses und Aharon diese Begründung auch kannten. Vielleicht hatten sie sogar nach dem Grund für den Umweg über den Har Karkom gefragt. Da wurde beim Festlegen der endgültigen Route - die dann aber so dramatisch geändert werden mußte - zwischen dem `Ewigen´ und den beiden Kandidaten, die den Auszug anführen sollten, wahrscheinlich mit bemerkenswerter Offenheit argumentiert, und nicht etwa nur strikt befohlen. Und alles Nötige wurde durchgesprochen und das wahrscheinlich bei mehreren Zusammenkünften – wahrscheinlich schon am Har Karkom, wenn Moses die Schafe *„hinter die Wüste"* getrieben hatte.

Vielleicht glaubten die Extraterrestrier wirklich, so dem drohenden Problem mit den Seevölkern und Proto-Philistern entgehen zu können. Weit gefehlt: Es half auch der südliche Weg über den Gottesberg, den Har Karkom, nichts; und das Geplärre und Gejammer um die Rückkehr nach den „Fleischtöpfen Ägyptens" sollte auf der Wanderung durch die Wüste zu einer Art Konstanten werden, die bei jeder sich bietenden Gelegenheit, bei jedem ernsthaften Problem, wieder angestimmt wurde. Das war zumindest in dem Teil der Wanderung so, der im AT näher beschrieben ist.

Schon von diesem allerersten Anfang an manifestierte sich das ständige Verhängnis, das die Wanderung wie ein böses Omen nicht wieder verlassen würde, in der Tatsache, daß die Extraterrestrier nur mit einem nicht vorgesehenen Ausweichmanöver, einer Notlösung, ein unvorhergesehenes Problem korrigieren konnten: Man war nicht nur wenig göttlich-allwissend bei der ersten Planung des ganzen Unternehmens gewesen, man hatte auch nicht bemerkt, daß die `Lösung´

des Problems mit den Proto-Philistern und den Seevölkern alle Beteiligten in immer größere Gefahren würde hineingeraten lassen – schließlich mit unabsehbaren und nicht mehr rückgängig zu machenden kurz-, mittel- und langfristigen Konsequenzen. Das Ganze würde sich bald zu einem Taumeln von einer Krisensituation nach der nächsten auswachsen mit jeweils hastig erfundenen ad hoc Lösungen und `Wundern´. Schließlich halfen nur noch brutalste Radikalmittel – Todesdrohungen und der tatsächlich vollzogene Mord an renitente `Ketzer´.

An dieser Stelle sollte man erneut inne halten und einige Fragen stellen. Man war also nicht entlang der Via Maris gezogen, also konnten die Kinder Israel einige Wochen später „*... Gott an diesem Berg* [dem Har Karkom] *dienen*". Das hört sich logisch an, wirft aber grundstürzende Fragen auf: Wenn die Kinder Israel nicht auf dem Umweg über den Har Karkom ins Land Kanaan vorgedrungen wären, sondern entlang der Via Maris ... wie wären die Wanderung und der ganze Vorgang der Landnahme dann wohl abgelaufen?
Man wäre dann von Südwesten her nach Israel eingedrungen und hätte von den Küstenstädten, auch von Gaza aus, nach Norden, Nordosten und Osten hin fortschreitend, das Land einnehmen können. Der Ersatzplan sah schließlich die Einnahme genau von Süden her vor, und eine solche wurde auch wirklich vorbereitet, wie wir weiter unten sehen werden. Dieser Ersatzplan sah auf den ersten Blick geradezu provozierend harmlos aus. Einmal mehr kam alles ganz anders – auch der Ersatzplan erwies sich als undurchführbar; wieder wurde eine ad hoc Lösung nötig.

Aber das alles war nicht das Entscheidende: <u>Auf dem bequemen Weg entlang der Via Maris wäre die Übergabe einer Mannamaschine an die Kinder Israel nicht nötig geworden!</u> Es ist gänzlich unabsehbar, wie die weitere Entwicklung der Kinder Israel aus religiöser, aber auch aus staatsgeschichtlicher Sicht, ohne dieses Gottesgeschenk, abgelaufen wäre! Ja, es wäre die ganze spätere Religion so anders geworden, daß wir vermuten dürfen, daß der ursprüngliche Plan der Extraterrestrier, den Juden eine ganz Kargo-Kult-freie, abstrakte, geistig `reine´ Religion zu vermitteln, eben aufgrund der ad hoc Lösung mit der Mannamaschine mißlungen ist: Nach Übergabe der Maschine kroch die Kargo-Kult-Vorstellung wie eine unsichtbare, aber allgegenwärtige, giftige unterirdische Flüssigkeit, wie eine Art unsichtbares Grundwasser, in das ganze Lager, in alle Zelte; eine Flüssigkeit, die jeden, der mit diesem Gottesgeschenk `gesegnet´ wurde wie mit einer langsam schleichenden, unheilbaren, krebsartig-tödlichen Krankheit in Hirn und Herz stigmatisierte; ein Grundwasser, das sie überallhin begleiten würde. Je mehr und je brutaler man das Ungeheuer im Stiftszelt, im Allerheiligsten, zu verbergen suchte, desto unausweichlicher breitete seine Anwesenheit sich als unkontrollierbares, ängstliches Geflüster unter den Menschen aus; und je verschlossener man dieses Geschenk in der Stiftshütte hielt, desto offener war die Tür für phantastische Übertreibungen und Erfindungen, aber auch für eine allgegenwärtige, aus Unwissenheit geborene munkelnde und flüsternde Angst in der Schar der Unwissenden; gerade dafür würde man noch Kostproben zur genüge bekommen: Mit diesem Gottesgeschenk trat die *ratlos, zweifelnde Angst des ständig Belauerten* auf die Bühne der neu entstehenden Religion(en). Später noch vermehrt um die unsinnige Idee der Erbsünde, *würde sie die monotheistisch glaubenden Menschen nie wieder verlassen!*

War das alles für die Extraterrestrier nicht vorhersehbar gewesen? Ist es wirklich vorstellbar, daß ihnen der ganze Vorgang des Auszuges und der Religionsvermittlung von Anfang an so sehr und mit so welthistorischen Folgen (und dazu auch noch unbemerkt?) aus den Händen glitt? Oder kam das Ganze doch nicht so überraschend für den `Ewigen´? War die Moses und Aharon gegebene Begründung für den Umweg über den Har Karkom nur vorgeschoben, damit sie endlich in dieser Hinsicht ihr Fragen ließen? – Fragen nach der Begründung dafür, warum man nicht den kurzen, bequemen und allen bekannten Weg entlang des Meeres zog, der Via Maris. Hier waren die Extraterrestrier erstmals in einer Zwickmühle: Sie konnten den wahren Grund, das Herannahen der Seevölker - und Proto-Philister - Horden nicht nennen, denn dann hätten wahrscheinlich schon Moses und Aharon sich geweigert, den ganzen Zug auch nur anzutreten. Als Ausweg wurde hier, wohl schon bei der Planung des Ganzen, der Umweg über den Har Karkom fest vorgegeben, den man ja als Gottesberg und Begegnungsort kannte. Und damit dieser Umweg plausibel erschien, konnte man den beiden Anführern mit „… *dort werdet ihr mir dienen.*" etwas vormachen. Da es sich um den Gottesberg handelte, der zumindest Moses und Aharon als Begegnungsstätte mit dem `Ewigen´ schon bekannt war, hatte das eine gewisse feierlich-erhabene Logik. Dieser Umweg, vom Nil geradewegs gen Osten, quer durch die Wüste, hin nach dem Har Karkom, war also wahrscheinlich von Anfang an geplant. Dann wären der vergleichsweise kurze erste Zug durch die Wüste und das spätere Abschreiten des Landes von Süden her auch von Anfang an geplant gewesen. Aber: der danach dann tatsächlich zurückgelegte extrem lange Umweg entlang des Königswegs östlich des Toten Meeres, bis hin nach Jericho, blieb dann immer noch eine ursprünglich nicht vorgesehene Notlösung, und die hatte katastrophale Folgen, denn zum Überstehen dieses Weges war die Mannamaschine unabdingbar nötig – mit allen sich daraus ergebenden unabsehbaren Konsequenzen.

Es kam aber schon gleich am Anfang der Wanderung alles ganz anders: Die Tatsache, daß die Extraterrestrier die Kinder Israel gleich nach dem Auszug sich *umwenden* lassen und den einigermaßen gewagten, um nicht zu sagen verzweifelten Weg entlang der Nehrung östlich der Nilmündungen mit dem Durchzug durch das Schilfmeer nehmen ließen, spricht Bände: Man hatte das Gesamtereignis mit seiner komplizierten Dynamik nicht sorgfältig genug analysiert; und diese Gesamt-Dynamik hatte es ja auch in sich, denn sie bewegte und entwickelte sich - zum Teil gleichzeitig - auf mehreren Ebenen mit jeweils eigener Dynamik:

-) Da waren zunächst die Kinder Israel selbst, die ja Menschen waren.

D. h., was sie nicht kannten, davor hatten sie Angst; und sie hatten oft Angst und träumten dann von Ägypten und seinem Nil. Auch führten sie Frauen und Kinder mit – und dann noch ihre Herden. Das Ganze konnte sich nur langsam vorwärtswälzen, auch weil alles so ungewohnt und wenig durchorganisiert war. Man kannte ja nicht einmal die allgemeine Zugrichtung. Um die anzugeben, mußten die Extraterrestrier anfangs einen wandelnden Leuchtturm vorausschicken, den Boten Gottes. Auch war das Ganze mit Wasser und Nahrung zu versorgen, jeden Tag. Ein einziger Ausfallstag in dieser Hinsicht würde unweigerlich schon eine Krisen-Situation heraufbeschwören!

-) Dann war da Pharao: wann würde er nachgeben und die Kinder Israel ziehen lassen? Das konnte man vielleicht steuern, denn man konnte sein Herz verhärten, bis der richtige Zeitpunkt gekommen war – man tat das dann auch. Aber, würde er sich ruhig verhalten, oder dem ungeregelten Häuflein der Kinder Israel nachsetzen und sie vernichten? Das war schon ein übergeordneter Parameter, den man wohl nicht so perfekt steuern konnte wie man es gerne gewollt hätte,

-) denn Pharao hatte ja seinerseits auch Berater, die seine Entscheidungen beeinflußten, und die Berater hatten womöglich eigene Interessen. Das war eine weitere Ebene mit einer eigenen Dynamik.

-) Dann waren da die Horden der sich rasch (wie man wohl zu spät erkannte) nähernden Seevölker und Proto-Philister. Die konnte man offensichtlich nicht steuern, denn sonst hätte man sie wohl nicht zu einem so unpassenden Zeitpunkt herankommen lassen. Wenn sie aber gänzlich unsteuerbar waren, dann stellten sie die am schwersten einzuschätzende Ebene von allen dar. Beim Abschätzen der jeweiligen Dynamik dieser Ebenen und auch deren Gesamt-Entwicklung haben die Extraterrestrier sich in mehrfacher Hinsicht schwerwiegend geirrt.

-) Die Beduinen, die Schasu, die auch damals schon zumindest im Nordsinai lebten, zog man wahrscheinlich nicht mit ins Kalkül; es waren ihrer wohl nicht allzu viele; auch dürfte Moses von seiner langen Hirtenzeit her bei ihnen bekannt gewesen sein.

Der ursprünglich geplante Weg sollte also ungefähr geradeaus nach Osten quer durch die Wüste gehen nach dem Har Karkom, dem Berg Gottes. Man zog auch los, entweder von einem Bereich westlich, oder von einem schon östlich der Mauer, der Schur Ägyptens, an deren Aufbau durch Ziegelstreichen und -herstellen die Ausziehenden selbst mitgewirkt hatten. Sie hatten das als Fron empfunden – sie wußten ja nicht, was da von Nordosten her (wortwörtlich) auf sie zu kam. Pharao hatte es von Berichten und früheren Kämpfen her geahnt; die Extraterrestrier sahen es von oben detailliert und begriffen plötzlich – wohl als sie den kleinen, unorganisierten Haufen erstmals wirklich da alleine und verloren durch die Wüste ziehen sahen, die in Wirklichkeit eher eine zum Teil steppenartige Akaziensavanne war, wie leicht die einzelnen Gruppen der sowieso nur kleinen Schar, womöglich zusätzlich von Dünen und Gebüsch voneinander getrennt - und von den nur langsam ziehenden Viehherden zusätzlich behindert -, von den viel größeren, gut bewaffneten und auf breiter Front von Nordosten herannahenden Scharen der Seevölker und Proto-Philister ʻim Vorübergehenʼ überwältigt und ausgeplündert werden konnten.

Die Extraterrestrier begriffen fast auf der Stelle, vielleicht schon am ersten Tag, - man war ja des Nachts losgezogen, vom Boten Gottes geführt, dem wandelnden Leuchtturm -, daß das so nicht gehen konnte: man war dabei, die Kinder Israel, mit ihrer gesamten Elite, in den endgültigen Untergang zu führen, anstatt sie zu retten! Es mußte rasch ein anderer Weg für die Ausziehenden gefunden werden, und er wurde gefunden: ʻGottʼ, also die Extraterrestrier, befahl, sich umzuwenden und eine Richtung nach Norden, nach der Hirotmündung hin einzuschlagen. So geschah es auch. Die Kinder Israel werden von der tödlichen Gefahr, der sie gerade entronnen waren, überhaupt nichts gemerkt und auch nie etwas erfahren haben.

Es fanden zwischen den sogenannten Seevölkern und den Proto-Philistern auf der einen Seite, und den Ägyptern auf der anderen Seite, gerade damals, d. h. zwischen etwa 1220 und etwa 1180 v. Chr., wiederholt Kämpfe statt in dem Gebiet, das sich entlang der Straße ins (spätere) Philisterland[1] erstreckt. Diese Kämpfe hatten wohl schon unter Ramses II. begonnen, der sehr wohl wußte, warum er die Ostgrenze seines Reiches, u. a. mit Hilfe der jüdischen Arbeitssklaven, so sehr befestigte, daß in der Bibel in diesem Zusammenhang von der „Schur (wörtlich: Mauer) Ägyptens" die Rede ist. Der Weg entlang dieser Straße wäre zwar die kürzeste Verbindung ins zukünftige Israel gewesen, aber die Extraterrestrier fürchteten, daß die Kinder Israel beim Anblick der ständigen Kämpfe ihren Auszug bereuen würden und wieder nach Ägypten zurückkehren könnten. Also verbanden die Extraterrestrier dieses Problem mit einem raffinierten Trick, um die Ägypter in eine tödliche Falle zu locken und sie um so endgültiger schlagen zu können und ihnen damit ein für allemal klar zu machen, daß die Kinder Israel, und das Land Kanaan, der spätere Staat Israel, aus ihrem Machtbereich entronnen waren – und nebenbei natürlich auch dem kleinen Häuflein der Kinder Israel (sechshundert Familien, also höchstens einige Tausend Menschen) eine beeindruckende Demonstration ihrer (All)-Macht zu geben (siehe Abb. 2 u. 2a).
[1] Da die Philister zu dieser Zeit dort aber noch nicht seßhaft waren, werden sie hier als Proto-Philister bezeichnet. Bis zu ihrer festen Ansiedlung im späteren Philister-Land sollten noch ca. Hundert bis Zweihundert Jahre vergehen.

Man ließ die Kinder Israel, die schon ein Stück des Weges gen Osten in Richtung Har Karkom gezogen waren, also wieder umkehren und lenkte sie nach Norden auf die schmale Nehrung, die der eigentlichen ägyptischen Nordküste auch damals schon vorgelagert war. Damit hatte man zwei Vorteile erlangt: Es konnten die Horden der Seevölker und der Proto-Philister vom Festland her sie nicht bedrängen; und die nachsetzenden Ägypter mußten in eine Falle laufen, aus der es kein Entkommen geben würde. Um die Juden einzuholen, stürmten sie dann auch tatsächlich in blindem Übereifer in ihr Verderben – möglicherweise wurde da im entscheidenden Moment vom Boten Gottes ein wenig nachgeholfen, wie wir noch sehen werden.

Diese ad hoc Lösung des unvorhergesehenen Problems stellte in letzter Konsequenz einen welthistorischen Wendepunkt für alle zu erwartenden monotheistischen Kargo-Kulte (also auch für die von ihnen abgeleiteten Religionen) bis auf den heutigen Tag dar – schon hier! Von nun an würden die Extraterrestrier und die Kinder Israel gemeinsam in eine endlose Kette von unvorhergesehenen Zwangssituationen geraten; sie würden immer tiefer in den Sumpf der ad hoc Lösungen kleinerer und größerer, nicht vorhergesehener Probleme gezwungen werden. Mit dem Resultat, daß beide Parteien immer mehr die wehrlosen Opfer der sich jeweils ergebenden Situation sein würden. Sehr bald würde die ganze Ereigniskette des Auszuges der Kinder Israel aus Ägypten und die anschließende Wüstenwanderung sich als so kompliziert erweisen, daß sie mehrere Male in eine Katastrophe einzumünden drohte. Und das wiederum war nur mit brutalsten Gegenmitteln zu verhindern, die auch wieder, da göttlich verordnet, die dabei entstehende Religion *nolens volens* zum Brutalen hin beeinflußten: Eine Kette, die nach dem Durchqueren des Jordans, bei der sogenannten Landnahme, ihre mörderisch-logische Fortsetzung finden würde – und auch noch viel später, u. a. bei der abendländischen Inquisition!

Ob die Extraterrestrier das alles durchschaut haben und die ganze Konsequenz daraus erkannten, darf bezweifelt werden. Sie werden wohl jedes Einzelereignis für sich betrachtet und `gelöst´ haben. Anders ist der welthistorische Fehlgriff, der wenige Wochen später am Har Karkom geschah, dem Berg Gottes, und der sich schon hier ankündigt, nicht zu verstehen: Sie hatten die sich anbahnende Eigendynamik des Gesamtereignisses nicht vorausgesehen und haben sie wohl auch nie vollständig durchschaut. Der Abstand zwischen den im Habitat wohnenden Angehörigen einer Hochtechnologie-Welt, die vom Hirtendasein auf der Erde nur das wenige wußten, das sie von oben her beobachtet hatten, und dem armseligen Häuflein der Viehtreiber, die sich da ohne Wissen um das Ganze, um den `göttlichen´ Plan, durch die Akazien-Dornbusch-Savanne quälten, war allzugroß – die Menschenwelt war den Herren `oben´ gar zu fremd; wie auch schon im ersten Buch des Verfassers zur Prä-Astronautik wiederholt festgestellt wurde.

Auf der Nehrung
Nimmt man alle Beschreibungen, alle Fakten zusammen, die vom Exodus berichtet werden, so ergibt sich die Möglichkeit einer vorsichtigen Rekonstruktion der dramatischen ersten Tage nach dem Auszug:

-) Man zieht aus (bei Nacht!) und muß - wohl am folgenden Tage (oder einen Tag später?) - die Richtung ändern: „*… wendet euch nun um …*". Damit wurde eine neue Zugrichtung nach Norden eingeschlagen. Dabei wird man von einem „Boten

Gottes" geführt, vielleicht eine Art wandelnder Leuchtturm, der in der ersten Nacht, in der man nicht ruhte, sondern ständig weiter zog, mit einem Lichtsignal die Richtung angab.

-) Man lagert, noch auf dem Festland, aber schon in unmittelbarer Nähe zur Nehrung, im Tal Pi Hatioth; schon dort werden die Ausziehenden (am nächsten Morgen?) von den sie verfolgenden Ägyptern eingeholt. Das Wadi mündete möglicherweise in den äußersten Westen des Haffs, das von der Nehrung gebildet wird, und deshalb konnte dort wohl lokal Schilf gedeihen („Schilfmeer"). Das Haff ist heute hypersalin und ohne Schilfbewuchs.

-) Während des folgenden Tages zieht man auf der Nehrung nach Osten, immer die Ägypter auf den Fersen! Als man auf der Nehrung lagern muß, Bal Zefon gegenüber, haben die Ägypter so dicht aufgeschlossen, daß die Extraterrestrier sich genötigt sehen, den Boten Gottes als Schutz zwischen die Kinder Israel und die Ägypter treten zu lassen, während der ganzen Nacht. Dazu entfernt sich der Bote Gottes von der Spitze der Ausziehenden und tritt hinter sie. Er befindet sich also jetzt *zwischen* den Kindern Israel und den nachdrängenden Ägyptern. Dabei heißt es wörtlich „ ... *zog hinweg und trat hinter sie* ... "; er konnte also nicht fliegen, denn sonst hätte es doch geheißen: `erhob sich und trat hinter sie´, oder so ähnlich. Man möchte schon wissen, wie dieses Objekt, das aus den oben angeführten Gründen nicht gerade klein gewesen sein kann, in dem unwegsamen Gelände sich bewegt hat. Hatte es beinähnliche Stelzen mit denen es gehen konnte (entsprechende elektronisch gesteuerte Diener-Roboter werden auf der Erde gerade entwickelt), fuhr es auf Rädern oder auf Raupenketten? – wir erfahren es nicht.

In der Nacht übernimmt der Bote Gottes eine interessante Funktion: er beleuchtet das Lager der Israeliten mit seinem Lichtschein. Auch das muß für die Kinder Israel, die kein künstliches Licht kannten, ein göttliches Ereignis gewesen sein. Bei Dunkelheit hatte man in der Antike nur kleine jämmerliche Ölfunzeln oder bestenfalls Fackeln oder das flackernde Licht eines Lagerfeuers. Es muß offen bleiben, ob der Bote Gottes nach der entgegengesetzten Seite, also zu den Ägyptern hin, noch zusätzlich eine abdunkelnde Nebelwand aus schwarzem Rauch ausstieß, oder ob das den Kindern Israel, wegen der künstlichen Helligkeit, in der sie selbst sich befanden, nur so vorgekommen ist. Da eine künstliche Rauchwolke die ganze Nacht über hätte abgeblasen werden müssen, möchte der Verfasser vermuten, daß die erste Möglichkeit (Täuschung aufgrund der Helligkeit im eigenen Lager) wohl eher der Fall war. Das ist aber nicht unbedingt stichhaltig, denn auf dem Berg Gottes, dem Har Karkom, wurde vermutlich langfristig mit einer permanent abgeblasenen Rauchwand ein Gebiet umgrenzt und abgeteilt; dazu unten mehr.

-) Am anderen Morgen müssen die Kinder Israel aus organisatorischen Gründen zwingend nach Süden durchbrechen, wieder zurück nach dem Festland. Sie müssen dabei das vom Ostwind nach Westen getriebene und dabei vorübergehend verflachte Haff durchqueren. Das endgültige, kurzfristige(!) Teilen des Wassers in zwei *entgegengesetzte* Richtungen geschieht mit Hilfe von Ventilatoren, wie unten erläutert. Die Kinder Israel zögern, es kommt zu einem dramatisch dichten Aufschließen der verfolgenden Ägypter während des Durchzuges. Nach einer unklaren und nicht sicher zuzuordnenden Quelle kämpft man vielleicht sogar miteinander. Angeblich stürzt Pharao (oder nur ein den Zug begleitender Prinz?) sich in den „Wirbel", kommt dabei aber *nicht* um.

-) Das Abstellen der Ventilatoren - zusammen mit dem Zurückfluten des vom Ostwind in der Nacht nach Westen getriebenen Wassers - ertränkt die wahrscheinlich überwiegend nach Westen (zurück)-fliehenden Ägypter. Bei den inzwischen auf dem Südufer des Haffs angekommenen Kindern Israel, die diese Zusammenhänge nicht durchschauten, mußte der Eindruck entstehen, als flöhen die Ägypter dem zurückflutenden Wasser geradewegs entgegen. Viele Ägypter, auch viele Wagengespanne, kommen elendig in Wasser und Schlamm um, sie ertrinken. Danach werden die Ertrunkenen vom weiterhin nach Osten zurückflutenden Wasser (auch) an das Südufer des Haffs, der Nordküste der Sinaihalbinsel, angespült; gleichsam zu Füßen der dort stehenden, entsetzt und fassungslos dreinschauenden Israeliten. Das zweifach zurückflutende Wasser (normales Zurückfluten nach Osten wegen des nicht mehr blasenden Ostwindes und gegensätzlich aus *zwei* Richtungen zurückflutendes Wasser wegen der abgestellten Ventilatoren) war besonders im Bereich der Rinne stark bewegt. Es muß wegen dieser Richtungsverschiedenheit der zurückflutenden Wasserkörper dort zwangsläufig zu Wirbelbildungen gekommen sein.

-) Es wird nirgendwo behauptet, daß auch der Pharao selbst (Merenptah oder einer seiner Nachfolger?) bei der ganzen Aktion umkam. Wenn das der Fall gewesen wäre, hätten die Kinder Israel in ihrem Triumphlied, das anschließend angestimmt wurde, und das „*des Herren Blasen*" (die Ventilatoren!) ausdrücklich erwähnt, sicher auch das mit hinausgeschrien, aber – nichts davon!

Beim Hereinlegen der Ägypter waren die Extraterrestrier plötzlich nicht mehr weltfremd! Mit großer Raffinesse wurde nicht nur die schmale Nehrung als Falle für die Ägypter benutzt, es wurde ausdrücklich auch Bezug genommen auf die zu erwartende Entscheidung Pharaos, also auf seine Gedanken: *„Dann wird Par'o denken: Verirrt sind sie im Land, umschlossen hat sie die Wüste."* Pharao würde also glauben, daß die Kinder Israel sich in der Wüste verirrt und sie deshalb die Richtung geändert hatten. Man kalkulierte hier also sehr richtig vorausschauend die Reaktionen der Ägypter mit ein auf die scheinbar ausweglose Situation der Juden nach deren Umwenden in der Wüste. Für die Ägypter war der Weg entlang der Nehrung wahrscheinlich undenkbar; niemand war ihn je gegangen – besonders nicht `mit Mann und Roß und Wagen´.

Angesichts dieser klar vorausschauenden und einfühlsam durchdachten raffinierten Planung möchte man den Extraterrestriern zurufen: „Wenn Ihr doch immer so einfühlsam und mitdenkend bei eurem Tun und Lassen gewesen wäret!

Allmächtiger! – was hätte da von Anfang an nicht alles anders laufen können, unendlich viel besser und friedlicher, insgesamt menschenfreundlicher und ohne den Wust psychologischer Bedrückungen und Vergewaltigungen!"

Nach JB.: *„Und der Ewige redete zu Mosche und sprach: „Rede zu den Kindern Jisrael, daß sie umkehren und sich vor der Hirotmündung lagern zwischen Migdol und dem Meer; vor Baal-Zefon [der Bibel Atlas schreibt Baal-Zafon], diesem gegenüber, sollt ihr euch lagern am Meer. Dann wird Par'o von den Kindern Jisrael denken: `Verirrt sind sie im Land, umschlossen hat sie die Wüste.' Ich aber werde das Herz Par'os festigen, daß er ihnen nachsetzt, und ich werde mich verherrlichen an Par'o und an seinem ganzen Heer, und die Mizräer sollen erkennen, daß ich der Ewige bin. Da taten sie also. ... ... Und die Mizräer setzten ihnen nach, und sie erreichten sie, wie sie am Meer lagerten, alle Rosse, Wagen Par'os und seine Reiter und sein ganzes Heer bei der Hirotmündung, vor Bal-Zefon."*

Hier sind einige Anmerkungen zu den verfolgenden Ägyptern einzuschieben: In einer Zeit, in der die existenzbedrohenden Scharen der Seevölker und der Proto-Philister unmittelbar vor den Toren Ägyptens, entlang seiner Ostgrenze aufmarschierten, wird der Pharao mit Sicherheit nicht sein ganzes Heer, oder auch nur einen größeren Teil davon, fortgeschickt haben, um Zwei- oder Dreitausend kaum bewaffnete Hirten zu verfolgen und zu vernichten, die mit `Kind und Kegel´ und mit allem Vieh sich mühsam durch die Akaziensavanne/Dornbuschsteppe (die „Wüste") vorwärtskämpften. Aus dem gleichen Grunde wird Pharao auch nicht selbst bei dieser Aktion mitgezogen sein; bestenfalls ein Prinz oder ein anderer höherer Befehlshaber. Pharao selbst (Merenptah und besonders Ramses III) würde mit seinem ganzen Heer bald die immer heftiger und zahlreicher herandrängenden Scharen der Seevölker und Proto-Philister und deren zahlreiche mitgerissenen Begleitvölker bekämpfen müssen, und zwar um Sein oder Nichtsein für ganz Ägypten; er war unabkömmlich und jede größere Truppeneinheit seines Heeres ebenso.

Die Ortschaft Migdol befand sich laut Bibelatlas am Westende der Nehrung, noch auf dem Festland. Da die Nehrung, die östlich des Nildeltas am Festland ansetzt, ca. 90km lang ist bzw. war, kann ihre Länge nach Meinung des Verfassers nicht an einem Tag durchmessen worden sein; man denke nur an das mitziehende Vieh. Das würde bedeuten, daß dieser (erste) Lagerplatz sich etwa am Anfang der Nehrung befand, und daß dort dann auch die Hirotmündung zu lokalisieren wäre. Das Lager vor Baal-Zefon - das zweite nach dem Auszug? - wäre dann auf der Nehrung selbst gewesen, Baal-Zefon gegenüber (siehe Abb. 2).

Dieses zweite Lager wurde also befehlsgemäß gegenüber von Baal-Zefon errichtet, das auf der Karte des Bibelatlas' auf der Nehrung selbst ungefähr in dessen Mitte eingezeichnet ist. Falls die Nehrung eine Lücke hatte, kann diese nur sehr flach gewesen sein, weil sonst der Fortgang der ganzen Operation in Frage gestellt war. Unklar ist die Bemerkung „Hirotmündung". Gab es da einen kleinen Fluß oder ein Wadi, das inzwischen vertrocknet ist? Wie dem auch sei: die Ägypter waren inzwischen so nahe herangerückt, daß die Kinder Israel in Furcht gerieten und zum Ewigen schrien. Da mußten die Extraterrestrier ihre technische Überlegenheit ausspielen und ließen ihren `Boten Gottes´, d. h. den die Juden führenden wandelnden Leuchtturm, hinter diese treten, sodaß er die Kinder Israel von den Ägyptern während der ganzen Nacht trennte. Man war also gezwungen, auf der Nehrung in Sichtweite voneinander zu übernachten – so nahe war man sich!

Als nun Par'o näher rückte, hoben die Kinder Jisrael ihre Augen: Sieh, da zog Mizraim hinter ihnen her; da fürchteten sie sich sehr, und die Kinder Jisrael schrien zum Ewigen. Und sie sprachen zu Mosche: „Ists, weil in Mizraim keine Gräber waren, daß du uns weggeholt, damit wir in der Wüste sterben? Was hast du uns da getan, uns aus Mizraim zu führen? Das ist es ja, was wir dir in Mizraim gesagt haben, als wir sprachen: Laß von uns, daß wir den Mizräern dienen? Denn besser wäre uns, den Mizräern zu dienen, als in der Wüste zu sterben" Mosche aber sprach zum Volk: „Fürchtet euch nicht. Stellt euch hin und schaut die Hilfe des Ewigen, die er euch heute bereiten wird; denn wie ihr die Mizräer heute gesehen, werdet ihr sie nicht wieder sehen in Ewigkeit! Der Ewige wird für euch streiten, ihr aber sollt stille sein! Und der Ewige sprach zu Mosche: „Was schreist du zu mir? Sage den Kindern Jisrael, daß sie aufbrechen. Du aber hebe deinen Stab und strecke deine Hand über das Meer und spalte es; so werden die Kinder Jisrael mitten im Meer aufs Trockene kommen. Und ich – sieh, ich festige das Herz der Mizräer, daß sie nach Ihnen hineingehen, und ich will mich verherrlichen an Par'o und an seinem ganzen Heer, an seinen Wagen und seinen Reitern. Und Mizraim soll erkennen, daß ich der Ewige bin, wenn ich mich verherrliche an Par'o, an seinen Wagen und seinen Reitern."
Und der Bote Gottes, der vor dem Lager Jisraels einherzog, zog hinweg und trat hinter sie, und die Wolkensäule zog vor ihnen hinweg und stellte sich hinter sie. So kam sie zwischen das Lager der Mizräer und das Lager Jisraels, (dort) war Wolke und Finsternis, und (hier) erleuchtete sie die Nacht, und sie nahten einander nicht die ganze Nacht. Mosche aber streckte seine Hand aus über das Meer, und der Ewige trieb das Meer durch einen heftigen Ostwind, die ganze Nacht hindurch; so machte er das Meer zu trockenem Boden, und es spalteten sich die Wasser. Da kamen die Kinder Jisrael mitten im Meer aufs Trockene, und das Wasser war ihnen Mauer zu ihrer Rechten und zu ihrer Linken. Die Mizräer aber setzten ihnen nach und kamen hinter ihnen her, alle Rosse Par'os, seine Wagen und seine Reiter, mitten in das Meer. Es war aber um die Morgenwache, da schaute der Ewige auf das Lager der Mizräer in der Feuer- und Wolkensäule, und brachte das Lager der Mizräer in Verwirrung. Und er löste das Radwerk ihrer Wagen, und ließ sie sich in Schwere schleppen. Da sprach Mizraim: „Laßt mich fliehen vor Jisrael, denn der Ewige streitet für sie gegen Mizraim!"
Der Ewige aber sprach zu Mosche: „Strecke deine Hand aus über das Meer, dann werden die Wasser zurückfluten über Mizraim, über seine Wagen und seine Reiter. Da streckte Mosche seine Hand aus über das Meer, und das Meer gewann seine Stärke zurück gegen Morgen, während die Mizräer ihm entgegen flohen. So schleuderte der Ewige die Mizräer mitten in das Meer. Und die Wasser fluteten

zurück und deckten die Wagen und die Reiter der ganzen Heeresmacht Par'os, die hinter ihnen her in das Meer gekommen waren; auch nicht einer von ihnen blieb übrig. Die Kinder Jisrael aber gingen auf trockenem Boden mitten im Meer, und das Wasser war ihnen Mauer zu ihrer Rechten und zu ihrer Linken. So rettete der Ewige an jenem Tag Jisrael aus der Hand der Mizräer, und Jisrael sah die Mizräer tot am Ufer des Meeres. Da sah Jisrael die große Macht, die der Ewige an den Mizräern bewiesen; und das Volk fürchtete den Ewigen, und es glaubte an den Ewigen und an Mosche, seinen Knecht."

Dieser allen Christen sattsam bekannte Bericht enthält mehrere einander ergänzende Abschnitte, die nicht genau zeitlich zueinander passen. Das mag das Resultat späterer Verwechslungen und Irrtümer sein – man wußte ja nicht (mehr) womit man da umging. Insgesamt ist hier anscheinend von drei beziehungsweise vier Teilereignissen die Rede, die trotz einiger Verwirrung einander logisch folgen und ergänzen:

-) Man macht sich auf den Weg (wahrscheinlich zunächst geradewegs nach Osten, in Richtung Har Karkom) und muß bald danach umkehren (sic!).
-) Man lagert das erstemal, wie angeordnet (nachdem man umgekehrt ist), noch auf dem Festland, zwischen Migdol und der im flachen, ufernahen Meer ansetzenden und in einem großen Bogen nach Osten hin sich erstreckenden Nehrung. Das flache Haff zwischen der Nehrung und dem Nordufer der Sinaihalbinsel wurde das „Schilfmeer" genannt. Es war also zumindest teilweise mit Schilf bewachsen.

Ein Blick auf die Wachstumsbedingungen von Schilf klärt uns in diesem Zusammenhang über die Gegebenheiten auf, die die Kinder Israel beim Durchqueren dieses Haffs am Morgen des übernächsten Tags tatsächlich antrafen: Schilf wächst meist bis ca. 1m, maximal bis ca. 2,5m Wassertiefe. Es wächst bevorzugt im Uferbereich flacher (Steppen)-Seen, kann aber auch noch auf sehr feuchten Landflächen gedeihen, die nicht einmal ganzjährig von Wasser bedeckt sein müssen; es gedeiht auch in mäßig salzhaltigem Brackwasser (so laut Internet, Wikipedia).

Am Tag darauf beginnt der Zug auf der Nehrung nach Osten. Dabei scheint es in der Beschreibung der Vorgänge zu einer gewissen Verwirrung gekommen zu sein, denn der Verfasser des Bibeltextes unterscheidet nicht klar zwischen den beiden Lagerplätzen; wahrscheinlich kannte er die Örtlichkeit nicht. Die Formulierung: *„Und die Mizräer setzten ihnen nach, und sie erreichten sie, wie sie am Meer lagerten, alle Rosse, alle Wagen Par'os und seine Reiter und sein ganzes Heer bei der Hirotmündung, vor Baal Zefon."* läßt nur die Deutung zu, daß die Ägypter die Kinder Israel noch auf dem Festland, oder am Beginn des nächsten Tages einholten, als man gerade die Nehrung betreten hatte. Erst der nächste Lagerplatz, noch vor dem berühmten Durchzug durch das Schilfmeer, würde sich Baal-Zefon gegenüber befinden. Das kann aber nur bedeuten, daß sie während des ganzen vorhergehenden Tages - während des hastigen Zuges entlang des Westabschnitts der Nehrung - bereits von den Ägyptern verfolgt wurden. Im Verlaufe des Tages entdeckten sie die Verfolgenden und gerieten in Furcht. Dabei waren die Ägypter wohl kaum schneller als die sich hastig eilenden Kinder Israel, denn erst gegen Abend, als man den zweiten Lagerplatz erreichte, jetzt wirklich Baal-Zefon gegenüber (das also wahrscheinlich auf dem Ostabschnitt der Nehrung lag), kamen sie den Kindern Israel so bedrohlich nahe, daß der Bote Gottes einschritt und sie vor dem vernichtenden Zugriff der Ägypter schützte, während sie in der Nacht lagerten.

Die Tatsache, daß alle Ausziehenden auf der schmalen Nehrung Platz hatten, zeigt erneut, wie unsinnig die Zahlenangabe im AT ist – 600 000 marschfähige Männer mit allem Anhang; Sechshundert Familien mögen aber mit ihrem Anhang und dem Vieh dort Platz gefunden haben – es war auch dann schon eng genug! Deshalb kann auch die mitgeführte Viehherde nicht gar so groß gewesen sein; sie war auf keinen Fall „sehr groß" (bezogen auf Sechshunderttausend Marschfähige, d. h. mehrere Millionen Menschen insgesamt). Aus dem gleichen Grunde kann auch das ägyptische Heer nicht besonders groß gewesen sein: wie hätte es sonst auf der schmalen Nehrung vorwärts kommen können? Man denke an das Gedränge und das Durcheinander; auch die Ägypter kannten weder Weg noch Steg. Auch aus der räumlichen Enge ergibt sich die schiere Unmöglichkeit, daß Pharao „...*mit seinem ganzen Heer...*" und allen Rossen und Wagen ihnen nachsetzte.

-) Der ursprünglich wahrscheinlich nicht vorgesehene Zug auf
der schmalen Nehrung nach Osten, Richtung Kanaan, war eine Verzweiflungstat, deren prekären Umstände erst klar werden, wenn wir die Länge der (heutigen) Nehrung mit den Gegebenheiten der Ausziehenden in Beziehung setzen. Da die Nehrung ca. 90km lang ist, würde man für diesen Weg auch bei größter Eile mit dem mitgeführten Vieh mindestens zwei Tage benötigen, wohl eher drei. Aber: Für das Vieh konnte man unmöglich soviel Wasser mitnehmen. Entweder war das Wasser des Haffs so gering salzhaltig, daß das Vieh es akzeptierte, oder – man mußte die Nehrung spätestens etwa nach einem Tag wieder in Richtung Festland verlassen, um dort das Vieh (hoffentlich) möglichst bald tränken zu können!
Aber auch eine Annahme des dann als nur sehr schwach salzhaltig anzunehmenden Brackwassers durch das Vieh hätte wahrscheinlich keine Lösung bedeutet, denn man hatte ja die Ägypter auf den Fersen; und das Tränken des Viehs dauerte so seine Zeit. So oder so, man würde die Nehrung nicht auf ganzer Länge, mit den Ägyptern im Rücken, durchmessen können. Man mußte sie spätestens nach dem ersten Nachtlager, also am Morgen des zweiten (oder dritten?) Tages nach dem Auszug, etwa auf halber Strecke, wieder nach Süden, d. h. nach dem Festland hin, verlassen. Dafür bot sich eine Landzunge an, die gegenwärtig als Vorsprung von Süden nach Norden in das Haff hineinragt. Wenn die Situation der damaligen Zeit (um ca. 1210 v. Chr.) auch nur annähernd so war wie heute, bot sich diese Engstelle als

Übergang an, also als Rückweg zurück nach dem Festland. Der von Süden nach Norden gerichtete Vorsprung des Festlandes, in das Haff hinein, liefert zusätzlich den Hinweis, daß in diesem Bereich das Haff in der Tat am flachsten ist bzw. war.

Das rasche Zurückkehren der Kinder Israel hin nach dem Festland zeigt auch, daß die Scharen der Proto-Philister und Seevölker der Ostgrenze Ägyptens sich schon *sehr* genähert haben mußten, denn sonst wären sie doch unweigerlich mit den Kindern Israel kollidiert und hätten sie zumindest `bis aufs Hemd´ ausgeplündert. Aus dem gleichen Grunde kann der Durchgang durch das Schilfmeer auch nicht weiter westlich bzw. nordwestlich durch einen der dortigen Uferseen vor sich gegangen sein; sie wären auch dann am Tage danach den Seevölker - und Proto-Philister - Horden unweigerlich in die Arme gelaufen. Insgesamt war die Situation so, daß nur ein Ausweichen über die Nehrung in Frage kam (siehe Abb. 2); so auch im Bibel-Atlas von AHARONI und AVI-YONAH (1991, dt. Ausgabe); dort wird aber die ganze Länge der Nehrung durchmessen, was wir für unmöglich halten, wie hier erläutert.

Das ist wahrscheinlich auch die Erklärung für das überstürzte Aufbrechen bei Nacht. Wenn die Horden der Seevölker und Proto-Philister schon sehr nahe herangerückt waren, dann war keine Zeit mehr zu verlieren; d. h. die bedrohlichen Horden waren nur noch dadurch zu umgehen, daß man nachts auszog, denn dann ruhten die ja. Hätte man bis zum nächsten Tag gewartet, wäre man ihnen vielleicht so nahe gekommen, daß die Kinder Israel womöglich entdeckt und überwältigt worden wären. Daß man trotzdem dann so bald nach Norden ausweichen, „*sich umwenden*", mußte, zeigt, daß man sich `oben´ wohl verschätzt hatte. Es ging also womöglich tatsächlich um einige wenige Stunden, um den Auszug gerade noch rechtzeitig zu bewerkstelligen, und auch den anschließenden ausweichenden Zug entlang der Nehrung und durch das Haff noch zu ermöglichen – mit den verfolgenden Ägyptern, an die man ja ein Exempel statuieren wollte. Das alles war gefährlich eng zeitlich aufeinander abgestimmt – was wohl nicht ganz freiwillig geschehen ist.

Der dramatische Durchzug durch das Schilfmeer wird vorbereitet
Des Herrn Blasen - die Wasserwand zur Rechten und zur Linken
<u>In den Tagen des Auszugs aus Ägypten sah eine Magd Dinge, die selbst Hesekiel und die anderen Propheten nicht gesehen haben!</u>
(Aus: „Sagen der Juden". Diese Bemerkung muß nach ca. 600 v. Chr. entstanden sein, denn sie kennt schon Hesekiel (Ezechiel), der um 600 v. Chr. gelebt hat.)

-) Für das eigentliche Durchzugsereignis werden *zwei verschiedene* Winde zu verschiedenen Zeiten aktiv:
Zunächst heißt es (mit Bezug auf den ersten Wind): „*Mosche aber streckte seine Hand aus über das Meer, und der Ewige trieb das Meer durch einen*

heftigen Ostwind, die ganze Nacht hindurch; so machte er das Meer zu trockenem Boden, und es spalteten sich die Wasser. Da kamen die Kinder Jisrael mitten im Meer aufs Trockene, und das Wasser war ihnen Mauer zu ihrer Rechten und zu ihrer Linken."

Das ergibt so keinen Sinn: Moses hat mit Sicherheit nicht die ganze Nacht seine Hand ausgestreckt. Auch war das nicht nötig, denn der die ganze Nacht wehende heftige Ost*wind* war ein natürlicher Vorgang, der einer besonderen, d. h. auslösenden, Geste nicht bedurfte. Es wird aber dieser Wind die Ereignisse des folgenden Tages, als man durch das Meer zog, sehr erleichtert haben, denn es wurde ja das Wasser von diesem Wind *einseitig* nach Westen gedrängt, wie es jeder langanhaltende Ostwind in einem entsprechend orientierten, schmalen Haff tut.

-) Ein zweiter (anderer!) `Wind´ treibt das vermutlich nur flache Rest-Wasser am anderen Morgen in *zwei entgegengesetzte* Richtungen auseinander, und die Kinder Israel können „trockenen Fußes" auf das benachbarte Festland der Sinai-Halbinsel zurückgelangen.

Diese beiden Winde, die da aktiv wurden, darf man nicht in einen Topf werfen! Auch Moses' Hand-Ausstrecken will richtig verstanden sein: Diese beschwörende, fast schon göttliche Geste wird erst am folgenden Morgen erfolgt sein, als es um etwas ganz Anderes ging, und als alle diese Bewegung sehen konnten (und sollten). Der Ostwind, der die ganze Nacht hindurch blies, hatte damit nichts zu tun. Wir merken uns aber, daß der Ostwind im Haff das Meer nach Westen trieb; das ist für das spätere Schicksal der Ägypter wichtig.
Damit erfahren wir hier etwas typisches über die Vorgehensweise der Extraterrestrier: Sie gehen oft so vor, daß wir Menschen unmöglich entscheiden können, ob sie das jeweilige Ereignis (hier den Ostwind) ausgelöst haben, oder ob sie nur als Trittbrettfahrer eine natürlich entstandene Situation ausnutzen. In dieser Situation war es auf jeden Fall eine Erleichterung, daß ein kräftiger Ostwind die ganze Nacht hindurch das Wasser nach Westen trieb. Wenn die Öffnung(en) im Westen zwischen der Nehrung und dem Festland flach genug war(en), konnte das Wasser nicht schnell genug wieder zurückströmen und würde am anderen Tag im Bereich des Haffs wirklich ungewöhnlich flach sein, *aber nur für wenige Stunden*.

Das eigentliche *Spalten* des Meers, das unmöglich von einem natürlichen Wind verursacht worden sein kann, geschah dann am anderen Morgen, als Mosche wirklich die Hand über das Meer ausstreckte. Das sollte er jetzt auch, denn die Extraterrestrier hatten es ihm so befohlen. Es sollte so aussehen, als könne er - wie mit göttlicher Macht begabt - dem Meer befehlen. Das würde sein Ansehen ungeheuer heben! Er tat es und nun erhob sich ein anderer Wind, der später, völlig richtig, als „*des Herren Blasen*" bezeichnet wird. D. h. es wird im Text sehr wohl zwischen dem natürlichen *Wind* und dem künstlichen *Blasen* des Herrn unterschieden. Und dieses Blasen hatte die Fähigkeit, das Meer *gleichzeitig in zwei*

entgegengesetzte Richtungen zu treiben, sodaß es den Kindern Israel links und rechts wie ein (flacher) Wall stand.
Das kann nur technisch geschehen sein!

Dementsprechend heißt es dann, daß beim Durchzug das Wasser auf *beiden Seiten* wie eine Mauer gestanden habe. Die Formulierung vom Spalten des Meeres kann also nicht frei erfunden sein oder auf einem wie auch immer gearteten Irrtum beruhen, denn das Phänomen wird im Text nach dem Spalten des Wassers mit der beidseitigen Mauer-Bildung logisch richtig fortgesetzt. Das kann aber von einem aus *einer* Richtung wehenden natürlichen (Ost)-Wind nicht verursacht werden; diese beiden Behauptungen schließen einander definitiv aus!

Das alles konnte nur gelingen, wenn zum Blasen der beiden Winde auch noch eine besondere Hydrodynamik hinzu kam. Es mußte der Ostwind das Wasser nach Westen hin aus dem Haff drücken können (das Westende der Nehrung war also offen oder, was wahrscheinlicher ist, nur durch einen sehr flachen Sandwall mit dem Festland verbunden. Dann konnte der Ostwind das Wasser über diese flache Sandbarre nach Westen ins offene Meer treiben. Wenn gleichzeitig die Öffnung am Ostende des Haffs ebenfalls sehr flach oder ganz geschlossen war, konnte das Wasser aus dem Mittelmeer nicht schnell genug nachströmen, und es entstand für einige Zeit innerhalb des Haffs, in seinem Ostabschnitt bis etwa hin zur Mitte, so etwas wie eine lokale Ebbe, die den bescheidenen Tidenhub im Mittelmeer verstärkte[1]. Wenn das alles geschickt miteinander kombiniert wurde, konnte man das ausnutzen. Entsprechendes galt auch für eventuell vorhandene weitere Lücken in der Nehrung; auch diese mußten entweder ganz fehlen oder zumindest sehr flach sein (Sie wurden in der Neuzeit ausgebaggert und sind dementsprechend heute offen).

[1] Wegen der schmalen Lücke in der Straße von Gibraltar ist der natürliche Tidenhub im Mittelmeer sehr gering; er beträgt im Mittel nur ca. 0,1 – 0,3m. Dieser Wert kann bei entsprechend lang anhaltenden Winden (sic!) ausnahmsweise bis auf ca. 1,0m – 1,2m steigen (Angaben lt. Internet, Wikipedia).

Es ist aber auch zu bedenken, daß die von Süden nach Norden in das Haff hineinragende Untiefe nach kartographischen Informationen zur Situation der Gegenwart, und auch nach Darstellung aus dem Bibelatlas zur damaligen Situation, nicht ganz nach Norden bis hin zur Nehrung sich erstreckte. Als Folge davon blieb zwischen der etwa von Süden nach Norden in das Haff hineinragenden Halbinsel (bzw. sehr flachen Untiefe) und der Nehrung eine schmale Rinne, in der das Wasser tiefer war als im Bereich der Untiefe. Entsprechend würden die Extraterrestrier in diesem Abschnitt des vorgesehenen Weges durch das Meer, d. h. durch das Haff, ihre Gebläse massiert aufstellen müssen. Auch würde sich dementsprechend dort das zurückströmende Wasser zuerst und am stärksten bemerkbar machen. Diese Wirkung würde am kräftigsten sein, wenn die Untiefe, wie in der Gegenwart, als flache Erhebung aus dem Wasser hervorragte oder unmittelbar unter der Wasseroberfläche sich befand, das zurückströmende Wasser also zumindest in der Anfangsphase nur durch die schmale Rinne strömen konnte, die Untiefe also umfließen mußte.

Diese hydrodynamischen Zusammenhänge hatten zur Folge, daß man schon am anderen Tag, d. h. wahrscheinlich am frühen Morgen, das Haff an seiner flachsten und schmalsten Stelle zwischen der Nehrung und der nach Norden sich erstreckenden Halbinsel durchquerte. Das mußte möglichst schnell geschehen, denn es drängten nicht nur die Ägypter nach, es floß auch das vom nächtlichen Ostwind nach Westen geblasene Wasser wieder nach Osten zurück und drohte, das ganze Vorhaben zum Scheitern zu bringen. Der eigentliche Durchzug war dann aber doch so eine Sache: Man redete herum und zögerte und Moses argumentierte und diskutierte über Funk mit den Extraterrestriern `da oben´: man hatte gehörig Angst!

Dabei haben die Kinder Israel wohl zu sehr gezaudert, oder Moses hat zu lange mit den Extraterrestriern diskutiert und lamentiert, jedenfalls wird er schließlich angefahren - man war aus guten Gründen auch `oben´ nervös - (nach Tur-Sinai):

„Was schreist du zu mir? Sag den Kindern Jisrael, daß sie aufbrechen."

Angstgeschüttelt stolperten sie schließlich durch den Schlamm (alles andere als trockenen Fußes!) und wagten kaum hinzusehen. Was für geduckte Ungeheuer standen dort und bliesen mit rasendem Mund ins Wasser! Und das Wasser – es bildete zu beiden Seiten ihres kaum erkennbaren Weges einen Wall!! Sie wurden rechts und links von einem Wasserwall umschlossen, aber auch geleitet. Kaum ihrer Sinne mächtig, hasteten sie durch die Gasse – nur fort, nur schnell durch diese tobenden, sprühend-schüttenden und strömenden, in die Gasse zurückspülenden und dann doch wieder von den rasenden Ungeheuern fortgefauchten Wassermassen hindurch! Auch das Vieh wurde irgendwie hindurchgeknüppelt und -gepeitscht.

Angesichts der immerhin sechshundert Familien, dem Fremdgemisch, das auch mitzog, und der Tierherde, die sicher nicht freiwillig diesen Weg eingeschlagen haben wird, möchte man vermuten, daß der eigentliche Durchzug doch wohl eine oder zwei Stunden dauerte. Deutlich kürzer (kaum eine Stunde?) kann der ganze Vorgang gedauert haben, wenn die auf Abb. 3 a – d dargestellte Untiefe keine solche war, sondern trockenes Land, wie in der Gegenwart. In diesem Fall blieb nur die Rinne zu durchwaten und die Extraterrestrier mußten auch nur dort ihre Bläser aufstellen; diese Möglichkeit wäre eine große Erleichterung für den ganzen Vorgang. Andererseits wäre dann der Untergang der Ägypter auf diesen kurzen Abschnitt des Weges durch die Rinne zu beschränken, und es müßten sich dort wahrhaft dramatische Dinge auf engstem Raum abgespielt haben. Wir werden noch darauf zurückkommen.

Da die von Süden her weit nach Norden in das Haff hineinragende Untiefe auf beiden Seiten vom Wasser des Haffs begleitet wird, muß sie den Kindern Israel - wenn sie, wie in der Gegenwart, immer trocken lag - bei ihrem hastigen, überstürzten Vorwärtseilen als auch vom Herrn freigeblasenes (wirklich) trockenes Land „mitten im Meer" vorgekommen sein. Die Formulierung von „trockenen Fußes durchs Meer" wäre dann aus ihrer Sicht - wenn auch irrtümlich - für diesen Abschnitt ihres Weges `durch das Meer´ sogar korrekt, denn sie kannten ja die Lokalität und die hydrodynamischen Zusammenhänge nicht.

Dann waren sie drüben, und die Ägypter setzten ihnen nach und plötzlich – ein unsägliches Entsetzen ergriff sie: Die Ägypter versanken vor ihren Augen in Wasser und Schlamm. Den wirklichen, dreifachen, Grund, 1) das Aufhören des Blasens der Ventilatoren, zusammen mit, 2) der allgemeinen Hydrodynamik im Haff - dem nach Osten gerichteten Wieder-Zurückströmen des in der Nacht vom Wind nach Westen getriebenen Meeres - und beides, 3) zusammen mit den nach Westen zurückflüchtenden Ägyptern, also dem zurückflutenden Wasser entgegen (genau `in die Arme´), werden sie nicht durchschaut haben. Sie haben auch nur sehr vage bemerkt, daß die Extraterrestrier noch auf andere Art nachgeholfen hatten; aber sie haben es bemerkt.

Der Bibeltext fährt dann fort (nach Tur-Sinai):
„Mosche aber streckte seine Hand über das Meer, und der Ewige trieb das Meer durch einen heftigen Ostwind, die ganze Nacht hindurch; so machte er das Meer zu trockenem Boden, und es <u>spalteten sich</u> [vom Verf. hervorgehoben] *die Wasser. Da kamen die Kinder Jisrael mitten im Meer aufs Trockene, und das Wasser war ihnen Mauer zu ihrer Rechten und zur Linken. Die Mizräer aber setzten ihnen nach und kamen hinter ihnen her, alle Rosse Par'os, seine Wagen und seine Reiter, mitten in das Meer. Es war aber um die Morgenwache, da schaute der Ewige auf das Lager der Mizräer in der Feuer- und Wolkensäule, und brachte das Lager der Mizräer in Verwirrung. Und er löste das Radwerk ihrer Wagen, und ließ sie sich in Schwere schleppen. Da sprach Mizraim: „Laßt mich fliehen vor Jisrael, denn der Ewige streitet für sie gegen Mizraim."*

Der Ewige aber sprach zu Mosche: „Strecke deine Hand aus über das Meer, dann werden die Wasser zurückfluten über Mizraim, über seine Wagen und seine Reiter." Da streckte Mosche seine Hand aus über das Meer, und das Meer gewann seine Stärke zurück gegen Morgen, während die Mizräer ihm entgegenflohen. So schleuderte der Ewige die Mizräer mitten in das Meer. Und die Wasser fluteten zurück und deckten die Wagen und die Reiter der ganzen Heeresmacht Par'os, die hinter ihnen her in das Meer gekommen waren; auch nicht einer von ihnen blieb übrig. Die Kinder Jisrael aber gingen auf trockenem Boden mitten im Meer, und das Wasser war ihnen Mauer zu ihrer Rechten und zu ihrer Linken. So rettete der Ewige an jenem Tag Jisrael aus der Hand der Mizräer, und Jisrael sah die Mizräer tot am Ufer des Meeres. Da sah Jisrael die große Macht, die der Ewige an den Mizräern bewiesen, und das Volk fürchtete den Ewigen, und es glaubte an den Ewigen und an Mosche, seinen Knecht."

Die Extraterrestrier brauchten also nur mit dem Blasen aufzuhören, und die Ägypter würden unweigerlich im Schlamm steckenbleiben und im rasch ansteigenden Wasser versinken. Dieser Effekt wurde noch dadurch verstärkt, daß sie blindlings zurück, nach Westen, flohen und nicht nach Süden, hinter den Kindern Israel her, wie sie eigentlich gewollt hatten; hätten sie das konsequent getan, hätten sich wahrscheinlich viele retten können.

Aber: Wer oder was hatte da geblasen?

Die Verursacher dieser Technologie brauchen wir nicht erst umständlich zu suchen: es waren die Extraterrestrier, die die Ventilatoren zur Erde gebracht und sie in Betrieb gesetzt hatten, um den Durchgang durch das Meer (d. h. durch das Haff) zu ermöglichen. Mit dem jederzeit möglichen Abschalten der elektrisch betriebenen Ventilatoren konnte man jeden eventuell nachdrängenden Gegner, also die Ägypter, katastrophal-vernichtend niedermachen – und das vor aller Augen. Das würde einen ganz ungeheuren, unvergeßlichen Eindruck bei den Kindern Israel hinterlassen! Natürlich gilt das auch für Moses' Handausstrecken – für die Zuschauer war er solcherart mit göttlicher Macht versehen.

Der Eindruck, den das Ganze machte, ist bis heute nicht erloschen; siehe den entsprechenden Text im AT, der den Durchgang durch das Schilfmeer bis auf den heutigen Tag als Gotteswunder beschreibt. Das war auch durchaus so erwünscht, denn es handelte sich ja um ein Ereignis, eine Gottes-Tat, nicht um einen Gegenstand, an den sich ein neuer Kargo-Kult hätte entzünden können. Die Ventilatoren und den Boten Gottes konnte man geschickt im Verlaufe des Infernos entfernen. Besonders die Ventilatoren (die `Bläser´) wurden, da im Getobe wohl nur flüchtig wahrgenommen und später auch nie wieder gesehen, nicht weiter beachtet; ihr dramatisches Blasen aber sehr wohl. Das alles hatte zur Folge, daß dieses Ereignis eben wegen seiner Dramatik und seiner (scheinbar) unmißverständlich klaren Beschreibung bis heute auf unterschiedlichste Art in Form von Sprichwörtern und Redewendungen in aller Munde ist und trotzdem, nämlich genau deshalb(!), keinerlei Kargo-Kult-Religion verursacht hat; es war halt ein Aspekt des Ewigen, seine kraftvolle, wundersame Hilfe, die jeder gesehen hatte, und damit gut.

Dem Verfasser ist in diesem Zusammenhang aus seiner Kindheit eine kleine Geschichte bekannt, die wie folgt ging: da wurde am Essenstisch erzählt, daß einmal, als man zusammen um den Tisch saß, und das Essen aus einer großen gemeinsamen Schüssel geschöpft wurde - und wohl nicht gar zu viel nahrhaftes Fett in selbigem zugegen war - der Großknecht (bäuerliche Verhältnisse) mit seinem Löffel so durch das Essen fuhr, daß das wenige Fett nach seiner Seite hin floß. Das geschah mit den Worten: „So zog Moses durch das Rote Meer."

Daraufhin nahm der in der Rangfolge nach unten hin nächstfolgende Knecht seinen Löffel und führte an der Oberfläche des Essens eine Bewegung dergestalt aus, daß das wenige Fett nach seiner Seite floß. Das geschah mit den Worten: „Und viel Volks folgte ihm nach." Woraufhin der Kleinknecht, wohl besorgt, daß für ihn nur Mageres übrig bleiben würde, den im Essen drinsteckenden größeren Schöpflöffel mit beiden Händen ergriff, das Ganze mit kräftigen kreisenden Bewegungen umrührte und dabei sprach: „Und es war ein Gewimmel!"

So friedlich und problemlos konnten die Erzählungen der Menschen zum dramatischen Geschehen beim Durchzug der Kinder Israel durch das Schilfmeer sich fortpflanzen und die Menschen zum Schmunzeln bringen – eben weil nichts verborgen geblieben war, denn alle hatten das Vorgefallene gesehen; deshalb blieb alles völlig harmlos. Weiter unten werden wir das überwältigende, bis heute nicht endende mörderische Unglück kennenlernen, das von der Mannamaschine ausging und immer noch ausgeht; eben weil man mit Zähnen und Klauen versuchte, sie und ihre Eigenschaften geheim zu halten oder umzudeuten, sie Wunder-bar zu machen.

Bezogen auf das vermeintliche Wunder, beweisen die beschriebenen Ereignisse beim Durchzug durch das Schilfmeer das genaue Gegenteil: sie widerlegen jeden Versuch, den ganzen Vorgang als Wunder zu charakterisieren. Das Ganze hatte doch schon mit der Notwendigkeit begonnen, vor den heranrückenden Proto-Philistern und Seevölkern abzubiegen, und die Kinder Israel zu einer ursprünglich nicht geplanten Richtungsänderung zu veranlassen. Damit wurde eine Kettenreaktion in Gang gesetzt, die beide, die Kinder Israel und die Extraterrestrier, zu Dinge zwang, die sie noch nie getan hatten: Die Juden mußten ihren Weg entlang der schmalen Nehrung `mitten durch das Meer´ nehmen (schon den Weg entlang der Nehrung war vor ihnen wohl kaum einer gezogen); und die Extraterrestrier sahen sich erstmals gezwungen, Gerätschaften zur Erde zu bringen, die ursprünglich nicht dafür vorgesehen waren. Sie mußten die großen Ventilatoren zur Erde bringen und auch eine Stromquelle; dann war das Ganze eventuell noch zu verkabeln. Sie konnten so nach Belieben mit einem einfachen Funksignal den Vorgang des Blasens an- oder abschalten; in Abhängigkeit davon würde sich das Meer entweder spalten (beim Anschalten der Ventilatoren) oder wieder schließen (bei deren Abschalten) und alles im Schlamm und dem rasch wieder ansteigenden Wasser stecken bleiben und umkommen lassen; die Wagen würden sich spätestens dann „in Schwere schleppen". Für die entsetzt und verständnislos dreinschauenden Kinder Israel war es, als würde das Meer die Ägypter verschlingen und unter sich begraben. Technisch war der ganze Vorgang (Das-zur-Seite-drängen-des-Wassers, d. h. das Spalten des Meeres) ein Kinderspiel; besonders dann, wenn die Ventilatoren jeweils einen horizontal angeordneten, schmal-breiten, etwa mundförmigen Windauslaß hatten, dessen dann breit gefächerter, starker Luftstrom das Wasser jeweils in einem entsprechend breiten Sektor, und nicht nur an einem Punkt, fortblasen konnte.

Aber woher die Ventilatoren? Der Verfasser hat in seinem ersten Buch zur Prä-Astronautik den vom Äthiopischen Henochbuch abgeleiteten Verdacht geäußert, daß die Klimaanlage des Habitats wahrscheinlich über große Ventilatoren verfügte. Von denen wird man einige abgebaut und vorübergehend zur Erde gebracht haben, zusammen mit einer Stromquelle. Vielleicht wurde dieser Vorgang, das Ausladen der Maschinen aus einem größeren Weltraumfahrzeug (wie für die Zeit der Urväter überliefert; siehe erstes Buch), eventuell auch das Ausladen des Boten Gottes, von einer Magd unbemerkt beobachtet, die sich zufällig irgendwo in den Dünen aufhielt. Die Frau hatte dann natürlich so einiges zu berichten, was noch über das von Ezechiel und anderen Propheten Gesehene hinausging. Der entsprechende Bericht scheint aber bis auf die Eingangsbemerkung zu diesem Kapitel verlorengegangen zu sein – was möglicherweise kein Zufall ist ... !

Ein solcher Vorgang, Das-zur-Seite-Blasen-des-Wassers mit großen, leistungsfähigen Ventilatoren, ist keineswegs so unwahrscheinlich, wie es im ersten Moment erscheinen mag. Wir haben Ähnliches sogar in leicht abgewandelter Form vor einigen Jahren alle miterlebt: Das Löschen der brennenden Ölquellen unmittelbar nach dem sog. ersten Golfkrieg in Kuweit geschah bekanntlich durch modifizierte Flugzeugtriebwerke, die mit hohem Druck (Schaum und) Wasser ausspien, anstatt eines normalen Abgasstrahls. Wenn sie nun *Luft* mit hohem Druck ausblasen würden – dann könnten sie, mit einem entsprechend geformten breiten ´Mund´ versehen, ein flaches Wasser problemlos zur Seite blasen, und man könnte „trockenen Fußes" durch das Meer waten, d. h. durch den dann freiliegenden Schlamm am Grunde des Haffs – wie es tatsächlich geschehen ist.

Das Ganze hat aber doch weitreichende Konsequenzen: Innerhalb der drei oder vier Tage, die zwischen dem eigentlichen Auszug und dem Durchqueren des Haffs entlang der notdürftig freigeblasenen Gasse lagen, kann unmöglich der ganze Plan zum Heranbringen der Ventilatoren, (evtl. auch das Anfertigen derer breiten Mundöffnungen), deren Transport und das Aufstellen geschehen sein. Das würde aber bedeuten, daß das Ganze doch von längerer Hand vorbereitet wurde, was seinerseits bedeuten würde, daß die Richtungsänderung (das Sich- Umwenden) und der Zug entlang der Nehrung für die Extraterrestrier so überraschend nicht kamen. Hatte man da womöglich einen Plan B aus der Schublade gezogen, falls der Weg geradeaus nach Osten, nach dem Har Karkom, wegen der sich nähernden Seevölker und Proto-Philister in seinem ersten Abschnitt nicht mehr begehbar sein würde? Wie oben erläutert, war dieser Plan B aber gefährlich eng kalkuliert! Er kam wohl nur deshalb zur Ausführung, weil die Proto-Philister - und Seevölker - Scharen tatsächlich schneller gegen die ägyptische Ostgrenze vorgerückt waren als angenommen.

Der eigentliche Durchzug

Zunächst einmal: da war das Wasser. Als Bewohner eines am Nil, bzw. zwischen Nilarmen gelegenen Landes, waren die Kinder Israel mit den Tücken des Flusses bestens bekannt. Sie würden da nie durch das freie Wasser waten - und dann noch durchs `Meer´ – kein Gedanke daran! Also standen die Extraterrestrier erstmals vor einem ernsten Problem: Bisher hatten sie alles mit scheinbaren Wundern oder mit Hilfe des Boten Gottes, gleichsam von ferne, erledigen können. Jetzt mußte das Wasser aber von den Kindern Israel überwunden werden, und zwar schnell! – die mußten also dabei mitspielen, mußten mit den Extraterrestriern gleichsam Zug um Zug zusammenwirken.

Es ist bemerkenswert, daß man nicht an eine schnell zu erstellende Holzbrücke dachte - evtl. eine einfache Pontonbrücke - und auch nicht daran, die Ausziehenden mit Booten überzusetzen. Für eine wie auch immer geartete Brücke mag es an schnell zu beschaffendem Material gefehlt haben, denn dieses Material mußte sich dann ja in der Umgebung finden. Auch hätte das Ganze dann sehr menschlich-alltäglich ausgesehen: Boote, und einen Steg über Boote, kannte jeder; man war schließlich am Fluß aufgewachsen. Das ganze Gottes-Wunder-Getue wäre momentan zusammengebrochen. Nein! – Es mußte etwas Wunder-bares her, und das wurde auch schnell gefunden: das Wasser der zu durchquerenden Lagune war - Gott(!) sei Dank - recht flach.

Die Fortsetzung müssen wir uns im Habitat vorstellen. Da gab es neben vielen anderen technischen Geräten wahrscheinlich auch große, leistungsfähige Ventilatoren mit denen man große Luftmengen mit großer Gewalt umwälzen, d. h. fortblasen konnte. Da solche Geräte bewegte Teile haben, z. B. die Achsen der Luftschrauben, mußten sie unweigerlich in gewissen Abständen gewartet und eventuell auch repariert werden. Man hatte also mehr von diesen Geräten an Bord des Habitats (im `Himmel´) als man jeweils gerade in Betrieb hatte, denn die Klimaanlage durfte in dem Riesengerät natürlich nie stillstehen. Auf diese Reserveventilatoren konnte man vorübergehend verzichten. Also wurden sie mit einem breiten, horizontalen, etwa mundförmigen Auslaß versehen und zur Erde gebracht. Sie würden das flache Wasser des Haffs problemlos zur Seite blasen können. Dann brauchte man natürlich auch noch eine Stromquelle, deren Beschaffen aus dem gleichen Grunde sicher auch kein grundsätzliches Problem war; man brauchte so etwas auch im Habitat und hatte solche Maschinen darüber hinaus sicher auch für die Energieversorgung bei größeren Arbeiten auf der Erde mitgenommen, etwa beim Aufbau des ED. DIN, dem Garten Eden zur Zeit der Urväter. Das alles befand sich im Gerätelager des Habitats, in seiner „Schatzkammer".

Entlang der vorgesehenen Durchzugsrichtung aufgestellt, und richtig miteinander verkabelt, würde man damit das Wasser zur Seite blasen können. Damit es nicht ebenso schnell wie es weggeblasen wurde wieder nachströmen konnte, war ein kleiner Trick nötig: Die Ventilatoren wurden so aufgestellt, daß sie, im Abstand der Breite der für den Durchzug benötigten Gasse, ungefähr einander gegenüber und voneinander *ab*gewendet standen, die beiden Ventilator-Reihen also jeweils in die *entgegengesetzte* Richtung bliesen. Bei solcher Aufstellung wurde nach ihrem Anschalten die benötigte Gasse freigeblasen, und die Kinder Israel konnten mit `Sack und Pack´ und `Kind und Kegel´ und dem Vieh hindurchziehen.

Das alles war recht einfach und ergab sich bei der Kalkulation des zu inszenierenden Vorgangs nahezu selbstverständlich. Es hatte aber für eine neugierig-mißtrauisch gewordene, und solcherart auch fragende, spätere Nachwelt eine verräterische Folge: Die entsprechend aufgestellten Ventilatoren würden das Wasser unweigerlich *gleichzeitig* in zwei entgegengesetzte Richtungen blasen; das Meer würde *gespalten* werden! Das würde für alle Ewigkeit ein <u>kritischer Hinweis auf den technischen Charakter</u> des beim Durchzug durch das Meer inszenierten Vorgangs sein, denn ein natürlicher Wind *kann* keinen solchen Spaltungseffekt verursachen! Hier wurde von den Extraterrestriern eine Fährte gelegt, die unweigerlich eines Tages ihre Geschichte und die tatsächlichen Ereignisse einer nicht mehr blind gläubigen, sondern nun die Technik verstehenden und durchschauenden Menschheit offenbaren würde – ebenso unweigerlich wie die vielen Raketenstarts und ihre optischen und akustischen Erscheinungen über Tausend oder Zweitausend Jahre vorher, zur Zeit der Urväter. Das Spalten des Meeres ist also ein Corpus delicti vom Ereignis-Typ (Fall `drei´ in „Gottes Sturz aus dem Himmel", dort auf Seite 15).

Moses erhält dann den Befehl von `Gott´, daß er seine Hand heben und das Meer spalten soll. Das ist in zweifacher Hinsicht ein bemerkenswerter Vorgang: Dadurch, daß Moses seine Hand hebt, entstand unweigerlich der Eindruck, daß er dem Meer befehlen konnte – wenn auch im Auftrage Gottes; und verstärkt wurde dieser übermenschlich-göttliche Eindruck noch dadurch, daß das Meer gespalten, also ausdrücklich *nicht* von einem normalen Wind einfach fortgeweht wurde. Für den modern-technisch denkenden Menschen ist die Tatsache, daß der `Befehl´ vom Meer tatsächlich `ausgeführt´ wurde, gleichzeitig der Beweis, daß die Ventilatoren wirklich an- oder abgeschaltet werden konnten – wie jedes entsprechend gebaute elektrische Gerät. Auch hier suchen wir also Wunder vergebens.

(Bei Flavius Josephus (nach CLEMENTZ, 1899) richtet Moses ein längeres Gebet an Gott, bevor er mit dem Stab auf das Meer schlägt. Das ist so sicher nicht geschehen: Die Situation war viel zu dramatisch – alles eilte aufs äußerste (die Ägypter hinter sich und das wieder zurückflutende Wasser von der Seite her, und das ersehnte Festland vor sich), und Moses hätte sicher keine Zeit gehabt, noch lange zu lamentieren. Es war ihm ja gerade von `oben´ zugerufen worden, daß sie sich endlich aufmachen und durchziehen sollten. Im Gebetstext, der also von Flavius Josephus frei erfunden wurde, steht der bemerkenswerte Satz:
„ ... *und das Meer verwandelt sich in trockenes Land. Ja, durch die Luft können wir fliegen und so entkommen, wenn deine Allmacht uns also erretten will.*"

Dieser Satz erhält sein Gewicht durch die Tatsache, daß in ihm plötzlich, ganz unmotiviert, vom Fliegen-Können, die Rede ist. Hier steht wahrscheinlich zwischen den Zeilen etwas vom Wissen der Kinder Israel um das Fliegen-Können der Extraterrestrier. Ganz aus freien Stücken wird Flavius Josephus die in der Antike so gänzlich undenkbare Möglichkeit des Fliegens nicht erfunden haben. Es muß offen bleiben, ob diese Möglichkeit ernsthaft - etwa mit den Ältesten, der Elite? - vor dem Auszug erwogen wurde. (Ungefähr Sechshundert Jahre später würde ein Priester namens Ezechiel mehrere Male auf längeren Flügen mit den Extraterrestriern „... durch die ... Luft fliegen".).

Nachdem man das Vieh hindurchgeknüppelt hatte, stand man sprachlos vor Grauen und Entsetzen am Südufer des Haffs und sah die Ägypter untergehen. Dabei wurde ein Detail beobachtet, daß nicht übergangen werden sollte:

„Es war aber um die Morgenwache, da schaute der Ewige auf das Lager der Mizräer in der Feuer- und Wolkensäule, und brachte das Lager der Mizräer in Verwirrung. Und er löste das Radwerk ihrer Wagen, und ließ sie sich in Schwere schleppen."

Über die Bedeutung dieser Worte ist schon wiederholt gerätselt worden. Man hat sogar schon vermutet, daß die Extraterrestrier hier mit Sprengungen gearbeitet haben, um die Räder von den Kriegswagen der Ägypter abzusprengen. Das wäre aber wahrscheinlich nicht verborgen geblieben; es war wohl auch nicht nötig. Zumindest die dabei entstehenden Explosionsgeräusche hätte man wohl kaum überhört. Eine andere Möglichkeit ist natürlich dadurch gegeben, daß die Extraterrestrier das Verwirren des Lagers der Ägypter dazu benutzten, die Räder der (meisten) Kriegswagen mit Laserstrahlern abzubrennen, oder zumindest doch so zu beschädigen, daß sie den Durchzug durch den schlammigen Meeresboden nicht würden in funktionsfähiger Position überdauern können. Mußte dazu das Lager in Unordnung gebracht werden, damit man an den Rädern der Wagen manipulieren konnte, oder war die Unordnung eine Folge davon?

Sollte nichts von allem stimmen, so gibt es immer noch zwei weitere Möglichkeiten: Einerseits ergibt sich die Möglichkeit, daß die Rad- bzw. Achsenbefestigungen an den Wagenkästen zu schwach waren, um der Belastung beim Durchfahren des Schlamms standzuhalten, sodaß die Räder, oder die Achsen, weggerissen wurden, und der jeweilige Wagenkasten mit dem Lenker und eventuellen weiteren Mitfahrern (Kämpfern) von den Pferden dann wie ein Schlitten (also ohne Räder) „in Schwere" durch den Schlamm geschleppt wurde. Andererseits ist aber auch die Möglichkeit nicht auszuschließen, daß ganz einfach der Schlamm an einigen Stellen so tief war, daß der Wagenkasten aufsetzte und dann ebenfalls wie ein Schlitten „in Schwere" von den Pferden geschleppt wurde. Diese letzte Möglichkeit gäbe darüber hinaus einen interessanten Hinweis auf die Bedingungen unter denen die Kinder Israel ihrerseits „trockenen Fußes" durch das

Meer, d. h. durch die Rinne, gezogen waren: Sie waren anschließen alle klatschnaß und mit Schlamm von oben bis unten besudelt und bespritzt.

Es wurde also, wahrscheinlich während des nachdrängenden Durchzugsversuchs der Ägypter, von den Extraterrestriern den Kindern Israel dahingehend geholfen, daß man die Ägypter zusätzlich erschreckte (vielleicht mit dem Feuer oder der dunklen Wolke des Boten Gottes?) und sie so in Panik versetzte. Das Ganze geschah am frühen Morgen, während der „Morgenwache", also wohl bald nach Beginn des Durchzuges. Das konnte auch nicht anders sein, denn das vom Ostwind während der vorhergehenden Nacht nach Westen gedrückte Wasser des Haffs würde rasch wieder zurückfluten und den Durchgang durch die Rinne, trotz der Ventilatoren, unmöglich machen. Man mußte also so früh wie möglich aufbrechen, und man mußte sich sehr beeilen. Interessant ist der schon hier auftretende Irrtum, die Feuersäule entweder ganz mit ´Gott´ gleichzusetzen, also mit ´Gott´ zu verwechseln, oder doch davon auszugehen, daß nur ´der Ewige´ in der Feuer- und Wolkensäule verborgen sein konnte, also aus der Feuersäule auf das Lager der Ägypter schaute. Es zeigt dieser Irrtum einmal mehr, wie allgegenwärtig die Gefahr eines ungewollten Kargo-Kultes war: Etwas Feuer, etwas Göttlichkeits-Hokuspokus (was die Kinder Israel für göttlich hielten), schon war ein Gott anwesend! Dieser Irrtum sollte später, während und nach den Ereignissen am Har Karkom, eine interessante Fortsetzung erfahren, wobei auch in diesem Zusammenhang das eine wieder das andere auslöste, ergänzte, und - scheinbar - logisch werden ließ (s. u., Teil III, Abschnitt B).

Man möchte auch vermuten, daß die Ägypter vom Boten Gottes durch die Gasse hinter den Juden her getrieben wurden. Das war wohl nötig, denn auch die Ägypter werden sich nicht ohne weiteres in diese schmale, von rasend fauchenden Ungeheuern freigeblasene Gasse hineingewagt haben. Wenn sie nicht getrieben worden wären – wer weiß, ob sie den Kindern Israel überhaupt nachgesetzt hätten; und treiben konnte in dieser Situation nur einer: der Bote Gottes. Der stand also jetzt auch hinter den Ägyptern, hatte also seine Position wahrscheinlich ein zweitesmal geändert; eventuell beim Verwirren des Lagers? Das mußte geschehen, denn sonst hätten die Ägypter auch noch an dem vorbei in die tobende Gasse gemußt – das hätten sie keinesfalls getan! Damit konnte man nicht nur die Ägypter erschrecken (das Wort „Verwirrung" läßt auf ein bedeutendes Durcheinander, ein Erschrecken, bei den Ägyptern schließen), man konnte später, wenn alles vorüber war, den Boten Gottes (und die anderen extraterrestrischen Objekte) unbemerkt wieder abholen, denn sie befanden sich ja nun hinter allen Beteiligten: Die Ägypter waren tot oder geflohen (freiwillig würden die Überlebenden diesen Ort des Schreckens nicht wieder betreten), und die Kinder Israel zogen sowieso rasch nach Südosten fort. Es blieb ihnen auch nichts anderes übrig, da sie Wasser und Weide für ihr Vieh suchen mußten. Damit war das Problem des unauffälligen, d. h. unbeobachteten Abtransports der extraterrestrischen Gerätschaften gelöst.

Danach darf Moses dann seine Hand wieder ausstrecken, und das Meer schließt sich prompt; d. h. die Extraterrestrier hatten die Ventilatoren mit einem Funkbefehl abgeschaltet. Da man natürlich auch davon nichts sah, mußte erneut der Eindruck entstehen, daß Moses dem Meer befehlen konnte, also übermenschliche Fähigkeiten besaß. Es war von den Extraterrestriern also auch eine ganze Menge sehr einfühlsam ausgedachte und durchgeführte Wundergaukelei dabei – aber das kennen wir ja schon. Man hatte die (vielleicht) unvorhergesehene Notsituation insgesamt brutal gemeistert (sehr viele Ägypter waren umgekommen), und eben das wurde auch noch geschickt psychologisch vermarktet. Moses´ Ansehen wurde dabei ins ungemessene gesteigert. Er würde diese gleichermaßen brutalmörderische wie auch subtil-psychologische `Heiligsprechung´ von Seiten der Extraterrestrier bald bitter nötig haben.

Es sollte aber doch auch das Schicksal der Ägypter näher beleuchtet werden. Es heißt da: *„Da streckte Mosche seine Hand aus über das Meer, und das Meer gewann seine Stärke zurück gegen Morgen, während die Mizräer ihm entgegenflohen. ... ... Und die Wasser fluteten zurück und deckten die Wagen und die Reiter der ganzen Heeresmacht Par'os, die hinter ihnen her in das Meer gekommen waren; auch nicht einer von ihnen blieb übrig."* Da steht nicht, daß die Gasse, durch die man gerade mit Müh und Not und Angst und Bangen gehastet war, sich wieder schloß. Da steht, daß das Meer (insgesamt) seine Stärke wieder zurückgewann. Das kann doch nur bedeuten, daß das in der Nacht vom Ostwind nach Westen getriebene Wasser am Morgen wieder nach Osten zurückflutete. Damit stieg der Wasserspiegel im Haff - und besonders in der Rinne - insgesamt wieder an, und die freigeblasene Gasse wurde rasch wieder unsichtbar. Wenn nun die Extraterrestrier auch noch die Ventilatoren abschalteten, würde das Wasser umso schneller mit mörderischer Konsequenz in die Rinne sich ergießen.

Aber auch das ist noch nicht die ganze Geschichte; man muß hier wirklich Schritt für Schritt in die Abfolge der Ereignisse sich hineindenken: Da waren die Kinder Israel mit `Sack und Pack´ und allem Vieh mühsam durch die künstlich freigeblasene Gasse gestolpert, gewatet und gehastet. Und die Ägypter waren ihnen kaum weniger mühsam gefolgt – die Pferde werden nicht ohne weiteres den Weg durch diesen Schlamm mit den fauchenden Ventilatoren (*„des Herren Blasen"*!) gegangen sein. Und dann hatten die Extraterrestrier, natürlich von allen unbemerkt, die Ventilatoren abgeschaltet. Zusammen mit dem zurückflutenden Wasser des Haffs wurde die Gasse nun endgültig unsichtbar. Daraufhin gerieten die Ägypter in Panik und flohen, noch innerhalb des schmalen Haffs (vielleicht noch in der Rinne?), ganz überwiegend nach Westen (nur zurück!! – sie waren ja von Westen her gekommen); das nach Osten zurückflutende Wasser kam ihnen also entgegen und konnte sie alle ertränken. Ob wirklich wortwörtlich *alle*, ertranken, sei offen gelassen; der Eindruck war auch so ungeheuerlich genug. Daß die Wagen der Ägypter spätestens jetzt im steigenden Wasser und im Schlamm sich *„in Schwere schleppten"*, kann nicht verwundern. Für die Kinder Israel sah es jedenfalls so aus, als flöhen die Ägypter direkt dem zurückflutenden Wasser, ihrem Untergang, entgegen; und das stimmte ja auch.

Die Formulierung: „*... das Meer gewann seine Stärke zurück gegen Morgen, während die Mizräer ihm entgegen* [also nach Westen] *flohen.*" ist also wahrscheinlich wortwörtlich zu verstehen. Das rasch steigende, nach Osten zurückflutende Wasser hat schließlich alle schnell erreicht und die meisten ertränkt.

Hier möchte man doch fragen, wieso die Ägypter wirklich alle so kopflos waren, daß sie nicht wieder zur Nehrung zurückeilten und sich so gerettet hätten. Der Verfasser hat den Verdacht, daß diese Möglichkeit vom Boten Gottes verhindert wurde, der ja auch anwesend war, und den die Extraterrestrier beim ganzen, dramatischen Ablauf der Dinge sicher nicht ungenutzt da herumstehen ließen. Wenn der sich am Nordende der Gasse, noch auf der Nehrung, aufbaute und einen kräftigen Rauchschwall ausstieß (oder Feuer bzw. Lichtstrahlen aussandte), dann trieb er die Ägypter nicht nur in die Gasse hinein, er würde ganz automatisch jeden Rückkehrversuch der Ägypter auf die Nehrung verhindern – durch seine bloße Anwesenheit. Die Ägypter würden also gezwungen sein, *im* Haff nach Westen zu fliehen – geradewegs dem zurückflutenden Wasser, dem Tod, in die Arme!

Später ist dann von diesem Boten Gottes so konsequent nicht mehr die Rede, daß wir mit Sicherheit annehmen dürfen, daß er tatsächlich nicht mehr anwesend war. Die Extraterrestrier werden die Aufregung der Kinder Israel nach dem Drama des Durchzugs dazu benutzt haben, ihn unauffällig verschwinden zu lassen – so, wie wahrscheinlich auch die Ventilatoren, die man im Habitat wieder brauchte. Selbst wenn man sie nicht wieder gebraucht hätte – man konnte sie auf keinen Fall da im Gelände herumstehen lassen, es wäre sofort ein Kargo-Kult um sie entstanden, etwa im Sinne von: „Das sind die Diener (die Dienst-Engel[1])!) Gottes!". Man mußte also beides wieder abholen oder zumindest im Meer versenken.

[1]) Zur vielfältigen Bedeutung des Begriffs „Engel" bzw. „Dienstengel" siehe oben, in den Begriffserläuterungen, und im ersten Buch des Verfassers zur Prä-Astronautik: „Gottes Sturz aus dem Himmel".

Zur Erläuterung: Die östlich an das Nildelta ansetzende Nehrung ist, stark vereinfacht, das Resultat der Sedimentanlieferung des Nils und einer permanent aktiven Meeresströmung von Westen nach Osten; das Flußsediment wird also permanent etwa uferparallel nach Osten verfrachtet und bildet dabei die Nehrung. Diese Grund-Situation ist mindestens seit Ende der Eiszeit so gegeben. Die (heutige) Nehrung ist ca. 90km lang. Sie bildet die Abgrenzung zwischen dem El-Bardawil-See (d. h. dem Haff) im Süden und dem offenen Mittelmeer im Norden. Im Westen ist sie (heute) lückenlos an das Festland angeschlossen, und im Osten ist ein flach-sumpfiger Anschluß zum Festland hin vorhanden. Im Verlauf der Nehrung sind zwei (seit 1905 künstlich ausgebaggerte) Lücken, etwa gleichmäßig verteilt, zum offenen Meer hin vorhanden. Der heutige See zwischen Festland und

Nehrung ist stark salin mit Salzgärten an seinem Ostende; er ist etwa 0,5 – 3,0m tief.

Die (heutige) Breite des Haffs an der Stelle, an der das Festland von Süden her mit einem breiten Vorsprung, der Untiefe (U) auf Abb. 3a - d, nach Norden in das Haff hineinragt, d. h. die Rinne (R), beträgt ca. 3km. In der Gegenwart ist dieser Vorsprung nicht von Wasser bedeckt, also ein flaches Festland. Auf den beigegebenen Abbildungen 3a – d wurde von einer flachen Wasserbedeckung der Untiefe ausgegangen. Die Nehrung ist - von wenigen Stellen abgesehen – unter 1 000m breit und entlang einiger Abschnitte noch erheblich schmaler; sie ist dort fast nur Damm-ähnlich ausgebildet. Für Millionen Menschen und eine sehr große Tierherde wäre da unmöglich Platz gewesen; das gleiche gilt natürlich auch für das angeblich *„ganze Heer, mit allen Rossen und Wagen"* der Ägypter.

Insgesamt mag der Durchzug etwa wie folgt abgelaufen sein, aufgeteilt in vier Ereignis-Abschnitte, die natürlich gleitend ineinanderüber gingen:

Abschnitt a
Die Nacht davor (Abb. 3a)
In der Nacht davor lagerte man auf der Nehrung in Sichtweite der Ägypter. Die Situation war so prekär, daß die Extraterrestrier den Boten Gottes *zwischen* die beiden Lager treten ließ, um einen Zusammenstoß mit womöglich katastrophalen Folgen für die Kinder Israel zu verhindern. Der Bote Gottes, der zwei oder drei Tage vor ihnen her gezogen war und ihnen Tag und Nacht den Weg gewiesen hatte, befand sich jetzt also - bezogen auf die allgemeine Zugrichtung - *hinter* den Kindern Israel, aber *vor* den Ägyptern. Wir werden noch sehen, daß die Position des Boten Gottes auch am folgenden Tag, während des Durchzugs durch das Schilfmeer, von Bedeutung war.

Während man lagert, weht in der Nacht ein kräftiger Ostwind und treibt das Wasser des Haffs nach Westen. Dadurch wurde das Wasser sehr flach (oder verschwand spätestens jetzt ganz) im Bereich der Untiefe (U.), die sich etwa von Süden nach Norden in Richtung Nehrung erstreckt(e), ohne diese ganz zu erreichen. Im Westen des Haffs kam es zu einem Wasserstau, also zu einem Hochwasser, das aber unbemerkt blieb; im Osten kam es zu einem Niedrigwasser, das wohl noch die Untiefe und die Rinne miteinbezog. Weniger flach war es in der Rinne zwischen der Untiefe und der benachbarten Nehrung. Die spätestens am Vortage unbemerkt aufgebauten Ventilatoren waren also im Bereich der Rinne wahrscheinlich massiert aufgestellt, während sie im Bereich der Untiefe eher so etwas wie Wegweiser waren, die dort in wesentlich größeren Abständen zueinander stehen konnten; sie würden das sehr flache (Rest)-Wasser immer noch genügend zur Seite blasen können, falls es dort überhaupt Wasser gab. Auch in der Rinne kann das Wasser nicht sehr tief gewesen sein, denn sonst hätte man dort die Ventilatoren nicht aufstellen können. Diese sind noch nicht angeschaltet; dementsprechend sind auf der zugehörigen Abbildung die Ventilator-Fächer noch offen gelassen.

Abschnitt b
Beginn des Durchzuges (Abb. 3b)
Mit dem frühesten Morgen - man hatte wenig Zeit, das Wasser des Haffs würde bald wieder von Westen nach Osten zurückfluten - wurden die Ventilatoren angeschaltet; dementsprechend sind deren Fächer jetzt auf der zugehörigen Abbildung ausgefüllt. Dadurch wurde das Restwasser, besonders in der tieferen Rinne zwischen der Untiefe und der Nehrung, gleichzeitig in zwei entgegengesetzte Richtungen zur Seite geblasen, d. h. das Meer wurde während der Aktivität der Ventilatoren, der Bläser, *gespalten*; der Durchzug konnte beginnen. Da wurde zunächst vermutlich das Vieh durch die freigeblasene Gasse hindurch getrieben. Das ging sicher nur langsam und mit viel Geschrei und wildem Durcheinanderrennen vor sich. Danach folgten die übrigen Kinder Israel, ob in einer gewissen Reihenfolge, oder ob alle durcheinanderliefen und -hasteten, erfahren wir nicht. Ob in dieser frühen Phase schon die Ägypter versuchten, hinterher zu drängen, muß ebenfalls offen bleiben; falls sie nur auf Drängen der Extraterrestrier (der Gottesbote!) in die Gasse gingen, wohl noch nicht.

Abschnitt c
Höhepunkt des Durchzuges; das Nachdrängen der Ägypter: die Katastrophe bahnt sich an (Abb. 3c)
Der Höhepunkt des Durchzuges wird ungefähr vom beginnenden Nachdrängen der Ägypter angezeigt. Dieses Nachdrängen hatte seine Probleme: es kann nicht so ohne weiteres geschehen sein, denn *vor* ihnen stand ja noch der Bote Gottes! Der Verfasser hat den Verdacht, daß in der Formulierung „*...und brachte das Lager der Mizräer in Verwirrung ...*" ein dramatischer Vorgang sich verbirgt, der darauf hinauslief, daß die Extraterrestrier die Ägypter antreiben mußten, sich in die Gasse zu wagen. Um das aber zu bewerkstelligen, mußte der Bote Gottes erneut seine Position wechseln, damit er - bezogen auf die allgemeine Zugrichtung - *hinter* den Ägyptern zu stehen kam. Aus dieser Position konnte er sie dann nach Bedarf antreiben und hat das wohl auch getan, wie der seltsam ungenaue, aber doch auch dramatische Text es andeutet. Erschreckt und angetrieben vom Boten Gottes, stürzten sie sich schließlich in die Gasse, den Kindern Israel hinterher. Die Gasse wurde aber vom zurückflutenden Wasser des Haffs bald wieder zu einer zunehmend tiefen Rinne aufgefüllt. Wenn nun zusätzlich auch noch die Ventilatoren abgeschaltet wurden, mußte es für die Ägypter unweigerlich zu einer Katastrophe kommen, denn das Wasser in der Gasse würde dann noch rascher tiefer und diese obendrein unsichtbar werden – sie würden in Panik geraten. Daß der Bote Gottes wirklich aktiv nachhalf, klingt vielleicht auch in der Formulierung an: „*Laßt mich fliehen vor Jisrael, denn der Ewige streitet für sie gegen Mizraim.*", eine Formulierung, die ohne einen solchen Zusammenhang, d. h. ohne ein aktives Bedrängen der Ägypter („*streitet*") von Seiten des Boten Gottes, unverständlich wäre. Vielleicht hatten die Kinder Israel doch aus der Ferne etwas vom Eingreifen des Boten Gottes gesehen, natürlich ohne zu begreifen, was da wirklich vor sich ging.

Abschnitt d
Der Untergang der Ägypter, Kampf an der Rinne? (Abb. 3d)
Spätestens nach Abschalten der Ventilatoren wurde der Versuch der Ägypter, den Kindern Israel in der Gasse nachzusetzen, rasch zur tödlichen Katastrophe: Das nach Osten zurückflutende Wasser des Haffs und das Wasser von den jetzt nicht mehr zur Seite geblasenen Wasserwänden (die abgeschalteten Bläser!) vereinigte sich und verwirbelte miteinander – das geschah in der Rinne natürlich zuerst und am stärksten. Wer sich gerade in diesem Bereich befand, war verloren. Für die Extraterrestrier war die Beengung des ganzen Vorgangs in der schmalen Rinne von Vorteil, denn sie konnten so mit dem gezielten Abschalten der Ventilatoren um so sicherer die Wasser-Katastrophe - und die Panik der Ägypter - an Ort und Stelle, wie abgezirkelt, nahezu momentan herbeiführen. Sie brauchten dann nicht auf das Überfluten der ganzen Untiefe zu warten, dessen größere Breite womöglich auch noch andere Fluchtrichtungen für die Ägypter ermöglicht hätte.

Der verzweifelte Versuch der in Panik geratenen Ägypter, nach Westen auszuweichen, führte geradewegs in den Untergang, da man dem wieder nach Osten strömenden Wasser des Haffs entgegen floh; das Wasser wurde also rasch immer tiefer – besonders in der Rinne. Auf der Nehrung selbst konnte man nicht entlang fliehen, denn dort stand der Bote Gottes und verscheuchte sie. Später, weiter westlich, mag dann doch der eine oder andere Ägypter entlang der Nehrung entkommen sein.

Falls die Untiefe zu dieser Zeit ganz trocken lag - wie in der Gegenwart -, so konnten die Extraterrestrier sich darauf beschränken, ihre Ventilatoren nur im Bereich der Rinne aufzustellen. Das ergab dann vielleicht doch eine etwas höhere Wasserwand, die da in beide Richtungen zur Seite geblasen wurde. Entsprechend kräftiger würde das Wasser nach Abschalten der Ventilatoren in der Rinne von beiden Seiten her wieder zusammenströmen. Wenn diese Version zutrifft, dann hatte man beim Überwinden der Rinne und unmittelbar danach so wenig Zeit bis zum Zurückströmen des Wassers, daß es zwischen den Kindern Israel und den nachdrängenden Ägyptern vielleicht kurzfristig zu Kämpfen bzw. zum Handgemenge gekommen ist.

Zitternd und bebend, wie eine Herde zu Tode erschrockener Tiere, standen die Kinder Israel schlammbesudelt und durchnäßt am Südufer des Haffs. Sie standen aber doch auch mit aufmerksam-neugierigem Staunen da, denn Moses hatte doch ausdrücklich zu ihnen gesagt:

„Stellt euch hin und schaut die Hilfe des Ewigen, die er euch heute bereiten wird; denn wie ihr die Mizräer heute gesehen, werdet ihr sie nicht wieder sehen in Ewigkeit! Der Ewige wird für euch streiten, ihr aber sollt stille sein!"

Auch diese Formulierung scheint ein Hinweis darauf zu sein, daß das Eingreifen des Ewigen unmittelbar an der Rinne - beim Nachsetzen der Ägypter, als er ihr

Lager in Verwirrung brachte - doch mit ganz erheblichen Aktivitäten vor sich gegangen ist. Denn was hätte es da sonst zu *sehen* gegeben? Das eigentliche Abschalten der Ventilatoren war für die Kinder Israel nicht sichtbar; es war für sie damit keine erkennbare göttliche Hilfe. Und ob das Nachströmen des Wassers alleine genügte, sie bis ins Mark zu erschüttern, darf angesichts der Tatsache, daß sie am Nil mit all seinen Strömungserscheinungen aufgewachsen waren, bezweifelt werden; so – was ist da geschehen? Da sie aber ausdrücklich dazu aufgefordert werden „… *schaut die Hilfe des Ewigen* …" muß es da auch etwas zu schauen gegeben haben. Man möchte auch wissen, was in der Formulierung „… *wird für euch streiten,* … " verborgen ist; besonders im Wort „*streiten*" – wir erfahren es zwar nicht, aber „*streiten*" kann in diesem Zusammenhang nur eine für alle sichtbare Aktivität bedeuten, sonst hätte es nichts zu *schauen* gegeben.

Da natürlich auch sehr viel Geschrei bei der ganzen Sache war, wurden sie aufgefordert, still zu sein und zuzuschauen („… *schaut die Hilfe des Ewigen* …"). Denn nur wenn sie still dastanden, würden sie das Inferno, das `Gott´ den Ägyptern bereitete um so klarer und eindrucksvoller sehen können, als wenn sie schreiend am Ufer herumrannten und eben deshalb von den Ereignissen im Wasser abgelenkt sein würden. Aber: Sie sollten dieses tödliche Inferno ausdrücklich so detailliert wie nur möglich sehen und in sich aufnehmen – zur ewigen, angstvoll-entsetzten Erinnerung und drohenden Mahnung! Das alles war von den Extraterrestriern psychologisch raffiniert und folgerichtig inszeniert, aber auch mit mörderischer Brutalität; und sie würden bei `Bedarf´ auch in Zukunft bedenkenlos nach diesem Schema fortfahren, ihre `Religion´ zu begründen!

Der seltsame Gesang – Wo war Pharao?
Als das Ganze endlich glücklich (für die Kinder Israel) ausgestanden war, hatten sie auf der Erde, und der `Ewige´ im Habitat, allen Grund, von Herzen ein erleichtertes „Uff" auszustoßen. Es war gelungen, der kleinen Schar einen Weg zu weisen, der noch nie begangen worden war, und auch der Trick, die tödliche Falle, mit den blindlings nachdrängenden Ägyptern hatte geklappt. Man hatte aber auch die Kinder Israel Schritt für Schritt diesen Weg führen müssen. Das war nur mit dem ominösen Gottesboten möglich gewesen. Wer aber gehofft hatte, die Juden würden von jetzt an ihren Weg selbst finden, glücklich dem Diensthause Ägypten entronnen zu sein, der sah sich bald arg getäuscht: Es sollte eine endlose Kette unterschiedlichster Probleme kommen – organisatorische und auch geistig-psychologische; zeitweise war die weitere Wanderung für beide Parteien wahrscheinlich eine einzige Quälerei.
Schließlich konnte man - angeblich schon hier - den gleichermaßen verräterischen wie seltsamen Lobgesang von „*des Herren Blasen*" anstimmen (zitiert nach JB):

„*Damals sang Mosche und die Kinder Jisrael dieses Lied dem Ewigen, und sie sprachen also:*

„Dem Ewigen will ich singen,
Denn hoch ist er erhaben;
Das Roß und seinen Reiter
Stürzt' er ins Meer.
Mir Macht und Kraft ist Jah,
... ...
„Der Ewige" sein Name.
Die Wagen Par'os und sein Heer
Warf er ins Meer,
Und seiner Kämpfer Erlesene
Versanken im Schilfmeer.
Die Fluten deckten sie,
Sie sanken in die Tiefe wie der Stein.
... ...
Entfesselst deinen Zorn,
Er frißt sie wie Stroh.
Von deines Mundes Hauch
Sich Wasser türmten,
Stand wie ein Damm das Strömende,
Erstarrten Fluten in des Meeres Herzen.
... ...
Da bliesest du mit deinem Hauch –
Es deckte sie das Meer,
Sie sanken wie Blei
In gewaltige Wasser.
... ...
Wer ist wie du,
So hehr im Heiligen,
Umschauert im Glanz,
Wunder wirkend?
Du strecktest deine Rechte,
Da schlang sie die Erde.
... ...
Du bringst sie hin, du pflanzt sie ein
Auf deines Erbgut Berg,
Der Stätte, die du dir zum Sitz bereitet, Ewiger,
Dem Heiligtum, o Herr, das deine Hände stellten.

Der Ewge wird regieren, immer ewig!"

So kamen die Rosse Par'os samt seine Wagen und Reiter ins Meer, und der Ewige ließ die Wasser des Meeres über sie zurückfluten, während die Kinder Jisrael auf trockenem Boden gingen mitten im Meer.

Da nahm Mirjam, die Gottbegeisterte, die Schwester Aharons, die Pauke in ihre Hand, und alle Frauen zogen hinter ihr her mit Pauken und Schalmeien. Und Mirjam stimmte ihnen an:

„Dem Ewgen singt,
Denn hoch ist er erhaben,
Das Roß und seinen Reiter
Stürzt' er ins Meer!"

Der Text dieses Liedes ist bei näherem Hinsehen einigermaßen bemerkenswert. Zunächst: Er ist fast mit Sicherheit nicht unmittelbar nach dem Durchzug und dem katastrophalen (wortwörtlichen) Untergang der Ägypter entstanden. Man hatte unmittelbar nach diesen Ereignissen, d. h. am gleichen Tag, oder am Tag danach, anderes zu tun als Lieder zu singen (die Wassersuche für Mensch und Vieh!). Aus dem gleichen Grunde ist nach Meinung des Verfassers auch das kurze Lied der gottbegeisterten Mirjam, der Schwester Aharons, nicht unmittelbar nach dem Durchzug entstanden. Es war die Erregung viel zu groß, als daß man sich da zum Liedersingen zusammengetan hätte – man war zudem patschnaß von oben bis unten und starrte nur so von Schlamm und Dreck. In einem solchen Zustand, und beschäftigt mit dem Ordnen und Zusammenhalten des Viehs, gab es nichts zu singen.

Bedeutsam ist natürlich die Tatsache, daß man zwar den Untergang der ausgesuchten (kleinen) Heeresmacht der Ägypter mit Rossen, Wagen und Reitern korrekt darstellte, so korrekt wie die Umstände und das Nichtverstehen der tatsächlichen Ereignisse es zuließen; aber:
Der Untergang Pharaos wird nirgends erwähnt!
Bedenkt man die triumphierende Sorgfalt, mit der die sonstigen Ereignisse bei dieser Katastrophe der Ägypter dargestellt und (göttlich-religiös) begründet werden, so kann das kein Zufall sein: Pharao selbst war eben *nicht* mit umgekommen – und seine ihn unmittelbar begleitende Mannschaft (seine Leibwache) wohl auch nicht. Die schon vorher gehörte Formulierung „*nicht einer blieb übrig*" kann so wortwörtlich nicht stimmen.
Damit ist das Rätsel um den (scheinbar) fehlenden, angeblich ertrunkenen Pharao in der ägyptischen Pharaonenliste gelöst.
Die Frage, ob Pharao beim Verfolgen der Kinder Israel und schließlich beim Durchzug durch das Schilfmeer persönlich mit dabei war, ob er den ganzen Zug überhaupt selbst begleitete, wurde schon weiter oben dahingehend erläutert, daß seine Anwesenheit (und die seiner Leibwache) sehr unwahrscheinlich ist – umgekommen ist er dabei jedenfalls nicht; und von seiner eventuellen Flucht zurück nach Ägypten erfahren wir auch nichts.

Es ist im Text aber noch mehr verborgen, und das verschiebt ihn auf eine Zeitspanne, die zumindest nach den wichtigsten Ereignissen am Har Karkom zu datieren ist. Da ist die Rede vom Gottesnamen „Jah"; mit diesem Wort werden wir noch ein himmels- und grundstürzendes Erlebnis haben – warten wir's ab. Und dann ist da noch die Rede von: „*... frißt sie wie Stroh.*"; und von: „*Da schlang sie die Erde.*" Das stimmt so gar nicht, denn die Erde hat sie ja nicht verschlungen, sondern das Wasser; und das hat sie mit einem Male überdeckt und nicht wie ein Feuer bei einem Stroh- oder Grasbrand, langsam von den äußeren Rändern her „gefressen". Alle diese Formulierungen taugen nicht, um den Durchzug und seine dramatischen Ereignisse zu beschreiben – wohl aber sind entsprechende Vorfälle auf dem anschließenden Wüstenzug geschehen, nach den Har Karkom-Ereignissen, und die hier erwähnten unpassenden Formulierungen werden dort wortwörtlich erneut benutzt, an richtiger Stelle und jeweils im korrekten Zusammenhang. Diese Zusammenhänge und `Irrtümer´ datieren das Entstehen des Liedes also auf eine Zeit während oder wohl bald nach dem Aufenthalt am Har Karkom. Vielleicht hat man da im Buch der Erinnerung, das spätestens nach dem Aufenthalt am Har Karkom geführt wurde (s. u.), so einiges ungenau nachgetragen; vielleicht war es aber auch später ein Redaktor, der den Ablauf der Ereignisse während der Wanderung nicht genau kannte und deshalb so einiges durcheinanderbrachte.

Auch ist da die Rede von „*von deines Mundes Hauch*" und von „*umschauert im Glanz*"; beim Durchzug durch das Schilfmeer hatte sicherlich nichts auffällig geglänzt! Das sind Formulierungen, die so wiederholt in den Henoch-Büchern auftauchen, wie im ersten Buch des Verfassers zur Prä-Astronautik dargelegt. Und mit dem `Hauch des Mundes´ (oder so ähnlich ausgedrückt) ist dort die Aktivität der Düsentriebwerke von Raketen gemeint (Die Aktivität der Bläser beim Durchzug durch das Schilfmeer wurde ja ausdrücklich als `*des Herren Blasen´* bezeichnet; von einem `Hauch´ eines `Mundes´ ist da nicht die Rede.). Und der Glanz der technischen Objekte der Extraterrestrier hatte schon dort für Ärger gesorgt, ganz zu Anfang im Paradies, d. h. in der Bodenstation auf der Erde, dem Garten Eden, dem ED.DIN, als die Schechina, d. h. das Zusammenwirken des Glanzes eines Weltraum-Landefahrzeugs und dieses Fahrzeug selbst, um ein Haar einen von den Extraterrestriern ungewollten Kargo-Kult ausgelöst hätte.

Das alles kann bei der Vorgeschichte der Kinder Israel eigentlich nicht überraschen, denn es waren ja ihre Vorfahren gewesen, die da mit den Extraterrestriern so mark- und geisterschütternde Erlebnisse gehabt hatten. Es ist aber doch einigermaßen bemerkenswert, denn damit ist Kramers Hypothese hinfällig, daß die Kinder Israel diese (ihre!) Ur-Geschichte von den Völkern, die in Kanaan schon vorher saßen, übernommen haben; – sie hatten immer schon ihre eigenen, unzweideutigen Überlieferungen gehabt. Darum waren die Ältesten, die Elite, die diese Geschichten natürlich kannten und von Generation zu Generation weitergaben, so leicht von Moses und Aharon zu überzeugen gewesen, und darum tauchen jetzt Rudimente dieser Geschichten - d. h. einzelne Formulierungen - bei der Beschreibung des so überwältigenden, Herz und Geist aufwühlenden Zuges durch das Schilfmeer ganz selbstverständlich auf – es waren schon vorher immer benutzte und dabei auswendig gelernte Termini technici!

Es war auch so schon recht seltsam, daß sie ihre eigene, so dramatische Vorgeschichte von der von ihnen ausgerotteten Urbevölkerung Kanaans - gleichsam noch unmittelbar vor dem Abschlachten, dem jeweiligen Genozid - hätten übernehmen und als ihre eigene Geschichte (wieder)-erkennen und akzeptieren sollen. Darüber hinaus hat der `Ewige´ die Kinder Israel kurz vor der Jordan-Durchquerung eindringlich vor der Religion der Urbevölkerung Kanaans gewarnt; sie sollten sich da auf keinen Fall verführen lassen, deren Religion zu übernehmen. Man möchte Kramer zurufen: „Bedenke doch, wie unwahrscheinlich, ach was – wie unmöglich das ist!" Es spielte bei den wenigen Wissenden, den Ältesten der Kinder Israel, da wohl auch eine Ahnung mit hinein, daß man beim Durchzug durch das Schilfmeer die Hand des gleichen `Gottes´ erfahren hatte, der den Vorvätern Tausend oder Zweitausend Jahre vorher im Zweistrom- (bzw. damals Vierstrom)- Land so überwältigend-dramatisch begegnet war.

Dann ist da noch die Formulierung: „*Du bringst sie hin, du pflanzt sie ein auf deines Erbgut Berg, der Stätte, die du dir zum Sitz bereitet, Ewiger, dem Heiligtum, o Herr, das deine Hände stellten.*" Es kann hier nur entweder von der Stiftshütte auf einem flachen Hügel neben dem Har Karkom die Rede sein, oder vom Tempelberg in Jerusalem. Die Formulierung von „*…, der Stätte, die du dir zum Sitz bereitet, ...*" und die Formulierung vom „*… Heiligtum, o Herr, das deine Hände stellten.*" weisen nach Meinung des Verfassers auf die Situation am Har Karkom hin, wo `Gott´ mit der Stiftshütte sich in der Tat mit seinen Händen (durch Moses, dem er alles auf dem Berg haarklein gezeigt und erläutert hatte) ein Heiligtum stellte (Die Stiftshütte wurde ja wirklich auf-*gestellt*; so auch nach jedem späteren Weiterziehen der Kinder Israel während ihrer langen Wüstenwanderung); und in dieser Stiftshütte wurde jedesmal dem Hochbetagten, der Mannamaschine, ein Sitz, ein Thron, im Allerheiligsten bereitet, wie wir in Teil III sehen werden. Darüber hinaus atmet der ganze Text noch die überwältigende Bestürzung, die die Ereignisse des Durchzuges durch das Schilfmeer auslösten – der Erst-Verfasser dieses Liedes hat das wohl noch alles selbst mit eigenen Augen gesehen! Das wäre später nach dem Bau des Salomonischen Tempel in Jerusalem nicht mehr möglich gewesen, denn zur Zeit des Tempelbaus waren schon über Zweihundert Jahre seit dem Auszug aus Ägypten vergangen. Nein – dieser Text ist bald nach dem tatsächlichen Ereignis entstanden, wahrscheinlich am Har Karkom, oder bald danach, im Zeitraum einer längeren Zugunterbrechung während der man lagerte, und wo man genug Zeit hatte, und allen Grund, `Gott´ (also die Extraterrestrier) zu loben und zu verherrlichen, ihm (d. h. ihnen) aber auch mit Grauen und erschauerndem, angstvollem Entsetzen zu `dienen´. Daß man sich dabei Formulierungen bediente, die an die Urzeit erinnern, kann nicht verwundern: Man hatte allergrößte Schwierigkeiten, das Erlebte einigermaßen angemessen zu beschreiben. Das gilt auch für „*Da schlang sie die Erde.*", eine Formulierung, die das Abfassen des Liedes nahezu mit Sicherheit auf die Zeit nach der Revolte der Rotte Korah verlegt (s. u.).

Wir kehren aber nochmal zurück zu den Ereignissen, die dem Durchzug vorausgingen:
Eine ganz andere Ausgangssituation ergäbe sich natürlich aus der Möglichkeit, daß schon das vorübergehende Ziehen nach Osten und das baldige Umwenden nach Norden, hin nach der Nehrung, Teil des Plans war, die Ägypter zum Nachsetzen zu verführen, damit man sie auf die Nehrung locken konnte, um sie dort beim Durchgang durch das Schilfmeer so beeindruckend (für die Kinder Israel) vernichten zu können. In dem Fall hätte man die Ägypter also von Anfang an gezielt getäuscht, indem man den Eindruck entstehen ließ, die Kinder Israel hätten sich verirrt und jetzt könne man sie leicht `einkassieren´ und bestrafen. Die den schließlich eingetretenen Ereignissen vorausgehende Bemerkung der Extraterrestrier scheint in diese Richtung zu weisen:

„Dann wird Par´o von den Kindern Israel denken: `Verirrt sind sie im Land, umschlossen hat sie die Wüste.´ Ich aber werde das Herz Par´os festigen, daß er ihnen nachsetzt, und ich werde mich verherrlichen an Par´o und an seinem ganzen Heer ..... " [Was es mit dem „ganzen Heer" auf sich hat, wurde oben erläutert.]

Aus dieser Formulierung möchte man doch ablesen, daß die Katastrophe beim Durchzug durch das Schilfmeer, und damit der Durchzug selbst, von vorneherein von den Extraterrestriern geplant waren; eine gleichermaßen teuflisch-hinterhältige wie tödliche Falle! Diese Deutung hat natürlich zur Voraussetzung, daß die Extraterrestrier wußten, daß Pharao den Kindern Israel „mit Mann und Roß und Wagen" nachsetzen (lassen) würde. Das führt uns wieder zu der kaum zu beantwortenden Frage, ob eine konkrete geistige Beeinflussung eines Menschen, oder einer größeren Menschengruppe, den Extraterrestriern möglich war. Wir werden darauf später noch zurückkommen.

Man möchte dann aber doch wissen, wieso zuerst geradeaus gezogen wurde, also in die falsche Richtung, sodaß man sich bald danach umwenden muß, also in eine andere Richtung gelenkt wird. Eine Lösung dieses Dilemmas ergibt sich wohl nur aus der Möglichkeit, daß `oben´ entweder ursprünglich beide Richtungen als gangbar angesehen wurden, und der Weg über die Nehrung schließlich als einzig möglicher sich erwies, weil die Seevölker und Proto-Philister schon zu nahe waren bzw. zu rasch sich näherten; oder, daß das Ganze von Anfang an eine raffinierte Falle war.

Unabhängig von allen Plänen bleibt dieses festzuhalten: Der Text *„... und ich werde mich verherrlichen an Par´o und an seinem ganzen Heer ... ."* spricht von Massenmord an wehrlose Menschenkinder (die angeblich alle Gottes Kinder sind!) und scheut sich nicht, von <u>verherrlichen</u> in diesem Zusammenhang zu sprechen – wer wird da nicht nachdenklich?! Was würden die Kinder Israel, und eines Tages die ganze monotheistisch glaubende Menschheit, in Zukunft wohl zu erwarten haben von diesem `Gott´ und von seiner schon als Kind auswendig zu lernenden, d. h. eingepaukten, `Religion´!?

Es ergeben sich viele Einzelfragen, die zusammengenommen aber doch den Beginn eines neuen Abschnitts auf der Wanderung signalisieren:
Da ist zunächst die Tatsache, daß vom Boten Gottes nun nicht mehr die Rede ist; hatte man ihn ins Habitat zurückgeholt? Das gleiche gilt natürlich auch für die Gerätschaften, mit denen man den Durchzug ermöglicht hatte, die Ventilatoren, die Energiestation, die Kabel – wo blieb das alles? Hat man das alles wieder abgeholt, also zurück ins Habitat transportiert, oder wurde da so einiges an Ort und Stelle `entsorgt´, d. h. im Meer versenkt? Einfach so stehen- oder liegenlassen konnte man es auf keinen Fall: Es wäre sofort ein lokaler Kargo-Kult entstanden – mit unabsehbaren Folgen. Auch ist anzumerken, daß die im Wasser versunkenen Objekte, z. B. die Verbindungskabel, falls es solche gab, natürlich nicht geborgen werden mußten, denn die waren ja anschließend unsichtbar, aber die Ventilatoren mußte man entfernen und entweder im Meer versenken oder wieder zurück ins Habitat bringen; sie wurden da wohl auch gebraucht. Vielleicht könnte man da archäologisch noch einiges finden, auch von den Überresten der umgekommenen Ägypter; man müßte dazu natürlich vorher die Lage der von den Kindern Israel benutzten Furt genau ausfindig machen. Wir erfahren an dieser Stelle auch nichts davon, daß man bei den Ägyptern Beute macht, d. h. die Toten ausplündert (die wertvollen Waffen, das Leder der Pferdegeschirre, die Kleidung allgemein). Später, am Har Karkom, wird das auf einer so entsetzlichen Art und Weise anders sein, daß man vor Abscheu nur erstarren kann! Der Weiterzug wird schließlich ausdrücklich von Moses befohlen und nicht vom `Ewigen´.

Aber nochmals zu den Ägyptern: Diese Ereignisse stellten zwar für die kleine Schar der kämpfenden Truppe, die den Kindern Israel in die freigeblasene Gasse nachstürzten - in ihren Untergang - eine vollständige Katastrophe dar, aber es werden wohl kaum wirklich *alle* umgekommen sein (das ist typisch alttestamentlich-orientalische Übertreibung); dazu war die rettende Nehrung, weiter westlich, zu nahe. Und das Wichtigste: Pharao ist nicht mit ertrunken; er war sehr wahrscheinlich garnicht anwesend, wie oben ausgeführt.

Damit sind wir von einer großen Schwierigkeit erlöst, denn ein Pharao, der durch Ertrinken auf einem wie auch immer gearteten Kriegszug in dieser Zeitspanne ums Leben kam, ist nicht bekannt. Von den genannten `großen´ Pharaonen (Ramses II, Merenptah oder Ramses III.) kann es keiner gewesen sein, denn von ihnen ist definitiv bekannt, daß sie entweder bereits vorher gestorben waren (Ramses II.) bzw. nach dem Auszug der Kinder Israel aus Ägypten noch lange lebten (Merenptah und Ramses III). Zwischen Merenptah (1213 – 1204) und Ramses III. (1187 – 1156) scheint es aber einige Jahre einer Zeit des Aufruhrs und der Verwirrung in Ägypten gegeben zu haben. In dieser Zeit regierten mehrere Pharaonen jeweils nur sehr kurze Zeit nacheinander, zum Teil vielleicht sogar nebeneinander, d. h. gegeneinander:

Merenptah (1213 – 1204), unter ihm wird das Volk Israel erstmals auf einem
    altägyptischen Dokument, der sogenannten Israelstele, *expressis verbis*
    genannt; das mag ein Zufall sein, es ist aber doch bemerkenswert;
Sethos II. (1204 – 1198?), aus seiner Regierungszeit stammen einige wichtige
    Papyri;
Amenmesse (1203 – 1200?), Einordnung unklar, vielleicht Gegenkönig während
    der Herrschaft Sethos II.;
Siptah (1198 – 1193), dieser Pharao änderte nach zwei Regierungsjahren seinen
    Thronnamen;
Tausret (1193 – 1190), Gemahlin Sethos II., sie regierte schon für den noch
    unmündigen Siptah und übernahm nach dessen Tod die
    Regierungsgewalt ganz;
Sethnacht (1190 – 1187), regierte kurze Zeit nach dem Tode der Tausret;
    mit diesem Pharao beginnt die 20. Dynastie;
Ramses III. (1187 – 1156), mit ihm gelangt Ägypten ein letztesmal zu Ruhe und
    Größe (gewonnene welthistorische Doppelschlacht gegen die Proto-
    Philister und Seevölker, dargestellt am Tempel von Medinet Habu); er
    war der letzte `große´ Pharao. Nach seiner Regierung setzt bald
    ein sich ständig beschleunigender Niedergang Ägyptens ein.

Zahlenangaben und Namen zum Teil aus dem Internet (Pharaonen des Neuen Reiches), zum Teil nach von BECKERATH (1994). Dieser Autor schreibt die Pharaonen-Namen manchmal etwas abweichend: Statt Merenptah – Merneptah; Tausret wird in seinem „Index der Königsnamen" als Tewosre und Thuoris bezeichnet; und er schreibt statt Setnacht, Setnachte. Weiterhin sei angemerkt, daß von Amenmesse nicht klar ist, ob er nicht in Wirklichkeit ein Gegenkönig zu Sethos II. war; vergleichbares gilt auch für Tausret, die, wenn überhaupt, nur einige Jahre nach Sipta's Tod alleine regiert hat. Auf weitere dynastische Probleme in dieser Liste, z. B. Thronwirren o. ä., wird hier nicht eingegangen.
Es ist kein Pharao darunter, von dem ein Ertrinken während eines Feldzuges überliefert wird! Das ist nach dem oben Gesagten auch nicht verwunderlich.

Insgesamt waren die Extraterrestrier möglicherweise hier erstmals nicht Herr der von ihnen herbeigeführten Situation, des Auszuges der Kinder Israel aus Ägypten. Indem sie den Umfang und wahrscheinlich auch die entschlossene Schnelligkeit der herandrängenden Proto-Philister - und Seevölkerscharen vielleicht falsch eingeschätzt hatten, waren sie gezwungen gewesen, die Kinder Israel den äußerst gewagten Weg entlang der Nehrung gehen zu lassen. Und indem sie ihre Tendenz zur Umkehr hin nach den „Fleischtöpfen Ägyptens" wahrscheinlich nicht im entferntesten vorausgeahnt hatten, würden sie bald gezwungen sein, diesen Umweg gleichsam ins Grenzenlose zu verlängern. Das aber zwang zu einer weiteren, noch viel verzweifelteren und folgenschwereren Notlösung, die welthistorische Folgen haben würde, wie wir bald sehen werden.
Das alles war wenig göttlich!

Bisher hatten sie sich selbst einreden können - und es wohl auch so geglaubt -, daß jedes neu auftretende Problem ein isolierter Einzelfall war, den man halt lösen mußte. Später, nach Übergabe der im Teil III näher erläuterten Mannamaschine, würden deren Eigenschaften, der Dienst an ihr und ihr fanatisches Verbergen zu einer nicht wieder abreißenden, *durchgehenden* Problem-Kette mit brutaler Eigendynamik sich ergänzen und weiterentwickeln, deren zusätzliche religiöse Absicht das Ganze bis an die Grenze der Undurchführbarkeit komplizert machen würde. Und beide Parteien würden nun permanent dieser Dynamik dienen müssen. Aber: diese Dynamik würde für die Kinder Israel eine göttliche sein – und deshalb würden schließlich die Rahmenbedingungen der entstehenden `Religion´ daran, d. h. an einer Maschine(!), und an den vielen brutalen Problemlösungen der Extraterrestrier sich orientieren. Dazu kam das von den Priestern erdachte unsägliche Gewirr der gottesdienstlichen (Opfer)-Vorschriften, die nicht nur vom Allerheiligsten im Stiftszelt und seinem `Bewohner´, der Mannamaschine, ablenken sollten, sondern die ihnen, den Priestern, von jedem Opfer als Vorform der Kirchensteuer einen reichlichen Anteil vom Besten zu ihrer Ernährung garantierten. Das Ganze würde, zusammengenommen, als verhängnisvolles Menetekel für die zu begründende `Religion´ sich erweisen.

Das unlösbare Problem mit dem Gottesnamen
Es werfen diese Zusammenhänge auch noch ein weiteres Licht auf die Formulierung: *„…aber mit meinem Namen `Ewiger´ habe ich mich ihnen nicht benannt.“* Es war das nicht nur die Erkenntnis, daß der Name „*Ich bin*" fast schon lächerlich unbeholfen war, es war auch die Erklärung dafür, weshalb dieser bis dato unbekannte Gottesname (und Gottesnamen hatten sie ja schon einige gehabt!) so unvermittelt nachgereicht wurde. Bei näherem Hinsehen war das aber keine Begründung – denn weshalb hatte er sich den Vätern gegenüber nicht so genannt? Gott kann seinen Namen doch wohl nicht so beliebig, frei nach Gusto, ändern – so möchte man zumindest meinen. Diese Scheinbegründung wirft bei näherem Betrachten wieder das schon oben andiskutierte unlösbare Problem mit dem Gottesnamen und seiner (konkreten) Bedeutung auf: „Kann Gott überhaupt einen `Namen´ haben?" – so möchte man verzweifelt ausrufen … … keine Lösung des Problems ist in Sicht.

Wenn ein Gottesname eingeführt, also genannt wird, dann ist das sofort eine Einengung Gottes, also auch seines Wirkens, auf die konkrete Bedeutung eben dieses Namens-Wortes. Ein namenloser, abstrakter Gott ist aber nur persönlich-individuell erfahrbar – als mit (buddhistischer) Meditation erfahrene Göttlichkeit des Lebens – letztlich jedes bewußten Daseins im Weltall! Nur bei einer solchen Gottessuche, die eben keine mit Namen versehene Gottes-*Person* sucht, sondern persönliche Lebens-Erkenntnis, taucht die Frage nach einem Gottes-*Namen* garnicht erst auf. Wer die Göttlichkeit seines individuellen Lebens so erfährt, hat keine Veranlassung, nach einem Gottes-Namen zu fragen, denn ein geistiges

Erleuchtungserlebnis ist eine Veränderung des Bewußtseinszustandes, hat also keinen `Namen´.

Insgesamt: Wer einen Gottes-Namen sucht, der sucht einen Götzen ... und wer einen solchen Namen nennt (d. h. vorschreibt), der präsentiert (und akzeptiert) einen solchen Götzen!

*Wissen Sie was – Gott **kann** keinen Namen haben! Denn jeder Name brächte mehr menschliche Begrenztheit als göttliche Unbegrenztheit mit sich – könnte in letzter Konsequenz also nur menschlich sein. Jeder Name wäre damit unweigerlich vermenschlichend, wäre ......Gotteslästerung!*

Aus dieser Sicht gesehen, waren die `Namen´ „Ich bin" und „der Ewige" vielleicht der ratlos-verzweifelte Versuch der Extraterrestrier, eben dieser Zirkelschluß-Falle zu entkommen. Und eben deshalb war ihnen der später mit so unausweichlicher Selbstverständlichkeit sich einstellende `Gottes´- Name (!JACH-WE!) vielleicht ganz willkommen, denn dieser `Name´ war ja unter den Menschen entstanden; ursprünglich wohl schon bei der Bedienungsmannschaft der Mannamaschine, den `Herren der Herren´, aus schierer allwöchentlicher Gewohnheit (s. u., Teil III). Übernommen und fest- und fortgeschrieben in der Ur-Kabbala als IHVH, wurde dieser `Name´ dann spätestens von den Erntemännern des Heiligen Feldes (siehe „Die Ur-Kabbala"). Fragen an den `Ewigen´ bezüglich der Bedeutung dieses `Namens´ waren damit unmöglich, sie hatten ihn ja selbst `erfunden´. Damit war das Problem für die Extraterrestrier (scheinbar) gelöst. Tatsächlich würde es sie aber wie ein nicht abzuschüttelnder Schatten verfolgen – bis in alle Ewigkeit. Und je heller die Sonne menschlichen Geistes auf diesen `Namen´ scheinen würde, desto krasser würde der Schatten seine Eigenschaften sichtbar werden lassen: man verehrte einen Gott, den es (als `Gott´) nicht gab, *nicht geben konnte(!)*: Es waren die `Götter´ (Elohim, Mehrzahl!) extraterrestrische <u>Menschen</u> und der !JACH-WE! - `Gott´ eine <u>Maschine</u>! Besonders dieser zweite `Name´ hatte also doch wieder dahin zurückgeführt, von wo man die Kinder Israel so unbedingt wegbringen wollte: zurück zum heidnischen Götzenbild (diesmal halt eine extraterrestrische Maschine – na und?!), und das konnte natürlich einen Namen haben; die Götzen, die Idole, hatten schon immer Namen gehabt.

Letztlich war das Nennen irgendeines Namens für den hier agierenden `Gott´ unausweichlich der Beweis dafür, daß der Benannte eben kein Gott und nicht göttlich sein konnte – das Nennen eines Namens, jedes wie auch immer gearteten Namens, beweist das. Stellen Sie sich vor: Gott kann das ganze Weltall in seiner Allmacht erschaffen und regieren (so sagt man) ... und sucht dann auf einem lausigen kleinen Planeten-Nichts, der Erde, nach einem Namen für sich – in unserer modernen Welt hätte man vielleicht eher von einem Personalausweis gesprochen ... ist etwas lächerlich-groteskeres noch denkbar?!
Dieses Schattenboxen mit dem Gottes-Namen kann erst ein Ende finden, wenn die Elohim zurückkehren und als extraterrestrische Menschen, also Astronauten, sich

zu erkennen geben – ob das je geschehen wird – ob wir uns das wünschen sollten...?...!

Wer all diese Dinge sich klar macht, ahnt Schritt für Schritt das Schicksal des Herrn Don Quijote hinter dem Versuch der Extraterrestrier, den Götzendienst abzuschaffen, einen abstrakten, transzendenten Gott einzuführen - den niemand verstand, und den sie selbst auch nicht näher erläutern konnten - und gleichzeitig aber doch zur Nahrungsergänzung eine hochkomplizierte Mannamaschine den Kindern Israel zu übergeben, die dank ihrer unfaßbaren Eigenschaften - und ihrer scheinbaren Menschenähnlichkeit in Gestalt und Verhalten - unweigerlich zum neuen (Maschinen)-Gott, zum Idol, werden mußte; und verstärkt und gleichsam umrahmt wurde das Ganze noch zusätzlich von dessen fanatischer Geheimhaltung.

Es war ihr Vorhaben, diese Kombination aus Rettung der Kinder Israel aus dem Diensthause Ägypten und dem gleichzeitigen Benutzen dieser Situation, ihnen eine neue, Idol-freie, abstrakte Religion überzustülpen, von vorneherein zum Scheitern verurteilt. Es würde immer, auch ohne Mannamaschine, ein Kargo-Kult aus dem Ganzen sich entwickeln: Ihre Anwesenheit als Person(en), ihr fast alltägliches, so menschliches, Sprechen mit Moses und Aharon mußte sie für jeden denkenden Menschen als gänzlich ungöttlich entlarven. Sie konnten es anstellen wie sie wollten: immer würden sie scheitern an der Aufgabe, die sie sich da selbst gestellt hatten:

weil sie nun mal nicht Gott und nicht göttlich waren!

Geradezu von schicksalhafter Bedeutung für die gesamte Religions- und Gottesvorstellung der neu zu begründenden Religion mußte dabei die oberflächliche Menschenähnlichkeit dieser Gottes-Maschine (in des Wortes doppelter Bedeutung) werden: Sie wies dem Gott, den es zu installieren galt, von vorneherein eine Menschengestalt zu – der allwissende und allmächtige Schöpfer des ganzen Weltalls als Mensch (mit Namens - `Personalausweis´)! Wohl nur aus diesem allumfassend-monumentalen Mißverständnis heraus war die Gottes-*Sohn*-Groteske des NT möglich! Wir werden weiter unten (im Teil III) erfahren, woher diese unsinnige Vorstellung ihren Ursprung genommen hat, und wir werden auch erfahren woher so manche andere unfaßbare Unsinnigkeit der jüdisch-christlichen `Religion´ ihren Anfang genommen hat – sie rühren allesamt von dieser Maschine her:

Das Ganze konnte nur in eine Kette von Mißverständnissen, Gewalt und geistiger Vergewaltigung, also letztlich in eine endlose Tragödie einmünden! Die nachfolgenden Jahrhunderte und Jahrtausende haben das bewiesen.

Aufbruch zum ersten, kurzen Abschnitt der Wanderung, vom Schilfmeer bis nach dem Har Karkom
Man tritt schließlich die so schicksalsschwere Wanderung an, nunmehr endgültig, und trifft sofort auf den Anfang der nicht mehr abreißenden Kette kleinerer und größerer Schwierigkeiten, auf die man nicht vorbereitet war, weder organisatorisch noch psychologisch. Bezogen auf jegliches umsichtiges Vorbereiten des Auszuges, läßt das tief blicken: Sie waren da alle (auch die Extraterrestrier) einigermaßen unbedarft und blauäugig `bei Nacht und Nebel´ in ein verzweifeltes und übereiltes Abenteuer hineingestolpert mit ungewissem Ablauf und Endergebnis.

Das ungenießbare Wasser von Mara
„ Und Mosche ließ Jisrael vom Schilfmeer aufbrechen, und sie zogen aus nach der Wüste Schur. Da gingen sie drei Tage in der Wüste und fanden kein Wasser. Dann kamen sie nach Mara."

Es ist auffällig, daß nun ausdrücklich Moses die Kinder Israel vom Schilfmeer aufbrechen läßt und nicht etwa der Bote Gottes; wo war der geblieben? Wir hören nichts mehr von ihm. Andererseits kann Moses zum Ewigen schreien, kann also doch mit ihm Kontakt aufnehmen. Wie war das ohne den Boten Gottes möglich? Hier bleibt einiges unklar. Aber es ist unwahrscheinlich, daß die Extraterrestrier die Verbindung zu den Kindern Israel bis zum Eintreffen am Har Karkom ganz gekappt hatten; was hätte da nicht alles geschehen können! Und am Har Karkom würde man einen solchen (Funk)-Kontakt dann doch wieder nahezu täglich benötigen. Es gab also sehr wahrscheinlich auch schon in der nun beginnenden Anfangsphase der Wanderung, nach dem Verschwinden des Boten Gottes, einen ständigen Funkverkehr mit den Extraterrestriern. Irgendjemand hat da wohl einen kleinen, unauffälligen Kasten mit sich getragen, oder als ebenso unauffälliges Gepäckstück einem Grautier aufgebunden – es gab da ja so vieles zu transportieren. Auch Moses' Stab kommt als Kandidat für ein solches Gerät in Frage.

Es ist bemerkenswert, daß sie schon nach drei Tagen ohne Wasser in so große Bedrängnis geraten: Damit ist die Situation unmittelbar vor der Nehrung und auf ihr eindeutig beleuchtet: Sie konnten mit dem Durchbruch nach Süden nicht länger warten (s. o.)! Gleichzeitig ist mit dem Dreitages-Abstand für die gesamte Dauer der Wüstenwanderung der maximale Abstand - räumlich wie zeitlich - von einer Wasserstelle zur nächsten vorgegeben.

Fast unmittelbar nach Antritt der Wanderung tauchen die ersten alltäglichen Probleme auf, die aber angesichts der unausweichlichen Abhängigkeit von Wasser und Weideland, vielleicht auch von anderen alltäglichen Versorgungsgütern (z. B. Nahrung), jedesmal sehr schnell sich auswachsen konnten zu Fragen auf Leben und Tod. Und dann wurde alsbald der bekannte seufzende Vorwurf heruntergeleitet: „Wären wir doch in Ägypten bei den Fleischtöpfen geblieben …

usw. ... usw." Die Wasserversorgung war natürlich nicht zuletzt wegen des mitgeführten Viehs besonders prekär; so auch diesesmal. Da sich hier nicht nur von der Situation her, sondern auch vom Text her interessante Einblicke gewinnen lassen, sei der ansich eher unbedeutende Vorfall von Mara hier näher erläutert und über drei Erkenntnis- und Erklärungsstadien verfolgt und beschrieben:

1) Text wie in JB (rein religiös)
„Sie konnten aber das Wasser von Mara nicht trinken, denn es war bitter, daher nannte man den Ort Mara (Bitter). Da murrte das Volk wider Mosche und sprach: „Was sollen wir trinken?" Da schrie er zum Ewigen, und der Ewige wies ihm ein Holz; er warf es ins Wasser, und das Wasser wurde süß. ... ..."
Dieser Text dokumentiert ein rein religiöses `Wunder´, das ohne Rücksicht auf naturwissenschaftliche Möglichkeiten in die beschriebenen Ereignisse von den späteren Redaktoren, den Religionsmachern, hineininterpretiert und -geheimnißt wurde. So *kann* es nicht gewesen sein; da war Flavius Josephus den tatsächlichen Ereignissen und ihrer korrekten Erklärung noch bzw. schon deutlich näher.

2) Text wie bei Flavius Josephus (teils korrekt, teils religiös)
Flavius Josephus wird das von ihm beschriebene Phänomen spätestens als Militärkommandeur in Galiläa kennengelernt haben (während des Jüdischen Krieges gegen Rom, 66 – 70 n. Chr.), bei der er auch mit der Befestigung von Städten - also auch mit der Wassersuche - betraut war. Er wird die auch vom Verfasser erlebte Selbstreinigungsdynamik eines solchen Wasserlochs gekannt haben, wenn man es nur richtig säubert und ausschöpft. Die starke Bewegung, wahrscheinlich ist das Nachfließen gemeint, hat ihn getäuscht: Es ist in Wahrheit die Siebwirkung des umgebenden Sediments, die das Wasser reinigt. Der spätere Redaktor, der Religionsmacher, der *nach* Moses, aber weit *vor* Fl. Josephus tätig war, kannte das Phänomen wahrscheinlich nicht; hatte selbst also eigen-händig nie nach Wasser in einem teilweise verschütteten und verschmutzten Wasserloch „in der Wüste" graben müssen.

Flavius Josephus schreibt (nach CLEMENTZ, 1899):
„Daher richtete Moyses sein Gebet zu Gott und flehte ihn an, er möge dem Wassermangel abhelfen und das bittere Wasser in trinkbares verwandeln. Und als Gott ihm die Erhörung seiner Bitte zugesagt, nahm er ein Stück Holz, das gerade vor ihm lag, spaltete es der Länge nach, warf es in den Brunnen und gab den Hebräern kund, Gott habe sein Gebet erhört und ihm verheissen, er werde ihnen Wasser nach Wunsch gewähren, wenn sie nur seine Befehle schnell und bereitwillig vollziehen wollten. Auf ihre Frage aber, was sie thun müssten, um das Wasser trinkbar zu machen, befahl er, die stärksten Männer sollten Wasser aus dem Brunnen schöpfen, und wenn dann der größte Teil des Wassers entfernt sei, werde das übrige trinkbar sein. Jene unterzogen sich der Arbeit, und so wurde das Wasser, durch die starke Bewegung gereinigt, bald geniessbar."

Es ist bemerkenswert, daß bei Flavius Josephus das Holz, das im biblischen Text ausdrücklich ins Wasser geworfen werden muß, und das das eigentliche ‛Wunder´ vollbringt, hier eine eher nebensächliche, zufällige Rolle spielt. Viel wichtiger ist das Abschöpfen des ungenießbaren Wassers, das in der Tat genießbares, weil sauberes, nachströmen läßt, wie der Verfasser selbst vor Ort, in Afrika, erfahren hat. Flavius Josephus scheint also dem angeblichen (Holz)-‛Wunder´ nicht zu trauen, sondern hat sich der richtigen, der hydrodynamischen Erklärung schon sehr angenähert.

(Es fällt der fast schon geschäftsmäßige Umgang mit ‛Gott´ auf: Das Erhören einer Bitte wird „*zugesagt*", und es wird „*verheissen .... nach Wunsch (zu) gewähren*". Diese Formulierungen lassen tief blicken: Der Idol-Gott läßt mit sich verhandeln wie bei einem Geschäft, und er ist auch zuverlässig – wie ein menschlicher Geschäftspartner!)

3) Text wie persönliche Erfahrung des Verfassers in den Nuba Bergen, Zentralsudan
Korrektes, Fakten-bezogenes Vorgehen an einem kleinen Wasserloch in einem trockengefallenen Gebirgsfluß; Originalzitat aus Tagebuch (bei der Überquerung des Djebel ed Dair im Norden der Nuba Berge, Sudan):

„Ca. 8^{10} ins große Haupttal eingestiegen. … Jetzt 8^{45} an einem Wasserloch bei einer Ruine. Das Wasser müssen wir mit den Affen, die ca. 100m entfernt in den Bäumen bellen ... und einer dicken Kröte teilen, die beim Saubermachen des winzigen Lochs erscheint. Wie wird es wohl schmecken? Wir warten noch. [Nach der jeweiligen Reinigung mußte das saubere Wasser nachsickern; das dauerte so seine Zeit.]. … Inzwischen ist das Loch gereinigt, und ich habe von dem Wasser getrunken. Es schmeckt besser als das gestrige und ist auch sauberer, da der Boden aus ca. 0,3 – 3mm Durchmesser messenden Sandkörnern besteht. Es zieht im Loch schnell nach. So ein Loch hat seine eigene Dynamik.
Das Wasser nach der Reinigung ist überraschend gut! An die Kröten muß man nicht unbedingt denken! [Siehe Abb. 4, unveränderte Originalzeichnung aus Tagebuch des Verfassers. In einem anderen Wasserloch wurde statt der Kröten ein ca. 5 - 7cm langer Wasserskorpion angetroffen (Nepa rubra; syn. Nepa cinerea). Die gleiche Art gibt es auch in Mitteleuropa, aber nur ca. 3 - 4cm lang.]

Das Säubern des kleinen Wasserlochs ging so vor sich, daß zunächst das überlagernde Gezweig und das trockene Laub mit der Hand entfernt wurden. Danach wurde die fast schwarze Faulsubstanz, die nach unten hin zunehmend schlammig wurde, und die erkennbar zu großen Teilen ebenfalls aus mehr oder weniger verrotteten Blättern bestand, mit einer Kalebasse (vor dem Trocknen in der Mitte durchgeschnittene und ausgehöhlte Kürbis-Schale) ausgeschöpft. Der entscheidende Trick besteht nun darin, daß bei zunehmender Leerung des Wasserlochs immer stärker von seiner Wandung Sediment mit abgeschabt wird, und auch von seinem Boden. Erst wenn alles dunkle, also faulige Material wirklich sauber entfernt ist (nach einigen Zentimetern), läßt man das Grundwasser wieder nachströmen. Dabei wird das Loch noch mehrere Male von Wasser nahezu leer geschöpft, ohne daß dabei noch Material von der Wandung oder dem Boden abgeschabt wird. Nach drei bis vier solchen nur Wasser ausschöpfenden Leerungen, kann das weiter nachströmende Grundwasser getrunken werden. Es ist meist sehr klar und schmeckt gut. Zumindest spürt man keine Geschmacksbeeinträchtigung mehr durch die Faulsubstanzen."

Der Text zeigt, was bei Mara wahrscheinlich wirklich passiert ist: Da hatte man wohl mehrere solcher Wasserlöcher mit nicht sehr gutem (bitterem oder salzigem oder fauligem?) Wasser. Da lag auch so allerhand Gezweig („Holz") in den Löchern, sei es absichtlich zur Tarnung, oder zum Schutz vor Wildtieren (z. B. Gazellen) darübergelegt, oder zufällig vom Wind hineingeweht. Nach dem Säubern, dem (wiederholten?) Ausschöpfen, war das nachsickernde Wasser genießbar und konnte von Mensch und Vieh problemlos getrunken werden. Aus dem Gezweig wurde dann spätestens bei der Textbearbeitung durch den Religionsmacher, den Redaktor, ein Holz, das der `Ewige´ den Kindern Israel gezeigt hatte.
Ausschöpfen und Nachsickern wurden von Fl. Josephus wohl gemeinsam als „starke Bewegung" des Wassers gedeutet.
Soviel zur Erläuterung der Wirklichkeit!

Kadesch-Barnea
„Dann kamen sie nach Elim, und dort waren zwölf Wasserquellen und siebzig Palmbäume. Da lagerten sie dort am Wasser." [Elim, hebräisch: Bäume].
War das schon „Kadesch-Barnea (Qadesch-Barnea), eine quellreiche Gegend am Südrande des Landes Kanaan" (so laut Bibelatlas)? Dort gibt es laut Internet auch heute noch zwei ganzjährig schüttende Quellen. Insgesamt sind aber die genaue Lage der biblischen Örtlichkeit und die Bedeutung seines Namens in der Wissenschaft umstritten. Vielleicht ist mit Kadesch-Barnea ein ganzer (flacher) Bergrücken im äußersten Süden Kanaans gemeint, entlang der Grenze zwischen diesem und dem nördlichen Sinai.

Der Erläuterungstext im Bibelatlas lautet zu Kadesch-Barnea wie folgt:
„Die zahlreichen Lagerplätze der Kinder Israel (Num. [4. Mos.] 33, 8 – 34) lassen sich nicht mehr genau bestimmen, und die Ortsnamen auf unserer Karte beruhen auf Vermutungen. Fest steht lediglich, wo sich Kadesch-Barnea (Qadesch-Barnea) befand – eine quellreiche Gegend am Südrand des Landes Kanaan. Diese Oase war Mittelpunkt israelitischer Niederlassungen in der Wüste. Hier vereinigten sich Israels Stämme zu einer Nation mit einer alle verbindenden Vision." Ein verräterischer Text: Wer das für möglich hält, das `mal eben´ etwas Prüfen und dann, schwuppdiwupp, hat man auch schon eine nationale Gesamt-Vision (und eine neue Religion, d. h. Gesetzt und Recht), der zeigt damit nur, daß er die naive Weltfremdheit der Extraterrestrier übernommen hat und seinerseits fortschreibt. Man vergleiche dazu den Fortgang der Ereignisse, die Gesamt-Geschichte in

diesem Buch, mit seiner stets anwesenden, sie im gewissen Sinne in der Tat verbindenden mörderischen Vision von dem verheißenen Land ihrer Vorväter! Eine Vision, die aber von `oben´ her, vom `Ewigen´, kam und ihnen gleichsam aufgezwungen wurde: „Dem Land, das ich euren Vätern zugeschworen habe", o. ä.

Wo immer genau Kadesch-Barnea gelegen hat bzw. was genau damit gemeint war, es wird hier eine interessante Tatsache mitgeteilt, die wir nicht überlesen sollten (nach JB):

„Dort gab er ihm Gesetz und Recht und dort prüfte er es. Und er sprach: „ Wenn du auf die Stimme des Ewigen, deines Gottes hören und was recht in seinen Augen tun wirst, und wenn du seinen Geboten lauschen und alle seine Satzungen wahren wirst, so will ich von allen Krankheiten, die ich über Mizraim verhängt habe, keine über dich verhängen, denn ich, der Ewige, heile dich." "

Hier steht - zwischen den Zeilen verborgen, wie so oft - ein bemerkenswerter Umstand: Entweder wurde dieser Text von einem späteren Redaktor an die falsche Stelle gesetzt, was leicht möglich ist, oder – es ist wirklich so geschehen. Das hätte schwerwiegende geistige wie logistische Folgen für den Fortgang des ganzen Unternehmens: Es wären dann die Extraterrestrier auch hier - trotz des Dramas auf der Nehrung - immer noch nicht sich klar darüber gewesen, was sie auf diesem Zug „ins gelobte Land" noch alles erwarten würde. Sie hätten dann immer noch geglaubt, die ganze Sache mit ein paar Gesetzen und Rechtsverordnungen und ein bißchen Religion (das ist wohl gemeint mit *„prüfte er es"*), hinter sich bringen zu können. Auch scheint man noch immer geglaubt zu haben, daß man am Har Karkom schnell und reibungslos mit einem Vorstoß von Süden nach Norden, die Landnahme würde einleiten können. Sie hätten also noch nichts von der Notwendigkeit der Übergabe der Mannamaschine geahnt und erst recht nichts von dem unabsehbaren Wust kaum beherrschbarer Folgen, die dieses Gottesgeschenk nach sich ziehen würde.

Was hier an Vorbereitung auf die Landnahme und die spätere Religion übermittelt wird, läßt auf ein immer noch gerüttelt Maß an Naivität schließen. Das darf uns nicht zu sehr verwundern. Denn, nachdem wir einmal die Anfangsnaivität erkannt hatten, das Umkehren am ersten Tag, nachdem man bei Nacht losgezogen war, konnte die dramatische Ereigniskette, die sich an dieses Umkehren knüpfte, der Zug entlang der Nehrung und das Durchqueren des Haffs, nicht als Mittel zum Überwinden dieser Naivität erwartet werden (falls es denn nicht eine raffinierte Falle war – was aber an den späteren psychologischen Katastrophen nichts ändert): Man hatte sich in der Ankunft der Proto-Philister und der Seevölker schlicht geirrt, und daraus hatten sich die weiteren Folgen logisch ergeben. Wie hätten die Extraterrestrier - so gänzlich unerfahren mit einem auch nur entfernt ähnlichen Vorgang wie einer Wüstenwanderung mit einer größeren Menschenmenge und ihrem Vieh - daraus ihre grundsätzlich falsche Einschätzung des Gesamtereignisses erkennen sollen? Sie kannten doch vom Menschenleben nur das wenige, das sie von oben her heimlich beobachtet hatten, und das sie - immer unter dem erdrückenden Schatten ihrer Göttlichkeit - während der kurzen Kontakte mit Moses, Aharon und vielleicht auch hin und wieder mit einigen wenigen anderen Menschen erfahren hatten. Wie sollten sie den Wüstenzug auch nur einigermaßen wirklichkeitsnah im voraus planen? Selbst die Kinder Israel wußten ja nichteinmal, wie man durch eine Wüste zieht, d. h. durch eine Akazien-Dornbusch-Savanne mit eingestreuten steppenähnlichen Bereichen; sie hatten bisher immer nur am Nil gewohnt und nie Wassermangel gelitten; und zur Not hatten sie Fische im Nil gefangen – eben nicht aus wirklicher, unmittelbarer (Überlebens)-Not.

Es würde aber bald alles anders kommen. Und mit diesem „anders" werden wir das schrittweise `Aufwachen´ der Extraterrestrier miterleben. Dementsprechend ist es logisch, daß bei den zunächst auftretenden Problemen während des kurzen Abschnitts der Wanderung jeweils mit begrenzten Einzelaktionen geholfen wird – immer in der bewußten oder unbewußten Meinung, nun die Sache insgesamt geklärt zu haben. Aber, jedesmal – weit gefehlt!

„Dann brachen sie von Elim auf, und die ganze Gemeinde der Kinder Jisrael kam in die Wüste Sin, die zwischen Elim und Sinai liegt, am fünfzehnten Tag des zweiten Monats nach ihrem Auszug aus dem Lande Mizraim. Da murrte die ganze Gemeinde der Kinder Jisrael wider Mosche und Aharon in der Wüste; und die Kinder Jisrael sprachen zu ihnen: „Wären wir doch durch die Hand des Ewigen im Land Mizraim gestorben, da wir am Fleischtopf saßen und Brotes satt zu essen hatten! Denn ihr habt uns in diese Wüste hinausgeführt, um diese ganze Volksschar Hungers sterben zu lassen." Da sprach der Ewige zu Mosche: „Sieh, ich lasse euch Brot vom Himmel regnen, und das Volk soll hinausgehn und sammeln des Tages Satz für seinen Tag, daß ich es prüfe, ob es nach meiner Weisung wandeln wird oder nicht. Und es soll sein am sechsten Tag, wenn sie zubereiten, was sie heimgebracht haben, da wird es das Doppelte sein von dem, was sie täglich sammeln." [Hier ist von den Gegebenheiten des Mannas und der Mannamaschine die Rede, die noch gar nicht vorhanden ist; auch hier ist also der Text durcheinander geraten; das wird uns noch oft begegnen.] *Da sprachen Mosche und Aharon zu allen Kindern Jisrael: „Am Abend, da werdet ihr erkennen, daß der Ewige es ist, der euch aus dem Lande Mizraim geführt hat, und am Morgen, da werdet ihr die Herrlichkeit des Ewigen sehen, da er euer Murren gegen den Ewigen hört; wir aber – was sind wir, daß ihr gegen uns murrt." ... ...
... Es war aber, als Aharon zu der ganzen Gemeinde der Kinder Jisrael redete, da wandten sie sich nach der Wüste hin, und sieh, die Herrlichkeit des Ewigen erschien in der Wolke.* [Hier wird nun optisch an `Gott im hohen Himmel´ erinnert; ob real mit einem Fluggerät oder mit einer Holographie („ *...in der Wolke.*"), muß offen bleiben.] *Und der Ewige redete zu Mosche und sprach: „Ich habe das Murren der Kinder Jisrael gehört; rede zu ihnen und sprich: Gegen Abend werdet ihr Fleisch essen und am Morgen euch an Brot sättigen, und ihr sollt erkennen, daß ich, der Ewige, euer Gott bin."*

Und es war nun am Abend, da kamen die Wachteln herauf und bedeckten das Lager [Hier wird das Wachtel-`Wunder´ beschrieben. Die Wachtel ist unter den europäischen Hühnervögeln der einzige Zugvogel. Sie kommt in Nordafrika und im Nahen Osten auf dem Zug manchmal in Massen vor. Es war für die Extraterrestrier also nicht besonders schwierig, einen solchen Wachtelschwarm vorherzusagen, und das `Wunder´ ist mal wieder von banaler Selbstverständlichkeit – wie so oft!]; *am Morgen aber lag die Taufeuchte rings um das Lager; als aber die Taufeuchte aufgestiegen war, sieh: Da lag etwas auf der Oberfläche der Wüste, fein, körnig, so fein wie der Reif auf der Erde. Als die Kinder Jisrael es sahen, sprach einer zum anderen: „Man hu – was ist das?"*[1] *Denn sie wußten nicht was es war. Da sprach Mosche zu ihnen: „Das ist das Brot, das der Ewige euch zu essen gegeben. ... ..."*

[1] Eine Bemerkung von zentraler Bedeutung: Das Nichtkennen dieser Substanz in der Steppe, die zumindest den Hirten, besonders natürlich Moses, bekannt sein mußte, beweist, daß es sich um eine neue Substanz handelte, die noch niemand gesehen hatte. Es kann also weder eine Art Taufeuchte des Geländes gewesen sein, die kein Manna produzieren konnte (in der Mannamaschine aber sehr wohl, zusammen mit Algen, Nährsalzen und künstlicher Beleuchtung; siehe Teil III), und es kann auch keine Art Baumharz gewesen sein, denn beides hätten zumindest die Hirten, bzw. Moses, sofort erkannt; und beides hätte auch nicht schlagartig nach Durchqueren des Jordans aufhören können – *beides gäbe es noch heute!*

Es folgen dann noch weitere Weisungen mit Bezug auf das Manna und auch schon für den Sabbat – alle hier noch nicht hergehörend, da der Auslöser für alle diese Dinge und Verhaltensmaßregeln, die Mannamaschine, noch gar nicht anwesend ist. Dementsprechend werden diese Anweisungen später, an der richtigen Stelle im Text, im korrekten Zusammenhang wiederholt, zum Teil nahezu wortwörtlich; sie werden deshalb in unserem Text erst dort näher erläutert.

Dieser Text, das Murren der Kinder Israel, zeigt zunächst das Standardmuster der Begleitmusik, die bei Problemen während der Wanderung von nun an immer wiederholt werden wird:
-) Man murrt wider Moses und Aharon,
-) man wünscht sich wieder zurück nach den Fleischtöpfen Ägyptens und dem Wasser des Nils,
-) man unterstellt Moses und Aharon, das Volk absichtlich in diese tödlichen Gefahren (Hunger und Durst) geführt zu haben,
-) man wünscht sich, von der Hand des Ewigen schon früher umgekommen zu sein.

Es zeigt dieser Text aber noch ein ganz anderes Phänomen, und deshalb wurde er hier so umfangreich zitiert:
Man erfährt zunächst von dem Brot, das vom Himmel fallen soll. Es fällt aber kein Brot vom Himmel, sondern es kommen Wachteln in Massen, also Fleisch. Danach geht man aber doch auf das Feld und findet die seltsame Substanz, und fragt: „Man

hu?" (Was ist das? – sie kannten die Substanz also nicht.). Daraus soll das Wort „Manna" entstanden sein. Hier sind eindeutig zwei Dinge ineinandergeflossen, die räumlich, zeitlich und kausal nichts miteinander zu tun haben: einerseits das Wachtel-`Wunder´ und, völlig übergangslos, wie ein Fremdkörper, das Manna-`Wunder´, das definitiv erst am Har Karkom stattgefunden haben *kann* und dementsprechend dort auch nocheinmal berichtet wird, dann aber an richtiger Stelle, bezogen auf Ort, Zeit und (kausaler) Gesamt-Situation. Es zeigt dieses Durcheinander deutlich, wie sehr die Redaktoren, die Religionsmacher, mit dem Ganzen überfordert waren –

es soll aber doch dieser Text die unantastbare göttliche Offenbarung sein, die Tora!

Zwischendurch zeigen die Extraterrestrier sich - von ferne - in den Wolken. Das sollte wohl den ganzen Vorgang, das Heraufkommen der Wachteln, als Gotteswunder unterstreichen. Das war auch sehr nötig, denn die Wachteln alleine werden den Kindern Israel wohl bekannt gewesen sein: es gab solche Wachtel-Scharen schließlich jedes Jahr. Daß die Extraterrestrier sich trotzdem -also eben deshalb - von ferne in den Wolken zeigten, ist in diesem Zusammenhang fast schon mitleiderregend. Es war aber das Erscheinen in den Wolken doch auch eine ernste Mahnung, die angesichts der `Allmacht´ der Extraterrestrier unweigerlich auch eine Drohung war, selbst wenn so nicht gemeint: `Nehmt euch in acht, Gott ist im Himmel und sieht und weiß alles (siehe dazu auch Abb. 35a, b)!´ In diesem Fall war Das-sich-Zeigen-in-den-Wolken, wenn es nur aus der Ferne geschah, sodaß das dabei benutzte Raumfahrzeug nicht mit Gott verwechselt werden konnte, ungefährlich, bezogen auf die Gefahr eines ungewollten Kargo-Kults. Denn, daß Gott im Himmel tatsächlich Wache hielt und sie beschützte, sollte ihnen ja gerade auf diese Art eingebläut werden, zusammen mit den vielen kleinen, von der jeweiligen Notlage erzwungenen `Wundern´. Und das alles wurde hier, vom Redaktor gänzlich unverstanden, gründlich durcheinandergebracht.
Zum Manna-`Wunder´ unten mehr.

Massa und Meriba
Der Text fährt dann fort (Kap. 17):
„Und die ganze Gemeinde der Kinder Jisrael zog von der Wüste Sin Zug für Zug weiter nach dem Geheiß des Ewigen und lagerte sich in Refidim. Da hatte das Volk kein Wasser zu trinken. Und das Volk haderte mit Mosche und sprach: „Gebt uns Wasser, daß wir trinken!" Da sprach Mosche zu ihnen: „Was hadert ihr mit mir? Was versucht ihr den Ewigen?" Das Volk lechzte aber dort nach Wasser, und das Volk murrte wider Mosche und sprach: „Warum denn hast du uns aus Mizraim heraufgeführt, mich und meine Kinder und mein Vieh vor Durst umkommen zu lassen?" Da schrie Mosche zum Ewigen und sprach: „Was soll ich diesem Volk tun? Nur wenig noch, und sie steinigen mich." Da sprach der Ewige zu Mosche: „Geh vor das Volk hin und nimm mit dir von den Ältesten Jisraels, und deinen

Stab, mit dem du den Fluß geschlagen hast, nimm in deine Hand und geh. Sieh, ich werde dort vor dir auf dem Felsen am Horeb stehen, und du sollst an den Felsen schlagen, und es wird Wasser aus ihm kommen, daß das Volk trinkt." Da tat Mosche so vor den Augen der Ältesten Jisraels. Und man nannte den Ort Massa und Meriba (Versuchung und Hader), wegen des Haders der Kinder Jisraels, und weil sie den Ewigen versuchten, indem sie sprachen: „Ist der Ewige in unserer Mitte oder nicht?"

Auch dieser Text zeigt ein bemerkenswertes Muster: Es kommt öfter im Buch Exodus vor, daß der Text zunächst Unauffälliges berichtet und erst eine scheinbar belanglose Abschlußbemerkung, oder ein Schlußkommentar, sich als verräterisch erweist und das vorher Beschriebene in einem ganz anderen Licht erscheinen läßt. Es hat den Anschein, daß in solchen Fällen spätere Redaktoren, mit welcher Absicht auch immer, den Text in ihrem Sinne bereinigt haben, möglicherweise weil sie besonders dramatische Vorkommnisse auf diese Art ein wenig entschärfen oder verstecken wollten, aber das Verräterische in der Schlußbemerkung nicht erkannten; möglicherweise mag aber auch der eine oder andere Redaktor das Ganze nicht mehr überblickt haben, und begriff deshalb nicht, daß da noch etwas zu löschen oder abzuändern, d. h. totzuschweigen gewesen wäre.

Wie immer das im einzelnen abgelaufen ist: erst dieser letzte Satz „*Ist der Ewige in unserer Mitte oder nicht?*" zeigt die Dramatik der Szene, die vorher nur angedeutet wird: Man hat also Moses etwa sinngemäß gefragt: „Was denn nun, ist dein Ewiger hier unter uns (dann soll er uns gefälligst Wasser beschaffen), oder ist das Ganze Mumpitz?" Mit dieser provozierenden Frage, die eine vorhergehende Weigerung erkennen läßt, hatte man aber die Extraterrestrier zum Eingreifen *genötigt*, denn sie konnten das Volk Israel natürlich nicht verdursten lassen. Nach der erfolgreichen Wassersuche mußte es für die Kinder Israel aber so aussehen, als seien die Extraterrestrier von ihnen erfolgreich beherrscht, also erpreßt worden, nämlich gleichsam auf ihren Befehl hin, Wasser zu beschaffen. Man bedenke, was das bedeutet: `Gott´(!!), d. h. der `Ewige´, war von der kleinen Flüchtlingsschar zum Handeln *gezwungen* worden, hatte nicht frei über Wollen oder Nichtwollen seinerseits entscheiden können, war also nicht mehr Herr der Situation gewesen! Das war zwar, unbewußt, schon öfter der Fall gewesen, und würde es auch in Zukunft noch oft sein, ebenso unbewußt; aber so unmittelbar, so unmißverständlich-vorsätzlich, so persönlich-erpresserisch im Sinne von `entweder – oder´, war es noch nie geschehen. Damit waren die Extraterrestrier aber nicht mehr Herr ihrer Entscheidung, denn sie konnten - und wollten - die kleine Schar nicht jämmerlich umkommen lassen – das hohnvolle Gelächter der Ungläubigen wäre gar zu groß gewesen. Sie, die doch `Gott´ sein wollten, hätten sich anschließend nirgendwo mehr `sehen lassen´ können. Auf diese Art wurden sie von den Kindern Israel gegen ihren Willen gezwungen, einen Ausweg zu finden! Aber als Zeugen für das anschließende Gottes-`Wunder´ mußten einige der Ältesten des Volkes anwesend sein, um Zeugnis darüber ablegen zu können, daß das Wasser wirklich aus dem Felsen gekommen war. Zumindest diese Gruppe würde in

Zukunft (hoffentlich) nicht mehr an `Gott´ sich irre machen lassen. Die Extraterrestrier aber würden diesen Vorfall wegen seiner psychologischen Wirkung nie wieder vergessen – auch nicht dem Moses, der sich wohl seinerseits mit heftigen Worten an sie gewendet hatte. Er hatte sich vielleicht in höchster Not und Lebensgefahr geglaubt – wie anders ist sonst sein verzweifelter Ausruf zu verstehen: *„Nur wenig noch, und sie steinigen mich"*?

Auch die Tatsache, daß Moses die Ältesten der Kinder Israel - gleichsam als Zeugen - mitnehmen soll, läßt tief blicken. Dem Unglauben der Kinder Israel, der sich wohl in Vorwürfen und provozierenden Fragen geäußert hatte, mußte ein Riegel vorgeschoben werden. Bezeichnenderweise kommen die Extraterrestrier nicht erneut mit ihrem Lieblingstrick, dem Sich-zeigen-in-der-Wolke. Man fing `oben´ wohl schon an, so einiges zu begreifen; man fing an, aufzuwachen: Wolkenerscheinungen und `Wunder´ von Ferne hatten keine lange Lebensdauer im Erinnerungsvermögen der Kinder Israel (selbst das überwältigende Ereignis des Durchquerens des Schilfmeeres hatte das nicht gehabt, trotz *„des Herren Blasen"*!). Dazu war die unmittelbare Not des Hungers und des Durstes zu elementar. Wenn es hart auf hart ging, kam auch hier schon „erst das Fressen und dann die Moral" (BRECHT). Das rasche Vergessen auch der dramatischsten Vorgänge und jeder Art von Belehrungen würde nach Übergabe der Mannamaschine am Har Karkom und bei der endgültigen Begründung der Religion noch groteske Folgen haben, die bis heute bei den orthodoxen und ultraorthodoxen Juden für jeden sichtbar sind (siehe Teil III, Abschnitt B).

Und immer war da die Erinnerung, daß sie es in Ägypten besser gehabt hatten. Zwar hatten sie dort hart arbeiten müssen (das wurde rasch verdrängt; Unangenehmes vergißt sich leichter als Schönes, das man verherrlichen kann – das ist nicht nur in der Gegenwart so), aber wenigstens hatten sie keine unmittelbaren Existenzsorgen gehabt. Jetzt, hier, auf diesem Zug ins Nirgendwo, hatten sie dauernd solche Sorgen. Es drohten diese Klagen, zusammen mit der Fleischtopf-Phantasie, zum gleichberechtigten Gegengewicht des ganzen Vorgangs zu werden: Gott im Himmel, der alles sieht und alle Probleme durch `Wunder´ bewältigen kann, also scheinbar allmächtig ist, einerseits; und auf Erden das Murren der Hungernden und Dürstenden, die den `Ewigen´ immer wieder zum Eingreifen zwangen, andererseits. Der letzte Vorgang hatte gezeigt - so schien es jedenfalls -, daß die Kinder Israel bei hartem, entschlossen-renitentem Vorgehen diese Gotteswunder gleichsam abrufen und damit den `Ewigen´, die Extraterrestrier, zum Diener der Kinder Israel machen konnten!

Und als der `Ewige´ Mosche anwies, das Volk nach Wasser graben zu lassen, hatte man sich wohl geweigert; sie waren schon zu sehr an mühelose Wunder gewöhnt. Das Resultat war der trotzige Satz an Moses gewesen: `Ist denn nun dein Ewiger unter uns - dann kann er uns auch durch ein `Wunder´ Wasser besorgen - oder ist er es nicht?´ Man hatte sich geweigert, den Anordnungen des `Ewigen´ Folge zu leisten. In Teil III, Abschnitt A, werden wir sehen, daß die Kabbalistik noch eine ganz andere Erklärung hat für die Formulierung `nicht ist´ – eine Erklärung, die indes unmöglich ist, da sie sich auf die Mannamaschine bezieht, die zum Zeitpunkt dieses Vorfalls noch garnicht anwesend war. Siehe dazu am Schluß von Abschnitt A, im Teil III, das Kapitel „*Die äußeren Umrundungen am Kleingesichtigen – Die ausklappbaren Abdeckklappen (Mathers „Kronen")*".

Die Tatsache, daß der Ewige vor ihm auf dem Berg Horeb (Har Karkom) stehen würde, zeigt, daß man schon in der Nähe des Gottesbergs war. Das Ganze geschah also wohl schon in Sichtweite der `heiligen Stätte´, des Berges Horeb, an dem sie `Gott´ dienen sollten – keine gute Verheißung für die Glaubensbereitschaft und Glaubensfestigkeit dieser kleinen Elite, die man da unbedingt in eine neue Welt führen wollte! Und der Stab mit dem Moses die Wunder vor Pharao getan hatte, und der auch beim Durchqueren des Schilfmeeres so wirksam gewesen war, der war natürlich auch wieder dabei. Waren in ihm womöglich ein elektronisches Gerät mit mehreren Funktionsmöglichkeiten und ein Mikrophon verborgen mit dem Moses bei Bedarf mit den Extraterrestriern kommunizierte? Man möchte mehr über seinen inneren Aufbau wissen – leider erfahren wir darüber nichts.

Daß man genau die richtige Stelle traf für das Wassersuchen, kann nicht überraschen: Die moderne Fernerkundung kann mit Hilfe von speziellen Satelliten genau das gleiche seit Jahrzehnten, und das mit größter Selbstverständlichkeit. Auch liegt die Gegend im Bereich fossilen Grundwassers, das wahrscheinlich aus der letzten Eiszeit stammt, die sich hier als niederschlagsreiche Epoche, als sogenannte Pluvialzeit, auswirkte. Auch daran war nichts Wunder-bares. Dieser Gürtel mit fossilem Grundwasser erstreckt sich über weite Bereiche des heute trockenen Nordafrikas bis hinein in den Vorderen Orient. Damit nun Moses und die ihn begleitenden Zeugen nicht an der falschen Stelle nach Wasser suchten, stand der Ewige schon an der richtigen Stelle; sie brauchten dann nur noch ein wenig nachzugraben – schon strömte das Wasser. Es ist müßig, darüber zu spekulieren, ob die Extraterrestrier schon vorgearbeitet hatten, damit die Wassersuche nicht gar zu lange dauerte und zu mühsam wurde: das `Wunder´ war wieder geschehen, und damit gut.

Es folgt die Geschichte des Kampfes mit den Amalekitern in Refidim und dem Gottesstab, den Moses während des Kampfes in die Höhe halten muß. Senkt er seinen Arm mit dem Stab, siegen bei der Schlacht die Amalekiter, hebt er ihn, siegen die Juden. Nachdem man schließlich gesiegt hat und der Kampf beendet ist, sagt `Gott´ zu Moses: „*Schreib dies zum Gedächtnis in das Buch und präge es den Ohren Jehoschuas ein: Daß ich auslöschen will das Andenken Amaleks unter dem Himmel.*" Da baute Mosche einen Altar und nannte ihn: „*Der Ewige mein Panier!*" Und er sprach: „*Die Hand am Thron Jah's: Krieg hat der Ewige mit Amalek für ewige Zeiten!*"

Es gab also wahrscheinlich eine Art Gedächtnisbuch („*das Buch*"), das zumindest in unregelmäßigen Abständen, vielleicht bei ungewöhnlichen Ereignissen, geführt wurde. Dieses Buch mag später als Gedächtnisstütze beim Abfassen der ältesten Version des Buches Exodus gedient haben. Wie schon sehr viel früher bei Henoch, so möchte man auch hier wissen, in welcher Schrift geschrieben wurde; gab es schon die althebräische Schrift – und wo ist dieses Buch geblieben?

Daneben erfahren wir auch etwas von der leidenschaftlichen, nachtragenden, haßerfüllten Gewalt- und Vernichtungsbereitschaft der Extraterrestrier den wehrlosen Menschen gegenüber: Es wird ausdrücklich betont, daß der `Ewige´, also die Extraterrestrier, Krieg mit den Amalekitern *„für ewige Zeiten"* hat – als ob die nachfolgenden Generationen in irgend einer Weise schuldig an den Taten ihrer Vorväter sein könnten!

Der hier genannte Gottesname `Jah´ ist bemerkenswert: Man hatte den Namen `Jach-We´ noch nicht, der später mit so großer Selbstverständlichkeit bei jeder Gelegenheit im AT-Text genannt wird. Andererseits mußte der bedauernswerte Redaktor, der nur diesen und `Elohim´ kannte, sich irgendwie behelfen; wobei letzterer beim Beschreiben dieser Ereignisse wahrscheinlich nicht verwendet wurde, denn der stammte ja aus der totgeschwiegenen Urzeit vor der Sintflut. Er fand einen Kompromiß, indem er den ihm geläufigen Gottesnamen (!Jach-We!) abkürzte. Damit war beiden gedient: denen, die unbedingt den bekannten Namen dort sehen wollten, und auch denen, die womöglich wußten, daß der seltsame Name `Jach-We´ erst später auftauchte: Problem aus religiöser Sicht gelöst! Möglicherweise war der Gott `Jah´ ein Midianitischer Hirten-Gott, den Moses über seine Frau kennengelernt hatte, und dessen Namen er hier im Buch niederschrieb: Auch er wußte ja noch nichts vom zukünftigen `Gottesnamen´ `!Jach-We!´.

Der Besuch des Schwiegervaters
Am Gottesberg, dem Har Karkom, erhält Moses Besuch: Sein Schwiegervater Jitro, der Priester von Midjan, mit seiner, Moses', Frau Zippora und ihren beiden Söhnen Gerschom und Elieser treffen ein. Man kann sich vorstellen, was es da alles zu fragen, zu erzählen und zu staunen gab!

Tags darauf bemerkt Moses' Schwiegervater, daß er, Moses, das Volk mit seinen endlosen kleinen und größeren Streitereien ganz alleine richtet – eine schier unlösbare Aufgabe (Bei Sechshunderttausend Marschfähigen, also mehreren Millionen Menschen (s. o.), hätte auch der größte Narr das garnicht erst probiert!). Der Schwiegervater, offensichtlich ein aufgeweckter Mann, bemerkt diese unlösbare Aufgabe und macht Moses einen sehr vernünftigen Vorschlag dahingehend, daß er selbst nur die schweren Sachen richten, aber alle kleinen Streitereien von einsichtigen Männern der Gemeinde entscheiden beziehungsweise schlichten lassen solle. Das wird auch so gemacht, und Moses muß fortan nur noch die schwierigen Sachen richten und schlichten – nach den Gesetzen und Vorschriften der Extraterrestrier.

Es ist immerhin bemerkenswert, daß dem fremd zu der Gruppe hinzustoßenden Schwiegervater die unhaltbare Situation Moses' sofort klar wird, die Extraterrestrier aber, die doch seine Situation auch gekannt haben müssen, diese entweder nicht bemerkt haben, oder es nicht für nötig hielten, sich um so kleine Dinge zu kümmern. Und das, obwohl sie Moses noch sehr lange brauchen würden; sie also allen Grund hatten, ihn nicht über seine Kräfte zu strapazieren.

„Am dritten Neumond nach dem Auszug der Kinder Jisrael aus dem Lande Mizraim, an diesem Tag kamen sie in die Wüste Sinai. Und sie waren von Refidim aufgebrochen und kamen in die Wüste Sinai und lagerten sich in der Wüste, und Jisrael lagerte dort am Berg gegenüber. Mosche aber stieg hinauf zu Gott."

Man war also endlich am Gottesberg angekommen, dem Berg Horeb, dem Har Karkom, und damit war der erste, kurze, Abschnitt der Gesamt-Wanderung beendet. Das große welthistorische Ereignis, das in den endlos langen, zweiten, Abschnitt der Wanderung einmünden würde, konnte nun endgültig seinen Lauf nehmen. Und von nun an *war* es eine große *Gesamt*-Geschichte. Bis hierher waren es eigentlich nur viele kleine Einzelepisoden gewesen, mehr oder weniger dramatisch, die nur vom jeweiligen Weiterziehen gleichsam wie Perlen auf einer Schnur aufgereiht und zusammengehalten worden waren. D. h. jedes Einzelereignis war nach seinem Überstehen ganz und gar abgeschlossen und nicht zuletzt auch deshalb bald wieder vergessen. Man war bisher nur von der Tatsache zusammengehalten worden, daß sich alle gemeinsam auf der Wanderung befanden, also auch alle im Extremfall das gleiche Schicksal haben würden. Das ohnehin nur vage Wissen um irgendein Ziel war wohl nur Moses, Aharon und den Ältesten, der Elite also, bekannt – insgesamt war kein übergeordnetes, sie alle überzeugendes und entsprechend motivierendes Ziel erkennbar. Nicht zuletzt auch deshalb erlagen sie in jeder schwierigen Situation dem Wunsch nach Rückkehr nach den Fleischtöpfen am Nil mit seinen vielen Fischen und ihren Gärten mit dem Gemüse und dem Lauch.

Nur wer die niederdrückende Ödnis der Voll- oder Halbwüste, der verdorrten Steppe neben dem saftigen Grün kleiner Gemüsegärten gesehen hat, kann die trostlose Hilflosigkeit und Verzweiflung der Kinder Israel und ihre lechzende Gier nach eben diesen Gärten und dem nie versiegenden Fluß mit seinem glucksenden und plätschernden Wasser und den Fischen darin sich vorstellen! Das, und fast alles andere, würde von nun an - nach den Ereignissen am Har Karkom - sich grundlegend ändern, denn jetzt hatten sie einen übergeordneten Gesamtzusammenhalt, ein unfaßbares Gottesgeschenk, das sie nicht nur mit Manna, sondern auch noch mit ebenso unfaßbaren `göttlichen´ Problemen versorgen würde – zusätzlich zu ihren alltäglichen irdischen, die sie sowieso schon hatten.

Während des ersten Abschnitts der Wanderung war man `oben´ wohl zu der Überzeugung gekommen, daß nur eine bindende, permanente, tägliche und auch tätige Verpflichtung (die Gebete) die Kinder Israel endgültig in die gewünschte Religionsgemeinschaft würde hineinzwingen können; gepaart mit einem für alle unmittelbar sichtbaren, überwältigenden Eindruck des tatsächlichen Erscheinens des angeblich lebendigen `Gottes´. Damit glaubte man wohl, das Problem des raschen Vergessens lösen zu können. Aus dieser Sicht gesehen, mag es den Extraterrestriern als hilfreich erschienen sein, den Kindern Israel eine der im Habitat vorhandenen Mannamaschinen - einen `Jach-We´ - auszuhändigen. Das brachte zwar einen Wust von Problemen mit sich, sein Manna erinnerte aber unmißverständlich jeden Tag an den allmächtigen `Gott´ und an seine Gegenwart. Das Abholen des Mannas aus dem Stiftszelt würde darüber hinaus bald zu einer Gewohnheit werden, die sich unweigerlich auf die heranwachsenden Kinder übertragen würde; auch die Wolke über dem Stiftszelt, die nachts so rätselhaft-drohend glühte, würde sie ständig ermahnen. Ein Vergessen Gottes schien damit nicht mehr möglich. Sie scheinen aber das Wichtigste dabei übersehen zu haben: Eben deshalb würde diese ominöse Gottesmaschine zusammen mit ihrem ebenso unfaßbaren `Namen´ zum neuen (Maschinen)-Gott werden, würde also zum Kargo-Kult heranwachsen, zum verehrten Idol. Dem oben dargelegten Zirkelschluß, der sich um den `Namen´ `Gottes´ und seine Eigenschaften wie eine Aura ausbreitete, war nicht zu entkommen! - er wurde jetzt um die so verzweifelt unmenschlich-`menschlichen´ Eigenschaften dieses außerirdischen Ungeheuers vermehrt. Trotz seiner strikten Geheimhaltung war er durch das Manna für jeden einzelnen allgegenwärtig, blieb aber stets unsichtbar, also allen ein Rätsel, und ein lebensgefährliches obendrein!

Zunächst mögen die Kinder Israel nach Eintreffen am Har Karkom geglaubt haben, den größten und wichtigsten Teil des Weges und des ganzen Abenteuers hinter sich zu haben. Tatsächlich aber sollte das wirkliche Abenteuer erst noch beginnen, und seine Konsequenzen würden sich zu einem Unglück auswachsen, dessen allumfassende Folgen bis auf den heutigen Tag die ganze monotheistisch glaubende Welt erfassen, formen, und in ihrem Geist und ihrer Seele versklaven würde. Sie würden vor lauter Religion-Auswendiglernen keine Zeit und scheinbar auch keinen Anlaß haben, GOTT zu suchen und zu finden, denn ihr Blick auf die wirkliche Göttlichkeit ihres eigenen, individuellen Lebens würde ja gerade vom Auswendiggelernten verhindert werden!

Das Verhängnis konnte seinen Verlauf nehmen:
Es nahm seinen Lauf – und wie!!

Teil II

Am Gottesberg (Har Karkom)

Die Landung des ʽEwigen´
Die Unterrichtung auf dem Gottesberg
Die Stiftshütte – Das Lager

Einleitung
Nachdem wir uns nun hinreichend, d. h. soweit das heute noch bzw. schon möglich ist, über den ersten Abschnitt des Exodus' informiert haben, müssen wir uns nun in das eigentliche Abenteuer stürzen: Moses und seine Begleiter waren nicht nur zum Abholen der Gesetzestafeln auf dem Berg gewesen – sie hatten da noch etwas mehr erhalten: Sie kamen mit einem unfaßbaren und für die meisten auch unsichtbaren, weil konsequent verborgenen, ʽGeschenk´ zurück. Und für dieses Geschenk wurde sofort eine ganz besondere und äußerst aufwendige Anlage gebaut. Alle mußten dabei helfen, und alle mußten auch Sachspenden für den Bau erbringen.

Wir wollen uns auch hier, wie später auf der großen, der schier endlos langen Wanderung, mit dem Darstellen und Erläutern einiger vielsagender Einzelphänomene und -ereignisse begnügen. Wer die Geschichte in allen Einzelheiten zu lesen wünscht, sei auf das AT verwiesen; dort erhält er/sie aber keine kritischen und (hoffentlich) erhellenden Erläuterungen, sondern nur den sattsam bekannten Religionsverschnitt, der den wirklichen Hintergrund, die wirkliche (*ursprüngliche*) Bedeutung der ganzen Geschichte natürlich ängstlich verschweigt, beziehungsweise diese auch garnicht kennt – dort erfahren Sie nur die später hinzugedichteten Religionsphantasien!

Am Gottesberg (Har Karkom)
Nach dem kurzen Intermezzo mit dem Schwiegervater Moses' erreicht man schließlich das (vorläufige) Ziel.

„Am dritten Neumond nach dem Auszug der Kinder Jisrael aus dem Lande Mizraim, an diesem Tag kamen sie in die Wüste Sinai. Und sie waren von Refidim aufgebrochen und kamen in die Wüste Sinai und lagerten sich in der Wüste, und Jisrael lagerte dort dem Berg gegenüber. Mosche aber stieg hinauf zu Gott. Da rief der Ewige ihm vom Berg zu und sprach: „So sollst du sprechen zum Haus

Jaakob und kundtun den Kindern Jisrael: Ihr habt gesehen, was ich Mizraim getan, wie ich euch auf Adlersflügeln getragen und zu mir gebracht habe. Wenn ihr nun auf meine Stimme hören und meinen Bund wahren werdet, so sollt ihr mir eigen sein aus allen Völkern, denn mein ist alle Erde. Und ihr sollt mir sein <u>ein Reich von Priestern und ein heilig Volk</u> [vom Verf. hervorgehoben]. *Dies sind die Worte, die du zu den Kindern Jisrael reden sollst. Da kam Mosche und berief die Ältesten des Volkes und legte ihnen alle diese Worte vor, die ihm der Ewige aufgetragen hatte. Da antwortete das ganze Volk einmütig und sprach: „Alles, was der Ewige geredet hat, wollen wir tun!" Und Mosche brachte die Worte des Volkes dem Ewigen. Da sprach der Ewige zu Mosche: „Sieh, ich komme in dichtem Gewölk zu dir, damit das Volk es höre, wenn ich mit dir rede, und sie auch an dich für immer glauben."*

Diese letzte Bemerkung „*...auch an dich für immer glauben.*" läßt ahnen, wie sehr Moses am Haderwasser, und wohl auch in anderen Situationen, in Bedrängnis und vielleicht sogar in Lebensgefahr gewesen war.

Und Mosche berichtete die Worte des Volkes dem Ewigen. Da sprach der Ewige zu Mosche: „Geh zum Volk und laß sie sich heiligen, heute und morgen, und ihre Kleider waschen. Und sie sollen sich bereit halten auf den dritten Tag, denn am dritten Tag wird der Ewige herabkommen vor den Augen des ganzen Volkes auf den Berg Sinai. Umgrenze aber das Volk ringsum und sage ihnen: Hütet euch, den Berg zu besteigen und auch nur sein Ende zu berühren; wer den Berg berührt, soll sterben. Keine Hand soll ihn berühren, sondern gesteinigt oder erschossen werde es, ob Vieh, ob Mensch, es soll nicht am Leben bleiben. Erst wenn man zum Widderhorn greift, dürfen sie den Berg besteigen."

Auffällig ist das Verbot, den Berg auch nur zu berühren. Natürlich darf man sich der landenden Rakete nicht nähern, dabei ist Lebensgefahr zu erwarten – die heißen Abgase. Aber, daß jeder, der es tut, *erschossen* werden wird, ist doch seltsam; was war da mit `erschießen´ gemeint? Gab es da eine spezielle Waffe bei den Extraterrestriern? Wenn dem so war, dann handelte es sich sehr wahrscheinlich auch hier um eine Strahlenwaffe, wie sie auch an anderen Stellen in der Bibel beschrieben wird – man denke an das Flammenschwert des Engels, der das Paradies bewachte; auch die Mannamaschine verfügte über eine tödliche Strahlenwaffe, die als Tyrann bezeichnet wurde (siehe Teil III, Abschnitt A).

Bemerkenswert ist natürlich die Tatsache, daß alle diese Anordnungen *vor* der Ankunft der Großrakete ausgesprochen werden; Moses war ja auch schon auf dem Berg gewesen und hatte mit dem `Ewigen´ gesprochen. Da waren also schon Extraterrestrier auf dem Berg, bevor die Großrakete mit so überwältigendem Donner, Getöse und Feuerschein niederging. Da wir von einer vorher gelandeten Rakete nichts hören, ist die unbemerkte Ankunft der ersten Gruppe der Extraterrestrier wahrscheinlich mit einem kleineren Weltraum-Landefahrzeug vom Typ `Ezechiel´ geschehen (siehe Abb. 5). Wir erinnern uns an die Wassersuche bei

Massa und Meriba, wo die Extraterrestrier auch schon anwesend sind. Dieser Berg (Har Karkom) wurde wegen seiner ebenen Oberfläche wahrscheinlich schon seit längerer Zeit als Landeplatz von den Extraterrestriern benutzt.

„Da stieg Mosche vom Berg zum Volk herab, und er ließ das Volk sich heiligen, und sie wuschen ihre Kleider. Und er sprach zum Volk: „Haltet euch bereit auf die drei Tage! Naht euch keinem Weib!" Davon war auf dem Berg garnicht die Rede gewesen; das hätte man anderenfalls sicher nicht verschwiegen. Da zu dieser Zeit die später automatisch, und von allen unbemerkt, sich einstellende verkrampfte und unnatürliche Beziehung zur Sexualität und `zum Weib´ hier noch nicht verständlich wäre, muß diese `Anordnung´ von späteren Religionsmachern `der Vollständigkeit halber´ eingeschoben sein. Das geschah zu einer Zeit, als Religion und pseudo-religiös begründete sexuelle Enthaltsamkeit schon nicht mehr zu trennen waren. Dagegen ist das Waschen der Kleider - es mag immerhin nötig gewesen sein - wahrscheinlich schon Teil einer vorbereitenden Erziehung auf die strengen Sauberkeitsregeln, die sie bald würden einhalten müssen. Der Begriff „sich heiligen" bedeutet also hier, und wohl auch an zahlreichen anderen Stellen im AT, eigentlich, die Kleider, bzw. sich selbst zu waschen.

Nachdem diese unzweideutige Warnung ausgesprochen wurde und Moses sie dem Volk Israel mitgeteilt hat, kommt es zu einem kleinen, aber äußerst aufschlußreichen verbalen Zwischenfall, der so unscheinbar ist, daß er von den Redaktoren entweder schlicht übersehen wurde, oder es wurde seine Bedeutung nicht erkannt. Tatsächlich ist dieser Zwischenfall geeignet, das gesamte Gottesbild (allwissend, unfehlbar, usw.) - einmal mehr - in Frage zu stellen. Der `Ewige´, hier die Rakete der Extraterrestrier, senkt sich mit den unvermeidlichen Erscheinungen einer landenden Großrakete auf den Berg hinab:

„Es war nun am dritten Tag, als es Morgen wurde, da waren Donnerschläge und Blitze, und eine schwere Wolke lag auf dem Berg und ganz gewaltiger Posaunenschall ertönte. Und es erbebte alles Volk, das im Lager war. Und Mosche führte das Volk aus dem Lager heraus, Gott entgegen; und sie stellten sich am Fuß des Berges auf. Der Berg Sinai war aber ganz in Rauch, weil sich der Ewige in Feuer auf ihn hinabgelassen hatte, und sein Rauch stieg auf wie der Rauch des Schmelzofens; und der ganze Berg erbebte gewaltig.

Das rasende Donnern, das Feuer und das Aufsteigen des Rauchs, „wie der Rauch des Schmelzofens", und das Erbeben des ganzen Berges lassen unweigerlich an die Erscheinungen beim Start, bzw. hier bei der Landung, einer Großrakete denken, die heutzutage jedes Kind in- und auswendig kennt! Der Aufstieg des Rauchs *„wie der Rauch des Schmelzofens"* ist vielleicht ein Hinweis darauf, daß der Rauch mit auffälliger Vehemenz nach oben stieg und nicht wie bei einem Lagerfeuer oder einem anderen Brand sich nach allen Seiten mehr gemächlich verteilte. Daß Moses in dieser äußerst dramatischen und prekären Situation die Kinder Israel zum Berg hin geführt haben soll, was einem Bruch des Verbots, sich dem Berg zu nähern, zumindest nahe kam, darf bezweifelt werden – der hilflose spätere Redaktor, der hier natürlich rein garnichts verstehen konnte, hat mal wieder einiges durcheinandergebracht.

Und der Posaunenschall wurde immer mächtiger und mächtiger; Mosche redete und Gott antwortetet ihm im Schall. Es kommt hier zu einem Mißverständnis, das nicht weniger dramatisch ist als sein Ergebnis: Es entstand so die Überzeugung, daß der `Ewige´ mit dem Schall der Rakete (die ja für die Kinder Israel GOTT war!), d. h. dem feurigen Donnern der Düsen, eine Sprache spricht. Ähnliches wurde auch schon früher anhand der Henoch-Bücher festgestellt; siehe erstes Buch des Verfassers zur Prä-Astronautik.

Und der Ewige ließ sich auf den Berg Sinai hinab, auf den Gipfel des Berges, und der Ewige berief Mosche auf den Gipfel des Berges hinauf; und Mosche stieg hinauf. Da sprach der Ewige zu Mosche: „Steig hinab, warne das Volk, daß sie nicht zum Ewigen durchbrechen um zu schauen, und viele von ihnen umkommen. Und auch die Priester, die dem Ewigen nahen, sollen sich heilig halten, daß der Ewige nicht losbricht unter ihnen." Da sprach Mosche zu dem Ewigen: „Das Volk kann nicht auf den Berg Sinai hinaufsteigen, denn du selbst hast uns ja gewarnt und gesprochen: Umgrenze den Berg und heilige ihn." Da sprach der Ewige zu ihm: „Geh, steig hinab und komm dann wieder herauf, du und Aharon mit dir; die Priester aber und das Volk sollen nicht durchbrechen, um zu dem Ewigen hinaufzusteigen, daß er nicht losbricht unter ihnen." Da stieg Mosche zum Volk hinab und sagte es ihnen."

Dieser Text ist in mancher Hinsicht bemerkenswert: Einerseits sind bei der Landung des `Ewigen´ alle Merkmale einer landenden (großen) Rakete (Feuer, Rauch, das Erbeben des Berges und der überlaute, rasend-donnernde Schall) durchaus korrekt mit dem damals zur Verfügung stehenden Wortschatz und den Vergleichsmöglichkeiten (Posaunen-Schall) beschrieben. Nach den vorherigen Ausführungen weiter oben kann das auch nicht mehr überraschen. Im Gegenteil: es wäre unverständlich gewesen, wenn wir in dieser dramatischen Situation nicht klare Hinweise auf die tatsächliche Natur des Ereignisses erhalten hätten. Aber das ist hier nicht wichtig; wir kennen von den Ausführungen weiter oben sowieso den (d. h. die) `Täter´ des Ganzen.

Aus dem Text geht zweifelsfrei hervor, daß das Absenken der Rakete von allen gesehen werden konnte: „*...ließ sich auf den Berg Sinai hinab, ...*" Wie hilflos man dem ungeheuerlichen Ereignis gegenüberstand, geht aus der Tatsache hervor, daß der Düsenschall als *Sprache* des Ewigen aufgefaßt wurde. Das konnte auch nicht anders sein, wie sollten sie die technischen Zusammenhänge anders als göttlich auffassen. Das hatte aber zur Folge, daß der Düsenschall einen sinnvollen Text beinhalten mußte. <u>Gott, d. h. die Rakete,</u> (<u>aber das war für sie das gleiche!</u>), <u>sprach mit seiner feurig-donnernden Stimme zu Moses.</u> Daß der Feuer und Rauch speiend sich absenkende `Ewige´ sinnlose Geräusche von sich gab, war für sie nicht denk-bar, denn sie kannten ja keine Maschinen und deren Geräusche – von Düsentriebwerken ganz zu schweigen!

Später, in der Rückschau (Debarim, Fünftes Buch Moses), würde man sich von Seiten der Extraterrestrier darüber klar werden - zumindest zum Teil -, was da bei den Kindern Israel geschehen war und erkennen, daß ein grundsätzliches Mißverständnis drohte; also mußte man das korrigieren (Zitat nach JB):

„Den Tag, da du vor dem Ewigen, deinem Gott, am Horeb standest, als der Ewige zu mir [Moses] *sprach: Versammle mir das Volk, ich will sie meine Worte hören lassen, damit sie lernen mich zu fürchten, alle Tage, die sie auf Erden leben, und es ihren Kindern lehren. Da nahtet ihr und standet am Fuß des Berges, und der Berg – brennend im Feuer bis ins Herz des Himmels: Finsternis, Wolke und Wetterdunkel. Und der Ewige redete zu euch mitten aus dem Feuer; Schall von Worten hörtet ihr, aber eine Gestalt saht ihr nicht – nichts als Schall. Und er verkündete euch seinen Bund, den zu halten er euch gebot, die zehn Worte, und er schrieb sie auf zwei steinerne Tafeln. Mir aber gebot der Ewige zu jener Zeit, euch Gesetze und Rechtsvorschriften zu lehren, damit ihr sie übt in dem Land, dahin ihr zieht, um es in Besitz zu nehmen. So hütet euch sehr um eurer Seelen willen! Denn ihr saht keinerlei Gestalt an dem Tag, da der Ewige zu euch redete am Horeb, mitten aus dem Feuer. Daß ihr nicht ausartet und euch ein Bildnis macht, die Gestalt irgendeines Mittlerbildes ... größere Lücke im Zitat ... , auf daß ihr ihm zum Eigenvolk werdet, wie es heute ist."*

Der Verfasser der „Rückschau" (5. Buch Moses; wer immer es war) hat wahrscheinlich die große Gefahr bemerkt, die aus der Verwechslung der überwältigenden Erscheinung der Raketenlandung und ihrer Donnerstimme mit Gott und Gottes Stimme entstehen konnte. Deshalb sein eindringlicher Hinweis darauf, daß sie zwar Schall und Worte gehört hatten, aber keine Gestalt – man soll sich deshalb kein Bildnis Gottes machen! Das ließ aber die Kinder Israel wieder allein mit ihrem Unverständnis: Der Gott konnte zwar mit unvorstellbaren Erscheinungen vom Himmel herniederfahren, aber: *Wer oder was war dieser Gott?!* Er ließ sich nie sehen; er blieb immer un(be)greifbar und abstrakt. (Er konnte sich natürlich nicht sehen lassen, denn dann wäre der ungeheuerliche Betrug sofort aufgeflogen: Die Extraterrestrier waren schließlich Menschen; es wird damit aber doch auch die <u>unfaßbar skrupellose und gotteslästerliche Überheblichkeit</u> dieser Astronauten klar, die sich da als GOTT ausgaben!!) Andererseits war er mit seiner Maschine aber doch täglich in ihrer Mitte und sprach mit größter Selbstverständlichkeit mit Moses wie ein Mensch zum anderen – wie das alles verstehen? Und die Extraterrestrier: Wie diese Dinge den Menschen beibringen, wie sie von der Existenz eines Gottes überzeugen, den es als ´Person´ nicht gab, nicht geben durfte (kein Bildnis von ihm!), der aber doch in Gestalt der Mannamaschine und des Mannas permanent anwesend war, und der wie eine hochgestellte Persönlichkeit bedient und gewartet werden, und den man dabei auseinandernehmen und wieder zusammensetzen mußte! Wie das alles den Nachkommen überzeugend beibringen?

Bedeutend ist auch das Mißverständnis, das der `Ewige´ auslöst, diesmal wahrscheinlich der Kommandant der Raketenbesatzung, mit der Anweisung, dem Berg ja fernzubleiben. Moses macht ihn, verblüfft, darauf aufmerksam, daß das doch unmöglich ist, da doch schon vorher Anweisung gegeben worden war: *„Umgrenze den Berg und heilige ihn."* Wieso hier die gleiche Anweisung nochmals? Wie war ein solcher Irrtum des `Ewigen´, des allmächtigen und allwissenden `Gottes´ möglich? Der Irrtum will dem Verfasser nur so möglich erscheinen, daß die erste Anordnung von der Besatzung des im Orbit verbliebenen Habitats stammte und an Moses von den schon auf dem Berg befindlichen Astronauten (Androiden?) weitergegeben wurde; daß aber das zur Landung vorgesehene Fahrzeug mit seiner Besatzung schon vom Habitat abgekoppelt war und es schlicht vergessen wurde, die Besatzung des Landefahrzeugs, der dafür vorgesehenen Großrakete, von der ausgesprochenen Warnung zu unterrichten. Sei es, daß es tatsächlich vergessen wurde, sei es, daß man es für zu unwichtig hielt, um die Mannschaft des Landefahrzeugs damit zu belästigen: es ist nicht geschehen. Es wußte in diesem Fall selbst `im Himmel´ nicht die rechte Hand, was die linke tat – wie so oft unter den Menschen auch. Darauf von Moses angesprochen, ignorieren die Extraterrestrier die Frage. Diese Art der Nicht-Antwort, wenn sie bei einer Unstimmigkeit ertappt werden, hat sich bis heute bei den Extraterrestriern nicht geändert; man vergleiche die unbeantwortete Frage in Heroldsbach nach dem undeutlichen Bild der Mutter Gottes – auch dort wird die Frage schlicht ignoriert (siehe erstes Buch des Verfassers).

Die beiden Anweisungen an Moses unterscheiden sich auf interessante Weise: Der erste Kommandant (des Habitats?) sagt: *„Umgrenze aber das Volk ringsum und sage ihnen: Hütet euch, den Berg zu besteigen und auch nur sein Ende zu berühren; wer den Berg berührt, soll sterben. Keine Hand soll ihn berühren, sondern gesteinigt oder erschossen werde es, ob Vieh, ob Mensch, es soll nicht am Leben bleiben."*
Dagegen sagt der zweite Kommandant (der landenden Rakete?): *„ ... daß sie nicht zum Ewigen durchbrechen um zu schauen, und viele von ihnen umkommen."*
Falls das wirklich so gesagt wurde, wäre es bemerkenswert: Es fällt auf, daß der erste Kommandant eine auffällig brutal-tödliche Drohung mit seiner Anweisung verbindet. Solche, und auch noch brutalere Formulierungen werden wir vom `Ewigen´ noch oft hören; hier hat der `Einpeitscher vom Dienst´ gesprochen, der seinen Platz im Habitat hatte, in der Kommandozentrale. Dagegen gibt der Kommandant der wahrscheinlich für die Landung vorgesehenen Rakete nur eine technisch korrekte Anweisung, die erkennen läßt, daß er ein mögliches Unglück verhindern möchte.

Das Ganze kommt dem Verfasser so banal-alltäglich vor, besonders seitdem uns die zugehörigen Erscheinungen bei Raketenstarts vertraut sind, daß es schon ein starkes Stück ist, daß die Amtskirchen die entsprechenden Hinweise von Menschen ignorieren, die diese Ereignisse und Erscheinungen modern, also technisch, interpretiert sehen möchten. Es handeln die Vertreter der Amtskirchen dabei mit der gleichen abstoßenden Überheblichkeit, wie es die Extraterrestrier taten und tun, ohne sich der wahrhaft himmels- und grundstürzend anderen Situation bewußt zu sein, in der sie, aber auch die ganze Menschheit, seit etwa siebzig Jahren sich befinden: Erster erfolgreicher Start einer Großrakete, der A4 (später von Politikern in V2 umbenannt) am 3. Oktober 1942 von Peenemünde. Dabei war die Bedeutung des Vorganges den beteiligten schon damals durchaus klar – wenn auch nicht aus religiöser Sicht. Nach dem erfolgreichen Flug sagte W. DORNBERGER, der militärische Leiter des Projekts: „Wir haben mit unserer Rakete in den Weltraum gegriffen." Die Rakete hatte die Gipfelhöhe von 81km erreicht.

Da schon vorher sehr wahrscheinlich Extraterrestrier mit einem Landefahrzeug des Typs `Ezechiel´ gelandet waren, kann Moses die Cherubim, die sog. Tierwesen, d. h. die Hubschrauberlandebeine mit ihren Flügeln, sehr wohl an diesem Gottesfahrzeug gesehen haben. Zitat nach Flavius Josephus: „ … von den Hebräern Cherubim genannt, das sind geflügelte Tiere, wie sie nie ein Sterblicher lebendig gesehen hatte. Moyses sagte, er habe sie am Throne Gottes dargestellt gesehen." Diese Bemerkung, wenn sie denn zutrifft, bestätigt den oben geäußerten Verdacht, daß Moses vor dem Auszug keineswegs nur einmal mit den Extraterrestriern (bei seiner `Berufung´ am Dornbusch) zusammentraf.

Das würde aber bedeuten, daß die Extraterrestrier auch zur Zeit Moses' mit dem Ezechiel'schen Weltraum-Landefahrzeug zur Erde kamen, denn nur von diesem Fahrzeug her kennen wir die Cherubim als „geflügelte Tierwesen", d. h. als Hubschrauberlandebeine. Bei näherer Überlegung erweist sich das als sehr logisch, denn warum hätten sie jedesmal ein solches Riesenfahrzeug (Großrakete?) benutzen sollen, wie es auf dem Har Karkom geschah? Dafür gab es bei informellen Kontaktgesprächen keinen Anlaß – Ezechiels Fahrzeug mit seinen Hubschrauberlandebeinen, (den heiligen Tierwesen, d. h. den vier (Erz-) Engeln) reichte dafür völlig aus. Moses sah diese `Engel´, die Cherubim mit ihren Flügeln, am Landefahrzeug, und die Extraterrestrier benutzten stark verkleinerte Modelle dieser Hubschrauberlandebeine, der Cherubim, um zwei von ihnen auf der Bundeslade anzubringen. Sie konnten dort mit ihren drehbaren Flügeln für die Feinabstimmung des Empfangs und/oder gleichzeitig evtl. als Tongeber dienen (s. u., Teil III, und Abb. 6).

Die Dimensionierung des Ezechiel'schen Weltraum-Landefahrzeugs war wohl so, daß bestenfalls nur zwei oder vier Personen darin Platz hatten. Man mußte also für den Transport der Mannamaschine und weiterer Gerätschaften zur Erde - evtl.

zusammen mit einigen Spezialisten für die Mannamaschine - eine weitaus größere Rakete einsetzen. Deren donnernde, rauch- und feuerspeiende, brüllend-tobende Landung vollbrachte dann auf dem Har Karkom den gewollten Eindruck perfekt (*zu* perfekt! – siehe oben, den Text aus der Rückschau):

Das konnte nur (ein) Gott sein – und das feurige donnernde Brüllen seiner Triebwerke, seines Mundes(!), konnte nur die Sprache dieses Gottes sein – des Ewigen!
Gott hatte (´persönlich´) zu ihnen gesprochen – so sehr waren sie auserwählt!!

Es werden dann schon an dieser Stelle übergangslos die zehn Gebote mit kurzen Erläuterungen ausgesprochen. Und ebenso übergangslos geht dann die Beschreibung der Schall- und Feuererscheinungen beim Landevorgang der Rakete weiter. Dieser so gefühllos eingeschobene Text mit den zehn Geboten zeigt eindringlich, wie selbstverständlich auch die offensichtlichsten Verwechslungen und falschen Reihenfolgen bei der Textgestaltung von den nichts verstehenden Redaktoren vorgenommen bzw. akzeptiert wurden. Es mag dabei immerhin eine gewisse `Logik´ für den Redaktor darin gelegen haben, die zehn Gebote schon hier einzuschieben, denn die Düsengeräusche, deren Donnern, waren für ihn ja gesprochene Gottes-Sprache – irgendetwas mußten diese ungeheuren, feurig hinausgebrüllten Worte also bedeuten! Warum nicht Gott das Wichtigste zuerst sagen lassen, die zehn Gebote?
Es geht dann mit der Beschreibung des Landevorgangs der Großrakete weiter:

„Und das ganze Volk gewahrte die Donnerschläge und die Flammen und den Posaunenschall und den rauchenden Berg. Und da das Volk es gewahrte, erbebten sie und blieben von ferne stehen. Und sie sagten zu Mosche: ***„Rede du mit uns, und wir wollen hören, nicht aber möge Gott mit uns reden, sonst müßten wir sterben."*** (vom Verf. hervorgehoben). Das brüllende Toben der landenden Rakete wird also von den Kindern Israel ganz selbstverständlich als Sprache Gottes aufgefaßt – sonst ergäbe dieser Satz keinen Sinn. Hier geht der Irrtum sogar soweit, daß sie Moses bitten, er möge mit ihnen reden, nicht aber `Gott´, d. h. die Rakete(!); d. h. sie fühlten sich vom donnernden Geräusch der landenden Rakete angesprochen (eben in der Sprache Gottes) – neben dem grotesken Irrtum ist das natürlich auch erschütternd lächerlich, wie so vieles andere auch im Buch Exodus – aus unserer heutigen Sicht. Es zeigt die absolute Wehrlosigkeit der Kinder Israel den sie überfallenden und überwältigenden Ereignissen gegenüber.

Mit der Beschreibung der dramatischen Landung der Rakete und der fassungslosen Reaktion der Menschen wird das Gesamt-Ereignis zur idealen Fallstudie, sowohl für die Ereignisse zur Zeit der Urväter - siehe Erstes Buch Moses und die Henoch-Bücher, wie im ersten Buch des Verfassers erläutert -, als auch für die sehr viel späteren Ereignisse auf Neuguinea, als dort die ersten Wissenschaftler mit Flugzeugen die Ureinwohnern besuchten, wie in diesem Buch kurz dargestellt. Mehr noch: Es wird auch klar, daß dieser Vorgang die eigentliche Geburtsstunde aller monotheistischen Religionen unseres Planeten war. Er war damit auch die entscheidende Weichenstellung für die religiöse und geistige Entwicklung der Menschen in den nachfolgenden ca. Dreitausend Jahren, zunächst für den Vorderen Orient, später für Nordafrika, und schließlich für das gesamte Abendland!

Es könnte aber sehr wohl eines Tage dahin kommen, daß wir nicht mehr wissen, wer sich lächerlicher benommen hat: Die Kinder Israel, die keine Chance hatten, die (technische) Wahrheit der Ereignisse um sie herum zu erkennen und zu durchschauen, oder wir, die wir trotz der `täglich´ startenden Großraketen uns aus bequemer Denkfaulheit und nackter geistiger Feigheit[1] weigern, die heute jedem Kind geläufige und verständliche Wahrheit zu erkennen und uns einzugestehen – und sie auch auszusprechen!
[1] Mann/Frau kann sehr wohl auch geistig feige sein!

Da sprach Mosche zum Volk: „Fürchtet nicht, denn nur um euch zu prüfen, ist Gott gekommen, und damit seine Furcht euch vor Augen sei, daß ihr nicht sündigt." So blieb das Volk von ferne stehen, Mosche aber trat hin zu dem dunklen Gewölk, in dem Gott war.

Und der Ewige sprach zu Mosche: „So sollst du zu den Kindern Jisrael sprechen: Ihr habt gesehen, daß ich zu euch vom Himmel herab zu euch geredet habe. Ihr sollt neben mir nichts verfertigen; silberne und goldene Götter sollt ihr euch nicht verfertigen. Einen Altar von Erde sollst du mir errichten und auf ihm sollst du schlachten deine Hochopfer ... . An allen Orten wo ich meines Namens gedenken lasse, werde ich zu dir kommen und dich segnen. Wenn du mir aber einen Altar von Steinen errichtest, so baue sie nicht in behauenem Block; denn dein Eisen hättest du über ihm geschwungen und ihn entweiht. Und du sollst zu meinem Altar nicht auf Stufen hinansteigen, damit deine Blöße sich nicht auf ihm enthülle."

Es folgen dann erneut einige Rechtssatzungen, die ein vergleichsweise einfaches Opferritual beschreiben und das Zusammenleben der Israeliten untereinander regeln nach dem typischen alttestamentlichen Grundsatz: Leben um Leben, Auge um Auge und Zahn um Zahn. Es schließt dieser Abschnitt, der auch wieder wie eingeschoben wirkt, mit dem bemerkenswerten Text:

„Sieh, ich sende einen Boten vor dir her, um dich zu behüten auf dem Weg und dich an den Ort zu bringen, den ich bereitet habe. Hüte dich vor ihm und gehorche seiner Stimme; trotze ihm nicht, denn er wird keine Nachsicht haben für eure Missetat; denn mein Name ist in ihm. Wenn du aber seiner Stimme gehorchst und alles tust, was ich rede, so werde ich deine Feinde befeinden und deine Dränger bedrängen. Wenn nun mein Bote vor dir hergeht und dich bringt zu dem Emori, Hitti, Perisi, Kenaani, Hiwwi und Jebusi, und ich sie vertilge: So sollst du dich vor ihren Göttern nicht niederwerfen und ihnen nicht dienen und sollst nicht tun nach ihren Taten, sondern niederreißen sollst du sie und ihre Standmale zertrümmern. Doch dienen sollt ihr dem Ewigen, eurem Gott. ... ... Und meinen Schrecken werde ich vor dir her entsenden und alle Völker, zu denen du kommst, in Verwirrung versetzen, und ich werde alle deine Feinde dir den Nacken wenden lassen [sie also in die Flucht schlagen]. *Und ich werde die Hornisse vor dir hersenden, daß sie den Hiwwi, Kenaani und Hitti vor dir vertreibe. Ich werde ihn nicht in einem Jahr vor dir vertreiben, damit nicht das Land zur Öde werde, und das Getier des Feldes wider dich sich mehre. Nach und nach will ich ihn vor dir vertreiben, bis du fruchtbar wirst und das Land in Besitz nimmst. Und ich setze deine Grenze vom Schilfmeer bis an das Meer der Pelischtäer und von der Wüste bis an den Strom, denn ich gebe die Bewohner des Landes in eure Hand, und du wirst sie vor dir austreiben. ... .“*

Der Text mag vergleichsweise logisch-harmlos klingen, er sagt aber doch einige bedeutende Dinge, die wir kurz beleuchten wollen:
Da ist zunächst ein seltsamer Bote, dessen Stimme sie gehorchen sollen, und der vor ihnen herziehen soll, wahrscheinlich doch auf dem ganzen Weg, und in dem „meine", d. h. des `Ewigen´, „Stimme ist". Warum steht da nicht einfach, daß sie ihm (dem Boten) gehorchen sollen – was war das für ein Bote? An anderer Stelle wird aber impliziert, daß das vom Boten Gesagte aber doch „Gottes" (d. h. der Extraterrestrier) Stimme ist: „Wenn du aber *seiner* Stimme gehorchst und alles tust was *ich* rede..." Der Bote war also doch wohl eher nur eine Art Lautsprecher, der an die Juden (Moses?) die Befehle der Extraterrestrier übermittelte. Es heißt auch ausdrücklich: „ ... *denn mein Name ist in ihm*". Damit konnte doch nur das `göttliche Programm´, d. h. die Befehle der Extraterrestrier, gemeint sein, die da vom Boten übermittelt wurden.
Man beachte, wie sorgfältig zwischen der „Stimme" des Boten und dem „Namen" des `Ewigen´ unterschieden wird. Der Bote spricht also nicht selbst, in dem Sinne, daß er eine eigene Meinung hat; er gibt nur die Anordnung des `Ewigen´ weiter. Es ist also keine lebende Person, sondern ein totes Gerät mit Lautsprecher. Die Unterscheidung zwischen der „Stimme" und dem „Namen" war uns schon oben bei dem rätselhaften Boten Gottes aufgefallen, beim eigentlichen Auszug aus Ägypten. Hier erhalten wir die Bestätigung, daß der dortige Text von späteren Redaktoren in der Tat irrtümlich dort hingesetzt wurde. Da beim zweiten Boten Gottes von der ganzen Dauer des Wüstenzuges die Rede ist und nicht von den zwei oder drei Tagen vor den Ereignissen auf der Nehrung, gehört er unzweifelhaft zu den Vorgängen am Har Karkom, dem Gottesberg, aber auch dort erst nach

Übergabe der Mannamaschine, die bisher noch nicht stattgefunden hat. Hier liegt nahezu mit Sicherheit eine den gleichen Grund-Aspekt (Lautsprecher-Befehle) mehrere Male wiederholende und dabei verquickende Verwechslung vor, auf die wir noch zu sprechen kommen werden: Der Bote Gottes, der angebliche Führer auf dem Weg in der Wüste, von Station nach Station, von dem wir noch sehen werden, daß es einen solchen als tatsächlich anwesende Person (z. B. ein Androiden-`Engel´) auf dem langen Weg *nicht* gab!

Da kein solcher Bote als wie auch immer geartete Entität während der Wüstenwanderung auftaucht, möchte der Verfasser den Verdacht äußern, daß hier die Bundeslade gemeint sein könnte. Bei den Anweisungen zum Bau der Stiftshütte wird ausdrücklich von einer Stelle über der Bundeslade gesprochen, von der herab der `Ewige´ (`Gott´, d. h. die Extraterrestrier) mit Moses sprechen, also Befehle geben will, denen man bedingungslos wird gehorchen müssen. Die Trennung zwischen *seiner Stimme* (der des Boten) und dem was *ich* (`Gott´, d. h. die Extraterrestrier) rede, läßt zudem die Vermutung zu, daß die Extraterrestrier keineswegs gewillt waren, den ganzen, endlos langen Zug der Juden durch die Wüste vor Ort zu begleiten, als immer gegenwärtige Wächter. Es genügte, wenn man an der täglich bedienten Mannamaschine, oder in ihrer Nähe, ein Horchgerät, vielleicht auch eine heimliche Überwachungskamera hatte, und damit erfuhr, was da so gesprochen und getan wurde. Bei Bedarf konnte man dann von der Bundeslade herab mit dem Mikrophon Anweisungen geben. Damit wurde das ganze Geschehen in der Stiftshütte zum Wollen und Wirken des `Boten Gottes´, den es real eben nicht gab, denn es war ja nur die Bundeslade mit ihrem Mikrophon als `Bote´ anwesend. Dem Volk vor der Hütte wurden dann die von diesem `Botschafter´ eventuell ausgesprochenen Anweisungen als Gottes Wille von Moses mitgeteilt.

Bei näherem Überlegen kann die Nicht-Existenz eines Boten auf der Wanderung auch nicht verwundern – sie war logisch. Denn, hätte man tatsächlich einen `Engel´, also einen Extraterrestrier (z. B. einen entsprechend intelligenten Androiden), mitziehen lassen, Tag für Tag, – er wäre unweigerlich zum Oberbefehlshaber und rasch zum Abgott für die Juden geworden. Und im gleichen Maße wie er das geworden wäre, wären sie selbst entscheidungsunfähig geworden, denn bei jeder größeren Sache, bei jedem wirklichen Problem, hätte es geheißen: „Frag´ doch den Engel" (oder den Gottesboten), oder so ähnlich: Sie hätten nie gelernt, auf eigenen Füßen zu stehen und auf eigene Verantwortung zu leben.

Andererseits: Hätten die Extraterrestrier die Verbindung zu den Kindern Israel ganz gekappt, wie hätten sie den ganzen Vorgang des Auszuges und der Wanderung unter Kontrolle behalten sollen? Die indirekte Kontrolle `von ferne´ durch einen unsichtbaren Boten, den eher unauffälligen Kasten, die Bundeslade, der das Ganze bei wirklichem Bedarf - aber auch nur dann! - mit Befehlen steuern konnte, war der ideale Ausweg. Wenn es wirklich nötig werden sollte, konnte man immer noch mit der gebotenen Härte und Brutalität dreinschlagen – was man wiederholt auch tat.

Die Extraterrestrier aber befanden sich in der Orbitalstation und lenkten und beobachteten den ganzen Vorgang unsichtbar von ferne. Sie waren wohl auch noch an anderen Orten der Erde mit den dortigen Menschen beschäftigt, wie es die Henoch-Überlieferungen für frühere Zeitalter andeuten. Sie überwachten nur die entscheidenden Personen, hier Moses und seine Helfer, und gaben bei Bedarf ihre Anweisungen vermittels der Bundeslade. Die Bestätigung für den Verdacht der permanenten Fern-Überwachung erfahren wir wiederholt in den folgenden Kapiteln.

Dann ist da von den vielen Völkerschaften die Rede, die das Land Kanaan bereits bewohnen, und die vertilgt werden sollen – was hatten die verbrochen? Auch wird sehr richtig bemerkt, daß man das ganze Land nicht auf einmal besetzen kann; erst wenn die Kinder Israel „fruchtbar" werden, also sich entsprechend der zu besetzenden Fläche vermehrt haben, soll das Land nach und nach besetzt und die Urbevölkerung gleichermaßen vertrieben (bzw. ermordet) werden. Neben der mörderischen Brutalität fällt hier die Vorsicht auf, mit der das Land Schritt für Schritt leergeräumt und besetzt werden soll. Auch das wieder ein Hinweis auf die geringe Zahl der Kinder Israel. Bei Sechshunderttausend Männern mit ihrem ganzen Anhang wäre das kein Problem gewesen; man hätte im Gegenteil das ganze Land sofort leeren müssen, um die vielen Menschen und ihr Vieh unterzubringen.

Der Hinweis, daß die Völker nur *peu a peu* bei der Landnahme vor den Juden vertrieben werden sollen, damit das Land nicht zwischenzeitlich verwildert, zeigt, daß hier einmal mehr sehr konkret und wirklichkeitsnah mitgedacht wurde – ähnlich wie bei der Falle, die man Pharao beim Auszug aus Ägypten stellte. Ein solches klarsichtiges Mitdenken von Seiten der Extraterrestrier den Menschen und der Menschenwelt gegenüber geschah leider nur in Ausnahmefällen.

Bemerkenswert ist auch die Aufzählung der zu vertilgenden bzw. der später auszutreibenden Völker: Es sind ausschließlich Völker, die, soweit bekannt, sich im eigentlichen Lande Kanaan aufhielten. Die beim tatsächlichen Zug berührten Völker, die Edomiter, die Moabiter und die Amoriter, die samt und sonders östlich des Toten Meeres und des Jordans wohnten, werden nicht benannt (siehe Abb. 2a). Vielleicht dürfen wir daraus schließen, daß man auch jetzt noch die Absicht hatte, vom Har Karkom aus, also von Süden her, das Land Kanaan in Besitz zu nehmen. Das wurde dann ja auch tatsächlich einmal erfolglos versucht (s. u., Teil IV).

Die Abgrenzungen des zu besetzenden Gebietes sind hier recht vage angegeben: Das Schilfmeer ist hier das Rote Meer (Eilat) und das Meer der Pelischtäer ist das östliche Mittelmeer bei Gasa. Welche Wüste gemeint ist, bleibt unklar; der Strom ist wahrscheinlich der Jordan; es kann eventuell aber auch der Euphrat gemeint sein.

Interessant, aber letztlich unklar, ist die Anordnung, daß er einen Altar von Erde errichten soll. Danach ist dann aber auch von einem nur aus unbearbeiteten Steinen zu errichtenden Altar die Rede. Die Begründung für das Bearbeitungsverbot der Steine ist nicht überzeugend (mit Eisen; hier ist seltsamerweise ausdrücklich von „Eisen" die Rede, obwohl wahrscheinlich Bronze gemeint ist. Eisen, und evtl. auch Stahl, kamen erst später - mit den Philistern - in alltäglichen Gebrauch für Werkzeuge und Waffen aller Art): denn was ist sündhaft am Eisen, daß es die Steine entweihen könnte? Es drängt sich dem Verfasser vielmehr eine Schlußfolgerung auf, die den Extraterrestriern, die immer in Angst vor ungewollten Kargo-Kult-Viren lebten, logisch erscheinen mußte: Behauene Steine würde man als solche, d. h. als behauen und damit als aus dem Altar stammend, wiedererkennen können. Nach dem jeweiligen Weiterzug wären solche Steine womöglich ein `Infektionsherd´ für Kargo-Kult-`Religionen´ gewesen; etwa nach dem Muster: „Und das sind die Steine, auf denen ihr Gott aus dem Himmel thronte als sie ihm gedient/geopfert/verehrt haben, etc.; die müssen auch wir verehren (oder in einem speziellen Gebäude, z. B. Tempel oder Palast, mit einbauen, usw.), damit wir Teil an diesem Gott und seiner himmlischen Macht haben!" Das Weitere war den Extraterrestriern von früheren Erfahrungen her bekannt. Unbearbeitete Steine würde man dagegen nicht wiedererkennen können. Wir werden unten noch sehen, daß bei der jedesmaligen Zerstörung des `Thrones´ für den Hochbetagten (des Sockels der Mannamaschine) konsequent in diesem Sinne verfahren wurde. Es mag also auch hier eine `logische´ Vermutung und Unterstellung eines Redaktors vorliegen, der u. a. die wahre Abfolge der Ereignisse und `göttlichen´ Anordnungen nicht mehr kannte.

Die Anordnung, den Altar aus Erde zu bauen, folgte womöglich dem gleichen Gedanken: Die Verwendung von Mörtel hätte die damit verbauten Steine kenntlich gemacht; dagegen war Erde spätestens nach einem Regenguß abgespült.

Beim eigentlichen Kontakt auf dem Har Karkom ging man schließlich wie folgt vor: Es durften nur Moses und die siebzig Ältesten den Berg besteigen, auf dem die Rakete stand, und den `Ewigen´, also die gelandete und aufrecht stehende Rakete, mit ihren eigenen Augen schauen. Es findet dann aber doch nochmals eine Sonderung statt: Die Ältesten saßen von fern und schauten und aßen; nur Moses und einige Begleiter durften in die Wolke zum Herrn vordringen. Daraus scheint sich zu ergeben, daß es zwischen dem Ort, an dem sich die Ältesten aufhielten, und dem eigentlichen Standplatz der Rakete noch eine Abstufung oder einen talähnlichen Einschnitt im Gelände gab. Das wird auch in späteren Textpassagen angedeutet. Die Rakete selbst war in Rauch gehüllt, der nahezu mit Sicherheit eine künstliche Nebelwand war. Wenn der Rauch das Resultat einer Düsentätigkeit gewesen wäre – wie hätten Moses und seine Begleiter dann diesen ohne Lebensgefahr passieren können? Auch hätten die Raketenmotoren dann ja ununterbrochen laufen müssen, was ein lautes Geräusch verursacht hätte (davon erfahren wir in dieser Situation aber nichts); und Energieverschwendung wäre es auch gewesen. Die Extraterrestrier wollten aus Gründen der Verborgenheit nicht zu deutlich gesehen werden, damit keine unnötigen Fragen kamen. Die Rakete (also `Gott´!) sah schließlich doch *sehr* viel anders aus als ein Mensch! Und in den ersten Kapiteln der Schöpfungsgeschichte stand doch, daß der Mensch nach Gottes *Ebenbild* geschaffen sei – wie leicht konnten da bestürzte und entsetzte Kommentare und Fragen kommen, die letztlich unbeantwortbar gewesen wären. Daß der wirkliche `Gott´, also die Extraterrestrier, ganz einfach Menschen waren, durfte auf keinen Fall durchschaut werden! Auch wollte man wohl ein bißchen Geheimnis um den ganzen Vorgang aufbauen; das konnte dem für die Zukunft gewollten und erwarteten furchtgeschwängerten Respekt nicht schaden.

Daß die siebzig Ältesten saßen und aßen, war ein psychologischer Trick: Man ißt nur miteinander, wenn man entspannt zusammen sitzt; es wurde damit auf die freundschaftliche Ungefährlichkeit `Gottes´ aufmerksam gemacht. Man war bei diesem `Gott´ also gleichsam zu Gast – so nett war der gute Onkel aus dem Weltall mit dem feuerspeienden Donnervogel. Den Preis für dieses Gastmahl würden sie bald erfahren – sie zahlen ihn bis heute; und auch die bei der Landnahme vertriebenen oder abgeschlachteten Ureinwohner Kanaans erfuhren ihn – eine Generation später!

Der ausdrückliche Hinweis „*unter seinen Füßen war es gemacht wie eine saphirene Platte und wie der Himmel selbst so rein*" kann nach dem Studium der Texte um Henoch und Ezechiel nicht überraschen. Es sei aber darauf hingewiesen, daß es eben dieser *Glanz* war, der, zusammen mit den überwältigenden, feurigen und akustischen Phänomenen, die immer mit dem Erscheinen (Landen oder Starten) der Extraterrestrier einhergingen, die Glaubensbereitschaft der Juden mit geradezu gesetzmäßiger Selbstverständlichkeit auslöste – wie eine entsprechend wirkende Droge. Das war in der damaligen Situation auch sehr nötig, denn die andere Droge, die Hirn und Vernunft abtötende, die in frühester Kindheit vollzogene Religionseinpaukerei der Tora-Schulen, gab es ja noch nicht. Diese notorische Selbstverständlichkeit ging so weit, daß nicht klar erkennbar ist, wo die zufällig aus diesen Gegebenheiten resultierende *ab*göttische Gottesverehrung der unwissenden Menschen endet und wo die tatsächlich von Seiten der Extraterrestrier planend gewollte monotheistische Religionsschöpfung, also die *echte* Gottesverehrung, einsetzt. Es ging diese unausweichliche *Glanz*wirkung der Weltraumfahrzeuge so weit, daß sie zur Grundlage der Schechina-Vorstellung wurde: Wenn es glänzte, war `Gott´ (ein Weltraumfahrzeug) unweigerlich bei ihnen, und ohne solchen Glanz keine Gottesanwesenheit. Aus dem <u>Unweigerlichen</u> und <u>Gleichzeitigen</u> beider Phänomene wurde dann *mutans mutatis* im Verlaufe der Jahrhunderte die Vorstellung von der heiligen Einwohnung, d. h. der Anwesenheit Gottes – zunächst in der Stiftshütte, später allgemein unter den Kindern Israel. Wohl nicht ganz zufällig heißt das Heilige Buch der Kabbala „Der Sohar", d. h. „Buch des *Glanzes*"!

Schließlich wird Moses zusammen mit seinem Diener Jehoschua (erneut?) auf den Berg gerufen:

„… … … Und die Erscheinung der Herrlichkeit des Ewigen war wie ein verzehrendes Feuer auf dem Gipfel des Berges, vor den Augen der Kinder Jisrael. Mosche aber ging in die Wolke hinein und stieg den Berg hinan. Und Mosche blieb auf dem Berg vierzig Tage und vierzig Nächte."

Der Text deutet an, daß auf dem Gipfelbereich möglicherweise sogar ein größeres Areal von Rauch `eingezäunt´ war – warum wohl? Jedenfalls ging Moses (wiederholt?) in die Wolke hinein und stieg (danach) den Berg hinan. Man könnte meinen, daß hier die Reihenfolge vertauscht ist: er ist erst den Berg hinaufgestiegen und dann - oben angekommen - in die Wolke eingetreten; sonst wäre er ja oberhalb der Wolke wieder zu sehen gewesen und auch alles was man da später trieb. Das muß aber nicht so sein, wenn nur ein oberer Bereich des sowieso nur flachen, tafelartigen Berges mit Rauch abgegrenzt war. Auch ist hier wahrscheinlich eine Erinnerung an den ersten Landevorgang mit eingeflossen, als man wirklich den Rauch bis nach unten hin hatte sehen können. Er bleibt dann viele Tage und Nächte auf dem Berg (die Zahl „vierzig" ist auch hier vielleicht nicht ganz wortwörtlich zu nehmen).

Dabei war den Kindern Israel rein optisch der Unterschied zwischen einem normalen Feuer und dem Feuerstrahl einer landenden oder startenden Rakete nicht entgangen: Sie sprechen wiederholt vom „verzehrenden Feuer" solcher Vorgänge. Im hier zitierten Text ist sogar nicht etwa von Gott, sondern von der „Erscheinung der Herrlichkeit des Ewigen" die Rede, die „wie ein verzehrendes Feuer" war. Man drückte sich da auffällig vorsichtig aus! Entweder hatten die Kinder Israel gemerkt, daß die Rakete mit ihrer Feuererscheinung nicht wirklich `Gott´ (selbst) war, sondern nur seine (glänzende!) Herrlichkeit, nur seine Erscheinung, oder ein späterer Redaktor war da bemerkenswert aufmerksam und vorsichtig (s. o., Rückschau).

Es wurde schon von vielen Autoren mit Recht nach dem Grund für die lange Verweildauer Moses´ in der Rakete und/oder im von einer Rauchwand abgegrenzten Bereich des Berges gefragt. Seit Sassoon und Dale ist diese Frage leicht zu beantworten: Es wurden ihm da keineswegs nur die Gesetzestafeln ausgehändigt - die erhielt er auch -, und sie waren wirklich mit dem Finger Gottes geschrieben, also nicht von ihm selbst, sondern wohl mit einem Laser-Schreibstift. Selbst wenn er den Text der zehn Gebote alleine hätte schreiben, also in Steintafeln eingravieren müssen (wenn er denn das gekonnt hätte; wir erfahren nichts von einer entsprechenden Fähigkeit seinerseits), hätte das nicht ungefähr vierzig Tage gedauert. Und wozu hätten die Extraterrestrier in einem solchen Fall den erheblichen Aufwand mit dem Abgrenzen eines Teils des Berggipfels durch eine Rauchwand und dem auch für sie sehr langen Verweilen auf dem Berg treiben sollen? Mit solchen Kinkerlitzchen (wir erfahren ausdrücklich, daß die Gesetzestafeln *nicht* von ihm geschrieben waren) konnte man sich unmöglich über einen Monat lang beschäftigen. Wozu also die große Rakete und die lange Verweildauer?

Nein, er und einige Begleiter (Leviten) wurden da in die Bedienung und Wartung einer hochkomplizierten Maschine eingewiesen, der Mannamaschine. Diese sollte für die Kinder Israel während ihrer gesamten Wanderung künstliches Algenbrot, das Manna, als Zusatznahrung produzieren. Eine solche Unterrichtung erklärt zwanglos das lange Verweilen der kleinen Gruppe auf dem Berg Sinai, dem Har Karkom. Die Verborgenheit läßt auf die Vorsicht der Extraterrestrier schließen: Je weniger Menschen von der Maschine wußten, desto weniger würden sich für sie interessieren und neugierig-unbequeme Fragen stellen; und um so kleiner war die Gefahr einer ungewollten Götzen-(Maschinen)-Anbetung, also eines ungewollten Idol-Kults; um so geringer natürlich auch die Wahrscheinlichkeit, daß sich jemand an der Maschine verletzte. Diese Gefahren waren bei der ganzen Aktion ja immer allgegenwärtig, und sie würden noch eine schier endlose Kette umfangreicher, komplizierter und auch mörderischer Sicherheitsmaßnahmen nötig machen.

Auch das Abgrenzen eines größeren Bereichs auf dem Har Karkom in unmittelbarer Nähe zur gelandeten und aufrecht stehenden Rakete (die Formulierung „*der stand*" kann sich nur auf die Rakete beziehen) wird rasch klar. Erstens: Es wird nicht zwischen der Rakete und der Wolke unterschieden, in die Moses ohne Gefahr hineingehen konnte. Das kann nur bedeuten, daß beide so eng benachbart waren, also unmittelbar aneinander grenzten, daß die unwissenden Menschen, die das Ganze ja nur von ferne sehen durften, beides für eine Einheit hielten, was es im gewissen, organisatorischen Sinne anfangs ja auch war. Zweitens: Da man die Mannamaschine und ihre Bedienung unmöglich in der engen Rakete präsentieren konnte (eine Weltraumrakete ist aus Gründen der Masse-Ersparnis immer so klein wie nur möglich), mußte unweigerlich außerhalb der Rakete ein genügend großer Raum mit einem Sichtschutz, also mit der künstlichen Rauchwand, abgegrenzt werden. Das ist zwingend logisch, denn zum Erläutern der Mannamaschine und ihrer Bedienung mußte diese unweigerlich zur Demonstration zerlegt und auch wieder zusammengebaut werden – und das nicht nur einmal! Also brauchte man einen solchen Platz außerhalb der Rakete, und man brauchte Zeit und – Geduld! (Es wurde oben schon darauf hingewiesen, daß die Rakete wahrscheinlich bald wieder in den Orbit zurückkehrte.)

Auch hier war man, bei Licht besehen, nicht Herr der Situation, sondern die Situation erzwang Schritt für Schritt zunehmend immer neue, weitere und umfassendere Sicherheitsmaßnahmen, die aber, da sie aus dem Habitat, also von `oben´, also von `Gott´ kamen, selbstverständlich göttlich waren, und damit ebenso selbstverständlich Teil der neu entstehenden Religion wurden, die spätestens wohl jetzt von den Extraterrestriern gewollt war. Insofern entstand durch die Hintertür der vielen Schutz- und Sicherheitsmaßregeln eben doch ein - grotesker - Kargo-Kult. Dieser Kult würde viel weiter gehen als jeder normale antike Götzendienst. Er würde buchstäblich die Menschen von innen (in ihrem Geist, also auch in ihrem Denken und in ihrem alltäglichen Tun und Lassen und auch in ihrem Familien- und

Eheleben!) und auch von außen beherrschen (in ihrer Kleidung, ihrer Haar- und Bart-Tracht).

Nichts würde mehr frei sein, nicht in ihrem Geist, und auch nicht in ihrem Verhalten, in ihrem täglichen Leben – nie mehr!

Es folgen dann einige Rechtssatzungen und Anweisungen zum Opfer, die wahrscheinlich auch nicht an richtiger Stelle stehen.

Wir haben etwas vorgegriffen; ausdrücklich nur „etwas": sie würden bald ahnen, womit sie da beschenkt worden waren, durchschauen und verstehen würden sie es nie – bis heute nicht! Aber Sie, die Leser und Leserinnen dieses Textes, werden es bald konkret wissen und auch durchschauen; das ist das große, welthistorische Geschenk von Sassoon und Dale!
Einstweilen gehen die Ereignisse weiter auf dem Har Karkom, dem Gottesberg:

„Zu Mosche aber sprach er: „Steige zum Ewigen hinauf, du, Aharon, Nadab und siebzig von den Ältesten Jisraels, und werft[1] euch von ferne nieder. Und Mosche allein soll dem Ewigen nahen, sie aber sollen nicht nahen, und das Volk soll nicht mit ihm hinaufsteigen." Da kam Mosche und berichtete dem Volk alle Worte des Ewigen und alle Rechtsvorschriften. Und das ganze Volk antwortete einstimmig und sprach: „Alle Worte, die der Ewige geredet hat, wollen wir tun." Und Mosche schrieb alle Worte des Ewigen nieder ... ... Darauf stiegen Mosche und Aharon, Nadab und Abihu und siebzig von den Ältesten Jisraels, hinauf; und sie schauten den Gott Jisraels, und unter seinen Füßen war es gemacht wie eine saphirene Platte und wie der Himmel selbst so rein. Gegen die Edlen der Söhne Jisraels aber reckte er nicht seine Hand[2] aus; sie schauten Gott und aßen und tranken."
[1] Die Formulierung „ ...und werft euch von ferne nieder." zeigt eindeutig, daß die vorher genannte Formulierung „ ... der stand..."; niemals als Unterwerfungs- und/oder Respektsgeste Moses' gemeint sein kann – man wollte die Unter-Werfung (wortwörtlich) sehen und kein Stehen; was da stand, war die gelandete Rakete! Wie unten auch ausdrücklich betont wird: *„Und die Herrlichkeit des Ewigen ragte auf dem Berg Sinai..."*; es war in der Tat eine Rakete, die stand und (auf)ragte!
[2] Die Formulierung „ ...aber reckte er nicht seine Hand aus; ..." erinnert wahrscheinlich unbewußt an die Mannamaschine, die nur einen mechanischen Arm mit einer handähnlichen Struktur hatte; nur so ist `Gottes´ Einarmigkeit zu verstehen; siehe Teil III, Abschnitt A.

Sie sahen also `Gott´ - „von ferne" -, ohne zu sterben! Auch heißt es etwas seltsam zweideutig: „... den Gott Jisraels ...". Wieso wird da plötzlich unterschieden? Gab es auch noch einen anderen Gott – war das vielleicht alles nicht so ganz klar – zumindest dem späteren Redaktor nicht; ahnte er etwas von der Unmöglichkeit der feurigen Landung des Gottes, der (angeblich) die ganze Welt erschaffen haben sollte, auf einem kleinen mickerigen Berg? – von der Staubkorngröße der Erde im Weltall wußte er ja nichts! Hat er deshalb die Einschränkung gemacht „*... der Gott Israels...*", eine Einschränkung, die bei Licht besehen geeignet ist, das ganze AT in Frage zu stellen? Und wieso hatte dieser Gott Füße, die wie eine „saphirene Platte" aussahen? Alles das Dinge, die geeignet sind, jedwede Gottesvorstellung momentan ad absurdum zu führen.

Ich will Ihnen dazu etwas unverblümt sagen: Sie haben ganz einfach eine gelandete (Groß)-Rakete gesehen, die aufrecht vor ihnen auf saphir-glänzenden Metallfüßen stand! Wieder fiel der *Glanz* ganz besonders auf. Und dem Redaktor wird bei seiner Arbeit, der Religionsmacherei, nicht ganz wohl gewesen sein – vielleicht ahnte er dunkel etwas; wirklich durchschauen konnte er das Ganze natürlich nicht. Der Text bringt im Fortgang der überwältigenden Ereignisse auf dem Berg der Erscheinung (=Har Karkom) einige bemerkenswerte psychologische Nuancen: Man kann sich dabei nicht eindringlich genug klar machen, was da tatsächlich geschieht:

Es tritt ein kleiner Halbnomadenstamm (etwa 600 Familien und einige Mitläufer) mit einer technisch hoch entwickelten außerirdischen Zivilisation in ständigen Kontakt, bzw. umgekehrt, was aber letztlich für die Menschen auf der Erde auf das Gleiche hinauskam.

Es ist DAS Ereignis der jüngeren Menschheitsgeschichte!!

Und es wird diesen so gänzlich Unwissenden auch noch ein kompliziertes technisches Objekt, eine Mannamaschine, zur Produktion von Algenbrot, zur steten Mitnahme, technischen Wartung und Pflege übergeben. Und die übergebende Seite - wohl wissend, daß sie ganz gewöhnliche Menschen sind - benutzt die einzigartige Situation dieser körperlich wie geistig so gänzlich wehrlosen Menschen skrupellos, sich ihnen als ihr „GOTT" zu präsentieren und sie zu ewigem Dienst und geistiger Unterwürfigkeit zu verpflichten. Ein umfassenderer und tiefgreifenderer Mißbrauch unschuldiger, kindlich-naiver Menschen ist kaum vorstellbar!
Wie konnte das gelingen – was würde wohl das Resultat sein?!

Das alles ist so ungeheuerlich, daß auch dem heutigen Menschen die angemessenen Worte zum Einschätzen des Ereignisses und seiner unzähligen Auswirkungen - direkten wie indirekten - durchaus fehlen. Wie unsäglich muß der ganze Vorgang mit all seinen überwältigenden optischen und akustischen Erscheinungen für die damaligen Menschen gewesen sein: Es landeten und starteten vor den Augen der gleichermaßen unwissenden und fassungslosen Halbnomaden eine Groß-Raketen und eventuell mehrere spezielle Landefahrzeuge wie Ezechiel sie ca. 600 Jahre später sah! Die Bemerkung, daß sie versprachen, alles zu tun, was der `Ewige´ verlangte, ist einigermaßen naiv: Was hätten sie in dieser, jeden vernünftigen Gedanken überwältigenden Situation wohl anderes sagen können?! Das mußte doch auch den Extraterrestriern klar sein (Die Situation erinnert an Goebbels' berüchtigte Sportpalastrede: „Wollt ihr den totalen Krieg ....?"). Die Einen (die Kinder Israel), wie die Anderen (die Deutschen 1943), konnten nicht anders als „Ja!" zu rufen. Wer in einer solchen überwältigend-psychologischen Nötigungs-Situation etwas anderes erwartet, ist ein Narr! Ebenso, wie der ein Narr ist, der glaubt, daß ein solches `Versprechen´ lange vorhält, daß man darauf sich verlassen kann. Glaubte man an Bord des Habitats wirklich, daß dieses `Einverständnis´ der Kinder Israel unter dem Griff der nachfolgenden, alltäglichen Wirklichkeit mit ihren Tausend kleinen und größeren Problemen, Querelen und den altüberlieferten Gewohnheiten (d. h. ihren *irdischen* Problemen), lange Bestand haben würde? Waren dem `Ewigen´ - den Extraterrestriern - wirklich die alltägliche Menschenwelt und die menschliche Psyche so fremd? Hatte er nicht schon auf dem Weg bis hin nach dem Har Karkom genug Beweise vom Gegenteil erfahren? Selbst der dramatische Durchzug durch das Schilfmeer war rasch vergessen als es um die alltäglichen Lebensbedürfnisse ging, Essen und Trinken!

Wer eine zumindest vage Vorstellung vom absolut überwältigenden Eindruck all dieser Ereignisse auf die unwissenden Menschenkinder haben möchte (Und die waren in ihrem Verstand wirklich Kinder – sie hatten ja nicht einmal passende Ausdrücke für das Gesehene und Gehörte!), wer also einen Blick zurück in eine ferne Vergangenheit werfen möchte, in der die Menschen noch in einer psychologisch so gänzlich anderen Welt lebten, dem ist durchaus zu helfen: Man nehme das Heft vom September 1929 der US-amerikanischen Zeitschrift NATIONAL GEOGRAPHIC MAGAZINE und sehe sich die Abbildungen an auf den Seiten 284, 300 (oben links) und 301 (unten rechts) und lese in den Gesichtern der dort dargestellten Menschen. Auf der Abbildung auf Seite 256 des gleichen Heftes werden dem Flugzeug Besänftigungs-/Versöhnungs-Gaben [wörtl.: *propitiatory offerings*] gebracht; der dröhnende Motor galt wohl als zornig und mußte besänftigt werden! Im Heft vom April 1953 der gleichen Zeitschrift ist auf Seite 430 unschwer zu erkennen, weshalb unbedingt eine Absperrung, besser noch ein Sichtschutz, zwischen den neugierigen und langsam immer näher kommenden und schließlich unweigerlich zudringlich werdenden Eingeborenen und dem Arbeitsbereich der `Götter´ vorhanden sein sollte (man denke an die Unterrichtung `am Objekt´ auf dem Har Karkom: Was wäre wohl geschehen, wenn da Unbeteiligte rundherumgestanden hätten?). Der Verfasser hat vergleichbare Situationen in sehr abgelegenen ländlichen Gegenden in Afrika in den siebziger Jahren des vergangenen Jahrhunderts selbst erlebt.

Aber dann muß zunächst das ganze Ereignis auf dem Berg ablaufen: die Sache mit dem Erklären der Mannamaschine, dem Zeigen der Modelle der Stiftshütte und der Bundeslade und natürlich auch die Übergabe der Bezeugung für die Bundeslade und schließlich der Tafeln mit den zehn Geboten. Der Mannamaschine, dem Hochbetagten, wollen wir ein eigenes, umfangreiches Kapitel widmen. Sie ist schließlich das zentrale Thema dieses Buches, die organisatorisch alles beherrschende und bald auch religiös (fast) alles beeinflussende Hauptfigur; die zehn Gebote sind für uns unwichtig, wir werden sie kaum am Rande streifen.

„Und der Ewige sprach zu Mosche: „Steige herauf zu mir auf den Berg und bleibe dort, daß ich dir die steinernen Tafeln gebe, sowie die Weisung und das Gebot, die ich geschrieben habe, sie zu unterweisen." Da machte Mosche mit seinem Diener Jehoschua sich auf, und Mosche stieg auf den Berg Gottes. Zu den Ältesten aber sprach er: „Wartet unser hier, bis wir zu euch zurückkehren! Seht, Aharon und Hur sind bei euch, wer eine Rechtssache hat, der trete zu ihnen hin."[1]* Als nun Mosche auf den Berg stieg, da hüllte die Wolke den Berg ein. Und die Herrlichkeit des Ewigen ragte auf dem Berg Sinai, und die Wolke hüllte ihn ein sechs Tage lang, am siebenten Tag aber rief er Mosche zu aus der Wolke. Und die Erscheinung der Herrlichkeit des Ewigen war wie ein verzehrendes Feuer auf dem Gipfel des Berges, vor den Augen der Kinder Jisrael. Mosche aber ging in die Wolke hinein und stieg den Berg hinan. Und Mosche blieb auf dem Berg vierzig Tage und vierzig Nächte."*

[1] Die Tatsache, daß man Anordnungen trifft für den Fall, daß Streitigkeiten auftreten, und daß dafür zwei Personen zur Schlichtung benannt werden, zusammen mit der ausdrücklichen Aufforderung zu warten, zeigt, daß man wußte, daß man lange auf dem Berg bleiben würde; sie waren also im voraus über die lange Dauer informiert.

Er soll also auf dem Berg die allseits bekannten steinernen Tafeln in Empfang nehmen; das ist verständlich, man wollte die Kinder Israel schließlich erziehen, und dazu brauchte man eine solche Anleitung – die zehn Gebote. Aber da wurde wohl noch mehr übergeben: neben den Tafeln tauchen da plötzlich „*die Weisung und das Gebot*" auf. Was war da noch mehr zu unterweisen? Waren es die Vorschriften für die (einfache) Gesetzgebung, „*sie* [doch wohl die Kinder Israel] *zu unterweisen*", die oben erwähnt wurden – oder wurden da noch andere (Moses, einige Leviten?) in ganz anderen Dingen unterwiesen?

Dann sind da noch andere Probleme, von denen die Kinder Israel nichts ahnen konnten, die aber für die Extraterrestrier von erheblicher Bedeutung waren: Da mußte man zunächst den Bereich, in dem die Mannamaschine übergeben, d. h. erläutert und studiert werden sollte, von den Kindern Israel mit einer künstlichen Rauchwand abtrennen; andere durften nicht sehen, was da geschah. Desweiteren konnte die Großrakete, die die Mannamaschine gebracht hatte, unmöglich die ganze Zeit, „vierzig Tage", auf dem Berg stehen. Das wäre nicht nur eine Einladung gewesen, doch irgendwie, aus schierer Neugierde, zu ihr vorzudringen, und sei es nachts; es war auch aus technischen Gründen nicht möglich: Selbst wenn kein Sturm sie in Gefahr des Umkippens gebracht hätte - sie stand ja ganz `nackt´ da, ohne Halterung, ohne Startrampe - mußte doch der allgegenwärtige Staub, der später bei der Mannamaschine so einiges zu ihrem Schutz erzwang, auch den empfindlichen Triebwerken gefährlich werden. Also mußte die Rakete baldmöglichst wieder starten. Das hat sie auch getan. Aber: Wenn ´Gott´ wieder gen Himmel gefahren war, was hatten dann Moses und die ihn begleitenden Leviten da vierzig Tage und Nächte auf dem Berg getrieben, und wer war da anwesend und hatte sie unterrichtet?

Das Durcheinander, von auf den Berg steigen und dann wieder den Kindern Israel Nachricht geben und dann wieder auf den Berg steigen und da oben sehr lange bleiben, können wir ungefähr wie folgt aufschlüsseln:
1) Die Rakete *landet* mit großem Getöse – wie jede *startende* Großrakete auf der Erde.

Daß der Rückstart nicht eigens beschrieben wird, ist so seltsam nicht: Der bedauernswerte Redaktor, der das alles später in einen Text zusammenfassen mußte, und der nicht dabei gewesen war, und der eben auch deshalb keine Chance hatte zu begreifen, was da in welcher Reihenfolge und warum geschehen war, wird beides, Landung und Wiederabflug, zu einem Ereignis zusammengefaßt haben; vielleicht hat er das garnicht bemerkt. Das lag nahe, denn die niederschmetternd ungeheuerlichen optischen und akustischen Erscheinungen waren ja bei Landung und Start absolut ähnlich, wie heutzutage jedes Kind weiß.

2) Mosche und die siebzig Ältesten werden auf den Berg gerufen, damit sie *„den Gott Israels" „von fern"* sehen (sie sollten wohl nicht allzu viele Details an diesem ´Gott´, der Großrakete, sehen)… *„Sie schauten Gott und aßen und tranken"*. Das Essen und Trinken ist vermutlich als Hinweis darauf zu deuten, daß sie bei ´Gott´ waren und in Ruhe essen und trinken konnten – es ging also keine grundsätzliche Todesgefahr von diesem Gott aus; gerechte und gehorsame Menschen brauchten sich nicht vor ihm zu fürchten (s. o.). Das galt natürlich nur für die Kinder Israel; die Ureinwohner Kanaans erwartete auf jeden Fall ein anderes Schicksal – da wurden keine Unterschiede gemacht!
3) Man geht gemeinsam wieder zurück ins Lager.
4) Die Extraterrestrier umgeben einen Bereich oben auf dem Plateau des Berges mit einem Sichtschutz, d. h. mit einer künstlichen Rauchwand. Der Har Karkom bildet ein flaches Plateau; eben deshalb wurde er von den Extraterrestriern wahrscheinlich wiederholt als Landeplatz ausgewählt. – Man möchte wissen, seit wann das geschah.
(Zu den lokalen Gegebenheiten siehe Seite II, 2, H, in „Atlas of Israel"; man beachte, daß die Plateau-Oberfläche des Har Karkom ungleich ebenmäßiger und ´glatter´ ist als die des unmittelbar benachbarten Har Saggi).
5) Nach Errichten dieser Rauchwand werden aus der aufrecht stehenden Großrakete die Mannamaschine und wohl auch noch einige andere Objekte ausgeladen (Modelle der Stiftshütte u. a.?). Eventuell wurden auch die bei der Durchquerung des Schilfmeeres benutzten Bläser und der ´Bote Gottes´ unbemerkt eingeladen.
6) Danach ist die Großrakete wahrscheinlich unverzüglich wieder in den Orbit zurückgekehrt.

7) Während dieser Zeit waren Moses und seine Begleiter im Lager; sie mußten also zwischendurch wieder vom Berg zurückgekehrt sein.
8) Zurück blieben nach dem Start der Großrakete vermutlich (mindestens) ein kleineres Fahrzeug vom Typ `Ezechiel´ mit dem die verbliebenen Extraterrestrier (Androiden?) später ebenfalls in den Orbit zurückkehrten und eventuell auch eine Hütte (vielleicht nur ein staubdichtes Zelt?) zum Unterstellen der Mannamaschine und anderer Gerätschaften bzw. Modelle. Es mußte natürlich auch eine Apparatur vorhanden sein, die die ganze Zeit hindurch die Rauchwand unterhalten konnte.
Auch waren natürlich Vorkehrungen zu treffen für die Übernachtung der Androiden und ihrer `Schüler´, also Moses und seine Begleiter, die auch noch verpflegt sein wollten.
9) Moses wird wieder auf den Berg gerufen und kann jetzt in den Rauch eintreten, d. h. er kann durch die künstliche Rauchwand ohne Gefahr hindurchgehen. Es kann dies also nicht der glühend heiße Rauch der landenden oder der wieder startenden Rakete gewesen sein.
10) Im von der Rauchwand optisch abgesperrten Bereich werden Moses und einige Begleiter viele Tage im Umgang mit der Mannamaschine, dem Hochbetagten, unterwiesen; auch sehen sie Modelle der zu errichtenden Stiftshütte mit all ihren Umgrenzungen und Untergliederungen und der vielen Gegenstände, die sie zusätzlich zur eigentlichen Hütte herstellen sollten, u. a. auch der Bundeslade.
11) Bei der Rückkehr erkennt Moses, daß das Volk einem künstlichen, goldenen Götzenbild dient, einem Stier. Im Jähzorn zerschmettert er die Gesetzestafeln mit den zehn Geboten, die er trägt.

Diese Rekonstruktion läßt bedeutende Fragen offen: Wann war die Großrakete wieder zurückgestartet? Wir erfahren davon nichts. Das mag durchaus psychologische Gründe haben, die schon zum konsequenten Unterdrücken jeder Nachricht über die Mannamaschine über leiten. Man konnte nicht gut die Wahrheit sagen, die wahrscheinlich darin bestand, daß die Großrakete schon sehr bald (nach 2 oder 3 Tagen?) wieder ins All zurückgekehrt war; wenn sie denn nicht unmittelbar nach der Landung und dem Ausladen der benötigten Gegenstände und der Androiden-Lehrer wieder sich erhoben hatte, sodaß das Ganze für die fassungslos staunenden Kinder Israel *ein* Ereignis war. Hätten sie bemerkt, daß es *zwei* Vorgänge waren und `Gott´ ins Weltall zurückgekehrt war, hätten sie die unbeantwortbare Frage gestellt, was denn Moses und seine Begleiter die ganze Zeit (dann alleine!) da auf dem Berg getrieben hatten. Andererseits geht nach Meinung des Verfassers aus dem Gang der Ereignisse zwingend hervor, daß die Großrakete wieder verschwunden, also ins Weltall zurückgekehrt war; es wären sonst der rasche Abfall von `Gott´ und der Guß des goldenen Kalbes nicht möglich gewesen:

„Als aber das Volk sah, daß Mosche säumte vom Berg herabzukommen, da scharte sich das Volk um Aharon, und sie sprachen zu ihm: „Auf, mache uns Götter, die vor uns herziehen sollen! Denn dieser Mann Mosche, der uns aus dem Land

Mizraim herausgeführt hat – wir wissen nicht, was ihm geschehen ist!" Da sprach Aharon zu ihnen: „Nehmt die goldenen Ringe ab, die in den Ohren eurer Frauen, eurer Söhne und eurer Töchter sind, und bringt sie mir." ... ... und er machte daraus ein gegossenes Kalb, und sie sprachen: „Dies sind deine Götter, Jisrael, die dich aus dem Land Mizraim heraufgeführt haben!" Als Aharon das sah, baute er vor ihm einen Altar, und Aharon rief aus und sprach: „Ein Fest für den Ewigen ist morgen!" Am anderen Tag aber standen sie früh auf, opferte Hochopfer und brachten Mahlopfer dar; dann setzte sich das Volk hin um zu essen und zu trinken [wie es die Ältesten auf dem Berg auch getan hatten im Angesicht der Rakete!], *und sie standen dann auf, um sich zu belustigen."*
Sassoon und Dale haben eine ganz andere, hypothetische, Deutung für dieses Ereignis, s. u., „Die Beschneidung".

An diesem Vorgang ist vieles unklar, es kann so nicht gewesen sein:
Wenn während dieses Vorgangs auch nur ein `Fitzelchen´ der Großrakete noch auf dem Berg sichtbar gewesen wäre (noch aufgeragt hätte, s. o.), dann hätte es diesen kindlich-kindisch-naiven Abfall von `Gott´ unmöglich geben können. Beim geringsten Versuch, die zitierten Dummheiten zu reden, hätte eine hinwendende Bewegung, ein Hindeuten auf den glänzenden, aufragenden `Gott´ genügt, um jeden Gedanken an den Abfall sofort zu ersticken. Man möchte eben aus diesem Abfall schließen, der unmittelbar am Fuß des Berges, auf dem ihnen `Gott´ so überwältigend erschienen war, daß `Gott´, also die Rakete, nicht mehr vorhanden, also nicht mehr sichtbar war, und sie sich deshalb fragten, was wohl mit Moses und seinen Begleitern geschehen war.[1] Auffällig ist die fast dienstfertige Bereitschaft mit der Aharon auf die Forderung der Kinder Israel eingeht: Auch er war von dem ganzen, unfaßbaren Vorgang überfordert und hatte nichts im Sinne von Religion verinnerlicht – wie alle anderen auch. Oder wollte er nur retten, was zu retten war? Schließlich sagt er *„Ein Fest für den Ewigen ist morgen!"* Er nahm also unmittelbar Bezug auf den `Ewigen´, von dem schon immer die Rede gewesen war. Es bleibt seine Rolle bei diesem so blamablen und katastrophalen Abfall von `Gott´ aber doch eine zwielichtige: Warum hat er nicht vehement Widerstand geleistet – man hatte doch gerade das wahrhaft Mark und Bein erschütternde Erlebnis der Landung (und des Rückstarts) der Großrakete miterlebt! Wie konnte es da nach nur wenigen Tagen einen so gleichermaßen lächerlichen wie unfaßbaren Abfall von `Gott´ geben?!

[1] Die Extraterrestrier waren hier auf gefährliche Art gedankenlos: Hatten die Kinder Israel doch aus der Urzeit die Erzählung von Henoch, der mit den Gottesmenschen gegangen und schließlich von ihnen nicht wieder zurückgekehrt war – konnte mit Moses nicht etwas Ähnliches geschehen sein? Ihre Bemerkung: *„Denn dieser Mann Mosche, ... – wir wissen nicht, was ihm geschehen ist!"* weist in diese Richtung. Vielleicht hatten einige von ihnen, als Moses so lange fortblieb, die dramatischen Ereignisse auf dem Berg als Vorbereitung zum Abholen Moses' in den `Himmel´ mißverstanden. Aus dieser Sicht gesehen, erscheint der so blamable Abfall von `Gott´- so unmittelbar nach seiner dramatischen Landung auf dem Har Karkom - in einem ganz anderen Licht: Die Gedankenlosigkeit der

Extraterrestrier gab vielleicht den entscheidenden Anstoß zum Gießen des goldenen Kalbes – man hätte Moses zwischendurch einige Male für kurze Zeit ins Lager zurückkehren lassen sollen.

War das Ganze, falls es sich denn wirklich so und mit so kurzer zeitlicher Distanz zur überwältigend-dramatischen Landung (und zum ebenso überwältigend-dramatischen Rückstart) ereignete, vielleicht nur psychologisch zu erklären? Stellen Sie sich vor, lieber Leser, liebe Leserin, Ihr nächster Nachbar hat einen tätigen Vulkan auf seinem Grundstück an dessen Hängen das wahre Paradies mit strotzenden Wäldern und Blumen und bunten Vögeln nur so vor sich hin blüht, duftet, schillert und jubiliert, von dem aber niemand weiß, wann er hochgeht; – würden Sie sich einem solchen `Garten´ anvertrauen? Ich glaube fast, Sie blieben mit Weib und Kind viel lieber in ihrem eigenen bescheidenen Garten, der zwar alltäglich, dafür aber ungefährlich und ihnen vertraut ist, weil er so schon immer war und Sie nie etwas Anderes je kennengelernt haben. Sehen Sie – genauso ist es vielleicht auch den Kindern Israel gegangen. War es vielleicht so, daß die Ungeheuerlichkeit des Eindrucks von Landung und Start der Großrakete einen viel *zu* großen, *zu* überwältigenden `Gott´ präsentierte, dem sie sich angesichts seiner rasenden und sie tobend anbrüllenden feurigen Allmacht nicht mit gläubiger Hingabe nähern konnten? Dagegen war das goldene Kalb `faßbar´; es war ein allseits verständlicher, weil von Ägypten her bekannter `Gott´, dem sie sich anvertrauen konnten; bei dem konnte nicht viel schief gehen. Wen wundert es, daß sie sich diesem Gott so bereitwillig (wieder) zuwendeten – besonders da selbst Aharon nicht den geringsten Widerstand leistete?! Sie waren doch alle nur Menschen, und was die Extraterrestrier da von ihnen verlangten, war *über*menschlich – und eben deshalb würden die Methoden genauso *un*menschlich sein müssen, um ihnen dieses Ungeheuer als liebenswerten Gott überzustülpen, das da zu ihnen vom Himmel, buchstäblich aus einer anderen Welt, mit donnerndem Feuergetöse - wie ein explodierender Vulkan - zu gänzlich unvorhersehbaren Zeiten herabkam. Das würde nur mit körperlichen und geistigen Zwangsjacken gehen - und vielen Todesdrohungen -, die sie allesamt bald kennenlernen würden.

Die Großrakete war also inzwischen wieder gestartet. Andererseits heißt es aber auch, daß, während Moses auf dem Berg war, die Herrlichkeit Gottes dort anwesend war; ob sie auch von unten, aus dem Lager, sichtbar war, oder ob Moses das später im Lager erzählte, bleibt offen. Wir möchten vermuten, daß es sich dabei um ein für die Rückkehr bestimmtes kleineres Weltraum-Landefahrzeug im Sinne Ezechiels handelte – vielleicht ein etwas größeres Modell, falls mehrere Androiden mit dem Unterrichten der `Schüler´ beschäftigt waren. Daß es sich sehr wahrscheinlich tatsächlich um ein solches Raumfahrzeug mit Hubschrauberlandebeinen (also geflügelten Engel-Wesen) handelte, werden wir später noch an ganz unerwarteter Stelle, und in einem ebenso unerwarteten Zusammenhang, bestätigt finden.

Dann folgt das böse Erwachen: Da Moses gar zu lange auf dem Berg blieb (und das ist gleichzeitig der Beweis, daß er tatsächlich sehr lange ausblieb), machte sich das Volk einen eigenen Gott. Sie gossen sich ein Kalb - wohl in Anlehnung an den ägyptischen Apis-Stier - und feierten ein ausgelassenes Fest. Die Extraterrestrier sahen das natürlich von ihrer höheren Warte aus und der `Ewige´ sprach zu Moses:

„Da sprach der Ewige zu Mosche: „Geh, steig hinab! Denn Schlimmes hat getan dein Volk, das du aus dem Land Mizraim heraufgeführt hast. Gar rasch sind sie abgegangen von dem Weg, den ich ihnen geboten, sie haben sich ein gegossenes Kalb gemacht und haben sich vor ihm niedergeworfen und ihm geschlachtet und gesprochen: Dies sind deine Götter, Jisrael, die dich aus dem Lande Mizraim heraufgeführt haben." Und der Ewige sprach zu Mosche: „Ich habe dieses Volk gesehen, und sieh, es ist ein steifnackig Volk. So laß mich denn, daß mein Angesicht aufflamme wider sie und ich sie vernichte, dich aber werde ich zu einem großen Volk machen." Da suchte Mosche den Ewigen, seinen Gott, zu besänftigen und sprach: „Warum, o Ewiger, soll dein Angesicht aufflammen wider dein Volk, das du aus dem Land Mizraim geführt hast mit großer Kraft und mit starker Hand? Warum sollen die Mizräer sprechen: `In Bösem hat er sie heraufgeführt, um sie in den Bergen umzubringen und sie vom Erdboden zu vertilgen?´ Laß von deines Antlitzes Glut und bedenke dich ob des Unheils für dein Volk! Gedenke es Abraham, Jizhak und Jisrael, deinen Knechten, denen du bei dir geschworen und zu denen du gesprochen hast: Ich will euren Samen zahlreich machen wie die Sterne des Himmels, und dieses ganze Land, von dem ich gesprochen habe, will ich eurem Samen geben, und sie sollen es besitzen für ewig." Da bedachte sich der Ewige ob des Unheils, das er geredet hatte, seinem Volk zu tun."

Kann der allmächtige und allwissende Gott sich wohl *bedenken* ob seines *Redens*? – Das Ganze ist doch sehr menschlich vom `Ewigen´ gedacht und gehandelt. Wen wundert's – nachdem wir heutzutage die Wahrheit kennen, spätestens seit 1973 (J. Blumrich: „Da tat sich der Himmel auf")?

Man beobachtet also von oben her ganz genau, was im Lager getrieben wird – oder gab es im Lager einen Kundschafter, der heimlich über Funk berichtete? Auch das wäre nichts Besonderes, denn die Kinder Israel würden von nun an nie wieder unbeobachtet etwas tun können. Es würden immer Aufpasser dabei sein, entweder von oben, oder auf der Erde, heimlich, unter ihnen. Die Androhung der Vernichtung des Volkes wird von Moses mit einem geschickten diplomatischen Schachzug pariert: Wenn der Ewige wirklich die Kinder Israel hier vernichten würde, dann hätten sicher alle Umwohner dazu ihre Kommentare gehabt im Sinne von: `Na also, das war doch abzusehen. Die sind in ihr eigenes Unglück gelaufen, und dieser ominöse `Ewige´ hat sie dahingelockt, um sie ermorden zu können – jetzt sind sie alle tot´. Bemerkenswerterweise werden auch hier, wie schon ganz zu Anfang, nur die unmittelbaren Vorfahren, die Erzväter, der Kinder Israel benannt, als Moses den Ewigen beredet: Abraham, Jishak und Jisrael; die eigentlichen Urväter, Adam, Henoch u. a. bleiben auch hier ungenannt. Es muß Moses bekannt gewesen sein, daß die Extraterrestrier wegen der zweifachen Katastrophe, die sie mit ihnen erlebt hatten, nicht wünschten, an sie erinnert zu werden. Sie erinnern ihrerseits sehr wohl daran – wenn auch nur so indirekt, daß es vielleicht unbewußt war: Wenn sie die Kinder Israel vernichten würden, so solle aber doch Moses überleben, und nicht nur das: *„… dich aber werde ich zu einem großen Volke machen."* Die alte Entschlossenheit, zur Not aus einem einzigen Überlebenden ein großes Volk heranzuzüchten ist also unvermindert vorhanden – warum nur? Was zeichnete dieses Volk so einzigartig aus, daß es unbedingt zu einem großen Volk werden sollte? In seinem ersten Buch zur Prä-Astronautik hat der Verfasser darauf hingewiesen, daß die so oft verwendete Formulierung „*…bedenke doch dein Erbteil…*", o. ä., wahrscheinlich wortwörtlich gemeint war: Die Kinder Israel trugen in ihrer Gen-Substanz, dem Genom, einen Teil des Genoms der Extraterrestrier, der ihnen bei der Manipulation an Adam und Eva eingesetzt worden war. Deshalb sollte dieses Volk keinesfalls ganz untergehen, und deshalb sollte es eines Tages zu einem großen Volk werden – deshalb also wahrscheinlich der ganze Exodus.

„Und Mosche wandte sich und stieg vom Berg hinab, und die beiden Tafeln der Bezeugung waren in seiner Hand, Tafeln, beschrieben auf beiden Seiten; hier und dort waren sie beschrieben. Und die Tafeln waren das Werk Gottes und die Schrift Schrift Gottes, eingegraben auf die Tafeln."
[Es kommt dann zu dem bekannten Zwischenfall, als der Abfall des Volkes für Moses und Josua offensichtlich wird]:
„Es war nun, als er näher an das Lager herankam und das Kalb und die Schalmeien sah, da flammte Mosches Angesicht, und er warf die Tafeln aus seinen Händen und zerschmetterte sie am Fuß des Berges." … … …
 Und Mosche sprach zu Aharon: „Was hat dir dies Volk getan, daß du darüber so große Sünde gebracht hast?" Und Aharon sprach: „Mag doch das Angesicht meines Herrn nicht aufflammen! Du kennst ja das Volk, wie es im Argen ist. Sie sprachen zu mir: `Mach uns Götter, die vor uns herziehen sollen, denn dieser Mann Mosche, der uns aus dem Land Mizraim heraufgeführt hat – wir wissen nicht, was ihm geschehen ist* [sic! s. o.]. *Da sprach ich zu ihnen: `Wer hat Gold? Legt es ab!´ Und sie gaben es mir, und ich warf es ins Feuer, und heraus kam dieses Kalb.
Und Mosche sah, daß das Volk zügellos geworden war, denn Ahron hatte es zügellos werden lassen, zur Abscheu bei ihren Widersachern."

Nach dem Zerstören des goldenen Standbildes kommt es zu einem unfaßbar brutalen Vorgang, der für das weitere Wirken der noch zu begründenden alttestamentlichen Religion von menetekelhafter Bedeutung werden sollte. Dieser Vorgang ist in gewisser Weise die logische Fortsetzung der brutalen Mordbereitschaft, die in einigen Fällen an Mordlust grenzt, mit der die Extraterrestrier drohen, wenn das Volk sich nicht richtig benimmt, und die auch ohne Zögern an anderen Menschen ausgelebt wird, wie es beim Auszug aus Ägypten und auf der Nehrung geschehen ist, beim Durchzug durch das Schilfmeer. Der `Ewige´ hatte an Moses einen gelehrigen und notfalls auch skrupellosen

Schüler, Gefolgsmann und willigen Helfer, der vielleicht aber auch nicht anders konnte, d. h. nicht anders handeln durfte:

„Und Mosche stellte sich an das Tor des Lagers und sprach: „Wer zum Ewigen steht, her zu mir!" Da sammelten sich um ihn alle Söhne Lewis. Und er sprach zu ihnen: So spricht der Ewige, der Gott Jisraels: Legt ein jeder sein Schwert an die Hüfte; geht hin und her im Lager von Tor zu Tor und erschlagt jeder seinen Bruder und jeder seinen Freund und jeder seinen Verwandten!" Da taten die Söhne Lewis nach dem Wort Mosches; und es fielen vom Volk an jenem Tag an dreitausend Mann [Auch diese Zahlenangabe kann unmöglich stimmen, es waren wohl eher dreißig; vielleicht - aber auch das ist schon unwahrscheinlich - Dreihundert.]. *Und Mosche sprach: „Füllt euch heute die Hand für den Ewigen, weil jeder gegen seinen Sohn und gegen seinen Bruder war; darum ward heute Segen auf euch gelegt.*

Dieser Text ist so unsäglich, daß man ihm kaum glauben mag: Da scharen sich also die Söhne des Stammes Levi um Moses - aus welchen Gründen auch immer - und werden auf Mordtour (man kann es nicht anders nennen) durch das eigene Lager geschickt, damit sie ihre Freunde und engsten Verwandten abschlachten; das alles nur wegen der Dummheit mit dem goldenen Kalb. Angesichts des fünften Gebotes: *„Du sollst nicht töten!"* eine unfaßbare Schandtat, die aber ausdrücklich vom `Ewigen´ befohlen worden war: *„So spricht der Ewige: Legt ein jeder sein Schwert an die Hüfte ... ."* <u>Was für ein Menetekel für die Zukunft!</u> Man muß sich nicht wundern, daß es bei der Vertreibung der Ureinwohner, während der sogenannten Landnahme, `problemlos´ zu mehreren Genozid-ähnlichen Massenmorden an anderen Völkern kam, und daß es auch unter den Kindern Israel von Mord und Totschlag nur so wimmelte – sie hatten gute Lehrer (die Leviten) gehabt, und die handelten ihrerseits für einen hohen Auftraggeber, der seinerseits auch ein guter Lehrer gewesen war!

Aber damit nicht genug: Als Lohn spricht Moses zu ihnen: *„Füllt euch heute die Hand für den Ewigen, weil jeder gegen seinen Sohn und gegen seinen Bruder war; darum ward heute Segen auf euch gelegt."* Verstehen wir diesen Text richtig – wird hier zur Leichenfledderei aufgerufen; und ist das Resultat dieser Ausplünderung der von ihnen ermordeten engsten Verwandten der SEGEN, der auf sie gelegt wird? – ALLMÄCHTIGER!!
Und die gleichen Leviten werden danach, im nächsten Buch, zum nahezu allmächtigen Priestertum erwählt!

Was da geschieht ist so entsetzlich, daß man nur aufstöhnen kann: Da werden die Angehörigen des Stammes Levi zu einer leichenfleddernden Mörderbande, weil Aharon versagt hatte – wenn wir die Zusammenhänge richtig verstehen. So ganz sicher ist aber auch das nicht, denn im Text steht „... *weil sie das Kalb gemacht hatten, das Aharon gemacht hatte."* Ja – wer hatte denn nun das Kalb gemacht? Da es unmöglich aus dem (Schmelz)-Feuer ‚rein zufällig' entstanden sein kann, brauchte man mindestens einen Künstler, der die Gußform herzustellen wußte. Das Ganze hatte wahrscheinlich mehrere Stunden, vielleicht aber auch Tage gedauert, bis „dieses Kalb" aus dem Feuer „heraus kam". Und wo waren bei diesen Vorgängen die Leviten gewesen, die sich später so auffällig dienstfertig um Moses sammelten? (Wir glauben auch hier eine bedeutende psychologische Distanz zwischen den Leviten und den übrigen Kindern Israel zu spüren, s. o.). Und wo waren die Ältesten des Volkes bei der ganzen Abgötterei mit dem Kalb-Bildnis gewesen, die Fürsten, die oben auf dem Berg im Angesicht ‚Gottes' gespeist hatten – hatten die sich nicht geäußert?

Ganz sicher aber ist, daß sie bei all ihrem Tun von Anfang an ‚von oben' beobachtet wurden. Das ist nun zwar nicht neu - auch vorher hatten die Extraterrestrier den Auszug von oben her beobachtet und geleitet -, aber es ist doch ein bitterböses Menetekel: Die Kinder Israel konnten zwar sagen, daß sie nie mehr alleine sein würden; das kann man aber auch ganz anders ausdrücken: nämlich, daß sie von nun an nie mehr unbeobachtet, nie mehr unbespitzelt und unbelauert sein würden! Wie ein unsichtbares, aber allgegenwärtiges Damoklesschwert hing von nun an die leitende (und potentiell strafende, rächende und zur ‚Not' auch ausrottende) Hand des ‚Ewigen' über ihnen. Und wir möchten auch bei dieser unsäglich brutalen Mordschlächterei wissen, die Moses da befahl, ob er das aus eigenem Entschluß und auf eigene Verantwortung anordnete, oder ob er auf ‚Befehl von oben' handelte.

Falls dieser Befehl tatsächlich in allen Einzelheiten ‚von oben' kam, ist er wohl nur als Kurzschlußreaktion von Seiten der Extraterrestrier zu verstehen: Man war mit der Großrakete gelandet, um die Kinder Israel endgültig zu bekehren, und nun war es doch wieder so gegangen wie nach den Ereignissen auf der Nehrung – wieder war alles vergebens gewesen! Und nicht nur das: noch während sie oben auf dem Berg waren, wahrscheinlich unsichtbar für die unten befindlichen Kinder Israel, hatten die sich ein ägyptisches Kalb gegossen und beteten es an – wie zum Hohn. Man wird ein wenig Verständnis für den grenzenlosen Zorn und die bittere Enttäuschung der Extraterrestrier über so viel Unzuverlässigkeit haben müssen. Auf diese (scheinbare) Unzuverlässigkeit werden wir unten, im Teil III, noch zurückkommen.

Wir erfahren aber nicht genau, wer hier ursprünglich befiehlt. Aber die Tatsache, daß Moses sich ausdrücklich auf den Ewigen beruft, da sie sich „... *die Hand für den Ewigen ...*" gefüllt hatten, mag immerhin zu der Vermutung führen, daß er nicht ohne Einwilligung aus dem Habitat, d. h. in diesem Fall wohl vom Har Karkom her, gehandelt hat. Aber das ist nicht sicher: die Anordnung ist so unmenschlich brutal, daß sie sich eher nach Habitat anhört. Die Extraterrestrier hatten gegen diese Ungeheuerlichkeit jedenfalls nichts einzuwenden, denn dann hätten sie diesen Exzeß leicht verhindern können – so wie sie wohl auch die ganze Kalbgießerei hätten verhindern können, wenn sie es denn gewollt hätten. Und es würde nach diesem Schema fleißig weiter gehen, auf der anschließenden Wanderung und erst recht bei der Landnahme, der Ausrottung der gleichermaßen unschuldigen wie wehrlosen Urbevölkerung in Kanaan. Wer möchte da nicht ausrufen:

„Allmächtiger –
was für ein Menetekel für die zu begründende neue Religion – und für die von ihr geformten neuen Menschen und deren menschliche Gemeinschaft!!"

„Geh, steig hinab, denn Schlimmes hat getan dein Volk ... ... ,,. Der Zorn `Gottes´ wird in diesem Zusammenhang als *„mein Angesicht aufflamme wider sie"* bezeichnet; eine Formulierung, die auch vorher schon aufgetaucht war. Obwohl zu einem späteren Zeitpunkt eine solche Formulierung logisch gewesen wäre, denn die Mannamaschine verfügte nahezu mit Sicherheit über eine tödliche Strahlenwaffe, ist die Formulierung hier wohl nur im Sinne von `in Zorn geraten´ zu verstehen. Da hat der Redaktor, der ja vom Hauptakteur bei der ganzen Geschichte, der Mannamaschine, nichts wissen durfte und wohl auch nicht viel wußte, so einiges durcheinandergebracht. Es gelingt Moses aber, den `Ewigen´ zu besänftigen. Beim Abstieg vom Berg wird er aber doch so zornig, daß er die beiden Tafeln beim Anblick des feiernden Volkes am Berg zerschmettert. Es wird dabei nochmals ausdrücklich betont: *„ Und die Tafeln waren das Werk Gottes, und die Schrift Schrift Gottes, eingegraben auf die Tafeln."*
Man möchte immerhin wissen, welche Schriftzeichen da Verwendung gefunden hatten; zumindest Moses mußte sie ja lesen können. Leider erfahren wir darüber nichts. Es heißt nur lapidar, daß es die „Schrift Gottes" war.

Es wird dann der nähere Kontakt Moses' mit dem `Ewigen´ im Zelt, d. h. in der Stiftshütte, beschrieben, obwohl die noch gar nicht existiert (Erneut bemerken wir, daß es zu bedeutenden Irrtümern in der Abfolge der Ereignisse bei späteren Textbearbeitungen gekommen sein muß.), der Redaktor wußte ganz einfach nicht, was er da bearbeitete:

„Sobald aber Mosche in das Zelt kam, stieg die Wolkensäule hernieder und stand am Eingang des Zeltes; dann redete er mit Mosche. ... ... Und der Ewige redete zu Mosche von Angesicht zu Angesicht, wie ein Mann zu seinem Freund redet; dann kehrte er in das Lager zurück; sein Diener aber, Jehoschua, Sohn des Nun, der Bursche, wich nicht aus dem Zelt."

Dieser Text steht in einem bemerkenswerten Gegensatz zum weiteren Text noch auf der gleichen Seite:

„Und er sprach: „Du kannst mein Angesicht nicht schauen, denn nicht schaut mich ein Mensch und lebt." Und der Ewige sprach: „Sieh, es ist Raum bei mir, stell dich auf den Felsen. Und es wird sein, wenn meine Herrlichkeit vorüberzieht, da bringe ich dich in die Kluft des Felsens und halte meine Hand vor über dir, bis ich

vorübergezogen bin. Wenn ich dann meine Hand entferne, so wirst du meine Rückseite schauen, aber mein Angesicht kann nicht gesehen werden."

Hier erhalten wir erneut ein Indiz dahingehend, daß es gar kein `Gesicht´ Gottes gab – was immer hier als `Gott´ vorgeführt wurde. Es war wahrscheinlich ein kleineres Landefahrzeug, das mit einigem Abstand an ihm vorbeizog. Aber nicht zu nahe, der kleine Sterbliche durfte nicht verletzt werden, man brauchte ihn noch. Moses durfte diesen `Gott´ immerhin von hinten sehen. Das Fahrzeug sah natürlich von vorne genau so aus, aber gerade das durfte Moses nicht wissen. Denn ein gesichtsloser `Gott´ hätte angesichts der Schöpfungsgeschichte („...*nach unserem Bilde...*"), die ja unter den Kindern Israel herumgeistern mußte - zusammen mit anderen sagenhaften Erzählungen aus der Urzeit - zu entsetzten Fragen und Zweifeln geführt. Machen wir uns nichts vor: Moses wurde schlicht beschwindelt. Es wurde ihm (zum wievielten Male?) ganz einfach Theater vorgegaukelt. Im übrigen war das Fahrzeug wahrscheinlich rund und hatte gar kein `vorne´ und kein `hinten´. Um ihn aber nicht gänzlich zu enttäuschen, durfte er immerhin die angebliche Kehrseite des `Herrn´ sehen, also des Fahrzeuges, – man gratuliert! Diese Aussagen beziehen sich aber auf ein Sehen des `Ewigen´ auf dem Har Karkom, nicht in der Stiftshütte, wo er den `Ewigen´ mit Sicherheit nie gesehen hat – wahrscheinlich aber oft (jedesmal?) eine holographische Gaukelei.

Dementsprechend lief das im vorhergehenden Absatz genannte Zusammentreffen in der Stiftshütte ganz anders ab, und zwar im dachlosen Erscheinungszelt mit der Mannamaschine, dem Allerheiligsten, dem hintersten Abschnitt der Gesamt-Stiftshütte; nicht etwa im überdachten Zelt der Bezeugung mit der Bundeslade, dem mittleren Abschnitt. Im hintersten Abschnitt konnte man, wenn Moses da eintrat, mit der Mannamaschine eine Dampfwolke erzeugen, sodaß es für die Unwissenden - und für den späteren Redaktor! - so aussah, als sei der `Ewige´ von oben herabgestiegen, um mit Moses persönlich zu reden, von Angesicht zu Angesicht. Falls da wirklich etwas an Moses mitgeteilt wurde, kann das nur von der Gegensprechanlage der Bundeslade aus dem Zelt der Bezeugung geschehen sein – der `Ewige´ war jedenfalls nicht anwesend, das wurde mit Hilfe der Dampfwolke (jedesmal?) vorgegaukelt. Es wird hier klar, wie absolut die Anordnungen aus der Stiftshütte als Gottesbefehl ausgegeben und auch von den Gläubigen - zunächst wohl nur die Leviten, später auch das gewöhnliche Volk - so angesehen wurden. Ob da überhaupt jedesmal von `oben´ wirklich etwas angeordnet worden war, oder ob Herr Moses sich so einiges ausdachte und es dann als `Befehl von oben´ ausgab, erfahren wir nicht[1]. Und da sollte der bedauernswerte Redaktor durchfinden; das war schlicht unmöglich. Kein Wunder, daß so vieles durcheinandergeriet.

Es kann der grundsätzliche Widerspruch zwischen der Aussage „ ... *denn nicht schaut mich ein Mensch und lebt.*" und dem häufigen Erscheinen des Herrn in der Stiftshütte in Form einer Holographie in der Wasserdampf-Wolke Moses nicht verborgen geblieben sein. Man möchte wissen, bis zu welchem Grade er den ganzen Riesen-Schwindel durchschaute und - notgedrungen? - mitmachte. Wie weit hatte man ihn aufgeklärt über die wahre Natur der `Gottesschau´ in der Stiftshütte?

[1)]Bei Jeremia 7, 22ff lesen wir (nach Tur-Sinai): *„Denn ich sprach nicht zu euren Vätern und befahl ihnen nichts am Tag, da ich sie aus dem Land Mizraim führte, wegen Hoch- und Schlachtopfern. Sondern dieses Wort befahl ich ihnen: `Hört auf meine Stimme! Dann will ich euch Gott sein, und ihr sollt mir Volk sein. Und wandelt ganz auf dem Weg, den ich euch gebiete, daß es euch wohlergehe´. ..* [so, so!]*.*"

Bald danach wird ein zweiter Satz Tafeln für die Zehn Gebote angefertigt.

„Es war nun am andern Tag, da sprach Mosche zum Volk: „Ihr habt eine große Sünde begangen; und nun will ich zu dem Ewigen hinaufsteigen, vielleicht kann ich Sühne erwirken für eure Sünde." Und Mosche kehrte zum Ewigen zurück und sprach: „Ach, eine große Sünde hat dieses Volk begangen, und sie haben sich Götter aus Gold gemacht! Und nun, wenn du doch ihre Sünde verzeihen wolltest! Wenn aber nicht, so lösche mich doch aus deinem Buch, das du geschrieben!" Da sprach der Ewige zu Mosche: „Wer gegen mich gesündigt hat, den werde ich aus meinem Buch löschen. Und nun geh hin, führe das Volk wohin ich dir gesagt habe; sieh, mein Bote wird vor dir herziehen, aber am Tag da ich bedenke, werde ich an ihnen ihre Sünden bedenken." Und es schlug der Ewige das Volk, weil sie das Kalb gemacht hatten, das Aharon gemacht hatte."

Mit der „große(n) Sünde" ist nicht etwa das Ermorden und die anschließende Leichenfledderei an den eigenen Stammes- und Familienmitgliedern im Lager gemeint – oh nein, mit solchen Kleinigkeiten gibt man sich `oben´ nicht weiter ab! Aber das goldene Kalb, das Aharon wahrscheinlich mit einem Machtwort hätte verhindern können – das war in den Augen der Extraterrestrier tödlich schlimm!

Das mit dem „*…bedenken…*" ist merkwürdig diffus – wie der gesamte Text dieses Absatz´; fiel den Extraterrestriern wirklich nichts konkreteres ein – mußten auch sie sich erst in die Rolle des `Gottes´ hineinfinden? Aber für alle Fälle wurde schon mal gedroht; immer nach der Devise von Zuckerbrot und Peitsche: `Wenn du nicht … … …, denk' daran, was ich damals schon verkündet habe´. Das konnte man so bei jeder Gelegenheit wieder aus der Schublade ziehen und tat es auch. Die glaubensbereiten und deshalb gleichermaßen auch zu jeder Art Schuldgefühl bereiten Kinder Israel würden darauf immer mit dem passenden schlechten Gewissen und mit schuldbeladener Unterwürfigkeit reagieren – wie alle monotheistisch glaubende Menschen bis auf den heutigen Tag! Dennoch: Das mit dem „*…bedenken…*" stimmt doch nachdenklich … war man auch `oben´ nachdenklich geworden?

Schließlich: Was war das für ein Buch, das der `Ewige´, also die Extraterrestrier, da geschrieben hatte? Gab es da eine Art `Polizeiliches Führungszeugnis´, das die wichtigsten Teilnehmer am Exodus verzeichnete, und in dem ihre `auffälligen

Taten´ verzeichnet waren; das Ganze vielleicht auf Computer gespeichert? Ein solcher Gedanke wäre nicht neu. Der Verfasser hat in seinem ersten Buch zur Prä-Astronautik darauf hingewiesen, daß die Extraterrestrier schon zur Zeit der Urväter (Adam, Eva, Henoch u. a.) möglicherweise nach genau dem gleichen Schema verfahren sind: auch dort waren wahrscheinlich die entscheidenden Personen - wenn auch aus ganz anderen Gründen - in einem `Herdbuch´ verzeichnet; war es hier, beim Wüstenzug, genauso?

Als eine Unklarheit von untergeordneter Bedeutung mag man schließlich die Formulierung von den „Tore(n) des Lagers" ansehen. Es war aber wohl nur so, daß man nach dem Vorbild der im Felde übernachtenden Hirten, das Lager mit einem Dornenverhau umgab, um Raubtiere vom Vieh fernzuhalten. Wir müssen bedenken, daß zu dieser Zeit Löwen, Leoparden und vielleicht auch Geparde (eventuell auch der Syrische Braunbär) im Übergangsbereich zwischen Afrika und der Arabischen Halbinsel vorkamen, also im Norden der Sinai-Halbinsel und im Süden der Negev-Wüste, zusammen mit Streifenhyänen und Goldschakalen; sie alle waren regelmäßig hungrig… ! Es war also sinnvoll, das Lager mit einer Art Dornenverhau zu umgeben. Die Lücken, die ein solcher Verhau haben mußte, sind hier wahrscheinlich als „Tor" bezeichnet. Von den genannten Großraubtieren gibt es heute nur noch sehr selten Leoparden in geeigneten Bereichen der Negev Wüste und eventuell auch vereinzelt auf der Sinai-Halbinsel, daneben auch Streifenhyänen und Goldschakale. Wir erfahren nicht, wie die Leviten, die ja in der Nähe der Stiftshütte lagern mußten, sich vor nächtlichem Raubtierbesuch geschützt haben. Möglicherweise wurden da Wachen aufgestellt, die mit ihrer Anwesenheit eine Doppelfunktion ausübten, denn sie beschützten ja gleichzeitig auch die ganze Anlage vor eventuellen nächtlichen Besuchen neugieriger Menschen.
Man schreitet schließlich zum Bau der Stiftshütte.

Der Bau der Stiftshütte wird vorbereitet
Aber was wurde da gebaut, warum und wofür? Man war schließlich auf einer anstrengenden Wanderung, die sich schon bis hierher, d. h. bis nach dem Har Karkom, nicht gerade als Spaziergang erwiesen hatte. Und nun sollte man da auch noch irgend etwas völlig unsinniges, unverstandenes mit größter Präzision mitten in der Wüste (d. h. in einer Akazien-Savanne) aus dem Nichts heraus herstellen, zusammenbauen, wieder abbauen und jedesmal mit größter Sorgfalt nach Erreichen eines neuen Zieles, einer neuen Wasserstelle, haargenau wieder so errichten wie – ja, wie es Moses oben auf dem Berg, beim `Ewigen´, also bei `Gott´, den Extraterrestriern, gezeigt worden war.

Dennoch, daß es Moses auf dem Berg von `Gott´ gezeigt worden war, ließ sofort jeden Zweifel und jeden Einwand verstummen – Gottesbefehl! Und da es sich um ein Gottesgeschenk handelte, das Moses auf dem Berg übergeben worden war, dem man nun ein Haus bauen sollte, ging man mit Feuereifer ans Werk. Und das war bemerkenswert genug: Zunächst wurden da Edelmetalle und auch edle Stoffe in Mengen zum Bau der Stiftshütte angefordert und auch willig geliefert. Wenn wir dem Bericht wortwörtlich glauben, mußte Moses dem Schenken schließlich sogar Einhalt gebieten, weil sie schon mehr hatten als für die ganze umfangreiche Anlage nötig war. Es war eine komplexe Anlage, nicht nur eine Hütte für das Gottesgeschenk. Wenn wir die Mengen ungefähr abschätzen, und an die nur sechshundert Familien denken, dann kommen wir unweigerlich zu dem Schluß, daß da nicht gerade ein Häuflein armer Schlucker beim Exodus aus Mizraim sich verabschiedet hatte. Dazu hatten sie noch so viele goldene und silberne Geräte und wertvolle Kleider bei ihren ägyptischen Nachbarn ausgeliehen, daß der Text fortfährt: „...*so räumten sie Mizraim aus.*" (s. o.).

Das alles stand jetzt für die Stiftshütte und für die äußere Schutzwand zur Verfügung, die sie wie eine Schale umgab. Es tut sich da aber noch ein ganz anderer Gedanke auf: Wie hatten sie das alles beim Durchqueren des Schilfmeeres mitnehmen können? Anders als die Baumstämme, von denen wir gleich mehr hören werden, konnte man diese Dinge unmöglich an Ort und Stelle gewinnen. Auch die Hilfe von eventuell dort schon ansässigen Verwandten der Ausgezogenen ist in diesem Fall nicht möglich. Denn, falls es solche dort gab - wir erfahren nichts davon -, wären die doch wohl nicht bereit gewesen, so viele und so wertvolle Dinge hinzugeben für eine Sache, von der sie nichts wußten und an der sie nichteinmal beteiligt sein würden; und vom endlosen Palaver um solche Schenkungen, wenn sie denn stattgefunden hätten, wäre sicher etwas auf uns gekommen. Nein, man wird das alles aus Ägypten mitgenommen und eventuell auf Wagen gefahren haben. Daß solche Wagen - wohl eher kleine, primitive Karren - mit den dafür nötigen Zugtieren in der Tat bei den wohlhabenden Juden, den Fürsten Israels, bekannt waren, werden wir später im Text erfahren. Das alles unterstreicht unsere oben geäußerte Vermutung, daß da überwiegend eine kleine, wohlhabende Elite aus Ägypten nach Kanaan geführt wurde; das übrige Volk und das Fremdgemisch waren wohl eher ein notwendiges Übel – schließlich brauchte man ein paar dienstbare Hände und auch Hirten für das Vieh.

Es mußte also eine Wohnung für den `Herrn´ gebaut werden, die Stiftshütte. Dabei traten zwei unabweisliche Probleme auf, denen man sich stellen mußte: Einerseits war die Hütte so zu errichten, daß zwar die Bevölkerung sich ihre Manna-Ration täglich abholen konnte, ohne den eigentlichen Produzenten des `Himmelsbrotes´ jemals zu Gesicht zu bekommen; andererseits mußte die Maschine aber auch ständig gewartet werden von dafür ausgebildeten Spezialisten, Moses, Aharon und einigen Leviten. Auch die übrigen Gerätschaften und der Altar waren zu versorgen, und die komplizierten Opferhandlungen konnten auch nur entsprechend instruierte Männer vornehmen: Mit Übergabe der Mannamaschine war der Bau der Stiftshütte eine unausweichliche Konsequenz, und beide gemeinsam würden das Entstehen des Priestertums und der `Religion´ als ebenso unausweichliche Folge nach sich ziehen – ob gewollt oder nicht.

Der äußere Sichtschutz, der Hof der Wohnung
Es gab da dann noch ein ganz anderes Problem, das - natürlich - von den späteren Redaktoren, den Religionsmachern, unterdrückt wurde: Moses und seine Begleiter brachten vom Berg Sinai, dem Har Karkom, einen seltsamen Gegenstand mit, ob zerlegt oder als vollständig montierte Einheit, muß offen bleiben (sehr wahrscheinlich aber doch zerlegt, wie aus zahlreichen Textstellen hervorgeht, s. u.): das Gottesgeschenk, die Mannamaschine. Sie würde rasch zum alles beherrschenden ´Herrn´ im Lager werden. Aber: wo war sie während Moses die Stiftshütte mit all ihren komplizierten Gerätschaften herstellte beziehungsweise herstellen ließ? Daß sie völlig frei ´draußen herumstand´, ist kaum vorstellbar. Andererseits mag eine gewisse Zeit zwischen der ersten Rückkehr vom Berg Gottes und der zweiten - mit den neu geschriebenen Gesetzestafeln - verstrichen sein; die ersten hatte er ja in Wut über den raschen Abfall zertöppert (ein Abfall unter Aharons Duldung, wenn nicht gar Anleitung – wir wollen das nicht vergessen, die Extraterrestrier würden es auch nicht vergessen!). Wer garantiert uns dafür, daß nicht zwischen der ersten ´Bergbesteigung´ und der zweiten ein Teil der zu verfertigenden Hütte schon hergestellt war? In diesem Fall konnte er bei der zweiten Rückkehr die dann mitgeführte Mannamaschine im wahrscheinlich schon vorhandenen inneren Zelt der Stiftshütte notdürftig verschwinden lassen. Auch konnte man sie im Durcheinander der in Arbeit befindlichen Gegenstände und der vielen beschäftigten Leute bei einem späteren Abstieg unauffällig im schon fertigen Zeltabschnitt vorübergehend unterstellen. Ja, das ganze (spätere) Abstiegsereignis mit der wahrscheinlich zerlegten und sorgfältig verpackten, also auch verborgenen, Mannamaschine, die von sechs bis zehn Leviten an Tragestangen getragen wurde, ließ sich im Gewusel des Hüttenbaus, der Stoffzubereitung für die vielen Vorhänge und der übrigen Tätigkeiten (man hatte auch die Tierherde zu bewachen) unauffällig durchführen; es gab wegen der Verpackung der Einzelteile der Mannamaschine ja auch nicht viel zu sehen. Auch gab es die Möglichkeit, beim entscheidenden Abstieg mit der Maschine einen abgelegenen Weg ´hinten herum´ zu wählen. Schließlich ist es möglich, daß schon jetzt, beim Anfertigen der Stiftshütte und allem, das zu ihr gehören sollte, im gehöriger Abstand (später ca. 1 000m) zum übrigen Lager ein Zelt errichtet wurde – kurz, es war das unauffällige Unterbringen der Mannamaschine auch in der Übergangsphase bis zu ihrem endgültigen Verschwinden im Allerheiligsten der dann fertigen Gesamt-Stiftshütte keine unlösbare Aufgabe.

Wie immer die Wanderung werden würde - und niemand konnte sich das hier am Har Karkom schon jetzt vorstellen - man hatte zunächst eifrig zu arbeiten. Da wurden nicht nur alle möglichen Webarbeiten und Metallgießereien ausgeführt, nein, man hatte da erst einmal ganz einfach etwas zu bauen. Man baute an einer größeren Holzhütte, die ihrerseits von einer Umfassungswand umgeben sein sollte.

Wie oben angekündigt, werden wir hier nur einzelne verräterische Anordnungen und Gegebenheiten näher erläutern, die nicht nur über den späteren Sinn der ganzen Anlage Auskunft geben, sondern auch über das Umfeld in dem man sich da befand – wenn auch oft nur indirekt. Hauptpunkt bleibt natürlich auch hier der Versuch, den wahren Sinn hinter den oft verschleiernden Texten zu entdecken:

Wozu das Ganze – Was war da verborgen?

Wir wollen uns von außen nach innen vorarbeiten. Da war zunächst als Umgrenzung der inneren Anlage, der Wohnung, eine äußere Wand. Der Sinn dieser Wand bestand ganz offensichtlich darin, den Blick auf die im Innern befindliche eigentliche Hütte, die sogenannte Stiftshütte, zu verhindern. Diese äußere Umgrenzung sah so aus:

„Und du sollst den Hof der Wohnung machen auf der Südseite nach Mittag zu, Umhänge zum Hof aus gezwirntem Byssus, hundert Ellen lang, für die eine Seite, und seine zwanzig Säulen mit ihren zwanzig Sockeln, aus Kupfer; die Haken der Säulen und ihre Ringe aus Silber. Ebenso auf der Nordseite entlang, Umhänge, hundert Ellen lang, und ihrer Säulen zwanzig und ihrer Sockel zwanzig aus Kupfer; die Haken der Säulen und ihre Ringe aus Silber. Und die Breite des Hofes auf der Westseite fünfzig Ellen Umhänge; ihrer Säulen zehn und ihrer Sockel zehn. Und die Breite des Hofes auf der Ostseite nach Sonnenaufgang fünfzig Ellen; und fünfzehn Ellen Umhänge auf der (einen) Flanke, ihrer Säulen drei und ihrer Sockel drei; und auf der anderen Flanke fünfzehn (Ellen) Umhänge, ihrer Säulen drei und ihrer Sockel drei. Und für das Tor des Hofes einen Vorhang von zwanzig Ellen aus blauem und rotem Purpur, Karmesin und gezwirntem Byssus, Buntwirkearbeit; ihrer Säulen vier und ihrer Sockel vier. Alle Säulen des Hofes ringsum silbern beringt, ihre Haken von Silber und ihre Sockel von Kupfer. Die Länge des Hofes sei hundert Ellen, und die Breite fünfzig gegen fünfzig, und die Höhe fünf Ellen, von gezwirntem Byssus, und ihre Sockel aus Kupfer für alle Geräte der Wohnung, für allen ihren Dienst; und alle ihre Pflöcke und alle Pflöcke des Hofes seien Kupfer."

Man hatte also eine Menge Erz dabei, Kupfer; das Edelmetall (hier Silber) wird man wohl schon aus Ägypten mitgenommen haben, man hatte ja das Land `ausgeräumt´! Aber das ist nicht das Problem; auch die vielen - für damalige Zeiten - kostbaren Stoffe hat man wohl kaum alle an Ort und Stelle verfertigt. Und wenn doch - zumindest die Bemerkung „Buntwirkearbeit" läßt auf Webarbeiten vor Ort schließen -, so muß man den Löwenanteil des Garns für die Stoffe aus Ägypten schon mitgebracht haben; von den umherziehenden Beduinen konnten die Kinder Israel solche wertvollen Dinge in so großer Menge wohl kaum erwerben; oder hat man die mitgeführten Schafe geschoren und das Garn nach dem Spinnen gefärbt?

Ein wirkliches Problem, schon des Gewichts wegen, waren die Metalle, vor allem das viele Kupfer. Hat man das alles von Ägypten her mitgeschleppt, oder gab es in der näheren Umgebung Kupfergruben? Wir dürfen nicht vergessen, daß wir uns in der Endphase der Bronzezeit befinden, das bergmännische Gewinnen und das Verarbeiten von Kupfer war etwas Alltägliches – bezeichnenderweise ist von Eisen nirgendwo die Rede. Auch mit dem Ausdruck „Erz" ist nur `Metall´ (Kupfer und/oder Bronze) gemeint, nicht aber Eisen, das die Kinder Israel erst unter David würden zu bearbeiten lernen – von den Philistern!

Schon die äußere Umgrenzung war nicht nur ein Sichtschutz, dazu war sie errichtet worden; sie war unweigerlich auch ein Hinweis auf das Einzigartige, das sich dahinter verbergen mußte. Insofern war jeder Versuch, das Ungeheuerliche, das sich da anbahnte, durch wie auch immer geartete Maßnahmen zu verbergen, eben auch das Eingeständnis: Hier geschieht Unfaßbares, und wir sind entschlossen, es vor aller Welt zu verbergen! Zumindest mußte es den Kindern Israel so vorkommen, aber auch den nomadisierenden Beduinen in der Umgebung. Daß es die auch gab, ist bekannt, denn Moses hatte ja während seines Wüstenaufenthalts, als er vor den Ägyptern hatte fliehen müssen, bei Beduinen sich aufgehalten und eine ihrer Töchter geheiratet. Er muß gewußt haben, daß man nicht nur im Lager, sondern auch in der weiteren großräumigen Umgebung tuschelte, munkelte und rätselte. Insofern wird die Ankunft seines Schwiegervaters vielleicht nur stellvertretend für viele andere Besuche der Beduinen berichtet, die auch kamen und viele, (viele!), Fragen stellten. Als regionale Gesamtwirkung dürfen wir unterstellen, daß die aufwendige Konstruktion, die den Hochbetagten und die zahlreichen weiteren Gerätschaften verbergen sollte, Neugierige magnetisch anziehen mußte: Die außerhalb der Umfassungswand befindlichen Leviten waren als Wache, d. h. als weiterer Schutzwall für die Gesamt-Anlage sehr nötig!

Auch uns, soweit wir durch die Erkenntnisse der modernen Prä-Astronautik noch nicht aufgeklärt sind, muß unweigerlich der Verdacht kommen, daß da ganz Außerordentliches hinter diesem Sichtschutz sich verbarg; und entsprechend außerordentlich müssen wir bereit sein hinzuzulernen bei der untersuchenden Analyse und Deutung des Gesamtereignisses `Exodus´. Es lohnt sich, den Geist für himmelsstürzende, neue Erkenntnisse zu öffnen:

Unsere Menschenwelt, unser Leben und unsere ganze Geschichte werden anschließend nicht mehr so sein wie vorher!

„Mosche aber nahm das Zelt und schlug es sich außerhalb des Lagers auf, entfernt vom Lager, und nannte es Erscheinungszelt; und jeder, der den Ewigen suchte, mußte nach dem Erscheinungszelt hinausgehen, das außerhalb des Lagers war. Und wenn Mosche nach dem Zelt hinausging, stand das Volk auf, und jeder blieb am Eingang seines Zeltes stehen und schaute Mosche nach, bis er in das Zelt kam. Sobald aber Mosche in das Zelt kam, stieg die Wolkensäule hernieder und stand am Eingang des Zeltes; dann redete er mit Mosche. Und alles Volk sah die Wolkensäule am Eingang des Zeltes stehen, und alles Volk stand auf, und sie warfen sich nieder, jeder am Eingang seines Zeltes. Und der Ewige redete zu Mosche von Angesicht zu Angesicht, wie ein Mann zu seinem Freund redet; dann

kehrte er in das Lager zurück; <u>sein Diener aber, Jehoschua, Sohn Nuns, der Bursche, wich nicht aus dem Zelt</u> [vom Verf. hervorgehoben]."

Man möchte aus der Formulierung: „*Mosche aber nahm das Zelt und schlug es sich außerhalb des Lagers auf, entfernt vom Lager …*" schließen, daß das Verfertigen all der vielen Einzelteile, die da nötig waren für das Haus des Herrn im eigentlichen Lager, also mitten unter den übrigen Kindern Israel geschah. Ob da wirklich niemand gefragt hat, wofür das alles war; und was wird Moses geantwortet haben? Leider erfahren wir darüber nichts.

Der Hof mit dem anschließend beschriebenen Erscheinungszelt wurde also weit außerhalb des Lagers errichtet. Es ist immerhin bemerkenswert, daß trotzdem (oder eben deshalb?) grundsätzlich ein zuverlässiger Diener, der Bursche, nicht aus dem Zelt wich, denn Moses selbst wohnte im Lager bei den Anderen, und mußte also auch jedes Mal, wenn er im Erscheinungszelt (der Gesamt-Stiftshütte) etwas zu verrichten hatte, nach diesem hinausgehen. Das war psychologisch recht geschickt, denn wenn er dauernd draußen im Erscheinungszelt (d. h. in der Stiftshütte) gewohnt hätte - Platz war da ja im Hof genug - dann wäre der psychologische Abstand zwischen dem Volk im Hauptlager und ´denen da draußen, in der Hütte´ zu groß geworden. Gar zu leicht hätten die Kinder Israel sich als eine Gemeinschaft empfinden können, die mit der Stiftshütte und ihren Vorgängen ´da draußen´ nichts gemein hatte. Das Empfinden, die ganze Geschichte um den ´Ewigen´ als Fremdkörper aufzufassen, der sie nichts anging, nicht Teil ihres Lebens war, wäre leicht zur Gewohnheit geworden. So aber ging der wichtigste Mann bei der ganzen Geschichte, Moses, der auch im Hauptlager anwesend war und dort mit ihnen zusammenlebte, hinaus zum Dienst an den ´Ewigen´; wie sie selbst es auch taten, wenn sie sich ihre Mannaration abholen mußten.

Aber was hatte der Diener, der *nie* aus dem Zelt wich, da so konsequent zu tun, zu – bewachen? Als körperlicher Schutz für die Einrichtung kann er als Einzelperson nicht gedient haben; dazu wäre eine größere Truppe nötig gewesen, die später, auf der Wanderung, in Gestalt der Leviten in der Umgebung der Stiftshütte tatsächlich auch Stellung bezog. Seine Funktion kann wirklich nur ein Bewachen des Inneren gewesen sein. Dabei bleibt es offen, ob er das Allerheiligste betreten, die Mannamaschine also sehen durfte (wohl eher nicht), oder ob er nur von der Hütte der Bundeslade aus, dem Zelt der Bezeugung, auf den Eingang zum Allerheiligsten achten mußte (das wohl eher).

Die Stiftshütte und das Lager
Da die Beschreibung der Stiftshütte bereits in „Gottes Sturz aus dem Himmel" vorgelegt wurde, und sie auch im AT detailliert nachzulesen ist, soll sie hier nicht wiederholt werden. Es seien aber auch hier einige Details von grundlegender Bedeutung erläutert.

Da ist zunächst zu bemerken, daß die Anlage insgesamt nach dem Zwiebelschalenprinzip gestaltet war und somit hermetisch von der Öffentlichkeit, dem übrigen Lager der Kinder Israel und eventuellen neugierigen Beduinen, abgeschirmt war; und das, obwohl das eigentliche Lager zusätzlich ca. 1 000m von der Hütte entfernt sich befand. Zum Schutz lagerten außen herum die Angehörigen des Stammes Levi, die die äußerste Zwiebelschale bildeten: „ ... *und rings um die Wohnung sollen sie lagern.*" Damit war das eigentliche Lager mit seinen Bewohnern psychologisch eine völlig eigenen Welt für sich; eine Gegebenheit, die auf das Verhältnis der Kinder Israel zu der `da draußen´ entstehenden Religion sich abzeichnen mußte. Es war nicht nur die Religion so gänzlich fremdartig und unverständlich, es war auch der Abstand der `gewöhnlichen´ Menschen im Gelände zu der Gesamt-Stiftshütte, dem zukünftigen Religionszentrum, menetekelhaft: Sie würden von nun an dazu verurteilt sein, dieser fremden Hütte mit ihrer fremden, nicht nachvollziehbaren Religion hinterher zu trotten, man würde ihnen diese Religion, an deren Entstehen sie keinen Anteil hatten, als Fremdkörper, gleichsam als Gasmaske überstülpen gegen die `Gase´ des alltäglichen (tatsächlichen!) Lebens. Sie würden dabei nicht begreifen, wozu das Ganze diente. Dennoch, wer sich sträubte oder womöglich eigene Gedanken dazu hatte – Ketzer. An dieser Grundsituation hat sich bei den meisten monotheistischen `Religionen´ bis heute nicht viel geändert: Die eigentliche Religion ist eine Angelegenheit der Elite, der studierten Theologen geblieben – für das `gewöhnliche´, nichtstudierte Volk blieb und bleibt sie ein durch Auswendiglernen eingeübter Fremdkörper im Leben und im Lebensverständnis der Menschen; sie blieb und bleibt mit ihren Ritualen ein Vorgang, der sich `weit draußen´ abspielt, d. h. weit außerhalb ihres alltäglichen Lebens – wie weiland bei den Kindern Israel `draußen in der Hütte´, der Wohnung des unbekannten und unverstandenen Gottes, der so absolut unsichtbar bleiben wollte, obwohl er mit seinem Manna doch ständig anwesend war.

Die Stiftshütte
Nun aber wollen wir uns das ansehen, das da von dieser bemerkenswert aufwendigen Umgrenzung so großräumig und so auffällig konsequent gegen die Umwelt und gegen neugierige Blicke abgegrenzt wurde, die eigentliche Stiftshütte (nach Tur-Sinai):

„Und man fertigte die Bretter zur Wohnung aus Akazienholz, aufrecht stehend; zehn Ellen war die Länge eines Brettes und eineinhalb Ellen die Breite eines Brettes. Zwei Zapfen waren an einem Brett, untereinander verbunden; so machte man es an allen Brettern der Wohnung. Und von den Brettern der Wohnung fertigte man zwanzig an für die Südseite, gegen Mittag. Und vierzig silberne Sockel brachte man unter den zwanzig Brettern an, zwei Sockel unter einem Brett für seine beiden Zapfen, und zwei Sockel unter je einem Brett für seine beiden Zapfen. Und für die andere Seite der Wohnung, für die Nordseite, fertigte man zwanzig Bretter an. ... Und für die Hinterwand der Wohnung, nach Westen hin, fertigte

man sechs Bretter an. Und zwei Bretter fertigte man an für die Winkel der Wohnung an der Hinterwand. Diese paßten unten genau zusammen, und oben liefen sie zusammen in den einen Ring aus. So machte man es bei beiden, an den beiden Winkeln. So waren es acht Bretter und ihre silbernen Sockel, sechzehn Sockel, je zwei Sockel unter einem Brett."

Es wurden also an den Ecken, an denen die Holzwände zusammentrafen, nochmals gesondert winkelförmige Bretter angebracht, die jeden unbefugten Blick definitiv unmöglich machten. Solche Winkel bilden bei zusammenstoßenden einzelnen hölzernen Bauteilen - besonders wenn das Holz austrocknet - leicht offene Fugen, durch die man hätte hindurchlinsen können; das sollte offensichtlich um jeden Preis vermieden werden. Ein so konsequentes Abschirmen von der Umwelt ist fast schon als fanatisch zu bezeichnen – warum das alles?

Es stehen da aber noch andere interessante Dinge! Da ist nicht nur ständig von der „Wohnung" die Rede – wer um alles in der Welt sollte in dieser so sorgfältig gebauten hölzernen Behausung denn `wohnen´? Moses wohnte ausdrücklich mit den anderen im Gesamtlager, wie wir oben erfahren haben; gleichzeitig „... *(wich) der Bursche, nicht aus dem Zelt.*", also der `Wohnung´! Und dann der Aufwand mit dem Gold und dem Silber, was war das für ein Gott, der da `wohnen´ sollte – was war da verborgen? Und das Wort „wohnen" sagt ja auch noch aus, daß dort ein lebendiges Wesen hausen mußte, denn nur ein solches `wohnt´ irgendwo; ein toter Gegenstand `befindet´ sich irgendwo, aber er `wohnt´ nicht. Wir werden im dritten Teil erfahren, wenn wir diesem `Gott´ begegnen, daß selbst seine unmittelbaren Diener sich nicht sicher waren, ob sie es mit einem lebendigen `Gott´, also einem Lebewesen, oder einem toten Objekt, also letztlich einem Idol zu tun hatten.
Das ist denen nie ganz klar geworden!

Einen bemerkenswerten Hinweis ganz anderer Art enthält die Information, daß man Bretter aus Akazienholz verfertigte: zehn Ellen (also ca. 5m) lang und eineinhalb Ellen (also ca. 75cm) breit. Wo hatte man dieses Holz her? Man wird die Bretter unmöglich schon von Ägypten mitgeschleppt haben, das hätten wir irgendwo erfahren. Bleibt nur die Möglichkeit, daß man die Bretter an Ort und Stelle aus dort gefällten Bäumen verfertigte. Man bedenke: die Bäume mußten so groß sein, daß pro Baum mindestens ein Brett von ca. 5m Länge und ca. 75cm Breite angefertigt werden konnte. Von Brettern, die aus schmaleren Einzelbrettern zusammengefügt wurden, erfahren wir nichts; das würde man wahrscheinlich auch nicht akzeptiert haben, denn da konnten Nähte zwischen den einzelnen Teilbrettern entstehen, durch die ein Unbefugter womöglich im Verlaufe der Zeit, wenn das Holz mehr und mehr austrocknete, hätte einen neugierigen Blick werfen können. Es mußten also Bäume gefällt werden von bedeutendem Umfang und von entsprechender Höhe. Heute wachsen keine Bäume mehr in der Umgebung des Har Karkom – in den Trockentälern bestenfalls Gras, Kräuter und kümmerliches Gestrüpp. Das Klima muß also doch wohl erheblich feuchter gewesen sein als heute – das gilt so übrigens für das ganze Nordafrika, das noch zur Römerzeit -

über Tausend Jahre später - eine Kornkammer Roms war. Wohl nur deshalb war das Mitführen auch der Viehherden möglich – wie umfangreich die immer auch gewesen sein mögen.
Nach dem Anfertigen der Bretter mußte man für deren Aufrichten noch weitere Vorsorge treffen:

„Dann verfertigte man Querhölzer aus Akazienholz, fünf für die Bretter der einen Seite der Wohnung und fünf Querhölzer für die Bretter der anderen Seite der Wohnung und fünf Querhölzer für die Bretter der Hinterwand der Wohnung nach Westen hin. Und das mittlere Querholz fertigte man an, daß es innerhalb der Bretter von einem Ende bis zum anderen quer durchlief. Und die Bretter überzog man mit Gold, und die Ringe dazu verfertigte man aus Gold, als Behälter für die Querhölzer, und auch die Querhölzer überzog man mit Gold."

Bretter und Querhölzer wurden alle mit Gold überzogen, das schützte sicher vor schnellem Verfaulen des Holzes – wenn es sorgfältig geschah. Auch verlieh es dem `Haus´ und den Gegenständen des `Hauses´ natürlich ein ganz besonderes Ansehen. Aber man konnte das Gold nicht so extrem dünn ausplatten, wie heutiges Blattgold, das meist ein zehntausendstel Millimeter dick ist; zur Zeit der Römer war Blattgold etwa ein dreihundertstel Millimeter dick. Es sind auch noch die zahlreichen Gefäße aus Gold hinzuzuzählen, die man goß. Man hatte also reichlich Gold aus Ägypten herausgebracht, als man es „ausräumte".

Interessant ist auch die Sonderanfertigung des mittleren Querholzes: es lief von einem Ende zum anderen quer durch. Und es verlief „innerhalb" der Bretter; man möchte meinen, daß es an der Innenseite der Bretterwand verlief, was nur bedeuten kann, daß die übrigen Querhölzer außerhalb der Bretterwand angebracht waren. Sie waren also von außen zugänglich, das ganz durchlaufende Haupt-Querholz dagegen nicht. Ob es sich bei diesem Holz wirklich um einen durchlaufenden Balken aus einem Stück handelte? Der müßte dann ja ca. 15m lang gewesen sein, und die Akazien, aus denen solche Querhölzer geschnitten wurden, müßten entsprechend hohe Bäume gewesen sein.

Daß man die ganz durchlaufenden Querhölzer innen anbrachte, war wohl eine Vorsichtsmaßnahme: Wer immer von außen her sich an diesen Hölzern zu schaffen machte, um einen neugierigen Blick tun zu können, würde spätestens beim inneren Querholz auf unüberwindliche Hindernisse stoßen, denn es war für ihn nicht erreichbar. Und es war auch nicht möglich, einen Teil der Bretterwand mit dem innenliegenden Querholz umzulegen oder zur Seite zu biegen, denn es ging ja (zusammenhängend, aus einem Stück?) auf ganzer Länge „quer durch".
Wir erfahren übrigens nichts über eventuelle zusätzliche Säulen, die den Bretterwänden eine größere Standfestigkeit gegeben hätten. Es scheint sie nicht gegeben zu haben, sonst hätte man sie sicher nicht verschwiegen. Daß die Ringe als „Behälter" für die Querhölzer bezeichnet werden, könnte zu Mißverständnissen

führen: Es kann nur gemeint sein, daß die Querhölzer durch diese Ringe gesteckt wurden, diese die Hölzer also gleichsam beinhalteten.

Die drei Abschnitte der Stiftshütte

Die eigentliche Gesamt-Hütte hatte drei hintereinanderliegende Abschnitte. Sie erinnert damit an eine Abschnittsburg des europäischen Mittelalters; und auch ihre von ʼvorneʼ (vom Eingang) nach ʼhintenʼ (dem Allerheiligsten) gestaffelte Schutzfunktion ist mit einer solchen vergleichbar. Wer unbefugt von außen her in das Allerheiligste eindringen wollte, mußte also zunächst die Zwiebelschalen des äußeren Schutzʻ durchdringen und traf dann auf eine Abschnittsburg, deren mehrere (zwei) vorgelagerte Räume mit ihrem Dienstpersonal (Priester, d. h. Leviten) er auch zu überwinden hatte, bevor er in das Allerheiligste, den dritten Abschnitt, eindringen konnte. Die im Allerheiligsten befindliche Mannamaschine war also durch das Gesamtkonzept der Außenumgrenzungen und der als Abschnittsburg gestalteten Stiftshütte optimal geschützt. Dieser extreme Schutz hätte eigentlich auch schon vor ʼEntdeckenʼ der Mannamaschine durch Sassoon und Dale im Text des Sohars zu der einen entscheidenden Frage führen müssen: „Um alles in der Welt, was wurde da so überperfekt verborgen – und warum?" Ob wirklich niemand je diese Frage gestellt hat?

Es gab zwischen dem Abschnitt „Erscheinung" [dem Allerheiligsten mit der Mannamaschine] und dem überdachten Mittelabschnitt „Bezeugungszelt" [mit der eigentlichen Bundeslade und der Kapporet über bzw. auf ihr und dem brennenden Licht] einen Doppel-Vorhang und zwischen diesem Abschnitt und dem Vorhof ebenfalls einen weiteren Vorhang, sodaß die ganze Stiftshütte in drei Abschnitte unterteilt war. Trotz dieser konsequenten Abtrennung, besonders des zweiten und des dritten Abschnitts, standen alle drei Abschnitte im ständigen Austausch miteinander: Aus dem Allerheiligsten kam das Manna, das im Mittelabschnitt von den Erntemännern des Heiligen Feldes entgegengenommen wurde. Diese reichten es zum äußeren Abschnitt weiter, wo es entweder direkt von der Gemeinde in Empfang genommen, oder von untergeordneten Priestern (einfache Leviten?) nach ʼdraußenʼ weitergegeben wurde. Es standen also alle drei Abschnitte miteinander in ständiger Verbindung, und kein Abschnitt alleine hätte im Sinne des Gesamtvorhabens ʼManna-Übergabe (und Religionsbegründung)ʼ wirksam werden können.

Die Untergliederung der Gesamt-Stiftshütte in drei Abschnitte wird auch von Flavius Josephus berichtet (s. u. und Abb. 7 u. 8; und Abb. 9 im ersten Buch des Verfassers):

Erster (vorderster) Abschnitt: eventuell zugänglich für die Manna-Abholer aus dem Volk; mit Sicherheit zugänglich für einfache Priester/Leviten, für die ʼErntemänner des Heiligen Feldesʼ und für die Bedienungsmannschaft der Mannamaschine, also für alle; ohne Dach. Dort stand der Altar, auf dem Tag und Nacht ein (Opfer)-Feuer zu brennen hatte. Das lenkte natürlich von der Rauch- und

Feuerwolke der Mannamaschine ab, weiter hinten, im Allerheiligsten (das war wohl einer der beiden Gründe für das permanente Feuer auf ihm): Das galt natürlich besonders, wenn man den Altar etwa mittig platzierte, sodaß er für die ankommenden Gläubigen ungefähr in der Sichtachse hin zum Allerheiligsten stand. Es wird nicht klar, ob dieser Bereich wirklich ein Abschnitt der Gesamt-Hütte war, oder ob es sich um einen breiteren Vorhof handelte (siehe Abb. 7 u. 8). Auf Abb. 9 im ersten Buch des Verfassers ist dieser Abschnitt als breiter Vorhof dargestellt.

Zweiter (mittlerer) Abschnitt, das eigentliche Zelt (also mit Dach) als Ort der *Bezeugung*, also des Sprechens, des Befehlens `von oben´, aber auch wahrscheinlich des ständigen Abhörens: zugänglich vielleicht nur für die Priester, die aus dem Allerheiligsten die Omer-Gefäße entgegennahmen bzw. wieder zurückgaben, also für die `Erntemänner des Heiligen Feldes´. Auch die Bedienungsmannschaft der Mannamaschine durfte diesen Abschnitt natürlich betreten; selbstverständlich auch Moses und Aharon. Dort stand u. a. die Bundeslade mit der Gegensprechanlage und dem Abhörgerät (insgesamt, der Kapporet). Nachts brannte dort auch ein Licht. Dieses Licht beweist die Existenz des Daches, das als Wind- und Regenschutz zu dienen hatte. Das Licht hatte dort zu brennen, um beim Durchschreiten dieses Raumes ein eventuelles Kollidieren mit der Bundeslade und ihrer (stoß)-empfindlichen Elektronik zu vermeiden; auch hätte vollständige Dunkelheit in diesem Abschnitt Neugierige womöglich auf Ideen gebracht. Es ist nicht gesagt, ob „der Bursche" auch während der Tätigkeit der `Erntemänner des Heiligen Feldes´ Wache hielt, oder ob er während dieser in den ersten Abschnitt hinausgehen mußte.

Dritter (hinterster) Abschnitt: zugänglich nur für die Bedienungsmannschaft der Mannamaschine (Moses, Aharon, ihre Söhne und wahrscheinlich auch einige wenige andere Spezialisten aus dem Stamme Levi, die mit der Mannamaschine, dem Hochbetagten, umzugehen wußten und ihn sehen durften). Dort stand die Mannamaschine, deshalb konnte dieser Abschnitt *kein* Dach haben; es war der Ort der *Erscheinung*. Dieser Name leitet sich wahrscheinlich von der Tatsache ab, daß das Erscheinen des Herrn grundsätzlich von einer Dampfwolke in diesem Abschnitt vorgetäuscht wurde, evtl. zusammen mit einer holographischen Projektion des `Herrn´, s. u.; d. h. das Ganze war (jedesmal) Hokuspokus! Eine solche Wolke konnte aber nur von der Mannamaschine erzeugt werden. Ein anderes Erscheinen des `Herrn´ (heiliger Engel und/oder Androide) war in den engen Verhältnissen der Stiftshütte gänzlich unmöglich, wie sowohl die Beschreibung der Landung des `Ewigen´ auf dem Har Karkom (Großrakete) als auch die der Landung des Weltraum-Landefahrzeugs bei Ezechiel belegen. Bewiesen wird dieser Umstand indirekt auch durch das nahezu unmittelbare Eintreffen des `Ewigen´, d. h. der Hokuspokus-Wasserdampf-Wolke, mit oder ohne Holographie, im Erscheinungszelt, das eben deshalb so genannt wurde. Wie hätten die Extraterrestrier sonst innerhalb so kurzer Zeit, quasi momentan, anwesend sein können? Das Erscheinen des Herrn *kann* nur eine Täuschung, d. h.

eine vermutlich holographisch unterstützte Gaukelei im Erscheinungs-Abschnitt der Gesamt-Hütte, dem Allerheiligsten, gewesen sein. Das Erscheinen weist ebenfalls darauf hin, daß dieser Abschnitt in der Tat kein Dach haben *konnte* – denn wie hätte anderenfalls die Erscheinung, d. h. die Wasserdampf-Wolke, von außen her für die Gemeinde (durch das Dach hindurch) stattfinden, d. h. als Erscheinen der `Herrlichkeit Gottes´ oder des `Ewigen´ sichtbar sein können?!

Wer unbefugt den dritten Abschnitt zu betreten versuchte, riskierte sein Leben; und wer gar unbefugt eintrat, verlor es auf der Stelle (durch den `Tyrannen´, s. u., Teil III). Wir erfahren nicht, ob es dort ggfs. auch von Menschenhand Hinrichtungen an Unbefugte gab, die neugierig oder ganz einfach unvorsichtig waren und zuviel gesehen hatten (siehe dazu unten, die Söhne Kehats).

Eine zusätzliche Bestätigung erhält die Vermutung zur Untergliederung der Stiftshütte in drei Abschnitte durch die entsprechende Beschreibung bei FLAVIUS JOSEPHUS, der in seinen „Jüdische Altertümer" dazu schreibt (übersetzt nach H. CLEMENTZ):

„Im Innern war die Hütte der Länge nach in drei Teile geteilt. Zehn Ellen vom Ende ab standen, wenig voneinander entfernt, vier Säulen, ... Der hinter diesen Säulen befindliche Raum war das Allerheiligste; der übrige Raum der Hütte war den Priestern zugänglich. ... . Denn das hinter den vier Säulen liegende Drittel, welches auch die Priester nicht betreten durften [sic!]*, war ein Bild des Himmels. Der zwanzig Ellen lange Raum, der nur den Priestern zugänglich war, ..."*

Wenn das Allerheiligste nicht einmal die Priester betreten durften, wer durfte es dann betreten? – doch wohl nur die Bedienungsmannschaft für die dort befindliche Mannamaschine. Davon hat aber auch Flavius Josephus sehr wahrscheinlich nichts gewußt. Die Formulierung: „Bild des Himmels" mag vielleicht einen vagen Hinweis darauf enthalten, daß dieses Objekt, die Mannamaschine, ursprünglich tatsächlich aus dem `Himmel´, d. h. aus dem Weltall, gekommen war. Die Untergliederung des Stiftszeltes in drei Abschnitte hatte einen weiteren Vorteil: Moses konnte so mit den Extraterrestriern, dem `Ewigen´, am Ort der Bezeugung reden, also im mittleren Abschnitt der Gesamt-Hütte, ohne jedesmal das Allerheiligste betreten zu müssen und dabei mit dem Heben oder dem Zur-Seite-Schieben des doppelten Vorhangs - ungewollt - einen kurzen Blick auf die Mannamaschine freizugeben. Am Eingang - oder einige Schritte entfernt - standen womöglich Priester der Erntemänner des Heiligen Feldes, die wohl auch gerne einen Blick ins Allerheiligste getan hätten.

Dadurch löst sich das Problem mit der später beschriebenen Anwesenheit Mirjams zumindest teilweise (s. u.): Sie hatte sich anfangs, mit Moses und Aharon, nur im mittleren Abschnitt des Stiftszeltes befunden, bei der Bundeslade. Erst der `Ewige´ beorderte sie zusammen mit den beiden anderen *hinaus* ins Erscheinungszelt, also hinaus nach der Mannamaschine – was immerhin bemerkenswert genug ist, angesichts des strikten Verbots für nichtautorisierte Personen, auch nur einen einzigen Blick auf das Ungeheuer, das Gottesgeschenk zu werfen! Im Erscheinungszelt kommt es dann zu den beschriebenen Ereignissen (s. u.). Es ist trotzdem auffällig und bleibt letztlich unverständlich, wieso Mirjam auch nur das Zelt der Bezeugung mit der Bundeslade hatte betreten dürfen. Gab es anfangs einige privilegierte Personen - etwa die Frauen der höchsten Priester -, die in den mittleren Abschnitt der Stiftshütte, den Bereich mit der Bundeslade (das Bezeugungszelt), eintreten durften?

Der doppelte Vorhang

Ein bemerkenswertes Detail der Stiftshütte ist der doppelte Vorhang, der den mittleren Abschnitt vom hintersten abtrennte, dem Allerheiligsten. Ein solcher Vorhang hatte den großen Vorteil, daß bei konsequenter, gegenläufiger Betätigung der beiden Vorhänge die vollen Omer-Gefäße mit dem Manna vom Allerheiligsten hinaus in den mittleren Abschnitt an die `Erntemänner des Heiligen Feldes´ übergeben werden konnten, ohne daß diese bei der Übergabe in das Allerheiligste hineinsehen konnten; die Umkehrung des ganzen Vorgangs beim Hineinreichen der leeren Gefäße ins Allerheiligste galt natürlich auch. Die Folgen waren für den etwa gleichzeitig entstehenden Kabbala-Kult gravierend: Nur die wirklichen Experten, die die Mannamaschine bedienen und versorgen mußten (und durften!) haben diese Maschine während ihrer Tätigkeit jemals gesehen. Die das Manna in Empfang nehmenden Priester wurden damit automatisch besondere Personen, da sie mit dem Manna die Ernte, den „Lohn des Lichts" (s. u.), einbrachten. Sie wurden damit für die anderen, untergeordneten Priester, nahezu automatisch zu Erntemännern eines heiligen Feldes, woraus sich bald der endgültige Titel `Erntemänner des Heiligen Feldes´ abgeleitet haben wird. Es wird damit auch eine in der Ur-Kabbala wiederholt verwendete Formulierung verständlich, daß *in* dem Vorhang etwas geschah. Wenn der Vorhang aus zwei parallelen Einzelvorhängen bestand, die eine gewisse Distanz zueinander aufwiesen (z. B. ca. eine Elle?), dann konnten die Omer-Gefäße bei der Übergabe in diesem Zwischenraum aufgereiht stehen; es geschah dann eben doch etwas *in* dem (Gesamt-)Vorhang, d. h. *zwischen* den beiden Einzelvorhängen.

Der Vorhang-Komplex wird auf sehr interessante Art bei Flavius Josephus beschrieben. Dabei ist zu bedenken, daß laut Fl. Josephus im Allerheiligsten niemand sich aufhielt. Er war also gezwungen, die Vorhänge und die mit ihnen verbundenen Ereignisse, jeweils einen Abschnitt nach vorne zu verlegen. Das erklärt wahrscheinlich die etwas unklare Beschreibung der Vorhänge; d. h. es wird bei Fl. Josephus nicht ganz klar, welcher Vorhang sich wo befand. Es wird auch nicht klar, ob er diesen Irrtum bemerkt hat - ihn vielleicht sogar vorsätzlich einfügte, um das Allerheiligste `frei´ zu halten -, oder ob er es wirklich nicht besser wußte. Auch die Blickrichtung wird bei der Beschreibung der Anordnung der Vorhänge nicht ganz klar (zitiert nach der CLEMENTZ-Übersetzung):

„Die ganze Hütte hiess das Heilige, der durch die vier Säulen abgeschlossene Raum das Allerheiligste. Der Vorhang des letzteren war schön verziert mit allerlei Blumen, welche der Erde entspriessen, und mit allem anderen durchwebt, was zum Schmucke dienen kann, mit Ausnahme von Tiergestalten. Der andere Teppich aber, dem ersten an Grösse, Webart und Farbe ähnlich, bedeckte die fünf Säulen am Eingang; am oberen Ende jeder Säule mit Ringen befestigt, hing er nur bis zur Mitte der Säulen herab. Der übrige Raum war den Priestern zugänglich. Vor ihm war ein Vorhang von Linnen in gleicher Größe ausgebreitet, der durch Schnüre auseinander gezogen werden konnte, welche durch Ringe liefen, sodass man ihn schliessen und öffnen konnte. Im letzteren Falle gestattete er den Einblick ins Heiligtum, wie es an Festtagen zu geschehen pflegte. An anderen Tagen aber und besonders bei Regenwetter diente er als Decke für den buntfarbigen Vorhang [Er befand sich also in dessen unmittelbarer Nähe!]. Daher stammt der Gebrauch, auch an dem später erbauten Tempel die Eingänge mit leinenen Vorhängen zu verhüllen."

Obwohl die Situation nicht ganz eindeutig beschrieben wird - was ist hier Heiligstes und was ist Allerheiligstes, und welcher Vorhang befand sich wo? - scheint doch eine Erinnerung an den doppelten Vorhang zwischen dem Allerheiligsten und dem Heiligsten hier nachzuklingen. Nahezu kritisch ist die Bemerkung, daß es einen Vorhang gab, der durch Schnüre auseinandergezogen werden konnte. Beide Vorhänge gemeinsam sperrten wirkungsvoll das Allerheiligste ab: Die Priester im Allerheiligsten konnten mit Schnurzug darüber entscheiden, wann der Zugriff in den Zwischenraum zwischen den beiden Vorhängen gewährt wurde, d. h. wann sie die gefüllten Omer-Gefäße zur Übergabe an die Erntemänner des Heiligen Feldes freigaben bzw. die leeren Gefäße wieder entgegennahmen. Dann zogen sie - von innen her! - den Vorhang zur Seite. Es hatten also die im Allerheiligsten befindlichen `Herren der Herren´ es in der Hand, wann sie diesen öffneten; sie kontrollierten so den ganzen Vorgang. Dabei werden sie sich wahrscheinlich mit den Erntemännern des Heiligen Feldes, die die Omer-Gefäße entgegennehmen oder wieder zurückstellen sollten, über Zuruf verständigt haben, denn da waren ja nur zwei Vorhänge zwischen ihnen (siehe Abb. 7 u. 8).

Dagegen wird der Vorhang, der nur halb hinunter reichte aus Gründen der Ventilation am Eingang zum ersten Abschnitt der Gesamt-Hütte sich befunden haben, wie es im Text auch ausdrücklich gesagt ist. Denn in dem Abschnitt befand sich ja der Altar auf dem ein ständiges Feuer zu brennen hatte. Um Wärmestau und/oder rauchbedingte Verschmutzungen zu verhindern, reichte der Vorhang nur halb hinunter, damit die Luft von außen her diesen Abschnitt möglichst ungehindert durchströmen und mit der aufsteigenden heißen Luft über dem Altar sich vermischen konnte. Auch wurde mit diesem ständigen Durchzug ein gewisser Abzug bewirkt, denn die aufsteigende heiße Luft des Altarfeuers bewirkte ein Nachfließen der Luft von draußen her, verursachte also eine ständige Frischluftzufuhr. Das war wohl auch sehr nötig, denn die tägliche Praxis der Opferhandlungen im ersten Abschnitt der Gesamt-Stiftshütte muß eine höchst unangenehme Folge gehabt haben: Wer sich klar macht, was da alles geschlachtet wurde und wie die Temperaturen dabei waren, der kann nicht umhin, sich die Gerüche drastisch vorzustellen, die da herrschten: Es muß da in diesem Schlachthaus zuzeiten abscheulich gestunken haben – kein Wunder, daß man den äußeren Vorhang nur halb hinunterreichen ließ: man brauchte einen ständigen Durchzug, und der wurde natürlich von der aufsteigenden heißen Luft über dem ständig brennenden Feuer auf dem Altar verstärkt (siehe Abb. 8). Darüber hinaus verbarg das Feuer des Altars und sein aufsteigender Rauch bis zu einem gewissen Grad die Dampfwolke, die permanent vom Allerheiligsten aufstieg (s. o.).

Die Mannamaschine im Allerheiligsten hatte dagegen einen gänzlich unabhängigen Luftkreislauf, denn sie war ja von insgesamt drei Vorhängen, die ganz zur Erde reichten, und von der überdachten Hütte des mittleren Abschnitts vom ersten Abschnitt getrennt. Das war aus hygienischen Gründen (die vielen Opfer-Schlachtungen und der Rauch des Altarfeuers!) wohl auch sehr nötig; so konnten die beiden Luftkreisläufe zumindest nicht unmittelbar ineinanderüber gehen und sich vermischen. Es ist in diesem Zusammenhang immerhin bemerkenswert, daß der Luftzustrom hin zur Mundöffnung des Hochbetagten keine Erleichterung erfährt, etwa durch eine niedrigere Umgrenzung der Außenwand der Gesamthütte im Bereich des Allerheiligsten; eine entsprechende Anordnung wäre sicher bei der Beschreibung der Maße der Gesamt-Anlage nicht verschwiegen worden; aber – nichts davon: der absolute Sichtschutz war wichtiger (siehe Abb. 8)!

Das gelegentliche Öffnen des nur halb hinab reichenden Vorhangs - bei Windstille? - mag Flavius Josephus als Öffnen an Feiertagen mißverstanden haben. Es ist sehr unwahrscheinlich, daß der Vorhang hin zum Heiligtum (d. h. zum mittleren Abschnitt) während der Wanderung geöffnet wurde, denn im mittleren Abschnitt waren ja die Erntemänner des Heiligen Feldes tätig. Auch brauchten die einfachen Gläubigen das alles nicht gar zu genau sehen; sie hätten dann womöglich unbeantwortbare Fragen nach der tatsächlichen Herkunft des Mannas gestellt. Das erst später entstandene Märchen vom Aufsammeln des Mannas von der Erde, oder dem Absammeln und Abkratzen von gewissen Bäumen, konnte man ihnen ja nicht gut aufbinden – sie wußten es schließlich besser!

Da ein doppelter Vorhang zwischen dem Vorhof und dem Zelt der Bezeugung, dem Mittelabschnitt, sinnlos gewesen wäre, hat Flavius Josephus die beiden Vorhänge wahrscheinlich irrtümlich miteinander vertauscht. Wir werden später, bei den Söhnen Kehats, diesen Doppelvorhang noch kurz streifen. Dort werden wir dann erfahren, daß es auch nach JB zwei Vorhänge waren, die entweder übereinander hingen (und zwar so, daß der eine den anderen verdeckte) oder sehr dicht nebeneinander.

Die später, nach dem endgültigen Abschalten der Maschine, an ihm tätigen `Forscher´, die allesamt natürlich nur an dem Ungeheuer herumbasteln und -fummeln konnten, haben sich anfangs wohl aus einer gemischten Gruppe zusammengesetzt, die aus wirklichen Kennern der Maschine bestand, die noch an ihr während der Wanderung hatten Dienst tun müssen (die `Herren der Herren´) und den `Erntemännern des Heiligen Feldes´, den Manna-in-Empfang-Nehmern. Letztere müssen von den wahren Kennern noch in die Bedienung der Maschine eingewiesen worden sein, denn sonst hätte es unter den Erntemännern so viele Tote gegeben, daß sie sich bald dem Ungeheuer nicht mehr genähert haben würden. Nach Wegsterben der letzten `Herren der Herren´ ging dann das wirkliche, praktische Wissen um die Funktion der Maschine bald verloren; und im gleichen Zuge wurden die Geheimnisse um den Hochbetagten, die es immer schon gegeben hatte, zur mystischen Geheim-Religion, der Kabbala, ausphantasiert, erweitert und ergänzt von den `Erntemännern des Heiligen Feldes´. Der Grundstein für diese Kabbala-`Religion´ war - wohl unbeabsichtigt - ursprünglich mit der Unterrichtung auf dem Har Karkom gelegt worden, wie Sassoon und Dale zu Recht festgestellt haben.

Das Dach der Stiftshütte
Ein oft diskutierter Aspekt, der sich um die Stiftshütte rankt, ist die Frage nach ihrer Bedachung. Nach Kennenlernen des Inhalts des Allerheiligsten, der Feuer und Rauch abgebenden Mannamaschine, die eine Überdachung aufgrund dieser Eigenschaften nicht zuließ, und des ebenfalls sicher nicht überdachten Vorhofs - dort befand sich der Altar mit dem ständig brennenden Feuer -, ist der Verfasser der Meinung, daß nunmehr eine endgültige Antwort auf die Frage nach der Bedachung der Gesamt-Stiftshütte gegeben werden kann: Es war nur der mittlere Abschnitt überdacht, dieser aber mit Sicherheit.

Als entscheidendes Argument für eine solche Bedachung ist nicht nur die etwas vage gehaltene Beschreibung einer solchen im AT anzusehen, es sind auch weitere schwerwiegende Indizien im Text vorhanden. So wird angeordnet, daß vor der Lade nachts ein ständig brennendes Licht zu erhalten war; gemeint kann nur die Bundeslade sein, die sich im mittleren Abschnitt befand. Bei einem dachlosen Mittelabschnitt hätte man nach jedem stärkeren Windstoß das Licht neu anzünden müssen; davon ist aber nichts erwähnt.

Was bezeichnenderweise nicht als Dach, sondern als „*Zelt über der Wohnung*" bezeichnet wird, kann also bestenfalls nur einen Teil der Gesamt-Stiftshütte mit einer dach-/bzw. zeltähnlichen Konstruktion geschützt haben; deshalb wohl auch die etwas gewundene Beschreibung vom „Zelt über der Wohnung", anstatt ganz einfach vom `Zelt´ bzw. `Dach´ zu sprechen. Wir werden noch sehen, daß zumindest der hinterste Teil - vom Eingang aus gesehen -, das Allerheiligste, auf keinen Fall überdacht gewesen sein kann. Es wird bei dieser Beschreibung auch nicht klar, wie das Dach mit der aufgehenden Hüttenwand verbunden gewesen sein soll, und von einer wie auch immer gearteten firstähnlichen Struktur ist auch nirgends die Rede. So – was hatte dieses „Zelt" in Wahrheit zu bedecken? Insgesamt verschleiert die Beschreibung mehr, als sie offenbart, und das wird wohl kaum ein Zufall sein. Vielleicht war der spätere Redaktor aber auch nur überfordert mit der Beschreibung des Daches der Hütte, das nur einen Teil der Anlage überdeckte, was er wohl nicht begriff. Hier zunächst der Originaltext nach der JB.:

„Und man verfertigte Behänge aus Ziegenhaar zu einem Zelt über der Wohnung; elf solcher Behänge fertigte man an. Die Länge eines Behanges war dreißig Ellen, und vier Ellen die Breite eines Behanges, einerlei Maß hatten die elf Behänge. Und man heftete die fünf Behänge besonders zusammen und die sechs Behänge besonders. Dann brachte man fünfzig Schleifen an am Saum des äußersten Behangs an der Heftung, und fünfzig Schleifen brachte man an am Saum des Behanges der anderen Heftung. Dann fertigte man fünfzig kupferne Spangen an, um das Zelt zusammenzufügen, daß es eins wurde. Und man fertigte eine Decke für das Zelt an aus rotgegerbten Widderfellen, und darüber eine Decke aus Tahaschfellen."

Das paßt zu keiner der schon bekannten Angaben. Eine Lösung des eher verwirrenden Problems ergibt sich aus der Möglichkeit, daß der mittlere Abschnitt der Gesamt- Hütte, der Abschnitt mit der Bundeslade, tatsächlich mit einem Zelt überdeckt war. Das hätte den Vorteil gehabt, daß die wahrscheinlich empfindliche Sprechfunk- und Horchanlage (die „Bezeugung"), deren Elektronik sich in der Bundeslade befand, vor Staub und Regen einigermaßen geschützt gewesen wäre (Wir erinnern uns: das Klima war feuchter als in der Gegenwart, s. o.). Die weiter hinten, im Allerheiligsten, befindliche Mannamaschine konnte im montierten Zustand diese äußeren Beeinträchtigungen offensichtlich vertragen, jedoch keinesfalls, wenn sie demontiert war; dazu mehr in den Teilen III u. IV.

Tatsächlich hatte die zeltähnliche Überdachung des mittleren Abschnitts der Stiftshütte mehrere wichtige Funktionen: Diese `Hütte´ im Mittelabschnitt der Gesamt-Anlage mußte unweigerlich auch vom Allerheiligsten ablenken, denn, vom Vorhof her betrachtet, sah man das Zelt, die `Hütte´, und nichts vom Allerheiligsten. Man konnte das Zelt sehr leicht als die eigentliche Wohnung darstellen, denn das kannten die Kinder Israel ja, sie wohnten schließlich alle in Zelten. Und ein solches Zelt erklärt auch die Forderung des `Ewigen´, daß in diesem Abschnitt der Gesamt-Hütte nachts ein Licht zu brennen hatte. Das Zelt hatte also eine Schutzfunktion, und in ihm wurde mit dem `Ewigen´ d. h. mit den Extraterrestriern, gesprochen – und man wurde dort belauscht. Aus beiden Gründen konnte man es sehr überzeugend als die eigentliche `Wohnung´ bezeichnen und damit sehr geschickt vom Allerheiligsten hinter diesem Zelt ablenken, sowohl optisch als auch sprachlich und damit psychologisch. Denn wenn das Zelt die Wohnung Gottes war, dann gab es für den Bereich dahinter nicht mehr viel zu fragen; mehr als nach Gott selbst konnten die Uneingeweihten der Kinder Israel schließlich nicht fragen. Und jede solche Frage würde prompt und überzeugend mit einem Hinweis auf die Hütte `beantwortet´ werden. So hatte man also von Seiten des `Ewigen´ mit dem Errichten dieses Zeltes innerhalb der eigentlichen Stiftshütte, also mit der zeltähnlichen Überdachung ihres mittleren

Abschnitts, drei Fliegen mit einer Klappe geschlagen: man lenkte ab vom Allerheiligsten, man verbarg das Allerheiligste hinter dem Zelt, und man schützte die Objekte dieses Abschnitts vor dem Wetter, u. a. besonders die empfindliche Bundeslade. Eine solche zwei- bzw. mehrgleisige Vorgehensweise ist typisch für die Extraterrestrier. Als weiteres Moment ergab sich (zufällig?) das Trennen der beiden Luft-Zirkulationssysteme durch die aufragende Hütte (s. o., u. Abb. 8).

Auch Moses hatte ja ausdrücklich von einem (Erscheinungs-) *Zelt* gesprochen, das er sich außerhalb des Lagers aufschlug. Wenn überhaupt kein Zelt, also auch kein Zeltdach, vorhanden gewesen wäre, hätte er es wohl kaum so genannt. Aber: Der Name ist sicher nicht zufällig so irreführend: Im (angeblichen) Bezeugungs-*Zelt* erschien niemand; die Hokuspokus-Wasserdampf-Wolke wurde im unmittelbar dahinter befindlichen Allerheiligsten produziert; es war also wirklich nur das Zelt mit der Bundeslade und der Sprechfunkanlage und einigen anderen Objekten – und dem brennenden Licht bei Nacht. Da dort aber auch mit `Gott´, den Extraterrestriern, gesprochen wurde, mußte er also dort auch wirklich erscheinen, wenn er denn in der Wolke erschien – so zumindest kam es den ahnungslosen Gläubigen vor; und genau das war auch beabsichtigt. Das Ganze war eine raffiniert miteinander verquickte Konstruktion zum Täuschen und Ablenken, um das Allerheiligste mit seinem großen Geheimnis möglichst zu verbergen. Eben deshalb wird man den Vorhang zwischen dem ersten Abschnitt (dem Vorhof) und dem zweiten Abschnitt (dem Zelt der Bezeugung) nicht geöffnet haben. Da hat Flavius Josephus in seinem Text etwas durcheinandergebracht; es war der erste, der nur halb hinunterreichende Vorhang, den man evtl. gelegentlich öffnete.

Die Wolke erschien - und hier kann man noch am ehesten mit einem gewissen Recht von „erscheinen" sprechen - grundsätzlich nur außerhalb des Bezeugungszelts, weiter hinten, im Allerheiligsten, im (wirklichen) Erscheinungs-`Zelt´. Dort stand das ominöse Ungeheuer, das Gottesgeschenk, das auf Leben und Tod keiner sehen durfte und von dem dennoch alle ängstlich-ratlos flüsterten, munkelten und phantasierten, eben wegen der krampfhaft-krankhaften Geheimnistuerei.

Das Ganze läßt sich nach Meinung des Verfassers am besten dahingehend zusammenfassen, daß nur der *mittlere* Abschnitt der dreiteiligen Stiftshütte zeltartig überdacht war. Nur deshalb wird wahrscheinlich überhaupt von der Stifts-`Hütte´ gesprochen. Dieses `Zelt´ lenkte zusammen mit dem in der Sichtachse befindlichen Altar mit seinem ständigen Feuer gleichermaßen ideal und raffiniert vom Allerheiligsten und von der Wolke über der Mannamaschine ab, die sich aus der Sicht der Manna-Abholer ja hinter dem Zelt befanden. Dieses Gesamt-Konzept war also - vom Eingang her gesehen - so angeordnet, daß es bei flüchtigem Hinsehen das Allerheiligste und seinen `Bewohner´ möglichst gut verbarg.

Eine solche Anordnung der Einzelgebäude und -konstruktionen zur Ablenkung vom Allerheiligsten kann nicht überraschen, denn wer sich klar macht, wie mörderisch konsequent die Mannamaschine, und damit *nolens volens* auch das Allerheiligste, verborgen wurde, der müßte doch den Extraterrestriern, von denen der Plan für die Stiftshütte stammte, geradezu Dummheit unterstellen, wenn sie zwar die Mannamaschine verbargen, aber den Gebäudeteil, der diese Maschine enthielt, das Allerheiligste, nicht auch nach Möglichkeit hinter anderen Gebäudeteilen versteckt hätten – sie taten es, und sie taten es sehr geschickt.

Mit dieser Deutung des Bezeugungs-*Zeltes* erhält auch die Darstellung des Salomonischen Tempels in Dura Europos einige interessante zusätzliche Aspekte (siehe Abb. 9a): Das dort mit W (=Wüstenzug) bezeichnete Stockwerk enthält in der Tat eine stark vereinfachte Darstellung der Mannamaschine, des Gottesgeschenks. Es ist jetzt auch kein Wunder mehr, daß sie in einem Zelt dargestellt ist, denn es hatte im mittleren Abschnitt der Stiftshütte ja wirklich ein Zelt gegeben. Daß die Mannamaschine während des Wüstenzuges tatsächlich *nie* in diesem Zelt sich befunden hatte, war entweder zur Zeit der Darstellung in Dura Europos (Fresken, die etwa 250 n. Chr. nach einem Umbau der Synagoge angebracht wurden) nicht mehr bekannt, oder es wurde die falsche Darstellung als Notlösung akzeptiert, da man nicht gut einen offenen Hof auf das Satteldach des Salomonischen Tempels setzen konnte – man war also zu einer Notlösung gezwungen. Diese wurde mit bemerkenswerter Konsequenz durchgehalten: Es sind in Dura Europos sogar die Abspannseile des Zeltes mit dargestellt, obwohl von solchen im Text der JB. unmittelbar - bei der Beschreibung der Gesamt-Stiftshütte - nicht die Rede ist.

Im Umkehrschluß mag man aus der Selbstverständlichkeit mit der man ein Zelt als Dach des Salomonischen Tempels in Dura Europos hinzufügte, schließen wollen, daß tatsächlich ein solches im Bereich der Stiftshütte während der Wüstenwanderung vorhanden war – wie oben gezeigt wurde. Denn mit welcher Begründung sollten die Zeichner von Dura Europos, die doch alles in allem eine bemerkenswert zuverlässige Abbildung des Salomonischen Tempels angefertigt haben, ausgerechnet bei der Darstellung des Daches einen so groben Fehler gemacht, oder ein Phantasieprodukt hinzugefügt haben?

Was dummes Gerede vermag – Die zufällige Bestätigung der Überdachung des mittleren Abschnitts der Stiftshütte

In der Geschichte mit Mirjams und Aharons Gerede erfahren wir das spezielle Verhältnis besonders deutlich, das Moses mit dem `Ewigen´ hat. Denn der `Ewige´, d. h. die Extraterrestrier, erläutern dort ausdrücklich ihre Vorgehensweise. Auslöser für den Vorfall ist eine von den alltäglichen kleinlichen Streitereien, also dummes Gerede, die die hoffnungslose Unsicherheit der Menschen all diesem so gänzlich Unbegreifbaren und Neuen gegenüber erkennen läßt.
Bei diesem Vorfall liefern die Extraterrestrier ganz unerwartet, und wohl auch ungewollt, selbst eine zufällige Bestätigung für die Überdachung des mittleren Abschnitts der Stiftshütte mit der Bundeslade und für die Dachlosigkeit des dritten

Abschnitts der Gesamt-Hütte, des Allerheiligsten, mit der Mannamaschine; und auch für die Vermutung, daß in der Gegensprechanlage auf, bzw. an oder in der Bundeslade zusätzlich ein Horchgerät eingebaut war. Und das kam so (nach JB, Tur-Sinai):

"Da redet Mirjam, und Aharon, wider Moses wegen des kuschitischen Weibes, das er genommen; denn ein kuschitisches Weib hatte er genommen. Und sie sprachen: „Hat denn nur mit Mosche allein der Ewige geredet? Hat er nicht auch mit uns geredet?" [Wir erinnern uns: Das unsäglich furchtbare, feurige Donnern, das bei der Landung auf dem Har Karkom als Gottes Reden mißverstanden worden war, und das natürlich alle gehört hatten; sie waren also alle von `Gott´ bei seiner Landung auf dem Har Karkom mit seiner markerschütternden Sprache angeredet worden – so schien es zumindest.] *Und der Ewige hörte es. Der Mann Mosche aber war sehr demütig, mehr als irgendein Mensch auf dem Erdboden. Da sprach der Ewige plötzlich zu Mosche, zu Aharon und zu Mirjam: „Geht ihr drei in das Erscheinungszelt hinaus!" Da gingen die drei hinaus. Und der Ewige stieg in einer Wolkensäule hernieder und stand am Eingang des Zeltes; und er rief: „Aharon und Mirjam!" Und sie gingen beide hinaus. Und er sprach: „Hört denn meine Worte! Wenn ein Weissager unter euch ist, so tue ich, der Ewige, im Gesicht mich ihm kund, im Traum rede ich mit ihm. Nicht so mein Knecht Mosche! In meinem ganzen Haus ist er bewährt! Von Mund zu Mund rede ich mit ihm, und sichtbar, nicht in Rätseln, und die Gestalt des Ewigen darf er schauen. Warum denn habt ihr euch nicht gescheut, wider meinen Knecht, wider Mosche, zu reden?" So flammte des Ewigen Angesicht auf wider sie, und er verschwand. Als nun die Wolke von dem Zelt wich, sieh, da war Mirjam aussätzig, wie Schnee; und Aharon wandte sich zu Mirjam, und sieh, sie war aussätzig. Da sprach Aharon zu Mosche: „Ach Herr, lege uns doch nicht Schuld auf dafür, daß wir uns erdreistet und gesündigt haben. Laß sie doch nicht sein wie ein Totes, dessen Leib, da er eben aus dem Schoß seiner Mutter kommt, halb verwest ist." Da schrie Mosche zum Ewigen und sprach: „O Gott, heil sie doch!" Der Ewige aber sprach zu Mosche: „Wenn ihr Vater ihr ins Gesicht gespien hätte, müßte sie nicht ihnen sieben Tage eingeschlossen sein? So soll sie denn sieben Tage außerhalb des Lagers abgeschlossen bleiben, und nachher mag sie wieder hereingenommen werden." So wurde Mirjam außerhalb des Lagers sieben Tage abgeschlossen; das Volk aber brach nicht auf, bis Mirjam wieder hereingenommen war. Danach brach das Volk von Hazerot auf und lagerte in der Wüste Paran."*

Laut Text hat sich also auch dieser Vorfall noch in Hazerot abgespielt, ebenso wie der vorhergehende mit den Wachteln (s. u.). Man ist also gut überwacht: Kaum daß sich da einige über Moses' Ehefrau unterhalten, die offensichtlich keine Jüdin war, da ertönt *plötzlich* die Stimme des `Ewigen´; damit sind wir im `Himmel´, d. h. im Habitat. Daß die Stimme plötzlich ertönt, möchten wir dahingehend verstehen, daß ihr Eingreifen unerwartet erfolgte. Aber einerlei, sie ertönt. Man wurde also vom Habitat, vom Himmel her, abgehört: *„Und der Ewige hörte es."* Diese Tatsache ist ansich schon interessant genug, man wurde also (permanent?) überwacht; das würde sich für die gesamte Dauer des Wüstenzuges auch nicht mehr ändern! Aber wo fand dieses Ereignis überhaupt statt, dieses Gespräch, dieses Überwachen?

Das erfahren wir im nächsten Punkt, wenn auch nur indirekt. Da befiehlt der `Ewige´ sie „… in das Erscheinungszelt *hinaus*." Das Wort „hinaus" bedeutet, daß sie vorher irgendwo *in* einem überdachten Bereich sich aufhielten, sonst hätte man nicht ausdrücklich von „hinaus" gesprochen. Da das Erscheinungszelt das Allerheiligste war, kann das ganze Gespräch bis jetzt nur im Mittelabschnitt, dem Bereich mit der Bundeslade, stattgefunden haben, von der aus also auch abgehört wurde. Daß sie dem mündlichen Kontakt zwischen Moses und dem `Ewigen´ dienen sollte, war ausdrücklich so angeordnet (s. u.). Das Ganze ergibt nur einen Sinn, wenn das Allerheiligste - im Gegensatz zum Mittelabschnitt mit der Bundeslade - nicht überdacht, also `draußen´ war; sonst hätte man wohl eher von `hinüber ins Erscheinungszelt´ gesprochen, o. ä.

Hier bleiben mehrere Fragen organisatorischer Art offen: Wie konnten die Extraterrestrier so kurzfristig mit einer Wolke aus dem Orbit(!) daherkommen? Wie war es möglich, daß auch Mirjam bei der Bundeslade anwesend war; wir erfahren nichts davon, daß sie erst später dazukam? Dann wird auch sie mit hinaus ins Erscheinungszelt befohlen. Was geschah technisch in dieser Wolke, wie war Mirjams Haut, und nur ihre, so manipuliert worden, daß sie plötzlich weiß erschien. Und dann ist da noch die Rede von der fast schon stereotypen Formel vom `Aufflammen des Angesichts des `Ewigen´´.

Es scheint nur eine Lösung für diese Fragen zu geben: Man befand sich jetzt im Bereich der Mannamaschine, war vom Zelt der Bezeugung, vom mittleren Abschnitt mit der Bundeslade, zu ihr in den hintersten Abschnitt „hinaus"-gegangen. Und die verfügte vermutlich nicht nur über eine (Mikrowellen? Partikelstrahlen?)-Strahlenwaffe, deren Aktivität möglicherweise hier als „Aufflammen" begriffen und beschrieben wurde, sondern wohl auch über eine Vorrichtung, mit der man über Funkbefehl eine künstliche Wasserdampf-Wolke erzeugen konnte. War die Wolke nur zur Täuschung und zum Beeindrucken da, um die Unwissenden glauben zu machen, der Ewige sei herniedergefahren und nun persönlich anwesend – oder gab es in der Wolke zusätzlich so etwas wie eine holographische Projektion, wie bei Moses' Berufung und während des Fatima-Ereignisses 1916/17 in Portugal? Diente die Wolke in diesem Zusammenhang womöglich auch als Nebelwand, um den Hochbetagten möglichst zu verbergen (mehr zu religiös-technischen Aspekten des Gesamtvorgangs unten in Teil IV: „Mirjams Sünde")?

Diese Rekonstruktion des Vorgangs paßt gut zur Rekonstruktion der Untergliederung der Stiftshütte: Hinter dem allgemeinen Ein- und Ausgang des Vorhofs, dessen Vorhang wahrscheinlich nur zur Hälfte hinunterreichte, folgte dieser, der möglicherweise auch vom Volk betreten werden durfte; dort empfingen die Kinder Israel vielleicht das Manna. Dahinter befand sich, hinter einem einfachen Vorhang, das erste abgetrennte Heiligtum mit der eigentlichen Lade der Bezeugung mit der Kapporet, d. h. der Gegensprech- und der Horchanlage; insgesamt also das überdachte Bezeugungszelt mit der Bundeslade. Dort <u>sprach</u> Moses mit dem `Ewigen´, und der `Ewige´ mit ihm. Es folgte weiter hinten der mit einem doppelten Vorhang abgeteilte Raum für die Mannamaschine, das Allerheiligste, das Erscheinungs-`Zelt´ ohne Dach (siehe Abb. 7 u. 8). Dort <u>erschien</u> der `Ewige´ Moses in der Wasserdampfwolke – vermutlich als Holographie.

An den Gesamtvorfall sind aber doch noch einige andere Gedanken anzuknüpfen: Man beklagt sich über Moses' Sonderstellung ganz offensichtlich in unmittelbarer Nähe zur Bundeslade, denn ihr Gespräch wird `oben´ abgehört. Es durften also auch andere Personen (Miriam, eine Frau!) im überdachten Mittelabschnitt der Gesamt-Hütte anwesend sein; das ist immerhin bemerkenswert. Aber das Hinaustreten ins Erscheinungszelt, wo der Alte, die Mannamaschine, sich befand, die doch niemand sehen durfte – wie ist das zu verstehen? Es gibt nur zwei Möglichkeiten: Entweder hat man anfangs das Verbot für gewisse Leute nicht so streng gehandhabt – aber fand dieser Vorfall wirklich zu Anfang statt, als man noch garnicht mit der Wanderung, dem Umherziehen, begonnen hatte, und die Hütte und das Leben in ihr vielleicht noch ganz neu und nicht so perfekt eingespielt waren? Wir erfahren das nicht sicher. Oder war die Wolke so dicht, daß sie im abgegrenzten Bereich des Allerheiligsten nichts detailliert erkennen konnten? Man möchte auch wissen, ob bei diesem Vorfall Priester-Spezialisten im Allerheiligsten anwesend waren, die das Ganze mitbekamen und auf Befehl `von oben´ die Wolke auslösten (so vielleicht jedesmal, wenn Moses ins Zelt der Bezeugung eintrat, um mit dem `Ewigen´ zu reden), oder wurden Dampfwolke und eventuelle Holographie wirklich über Funk ganz ohne Zutun der `Experten´ von `oben´ erzeugt? – auch das erfahren wir nicht.

Es führt dieser Vorfall zu zwei weiteren Überlegungen, die auf der ganzen Wanderung von Bedeutung waren:

- War die Dampfwolke in diesem Fall vielleicht auf so raffinierte Weise positioniert, daß da wirklich in ihr eine holographisch projizierte Gestalt erkennbar wurde und eben deshalb die Mannamaschine fast unsichtbar blieb? – war das vielleicht öfter der Fall? Es wurde im ersten Buch zur Prä-Astronautik auf die holographische Technik der Extraterrestrier bei den Marienerscheinungen wiederholt hingewiesen – warum sollte diese Technik nicht auch hier Anwendung gefunden haben?
- Es sollte auch die latente Auflehnung gegen Moses, trotz seiner dramatischen Aktionen beim Durchqueren des Schilfmeeres, nicht übersehen werden, die in diesem Text zum Ausdruck kommt; da wird sich bald ein todernster Vorfall ereignen, (s. u., Teil IV).

Die Bundeslade, die Gesetzestafeln, die Bezeugung mit der Kapporet
„Und der Ewige redete zu Mosche und sprach: „Rede zu den Kindern Jisrael, daß sie mir eine Hebegabe bringen; von einem jeden, den sein Herz adelt, sollt ihr die Hebegabe für mich nehmen ... ...

Und sie sollen eine Lade machen aus Akazienholz, zweieinhalb Ellen lang, eineinhalb Ellen breit und eineinhalb Ellen hoch. Und du sollst sie mit reinem Gold überziehen, von innen und von außen sollst du sie überziehen, und sollst daran einen goldenen Kranz anbringen ringsum. Und du sollst für sie vier goldene Ringe gießen und sie setzen an ihre vier Füße, zwei Ringe auf der einen Seite und zwei Ringe auf der anderen Seite. Und du sollst Stangen anfertigen aus Akazienholz und sie mit Gold überziehen. Und du sollst die Stangen in die Ringe bringen an den Seiten der Lade, die Lade an ihnen zu tragen. In den Ringen der Lade sollen die Stangen bleiben, <u>sie sollen nicht daraus entfernt werden</u> [vom Verf. hervorgehoben]. *In die Lade aber sollst du die Bezeugung legen, die ich dir geben werde.*

Die „Bezeugung" konnte nicht die Gesetzestafeln sein, denn die hätte man so auch genannt, im Plural, es waren ja zwei Tafeln. Auch hatte Moses die Gesetzestafeln ja schon vom Gottesberg (Har Karkom) mitgebracht, die brauchte der `Ewige´ also ihm nicht noch erst zu geben. Was also war diese „Bezeugung", Singular?

„Sodann sollst du eine Kapporet [eine Art Aufsatz für den Deckel der Lade] *machen aus reinem Gold. Zweieinhalb Ellen lang und eineinhalb Ellen breit. Und du sollst zwei Kerubim aus Gold anfertigen, in getriebener Arbeit sollst du sie anfertigen, an den beiden Enden der Kapporet. Und mache einen Kerub an dem Ende hüben und einen Kerub an dem Ende drüben; aus der Kapporet sollt ihr die Kerubim arbeiten an ihren beiden Seiten. Und die Kerubim sollen die Flügel oben ausbreiten, so daß sie oberhalb der Kapporet mit ihren Flügeln verstellen, und ihre Gesichter sollen einander zugewandt sein, gegen die Kapporet sollen die Gesichter der Kerubim gerichtet sein. Und du sollst die Kapporet oben auf die Lade stellen, und in die Lade sollst du <u>die Bezeugung legen, die ich dir geben werde. Und dort will ich mich dir einstellen, und ich werde mit dir reden von über der Kapporet, zwischen den beiden Kerubim hervor, die über der Lade der Bezeugung sind, alles, was ich dir auftragen werde für die Kinder Jisrael</u>* [vom Verf. hervorgehoben]. *"*
[Man bemerke sehr wohl: Es werden keine Sicherheitsanleitungen für den Umgang mit der Bundeslade gegeben – sie waren also nicht nötig; vergleiche dagegen die zahllosen Hinweise zum Verhalten im Allerheiligsten der Stiftshütte, zur dortigen akuten Lebensgefahr und das Schicksal des bedauernswerten Usa.]

Zur Gestalt der Kerubim schreibt Flavius Josephus (nach der CLEMENTZ-Übersetzung):
„Denn man fuhr sie nicht auf Wagen, sondern die Priester trugen sie [Fl. Josephus spricht nur neutral von der „Lade"; in der deutschen Übersetzung]. *Auf ihrem Deckel waren zwei Bilder angebracht, von den Hebräern Cherubim genannt, das*

sind geflügelte Tiere, wie sie nie ein Sterblicher lebendig gesehen hatte. Moyses [= Moses] *sagte, er habe sie am Throne Gottes dargestellt gesehen* [sic! – siehe im Hebräischen Henochbuch u. Ezechiels Weltraum-Landefahrzeug im ersten Buch des Verfassers; (siehe auch Abb. 5)]. *In diese Lade legte er die beiden Tafeln, ...*" Flavius Josephus kennt also nur die beiden Tafeln, von der „Bezeugung" weiß er nichts. Dagegen ist es ihm offensichtlich bekannt, daß ein Teil der jeweils zu transportierenden Ladung auf Wagen gefahren wurde, und ein anderer Teil wurde getragen. Wir werden weiter unten noch sehen, daß der Transport mit Wagen eher zufällig zustande kam.

Falls diese Bemerkung rein äußerlich korrekt ist, d. h. korrekt die Ereignisse darstellt, dann wäre das sehr bedeutsam, denn dann hätte Moses auf dem Har Karkom in der Tat ein Landefahrzeug vom Typ `Ezechiel´ gesehen, dessen Hubschrauberlandebeine als Cherubim bezeichnet wurden. Damit wäre dann aber zumindest das grundsätzliche Aussehen dieser „geflügelten Tiere" geklärt. Sie hätten auszusehen wie die Hubschrauberlandebeine am Weltraum-Landefahrzeug des Ezechiel; entsprechend hat der Verfasser sie in seinem ersten Buch zur Prä-Astronautik skizziert (siehe Abb. 5 u. 6). Es ist bemerkenswert, daß noch Flavius Josephus, ca. Sechshundert Jahre nach Ezechiel, ausdrücklich von Tier-Wesen (d. h. „geflügelte Tiere") spricht – wie auch Ezechiel selbst, der sie mit eigenen Augen gesehen hatte. Es wurden die Hubschrauberlandebeine also für Lebewesen gehalten, weil sie (scheinbar) autonom ihre Flügel bewegen konnten wie jedes geflügelte biologische Lebewesen. Entsprechend wurden auch die startenden bzw. landenden Raketen als lebende Engel angesehen, denn auch sie bewegten sich ja scheinbar autonom wie Lebewesen; sie fuhren z. B. auf, um „`oben´ vorzusingen" (mit ihrem Düsengeräusch!); so in den Henochbüchern.

Es wäre eine solche Sichtung des Weltraum-Landefahrzeugs auf dem Har Karkom weiterhin sehr interessant, denn es wäre der Beweis dafür, daß die oben als nahezu sicher geäußerte Vermutung in der Tat zutrifft, daß die Hauptrakete sehr bald vom Har Karkom wieder zurück in den Orbit gestartet ist. Die verbliebenen Lehrer, die Moses und seine Begleiter unterrichteten, wären dann mit einem (größeren?) Weltraumlandefahrzeug vom Typ `Ezechiel´ gekommen und auch wieder zurückgeflogen. Und dieses Fahrzeug hätte in der Tat längere Zeit auf dem Har Karkom stehen können, da es bei normalem Wind nicht umfallgefährdet war. Das Staubproblem blieb aber auch dann akut; wir erfahren nicht, wie man es gelöst hat; vielleicht hat man ganz einfach die zentrale Hauptdüse abgedeckt?

Es ist in diesem Text von Flavius Josephus dann noch bemerkenswert, daß die Priester die Lade tragen durften (die wurde also auch getragen und nicht gefahren, was angesichts der Elektronik der „Bezeugung" auch nicht verwundert; und Tragestangen, die ausdrücklich nie aus ihren Halterungen entfernt werden durften, hatte sie ja sowieso). Das gleiche galt aber auch für die (demontierte) Mannamaschine, denn die wurde von den Söhnen Kehats getragen, die keine (höheren) Priester waren; mehr dazu unten im Teil IV.

Der Text aus der JB ist sehr interessant, läßt aber auch Fragen offen: Man soll also eine Lade, d. h. einen Kasten bauen für die – ja, wofür? Jeder würde sagen, für die beiden Tafeln mit den zehn Geboten, und so wird es auch gelehrt und auswendig gelernt (Das würde auch zu den bemerkenswert bescheidenen Dimensionen der Bundeslade passen – die Prä-Astronautik sollte sich rasch und endgültig von der so gänzlich falschen Vorstellung verabschieden, daß da die Mannamaschine hineinpaßte, die Bundeslade also lediglich so etwas wie ein Verpackungsobjekt für das Gottesgeschenk und für die beiden Gesetzestafeln war.). Aber hier ist von der *„Bezeugung* [Singular]*, die ich dir geben werde"* die Rede. Warum wurde da nicht ganz einfach von den „Gesetzestafeln (Plural)", oder ähnlich, gesprochen? War die „Bezeugung" noch etwas anderes? – wir werden gleich sehen, daß es da sehr wohl noch etwas anderes gegeben haben könnte. Denn schon mit der Bundeslade scheint etwas nicht zu stimmen: Man soll sie mit reinem Gold überziehen. Gut, das war angesichts der Bedeutung dieses Behältnisses wohl nichts Ungewöhnliches. Aber dann kommt es: Die Stangen zum Tragen, die eigentlich auch nichts Besonderes waren, dürfen ausdrücklich nicht aus ihren Ringen genommen werden. Warum nur? Hatten sie noch eine zweite Funktion, die sie nur bei konsequentem Verbleib in den Ringen zu erfüllen vermochten? An dieser Stelle wird der aufmerksame Leser jedenfalls mißtrauisch, und er tut gut daran. Denn es geht gleich weiter: Über dem Deckel der Bundeslade soll eine Kapporet, ein Aufsatz, angebracht werden, der ebenso groß ist wie die Bundeslade, zweieinhalb Ellen lang und eineinhalb Ellen breit; und dieser Aufsatz ist nicht etwa aus goldüberzogenem Holz zu erstellen, sondern aus massivem Gold. Und aus diesem Gold sollen als Treibarbeit an den beiden Enden der Kapporet jeweils ein Kerub, insgesamt also zwei Kerubim, herausgearbeitet werden. Diese Kerubim haben eine seltsame Eigenschaft: Sie sollen ihre Flügel oben ausbreiten, *„ ...so daß sie oberhalb der Kapporet mit ihren Flügeln verstellen,... ."* Was gab es da zu verstellen, und zu welchem Zweck? Wie dem auch sei, die Flügel der Kerubim konnte man verstellen, sie waren also beweglich angebracht. Wenn wir uns an der Rekonstruktion der Kerubim als Hubschrauberlandebeine des Weltraum-Landefahrzeugs bei Ezechiel orientieren, kann das nur bedeuten, daß auch hier die Kerubim keinesfalls wie kleine Engelchen im herkömmlichen Sinne gestaltet waren (und wie sie immer dargestellt werden - mal pausbäckig, mal nicht -), sondern jeweils etwa wie ein stark verkleinertes Hubschrauberlandebein, dem man dann, wohl mehr aus Vollständigkeitsgründen und des Vorbildes am Ezechiel'schen Weltraumlandefahrzeug wegen, jeweils auch eine Art `Gesicht´ gegeben hatte; oder war in dem `Gesicht´ womöglich jeweils ein Mikrophon verborgen (siehe Abb. 6)?

Es konnten die Flügel der Kerubim also gegeneinander verdreht werden, damit sie wie die Kondensatorflächen eines Radios über- bzw. untereinander vorbeiglitten und dabei jeweils anderen Frequenzen Zugang gewährten. Daß das in der Tat so war, erfahren wir gleich im folgenden Satz, denn da heißt es: *„Und dort will ich mich dir einstellen, und ich werde mit dir reden von über der Kapporet, zwischen* *den beiden Kerubim hervor."* Diese Aussage ist eindeutig: Das Ganze war eine Empfängeranlage für elektromagnetische Wellen mit einer wie auch immer gebauten Lautsprecheranlage (dienten womöglich die Flügel gleichzeitig auch als Tongeber, oder die Köpfe der Kerubim?). Und da wir an zahlreichen Stellen erfahren, daß auch Moses zum `Herrn´, also zu den Extraterrestriern sprach bzw. ihm/ihnen antwortete, muß es gleichzeitig auch eine Sendeanlage gewesen sein. Die beiden goldüberzogenen Stangen, die so nachdrücklich nie aus den Ringen entfernt werden durften, müssen dabei eben deshalb eine obligatorische Funktion erfüllt haben; vielleicht hatten sie eine Antennenfunktion (siehe Abb. 6).

Diese Interpretation gestattet natürlich auch einen ganz anderen Blick auf die „Bezeugung". Sie war nicht identisch mit den Gesetzestafeln – sie hatte mit ihnen überhaupt nichts zu tun! Wenn die Interpretation der Gesamtanlage zutrifft, also Bundeslade mit Antennen-Stangen und tongebender Vorrichtung zwischen den Kerubim, beziehungsweise durch die Köpfe der Kerubim, das Ganze also als Empfänger-, Sender-, Lautsprecher-, (und Abhör)-Anlage diente, so war in der „Bezeugung" wohl eher die eigentliche elektromagnetische, bzw. elektronische Apparatur verborgen, die das ganze Gerät überhaupt erst funktionsfähig machte. Mit den verstellbaren Flügeln der Kerubim konnte dann bei Bedarf eine Feinabstimmung, also ein besserer Empfang und/oder eine bessere akustische Wiedergabe hergestellt werden. Diese Eigenschaft hätte ebenfalls ein Überdachen des mittleren Abschnitts zwingend nötig gemacht, weil sonst womöglich jeder kräftigere Windstoß die Position der Flügel verändern und damit den Empfang - zumindest die Feinabstimmung - hätte stören können. Daß das Ganze zusätzlich in seiner Gestaltung auch noch den Kerubim am Gottesthron nachempfunden war, d. h. den Hubschrauberlandebeinen am Weltraum-Landefahrzeug, mag vielleicht ein raffinierter Trick der Extraterrestrier gewesen sein, um auch den Priestern, die den mittleren Abschnitt, die überdachte Hütte, nicht aber das Allerheiligste, betreten durften (d. h. den Erntemännern des Heiligen Feldes), klar zu machen, daß auch sie ständig mit Gott gemeinsam in der Gesamt-Hütte waren. Es war wohl Trostpflaster und Mahnung gleichzeitig: „Auch ihr seid Gottes Diener – aber denkt daran, er ist immer bei euch!"

(Die eventuelle Tongebung durch die Flügel der Kerubim ist nicht so seltsam, wie es scheinen mag: Dem Verfasser ist in Erinnerung, daß vor vielen Jahren - Sechziger oder Siebziger Jahre - in einem Zeitungsartikel davon die Rede war, daß eine Hausfrau zu ihrer Verblüffung eines Tages aus ihrem Induktions- Kochtopf die Nachrichten eines normalen Rundfunksenders hören konnte. Es hatte also der Kochtopf mit seinen elektromagnetischen Bauteilen im Boden gleichzeitig als Empfänger und - wahrscheinlich der in der richtigen Frequenz klappernde Topfdeckel - als `Lautsprecher´ gedient – d. h. sie `*bezeugten*´ zusammen die Sendung des Rundfunks und was da gesprochen wurde. In diesem Fall war also die Küche der Hausfrau gleichsam zum „Zelt der Bezeugung" geworden!)

Dabei sollte ein Detail nicht übersehen werden: Es heißt ausdrücklich, daß die Kerubim aus der Kapporet gearbeitet werden sollten, d. h. sie würden mit der Kapporet eine Einheit darstellen, die z. B. sehr gut elektrischen Strom würde leiten können. Ein Problem mit der Verbindung zwischen dem ´Lautsprecher´ (den Kerubim) und dem Empfänger, der wahrscheinlich aus der Kapporet und der Bezeugung mit den beiden Tragestangen bestand, konnte so nicht auftreten. Damit war der Gefahr begegnet, daß eine unachtsame Bewegung, etwa bei leidenschaftlicher Diskussion zwischen Moses und dem ´Herrn´, wie sie wiederholt vorkam, diesen plötzlich würde verstummen lassen, wegen einer Kontaktunterbrechung zwischen den beiden Hauptkomponenten der Anlage. Ein solches plötzliches Verstummen des ´Herrn´ in kritischer Situation hätte zu verhängnisvollen Mißverständnissen Anlaß geben können; das war unbedingt zu vermeiden, wie die nachfolgenden, zum Teil ausgesprochen dramatischen Ereignisse im Teil IV zeigen werden.

Das Ganze wurde Moses auf dem Berg Sinai (Har Karkom) gezeigt. Es wurden dort also keineswegs nur die Gesetzestafeln angefertigt und übergeben. Es heißt an anderer Stelle ausdrücklich: (bezogen auf den Altar) ... *„wie man es dir auf dem Berg gezeigt hat."* Es war da auf dem Berg also tatsächlich sehr viel besprochen, kalkuliert und (wohl als Modell) gezeigt worden. Daneben gab es zumindest zwei Objekte, die so kompliziert waren, daß man sie nicht von den Kindern Israel bauen lassen konnte: die Bezeugung und die Mannamaschine. Diese wurden deshalb als fertige, betriebsbereite ´Gottesgeschenke´ dem Moses ausgehändigt. Während die Bezeugung in der Bundeslade verschwand und keinen weiteren unmittelbaren Einfluß auf die entstehende Religion hatte, würde die Mannamaschine einen gleichermaßen dramatischen wie verhängnisvollen Weg zusammen mit den Kindern Israel zurücklegen, der von welthistorischer Bedeutung werden sollte.

Die Wolke und ihr Licht
Am Schluß des Buches SCHEMOT (Auszug) heißt es: „*Wenn aber die Wolke sich von der Wohnung erhob, brachen die Kinder Jisraels auf bei allen ihren Zügen. Und wenn die Wolke sich nicht erhob, brachen sie nicht auf, bis zum Tag, da sie sich erhob. Denn die Wolke des Ewigen war über der Wohnung bei Tag, und ein Feuer war darin des Nachts, vor den Augen des ganzen Hauses Jisrael, auf allen ihren Zügen.*"

Für die Dauer eines Aufenthalts am gleichen Ort und für den Vorgang des eigentlichen Aufbruchs ist das gut beobachtet und korret beschrieben. Die Formulierung „... *auf allen ihren Zügen.*" ist aber mißverständlich. Denn beim eigentlichen Weiterzug - von einem Lagerplatz zum nächsten - gab es dieses Wolke- und Feuer-Wunder definitiv *nicht*, und es wird ausdrücklich darauf hingewiesen, daß man nur zog, wenn die Wolke sich aufhob, d. h. wenn die Mannamaschine abgeschaltet war (genau: im Moment, wenn sie abgeschaltet wurde und unmittelbar danach). Damit konnte aber die Mannamaschine nicht als

`Bote Gottes´ dienen, der ihnen den Weg wies. Immer wenn sie auf dem Weg waren `schlief´ dieser Bote, d. h. er war dann demontiert (s. u., Teil III) und gab kein wie auch immer geartetes Zeichen; er konnte sie also nicht zum neuen Lagerplatz führen! Diese Behauptung wurde wahrscheinlich irrtümlich als zusammenfassende `logische´ Konsequenz aus allen Beschreibungen des Boten Gottes von einem Redaktor, oder von Redaktoren, später hinzugefügt (s. u., Teil III, Abschnitt B, „ ... *Die Irrtümer um den Boten Gottes*").

Es enthält dieser Text aber doch zwei interessante Informationen: Zum einen geht aus diesem Text zwingend hervor, daß das Allerheiligste mit der Mannamaschine nicht überdacht sein *konnte*. Einerseits, weil die heißen Abgase der Maschine ein Dach sehr bald in Brand gesetzt hätten; darauf wurde schon wiederholt auch von anderen Autoren hingewiesen. Es wäre aber auch bei einem überdachten Allerheiligsten nie zum glosenden nächtlichen Widerschein in der Wolke gekommen. Man hätte bei Überdachung vielleicht den Dampf, d. h. die Wolke, nach der Seite bzw. nach den Seiten entweichen lassen können. Aber ein Widerschein des glühenden Reaktors in dieser Wolke wäre dann doch vom Dach abgeschirmt, d. h. unsichtbar für die Außenstehenden gewesen. Da der Widerschein aber regelmäßig beim Aufenthalt an einem Weideplatz gesehen wurde - aber nie während des Weiterzuges! - kann also auch aus diesem Grunde kein Dach über dem Allerheiligsten vorhanden gewesen sein.

Zum anderen ist da von einer sich aufhebenden (Dampf)-Wolke die Rede. Wenn ein Feuer langsam erlischt, dann sinkt eine evtl. damit verursachte Wolke in sich zusammen, d. h. sie erstirbt langsam. Wenn sie sich als Ganzes erhebt, kann das nur bedeuten, daß da ein Mechanismus plötzlich jede weitere Zufuhr *momentan vollständig* unterbindet. Der Wolkenproduzent, wer bzw. was immer es war, wurde also wirklich schlagartig abgeschaltet – wie eine Maschine! Dabei darf die verschiedene Formulierung, die das Aufheben der Wolke beschreibt, nicht irritieren: Bei Mirjams „...*von dem Zelt wich* ..." standen die betroffenen unmittelbar daneben, sie sahen also auf jeden Fall die ganze Wolke, die sich aus dem Allerheiligsten nach oben entfernte. Bei „...*wenn die Wolke sich erhob*..." war das nicht der Fall; diese Beschreibung berichtet, was man aus größere Entfernung sah, zumindest wohl von außerhalb der Gesamt-Stiftshütte. Um so bemerkenswerter ist die Formulierung, die sich auf eine noch zusammenhaltende und sich als Ganzes aufhebende `individuelle´ Wolke bezieht; da war wirklich ein Ventil o. ä. an der Mannamaschine geschlossen worden!

Dieser Text bezieht sich zweifelsfrei auf die Mannamaschine, wie sie von Sassoon und Dale rekonstruiert wurde, obwohl diese noch gar nicht an die Juden übergeben worden war. Wir dürfen nie vergessen, daß spätere Redaktoren nicht mehr wußten, was sie da bearbeiteten, also auch die für uns logische Reihenfolge der Ereignisse gar nicht kennen *konnten*. Auch scheint aus dem Zustandekommen der Bibeloriginale, Septuaginta und Vulgata, hervorzugehen, daß da schon *vor* der Übersetzung und der (endgültigen) Konzeption des Buches, das einmal als DIE

BIBEL (AT) Weltgeschichte machen sollte, eine wie auch immer vor sich gegangene Auswahl stattgefunden hat: Wir lesen da z. B.: „*.... siehe der Zahlen sind so viele ...*"; was mag da alles verlorengegangen sein – wieviel mag man da als unpassend verworfen haben, weil es inzwischen gänzlich unverständlich geworden war?! Und wieviel hat man wohl an falscher Stelle eingefügt, beziehungsweise bei zerfallen(d)en Buchrollen falsch zusammengeordnet und zusammengesetzt?!

Hat Moses darüber hinaus beim Abfassen der Zehn Gebote womöglich als Berater mitgewirkt – sie sind auffällig wenig welt- und lebensfremd! Tatsächlich geschrieben wurden sie aber ausdrücklich mit einem Gerät der Extraterrestrier, wie es wörtlich heißt: „*Und er gab Mosche, nachdem er mit ihm auf dem Berg Sinai zuende geredet hatte, die beiden Tafeln der Bezeugung, Tafeln von Stein, beschrieben vom Finger Gottes.*" Moses hatte beim eigentlichen Schreibvorgang wahrscheinlich nicht zuschauen dürfen. Die Gefahr war wohl zu groß, daß er schon gänzlich desillusioniert über die Natur dieses `Gottes´ vom Berg hinabsteigen würde. Die zusammenfassende Formulierung „ *...Tafeln der Bezeugung...*" wird vom späteren Redaktor bzw. von späteren Redaktoren geschehen sein; wir erfahren oben ausdrücklich, daß es sich bei der Bezeugung um ein separates Objekt handelte, das auch separat an Moses übergeben wurde.

Das Lager
Zumindest im Lager, das doch weitab von der so gefährlichen und rätselhaften Hütte sich befand, konnte man entspannt die Tatsache genießen, ein Volk von Gotteskindern zu sein, eines Gottes, der zudem `ganz weit weg´ im Himmel wohnte – so könnte man denken. Aber: Weit gefehlt! Man ist auch im Lager selbst keineswegs alleine, ist nie unbeobachtet! Einerseits wird ausdrücklich betont, daß Moses im Lager wohnte, und andererseits hatte er dort mindestens einen Aufpasser laufen: „der Bursche" (das muß aus organisatorischen Gründen ein anderer Bursche gewesen sein, als der, der nie aus dem Zelt wich; es gab wohl mehrere Aufpasser, also Spitzel, Horcher und Schnüffler). Unsichtbar lastete also auch in diesem Bereich die ständige Angst auf ihnen, etwas falsch zu machen - wie auch auf den Priestern in der Stiftshütte -, oder auch nur etwas falsches zu sagen; auf *allen* lastete diese immerwährende Anspannung! Unweigerlich würde das die Stimmung im Lager bald in eine permanente Angst, in Unsicherheit und dumpfe Aggressionsbereitschaft versetzen, die ihrerseits wieder die entstehende Religion mit Angst durchtränken würde. Da das unbemerkt geschah, kann es nicht wundern, daß der `Ewige´ bald als allwissend galt. Es hieß bald bei den Priestern und auch im Lager: `Gott sieht und weiß alles!´ Da er zudem - dank seiner technischen Überlegenheit - zu jeder Zeit gänzlich unverständliches vollbringen konnte, auch beliebig strafen konnte, galt er ganz selbstverständlich auch als allmächtig; damit war (und ist) er aber auch *allbedrohend*!
(Man wird bemerken, daß in der Gegenwart das elektronische Überwachen und Ausspähen der Menschen seit einigen Jahren konsequent in die gleiche Richtung sich entwickelt, d. h. entwickelt wird - aber jetzt von uns selbst -; also auch in

dieser Hinsicht holt die Menschheit die technischen Fähigkeiten der Extraterrestrier rasch und unaufhaltsam ein.)

Ob der/die Spitzel als solcher den Bewohnern des Lagers bekannt war/waren, man sich also vor ihm/ihnen in Acht nehmen konnte, oder ob dieser/diese gänzlich unerkannt sein/ihr Werk verrichteten, muß offen bleiben. Der Verfasser möchte vermuten, daß wohl eher die zweite Möglichkeit zutrifft, denn sonst wäre man in seiner/ihrer Nähe wohl so vorsichtig gewesen, daß gewisse Absprachen, auf die wir unter näher eingehen werden, nicht so ohne weiteres vor ihren Ohren diskutiert worden wären. Das war aber noch nicht alles – man war darüber hinaus permanent das Opfer einer ganz anderen, organisatorischen Überwachung, die den Standort jeder Familie im Lager genau festlegte (… sie mußten lagern „*…nach ihren Scharen…*", also in einer konstant einzuhaltenden, strengen Ordnung). Das erleichterte das schnelle, zuverlässige Auffinden einer bestimmten Familie, und damit auch einer Einzelperson, ganz entscheidend. Wie tödlich eine solche konsequent durchgesetzte Anordnung sein konnte, erfahren *wir* bei der Erzählung über die Revolte der Rotte Korah; daß *sie*, die Kinder Israel, die mörderische Konsequenz dieser strikten Ordnung im Lager durchschaut haben, darf bezweifelt werden.

Für Moses gelten zusätzlich noch andere Bedingungen: Moses kann dem `Ewigen´ berichten und in besonders prekären Situationen auch mit ihm diskutieren (d. h. lamentieren und klagen). Über Moses gehen auch Befehle an die Priester und Leviten und in letzter Konsequenz als allgemeine Verhaltensnormen, als `Religion´, wohl auch an das Volk im Lager. Darüber hinaus werden auch die Vorgänge im Erscheinungszelt, in der unmittelbaren Umgebung der Mannamaschine, möglicherweise belauscht und eventuell auch beobachtet; ganz sicher auch im Zelt der Bezeugung, dort mit der Technik der Bundeslade. Zusätzlich wird auch die Mannamaschine indirekt aber wirkungsvoll bewacht. Das geschieht automatisch mit einer tödlichen Strahlenwaffe, die sich an ihr befindet, und die jeden auf der Stelle `erschießt´, der sich ihr unbefugt nähert; der also nicht die richtige Kleidung trägt mit dem freischaltenden Kode.

Es ist nicht klar, ob im Erscheinungszelt, d. h. im Allerheiligsten, wirklich jemals einer von den Extraterrestriern dem Moses `persönlich´ erschienen ist – wohl eher nicht, denn wie sollte das technisch möglich sein? Falls es aber wirklich geschah, kann das nach Meinung des Verfassers nur ein Androide gewesen sein, da zu diesem Zeitpunkt, während des Auszuges der Kinder Israel aus Ägypten und danach, der Rückzug der extraterrestrischen Menschen von den Menschen auf der Erde längst eingesetzt hatte – wahrscheinlich als Konsequenz aus der Doppelkatastrophe mit dem Engelssturz und der Sintflut (siehe erstes Buch des Verfassers).

Trotz der Abgeschiedenheit der Gesamt-Hütte, hatte sie doch einen regen Publikumsverkehr, da alle Schlachtungen („*…im Lager, oder … außerhalb des*

Lagers, ..."; s. u. Teil IV) und Opferhandlungen im ebenfalls dachlosen Vorhof stattfanden, d. h. dem ersten Abschnitt der Gesamt-Hütte. Auch mußte das Volk aus dem Lager sich dort zum Manna-Abholen einfinden. Damit wurde die Gesamt-Hütte unweigerlich zu einer Art Zentrum für die ganze Gemeinde, obwohl eben diese Gemeinde durch die Distanz des Lagers von der Stiftshütte auch wieder konsequent auf Abstand gehalten wurde und nicht wußte, was da wirklich ablief und das auf Leben und Tod auch nicht erfahren durfte – beides ein schicksalsschweres Menetekel für die dabei unweigerlich entstehende `Religion´, die nicht zuletzt eben wegen dieser ungewußten, unfaßbaren, aber allgegenwärtigen göttlichen Ungeheuerlichkeiten ein ängstlich-verkniffenes, durch und durch verkehrtes und verqueres Konstrukt werden mußte. Ein Konstrukt, dessen Kargo-Kult-Herkunft bei jeder Gelegenheit - spätestens bei jedem modernen, wirklich wissenwollenden, technischen Hinsehen - wie eine aus allumfassender Unwissenheit entstandene und nur notdürftig verscharrte Mumie zwischen den Zeilen ihrer auswendig gelernten Schriften und Glaubensbekenntnisse muffig-verwesend hervorstinken würde. Ein Konstrukt, das seine Gläubigen, seine Opfer, zwingen würde, es wie einen untrennbar mit ihnen verwachsenen, selbst aber lebensunfähigen, siamesischen Zwillingsbruder während ihres ganzen Lebens, Tag und Nacht, mit sich herumzuschleppen und zu verehren und auch noch bestens und reichlich zu versorgen – ob sie wollten oder nicht!

Das geistig-seelisch wie auch charakterlich tödlich gefährliche daran war, daß dieser alles verpestende Zwillingsbruder, der auswendig gelernte `Glaube´, unsichtbar in Herz und Geist seiner Opfer saß, und daß er ihnen, von frühester Kindheit an eingeübt, wie ihre eigene Meinung, ihre eigene Persönlichkeit, ihre eigene kostbare, unverwechselbare Individualität vorkommen würde. Es würde auch dieser selbst lebensunfähige Zwillingsbruder sie nicht nur ein Leben lang davon abhalten, ihr eigenes Leben, ihren eigenen Lebensauftrag, ihren eigentlichen Lebensinhalt zu finden, er würde sie so vollständig regieren, daß sie nie bemerken würden, <u>daß es da etwas zu suchen und zu finden gab in ihrem Leben</u>; er würde sie daran hindern, sich je selbst zu erkennen: Sie waren also wirkliche Sklaven mit Herz und Geist, würden das aber nie bemerken – über Dreitausend Jahre nicht! Und da er aus eigener Kraft lebensunfähig war - er war ja nur eine auswendig gelernte, letztlich herbeigewünschte Kargo-Kult-Chimäre - kam es für ihn um Sein oder Nichtsein darauf an, eben diese Selbsterkenntnis seiner Ernährer zu verhindern, bei denen er schmarotzte. Denn wer sich je selbst fand, würde diese muffige, lebensunfähige Mumie, diesen unnatürlichen Zwillingsbruder, sofort als Fremdkörper erkennen, der nicht zu ihm gehört und würde ihn so weit von sich weisen wie nur irgend möglich. Ein solcher Mensch würde als Schmarotzer-Ernährer, als dümmlich-frömmelnder `Gläubiger´, nicht mehr zur Verfügung stehen:

Er würde aufrecht seinen *eigenen* Lebensweg gehen.
Den Lebensweg, der sich in der Zen-buddhistischen Formulierung offenbart:

„Zeige mir dein Gesicht, bevor du geboren wurdest!"

Also bevor die `Erziehung´ (d. h. die geistige Manipulation, die geistige Kastration) einsetzte.

Aus den ungeheuerlichen Schall- und Feuererscheinungen, die unterschiedslos alle gehört und gesehen hatten, und aus dem tödlichen Geheimnis in der Gesamt-Hütte, die so weit ab stand, und von der sie doch täglich ihr Manna holen mußten (dort also täglich gleichsam zu Kreuze kriechen mußten), und dem umfassenden Unverständnis für beide, sowie aus der ständigen Bedrohung durch diesen allwissenden, allmächtigen `Gott´ und aus der permanenten und alle bedrohenden Überwachung entstand im Lager unter den Menschen eine Religion der angstzitternden Gottesfurcht; anstatt aus einem liebenden, lebensnahen Gottesverständnis heraus eine frohe Lebensbejahung entstehen zu lassen, was auch möglich gewesen wäre – wenn man es denn gewollt hätte. Das konnte aber kaum anders sein, denn der `Gott´, der das Ganze veranlaßte, wußte nichts von warmherziger, lebensbejahender Menschenfreundlichkeit. Eine Erkenntnis, die auch Rückschlüsse auf das Arbeitsklima und auf die persönlichen Lebensumstände innerhalb des Habitats, d. h. `im Himmel´, zuläßt. Nicht ganz zufällig wird man dort eine so strenge Hierarchie installiert haben (siehe dazu in „Gottes Sturz aus dem Himmel"). Es drängt sich zudem der Verdacht auf, daß in der brutalen, ja mörderischen Härte mit der man die Kinder Israel am Har Karkom und auf der Wanderung erzog, eine bewußte, gezielte Verrohungstaktik verborgen war: Je brutaler diese `Kinder´ waren, desto perfekter und problemloser würde die `Landnahme´ funktionieren! Bis zum Ausspruch eines Jesus': „<u>Lasset die Kindlein zu mir kommen</u>." (Das darf aber auch wieder nicht falsch verstanden werden: Kein Religionseinpauken in frühester Kindheit!) würden noch zwölf endlos lange, brutale und (Menschen)-blutdurchtränkte Jahrhunderte vergehen.

Insgesamt wird schon hier klar, in welche hoffnungslose Situation die Extraterrestrier da hineingetaumelt waren. Sie glichen einem Menschen, der gleichzeitig versucht, einerseits seinem Schatten hinterherzurennen, um ihn einzuholen (das Verhindern eines ungewollten Kargo-Kultes, trotz der Mannamaschine und ihres `Himmelsbrots´, des Mannas; bei gleichzeitiger Religionsbegründung unter strikter Vermeidung eben dieses unsichtbaren Ungeheuers, das schon bald mit dem `Ewigen´ verwechselt wurde); und der andererseits aber auch gezwungen ist, vor seinem Schatten davonzulaufen (ihr Menschsein, das keiner bemerken, keiner durchschauen durfte) .... eine unlösbare Aufgabe! Und wie sollte das alles später, wenn die Technik das Ganze einmal durchschauen würde – wie sollte es dann weiter gehen? Wie das Ganze auflösen und in wirkliche Religion über führen?

Soweit die wichtigsten Ereignisse während des Auszuges aus Ägypten, dem ersten, kurzen Abschnitt der Wanderung, und am Berg Sinai (Horeb), der mit dem Har Karkom identisch ist. Zu dieser Lokalisierung siehe Prof. E. ANATI im Internet: „Mount Sinai has been found"; dort reichlich Material, Texte und Abbildungen; beachte besonders die Abbildungen Fig. 108 u. 109, die als „burned platforms" bezeichnet sind (mit Google-Suchmaschine, Stichwort: Har Karkom).

Teil III

! JACH – WE !

Das Gottesgeschenk

Das außerirdische Ungeheuer im Allerheiligsten

Die Mannamaschine, Der Hochbetagte, Der Alte der Tage, Der Transportierbare mit den Tanks

Einleitung
Die hermetische Absicherung der Stiftshütte wurde sogar noch weiter getrieben: Nach einer allgemeinen Zählung des gesamten Volkes, deren Zahlenangaben wieder gänzlich inakzeptabel sind - wie in den meisten Fällen im AT - kam man auf 603 550 Personen, ohne die Leviten, die ausdrücklich nicht mit gezählt worden waren. Danach redet der Ewige mit Moses und spricht:

„ ... *Und bestelle du die Lewiten über die Wohnung der Bezeugung und über alle ihre Geräte, sowie über alles, was dazu gehört; sie sollen die Wohnung und alle ihre Geräte tragen* [Wir bemerken, daß hier nur vom Tragen die Rede ist.]*, und sie sollen sie bedienen, und rings um die Wohnung sollen sie lagern. Und wenn die Wohnung aufbricht, sollen die Lewiten sie abnehmen, und wenn die Wohnung lagert, sollen die Lewiten sie aufrichten;* <u>*der Fremde aber, der sich naht, soll getötet werden*</u> [Vom Verf. hervorgehoben; der tödliche Schutz, das mörderische Verbergen des Inhalts der Stiftshütte ging also soweit, daß auch beim Auf- und Abbau der ganzen Anlage jeder, der sich auch nur nahte, zu töten war – und das geschah auch, wie wir unten sehen werden.]. *Und die Kinder Jisrael sollen lagern, jeder bei seinem Lager und jeder bei seiner Heeresgruppe nach ihren Scharen. Die Lewiten aber sollen lagern rings um die Wohnung der Bezeugung, damit nicht Zorn komme über die Gemeinde der Kinder Jisrael; und wahren sollen die Lewiten die Wartung der Wohnstatt der Bezeugung.*"

Es war also nicht nur so, daß die Stiftshütte jeden Blick auf das Allerheiligste, d. h. auf das, das sich darin befand, definitiv unmöglich machte; es wurde zusätzlich das Lager der Angehörigen des Stammes Levi so angeordnet, daß sie ihrerseits nach dem Zwiebelschalenprinzip als eine Art Schutzwall für die gesamte Stiftshütte und deren nähere Umgebung fungierten. Es heißt in diesem Zusammenhang unmißverständlich: „ ...; *der Fremde aber, der sich naht, soll getötet werden.*" Warum um alles in der Welt diese unsinnigen, und mörderischen Sicherheitsbestimmungen, wenn im Allerheiligsten wirklich nur die eigentliche Bundeslade vorhanden gewesen wäre, die nicht sonderlich geheim gehalten wurde – der Fall riecht geradezu nach einem unfaßbaren Geheimnis! Es hätte der Untersuchungen von Sassoon und Dale nicht bedurft, um bei solchen Schilderungen jeden aufmerksam lesenden und mitdenkenden Menschen grundmißtrauisch zu machen, etwa im Sinne von: „Allmächtiger, was war da verborgen – wer oder was war dieser `Ewige´!?"

Angesichts der nur allzu natürlichen Neugierde der übrigen Personen im Lager - es wird in diesem Zusammenhang kein Unterschied gemacht zwischen Juden und Nichtjuden - kommt die Anordnung: „ ... *der Fremde aber, der sich naht, soll getötet werden.*" einem Mordaufruf gleich! Es wird dabei nicht unterschieden zwischen Juden und anderen Neugierigen, z. B. dort im Lande sich gerade aufhaltenden Nomaden. Wozu das alles, wenn es nicht einen entsprechenden, todernsten Grund gegeben hätte für so viele scheinbar unsinnige Sicherheitsanordnungen und Aufrufe, diesem Zelt auf Leben und Tod ja fern zu bleiben!?

<u>Es gab einen solchen todernsten Grund:</u>
<u>Im Allerheiligsten der Stiftshütte befand sich als `Gottesgeschenk´ der Extraterrestrier eine Maschine zur Produktion eines künstlichen Nahrungsmittels, das Manna, das in einem ständigen Prozeß von dieser Maschine, der Mannamaschine, aus einer Algenkultur produziert wurde!</u>
(siehe Abb. 9, a, b)

Mit der fanatischen Entschlossenheit, das außerirdische Ungeheuer auf Leben und Tod vor den Kindern Israel geheimzuhalten, es also mit ebensolcher Konsequenz im Allerheiligsten zu verbergen, wurde eine geistige Kettenreaktion in gang gesetzt, für die sich kaum ein gleichwertiges Gegenbeispiel in der Menschheitsgeschichte finden läßt, nicht bezogen auf die Abfolge der grotesken Mißverständnisse und auch nicht auf die sich daraus ergebende (zweite) Schein-`Religion´, die Kabbala – neben der offiziellen `Religion´, die wir oben schon mehrmals als auch nur Kargo-Kult `ertappt´ hatten:
- Beides, die mörderische Entschlossenheit, das Objekt zu verbergen, und auch die ebenso mörderische Entschlossenheit zum Geheimhalten des unfaßbaren Objekts - von dem natürlich wegen des Mannas bald Wunder über Wunder gemunkelt wurden - sorgte dafür, daß auf der Wanderung die Mannamaschine ganz sicher nicht in Vergessenheit geriet.

- Gewisse Zeichen an der Maschine, Buchstaben, übten eine Leit- und Gedächtnisfunktion beim Wiederzusammenbau der Maschine aus, sie dienten als Montageanleitungen; unweigerlich erhielten sie dadurch eine `Kraft´, eine zusätzliche Bedeutung, die nicht vorgesehen war, die sich aber aus ihrer Funktion bei denen unweigerlich einstellen mußte, die diese Arbeiten allwöchentlich verrichteten.
- Aus der Aufspaltung der Gläubigen in zwei Gruppen, den Priestern in der Stiftshütte und wohl auch der diese beschützenden Leviten, einerseits, und dem `gewöhnlichen´ Volk draußen im Lager (weit weg von der Stiftshütte), andererseits, ergab sich eine Aufspaltung der späteren Gemeinde in (scheinbar) Wissende, und unwissendes Herdenvieh, die nie mehr rückgängig zu machen sein würde. Man hat sich in dieser Hinsicht auch keine große Mühe gegeben: Ein dummes (d. h. unwissendes) Volk regiert sich leicht!
- Spätestens mit endgültigem Abschalten der Mannamaschine, zwei oder drei Tage vor der Jordandurchquerung, würden diejenigen beginnen, die die Maschine sehen durften, und die auch weiterhin mit den Extraterrestriern für eine gewisse Zeit Funkkontakt behielten, also den `Herrn´ anrufen konnten, die Maschine zu erforschen, trotz ihres technischen Unvermögens.
- Dabei würde die absolute Geheimhaltung ihrer `Erkenntnisse´ über die Maschine spätestens jetzt automatisch in eine Geheimwissenschaft einmünden; sie hatten gar keine andere Wahl und werden wohl auch nichts anderes gewollt haben. Es war schon immer etwas Besonderes, über ein Wissen zu verfügen - oder sich zumindest einzubilden, ein solches zu haben -, das einen Sonderstatus verleiht, auf dem man sich etwas einbilden kann.
- Damit war auch klar, daß die Weitergabe ihrer `Erkenntnisse´ nur mündlich im Kreis der Eingeweihten erfolgen konnte. Solcherart war dieses `Wissen´ um den Hochbetagten vor jeder Diskussion geschützt und bei entsprechend sorgfältig überwachtem Auswendiglernen konnte eigentlich nichts verlorengehen. Auch war der Umfang des auswendig zu Lernenden nicht gar zu groß.
- Damit war aber auch dafür gesorgt, daß der Hochbetagte, selbst nach einem eventuellen Verschwinden unter den Menschen, weiterleben und - wirken würde – als auswendig zu lernende Geheimwissenschaft; auch dann noch, wenn die Lernenden längst nicht mehr wußten, wovon sie sprachen: Damit war die Mannamaschine, genauer: das `Wissen´ um sie, unsterblich geworden!
- Es blieb das absolut geheimgehaltene `Wissen´ in diesem Zustand bis ein grotesker Zufall die ganze Geschichte ans Licht brachte: Moses de Leon, ein spanischer Jude, war in Geldnöten! Die Publikation seines Geheimwissens etablierte sich sofort als … quasi Geheimwissenschaft für elitäre Kreise. Das konnte auch kaum anders sein, denn niemand, wohl auch nicht Moses de Leon selbst, hatte eine Ahnung wovon die Rede war:

Die in vergleichsweise zahlreichen Publikationen erläuterte und weitergesponnene moderne Kabbala entstand und blieb wegen dieses allumfassenden Unwissens eine `Wissenschaft´ für wenige Gelehrte, die nicht wußten, *was* diese Texte behandelten, nicht wußten, *was* sie da lernten.
- Diese `Wissenschaft´ des Unwissens konnte aber nur solange weiter existieren, bis die technische Entwicklung der Menschen ein Entschlüsseln der verborgenen Wahrheit in diesem seltsamen Text möglich machte, der sich bis dahin jeder vernünftigen Deutung beharrlich entzogen hatte.
- Sehr bald nach Erreichen dieses technischen Wissensniveaus setzten sich in Großbritannien zwei Ingenieure zusammen, von denen der eine auch über die nötigen sprachlichen Kenntnisse verfügte, diesen Text zu analysieren und zu interpretieren: der Hochbetagte, d. h. die Mannamaschine, wurde von ihnen gleichsam wieder zurück ins Leben gebracht und wurde damit (erstmals seit über Dreitausend Jahren!) für alle Menschen, die die Wahrheit wirklich wissen wollen, verständlich und durchschaubar, d. h. sie wurde als *außerirdische Maschine* erkennbar!
- Damit hatte die am Har Karkom begonnene Geschichte ihr `Ziel´ erreicht, der Kreis hatte sich geschlossen:
- *Alle von dieser Maschine `angestoßenen´ Kargo-Kulte (`Religionen´), also auch die Kabbala, sind damit als Religion beziehungsweise Elite-Wissenschaft zum Untergang verurteilt, weil sie Sinn-los geworden sind!*
- Wie so oft haben auch diese heiligen Geheimnisse - bei technischem Verstehen und bei technischer (Rück)-Übersetzung und (Rück)-Interpretation der ursprünglichen, technisch so sehr unbeholfenen Sprache, die von Religionsphantasien zusätzlich durchtränkt wurde -, als banale Selbstverständlichkeiten sich entpuppt, deren Technik und Physik jedes begabte Schulkind (etwa im Stadium der Mittleren Reife) mühelos nachvollziehen kann!
- **Da das entschleierte und rekonstruierte Objekt, die Mannamaschine, als Produkt einer extrasolaren Technologie sich erwiesen hat, ist mit ihrem Wiederentdecken die Menschheit in eine neue Erkenntnis- und Entwicklungsphase eingetreten, in der sie wird lernen müssen, als Teil einer übergeordneten technischen Zivilisation sich zu erkennen, die möglicherweise die dafür geeigneten Planeten mehrerer Sonnensysteme erfaßt!**
- **Die Existenz solcher Planeten wird eben jetzt, bei Abfassen dieses Textes (2014/15/16), durch das Auffinden zahlreicher entsprechender Planeten im „richtigen" Abstand (d. h. in der sog. habitablen Zone) zum jeweiligen „geeigneten" (d. h. möglichst sonnenähnlichen) Zentralgestirn nahezu bis zur Gewißheit erhärtet – und das unabhängig von jeder Prä-Astronautik. D. h. es kommen gerade beide Forschungszweige, das Erforschen und Interpretieren alter**

> Texte, und die Astronomie, auf gänzlich verschiedenen Wegen zum gleichen Resultat. Dabei ist es bemerkenswert, daß es sich nicht nur um zwei vollständig verschiedene wissenschaftliche Disziplinen handelt, sondern daß auch die Erkenntnis-Situation, d. h. die zeitliche Blickrichtung beider, entgegengesetzt ist: Die Prä-Astronautik, die sich endgültig als Nachbardisziplin zur Theologie und als eventuelle Fortsetzung(!) dieser in Zukunft erweist - was die Theologie aber einstweilen noch nicht wahrhaben will -, hält das Resultat wiederholter Kontakte außerirdischer intelligenter Lebewesen - Menschen - mit den Menschen unseres Planeten in Händen (die sog. monotheistischen Religionen i. w. S.), sie blickt also zurück in die Vergangenheit; während die Astronomie einstweilen noch mühsam nach eventuellem extraterrestrischen Leben auf dafür geeigneten Planeten sucht, das sie in Zukunft zu finden hofft. Einer solcher Planeten könnte sich als Ausgangsplanet für die von der Prä-Astronautik erkannten extraterrestrischen Kontakte erweisen; insgesamt blickt die Astronomie also in die Zukunft. Gelänge es der Astronomie, einen mit hoch entwickelter (technischer) Zivilisation belebten extrasolaren Planeten zu identifizieren, so hätte sich der Kreis geschlossen: Prä-Astronautik, Theologie und Astronomie verschmölzen dann zu einer einzigen Gesamtdisziplin.

Es muß offen bleiben, ob dieser lange Weg, diese Entwicklung, von den Extraterrestriern so gewollt war, oder ob sie selbst von der Dynamik, die sie da am Har Karkom, dem Gottesberg, initiiert hatten, überrascht wurden bzw. sie in ihrer grenzenlosen Überheblichkeit und Gedankenlosigkeit den Menschen gegenüber überhaupt nicht bemerkt haben. Für den zweiten Fall ergibt sich als nahezu unausweichliche Konsequenz die Vermutung, daß die Menschen der Erde das erste Opfer ihrer diesbezüglichen Unerfahrenheit waren und, qua `Religion´, immer noch sind. Das würde die weltfremde Ungeschicklichkeit der Extraterrestrier den Menschen gegenüber, besonders in der Anfangsphase ihrer Besuche auf der Erde, zwanglos erklären.
Siehe dazu auch im ersten Buch des Verfassers zur Prä-Astronautik „Gottes Sturz aus dem Himmel".

Wir erinnern uns, wie es zu dieser seltsamen Situation kam: Nachdem die Kinder Israel aus Ägypten ausgezogen waren, hatten sie das Schilfmeer mit Hilfe der Extraterrestrier entlang einer Untiefe durchquert, hinüber nach dem südlich gelegenen Festland der Sinai-Halbinsel. Der weitere Weg ging wahrscheinlich talaufwärts im Wadi Qiraiya, das über das Wadi El Arish (der `Bach Ägyptens´ in der Antike) ins Mittelmeer entwässert, bis hin zur Wasserscheide zwischen diesem und dem Wadi Khadakhid, das über das Wadi Paran ins Wadi Araba und dieses schließlich ins Tote Meer entwässert. Der Übergang vom einen Wadi-System ins andere fand möglicherweise in der Nähe des Jebel Abu Tummeir statt. Von dort führte der weitere Weg nahezu direkt zum auffällig flachen Plateauberg des Har Karkom (Gottesberg, Berg Horeb; Abb. 2, a). Auf dieser tischähnlich-flachen Struktur mochte die Landung einer größeren außerirdischen Rakete noch am ehesten möglich sein.

Zum Har Karkom siehe auch von Professor E. ANATI im Internet „Mount Sinai has been Found" (mit Google-Suchmaschine).

Auf diesem Berg wurde Moses und seinen Begleitern eine überaus komplizierte, von einem Miniatur-Kernreaktor angetriebene Maschine übergeben. Das ursprünglich nur für die Versorgung der Extraterrestrier, d. h. der Androiden-`Engel´ im Habitat, konzipierte Gerät sollte den Kindern Israel in der Wüste regelmäßig (d. h. täglich, mit Ausnahme des Sabbats, wenn es demontiert und gewartet wurde) eine aus Algenschleim gewonnene Ersatz- bzw. Zusatznahrung liefern, das Manna. Für den Betrieb auf der Erde, also in der Wüste/Halbwüste/Steppe/Akazien-Savanne des damaligen nördlichen Sinai, und unter technisch gänzlich unwissenden Menschen, wurde die Maschine im Habitat möglicherweise vorher hergerichtet und ergänzt (s. u.).

Wegen der zentralen und bis heute andauernden verhängnisvollen Rolle dieser außerirdischen Apparatur und wegen der welthistorischen Bedeutung ihrer Rekonstruktion durch SASSOON und DALE (1978), sei die Maschine hier, in Auszügen, beschrieben und erläutert. Die entscheidenden Angaben zur `Entdeckung´ und zur Rekonstruktion der Mannamaschine stammen aus dem Buch Sohar, das, wie die Bibel, in mehrere Bücher untergliedert ist. Für die Rekonstruktion der Mannamaschine sind die folgenden Bücher des Sohars von entscheidender Bedeutung, nämlich: die Größere Heilige Versammlung (GHV), die Kleinere Heilige Versammlung (KHV), das Buch der Mysterien (BdM) und, als Ergänzung, die Versammlung des Tabernakels (VdT).

Es soll im nun folgenden Teil III die Hauptperson unseres Buches, also die Mannamaschine, der Hochbetagte, näher erläutert werden. Schließlich ist ER die Hauptfigur, nicht nur des ganzen Buches, sondern auch von allen religiösen Entwicklungen, die seit SEINEM Erscheinen auf der Erde von IHM, direkt oder indirekt, ausgegangen sind – also alle extraterrestrisch initiierte `monotheistische´ `Religionen´, d. h. Kargo-Kulte, und die Kabbala.

Zunächst wird die Technik der Mannamaschine anhand des neuerdings auch auf Deutsch vorliegenden Kabbala-Urtextes schwerpunktmäßig erläutert. Dabei wird grundsätzlich nur aus der Deutschen Übersetzung des von Sassoon und Dale publizierten Textes zitiert. Es werden sowohl die eigentlichen Textblöcke (Verse oder Versgruppen) als auch evtl. vorhandene zugehörige Erläuterungen von Sassoon und Dale als Zitate wiedergegeben.

Zusätzlich haben Sassoon und Dale aus dem Aramäischen Originaltext (Lublin, 1882) bei etlichen Übersetzungen die zugehörige buchstabengetreue Übersetzung des Originals hinzugefügt (die sog. Transliteration), um eine Kontrolle ihrer Übersetzung durch linguistisch entsprechend unterrichtete Leser/Leserinnen zu ermöglichen. Die Transliterationen sind für das vorliegende Werk nicht von Bedeutung; sie blieben deshalb unberücksichtigt – von wenigen Ausnahmen abgesehen, bei denen eine Erläuterung von Sassoon und Dale sich ausdrücklich auf die Transliteration und ihre Übersetzung im vorhergehenden Text bezieht. Wer dennoch Übersetzungen nachprüfen möchte, sei auf den Text der „Ur-Kabbala" verwiesen, wo alle Transliterationen bei der Übersetzung aus dem Englischen Original mit übernommen wurden; sie stehen jeweils in runden Klammern; in eckigen Klammern stehen Textergänzungen von Sassoon und Dale, und die wenigen Hinzufügungen, die der Verfasser bei seiner Übersetzungstätigkeit seinerseits für nötig hielt, stehen in geschweiften Klammern.

Da der Umfang der in diesem Teil zitierten Texte aus A. R. JACHWE (2013): „Die Ur-Kabbala" ein bedeutender ist, der nicht nur die gesamte Mannamaschine darstellt und erläutert, sondern auch dessen kaum abschätzbaren Einfluß auf Entstehen und Weiterentwicklung aller monotheistischen 'Religionen' und der Kabbala, die sich dabei samt und sonders endgültig als Kargo-Kulte erweisen, handelt es sich beim Dritten Teil gleichsam um ein Buch im Buch.

Es war beim Abfassen des vorliegenden Textes, des Teils III, nicht nötig, auf die Reihenfolge der Verse in „Die Ur-Kabbala" Rücksicht zu nehmen, denn auch im Englischen Ausgangstext gehen die angesprochenen Gesichtspunkte der Maschine und ihre zahlreichen 'religiösen' Interpretationen durcheinander, dem Lubliner Original entsprechend. Es erschien dem Verfasser wichtiger, der tatsächlichen Zugehörigkeit der Verse zu den einzelnen technischen Aspekten i. w. S. der Mannamaschine Rechnung zu tragen, die sich aus dem Text „Die Ur-Kabbala" bei moderner, technischer Interpretation ergeben.

Erschwert wird eine solche Interpretation nicht nur vom allgemeinen Unverständnis der 'Erntemänner des Heiligen Feldes', die keine Chance hatten, das Ungeheuer zu begreifen, mit dem sie da umgingen; sie wird zusätzlich erschwert von der Tatsache, daß nicht unterschieden wird zwischen den Ereignissen und 'Erkenntnissen', die sich aus der Zeit der Aktivität der Mannamaschine ergaben, also während der Wüstenwanderung, einerseits, und andererseits den 'Erkenntnissen', die man später, beim Messen und Forschen (d. h. Basteln) an der Maschine gewann, als diese endgültig abgeschaltet, also 'tot' war. Auch darf man darüber hinaus nicht vergessen, daß die 'Erntemänner des Heiligen Feldes' keinerlei technischen Wortschatz hatten. Dementsprechend tauchen viele vergleichende Begriffe auf, die in die moderne Technik-Sprache der Gegenwart zurückübersetzt werden müssen; das ist nicht immer zweifelsfrei und allgemeingültig möglich – gar zu vieles geht durcheinander. So gibt es z. B. zahlreiche Verse, die man mehreren Haupt-Stichwörtern zuordnen könnte. Da aus

Platzgründen jeder Vers grundsätzlich nur einmal zitiert wird, kann der technische Verständnisgang der ganzen Maschine nur sehr holperig und obendrein auch nur sehr lückenhaft dargestellt und erläutert werden. Insgesamt kann die moderne Interpretation nicht vollständiger sein als es das (Lubliner) Original ist. Hier ist ein verständnisvolles, einfühlsames Mitdenken des Lesers/der Leserin hilfreich.

Abkürzungen:
Der Text der aus dem Englischen übersetzten „Ur-Kabbala" besteht aus den folgenden Büchern:
GHV: Größere Heilige Versammlung
KHV: Kleinere Heilige Versammlung
BdM: Buch des Mysteriums
VdT: Versammlung des Tabernakels
Diese Reihenfolge wurde so von Sassoon und Dale übernommen.
Erl./Erln. = Erläuterung/Erläuterungen
Daneben gibt es weitere Abkürzungen:
AT = Altes Testament
NT = Neues Testament
Ges. = Das Hohelied Salomos (Der Lieder Sang)
QB''H = „Gott", wörtlich „der Heilige, Er sei gesegnet"
OThIQ IVMIN (Attik Jumim) = Der Alte der Tage (Der transportierbare mit den Tanks)
KvR = Knorr von Rosenroth, Christian
KJV = King James Version, Englische Bibelübersetzung
m= mit, n= nach; u=und; teilw. = teilweise

Sprachliche Besonderheiten im Sohar
Formulierungen wie Heiligkeit der Heiligkeit, also das Allerheiligste und zahlreiche ähnliche Fälle (z. B. der Alte der Alten, d. h. der Allerälteste) rühren von der Tatsache her, daß der Soharist der Aramäischen Sprache nicht vollständig mächtig war. Solche Wendungen wurden von Sassoon und Dale grundsätzlich wörtlich übernommen. Sie schreiben dazu:
Erl. n. GHV 128, teilw.: „Offensichtlich ringt der Autor des *Sohar* darum, Begriffe in seinem begrenzten Aramäisch auszudrücken, für die die Sprache nicht geeignet ist; ähnlich wie ein Schuljunge, der versucht, eine Chemie-Stunde zu beschreiben mit dem Latein eines Julius Cäsar."

Nach Übertragen und Erläutern der Texte aus „Die Ur-Kabbala" folgt die Darstellung zur Religionsableitung von der Technik der Maschine wie sie im Kabbala-Urtext an zahlreichen Stellen direkt oder indirekt erkennbar ist. Danach werden allgemeine Aspekte, z. B. die seltsame Kleidung orthodoxer Juden und andere Verhaltensmaßregeln erläutert, soweit sie erkennbar mit der Mannamaschine im Zusammenhang stehen. Wenn alle technischen Angaben des Hochbetagten, der Mannamaschine, zusammengefügt werden, so läßt sich daraus eine Maschine zur Mannaproduktion rekonstruieren, wie sie von M. RICHES (1978) gezeichnet wurde (Abb. 9). Diese Maschine hatte bei oberflächlichem Hinsehen eine gewisse Menschenähnlichkeit – eine Tatsache, die für die sich entwickelnde Kabbala und für den Kargo-Kult ganz allgemein, der um sie entstand, von entscheidender, ja schicksalhafter Bedeutung werden sollte. Und wer wagte es schon, sie näher, also detailliert, zu betrachten – wenn denn jemand die Gelegenheit dazu erhalten hätte.

Zur Entstehungsgeschichte des Buches Sohar, nach Sassoon und Dale, gekürzt
Da das Gottesgeschenk anhand des Sohars identifiziert, d. h. buchstäblich aus dem Textwust wieder `ausgegraben´ wurde, wollen wir uns zunächst um das Buch Sohar kümmern. Danach folgen einige Sätze zur Einführung und allgemeinen Beschreibung der Mannamaschine.

„Der Sohar erschien zuerst um das Jahr 1290 herum, als er von einem spanischen Juden, Moses bar Shem Tov de Leon veröffentlicht wurde. Die Gelehrten sind sich nicht darüber einig, ob er das gesamte Werk selbst verfaßt hat oder ob er zum Teil auf ältere Quellen zurückgriff. Es ist aber wahrscheinlich, daß er den größten Teil selbst verfaßt hat. Was er niederschrieb, fußte jedoch auf uralten Überlieferungen, zu denen er Zugang hatte. Seiner eigenen Aussage zufolge, war er in den Besitz eines alten Manuskripts gekommen, welches er angeblich in einer Höhle in Palästina gefunden hatte. Dieses Manuskript enthielt die Lehren eines bekannten Rabbiners, Simon bar Jochai, der ungefähr 200 Jahre nach Christus gelebt hat. Moses de Leon nimmt für sich in Anspruch, dieses Manuskript als erster veröffentlicht zu haben. ... ... Trotz all dieser Schwierigkeiten war der Sohar ein sofortiger Erfolg, und die handgeschriebenen Ausgaben befanden sich bis zur Erfindung des Buchdrucks in großer Zahl im Umlauf. Im Druck erschien das Buch zum ersten Male im Jahr 1559, und zwar gleichzeitig in Mantua und Cremona, Italien. Seit jener Zeit wurden bis heute alle paar Jahre Neuauflagen herausgegeben.

Aus dem Sohar läßt sich entnehmen, daß Moses de Leon ein Mitglied der als `Erntemänner des Heiligen Feldes´ bekannten Gesellschaft war. ... ... Vor Erfindung des Buchdrucks war die Zahl der Bücher begrenzt, und ein entschlossener Gegner konnte ohne große Schwierigkeiten jedes einzelne Exemplar eines bestimmten Werkes ausfindig machen und zerstören. Das Wissen war deshalb in den Köpfen der Menschen viel besser und sicherer aufgehoben, als wenn es in Büchern niedergeschrieben worden wäre. ... ... es ist daher wahrscheinlich, daß Moses de Leon viele Jahre lang ein wandelndes Lexikon war – bis ihn dann seine finanzielle Notlage zur Niederschrift und somit zur Preisgabe seines angehäuften und gespeicherten Wissens zwang. Wahrscheinlich ist auch, daß Moses selbst nicht einmal wußte, woher sein Wissen ursprünglich stammte.

Über diesen Punkt streiten sich die Gelehrten ausnahmsweise einmal nicht. Einige Texte des Sohars, einschließlich des Materials über den Hochbetagten [=

Mannamaschine], werden als aus fernster Vergangenheit stammend anerkannt. Wir hatten dieses Wesen nun schon vom 19. Jahrhundert zurückverfolgt über das 17. und das 13. Jahrhundert; zurück vor die Zeit des Buchdrucks bis zu jenem Punkt, an dem es ganz vom Papier verschwindet und nur noch in einer zahllosen Reihe menschlicher Gehirne existiert.

Wie lange kann eine nichtschriftliche Überlieferung bewahrt werden? Wenn unsere Annahme zutrifft, verschwand der Hochbetagte ungefähr 600 vor Christus von der Bildfläche, und die Informationen über ihn mußten somit über ungefähr 1 800 Jahre oder sagen wir 60 Generationen im Gedächtnis aufbewahrt und mündlich überliefert werden. Es gibt ein Spiel für Kinder, bei dem eine Botschaft ... ... So galt auch die These, daß sie durch korrektes Auswendiglernen der Überlieferungen in den Himmel kommen konnten. Man kann daher getrost davon ausgehen, daß jede Anstrengung unternommen wurde, die Texte richtig im Gedächtnis zu behalten und daß auch die Kinder dazu angehalten wurden, dies zu tun. Die Texte konnten unter solchen Umständen tatsächlich in erkennbarer Form sechzig Generationen überdauern, so daß der Inhalt des Sohar nicht sehr von den heiligen Geheimnissen der vorchristlichen Zeit abweicht."
Soweit die gekürzte Vorgeschichte des Sohars nach Sassoon und Dale.

Zur weitgehend korrekten - weil technisch sinnvoll rekonstruierbaren - Überlieferung des Sohars über ca. 60 Generationen hinweg ist zu beachten, daß der Vergleich mit dem Kinderspiel nicht vollständig zutreffend ist. Beim Auswendiglernen des Sohars saß nahezu mit Sicherheit immer ein alter Lehrer dabei, der den ganzen Text bereits seit langem auswendig kannte. Der konnte bei Bedarf beliebig oft korrigierend eingreifen – bis der Text bei den Jüngern endgültig fehlerfrei `saß´ (Diese Vorgehensweise erinnert an das Singenlernen der Jungen bei einigen Singvogelarten, die genau so vorgehen.). Hätte kein solcher `Korrektor´ dabeigesessen, wäre der Text im Verlaufe der langen Zeit - Himmel hin oder her - bald bis zur Unkenntlichkeit verstümmelt worden, wie bei spielenden Kindern.

In den genannten Büchern des Sohars (GHV, KHV, BdM und VdT) wird eine Maschine beschrieben, die dort „Der Alte der Tage" oder auch „Der Hochbetagte" genannt wird. Tatsächlich kann die Übersetzung der aramäischen bzw. hebräischen Texte in diesem Zusammenhang auch lauten „Der Transportierbare mit den Behältern" [nach Sassoon und Dale: „... mit den Tanks"]. Es ist in diesem Zusammenhang darauf hinzuweisen, daß die Menschen der Antike keinen technischen Wortschatz zur Verfügung hatten. Dementsprechend wurden technische Teile der Maschine mit Begriffen aus dem alltäglichen Leben belegt, und zwar oft mit vom menschlichen Körper abgeleiteten. Das erklärt sich zum Teil auch aus der Tatsache, daß zumindest einige `Kenner´ der Maschine, die sie beschrieben, sich wohl nicht so recht darüber klar waren, ob das Objekt ein Lebewesen war, das Nahrung (Manna) produzieren konnte, oder ein anderes göttliches Objekt, das sich von vorneherein jedem menschlichen Verständnis entzog: Kurz, man benutzte in Zweifelsfällen bei ernsthaften Beschreibungsversuchen Begriffe aus der allen bekannten menschlichen Anatomie, also aus der damals allen bekannten Umgangssprache – ohne Zweifel aber auch wegen der oberflächlichen Menschenähnlichkeit des unfaßbaren außerirdischen Ungeheuers.

Sassoon und Dale geben in diesem Zusammenhang eine interessante Liste aus der Gegenwart, die aus der Sprache der Apachen abgeleitet ist. Dort werden die Teile eines Automobils wie folgt bezeichnet (Auswahl): Mund(ze) = Einfüllstutzen (Tank); Auge(inda) = Scheinwerfer; Nase(chee) = Motorhaube; Stirn(ta) = Dach; Ader(tsaws) = elektrische Leitung; Leber(zik) = Batterie; Magen(pit) = Benzintank; Darm(chih) = Kühlerschlauch; Herz(jih) = Verteiler; Lunge(jisoleh) = Kühler. Man wird bemerken, daß einige dieser Begriffe mit der gleichen oder sehr ähnlichen Bedeutung auch in der deutschen Sprache existieren (besonders in der (technisch) noch verständnislosen Kindersprache): z. B. Auge für Scheinwerfer; Nase für Kühler; man spricht auch allgemein von elektrischen Adern, z. B. von einem dreiadrigen Kabel; die Unterschiede sind also nur graduell. Es werden also auch bei uns dem Automobil Aspekte eines Lebewesens unterstellt – wenn auch unbewußt [1].

Dennoch sind ihre Worte mit großem Bedacht und mit so eindringlicher Klugheit gewählt, daß wir heute wieder in der Lage sind, diese `zurück zu übersetzen´ und daraus ein Gerät zu rekonstruieren, das einerseits der Originalbeschreibung entspricht, andererseits aber auch die nahezu zwingenden Schlüsse herbeiführt, die uns zu der Überzeugung bringen, daß hier in Wahrheit eine Maschine beschrieben wurde, die in der Lage war, mit Hilfe eines mit Wasser gefüllten und künstlich beleuchteten (Laser-Licht) Kulturtanks über mehrere Stufen aus einer Chlorella-Algenkultur das sogenannte Manna zu produzieren.

Die Apparatur dürfte daher - und Sassoon und Dale schließen dies aus den Texten des Sohars - etwa wie folgt ausgesehen haben (Abb. 9):
An der Spitze war ein Tau- oder besser Luftfeuchtigkeits-Destillierapparat installiert, der eine ständig gekühlte, gebogene Oberfläche besaß. Über diese Oberfläche strömte Luft, aus der Wasser wegen der Abkühlung kondensierte. Das Wasser war nötig für den Behälter, den Kulturtank, im Zentrum der Maschine, der weiterhin die bereits erwähnte Lichtquelle (eine Anzahl speziell angeordneter Laser-Lampen) sowie die Algenkultur selbst enthielt. Die Kultur zirkulierte durch nach außen vorragende, bogenförmige Rohre, die einen Austausch von Sauerstoff und Kohlendioxid mit der Atmosphäre erlaubten und auch Wärme abgaben. Der dabei im Tank entstehende Chlorella-Schlamm wurde in ein weiteres Gefäß abgeleitet. Dort konnten entstandene Stärkestoffe teilweise zu malzartigen Stoffen hydrolysiert werden, die dann, leicht gebrannt, den Honig- und Brotgeschmack hervorriefen. Das getrocknete Material ergab schließlich eine Substanz für die zwei Auffangbehälter, die Tanks. Einer wurde täglich gefüllt, um die tägliche Zusatznahrung den Kindern Israel zur Verfügung stellen zu können. Der andere

füllte sich langsam während der Woche, sodaß sein Inhalt am Abend des Tages vor dem Sabbat zur Verfügung stand. Diese Einteilung mußte vorgenommen werden, damit die Maschine am Sabbat abgeschaltet, demontiert, gesäubert und wieder zusammengesetzt werden konnte.

[1] Es ist bemerkenswert, daß nur äußerlich sichtbare und/oder leicht zugängliche Teile des Automobils solcherart benannt werden; tief im Innern befindliche, hinter Abdeckungen verborgene Teile werden nicht benannt, da sie nicht sichtbar sind. Von Motor und Getriebe bzw. von Teilen von ihnen erfahren wir deshalb nichts. Andererseits wird den sichtbaren Teilen eine Bedeutung verliehen, die ihnen - bezogen auf das Gesamt-Objekt `Automobil´ - nicht zukommt; es werden also gleichsam die Bedeutungs-Gewichte der Fahrzeugteile eklatant zum Oberflächlichen hin verschoben, ohne Rücksicht auf ihre tatsächliche technische Bedeutung – mene tekel upharsin (Ein Schelm, wer hier das Wort `oberflächlich´ doppeldeutig auffaßt!). Genau das Gleiche ist mit der Mannamaschine geschehen: Alle unmittelbar sichtbare und hervorragende, also oberflächliche(!), Teile wurden benannt und verehrt (z. B. die Konvektionsrohre, der `Bart´) ohne Rücksicht auf ihre wahre Bedeutung für die Gesamt-Maschine; sie wurden zur Religions- und Kabbala-Begründung ganz selbstverständlich herangezogen (siehe „Die Ur-Kabbala"). Das Innenliegende war dafür weniger geeignet, und der Antrieb, der atomare `Feuertopf´, wird nur ganz am Rande gestreift; für die `Religion´ und die Kabbala spielte er keine Rolle, obwohl ihm für den Antrieb der Gesamt-Maschine, und damit für die Manna-Produktion, eine allesentscheidende Bedeutung zukam.

Mit diesen Informationen ausgerüstet, ist es an der Zeit, die entscheidende Frage zu stellen: „Was war denn nun diese Mannamaschine, dieser Hochbetagte, der da mit so mörderisch entschlossener Konsequenz vor den Kindern Israel und allen anderen Menschen der näheren und weiteren Umgebung verborgen wurde, und wie funktionierte er im Detail?" Und der wurde ja nicht nur körperlich versteckt, im Allerheiligsten, es wurden auch (fast) alle seine Spuren in den Texten der Fünf Bücher Moses gelöscht – so konsequent, daß wir uns auf das Hervorsuchen indirekter Hinweise stützen müssen, die es, Gott sei Dank, in großer Zahl gibt. Wir wollen uns nun dieses Ungeheuer aus einer anderen Welt, die Hauptfigur des ganzen Buches, näher ansehen. Unsere Entschlossenheit, die Wahrheit *um jeden Preis* in Erfahrung zu bringen, muß dabei ebenso groß sein, wie sie in der kleinen Geschichte um den ARJ („der Löwe", Rabbi Jizchak Lurja ha-Levi Aschkenasi), zum Ausdruck kommt, die BLOCH (1925, Nachdruck) publiziert hat:

„Eine Tages saß der ARJ und deutete eine Sohar-Stelle. Plötzlich unterbrach er die Deutung und sprach: „In diesem Satz steckt ein tiefer geheimer Sinn, es ist aber eine Sache der Lebensgefahr, ihn mitzuteilen." Die Jünger jedoch setzten dem Meister solange zu, bis er die Deutung vollendete und ihnen den geheimen Sinn überlieferte.

Dann aber sprach er: „Seht her, ich habe euch gesagt, daß es gefährlich ist, wenn ich den geheimen Sinn dieser Soharstelle offenbare. Ihr aber gabet mir keine Ruhe. Schon höre ich im Himmel die Strafe verkünden: Dein Sohn Moses wird innerhalb von sieben Tagen sterben." Der Meister ging sofort nach Hause und fragte nach dem Knaben. Seine Gattin sagte: „Er kam vor einer Weile aus der Schule und klagte über Kopfschmerzen." Der ARJ ging in das Kinderzimmer und sah, daß sein Sohn furchtbar fieberte. Doch er sprach kein Wort, denn er wußte, daß nichts mehr abzuwenden war.

Als der Knabe dahinschied, kamen die Jünger in großer Unruhe und Verlegenheit und schämten sich, vor ihrem Meister zu erscheinen. Er aber ließ sie zu sich kommen und sprach zu ihnen: „Wähnet nicht, daß ich um den Tod meines Kindes vor euch etwas verheimlichen werde, selbst wenn es sich um das Leben aller meiner Kinder handeln würde, ich müßte euch alles offenbaren."

Darauf fielen die Jünger vor seine Füße und weinten lange."

<u>Mit dieser unzweideutigen Ermahnung wollen wir nun endgültig der Aufforderung des Herrn Konfuzius folgen, gegen den Strom schwimmen und das Allerheiligste betreten, wollen den Hochbetagten sozusagen persönlich kennenlernen und die Wahrheit in/bei den Fakten suchen – allen lebensbedrohenden Verboten und allen auswendig gelernten und einschläfernden gelehrten Phrasen zum Trotz!</u>

Abschnitt A
Beschreibung der wichtigsten technischen Aspekte der Mannamaschine nach Zitaten aus „Die Ur-Kabbala" mit Kommentaren des Verfassers.

Bei der Gestaltung der hier zitierten Texte aus der Ur-Kabbala wurde so verfahren, daß die Versnummern der Verse eines jeden zitierten Textes dem jeweiligen Zitat vorangestellt sind, z. B. **GHV 65 – 66**: Sie erscheinen jedoch nicht erneut im eigentlichen Textblock, der ohne Angabe der Versnummern ununterbrochen fortläuft, auch wenn mehrere Verse mit einem zitierten Abschnitt erfaßt sind. Falls vorhanden, werden zugehörige Kommentare von Sassoon und Dale in einem eigenen, unmittelbar anschließenden Absatz zitiert und mit dem Hinweis Erläuterung, **Erl.**:, eingeleitet. Danach folgt dann, falls vorhanden, in einem eigenen Absatz in *kursiver* Schrift der erläuternde Text des Verfassers.

Wer sich nicht so sehr für die Technik der Maschine interessiert, sondern mehr für ihren gleichermaßen verheerenden wie grotesken Einfluß auf die entstehende Religion, oder wer die Geschichte der modernen Wiederentdeckung der Mannamaschine, und auch dessen Beschreibung selbst, schon kennt, mag Abschnitt A von Teil III überschlagen und gleich ab Seite 298 mit Abschnitt **B** (Religionsableitung – Religion und Kabbalistik) beginnen. Das ist andererseits aber auch nicht unbedenklich, denn in den Kommentaren des Verfassers befinden sich etliche wichtige Hinweise und Erkenntnisse; Sie sollten also zumindest die kursiv ausgedruckten Kommentare von Abschnitt **A** nicht ungelesen überschlagen.

Das Haupt, die Schädel (die Aushöhlungen)
Erl. n. GHV 27 (teilw.):   Die obere Hauptkomponente wird **der Alte** genannt (manchmal auch der Alte Heilige); der **Kleingesichtige** ist die untere Hauptkomponente des Alten der Tage, der Gesamt-Mannamaschine.
Beide Teile zusammenmontiert, ergeben bei oberflächlicher Betrachtung die Gestalt eines sitzenden alten Mannes (Abb. 9) – eine der entscheidenden Voraussetzungen für die anders kaum nachvollziehbaren Irrtümer und Mißverständnisse, die sich zu einem Kargo-Kult (der Kabbala) im Kargo-Kult (der Allgemeinreligion) auswachsen sollten; mit weitreichenden Konsequenzen auch für das Christentum (AT) und auch für das NT.
*Beginnt man von oben her mit dem Beschreiben der Maschine, so ergeben sich als erste Strukturen **der Kopf (das Haupt), die Schädel**, d. h. die Aushöhlung und **der Tau**, der in diesem Schädel, dieser Aushöhlung, der Luft entzogen wird und als Wasser hinabtropft in den großen Kulturtank.*

KHV 78: Es wird gefunden, daß der Alte drei Häupter hat, und sie sind in einem Haupt enthalten.
Der Alte umfaßt alle in ihm befindlichen Teile und auch die Beleuchtungslampe, die in seinem Inneren die Algenkultur mit Licht versorgt. Da das alles in ihm verschlossen und unzugänglich ist, ist es geheim und nicht bekannt – im Sinne der Sohar-Logik.

GHV 44 - 46: Und von diesem Schädel kondensiert der Tau, auf der Außenseite [des Schädels], und er füllt seinen Kopf jeden Tag. Von dem [Tau] steht geschrieben: (Ges. 5, 2) „Mein Haupt ist gefüllt mit Tau." Und durch jenen Tau, der von seinem Haupt abgegeben wird, jener [Tau], der für jeden ist, werden die Toten zum Leben gebracht für die kommende Welt. Und von diesem Schädel kondensiert der Tau, an der Außenseite des Schädels, und füllt den Kopf jeden Tag auf. Von diesem Tau steht geschrieben: „Denn mein Haupt ist mit Tau gefüllt." (Weil geschrieben steht: (Ges. 5, 2) „Mein Haupt ist gefüllt mit Tau". Es heißt nicht MLAThI, „er ist voll", sondern NMLA, „er ist gefüllt".)
Es wird also wegen der ständigen Kühlung vom Taukondensator Wasser nach unten in die „Schädel, d. h. Behälter" gegeben (Abb. 10 u. 13).
Die Toten, die zum Leben gebracht werden für die kommende Welt sind ursprünglich die Algen im großen Kulturtank, der später als die kommende Welt angesehen wurde, vielleicht eben weil dort die Toten (dann Menschen!) zum Leben erweckt werden. Man bemerke das schon hier auftretende fundamentale Mißverständnis, das aus dem ständigen `Wiederauferstehen´ der Algen nach jeder wöchentlichen Reinigung der Maschine resultierte, und zu der Vorstellung von der körperliche Wiederauferstehung der Menschen in der kommenden Welt (dem großen Kulturtank) führte.

Auch wird nocheinmal ausdrücklich betont, daß es sich bei diesem „Tau" um das biblische Manna gehandelt hat, nämlich in:

GHV 48 – 51 m. Erl.: Und von jenem Tau werden die oberen Heiligen unterstützt. Und es ist das Manna das gemahlen wird für gerechte Menschen auf der kommenden Welt. Und jener Tau träufelt (*oder* kondensiert) auf das Feld der heiligen Äpfel (*oder* Gebläse), wie gesagt ist: (Exod. 16, 14) „Und als der Tau, der lag, sich erhoben hatte, siehe, auf der Oberfläche der Wüste lag ein kleines rundes Ding." Und das Aussehen jenes Taus war weiß, wie die Farbe des Steins Bedellium, bei dem man sehen kann, daß er alle Farben in sich [hat]. (Von dem geschrieben steht: (Num.: 11, 7)) „Und die Farbe [*wörtl* {das} Auge] davon wie die Farbe von Bedellium."
Erl.: Die Alten glaubten, daß Manna gemahlen wurde, wie Mehl, in den Mühlen des Himmels für die Engel zum Essen. Es war das Privileg der Israeliten, an dieser himmlischen Speise teilzuhaben, während ihrer Zeit in der Wüste.
Es waren diese Verse, die uns {d. h. Sassoon und Dale} zuerst auf den Gedanken brachten, daß die Texte eine Beschreibung einer Mannamaschine sein könnten: die kontinuierliche Tauversorgung, die Lichter, das Manna. Eine noch eindeutigere Darlegung kann in KHV 435 – 440 gefunden werden.
Das ist alles sehr klar und eindeutig, aber es ist doch auf einen entsetzlichen Umstand hinzuweisen: Der von den Äpfeln (den Vorratstanks mit Nährlösungen) gesüßte Tau, d. h. das mit Nährlösungen versehen Wasser bringt die Algen zum Wachsen – erweckt sie also gleichsam zum Leben. Denn nach jeder Reinigung wurden ja „tote" Algen - wohl auch aus einem Apfel - hinzugefügt. Es konnte also nur das gedüngte Wasser sein, das die Algen zum Leben erweckte. Was wußten die Kinder Israel schon von einem Trockenstadium der Algen, das keineswegs leblos ist![1]) *Für sie wurden die Pflanzen (d. h. die Algen) im Paradies, d. h. im großen Kulturtank, zum Leben erweckt – basta! Die Folgen für die entstehenden Kargo-Kulte, also auch für das Christentum, sind kaum auszudenken:*
Aus diesen so banal einfachen Vorgängen und Zusammenhängen wurde die unsinnige Idee von der Möglichkeit einer körperlichen Wiederauferstehung abgeleitet!
[1]) *Es ist natürlich auch möglich, daß bei jeder Reinigung eine kleine Portion des Algen beinhaltenden Wassers zurückgehalten und nach Ende der Reinigung dem großen Kulturtank wieder zugegeben wurde. Das `religiöse´ Resultat - die körperliche `Wiederauferstehung´ der Algen - wäre das gleiche gewesen.*

KHV 435 – 440 m. Erln.: Wie im Alten Heiligen, drei Häupter sind in einem verbunden, und dann scheint das Ganze in drei Häuptern zu sein (Abb. 11, a), wie wir gesagt haben. <u>Der Tau kondensiert (*oder* tropft) hinein in den Schädel des Kleingesichtigen</u> vom weißen Haupt, und er ist in ihm enthalten. Und dieser Tau wird in zwei Farben gesehen; und von ihm wird das Feld der heiligen Äpfel ernährt. <u>Und von diesem Tau mahlen sie das Manna</u> der Gerechten für die kommende Welt. Und von ihm [werden erweckt] zu Zeiten die Toten zum Leben. <u>Und das Manna</u> schien nicht abgeleitet zu sein von diesem Tau, außer zu einer

<u>Zeit; der Zeit als Israel in der Wüste umherzog.</u> Und [dann] ernährte der Alte von Allen sie von dieser Stelle. Dementsprechend, es (*oder* er) wurde danach nicht {mehr} gefunden.

Erl.: In der Hebräischen Mythologie wird auf Manna oft Bezug genommen als das „Brot des Himmels", das von Engeln produziert wird in den Mühlen und Bäckereien des Himmels.

Unterstrichen: Schlüsseltext für Sassoon und Dale für die Interpretation des Sohar-Textes als Beschreibung einer Maschine, die Manna mit Hilfe von Tau produzierte.

Der entscheidende Vorgang, das permanente Versorgen der Maschine mit Tau ist hier richtig dargestellt. Auch der Weg vom weißen Haupt, oben, in den Kleingesichtigen, unten, ist korrekt. Daß dieser Tau in zwei Farben gesehen wird, könnte von der Möglichkeit verursacht sein, daß ein Teil des heruntertropfenden Taus schon mit Nährsalzen „gesüßt" ist und ein andere Teil (noch) nicht, oder mit einem anderen Nährsalz, das eine andere Farbe hatte.

Mit dieser Bemerkung ist jeder Versuch, das Manna als irdisch zu identifizieren (erstarrter Saft einer Pflanze o. ä.) ad absurdum geführt! Die hebräische Mythologie ist in diesem Fall der Wahrheit in zweifacher Weise näher: Einerseits kam die Maschine, die das Manna produzierte, aus dem `Himmel´, andererseits wurde/wird auch im `Himmel´, d. h. im Habitat, Manna mit einer Mannamaschine produziert und ohne Zweifel dort auch verzehrt.

Auch hier wieder der Hinweis auf das Auferwecken der Toten „zu Zeiten", also nicht immer. Gemeint war damit ursprünglich das `Wiederauferstehen´ der Algen im großen Kulturtank der Mannamaschine – nach der jeweils wöchentlichen Reinigung!

Erl.: Vergleiche GHV 44 – 51 mit KHV 435 – 443. Wir meinen, daß der entscheidende Hinweis zur Bedeutung dieser Texte hier gefunden werden kann. Zuerst wird uns berichtet, daß Manna von dem Tau gemacht wird, der im Haupt des Alten kondensiert und tropft hinein in den Kleingesichtigen. Dann wird bestätigt, daß das Manna, worauf Bezug genommen wird, das Material ist, das die Israelis in der Wüste ernährte, und daß das Manna kam vom Alten der Tage ({dem} Alten von Allen). Zum Schluß wird angegeben, daß die Mannaversorgung endete. Nocheinmal, wir müssen betonen, daß es für einen Zufall zu viel zu sein scheint, falls die Texte nicht das meinen, was wir glauben, das sie meinen.

Dieser grundlegenden Deutung ist nach Meinung des Verfassers vorbehaltlos zuzustimmen (Abb. 11 u. 11a)!

KHV 51 – 63 m. Erl.: DER SCHÄDEL. Der oberste Schädel ist weiß. In ihm ist kein Anfang oder Ende. Das hohle Ding von seinen Säften ist ausgestreckt, und wird zum Fließen gebracht. Und er zählt 4 Vermächtnisse von gerechten Menschen, Hundert Welten von Helligkeiten (*oder* Schanden) für die kommende Welt. Von diesem hohlen Ding für Saft des weißen Schädels fällt der Tau jeden Tag, hinein in den Kleingesichtigen nach dem Ort, der genannt wird „Himmel". Und in ihm werden manchmal die Toten zum Leben erweckt für die kommende Zeit. Wie geschrieben steht (Gen. 27, 28) „Und Elohim wird {die Elohim werden}

dir geben vom Tau des Himmels". Und sein Haupt ist gefüllt, und vom Kleingesichtigen fällt es auf das Feld der Äpfel (*oder* Gebläse). Und das ganze Feld der Äpfel fließt mit jenem Tau. Der Alte Heilige ist geheim und versteckt. Und die obere Weisheit ist verborgen im Schädel, der gefunden wird. Und von diesem hinein in jenes ist der Alte nicht geöffnet. Und das Haupt ist nicht einzeln (*oder* alleine) weil es der obere Teil (*oder* {das} Haupt) des ganzen Hauptes ist. Die obere Weisheit ist innerhalb des Hauptes; sie ist verborgen und wird genannt das obere Gehirn; das verborgene Gehirn; das Gehirn, das befriedet und ruhig ist. Und da ist kein Sohn [eines Menschen {d. h. kein Mensch}], der es kennt. Drei Häupter sind ausgehöhlt; dieses innerhalb jenem, und dieses über dem anderen. Ein Haupt ist die Weisheit; es ist der am meisten verborgene [Teil] von jenem [Teil], der bedeckt ist. Diese Weisheit ist verborgen, sie ist {die} höchste von [all] den anderen Weisheiten. Das obere Haupt ist das Alte und Heilige {Haupt}, das am meisten verborgene von allen verborgenen. Es ist der Oberteil des ganzen Hauptes, das Haupt, das kein [herkömmliches] Haupt ist, das nicht weiß und nicht bekannt ist.
Erl.: Dieser Vers sagt, daß es kein normales Haupt ist, das denken kann; und auch ist nichts über ihm bekannt, weil es verborgen ist und unerreichbar für {eine} Untersuchung.
Hier wird die Funktion des täglich, also ununterbrochen(!) fließenden Taus im Haupt des Alten beschrieben; es ist kein Haupt im herkömmlichen Sinne, sondern ein technisches Konstrukt zur Tau-Kondensation und -Weiterleitung (Abb. 12).

GHV 546 u. 549: Hinein in diesen Schädel da tropft der Tau vom weißen Haupt, das permanent von ihm gefüllt wird. Und von diesem Tau, der abgegeben wird von seinem Haupt, werden die Toten zum Leben erweckt. Und deshalb steht geschrieben: (Dan. 12, 2) „Und viele von ihnen, die im Staub der Erde schlafen, werden erwachen, einige zum ewigen Leben und einige zur Schande und immerwährender Verachtung."
Auch hier: Das Wiederaufleben der Algenkultur im großen Kulturtank wird als körperliche Wiederauferstehung mißverstanden – ein fundamentalerer Irrtum ist kaum denkbar!
Die Tatsache, daß bei der wöchentlichen Reinigung einiges als unbrauchbar weggekippt wurde, mag zudem zu der Vorstellung geführt haben, daß „einige (von den Algen) zur Schande und zur immerwährenden Verachtung" wiederauferstanden.

GHV 553:   Und dies ist der Tau, der träufelt. Er träufelt jeden Tag auf das Feld der Äpfel in weißen und roten Farben.
Es waren also alle wichtigen Komponenten bekannt: der alltägliche (permanente!) Tau und die Äpfel, d. h. die (kleinen) Tanks mit der jeweiligen Nährsalzlösung (evtl. auch mit den neuen Algenkeimen); und die kleinen Tanks, die offensichtlich kugelförmig waren - deshalb wurden sie wohl als Augen bezeichnet - befruchteten die Algenkultur, den „Garten Eden" (den großen Kulturtank); und die extrem

wichtige Bedeutung des Lichts im großen Kultur-Tank war auch bekannt: Man bezeichnete Manna manchmal als „Lohn des Lichts" (Abb. 11a; s. u.)!

GHV 58 – 62: IN DER AUSHÖHLUNG des Schädels ist die Äther-Haut der oberen Weisheit, [die ist] verborgen von allem. Sie bildet eine Trennwand. Und sie wird nicht gefunden {d. h. sie ist nicht zugänglich}, und sie kann nicht geöffnet werden. Und diese Haut ist gemacht, das Gehirn zu überdecken, das die verborgene Weisheit ist. Und da diese Weisheit überdeckt ist von jener Haut, die nicht geöffnet werden kann, wird sie die verborgene Weisheit genannt. Und dieses Gehirn, das die verborgene Weisheit ist, ist in Ruhe, und ist in seinen Platz hineingepreßt wie guter Wein auf seinem Bodensatz {wörtl.: sediment}. Und dies ist was sie sagen: Das Wissen über den Alten ist verborgen und sein Gehirn ist verborgen und ist gepreßt {wörtl.: pressed}. Und diese Haut hat eine Öffnung nach dem Kleingesichtigen, und deshalb ist sein Gehirn ausgedehnt und geht aus nach zweiunddreißig Nebenwegen.
Es gab somit im obersten Bereich des Hochbetagten ein „Hirn", das von einer „Ätherhaut" bedeckt war. Das ist wahrscheinlich eine durchsichtige Überdeckung, die nicht geöffnet werden konnte, die aber eine Öffnung nach unten hin besaß, sodaß die aus der Luft durch Kondensation gewonnene Flüssigkeit in einen weiteren Behälter, das Haupt, fließen konnte, das unterhalb des „Gehirns" sich befand (Abb. 12 u.13).

GHV 44: Und von diesem Schädel kondensiert der Tau, auf der Außenseite [des Schädels], und er füllt sein Haupt jeden Tag.

In diesem Haupt - unterhalb des Gehirns - sammelte sich also das Wasser (der Tau des Himmels) und floß von dort - wohl nur bei Bedarf - in den großen Kulturtank, der die Algen, das zukünftige Manna, enthielt. Das Wasser wurde im Haupt also zwischengespeichert.

KHV 188 – 191: Diese Weisheit ist geöffnet, und ein Strom geht aus, der rinnt und geht hinunter, den Garten zu bewässern. Und er tritt hinein in das Haupt des Kleingesichtigen, und ein Gehirn ist bereitet. Und von dort wird er geleitet und fließt hinein in den ganzen Körper, und er bewässert alle jene Pflanzen. Es steht geschrieben: (Gen. 2, 10) „Und ein Fluß ging aus von Eden, den Garten zu bewässern, etc."
Der (Wasser)-Strom geht also zunächst nach unten in den großen Kulturtank, um dort die Pflanzen, d. h. die Algen, zu bewässern. Dieser Tank wurde oft mit dem Garten Eden, das Paradies und der ganzen Welt verwechselt. Es erhebt sich hier die Frage, ob der Wasserstrom in der Mannamaschine die Vorstellung von den vier Paradiesflüssen initiiert hat, oder ob es umgekehrt war. Da zusätzlich die vier Paradiesflüsse aber auch reale geographische Strukturen waren/sind, wie in „Gottes Sturz aus dem Himmel" erläutert wird, `befruchtete´ hier die Gegebenheit des ursprünglichen Paradies´ mit den vier geographisch existierenden Flüssen wahrscheinlich die Vorstellung von der Funktion der Mannamaschine, d. h. dem

großen Kulturtank als Paradiesgarten, in dem die Pflanzen gediehen, von denen dann wieder die Menschen lebten. (Abb. 13 u. 14).

KHV 59 - 61: Drei Häupter sind ausgehöhlt; dieses innerhalb jenem, und dieses über dem anderen. Ein Haupt ist die Weisheit; es ist der am meisten verborgene [Teil] von jenem [Teil], der bedeckt ist. Diese Weisheit ist verborgen, sie ist {die} höchste von [all] den anderen Weisheiten.

KHV 175: Da sind 3 obere Häupter; zwei Häupter, und eines das sie enthält. Sie hängen im Einstrom und sind in ihm enthalten (Abb. 12).
Es gab also drei etwa kugelförmige Behälter („Häupter"), die so angeordnet waren, daß ein größerer die beiden anderen enthielt. Sie alle befanden sich oben an der Maschine im Kopfbereich und waren so angeordnet, daß die beiden inneren Behälter übereinander angebracht waren; damit war der untere Behälter der am meisten verborgene Teil. Mit Einstrom ist hier möglicherweise der nach unten gehende Luftstrom gemeint, der das Innere der Maschine kühlte, die Beleuchtungsanlage des großen Kulturtanks und die Mannaproduktionsvorrichtung des Kleingesichtigen.

GHV 56: Und von diesem Schädel geht die Weißheit aus in eine Richtung zum Schädel des Kleingesichtigen, zum Ausbilden seines Hauptes, und von diesem nach den anderen unteren Schädeln, von denen es kein Zählen (*oder* Messen) gibt.
Die weiße Substanz durchläuft also - von oben kommend - auf ihrem Weg unterschiedliche Kugeln und Behälter. Das „Kleine Gesicht" bezieht sich auf den unteren Teil der Maschine, wohingegen der obere Abschnitt als „der Alte" selbst oder das „Große Gesicht" bezeichnet wird (Abb. 9 u. 15). Eine weitere Beschreibung dieses Fließvorganges des „Weißen", das auch „Heiligkeit" oder „Segen" genannt wird, findet sich in:

KHV 759 – 763 m. Erl.: Und alle von ihnen kommen vom oberen Haupt des Schädels des Mannes, von der Richtung der oberen Gehirne, die sich in ihm befinden. Und dieser Segen fließt aus hinein in alle Gefäße des Körpers, bis [er erreicht] jene, die genannt werden die „Heere". Und alles von dem Strom, der vom ganzen Körper fließt, wird dort gesammelt, hinein in jene, die die Heere genannt werden. Von all den oberen und unteren Heeren gehen sie da hin. Und jener Strom, nachdem er dort versammelt ist, verbleibt er da und geht dann nach jener heiligen Gründung. Es ist alles weiß, und deshalb wird es genannt Gnade. Und diese Gnade betritt das Allerheiligste, wie geschrieben steht: (Ps. 133, 3) „Da dort [im Allerheiligsten] der Herr den Segen verhieß, sogar Leben auf immer und ewig."
Erl.: *Eine andere Stelle bezieht sich ebenfalls auf diese Flüssigkeit, die die Maschine von oben nach unten durchläuft und schließlich gesammelt wird:*

KHV 436 m. Erl.: Der Tau kondensiert (*oder* tropft) hinein in den Schädel des Kleingesichtigen vom weißen Haupt, und er ist in ihm enthalten.

Erl.: Der Tau des weißen Hauptes tropft in den Schädel des Kleinen Gesichts und wird dort aufbewahrt. „Tau" ist demnach eine weitere Bezeichnung für das „Weiße" das vom oberen „Haupt" [Gefäß] nach unten fließt. Über diesen Tau heißt es in:

KHV 437 – 441 m. Erl.: Und dieser Tau wird in zwei Farben gesehen; und von ihm wird das Feld der heiligen Äpfel ernährt. Und von diesem Tau mahlen sie das Manna der Gerechten für die kommende Welt.
Und von ihm [werden erweckt] zu Zeiten die Toten zum Leben. Und das Manna schien nicht abgeleitet zu sein von (NPL) diesem Tau, außer zu einer Zeit; der Zeit als Israel in der Wüste umherzog. Und [dann] ernährte der Alte von Allen sie von dieser Stelle. Dementsprechend, es (*oder* er) wurde danach nicht {mehr} gefunden.
Erl.: In der Hebräischen Mythologie wird auf Manna oft Bezug genommen als das „Brot des Himmels", das von Engeln produziert wird in den Mühlen und Bäckereien des Himmels.
Der Tau durchfließt also die Maschine von oben nach unten und wird schließlich in den Heeren, den Mannatanks, aufbewahrt. Da diese Tanks rund waren, sich unten am Körper befanden und der `Penis´ zur Manna-Entnahme zwischen ihnen sich befand, wurden sie mit Hoden verglichen und bald auch für solche gehalten (Abb. 9).

KHV 168 – 169: Dieser Alte Heilige, verborgen von allen Verborgenheiten, ist nicht erwähnt und ist nicht gefunden. Und deswegen ist das Haupt, das über allen oberen [Teilen] ist, vom Menschen nicht erwähnt. Ein Haupt [ist] in einem Körper, um allem Leben zu geben;
D. h. der Hochbetagte wurde mit absoluter Konsequenz verborge (im Allerheiligsten der Stiftshütte), und auch in den `gewöhnlichen, allgemein zugänglichen Texten´ ist er eben deshalb nicht erwähnt, d. h. er wird da „nicht gefunden". Das Haupt in ihm, das allem Leben gibt, ist hier vermutlich der Kulturtank, der auch rundlich gestaltet war, wie die übrigen Schädel im wirklichen Haupt, das sich oberhalb des Kulturtanks befand (Abb. 14).

KHV 240 – 252 m. Erl.: R. Simon sagte: Alles, das ich über den Alten Heiligen gesagt habe, und über den Kleingesichtigen, alles das ist ein Ding. Das Ganze ist eine Sache. Keine Trennung hängt in ihm. Gesegnet sei er, und gesegnet sei sein Name in der Welt, für immer, und für immer und ewig. Kommt und seht! Dieser „Anfang", der der „Vater" genannt wird, ist enthalten im Yod, das vom heiligen Einstrom hängt. Und deshalb enthält das I die anderen Buchstaben. Das I ist verborgen von all den anderen Buchstaben. I ist der Anfang und {das} Ende von allem, und es ist das, das fließt mit dem das läuft und ausgeht, das genannt wird die „kommende Welt". Das kommt, das fließt, und das nie endet.
Erl.: Das I oder Yod ist der Name der Öffnung des Penis', der die endlose Versorgung von „Gnade" oder Manna abgibt. Es wurde geglaubt, daß in der „kommenden Welt" gerechte Menschen nichts anderes essen würden.

Und es ist die Freude (ODVNA) [*cf* ODN, Eden oder Luxus] von gerechten Menschen, von dieser „kommenden Welt" gesegnet zu [sein], die kontinuierlich den Garten bewässert und nicht aufhört. Wie geschrieben steht: (Jes. 58, 11) „Und wie ein Wasserbrunnen, dessen Wasser nicht mangeln. Und jene „kommende Welt" entspringt im Yod. Wie geschrieben steht: (Gen. 2, 10) „Und ein Fluß ging hervor aus von Eden, den Garten zu bewässern. Das I enthält zwei Buchstaben, das V und das D. In der Schule von R. Rav Yeyeva dem Älteren, lehren sie wie folgt: Warum sind V und D enthalten in I und nicht die Pflanzen des Gartens? Weil dieses sogenannte V ein weiterer Garten ist, der D ist, und von diesem V wird das D bewässert. Das macht vier. Und dies sind die geheimen Dinge, von denen geschrieben steht: „Und ein Fluß ging hervor aus von Eden etc."

Hier ist wahrscheinlich das nach unten ragende Rohr des Einstroms gemeint, das die Luft zur Kühlung von außen ansaugt und durch den ganzen Alten, den Oberteil der Maschine, und durch den Kulturtank leitet. Dieses Rohr wurde als innerer, unsichtbarer, nach unten weisender Penis angesehen (Abb. 13). Daneben auch hier der Hinweis, daß der Wasser-Zufluß ununterbrochen aktiv war. Dieser ununterbrochene Wasser-Zufluß wurde natürlich mit den Paradies-Strömen des Garten Eden verwechselt; oder diese mit den technischen Gegebenheiten der Mannamaschine – wer hat hier wen beeinflußt? Insgesamt ist dieser Text ein gutes Beispiel für das nahezu unentwirrbare Durcheinander in Teilen der kabbalistischen Ur-Texte; und die Buchstaben, d. h. die Montageanleitungen, dürfen natürlich - mit kabbalistischer Deutung versehen - auch nicht fehlen!

KHV 236: Diese Worte werden nur an den weitergegeben, der hineingeht und {wieder} herauskommt. Was den anbetrifft, der nicht hereinkommt und {wieder} hinausgeht [von den Wegen des Alten], {es wäre} besser für ihn, daß er nicht geboren worden wäre.

D. h. nur an die, die die Maschine nicht aus Unkenntnis an der falschen Stelle berühren und womöglich einen tödlichen Stromschlag erhalten; so die ursprüngliche Bedeutung. Die Maschine war also tödlich gefährlich - auch später noch, wie u. a. das Schicksal des bedauernswerten Usas zeigt -, und die Erntemänner des Heiligen Feldes wußten das. Vielleicht haben sie diese tödliche Gefahr sogar eingesetzt, um unliebsame Kandidaten auszusortieren ... ! Aus späterer, (pseudo)-religiös-kabbalistischer Sicht war ein tödlicher Stromschlag vom Hochbetagten natürlich eine Strafe Gottes – wehe dem Armen, der solcherart `bestraft´ wurde!

GHV 65 – 66: ÜBERLIEFERUNG: Im Schädel des Hauptes da hängen ein Tausend Tausende, eine Myriade, und Siebentausendfünfhundert Locken von weißen Haaren; und es ist sauber, wie Wolle wenn sie sauber ist, und es ist nicht miteinander verheddert. Keine Unordnung wird in seiner Anordnung gesehen; das Ganze ist im guten Zustand. Kein Strang ragt aus einem anderen heraus und kein Haar von einem anderen. Und jede Locke hat in sich Vierhundertzehn Haarsträhne, wie die Zahl „Heilig".

Es handelte sich wahrscheinlich um Kabelbäume, die aus zahlreichen einzelnen Verbindungskabeln bestanden, die ihrerseits womöglich zahlreiche einzelne fadenförmig-dünne Drähte enthielten – wie bei unseren elektrischen Kabeln auch. Der Vergleich mit Haaren lag also nahe; besonders da die Kinder Israel und auch die Erntemänner des Heiligen Feldes von ihrer wirklichen Aufgabe, den elektrischen Strom zu leiten, rein garnichts wußten; – und es gab da so einiges miteinander zu verkabeln.

Der Tyrann
Die Stirn des Hochbetagten enthielt noch etwas ganz anderes, mit dem nicht zu spaßen war: eine tödliche Waffe, die vom Soharisten als Tyrann bezeichnet wird:

KHV 87 – 89 m. Erl.: DIE STIRN, die geöffnet ist im Alten Heiligen wird genannt der Akzeptor. Von diesem oberen Haupt, das verborgen ist im oberen Teil, der nicht bekannt ist, da streckt sich aus ein gut verborgener „Tyrann (TVRNA)", der enthalten ist innerhalb der Stirn. Deswegen wird die Begierde von allen Begierden in der Stirn gefunden, und sie ist geöffnet hinein in die Laterne.
Erl.: Das Wort TVRNA ist aufgeführt, „Tyrann" zu bedeuten; wahrscheinlich das Griechische Wort für „König" ins Aramäische übernommen. Jedoch, es hat möglicherweise irgendeine andere Bedeutung in diesem Zusammenhang; aber „Tyrann" wird beibehalten als Bezeichnung für das Wort.

KHV 108 m. Erl.: Und dieses verborgene Haupt, das im Haupt des Alten ist, das nicht bekannt ist, wo es sich ausdehnt [da ist] ein Tyrann [siehe KHV 88], der veranlaßt wird zu strahlen, [und der] schlägt (BTSh) in dieses Gehirn.
Erl.: Dieser letzte Vers ist ziemlich verwickelt; was er zu meinen scheint, ist, daß, wenn das verborgene Haupt, das sich innerhalb des unbekannten Hauptes befindet, ausgestreckt ist, {dann} „schlägt" der Tyrann in ihm. „Schlägt" {wörtl.: „kick"} ist die Wörterbuch-Definition von BTSh. Mathers hat hier „dann blitzt hervor der Blitz Seines Gehirns".
Der Tyrann war vermutlich eine (Laser?)-Strahlenwaffe, die jeden Unbefugten, der sich der Maschine näherte, unweigerlich tötete! Diese Waffe ist auch im Hebräischen Henochbuch erwähnt, dort Kapitel 31, 2. Der Respekt, oder doch wohl eher die nackte Angst, vor diesem Instrument, diesem Tyrannen, der wohl nicht ganz zufällig so genannt wurde, scheint enorm gewesen zu sein. Schon in der Kapitelüberschrift zu 31, 2 lesen wir (nach H. HOFMANN, 1985):
(Die Attribute der) Gerechtigkeit, Gnade und Wahrheit beim Thron des Gerichts.
… … … „Und zu der Zeit, wenn ein Mensch vor ihn hereinkommt zum Gericht, kommt heraus aus dem Glanz der Gnade vor sein Angesicht hin (etwas) wie ein Stab und steht ihm gegenüber. Sofort fällt der Mensch auf sein Angesicht, und alle Engel der Zerstörung fürchten sich und zittern vor ihm, (entsprechend,) weil gesagt ist (Jesaia 16, 5): „So wird in Gnade sein Thron errichtet, und auf ihm wird sitzen in Wahrheit …"

Dieser Tyrann ist mindestens einmal mit tödlicher Wirkung aktiv geworden. Wir lesen dazu bei Sassoon und Dale:
(4 Moses 3, 4): „Aber Nadab und Abihu starben vor dem Herrn, als sie fremdes Feuer opferten vor dem Herrn in der Wüste Sinai ... .
Diese Formulierung vom Opfer „fremden Feuers" befremdet die Leser der Bibel immer wieder. So wie sie dort steht, ergibt sie auch wenig Sinn. Die hebräischen Wörter besitzen aber oft zwei- und dreifache Bedeutung, weswegen hier auch stehen könnte: sie näherten sich dem widerlichen Feuer vor dem Herrn. Wenn mit „Herr" hier die Manna-Maschine gemeint war, ergibt dies einen Sinn und könnte sehr wohl die erste Beschreibung eines Arbeitsunfalls sein."
Ob hier von einem Unfall die Rede ist, sei offen gelassen (s. u.). Aber das Feuer war nicht nur widerlich (d. h. tödlich), es fuhr aus vom Herrn. Da wir nun wissen, wie der Herr aussah und wie er funktionierte, kann damit nach unserer Meinung nur die Laserwaffe gemeint gewesen sein. Das wirft natürlich ein bedrückendes Licht auf diesen Arbeitsplatz vor dem Herrn: Wer da etwas Falsches tat oder mit der falschen Kleidung hintrat - ohne Zulassungs-Kode in der Kleidung oder der Kopfbedeckung -, über den wurde gerichtet; der wurde vom Laserstrahl erschossen! Es war dies also wirklich ein Richtplatz auf Leben und Tod, und entsprechend wurde er gefürchtet.

Es erscheint möglich, daß dieses Gerät jeden, der sich der Maschine näherte, mit einem elektronischen Kode abglich. Wenn der Hinzutretende die richtige Dienstkleidung mit dem richtigen Kode anhatte, geschah ihm nichts. Hatte er aber die falsche Kleidung an, wurde die Waffe aktiv und er war tot (d. h. `erschossen´ von der Strahlenwaffe). Aus dieser Gegebenheit resultiert möglicherweise der wiederholte Hinweis zum Tragen der richtigen Kleidung, mit der unmißverständlichen Warnung: „..., daß sie nicht sterben." Dabei stand der entscheidende Kode, der die jeweilige Person identifizierte, möglicherweise mit den Schmucksteinen in Verbindung, die auf der Kleidung der Priester angebracht waren; darin konnte man so allerhand an Information ganz unauffällig verstecken – und der jeweilige Priester fühlte sich durch die (Plastik?)-Dekoration auch noch geehrt...!

Auch die Formulierung, daß das Hintreten vor den Hochbetagten (der Mannamaschine) einem Gerichtsakt glich, findet so ihre Erklärung: Es wurde ja von der Maschine per elektronischem Kode überprüft, ob der Hinzutretende dazu berechtigt war, also am Leben blieb, oder ob er sterben mußte (und wenn er nicht berechtigt war, oder aus Vergeßlichkeit nicht die richtige Kleidung trug - das konnte die Maschine natürlich nicht unterscheiden -, dann starb er auf der Stelle!). Zumindest in der Anfangszeit werden selbst Moses und die wenigen entsprechend bevollmächtigten Leviten das so empfunden haben: Wenn sie vor die Mannamaschine traten, ging es jedesmal für sie um Leben oder Tod! Damit wurde die Maschine aber - neben ihrer Mannaproduktion - gleichzeitig auch zu einem erbarmungslosen, göttlichen Richter. Es war das eine gefährlich menschliche Funktion, die ihre unfaßbare Lebendigkeit (zusammen mit ihrer allgemeinen

Menschenähnlichkeit) nur unterstreichen konnte, denn richten konnten in der Antike nur eine Gottheit oder sozial hochgestellte lebende Menschen; die Vergöttlichung der toten Maschine war damit auch aus dieser Sicht unausweichlich vorgezeichnet!

Die gerade in der Gegenwart auf der Erde sich etablierende Möglichkeit, einen Chip unter der Haut der Befugten einzupflanzen, wurde wahrscheinlich nicht angewendet; möglicherweise aus psychologischen Gründen: Wer mit den heiligen (Leucht)-Steinen des Höchsten herumlief, war automatisch als besondere Person gekennzeichnet, wurde verehrt und respektiert und konnte sich darauf `etwas einbilden´. Da die Leuchtsteine vermutlich batteriebetrieben waren, ergab sich für die Extraterrestrier noch ein weiterer Vorteil: wer das Ganze richtig anfaßte, d. h. einen Kontakt auslöste, brachte die Steine unweigerlich zum Leuchten – ohne Rücksicht, ob der `Ewige´ nun tatsächlich anwesend war oder nicht. Durch das Leuchten <u>war</u> er anwesend – und alle Gläubigen erschauerten!

Der Bart

Ein sehr auffälliger und entsprechend umfangreich beschriebener und häufig erwähnter Aspekt des Hochbetagten ist sein „Bart". In diesen Barthaaren zirkulierte der Algenschleim, der auch als „Öl der (großen) Güte" bezeichnet wird; die Barthaare waren also Konvektionsrohre. In ihnen fand wahrscheinlich ein Gasaustauch statt: Kohlendioxid wurde von den Algen aufgenommen und Sauerstoff (und Wärme) abgeben. Das Material der Konvektionsrohre wird von solcher Art gewesen sein, daß es diesen Gasaustausch zuließ (Abb. 16 u. 17). Die Konvektionsrohre über die die Maschine verfügte, erschienen den Alten wie ein Bart. Da sie unübersehbar nach außen ragten (Abb. 9), und wohl auch wöchentlich gereinigt wurden, erhielten sie weit mehr Aufmerksamkeit als ihnen aus technischer Sicht eigentlich zukam - bezogen auf die Gesamtfunktion der Maschine -; das gleiche gilt sinngemäß natürlich auch für die entstehende Religion, besonders für die Kabbala. Daneben gab es aber auch noch gekräuselte und biegsame (Bart)-Haare und Locken, die wahrscheinlich elektrische Leitungen darstellten.

GHV 209 – 219: R. Simon begann, indem er sagte: „Wehe über den, der seine Hand in den Bart hineinsteckt, die obere Würde, des Alten Heiligen Versteckten, verborgen von allem! Es ist der Bart von dem dies der Lobpreis ist, der Bart, der verborgen ist, und der am wertvollsten ist von allen seinen Teilen {sic!}. Der Bart, den diejenigen oben und diejenigen unten nicht kennen, der Bart, der gepriesen werden muß über alle Lobpreisungen hinaus. Der Bart, dem nicht genaht werden kann, weder von einem Menschen, noch von einem Propheten, noch [sogar] von einem Heiligen, um ihn anzuschauen. Der Bart, der das ist, das in seinen Haaren hängt bis zum Nabel des Herzens. Er ist weiß wie Schnee, die Würde der Würden, das [meist] versteckte von versteckten Dingen, die [bedeutendste] Wahrheit der Wahrheiten. Überlieferung: Im *Buch des Mysteriums* heißt es, daß dieser Bart, die

Wahrheit von allem, von seinen Ohren ausgeht und geht hinunter in Ausgeglichenheit und bedeckt soweit wie der Nabel. Dieser Bart ist wahr und vollkommen, weil in ihm fließen 13 Brunnen, Ursprünge des Öls der großen Güte. In dreizehn Teilen ist er ausgestaltet. Der erste TEIL. Das Haar ist von oben her geformt; und der Rest jenes Teils ist das Haar seines Hauptes, das hinunter geht in seinen Teilen aufwärts von seinen Ohren und geht hinunter von vor der Öffnung der Ohren in einem Strang, in guter Ausgeglichenheit, so weit wie die Oberkante des Mundes. Der zweite TEIL wird gebildet [vom] Haar von der Oberkante des Mundes (und aufgehend) so weit wie die andere Oberkante (*oder* Ecke) des Mundes, in einer ausgeglichenen Gestaltung. Der dritte TEIL [geht] von der Mitte von unterhalb der Nase, von unterhalb der zwei Rohre. Ein Pfad geht aus, und das Haar endet in dem Pfad, und es füllt von dieser Seite und von jener Seite. Das Haar ist in vollkommener Ordnung um jenen Pfad herum. Der vierte TEIL. Das Haar ist geformt (und geht abwärts) unterhalb des Mundes, von einer Oberkante (*oder* Ecke) nach einer [anderen] Oberkante, in vollkommener Gestaltung. Der fünfte TEIL. Ein anderer Pfad geht aus von unterhalb des Mundes, in Ausgleich mit dem Pfad oberhalb. Und diese beiden Pfade sind markiert über dem Mund, diesen Weg und jenen Weg.

Die genaue Anordnung der Konvektionsrohre wird von der undeutlichen Beschreibung und von der Tatsache, daß sehr wahrscheinlich nicht klar zwischen diesen und den Haarsträngen, d. h. Kabelsträngen, unterschieden wird, die auch als Haare bezeichnet wurden, nicht wirklich überzeugend erkennbar. Deshalb kann nur die sehr allgemeine Rekonstruktion gegeben werden, wie sie von Sassoon und Dale auf Abb. 9 u. 16 dargestellt ist. Es wird aber sehr deutlich, wie selbstverständlich der Bart, d. h. die Konvektionsrohre, verehrt wurde, nur weil diese Rohre auffällig aus der Maschine hervorragten.

KHV 677: Hinein in diesen Bart fließt das Öl der Güte vom Alten Verborgenen, wie gesagt ist: (Ps. 133, 2) „Wie die kostbare Salbe auf dem Haupt, die dem Bart hinunterrann, sogar Aarons Bart".
Hier ist wahrscheinlich vom Algenschleim die Rede, der in die Leitungen und Gefäße des Kleingesichtigen hineinfloß, nachdem er von oben, also vom Alten her, nach unten geflossen ist.

GHV 229: In dreizehn Teilen ergießen sie sich und gehen aus, jene dreizehn Brunnen des Öls der großen Güte, und sie ergießen sich nach allen unteren [Teilen]. Und sie fließen mit jenem Öl, und sie sind gesalbt mit jenem Öl, das in den dreizehn Teilen ist.
Vom Bart ist hier die Rede; aber wie ist der Bezug zu den „unteren Teilen", und was sind das für Teile? Gab es wirklich nur Barthaare für die Konvektion oder gab es auch solche, die das Öl der großen Güte, den Algenschleim, hinein in den Kleingesichtigen zur Weiterverarbeitung leiteten – und wie geschah das?

GHV 483 – 489 m. Erl.: Und da dieser [dreizehnte] Teil alle [die anderen] {mit} einschließt, ist er nicht bekannt, und nichts wird von ihnen gesehen. Und von ihnen, da läuft das Öl der Güte in dreizehn Richtungen [oder] Brunnen, nach all jenen unteren [Teilen], die strahlen (*oder* fließen) mit dem Öl. Der heilige obere Bart ist in dreizehn Teile ausgestaltet. Und jene Teile, die im Bart sind, sind geformt und führen hinunter in viele Richtungen. Und es ist nicht sichtbar, wie sie ausgedehnt sind und wie sie hinausgehen. Sie sind verborgen von allem, sie sind versteckt von allem. Da ist keiner, der den Ort im Alten kennt nach dem sie sich erstrecken. Alle von ihnen sind {mit} eingeschlossen (*oder* beinhaltet), wie gesagt ist: Es ist bekannt, und es ist nicht bekannt. Es ist versteckt, und es ist nicht versteckt.

Erl.: Es scheint, daß der dreizehnte Teil die anderen umgibt, sodaß sie nicht gesehen werden können; dies wird in GHV 486 bestätigt. Es ist bekannt, daß da etwas da ist, aber es ist nicht bekannt, was es ist, oder wie es arbeitet.

Dieser Kommentar erscheint angesichts der Rekonstruktion der Mannamaschine wenig wahrscheinlich. Es ist vielmehr zu vermuten, daß der dreizehnte die zwölf anderen Barthaare zusammenschließt, also miteinander verbindet, wie es ja auch heißt „mit einschließt", sodaß er nicht gesehen werden kann; er war wohl als individuelles Barthaar nicht erkennbar. Das Auftauchen der äußeren Biegungen der Barthaare, aber ihr völliges Verschwinden im Innern des Alten, blieb ein Rätsel. Tatsächlich gab es da kein Rätsel, denn sie waren ja von außen an den Kulturtank angesetzt, eine innere Fortsetzung gab es also nicht. Dieser einfache Tatbestand wurde nicht durchschaut. Die Schlußbemerkung ist aus soharischer Sicht logisch: Der nach außen hervorragende Bogen der Barthaare war sichtbar, also bekannt; der im Innern nicht existierende - aber wohl wiederholt gesuchte - Teil der Barthaare mußte den Alten als unsichtbar, also versteckt, d. h. unbekannt, erscheinen.

GHV 220 – 232 m. Erln.: Der sechste TEIL. Das Haar ist geformt nach oben zu gehen und auszugehen von unterhalb der Kante (*oder* Ecke) des Mundes nach oberhalb davon, und um den Ort des guten Geruchs zu bedecken, so weit wie die obere Kante (*oder* Ecke) des Mundes; und das Haar geht [dann] hinunter nach dem Ausgang des Anfangs des Pfades, unterhalb des Mundes [d. h. es kehrt an seinen Ausgangspunkt zurück]. Der siebente TEIL. Das Haar endet und zwei Äpfel (*oder* Gebläse) sind sichtbar am Platz des guten Geruchs. Sie sind fehlerfrei und erfreulich zu sehen, weil die Welt von ihnen lebendig gemacht wird, wie gesagt ist: (Spr. 16, 15) „Im Licht des Königs Antlitz' ist Leben."

Erl.: Hier ist eine Andeutung, daß das Erscheinen der „Äpfel" mit der Nahrungsmittelversorgung im Zusammenhang steht.

Man beachte, daß nach dem Kabbala-Text die (ganze) Welt von ihnen lebendig gemacht wird. Ursprünglich gemeint war aber nur der Algen-Inhalt des großen Kulturtanks, der dann bald mit der ganzen (belebten) Welt gleichgesetzt, d. h. verwechselt wurde. Die Äpfel sind sehr wahrscheinlich kleinere kugelförmige Behälter mit Nährlösungen für die Algenkultur (Abb. 19).

Der achte TEIL. Ein Strang von Haaren geht aus um den Bart herum, und sie hängen ausgeglichen zum Nabel. Die Haare des [neunten Teils des] Barts sind verwoben und sind Vermischt mit jenen Haaren, die in Ausgleich hängen, und die

nicht hinausgehen, eines über dem anderen. Der zehnte TEIL. Die Haare gehen hinunter unterhalb des Kinns (*oder* Barts) und bedecken den Hals unterhalb des Kinns (*oder* Barts). Der elfte TEIL. Kein Strang geht aus von einem anderen, und sie sind angeordnet in vollkommener Ordnung. Der zwölfte TEIL. Die Haare hängen nicht über den Mund, und der Mund ist frei auf allen Seiten, und die Haare sind korrekt (IAN) rundherum und darüber.
Erl.: Das Wort IAN erscheint in GHV 448 im gleichen Zusammenhang, aber IAIN geschrieben. Es könnte auch herkommen von IVN, dick sein, eingedenk der unsicheren Grammatik des *Sohar*.
Hier wird das Verwechseln bzw. Durcheinander der Haare (Kabelstränge?) und der Konvektionsrohre besonders deutlich.
Der dreizehnte TEIL. Die Haare hängen unter dem Kinn, auf dieser Weise und auf jener Weise in gebührender Würde, in korrekter Würde. Sie bedecken soweit wie der Nabel. Kein [Teil] wird gesehen vom ganzen Gesicht [und von dem] Ort des Geruchs, mit Ausnahme jener fehlerfreien weißen Äpfel, von denen Leben ausgeht nach der Welt, und die Freude zum Kleingesichtigen bringen. In dreizehn Teilen ergießen sie sich und gehen aus, jene dreizehn Brunnen des Öls der großen Güte, und sie ergießen sich nach allen unteren [Teilen]. Und sie fließen mit jenem Öl, und sie sind gesalbt mit jenem Öl, das in den dreizehn Teilen ist. Der Bart, die [am meisten] verborgene Würde von allem, [der] des Alten der Alten, ist abgegrenzt in dreizehn Teile. Durch die zwei fehlerfreien Äpfel seines Gesichts wird das Gesicht des Kleingesichtigen zum Strahlen (*oder* Fließen) gebracht, und jede Weißheit (*oder* {jeder} Apfel), und jede Lilie, die unten gefunden wird, strahlt und wird zum Aufleuchten gebracht von jenem oberen Licht. Diese dreizehn Teile werden im Bart gefunden. Und ein Mann wird vertrauenswürdig genannt, entsprechend der Vollkommenheit des Bartes in seinen Teilen. Wenn jemand von seinem Bart träumt, hängt Wahrheit in ihm {dem Träumenden}.
Erl.: Der Alte der Tage funktionierte nur dann verläßlich, wenn sein Bart korrekt angeordnet war, alle dreizehn Teile in richtiger Anordnung. Vermutlich wurde dieser Glaube später auf Männer und ihre Bärte übertragen.

GHV 234 – 249 m. Erln.: Und derjenige, der seine Hand (in seinen Bart) hineinsteckt, einen Eid zu schwören; er ist wie jemand, der auf die dreizehn Teile des Bartes schwört. Dies ist über den Langgesichtigen. Aber wie viele [Bart – Teile] sind im Kleingesichtigen? [R. Simon] sagte zu R. Isaac: Erhebe dich an deinem Platz und beschreibe die Anordnung [*wörtl* weave the weaving] der Teile des heiligen Königs entsprechend ihrer Anordnung!
Erl.: Der „heilige König" ist ein anderer Name in den Heiligen Versammlungen für den Kleingesichtigen, obwohl er anderenorts den Alten mit einzubeziehen scheint. Trotz dieser Aufforderung spricht R. Isaac von dem Bart des Langgesichtigen:
R. Isaac erhob sich und sagte: (Mich. 7, 18 ff) „Welcher Gott ist dir ähnlich, etc. Er wird wiederkehren, Er wird Erbarmen mit uns haben, etc. Wahrheit für Jakob, etc."
Erl.: Wie wir sehen werden (GHV 259 ff), ist Micha 7, 18 – 20 aufgeteilt in dreizehn Wendungen, von denen jede einen Teil des Bartes bezeichnet.

Überlieferung: die dreizehn Gefäße werden hier gesehen [in diesem Text], und sie alle gehen aus von den dreizehn Brunnen des Öls der großen Güte nach den Teilen des heiligen Bartes des Alten der Alten, [meist] Verborgener der Verborgenen. Überlieferung: die Gestaltung des Bartes ist geheim und verborgen. Sie ist geheim und nicht geheim; verborgen und nicht verborgen. In seinen Teilen ist er bekannt und er ist nicht bekannt. Der erste TEIL: Davon lehren sie, daß kein Haar und kein Strang an seinen Nachbarn angehängt ist. Und die Stränge des Bartes verbleiben um gestaltet zu werden; die Gestalt des Haupthaares kann hier gefunden werden, wenn alle Haare des restlichen Hauptes und die Haare des Bartes, die obere Würde, in einem Strang enthalten sind. Warum sind einige [Haare] lang und andere kurz? Warum sind die Stränge des Bartes alle kurz [*wörtl* nicht lang] und steif? Und warum sind jene des Hauptes nicht steif, sondern geschmeidig {wörtl.: smooth}? Aber alle Stränge des Hauptes und des Bartes sind ausgewogen. Jene des Hauptes sind lang [genug zu reichen] auf die Schultern, sodaß sie bis zum Haupt des Kleingesichtigen reichen, mit [der Aufgabe] jenes Fließens (MShIKA) von dem einen Gehirn nach seinem [des Kleingesichtigen] Gehirn. Und deshalb sind sie nicht steif; und deshalb werden sie als weich gesehen. Was ist gemeint wenn geschrieben steht: (Spr. 1, 20) „Weisheiten [Fem. Pl.] klagen draußen", und dann [das Zitat fortsetzend] „Sie [Fem. Sing.] äußert ihre Stimme auf den Gassen"? Warum stimmen der Anfang und das Ende des Textes nicht miteinander überein? „Weisheiten klagen draußen" wird nur gesagt wenn [da ist ein] Fließen vom verborgenen Gehirn, und [nur] ein Gehirn arbeitet, weil [es] noch nicht erschienen ist im unteren Gehirn, nur im oberen Gehirn. Und wenn es fließt von diesem [Gehirn] nach jenem, so steht geschrieben „Sie äußert ihre Stimme" – Singular. Und weil es von Gehirn nach Gehirn fließt in jenen Strängen - jenen, die verbunden sind zwischen den beiden Gehirnen, und ein Gehirn ist veranlaßt, in jene Stränge hineinzuarbeiten - werden sie nicht als steif gefunden. Weshalb dieses? Weil, wenn sie als steif gefunden würden, flösse keine Weisheit durch sie hinein in das Gehirn (siehe GHV 819 ff).

Erl.: Hier ist es klar, daß das Zitat von den Sprüchen {in GHV 244} aus zwei Schlagworten besteht; „Weisheiten klagen draußen" wurde gesagt, wenn da ein Entstehen von „Weisheiten" im oberen Gehirn war, {mit} der Pluralform normalerweise benutzt für den *Inhalt* des Gehirns. Dies könnte interpretiert werden als „Weisheiten sagen: „Wir möchten hinausgehen!" " Später, wenn die „Weisheiten" entlassen worden waren, wurde gesagt: „Sie äußert ihre Stimme auf den Gassen", „Sie" hier als oberes Gehirn selbst, immer Singular, und oft in der nachdrücklichen Form „*die* Weisheit". Die „Gassen" entsprechen hier wahrscheinlich den „Pfaden der Weisheit" durch die die „Weisheiten" hinuntergingen.

Das Hervorkommen der kondensierten Flüssigkeit wurde als (zögerndes) Erscheinen auf den Gassen (d. h. in den Pfaden, den Rohrleitungen) verstanden; die Flüssigkeit selbst als Weisheit. Es war wohl eher so, daß die steifen Barthaare, die Rohre, die Flüssigkeiten leiteten, zunächst nur Wasser aus dem

Taukondensator im Haupt der Maschine und dann, nach der „Süßung", d. h. nach Zugabe der Nährlösungen, als Öl der großen Güte zum Kleingesichtigen. Die weichen Barthaare waren wahrscheinlich elektrische Leitungen.

GHV 250 – 258 m. Erln.: Und deswegen geht Weisheit nicht aus von einem Mann, der steif ist und ein Herr des Zorns. Davon steht geschrieben: (Ekkl. 9, 17) „Die Worte von weisen Männern werden in Ruhe {an}gehört". Und aus diesem lernen wir von ihm, dessen Kopfhaare steif sind, daß Weisheit nicht in ihm wohnt. Und jene langen [Haare] sind um Wohltat (*oder* Gewinn) zu allen zu bringen. Warum zu allen? Damit sie aufwärts gehen kann entlang des Strangs der Wirbelsäule damit sie [alle] bewässert werden können vom Gehirn. Folglich hängt das Haupthaar nicht über das Haar des Bartes, da das Haupthaar hängt und nach oben geht über die Ohren nach seinen hinteren Teilen, und hängt nicht über den Bart, weil es nötig ist, nicht diese mit jenen [Haaren] zu vermischen. Da alle von ihnen eigenständige Pfade haben. Überlieferung: Alle jene Haare, beide, die des Hauptes und die des Bartes, sind weiß wie Schnee. Und [eine andere] Überlieferung: jene des Bartes sind alle steif. Warum? Weil ihrer ist die Kraft der Kräfte zum Verstärken von jenen 13 Gefäßen des Alten der Alten. Und jene Gefäße beginnen vor seinen Ohren; und jene Gefäße sind verborgen und nicht mit den anderen vermischt. (*oder* Weil sie unten verstärkt sind, und es wird gelehrt, daß die Haare vor seinen Ohren beginnen, weil sie eigenständig sind und nicht vermischt mit den anderen.)
Erl.: Dies ist ein Beispiel dafür, wie die Rabbiner versuchen, die alten Überlieferungen mit philosophischen Begriffen zu interpretieren.
Erl.: Der Gebrauch des Wortes ShQI, „bewässern", besagt, daß Weisheit flüssig war. Geführt entlang der Wirbelsäule vermittels der langen Haare, brachte sie Wohltat - oder Nutzen - zu jedermann.
Erl.: Es war nötig für die Barthaare, steif zu sein, sodaß sie irgendeine Art von Kraft leiten konnten.
Die Barthaare waren steif, d. h. Rohre, damit sie Weisheiten, also das Öl der großen Güte, nach unten zum Kleingesichtigen leiten konnten. Die Leitung aufwärts entlang der Wirbelsäule war wahrscheinlich eine elektrische - möglicherweise ein ganzer Kabelbaum - die den Kleingesichtigen mit dem Haupt oben, also der Wasserquelle, verband. Es mag wichtig gewesen sein, die Wasser- (d. h. die Algenschleim)-Zulieferung von oben mit der Aktivität des Kleingesichtigen abzustimmen. Die beiden „Haar"-Typen (Rohr-Leitungen und Kabel-Leitungen) sind wahrscheinlich im Text oft durcheinandergeraten. Der zweite Teil von GHV 250 – 258 m. Erl. scheint anzudeuten, daß das Zusammenwirken der Kabelstränge (Elektrizität) mit der Bewässerung dunkel geahnt wurde. Die Kabelbäume verliefen wohl überwiegend `hinten' an der Maschine, d. h. entlang der „Wirbelsäule", die sie möglicherweise mit ihrem Vorhandensein selbst darstellten. Auch fürchtete man wohl eine Verwirrung der elektrischen Leitungen mit den steifen Barthaaren, d. h. den Rohrleitungen. Erstere konnten beim Wiederzusammenbau nicht nur leicht irgendwo abreißen, sie konnten

ebensoleicht irgendwo eingeklemmt werden oder sich mit anderen Teilen verheddern und so den ganzen Montagevorgang unterbrechen.

GHV 259 – 271 m. Erl.: Und wenn ihr sagt, daß die Anderen nicht ihre Texte haben, es ist nicht so. Weil gelehrt wird, daß die dreizehn Gefäße der Gnade des Alten Heiligen sind: (Mich. 7, 18 – 20):
(1) MI AL KMVK   Wer ist ein Gott so wie du
(2) NShA OVN   Vergebend Ungerechtigkeit
(3) VOBR OL PShO   hinweggehend über Überschreitung
(4) LShARITh NChLThV   vom Rest seines Erbteils
(5) HA HChZIQ LOD APV   Er bewahrt seinen Zorn nicht für immer
(6) KI ChPTz ChSD HVA   weil er {sich} erfreut in Gnade
(7) IShVB IRChMNV   Er wird zurückkehren, er wird sich unser erbarmen
(8) IKBVSh OVNThINV   Er wird dämpfen unsere Ungerechtigkeiten
(9) VThShLIK BMTzVLVTh IM KL ChTAThM und du wirst alle ihre Sünden werfen in die Tiefe des Meeres
(10) ThThN AMTh LIOQB   [Du wirst geben] Wahrheit für Jakob
(11) ChSD LABRHM   [und] Gnade für Abraham
(12) AShR NShBOTh LABVThINV   was du unseren Vorvätern geschworen hast
(13) MIMI QDM   von alters her.
Erl.: Dieses waren die Kode-Ausdrücke, die gebraucht wurden als Erinnerungsliste von den Erntemännern für die 13 Teile des Bartes. Viele der Teile haben Spitznamen, abgeleitet von den Redewendungen. Es ist möglich, daß die Redewendungen schon lange existierten bevor das Buch Micha geschrieben wurde, und sie wurden dann ganz einfach an das Ende des Buches angehängt, um sie zu erhalten.
Das wird wohl so gewesen sein, führt aber doch zu noch weiteren Gedanken: Es fragt sich, wann diese Kode-Ausdrücke entstanden; dazu unten mehr. Man beachte wie selbstverständlich das `gewöhnliche Volk´ als „die Anderen" bezeichnet wird, als Menschen, die einer anderen Welt angehören – zumindest in der gleichermaßen gedankenlosen wie überheblichen Sehweise der Erntemänner des Heiligen Feldes.

GHV 276 – 285 m. Erln.: Und jene dreizehn Teile des heiligen oberen Bartes, [{des} meist] versteckten der versteckten [Dinge], sie können brechen und können überdecken alle Einfassungen der Urteile. Wer ist da, der diesen heiligen oberen Bart sieht, [{des} meist] versteckten der versteckten [Dinge], der nicht erbleicht, als eine Folge {davon}? Und so sind alle Haare in den Teilen [des Bartes] steif und kraftvoll. Und wenn ihr sagt: wenn es so ist, daß die unteren Haare schwarz sind, warum sind sie verschieden von den anderen [den oberen]? es ist, weil geschrieben steht: (Ges. 5, 11) „Seine Locken sind buschig und schwarz wie ein Rabe", und auch: (Dan. 7, 9) „und das Haar seines Hauptes wie saubere Wolle"; es ist nicht schwer [{den Unterschied} zu erklären], weil ein Text über den oberen Bart ist, der andere über den unteren.
Erl.: Im *Talmud* (Chag 83) wird erklärt, daß Dan. 7, 18 sich auf Gott in Sitzung [*d. h.* sitzend im Urteil] bezieht und, daß Ges. 5, 11 sich auf Gott als Krieger

bezieht. Angesichts der Inhalte des *Sohars*, ist es wahrscheinlicher, daß die Erntemänner die richtige Antwort haben.
Es gab also verschiedene Stränge: die hellen, oberen, die das Öl der großen Güte leiteten, d. h. den Algenschleim (die Pfade, die Rohrleitungen), und die Kabelverbindungen, die wohl (ausschließlich?) schwarz waren, und die mit den Rohrleitungen im Text wohl oft in einen Topf geworfen wurden.
Und über dieses [schwarz und weiß], als das Gesetz niedergelegt wurde für Israel, wurde es niedergelegt in schwarzem (*oder* verkohltem) Feuer auf weißem Feuer.
Erl.: Dies ist ein Bezug auf die Gesetzestafeln, die Gott Moses gab.
Es ist der obligatorische Bezug zu irgendeinem scheinbar passenden Bibel-Zitat. Es könnte in diesem Text immerhin angedeutet sein, daß mit einem Laserstift eine schwarze („verkohlte") Schrift auf helle Gesteinstafeln geschrieben wurde.
Und die Wurzel der Sache ist in diesen Haaren, weil sie gefunden wird im [*d. h.* beginnen im] oberen Gehirn, und sind verlängert von ihm zum unteren Gehirn, und sie sind über dem Bart. Der Bart ist separat, und alle seine Teile werden {als} eigenständig gefunden. Der Bart ist separat, und die Haare sind separat.
Es wurde also sorgfältig unterschieden zwischen den Rohren, dem Bart des Alten, der aus individuellen, also eigenständigen Teilen bestand und den anderen Leitungen, die die Haare bildeten, die zwar als separat erkannt wurden, aber bezeichnenderweise nicht als eigenständig.

GHV 286 – 289 m. Erln.: Erl.: Die nächsten Abschnitte beschreiben und erörtern jeden einzelnen der dreizehn Teile des Bartes individuell.
Von den zahlreichen Bart-Haaren, d. h. den elektrischen Leitungen, liegt (natürlich) keine entsprechende spezifische Erörterung oder auch nur eine allgemeine Erläuterung vor. Einerseits waren sie wohl zu zahlreich, andererseits war ihre (elektrische?) Aufgabe zu unklar bzw. gänzlich unbekannt. Dagegen war das fließende Öl etwas Nachvollziehbares (bei der Olivenernte floß ja auch immer das ausgepreßte Öl); aber wie ihnen Elektrizität erklären?
Der erste TEIL ist der Teil, der vom oberen Teil der Haare des Hauptes hervorgeht. Überlieferung: alle Teile des Bartes werden gefunden, nur vom Gehirn des Hauptes zu kommen (*oder* von der Einfassung des Herzens; *oder* von den Teilen des Hauptes). Und von diesem Bart ist alles bekannt, das im Haupt von tausend Welten ist, die verschlossen sind (*oder* tausend verschlossenen Welten) in einem Verschluß (*oder* Ring (OZQA)), der sauber ist. Ein Verschluß, der alle Verschlüsse einschließt.
Erl.: Dieser ziemlich obskure Vers bezieht sich offensichtlich auf das obere Gehirn, von dem bekannt ist, daß es verschlossen und unzugänglich ist. Hier deutet der Text an, daß der Zweck des Verschlusses darin bestand, Schmutz auszuschließen.

GHV 298 – 299 m. Erl.: Und das Ganze ist verborgen im Oberteil des Bartes, der die Kraft enthält. Und sie sind enthalten in dieser {Zahl} 31 (AL). Und zusätzlich zu diesem sind die 31 bedeckt mit Gnaden; mit den Gnaden der Tage wird [der erste Teil des Bartes] gesüßt. Und [Gnade] ist beinhaltet und ist ausgedehnt in ihm [*d. h.* dem ersten Teil].

Erl.: Die „Tage" sind eine andere Bezeichnung für die Teile des Bartes, besonders der dreizehnte Teil, der „Tage von einst" – siehe 473 {hier nicht mit aufgenommen}.

GHV 803 m. Erl.: Warum [trifft] dies auf den Bart zu und nicht ausschließlich auf den Körper? [Weil] der Körper vom Bart versteckt ist, und der Bart ist nicht versteckt hinter dem Körper.

Erl.: … Der {springende} Punkt von all diesem scheint zu sein, daß der Körper vollständig unzugänglich hinter dem Bart ist, deshalb kann nur der Bart `ergriffen´ werden von Personen, die Wohltaten benötigen (Abb. 9 u. 16).

Die Alarmsirene – Die Notabschaltung

KHV 482 – 483 m. Erl.: Und dazwischen sind unterteilt alle Herren des Alarms und des Heulens (MARIHVN DIBBA VILLH).

Erl.: IBBA und ILLH sind Wörter, die laute stimmliche Geräusche bedeuten. Sie hängen in jeder einzelnen Locke. Und Locke…(Lücke).Und sie spreizen ein Netz aus [*d. h.* stellen eine Falle] für die Sünder, die jene Pfade nicht kennen.

Die Alarmsirene – die Notabschaltung! Das Netz ist möglicherweise ein Hinweis darauf, daß die Alarmsirene mit mehreren Kontroll-Einrichtungen verbunden war, die über einen größeren Bereich der Maschine ausgebreitet waren, also ein „Netz" ausspannten.

GHV 305 – 307: Die zweite WELT, die von diesem Teil ausgeht, kontrolliert und geht aufwärts und geht hinunter nach sieben und Fünfzigtausend Pfaden der Herren der Angst. Und sie sind verbunden davon, {um} die Rückseite des Nackens zu bedecken in Weißheit. Die dritte WELT, die von diesem Teil ausgeht, kontrolliert und geht nach unten und geht aufwärts zu 96 Tausend Herren des Wehklagens. Und sie werden davon in der Laterne verbunden nach dem ?Zinn. Und durch diesen [ersten] Teil werden sie alle [die Herren] bedeckt. Und sie werden gesüßt in der Bitterkeit der Tränen, die im großen Meer gesüßt werden.

Die Herren des Wehklagens sind vermutlich eine akustische Warnvorrichtung, die aktiviert wurde, wenn mit der laufenden Maschine etwas nicht in Ordnung war. Die Existenz der Alarmanlage hatte eine verblüffende Konsequenz, wie wir gleich sehen werden. Dieser Alarm darf wahrscheinlich nicht mit der Aktivität verwechselt werden, die ausgelöst wurde, wenn ein Unbefugter sich der Maschine näherte; siehe dazu oben im Kapitel „Der Tyrann".

GHV 879 m. Erl.: Dieser Pfad hier ist nicht gesüßt, wegen [der gleichen] zwei Gründe. Da irgendjemand, der wünscht zu bedrohen (*oder* abzuschneiden {sic!}) [jemand], stößt {wörtl.: kicks} zweimal mit seiner Hand in diesen Pfad.

Erl.: Von diesem scheint es, daß „schlagen" {wörtl.: kick} auch „berühren" {wörtl.: touch} im Soharischen bedeuten kann.

Hier wird nahezu mit Sicherheit eine NOTABSCHALTUNG beschrieben, die durch zweimaliges Betätigen (nur berühren, oder kräftiger drücken?) ausgelöst wurde. Diese technische Einrichtung erklärt auch das Vorhandensein der Herren des Alarms und des Heulens: Ohne Signal (wohl akustischer Alarm) wäre die Notabschaltung sinnlos gewesen, weil man nicht gewußt hätte, wann sie zu betätigen gewesen wäre. Andererseits wäre das Signal ohne Notabschaltung ebenfalls sinnlos gewesen. Denn – welchen Sinn hätte dann das Signal haben können(?): die beiden technischen Einrichtungen, Alarmanlage und Notabschaltung, bedingen also einander wechselseitig zwingend. Daß der Schalter zweimal bedient werden mußte, kann nicht überraschen: auch in unserer Technikwelt müssen wichtige Signale wiederholt, d. h. bestätigt werden, damit kein Versehen auftritt, z. B. bei gewissen Computerbefehlen.

GHV 585 – 587 m. Erl.: Weil geschrieben steht: (Ps. 25, 6) „Alle Pfade des Herrn sind Gnade und Wahrheit für solche, die seinen Bund halten und seine Zeugnisse." Überlieferung: In jeder einzelnen Locke sind verbunden Tausend   Tausende der Herren des Alarms und des Geheuls, die in jedem einzelnen der starken {Locken} hängen. Und von jenen glatten [hängen] die Herren des Ausgleichs (*oder* die Herren der Barmherzigkeit); und der Ausgleich selbst ist zwischen ihnen. Weil das so ist, ist da Rechts und da ist Links.
Erl.: Wenn wir über eine Manna-Maschine sprechen, ergibt es einen Sinn, daß da Überwachungs- und Kontrollgeräte sein sollten, die der vorangehende Abschnitt zu beschreiben scheint. Und wir sollten kaum überrascht sein von den Herren des Alarms und des Geheuls; Warnsignale.
Siehe dazu die Notabschaltung, die ohne Warnsignal sinnlos wäre, und umgekehrt. Es fragt sich, wie, d. h. unter welcher Voraussetzung, der akustische Alarm ausgelöst wurde. Von seltenen, schwerwiegenden technischen Problemen abgesehen, die das Eingreifen eines Extraterrestriers (eines Androiden) nötig machten - wie bei Daniel wahrscheinlich beschrieben - konnte natürlich zu jeder Zeit, z. B. bei ungenügender Reinigung der Maschine, im Verlauf der nächsten Arbeitswoche die Zusammensetzung der freiwerdenden Gase und/oder des in den Barthaaren zirkulierenden Algenschleims die vorgegebenen Toleranzwerte überschreiten. In diesem Fall wurde wahrscheinlich Alarm ausgelöst, und die Notabschaltung war zu betätigen. Zum Überwachen und ggfs. Feststellen solcher unzulässigen Abweichungen in der Kultur verfügte die Maschine möglicherweise über eine Art SCHLAGWETTERPFEIFE, die auf beide Abweichungsmöglichkeiten (Gas-Zusammensetzung, Kulturflüssigkeits-Zusammensetzung) mit Auslösen des akustischen Alarms reagierte; dann hatte die Notabschaltung zu erfolgen. Wahrscheinlich wurde dann zumindest die Kultur neu angesetzt und die Maschine neu gestartet. Neben der zwingenden Anwesenheit von Alarmsirene <u>*und*</u> *Notabschaltung, erscheint eine solche den Alarm auslösende Vorrichtung genauso unausweichlich; die drei Vorrichtungen (Überwachung – Alarm – Notabschaltung) bilden also eine Kette, deren Komponenten zwingend voneinander abhängig sind. Wenn auch nur* <u>*eine*</u> *dieser Komponenten fehlt bzw. versagt, ist die gesamte Kette funktionsunfähig, also sinnlos!*

Der „Ausgleich" gibt wahrscheinlich einen Hinweis auf die Notwendigkeit des genauen Austarierens der Maschine. Möglicherweise diente der Kabelbaum hinter der Maschine, entlang der `Wirbelsäule' als Lotlinie, die damit der Maschine nolens volens auch eine rechte und eine linke Hälfte verlieh.

Der Bart – Fortsetzung
GHV 357 – 362 m. Erl.: Überlieferung: der erste und zweite Teil des Bartes sind angebracht hinein im (*oder* sind oben auf {dem}) dritten. Denn es steht geschrieben: (Hiob 33, 29) „Siehe, alle diese Dinge tut Gott dreimal mit dem Menschen". Kommt und seht! Die ersten zwei Teile müssen zum dritten kommen, weil jener dritte TEIL von der Mitte ist [des Bereichs], der unter der Nase ist; [er geht] von unter den zwei Rohren. Ein Pfad geht hinaus, und das Haar endet in jenem Pfad. Warum endet es? Weil über diesen Pfad geschrieben steht (Mich. 7, 18) „hinweggehend über Überschreitung {wörtl.: passing over transgression}". Er ist so geformt, daß `hinweggehend über' in ihm stattfinden kann. Und darum sitzt jener Pfad unter den Rohren der Nase, und das Haar dehnt sich nicht aus auf [*wörtl* ist nicht vergrößert hinein {in}] diesen Pfad, weil geschrieben steht: „hinweggehend über Überschreitung". Er ist positioniert um über die Oberkante des heiligen Mundes zu gehen, sodaß er sagen kann: „Ich habe vergeben (SLChThI)."
Erl.: Wir könnten dieses Haar als „Überlauf-Umgehungsrohr {wörtl.: transgression by-pass pipe} bezeichnen. Das Wort „vergeben", SLCh, steht im Zusammenhang mit einem der Namen, der der Nase gegeben wird, der „Sprüher" oder „Vergeber" (SLIChH).
Auch hier wird aus reiner Technik ebenso `reine' `Religion' zusammenphantasiert!

GHV 364 – 373 m. Erl.: Es wird gelehrt im *Buch des Mysteriums* was es ist, wovon „Sünde {wörtl.: transgression}" geschrieben ist. Sie haben Recht mit „hinweggehend über", aber nicht mit „Sünde". Warum ist es „hinweggehend über Überschreitung (PShO)"? Sie haben nicht Recht, das Sh hinter das P zu stellen. [Es sollte sein] ShPO, Überlauf. [Es sollte auch sein] OVMD, stehend, und nicht OVBR, hinweggehend über. Dieses [Wort OVBR] ist über den Kleingesichtigen.
Erl.: Hier legt R. Hiya dar, daß das Kennwort sein sollte: „stehend über dem Überlauf". Wir können der Schlußfolgerung nicht ausweichen, daß dies über Klempnerei sein muß, anstatt {über} Religion.
So ist es, und diese Erkenntnis gilt im weiteren Sinne natürlich für die ganze Maschine, mal deutlich - wie hier -, mal weniger deutlich, aber doch allgegenwärtig.

GHV 376 – 377 m. Erl. n. 381: Überlieferung: zu der Zeit, wenn dieser Pfad des Alten der Tage geöffnet ist, sind alle Herren der Angst und der Klage und die Herren der Urteile verborgen und abgeschaltet; und da ist nicht ein einziger [von ihnen], und der beginnen wird, frei zu sein {um} Verwesung zu verursachen (*oder* Fermentierung). Weil dieser Pfad geöffnet ist für Reparatur (*oder* Regelung). Und

von diesem ist es [der Pfad], der das Feuer anregt und ist beleuchtet, und ist, um [die Herren] abzuschalten. (*Oder* Weil dieser Pfad derjenige ist, der bestimmt ist zum Abschalten, und von ihm ist das, das gesehen wird und beleuchtet ist.) Dieser eingravierte Pfad ist der bestimmte (*oder* Schatz) des Alten Heiligen.
Erl.: Dies ist alle Information, die hier über den vierten Teil gegeben ist. Wenn er sich unterhalb des dritten Teils befindet, „stehend über dem Überlauf", könnte der Name „Rest" bedeutsam sein, da dies auch „Überlauf" bedeuten könnte oder „das, das übrig gelassen ist". Das Wort „Erbe" bedeutet in der Tat „Portion" oder „Anteil {wörtl.: lot}" in einem mehr allgemeinen Sinne, aber es könnte sich auch ursprünglich herleiten von NHL, Abfluß oder Fluß.
Für Inspektionen wird die Maschine also abgeschaltet und alle Funktionen sind somit „verborgen".

GHV 388 – 390: Überlieferung: der obere Pfad des heiligen Bartes, der obere [Bart], der des Alten der Alten, ist das, das hinuntergeht hinein in seinen Bart (*oder* {sein} Kinn) unter den Rohren der Nase des Alten. Und dies ist der untere Pfad. Sie sind vollständig ausgewogen, der obere und der untere. Der obere „geht hinweg über Überschreitung", der untere „hat seinen Zorn nicht behalten für ewig". Überlieferung: „er hat nicht behalten" ihn, weil da keine Bleibe für ihn ist. Da ist soviel Platz oberhalb, um übergeleitet zu werden, als da Platz ist unterhalb, um übergeleitet zu werden. Überlieferung: in jedem Ort, der im Alten ist, {der} [meist] geheimste von allem, ist ein guter Pfad geöffnet für alle von ihnen unten, da der OITA gesehen wird, Güte für alle zu machen.

GHV 438 u. 440 m. Erl. n. 441: Und irgendjemand, der diesen Teil [des Bartes] sieht, dessen Sünden (*oder* Schulden) sind vergeben und sind ausgekippt. Wie gesagt ist: (Mi. 7, 19) „Er wird unsere Ungerechtigkeiten dämpfen". Und von diesem Ort die Herren der Untersuchungen werfen aus alle Schulden (*oder* Sünden) der Menschen, und sie werden ausgekippt.
Erl.: R. Abbas Beitrag ist kurz aber kräftig. Der Ausdruck ist vom mnemonischen {= Lernhilfe-}Text für diesen Teil des Bartes abgeleitet: (Mich. 7, 19) „Du wirst alle ihre Sünden in die Tiefen des Meeres werfen)." MTzVLH, Femininum im Hebräischen, Pl. MTzVLVTh, meint jeden tiefen Ort, Teich, oder Wasserloch. MTzVLVTh im Aramäischen ist der Plural eines ähnlichen Wortes, das "Spreu, Unrat, Abfall" bedeutet. Die Kombination dieser Gedanken mit der genannten Tatsache, daß der neunte Teil benutzt wird, Schulden der Menschen wegzuwerfen, weist darauf hin, daß dieser Teil des Bartes ein Sammelbehälter oder Ablaßhahn gewesen sein könnte, von dem der Bodensatz entfernt wurde. Das Wort MVThR ist abgeleitet von IThR, übriggelassen sein, und wird normalerweise gebraucht, um sich auf einen finanziellen Überschuß zu beziehen. ThBO, Untersuchung, kommt von der Hebräischen Wurzel BOH, fragen, oder zum Schwellen bringen, oder zum Kochen. Die letztere Bedeutung könnte in einem Klempnerei-Zusammenhang vorzuziehen sein.
Möglicherweise bezieht sich ein Teil dieses Textes auf den Kleingesichtigen mit seinem komplizierten Aufbau, der nicht einmal prinzipiell verstanden wurde, wie es

beim Bart des Alten wenigstens der Fall war. Es wurde da u. a. wohl auch Bodensatz bei der allwöchentlichen Reinigung ausgekippt.

GHV 442 – 448 m. Erln.: Der zehnte TEIL. Die Haare gehen hinab, unterhalb des Kinns, und bedecken den Hals unterhalb des Kinns. R. Yehuda begann zu sprechen: (Jes. 2, 19) „Und sie sollen hinein in die Löcher der Felsen gehen und hinein in die Höhlen der Erde, vor {dem} {wörtl.: vom} Gesicht des Schreckens des Herrn, etc." „Vom Gesicht des Schreckens des Herrn (MPNI PChD IHVH)". Dies ist bekannt als das externe [Gesicht]; es wird genannt „der Schrecken {wörtl.: terror} des Herrn (PChD IHVH)".
Erl.: Das Wort PChD kann auch „Schenkel" bedeuten, nach Davidson; in Hiob 40, 17 gibt KJV es als die „Steine" des Behemot, das Ungeheuer. „Steine" ist eine alte englische Umschreibung für Hoden, die in Landwirtschaftskreisen noch benutzt wird. Dieser Absatz in Hiob ist es wert, gelesen zu werden, denn er scheint einer von jenen zu sein, in denen sich verschleierte Bezüge zum Alten der Tage befinden.
Die Löcher könnten eine Anspielung auf die Vertiefungen an der Maschine (wohl am Kulturtank) sein, in die die Barthaare, d. h. die Konvektionsrohre, nach der wöchentlichen Reinigung eingesetzt werden mußten.
[Das Zitat fortsetzend] „Und von der Ehre seiner Majestät". Jene sind die Haare, die sich unter dem Kinn befinden, und sie werden genannt die „Ehre seiner Majestät". (Sie sind) zwei. Der zehnte Teil ist (Mich. 7, 20) „Du wirst Wahrheit geben für Jakob" und der elfte, wo {ein} Strang nicht ausgeht von einem {anderen} Strang, ist (Mich. 7, 20) „Gnade für Abraham".
Erl.: Da folgt jetzt eine Beschreibung des Mundes, auf den sich irgendein Zahlenmystikbegeisterter als zwölften Teil des Bartes bezieht, obwohl klargemacht ist, daß er kein Haar hat:
Der zwölfte TEIL ist, wo die Haare nicht über den Mund hängen, und der Mund ist frei (*oder* zurückgewendet) von allen Seiten. Und die passenden Haare sind um ihn herum und darüber, sodaß Ungemach nicht gefunden werden sollte, so wie es nötig ist.

GHV 453 u. 455 – 457 m. Erl.: Welcher Atem? Der Atem, der veranlaßt werden wird, in ihn hineinzugleiten, der bekleidet ist von ihm, dem Kleingesichtigen. Und alles, das als bekleidet gesehen wird, ist bekleidet von ihm. Und wegen dieser [Sache] werden die Haare nicht gefunden über dem heiligen Mund, weil {dort} sein Atem hinausgeht (korrekt: hineingeht), und es nicht erwünscht ist, daß irgendeine andere Materie (*oder* {anderes} Wort) mit ihm vermischt werden sollte, oder ihm nahe kommen sollte. Und dieses Ding ist die Verstecktheit von allem, das nicht verbunden ist [mit irgendetwas], weder oben noch unten. Und es ist verborgen in einer Verborgenheit der Verborgenheiten, die nicht bekannt ist.
Erl.: Wir haben vermutet, daß der Mund ein Lufteinlaß war. Luft wurde eingesaugt, gekühlt im Taukondensator, wo Wasser entzogen wurde, und durch das heiße Innere der Maschine geleitet, von wo aus es durch die Nase des

Kleingesichtigen hinausging. Dies wird bekräftigt von GHV 453 ff. GHV 457 bestätigt, daß die Rohrleitung vom Mund zum {Tau}-Kondensator versiegelt war.

GHV 461 – 464: Und weil dies so ist, sind seine Haare ausgeglichen um den Mund, und der Mund ist frei (*oder* zurückgewendet) auf jeder Seite. Und darauf haben unsere Vorväter vertraut, in diesem Atem gekleidet zu sein, der in so viele Richtungen ausgeht, der an dem Ort ist [*d. h.* dem Mund], der alle Haare ausgeglichen hat in seinen umgebenden Teilen. Es ist das, von dem es geschrieben steht: (Mich. 7, 20) „Was du unseren Vorvätern geschworen hast". Und dies ist der heilige obere zwölfte Teil, mit dem verbunden sind auf [einem gewissen] Weg 12 Regionen oben und 12 Regionen unten. Die 12 Regionen [beziehen] sich auf die 12 Stämme unserer Väter, … .
Auch hier wird Religion (und Geschichte) mit Technik vermischt.

GHV 466 u. 470 – 471 m. Erl.: Der dreizehnte TEIL. Die Haare hängen von unter dem Kinn, diesen Weg und jenen, in angemessener Würde und in korrekter Würde, und bedecken den Nabel (TBVRA). Und von [den Teilen] des Gesichts werden die Orte des Geruchs nicht gesehen, mit Ausnahme jener zwei Äpfel, korrekt und weiß. Und dieser dreizehnte Teil ist der passende Teil, in dem [alle anderen] verbunden werden müssen. Alle von ihnen sind veranlaßt zu begehren, das Zusammenbauen [von] dem Kopf nach seinem Behälter (QBLH).
Von ihm [dem dreizehnten Teil] hängen alle jene [Dinge], die an den Kleingesichtigen angeschlossen sind. Von ihm hängen die oberen und unteren.
Erl.: Das Wort QBLH, Qabalah {d. h. Kabbalah}, oder „empfangend", wird oft benutzt im Sinne von „Behälter" oder „Höhlung". Wir sind in Versuchung, eine Doppelbedeutung für QBLH anzunehmen – die „empfangenen Überlieferungen", und das „Zusammenstöpseln".
Insgesamt vielleicht ein Hinweis auf die wirkliche Anordnung des Bartes, d. h. der Konvektionsrohre. Man erhält hier den Eindruck, daß die zwölf anderen Rohre mit dem dreizehnten zusammengefügt (-gestöpselt) werden müssen, er ist der passende Teil; man mußte da wohl ziemlich genau aufpassen beim Einpassen der Rohre in diese (ringförmige?) Zusammenfassung. Es wird nicht ganz klar, ob mit der Formulierung vom Begehren des Zusammenbauens nicht vielleicht noch ein Hinweis auf eine besondere Passungsweise angedeutet ist, die man den Kindern Israel, den zukünftigen Experten, auf dem Har Karkom beim Erläutern der Maschine solcherart begründet hat. Vielleicht paßte jeder Anschluß nur genau zu seinem entsprechenden Gegenstück, begehrte also gleichsam den genau ihm zugehörigen Sitz bzw. Anschluß-Stöpsel. Und von diesem dreizehnten Teil gingen dann Verbindungen ab, die zum Kleingesichtigen hinführten. Vielleicht wurde der zu verarbeitende Algenschleim über dieses wahrscheinlich ringförmige Barthaar gesammelt und auf die „Hallen" des Kleingesichtigen zur Weiterverarbeitung etwa gleichmäßig verteilt (siehe unten, „Der Kleingesichtige").

GHV 473 – 476 (o. 475, s. o.) m. Erln.: ÜBERLIEFERUNG: Diese Teile werden genannt „erste Tage" (IMI QDM auf Hebräisch), das ist „erste Tage" (IVMIN

QDMAIN auf Aramäisch), von den ersten. Und jene [Teile], die im Kleingesichtigen gefunden werden, werden genannt „permanente Tage (IMI OVLM)" [siehe 299 & 739 ff].

Erl.: Hier haben wir einen eventuellen Hinweis zum rätselhaften Titel „Alter der Tage (OThIQ IVMIN =Attik Jumim)". Die Bart-Teile waren offensichtlich ein auffälliger Teil von ihm, und falls „Tag" das Kode-Wort für die Bart-Teile war, dann wird der Titel erklärbar.

Jedoch, diese Teile scheinen Behälter für unterschiedliche Flüssigkeiten zu sein. In diesem Fall könnte der Ausdruck „Meere (IMI)" auf sie angewendet gewesen sein, da dieses Wort auch einen Tank oder Behälter für Flüssigkeit bedeutet. Im Hebräischen sind die Plural-Formen {für} „Meere" und „Tage" beide IMI, mit nur einem geringfügigen Unterschied in den Vokalen.

Das Wort „alt", OThIQ, stammt von OThQ, transportieren. OThIQ bedeutet in Wirklichkeit „transportiert", oder „weit gegangen (an Jahren)". Wir können spekulieren, daß OThIQ IVMIN ursprünglich bedeutete „der Transportierbare mit den Tanks". Wir empfinden diese Interpretation als sehr attraktiv. „Von Alters her", MIMI QDM, ist, wie wir gesehen haben, das Micha-Zitat, das sich auf den dreizehnten Teil des Bartes bezieht, aber es wird nicht in dieser erweiterten Beschreibung jenes Teils eingeführt. Es ist interessant, daß die letzten drei Verse des Buches Micha (7, 18 – 20) ausersehen sein sollten, für die dreizehn Teile des Bartes zu stehen, eine Wendung für je einen Teil. Insgesamt lautet der in Frage kommende Abschnitt wie folgt:

„Wer ist ein Gott so wie du, der Ungerechtigkeit vergibt, und hinweggeht über Überschreitung vom Rest seines Erbteils? Er bewahrt seinen Zorn nicht für immer, weil er sich erfreut in Gnade. Er wird zurückkehren, er wird sich unser erbarmen; er wird dämpfen unsere Ungerechtigkeiten; und du wirst alle ihre Sünden in die Tiefe des Meeres werfen. Du wirst vollbringen die Wahrheit für Jakob und die Gnade für Abraham; was du unseren Vorvätern geschworen hast, von Alters her."

Dieser Absatz ergibt wenig Sinn, weder in dieser Version, noch im Hebräischen. Ein Text wie dieser könnte sehr wohl das Resultat einer Aneinanderreihung von 13 Schlagworten in einer gewissen Reihenfolge sein, die es einem Hauptbestandteil des Geheimwissens über den Alten der Tage ermöglichen würde, in den offiziellen Schriften verewigt zu werden. Die Tatsache, daß es sich um einen ziemlich bedeutungslosen Absatz handelt, der an das Ende des Buches eines kleinen Propheten angehängt wurde, verleiht dieser Theorie Gewicht.

Überlieferung: jene ersten Tage (IMI QDM) sind alle geformt in den Teilen des Bartes des Alten der Alten, des Versteckten der Versteckten; er schließt sie {mit} ein, und er von den dreizehn [d. h. der Alte] schließt sie alle {mit} ein, wie gesagt wurde. Und dieser „Tag" [der dreizehnte] ist nicht eingeschlossen unter ihnen, mit Ausnahme [im Sinne, daß] er der eine ist, der sie alle {mit} einschließt.

Erl.: Dies könnte anzeigen, daß der dreizehnte kein „Tag" oder Tank war, sondern eine Abfolge von Rohren, die die Tanks umgaben.

Wohl eher das (ringförmige?) Anschlußrohr, in das die anderen Konvektionsrohre mündeten bzw. von dem sie ausgingen, an das sie also beim Wiederzusammenbau (genau passend!) angestöpselt werden mußten.

GHV 477 – 482 m. Erl.: Und zu der Zeit, wenn der Alte der Tage erregt ist in den oberen Teilen, jene [Zeit] wird ein Tag genannt, an dem er wünscht, seinen Bart zu würdigen. Von welchem [Tag] geschrieben steht: (Sach. 14, 7) „Ein Tag, der dem Herrn bekannt sein wird".
Erl.: Hier scheint „Tag" im herkömmlichen Sinne gebraucht zu sein.

GHV 906 – 907 u. 909: Und dieser Teil kontrolliert (ShLT) alle von den sechs, weil sie alle hier angefügt sind (*d. h.* {hier} anfangen) und [hier] verbunden sind. Und deshalb sind alle ihre Haare ausgeglichen um den Mund herum, und er [der Mund] ist frei auf allen seinen Seiten. Und dieser Teil kontrolliert sie alle, weil sie hier angefügt sind und [hier] verbunden sind. Der achte TEIL, ist, daß die Haare abwärts gehen hinein unterhalb des Kinns und den Hals bedecken, der nicht sichtbar ist.
Gab es womöglich sechs Barthaare, die aus dem Kulturtank unmittelbar in den Kleingesichtigen hineinführten, und die man bei Bedarf abschalten konnte bzw. mußte? Dann war beim großen Kulturtank wahrscheinlich ein Überlauf nötig, weil sonst womöglich wegen des sich aufbauenden Überdrucks Explosionsgefahr bestanden hätte.

GHV 914 – 915 m. Erl.: Der neunte TEIL ist, daß die Haare herausgezogen sind (*oder* zusammen verbunden sind) in vollkommenem Ausgleich (*oder* {vollkommener} Symmetrie) mit jenen Haaren, von denen alle in korrekter Ausgewogenheit hängen wie „starke Kraft", Herren der Siege (*oder* Säfte) in Kriegen (*oder* Inneren Teilen). Weil alle jene Haare herausgezogen sind hinter jenen, die hängen. Und sie sind alle enthalten in jenen, die hängen, und sie sind alle herausgezogen.
Erl.: Dies ist eine ziemlich gute Beschreibung der inneren Kühlschlangen der Maschine, die hinter jenen sind, die hängen (die äußeren) und von ihnen umschlossen sind.
Ob diese Deutung wirklich so gut ist, muß offen bleiben.

KHV 150 – 157 m. Erl.: IM BART des Alten Heiligen hängt all die Würde des Ganzen. Er wird genannt der Einstrom des Ganzen. Von diesem Bart, dem Einstrom, strömt die Würde von allen Würden ein. Alle oberen und unteren [Dinge] schauen auf diesen Einstrom. Von diesem Einstrom (*d. h.* Bart) hängt das Leben von allen Dingen ab, die Ernährung von allen Dingen. In diesem Einstrom da hängen die Himmel und die Erde, die Regen {wörtl.: the rains} der Begierde. In diesem Einstrom sind die Überwachungs-Augen des Ganzen. In diesem Einstrom hängen alle Kräfte (ChIILIN), obere und untere. Drei zehn Quellen von Öl der großen Güte hängen im Bart des Einstroms, dem der Würde. Und alle von ihnen gehen aus nach dem Kleingesichtigen.

Erl.: Manna ist vermutlich „die Regen der Begierde".
Da der Einstrom auch das Wasser enthielt, ist die Bemerkung durchaus richtig, daß von ihm das Leben und die Ernährung (qua Mineraldüngung) von allen Dingen (in der Maschine) abhängen. Es wird leider nicht klar, was mit den Überwachungs-Augen gemeint ist. Gab es da womöglich optische Reinheits- u/o Zusammensetzungskontrollen (qua Lichtdurchlässigkeitsfaktor?), die die Luft und/oder den Algenschleim überwachten und gegebenenfalls die Alarmanlage auslösten?

KHV 70 u. 73 m. Erln.: Da ist ein Pfad, der fließt in der Unterteilung der Haare, die vom Gehirn kommen. Es ist der Pfad durch den die Gerechten fließen nach der kommenden Welt. Und von diesem Pfad da fließen alle übrigen der Pfade, die in den Kleingesichtigen hineinhängen.
Erl.: Ein Tag – ChD IVM – ist eine Wendung, die oft benutzt wird, sich auf den Tag der Sühne zu beziehen. Der nächste Vers zeigt an, daß das der Tag war, an dem sie versuchten, den Alten der Tage wieder zum Arbeiten zu bringen:

[An] dem [Tag] alleine wird er erregt sein von (*oder* durch) allem/e (IThIR MKLA). Das, das [sie] alle einschließt [*d. h.* der dreizehnte], ist das, das genannt wird bei dem Namen, der bekannt ist. Da sie lehren, daß an einem Ort, wo da Tag ist, da ist [auch] Nacht. Da kein Tag ist, ohne Nacht (LILH). Und weil er zu der Zeit wählt [zu tun] die Bewertung (*oder* Würde) des Bartes. Und jene [Bewertung] alleine wird gefunden, sie wird weder Tag noch Nacht genannt, weil sie nicht Tag genannt wird, außer von der Seite von [*d. h.* in der Meinung von] diesen; und sie wird nicht Nacht genannt, außer von der Seite von jenen [anderen].
Erl.: Diese Passage zeigt an, daß der Grund weshalb der Bart auch IQIRA, Würde oder Bewertung, genannt wird, ist, weil „Bewertung" eine gewisse Handlung war, die an ihm ausgeführt wurde, und daß dies in der Abenddämmerung stattfand.
Das eine Ableitungsrohr aus dem Kopf für die Gerechten (Religion aus Technik!), und von diesem dreizehnten Rohr gehen die zwölf Konvektionsrohre ab; d. h. sie stehen mit diesem in Verbindung; sie versorgen aber auch den Kleingesichtigen – die Beschreibung ist leider unklar.
Man hatte wohl manchmal Probleme, genau zu bestimmen, wann die Dämmerung begann – die üblichen Streitereien, die es angesichts der Kompliziertheit des ganzen Gebildes und seiner Bedienung und Wartung anfangs wohl öfter gegeben haben wird.
Und da dieser [dreizehnte] Teil alle [die anderen] {mit} einschließt, ist er nicht bekannt, und nichts wird von ihnen gesehen.
Erl.: Die nächsten Verse sind nummeriert im Originaltext {und} mit einer kurzen Beschreibung von jedem einzelnen der dreizehn Teile. Diesmal gibt KvR keinen Bezug zur Nummerierung; deshalb tut Mathers es auch nicht:
(1) Die Würde beginnt, geformt zu sein vor der Öffnung der Ohren.
(2) Sie geht hinunter in Schönheit, hinein in den Oberteil {wörtl.: top} (*oder* {das} Haupt) der Lippen; von diesem Oberteil nach jenem Oberteil

(3) [ist] ein Pfad, der {von} unterhalb der beiden Nasenöffnung-Rohre ausgeht, um hinwegzugehen über Überschreitung; wie geschrieben steht: (Spr 19, 11) „Und seine Schönheit ist Hinweggehen über Überschreitung."
Erl.: „Hinweggehen über Überschreitung" {wörtl.: „Pass over transgression"} kann auch heißen „Schulden abschreiben", Sünde und Schuld sind das gleiche Wort (ChVBA).
Wahrscheinlich sind zwei sich überkreuzende Rohr- oder Schlauchleitungen im kompliziert gestalteten Kleingesichtigen gemeint – daraus wird dann eine der Haupteigenschaften des christlichen Gottes herbeiphantasiert: über geistig-religiöse Überschreitung (gnädig) hinwegzusehen!
(4) Unter den Lippen geht das Haar herum nach der anderen Oberkante {wörtl.: top} (*oder* Ecke).
(5) Ein anderer Pfad geht aus {von} unter ihnen.
(6) Er bedeckt den Ort des Duftes so weit wie bis zum oberen Haupt (*oder* {zur} Oberkante).
(7) Zwei Äpfel (*oder* Gebläse) sind sichtbar, zum Strahlen (*oder* Fließen) hinein in die Lampen.
(8) Der Einstrom des Ganzen hängt so weit wie bis zum Herzen; in ihm hängen [beide], die oberen und die unteren [Teile].
(9) [Dieser Teil ist] jene [Haare], die hängen; sie gehen nicht aus, einer vom anderen.
(10) [Die Haare] bedecken die kurzen über den Hals der Würde.
(11) Die großen sind aufgeteilt in einer vollkommenen Aufteilung.
(12) Die Lippen sind frei [von Haaren] auf allen Seiten; gesegnet sei der, der von ihnen geküßt wird!
(13) Hinein in jenen Einstrom des Ganzen da fließen dreizehn Öle von reinem Balsam.
In diesem Einstrom wird das Ganze gefunden und ist [auch] verborgen.

GHV 467 – 469 m. Erln.: R. Simon sagte: Gesegnet ist seinerseits, der gefunden wird in dieser außergewöhnlich heiligen Versammlung, in der wir sind! Gesegnet sei er seinerseits in dieser Welt und in der kommenden Welt! Weil wir diejenigen sind, die sitzen in höherer Heiligkeit, die umgeben sind von Feuer von oben. Und jetzt sind alle oberen Teile des heiligen Bartes beschrieben worden, und sind umringt an ihren Plätzen.
Bescheidenheit war nicht seine Stärke – es wurde schon darauf hingewiesen. Daß sie glauben, an ihren Plätzen umringt zu sein, hängt wahrscheinlich mit dem abergläubischen Respekt zusammen, den man vor den äußeren und inneren Umringungen der Maschine hatte: die inneren sorgten für den Gesamtsitz des oberen Teils, des Alten, und die unteren, außen angebrachten, dienten der Abdeckung (d. h. dem Schutz) des Kleingesichtigen wenn die Maschine arbeitete (s. u.).
Erl.: Der „Einstrom" ist ein Ausdruck, der sich auf den ganzen Bart bezieht.
Anfangs aber doch wohl nur der „Mund" des Alten; es gibt auch die Möglichkeit, daß mit dem Einstrom der nach unten gerichtete Kühlungsstrom der angesaugten

Luft gemeint ist, der ja im Kulturtank die Beleuchtungsanlage kühlte. Wenn die Inspektionsklappe am Haupttank geschlossen war, dann war dieser Einstrom in der Tat verborgen. Die dreizehn Öle der Barthaare, d. h. der Konvektionsrohre, flossen natürlich nicht in den Einstrom sondern in den Kulturtank bzw. in den Kleingesichtigen zur Weiterverarbeitung ihres Algenschleims; das war aber, von außen betrachtet, wohl nicht so ohne weiteres zu erkennen.
Erl.: Das Wort HDVRA bedeutet Spule, Windung (besonders von Eingeweiden), Spirale oder Umkreis. Der {springende} Punkt von all diesem scheint zu sein, daß der Körper vollständig unzugänglich hinter dem Bart ist, deshalb kann nur der Bart „ergriffen" werden von Personen, die Wohltaten benötigen.
Der große Kulturtank hing also sozusagen in den Barthaaren, den Konvektionsrohren, und war damit gleichsam hinter ihnen `verborgen´ (Abb. 16).

GHV 846: Und wenn der heilige weiße Bart unbedeckt ist, werden alle diese und alle jene [Haare] zum Fließen gebracht, und werden gewaschen wie jemand, der im tiefen Fluß gewaschen wird, von was immer in ihm ist (*oder* durch das, das in ihm {dem Fluß} ist).
Werden die Konvektionsrohre ausgespült – aber wie, und womit? Es kann doch kein normales Wasser gewesen sein, das unweigerlich Keime enthält! War es lebendes, also Quell-Wasser, das nur wenige Keime enthält?

GHV 875 – 877: Überlieferung: dieser Pfad, der hinunter geht unter die zwei Rohre der Nase, und die kurzen Haare füllen auf nach jenem Pfad; jener Pfad wird nicht genannt „hinweggehend über Überschreitung", weil da kein Platz (*oder* Raum) ist zum Hinweggehen über, aus zwei Gründen. Eins, wegen der Haare, die in jenem Pfad gefunden werden, ist jener Ort schwierig, {darüber} hinwegzugehen {wörtl.: to pass over}. Zwei, weil das „Hinweggehen über" jenes Pfades hinuntergeht bis zur Oberkante des Mundes, und nicht weiter.

GHV 318 – 323 m. Erl.: Da er die Würde ist [*d. h.* der kostbarste Teil], und verborgen von allem, wird er nicht im Gesetz erwähnt, und er ist nicht offenbart.
Erl.: Das heißt, der Bart ist nicht in der Bibel erwähnt, weil er ein so kostbares Geheimnis ist.
Mit anderen Worten: In der Bibel stehen nur die harmlosen, zweitrangigen Dinge, die über den Alten der Tage - für die Erntemänner des Heiligen Feldes Gott! - nichts (garnichts!) aussagen.
Aber welcher Bart ist offenbart [*d. h.* erwähnt in der Bibel]? Der Bart des oberen Hohen Priesters. Und von diesem Bart geht es hinunter nach dem Bart des unteren Hohen Priesters. Was ist dieser Bart des Hohen Priesters? Der Bart des Hohen Priesters ist geformt in acht Teilen; und deswegen sind da acht Teile beim Hohen Priester wenn das Öl hinuntergeht an seinem Bart, wie es gesagt ist: (Ps. 133, 2) „Es ist wie die kostbare Salbe auf dem Haupt, die hinunter rann auf [Aaron's] Bart, etc." Und es ist auch geschrieben (*ebd*) „für Brüder, um in Eintracht zusammenzuleben." Da während der ganzen Zeit, wenn der untere Hohe Priester

Dienst tut im hohen Priesteramt, es ist als ob der obere [*d. h.* himmlische] Hohe Priester Dienst täte im hohen Priesteramt.
Es wird hier mit größter Selbstverständlichkeit nicht nur eine obere Lebewelt - im Habitat - vorausgesetzt, es wird auch behauptet, daß sie gleichsam symmetrisch zur Lebewelt auf der Erde handelt – zumindest in Angelegenheiten des Gottesdienstes. Dieses „oben" und „unten" geht aber oft durcheinander mit dem „oben" und „unten" in der Mannamaschine.

BdM 2:1- 2:18 m. Erl.: Der Bart der Wahrheit. Der Bart ist nicht erwähnt [? in der Bibel] weil er die Würde (*oder* {der} wertvollste Teil) von allem ist. Er geht aus von den Ohren. Er umrundet die BSITA [wahrscheinlich BVSITA oder BVTzINA, Laterne. Mathers' „offener Raum" ist eine Vermutung]. Der weiße Strang geht hinunter. Er ist aufgeteilt in dreizehn [Teile], hinein in die Würde. Von dieser Würde steht geschrieben: (Jer. 2, 6) „Kein Mensch ging hindurch, wo kein Mensch wohnte." Der Mensch ist außerhalb [davon], der Mensch kann da nicht hineingehen, absolut kein Mensch. In dreizehn Brunnen sind die Quellen unterteilt. Vier sind gesondert verbunden; neun bewässern den Garten.

Man war sich also der Tatsache sehr wohl bewußt, daß in der Bibel nur nebensächliches erwähnt war vom Bart des Hochbetagten – und man hatte damit keine Probleme; der Bart war eben heilig und kostbar und damit basta! Ein bißchen Gesülze über den gänzlich nichtssagenden Bart des Hohen Priesters (Aharon), an dem Öl beim Gottesdienst hinunterlief, konnte nicht schaden; daß dieses Öl Sinnbild des Öls der großen Güte (Algenschleim) in der Mannamaschine, im Hochbetagten war, mußte man ja nicht sagen. Das gewöhnliche Volk der Gläubigen zählte überhaupt nicht; das war auch während der Wüstenwanderung nicht wesentlich anders gewesen, wo man auch nur an die Gläubigen gedacht hatte, wenn es um deren Spenden und Opfer ging – dann wußte man sie zu finden; ob wirklich alle berechtigt waren, Manna zu empfangen, bleibt unklar. Und es wurde unmißverständlich klar gemacht, daß kein Mensch da hineingehen konnte, <u>absolut keiner!</u> – nämlich ins Allerheiligste.

Unklar ist die Bedeutung der vier, die gesondert verbunden sind, und die den Garten, den großen Kulturtank, nicht bewässern. Gab es da eine gesonderte Algenschleimentnahme in der Anfangsphase, nach Zusammenbau der Maschine, wenn die gesamte Algenkonzentration im großen Kulturtank noch nicht groß genug sein konnte für die normale Manna-Produktion, die Manna-Ration für den nächsten Tag aber unbedingt bereitgestellt werden mußte?

Erl.: Neben diesen Zirkulationsrohren für den Chlorella-Schlamm gab es aber noch eine andere Art von „Haaren", die schwarz und viel dünner waren. Diese befanden sich am „unteren Gesicht":
GHV 436 m. Erl.: Und irgendjemand, der diesen Teil [des Bartes] sieht, dessen Sünden (*oder* Schulden) sind vergeben und sind ausgekippt. Wie gesagt ist: (Mi. 7, 19) „Er wird unsere Ungerechtigkeiten dämpfen".

„Alle von ihnen" sollte nicht gesagt werden; weil neun von ihnen gefunden werden in Z.A. [dem Kleingesichtigen] um umzuwenden (*oder* auszukippen) Urteile. Und wenn dieser Einstrom ausgeglichen hängt so weit wie der Nabel, {dann} hängen alle heiligen Heiligkeiten der Heiligkeit in ihm.

Erl.: Viele Juden kultivieren dichte Bärte, die sich um ihre Augen erstrecken, sodaß sie (vielleicht unbewußt) das Aussehen des Alten imitieren können, wie beschrieben.

Daß die Sünden bzw. Schulden ausgekippt werden konnten, ist natürlich verräterisch: Man hat wohl bei der wöchentlichen Reinigung irgendeinen Bodensatz aus einem dafür vorgesehenen Auffang-Behälter ausgekippt. Das wurde dann später als vergeben der Sünden mißverstanden – ein besonders krasser Fall von `Religion' aus Technik, d. h. aus Wegschütten von Abfall, der bei einem biotechnischen Vorgang entstanden war!

Der Hinweis auf „ausgeglichen" enthält möglicherweise eine Erinnerung daran, daß die Maschine auf ihrem „Thron" möglichst genau senkrecht, also ausgeglichen, austariert sein mußte, um einwandfrei funktionieren zu können.

GHV 75: Überlieferung: der Sohn eines Weibes {d. h. ein Mann} wird erkannt an seinen Haaren, ob er ein Mann von Urteil oder von Gnade ist, nachdem vierzig Jahre [des Alters] über ihn dahingegangen sind; ob er vollkommen ist in seinem Haar, in seinen Teilen [*d. h.* Gliedmaßen], (*oder* in seinem Aussehen; *oder* in seinem Bart) und seinen Augenbrauen.

Gemeint sind hier (auch) die Barthaare. Und der Bart der orthodoxen und ultraorthodoxen Juden ist bekannt. Er geht unmittelbar auf die technischen Gegebenheiten der Mannamaschine zurück, die ihrerseits schon auf dem fundamentalen Irrtum beruhten, daß die Konvektionsrohre den „Bart" des Hochbetagten darstellten. Das geht so unvermindert weiter bis heute, über ca. 3 200 Jahre! Damit nicht genug, wird auch noch der Charakter eines Menschen an seinem Bart, seinen Haaren, sogar seinen Augenbrauen, beurteilt – und niemand scheint zu fragen, wo die Grenze verläuft zwischen auswendig gelerntem blinden `Glauben' und nacktem religiösen Fanatismus, der sich leicht zum Wahn steigern kann.

Der Kulturtank – Das große Meer

Vom Gehirn des Alten, dem Tau-Destillator, wird das Wasser gesammelt und rinnt durch Rohre (oder ein Rohr) in den großen Haupttank, der die Algenkultur für die Manna-Produktion enthält. Dieser Kulturtank wird oft auch das große Meer o. ä. genannt; er wurde bald mit der Welt bzw. dem künstlich bewässerten Garten Eden verwechselt.

KHV 608 m. Erl.: Das Ganze von jener Stimme der Ohren geht hinein in den ganzen Körper, und das ganze Ding wird heftig durchmischt (AThRGSh) von all dem, das im Ohr ist.

Erl.: Das Wort AThRGSh kann auch bedeuten erzürnen oder verursachen, ein lautes Geräusch zu machen.
Hier ist vermutlich vom Anlassen des Konvektionsvorgangs im Hochbetagten, d. h. im Kulturtank, die Rede, der von der Stimme (!JACH-WE!) initiiert wurde; d. h. insgesamt ist wahrscheinlich vom elektro-akustischen Startvorgang der Maschine die Rede, der vom Ohr, d. h. von der Stimme, ausging und den ganzen Körper erfaßte. Nach dem Start verursachten die Konvektionsvorgänge im Kulturtank laute kollernde Geräusche, die mit Zorn verwechselt wurden.

BdM 3:27 – 3:32 m. Erl.: Die Urteile des Männlichen sind stark im Haupt (*oder* {am} Anfang); am Ende [sind sie] befriedigt (*oder* entspannt). [Jene] des Weiblichen (*oder* Lochs) sind das Gegenteil. Das VIH: die Kanäle der Verbindung sind in dessen (*oder* seiner) oberen Bedeckung eingetieft. Das I des Kleingesichtigen wird in ihr gefunden. Wenn die Urteile gesüßt sind, vom Verlangen des Alten, kommt die Schlange (*oder* {das} Leben) heran zu der Frau, und das Nest (*oder* {die} Kammer) von Schaum wird in ihr gebildet, um den Ort übel zu machen.
Erl.: Dies ist ein klarer Bezug zum Hochfahren einer Reaktion im großen See, aber wie gewöhnlich sehen es die Herausgeber das *Sohars* in sexuellen Begriffen. Da ist weitere Reaktion im nächsten Vers:
Wie geschrieben steht: (Gen. 4, 1) „Und sie empfing und gebar Kain"; die Kammer des Ortes der üblen Geister. Und Gewirbel und Geißelungen werden in ihr geformt; in diesem Mann [die Kammer], in den zweien, im Ganzen. Und der Spalt ist im Spalt enthalten.
Im großen Kulturtank war wohl allerhand Gewirbel und Konvektion, womit die Alten nichts anzufangen wußten. Aber auf Sexualität mußte es umgedeutet werden, dazu war die ganze Maschine insgesamt zu erotisch – so schien es zumindest. Ob es überhaupt als Umdeutung empfunden wurde, mag bezweifelt werden. Auch scheint ein Hinweis auf die weibliche Anatomie gegeben zu sein: Spalt im Spalt.

BdM 4:1: Der Alte ist versteckt und verborgen. Der Kleingesichtige ist [manchmal] unbedeckt und [manchmal] nicht unbedeckt.
Das kann sich nur darauf beziehen, daß einige Teile des Alten immer unzugänglich waren, während der Kleingesichtige regelmäßig geöffnet wurde, also manchmal, bei der wöchentlichen Reinigung, zugänglich war und die übrige Zeit war er eben nicht zugänglich, also bedeckt.

BdM 4:5 – 4:9 m. Erl.: Das eine ist im anderen eingeschlossen, die Tiere werden gefunden mit einbezogen zu sein mit {dem} Menschen. (Lev. 1, 2) „Wenn irgendjemand von euch eine Gabe bringt für den Herrn, [{dann} sollt ihr bringen eure Gabe] von [aus] dem Vieh{bestand}"; das Vieh, weil es eingeschlossen ist unter der Rubrik {wörtl.: heading} der Menschen. Wenn der untere Mensch [*d. h.* der Kleingesichtige] hinuntergeht, {dann} werden in der oberen Erscheinung [des Menschen, *d. h.* der Alte] zwei Geister gefunden (*oder* Atem-Arten {wörtl.: breaths}) von zwei Seiten; der Mensch ist gestaltet von [beiden], {der} rechten und

{der} linken [Seite]. Von der rechten ist die heilige Seele; von der linken der lebende (*oder* Tier)-Geist.
Die Sünde des Menschen erstreckt sich auf der linken Seite, und da sind jene erstreckt, die [haben] keinen Körper [*d. h.* böse Geister?]. Wenn sie verbunden sind, der eine zum anderen, werden sie veranlaßt zu gebären wie jene Tiere, die zahlreiche [Junge] hervorbringen mit nur einer [sexuellen] Vereinigung (siehe Abb. 18).
Erl.: Die jüdische Theologie teilt die Seele des Menschen in drei Teile; der höchste und spirituellste ist Neshamah, der mittlere Teil ist Ruach, und der unterste ist Nepesh. Diese entsprechen in etwa dem Über-Ich, dem Ich und dem Es von {S.} Freud, (der ein Jude war).
Die eigentlich sündhaften Lebewesen im großen Kulturtank waren ja mit im Herrn eingeschlossen – gehörten also mit zur kommenden Welt – wie auch die Menschen! Es war wohl nur schwer zu vermitteln, wie die Algen im Tank in so kurzer Zeit zu so unendlichen Mengen sich vermehrten. Glücklicherweise scheint niemand auf die Idee gekommen zu sein, daß die Menschen von diesen sündhaften Wesen, den Algen, sich ernährten – das Manna! Die religiöse Konsequenz ist auch so bedenklich genug: Nur weil die Algen, die auf so sündhafte Weise wie Tiere sich vermehren, <u>im</u> Tank sich befanden, gehören sie mit zur kommenden Welt. Und dann ist da noch die Tatsache, daß man trotz dieser Vermehrung keine Körper sieht ... ...; es muß eine fast unlösbare Aufgabe für die Extraterrestrier gewesen sein, all diese so gänzlich unverständlichen Dinge den unwissenden Juden, Moses und seinen Begleitern, klarzumachen!

BdM 3:19 – 3:20 m. Erln.: Es steht geschrieben: (Gen. 1, 20) „Und die Elohim sagten: Laßt die Wasser hervorbringen reichlich das Gewürm, die lebende Seele", das heißt, das H [und das] I.
Erl.: Das H, nach unserer Interpretation, ist gleichbedeutend mit „Verständnis", der Mutter, oder dem großen Meer. Es war der Kulturtank, in dem die Wasserpflanzen wuchsen, bevor sie zu Manna verarbeitet wurden; siehe *Die Manna-Maschine*. In diesem Fall ist das Zitat sehr treffend. H wird auch benutzt für den Atem der Nase des Alten. Da diese Nase Luft vom Taukondensator an der Lampe im großen Meer vorbeileitete, ist der zweifache Gebrauch des H's verständlich.
Das `Entstehen´ der Pflanzen (=Algen) im großen Kulturtank war ein Vorgang, der natürlich an die Schöpfung erinnerte, und entsprechende Bibelzitate waren da angebracht – eine sinnvolle, konkrete Erklärung kannte man ja nicht; und in solchen Fällen sind Bibelsprüche immer hilfreich.
Der Strahler ist ausgedehnt {wörtl.: extended} von diesem [Teil] hinein in jenen; das Ganze [von den Wassern] wird zu einer gewissen Zeit bewegt, die guten Wasser und die schlechten Wasser.
Erl.: Ein Bezug auf das Ablassen der Tanks am Ende der jeweils wöchentlichen Aktivität, und {auf} die Tatsache, daß die Kultur-Lösung wahrscheinlich kontaminiert werden konnte.

Der Strahler im Tankinneren strahlte natürlich immer, wenn die Maschine aktiv war, und die Bewegung des Wassers, d. h. die Konvektion, war dann auch immer tätig. Bei der Vorbereitung des Leerens scheint aber eine besondere aufwirbelnde Aktivität stattgefunden zu haben – wir erfahren darüber leider nichts näheres: wie wurde da gewirbelt und wie wurde das „gute" vom evtl. vorhandenen „schlechten" Wasser getrennt; wie wurde letzteres überhaupt erkannt, die Kontamination; und womit wurde gereinigt? Hier bleiben viele Fragen offen.

GHV 98a, b: a. Kommt und seht! Wenn die Stirn geöffnet ist, wird Schamlosigkeit gefunden in den verbleibenden unteren [Teilen]. [Alternativlesung:] b. Kommt und seht! Wenn die Stirn geöffnet ist, ist Urteil erregt und wird gefunden im unteren verbleibenden [Teil], und die Stirn wird zum Arbeiten gebracht, sodaß Inspektionen gemacht werden können für die Sünder (*oder* Schuldner) der Welt; das ist für solche, die schamlos sind in ihren Taten. *Für die Inspektion des großen Kulturtanks konnte an diesem offenbar eine Kontrollklappe geöffnet werden. Dann wurden „Sünder", d. h. unerlaubte Substanzen, die sich im Verlaufe der vergangenen Woche angesammelt hatten im unteren Teil (des Tanks?), sichtbar und entfernt (s. u.). Leider erfahren wir nicht, was sich hinter der Formulierung verbirgt: „ ... und die Stirn wird zum Arbeiten gebracht, ... ".*

Allgemeine Technik der Mannamaschine – Das Licht im Kulturtank
GHV 513 – 518 m. Erl. vor 513: **Erl.**: Die Überlieferung auf der der nächste Abschnitt gegründet ist, hört sich erstaunlich wie eine verstümmelte Beschreibung des Herstellens und Sortierens von Komponenten an, gefolgt von Messungen, die vorgenommen wurden, um ihre Toleranzen zu überprüfen, und der Ausmusterung von unbefriedigenden Teilen. Es könnte sehr wohl die Beschreibung einer Technologie zur Massenproduktion sein – in der {die} Komponenten alle vorher hergestellt und dann zusammengefügt werden – wie {es} von einem Handwerker gesehen {wurde}, der seine altmodische Technik gewohnt war, in der jedes einzelne Teil individuell hergestellt und eingebaut wird. Offensichtlich waren diese „Könige" ein Kennwort, aber der Zoharist hat sich entschieden, sie mit den Königen von Edom zu identifizieren, vermutlich mit der Begründung, daß sie alle starben.

Die ÜBERLIEFERUNG im *Buch des Mysteriums*: der Alte der Alten, bevor er seine Teile ordnete, baute er Könige, sammelte Könige und vermaß Könige. Aber sie waren nur produziert zu existieren, bis er sie verwarf, und sie für eine spätere Zeit zurücklegte. Wie gesagt ist: (Gen. 36, 31) „Und dies sind die Könige, die regierten im Lande Edom". „Im Lande Edom", an dem Ort, wo alle Urteile gemacht werden zu existieren. Und keiner von ihnen war gemacht zu existieren bis der weiße Kopf, der Alte der Alten, gebildet war. Als [dieses] Gebilde gebildet war, dann wurden gebildet alle geformten Teile, alle oberen und unteren Teile. Auf diese Weise lernen wir das von jedem Kopf eines Volkes (wörtl.: nation); wenn er

nicht zuerst gebildet {wörtl.: formed} wird, dann wird das Volk nicht gebildet. Und wenn [der Kopf] selbst gebildet ist, dann werden alle Leute gebildet. Und wenn [der Kopf] selbst nicht zuerst gebildet ist, dann ist das Volk nicht imstande, gebildet zu werden. [Was wahr ist] von ihnen, [ist wahr] vom Alten der Tage. Weil, bis er in seinen Teilen gebildet war, alle jene [anderen], die gebildet worden sein sollten, wurden nicht gebildet, und alle jene Welten wurden zerstört.
Es konnte das Ganze nur funktionieren, wenn alles bereit war. Falls hier wirklich von Massenproduktion die Rede ist, möchte man doch wissen, wie viele Mannamaschinen es im Habitat ursprünglich gab – von denen auf dem Ausgangsplaneten ganz zu schweigen. Über die „Könige" wird noch zu sprechen sein; es handelte sich eindeutig um Kode-Begriffe, die auf Teile der Maschine sich bezogen.

GHV 520 – 523: „Und er regierte in Edom". Dies ist ein Geheimnis. Es ist der Ort, in dem alle Urteile eingesperrt sind, und sie hängen von da. „Bela, Sohn des Beor". Überlieferung: Das ist das Gehäuse des stärksten des starken Urteils. Weil, deswegen sind da eingesperrt Tausend Tausende Herren der Angst und {des} Wehklagens. (Gen. 36, 32) „Und der Name seiner Stadt war Dinhabah". Warum Dinhabah? Es ist als ob man sagen wollte „gebend Urteil". Wie gesagt ist: (Spr: 30, 15) „Der Pferdeegel hat zwei Töchter, die schreien: gib {her}, gib {her}." Aber als es aufwärts ging, um in ihn eingesetzt zu werden, erhob er sich nicht und war nicht imstande, sich zu erheben, und alle jene Welten wurden zerstört. Was ist der Grund dafür? Weil der Mensch nicht geformt war, ...
Daran kann man dann natürlich wunderschöne biblische Geschichtchen dranhängen – Kargo-Kult! Es bleibt offen, ob hier auch noch sexuelle Anspielungen im Text verborgen sind.

GHV 31: Da war ein Aushöhlen und ein Messen (*oder* Berechnen) in ihm. Und ein Vorhang wurde vor ihm aufgehängt. Und in ihm [er] höhlte aus und maß die Könige und seine Teile; aber sie waren nicht gemacht, um zu leben (*oder* etabliert) (in jenem Vorhang).
Hier sind gleich mehrere Aspekte angesprochen: Da ist zunächst von den Aushöhlungen, den Schädeln die Rede, vielleicht auch von den Barthaaren, den Konvektionsrohren, die uns noch wiederholt beggnen werden; an denen wurde also auch gemessen – soweit sie zugänglich waren. Um das vornehmen zu können, wurde ein Vorhang vor dem Hochbetagten aufgehängt, hinter dem er also selbst im Allerheiligsten (in Shilo und/oder im Salomonischen Tempel?) verborgen war, während man an ihm herumbastelte. Die Könige sind die mit den Namen alttestamentlicher Könige benannten Einzelteile des Hochbetagten. Diese wurden nicht gemacht, um zu leben, d. h. sie traten nicht in Funktion, denn die Maschine war ja nun endgültig `tot´.

GHV 33: Und alle jene [Teile], die ausgehöhlt [waren] (und nicht gemacht um zu Leben) wurden bei ihren Namen genannt [*d. h.* Namen wurden den

unterschiedlichen Teilen gegeben]. Und sie waren nicht gemacht um zu leben, bis [er] sie anhauchte und sie versteckte.
Die Einzelteile erhielten also Namen, jedes Barthaar (d. h. Konvektionsrohr) hatte einen eigenen Namen. Demontiert, wurden sie verborgen, d. h. vor Verschmutzung geschützt. Nach dem Zusammenbau der Maschine lebten sie wieder, was als angehaucht zum Leben aufgefaßt wurde. Gott hatte ja auch dem Lehmkloß sein Leben eingehaucht. Wenn also die Maschine wieder `lebte´, mußte sie angehaucht worden sein. Diese Darstellung, die die funktionierende Mannamaschine beschreibt, kann sich nur auf die Zeit der Wüstenwanderung beziehen, als der Hochbetagte Manna produzierte, also (noch) `lebte´.
Man beachte die Selbstverständlichkeit mit der hier das Anhauchen (zum Lebenerwecken) benannt wird; es zeigt wie bekannt einige Geschichten aus der Urzeit waren, und das schon bevor man das Land Kanaan betreten hatte (vergl. o. Kramers Hypothese zum Wiedererlernen der Urzeit-Legenden von den Ureinwohnern Kanaans, bevor diese „mit dem Schwert verbannt" wurden!).

KHV 422 – 424 m. Erl.: Und die Funken, die ausgehen, sie gehen aus brennend, und sie strahlen, und sie werden rasch abgeschreckt. Und sie werden genannt die früheren Welten. Und deshalb werden sie zerstört, und existieren nicht, bis der Alte gestaltet worden ist, und der Handwerker [kann] hinausgehen an seine Arbeit.
Ist mit den „früheren Welten" womöglich eine Erinnerung verbunden an den Ausgangsplaneten, auf dem die Mannamaschine(n) produziert wurde(n)?
Erl.: Es ist interessant, daß der Autor des *Sohars* hier die Schöpfung des Alten mit Vorgängen in einer Schmiede-Esse vergleicht, fast so als wenn er zu betonen wünschte, daß der Alte ein hergestelltes Produkt ist, das sich von einem Hufeisen nur in seiner Komplexität unterscheidet.
   Es ist fast so als würde er sagen: „Jeder begabte Handwerker könnte den Alten machen, wenn er nur die Geräte und das Wissen hätte". Diese Passage könnte entweder ein Versuch sein, diese mysteriöse Gottheit zu entgöttlichen, oder ein Unterstreichen der Tatsache, daß es ein {künstlich} hergestelltes Gebilde war {*was letztlich aufs Gleiche hinauskommt*}.
Man hätte also doch wohl die Wahrheit um dieses Ungeheuer erfahren, d. h. begreifen können, wenn man denn gewollt hätte – ob man es heute will?!
Ganz anders aber ist die Frage, die sich an das Wissen der frühen Kabbalisten um die Fertigungstechnik des Hochbetagten knüpft: Wer hat ihnen da so einiges erzählt?! Wir werden darauf noch zurückkommen. Mehr noch: War das Beschreiben des handwerklichen Herstellens des Hochbetagten nicht das Eingeständnis, daß es sich eben DOCH um ein Idol handelte?!

GHV 570 - 573: Überlieferung: im Schädel des Hauptes (*oder* Haupt-Schädel) da hängen ein Tausend Tausende, Myriaden und Myriaden, große Mengen von Locken aus schwarzen Haaren; und sie sind miteinander verflochten, dies mit dem, und sie sind vermischt, dies mit dem. Und da ist kein Zählen der Strähnen von jeder einzelnen Locke, und von der Locke, die mit ihm verbunden ist. Da sind saubere und schmutzige {Locken} {Helle und dunkle?}.

Erl.: Diese Beschreibung könnte gut zutreffen auf die Verkabelung gewisser elektrischer Instrumente, die der gegenwärtige Übersetzer zu bedienen gehabt hat. Überraschenderweise fährt R. Simon fort, es mit der Bibel zu vergleichen: Auf gleicher Weise werden die Verse des Gesetzes in saubere und schmutzige klassifiziert. In alle Richtungen sind da jene, die sauber sind; in alle Richtungen sind da jene, die schmutzig sind. Die Locken sind miteinander verflochten, und sie sind stark. Einige sind glatt {wörtl.: smooth}, und einige von ihnen sind stark. Und in jeder Locke sind Strähnen, Windungen auf Windungen [von ihnen]. Sie sind beleuchtet, und sie hängen wie ein starker Mann; sie sind die Kontrolleure der Säfte der inneren Teile, in angemessener Form, {in} korrekter, starker Form, „vorzüglich wie die Zedern", bedeutend und stark.
Angesichts der Lampen und der starken Energiequelle (Miniatur-Nuklearreaktor) nimmt es nicht wunder, daß es in der Maschine zahlreiche Kabelstränge gab. Man möchte näheres über die Kontrolleure wissen: wie wurde da kontrolliert? Leider war das alles innerhalb der Maschine, also für die Alten unsichtbar, und deshalb erfahren wir nichts darüber – ähnlich wie bei den vielen Urteilen, über die man auch nichts Näheres erfährt... oder sind eben das die vielen Verkabelungen, die mit ihren elektrischen Signalen „Urteile" fällen? Wie anders hätte man den `Schülern' auf dem Har Karkom die Bedeutung und die Funktion der Kabel-Verbindungen erklären können?

KHV 477 m. Erl.: Und deshalb weisen alle jene Gehirne hin auf die {lotrechten} Ortungslinien {wörtl.: plumblines} (BANKI) des Herrn deines Gottes; wie jene strahlen sie in der Einfassung des Hauptes und sie treten hinein in die Aushöhlungen des Schädels.
Erl.: Das Wort ANK wird in der Bibel benutzt als {lotrechte} „Ortungslinie"; vielleicht ist der Bezug auf mehr Haare. Im Original sagt eine Anmerkung zu diesem Wort: „So ist es gefunden im S''I", möglicherweise *Sepher Yetzirah*, ein anderes mystisches Werk.
Die lotrechten Ortungslinien sind wahrscheinlich ein Hinweis auf die Notwendigkeit, die Maschine genau senkrecht austariert zu errichten, damit sie einwandfrei funktionieren konnte; man denke z. B. nur an die Konvektionsdynamik im großen Kulturtank, die in einem räumlichen Bezug zu den Eintritts- bzw. Austrittsöffnungen der Konvektionsrohre, den Barthaaren, ablief; dazu auch die Vorgänge im Mannaverarbeitungs-System und die Transport-Vorgänge auf dem Weg hin nach den Tanks, den Hoden – das alles konnte wohl nur einwandfrei funktionieren, wenn die Maschine möglichst genau senkrecht stand.

KHV 514 m. Erl.: Von jenen Haaren hängen Tausend und 7 Hundert Herren der Inspektion, zum Inspizieren der inneren Teile, und jetzt sind alle von ihnen lebendig von ihren Hinunterlassungen {wörtl.: lettings-down} (ShVLShL) und öffnen die Augen.
Erl.: Siehe Anmerkung zu GHV 911. In 514 lautet der Ausdruck für „zum Prüfen der inneren Teile" LAGChA QRBA. LAGChA kann heißen „zum Kämpfen im Krieg", was nur wenig Sinn ergibt; und die am besten passende {Übersetzung}

ergibt sich, wenn angenommen wird, daß der Kopist ein Sh ausgelassen hat, und daß das Wort lauten sollte LAShGChA, „zum Prüfen". QRBA heißt „Krieg" oder „innere Teile". Das letztere wurde vorgezogen, da bisher kein Kämpfen erwähnt wurde, aber reichlich Innereien (siehe auch die Anmerkung zu GHV 911). Das Wort ShVLShL bedeutet sich entspannen, oder das Hinablassen eines Seilendes. Der letzte Teil von 514 könnte bedeuten, daß die Herren aktiv waren nach einer Periode der Entspannung.

Auch hier hängt wieder etwas herunter: Ist das ein weiterer Hinweis, daß die Maschine anhand eines Lot-Fadens möglichst genau austariert werden mußte? Gab es eine Kontrollvorrichtung in der Maschine, die bei bedeutenden Abweichungen von der Senkrechten die Alarmanlage auslöste oder den Start der Maschine von Anfang an verhinderte?
GHV 911 ist in diesem Zusammenhang nicht weiter aussagekräftig und wurde nicht mit aufgenommen.

GHV 542 – 543 m. Erl.: In dem Atem, der in diesem Schädel versteckt ist, da ist ausgedehnt das Feuer von einer Seite und der Äther von der anderen Seite. Und der reine Äther steigt empor darauf von dieser Seite. Und das reine Feuer steigt auf von jener Seite. Was ist dieses Feuer hier? Es ist nicht Feuer als solches, sondern die Lampe (*oder* der Funke), die/der im reinen Äther enthalten ist, die/der nach Zweihundertundsiebzig Welten strahlt.
Erl.: Diese „270 Welten" können das gleiche sein wie die „370 Richtungen" von 537. 542 und 543 lesen sich, als ob die Luft, die vom Taukondensator kommt – von „dieser Seite" – quer über das Feuer passiert und sich „von jener Seite erhebt". Ein hell leuchtender Körper (Lampe oder Funke) könnte gut beschrieben werden als ein Feuer, das nicht „Feuer als solches" ist.

GHV 341 – 346 m. Erl. n. GHV 348: wie gesagt ist: (Ex. 34, 29) „Und Moses wußte nicht, daß die Haut seines Gesichtes strahlte". Überdies, ich sehe mit meinem Auge die dreizehn hohlen Maße, und die strahlen wie Lampen. Und nun ist alles erklärt, und einer von ihnen wurde analysiert [*wörtl* seziert] von eurem Mund. Und er wurde geformt, und umgeben, und verborgen in der Verborgenheit der Teile des Bartes [*d. h.* er wurde korrekt an seinem Platz angebracht]. Aber alle anderen [Teile] bleiben [zu analysieren]. Und außerdem, alles, das euer Mund erklärt hat, strahlt und {ist} umschlossen, und es sitzt wie ein König in seiner Burg. Und als die Erklärung endete, ging sie auf und wurde umschlossen von einer heiligen Einfassung, und sie wurde geformt und versteckt und sie wurde in die Teile des heiligen Bartes gesetzt. Und so auch für jeden [anderen] Teil. Seid aufmerksam, Oh heilige Gefährten! Denn dieses wird nicht wieder geschehen bis der Messias kommt!
Die dreizehn hohlen Maße sind möglicherweise die Barthaare des Alten, also die Konvektionsrohre, die bei jedem Zusammenbau der Maschine wieder korrekt eingefügt werden mußten in ihre Passung. Daß die komplette Erklärung (d. h. der Alte) in den Einfassungen sitzt wie ein König in seiner Burg, mag damit zusammenhängen, daß die äußeren Abdeckplatten, falls sie eine entsprechende

Größe hatten, nach erfolgtem Wiederanbau tatsächlich an eine geschlossene Ummantelung erinnerten; und in der saß dann der nach oben anschließende Teil der Maschine, der Alte, „wie ein König in seiner Burg".
Bemerkenswert ist die traumwandlerische Selbstverständlichkeit, mit der die Wiederkehr des Messias' vorausgesetzt wird – Kargo-Kult in Reinkultur!
Erl.: Dies war eine allgemeine Redensart, zitiert im Midrasch (Gen R s 50). Es scheint, daß Engel sehr spezialisiert waren, wie moderne Gewerkschaftler, und nur Arbeit ausführen würden, die strikt in ihren eigenen Fachgebieten war. Aus irgendeinem Grunde wurde behauptet, daß Menschen eigentlich über den Engeln standen, da sie vielseitiger waren. In jenen Tagen waren die Scheidelinien nicht so strikt definiert wie sie es heute sind.
Hier ist ein gewisser Sarkasmus mit Bezug auf die politischen Verhältnisse im Vereinigten Königreich nicht zu überhören – der ewige Hickhack der Gewerkschaften vor Beginn der Thatcher-Ära. Daß die Menschen als vielseitiger galten (und es auch waren) als viele der (Androiden)-Engel wird denjenigen, der die ganze Geschichte mit den Engeln kennt, nicht weiter überraschen; siehe dazu im ersten Buch des Verfassers.

GHV 413: Überlieferung: von diesen Äpfeln da geht Leben aus nach der Welt. Und wenn sie gesehen werden, dann ist da Freude für den Kleingesichtigen. Es steht geschrieben: (Num. 6, 25) „Der Herr lasse sein Angesicht auf dich leuchten".
Die „Äpfel" waren wahrscheinlich kugelförmige Nährstoffbehälter für die Algenkultur im Haupttank, der Welt (Abb. 19). Ohne diese Nährstoffe konnte die Algenkultur nicht gedeihen. Die Freude des Kleingesichtigen, der nach der Düngung der Algen bald Algenschleim zur Mannaproduktion bekommen wird, wird natürlich sofort mit einem religiösen Zitat aus dem AT belegt.

GHV 416 – 419: Überlieferung: die ganze Zeit in der diese externe Lampen strahlen, wird die ganze Welt gesegnet, und Zorn wird nicht gefunden in der Welt. Und wenn dies so ist für jene externen, wieviel mehr ist es so für die zwei Äpfel, die immerwährend scheinen, und die immerwährend frohlocken. Überlieferung: immer wenn jene zwei Äpfel unbedeckt sind, scheint der Kleingesichtige in Freude [zu sein]. Und alle unteren Lampen sind in Freude. Und alle jene unteren strahlen, und alle Welten frohlocken und sind in Vollkommenheit der Vollkommenheit. Sie alle frohlocken und strahlen, und alle Gütigkeiten enden nicht. Sie sind alle zu jener Zeit gefüllt, sie alle frohlocken zu jener Zeit. Kommt und seht! [Betreffend] das externe Gesicht, da sind Zeiten, wenn es strahlt, und Zeiten, wenn es nicht strahlt. Und deshalb steht geschrieben: „Der Herr lasse sein Angesicht auf dich leuchten", und (Ps. 67, 1) „... und lasse sein Angesicht auf uns leuchten. Sela."
Hier ist die Maschine in Betrieb und das große Haupt-Licht leuchtet; was natürlich sofort mit dem göttlichen Leuchten in Verbindung gebracht wird und ein entsprechendes Bibelzitat zur Folge hat.
Aber Vorsicht! Die Umkehrung mag genausogut gelten: Eben weil die Maschine, d. h. ihre Haupt-Lampe, während der Mannaproduktion (also wenn Segen bereitet wurde für Israel) leuchtete, mag die Idee entstanden sein, daß „Gott" über ein

leuchtendes Licht verfügt, das auf die Gläubigen zu leuchten imstande ist – wenn sie denn `artig´ waren. Wenn sie `unartig´ waren, leuchtete kein göttliches Licht auf sie; dann erhielten sie also auch keinen Segen, kein Manna. Es ist in zahlreichen Fällen unmöglich festzustellen, was Ursache und was Wirkung war bzw. ist. Auch wir leiten wesentliche Aspekte unserer Religion von der Mannamaschine ab – wir wußten es bisher nur nicht! Dieses Phänomen wird im ganzen Abschnitt III B und im Teil IV allgegenwärtig sein – je mehr wir den Kargo-Kult - Charakter unserer Religion erkennen.

GHV 422 – 425 u. 475 m. Erl.: Wie es gesagt ist: (Mich. 7, 19) „Möge er zurückkehren, möge er Gnade für uns haben". „Möge er zurückkehren" setzt voraus, daß zu Zeiten sie [die Äpfel] versteckt sind, und zu Zeiten sind sie unbedeckt. Hier [heißt es] „Möge er zurückkehren und Gnade für uns haben". Und es ist [gesagt] über diesen unteren. Und diese „Wahrheit" ist der siebente Teil, der die sechs anderen beinhaltet, in den zwei Äpfeln, die im Alten der Alten sind. Der achte TEIL. Ein Strang von Haaren geht aus herum um das Kinn (*oder* {den} Bart), und sie hängen in Ausgewogenheit so weit wie der Nabel. Erhebe dich, Eleazar, mein Sohn, und beschreib diesen Teil! Rabbi Eleazar, sein Sohn, erhob sich und begann zu sprechen: „Alles hängt vom Glück ab", sogar das Buch des Gesetzes im Tempel! Wir haben dies bestätigt im *Buch des Mysteriums*, aber es wird [auch] hier bedacht werden. Und all die oberen und unteren verbotenen Dinge sind in ihm gelagert. Und in ihm sind sie gespeichert. Und es ist das „Glück" (*oder* {der} „Gießer"), das {bzw. der} gemacht ist, auszugießen das Ganze von sich selbst.

Erl.: Dieser Vers trägt bei Mathers die Nummer 475, erscheint aber an dieser Stelle im Lubliner *Sohar*. Sein richtiger Platz ist vermutlich unter dem achten Teil des Bartes, von dem gesagt wird, daß er der „Gießer" ist. Hier ist er beschrieben als zum Gießen gemacht, was die Richtigkeit dieser Übersetzung bestätigt.

Es ist unklar, wer hier gemeint ist mit dem Satz: „Möge er zurückkehren, möge er Gnade für uns haben." Ist damit wirklich der Kleingesichtige gemeint, oder vielmehr der Heilige im Himmel, d. h. die Extraterrestrier – also letztlich der Messias?

GHV 492: Und es steht geschrieben: (Dan. 7, 9) „Und der Alte der Tage tat sitzen {wörtl.: did sit}". An seinem Platz sitzt er, und da ist keiner, der davon weiß. Er sitzt, aber er wird nicht gefunden.

Es wußte natürlich wirklich <u>niemand</u> vom Alten, denn er war ja mit mörderischer Konsequenz im Allerheiligsten verborgen; letzterer Zustand wird in der Kabbala (und auch im Englischen Original-Text) mit „wird nicht gefunden" umschrieben. Von all diesen Dingen wußte das `gewöhnliche Volk´ nichts; nur so konnten aus dem kaum auflösbaren Wust von Fehlinterpretationen und Mißverständnissen Kabbala, Kabbalistik und die `allgemeine Religion´ (etwa gleichzeitig) entstehen. Man vergleiche dagegen in Teil I den gleichermaßen dramatischen wie Wunderbaren Durchzug durch das Schilfmeer, aus dem sich keinerlei Religion, welcher

Art auch immer, abgeleitet hat. Das war auch nicht möglich, denn da wurde nichts geheimgehalten, weil alle den Vorgang sowieso gesehen hatten.

GHV 746: Die Worte frohlocken in meinem Herzen, und sie sind versteckt und fahren auf innerhalb des oberen Vorhangs, der über uns bedeckt, und der Alte von Allen weiß sie zu schätzen, der selbst geschätzt wird, und von allem verborgen {ist}.
Der Vorhang bezieht sich auch hier wahrscheinlich auf den Doppel-Vorhang zwischen dem Allerheiligsten und dem mittleren Abschnitt der Stiftshütte. In, d. h. zwischen, diesen Vorhängen konnte man verborgene Dinge verrichten (s. o.). Auch hier wird (frohlockend!) auf das Versteckt-Sein des Alten hingewiesen; er war wirklich <u>immer</u> verborgen!

GHV 887 – 888: Im *Buch des Mysteriums* ist er genannt „Ruhm und Ehre und Schönheit". Weil diese „Schönheit" [genannt] wird „hinweggehend über Überschreitung", weil (Spr. 19, 11) „es seine Schönheit ist, über Überschreitung hinwegzugehen."
Tatsächlich war hier ursprünglich wahrscheinlich vom Sich-Überkreuzen zweier Rohrleitungen bzw. Schläuche die Rede, wahrscheinlich im Kleingesichtigen. Das wird dann sofort mit einem Bibelspruch untermauert und `begründet´. So ist eine der wichtigsten Eigenschaften der christlichen Religion (das Vergeben- und Verzeihen-Können) entstanden: auch hier wieder aus ursprünglich technischen Gegebenheiten einer Maschine!

GHV 834 m. Erl.: Wie gesagt ist: (Ges. 5, 11) „Seine Locken sind buschig ", [oder] Locken von Locken.
Erl.: Hier deutet der Soharist an, daß Salomons Gesang nicht sagt, daß das Haar buschig ist und aufgehäuft, sondern daß das Haar in Bündeln von Haaren geordnet ist, wie Kabelstränge.

KHV 748: Ich habe diese Worte zurückgehalten bis zu dem Tag an dem ich umfangen bin in ihm, in der kommenden Welt; und nun sind sie hier offenbart. Gesegnet sei ich meinerseits!
Das Umfangen-Sein erinnert natürlich an die <u>inneren</u> Umrundungen in der Mannamaschine; es erinnert aber auch an die <u>äußeren</u> Umrundungen des Kleingesichtigen, die Abdeckplatten, die ihn außen umfingen. Dieses simple technische Moment scheint die Erntemänner sehr beeindruckt zu haben.

Das Auge des Hochbetagten – Die Augen
Sowohl das eine (Haupt)-Auge, als auch die Augen, die hin und her gehen durch die ganze Welt, was zusätzliche Konfusion schafft.
KHV 113 – 115: DIE AUGEN des Hauptes des Alten (*oder* die Haupt-Augen) sind zwei, ausgewogen {wörtl.: balanced}in einem, die permanent beobachten, und nicht schlafen. Wie geschrieben steht: (Ps. 121, 4) „Der Wächter Israels wird

weder schlummern noch schlafen." Heiliges Israel. Folglich sind da keine Augenwimpern auf dem Auge, und auch keine Bedeckungen.
Das leidige eine Auge, das doppelt sein soll und es doch nicht sein kann. Aber es ist immer da zum (lauernden) Beobachten!

GHV 647 – 648, 652 m. Erl., 654 – 655 m. Erl.: Für Güte, wie geschrieben steht: (Dan. 9, 18) „Öffne deine Augen und betrachte unsere Trostlosigkeiten, etc." Und dies ist hier zum Guten. Aber [Öffnungen betreffend] zum Schlechten, steht geschrieben: (Jes. 33, 20) „Dein Auge wird Jerusalem sehen, eine ruhige Wohnstatt, eine Hütte {wörtl.: tabernacle}, die nicht entfernt werden wird. Nicht einer der Pfähle davon soll je entfernt werden". Hier ist es zum Guten und zum Schlechten, sodaß dieses [Schlechte] sollte gemacht werden, nicht in jenes [Gute] hineinzuarbeiten. Und deswegen steht geschrieben: „Dein Auge (OINK) wird sehen" Das I fehlt, und es ist nicht geschrieben: „Deine Augen (OINIK)".
Erl.: Dieses Argument beruht auf der Tatsache, daß der Alte ein einzelnes Auge hat, sodaß, wenn immer es lautet „dein Auge" (Singular) in der Bibel, *sein* Auge gemeint ist. Jedoch, in unserer Hebräischen Bibel heißt es OINIK. Vielleicht hat der Soharist eine andere Ausgabe benutzt.
Insgesamt ist das Auge hier wahrscheinlich eine Lampe. Die Formulierung von der „andere(n) Ausgabe" scheint nicht ganz frei zu sein von einem gewissen spöttischen Sarkasmus.
Überlieferung: Es steht geschrieben: (Deut. 11, 12) „Die Augen des Herrn, deines Gottes, sind auf ihm, vom Anfang des Jahres bis zum Ende des Jahres." Wie es gesagt ist: (Jes. 1, 21) „Da ist Gerechtigkeit in ihm", weil Scharen von Urteilen in ihm gefunden werden, mehr als an irgendeinem anderen Platz. Und Überlieferung: es steht geschrieben: „Die Augen des Herrn, deines Gottes, sind auf ihm, vom Anfang des Jahres bis zum Ende des Jahres". Jetzt sind die „Augen des Herrn, deines Gottes, auf ihm" und so ist auch das Öffnen der Augen auf ihm, zum Guten und zum Bösen, weil sie linkes und rechtes [Auge] sind, Urteil und Gnade.
Erl.: Hier betont der Soharist in seinen Kommentaren erneut die Dualität der Augen.
Was nicht den Tatsachen entspricht, aber das ist wohl nicht so wichtig, wenn nur das auswendig gelernte Wunschdenken befriedigt wird.
Aber in der Zukunft wird in ihm nur ein Auge gefunden werden, das der Gnaden, das Auge des Alten der Alten.
Hier wird die Wahrheit eingestanden.

GHV 659 – 660 m. Erln.: Überlieferung: in diesen Augen, in zwei ihrer Farben, im Roten und im Schwarzen, da wohnen zwei Tränen. Und wenn der Heiligste der Heiligen wünscht, gnadenvoll zu Israel zu sein, läßt er die zwei Tränen hinunter, um im großen See gesüßt zu werden.
Erl.: Von diesem Absatz leiten wir ab, daß die „Augen" Behälter sind für {ein} Material, {das} nötig ist für die Funktion der Mannamaschine – zum Beispiel {Nähr}-Salze für die Kultur-Lösung. Wenn die Maschine (Heiligster der Heiligen) im Begriff ist, Manna für die Leute zu produzieren (gnädig für Israel zu sein),

entnimmt sie Nachschub (zwei Tränen) von den Behältern (Augen oder Quellen), um die Konzentration im Kulturtank zu erhalten (das große Meer {zu} süßen), (siehe Abb. 19).
Dieses große Meer - und bald auch die ganze Maschine - wurde mit allem möglichen verwechselt: mit dem Garten Eden, mit der ganzen Welt und manchmal auch mit dem Garten `oben´, dem Habitat, was aber denen, die solche Formulierungen verwendeten wohl schon nicht mehr klar war. Das große Meer war für die `wiederauferstandenen´ Algen, also auch für die wiederauferstandenen Menschen, die kommende Welt. Dahinein glitt der rechtschaffene Mann (ob auch Frauen dahin gelangen konnten, wird nicht klar) nach seinem Tode, um dort - wie die Algen, und ohne Zweifel von diesen entlehnt - auf die Wiederauferstehung zu warten – ein einziges umfassendes Durcheinander, das sich so recht für Kargo-Kult und Pseudo-Religion eignete und immer noch eignet! Wir erfahren hier einmal mehr, woher die unsinnige Vorstellung von der körperlichen Wiederauferstehung ursprünglich gekommen ist – von einer Algenkultur in einer (außerirdischen) Maschine!
Was ist das große Meer? Es ist das Meer der oberen Weisheit. Es ist als ob man sagen wollte, daß sie [die Tropfen] würden gewaschen im Abfluß (*oder* Weißen), im Brunnen, der ausgeht von der großen Weisheit, und der gnadenvoll zu ihnen ist, zu den Leuten von Israel.
Erl.: Beim Lesen dieser Definition ist es erinnernswert, daß, wie wir oben sagten (Anmerkung zu GHV 473), ein Meer auch ein Tank ist, wie das „große Meer" außerhalb des Tempels von Jerusalem, das für rituelle Waschungen benutzt wurde. Die obere Weisheit, auch bekannt als das obere Eden, ist das „Gehirn" auf dem der himmlische Tau kondensiert.
Manchmal wird es aber auch verwechselt mit dem Habitat, das ja auch `oben´ war.

KHV 524 – 527: Und sie werden genannt: (Zach. 4, 10) „Die Augen des Herrn, die hin und her laufen durch die ganze Welt." MShVTTVTh [„hin und her laufend", Fem.], und nicht MShVTTIM. Weil alle von ihnen Beurteilung sind. Vom gelben [Auge], da gehen hervor andere Dinge, die existieren, Aktionen zu offenbaren, in beidem, {im} Guten und {im} Bösen. Wie geschrieben steht: (Hiob 34, 21) „Da seine Augen auf den Wegen des Menschen sind". Und sie werden genannt (Zach. 4, 10) „Die Augen des Herren, die hin und her eilen (Mask.)". MShVTTIM und nicht MShVTTVTh, weil sie auf zwei Seiten sind.

KHV 551 m. Erl.: „Vom Anfang des Jahres" – von dem Ort wo jene Augen entblößt werden in Jerusalem.
Erl.: Dies besagt, daß die Augen alljährlich in Jerusalem entblößt wurden.
Die Augen, die hin und her eilen sind natürlich wieder die Enden der Rotorblätter der Hubschrauberlandebeine des Weltraum-Landefahrzeugs bei Ezechiel. Näheres dazu siehe „Gottes Sturz aus dem Himmel."

Zu den Augen, die hin und her eilen gibt es im Hebräischen Henochbuch eine ergötzliche `religiöse´ Erklärung, die wir Ihnen hier nicht vorenthalten wollen (dort Kapitel 22C, 5):
„Und ein Feuer der Stimme geht hernieder von neben den Chajjoth der Heiligkeit. Und wegen des Hauchs der Stimme „laufen" sie (Ezechiel 1, 14), um an einen anderen Platz zu gelangen. Sie fürchten, daß sie ihnen vielleicht sagt (befiehlt) zu gehen, deshalb kehren sie zurück, daß sie sie nicht von der anderen Seite beschädigt. Darum „laufen sie und kehren zurück" (Ezechiel 1, 14)."
Entschlüsselt wird der nur scheinbar unsinnige Text momentan, wenn bedacht wird, daß es sich um das Feuer des zentralen Haupt-Triebwerks des Weltraum-Landefahrzeugs bei Ezechiel handelt. Dessen „Stimme" (Düsengeräusch) wird hier als Stimme der Chajjoth (Hubschrauberlandebeine) mißverstanden, die möglicherweise den (noch bzw. schon) langsam rotierenden Rotorblättern der Hubschrauberlandebeine einen „Befehl" geben könnte fortzugehen. Um das zu vermeiden, kehren sie permanent wieder zurück (d. h. sie rotieren) – soweit die `religiöse´ Deutung dieses rein technischen Vorgangs. In der Formulierung „...daß sie sie nicht von der anderen Seite beschädigt." ist möglicherweise eine (unbewußte) Erinnerung erhalten an der ursprünglichen Anordnung der Rotorblätter in einer (Ruhe)-Position, die möglichst weit vom Haupt-Triebwerk entfernt war, um ein Beschädigen der Rotorblätter zu verhindern (Verformen als Folge der Hitze-Einwirkung, die vom „Hauch der Stimme" ausgeht, d. h. von den heißen Abgasen der laufenden Düse). Auf diese Deutungsmöglichkeit hat schon BLUMRICH (1973) *hingewiesen, (Abb. 5).*

GHV 607: Die Augen des [Kleingesichtigen] Hauptes sind verschieden von anderen Augen. Die klebrige Substanz, die in dem Reservoir ist, das sich über den Augenlidern befindet, malt über die Augen, sodaß alle Augen bemalt sind in Schwärze.

GHV 139 – 140: Überlieferung: Da ist kein Licht im unteren Auge [von sich selbst], es wird gebadet in Röte und Schwärze, außer, wenn es sieht (*oder* wird gesehen; *oder* wird gebadet) in jenem weißen Licht des oberen Auges, das das „gute Auge" genannt wird. Und es ist nicht bekannt, wann dieses obere heilige Auge strahlen wird und das untere Auge [in Weißheit] badet, außer von [dem oberen Auge] selbst. Aber die gerechten Menschen, die gesegneten oben, sind fähig, dieses [Strahlen] zu sehen durch den Atem der Weisheit.
Erl. n. GHV 149: Vielleicht bedeutet dies, daß wirkliche Kenner imstande waren, das Aufleuchten des Auges vom Geruch des Atems vorherzusagen. Dieser Atem (oder Geist) war das Gas, das von der „Weisheit" entlassen wurde, durch die Nase des Alten. Andererseits, es scheint, daß bei vielen Gelegenheiten der Alte der Tage falsch wieder zusammengebaut wurde, und der Vorgang des Aufleuchtens dadurch verhindert wurde, bis die Fehler korrigiert waren.

KHV 516 – 519 m. Erl.: Und jene werden genannt die Bedeckung der Augen. Und all jene Dinge, die genannt werden die Augen des Herrn öffnen sich nicht und sind nicht erregt, außer zu der Zeit wenn jene Augenlid-Bedeckungen geteilt sind, die unteren von den oberen. Und zu der Zeit wenn die Augenlider geteilt sind, die unteren von den oberen, ist der Ort der Inspektion entblößt, die Augen sind geöffnet, und es sieht aus wie einer, der von seinem Schlaf erwacht. Die Augen erwachen, und sind geschwärzt vom offenen Auge, und sind unterdrückt von dessen weißer Brillanz. Sie sind unterdrückt durch dessen Weißheit. Und alle sind unterdrückt, die Herren der Urteile für Israel sind bedeckt, und deshalb steht geschrieben: (Ps. 44, 23) „Erwache, warum schläfst du, Oh Herr? Erhebe {dich}, etc."

Erl.: Hier, das „offene Auge" ist das des Alten, dessen weiße Brillanz, wenn es strahlt, die individuellen Farben der unteren Augen daran hindert, gesehen zu werden.

Die letzte Wendung: „Erwache ..." will dem Verfasser als grobe Gotteslästerung erscheinen, außer – man redet von einer menschlichen Person, oder von einer Maschine, einem Idol, mit sehr menschlichen Eigenschaften – aber was ist das dann für ein `Gott'? Wie sollte der angebliche Schöpfer des ganzen Weltalls schlafen können, wie sollte er wohl auf die Aufforderung von Menschen aufzuwachen, reagieren können (diese Bewohner eines Staubkorns im Weltall, eines Planeten) – wenn er es denn wollte?

GHV 149 – 152: Warum wird [das Auge] ein genannt, im Singular? Kommt und seht! In seinem unteren Auge da ist ein rechtes Auge und ein linkes Auge, und jene zwei sind in zwei Farben (*oder* Aspekten). Aber hier [im oberen Auge], da ist kein linkes Auge, und sie beide sind in einer geraden Linie [*wörtl* gehen auf in einem Pfad], und das ganze [Auge] ist rechts. Und deswegen ist das Auge eins und nicht zwei. Überlieferung: dieses Auge, das das Auge des Beobachtens ist, ist immer offen, lächelt immer, {ist} immer freudenvoll. Aber es ist nicht wie dieses unten, wo [die Augen] Röte, Schwärze und Weißheit beinhalten, 3 Farben; sie sind nicht immer offen, aber da sind keine Augenbrauen über den Augen.

Der verzweifelte Versuch, aus dem einen Auge des Alten zwei zu machen.

BdM 2: 57 – 2: 60: Die „ruhige Heimstatt" ist der Alte, der verborgen ist; [von ihm] „dein Auge" steht geschrieben [OINK, dein Auge, nicht OINIK, deine Augen]. Die Nase; das Gesicht des Kleingesichtigen ist bekannt [von ihr, da sie ein auffälliges Merkmal ist]. Drei Flammen zeigen sich in ihren Rohren.
(6) Der gekrümmte (*oder* tiefe) Pfad [des Ohres] ist zum Hören {von} Gutem und Bösem.

Das Rätsel um das eine Auge Gottes, das natürlich eine Unmöglichkeit war (siehe AT „... nach unserem Bilde ...", der Mensch hat <u>zwei</u> Augen) wurde nicht wirklich überzeugend gelöst: es war eben nur <u>ein</u> Auge vorhanden am Alten!

Das Beleuchtungssystem im Kulturtank

KHV 261 m. Erl.: Bis jetzt, für viele Tage, habe ich nicht offen über dies gesprochen, sondern nur darauf angespielt. Aber heute sind die Seiten ausgeklappt {wörtl.: opened out}.

Erl.: Durch mechanische Analogie, bezieht R. Simon sich auf das Entfernen der Seitenklappen {wörtl.: side-covers} des Alten, um die Geheimnisse der innersten Teile zu offenbaren.

Er verwechselt und/oder vergleicht sich hier mit der Mannamaschine und deren Seitenklappen, d. h. den äußeren Umrundungen des Kleingesichtigen. Das ist psychologisch natürlich bemerkenswert, da es ein Licht auf die Absolutheit seines (auswendig gelernten!) `Glaubens´ wirft: Er ist so sehr davon durchdrungen, daß er zwischen sich und einzelnen Gegebenheiten der Maschine nicht unterscheidet bzw. unterscheiden kann. Daß er hier einen so dramatischen Vergleich zieht und ausdrücklich auf die bisherige Verschwiegenheit in dieser Sache aufmerksam macht, darf vielleicht als Hinweis darauf verstanden werden, daß jetzt etwas besonders Geheimes bzw. Verborgenes folgt: das Licht im Innern des Kulturtanks.

GHV 123 - 127: Die erste WEISSHEIT strahlt und geht hinauf und geht hinab nach dem Aufheller (*oder* nach dem Behälter) mit dem es in einem Knoten verbunden ist. Überlieferung: Diese Weißheit stößt an {wörtl. kicks} und beleuchtet 3 Lampen, die Ruhm, Ehre und Freude genannt werden. Und diese strahlen in Freude und Vollkommenheit. Die zweite WEISSHEIT strahlt und geht hinauf und geht hinab und stößt an und verursacht zu brennen 3 andere Lampen, die genannt werden Sieg, Gnade und Schönheit, und sie strahlen in Vollkommenheit und Freude. Die dritte WEISSHEIT leuchtet auf und strahlt und geht hinab und geht hinauf, und geht aus vom verschlossenen Teil des Gehirns und schlägt hinein in die siebente mittlere Lampe. Und ein Pfad geht aus nach dem unteren Gehirn (*oder* und ein Pfad geht aus nach dem unteren Herzen), und alle unteren Lampen werden veranlaßt aufzuleuchten.

Hier ist sehr wahrscheinlich das im Tank nach oben und nach unten strahlende sehr helle Licht gemeint, das über mehrere Stufen in alle Richtungen strahlte, aber eben auch nach oben und nach unten (Abb. 20).

KHV 432: Und er ist dort enthalten für die glitzernden Dinge, die ausgehen von der Haupt-Lampe, die versteckt ist in den Eingeweiden der Mutter.

KHV 348 – 359 m. Erln.: Welcher weise Mensch wird dies bestimmen, als göttlichen Anblick seiner Pfade, jene des Heiligen Oberen? Die harten Urteile, die Urteile, die umgeben sind von den oberen Einfassungen. Ich sage über diesen Gegenstand, daß alle jene Lichter strahlen von dem obersten Licht, welches geheim ist unter allen Geheimnissen; sie alle sind Pfade, die strahlen. Und in ihm ist der Strahler, der im ganzen Pfad ist; und der Pfad ist unbedeckt wie jenes [andere Ding], welches unbedeckt ist. Und alle jene strahlenden sind bekannt; dieser Strahler [der strahlt] hinein in jenen Strahler, und jener Strahler [der strahlt] hinein in den andern Strahler. Und sie strahlen, dieser hinein in jenen, und sie sind nicht unterschieden einer vom anderen, die Strahler der gesamten Laterne, und die Laterne, die sie nennen „die Teile [von] dem König", „die Einfassungen [von] dem König". Alle sind eins und der eine strahlt und ist enthalten im innersten Strahler; und er ist nicht differenziert (*oder* erklärt) vom Menschen. Und deshalb sind alle veranlaßt, aufzugehen in dem einen Pfad, und alle sind in einem; das Ding ist verziert, aber es ist nicht aufgeteilt, dieses von jenem. Es hat einen einzigen Namen, welcher ist der „Strahler (NHVRA)".

Der Strahler, der unbedeckt ist, wird genannt das „Gewand des Königs", es ist der Strahler, der der innerste ist. Jener Strahler ist wie der verborgene Strahler; und in ihm beginnt das Ding, das nicht unterschieden ist und nicht unbedeckt. Und alle jene Lampen und alle jene Strahler strahlen vom Alten Heiligen, verborgen von allen Verborgenheiten, die obere Lampe. Und wenn alle Strahler, die hinausstrahlen {wörtl.: extend} betrachtet werden, {dann} wird da nur die obere Lampe gefunden, die versteckt ist und nicht unbedeckt. [Sie ist bedeckt mit] jenen Kleidern der Herrlichkeit; die korrekten Kleider, die korrekten Teile, die korrekten Lampen.

Erl.: Die Wörter NHIRV und NHVRA sind beide als „Strahler" übersetzt.

Erl.: Man könnte diese Lampen vielleicht als Streulampen ansehen, die innerhalb der Tanks für eine gleichmäßige Bestrahlung sorgten. Von ihnen unterscheiden sich jene Lichtquellen, die sich auf der Außenseite befanden und die man „Augen" nannte.

Es wird hier wahrscheinlich das innere Beleuchtungssystem im Kulturtank beschrieben, das, von der Mitte ausgehend, über ein kompliziertes System ringförmig angeordneter Prismen und Linsen nach oben und nach unten strahlte (Abb. 20).

Der Mund des Hochbetagten

Über den Mund des Hochbetagten schreiben Sassoon und Dale in der Deutschen Übersetzung „*Die Manna-Maschine*": „Obwohl in der Beschreibung über den Bart des Alten immer wieder ein Mund erwähnt wird, gibt es keinen Teil des Textes, worin dieser beschrieben ist. Wir schließen aus diesem Umstand, daß es sich dabei um einen relativ unwichtigen Bestandteil gehandelt haben muß. Über den Mund des Kleinen Gesichts wird hingegen einiges berichtet, wobei dieser Mund mit dem des Alten identisch zu sein scheint. Wir glauben daher unterstellen zu können, daß es eigentlich nur einen Mund gab – den schon erwähnten Lufteinlaß – und daß die Beschreibung in späterer Zeit dupliziert wurde, damit beide Teile des Hochbetagten einen Mund besaßen.

Diese Bemerkung trifft wahrscheinlich nur für den Lufteinlaß zu; die Mundfunktion, bezogen auf des `Sprechen´, war auch am Kleingesichtigen vorhanden und nahm im Verlaufe der Zeit sogar noch zu, als die Maschine älter und die äußeren Umrundungen - und ihre Scharniere - entsprechend klapperiger wurden, s. u.

Wenn es sich bei dem Mund um einen Lufteinlaß handelte, so wäre es ganz normal, wenn er auch ein leichtes Geräusch verursachte. Dieses leichte Brummen wurde später als das Wort Gottes an sein Volk ausgelegt:
(GHV 679) `Die Lippen murmeln Macht, sie murmeln Weisheit´.
Dieses Zitat läßt vor unserem geistigen Auge das Bild entstehen, wie die Priester verzückt vor dem Luftfilter stehen und auf das schwache Zischen der durch die Filtereinsätze gesaugten Luft lauschen. In späteren Epochen wurden die dort vernommenen Geräusche als Prophezeiungen ausgelegt.
Richard und Roslyn Warren beschreiben in einem Artikel im Scientific American (Dezember 1970) ein Experiment, wobei Versuchspersonen das englische Wort „tress", welches man auf Tonband aufgenommen hatte, immer wieder vorgespielt wurde. Dabei war ein Mann bereits nach einem Test von nur drei Minuten überzeugt, nicht (nur) die Worte [recte: Wörter] tress, stress und dress – was zu erwarten gewesen wäre –, sondern außerdem auch Joyce, floris, florist und purse gehört zu haben. Es braucht uns daher nicht zu wundern, wenn die Priester am Luftfilter des Hochbetagten Worte der Weisheit zu vernehmen glaubten. … … … ."

KHV 679 – 681: Die Lippen murmeln Macht, sie murmeln Weisheit. In jenen Lippen, da hängen Gut und Böse, Leben und Tod. Von jenen Lippen hängen die Herren der Erregungen. Sodaß, wenn jene Lippen murmeln, alles Schneiden (*oder* Aufteilen) des Urteils ist in all den Häusern der Urteile, von ihren Kammern, die in ihnen sind.
Das summende Brummen und vibrierende Klappern der Abdeckplatten (am Kleingesichtigen!) wurde (auch) als die göttliche Sprache des `Herrn´ aufgefaßt von der man Weisheiten lernen konnte!

Der Arm der Mannamaschine – Die Arme
An (hinter?) der Mannamaschine befand sich ein Montierarm, der vermutlich drei `Finger´ hatte; das war so auch beim Weltraumlandefahrzeug Ezechiels und wohl auch bei der im Habitat befindlichen Mannamaschine. Da ein einarmiger Gott ebenso wenig akzeptabel war wie ein einäugiger Gott, ergab sich auch hier die Notwendigkeit, den zweiten Arm im Text herbeizuphantasieren, d. h. hinzuzuerfinden.
GHV 999 – 1002 m. Erl.: Der erste Arm (*oder* der heilige Arm) – drei Gelenke sind verbunden mit ihm. Und 2 Arme sind {mit}einbezogen {wörtl.: included}. Ihr denkt sie sind {mit}einbezogen? In der Tat, da sind 3 Gelenke im rechten, und 3 Gelenke im linken. Die 3 Gelenke des rechten sind {mit} einbezogen in die 3 Gelenke des linken. Und deshalb, wenn der Arm erwähnt wird [in der Bibel], nur einer, der rechte [Arm wird erwähnt]. Es heißt nicht „ZRVO [Hebräisch für Arm]", sondern (Ex. 15, 6) „IMINK II' [Deine rechte [Hand], Oh Herr]".
Erl.: Dies ist ein ziemlich dürftiger Versuch zu erklären, warum der Herr nur einen rechten Arm hat, entsprechend der Bibel, und kein linker Arm ist erwähnt.

Auch im Hebräischen Henochbuch ist immer nur vom Arm (Singular) des Höchsten die Rede, der sich hinter seinem Rücken befindet, s. u. Die drei Gelenke sind möglicherweise eine Anspielung auf die drei Finger (Abb. 21, bei Abb. 24).

GHV 1010 – 1012: Und diese rechte Hand, wenn sie (*oder* er {der Hochbetagte}) sitzt, streckt sie die Gelenke aus. Und der Arm spreizt nicht seine Hand, (*oder* Und die Gelenke sind nicht ausgestreckt. Und der Arm spreizt nicht. Er sitzt) in den drei Gelenken, die genannt wurden. Und wenn Schuldner eingeschlossen sind, und sind hinein in die Welt erweitert, sind drei andere erregt, das sind jene des harten Urteils, und der Arm ist gespreizt. Und wenn der Arm gespreizt ist, ist es die rechte Hand, aber er wird (auch) genannt der Arm des Herrn. (1 Kön. 8, 42) „Oh Herr! Dein Arm ist hervorgestreckt worden".
Wurde der technische Greifarm womöglich automatisch betätigt, wenn am Reaktor etwas nicht in Ordnung war? War es den Juden, die das Allerheiligste betreten und den Hochbetagten sehen durften womöglich klar, daß dann allerhöchste Gefahr im Verzuge war? Kam es deshalb zum (entsetzten) Ausruf: „Oh Herr! Dein Arm ist hervorgestreckt worden."?
(Siehe dazu auch den Hinweis mit Bezug auf den eigentlichen Auszug der Kinder Israel aus Ägypten im Teil I wo es heißt, daß Gott sie mit (aus)-gestrecktem Arm aus Ägypten geführt habe; also wohl im Sinne von: „mit größter - endgültiger? - Entschlossenheit und Kraft" – ähnlich wie beim (alarmierten? und alarmierenden?) ausgestreckten Arm an der Mannamaschine; beide etwa im Sinne von: „Jetzt geschieht es, unweigerlich und endgültig!").

Alternative Version des Lubliner Sohars (teilw.): … und dieser rechte [Arm], wenn er (*oder* er {der Hochbetagte}) sitzt, sind die Gelenke nicht ausgestreckt, und der Arm ist nicht gespreizt. Und er sitzt in den drei Gelenken, die erwähnt wurden. Und wenn Schuldner erregt sind, sind drei andere erregt, das sind jene des harten Urteils. Und der Arm ist gespreizt, und er wird genannt der Arm des Herrn. "Oh Herr! Dein Arm ist hervorgestreckt worden".
Im Normalfall war der Arm also nicht gespreizt, nicht hervorgestreckt – wie auch im Hebräischen Henochbuch, wo die dort dem Henoch gezeigte Maschine wahrscheinlich abgeschaltet war.

GHV 1022 m. Erl.: Und obwohl sie genannt wird die Hand, ist sie die Hilfe. Es steht geschrieben: (2 Sam. 3, 12) „Und siehe, meine Hand ist mit euch".
Erl.: GHV 1022 scheint anzuzeigen, daß es sich nicht um eine Hand im normalen Sinne handelt.
  Die Beschreibung des Arms und {der} Hand erscheint uns mehr technologisch als mystisch; welche Nachsichten auch immer man einräumt für traditionelles mystisches Denken.
Siehe dazu auch bei Ezechiel – ein einzelner Arm jeweils an jedem der Hubschrauberlandebeine des Weltraum-Landefahrzeugs (so bei Blumrich).

Auch im Hebräischen Henochbuch ist dieser Arm erwähnt, der dort als rechte Hand bezeichnet wird (im Singular, also ist auch dort kein zweiter Arm vorhanden; Kapitelüberschrift 48 A):
„Metatron zeigt Rabbi Ischma'el die rechte Hand des Höchsten, die jetzt untätig hinter ihm ruht, aber für die Zukunft bestimmt ist, die Befreiung Israels zu erwirken."

Das Vermessen der Mannamaschine
GHV 206 – 208 m. Erln.: Überlieferung: die Länge der Nase.
Dreihundertfünfundsiebzig Welten sind von jener Nase gefüllt, und sie alle sind an den Kleingesichtigen angehängt.
Erl.: Wir sind der Meinung, daß die „Welt" eine Maßeinheit war, aber daß dies in Vergessenheit geraten war zu der Zeit als der *Sohar* niedergeschrieben wurde. Wir können zeigen, daß die in den Texten gegebenen Messungen in „Welten" bemerkenswert korrelieren mit den erwarteten Dimensionen einer Mannamaschine.

Dies ist der Lobpreis [*d. h.* hymnische Beschreibung] der Gestaltung dieser Nase, und von allen Teilen des Alten der Tage. Sie werden gesehen und sie werden nicht gesehen; sie werden gesehen von den Herren der Messungen, aber sie werden nicht gesehen von [irgend jemand] anderem.
Erl.: Die Herren der Messungen waren die wenigen unterrichteten und privilegierten, denen es erlaubt war herumzubasteln, um den Alten der Tage zu untersuchen.
Die Herren der Messungen sollten nicht mit den Herren der Herren (Masters of Masters) verwechselt werden, die während der Wüstenwanderung im Allerheiligsten mit der Maschine umzugehen hatten – mit allem, was dazugehörte. Die Herren der Messungen waren nahezu mit Sicherheit die später an der Maschine tätigen Erntemänner des Heiligen Feldes, die die Maschine untersuchten und an ihr forschten, d. h. an den ihnen zugänglichen Teilen, als sie endgültig abgeschaltet war (in Silo/Schilo?); zunächst vermutlich zusammen mit den Herren der Herren, die zwar jetzt - nachdem die Maschine `tot' war - `arbeitslos' waren, aber die als einzige mit dem gefährlichen Ungeheuer umzugehen wußten. Als Maßeinheit wurde ein möglichst formbeständiges Samenkorn genommen; Maßeinheiten in unserem modernen Sinne gab es ja noch nicht (Abb. 22).

Die Tanks der Mannamaschine – Die Hoden des Hochbetagten
KHV 740 – 743: Weiterhin, der Körper ist verlängert hinein in zwei Beine (*oder* Bewässerungen). Und dazwischen enthalten sie zwei Nieren, zwei männliche Eier. All das Öl und die Größe und die männliche Kraft vom ganzen Körper werden angesammelt in sie hinein. Alle Kräfte, die ausgehen von ihnen, gehen [dann] aus, und sie alle bleiben im Mund des Penis'. Und deshalb werden sie genannt die „Heere"; und sie werden genannt Sieg und Ruhm. Die Schönheit des Herrn. Sieg und Ruhm sind die Heere, und deshalb [erhalten wir den Namen] „Herr der

Heerscharen". Der männliche Penis ist das Ende des ganzen Körpers (*oder* {der} Bedeckung), und er wird genannt die „Gründung (Yesod)". Es ist der Pfad des Süßens für die Frau, und alle Begierden des Mannes sind nach der Frau.
Das Benennen der beiden Vorratstanks (der `Hoden´) mit den Begriffen „Sieg" und „Hoheit" stammt wohl kaum von den Extraterrestriern; von (menschlichem) Sieg und (menschlicher) Hoheit wußten sie, wenn überhaupt, nur vom Hörensagen durch die Menschen. Es erscheint vielmehr vorstellbar, daß die Leviten, die mit der Demontage und - nach dem Reinigen – mit dem Wiederzusammenbau der Maschine beschäftigt waren, die Tanks, die sich möglicherweise technisch geringfügig voneinander unterschieden, so bezeichnet haben, um sie beim Wiederzusammenbau nicht zu verwechseln.
Am unteren Teil der Maschine befanden sich also zwei Vorratsbehälter: einer, um den täglichen Manna-Bedarf zu decken und ein anderer, der sich während einer Woche füllte, um am Vorabend des Sabbats geleert zu werden. Diese Behälter erinnerten die wenigen Experten, die im Allerheiligsten der Hütte mit dem Hochbetagten beschäftigt waren, an Hoden – wohl wegen ihrer Position am Körper, ganz unten in unmittelbarer Nähe zum Winkel von dem die Beine ausgingen. Auch befand sich ja der (äußere) Penis zwischen ihnen; es mußten also Hoden sein! Am Sabbat selbst arbeitete die Maschine nicht, sondern wurde zu Reinigungszwecken demontiert und nach dem Reinigen wieder zusammengesetzt. Während dieser Zeit war jedes Arbeiten, jedes Herumgehen strikt verboten, damit kein Staub (mit Keinem) aufgewirbelt wurde (Abb. 23).

Die Energiequelle – Die Regulierung des Miniatur-Reaktors: die spitzen/scharfen Schlüssel
GHV 494 – 499: R. Simon sagte zu seinen Gefährten: So, der Vorhang, den ihr über uns seht, ist geteilt. Ich sehe, daß alle Teile [des Bartes] in ihm nach unten gehen, und sie strahlen hinein in diesen Platz. Und da ist eine Abdeckung [über] der Lampe des QB''H, die geteilt ist in vier Stützen, in vier Richtungen. Eine Stütze ist platziert vom Boden zur Oberkante. Und da ist ein Feuerbehälter in seiner (*oder* dessen) Hand. Und im Feuerbehälter sind vier Schlüssel (*oder* Öffner), geschärft (*oder* bezahnt) auf allen seinen Seiten. Und sie sind mit der Abdeckung verbunden, und gehen hinunter nach ihr, von der Oberkante nach dem Boden. Und so [auch] für die zweite, dritte und vierte Stütze. Und zwischen den Stützen sind achtzehn Füße der Stützen verbunden. Und sie sind gemacht, zu strahlen hinein in die Lampe, die ausgehöhlt ist (*oder* hinein in die BVSITA der Aushöhlungen) in jener Abdeckung. Und so [ist es] in 4 Richtungen (*oder* auf vier Seiten).
Dies ist wahrscheinlich die Beschreibung eines Miniatur-Atomreaktors, der mit den scharfen Schlüsseln möglicherweise geregelt werden konnte (Abb. 24). War dazu vielleicht der „Arm des Herrn" nötig? Im Text scheint eine Verwechslung mit Gott im Himmel (QB''H) und dem Hochbetagten, der Mannamaschine, vorzuliegen.

Es gab zum Regulieren der Arbeitsintensität des nuklearen Miniatur-Reaktors, der die ganze Maschine mit Energie versorgte, wahrscheinlich einen denkbar einfachen, aber auch entsprechend wirkungsvollen Regulator: Zwischen den nuklear reaktionsfähigen Elementen (Platten?) waren spitze Schlüssel eingeschoben, deren Stellung die Intensität der nuklearen Reaktion des Miniatur-Reaktors kontrollierte. Das geschah möglicherweise dergestalt, daß diese wie antike Schlüssel geformte Einsätze auf oder ab bewegt werden konnten. Da sie zugeschärft bzw. spitz, also etwa kegelförmig geformt waren, wurde je nach Bewegungsrichtung der Abstand zwischen den nuklearen Platten vergrößert - dann nahm die nukleare Reaktion ab, und es wurde weniger Energie produziert - oder, bei entgegengesetzter Bewegungsrichtung der „Schlüssel", wurde der Abstand zwischen den Platten verringert, dann nahm die nukleare Reaktion zu, und die Energieausbeute wurde größer. Es bleibt offen, ob die Leviten, die die Mannamaschine wöchentlich demontierten und, nach dem Reinigen, auch wieder zusammenbauten, diese Zusammenhänge zumindest oberflächlich kannten, und somit die Energieausbeute des Miniatur-Reaktors regeln konnten.
Aber wieso ist hier von „Schlüssel(n)" die Rede? Dazu muß man wissen, wie antike Schlüssel aussahen. Antike Schlüssel bestanden aus einem kantigen Holz- oder Metallstab, der meistens einen Knick oder eine mehr oder weniger komplizierte Biegung, oder beides, aufwies. An einem Ende dieses Stabs befanden sich vorstehende Zinken, die den Bart bildeten. Mit diesen Zinken wurden, nach Einführen des Schlüssels in den Schloßkasten an dem zu öffnenden Objekt, genau passend angeordnete Zapfen gehoben und das Schloß somit entriegelt. Der in diesem Zusammenhang entscheidende Aspekt ist die Tatsache, daß hier von <u>spitzen</u> Schlüsseln die Rede ist. Der Verfasser versteht das so, daß die Zinken mehr oder weniger schlank-kegelförmig, also spitz waren. Bei Vor- oder Zurückschieben (bzw. bei Aufwärts- oder Abwärtsbewegung, was aber in diesem Zusammenhang auf das gleiche hinausläuft) veränderten sie, in Abhängigkeit vom jeweils wirksamen Kegelquerschnitt, den Abstand der nuklearen Platten zueinander und damit die Heftigkeit der nuklearen Reaktion zwischen den Platten. Zum Aussehen solcher Schlüssel und zu ihrer eventuellen Funktion an der Mannamaschine siehe Abb. 24a u. b.

Die Beschreibung des Miniatur-Kernreaktors ist aus verständlichen Gründen nicht sehr genau: Nicht einmal die Spezialisten unter den Leviten, die mit dem Hochbetagten umgehen konnten und durften (und mußten), hatten eine Vorstellung davon, was da vor sich ging. Es scheint eine aus vier Untereinheiten bestehende Struktur vorhanden gewesen zu ein, in die so etwas wie spitze/scharfe Schlüssel hineinragten.

Diese Spitzen wurden von den Erntemännern des heiligen Feldes als so ungewöhnlich empfunden - was sie aus der Sicht alltäglicher, normaler Schlüssel ja auch waren -, daß sie diese Eigenschaft in ihren auswendig gelernten Texten besonders erwähnten.[1)] Wenn diese `Schlüssel´ unbemerkt verstellt wurden, war es möglich, daß die Maschine überhitzte, dann war natürlich größte Gefahr im

Verzuge, und es mußte ein Androide aus dem Orbit die Maschine wieder reparieren, d. h. er mußte die `Schlüssel´ wieder richtig einstellen.

Das von Daniel geschilderte Ereignis mit dem langen Feuerstrahl des Hochbetagten mag also damit zusammenhängen, daß der/die spitze/n Schlüssel versehentlich, also unbemerkt, in eine Position gerutscht war/en, die eine zu große Energie-Ausbeute brachte. Andererseits kann aber auch ein anderes Problem mit der Kühlung des Gerätes für dieses Phänomen verantwortlich gewesen sein, oder eine Kombination aus beiden.

[1)] Es mag von Interesse sein, daß solche Schlüssel und die entsprechenden Schlösser in einigen Gegenden Nordafrikas bis heute Verwendung finden (GERSTER, 1964; auch vom Verfasser dort gesehen).

Die Nasen des Alten der Tage
Mit der Energie-Erzeugung hängt natürlich die Energie-Abgabe zusammen, d. h. das Auspuffrohr, die Nase. Aber da ist Vorsicht geboten: Der hohe Herr hat derer <u>zwei</u>, und die sind nicht von gleicher Art (Abb. 27)!

Die Nase des Alten
GHV 706 – 710: Und dies ist, was geschrieben steht: (Num. 12, 9) „Und der Zorn (*oder* {die} Nase) des Herrn war entzündet"; (Ex. 22, 24): „Und mein Zorn (*oder* {meine} Nase) wird heiß werden"; (Deut. 6, 15): „Damit nicht der Zorn (*oder* {die} Nase) des Herrn ... entzündet werde". Alle diese {Aussagen} sind vom Kleingesichtigen gesagt, und nicht vom Alten.
Es ist doch sehr bemerkenswert und nur von den hier erläuterten technischen Gegebenheiten der Mannamaschine her verständlich, wie konsequent von der Nase `Gottes´ die Rede ist, wenn er zornig wird und nicht etwa von seinen Augen oder von seinem Verstand, seinem Geist insgesamt. Wir erinnern uns in diesem Zusammenhang auch an das „Aufflammen des Antlitz´" des Herrn, wenn er in Zorn gerät. Das muß denn doch ein ganz anderer Herr gewesen sein und ein anderes In-Zorn-Geraten! Es sind also auch aus der Sicht des Zorns zwei grundsätzlich verschiedene `Herren´ aktiv, was nach `Wiederauffinden´ der Mannamaschine und Durchschauen ihrer Technik auch nicht verwundern kann: Beim Zorn der Nase handelte es sich um eine technische Gegebenheit der Mannamaschine; beim Aufflammen des Antlitz´ war es wohl ursprünglich ein mentales In-Zorn-Geraten der Extraterrestrier (siehe aber den Tyrannen!).
Da das heiße Abgas beim Kleingesichtigen sehr bald nach Starten der Maschine aus der Nase kam, galt dieser als leicht und schnell zu erregen, im Gegensatz zum langnasigen Alten.

KHV 136 – 138 m. Erl.: Die NASE. In dieser Nase (ChVTMA), im Nasenloch-Rohr, das in ihm ist, da bläst der Geist des Lebens zum Kleingesichtigen. Und in dieser Nase, im Nasenloch-Rohr, da hängt das H, das H des Lebens, das sich vom

unteren unterscheidet. Und dieser Atem geht aus vom verborgenen Gehirn, und er wird genannt der Atem des Lebens; und in diesem Atem bereiten sie sich vor, die Weisheit zu kennen, zu der Zeit von König Messias.
Erl.: Der Titel König Messias bedeutet „gesalbter König", oder „geölter König" und wird manchmal benutzt, sich auf den Kleingesichtigen zu beziehen; salben könnte sich beziehen auf das „Öl", das die Barthaare hinunterläuft.
Vielleicht auch ganz einfach nur `der mit Öl abgewischte´! Siehe unten, die Erläuterung zum Jom Kippur nach Sassoon und Dale.

KHV 139 – 143 m. Erl.: Wie geschrieben steht: (Jes. 11, 2) „Und der Geist des Herrn wird auf ihm ruhen, der Geist von Weisheit und Verständnis etc." Diese Nase ist Leben von allen Seiten, vollkommene Freude. Der abhelfende Geist geht hinunter hinein in die Nase des Kleingesichtigen [wie wir niedergelegt haben]. Es steht geschrieben: (Ps. 18, 9) „Da ging ein Rauch auf aus seinen Nasenlöchern, etc." Und hier steht geschrieben: (Jes. 48, 9) „Und um meines Namens willen werde ich hinauszögern meinen Zorn für dich".
Erl.: Dieses Zitat wird von der Tatsache erklärt, daß im Hebräischen „Zorn hinauszögern" auch bedeuten kann „die Nase zu verlängern". Das hebräische Wort AP kann bedeuten Nase, Gesicht oder Zorn; hier, jedoch, ist das Aramäische Wort ChVTMA benutzt in der Diskussion für „Nase"; AP wird in den biblischen Zitaten benutzt.
Bemerkenswert ist „der abhelfende Geist" – war da ursprünglich von Wärmeableitung (also der Wärme abhelfen) die Rede gewesen?

KHV 144 – 146 m. Erl.: Aber im Buch „Die Abhandlung der Schule von Rav Yeyeva dem Älteren" ist niedergelegt, daß das H im Mund ist; hier, jedoch, sagen wir dies nicht. Das Gegenteil zu diskutieren ist nicht nötig, da das Endergebnis das gleiche ist. Aber Urteil hängt nicht im H, es hängt in der Nase, von der geschrieben steht: (Ps. 18, 8) „Rauch geht auf in seiner Nase". Und wenn argumentiert wird, daß geschrieben steht, daß „Feuer kam hervor von seinem Mund", dann muß die Wurzel des Zorns in der Nase sein.
Erl.: Die Nase ist die des Kleingesichtigen. Es ist eigenartig, sich {eine} gelehrte Diskussion zwischen den Rabbinern vorzustellen, ob das H die Nase war oder der Mund; ist dies Religion, oder Ingenieurtechnik?
Ja, aber es ist doch alles recht seltsam an dieser ganzen Geschichte, und von Religion bleibt bei objektiver und wissenwollender Analyse nichts – nur Ingenieurtechnik!

KHV 450 m. Erl.: Diese Heilung kann nur gefunden werden in der Welt zu der Zeit, wenn sie einander anschauen von Angesicht zu Angesicht.
Erl.: Dieses ziemlich komplizierte {wörtl.: involved} Argument ist eine versuchte Erklärung für den ziemlich seltsamen Titel „Lang-Gesicht (ARK APIM)", der dem kombinierten Gebilde gegeben wird, wenn die zwei Teile verbunden sind. Die Form ARK ist ARVK vorgezogen, da letztere auch „Heilung" bedeutet, aber dies ist nur anwendbar wenn sie von Angesicht zu Angesicht sind.

Das Wort AP bedeutet Zorn, und deshalb bedeutet ARK APIM auch „langsam zu erzürnen"; APIM, die duale Form, ist gebraucht mit der Singular-Bedeutung von „Angesicht" oder „Nase" im Hebräischen; ANPIN ist die entsprechende Form im Aramäischen. Dieses Wort wird normalerweise nur in diesen Titeln verwendet. Woanders sind ChVTMA, Nase, und PRTzVPA, Gesicht, die bevorzugten aramäischen Formen.

GHV 849 m. Erl.: Und deshalb sagt Moses bei einer anderen Gelegenheit: (Num. 14, 18) „Der Herr ist langnasig und von großer Gnade."
Erl.: „Langnasig" bedeutet auch, langsam in Zorn zu bringen. Zorn wurde gesehen als ein Feuer in der Nase, und wenn die Nase lang war, dauerte es länger {für das Feuer} herauszukommen.
Gleichzeitig ein Hinweis auf einen Übergang zwischen bzw. eine Verquickung von Technik und Pseudo-Religion – zusammen mit dem allgemeinen Verhalten unter den Menschen: langnasig gleich sanft und langmütig von Charakter, abgeleitet von einer extraterrestrischen Maschine!

Die Nase des Kleingesichtigen
Erl. u. KHV 559 – 564: **Erl.**: Der nächste Abschnitt, 559 – 581, befaßt sich mit der Nase des Kleingesichtigen. Es muß die Hitze in der Maschine abgeleitet werden, was verursacht, daß die Luft in dieser Nase aufwärts fließt durch Konvektion. Die Luft wird hereingesogen durch den Mund des Alten, gibt ihre Feuchtigkeit im Taukondensator ab, und geht dann die Nase des Alten hinab, die sich im Zentrum der Maschine befindet. Die Luft nimmt Wärme auf von der Lichtquelle und dem Reaktor und strömt dann die Nase des Kleingesichtigen hinauf, wo ihre Bewegung auch benutzt wird, einen Unterdruck zu verursachen für die Mannaproduktion. Mannateilchen, die in den Luftstrom gelangen, verursachen die beschriebenen unterschiedlichen Abgase {wörtl.: various smokes}.
Sie verursachten wohl auch die Düfte, die bei der Mannaverarbeitung entstanden und die die Umstehenden wahrnahmen. Zum Gesamt-Luftstrom in der Maschine, siehe Abb. 25.
DIE NASE des Kleingesichtigen ist der [bedeutendste] Teil des Gesichts. Das ganze Gesicht wird von ihr gekennzeichnet {wörtl.: remembered}. Diese Nase ist nicht wie die Nase des Alten Heiligen, verborgen von allen Verborgenheiten. Da die Nase des Alten das Leben des Lebens für alle ist. Von ihr, von den beiden Rohren, gehen aus die Atemzüge des Lebens für alle. Über den Kleingesichtigen (*oder* Kurz-Nase) steht geschrieben: (2 Sam. 22, 9) „Da ging ein Rauch auf aus seinen Nasenlöchern, etc." In diesem Rauch sind alle Farben (*oder* zwei Farben) vereint. In ihm sind alle Farben. Und [mit] den Farben sind vereint viele der Herren des Harten Urteils, die vereint sind in jenem Rauch. Und deshalb wird keiner von ihnen gesüßt, außer im Rauch des unteren Altars.
Die gänzlich unterschiedlichen Aufgaben der beiden „Nasen" waren also sehr wohl bekannt: Die Nase des Alten führte die Luft nach unten, nachdem sie oben gekühlt und entwässert worden war und auf dem Weg nach unten

*Kühlungsfunktionen im Kulturtank versehen hatte. Sie brachte damit wirklich
Leben für alle, da ohne das Wasser (und die Kühlung der Lichtquelle) die Algen-
Produktion garnicht erst angelaufen wäre. Die Nase des Kleingesichtigen kühlte
wohl nur unmittelbar den Reaktor und die Mannaverarbeitungsanlage; ihr
Luftstrom war dementsprechend heißer und besorgte die eigentliche Manna-
Produktion, war also nicht unmittelbar Leben-bringend für die Algen im Großen
Meer, dem Kulturtank. Möglicherweise verursachte aber der heftige Luftstrom in
dieser Nase den für die Mannaproduktion nötigen Unterdruck, d. h. die
Saugwirkung (Abb.26); sie steuerte also in einem gewissen Sinne die Manna-
Produktion.*

KHV 569 – 577 m. Erl.: In dieser Nase, von einem Rohr geht ein Feuer aus, das
alle anderen Feuer beinhaltet [*d. h.* ein wirklich heißes {Feuer}]. Vom anderen
Rohr ist der Rauch. Und dies wird gesehen im Feuer und {im} Rauch des Altars.
Und der Alte Heilige ist geöffnet, und das Ganze entblößt. Von diesen ist gesagt:
(Jes. 48, 9) „Für meinen Lobpreis werde ich mich für euch zurückhalten [*wörtl* Ich
werde mir einen Maulkorb anlegen *oder* meine Nasenlöcher verschließen]. Die
Nase des Alten Heiligen ist lang, und ist ausgedehnt. Und er wird Lang-Nase
genannt. Aber diese Nase ist kurz, und wenn der Rauch anfängt, geht er schnell
aus, und das Urteil ist zum Arbeiten gebracht. Und wer kann störend beeinflussen
diese Nase des Alten? Und alles davon haben wir in der [Größeren Heiligen]
Versammlung gesagt; und die Freunde wurden bekannt gemacht [damit]. Im Buch
des Rav Hamnuna des Älteren beschreiben sie die zwei Rohre; vom einen Rauch
und Feuer, und vom anderen Ruhe und angenehmer Atem.
Weil da in ihm rechts und links sind. Wie geschrieben steht: (Hos. 14, 7) „Der
Duft davon ... wie Libanon." Und über das Rohr steht geschrieben: (Ges. 7, 8)
„Der Geruch deiner Nase wie Äpfel". Es ist so mit dem Rohr; aller Rauch ist in
ihm. Und dies ist gut gesagt.
Erl.: Hier weicht R. Simon von Rav Hamnuna ab, da er behauptet, daß der Rauch
und {das} Feuer von verschiedenen Rohren kommen.
*Das kann wohl auch nicht anders gewesen sein, denn es war der eine Weg (Die
Nase des Alten) ein ganz anderer als der andere Weg (Die Nase des
Kleingesichtigen), s. o. Es müssen also zwei Rohre gewesen sein, die erst nach
Passieren ihres jeweiligen Arbeitsbereichs zusammengefaßt waren; daraus
entstand vielleicht das Mißverständnis von den zwei Rohren und dem einen Rohr
(Abb. 27).*

Erl. u. GHV 661 – 667 m. Erl.: Erl.: Der nächste Abschnitt beschäftigt sich mit
der Nase des Kleingesichtigen. Es ist von diesem Kamin, daß die Luft - zuerst
durchgezogen durch den Mund und den Taukondensator, dann benutzt, um die
Lampe und den Reaktor zu kühlen - ausgeblasen wird.

Die NASE. Überlieferung: im *Buch des Mysteriums*: die Nase des
Kleingesichtigen. Das Gesicht erkennt man an der Nase. Da sind drei verdrehende
{wörtl.: twisting} Flammen in ihren Rohren. Von dieser Nase sind ausgedehnt drei

Farben (*oder* Erscheinungen); Rauch, Feuer und Kohlen von Feuer. Weil geschrieben steht: (2 Sam. 22, 9) „Rauch ging auf in seiner Nase". Da es keinen Rauch gibt ohne Feuer, und kein Feuer ohne Rauch. Und alle von ihnen sind angezündet und gehen aus von seinen Nasen. Überlieferung: wenn jene drei, die in diesem Rauch enthalten sind, der von der Nase ausgeht, zusammengebracht sind, {dann} ist die Nase verdichtet. Der Rauch bläst und geht aus. Er ist schwarz und rot, zwei Farben. Und sie nennen es Zorn (AP), Hitze (ChIMH) und Zerstörung (MShChITh).

Aber wenn ihr sagt: Da sind Zorn und Hitze, wie geschrieben steht: (Deut. 9, 19) „Da ich {mich} gefürchtet habe, wegen Zorn und Hitze". Diese sind der schwarze und der rote Rauch, aber von woher bekommt ihr Zerstörung? Jedoch, es steht auch geschrieben: (Gen. 13, 10) „Bevor der Herr zerstörte (ShChTh) Sodom und Gomorra", [so, hier ist die] Zerstörung. Jedoch, Zerstörung (MShChITh) ist [strikt] Zerstörung durch Verbrennen mit Feuer.

Erl.: Somit meinen alle diese drei Begriffe für die Flammen von der Nase weitgehend die gleiche Sache. AP, Zorn, leitet sich ab von APH, backen oder heiß machen. Dieses Wort bedeutet auch Nase und Gesicht, im Plural. ChIMH kommt von ChMH, erhitzen; und jetzt wird uns berichtet, daß ShChTh sich nur auf Zerstören durch Feuer bezieht.

Und das obligatorische Bibelzitat greift natürlich auf Sodom und Gomorrha zurück.

GHV 686 – 687: Überlieferung: diese Nase ist kurz. Und wenn der Rauch sich erhebt, um auszugehen, geht er aus in Eile und Urteil wird gemacht. Und was ist es, das den Rauch daran hindert, von dieser Nase auszugehen? Die Nase des Alten Heiligen, er, der genannt wird der langnasig[st]e von allen (ARK APIM MKLA).

GHV 53 – 54: Und von diesem ist die Länge seines (*oder* dessen) Gesichts (*oder* {seiner}Nase) ausgedehnt nach Dreihundertsiebzig Myriaden Welten. Und deshalb wird er genannt Langgesicht (*oder* Langnase) (sozusagen, Länge des Gesichts (*oder* {der} Nase)). Und dieser Alte der Alten wird genannt Lang von Gesicht (*oder* Nase). Und er, der außerhalb ist, wird genannt der Klein- (*oder* Kurz-) Gesichtige (*oder* -Nasige), der verbunden ist mit dem Alten, Betagten, Heiligen, dem Heiligsten der Heiligen.

GHV 174 – 175: Kommt und seht! Was [ist der Unterschied] zwischen dem Alten und dem Kleingesichtigen? Er [der Alte] ist der Herr der Nase. Von einem Rohr [kommt] Leben, und vom anderen da ist Leben des Lebens [*d. h.* der Inbegriff {wörtl.: quintessence} des Lebens]. Diese Nase. Das Nasenloch, das sich in ihm befindet, bläst den Atem des Lebens zum Kleingesichtigen, und sie nennen es den „Sprüher".

GHV 181 m. Erl.: Hier sind 4 Geister. Aber sie sagen, daß der Geist (*oder* Atem) einer ist. Warum dann sind diese anderen drei?

Erl.: Wir können davon folgern, daß da nur ein „Atem" war, da auf das Nasenloch dieser Nase gewöhnlich im Singular Bezug genommen wird, {es} also nur einen {Atem} enthalten konnte. Die anderen drei sind spätere Hinzufügungen von den Mystikern. R. Simon ladet dann einen seiner Schüler ein, sie zu erklären:

GHV 200 – 205 m. Erln.: Kommt und seht! Was ist der Unterschied zwischen [dieser] Nase und [jener] Nase? Die Nase des Alten der Tage ist Leben in all seinen Seiten (*oder* Aspekten). Über die Nase des Kleingesichtigen steht geschrieben: (2. Sam. 22, 9) „Da ging ein Rauch in seiner Nase auf und Feuer aus seinem Mund verschlang, etc." „Der Rauch ging auf in seiner Nase" – von diesem Rauch wird ein Feuer entzündet. Nachdem der Rauch aufgeht [das Zitat fortsetzend], „Kohlen werden vom ihm entzündet." Von was? Vom Rauch von jener Nase, von jenem Feuer. Überlieferung: wenn Rav Hamnuna der Ältere seine Gebete sprach, sagte er: „Zum Herren der Nase bete ich, vom Herrn der Nase erbitte ich Gunst!"

Erl.: R. Simon liebt es, über Rav Hamnuna den Älteren sich lustig zu machen. Und über [die Nase] steht geschrieben: (Jes. 48, 9) „Und für meinen Lobpreis will ich mich enthalten für Dich"; diesen Text schreiben sie dem Alten der Tage zu.

Erl.: Das Wort „enthalten" ist hier, wörtlich „Mündung", zusammenhängend mit „Nase". Seinen Zorn zurückhalten wurde verstanden als gleichbedeutend zu sein mit seine Nase zu versperren, um den „Zorn" daran zu hindern herauszukommen. Ebenso bedeutet „kurznasig" schnell zu erzürnen, und „langnasig" bedeutet gelassen, da, je länger die Nase, desto länger dauert es, bis der Zorn herauskommt. *Mit anderen Worten: Es wurden die Eigenschaften dieser Maschine auf breiter Front auf den Menschen übertragen – und auch auf die Religion der Menschen; alles durcheinander verquickt! Einmal auswendig gelernt, war das Ganze dann absolute Wahrheit, und wer davon abwich war ein Ketzer!*
Was ist der Unterschied zwischen diesem [Kleingesichtigen] und jenem [Langgesichtigen]? Im Kleingesichtigen, wenn jener Pfad hinuntergeht von unterhalb der Rohre seiner Nase, steht geschrieben: (Num. 12, 9) „Und der Zorn (*oder* {die} Nase) des Herrn war entzündet gegen sie. Und er ging fort". Was ist das „er", der fortging? Es ist der Geist des Zorns, der von diesen Rohren ausgeht. Und irgendjemand, der vor [d. h. {unmittelbar} vor] ihm gefunden wird, geht fort, und wird nicht gefunden. Weil gesagt ist: (Jes. 40, 7) „[Das Gras verdorrt, die Blume vergeht] weil der Geist [d. h. {das} heiße Abgas] des Herrn auf sie bläst". Über den Langgesichtigen steht geschrieben: „hinweggehend über Überschreitung". [Und von ihm] steht geschrieben: (Hiob 37, 21) „Aber der Wind (*oder* Geist, *oder* Atem) passiert und reinigt sie."

Erl.: Hier werden die zwei Nasen einander gegenübergestellt; die des Alten gibt Leben; die des Kleingesichtigen zerstört und sterilisiert es. Irgendjemand, der dem letzteren im Wege steht, begibt sich rasch fort; was kaum überraschend ist. *Die Nase des Kleingesichtigen war wohl so heiß, weil sie auf kürzestem Wege vom Reaktor u. a. hin zur Mannaverarbeitungsanlage führte, bei der auch Hitze nötig war. Deshalb war es nicht gut, ihrem Abgas zu nahe zu kommen; man konnte sich da leicht verbrennen (Abb. 27).*

Aber die Überlieferung ist, daß es über diesen Pfad ist, daß geschrieben steht: „Hinweggehend über Überschreitung". Und woanders (Ex. 12, 23) „Da der Herr hindurchziehen wird, die Ägypter zu zermalmen". Gesegnet sei der, der dies richtig versteht. Und dieses ist der dritte Teil des Bartes, die heilige obere Würde, des Alten der Alten.

In der Tat, wer das richtig versteht, der muß wirklich gesegnet sein(!): Das eine bezieht sich auf die Technik der Mannamaschine, das andere bezieht sich auf den Durchzug der Kinder Israel durch das Meer beim Exodus (siehe Teil I), hat also - wie die allermeisten Bibelzitate der Kabbala - nicht das geringste mit der hier eigentlich abgehandelten ursprünglichen Materie zu tun!

Es ist an dieser Stelle unmißverständlich festzustellen, daß die jetzt lebende Generation dank der Bücher von J. BLUMRICH (1973), G. SASSOON und R. DALE (1978), und H. BEIER (1985) erstmals seit über Dreitausend Jahren die Möglichkeit hat, diesen kaum entwirrbaren Wust (besonders in den Fünf Büchern Moses, den Henochbüchern und in den ältesten Kabbala-Texten) zu entwirren und zu verstehen und damit diesen Spuk zu beenden und den verbleibenden korrekten Rest dahin zu verschieben, wo er hingehört: in die Geschichtsbücher. D. h. wir sind wirklich mit Wahrheit und Erkenntnis gesegnet:
        <u>**Mit Religion hatte das Ganze ursprünglich nichts zu tun!**</u>

Der Funkverkehr
GHV 632 – 634 m. Erl.: Die zweite FARBE ist schwarz; wie der Stein (ABNA), der von der Tiefe ausgeht, einmal in Tausend Jahren, hinein in das große Meer. Wenn dieser Stein ausgeht, kommt eine Unruhe und eine Kraft auf dem Meer. Und [es ist] die Stimme des Meeres, und seine Rotationen (GLGLVHI) werden zum Fließen gebracht. Und der große Fisch, der genannt wird Leviathan, wird veranlaßt, ihnen zuzuhören. Und er geht aus von der Tiefe. Und dieser Stein wird zum Rotieren gebracht (MThGLGLA) in der Stärke des Meeres, und sie geht auswärts. Und er ist schwarz; alle Schwärzen sind versteckt vor ihm.
Erl.: Hier ist „rotieren" GLGL, das auch „Rad" bedeutet, wohingegen „Schädel", von der gleichen Wurzel, GVLGLThA ist, mit einem V. Dieser Vers scheint ziemlich obskur, aber einige Klarheit ergibt sich, wenn gefunden wird, daß das Wort ABN, hier als „Stein" übersetzt, auch „Töpferscheibe" bedeutet, obwohl es in der Bibel nur in der dualen Form ABNIM gefunden wird. Das Rad rotiert, und überträgt seine Rotationen auf die „Stärke" des Meeres, die nach außen drängt. Die Rotationen tragen die Stimme zum Leviathan, der genötigt ist, ihr zuzuhören. Wir werden in kürze imstande sein, dieses Rätsel zu entwirren, in der Anmerkung, die {nach} 710 folgt.

GHV 710 m. Erl.: Überlieferung: von diesem Bogen, der in den Ohren ist, hängen alle jene Herren der Fittiche, von denen geschrieben steht: (Ekkl. 10, 20) „Da ein

Vogel der Luft die Stimme tragen soll, und der Herr (Meister {wörtl.: Master}) der Fittiche wird die Sprache (DBR) erkennen".
Erl.: In KHV 592 ist eine Diskussion über den Unterschied zwischen „Sprache" und „Stimme", so ist DBR hier als „Sprache" übersetzt. Wir diskutieren diesen Unterschied eingehend in *Die Manna-Maschine*. Unsere Schlußfolgerung, erstaunlich wie sie erscheinen mag, ist, daß ein Herr der Fittiche ein Radio Sender/Empfänger ist, in den man hineinspricht. Die Sprache wird umgewandelt in Stimme (Radio-Wellen), die sich nach des Herrn [IHVH's] Empfänger bewegt, sodaß er die Botschaft hören kann.
Statt IHVH muß es hier QB''H heißen, denn Gott im Himmel, d. h. im Habitat (dem Leviathan), ist doch offensichtlich gemeint. Anders ergibt der Satz keinen Sinn, da das in den Hochbetagten (d. h. IHVH) hineingesprochene diesen doch schon erreicht hat.
　Bezogen auf GHV 632 ff, können wir jetzt den Bezug zum Stein enträtseln, der eine Unruhe auf dem Meer verursacht, bis die Rotationen den Leviathan erreichen. Auch heute noch werden Radiowellen durch die Analogie erklärt mit den sich ausbreitenden kleinen Wellen, die von einem ins Wasser geworfenen Stein verursacht werden. Wir meinen, daß der Gebrauch des Radio-Systems zur Kommunikation mit dem Herrn in seinem Raumschiff (Leviathan) den Israeliten mit diesen Begriffen erklärt worden sein muß, und daß er so seinen Weg hinein in den Text gefunden hat, wenn auch in einer verstümmelten Form.

KHV 592 – 602 m. Erln.: Und jene „Sprache", die hervorkommt, wird veranlaßt durchzubrechen hinein in den Äther, und sie wird ausgegossen und geht auf und fliegt hinein in die Welt (*oder* {das} Universum). Und die „Stimme" wird daraus gemacht.
Erl.: Hier wird eine klare Unterscheidung gemacht zwischen „Sprache" und der „Stimme", die offensichtlich eine umgewandelte Version von Sprache ist.
Und die Herren der Fittiche empfangen diese Stimme, und sie tragen sie hinauf zum König, und sie geht hinein in seine Ohren. Wie gesagt ist: (Deut. 5, 28) „Und der Herr hörte die Stimme deiner Worte". Und: (Num. 11, 1) Und der Herr hörte es, und sein Zorn (*wörtl.* {seine} Nase) war entflammt".
Erl.: Dies bestätigt, daß die „Sprache" in „Stimme" umgewandelt werden muß, bevor der Herr sie hören kann.
Die vielen entsprechenden Formulierungen in der Bibel zur Stimme des Herrn o. ä. erhalten hier ihre Erklärung – wieder abgeleitet vom Hochbetagten, einer Maschine; ursprünglich war alles nur Technik!
Und deshalb muß jedes Gebet und {jeder} Wunsch von dem ein Mensch begehrt, daß es/er vor den QB''H kommt, so gesprochen werden wie die Worte seiner Lippen. Denn wenn sie nicht hinausgehen [von seinem Mund], sind seine Gebete nicht gebetet und seine Wünsche nicht gewünscht. Und sobald die Worte hinausgehen [aus dem Mund], brechen sie durch hinein in den Äther und gehen auf und fliegen und werden umgewandelt in die Stimme. Und sie werden empfangen von jenen, die sie empfangen [*d. h.* den Herren der Fittiche] und sie werden vereint zum heiligen Ort (*oder* Einfassung) im Haupt des Königs. Von den drei

Aushöhlungen des Gehirns, destilliert das Destillat hinein in die Ohren. Und dies wird genannt der Fluß der Trennung. Wie gesagt ist: (1 Kön. 17, 3) „Der Bach Kherith". Das heißt, die Trennung der Ohren. Die Stimme geht hinein in den gebogenen Teil und ist veranlaßt zu wünschen, hinein [zu gehen] in den Kanal von jenem Destillat. Und dann wird es da verzögert und wird getrennt in Gut und Böse. Wie gesagt ist: (Hiob 34, 3) „Da das Ohr prüft {die} Worte". Warum „Das Ohr prüft {die} Worte"? Weil die Stimme verzögert ist [in] jenem Kanal des Destillators, im gebogenen Teil der Ohren, und sie geht nicht in Eile hinein. Und so wird sie in Gut und Böse getrennt. (Hiob 34, 3) „...wie der Mund schmeckt Fleisch." Warum „der Mund schmeckt Fleisch"? Weil es dort verzögert ist und geht nicht eilig hinein in den Körper. Und über dieses Wort „schmecken", es bedeutet es trennt Süßigkeit von Bitterkeit.

Erl.: Diese Beschreibung scheint durcheinandergeratene Elemente zu enthalten. Erstens, der Mechanismus durch den Gebete zum Himmel übermittelt werden, was es nötig macht, daß sie gesprochen werden und die Sprache in „Stimme" verwandelt wird. Die Stimme fliegt dann durch den Raum und der QB''H empfängt sie über die Herren der Fittiche. (Nach unserer Meinung liegt hier eine Verwechslung zwischen dem QB''H und IHVH vor). Zweitens, die „Ohren des Herren" sind, wie es scheint, verwechselt mit einer Struktur in dem Kleingesichtigen, in der irgendeine Flüssigkeit in zwei Fraktionen getrennt wird, gut und schlecht, und dieser Prozeß ist verglichen mit dem himmlischen Sortier-Büro, in dem von der Erde empfangene Gebete untersucht werden auf ihre guten oder bösen Absichten.

Wieso hier eine Verwechslung vorliegen soll, ist nicht einzusehen. Der QB''H ist doch `Gott´ im Habitat, also oben, und der empfängt die Stimme von IHVH auf der Erde, d. h. von der Mannamaschine. In der wird (auf der Erde) das akustische Signal in ein elektromagnetisches umgewandelt und dann nach oben abgesendet. Der Hochbetagte verfügte also auch über ein Funkgerät, mit dem er Nachrichten ins Habitat an den QB''H, an `Gott´, senden konnte – hatte er womöglich auch ein Horchgerät? Was war da alles in seinem `Ohr´ verborgen? – leider erfahren wir es nicht.

Diese wohl eher geheime Empfänger-Anlage der Mannamaschine, die wahrscheinlich nur empfangen, nur horchen und nach `oben´ übertragen, aber nicht sprechen konnte, darf natürlich nicht mit der offen erkennbaren und ausdrücklich vorgestellten und keineswegs geheimen Funksprechanlage der Bundeslade verwechselt werden: „ ... und von dort her will ich mich dir ... " (s. o.).

„Und wenn Mosche in das Erscheinungszelt hineinging, um mit ihm zu reden, hörte er die Stimme, wie es zu ihm redete von der Kapporet herab, die über der Lade der Bezeugung war, zwischen den beiden Kerubim hervor; so redete er mit ihm."

Die Bemerkung: „Hörte er die Stimme, wie es zu ihm redete" weist eindeutig darauf hin, daß der `Ewige´ eben nicht mit Moses von Angesicht zu Angesicht sprach - was auch nicht zu erwarten war -, sondern, daß da eine Art Lautsprecher zu ihm sprach, daß also ein Funkverkehr stattfand. Tatsächlich wird aber auch kein Lautsprecher genannt, sondern „es ... redete" mit ihm nur „von der Kapporet *herab". Ein besonderer Tongeber (Lautsprecher) war also nicht vorhanden. Entweder war ein solcher doch vorhanden, aber so klein, daß Moses ihn nicht sehen konnte (z. B. verborgen in den `Köpfen´ der beiden Kerubim), oder es dienten die Flügel der Kerubim als Tongeber nach dem `Kochtopf-und-Deckel-Prinzip´ (s. o., Teil II). Es ist übrigens auch eindeutig, daß hier der Begriff „Erscheinungszelt" allgemein gemeint ist (im Sinne von Gesamt-Stiftshütte, was oft der Fall ist), denn es heißt dann sofort: „... um mit ihm zu reden, hörte er die Stimme, wie es zu ihm redete von der Kapporet herab, die über der Lade der Bezeugung war, zwischen den beiden Kerubim hervor; ...". Man befand sich also eindeutig im `Zelt der Bezeugung´ und nicht im `Zelt´ der Erscheinung, dem Allerheiligsten!*

Einige allgemeine Anmerkungen zum technischen Textverständnis
Es dürften mit diesem Text zwei Dinge erledigt sein: Einerseits ist das Kommunikationsproblem zwischen Moses und den Extraterrestriern, dem `Ewigen´, damit hinreichend erklärt. Und es scheint aus den früheren Beschreibungen klar hervorzugehen, daß der Funksprechverkehr vermittels der Kapporeth über der eigentlichen Bundeslade, der Lade der *Bezeugung*, geschehen ist, die nie mit dem `Zelt´ der *Erscheinung* und dessen Inhalt, der Mannamaschine und/oder der Hokuspokus-Wasserdampf-Wolke (und ihrem eventuellen holographischen `Gottes´-Bild) verwechselt werden darf!

Andererseits wird auch hier wieder ein Lehrstück gegeben, wie einfühlsam der tatsächlich wissenwollende Leser/die wissenwollende Leserin nicht nur zwischen den Zeilen, sondern auch zwischen den einzelnen Worten lesen und mitdenken und -verstehen muß (nämlich beim `Zurückübersetzen´ in moderne Technologie-Sprache). Es ist in der Tat fast schon bestürzend mitzuerleben - und zu entschlüsseln - wie rührend sorgfältig die Engel sich beim Erklären ihrer Technologien Mühe gaben, wenn ..., ja wenn ihnen die Menschen, mit denen sie sprachen, wichtig erschienen. Und es ist auch bestürzend mitzuerleben, wie alle Ungereimtheiten und/oder Grotesken und/oder `Wunder´ bei der `Zurückübersetzung´ sich in technisch-logische Zusammenhänge bzw. in Technologie-Beschreibungen verwandeln, wenn einmal der Schlüssel, d. h. das zutreffende technische Verständnis, für die jeweilige Szene gefunden ist – *aber auch nur dann!*

Die gleiche Erfahrung haben auch Sassoon und Dale gemacht bei ihrem `Rückübersetzen´ der ursprünglichen Kabbala-Texte und deren mystische Sprache und Darstellung in moderne Technik-Sprache. Sie schreiben dazu: „*However, it all falls into place if ... are ... parts of a machine, which ceases to function when it is disassembled.*"[1] Was mag da noch alles an Unentdecktem zwischen den Zeilen und den Worten verborgen sein – man denke besonders an die Elektronikwelt, an die genetische Biotechnologie und speziell an die biotechnologische Hirnforschung und an künstliche Intelligenz (die Androiden!), aber auch an die Holographie, die beim Dornbusch-Ereignis und in der Stiftshütte eingesetzt wurde, wenn dort der `Ewige´ in der Wasserdampf-Wolke erschien; aber auch viel später wieder beim Fatima-Ereignis und wohl auch bei (allen?) anderen echten Marienerscheinungen. Was die Holographie betrifft, so lesen wir in Spiegel ONLINE vom 1. 12. 2015, daß es jetzt auch „Hologramme zum Anfassen" gibt: „Laser projiziert berührbare Hologramme in der Luft." Und: „Holographie reagiert auf Berührung." Damit dürften einige rätselhafte Phänomene gelöst sein, die während der Fatima-Ereignisse auftraten! Siehe dazu das entsprechende Kapitel im ersten Buch des Verfassers.

Viele der zugehörigen technischen Entwicklungen haben auf der Erde gerade erst begonnen.

[1] Übersetzung: *Jedoch, es wird alles verständlich, wenn (man davon ausgeht, daß es sich um) Teile einer Maschine handelt, die aufhört zu funktionieren, wenn sie zerlegt ist.*

Es sei hinzugefügt vom Verfasser: *Die gleiche Erfahrung macht auch, wer davon ausgeht, daß im Allerheiligsten eine hochkomplizierte außerirdische Mannamaschine sich befand – nur unter dieser Annahme werden die ansonsten rätselhaften Ereignisse des Buchs Exodus verständlich!*

Das Ohr des Hochbetagten

Zu GHV 706 – 710: Überlieferung: es steht geschrieben: (Dan. 9, 18) „Oh mein Gott, neige dein Ohr und höre". Dies ist das Ohr, das gemacht ist [zu sein] unter den Haaren, und die Haare hängen über ihm. Und das Ohr ist zum Zuhören.

Alternative Version:

Überlieferung: im *Buch des Mysteriums* ist der Pfad obskur (*oder* ist gekrümmt), und ist zum Zuhören, dem Guten und dem Schlechten, und dies ist das OHR, das gemacht ist, um unter den Haaren [zu sein], und die Haare hängen über ihm. Und das Ohr ist zum Zuhören. Und das Ohr ist gemacht mit ausgeschnittenen Einschnitten innerhalb, und zwar dermaßen, daß der Pfad in einem Bogen gemacht ist, wie dies und wie das. Warum in einem Bogen? So daß die Stimme aufwärts gebogen werden kann hinein in das Gehirn, und daß das Gehirn es prüfen kann, und nicht in Eile, weil es für {das} Zuhören ist, dem Guten und dem Schlechten. Überlieferung: von diesem Bogen, der in den Ohren ist, hängen alle jene Herren der Fittiche, von denen geschrieben steht: (Ekkl. 10, 20) „Da ein Vogel der Luft die Stimme tragen soll, und der Herr (Meister {wörtl.: Master}) der Fittiche wird die Sprache erkennen".

D. h. von diesem Bogen, dem Ohr, gehen gesprochen Worte nach oben in das Habitat zum QB''H. Leider ist die Beschreibung nicht detailliert genug, um das Ohr zu rekonstruieren. Es ist aber doch klar, daß es sich um ein technisches Objekt an der Maschine handelt und nicht etwa um ein wirkliches Ohr im biologischen Sinne des Wortes.

GHV 711 – 716 m. Erl.: Innerhalb des Ohres tröpfelt sie [die Sprache] von den 3 Höhlungen des Gehirns hinein in das Loch der Ohren. Und von diesem Tröpfeln geht die Stimme hinein in jenen Bogen, und sie wird untersucht (*oder* geschmolzen) in jenem Tröpfeln, zwischen Gutem und zwischen Schlechtem. [Zwischen] Gutem; wie geschrieben steht: (Ps. 69, 33) „Da der Herr die Armen hört". Und Schlechtem; wie geschrieben steht (Num. 11, 1) „Und der Herr hörte, und sein Zorn (*oder* {seine} Nase) wurde entzündet, und das Feuer des Herrn brannte zwischen ihnen". Und jenes Ohr ist außerhalb geschlossen; und der Bogen geht nach innen, hinein in jenes Rohr des Tröpfelns vom Gehirn. Sodaß die Stimme {sich} darin ansammeln kann, sodaß sie nicht nach außen gehen kann; und daß sie zurückgehalten und verborgen sei auf allen seinen Seiten. Deshalb ist es ein Geheimnis.
Erl.: Offensichtlich war die Stimme verschlossen im Ohr und unzugänglich. Dies macht es zu einem „Geheimnis" [*d. h.* unzugänglicher Teil oder Komponente].
Das Tröpfeln des kondensierten Wassers vom Taukondensator wird hier auch auf die Fortbewegung der Stimme im Ohr übertragen, bzw. damit verwechselt.
Wehe über den, der die Geheimnisse aufdeckt! Weil derjenige, der Geheimnisse aufdeckt wie jemand ist, der die oberen Teile schwächt, die gestaltet sind, die Geheimnisse zu sammeln, und die nicht hinausgehen [*d. h.* abgeschottet sind].
Überlieferung: Zu der Zeit wenn Israel in Bedrängnis aufschreit, dann decken die Haare auf von über den Ohren, sodaß die Stimme in die Ohren hineingehen kann, hinein in jenes Rohr, das vom Gehirn tropft,
Das Ohr war also hinter einer Abdeckung (Membran) verborgen. Betätigte diese Abdeckung womöglich schon den elektro-akustischen Jachwe-Schalter? Man sprach aber auch in dieses Ohr hinein wenn Gebete am Sabbat gesprochen wurden. Da war also zu unterscheiden zwischen dem Starten der Maschine (zweimal scharf !JACH-WE! ausstoßen, vielleicht sogar rufen) und den nach oben, ins Habitat, gehenden Gebeten.

Diese Unterscheidung war möglich durch das verschiedene Sprechen: Beim Beten wurde normal gesprochen, also im normalen Tonfall und auch mit normaler Betonung und wohl auch normaler Lautstärke. Nicht so beim Starten der Maschine, d. h. beim Betätigen des elektro-akustischen Schalters: Seine Betätigung geschah durch einen fast explosionsartigen, gleichsam `einstechenden´ scharfen Luftausstoß des Startenden und einem ebenso heftigen Wieder-Einsaugen der Luft. Durch diese heftige Hin- und Her-Bewegung der Luft wurde die Membrane deutlich heftiger bewegt als beim normalen, betenden Sprechen. Möglicherweise konnte das „Ohr" diese beiden so sehr verschiedenen Sprech- und damit Bewegungsweisen der Membrane unterscheiden. Waren es vielleicht sogar zwei verschiedene Membranen mit entsprechend verschiedenen Eigenschaften, die jeweils nur auf den passenden Ton - z. B. die Heftigkeit der Stimme, also ihre Lautstärke - reagierten? Das ist im Text wohl angedeutet, wenn vom Prüfen zwischen Gut und Böse die Rede ist. Der Verfasser hat das scharfe `Einstechen´ unmittelbar zu Anfang des ausgestoßenen Luftstroms dadurch kenntlich gemacht,* *daß auch vor dem dabei automatisch entstehenden `Wort´ !Jach – We! ein Ausrufezeichen gesetzt wurde.

GHV 727 – 729: Überlieferung: im *Buch des Mysteriums* wird gelehrt, daß, ebenso wie dieses Ohr zum Prüfen ist zwischen Gut und Böse, so ist es auch im Ganzen, sodaß im Kleingesichtigen eine Seite des Guten ist und [eine Seite des] Bösen; [Seiten von] Rechts und Links; [Seiten von] Gnade und Urteil. Und dieses Ohr ist im Gehirn enthalten. Und weil es enthalten ist im Gehirn, in einer Aushöhlung (*oder* {der} ersten Aushöhlung), enthält [das Gehirn] auch die Stimme, die eintritt hinein in [das Ohr]. Und das, das im Ohr ist, wird das „Zuhören" genannt. Und im „Zuhören" ist eingeschlossen Verstehen [und] Hören, als ob man sagen wollte „der Sohn" ist gefunden. Da das Ganze ausgewogen ist in einem Gleichgewicht.
Das ausgewogene Gleichgewicht ist möglicherweise wieder ein Hinweis auf die Notwendigkeit, die Maschine genau ausgewogen, d. h. senkrecht zu positionieren, damit sie einwandfrei funktionieren konnte. Darüber hinaus mag es hier zu Verwechslungen zwischen dem Alten mit seinem wirklichen `Ohr´ und dem Kleingesichtigen gekommen sein, der wahrscheinlich kein solches `Ohr´ hatte.

KHV 582 – 587 m. Erln.: Erl.: Da ist nun eine Abhandlung über die Ohren des Kleingesichtigen – siehe Anmerkung zu GHV 710.
Da sind zwei OHREN zum Zuhören dem Guten und {dem} Bösen; und die beiden von ihnen gehen auf (*oder* erscheinen) in einem. Wie geschrieben steht: (2 Kö. 19, 16) „Herr, neige dein Ohr und höre". Das innere Ohr); innerhalb, es hängt in gebogenen Markierungen, so daß die „Stimme" verfolgt werden kann wie sie hinaufgeht hinein ins Gehirn, und so, daß das Gehirn sie trennen kann, aber nicht in Eile; da irgendetwas, das getan ist in Eile, nicht getan ist in vollkommener Weisheit. Von den Ohren hängen alle Herren der Fittiche (MARIHVN DGDPIN), die die Stimme von der Welt empfangen (*oder* {vom} Universum); und sie werden alle genannt die „Ohren des Herrn". Es steht über sie geschrieben: (Ekkl. 10, 20) „Da ein Vogel der Luft die Stimme tragen wird, und das, das Flügel hat wird die Sache erzählen."
Erl.: Die Wurzel GDP bedeutet im Hebräischen vorwerfen oder lästern, und im Aramäischen schneiden oder schaben. Im Aramäischen bedeutet das Hauptwort GDPA „Flügel, Felge oder Grenze".
Ob der Kleingesichtige wirklich ein `Ohr´, also eine entsprechende elektromagnetische Empfangsvorrichtung besaß, mag bezweifelt werden – es war wohl eher der Alte, d. h. das Oberteil der Maschine gemeint. Auch bei der Anzahl der Ohren wird geschummelt: Man weiß, daß nur eines da ist, aber die Rede ist doch von zweien die „aufgehen (oder erscheinen) in einem" (ein einohriger Gott war natürlich unvorstellbar!), – es wird also der gleiche Trick angewendet wie schon oben beim Auge des Alten.

Das kabbalistische „Glaubensbekenntnis"
KHV 41 – 48 u. GHV 920: Er teilt und er ist von allem abgeteilt; dennoch ist er nicht geteilt. Hierüber, alle Dinge sind mit ihm verbunden, und er ist verbunden mit allen. Er ist das Ganze, der Alte von allen Alten, der Verborgene von allen Verborgenheiten.
Er ist geformt, und er ist nicht geformt. Er ist geformt weil Existenz alles ist, und er ist nicht geformt, weil er nicht gefunden ist.
Wenn er geformt ist, gehen da aus 9 Strahler, die von ihm erhellt werden, von seinen Teilen.
Und sie strahlen von ihm. Sie sind veranlaßt zu strahlen und werden erhellt und sind ausgegossen und sind in alle Richtungen ausgedehnt. Wie ein Licht sind die Strahler von ihm in alle Richtungen ausgedehnt.
Und jene Strahler, die ausgedehnt sind; wenn [einer] sich ihnen nähert, um Wissen über sie zu erlangen, findet er sie nicht, und da ist nur die Laterne alleine.
So er, der Alte Heilige, ist das obere Licht, der verborgene von allen Verborgenheiten. Und eines Menschen Sohn sieht jene Strahler nicht, die ausgedehnt sind, die geöffnet sind in Geheimnissen.
Und sie werden der heilige Name genannt, und deshalb sind alle einer.
Und wie unsere Freunde in früheren Büchern gesagt haben, sie sind die Pfade, die geschaffen wurden; und der Alte Heilige ist eröffnend {wörtl.: is opening}. In ihm, im Ganzen, da ist einer; und der eine ist im Namen von jenen Teilen des Alten Heiligen.

Dieser Text, dessen Versuntergliederung absichtlich beibehalten wurde, kann als eine Art kabbalistisches Glaubensbekenntnis gelten. Man beachte die Hervorhebung der Lampe, dessen seltsames Erscheinen, zusammen mit dem unverstandenen Strahlen, sie in einen so hervorgehobenen Beachtungsgrad brachte (Abb. 27a) – ähnlich wie die Barthaare, d. h. die Konvektionsrohre, in der Größeren Heiligen Versammlung (GHV), die auch nur wegen ihrer auffälligen Gestalt und ihrer Unübersehbarkeit in eine so völlig überbetonte, `grundlegende´ Position gerieten.
Man beachte auch die typische Sohar-Logik: „ .... ist abgeteilt; dennoch ist er nicht geteilt." Dieser Widerspruch ist nur scheinbar; je nachdem, ob die Maschine demontiert war oder nicht, war der Alte geteilt oder nicht geteilt, usw.
Die Zusammenfassung von allen Worten: Der Alte der Alten und der Kleingesichtige ist eine Einheit. Eine Einheit, die war, die ist, und die sein wird. Sie wird nicht vervielfältigt werden, sie ist nicht in Vervielfältigung {begriffen}, und sie ist nicht vervielfältigt worden.
Ein fundamentaler Irrtum: Siehe dazu den anderen Jachwe (mindestens einer) im Habitat zum Ernähren der Androiden und evtl. weitere Jachwes in der `Schatzkammer´ des Habitats. Es war halt nur eine Maschine bei den Kindern Israel tätig, aber es läßt tief blicken, daß R. Simon die Nichtkopierbarkeit glaubt extra betonen zu müssen. Bei „Gott" wäre ein solcher Hinweis so blödsinnig, daß angemessene Worte für einen solchen Versuch (des Kopierens), nicht zu finden sind. Man muß zumindest dunkel geahnt haben, daß man es da mit einem Gerät zu

tun hatte, was auch an anderen Stellen angedeutet wird – aber immer nur klamm heimlich und halb unbewußt.

Das Demontieren und Wiederzusammenfügen des Hochbetagten
GHV 921 – 926 m. Erl.: Es [das Ganze] ist in jenen Teilen geformt, die das Erscheinen vollenden, das alle Erscheinungen einschließt, die Erscheinung, die seine Namen einschließt; die Erscheinung, die gesehen wird in ihren Aspekten. Die Erscheinung wurde nicht [gesehen] in dieser Erscheinung, sie war nur wie diese Erscheinung, wenn die Einschlüsse und Einfassungen verbunden waren, und das Ganze vollendet ist.
Erl.: Mit anderen Worten, die Einschlüsse und Einfassungen müssen hinzugefügt sein, bevor die richtige Erscheinung gesehen wird und das Ganze vollendet ist.
Und dafür waren natürlich die Zeichen (d. h. die Buchstaben) an der Maschine, damit alles an seinen richtigen Platz kam; und jedes Zeichen war logischerweise immer zweimal da: am empfangenden Teil (der Unterlage) und am zugehörigen, genau dort einzusetzenden bzw. anzufügenden oberen Teil.
Da es die „Erscheinung des Menschen" ist, ist es die Erscheinung der Oberen und der Unteren, die in ihr enthalten ist. Und da diese Erscheinung die Oberen und die Unteren enthält, ist der Alte Heilige in seinen Teilen geformt, und der Teil des Kleingesichtigen ist in dieser Erscheinung geformt. Und wenn ihr fragt: „was ist der Unterschied zwischen diesem [Alten] und jenem [Kleingesichtigen]?" Das Ganze ist in einer Ausgewogenheit, aber seine Gnaden sind {auf} diesem Wege ausgedehnt und sein Urteil ist {auf} jenem Wege ausgedehnt. Und von seiner Seite sind diese [Gnaden] und jenes [Urteil] dupliziert {wörtl.: duplicated}.
Hier sind womöglich die oberen Menschen im Habitat gemeint, die dem Alten entsprechen, und die unteren Menschen auf der Erde, die dem Kleingesichtigen entsprechen. Ob es sich dabei wirklich nur um einen Vergleich handelt, oder ob die ganze Existenz der Mannamaschine als Abbild der Menschenwelt, oben und unten, gemeint ist, wird nicht klar gesagt, ist aber keineswegs unmöglich. Die Maschine wurde spätestens nach ihrem Abschalten mit allem möglichen verwechselt – u. a. auch mit der ganzen (Menschen-)Welt!

GHV 930 – 931 m. Erl.: Und dies ist „und er formte", mit zwei Yod. Warum? [Die zwei Yod] sind das Geheimnis des Heiligen Alten, und das Geheimnis des Kleingesichtigen.
Erl.: Dies *kann* erklärt werden. Später wird enthüllt, daß Yod, der Name des Hebräischen Buchstabens I, der geheime Name der Öffnung des Penis' des Kleingesichtigen ist. Der geheime Name des Penis' selbst ist Yesod, ISVD, das „Gründung" bedeutet, ist aber sehr ähnlich mit SVD, „heimlicher (Teil)". R. Simon erklärt den Schreibfehler der zwei Is in diesem Wort der Genesis, indem er sagt, daß sie eine geheime Anspielung sind auf den Penis des Alten und {den} des Kleingesichtigen. Wir können nicht sicher sein, welcher Teil des Alten hier als „Penis" bezeichnet ist. Da der penisähnlichste Teil woanders die Nase genannt

wird, vermuten wir, daß der Teil auf den er sich hier bezieht, eine Art Justierstift ist oder ein Paßrohr.

Nein! Sondern hier sind der innere und der äußere Penis gemeint. Da der Alte, das Oberteil, einen nach unten ragenden Fortsatz hatte, das Lüftungsrohr (seine lange Nase), das beim Wiederzusammenbau in den Kleingesichtigen, die Mutter, von oben her gepreßt wurde, war das der innere Penis des Alten. Der äußere Penis der Gesamt-Maschine, des Hochbetagten, war das vermutlich waagerecht vorragende Rohr mit einer speziellen Öffnung am Ende zur Manna-Entnahme. Der Hochbetagte hatte also wirklich zwei Penes (Abb.25, 27 u. 28)!

KHV 218 – 219.: Überlieferung: zu der Zeit wenn der Alte Heilige, verborgen mit allen Verborgenheiten, wünscht, versetzt {wörtl.: transferred} zu sein, {dann} werden alle Dinge versetzt, in der Form von männlich und weiblich, nach dem Platz wo sie vervollständigt werden [*d. h.* dem Platz des {Wieder}-Zusammenbaus]. Der Mann und die Frau sind nicht eingerichtet (*oder* lebendig), außer nur im anderen Leben von Mann und Frau.

Er muß also für den Transport zerlegt werden und funktioniert ('lebt') erst wieder, wenn beide Teile, Mann und Frau, wieder zusammengefügt sind. Dann escheinen sie anders und werden auch mit dem anderen (Gesamt)-Namen IHVH (!JACH-WE!) benannt. Interessant ist dieser Namenswechsel schon: Wenn er demontiert ist, heißen die beiden Teil-Einheiten - wahrscheinlich wie alle anderen demontierten Einzelteile auch - anders als im montierten Zustand, wenn die Maschine wieder eine (lebendige!) Einheit ist, die dann einen anderen, übergeordneten Gesamt-Namen hat. Das kam den Erntemännern so seltsam vor, daß sie von einem „anderen Leben" von Mann und Frau nach dem Zusammenbau sprachen. So unfaßbar rätselhaft für alle beteiligten Personen das Ganze war, es hatte eine unerhörte religiöse Folge: <u>Man stolperte auf diesem Wege über die Möglichkeit der (körperlichen) Wiederauferstehung – und das auf zweierlei Art:</u> *Einerseits erwachte die Maschine nach der vollendeten Montage wieder zum Leben, produzierte also wieder Manna, war also quasi wiederauferstanden; andererseits gab es da noch die `Wiederauferstehung´ der Algenkultur im großen Kulturtank nach jeder wöchentlichen Reinigung, die auch erklärt sein wollte.*

Man erhält hier eine Vorstellung von dem ausweglosen Wust der grotesken Mißverständnisse und Irrtümer, mit denen die Bedienungsmannschaft des Hochbetagten und später die Erntemänner des Heiligen Feldes geschlagen, um nicht zu sagen gezeichnet waren: Es gab für sie kein Entkommen aus diesem Labyrinth der Unwissenheit und der Mißverständnisse und für die später daraus sich entwickelnden `Religionen´ erst recht nicht. Denn die späteren Religionsschöpfer hatten den Hochbetagten, das Gottesgeschenk, ja nicht mehr vor Augen; sie konnten also nur noch auswendig lernen, blind glauben und nachbeten – bis auf den heutigen Tag!

Erl. n. GHV 31: Dieser Vers ist etwas obskur. Er bezieht sich offensichtlich auf das Demontieren, Beschreiben und Vermessen des Alten der Tage hinter einem

Vorhang im Allerheiligsten. „Aber sie waren nicht gemacht um zu leben": Der Vorgang fand statt, nachdem der Alte der Tage seine Funktion eingestellt hatte. Dies scheint bestätigt zu werden von dem, das folgt.

GHV 34 mit Erl.: Und nach einer Zeit wurde er zerlegt (ASThLQ, von ShLQ, zerlegen) (*oder* wurde zerstört (MSThKL von ShKL)) in {hinter?} jenem Vorhang, und wurde geformt in seinen Teilen.
Erl.: Der Gebrauch dieser beiden Wörter deutet hier sicherlich einen Zerlegungsvorgang an.
Der Hochbetagte, die Mannamaschine, konnte also zum Teil zerlegt und mit primitiven Mittel „vermessen" werden. Während der Wüstenwanderung war dieses allwöchentliche Zerlegen zum Reinigen der Maschine sogar zwingend notwendig und wurde zu einem festen Ritual, das seinerseits entsprechende religiöse Konsequenzen in der Kabbalistik, aber auch in der allgemeinen Religion nach sich zog; z. B. den Sabbat mit seinen Bestimmungen.
Die Behauptung, daß dieses Demontieren in einem Vorhang vorgenommen wurde, ist natürlich unmöglich. Hier wurden wahrscheinlich die Ereignisse bei der Mannaübergabe am Doppelvorhang mit dem späteren Untersuchen und Abmessen der Maschine verwechselt bzw. durcheinandergebracht. Da die Manna-Übergabe mit Hilfe der beiden Vorhänge zwischen diesen stattfand, wurde angenommen, daß auch das Vermessen dort stattgefunden hatte. Dieser Doppelvorhang hatte ursprünglich den zweiten, mittleren, Abschnitt der Stiftshütte vom Allerheiligsten, dem dritten, hintersten, Abschnitt abgetrennt (Abb. 7 u. 8).

GHV 126 – 134 m. Erl.: Die Überlieferung im *Buch des Mysteriums* ist, daß alle Urteile, die vom Mann gefunden werden, zu Anfang stark sind und entspannt (NIIChIN) am Ende. Und alle Urteile, die von der Frau (*oder* {dem} Loch) gefunden werden, sind zu Anfang entspannt und stark am Ende. Und wenn sie [Mann und Frau] nicht gemacht wären als eines, wäre die Welt nicht imstande zu überleben (SBL), bis der Alte der Alten, verborgen von allem, dieses von jenem trennte, und sie dann [zusammen] vereinigte, um als eines gesüßt zu werden. Und wenn er sie trennt, verdunkelt (*oder* verzögert (APIL)) er den Kleingesichtigen mit einem Schlaf (DVRMITA), und trennt die Frau von den Hinter-Teilen seiner Seiten.
Erl.: Das Wort DVRMITA ist Soharisch, vielleicht von einer Spanischen Wurzel, solche wie dormir, schlafen, oder dormitar, {im Halbschlaf} dämmern.
Diese Begriffe leiten sich alle her vom lateinischen dormire = schlafen. Es kann also die Welt, d. h. die Maschine, kein Manna produzieren, wenn nicht beide Teile (korrekt) zusammengefügt sind. Sie werden vorher getrennt, für die Reinigung, und müssen danach wieder vereinigt werden; erst dann können sie gesüßt, d. h. mit Mineraldünger gedüngt werden. Für die Trennung wurde das Unterteil, der Kleingesichtige, eventuell gesondert abgeschaltet, oder - was wahrscheinlicher ist - verdunkelte als Folge des Abschaltens der Gesamt-Maschine. Das Trennen von den Hinter-Teilen seiner Seite gibt möglicherweise einen Hinweis auf die Abfolge

der durchzuführenden Montagetätigkeiten beim Auseinandernehmen der beiden Hauptkomponenten.
Und er bereitet vor {wörtl.: forms for} alle seine Teile für sie, und hält sie diskret bis zu ihrem Tag, wenn sie zum Manne kommen soll. Wie gesagt ist: (Gen. 2, 21) „Und der Herr Gott verursachte einen tiefen Schlaf auf Adam zu fallen, und er schlief. Und er nahm eine seiner Rippen [Fem.] und verschloß das Fleisch anstelle davon." Was ist dies „eine [Fem.]"? Das ist die Frau. Wie gesagt ist: (Ges. 6, 9) „Eine ist sie, meine Taube, meine reine". Und sie fuhr fort und sie war geformt. Und hinein in ihren Ort fügte er ein Gnaden und Gnade. Wie gesagt ist: (Gen 2, 21) „und er verschloß das Fleisch anstelle davon", und es steht geschrieben: (Ez. 36, 26) „Und ich werde von euch nehmen das steinerne Herz aus eurem Fleisch, und ich werde euch ein Herz aus Fleisch geben."
Die Bibelzitate sind an Unsinnigkeit in diesem Zusammenhang wohl nicht mehr zu übertreffen: Aus der Tatsache, daß die Maschine für die Trennung, d. h. für die allwöchentliche Demontage, abgeschaltet (verdunkelt) wurde, wird auf die Ereignisse bei der genetischen Manipulation im Habitat geschlossen, die wahrscheinlich mindestens etwa Zweitausend Jahre früher stattgefunden hatte (siehe „Gottes Sturz aus dem Himmel"), und das Hohelied Salomons darf natürlich auch nicht fehlen, denn es enthält so viele `passende´ erotische Anspielungen, die ursprünglich aber von der erotischen Interpretation zahlreicher unverstandener Eigenschaften der Mannamaschine abgeleitet sind – hier beißt sich die Schlange soharischer Logik mit ihren Bibelzitaten also in den eigenen Schwanz!

BdM 5:10 – 5:11 m. Erln.: Der Alte ist abgeteilt vom Kleingesichtigen, und wird [dann] angefügt [an ihn]. Der „Mund, der große Dinge spricht" ist nicht eigentlich verbunden. Er ist lose, und ist umgeben von den kleinen Einfassungen, von den fünf Teilen der Rüstung.
Erl.: Dieser Vers ist ziemlich unklar, aber nichtsdestoweniger ist er ein weiterer Bezug auf Lecks im System. Wenn die Verbindung nicht ordnungsgemäß gemacht ist, dann sickert der Inhalt aus, hinein in den Raum innerhalb der kleinen „Einfassungen" oder abnehmbaren Abdeckplatten. Die „Einfassungen" sind gleichgesetzt mit Teilen einer Rüstung, was bestätigt, daß „Einfassung" die richtige Lesung ist, {und} nicht „Krone".
  Da ist eine ähnliche Bestätigung in 5 : 44 – verborgen und umschlossen. „Verborgen" ist offensichtlich die richtige Lesung, anstatt „Krone" oder „schmücken" {Das Zitat 5 : 44 lautet: „Hier endet das verborgene und umschlossene Mysterium des Königs, … … …".}.
So sehr wir der Übersetzung „Einfassung(en)" statt „Krone(n)" zustimmen, so wenig können wir der weiteren Bemerkung von Sassoon und Dale in diesem Fall beipflichten: Hier ist nichts obskur und nichts gesagt über Undichtigkeiten. Hier steht nur, daß der Alte, das Oberteil der Maschine, vom Kleingesichtigen, dem Unterteil der Maschine, abgetrennt ist und an diesen (beim Wiederzusammenbau) angefügt wird. Das ist völlig korrekt, denn sie werden ja bei jeder wöchentlichen Reinigung (und bei jedem Weiterzug zur nächsten Quelle bzw. Weide) voneinander getrennt, sind also nicht wirklich fest, d. h. endgültig, miteinander verbunden (Abb.

28). Der Alte ist entlang dieser Trennlinie bzw. Trennfläche in der Tat lose, und am Kleingesichtigen werden sich die äußeren Abdeckplatten, d. h. die äußeren Umrundungen, befunden haben. Der große „Mund", d. h. die große Öffnung, erschien im gleichen Augenblick, wenn die beiden Teile voneinander getrennt wurden. Daß hier von einem `Mund' die Rede ist, erinnert natürlich an den oberen `Mund', den Lufteinlaß, aus dessen säuselndem und leise brummendem Geräusch man Weisheiten glaubte heraushören zu können. Hier beim unteren `Mund' war es vermutlich ganz ähnlich: Je älter die Maschine wurde, desto mehr, lauter und `deutlicher' klapperten die an Scharnieren aufgehängten Einfassungsklappen, die äußeren Umrundungen; und desto begieriger werden die wenigen Leviten, die die Maschine warten und bedienen durften, sich also in ihrer Nähe aufhalten durften, auf die klappernde `Sprache' dieses `Mundes' gehorcht haben. Es war ja auch dieses Geräusch `Gottes' Stimme, weil <u>alles</u> an dieser Maschine, die von `Gott' kam, also auch alle ihre Lautäußerungen, göttlich sein mußte, also auch noch das lächerlichste Klappergeräusch! – und daraus wurden dann Kabbala und Religion abgeleitet und zusammengeschustert (d. h. zusammenphantasiert und hineingeheimnißt), eben ..... Gottesweisheiten und göttliche Offenbarungen!!
Die Wasser. Von ihnen steht geschrieben: (Num. 19, 17) „Und sollen auf ihn gießen lebendes {d. h. fließendes; wörtl.: living} Wasser in einem Gefäß". Er ist (Jer. 10, 10) „der lebendige Gott, der ewige König". (Ps. 116, 9) „Ich werde vor dem Herrn wandeln im Lande der Lebenden." (1 Sam. 25, 29) „Und die Seele meines Herrn {wörtl.: Lord} soll eingebunden sein im Bündel des Lebens". Und (Gen. 2, 9) „Und der Baum des Lebens in der Mitte des Gartens".
Erl.: Alle diese Zitate sind mitinbegriffen wegen der Bezüge zu „Leben", da dieses die „lebenden Wasser" sind oder „Wasser des Lebens". Daß Leben vom Wasser abhängig war, wurde geglaubt aufgrund der Tatsache, daß kein Manna produziert werden konnte, es sei denn, daß „die Wasser des Lebens" im „großen Meer" des Alten der Tage (dem Kulturtank) wimmelten von Algen (siehe *Die Manna-Maschine*).
Die Verwendung des Wassers ist hier nicht klar. Zwei Möglichkeiten bieten sich an: Es kann Wasser zu Anfang in den Kulturtank gefüllt worden sein, um die Mannaproduktion am Anfang der Woche zu beschleunigen, oder es wurde Wasser zum Reinigen der Maschine (Kulturtank und/oder Konvektionsrohre, d. h. Barthaare, und/oder Teile des Kleingesichtigen, der Mannaverarbeitungsanlage) benötigt. Da wir keine Details über den eigentlichen Reinigungsvorgang irgendeines Teils der Maschine erfahren, muß die Frage nach dem Verwenden des Wassers offen bleiben. Es ist immerhin bemerkenswert, daß ausdrücklich lebendes Wasser auf ihn gegossen werden soll, also doch wohl Quellwasser; möglicherweise, weil das weniger Keime enthält.

GHV 310 – 311 m. Erln.: Er sitzt in der Einfassung {wörtl.: surround} der Einfassungen, die Einfassungen aller Einfassungen, die Einfassungen, die nicht enthalten sind in den Einfassungen, die Einfassungen, die nicht sind wie andere Einfassungen, die Einfassungen der unteren Einfassungen, die mit ihnen verbunden sind.

Erl.: Von den „Einfassungen", übersetzt von Mathers als „Kronen", nehmen wir an, daß sie abnehmbare Abdeckplatten sind.
Die Einfassungen waren für die Alten ein Problem: Da gab es die vermutlich kreisrunde(n) Einfassung(en), in die der Alte bei der Montage der Maschine nach ihrer wöchentlichen Reinigung von oben her hineingepreßt wurde – ein Vorgang, der aus der so oft sexuellen Sicht der Kabbalisten als überwältigender Geschlechtsakt angesehen wurde. Diese Umrundung(en) war(en) nach Vollenden des Zusammenbaus im Innern der Maschine eingeschlossen, also unsichtbar: sie gehörten damit zur zukünftigen Welt. Nicht so die Umrundungen, d. h. die Einfassungen, die außen an der Maschine angebracht waren, und die den Kleingesichtigen schützten und die sehr wahrscheinlich an Scharnieren nach der Seite aufgeklappt werden konnten. Diese ebenfalls (etwa) kreisförmig angebrachten Klappen (Einfassungen) befanden sich außerhalb der Maschine und waren damit nicht in ihr involviert; sie waren damit aus religiöser Sicht nicht für die kommende Welt vorgesehen, wie alles außen an der Maschine angebrachte. Und so, wenn diese Teile ... jene unteren Teile sind verbunden mit ihnen. Die Teile, die geformt werden wenn es nötig ist, daß er, der Segen begehrt, gesegnet werden sollte.
Erl.: „Segen" ist ein anderer Begriff, der benutzt wird, sich auf Manna zu beziehen.

GHV 313 – 314: Das Ganze ist in diesen Teilen enthalten. Die werden alle zusammengefügt, die Teile des mächtigen Königs zu empfangen, des Alten, verborgen von allem. Und alle von ihnen werden gesüßt von jenen Teilen des Alten Königs. Überlieferung: wenn der Alte der Alten, der Heilige der Heiligen nicht in diesen Teilen geformt wäre, dann würden weder obere noch untere [Dinge] gefunden werden. Und das Ganze würde sein, als wenn es nicht wäre.
D. h. solange die Maschine nicht vollständig zusammengefügt ist, ist es als würde sie nicht existieren; d. h. sie kann dann nichts verrichten, kann kein Manna produzieren. Zum Zusammenbau bzw. zur Demontage des Hochbetagten siehe Abb. 28.

GHV 945 m. Erl.: In dieser „Erscheinung des Menschen" beginnen der Mann und {die} Frau und bilden einen Behälter.
Erl.: Hier tragen die Begriffe männlich und weiblich auch die Bedeutung von „markieren, oder eindrücken" und „Loch", respektive.
Es mußte also das Oberteil genau in das Loch des Unterteils hineingepreßt werden, der Markierung entsprechend. Da der Oberteil ein nach unten vorragendes Rohr hatte (s. o.), war er der Mann und die Unterlage war die Frau – wegen des Lochs (Sassoon und Dale weisen in der deutschen Übersetzung „Die Manna-Maschine" auf die manchmal brutale Direktheit der Sprache des Sohariesten hin – mit gutem Grund). Das Ganze war dann „die Erscheinung des Menschen", d. h. die montierte Gesamt-Maschine sah menschenähnlich aus – aber nicht wirklich wie ein realer Mensch (Abb. 9).

GHV 957 – 959 m. Erl.: Und sie geht hinein in diesen Ort, und da werden alle Gnaden gebildet und die ganze Seite der Gnade. Und Überlieferung: in diesen Eingeweiden, da sind vereint Sechshundert, ein Tausend, eine Myriade, Herren der Gnaden. Und sie werden genannt die Gebieter der Eingeweide. Da geschrieben steht: (Jer. 31, 20) „Deshalb sind meine Eingeweide bekümmert um seinetwillen; ich werde gewiß Gnade für ihn haben, sagte der Herr."
Erl.: Diese Verbindung von Eingeweiden und Gnade sollte beachtet werden. *Wahrscheinlich handelte es sich um die Mannaproduktionsvorrichtung im Kleingesichtigen, die die „Gnade", d. h. Manna, produzierte, und die entsprechend kompliziert war (Abb. 29).*
GHV 974 – 975 m. Erl.: Was in der Tat ist der Anfang und das Ende dieser Erörterung? Es ist, daß nur der, der sein „Yod" aufdeckt und vorsichtig ist, es nicht hinein in den anderen Ort einzuführen, nur er ist vollendet für die kommende Welt, und Teil zu werden von der Versammlung des Lebens. Was ist dieses „hinein in den anderen Ort"? Davon steht geschrieben: (Mal. 2, 11) „Und hast geheiratet die Tochter eines fremden Gottes."
Erl.: R. Simon interpretiert 974 als eine Warnung gegen Geschlechtsverkehr mit Nichtjuden, aber es könnte ebenso gut eine Verfügung sein gegen Unzucht.
Etwa unbeabsichtigter Analverkehr?

GHV 977 – 979: Und sobald dieser Penis verlängert ist, ist die Seite der Stärke verlängert von jenen Stärken an der linken [Seite] der Frau, und [der Penis] sinkt hinein in die Frau (*oder* {das} Loch), in einen [gewissen] Ort und wird gepreßt hinein in das Sexualorgan, der am meisten bedeckte Teil des ganzen Körpers der Frau, und hinein in den Ort, der die Entblößung der Braut genannt wird, der Ort, der getrennt von jenem Penis gehalten werden muß, der „Gnade" genannt wird, weil [der Penis] ist für das Süßen dieser Stärke, die fünf Stärken beinhaltet.
Hier ist das Einführen, das Hineinpressen, des Rohres beschrieben. Die Öffnung des Kleingesichtigen muß natürlich mit größter Sorgfalt abgedeckt werden, denn jede Verunreinigung hätte sofort das produzierte Manna verunreinigt und womöglich unbrauchbar gemacht. Da diese Öffnung als weiblich galt - es wurde ja der `Mann' von oben her hineingepreßt - wurde das ursprünglich aus technisch-logischen Gründen angeordnete sorgfältige Abdecken auf die Frauen übertragen. Die Folgen dieser Anordnung waren für diese aber katastrophal – sie mußten aufs äußerste bedeckt werden. Man sehe dazu die Bekleidung der Frauen der orthodoxen und ultraorthodoxen Juden, deren Männer nicht ganz zufällig die jüdischen Taliban genannten werden; – auch hier das Ganze abgeleitet von einer Maschine, von technischen Vorgaben, die für die Demontage und das Wiederzusammensetzen dieser Maschine durchaus sinnvoll waren – aber auch nur dort!

GHV 982 – 983: Und deshalb ist in all jenen Einfassungen rechts und links, Urteil und Gnaden. Überlieferung: bevor der Alte der Alten die Teile des Königs ordnete, gründete er die Welten und formte die Teile hinein ins Dasein. Jene Frau war nicht gesüßt, und war nicht gemacht zu existieren, bis die obere Gnade

hinunterging. Und die Teile der Frau wurden gemacht zu existieren, und wurden gesüßt von diesem Penis, der „Gnade" genannt wird.
D. h. es kann die Mannaproduktion erst beginnen, wenn der obere Teil, der Alte, in den unteren Teil eingedrungen ist mit seiner Verlängerung nach unten, dem inneren Penis. Dieses Eindringen des Alten von oben her – und wohl auch der Zustrom des Algenschleims in den Kleingesichtigen, die Frau, wurde als die obere Gnade angesehen. Die untere Gnade, das Manna für die Menschen, wurde aus dem äußeren Penis entnommen, der nach außen aus der Maschine hervorragte. (Abb. 9 und Abb. 28).

KHV 125 – 127: Im *Buch des Mysteriums*, lehren wir, daß da ist ein oberes I, ein unteres I, ein oberes H, ein unteres H, ein oberes V, und ein unteres V. Alle oberen hängen im Alten, und die unteren im Kleingesichtigen. Aber diese [unteren] hängen nicht wirklich; jedoch, die [oberen] *hängen* {wörtl.: *do* hang} im Alten.
Das sind wahrscheinlich Montierhilfen und -anleitungen, die sowohl oben (am Alten) als auch unten (am Kleingesichtigen) angebracht waren, und die wahrscheinlich beim Montieren paßgenau aneinander angefügt bzw. übereinandergestülpt bzw. -geschoben werden mußten; d. h. die beiden Hauptteile paßten nur in einer Position zusammen, die genauestens einzuhalten war, deshalb die Zeichen. Dabei gab es von oben her vielleicht nach unten vorragende Stifte, Führungsleisten, oder auch Anschlußstöpsel, die wirklich nach unten wiesen, also „hingen".

GHV 531: Und sobald der Mann geformt ist, werden sie mit ihren anderen Namen gerufen, und sie werden gesüßt bei ihrem Erscheinen in ihm [*d. h.* dem Mann], und sie werden an ihren Plätzen eingerichtet. Und alle von ihnen werden bei ihren anderen Namen gerufen, die verschieden sind von den ersteren, … .
Nach der Montage hießen die Einzelteile natürlich anders; Kode-Begriffe waren dann nicht mehr nötig. So hatten z. B. die einzelnen Barthaare im demontierten Zustand jeweils einen eigenen Namen (s. o.); nach dem Montieren war das Ganze dann wahrscheinlich nur noch `der Bart´ des Alten. Und nach der vollständigen Montage hieß die ganze Struktur sowieso der Hochbetagte, oder Jachwe (IHVH).

GHV 534 – 535 m. Erl.: Und da hier reichlich männliche und weibliche sind, ist nicht geschrieben von ihm [Hadar] „er starb", wie die anderen; und es ist ihnen erlaubt zu leben. Aber sie sind nicht eingesetzt bis die Erscheinung des Menschen geformt ist. Und wenn immer die Erscheinung des Menschen geformt ist, werden sie gesehen; werden sie veranlaßt, in einer anderen Erscheinung zu existieren, und sie sind eingesetzt.
Es wurde also zuerst die Erscheinung des Menschen, d. h. die Mannamaschine „geformt", d. h. zusammengebaut, und erst danach wurden diese Teile (die Barthaare?) eingesetzt. Das war so in dieser Reihenfolge auch logisch, denn die zerbrechlichen „Barthaare" hätten sonst beim Zusammenbau wahrscheinlich leicht beschädigt werden können. Hier erfahren wir also etwas über die

Reihenfolge der wichtigsten Einzelteile beim Zusammenbau der Maschine am Sabbat.
Erl.: Dieser ziemlich komplizierte Abschnitt verwechselt die Neutralisierung der Urteile in der „Erscheinung des Mannes" mit dem Tod der Edomitischen Könige. In der Genesis-Darstellung starben alle Könige, mit Ausnahme von Hadar, dem letzten. Er war auch der einzige, bei dem weibliche Verwandte genannt wurden. Und die Tatsache, daß „in ihm männliche und weibliche sind", wird dafür verantwortlich gemacht, daß er nicht starb. Die Neutralisierung der Urteile ist auch verwechselt mit dem Zusammentreffen von männlich und weiblich, die, wenn zusammengebracht, ihre Begierde füreinander neutralisieren. Man ist versucht, eine chemische Parallele zu ziehen: Säuren und Laugen, korrodierende und unangenehme Substanzen, alleine genommen, bilden ein harmloses Salz, wenn sie vermischt werden; ihre Begierde füreinander ist neutralisiert worden.
Dieser Kommentar von Sassoon und Dale ist sehr unklar.

KHV 649 – 653 m. Erl.: Sechs sind da; 9 werden sie genannt. Der erste Teil. Dieser Funke geht aus von der Hauptlampe und er schlägt hinein in den Teil unterhalb der Haare des Hauptes von unter den Locken, die oberhalb der Ohren sind. Und er geht hinunter vor der Höhlung der Ohren so weit wie bis zur Oberkante des Mundes. Im Alten Heiligen, wird dieser Teil nicht gefunden, außer wenn der Einstrom des Alten Heiligen fließt, und der Brunnen der Weisheit hängt von ihm. ... [Lücke]... wenn die Mutter herausgezogen ist und enthalten ist im reinen Äther, diese Weißheit hält die Mutter. Und der Funke...[Lücke]...sie geht ein und geht aus, und dieses ist verbunden mit jenem, und ein Teil ist [dann] gemacht. Und wenn es nötig ist, geht dies auf über jenes, und jenes über das andere, und einer wird dann gemacht, den anderen davor zu bedecken.
Erl.: Es ist schwer, genau zu sagen, was hier vorgeht, weil da Lücken sind, und keiner der Teile ist benannt, mit Ausnahme der Mutter. Jedoch, es ist eindeutig eine Beschreibung einer mechanischen Montagetätigkeit.
Es handelt sich möglicherweise um das Beleuchtungs-System im Haupttank, wenn dieser nach der wöchentlichen Reinigung montiert wird; genaueres ist aber nicht gesagt.

BdM 1:1 u. 1:2 m. Erl., 1:5 u. 1:6 m. Erl., 1:7: Das *Buch des Mysteriums* ist das Buch des Abwägens im Ausgleich. Überlieferung: bevor da war [der] Ausgleich, schauten sie nicht von Angesicht zu Angesicht.
Erl.: Das Abwägen im Ausgleich mag sich auf das Abmessen von Manna-Rationen beziehen; „von Angesicht zu Angesicht" ist der Kode-Ausdruck, der sich auf das Zusammenfügen der beiden Teile der Maschine bezieht. Eine der ergötzlicheren Interpretationen von 1 : 2 ist von Helena P. Blavatsky, von theosophischem Ruf; sie erwog, daß es bedeutete: „Bevor Zivilisation war, vereinigten sich die Menschen wie Tiere anstelle von Angesicht zu Angesicht." Ihre „Stanzas of Dzyan" sind ein unmittelbares Plagiat {wörtl.: direct crib} vom *Buch des Mysteriums*. Es ist kein Zufall, daß ihr Buch, *The Secret Doctrine* {deutsch: „Die Geheimlehre"}, kurz nach Mathers' Übersetzung erschien.

Vergleiche den Titel „Stanzas of Dzyan" – unbekanntes Material vor dem Aufkommen {wörtl.: advent} von HPB – mit dem Aramäischen „SPRA DTzNIOVThA".
Dieser Ausgleich hängt an dem Ort des nicht-ist. Da werden in ihm diejenigen gewogen, die nicht gefunden werden.
Erl.: Für dieses hat Mathers das großartige: „Dieses Gleichgewicht hängt in jenem Bereich, der negativ existent ist im Alten. Dadurch waren jene Kräfte im Gleichgewicht gehalten, die noch nicht in wahrnehmbarer Existenz waren."
Der Ausgleich ist stehend in seinem Körper. Er ist nicht vereint und er ist nicht gesehen.
Der Verfasser ist der Meinung, daß möglicherweise auch hier die Rede ist vom genau senkrechten Austarieren des gesamten Geräts, da es sonst nicht einwandfrei funktionieren konnte (s. o.).
Erl. n. GHV 90: Die untere Stirn, die des Kleingesichtigen, scheint verbunden zu sein mit der des Alten wenn sie geöffnet ist, was zu dem Schlagwort geführt hat „von Angesicht zu Angesicht", das benutzt wird, wenn die zwei zusammengefügt sind. Das Wort „Aufdeckung" kann auch polierte Oberfläche bedeuten. Die alternative Bedeutung würde bestätigen, daß die Stirn frei von Haaren war.
Die beiden Teile, der Alte und der Kleingesichtige, waren also entlang einer polierten und extrem paßgenauen Trennfläche (wie wir später erfahren werden) miteinander verbunden. Sie konnten entlang dieser Fläche natürlich auch wieder getrennt werden; dazu später mehr.

GHV 142: Und sofern nicht das gute, obere Auge wacht und das untere Auge wäscht, wird die Welt nicht imstande sein, für einen Moment zu existieren.
Es gab da also eine künstliche Lichtquelle von der man wußte, daß sie für die Welt, d. h. für die Algen im großen Kulturtank, zum Gedeihen zwingend nötig war – ohne diese Lampe kein Manna (Abb. 18, 19 u. 20)!

Erl. n. GHV 183, GHV 184 – 189 m. Erl. n. GHV 188: Es sollte erläutert werden, daß für die Juden der Messias kein Prophet war, der die geistige Erlösung für die Welt erlangen würde, durch seine eigene Kreuzigung, sondern ein charismatischer Führer, der sie von der Unterdrückung befreien und ein weltumspannendes Königreich begründen würde, und dadurch den Frieden sichern und das Kommen eines neuen goldenen Zeitalters. Dieser Glaube mag seinen Ursprung in Versprechungen von Besuchern aus dem All haben, daß sie wiederkommen würden. Das Wort Messias bedeutet einfach „der Gesalbte"; „Christus" ist das Pendant, abgeleitet vom Griechischen.
In *Die Manna-Maschine* zeigen wir die Beziehung zwischen der Maschine und dem Akt der Salbung. Wenn der Alte der Tage auch „der Gesalbte" wäre, wie wir vermuten, ergäbe das einen Sinn für GHV 189, unten.

Und zu der Zeit [des Kommens des Messias'] wird der Alte der Tage den Geist erregen, der aus dem Gehirn herausgeht [*d. h.* beginnen, wieder zu arbeiten]. Und wenn er losgemacht ist, werden alle unteren Geister von ihm erregt. Und was sind

sie? Sie sind die heiligen Einfassungen des Kleingesichtigen, und da sind sechs andere Geister, die entzündet werden werden. Diese sind die sechs Geister, drei von ihnen beinhalten drei andere, von denen geschrieben steht: „Der Geist der Weisheit und {des} Verständnisses, der Geist von Rat und Stärke, der Geist des Wissens und von der Furcht vor dem Herrn." Weil dies die Überlieferung ist: es steht geschrieben: (1 Chron. 29, 23) „Dann saß Salomon auf dem Thron des Herren", und es steht geschrieben: (1 Kön. 10, 19) „Der Thron hatte sechs Stufen".
Erl.: Es ist möglich, das da ein Bezug ist zwischen den sechs Stufen und den sechs Füßen des Alten der Tage. Jedoch, wir sind hier mitten in einem typischen Zahlenspiel, da wir im nächsten Vers finden, daß „der siebente" beides ist, die oberste Stufe und der Geist des Alten der Tage, der auf ihr ist. Dies setzt sich bis Vers GHV 198 fort, wo die sieben „obere Pfade" werden.

Und wenn die Zeit kommt, wird der Messias auf der siebenten sitzen. Diese [Geister] sind die sechs [Stufen], und der Geist des Alten der Tage, der auf ihnen ist, ist der siebente.
Man hofft also auf die Wiederkehr der Extraterrestrier, und dann wird es auch wieder Manna geben, d. h. die Maschine wird wieder arbeiten.

Das ist *die* typische Kargo-Kult-Situation!

Interessant ist der Hinweis auf die Einfassungen des Kleingesichtigen, also die äußeren Abdeck-Klappen. Diese erhielten - wie alle anderen unmittelbar zugänglichen und sichtbaren Teile - eine erheblich größere Beachtung als ihnen aus technischer Sicht zukam; sie hatten für das grundsätzliche Funktionieren der Maschine und der Manna-Zubereitung vermutlich überhaupt keine Bedeutung! Vollends verschmilzt die Technik mit der Religion wenn es um die sechs Beine des Hochbetagten geht, die natürlich zu den sechs Stufen am Thron Salomons werden. Auf dem siebenten aber ist (auch) der Geist des Alten der Tage (der Mannamaschine); später werden dann diese sieben zu Pfaden, d. h. zu Rohrleitungen(!) in der Mannamaschine.

BdM 2:63 – 2:67 m. Erl.: Er, der so genannt wird ist er, der verborgen ist und nicht gefunden {wird}. Er, der dem Auge nicht erscheint; er, der nicht beim Namen genannt wird [*d. h.* der Alte der Tage]. Jenes „H" enthält das V, das V enthält das A, aber es enthält nicht das H. Das H ist ausgeschüttet nach dem Aleph. Das Aleph ist ausgeschüttet nach dem „Yod". Das „Yod" ist ausgeschüttet nach dem [anderen] „Yod", das verborgen ist von den verborgenen Dingen, die nicht verbunden sind mit dem V [und] {dem} D. Wehe wenn das I nicht hineinfließt in das V [und] {das} D! [siehe 2 : 43]. Wenn das I vom V [und] {vom} D entfernt ist durch die Sünden der Welt, {dann} werden die Nacktheiten (*oder* Geschlechtsorgane) des Ganzen sichtbar {wörtl.: are found}, wovon geschrieben steht: (Lev. 18, 7) „Du sollst nicht die Nacktheit deines Vaters aufdecken". Das I [und] das H: Wehe wenn das „Yod" entfernt wird vom „He". Darüber steht geschrieben: (Lev. 18, 7) „Und die Nacktheit deiner Mutter sollst du nicht

aufdecken; sie ist deine Mutter, du sollst ihre Nacktheit nicht aufdecken." Denn (Spr. 2, 3) „Du sollst Verständnis deine Mutter nennen", etc.
Erl.: Das Sprüche-Zitat lautet in KJV: „Fürwahr, wenn du mit Fleiß Wissen suchst"; im Hebräischen, KI AM LBINH ThQRA, das gelesen werden kann {als}: „Wenn du die Mutter durch Verständnis rufst". Erneut sind diese letzten wenigen Verse eine Beschreibung von Flüssigkeitsströmen in einem Rohrleitungssystem, die die Rabbiner vorzogen, im Sinne von Geschlechtsverkehr zu verstehen.
Die eingangs genannten Buchstaben waren wahrscheinlich als Montagehilfen an der Maschine angebracht (s. o.).

GHV 35 m. Erl.: Und es wird gelehrt [in den Überlieferungen], daß, als es gewünscht war, das verborgene Gesetz zu schaffen, es Zweitausend Jahre benötigte. Und es [das verborgene Gesetz] sagte zu ihm: „Er, der wünscht anzufertigen und etwas zu erzeugen, muß erst die Details ausarbeiten."
Erl.: Dies hört sich sehr nach einer Ingenieur-Anweisung an. Es mag sein, daß die Verantwortlichen, nachdem sie den Alten der Tage auseinandergenommen, beschrieben und vermessen hatten, hofften, imstande zu sein, ihn wieder zum Arbeiten zu bringen.
Die „Zweitausend Jahre" können eine Abschätzung des Alters der Zivilisation sein, die den Alten der Tage herstellte. Wie man das Alter einer Zivilisation abschätzt, ist nicht klar. Wir tendieren dahin, die unsrige für ungefähr 2000 Jahre alt zu halten, aus offensichtlichen, aber wenig stichhaltigen Gründen. Aus technischer Sicht könnte sie als nur wenige Hundert Jahre alt bezeichnet werden.
Das „verborgene Gesetz" bezieht sich auf das wissenschaftliche oder technische Wissen; sein Gegenstück, das „offenbarte Gesetz", ist im Grunde genommen ethisch (mit religiöser Überlagerung), zum Teil vernünftig, und zum Teil ein Schutz für das verborgene Gesetz.
Wenn dies wirklich ein Hinweis auf die Entwicklungsdauer auf dem Ausgangsplaneten wäre, wäre das geeignet, das gesamte Verständnis der Kabbala umzustoßen! Das würde doch bedeuten, daß die Extraterrestrier bei oder nach der Übergabe der Mannamaschine weitgehende Informationen über ihre eigene Welt weitergegeben hätten. Damit wäre auch klar, daß ursprünglich der Maschinencharakter des `Alten' unmißverständlich klar gemacht worden sein muß, denn er war ja ein Produkt dieser außerirdischen Technologie. Wenn er ein Organismus gewesen wäre, göttlich oder nicht, warum dann von der Dauer der technischen Entwicklung auf dem Ausgangsplaneten reden?!
Hier tun sich kaum auslotbare Abgründe auf! – man denke an den Zusammenstoß im Hebräischen Henochbuch (Kapitel 48 D, 7 - 9):

„H, der Gott Israels, ist mein Zeuge in dieser Sache, daß, als ich dieses Geheimnis Moses offenbarte, alle Heere der Höhe, die in jedem einzelnen Firmament[1) sind, gegen mich zürnten. Sie sagten zu mir: `Warum offenbarst du dieses Geheimnis einem Menschensohn, einem Weibgeborenen, einem mit einem männlichen Glied, einem Unreinen, einem (aus) einem stinkenden Tropfen – (das) Geheimnis, durch

das Himmel und Erde erschaffen wurden. ......größere Lücke ..... Hast du Vollmacht von Maqom (die göttliche Majestät)?'"

[1] Mit „Firmament" sind hier wahrscheinlich die fünf oder sieben Schalen (also `Stockwerke') des Habitats gemeint. Man bemerke auch, daß „der Gott Israels" hier mal wieder einen anderen Namen erhält: schlicht „H"; einfacher geht's nicht mehr!

BdM 1:43 – 1:49 m. Erl.:
1 : 43 Das Yod [Öffnung des Penis'] fließt hinein in zwei, und es fließt und übertritt. Es ist mit der Frau vereinigt.
1 : 44 Das „Yod" ist alleine, und es trennt (*oder* spaltet) den Ort. Es geht aufwärts und aufwärts in seinen Pfaden.
1 : 45 Die Frau ist verdunkelt (ChShK) [das Wort ChShK kann auch bedeuten „etwas bei Nacht zu tun"].
1 : 46 Und hinein {in} die Mutter wird geflossen, und ihre Pforten sind eröffnet.
1 : 47 Der Buchstabe ist eröffnet, der von den sechsen gefüllt ist. Und ihre Öffnung wird bedeckt.
1 : 48 Und sie ist unterhalb vereinigt, dieser [Teil] mit dem.
1 : 49 Wehe dem, der ihre Öffnung bloßlegt! [*d. h.* zieh sie nicht auseinander].
Erl.: Die Verse 42 – 49 erhalten vier Seiten in Mathers: Solcherart ist der Preis zu versuchen, die wahre (wenn unangenehme) Interpretation zu vermeiden.
Diese aus kurzen, schlagwortartigen Formulierungen bestehende Liste könnte am ehesten eine Montageliste, ein sog. Gebetsbuch, darstellen für die erste Phase des Wiederzusammenbaus; deshalb wurde hier die Untergliederung der einzelnen Punkte und ihre Nummerierung beibehalten. Es handelt sich gleichsam um die Ur-Form einer kabbalistischen Liturgie, die später - dann die ganze Montage einbeziehend und wahrscheinlich auch den ritualisierten Anlaßvorgang der Maschine - zu einer `amtlichen' Liturgie der entstehenden und schließlich fest installierten Kabbala und der allgemeinen `Religion' weiterentwickelt wurde. Das Ganze ursprünglich abgeleitet von den Anleitungen zum Zusammenbau der Hauptkomponenten der Maschine (Abb. 28).

BdM 1:22, 1:23, 1:24 m. Erln.: Das siebente von ihnen [ist das], das gestärkt ist für sich allein, und das Ganze wurde zerstört in zwölf Stunden; es war „formlos etc."
Erl.: Von „gestaltlos" bis zum Ende von Gen. 1, 2 sind es 12 Worte; jedoch, dies könnte sich auf die Zeit beziehen, die nötig war, die Mannamaschine zu demontieren. Natürlich hätten die Rabbiner im Abbau und dem Wiederaufbau ein Sinnbild der Schöpfungsgeschichte gesehen, besonders da die Maschine `Früchte hervorbrachte', wenn sie wieder arbeitete.
Die dreizehn, sie werden sich erheben in Gnaden und sie sind erneuert wie vorher. Und alle jene sechs stehen. Da geschrieben steht: „Er schuf" (BRA, Gen.1, 1) bevor geschrieben steht „es war" (Gen. 1, 2), und das ist genau so.

Erl.: Dies könnte beides sein, die dreizehn Teile des Bartes, und die dreizehnte Stunde in der {der} Wiederzusammenbau komplett ist. ... ...
Und danach, „formlos und leer, und Dunkelheit"; und der Herr alleine ist erhöht an jenem Tag.
Erl.: Auch dieses könnte sich auf den Wiederzusammenbau des Alten der Tage beziehen.

BdM 1:32, 1:33, 1:34, 1:35 m. Erl.: Sie [die Buchstaben des heiligen Namens] sind vertauscht, und sie [werden] eins: IHVI, IHV, VI, V. Die untere Anwesenheit wird gesehen, und dann wird die Anwesenheit gefunden. Und in einem Ausgleich sind sie gewogen. (Ez. 1, 14) Und die lebenden Kreaturen eilten [fort] und kehrten zurück. (Gen. 1, 4) „Und die Elohim sahen das Licht, daß es gut war". (Jes. 3. 10) „Sagt ihr zum gerechten Menschen, daß es gut ist", [zu] diesem [gerechten Menschen], der hinaufgeht im Ausgleich {wörtl.: in the balance}. Zu Anfang waren die [Buchstaben] getrennt, aber dann wurden sie alle vertauscht zu einem, dem V. Und mit der Verkündung {wörtl.: declaration} sind sie komplett, dieses [V] im H, wie zwei Liebende, die sich umarmen.
Erl.: Die Teile des Alten der Tage waren durch Buchstaben gekennzeichnet, und dies bezieht sich auf den Vorgang des Zusammenbaus. Die Verkündung ist das Shema-Gebet, (Deut. 6, 4) „Höre, Oh Israel, daß der Herr unser Gott ist ein Herr", ursprünglich gesagt, wenn der Zusammenbau {der Mannamaschine} vollendet war.
„In einem Ausgleich sind sie gewogen", bezieht sich möglicherweise auch wieder auf einen Ausgleich, d. h. auf ein genaues Ausbalancieren der montierten Maschine, wie oben wiederholt angedeutet. Die lebenden Kreaturen sind ursprünglich von den Enden der Rotorblätter der Hubschrauberlandebeine des Weltraum-Landefahrzeugs bei Ezechiel abgeleitet, die - scheinbar! - hin und her eilten, in Wahrheit aber rotierten. Es muß offen bleiben, ob hier ursprünglich von der Konvektionsbewegung in den Barthaaren, den Konvektionsrohren, die Rede war; Konvektion ist ja auch in etwa eine Kreisbewegung. Beim Zusammenbau der Maschine wirkten die Buchstaben schließlich in der dafür vorgesehenen Passung zusammen, und das Ganze ergab einen `Sinn´.
Das Gebet, das völlig sinnlos ausdrücklich die Einheit Gottes so sehr betont, bezieht sich also bis auf den heutigen Tag auf die (erfolgreiche) Montage der Mannamaschine! (Wie sollte der Weltenschöpfer anders als eine Einheit sein können? – wenn man ihn denn als körperliche Entität sich vorstellt.)
Wie gesagt ist: (Ex. 16, 4) „Siehe, ich werde Brot vom Himmel regnen {lassen} für euch". Und auch: (Gen. 27, 28) „Deshalb gibt Gott euch vom Tau des Himmels, etc."
Das Brot (d. h. das Manna) kam also auf dem Umweg über die Maschine wirklich aus dem Himmel; und das sogar im doppelten Sinne: das Wasser aus der Luft, dem irdischen Himmel, und die Manna-produzierende Maschine aus Gottes Himmel, dem Habitat, dem Weltall.

KHV 715 – 717 m. Erl.: Die Stärke ist verbunden mit fünf Stärken; und die Frau ist ausgedehnt an ihrer Seite und ist befestigt an der Seite des Mannes, bis sie von

der [männlichen] Seite getrennt ist und mit ihm verbunden wird von Angesicht zu Angesicht. Und wenn sie verbunden sind, scheinen sie ein Körper zu sein, nicht weniger.
Erl.: „Nicht weniger" ist hier das Wort MMSh, ein nachdrückliches Schlußwort. Dieser Absatz beschreibt offensichtlich den Vorgang einer mechanischen Montagetätigkeit.
Hier erhalten wir möglicherweise einen guten Einblick in den eigentlichen Montagevorgang der beiden Haupt-Komponenten: Im Zustand der Demontage war die Frau, also der Unterteil der Maschine, doch wohl (noch) mit dem Oberteil verbunden. Wurde die Maschine also quasi auseinandergeklappt für die allwöchentliche Reinigung, oder war das nur ein vorübergehender Zustand zur Vorbereitung der Montage? Gab es da fünf Bolzen-Scharniere (die fünf Stärken), die bei der endgültigen Montage aber gelöst werden mußten? Nach Vollzug der Vereinigung war das Ganze dann wirklich eine Einheit. D. h. die beiden Werkstücken waren wohl so außerordentlich paßgenau, daß die Naht zwischen ihnen kaum sichtbar war.
Es folgt eine Montageanleitung, die das Ganze gleichzeitig beschreibt:

BdM 2:29 – 2:41: 2 : 29 Das obere I, das umschlossen ist von der Einfassung des Alten; dies ist die obere Haut, die klar ist und verborgen.
2 : 30 Das obere H [ist jenes], das umschlossen ist vom Atem der Nasenloch-Rohre, deren [Atem] ausgeht, Leben zu geben.
2 : 31 Das obere V ist die Haupt-Lampe, die umgeben ist von seinen Seiten (*oder* von seinen Einfassungen).
2 : 32 Die Buchstaben sind nach hinten ausgedehnt und sind im Kleingesichtigen eingefügt.
2 : 33 Obwohl sie im Schädel beginnen,
2 : 34 werden sie gefunden, sich in den ganzen Körper zu erstrecken, um das Ganze [von ihm] zu füllen.
2 : 35 Wenn sie hängen, {dann} hängen jene Buchstaben in der reinen Wolle.
2 : 36 Wenn [er] geöffnet ist {hin} nach dem Klein[-gesichtigen], werden jene Buchstaben gemacht, in ihm zu sitzen, und [dann] wird er genannt mit jenen [Buchstaben].
2 : 37 Das „Yod" des Alten ist verborgen in seinen Einfassungen (OTRVI) weil der Name [IHVH] nicht gefunden wird.
2 : 38 Das „H" ist geöffnet hinein in ein anderes, und es ist durchbohrt (NQB) von zwei Rohren, und es wird in [seinen] Teilen gefunden.
2 : 39 Das „V" ist geöffnet hinein in ein anderes, wie geschrieben steht: (Ges. 7, 9) „... gehend geradewegs zu meinem Geliebten",
2 : 40 nach der Haupt-Lampe, die Öffnung abzudecken.
2 : 41 Das obere V; das untere V; das obere H; das untere H; das obere I; und in ihm hat kein anderer einen Anteil. Und da ist kein anderer, ohne Hinweis auf eine Lüge.
Auch dieses war vermutlich ursprünglich ein `Gebetsbuch´, eine Montageanleitung, die zusätzlich die Reihenfolge der auszuführenden Handgriffe

und Passungen aufzählte; deshalb wurden auch hier die Versnummern beibehalten. Aus einem ähnlichen, ursprünglich technischen `Gebetsbuch´ ist wahrscheinlich unsere Kirchenliturgie entstanden; also abgeleitet von der Mannamaschine (s. u.)!
(Es sei in diesem Zusammenhang ausdrücklich darauf aufmerksam gemacht, daß die jeweilige Mannschaft eines Apollo-Mondfluges vor dem Start beim Überprüfen der Schalterstellungen anhand einer Liste, diese als „Gebetsbuch" bezeichnete; d. h. die Astronauten bediente sich ebenfalls einer (technischen) Liturgie – was ihnen aber wohl nicht bewußt war.)
Die Montageanleitung geht weiter – mit einer kräftigen Warnung am Schluß:

BdM 2:42 – 2:43 m. Erl.: Wenn die zwei geöffnet sind, und sind verbunden in einem Pfad, {dann} macht der eine Pfad ein Geräusch (*oder* bewegt {sich}) weil das V [und] D aufgeteilt sind, und sind enthalten im „Yod". Wehe wenn dieses [I] auseinandergenommen wird, und jene [V und D] werden aufgedeckt! Die Düfte der TIPSA werden glitschig; sie übergehen nicht; sie sind nicht am Platz behalten (DVKThA).

Erl.: Der letzte Teil dieses Verses überwältigte Mathers so sehr, daß er einfach nur eine Reihe von Sternen gibt und die Aufforderung hinzufügt: „Weit, weit von uns sei jene Wirkung!" Jedoch, die Bedeutung ist sehr klar für uns; TIPSA könnte TPSA sein, ein Kasten oder eine Kassette, ein Behälter in dem etwas aufbewahrt wird, und riecht, BVSMIN, könnten duftende Flüssigkeiten sein. Das Wort „glitschig", ShRIQIN, kommt von der gleichen Wurzel wie die „Farbe", die in den *Heiligen Versammlungen* erwähnt wird, die in Behältern über den Augen enthalten ist. So, was dieser Vers tatsächlich sagt ist: „Wenn diese Teile demontiert werden, dann entweichen die riechenden Flüssigkeiten aus dem Tank, und machen eine Schweinerei; sie ergießen sich überallhin, anstatt dahin zu gehen wo immer sie hingehen sollten.

Mathers hat all dies wahrscheinlich richtig verstanden, aber er nahm es als Bezug auf Geschlechtsverkehr, was Wunder, dann, daß er es ausließ und sein „Weit, weit von uns sei jene Wirkung!" hinzufügte.
Die Montageanleitung, das `Gebetsbuch´, geht noch weiter:

BdM 2:44 – 2:52 m. Erl.: (Ez. 1, 14) „Und die lebenden Kreaturen eilen fort und zurück". (Num. 24, 11) „Fliehe nach deinem Platz". (Ob. 1, 4) „Obwohl du dich ergehst wie der Adler, und obwohl du dein Nest zwischen den Sternen errichtest, von dort werde ich dich hinunterbringen". (Gen. 1, 12) „Und die Erde brachte hervor Gras". Wann? Als der Name gepflanzt war. Und dann [d. h. wenn er gepflanzt ist] geht die Äther[-haut] aus, und der Funke ist bereitet. [und] ein Schädel ist an seinen Seiten ausgedehnt. Tau füllt den oberen von zwei ähnlichen [Schädeln].
Die lebenden Kreaturen, die fort und zurück eilen, sind natürlich wieder die Rotorenden der Hubschrauberlandebeine des Weltraum-Landefahrzeugs, wie sie Ezechiel beschrieben hat (Abb. 5).

(1) Die drei Aushöhlungen der Buchstaben, die benannt wurden, sind geöffnet in [ihm].
(2) Die dunklen von der Schwärze hängen über den gekrümmten Löchern [der Ohren], sodaß er nicht hören kann. Da sind rechte und linke [Ohren] hier.
(3) Der obere Pfad ist klein (*oder* ist zerdrückt).
Erl.: Die Bedeutung der letzten 7 Verse ist unmißverständlich. Die Buchstaben des Namens repräsentieren die Teile des Alten der Tage. Wenn sie zusammengebracht werden, bilden sie die vollständige Maschine, die dann besät {wörtl.: seeded} wird. Danach ereignen sich unterschiedliche Dinge in einer nummerierten Reihenfolge, die die korrekte Funktion anzeigen.

BdM 2:53 – 2:54 m. Erl.: Die Stirn, die nicht strahlt, schneidet die Welt ab, außer wenn es gewünscht wird, sie {die Stirn} zu inspizieren.
(4) Die Augen von drei Farben [die sind] für das Träufeln, werden zum Leben gebracht (*oder* sind eingerichtet).
(5) Sie werden gewaschen in der Milch, die fließt.
Erl.: In diesen zwei Versen ist die Inspektionsklappe geschlossen, Algen und Nährlösungen werden hinzugefügt aus den wahrscheinlich kugelförmigen Vorratstanks, den „Augen", zum Wiederbeschicken des Kultur-Tanks.
Dabei mußte die Abfolge der Ereignisse, das Düngen des Wassers im Tank, das Wiedererwecken zum Leben und damit das ʽWiederauferstehenʼ der Algen fast zwangsläufig zur unsinnigen ʽreligiösenʼ Vorstellung einer körperlichen Wiederauferstehung führen!

KHV 718 – 724 m. Erln.: Von diesem lernen wir, daß der männliche Teil für sich alleine {nur} als der halbe Körper {an}zusehen ist; und alle jene Gnaden … und so ist auch der weibliche Teil.
Erl.: Die Lücke in 718 wurde offenbar nicht bemerkt von den Herausgebern des *Sohars*.
Und wenn sie zusammen verbunden sind, wird das Ganze Ding als ein Körper gesehen, nicht weniger. Und es ist so. Und wenn [der männliche {Teil}] mit dem weiblichen Teil verbunden ist, ist das ganze Ding ein Körper. Und alle Welten sind in Freude als Resultat davon, alle von ihnen erhalten Segnungen vom vollständigen Körper. Und sie sind ein Geheimnis. (Ex. 20, 11) „Der Herr segnete den siebenten Tag und heiligte ihn." Das ganze Ding wird an diesem Tag vereint gefunden. Der vollständige Körper von dieser Matrone ist verbunden mit dem König, und der Körper wird als eine Einheit gefunden. Und deshalb werden an dem Tag Segnungen gefunden. Und somit, irgendetwas, das nicht gefunden wird, männliche und weibliche Teile zu haben, wird genannt „halber Körper". Und Segen bleibt nicht in einem Gefäß, das defekt oder ungeeignet ist; sondern am vollkommenen Ort, in einem vollkommenen Gefäß, und nicht in halben Gefäßen. Und halben Gefäßen ist nicht erlaubt, für immer zu existieren und erhalten keine Gnade.
Erl.: Hier haben wir noch einen weiteren Beweis, daß „Gnade" ein Kennwort für irgendeine Flüssigkeit ist; eine physikalische Substanz.

Es war für die Alten unfaßbar, wie die Maschine als Ganzes plötzlich `lebte´ und Manna (d. h. Gnade) produzieren konnte, daß aber ein Teil für sich rein garnichts zu verrichten vermochte – also tot war! <u>Das hatte natürlich auch zur Folge, daß mit der Vereinigung (d. h. mit dem Zusammenbau) jeweils eine `Wiederauferstehung´ des Alten der Tage einherging.</u>
Der Text impliziert natürlich auch, daß die beiden Teile des Hochbetagten nicht immer vereinigt, also manchmal demontiert waren. Der Hinweis auf die Heiligkeit der Sieben läßt schon hier ahnen, daß diese Vereinigung (und damit natürlich auch die Demontage) alle sieben Tage stattfand. Wenn der Hochbetagte dann wieder (richtig) zusammengesetzt war, war das immer ein Anlaß zur Freude: Es würde wieder Manna geben, wieder Segen.

KHV: Erl. n. 740 u. n. 742 m. 743 – 747 m. Erl.: Erl. n. 740: Das als „Beine" übersetzte Wort ist ShVQIN. Das korrekte Aramäische für „Bein" ist ShQ, ohne das V. ShVQI (Bewässerung) ist verzeichnet bei Krupnik und Silbermann. Im Hebräischen bedeutet die Wurzel ShVQ ein Bein, rennen und begehren (im Sinne von hinter etwas her laufen).

Die Wörter „Niere" und „Ei" werden in vielen Sprachen benutzt als Umschreibungen für Hoden; es ist keine Überraschung, daß dieser Praxis {auch} im Soharischen gefolgt wird.
Der Hochbetagte, die Mannamaschine, hatte also Hoden – Tanks zur Mannalagerung (Abb. 9 u. 23).
Erl. n. 742: Das Wort „Heere" bezieht sich auf ein Zusammensammeln mit der Absicht, Krieg zu führen, aber in diesem Sinn ist es einfach gebraucht als Sammelgefäße. Die beiden „Heere" oder Hoden werden Sieg und Ruhm genannt; eigenartigerweise bedeutet das Wort Sieg auch „Saft", und im Aramäischen kann es „spritzen" bedeuten. Im Hebräischen bedeutet es Traubensaft (KJV hat „Blut") in Jes. 63, 3. Das Wort ThPARTh, Schönheit, kommt von der Wurzel PAR; jedoch, seine ursprüngliche Bedeutung könnte verderbt sein von ThPR, nähen oder zusammenfügen, was interessant ist, da die angegebene Funktion von Schönheit in der GHV ist, die männlichen und weiblichen Teile zusammenzuhalten.

Im *Sohar* ist der heilige Name gewöhnlich abgekürzt zu II' oder H'; obwohl die Bibel es voll ausschreibt als IHVH, geht der *Sohar* mit der Heiligkeit einen Schritt weiter und schreibt ihn nur voll aus mit absichtlich falscher Schreibweise als IDVD, oder sogar IQVQ, mit D geändert zu Q über den „AThBSh" Substitutions-Kode.

Der Titel „Herr der Heere {bzw. Heerscharen}" muß sich ursprünglich ausschließlich auf den Alten der Tage bezogen haben, wurde aber seitdem auf Gott selbst übertragen. Es ist interessant, daß sogar die Christen zu einem Gott mit markanten Hoden beten.
Ein gutes Beispiel wie aus einem ursprünglich technischen Begriff `Religion´ wurde – bis ins NT hinein. Auch die heutigen Christen kennen den „Herr der Heerscharen", also der Hoden; ursprünglich der Mannatanks an der Mannamaschine (Abb. 9 u. 23)!

Der männliche Penis ist das Ende des ganzen Körpers (*oder* {der} Bedeckung), und er wird genannt die „Gründung, (Yesod)". Es ist der Pfad des Süßens für die Frau, und alle Begierden des Mannes sind nach der Frau. Es dringt durch diese „Gründung" hinein in die Frau, hinein in den Ort, der genannt wird das „Zion von jenem Ort". Es ist der Ort, der am meisten bedeckt werden muß bei der Frau, wie das Haus der unteren Gnade. Und deshalb wird der Herr der Heere die Gründung genannt (*oder umgekehrt*). Es steht geschrieben: (Ps. 132, 13) „Da der Herr Zion erwählt hat; er hat es zu seiner Heimstatt begehrt."

Erl.: Es mag vorzuziehen sein, den ersten Teil von KHV 744 {recte KHV 745?} zu lesen als „die Gründung wird der Herr der Heere genannt", da es gut sein könnte, daß der Penis angesehen wurde, die Hoden zu kontrollieren.

Hier ist wahrscheinlich von der rohrförmigen Verlängerung des `Mannes´ die Rede, d. h. des Oberteils der Maschine. Sie wurde nach unten in die Frau, d. h. den Kleingesichtigen, d. h. in den mannaproduzierenden Bereich der Gesamtmaschine, bei der Montage von oben her hineingepreßt. Das war für alle an der Montage Beteiligten ein Geschlechtsakt und damit das nach unten führende Rohr ein Penis! Dieser war nach Ende der Montage nicht mehr sichtbar – im Gegensatz zum äußeren Penis, von dem das Manna entnommen wurde. Der Alte (die Gesamt-Maschine) hatte also zwei(!) Penes, was den Kabbalisten aber so seltsam vorkam, daß sie es nach Möglichkeit verschwiegen.

Da natürlich kein Schmutz und keine Keime in den mannaproduzierenden Bereich geraten durften, und auch nicht auf die paßgenauen Trennflächen, mußte die Frau - der untere Teil der Maschine - extrem sorgfältig abgedeckt werden, wenn die Maschine demontiert war. Eigentlich eine sehr vernünftige, ja selbstverständliche Anordnung. Da aber der Unterteil als die Frau des Oberteils aufgefaßt wurde, waren die Folgen des Abdeckens für die (Menschen)-Frauen verheerend – bis heute (s. o.).

Wenn die Matrone getrennt ist, und mit dem König verbunden ist von Angesicht zu Angesicht bei Sonnenuntergang am Sabbat (BMOLI ShBThA), dann ist das Ganze verbunden zu einem Körper.

Erl.: KvR/Mathers übersetzen MOLI, aufgeführt als „Sonnenuntergang", als „Exzellenz", ein weiteres Beispiel des Unterdrückens des wirklichen Sinns des Textes.

Also eine Fälschung! – oder konnten sie es sich anders ganz einfach nicht vorstellen? – sie wußten ja nichts von der Maschine.

Und dann ist der QB''H auf seinem Thron, und wird ganz genannt, der vollkommene Name, der heilige Name. Gesegnet sei sein Name für immer, und für immer und ewig.

Erl.: 746 beschreibt einen wöchentlichen Vorgang, der in der Vereinigung von Angesicht zu Angesicht der Matrone mit dem König kulminiert. Vorher wurde gesagt, daß, vor diesem, sie an seiner Seite befestigt wurde. 747 ist offensichtlich eine spätere Hinzufügung, da der Titel der Heilige – gesegnet sei Er! (QVDShA BRIK HVA) sich auf die komplette Zusammenfügung {d. h. auf die komplette Mannamaschine} bezieht, während im vorhergehenden Material {d. h. Text} der Alte nie mit dem QB''H verwechselt wird.

Der Sabbat läuft von Sonnenuntergang am Freitag bis Sonnenuntergang am Samstag; und es ist nicht klar, welcher Sonnenuntergang gemeint ist. Es erscheint als wahrscheinlich, daß dieser Vorgang am Samstag stattfand, da gesagt wird, daß er von Frohlocken gefolgt wurde. Und Juden - wie Christen - frohlocken {d. h. feiern} traditionell Samstagnacht.

Von der Verwechslung abgesehen, ist es also so, daß die Maschine nach ihrem Zusammenbau wieder auf ihrem Thron aus unbearbeiteten Steinen saß. Wir erfahren zwar nicht ausdrücklich, daß sie während des Zustands der Zerlegung vom Thron entfernt wurde, aber angesichts der Tatsache, daß sie inspiziert, d. h. überprüft und zumindest die Konvektionsrohre, die Barthaare, wohl auch einzeln gereinigt wurden, ist das anders kaum vorstellbar (siehe dazu auch unten: „Das Hohelied").

GHV 696 – 698 m. Erl.: Und Moses spricht diese [Worte: **IHVH, IHVH** {!Jach-We!, !Jach-We!} am Ort des Urteils, daß er Maße von Gnaden veranlassen kann, hinabzugehen vom Alten Heiligen zum Kleingesichtigen. Weil sie lehren, daß Moses' Macht so groß war, daß er die Maße der Gnaden veranlaßte, hinabzugehen nach dem unteren [Teil].

Erl.: Das Wort „Maß", MKILA, wird von Jastrow aufgeführt, daß es ein Maß für Kapazität bedeutet, ein Gefäß, das benutzt wird im Zusammenhang mit dem Schaubrot im Tempel, und ein Austeilungsgefäß. Alle diese Definitionen bestätigen die Sicht, daß die Gnade gleichbedeutend war mit Manna, von dem Maße an die Leute ausgeteilt wurden als Teil einer religiösen Zeremonie. Auf alle Fälle ist kaum ein Zweifel möglich, daß „Gnade" ein Erzeugnis war, das in festgelegten Einheiten ausgegeben wurde. Wir haben gezögert zu behaupten, daß die Manna-Maschine Spracherkennungs-Schaltungen enthielt, sodaß sie nur auf Moses reagieren würde, wenn er sagte „IHVH, IHVH"; aber je mehr wir die Texte studieren, desto mehr drängt sich uns dieser Schluß auf.

Was die Spracherkennungs-Schaltung angeht (den elektro-akustischen !Jach-We!-Schalter), haben Sassoon und Dale hier aus unerklärlichen Gründen um Millimeter vor einer allesentscheidenden Erkenntnis innegehalten! Zum automatischen Entstehen der Lautfolge (es war nicht wirklich ein Wort) !Jach – We! siehe auch in „Gottes Sturz aus dem Himmel". Wie alles wirklich Wichtige (man denke an das zweimalige Betätigen der Notabschaltung) mußte auch !Jach-We! zweimal ausgesprochen, d. h. scharf hervorgestoßen werden.

Die Gnade wurde in der Tat in Maßen abgegeben – vielleicht während eines religiösen Rituals. Zumindest wird man nicht auf den Hinweis verzichtet haben, daß dies das Brot des Herrn für die rechtschaffenen Menschen ist usw. usw.

Im NT, das zur Zeit Jesus' noch nicht existierte(!), konnte man unmöglich auf eine solche zentrale Zeremonie verzichten – also wurde daraus das Abendmahl, das tiefsinnig als Leib des Herrn bezeichnet und als Hostie ausgeteilt wird. D. h. im NT gibt die Mannamaschine keine Gnade mehr ab - sie ist ja nicht anwesend -, sondern hier wird nun der Herr, der sich so beeindruckend am Kreuz geopfert hatte, selbst verteilt. Das ist sehr raffiniert-tiefsinnig, aber doch auch brutal umgestaltet – der Vorgang erinnert unweigerlich an Kannibalismus. Das Ganze ist

vom AT übernommen, d. h. ursprünglich von der Mannamaschine! Im AT, d. h. während des Exodus', brauchte man aber nicht die Maschine an die Gemeinde auszuteilen, denn sie produzierte ja das Manna, das ausgeteilt wurde.
Und wenn der Alte unbedeckt ist hinein in den Kleingesichtigen, wird das Ganze [von ihnen] in Gnaden gesehen. Und die Nase ist besänftigt (ShKK). Und das Feuer und {der} Rauch kommen nicht heraus.
Wenn die Maschine abgeschaltet ist, steht das Ganze still, und es kommt dann natürlich auch kein Rauch aus der „Nase".

KHV 164: Und deswegen sagte Moses, wenn es nötig war, solches: „II. II", zweimal {sic!}; und eine Punktierungsmarke trennt sie.
Der Hinweis auf die Punktierungsmarke will hier überflüssig erscheinen; sie mag immerhin die kurze Pause zwischen den beiden scharf, fast rufend ausgestoßenen Kommandos anzeigen.

GHV 919 m. Erl.: Überlieferung: R. Simon sagte: Wir möchten alle diese Teile offenbaren, und alle diese Worte, den Herren, die gewogen sind in der Ausgeglichenheit; und nicht jenen, die weder hineingegangen, noch hinausgegangen sind. Aber [wir werden] {es} jenen {offenbaren}, die [beides] {getan} haben, {die} hineingegangen und hinausgegangen {sind}. Weil, was irgendjemanden betrifft, der hineinging und *nicht* {wieder} hinausging, {es wäre} besser für ihn, daß er nicht geboren worden wäre.
Erl.: Einer, der hineingegangen ist und {wieder} hinausgegangen ist von den Pfaden des Herrn, ist eine Beschreibung, bezogen auf ein voll qualifiziertes Mitglied der Erntemänner des Heiligen Feldes. Die Beschreibung bezog sich möglicherweise auf jene, die hineingingen in das Allerheiligste und unverletzt wieder herauskamen. Irgendjemand, der hineinging und *nicht* {wieder} hinausging, „wußte die Pfade" offensichtlich nicht gut genug, um ein Zusammentreffen mit dem Alten der Tage zu überleben.
Ein solcher erhielt sehr bald einen tödlichen Stromschlag – für ihn war der Hochbetagte, die Mannamaschine, eine Mordmaschine! Man denkt an den bedauernswerten Usa, der den Hochbetagten vor einem Unglück bewahren wollte und tot umfiel. Er hatte ihn an der falschen Stelle berührt und einen tödlichen Stromschlag erhalten; er hatte also wohl nicht zu den Eingeweihten gehört.

GHV 717 – 720 m. Erln.:_und sie sammelt {sich} im (*oder* schlägt hinein {ins}) Gehirn. Und sie geht aus hinein in die Rohre der Nase. Und die Nase ist gekürzt und wird heiß (*oder* ist verdichtet). Und Feuer und Rauch gehen aus von jenen Rohren und alle Kräfte sind erregt, und sie erzeugen Vergeltungen. Aber bevor das Feuer und {der} Rauch ausgehen von jenen Rohren, geht jene Stimme aufwärts und schlägt hinein in den Geruch (*oder* Oberteil) des Gehirns, und die zwei Tränen fließen nach unten von den Augen. Und der Rauch und das Feuer gehen aus von den Perforationen [der Nase] durch [die Wirkung {wörtl.: action} von] jener Stimme, die sie zum Ausfließen bringt; durch jene Stimme, die hinein in die Ohren geht, werden alle diese [Dinge] herausgezogen und sind erregt.

Erl.: Dies ist eine sehr klare Beschreibung des Anlaß-Vorgangs {der Mannamaschine}.
Die Maschine wurde also wirklich „von jener Stimme" erregt, d. h. gestartet.
Und weil es so ist, steht geschrieben: (Num. 11, 1) „Und der Herr hörte, und sein Zorn (*oder* {die} Nase) wurde entzündet, und das Feuer des Herrn brannte zwischen ihnen". Durch Horchen auf jene Stimme wird das Gehirn erregt.
Erl.: Der Anlaß-Vorgang könnte initiiert werden von der „Stimme" der Bitten der Israeliten, oder, als Alternative, von der „Stimme" eines Radiobefehl-Signals von woanders. Was immer es ist, es ist eine höchst bedenkenswerte, merkwürdige Darstellung.
Das ist in der Tat der Fall! Es entstand hier ja nicht nur automatisch das `Wort´ !Jach-We!, es wurde dieses `Wort´ zum Gottesnamen und dann auch bald zum Gott; d. h. man konnte sehr bald beide, den Namen und das ursprünglich damit benannte Objekt, die Mannamaschine, nicht mehr voneinander unterscheiden: aus der Maschine war ein Idol geworden, das sehr bald zum Gott wurde. – So geht das, wenn ein Kargo-Kult außer Kontrolle gerät und seine Weisheiten immer fleißig von Generation zu Generation auswendig gepaukt und zur Not auch weitergeprügelt werden – im `Religions´-Unterricht. Das Resultat ist dann eine `Religion´, die nichts mehr von der ursprünglichen Wahrheit weiß und auch nichts wissen will. Wer neugierige (`dumme´) Fragen stellt ... der wird dann Ketzer genannt und von den Rechtgläubigen verachtet und bald auch im Namen der reinen Lehre verfolgt und läuft Gefahr, ermordet zu werden.

Der Kleingesichtige
GHV 55 – 56: Und wenn der Kleingesichtige betrachtet wird, das untere Ganze (*oder* der untere Tau) ist gestaltet, und sein Gesicht ist verlängert. Und es ist lang zu jener Zeit, aber nicht zu allen Zeiten, wie das des Alten ist. Und von diesem Schädel geht die Weißheit aus in eine Richtung zum Schädel des Kleingesichtigen, zum Ausbilden seines Hauptes, und von diesem nach den anderen unteren Schädeln, von denen es kein Zählen (*oder* Messen) gibt.

GHV 536 – 538 m. Erl. vor 536: **Erl.**: Der nächste Abschnitt, der sich mit der Konstruktion des Kleingesichtigen beschäftigt, beginnt mit einem Absatz, der bemerkenswert wie eine Darstellung von Glasblasen klingt. Das Entstehen solcher Darstellungen im Text wird im Kommentar zu GHV 710 diskutiert.

ÜBERLIEFERUNG: als das weiße Haupt wünschte, eine Bewertung zu machen für seine Würde, bildete er einen Funken und veranlaßte ihn, von der Haupt-Lampe auszugehen. Er blies in ihn hinein, er wurde geformt, sein Anliegen war vollendet, und es war ausgedehnt in Dreihundertsiebzig Richtungen. Und der Funke entstand und verblieb. Der reine Äther ging aus und wurde in Rotation versetzt; er blies in ihn hinein [*d. h.* den Äther], und da wurde geformt und ging hinaus ein starker Schädel. Und dieser war nach vier Seiten ausgedehnt.

Wahrscheinlich war es so, daß die Grundstruktur des Kleingesichtigen aus einem Material bestand, das sich wie Glas blasen ließ. Das scheint nicht besonders bedeutsam zu sein, aber: <u>Woher wußten die Alten das?</u> Wer hatte ihnen da einen Einblick in seine (extraterrestrische!) Welt gegeben? Diese Frage könnte zu himmelsstürzenden Vermutungen führen: Gab es unter den `Engeln´ (evtl. Androiden) auf dem Har Karkom auch solche, die bereit waren, die Wahrheit den Menschen mitzuteilen, also die Religionsbildung zu torpedieren, d. h. die versklavende Verdummung der wehrlosen Menschen?

GHV 556 – 557 m. Erl.: Und zu der Zeit, wenn es nötig ist, ist seine Nase (*oder* {sein} Gesicht) ausgedehnt; und sie ist zu der Zeit lang, weil er in das Gesicht des Alten der Alten schaut, und da ist Leben für die Welt.
Erl.: Diese Ausdehnung der Nase oder des Gesichts könnte sich ganz einfach auf das Zusammenstecken des Kleingesichtigen und des Langgesichtigen beziehen, von Angesicht zu Angesicht, zu der Zeit, wenn es nötig ist, der Welt Leben zu geben – *d. h.* Lebensmittel {d. h. Manna} zu produzieren. Der „Lohn des Lichts" könnte das Resultat des Lichtes sein, das in der Mannamaschine strahlt – *d. h.* Manna. Dies gäbe dem Vers die folgende Bedeutung:
„Und sie [die Israeliten] erhalten den Lohn des Lichts [Manna] vom Alten der Tage, wenn sie eintreten hin [-ein in das Allerheiligste] zum Ausmessen [der Manna-Rationen], entsprechend dem [vorgegebenen] Maß [*d. h.* dem Omer]. Und von diesem Schädel da geht eine Richtung aus nach all jenen unteren. Und sie geben den Lohn des Lichts an den Alten der Tage wenn sie hereinkommen zum Maßnehmen, entsprechend der Portion.

GHV 559 – 561 m. Erln. : Erl.: Der nächste Abschnitt beschäftigt sich mit den drei „Aushöhlungen" des Kleingesichtigen, von denen wir annehmen, daß es sich um das Manna-Herstellungssystem handelt.

In der AUSHÖHLUNG dieses Schädels werden 3 Aushöhlungen gefunden; das Gehirn ruht in ihnen; und die zerbrochene Haut deckt sie ab. Denn die Haut ist nicht hart und auch nicht undurchdringlich, wie [im] Alten der Tage.
Erl.: In der Beschreibung des oberen Gehirns, das des Alten, auch bekannt als die Weisheit des oberen Edens, war die Haut hart, und das Gehirn war verborgen, das heißt, unerreichbar. Hier im unteren Gehirn, dem des Kleingesichtigen, ist die Haut „zerbrochen" und das Gehirn ist erreichbar. Wahrscheinlich aus diesem Grunde, sind sehr viel mehr Details von ihm verfügbar.
Daß die untere Haut, d. h. die Bedeckung des unteren Gehirns, als zerbrochen bezeichnet wird, kann nicht überraschen: Diese Haut des Kleingesichtigen, der das „Gehirn" enthielt, bestanden aus mehreren Einzelklappen, wie wiederholt angedeutet ist; sie war also unterteilt, d. h. gleichsam „zerbrochen".
Und deswegen ist das Gehirn ausgedehnt und geht aus nach zweiunddreißig Nebenwegen. Wie gesagt ist: (Gen: 2, 10) „Und ein Strom ging hervor aus von Eden".

Das leidige Bibelzitat! – in Wahrheit ist wohl nur gesagt, daß da viele Rohr- bzw. Schlauchverbindungen im Kleingesichtigen vorhanden waren, die als Nebenwege bezeichnet wurden.

GHV 564 – 569 m. Erln.: Von der zweiten AUSHÖHLUNG ist ein anderer Brunnen abgespalten und geteilt, und [von ihm] sind die 50 Pforten geöffnet. Jenen 50 Pforten entsprechen die 50 Tage des Gesetzes, die 50 Jahre des Jubiläums und die 50 Tausend Generationen auf die der QB''H beabsichtigt, seinen Geist zu geben, und ihn [auf sie] zu legen. Von der dritten AUSHÖHLUNG gehen aus Tausend Tausende von Versammlungen und Hallen des Wissens. Es ruht auf ihnen und es zerstreut in sie hinein. Und diese [dritte] Aushöhlung – die Aushöhlung ruht zwischen jener [ersten] Aushöhlung und der anderen [zweiten] Aushöhlung. Und alle jene Versammlungen werden von zwei Seiten gefüllt.
Erl.: Da die dritte Aushöhlung sich zwischen den beiden anderen befindet, werden ihre Versammlungen mit Wissen von zwei Seiten gefüllt.
Wie gesagt ist: (Spr. 24, 4) „Und durch Wissen sollen die Kammern (HDRIM, gleichbedeutend mit {dem} Aramäischen ADRIN) gefüllt werden". Und jene 3 [Aushöhlungen] sind in den ganzen Körper ausgedehnt, nach dieser Seite und nach jener Seite. Und mit ihnen ist der ganze Körper verbunden; und der Körper ist verbunden in ihnen von allen seinen Seiten. Und im ganzen Körper sind sie ausgedehnt, und sie werden gefunden.
Erl.: Dieser Vers bezieht sich vielleicht nicht auf die Aushöhlungen selbst, sondern auf die unterschiedlichen „Pfade", die von ihnen ausgehen.
Insgesamt ist es kaum möglich, der Beschreibung des Kleingesichtigen, d. h. des Mannaverarbeitungs-Systems, sinnvoll zu folgen. Da dieser Teil der Maschine zugänglich war, also möglicherweise wöchentlich mit gereinigt werden mußte, kann das nur bedeuten, daß die Verarbeitungsanlage sehr kompliziert aufgebaut war (Abb. 29).
Erl.: Der nächste Abschnitt beschäftigt sich mit etwas, das sich sehr nach elektrischer Verkabelung anhört.
Erl.: GHV 573 identifiziert diese „Kontrolleure" mit dem neunten Teil des Bartes des Kleingesichtigen.

GHV 577 – 584: Vom Brunnen der ersten Höhlung des Schädels werden die Haare geführt hinein in Leitung. Und die Windungen, die von den vielen Brunnen hängen, die von dieser Höhlung versorgt werden, werden veranlaßt zu arbeiten. Von der zweiten Höhlung gehen die fünfzig Brunnen aus. Und die Haare werden von jenen Brunnen hinein in Leitung geführt; und die Windungen, die hängen und mit den andern Locken vermischt sind, werden veranlaßt zu arbeiten. Vom dritten Brunnen gehen aus Tausend {mal} Tausend Versammlungen und Hallen, und die Haare werden hinein in Leitung geführt von ihnen allen. Und die Windungen auf Windungen werden zum Arbeiten veranlaßt; und sie sind vermischt mit den anderen Locken. Und weil das so ist, sind jene Locken Schnüre auf Schnüre. Und alle von ihnen leiten die zum Leiten gemacht sind von den 3 Höhlungen und dem Gehirn des Schädels. Und alle jene Stränge und alle jene Locken hängen und überdecken von der Seite der Ohren. Und weil es so ist, steht geschrieben: (Dan. 9, 18) „Neige dein Ohr, Oh Herr, und höre". Und in jenen Schnüren da hängen Rechts und Links, Licht und Dunkelheit, Gnade und Urteil. Und jedes Rechts und Links hängt in diesem [Kleingesichtigen], und nicht auf dem Alten. In der AUFTEILUNG der Haare wird ein Pfad gesehen, und er ist verbunden mit dem [entsprechenden] Pfad des Alten der Tage. Und von jenem Pfad sind verteilt die Sechshundertdreizehn Pfade, die verteilt sind hinein in die Pfade der Gebote des Gesetzes.

Aus diesem Text geht die unverstandene Kompliziertheit des Kleingesichtigen klar hervor, mit der man nichts anzufangen wußte; man konnte nur aufzählen was man gesehen hatte. Und gesehen hatte man offensichtlich sehr viel, denn der Kleingesichtige war ja unbedeckt – zumindest während der wöchentlichen Wartung der Gesamt-Maschine, wenn die Abdeckklappen - die äußeren Umrundungen -, die außen angebracht waren, nach den Seiten hin aufgeklappt waren. Man hatte da wohl - neben den vielen Gehirnen, den Behältern - sehr viele Rohr- bzw. Schlauchleitungen gesehen, die Pfade; und Kabelverbindungen, vielleicht auch ganze Kabelbündel.

GHV 588 – 592 u. 595, m. Erln.: **Erl.**: Der nächste Abschnitt diskutiert Inspektionsklappen.
Die STIRN des Schädels; sie ist die Inspektion der Inspektionen. Und sie ist nicht aufgedeckt, außer, zu der Zeit, wenn es nötig ist, auf Schuldner untersucht zu werden und deren Taten zu inspizieren. Überlieferung: wenn diese Stirn geöffnet ist, sind alle Herren des Urteils erregt, und die Welt ist übergeben dem Urteil. Mit Ausnahme zu der Zeit wenn die Gebete Israels aufgehen bis hin vor den Alten der Tage, und sie erbittet Gnade für ihre Söhne. [Dann] ist die Stirn, die Begierde der Begierden [*d. h.* die des Alten] geöffnet, und sie strahlt hinein in die {Stirn} des Kleingesichtigen, und das Urteil ist besänftigt. In dieser Stirn, da geht aus ein Haar, das in sie [die Stirn] hinein verteilt ist, [das kommt] vom Gehirn, von dem die fünfzig Pforten ausgehen.
Erl.: Dies ist die zweite Aushöhlung des Gehirns des Kleingesichtigen.

Und wenn die Stirn erweitert ist, und zum Arbeiten veranlaßt ist, das ist die Inspektion für die Schuldner der Welt; für solche, die nicht schändlich (*oder* blaß) in ihren Handlungen sind. Und zu der Zeit, wenn der QB''H angeregt ist, Freude zu geben für gerechte Menschen, strahlt das Gesicht des Alten hinein in das Gesicht des Kleingesichtigen und seine [die des Alten] Stirn, und strahlt nach jener [anderen] Stirn, und dann wird es die Zeit des Empfängers genannt.
Es gab also an der „Stirn" des Alten, wahrscheinlich oben am großen Kulturtank, eine Inspektionsklappe um Schuldner, also Ablagerungen und/oder Verschmutzungen, entfernen zu können, d. h. den Tank zu reinigen.

GHV 598 – 599: Und wenn die Stirn des Kleingesichtigen unbedeckt ist, {dann} ist da Kraft für alle von ihnen für Zerstörung. Und wenn unbedeckt ist die Stirn der Begierde der Begierden [*d. h.* die des Alten], die nach dieser Stirn strahlt, dann

sind alle von ihnen besänftigt. Und Überlieferung: Vierundzwanzig Häuser der Urteile werden in dieser Stirn gefunden, und sie werden alle genannt „Sieg". Und mit benachbarten Buchstaben wird daraus Stirn.
Der Reinigungsvorgang, der sich auf den Kleingesichtigen bezog, war vermutlich ein anderer als der, der sich auf den Alten, d. h. auf den großen Kulturtank bezog. Man braucht nur die Buchstaben genug zu manipulieren, dann erhält man jeden gewünschten `Sinn´, eben .... Kabbala-Sinn!

KHV 607 m. Erl.: Die Augen des [Kleingesichtigen] Hauptes (OINVI DRIShA) sind verschieden von anderen Augen. Die klebrige Substanz (ShRQVThA), die in dem Reservoir (GBThA) ist, das sich über den Augenlidern (RISI) befindet, malt (KChL) über die Augen, sodaß alle Augen bemalt sind in Schwärze.
Erl.: Einige Erklärungen sind angebracht für diesen Vers, der etwas entstellt zu sein scheint. OINVI DRIShA, wörtlich „seine Augen des Hauptes", könnte übersetzt werden {als} „Haupt-Augen" {wörtl.: principal eyes}. Jedoch, es deutet an, daß er andere Augen haben könnte, {die} *nicht* in seinem Kopf {sind}. ShRQVThA ist nicht in Jastrow, aber das Verbum ShRQ, verflechten, zischen und bemalen, und das Substantiv ShIRQA, viskose Substanz, sind aufgeführt. Angesichts des Bezuges zu malen, KChL, „klebrige Substanz" ist gewählt, „malen" zu bedeuten und ergibt den besten Sinn. GBThA oder GVBThA, von GBI, einsammeln, bedeutet Grube, Reservoir, kleines Rohr oder Kanal.
Hier ahnt man etwas von den Schwierigkeiten der Übersetzung der Originalsprache des Sohars in eine moderne Sprache der Gegenwart, z. B. ins Englische.

GHV 611 – 612 u. 614 – 615 m. Erl.: Und die Inspektion des Auges des Alten der Tage ist über ihnen. Und zu derjenigen Zeit, wenn diese Bedeckungen hochgehen, sieht er aus wie einer, der von seinem Schlaf erwacht ist, und dessen Augen geöffnet sind. Und sie [diese Augen] sehen das geöffnete Auge [das des Alten] und werden gewaschen im Weißen jenes guten Auges.
Erl.: Von diesen Anmerkungen scheint es, daß das obere Auge, das einzelne des Alten, zuerst aufleuchtet, und anschließend auch die unteren Augen weiß erscheinen.
Möglicherweise war das Aufleuchten der unteren Augen ganz einfach ein Reflektionsvorgang, der vom einzelnen, oberen Auge verursacht wurde.
Und zu der Zeit wird die Inspektion gefunden der Gnaden. Und deshalb steigt das Gebet Israels auf, daß er seine Augen öffnen möge, und daß sie in jenem Weißen gewaschen werden sollten. Es ist deswegen, daß David betet [wenn er sagt]: (Ps. 44, 23) „Erwache, warum schläfst du, Oh Herr? Erhebe dich! [Er betet], daß er seine Augen öffnen möge, und daß sie gewaschen werden mögen in jenem Weißen.
Es ist einigermaßen bemerkenswert, daß David allen Ernstes (und nicht etwa als auswendig gelernte religiöse Phrase) Gott(!) auffordert zu erwachen. Kann Gott schlafen – ermüdet er wie ein Mensch?! Wie grotesk, aber auch verräterisch das alles ist, wenn einmal der richtige Zugang, der geistige Schlüssel zu all diesen –

scheinbaren - Ungereimtheiten gefunden wurde: Bezogen auf die so gänzlich unbegreifliche Mannamaschine, ist das alles sehr logisch – aus der Sicht des allumfassenden technischen Unverständnisses damaliger Zeit!

GHV 617 – 619 m. Erl.: Aber zu der Zeit, wenn seine Augen offen sind, und gewaschen werden vom guten Auge, {dann} sind da Gnaden auf Israel, und das Auge ist beleuchtet (*oder* in Dienst gezwungen) und es übt Vergeltung an den anderen Nationen. Wie gesagt ist: (Ps. 44, 32) „Erwache! ... Erhebe!" „Erwache"; dies ist um gebadet zu werden in jenem Weißen. „Erhebe!"; dies ist um Vergeltung zu üben an jenen, die sie unterdrücken.
Erl.: Der Eindruck ist, daß dies zwei Vorgänge sind, die in dieser Reihenfolge ausgeführt werden müssen.
Wenn seine Augen offen sind, werden sie als schön gesehen, wie jene von Tauben, in Rot, Schwarz und Gelbgrün.

GHV 624 – 625 m. Erl.: Vom Roten gehen sieben Kanäle aus (*oder* Abflüsse), die herumgehen nach der linken Seite, und sie werden erhellt vom Feuer, das auf der Nordseite ist. Und sie sind so verbunden, daß sie in die Welt erstreckt sind, {und} daß sie die Pfade der Schuldner aufdecken.
Erl.: Hier ist ein interessanter Hinweis, daß der Alte und der Kleingesichtige möglicherweise eine konstante Orientierung hatten. Wenn links gleichbedeutend ist mit Nord, dann, was immer es war, war nach Osten gerichtet. Vielleicht war das so, damit die aufgehende Sonne sein Gesicht treffen konnte, und das „gute Auge" ermuntern konnte aufzuleuchten.
Wohl eher, um die Wüstenluft möglichst konstant in den Mund einströmen zu lassen. Man müßte dazu aber die vorherrschende Windrichtung im Bereich der Wüstenwanderung in Erfahrung bringen.
Wie es gesagt ist: (Sach. 4, 10) „Sie sind die Augen des Herrn, die hin und her gehen durch die ganze Welt".
Das sind natürlich wieder die Enden der Rotorblätter der Hubschrauberlandebeine des Weltraum-Landefahrzeugs bei Ezechiel (Abb. 5).

KHV 647 m. Erl.: Wir haben alle Teile dieses Bartes erörtert in der [Größeren] Heiligen Versammlung, und haben gesagt, daß alle von ihnen gestaltet sind von den Teilen des Alten Heiligen.
Erl.: Dies scheint anzudeuten, daß, wie wir vermuteten, die neun Teile des Bartes des Kleingesichtigen in der Tat identisch sind mit neun von den dreizehn Teilen des Alten, und daß da keine zwei Sätze {wörtl.: sets} von {Bart}-Teilen waren.
D. h. der Kleingesichtige hat keinen Bart; seine vielen Schläuche, Verbindungsrohre und evtl. auch Verkabelungen in der mannaproduzierenden Vorrichtung und deren unmittelbaren Umgebung mögen den Anstoß zu dieser ʻlogischen' Erweiterung der Bart-Phantasien gegeben haben, die sich auf den Alten bezogen, d. h. auf die Konvektionsrohre am großen Kulturtank.

KHV 669 m. Erl.: Und wenn [es] gewünscht wird, die inneren Teile zu inspizieren, die Herren der Säfte der inneren Teile wird [*sic*] gesehen als starke Kraft. Und dann schneidet da hinein (MRT) das, das zum Einschneiden {da} ist, und da kocht (GLSh) das, das zum Kochen {da} ist.
Erl.: Dieser Vers ist obskur. Von der Syntax her ist offensichtlich gemeint, daß die Herren als starke Kraft gesehen werden, obwohl das Verb im Singular steht. Die Wendung „die inneren Teile zu inspizieren", ist die gleiche wie oben in KHV 514 angetroffen, und die gleichen Kommentare treffen zu. Die Wurzel MRT bedeutet auf Aramäisch schneiden oder kratzen, und im Hebräischen glätten oder kahl machen oder pflücken; GLSh heißt ans Licht zu bringen, publizieren oder kochen auf Aramäisch; weiß sein oder strahlen auf Hebräisch.
Leider ist auch der Kommentar von Sassoon und Dale obskur. Es scheint hier das Kochen der Algen und das Zerschneiden der Mannastränge während der Endphase der Mannazubereitung angedeutet zu sein (Abb. 29).

KHV 726 – 733: An dieses Rohr sind alle jene unteren angeschlossen. Von ihm saugen sie, und nach ihm kommen sie zurück (*möglicherweise* erbrechen). Und es wird die Mutter von ihnen allen genannt. Wie die andere Mutter ist zum Garten (*oder* Körper) und der ganze Garten saugt von ihr, so ist diese Mutter zu all jenen unteren Teilen. Es steht geschrieben: (Spr. 7, 4) „Sage der Weisheit: du bist meine Schwester". Da ist Weisheit und da ist [eine andere] Weisheit. Und dieses weibliche wird genannt die „kurze Weisheit" mit Bezug zum anderen [weiblichen]. Darüber steht geschrieben: (Ges. 8, 8) „Wir haben eine kleine Schwester, und sie hat keine Brüste". Dies ist herausgezogen von jenem hinein ins „Exil {wörtl.: exile}". „Unsere kleine Schwester"; in der Tat „klein" [ist geschrieben], aber sie ist groß, und nimmt zu an Größe. Sie ist die Vollendung, die nimmt von allen, wie geschrieben steht: (Ges. 8, 10) „Ich bin eine Mauer, und meine Brüste wie Türme". „Meine Brüste"; sie sind jene, die {sich} füllen, sodaß alle saugen können. „Wie Türme"; sie sind jene großen Ströme, die von der oberen Mutter fließen.
Ist hier von der Mannaproduktion die Rede, bei der mit Unterdruck über mehrere Stufen gesaugt wurde (Abb. 29)?

BdM 3:1: Es wird gelehrt, daß da neun würdige Teile im Bart sind [des Kleingesichtigen], die alle versteckt sind und nicht entblößt oberhalb. Und die Würde wird gefunden; und sie ist sein Schatz.
D. h. die vielen Schläuche und Verbindungen des Kleingesichtigen stehen nicht so vor wie der Bart (d. h. die Konvektionsrohre) des Alten, sondern sind bei Betrieb der Maschine von den Abdeckklappen verborgen, also versteckt.

GHV 823 – 825 m. Erln.: Was ist „hinaus"? Es ist [auswärts] hinein in diesen Kleingesichtigen, sodaß die zwei Gehirne verbunden sind. Zwei Gehirne, sagt ihr? Aber in der Tat, da sind vier.
Erl.: Hier ist es klar gemacht, daß, wenn Weisheiten „schreien hinaus", sie durch die weißen Haare des Alten der Tage fließen hinein in den Kleingesichtigen, hinein in sein Gehirn. Eine Diskussion der Gehirne folgt, die in einer ziemlich konfusen

Weise angibt, daß das untere Gehirn des Kleingesichtigen in drei Teile aufgeteilt ist, während das obere Gehirn des Alten der Tage einzeln ist und unteilbar.
Gab es womöglich auch Barthaare (d. h. Konvektionsrohre), deren Inhalt nicht wieder in den Tank zurückfloß, sondern die `fertigen´ Algenschleim - dessen Algengehalt hoch genug war - vom Kulturtank direkt in den Kleingesichtigen leiteten, also in die Mannaverarbeitungsanlage? Die auf Abb. 9 gezeigte Rekonstruktion der Gesamtmaschine müßte dann um entsprechende Barthaare ergänzt werden. Es wäre vielleicht möglich, daß (nur) diese Barthaare bei der allwöchentlichen Reinigung demontiert und wieder angebaut, d. h. wieder „eingesetzt", wurden. Die Konsequenzen aus der Existenz solcher speziellen Barthaare wären für die Rekonstruktion der Maschine zwar bedeutend, aber nicht von grundsätzlicher Art.
Da sind drei Gehirne, die im Kleingesichtigen sind, und sie werden gefunden in den drei Aushöhlungen des Schädels des Hauptes, und ein Gehirn, das ruhig ist in seiner normalen Bedingung, das all die drei [anderen] Gehirne enthält, von dem [einen Gehirn] sind gesaugt die abgesaugten, enthalten [und] gewogen.
Erl.: Diese letzten drei Worte sind ziemlich obskur ausgedrückt, aber die Bedeutung scheint zu sein, daß Portionen {wörtl.: measures} von irgendetwas abgezapft wurden vom Gehirn. Auch widerspricht der Text hier sich selbst, weil woanders gesagt ist, daß das Gehirn, das „ruhig ist in seinem normalen Zustand", und vermutlich erregt in seinem abnormalen Zustand, das des Alten ist, nicht das des Kleingesichtigen. Jedoch, die Wendung „in seinem normalen Zustand (OL BVRIIH)" könnte eine fehlerhafte Kopie sein für „auf seinem Sediment (OL DVRDIIH)", eine Wendung, die sich auf das obere Gehirn bezieht ... .
Es scheint aber doch klar gewesen zu sein, daß da von einem Unterdruck etwas gesaugt wurde (die Brüste!) bei der Mannaproduktion im Kleingesichtigen, evtl. über mehrere Stufen (Abb. 29). Daß man die vielen Gehirne (d. h. Behälter) im Text durcheinandergebracht hat, und mit dem oberen Gehirn des Alten verwechselte, will angesichts der zu vermutenden Kompliziertheit des Kleingesichtigen und der Gesamt-Maschine nicht weiter verwundern. Möglicherweise liegt hier aber insgesamt eine Verwechslung mit dem `Alten´ vor, der ja auch drei Aushöhlungen aufwies (s. o.).

GHV 854- 855: Da wir dieses gesehen haben: daß drei Gehirne, in drei Aushöhlungen, in ihm gefunden werden [dem Kleingesichtigen]. Und sie fließen vom verborgenen Gehirn [das des Alten]. Und weil das Gehirn des Alten der Tage ruhig und still ist, wie guter Wein auf seinem Sediment, sind seine Haare alle glatt und ölig mit dem guten Öl.
Die Gehirne im Kleingesichtigen sind wohl nicht so ruhig: der komplizierte Ablauf der Mannaproduktion verursachte die Vorstellung von Unruhe in diesen „Gehirnen" (Abb. 29); vielleicht gab es aber auch tatsächlich allerhand Zischen, Blubbern, Bullern und Kollern in den „Gehirnen" (d. h. Gefäßen) des Kleingesichtigen – zusammen mit ähnlichen - und wohl lauteren - Geräuschen im großen Kulturtank.

Der Sohn – Das Zwischending
KHV 262 – 263 m. Erln.: Das I ist in dieser Weisheit enthalten. Dieses H ist die Mutter und sie nennen es „Verständnis (BINH)". Und das H ist jene zwei Söhne, die kommen von der Mutter.
Erl.: Das Wort BINH, „Verständnis", könnte ebensogut einfach bedeuten „Zwischending" {wörtl.: „between-thing"}.

Und sie lehren dies: jenes „Verständnis" ist enthalten von all [den anderen]. Das Yod, das mit der Mutter verbunden ist; und sie gehen aus zum „Sohn". Und dies ist ihr „Verständnis"; der „Vater" und {die} „Mutter" von dem I und H; der „Sohn" ist in ihnen.
Erl.: Diese Feststellung berechtigt zum Lesen von BINH als „Zwischending". Jedoch, „Verständnis" wird beibehalten wegen der Einheitlichkeit.
Wieso oben einmal von „zwei Söhne(n)" die Rede ist, bleibt unklar. Es ist sonst immer nur der eine Sohn, d. h. der eine komplizierte Zwischenteil, das Zwischending, gemeint, das den korrekten Anschluß von Ober- und Unterteil garantierte bei der wöchentlichen Montage des Hochbetagten (Abb. 28).

KHV 289: Es ist genau wie wir gesagt haben. Diese müssen von den oberen [Teilen] kommen. Das obere Verständnis von der Einsicht. Das Verständnis ist Vater und Mutter und Sohn. Das I und das H sind der Vater und {die} Mutter, und der Sohn ist zwischen ihnen.
Das Zwischending war also wahrscheinlich eine Vorrichtung, die die exakt passende Verbindung herstellte zwischen dem Kulturtank oben, (dem Alten, dem Vater), und dem Kleingesichtigen unten, der Mutter. „Sohn" wurde es genannt wegen dieser Position zwischen „Vater" und „Mutter". Wir können darüber spekulieren, ob dieser `Sohn´ mit der Verteilung des Algenschleims zu tun hatte, oder ob er nur Markierungsstöpsel aufwies, die die richtige Passung der beiden Hauptteile bewirkten, d. h. `überwachten´. Möglicherweise wurde er deshalb als „Verständnis" bezeichnet, weil er als einziger von den dreien die richtige Position der Teile zueinander aufgrund seiner Markierungsstöpsel `wußte´.

KHV 295 – 300: Da dieser Sohn die Markierungen seines Vaters und seiner Mutter trägt, wird er Wissen genannt. Er ist die Bezeugung von beiden. Und dieser Sohn wird genannt der Erstgeborene (*oder* {die} untere Lage). Wie geschrieben steht: (Ex. 4, 22) „Israel ist mein erstgeborener Sohn." Und da er „erstgeboren" genannt wird, erhält er zwei Anteile. [Erstgeborene hatten doppelten Anteil am elterlichen Erbe]. Und wenn er in seiner Einfassung wächst, nimmt er drei Anteile. Diesen Weg oder jenen Weg, zwei Anteile oder drei Anteile, es ist alles das gleiche. [d. h. laßt uns nicht feilschen]. Dies oder das, es ist alles eines. Er erbt das Erbe seines Vaters und {seiner} Mutter.
Das heißt er hat Verbindungsteile nach oben (zum Alten, dem Vater) und nach unten (zum Kleingesichtigen, der Mutter (Abb. 28)). Er hatte aber auch Einkerbungen, also technische Informationen, wie er genau anzubringen war. Falls die für die Verbindung der beiden Hauptkomponenten vorgesehene Öffnung

exakt rund war, konnte das von größter Bedeutung sein. Bemerkenswert ist natürlich die Tatsache, daß von dieser technischen Gegebenheit einer Maschine eine juristische Schlußfolgerung abgeleitet wurde: Der erstgeborene Sohn erbte doppelt, weil er, d. h. ursprünglich das Zwischending in der Mannamaschine, Stöpsel nach oben (zum Vater) und nach unten (zur Mutter) hatte!

KHV 633 – 634 m. Erl.: Und in allem, und in allem hängt die Information. Aber diese Orte des Geruchs sind weiß und rot, die Information (*oder* {das} Zeugnis) für den Vater und {die} Mutter. Die Information, die besessen sein muß [von ihr], die sie erbt; und es enthält sie {Pl.}.
Erl.: Offensichtlich wird hier das Wort „Information" sowohl in seiner normalen Bedeutung benutzt, als auch in einer spezialisierten Bedeutung.
Hier ist möglicherweise auch vom `Sohn´, dem Zwischending, die Rede, der die Informationen (die Einkerbungen und Stöpsel i. w. S.), d. h. das „Verständnis" enthält.

Die Beine des Hochbetagten
GHV 1061 – 1062 m. Erl.: Überlieferung: es steht geschrieben: (Spr. 10, 25) „Und der gerechte Mensch ist die Grundlage (ISVD) der Welt", die sechs in einem Knoten enthält, in einer ?Aufteilung (QRTVPA). Und dies ist was geschrieben steht: (Ges. 5, 15) „Seine Beine wie Säulen, sechs (ShVQIV OMVDI ShSh)".
Erl.: ShSh kann sechs bedeuten oder Marmor, und R. Simon zieht es vor, es als sechs zu lesen. Dieses Konzept eines sechsbeinigen Gottes erscheint andernorts (GHV 188), aber es ist normalerweise vernunftmäßig erklärt {wörtl.: rationalised}, indem gesagt wird, daß da sechs Stufen seien, die hinaufführen zum himmlischen Thron; Gott besetzt die siebente.
So diskutiert man unliebsame Fakten weg, indem man eine ganz andere Geschichte zusammenschwafelt, die das Problem scheinbar löst (ein sechsbeiniger Gott war nicht vorstellbar, es durfte ihn also nicht geben). Daß Gott die siebente besetzt, war zudem frei erfunden (sieben bedeutet Vollkommenheit, daher Sabbat), denn die Mannamaschine hatte nur sechs Beine, d. h. Säulen. Der entsprechende Text in GHV 188 lautet: „... ... (1 Kön. 10, 19) „Der Thron hatte sechs Stufen"".

BdM 1:23 m. Erl.: Die dreizehn, sie werden sich erheben in Gnaden und sie sind erneuert wie vorher. Und alle jene sechs stehen. Da geschrieben steht: „Er schuf" bevor geschrieben steht „es war", und das ist genau so.
Erl.: Dies könnte beides sein, die dreizehn Teile des Bartes, und die dreizehnte Stunde in der {der} Wiederzusammenbau komplett ist. Die sechs sind die Füße des Alten der Tage.
Gemeint sind wahrscheinlich auch hier die Beine des Alten der Tage, der Mannamaschine.

BdM 1: 36: Die sechs gehen aus vom Zweig der Wurzel des Körpers [*d. h.* die sechs Füße].

Korrekt muß es auch hier heißen „die sechs Beine", die auffallend gerade waren und wohl von einem Bereich des untersten Körpers ausgingen, dem „Knoten". Der Hochbetagte scheint sechs solche geraden Unterstützungssäulen gehabt zu haben, auf denen die Gesamt-Apparatur stand; sie wurden als Beine bezeichnet. Da sie von einem Punkt des Unterkörpers ausgingen, waren die beiden äußeren Paare wahrscheinlich geringfügig schräg abgespreizt (Abb. 9).

Die äußeren Umrundungen am Kleingesichtigen – Die ausklappbaren Abdeckklappen (Mathers „Kronen")

GHV 1073: Überlieferung: alle jene Einfassungen, die nicht im Körper enthalten sind, alle werden fortgenommen und sie sind schmutzig. Und sie beschmutzen jeden, der ihren Körpern nahekommt, um Worte von ihnen zu lernen.

Was von uns als überflüssige und gedankenlos dahergesagte Bemerkung angesehen werden könnte („die nicht im Körper enthalten sind"), hatte für die Kabbalisten grundlegende religiöse Bedeutung: Da die Abdeckklappen des Kleingesichtigen nicht <u>in</u> der Maschine waren, sondern <u>außen</u> an ihr angebracht, konnten sie nicht in den Himmel (den mystischen, die Erde umkreisenden Hochbetagten), eintreten: Sie konnten also nicht selig werden in dem Sinne, daß ihnen die kommende Welt (im großen Kulturtank) verschlossen war! Trotzdem aber waren sie Umrundungen, und sie hatten eben deshalb eine gewisse Affinität zu den (unsichtbaren) <u>inneren</u> Umrundungen, die <u>in</u> der Maschine waren, also sehr wohl selig werden, d. h. an der kommenden Welt teilhaben konnten! Die äußeren Abdeckklappen sind darüber hinaus möglicherweise auch ein Hinweis auf die Israel außerhalb umwohnenden Völker, die `Heiden´, die nicht selig, nicht in den mystischen Hochbetagten-Himmel gelangen konnten, weil sie sich ja außerhalb Israels befanden (Die ganze Maschine wurde zumindest sprachlich manchmal mit Israel verquickt und verwechselt.).

Damit wird auch erklärt, weshalb außerhalb des Lagers sich aufhalten müssen, eine so ernste Strafe war (Mirjam!): Wer außerhalb war gehörte also nicht zu Israel – wie die außen montierten Teile der Mannamaschine!

GHV 1082 - 1083: Und sie wandern (*oder* schmieren) und sie fliegen (*oder* glitzern) der ganzen Welt. Und sie fliegen fort und sind nicht verbunden mit dem Behälter des Körpers. Und deshalb sind sie außerhalb aller Dinge, da sie oben und unten lose sind. Sie sind schmutzig innenseitig. Es steht geschrieben: (Lev. 13, 46) „Und seine Wohnstätte soll außerhalb des Lagers sein".

Sassoon und Dale haben darauf hingewiesen, daß das säuselnde Geräusch am „Mund" (=Lufteinlaß) der Mannamaschine als Weisheit des Hochbetagten verstanden wurde. Dazu das entsprechende Zitat aus Sassoon und Dale „Die Manna-Maschine", Seite 206 der deutschen Ausgabe: „Wenn es sich bei dem Mund um einen Lufteinlaß handelte, so wäre es ganz normal, wenn er auch ein leichtes Geräusch verursachte. Dieses leichte Brummen wurde später als das Wort Gottes an sein Volk ausgelegt: „(GHV 679) Die Lippen murmeln Macht, sie murmeln Weisheit." Dieses Zitat läßt vor unserem geistigen Auge das Bild entstehen, wie die Priester (d. h. die wenigen, die sich dem Hochbetagten nähern durften) verzückt vor dem Luftfilter stehen und auf das schwache Geräusch der angesaugten Luft lauschen. In späteren Epochen wurden die dort vernommenen Geräusche als Prophezeiungen ausgelegt."

Es erscheint durchaus vorstellbar, daß auch die Abdeckplatten am Kleingesichtigen, die immerhin „oben und unten lose" waren, summende oder vibrierende Geräusche beim Betrieb der Maschine verursachten, und daß auch diese Geräusche als heilige Weisheit galten, und daß es vorkam, daß Priester/Leviten sich nahe nach diesen Platten hinabbeugten, um göttliche Offenbarungen von ihnen zu lernen; dabei konnten sie sich leicht schmutzig machen.

Es mag die Größe der Abdeckplatten, bzw. der `Lücke´, die sie am Hochbetagten verschlossen, die Formulierung vom „Mund, der große Dinge spricht" verursacht haben. Möglich wäre natürlich auch, daß das von den Abdeckplatten verursachte Geräusch wesentlich lauter und `konkreter´ war als das leise Zischeln und Lispeln des eigentlichen Mundes, des Lufteinlasses – zumindest in späteren Jahren, als die Maschine langsam alt und (wortwörtlich) klapperig wurde, war das wahrscheinlich so. Es ist nicht auszuschließen, daß die Sprech- und Verkündungsfunktion des „Mundes" im Verlaufe der Zeit vom Lufteinlaß (oben am Haupt des Hochbetagten) auf die Umrundungen des Kleingesichtigen über ging, weil letztere mit ihrem lauten Geräusch sich in den Vordergrund drängten (siehe dazu auch oben „Der Mund des Hochbetagten").

Ähnlich technisch ist vermutlich die Formulierung von den „wegfliegenden" Umhüllungen zu verstehen. Da ausdrücklich gesagt wird, daß sie oben und unten lose waren, darf angenommen werden, daß sie es an den Seiten nicht waren. Konnten sie beim Öffnen mit einer rotierenden Bewegung zur Seite wegfedernd aufschwingen, also (scheinbar aus eigener Kraft) „wegfliegen"? (Sehr ähnliche Formulierungen finden wir auch in modernen technischen Texten. So heißt es im Internet, bezogen auf die Türen eines Automobils, die nach oben wegschwingen: „Alle Türen fliegen hoch.")

GHV 1078 – 1084 m. Erln.: Mit Ausnahme jener, die nicht in der Kategorie (*oder* {im} Behälter) des Menschen sind, da sie die schmutzigen sind; und sie beschmutzen jeden, der ihnen nahe kommt. Überlieferung: alle von ihnen werden gefunden, als vom Geist (*oder* Atem) des Linken zu sein, der nicht im Menschen gesüßt ist; und sie gehen aus vom Behälter des heiligen Körpers, und sie sind nicht befestigt an ihm. Und deshalb sind sie alle schmutzig. Und sie tropfen und fliehen der Welt (*oder* glitzern immer).
Erl.: TASIN bedeutet auch „sie glitzern"; im Soharischen wird die Endung –IN oft (unkorrekt) benutzt für die dritte Person Plural von Verben. Da das Verb hier intransitiv ist, wird das Wort „Welt" überflüssig. Jedoch, „glitzern" könnte besser

passen, wenn die Einfassungen bedeckt wären mit öligem Schmutz. Andererseits könnten wir lesen TASIN LOVLM, sie glitzern immer.

Und sie treten ein in das Loch der großen Tiefe, um an jenes erste Urteil angehängt zu werden, das Kain genannt wird, das ausgeht hinein in den Behälter des unteren Körpers. Und sie wandern (*oder* schmieren (ShVT)) und sie fliegen (*oder* glitzern) der ganzen Welt. Und sie fliegen fort und sind nicht verbunden mit dem Behälter des Körpers.

Erl.: Hier ist ein drittes Wort, das Schmutzigkeit besagt - ShVT - bezogen auf die Einfassungen, was kaum ein Zufall sein kann. Das „fliegen fort" bezieht sich zweifelsohne auf die Tatsache, daß sie nicht mit dem Körper verbunden sind. Hier sehen wir wie religiöse Bedeutung gefunden wird in der Tatsache, daß die entfernbaren Teile schmutzig sind.

Und deshalb sind sie außerhalb aller Dinge, da sie oben und unten lose sind. Sie sind schmutzig innenseitig. Es steht geschrieben: (Lev. 13, 46) „Und seine Wohnstätte soll außerhalb des Lagers sein". Und hinein in den Geist, der Abel genannt wird, der weiter gesüßt wird im Behälter des heiligen Körpers, da gehen andere aus, die noch süßer sind. Und sie sind mit dem Körper verbunden, jedoch sie sind nicht verbunden.

Es handelt sich also um Schutzklappen, die sich außerhalb der Maschine befinden, die nicht fest an der Maschine angeschlagen sind und die entfernt werden können. Sie fangen offenkundig Verunreinigungen auf, die bei der Mannaverarbeitung entstehen. Wer ihnen zu nahe kommt, macht sich schmutzig (vom öligen Schleim). Daß sie fortfliegen bedeutet möglicherweise, daß sie unter dem Druck einer Feder eigenständig zur Seite hin aufschwingen konnten (Sie waren also mit dem Körper verbunden - entlang der Scharniere -, waren aber auch nicht mit ihm verbunden - oben und unten - : typische Sohar-Logik!).

GHV 1067 m. Erln.: Erl.: Hier sind die Einfassungen, KThRIN, übersetzt von Mathers als „Kronen", eindeutig ganz einfach als äußerliche {wörtl.: peripheral} Teile gesehen.

Da der Körper nicht gesehen wird in ihrer Anwesenheit, da sie außerhalb des Körpers sind. Und deshalb sind sie nicht im Körper, da sie abgelöst (ODI) sind vom Körper.

Erl.: Das Wort ODI wird besonders benutzt für das Ausziehen von Kleidung.
Mit „Körper" ist hier möglicherweise der Kleingesichtige gemeint, der ja von diesen Abdeckplatte verborgen wurde. Diese Platten konnten nach der Seite hin aufschwingen (evtl. an Klavierscharnieren).

GHV 1070 – 1071 m. Erl.: Überlieferung: alle jene oberen Teile, die im heiligen Körper sind, im männlichen und weiblichen, der Behälter des Adams, dieser [Teil] führt von jenem. Und sie sind verbunden, dieser nach jenem. Und dieser bewässert jenes. Auf die Art, wie Blut wird geleitet in den Kanälen der Adern (QTPIN DVRIDIN) nach diesem und nach jenem [Teil], hierhin und dorthin, von diesem Ort nach einem anderen Ort.

Erl.: QTP ist eines der zweifelhaften Wörter des *Sohars*; in KHV 51 ist es vorsichtig Übersetzt als „Saft", aber hier paßt „Kanal" besser. Aus diesem Vers geht eindeutig hervor, daß die Juden von der Blutzirkulation lange vor Harvey wußten, der offiziell als ihr Entdecker gilt. Jetzt folgt einige Klempnerei-Beschreibung:
William Harvey, 1578 – 1657, Englischer Arzt und Anatom, entdeckte den Blutkreislauf für das Abendland.

GHV 1073 – 1076 m. Erl.: Überlieferung: alle jene Einfassungen, die nicht im Körper enthalten sind, alle werden fortgenommen und sie sind schmutzig. Und sie beschmutzen jeden, der ihren Körpern (GBIHVN) nahekommt, um Worte von ihnen zu lernen.
Erl.: Von dieser sehr merkwürdigen Überlieferung fügen wir unserem Wissensschatz, was die Einfassungen anbetrifft, einige Fakten hinzu, die wie folgt zusammengefaßt werden können: Die Einfassungen sind äußerliche Teile, nicht Teil des Körpers, einige werden gleichgesetzt mit Fingern und Zehen. Sie sind entfernbar, und wenn das getan ist mit dem Vorsatz, geheime Worte zu lernen, sind sie schmutzig und verunreinigen die Kleidung. Das Wort GB, hier übersetzt als „Körper", deutet ein hohles Objekt an. Das normale Wort für Körper ist GVPA. In der *Sohar*-Grammatik ist eine mögliche alternative Übersetzung für dieses Wort: „[sich nähert], sie einzusammeln", von dem Wort GBI, einsammeln. Überlieferung: warum sind die klugen Schüler begierig, sie einzusammeln? Nur damit sie in ihnen den heiligen Körper beobachten können, und um in ihnen enthalten zu sein, in jenem Körper. Und wenn ihr sagt, wenn das so ist, [warum] sind dann Engel heilig und dennoch nicht im heiligen Körper enthalten, es ist nicht so, da, wenn sie außerhalb des Behälters des heiligen Körpers sind, sind sie nicht heilig, und sie existieren nicht.
Das ist aus religiöser Sicht natürlich eine verzwickte Sache: Die Engel waren nicht im Körper des Hochbetagten, sie konnten also nicht selig werden; sie werden gar als nichtexistent postuliert. Ob alle Rabbiner dem Rabbi R. Simon in dieser Anschauung zugestimmt hätten? Auch ist die Sache mit den Engeln hier geradezu unfaßbar grotesk mißverstanden; siehe dazu „Gottes Sturz aus dem Himmel", wo die unterschiedlichen Engel-Typen identifiziert und beschrieben sind und am Anfang dieses Buches bei den Worterklärungen in der „Einführung". Was das Lernen von den summenden und brummenden und zum Schluß wohl auch „großmundig", d. h. laut, klappernden und plappernden Abdeckplatten betrifft, siehe oben.

KHV 74 – 76: Der Alte ist der älteste der alten; er ist die obere Umschließung, die umfaßt alle Einfassungen und Umschließungen. Von ihm werden alle Lichter zum Strahlen gebracht, und sie werden erhellt. Und er ist das geheime, obere Licht, das nicht bekannt ist.

Erl. n. KHV 211: Das Nichts, oder {das} Nicht-ist, scheint ein leerer Raum innerhalb des Alten gewesen zu sein (siehe BdM 1, 5).

BdM 1 : 5-6, m. Erl.: Dieser Ausgleich hängt an dem Ort des nicht-ist. Da werden in ihm diejenigen gewogen, die nicht gefunden werden.

Erl.: Für dieses hat Mathers das großartige: „Dieses Gleichgewicht hängt in jenem Bereich, der negativ existent ist im Alten. Dadurch waren jene Kräfte im Gleichgewicht gehalten, die noch nicht in wahrnehmbarer Existenz waren.

Das Manna
Zitat aus der JB: „*Umher streifte das Volk, und sie sammelten auf, und mahlten es in der Handmühle oder zerstießen es im Mörser und kochten es im Topf und machten daraus Kuchen, und sein Geschmack war wie der von Ölkuchen. Und sobald der Tau des Nachts sich auf dem Lager niederschlug, fiel das Manna auf ihn nieder.*"

Man wußte also, daß Tau und Manna zwei verschiedene Dinge waren, aber zwingend zusammengehörten – nur von der Mannamaschine, die aus dem Tau des Himmels (zusammen mit Algen, Licht und Nährsalzen) das Manna produzierte durfte nichts gesagt oder geschrieben werden; sie war absolut tabu, und sie blieb das über Dreitausend Jahre hindurch – bis 1978! Es muß offen bleiben, ob das `Wissen´ um das Entstehen des Mannas wirklich so vage war, oder ob die Autoren des ATs es nur nicht konkreter benennen durften. Man möchte wissen, wer da gegebenenfalls kontrolliert hat.

Kommentar des Verfassers zum Manna
Der Text behandelt das leidige Mannaproblem, und versucht seine Herkunft auf gänzlich unbrauchbare Art zu erklären; oder ist hier nur etwas durcheinandergeraten(?): So *kann* es nicht gewesen sein! Es fällt mit dem Tau in der Wüste nun mal kein Manna vom Himmel, nicht damals und auch nicht heute. Daß es auch damals nicht anders war, geht einwandfrei aus dem AT hervor, wenn gesagt wird, daß es nach der Jordandurchquerung zeitlich `randscharf´ kein Manna mehr gab, nie mehr. Hatte sich der Himmel, hatte sich die Zusammensetzung der Luft und des Taues so verändert, daß sie plötzlich kein Manna mehr zuwege bringen konnten? Denn der Tau während der Nacht geht bis auf den heutigen Tag ganz normal weiter – auch in der Wüste Sinai.[1] Es kann das Manna nicht vom Himmel gefallen sein – die naturwissenschaftlichen Gegebenheiten der Atmosphäre müßten sich von Grund auf an einem einzigen Tag, während des Jordandurchgangs, für alle Zeiten geändert haben. Es mag jeder Leser/jede Leserin für sich entscheiden, wie glaubwürdig ein solcher Umschwung wohl ist. Nein, es gibt keine andere Möglichkeit, das Manna fiel nicht als Tau vom Himmel und es wurde auch nicht von irgendwelchen Bäumen als erstarrte Saftabsonderung eingesammelt. Dann hätte sich ja auch wieder die Frage gestellt nach dem so plötzlichen und so endgültigen Aufhören dieser Saftabsonderung nach dem Durchqueren des Jordans, und die Kinder Israel hätten von Anfang an gewußt, was

diese Substanz war. Sie wußten es aber nicht, denn sie fragten zu Anfang: „Man hu?" Was ist das(?):

Schluß mit dieser sinnlosen und grotesken Diskussion: Es kam das Manna von der Mannamaschine, aus dem Allerheiligsten der Stiftshütte – basta!

Wir sollten uns an diese so folgenschwere, welthistorische Tatsache endlich gewöhnen und sie in unser Welt- und Religionsverständnis einbauen – mit allen kaum abzusehenden Konsequenzen. Stattdessen ist die Mehrzahl der Menschen entweder damit beschäftigt, weiter gegen die Windmühlenflügel der (unbequemen) Wahrheit zu kämpfen, oder will die Wahrheit einfach nicht wissen; weil es bequemer ist weiterzuschlafen, beziehungsweise die Wahrheit totzuschweigen – wider besseren Wissens, was aber nicht mehr lange möglich sein wird!

Ganz anders die Geschichte mit dem Umherstreifen im Gelände und dem Mahlen und anschließenden Backen: Hier hat sich nahezu mit Sicherheit eine Erinnerung daran erhalten, daß man eben nicht nur Manna aß, sondern auch noch so einiges im Gelände auflas und mit verspeiste: Trotz des ständigen Kontaktes mit einer außerirdischen Menschengruppe, die über eine ausgereifte Hochtechnologie verfügte, verharrten die Kinder Israel auf einer Entwicklungsstufe, die irgendwo zwischen Sammler und Jäger und dem ständigen Umherwandern eines Hirtendaseins einzustufen ist. Es blieb das leidige Fleischproblem ein alltägliches Ärgernis, an dem auch die Mannaration nichts Grundsätzliches ändern konnte. Im Gegenteil: Sie wird das Problem mit ihrem eintönigen Geschmack vielleicht so manches Mal überhaupt erst zum Ausbruch gebracht haben.

[1] Daß der Tau mühelos die erforderlichen Wassermengen für den großen Kulturtank der Mannamaschine liefern konnte, ergibt sich u. a. auch aus modernen Reisebeschreibungen aus dieser Gegend. So berichtet SCHWEIGER-LERCHENFELD (1875, nach den Tagebüchern von J. CERNIKS) von einer Reise nach den Ruinen von Palmyra: „ ... In der Nacht vom 1. zum 2. November wurde bei der Quelle Abul Favares der ausgiebigste Tau seit der Abreise von Tarabulus beobachtet. Decken und Kleidungsstücke waren derartig durchnäßt, als hätten sie im Wasser gelegen. ... . " Der Verfasser kennt mündliche Berichte von Kollegen, die etwa hundert Jahre später ganz ähnliche Erfahrungen in Nordafrika (Ägypten) gemacht haben.

Abschnitt B

Kabbala und Kabbalistik – Religionsableitung und Religion

Es folgen zunächst noch einige technische Beschreibungen, die aber schon zum Entstehen der `Religion´ überleiten. Sie sind abgeleitet von Einzelaspekten der Mannamaschine, des Hochbetagten, und von zugehörigen Denkansätzen, die sich aus dem übersetzten Originaltext „Die Ur-Kabbala" ergeben.

GHV 10: Dann begann er [zu sprechen] indem er sagte: (Deut. 27, 15) „Verflucht sei der Mann, der irgendein geschmolzenes oder geschnitztes Bildnis macht, das Werk der Hände des Handwerkers, und es an geheimem Ort aufstellt. Und alle Leute sollen antworten und sagen: Amen."
Es läßt doch tief blicken, daß R. Simon eine so nachdrückliche Ermahnung an seine Zuhörer (eingeweihte Schüler!) glaubt richten zu müssen. Wir haben anhand der oben kommentierten Textbeispiele erkannt, daß das letztlich vergebens war. Der Dienst an der Maschine ließ/läßt sich ganz einfach nicht wirklich überzeugend von einem Dienst an einem Idol unterscheiden. Dementsprechend ist der ursprünglich als streng geheime Elite - `Religion´ entstandene Kargo-Kult, die Kabbala, `eingefärbt´.

GHV 22: Weil nur Geheimnisse die Welt beständig erhalten; {so} als wenn in den Worten der Welt eine Notwendigkeit für Geheimnisse war; für die Worte der Geheimnisse des Alten der Tage, die nicht einmal den oberen Engeln anvertraut sind, glaubt es oder nicht.
*Die Geheimnistuerei hat das ganze Unglück überhaupt erst möglich gemacht – aber dann kann man sich ja als Eingeweihter erhaben und überheblich fühlen. Über die Folgen muß man nicht näher nachdenken. Die „Anderen" (so R. Simon wörtlich) bekommen das harmlose Geschwätz, das nicht wirklich Heilige, das bekommen die als Ersatznahrung vorgesetzt. Daraus wurde dann die Bibel (AT) zusammengebastelt mit ihren unzähligen Beeinflussungen, Vermischungen und Querverbindungen aus der Kabbala – aber das wird in der Bibel nicht erwähnt. Damit wird die Bibel für die gewöhnlichen Gläubigen zwar in letzter Konsequenz unverständlich und oft auch mißverständlich; aber darüber hat man sich wohl keine Gedanken gemacht – was gehen uns „die Anderen" an?!
Und man ist so heilig, daß man Dinge zu verkünden hat, die nichteinmal den oberen Engeln bekannt sind. Das ist nun zwar so lächerlich falsch, daß es sich jeder angemessenen Benennung entzieht; es wirft aber auf die Personen und auf die `Religion´, die sie zu vertreten glauben, ein unzweideutiges Licht! Es ist obendrein eine grobe Gotteslästerung – aber auch das wird wohl niemand interessiert haben.*

GHV 25 – 26: Er begann dann, die Geheimnisse zu offenbaren, indem er sagte: (Gen. 36, 31) „UND DIES SIND die Könige, die regierten im Lande Eden bevor irgendein König regierte [über die Kinder Israel] etc." Gesegnet seid ihr, Oh gerechte Männer, daß das Geheimnis der Geheimnisse des Gesetzes soll offenbart werden an euch! Weil die [Geheimnisse] nicht einmal den Heiligen oben offenbart sind.
Die Namen der Einzelteile des Hochbetagten, der Mannamaschine, scheinen eine bemerkenswerte Entwicklung durchgemacht zu haben:
1) Anfangs, auf dem Har Karkom, konnte man natürlich keine Beispiele aus dem AT nehmen, denn das gab es noch nicht. Also nahm man Namens-Beispiele aus der ältesten Überlieferung der Kinder Israel, z. B. die (später) im AT aufgezählten Könige im alten Kanaan, denn die waren bekannt. Es ist bemerkenswert, daß kein Teil der Maschine nach den sog. Urvätern benannt wurde, die natürlich auch bekannt waren; siehe dazu oben, in Teil I.
2) Später, zur Zeit der `Bastler' und `Vermesser' am Hochbetagten, konnte man zur Benennung z. B. der Barthaare sehr wohl Sprüche und Redewendungen aus dem etwa gleichzeitig entstehenden AT nehmen.
Zur krankhaften Überheblichkeit siehe u. a. im vorhergehenden Kommentar und in „Die Ur-Kabbala".

GHV 37 – 38 m. Erl.: (Sozusagen, er wird gefunden, und er wird nicht gefunden. In der Tat, er wird nicht gefunden, weil, obwohl er gefunden wird, es keinen [Menschen] gibt, der ihn kennt, da er der Alte der Alten ist.) (Aber in seinen Teilen ist er bekannt), da er der Alte der Alten ist, der [aller] Älteste von Alten, der Versteckte der Versteckten. Und in seinen Teilen ist er [manchmal] bekannt und [manchmal] nicht bekannt.
Erl.: Dies ist eine häufige Redewendung im *Sohar*, x ist y und nicht y, die benutzt wird zu besagen, daß manchmal eine Aussage wahr ist, und manchmal die andere. Da ist kein unmögliches Paradoxon beabsichtigt, wie die Mystiker zu glauben scheinen.
Es ist ganz einfach die Tatsache beschrieben, daß die Maschine als Ganzes nur sehr wenigen bekannt ist, und daß das auch für seine Einzelteile gilt, wenn sie zerlegt ist. Das gilt aber auch noch in dem Sinne, daß gewisse Teile bekannt (d. h. sichtbar) sind, wenn die Maschine demontiert ist, und daß die gleichen Teile nach dem Wiederzusammenbau nicht mehr sichtbar sind, also nicht mehr bekannt, da sie dann innerhalb der Maschine sich befinden. Jeder Versuch, in diese etwas ungeschickte Formulierung, Mystik hineinzubringen, ist unsinnig und zeigt nur, daß der entsprechende Leser/die Leserin die sprachliche Situation des Soharisten nicht bedacht hat (s.o., Teil III, Einleitung, „Sprachliche Besonderheiten im Sohar").

GHV 79 m. Erl.: Es ist die Wonne und die Freude von gerechten Männern, jenen, die im Kleingesichtigen sind, [ihn] zu sehen und an den Teilen des Alten angeheftet zu sein, {dem} [am meisten] verborgenen von allem.

Erl.: „Gerechte Männer" (Tzaddikim) waren religiöse Eiferer, deren Streben darin bestand, nach ihrem Tode ein Teil des Alten zu werden und an seine Struktur angeheftet zu werden. Sie sahen den Alten als eine gewaltige mystische Struktur im Himmel, dessen Details auswendig gelernt werden mußten, sodaß sie nach dem Tode ihren Weg nach ihren Plätzen in ihr finden konnten.
Daß ursprünglich als Paradies das Habitat gemeint war, von dem sich überhaupt die Vorstellung vom Paradies im Himmel herleitete und auch heute noch herleitet, wird trotz der Überlieferungen aus der Zeit der Urväter kaum noch jemand durchschaut haben – und mit Bezug zum Paradies auf der Erde,
dem Garten Eden, der Bodenstation im Zwei- bzw. Vierstromland zur Zeit der Urväter, wird es sich kaum anders verhalten haben (siehe „Gottes Sturz aus dem Himmel"): Man wußte nicht, wovon man phantasierte und träumte, aber genau das wußte man auch nicht – also schien alles richtig und gut zu sein mit diesem `Himmel' – bis heute; – bis die Wahrheit erkannt wurde!

GHV 82: Er wird [manchmal] gesehen und [manchmal] nicht gesehen, verborgen und [manchmal] nicht verborgen. [Wenn dieses wahr ist] von seinen Teilen, umso mehr [ist es] so von ihm {insgesamt}.
Siehe oben, Kommentar zu GHV 37 – 38: Sohar-Logik.
GHV 85 m. Erl.: IN DER TRENNUNG des Haars, da ergießt (ZVL) {sich} ein Pfad, der fließt (*oder* strahlt) nach Zweihundertsiebzig Welten, und von ihm da fließt der Pfad nach dem Kleingesichtigen, in dem gerechte Menschen fließen nach der kommenden Welt.
Erl.: Es entwickelte sich der Glaube, daß gerechte Menschen, *d. h.* solche, die gesetzeskonform lebten, durch die Pfade des Alten hindurchpassieren würden auf ihrem Weg nach der „kommenden Welt", was in frühen Glaubensrichtungen nicht exakt der modernen Vorstellung vom „Himmel" entspricht. Im einfachsten Fall konnte die „kommende Welt" ganz einfach „die Zukunft" bedeuten; es muß nichts zu tun zu haben mit dem Leben nach dem Tode.
Ob diese Erläuterung so stimmt, ist vermutlich nur nach einem umfangreichen Studium „Jüdischer Gelehrsamkeit" (Sassoon und Dale: „Jewish scholarship") zu beurteilen. Es sei hier nur darauf hingewiesen, daß es schlicht nicht möglich ist, daran zu glauben, daß ein Mensch körperlich durch diese Rohre und Schläuche paßte – es muß die körperlose Seele des Toten gemeint sein. Ob man sich zur Zeit der Ur-Kabbalisten das alles mit allen Konsequenzen überlegt hat, muß offen bleiben; man war da nicht sehr logisch – in unserem modernen Sinne.

GHV 89a, b mit Erl.: a. DIE STIRN des Schädels ist die Begierde der Begierden. Die Begierde des Kleingesichtigen ist zu erhalten jene Begierde [*d. h.* {die} Stirn des Alten]. b. DIE STIRN des Schädels wird der Empfänger genannt (RTzVN), da diese Begierde der Begierden unbedeckt ist in jener Stirn, um die untere [Stirn] aufzunehmen.
Erl.: 89a und b sind alternative Lesarten in unterschiedlichen Manuskripten. In beiden Fällen fährt der Vers fort:

Wie geschrieben steht: (Ex. 28, 38) „Und es soll immer auf seiner Stirn sein, damit es empfangen werden kann, etc."
Gemeint ist wahrscheinlich, daß die beiden miteinander verbundenen Flächen exakt zusammenpaßten und auch unweigerlich beim Zusammenbau wieder zusammengefügt werden mußten; sie hatten also für Menschen, die im Hochbetagten ein lebendes Wesen sahen, im gewissen Sinne eine Begierde, d. h. (technische) Passung, füreinander. Es folgt dann natürlich auch hier ein gänzlich unpassendes Bibelzitat, das mit den technischen Gegebenheiten nicht das geringste zu tun hat; es enthält einen Hinweis auf die Tefillin (genau, die Kopf-Tefillin), die eine Stirnkapsel applizieren. Mit diesem so unpassenden Zitat wird ein Musterbeispiel der Religionsableitung und -bildung aus einer gänzlich falsch, d. h. überhaupt nicht verstandenen technischen Gegebenheit der Mannamaschine demonstriert. Die Phylakterien werden von orthodoxen und ultraorthodoxen Juden auch heute noch mit größter Selbstverständlichkeit angelegt (Abb. 30).

GHV 94 m. Erl.: [R. Simon] sagte: Warum? Er antwortete: Weil zu der Zeit, an Wochentagen, {das} Urteil hängt tief herunter im Kleingesichtigen; während am Sabbath, zu der Zeit, die Stirn, genannt „Empfänger", geöffnet ist, der Grimm (RVGZA) ist unterdrückt, die Begierde [*d. h.* Stirn] wird gefunden, und die Gebete werden empfangen.
Erl.: Hier ist „Grimm", das Aramäische Wortäquivalent zum Hebräischen AP, Zorn, verwendet, den Rauch von der Nase des Kleingesichtigen zu bezeichnen. Offensichtlich ist dann der Alte der Tage abgeschaltet, und das Fehlen des Rauches zeigt, daß es ungefährlich ist, am oberen Teil (dem Alten) zu arbeiten, da „Urteil" auf den Kleingesichtigen beschränkt ist, den unteren Teil. Während die Stirn zur Reinigung geöffnet ist, benutzen die Priester die Gelegenheit, die Gebete unmittelbar in ihn hineingehen zu lassen, ganz einfach, um sicher zu gehen, daß die Arbeit ordnungsgemäß getan wird.
Die Wörter „an Werktagen" und „am Sabbat" sind in der KvR/Mathers – Übersetzung weggelassen. Offensichtlich wünschten sie nicht, daß es bekannt wurde, daß dies ein regelmäßiger, wöchentlicher, Vorgang war; eine Unterdrückung, die {auch} anderenorts in ihrer Arbeit erscheint.
Also auch hier Fälschung durch Unterdrücken der entscheidenden Fakten – durch Totschweigen!

GHV 96: Und für den Alten der Tage ist die „angenehme Zeit", wenn die Stirn geöffnet ist. Und deshalb, von diesem Text, richten wir Gebete an ihn am Nachmittag des Sabbats.
Wenn die Inspektionsklappe geöffnet war, ging das Gebet direkt in den Alten der Tage hinein – also wurde am Sabbat von allen gebetet. Bemerkenswert ist das Zusammenspiel von unverstandener Technik und Religion (es ist nach Erkennen und Verstehen der Maschine eher unwahrscheinlich, daß die Gebete oben, im Habitat, am Sabbat (technisch) besser empfangen werden konnten als an anderen Wochentagen): Das Beten in diesem Zusammenhang war also von unverstandener Technik abhängig. Es drängt sich der Verdacht auf, daß diese Gebete in einen

Liturgie-ähnlichen Singsang über gingen, dessen Text nicht nur Gebete beinhaltete, sondern bei der Demontage und dem Wiederzusammenbau des Hochbetagten auch die Abfolge der einzelnen Handgriffe und der anzubringenden Teile vorgab; das mag im Wechselgesang der daran beteiligten Leviten geschehen sein (s. u., Liturgie).

GHV 110 – 111: Wie gesagt ist: (Hiob 28, 23) „Die Elohim verstehen den Weg davon, und [sie] kennen den Ort davon." „Die Elohim verstehen den Weg davon" – dies ist das untere Eden, das dem Kleingesichtigen bekannt ist. „Und sie wissen den Ort davon"; dies ist das obere Eden, das dem Alten der Tage bekannt ist, {dem} [meist] verborgenen von allem.

Zunächst: Wie wiederholt festgestellt, waren die Elohim die Extraterrestrier der Urväter-Zeit. Sie hatten nie etwas mit der sehr viel später, zur Zeit Moses', zur Erde gebrachten Mannamaschine zu tun! Offen bleibt hier, ob das untere Eden das sog. Paradies ist, d. h. der eigentliche Garten Eden aus der Zeit der Urväter, und ob das obere Eden das `Gegenstück' dazu ist, ein mystischer Paradiesgarten im Himmel (das Habitat). Es wäre auch möglich, daß das untere Eden der Ort der Mannazubereitung im Kleingesichtigen war, und daß dementsprechend das obere Eden der große Kulturtank des Alten war. Solche Verwechslungen, bezogen auf „unten" und „oben", kommen beim unteren und oberen Geist wiederholt vor und auch beim Begriff „Mensch(en)" und eben auch beim (Garten) „Eden".

GHV 112 – 113: SEINE AUGEN des weißen Hauptes sind anders als andere Augen. Da ist keine Bedeckung über dem Auge, und auch ist da keine Augenbraue über dem Auge. Warum? Es steht geschrieben: (Ps. 121, 4) „Siehe, er, der Israel erhält, wird weder schlummern noch schlafen." [Dies ist] Israel oben [d. h. jene in der „kommenden Welt", die von Manna leben].

Auch hier ist nicht klar was mit „oben" gemeint ist. Ist es wirklich nur der Hochbetagte, oder die kommende Welt, also irgendwo im mystischen Habitat, das später mit dem Hochbetagten verwechselt wurde, und wo man von Manna lebt?

GHV 119 – 120 m. Erl. n. 122: Es steht geschrieben: (Ps. 33, 18) „Siehe, das Auge des Herrn ist auf die, die ihn fürchten." Und es steht [auch] geschrieben: (Sach. 4, 10) „Die Augen des Herrn, die hin und her gehen durch die ganze Welt" Es ist nicht schwer zu erklären [warum ein Text sagt „Auge" und der andere „Augen"]. Ein [Text] bezieht sich auf den Kleingesichtigen und der andere auf den Langgesichtigen.

Erl. n. 122: Es wurde klarerweise als notwendig empfunden zu erklären, warum es so schien, daß eine menschengestaltige Struktur nur ein Auge hatte. Eine der kuriosen Erklärungen ist, daß es im Profil gesehen wurde, sodaß die beiden Augen zu verschmelzen schienen. Dies ist nicht überzeugend, da es möglich war, die Struktur so detailliert zu untersuchen und zu beschreiben. Jedenfalls, Menschen haben keine Augen wie solche in 122.

Die hin und her gehenden Augen sind auch hier wieder von den Enden der Rotorblätter des Weltraum-Landefahrzeugs bei Ezechiel abgeleitet (Abb. 5).

GHV 144: Es ist gesagt: (Num. 14, 14) „Du, Oh Herr, wirst gesehen Auge in Auge". Es steht geschrieben: (Ps. 33, 18) „Das Auge des Herrn ist auf denen, die ihn fürchten". Und es steht geschrieben: (Sach. 4, 10) „Die Augen des Herrn gehen hin und her durch die ganze Welt".
Bezogen auf die Verwirrung um den Begriff „Auge" und auf die „Augen", die hin und her gehen: nichts Neues.

GHV 153: Und über [diese Augen] steht geschrieben: (Ps. 44, 23) „Erwache, warum schläfst du, Oh Herr?" Und (2 Kön. 19, 16) „Öffne deine Augen, Oh Herr."
Eine solche Aufforderung ist nur an eine Person vorstellbar, nicht an „Gott" – sie wäre eine grobe Gotteslästerung! Da aber der Hochbetagte mit einem menschenähnlichen, aber auch göttlichen Wesen verglichen und verwechselt wurde, war eine solche Aufforderung aus der Sicht der Kabbalisten möglich; sie wird von dort, von der Kabbala - wie so bestürzend vieles andere auch -, ihren Weg ins AT gefunden haben.

Ein ganz anderer Denkansatz ergibt sich aus der Frage nach der Situation, in der eine solche Aufforderung ausgesprochen wurde: geschah sie in höchster Not, in einer ganz bestimmten Situation, oder aus allgemeiner Verzweiflung darüber, daß der Alte der Tage seine Manna-(d. h. Gnade)-Versorgung so ganz eingestellt hatte, also nicht mehr gnädig war – würde er nie mehr gnädig sein? Siehe dazu auch unten: „Habakuks vergebliches Flehen".

GHV 159 – 160 m. Erl.: Überlieferung: Der Name des Alten, [meist] verborgen von allem, wird im Gesetz nicht genannt, mit Ausnahmen an einer Stelle, wo der Kleingesichtige schwor zu Abraham.
Erl.: Das „Gesetz" {wörtl.: Law} ist ein jüdischer Ausdruck für die Bücher Moses', die ersten fünf {Bücher} der Bibel.
Es steht geschrieben: (Gen. 22, 16) „Bei mir selbst habe ich geschworen, sagte der Herr." Dies ist der Kleingesichtige.
Die Verwechslung ging also so weit, daß sogar dem Kleingesichtigen - nur ein Teil der Mannamaschine(!) - unterstellt wurde, er habe wie Gott agiert, obwohl R. Simon wußte, daß ein Teil der Maschine unfähig war, irgend etwas zu tun oder zu verrichten. Ganz kurios wird die Sache wenn davon ausgegangen wird, daß die montierte, also funktionsfähige Maschine gemeint ist: Konnte dann der eine Teil (der Kleingesichtige) etwas schwören, ohne daß der andere (der Alte) mit beteiligt war? Hier ergeben sich kaum noch nachvollziehbare Denkansätze: konnten die beiden womöglich geteilter Meinung sein – also zwei Götter in einem?! Oder sollte der Alte, das Oberteil, hier nur verschwiegen werden, damit er nicht doch in der Bibel auftaucht?

GHV 164 – 169 m. Erl.: Überlieferung: (Dan. 7, 9) „Ich schaute zu bis die Throne abgebrochen waren, und der Alte der Tage saß {wörtl.: did sit}." „Die Throne wurden abgebrochen" Was ist dies? [R. Simon] sagte zu R. Yehuda: Erhebe dich an deinem Platz und erkläre diese Throne! R. Yehuda sagte: Es steht geschrieben [den Textes fortsetzend] „Sein Thron war wie die feurige Flamme." Und der Alte der Tage saß auf diesem Thron. Warum ist dieses? Weil gelehrt wird, daß, wenn der Alte der Tage nicht auf diesem Thron säße, die Welt nicht fähig wäre, vor jenem Thron zu leben. Wer immer sitzt auf [dem Thron] hat Kontrolle über ihn, bis er von jenem Thron weggenommen wird und auf einem anderen Thron sitzt. Der erste Thron wird dann zerstört, sodaß niemand, mit Ausnahme des Alten der Tage selbst, die Macht haben sollte, auf ihm zu sitzen.

Erl.: Hier ist es interessant, die Schlußfolgerung zu bemerken, daß der Alte der Tage vom Thron genommen wird; er bewegt sich nicht aus eigener Kraft. Auch fährt der von Daniel zitierte Text fort: „Und seine Räder (GLGLVHI) wie brennendes Feuer". Das Wort GLGLVHI kann auch bedeuten „seine Schädel"; und wir sehen in diesen Büchern des *Sohar*, daß er viele von ihnen hat. Es kann da keinen Zweifel geben, daß der Alte der Tage bei Daniel und im *Sohar* ein und dasselbe Objekt sind.

Der Thron ist ein interessantes Objekt!
Wann immer man weiterzog nach der nächsten Weidefläche für das Vieh, nach der nächsten Wasserstelle, war der Thron das einzige Objekt, das an Ort und Stelle zurückblieb. Das war äußerst gefährlich, denn jeder, der nach Abzug der Kinder Israel mit Vieh und Sack und Pack auf den leeren Thron sich stellte oder setzte, mit oder ohne Sitzgelegenheit, konnte von sich sagen: Ich stehe bzw. sitze, hier auf dem Thron, auf dem auch „Gott" schon gesessen hat. Damit ging unweigerlich ein Teil der Macht des Alten der Tage auf ihn über; so unverstanden und unbegreiflich dieser Alte auch war. Das würde womöglich eine Entwicklung auslösen, die zum Entstehen eines neuen Kargo-Kults führen konnte. Letztlich hätte der Hochbetagte dank der hinterlassenen Throne einen Kometenschweif von Thron-Kargo-Kulten hinter sich verursacht; das mußte unbedingt vermieden werden! Denn: Einerseits wäre das die Anbetung eines Idols (des Throns) gewesen – genau das wollte man aber vermeiden; andererseits konnte das zu so gravierenden Mißverständnissen führen, daß sehr bald niemand mehr wußte, welche `Religion´, d. h. welcher Kargo-Kult, der `richtige´ war. Das Durcheinander würde innerhalb weniger Generationen unentwirrbar sein; und mit Religionskriegen war dann auch zu rechnen – man kannte inzwischen die Menschen, wenn auch nur ungenügend. Als Lösung des Problems kam man auf die Idee, den Thron nach Wegnahme des Hochbetagten von ihm, vollständig abzubauen, zu zerstören. Man ergriff dann noch eine Vorsichtsmaßnahme besonderer Art, die zeigt, wie entschlossen man war, keinen Thron-Kargo-Kult entstehen zu lassen: Die Extraterrestrier ordneten an, daß der Thron grundsätzlich aus <u>unbearbeiteten</u> Steinen zu errichten sei. Bearbeitete Steine hätte man aufgrund ihrer besonderen Form nach Abzug der Kinder Israel womöglich im Gelände wiederfinden, d. h. identifizieren und zu einem Thron oder einer anderen beliebigen Struktur zusammensetzen können; damit wäre das Abbrechen des Throns hinfällig gewesen. Man war da bemerkenswert einfühlsam und konsequent!

Es wird ganz richtig gesagt, daß derjenige, der auf dem Thron sitzt, Kontrolle über ihn hat, also auch die Macht hat. Also durfte niemand die Macht haben, auf ihm zu sitzen – man hatte die große Gefahr, die von diesem Thron ausging, sehr wohl begriffen! Daß Daniel zusehen durfte, zeigt, daß er zu den Eingeweihten gehörte; daß er hier das Abbrechen mit dem Aufbauen verwechselt (der Alte der Tage konnte nicht auf dem Thron sitzen, wenn der abgebrochen war), ist eine läßliche Verwechslung, die womöglich späteren Redaktoren unterlief.
Die feurigen Flammen des Throns, d. h. seiner Räder, stammen wieder vom Weltraum-Landefahrzeug bei Ezechiel – wenn auch mißverständlich ausgedrückt: es kam das Feuer der Antriebsdüse dieses Landefahrzeugs natürlich nicht von/aus seinen Rädern.

GHV 234: Und derjenige, der seine Hand (in seinen Bart) hineinsteckt, einen Eid zu schwören; er ist wie jemand, der auf die dreizehn Teile des Bartes schwört.
Es wird von Mohammedanern bis auf den heutigen Tag beim Barte des Propheten geschworen. Das hat hier seinen Anfang genommen, wie der Text zeigt.

GHV 356 m. Erl.: Ebenso steht geschrieben: „Und der Herr sprach zu Moses", dessen Autorität von keinem Mann erreicht wird, da er der Rede zuhörte, die hinausgerufen wurde, und er war nicht erschrocken und er erbebte nicht. Aber die übrigen Propheten erbebten sogar bei [des Herren] Erzählen, und waren erschrocken.
Erl.: Es ist interessant, daß die Jüdische Lehre die Furcht vor dem Herrn als eine religiöse Tugend predigt, und dennoch wird Moses gepriesen für ihr Fehlen {d. h. der Furcht}.
Die Tatsache, daß Moses vor dem Herrn stehen durfte und ihm, d. h. dem Donnern der Düsentriebwerke der auf dem Har Karkom aufsetzenden Rakete, ohne erkennbare Furcht `zuhörte´, zeigt wahrscheinlich auch, daß man schon vorher entweder in der Steppe bei seiner Hirtentätigkeit für seinen Schwiegervater, oder dort, am Har Karkom, zusammengetroffen war. Deshalb ging Moses so ganz selbstverständlich und ohne jede Furcht auf den Berg; er kannte dieses Ereignis – wenn auch sehr wahrscheinlich von kleineren Weltraum-Landefahrzeugen des Typs `Ezechiel´ her.

Man beachte, daß das Düsengeräusch als (vernünftige!) Sprache begriffen wird, was bei einem landenden `Gott´ aus der Sicht der Kinder Israel auch logisch ist. Denn was wußten sie vom Geräusch eines laufenden Düsentriebwerks – es mußte also das brüllende Donnern zusammen mit der verzehrenden Feuererscheinung die Sprache dieses landenden Gottes sein – so unsäglich furchtbar sprach Gott mit den Menschenkindern! Und sie – wie einzigartig waren sie ausgezeichnet, dieser Sprache für würdig befunden zu sein! Wahrlich – sie waren Auserwählte! Wie hätten sie etwas von ihrem grotesken Irrtum und von der welthistorischen Tragödie ahnen können, die da aus dem Himmel zu ihnen kam?!

Vergleichbare Vorgänge sind wiederholt im Hebräischen Henochbuch beschrieben, wo z. B. von Engeln, d. h. von startenden (Groß)-Raketen, die Rede ist, die sich in den Himmel erheben, um oben (mit ihrem Düsengeräusch) vorzusingen – als Engelschor!

GHV 398 – 402 m. Erl.: Diese Texte sind nur schwer miteinander in Einklang zu bringen. Aber, in der Tat, es ist nicht schwierig, da die Überlieferung ist, daß da [eine Art] von Gnade ist und [eine andere Art] von Gnade. Da ist innere Gnade und äußere Gnade. „Innere Gnade" ist was sie nennen die des Alten der Tage, und es ist verborgen in dem Teil des Bartes, der genannt wird die „Ecke des Bartes".
Erl.: Davidson meint, daß diese Wendung sich auf die äußersten Enden, oder Zwirbel, des Bartes bezieht. Den Priestern war es nicht erlaubt, sie abzuschneiden (Lev. 19, 27).
Und kein Mann sollte diesen Teil seines Bartes beschädigen wegen der inneren Gnade des Alten der Tage. Und deshalb steht geschrieben über die untere Priester-[schaft]: (Lev. 21, 5) „Sie sollen ihren Kopf nicht kahl scheren, auch sollen sie die Ecke ihres Bartes nicht abrasieren". Weshalb dies? Um nicht die Pfade der Gnade des Alten zu beschädigen oder [den Pfad] des Priesters, der von dieser Seite kommt [*d. h.* der Seite der Gnade].
Auch hier wieder: Die technische Gegebenheit, daß im Bart, d. h. in den Konvektionsrohren des Hochbetagten, die Gnade, also Algenschleim, floß, wird mit größter Selbstverständlichkeit zu einer religiösen Anweisung umgemünzt – und der wird zumindest bei orthodoxen und ultraorthodoxen Juden bis heute Folge geleistet; deren umfangreiche Bärte beweisen das.

GHV 403 – 407: Die Überlieferung im *Buch des Mysteriums* ist, daß es auf jeder Weise nötig ist für die Gnade, vermehrt zu werden, und sich anzusammeln, und nicht von der Welt abgeschnitten zu werden. Und dies ist die [Gnade], von der geschrieben steht: „Und meine Gnade soll nicht von dir fortgehen." Es ist die Gnade des Alten der Tage. Und wegen der ewigen (*oder* permanenten) Gnade, die Gnade, die ewige Gnade genannt wird ist jene andere [Gnade], die des Kleingesichtigen, von der geschrieben steht: (Ps. 89, 2) „Weil ich gesagt habe, Gnade soll für immer angesammelt werden". Jedoch, die Gnade des Alten der Alten ist die wahre Gnade. Und diese wahre Gnade ist nicht für das Leben des Körpers, sondern für das Leben der Seele. Und deshalb steht geschrieben: (Mi. 7, 18) „Weil er {sich} erfreut in Gnade." Dieser [Text steh für] den sechsten Teil des Bartes, [der ist] die Würde des Alten der Alten.
Das Unterscheiden zwischen den beiden Arten der Gnade ist bemerkenswert: Man hat also begriffen, daß die eine Gnade, die Gnade des Kleingesichtigen, eine Gnade ist, die ununterbrochen angesammelt werden muß (in den Hoden, den Tanks) zum Ernähren des Körpers, während die Gnade des Alten der Alten die wahre Gnade ist, die Gnade für das Leben der Seele. Das ist so wortwörtlich natürlich nicht korrekt, denn der Alte, der Oberteil der Mannamaschine, konnte nichts anderes spenden als der Unterteil, der Kleingesichtige; es bearbeiteten beide letztlich die gleiche Substanz: Algenschleim. Man hatte aber doch den

grundsätzlichen Unterschied zwischen Gnade als Körper-Nahrung und Gnade als Seelen-`Nahrung´ begriffen.

GHV 427: Und es steht geschrieben: (Jes. 6, 3) „Und einer schrie es einem andern zu und sagte: Heilig, Heilig, Heilig ..." Diese drei [{-mal}heilig] sind jene [anderen drei], die sich auf die heilige Hülle, den heiligen Tempel und auf das heilige Buch des Gesetzes selbst beziehen.
Wieder der gleichermaßen vollständige wie groteske Irrtum, der sich aus der Technik ergibt. Aus dem Hebräischen Henochbuch geht hervor, daß mit dem Zuschreien ursprünglich das Heulen von Raketentriebwerken gemeint ist; deshalb wird das Rufen der Engel - ganz richtig - als schreien bezeichnet! Daß es genau vier sind, geht vermutlich auf die vier Hubschrauberlandbeine des Weltraum-Landefahrzeugs bei Ezechiel zurück.

GHV 503 – 505: Und alle Stützen, auf dieser Seite und jener, frohlocken zuzuhören dem, das sie nicht wissen [*d. h.* diesen Geheimnissen]. Und viele lebende Wagen sind euretwegen hier und hören euren Stimmen zu. Gesegnet seid ihr für die kommende Welt, durch alle jene Worte, die aus euren Mündern gekommen sind, alle jene heiligen Worte, koschere Worte, die nicht abweichen, nach rechts oder nach links. Der QB''H frohlockt zuzuhören, und solche Worte zu hören, bis er sein Urteil vollendet hat. Weil in der kommenden Welt alle jene heiligen Worte wieder gesprochen werden werden.
Man war nicht gerade mit Bescheidenheit geschlagen – wie schon wiederholt festgestellt. Selbst der QB''H (Gott!) frohlockt, ihm und ihnen zuzuhören – hat man da noch Worte!?

GHV 511: Deshalb sitzt er auf dem Thron, wie geschrieben steht: (Ez. 1, 26) „Und auf dem, das wie ein Thron aussah, war es wie das Aussehen der Erscheinung eines Menschen über ihm."
Wieder das leidige Bibelzitat, das mit dem Hochbetagten auf seinem „Thron" nicht das geringste zu tun hat: es stammt aus Ezechiels Beschreibung des Weltraum-Landefahrzeugs. Man bemerke aber doch die ungewöhnlich vorsichtige Formulierung Ezechiels: Es sah halt nur wie ein Thron aus, es war also kein wirklicher Thron; und auf ihm etwas wie das Aussehen der Erscheinung eines Menschen. Es war also nur die Erscheinung eines Menschen, kein wirklicher; und auch die Erscheinung selbst sah nur so aus wie eine solche – war also nichteinmal eine wirkliche Erscheinung. In der Tat: noch vorsichtiger geht es wohl nicht!

GHV 625: Wie gesagt ist: (Sach. 4, 10) „Sie sind die Augen des Herrn, die hin und her gehen durch die ganze Welt".
Auch diese `Augen´ stammen natürlich von den rotierenden Enden der Rotorblätter der Hubschrauberlandebeine des Weltraum-Landefahrzeugs bei Ezechiel. Aus dem Mißverständnis wird dann Religion gemach; nolens – volens mit einem drohenden Unterton, da die „Augen" durch die ganze Welt gehen, diese also überwachen: Du bist nie alleine, nie unbeobachtet, nie unbelauert und unbeschnüffelt!

Unwillkürlich fühlt man sich an gewisse, gerade im Aufbau befindliche elektronische Möglichkeiten der Gegenwart erinnert: Das eine holt das andere ein – das Resultat, das allgegenwärtige, permanente Überwachen, Bespitzeln, Beschnüffeln und Belauern ist das gleiche: Auch die elektronischen `Augen´ der Gegenwart gehen (bald) durch die ganze Welt!

GHV 668 m. Erl. n. GHV 669, teilw.: Überlieferung: da sind fünf Kräfte in diesem Kleingesichtigen. Und sie sind aufgeteilt in Eintausendvierhundert Kräfte. Und diese sind ausgestreckt hinein in seine Nasen; hinein in den Mund; hinein in seine Arme; hinein in die Hände; und hinein in die Finger.
Erl.: Diese fünf Kräfte weisen auf die fünf Nacktheiten der Frau hin (siehe GHV 964 ff).
Die Nacktheiten und die Kräfte möchten sich wohl in der Phantasie der Männer addieren. Ist das ein vager Hinweis auf unterschwellige Ängste den Frauen gegenüber; Ängste, die womöglich der wahre Grund ihrer Unterdrückung sind?

GHV 964 – 966 m. Erl.: Und Überlieferung: fünf Sexualorgane (*oder* Teile) sind in ihr unbedeckt, an der Seite der fünf Urteile. Und die 5 Urteile sind ausgedehnt hinein in Zweihundertachtundvierzig Pfade. Und die Überlieferung ist wie folgt: die Stimme im Weib ist entblößt; das Haar im Weib ist entblößt; das Bein im Weib ist entblößt; die Hand im Weib ist entblößt; der Fuß im Weib ist entblößt. Jedoch, unsere Gefährten haben nicht zwei von ihnen studiert; und zwei von ihnen [können haben] mehr entblößte [Teile].
Erl.: Dies ist eine Liste der fünf Sexualorgane der Frau. GHV 966 weist darauf hin, daß zusätzliches Studium weitere von ihnen offenbaren kann.
Wer weiß, was weiteres Studium da noch alles bloßlegt - man kann da garnicht vorsichtig genug sein -, immer schön bedecken, ganz fest und lückenlos bedecken und einwickeln; am besten garnicht hinschauen! Wie weiland bei der zerlegten Mannamaschine, deren Einzelteile man so sorgsam hatte verhüllen müssen.

GHV 795: Und was gleicht ihm? Der heilige Name. Weil geschrieben steht: (Gen. 2, 7) „Und der Herr Gott schuf den Menschen", mit vollem Namen, IHVH ALHIM, der ihm sehr ähnelt.
Hier sind Jachwe (IHVH) und Elohim (ALHIM) als gleichwertig und zusammen als vollständiger Gottesname betrachtet. Es wurde oben erläutert, daß das Unsinn ist. Man war wohl angesichts der `göttlichen´ d. h. unfaßbaren Eigenschaften der Mannamaschine bald nicht mehr imstande, sie von `Gott´, oben im Habitat, zu unterscheiden. Und diesen `Gott´ hatten die Urväter - weit über Tausend Jahre vorher - als Elohim (Plural) bezeichnet, was später (von Redaktoren?) als `Gott´ mißverstanden und dann auch noch in einen Singular-`Gott´ umgefälscht wurde: Monotheismus war `von oben her´ angesagt.
Erl. n. 878 teilw.: Es ist bedeutsam, daß in dieser Wendung, NTPVTh MVR OBR, das Lied Salomons das Wort (NTP) verwendet, das der Soharist benutzt, um sich zu beziehen auf das Tröpfeln (oder Kondensieren) des Taus im Schädel des Alten.

Große Teile des Hohelied Salomons beziehen sich, bewußt oder unbewußt, auf den Alten der Tage, die Mannamaschine. Es wird auch kein Zufall sein, daß dieses Lied so viele erotische Anspielungen aufweist. Das Erotik-Mißverständnis, das die ganze Mannamaschine wie ein unsichtbares, aber allgegenwärtiges Negligé umgibt, geht in seinen allerersten Anfängen womöglich bis auf den Har Karkom zurück, als beim Erklären der vielen komplizierten Seltsamkeiten des Ungeheuers die Extraterrestrier wohl nicht selten der Verzweiflung nahe waren und zu solchen `eingängigen´ Vergleichen Zuflucht nehmen mußten. Da die zukünftigen `Experten´ allesamt Männer waren (auch das eine schicksalsschwere Weichenstellung für die zukünftige Religion!), wird dieser Trick sehr hilfreich gewesen sein: Sexuelle Vergleiche vergißt ein Mann so leicht nicht – und sie sind ihm stets willkommen.

GHV 1042 – 1057 m. Erln.: Und die Welt war unfähig zu überleben, weil sie nicht gesüßt war, und die starke Schlange steckte in sie den Schaum (*oder* {die} Sexualität) von hartem Urteil. Und deshalb war [die Welt] unfähig zu überleben. Und als dieser Kain ausging von der Seite der Frau, kam er heraus hart und stark. Stark in seinen Urteilen, hart in seinen Urteilen. Sobald er herauskam, wurde die Sexualität geschwächt und sie {die Frau} wurde gesüßt. Nach diesem, eine andere Süßung (*oder* Fermentierung) ging aus, noch zusätzlich {wörtl.: still more}. Und zuerst da ging hinaus das, das stark und hart war, und keine von den Urteilen wurde durcheinandergebracht vor ihm (*oder* davor {wörtl.: before it}). Kommt und seht! Was bedeutet es, daß geschrieben steht (Gen. 4, 8) „Und es geschah als sie auf dem Felde waren"? Auf dem „Felde", von dem bekannt ist, daß es oben ist. Auf dem „Felde", das genannt wird das „Feld der Äpfel (ShDH DThPVChIM)".
Erl.: An anderer Stelle ist das Feld der Äpfel ChQLA DThPVChIN, die Aramäische Form. Es ist beachtenswert in Ex. 16, 25, daß vom Manna gesagt wird, daß man es am Sabbat nicht auf dem Felde findet – LA ThMTzAHV BShDH. Dies bestätigt die Sicht, daß die Erntemänner des Heiligen Feldes die autorisierten Manna-Sammler waren.
Es ist hier von einem Montagevorgang die Rede beim Wiederzusammenbau der Maschine; das wurde natürlich erotisch aufgefaßt. Leider erfahren wir keine genauen Details, aber es wird doch klar, daß hier Teile ineinander oder übereinander geschoben wurden; auch das wurde natürlich wieder sexuell verstanden. Da die Maschine am Sabbat für die Reinigung demontiert wurde, konnte es dann auf dem `Heiligen Feld´ natürlich kein Manna geben.
Und dieses Urteil [Kain] war siegreich über seinen Bruder weil er härter war als er, und überdeckte ihn und verbarg ihn unter sich. Bis der QB''H erregt war und nahm ihn weg von vor sich selbst, und führte ihn hinein in das Loch (*oder* {die} Frau) der großen Tiefe. Und er beinhaltete seinen Bruder durch die Einführung des großen Meeres, das die oberen Tränen süßt. Und von ihnen gehen die Seelen hinunter nach der Menschenwelt, nach dem Munde ihrer Pfade.
Erl.: Hier ist es klar, daß das große Meer und die große Tiefe gleichbedeutend sind. Hier sind drei Konzepte miteinander vermischt: a) Kain, der bestraft wird vom QB''H, b) Urteil, das in das große Meer gesteckt wird, um gesüßt zu werden

und c) die Tränen (erwähnt in den Abschnitten über die Augen), die im großen Meer gesüßt werden.

Hier werden Kain und Abel mit Teilen der Mannamaschine gleichgesetzt. Leider erfahren wir nicht genau, welche Teile so benannt wurden. Die Tatsache, daß ausnahmsweise zwei Namen aus älteren Zeiten gewählt wurden, läßt die Vermutung aufkommen, daß diese (Hilfs)-Benennungen sehr früh, wohl schon auf dem Har Karkom, eingeführt wurden, und daß sie beide bei der Montage eine `überwältigende´ Bewegung ausführten. Die Formulierung, daß Kain „ ... härter war als er, und überdeckte ihn und verbarg ihn unter sich." ist jedenfalls verräterisch: Sie gemahnt an ein Überfahren bzw. Überschieben (also eine - wahrscheinlich horizontale - `überwältigende´ Bewegung) einer Komponente durch eine andere.

Jedoch, sie sind verborgen. Sie sind ausgedehnt, dies hinein in jenes, und sie bilden einen Körper. Und von diesem Körper da gehen hinunter die Seelen der Gottlosen, der Sünder, und von jenen von starkem Geist: von den beiden von ihnen [die sind] wie einer, denkt ihr? Jedoch, dieses [geht hinunter] nach seiner [eigenen] Seite, und jenes nach seiner [eigenen] Seite. Gesegnet sind jene gerechten Menschen, deren Seelen herausgezogen sind von diesem heiligen Körper, der „Adam" genannt wird, der den gesamten Platz der Umgrenzungen und heiligen Einfassungen enthält, die da verbunden sind im Knoten, der [sie] beinhaltet. Gesegnet sind jene gerechten Menschen von all diesen heiligen erhabenen Worten, die im heiligen erhabenen Geist gesprochen sind, der Geist aller heiligen Oberen, die in ihm enthalten sind. Die Worte sind an euch offenbart, auf die die oberen und unteren [Menschen] lauschen. Gesegnet seid ihr, Herren der Herren {wörtl.: Lords of Lords}, Erntemänner des Feldes, daß jene Worte von euch gelernt und erörtert werden! Und sie sind gegeben zum Lernen an euch, Herren, von Angesicht zu Angesicht, Auge in Auge, und werden durch jene Worte würdig gemacht für die kommende Welt. Wie gesagt ist: (Deut. 4, 39) „Kenne deshalb diesen Tag und erwäge es in deinem Herzen, daß der Herr (IHVH) ist Gott (ALHIM) im Himmel oben, und auf der Erde unten"

Wenn die Maschine vollständig montiert ist, sind sie verborgen. Das zeigt, daß es sich um innere Teile handelte, die nur im demontierten Zustand der Maschine sichtbar waren. Und daß alles zusammen <u>einen</u> Körper bildet, muß natürlich auch wieder betont werden.

Der Knoten ist der Bereich unterhalb des Kleingesichtigen in dem die sechs Beine zusammentreffen. Es erscheint möglich, daß auch dort - vielleicht nur bei der Vorbereitung eines Transports - eine Trennung vorgenommen wurde, die beim Wiederzusammenbau ein Überschieben der beiden zu vereinenden Teile erforderte. In diesem Fall hätte aus der Sicht des Soharisten der obere Teil (Kain) den unteren (Abel) überwältigt, d. h. überschoben.

Andererseits sind da aber auch die heiligen Einfassungen benannt, die im Bereich der Zusammenfügung des oberen und des unteren Teils sich befanden. Wurde dieser Teil insgesamt Adam genannt – aber was war dann Kain und was war Abel an der Maschine in diesem Bereich?

Auch die große Selbstverständlichkeit mit der hier die Menschen oben (im Habitat) und unten (auf der Erde) benannt werden, ist bemerkenswert: War das nur eine leere Phrase, oder hatte man so konkrete Vorstellungen von der Welt `oben´ (wohl eher alte Überlieferungen und davon abgeleitete Phantasien)? Wir erfahren hier auch unmißverständlich, daß diese Texte auswendig gelernt werden mußten.

KHV 750 – 754 m. Erl.: Wie der Mann aus dreien besteht, und der Anfang ist in dreien; und die Matrone ist nicht gesegnet, außer von all jenen dreien, dem Sieg, dem Ruhm und der Gründung [*d. h.* den Geschlechtsorganen {Hoden und Penis}]. Und sie wird gesüßt und wird gesegnet, an dem Ort, der genannt wird das untere Allerheiligste.

Erl.: Dieser Titel bezieht sich offensichtlich auf das Allerheiligste des Tabernakels oder Tempels, im Gegensatz zum mystischen im Himmel. Es ist seltsam, daß, ausweislich des *Sohars*, dieser allerheiligste Bereich der Schauplatz sein sollte für eine so unverhohlene sexuelle Handlung.

Es steht geschrieben (Ps. 133, 3) „Weil dort [im Allerheiligsten] der Herr die Segnung verhieß". Diese [Segnung] hat zwei Pfade, den oberen und den unteren. Und deshalb wird niemandem Erlaubnis gegeben, dort [ins Allerheiligste] einzutreten, mit Ausnahme des Hohepriesters, der von der Seite der Gnade kommt; weil er nicht in jenen oberen Ort hineingeht, sondern hinein in den, der Gnade genannt wird. Und er betritt das Allerheiligste, und die Frau wird gesüßt und gesegnet [*d. h.* der Penis ejakuliert seine „Gnade"]. Dieses inwendige Allerheiligste ist innerhalb des Ortes, der Zion genannt wird.

Da der Hohepriester den Mannaproduktionsvorgang simulierte, zunächst wohl an der Maschine, an der er einiges `überprüfte´, dann Öl in seinem Bart hinabfließen ließ, erhält man aus dem Text den Eindruck, daß er zum Schluß wahrscheinlich den unaussprechlichen Namen (!Jach – We!) aussprach (evtl. laut ausrief?). Es bleibt dem Leser/der Leserin überlassen, darüber nachzudenken, ob, und wie konsequent, der Hohepriester diese Imitation der „Gnade"-Produktion eventuell fortsetzte.

Das inwendige Zion war ursprünglich der Kleingesichtige, die Matrone, in die von oben her das Verlängerungsrohr des Alten, also der innere Penis, beim Wiederzusammenbau der Maschine eindrang; dort floß der Algenschleim aus dem Großen Tank in die mannaproduzierenden Vorrichtungen des Kleingesichtigen, die Frau. Siehe aber auch die oben geäußerte Vermutung, daß zumindest zu Beginn der Woche möglicherweise zunächst Algenschleim über spezielle `Barthaare´ direkt in die Mannaproduktionsanlage, den Kleingesichtigen, geleitet wurde, um Manna schon für den nächsten Tag zur Verfügung zu haben.

Technik - Religion
GHV 900 m. Erl.: R. Yehuda erhob sich und begann zu sprechen: (Dan. 4, 17) „Diese Sache ist auf Anordnung der Wächter (OIRIN)".

Erl.: Diese Wächter waren eine Engel-Klasse, die herumgingen und die Leute beobachteten, und sich auch in irdische Dinge einmischten.

Die harmlose Formulierung von der „Engel-Klasse, die herumgingen ... und sich auch in irdische Dinge einmischten" enthält in Wahrheit himmels- und religionsstürzende Weltgeschichte! Es handelte sich da nämlich um extrasolare Weltraumfahrer, die sich auf der Erde umsahen und immer dann, wenn es ihnen nötig erschien, sich kräftig in die Belange der Menschenwelt einmischten – zur Zeit der Urväter manchmal auch bei den schönen Töchtern der Menschen, mit denen sie schliefen. Da sie damit keine guten Erfahrungen machten (Engelssturz, Sintflut), zogen sich die Extraterrestrier alsbald von den Menschen zurück. (Die Rede ist von Sumer, dem „Land der Wächter"). Wirklich nötige, spätere Kontakte wurden ganz überwiegend, vielleicht auch ausschließlich, von Androiden durchgeführt (vielleicht manchmal auch von menschlichen Verbindungs- `Offizieren', z. B. Henoch). So ist es z. B. durchaus möglich, daß Moses und seine Begleiter auf dem Har Karkom beim Unterricht zum Bedienen und Versorgen der Mannamaschine überhaupt keinen echten außerirdischen Menschen begegnet sind, sondern nur intelligenten (oder entsprechend programmierten?) extraterrestrischen Androiden. Wenn hier ausdrücklich von den Wächter-Engeln die Rede ist, so mag das eine Erinnerung an die Zeit der Urväter sein, es kann aber auch eine Erinnerung daran sein, daß ihre Vorfahren auf dem Har Karkom mit solchen zu tun gehabt hatten. Möglicherweise liegt auch hier - wie so oft - eine Verquickung beider Aspekte vor. Zu den Wächter-Engeln und den schlechten Erfahrungen, die diese zweite Generation der Extraterrestrier insgesamt mit der Vereinigung mit den Menschen machte und dem unmittelbar damit im Zusammenhang stehenden Engels-Sturz und der Sintflut, siehe „Gottes Sturz aus dem Himmel."

GHV 967 teilw. u. 968 m. Erl.: Und dies ist der eigentliche [*wörtl* reine] Penis (AMH DKIA). Die Länge jenes Penis' ist Zweihundertachtundvierzig Welten. Und alle von ihnen hängen im Mund des Penis', der genannt wird „Yod".
Erl.: Das Wort AMH bedeutet Entwässerungsgraben oder Abflußrohr oder Elle, im (vielleicht angeberischen) Zusatz zu einem Penis. Es ist vielleicht kein Zufall, daß, wenn die „Welt" als Durchmesser eines Senfkorns genommen wird (wofür wir ein Beispiel geben in *Die Manna-Maschine*), 248 Welten, die Länge des Penis', sehr nahe an 50cm kommt, oder 1 Elle. Dies ist, natürlich, der Penis des Alten der Tage! Zum Messen siehe Abb. 22.
  Bezogen auf den Kode des Maimonides {Mishneh Torah} (Buch 8: {Avodah}: *Das Buch des Tempel-Dienstes*), konnte kein Priester Tempeldienst versehen, wenn sein Hodensack oder sein männliches Glied so lang waren, daß sie seine Knie erreichten, oder (Lev. 21, 20) wenn seine Hoden geschwollen waren {nach Tur Sinai: „... oder einen Hodenbruch hat."}. Offensichtlich, der Alte der Tage konnte eine solche Konkurrenz nicht zulassen.
Die Allgegenwart sexueller (Fehl-)Interpretationen hat im AT also auch auf so elementare Anordnungen ausgestrahlt, wie sie die Regelungen des Tempeldienstes darstellten (ursprünglich der Dienst im Allerheiligsten der Stiftshütte); und wer weiß wohin noch überall – siehe unten, „Das Hohelied".

GHV 1088 – 1090 m. 1093 m. Erl.: Und auf diesem Wege sind die oberen und die unteren Welten enthalten im [*wörtl* von der Seite des] heiligen Körper{/s}; und die Welten sind verbunden, und dies ist vereinigt mit dem, und sie machen einen Körper. Und weil sie alle ein Körper sind, ist die [heilige] Anwesenheit oben, die [heilige] Anwesenheit ist unten; der QB''H ist oben, der QB''H ist unten. Und sein Geist ist herausgezogen (ShLP), und er dringt hinein in den einen Körper. Und von ihnen allen, da wird nur ein [Körper] gesehen. (Jes. 6, 3) „Heilig, Heilig, Heilig, Herr der Heerscharen. Die ganze Welt ist mit deinem Ruhm gefüllt." Weil das ganze {von} ihm ein Körper ist.
Erl.: Könnte dieses jüdische Gebet, der Kadosch oder Trishagion (Dreimal-heilig) ganz einfach eine Beobachtung von einer seiner „Welten" sein, die {sich} mit seinem „Ruhm" füllt? Hier sind die Wörter ARTz (Erde) und KBVD (Ruhm).
Hier ist von der Mannamaschine insgesamt die Rede, die nach dem Zusammenbau eine Einheit darstellte. Dementsprechend dringt der Geist des Alten in den einen Gesamt-Körper ein. Diese Feststellung war möglicherweise wichtig, um zu betonen, daß der Geist des Alten auch den Kleingesichtigen mit umfaßte, also auch in ihn hineindrang. Die heilige Anwesenheit, die Schechina, war ursprünglich, zur Zeit der Urväter, vermutlich nichts weiter als der als überirdisch empfundene Glanz des auch dort schon benutzten Weltraum-Landefahrzeugs. Daraus entstand dann ein kompliziertes religiöses Gedankengebäude, das sich aus der Tatsache ableitete, daß der überirdische Glanz nur zusammen mit dem heiligen Fahrzeug (also `Gott´) anwesend sein konnte (und umgekehrt). Insgesamt ist die heute gültige Schechina-Vorstellung kaum nachvollziehbar, da sie ja von ihren Ursprüngen nichts mehr weiß und wohl auch nichts mehr wissen darf. Das Totschweigen ist nirgendwo allgegenwärtiger und perfekter (pseudo)-religiös verbrämt als in den hoch entwickelten `monotheistischen´ Kargo-Kulten, die man als `Religion´ bezeichnet!

Die Feststellung liegt nahe, daß das <u>Wunder</u> des Glaubens liebstes Kind ist, und daß das <u>Auswendiglernen</u>, das <u>Nachbeten</u> und das <u>Totschweigen</u> der (Amts)-Kirche liebsten Kinder sind!

Daß der QB''H auch unten sein soll, ist natürlich nicht unproblematisch: Gott residiert oben im Himmel! Aber da die montierte Maschine so leuchtete und strahlte, mußte wohl auch die mystische heilige Anwesenheit, die Schechina, im Allerheiligsten anwesend sein.
Und über dieses lehren sie, daß jeder, der in dieser Welt sich selbst von der Kategorie der Menschen ausschließt, danach, wenn er diese Welt verläßt, er nicht in den Behälter der Menschen hineingehen wird, der der heilige Körper genannt wird; sondern wird mit solchen eingehen, die nicht Adam genannt werden, und die vom Behälter des Körpers ausgeschlossen sind.
Der Behälter der Menschen ist der große Kulturtank der Mannamaschine, der später als Ort der Seelen der Rechtschaffenen angesehen wurde. Es wird zwar gesagt, daß diejenigen, die sich ausschließen, nicht in diesen Behälter

aufgenommen werden – aber wo bleiben sie dann? Von einer Hölle ist nirgendwo die Rede.

GHV 1109 – 1117 m. Erln.: Überlieferung: (Gen. 6, 2) „Und die Söhne Gottes / [der] [Götter] sahen die Töchter der Menschen". Die Söhne Gottes, das sind jene, die verborgen waren und in das Loch der großen Tiefe fielen. „Die Töchter der Menschen" – von jenem einzelnen Adam, der beschrieben wurde. Und es steht geschrieben: (Gen. 6, 4) „Und sie gingen ein zu ihnen … sie waren mächtige Männer von einst, etc." Sie waren von dem, das OVLM genannt wird, wie sie lehren, „permanente Tage (IMI OVLM)".
Erl.: Das Wort OVLM kann bedeuten Welt, Erde, Ewigkeit, Permanenz, Universum und Geheimnis. Es ist verbunden mit der Form OLMA, das im *Sohar* normalerweise „Welt" bedeutet und von uns so übersetzt wird. Jedoch, dies ist ein Zitat vom Hebräischen der Bibel. Die Anspielung ist einfach auf die „permanenten Tage", die die Teile des Bartes des Kleingesichtigen sind. Das Hebräische von Gen. 6, 4 ist HGBVRIM AShR MOVLM, die Mächtigen, die [waren] von der Ewigkeit / Erde etc. Obwohl die anerkannte Bedeutung von MOVLM ist „von alter Zeit", entscheidet R. Simon sich hier, es anders zu deuten. Was das betrifft, könnte es sogar lauten „vom Universum".
„Das Loch der großen Tiefe" ist die obere Öffnung des Kulturtanks! Die weitergehende Formulierung erinnert an die Zeit der Urväter und an den Besuch aus dem Weltall (dem Universum); und dieses Universum wird dann doch tatsächlich mit den permanenten Barthaaren des Kleingesichtigen verwechselt, obwohl der keine Barthaare hatte! Das Ganze wohl nur, um in der kabbalistischen Deutungstradition zu bleiben.
[Sie sind] die Männer des Namens. Von ihnen gehen Geister aus und Dämonen nach der Welt und zu Sündern (RShIOIIA). (Gen. 6, 4): „Da waren [die] Riesen auf der Erde (HNPILIM HIV BARTz)", dies schließt jene anderen aus, die nicht auf der Erde waren. Die Riesen waren `Oza und `Ozael (OZA und OZAL); sie waren auf der Erde, aber die Söhne Gottes / [der] [Götter] (BNI ALHIM) waren nicht auf der Erde. Und dies ist ein Geheimnis; alles wurde gesagt [das darüber handelt].
Erl.: Das Wort NPILIM, „Riesen" in der KJV, meint ganz einfach „Gefallene", von NPL, fallen. Es wird gesagt, daß sie Engel gewesen sind, die vom Himmel vertrieben wurden wegen Fehlverhaltens. Was ihre Namen anbetrifft, die Wurzel OZZ, von der beide abgeleitet sind, bedeutet „bestärken".
Tatsächlich ist die Sache mit den Riesen und den Söhnen Gottes erheblich komplizierter gelagert; das gilt auch für den Himmelssturz der Engel, die sich `schlecht´ benommen hatten und in das Loch der Großen Tiefe fielen, also zur Erde.[1] *Sie wurden auf der Erde gelassen, und es wurde ihnen jede Möglichkeit der Rückkehr ins Habitat verweigert.*
[1] *Aber Vorsicht: Bei der Mannamaschine ist die obere Öffnung des Großen Kulturtanks manchmal „das Loch der Großen Tiefe", und diese Tiefe enthält dort den mystischen Garten Eden und die kommende Welt; – das geht alles sehr oft*

durcheinander, weil man ebenso oft das `oben´ und das `unten´ nicht eindeutig zuordnete: Mannamaschine, oder Erde, oder Habitat?
Siehe dazu auch in „Gottes Sturz aus dem Himmel".
Es steht geschrieben: (Gen. 6, 6) „Und es reute den Herrn, daß er den Menschen auf der Erde gemacht hatte"; daß er entstehen ließ den oberen Adam, der nicht auf der Erde ist. „Und es reute den Herrn" – dies ist gesagt vom Kleingesichtigen. „Und es bekümmerte ihn in seinem Herzen" – es heißt nicht „Und er bekümmerte (VIOTzB)", sondern „Und er war verursacht zu bekümmern (VIThOTzB)". Dieses „verursacht zu bekümmern" ist es, von dem die Sache abhängt, welches bedeutet, jeden auszuschließen, der nicht ist „verursacht zu bekümmern in seinem Herzen".
Erl.: In diesen Sprachen sind solche feinen Unterschiede {grammatikalisch} möglich {sic – im Englischen wohl eher nicht!}. IOTzB bedeutet, daß er spontan bereute {d. h. aus sich selbst heraus, also aus einem inneren Grunde}; IThOTzB bedeutet, daß er es wegen eines äußeren Grundes tat {d. h. wegen eines von außen an ihn herangetragenen Grundes}.
Es ist hier sehr zu bemerken, daß zwischen den Menschen auf der Erde und denen `oben´, im Habitat, unterschieden wird. War damit die Mannamaschine gemeint, oder ist hier die Tatsache unverstanden hineingemengt, daß die Genmanipulation, die zum Entstehen des endgültigen modernen Menschen führte, zunächst im Habitat ablief und das Produkt, Adam und Eva, erst später auf die Erde kam („So kamen wir auf die Erde"). Daß hier ein Teil der Mannamaschine mit Gott verwechselt wird, zeigt wie weit die Gedankenlosigkeit (oder Überheblichkeit?) der Kabbalisten zu gehen bereit war – oder geschah das Ganze womöglich unbewußt? – war man so sehr geblendet von diesem Ungeheuer (und vom vielen Auswendiggelernten)? Auch hier scheint der Kleingesichtige wieder individuell zu handeln, (s. o.).

GHV 1129 – 1132 m. Erl.: Und in diesem Teil des Menschen wird die wirkliche Vollkommenheit von allem gesehen, die gesetzt ist (QAIM) auf dem Thron, wie geschrieben steht: (Ez. 1, 26) „… war das Abbild der Erscheinung eines Menschen oberhalb auf [dem Thron]". Auch steht geschrieben: (Dan. 7, 13) „Und siehe, da kam mit den Wolken des Himmels einer wie eines Menschen Sohn, und geradewegs zum Alten der Tage kam er, und sie führten ihn vor ihn."
Erl.: Wie wir sagten, die Zitate in Dan. 7 sind die einzigen offenkundigen zum Alten der Tage {d. h. der Mannamaschine} in der Bibel.
Der Rest der GHV ist nichttechnisch. Die Eröffnungsverse bestätigen, daß der Stoff die geheime mündliche Überlieferung der Erntemänner des Heiligen Feldes ist; jene, die von den Hütern der Mannamaschine abstammten.
Dies ist das Ende der verborgenen Worte und der ausgewählten Texte. Gesegnet ist derjenige, der sie kennt, der sie beachtet und der keine Fehler macht in ihnen. Da diese Worte an niemanden gegeben werden, als an die Herren der Herren, und an die Erntemänner des Feldes, die hineingehen und wieder herausgehen von ihnen.
Es gab da also zwei Gruppen, die eingeweiht waren! Wahrscheinlich war es so, daß die `Herren der Herren´ die einzigen waren, die während der Wanderung in

der Wüste tatsächlich im Allerheiligsten anwesend sein durften, weil sie die Mannamaschine zu versorgen hatten. Dagegen bekamen die `Erntemänner des Heiligen Feldes' wohl vermittels des doppelten Vorhangs das Manna in Maßen abgemessen ausgehändigt. Dabei konnte man die Vorhänge so anordnen, daß sie bei der Manna-Übergabe den Hochbetagten nicht sehen konnten. Das Verschmelzen beider Gruppen, so es denn stattfand, geschah wohl erst nachdem die Mannamaschine die Kinder Israel wieder verlassen hatte und nach Silo (Shilo) verbracht worden war. Zur Manna-Übergabe siehe oben, und zum doppelten Vorhang die Abb. 7 u. 8.

GHV 1136 m. Erl.: … aber [ich habe es getan] bloß dafür, daß [die Gefährten] nicht irren sollten auf ihren Wegen, und daß sie nicht schändlich in die Tore seines Palastes eintreten sollten und daß sie nicht zerstört werden sollten von ihren eigenen Händen [*d. h.* als Ergebnis ihrer Irrtümer]. Gesegnet sei ich meinerseits mit ihnen in der kommenden Welt!
Erl.: Augenblicklicher Tod war die Strafe für unauthorisierte Personen, die das Allerheiligste betraten. Deshalb werden voll qualifizierte Erntemänner beschrieben als solche, die hineingehen, und {denen} auch (erlaubt ist), wieder herauszukommen. Der kleinste Fehler, und sie kommen nicht wieder heraus.
Man denkt an den Stromschlag des Usa bei David. Er gehörte nicht zu den Eingeweihten und hatte die Maschine an der falschen Stelle berührt – schon war er tot!

GHV 1139 m. Erl.: Und R. Simon sagte den Namen, und dann: Die Umgrenzung öffnet sich über uns, um uns zu bestrafen, für die Offenbarung {dessen} das ich weiß, daß, das nicht offenbart wurde seit dem Tag da Moses stand auf dem Berge Sinai.
Erl.: Die Erntemänner glaubten, daß dieses geheime Wissen zuerst Moses gegeben wurde vom Herrn auf dem Berg Sinai, mündlich. Wir bezweifeln das nicht.
Betrachtet man die Unterrichtung Moses' und seiner Gefährten an der Maschine auf dem Har Karkom, dann ist daran in der Tat auch nicht zu zweifeln. Das bedeutet aber, daß die Grundlage für die Kabbala und die Kabbalistik auf die Zeit um ca. 1200 – 1220 v. Chr. zurückgeht (zur genaueren zeitlichen Einordnung dieser Ereignisse siehe oben, im Teil I).

GHV 1155: Und sie sahen jene drei, die gestorben waren, und sie waren mit den oberen Engeln, die ihnen die Schatzkammern und Versammlungen zeigten, die oben sind, weil sie dessen würdig waren.
Ursprünglich wahrscheinlich die „Schatzkammern" des Habitats, d. h. dessen Geräte-, Ersatzteil- und Maschinenlager.

GHV 1181: Er [R. Simon] sagte zu ihm [R. Elihu]: Gerechte Menschen sind gebunden in das Bündel von Kronen (QRTVPA DOTRIN) (145a) am Ersten des Monats, und zu solchen Zeiten mehr als an irgendwelchen anderen Tagen.

Zum Terminus technicus „Bündel" siehe YADIN, *1971; von den „Kronen" wissen wir seit Sassoon und Dale, daß es sich in Wahrheit um Abdeckplatten an der Mannamaschine handelte.*

GHV 1182: Er antwortete: Ja, aber von all jenen, die außerhalb sind, steht geschrieben: (Jes. 66, 23) „Und es wird sich ereignen, daß von einem Neumond zum anderen, und von einem Sabbat hin zum anderen, wird alles Fleisch kommen, vor mir anzubeten, sagte der Herr."
„Außerhalb" bezog sich ursprünglich auf die Abdeckplatten, die außen an der Mannamaschine zum Abdecken der komplizierten Apparaturen zur Mannaverarbeitung des Kleingesichtigen angebracht waren – die konnten also, da sie nicht mit in der Maschine eingeschlossen waren, auch nicht in den mystischen Himmel des Hochbetagten gelangen! Zu denen, die außerhalb sind werden hier alle nicht-jüdische Menschen gezählt, die auch kommen und anbeten werde. Sie werden also mit den äußeren Abdeckklappen, den äußeren Umrundungen der Mannamaschine gleichgesetzt, da sie außerhalb der (Gemeinschaft der) Kinder Israel sind.

KHV 191 m. Erl.: Es steht geschrieben: (Gen. 2, 10) „Und ein Fluß ging aus von Eden, den Garten zu bewässern, etc."
Erl.: Dieses Zitat ist interessant, da, wenn die übliche Interpretation der Bibelgeschichte genommen wird, ein Fluß, der *aus von* Eden floß, kaum hilfreich für {die} Pflanzen *in* Eden wäre. Hier ist der Name Eden, ODN, der ganz einfach „Luxus", bedeutet, dem oberen Gehirn gegeben, von dem ein „Fluß" fließt, Pflanzen woanders zu bewässern. Dieses Zitat bezieht sich offensichtlich auf die Vorgänge innerhalb des Alten, anstatt auf irgendeinen mythischen Garten Eden; jenem, der von Adam und Eva bewohnt wurde.
Das ist in der Tat richtig, aber es liefert die Erklärung für die wiederholte Verwechslung zwischen dem tatsächlichen Garten Eden zur Zeit der Urväter, ursprünglich die Bodenstation der Besatzung des Habitats, und dem Eden der Mannamaschine, dem großen Kulturtank. Man beachte, mit einer wie großen Selbstverständlichkeit auch hier die Eigenschaft der Maschine, das Wasser von oben (d. h. Eden) nach unten in den Kulturtank (d. h. den Garten) hinunterfließen zu lassen, auf die Religion übertragen wird, obwohl das keinerlei Sinn ergibt, wie Sassoon und Dale anmerken, denn der ursprüngliche Garten Eden war längst zum mythischen Paradiesgarten mutiert. Es dürfte kaum noch festzustellen sein, welcher Gedanken- und Phantasie-Strang welchen mehr beeinflußt hat: Da war zunächst die wirkliche Bodenstation, die wie ein Garten bepflanzt war, dann wurde daraus das Paradies (spätestens zur Zeit der Urväter, lange vor Ankunft der Mannamaschine auf dem Har Karkom), dann waren da die tatsächlichen Eigenschaften der Maschine (Wasser von oben hinein in den Kulturtank - den Garten - zum Bewässern der Algen); schlußendlich war auch diese Vorstellung nur noch mythisch zu verstehen, denn man hatte den Hochbetagten in der Phantasie in den Himmel gesetzt, womit der Kreis geschlossen war, denn im Himmel war ja auch Gott, also das Paradies, für die, die immer schön artig auswendig gelernt und

nachgeplappert hatten: Es gab da also vier Hauptstationen, die zur Paradiesvorstellung des R. Simon geführt hatten. Wer sollte da noch abschätzen, was richtig war und was nicht – und was gehört in unser heutiges AT und was ist Kabbalistik? Und bei wie vielen anderen Überlieferungen des AT mag es ähnlich sein – was bliebe bei einer objektiven und wirklich wissenwollenden Analyse der Quellenangaben zum AT als wirkliche, glaubwürdige `Religion´ übrig? – nichts! Es war ursprünglich alles nur Geschichte – auch Technik-Geschichte!

KHV 216 m. Erl.: Wie geschrieben steht (Ps. 104, 24) „Alle Dinge in Weisheit hast du gestaltet".
Erl.: Hier betonen die Texte den Unterschied zwischen *der* Weisheit und einfacher Weisheit oder Weisheiten. Die erstere bezieht sich auf das obere Gehirn, die letztere auf die Flüssigkeit, die es füllt. Der Text von Ps. 104 hat zwei Bedeutungen: erstens die religiöse, daß Gott die Welt weise geschaffen hat; zweitens die geheime, daß er die Welt schuf, indem er „Weisheit" als Rohmaterial benutzte.
Das Rohmaterial war aber ursprünglich die Flüssigkeit, die in den Barthaaren der Mannamaschine zirkulierte, die dann zu Manna verarbeitet wurde, um die Welt, d. h. die Kinder Israel, zu erhalten. Aus dieser Sicht gesehen, hat der Text von Ps. 104, 24 sogar drei Bedeutungen, von denen die dritte die ursprüngliche ist, die sich unmittelbar auf die Mannamaschine bezieht und auf die Ernährung der Kinder Israel – das wußten aber nur die `Erntemänner des Heiligen Feldes´.

KHV 271 – 275 m. Erl.: Da sind viele Zeiten, in denen der männliche Teil nicht mit ihr verbunden ist und ist getrennt von ihr. Von dieser [Zeit der Trennung] steht geschrieben: (Lev. 18, 19) „Auch sollst du dich einer Frau nicht nähern in der Abgeschiedenheit ihrer Unreinheit". Wenn die Frau gesäubert worden ist, und der Mann wünscht mit ihr verbunden zu sein, dann [nur] wird sie die „Braut" genannt. Dies ist der korrekte Gebrauch des [Begriffs] „Braut". Sicherlich, diese Mutter ist nicht angehalten; das Verlangen des Paares von ihnen dauert für Zeitalter; sie gehen aus als eines, sie verbleiben als eines. Dieses hört nicht auf von jenem, und dies ist nicht getrennt von jenem.
Erl.: Die lang anhaltende Kopulation dieser himmlischen Wesen hat auf die Alten offensichtlich einen großen Eindruck gemacht.
Die Erotik ist in der Ur-Kabbala nahezu allgegenwärtig – sie ist es auch an zahlreichen Stellen des AT. Sie hat schließlich beide geradezu durchtränkt und mit einem zusätzlichen Aspekt versehen, der mit der zu begründenden streng monotheistisch-abstrakten Religion nichts gemeinsam hatte. Diese wurde dadurch von Anfang an zusätzlich auch noch grundlegend verfälscht – zusätzlich zum vergeblichen Versuch, den Dienst an der Mannamaschine nicht zum Idol-Götzendienst werden zu lassen. Das alles, gut durchmischt, wirkt bis auf den heutigen Tag!

KHV 321: Es steht geschrieben: (1 Sam. 2, 3) „Weil der Herr ein Gott der Wissenschaften {wörtl.: knowledges} ist". „Wissenschaften", ist ausdrücklich geschrieben. Er ist das Wissen.
Wer diese nachdrückliche Aussage ernst nimmt, wird sich bald nicht mehr mit Auswendiglernen, Nachbeten, d. h. Herunterleiern, und Glauben (das bekanntlich „nicht wissen" heißt) begnügen können. Es bleibt abzuwarten, wohin die Entwicklung geht, wenn das „Wissen" unbequem wird, d. h. der Gläubige auf nicht auswendig gelernte Dinge und Erkenntnisse stößt; wenn also sein Glauben sich letztlich als Verrat am Wissen und an der objektiven Wahrheit erweist; wenn er bemerkt, daß sein Glauben das Resultat einer geistigen Kastration in seiner Kindheit ist (frühkindlicher `Religions´-Unterricht, der mit erbarmungsloser Strenge durchgesetzt und bei `Bedarf´ auch mit brutalen Schlägen eingebläut wird).

KHV 335 – 336 m. Erl.: Und ich entblöße sie vor dem Alten Heiligen, nicht für meinen eigenen Ruhm oder für den meiner Familie; ich tue es nur, damit ich nicht beschämt vor den Palast komme. Ich wünsche nicht nur dies, sondern auch, daß der QB''H und alle jene, die würdig sind, hier zu sein, sollten alle meine Zeugen sein [wörtl. meine Hand schlagen (wie bei einem Geschäftsabschluß)].
Erl.: Der Handschlag, um ein Geschäft zu besiegeln, ist ein Ritual, das auch heute noch gebräuchlich ist.
Bescheidenheit ist wahrlich nicht die Stärke des R. Simon – er will mit Gott verkehren wie bei einem Viehhandel, per Handschlag; und es ist immerhin doch sehr freundlich von ihm, daß er der Meinung ist, daß der QB''H (Gott!), neben anderen heiligen Männern, würdig ist, „hier zu sein". Haben diese Menschen nie über ihre Worte nachgedacht? Ist das Ganze womöglich auch ein Lehrstück dafür, wohin das Nachbeten auswendig gelernter Dinge führen kann, wenn sich nur ein 150%er findet, der alles, aber auch alles, brav auswendig lernt, als seine eigene Meinung verinnerlicht und das Ganze dann als Zeichen von Heiligkeit und womöglich göttlicher Verbalinspiration den Zuhörern als Religion aufschwätzt und schließlich mehr oder weniger gewaltsam aufdrängt und überstülpt? <u>Ist das womöglich grundsätzlich der erste Schritt zum Entstehen `monotheistischer´ Kargo-Kulte?</u>

KHV 344: Heute ist der Tag, der umgeben ist mit dieser Umrundung, und nun wünsche ich, die Worte zu offenbaren vor dem QB''H; und dafür sind sie alle bereitet in meinem Kopf.
Auch die äußeren Umrundungen nehmen einen völlig unangemessenen Stellenwert in seinem Bild der Mannamaschine ein – ähnlich wie die Barthaare, die ebenfalls außen an der Maschine sich befinden und damit permanent sichtbar sind. Selbst ein wichtiger Tag wie dieser wird als „umgeben mit dieser Umrundung" charakterisiert.

KHV 366: Und jene Zeit wird genannt die „Stunde der Verbindungen" des Männlichen und Weiblichen, und alle Welten, sie alle sind verliebt und vereinigen sich.
Die Vereinigung der beiden Maschinenteile wurde mit größter Konsequenz als sexueller Akt aufgefaßt. Das hat zumindest bei orthodoxen und ultraorthodoxen Juden bis heute seine Auswirkungen auf deren Sexualverhalten: sexuelle Betätigung am Sabbatabend ist eine Art religiöse Pflicht!

KHV 377 – 378 m. Erl.: Und der QB''H wünscht zu sein in seiner Würde und nicht zerstört zu werden durch Urteil, und wenn dieser „gesegnete" nicht korrekt an seinem Platz ist, wird er zerstört werden, sogar durch „Gerechtigkeit", und wird nicht fähig sein zu existieren; schlimmer noch, wenn „Recht" in ihm ist.
Erl.: Dieser interessante Absatz zeigt an, daß der „Gesegnete" auf den früher angespielt wurde, auf irgendeine Art Schutz gewährt, wenn er korrekt angebracht ist an den Heiligen, und seine Zerstörung (oder Fehlfunktion) verhindert, herbeigeführt von „Gerechtigkeit" oder dem stärkeren „Recht". Diese Auslegung des Absatzes ist erstaunlich klar; selbst Mathers erlaubt in seiner Übersetzung die mögliche Zerstörung des diskutierten Gottes, was es deutlich genug macht, daß das Subjekt nicht Gott im herkömmlichen Glauben ist.
Wenn beim Zusammenbau die Teile nicht richtig zusammengesteckt wurden, konnte die Maschine nicht funktionieren. Der eventuell auftretende Irrtum hatte wohl zwei Möglichkeiten, von denen einer „Recht" genannt wurde. Wer das Ganze als Maschine sieht, die aus mehreren Teilen zusammengefügt wird, der hat mit dem Verständnis solcher Formulierungen keine Schwierigkeiten. Vielleicht mußten beim `Sohn´, dem „Zwischending", die richtigen Stöpselverbindungen genau passend hergestellt werden, wobei man sich möglicherweise leicht irren konnte. (Abb. 28). Es liegt hier wahrscheinlich wieder eine Verwechslung vor zwischen dem Hochbetagten (IHVH), der Mannamaschine, und dem QB''H, Gott im Himmel.

KHV 490: Was ist damit gemeint „sie wissen nicht"? Es bedeutet: sie wissen nicht, und sie wollen nicht wissen.

Das vorsätzliche, böswillige Nicht-wissen-Wollen, dieser siamesische Zwillingsbruder des ebenso böswilligen Totschweigens, ist also sehr wohl bekannt. Man möchte wissen, wie es heute darum bestellt ist – ausdrücklich auch in der Wissenschaft! Wegen seiner Vorsätzlichkeit - also wider besseren Wissens - ist ein solches Verhalten, das gegen den Ur-Auftrag des Geistes verstößt, sich seiner bewußt zu werden, d. h. die Wahrheit zu suchen, zu erkennen, zu erforschen und zu verbreiten, eine nicht zu vergebende Sünde!!

KHV 506: So steht geschrieben: (Ps. 73, 11) „Und sie sagen: Wie kann Gott wissen? Und ist da Erkenntnis im Allerhöchsten?"
Eine Bemerkung, von der man nur hoffen kann, daß sie sich auf die Mannamaschine bezieht – die Gotteslästerung wäre sonst abgrundtief! Die

Bemerkung bleibt auch so in ihrer Konsequenz kritisch genug: Der Hochbetagte (`Gott´) war ja der Ort, in den man nach seinem Tode hineinzugleiten wünschte – wenn der nun über keinerlei Wissen und Erkenntnis verfügt ... ?! Es kommt auffallend oft vor, daß man sich über die Konsequenzen des Gesagten keine Gedanken machte – man hatte das halt so auswendig gelernt. Andererseits kann die in KHV 506 gestellte Frage nur das Ergebnis kritischen Nachdenkens sein – wenn auch wahrscheinlich im böswilligen, überheblichen Sinne (siehe Gesamt-Text des Psalms 73).

KHV 606: Von der Stimme ist gesagt: (Num. 11, 1) „Und der Herr hörte es, und sein Zorn [*wörtl* {seine} Nase] war entflammt; und das Feuer des Herrn brannte unter {d. h. zwischen} ihnen".
Es hatte also das ausströmende heiße Gas der Maschine auch Funken enthalten und das trockene Gras entzündet. War die große Hitze (Feuer!) der Normalfall, oder war hier mit der Maschine etwas nicht in Ordnung? Als weitere Möglichkeit bleibt natürlich, daß die Extraterrestrier tatsächlich mitgehört hatten - das taten sie wahrscheinlich oft oder sogar regelmäßig - und das Feuer mit einem technischen Trick entfacht hatten. In diesem Fall mußte es nicht unbedingt von der Nase, dem Auspuffrohr der Mannamaschine, verursacht sein; da gab es z. B. auch noch den heißen (Laser)-Strahl des Tyrannen, der sich wahrscheinlich vielseitig verwenden ließ, wie wir bereits erfahren haben und auch noch erfahren werden.

KHV 627 – 630 m. Erl.: Und deshalb werden sie [die Gerechten] „treu von Geist" genannt, und wir haben schon diese Kennzeichnung gegeben. Er, der Geheimnisse offenbart mit dem Wissen seiner Seele, ist nicht Teil des Körpers des Heiligen Königs.
Erl.: Die Anhänger dieser geheimen Überlieferung, nach vielen Generationen des Erörterns der unterschiedlichen Teile des Körpers des Alten der Tage, kamen letztendlich zu der Vorstellung, daß er keine körperliche Struktur ist, sondern eine kunstvolle mystische Struktur im Himmel, von der sie selbst Teile werden würden nach ihrem Tode.
Kargo-Kulte können seltsame Wege gehen im Verlaufe jahrtausendlanger Entwicklungen, wenn nur das auslösende Ereignis/Objekt entsprechend dramatisch war und der Kult sich als Institution (als `Kirche´) im Verlaufe der Zeit etablieren konnte – siehe die Kabbala und alle `monotheistischen´ `Religionen´.
Und deshalb ist kein Geheimnis in ihm; und er ist nicht vom Ort des Geheimnisses; und wenn seine Seele ausgeht [von seinem Körper], wird sie nicht mit dem Körper des Königs verbunden, da sie keinen Platz hat {in ihm}. Wehe über solchen Sohn eines Weibes {d. h. Menschen}! Wehe über ihn! Wehe seiner Seele! Gesegnet ist der gerechte Mensch seinerseits, der die Geheimnisse bewahrt, besonders die Geheimnisse des QB''H (oder die oberen Geheimnisse des Heiligen Königs).
Wohin die Seelen derer gehen, die nicht im großen Kulturtank aufgenommen werden, bleibt offen. Es bleibt auch offen, was hier mit den „oberen Geheimnissen, die Geheimnisse des QB''H" gemeint ist. Meinte man hier wirklich Gott im Himmel, oder war wiedereinmal der QB''H mit dem Hochbetagten (IHVH)

verwechselt worden; und von da aus dann mit seinen oberen Geheimnissen, denen seines Hauptes, das bekanntlich nicht geöffnet werden konnte, also keiner Untersuchung zugänglich, also geheim war?

KHV 682 – 685 m. Erln.: Und deshalb werden sie die Wächter genannt. Wie geschrieben steht: (Dan. 4, 17) „Diese Sache ist auf Anordnung der Wächter, und die Forderung durch das Wort der Heiligen".
Erl.: Die „Wächter" waren eine spezielle Klasse von Engeln, über die es viele Legenden gibt. Hier ist angedeutet, daß der Ausdruck auch angewendet wird für die Lippen des Kleingesichtigen. Die Wächter waren unbeliebt, da sie sich intensiv in irdische Dinge einmischten.
Was ist ein Wächter? Im Buch der Lehre heißt es: (1 Sam. 28, 16) „Und wurde dein Feind". Dann sind die Urteile erregt auf jene, die nicht Gnade von oben erhalten. Und deshalb sind jene von ihnen erregt, [die sind] Herren des Hasses.
Erl.: Die Herren des Hasses können identisch sein mit den Herren des Alarms, falls DBBV ein Abschreibfehler für DIBBA ist.
Zu den Wächtern siehe oben. Bemerkenswert ist, daß die Urteile erregt werden auf solche, die nicht Gnade von oben erhalten. War das womöglich ursprünglich technisch zu verstehen, daß sie nicht von oben versorgt werden, weil der entsprechende Pfad (die Rohrleitung) verstopft war – ging dann die Alarmanlage los? Zu den Herren des Hasses, d. h. der Alarmanlage und der Notabschaltung, siehe oben.

KHV 704 – 705 m. Erl.: Ausgenommen einen Tag, als ich die Umhüllungen des Königs in der Höhle von Maronia ersetzte, und ich sah eine feurige Laterne sein Gesicht erhellen von Maronia (*oder* von der Höhle). Und ich fürchtete mich, seit dem Tag, und war vorsichtig in meinem Wissen von ihm; und [danach] mied ich sie all meine Tage.
Erl.: „Sie" {wörtl.: „them"} wird hier von Mathers vorgeschlagen, sich auf Urteile zu beziehen. Aber wir meinen, daß dies ein Fall ist, der sich auf die Information bezieht, die von den Buchstaben vermittelt wird, die nachlässig unbeachtet blieb, und dieses alarmierende Ereignis verursachte.
{In „Die Manna-Maschine" wird als deutsche Übersetzung für 704 und 705 der folgende Text gegeben: „ … eines Tages, als ich die Umhüllung des Königs in der Höhle von Maronia ersetzte und ich eine feurige Laterne sein Gesicht erleuchten sah … von jenem Tage an fürchtete ich mich und war trotz meines Wissens über ihn vorsichtig und mied ihn mein Lebtag."}
Mit den Umhüllungen kann hier nur die Kleidung des Hochbetagten gemeint sein, etwas anderes konnte er nicht ersetzen, denn woher sollte er Ersatzteile dafür haben? Die Maschine war also noch unter Spannung, die Lampe leuchtete noch – Grund genug, sich in acht zu nehmen! Man hatte gehörig Angst vor dem Ungeheuer. Man möchte wissen, wo diese Höhle sich befand, denn da R. Simon im zweiten Jahrhundert n. Chr. lebte, könnte das Rückschlüsse auf den Verbleib der Mannamaschine zu jener Zeit ermöglichen.

KHV 764: R. Abba sagte: „Die heilige Lampe [*d. h.* R. Simon] hatte kaum das Wort „Leben" gesagt, als seine Worte endeten. Und ich schrieb [seine Worte]. Ich hoffte auf mehr, aber ich hörte nichts mehr.
Es ist bemerkenswert, daß also doch mitgeschrieben wurde. Man möchte wissen, ob das auch schon bei der GHV so war, oder ob dort nur Auswendigzulernendes mitgeteilt wurde.

KHV 782 teilw.: Sie hörten eine Stimme und sie kamen hinein und wurden versammelt für das Hochzeitsfest [*d. h.* {für die} endgültige Befestigung an den Alten der Tage] von R. Simon. ... .
Man sah den Tod also als Hochzeitsfest des Verstorbenen mit dem Alten im Himmel an, in den die Seele des Verstorbenen hineingleiten, bzw. an den sie angeheftet sein würde.

BdM 1:16 u. 1:20 m. Erl.: (Gen. 1, 1) „Am Anfang schufen die Elohim die Himmel und die Erde". „Sie war gestaltlos und leer, und Finsternis auf dem Antlitz der Tiefe. Und der Geist der Elohim bewegte sich auf dem Antlitz der Wasser." Die dreizehn [Worte dieses Zitats] hängen in den dreizehn [Teilen] der Würde der Würden [des Bartes].
Erl.: Dieses Zitat hat 13 Worte im Originaltext (Gen. 1, 2), vorausgesetzt, daß das erste Wort, VHARTz, „und die Erde", weggelassen wird. Dies ist typisch für die Methoden, die von Mystikern benutzt werden. Die „zweite Erde" von 1 : 18 bezieht sich auf das Wort „Erde" in Genesis 1, 2, die in der Kalkulation 1 : 20 weggelassen ist; es ist das zweitemal, daß das Wort „Erde" im Buch Genesis benutzt wird.
Damit dürfte genug gesagt sein über den `Wert´ mystischer Betrachtungen in diesem Zusammenhang und in der gesamten Kabbala.

BdM 1:42 m. Erl.: (Gen 1, 14) „Und die Elohim sagten, es seien Lichter am Firmament der Himmel". Und der Mann herrscht über das Weib, weil geschrieben steht: (Spr. 10, 25) „Und der gerechte Mann ist die Grundlage der Welt".
Erl.: Die geheime Bedeutung hier ist, daß „Grundlage der Welt", ISVD OVLM, auch bedeuten kann „immerwährender Penis", da Ysod der Name des Penis' des Alten der Tage ist. ... .
Interessant ist natürlich die Bemerkung, daß der Mann die Grund(!)-Lage der Welt sein soll, obwohl er sich doch in der Mannamaschine oben befindet, und die Frau unten ist. Und irgendein `passender´ Bibelspruch ist natürlich auch zur Hand. Wie daraus die Herrschaft des Mannes über die Frau extrahiert wurde, bleibt das Geheimnis derer, die sich solcher `Logik´ bedienten – falls sie denn eine logische Begründung in diesem Zusammenhang für nötig hielten.

BdM 3:17: Hierüber, derjenige, der den Bart in seinem Traum sieht, und der den Bart des oberen Sohnes einer Frau in seine Hand nimmt, er ist vollkommen in seiner Überlegenheit; seine Feinde demütigen sich selbst unter ihm.

Es wurde mit bemerkenswerter Selbstverständlichkeit eine ganze Menschenwelt auch oben (also im Habitat) angenommen – die alten Überlieferungen aus der Zeit der Urväter waren bei Bedarf also zumindest so präsent, daß sie noch problemlos von den Eingeweihten 'verstanden' wurden.

BdM 4:19 m. Erl.: (Ex. 14, 15) „Und der Herr sagte zu Moses: Warum schreist du zu mir?" Beachte [das Wort] ALI (zu mir) [das auch bedeuten könnte] AL I [zum Yod, oder {zur} Öffnung des Penis']. „Sprich zu den Kindern Israel, daß sie aufbrechen". Beachte [das Wort] VISOV [sie machten sich auf].
Erl.: Dieses Wort kann zergliedert werden als: „ ... daß das Yod (I) [wird] sie unterstützen (SVO)", vom Verb SIO, helfen oder unterstützen. Der Soharist lenkt uns also darauf hin, dieses Zitat so zu verstehen, daß der Herr zu Moses sagte, den Israeliten zu sagen, daß das Yod, oder die Öffnung des Penis' ihnen helfen würde: daß sie vom Manna ernährt werden würden, das von ihr {der Öffnung des Penis'} kam. .... .
Ein Beispiel wie durch zu weit gehende Zergliederung der Wörter ein gänzlich sinnloser Zusammenhang entsteht (hier durch die modernen Übersetzer/Interpreten): Der Ausruf 'Gottes', d. h. der Extraterrestrier: „Warum schreist du zu mir?" fand auf der Nehrung beim Auszug der Kinder Israel statt (siehe Teil I) und hat mit der erst später am Har Karkom hinzukommenden Mannamaschine und der Kabbala ursprünglich nicht das geringste zu tun!

BdM 5:17 – 5:19 m. Erln.: (Gen. 6, 4) „Da waren Riesen [*wörtl* Gefallene] auf Erden"; mit diesem korrespondiert (Gen. 2, 10) „Und von dort war [der Fluß, der ausging von Eden], geteilt, und ging hinein in vier Quellen"; [er ging] von dem Ort wo der Garten unterteilt ist, [der genannt wird „die Riesen (HNPILIM)", von dem geschrieben steht: „und von dort war er geteilt".
Erl.: Der Ausdruck HNPILIM bedeutet einfach „die Gefallenen (*oder* Fallenden)" und könnte sich auf Flüssigkeiten beziehen, die zurückfallen in einen Behälter. Später geriet der Ausdruck, möglicherweise, durcheinander mit den gefallenen Engeln.
Zu den gefallenen Engeln und den Riesen siehe „Gottes Sturz aus dem Himmel".
„Sie waren auf der Erde in jenen Tagen", aber nicht nachdem Josua kam. Und die Söhne der Elohim [*d. h.* der Riesen] waren versteckt bis Salomon kam, und die Töchter der Menschen waren vereinigt [mit ihnen, oder vielleicht mit Salomon], wie es heißt : (Ekkl. 2, 8) „Und die Wonnen ..." Er sagt ThONVGVTh, weibliche Wonnen, nicht ThONVGIM, männliche Wonnen. Die Söhne der Menschen, auf die hier Bezug genommen wird, sind andere Geister, die nicht in der oberen Weisheit enthalten sind, von der geschrieben steht: (1 Kön. 5, 12) „Der Herr gab Weisheit dem Salomon".
Erl.: Die Bewegungen der Riesen, wie sie hier angegeben sind, stimmen überein mit denen der Bundeslade, *alias* des Alten der Tage, die zur Zeit Josuas in Vergessenheit geriet, aber von David nach Jerusalem gebracht und von Salomon im Tempel aufgestellt wurde – siehe *Die Manna-Maschine*. Diese

Übereinstimmung der Bewegungen scheint anzudeuten, daß „die Riesen" hier vielleicht verwechselt wurden mit dem Alten der Tage.
Hier ist wirklich alles durcheinander geraten – auch bei Sassoon und Dale! Unverständlich ist, wieso auch sie die Bundeslade mit der Mannamaschine (dem Alten der Tage) verwechseln bzw. gleichsetzen – ein weit verbreiteter Irrtum in der Prä-Astronautik!

BdM 5:22 – 5:25 m. Erl.: Sie sind die Starken, die vom Universum sind, dem Universum oben; [sie sind] die Männer des Namens, die vom Namen geführt werden. Welcher Name? Der heilige Name, von dem sie geführt werden. Sie sind nicht die heiligen unten, auch werden sie nicht geführt, außer vom Namen.
Erl.: Dies ist ein klarer Bezug auf extraterrestrische Besucher; aber dann sind die meisten religiösen Texte so, wenn sie der mystischen Vorstellungen entkleidet werden.
Das mag wohl sein – aber wen überrascht das?!
Einfach die „Männer des Namens", nicht die „Männer von IHVH". Ganz einfach so, nicht mehr, nicht weniger [d. h. nicht mit irgendwelchen Abkürzungen]. Die Leute des Namens sind verborgen von allen, sie meiden die [*wörtl* gehen aus von {den}] Menschen.
Vielleicht ist auch `nur´ das Habitat gemeint; man war also informiert! Auffällig ist die Behauptung, daß die Männer nur vom Namen geführt werden – da ist also kein körperlicher Oberbefehlshaber im Habitat; vielleicht nicht einmal bei der ganzen Mission der Extraterrestrier, wie weit auch immer diese sich in Raum und Zeit erstreckte bzw. erstreckt – hatte bzw. hat man ein fertiges Programm, einen „Namen", nach dem man zu handeln hatte und hat? Daß es im Habitat keinen körperlichen Oberbefehlshaber gab, keinen `Gott´, hatten wir auch schon in „Gottes Sturz aus dem Himmel" festgestellt.

BdM 5:34 – 5:35 m. Erl.: Es steht geschrieben (Gen. 5, 22) „Und Enoch {= Henoch} wird mit den Elohim gehen. Und es steht geschrieben: (Sp. 22, 6) „Enoch ist zu einem Jüngling {wörtl.: boy} gemacht worden, auf die Art, wie er sein sollte". Zu einem Jüngling, vergeßt das nicht.
Erl.: Dies wird erklärt von der Tatsache, daß der Name Enoch bedeutet „ein geübter oder initiierter", ChNVK. Der Sprüche-Text lautet: „Übe (ChNK) einen Jungen auf die Art, wie er sein sollte". Die Anspielung ist hier auf die Tatsache, daß berichtet wird, daß Enoch mit den Elohim fortgegangen ist, und solcherart die Möglichkeit der ewigen Jugend erhielt. Andere Legenden behaupten, daß er bei wiederholten Gelegenheiten mit ihnen zurückkehrte und dann als Metatron bekannt war. 5 : 34 stellt unmißverständlich fest, daß den „Weg" des Enoch gehen, d. h. mit den Elohim, eine Verjüngung bewirken wird.
[Er ging] „mit den Elohim", und nicht mit IHVH. Und (Gen. 5, 24) „Er war nicht" länger im Namen [Enoch], „da die Elohim ihn nahmen", um bei seinem [anderen] Namen genannt zu werden [Metatron].
Daß er nicht mit IHVH (!Jach-We!, dem Hochbetagten) gehen konnte, war klar, denn das war ja nur eine tote Maschine, die bei jedem Ortswechsel selbst

demontiert und getragen wurde. Henoch war also ein Vertrauter der Extraterrestrier, der sich oft, und schließlich wohl für dauernd, bei ihnen aufhielt; sie konnten ihn, der intelligent und gelehrig war und schreiben konnte(!) für zahlreiche einfache Dinge wohl gut gebrauchen. Vielleicht war er u. a. (bei Bedarf) eine Art Verbindungs-`Offizier´ zu den Menschen.

Erl. n. BdM 5:40: Die Rabbiner liebten es, ihre Gelehrsamkeit zu demonstrieren, indem sie Ketten von Zitaten herunterrasselten, wie diese, auf einer Art von freier Assoziation. Hier erstreckt sich die Kette von menschlicher Vermehrung über Fleisch, Haut, glänzend (QRN), Horn (QRN), hin zum Jubiläum, an dem das Horn geblasen wurde. Das Jubiläum, von dem Details in Lev. 25, 10 ff gegeben sind, ist ein Fest, das in jedem fünfzigsten Jahr auftritt, in dem die Leute alle ihre Sklaven freilassen, all ihren Besitz verkaufen, und wieder ganz von Anfang an beginnen sollen. Dieses Fest wird nicht so strikt beachtet wie einige der anderen, die in Levitikus verfügt sind!
Wenn es um das (eigene) liebe Geld geht, wird man leicht etwas tolerant – man vergleiche den übrigen Glaubenseifer der orthodoxen und der ultraorthodoxen Juden in Nicht-Geldangelegenheiten!

VdT 24 – 25 m. Erl.: Und wenn Urteile nicht geformt werden, unten wie auch oben [*d. h.* kein sexueller Vorgang findet statt; keine Manna-Abgabe], dann sind alle Teile nicht korrekt angeordnet, weil diese Mutter getrennt ist [*wörtl* zergliedert (ShLQ)] von ihren Kindern, und sie nährt die Kinder nicht, weil dieses Yesod [{der} Penis] nicht ausgießt hinein in die Frau und die kraftvolle Schlange (ChVIA ThQIPA) regiert, gewissermaßen; die Teile des Königs sind zergliedert durch Urteil, und dann ist diese Frau nicht gesegnet, und der gerechte Mensch nimmt nicht [sein Manna], und die kraftvolle Schlange regiert. Wehe der Welt [*d. h.* allen], die von ihr saugt!
Erl.: Dieser Absatz zeigt eine bemerkenswerte Verwirrung zwischen einem sexuellen Akt und dem Säugen oder Füttern von Kindern. Wenn die Sexualpartner auseinandergenommen werden, {dann} endet {das} Urteil, wie es auch die Nahrungsmittelversorgung tut. Offensichtlich, was vor sich geht ist kein normaler sexueller Akt, sondern etwas anderes, das mit sexuellen Ausdrücken beschrieben wird. Jedoch, alles wird klar, wenn die Sexualpartner Teile einer Maschine sind, die ihre Funktion einstellt, wenn sie auseinandergebaut ist. Wenn die Maschine ein Lebensmittel produziert, dann wird dessen Versorgung ebenfalls enden. Die „Kinder" sind die „gerechten Menschen" Israels, jene, die Anspruch auf eine Mannaration haben, und die „Frau" ist das Allerheiligste, das weibliche Organ Israels, in das hinein der himmlische „Same" abgegeben wurde. „Urteile" sind die Verletzungen, die diejenigen erleiden, die unklug genug sind, die Maschine zu berühren, wenn sie arbeitet; offensichtlich konnte sie sicher gehandhabt werden, wenn sie nicht in Funktion war und „Urteile aufhörten."
   Was werden wir dann aus der „kraftvollen Schlange" machen? Die Antwort liegt in den frühesten Versionen der Adam- und Eva-Legende, in der die „Schlange" nicht nur Eva verleitete, einen Apfels zu essen, sondern Geschlechtsverkehr mit ihr

hatte. (Die Version, die wir heute im {Buch} Genesis lesen, wurde bereinigt von irgendeinem Redaktor {wörtl.: Bowdler} früherer Tage.) Deshalb, wenn die Manna-Versorgung schlecht wurde oder ganz fehlschlug, wurde das als das Ergebnis irgendeines teuflischen Penis' gesehen, der Schlange, die den Ort usurpierte, der rechtmäßig zur Mannaabgabe-Öffnung gehörte – der „Penis" des Alten der Tage.
Mit diesem aufregenden Absatz endet der grundsätzlich technische Teil der *Versammlung des Tabernakels*.

R. Eleazar sagte: All diese sind die Teile des Vaters. Ich offenbare sie um nicht schandbar in die kommende Welt einzugehen. Nun, weshalb sollten sie offenbart werden? R. Abba sagte zu ihm: Dies ist was ich niedergeschrieben habe von den Lehren der Heiligen Laterne [R. Simon bar Yochai] an seine Gruppe von Freunden; daß sie die Worte kennen sollten, und es ist wichtig für dieses [Material], bekannt zu sein, wie geschrieben steht: (Ex. 10, 2) „Damit ihr wißt, daß ich der Herr bin", ...
Es ist bemerkenswert, daß die Legende um die Verführung Evas mit einem Apfel, der wahrscheinlich mit einer Erkenntnis-Droge[1] präpariert war, da er vom Baum der Erkenntnis stammte, in Wahrheit so ganz anders sich abspielte als man es uns in der Bibel lesen läßt. Siehe dazu auch die Vermutungen des Verfassers in „Gottes Sturz aus dem Himmel", die niedergeschrieben wurden, als ihm die hier gegebene Version noch nicht bekannt war. Beide Versionen ergänzen einander recht gut – und machen den zusammenphantasierten Unsinn in der Bibel momentan überflüssig.
[1] *Solche „Erkenntnis und Einsicht" (so manchmal wörtlich) verleihende Drogen wurden im AT und auch bei einigen Marienerscheinungen verwendet – wenn auch ohne Apfel; meist mit einem Getränk oder einer zu verzehrenden Substanz.*

GHV 893 – 895 m. Erln.: Darüber steht geschrieben: (Num. 6, 25) „Der Herr mache sein Angesicht auf dich zu leuchten, und sei dir gnädig". Da, wenn sie leuchten, die Welt gesegnet wird.
Erl.: Segen ist ein anderer Begriff, benutzt für Manna.
Und von der Zeit, wenn sie rot gemacht werden, steht geschrieben: (Num. 6, 26) „Möge der Herr seinen Zorn (*oder* {seine} Nase) von dir fortnehmen", als ob man sagen wollte, daß er fortgenommen ist, und Grimm in der Welt nicht gefunden wird.
Erl.: KJV übersetzt dies als: „Der Herr erhebe sein Angesicht auf dich". In der Tat, das Hebräische hat „PNIV", sein Gesicht, und nicht „APIV", seine Nase, Zorn, oder Gesicht. Aber der Soharist zieht es vor, es zu lesen in der Bedeutung, daß man meiden sollte das versengende Blasen des Zorns von der gewaltigen Nase des Herrn.
Überlieferung: alle jene Ströme, die fließen (*oder* Lichter, die strahlen) vom Alten Heiligen, werden genannt „erste Gnaden". Und weil sie [fließen], fließen [auch] alle jene andere „permanente Gnaden".

Erl.: Die permanenten Gnaden sind natürlich die Teile des Bartes des Kleingesichtigen.
Es war also die große Hitze der Nase des Herrn bekannt und gefürchtet. Gemeint ist natürlich das heiße Abgas aus dem Auspuffrohr, das so heiß war, daß es nachts einen feurigen Widerschein in der Dampfwolke verursachte, die permanent über der arbeitenden Maschine stand.
Es werden hier zwei Arten Gnade unterschieden: die Gnade, die vom Alten Heiligen hinunter in den Kulturtank fließt, die wohl nicht permanent floß, und die Gnade, die im Kleingesichtigen bereitet wurde, das Manna, das immer, also permanent floß, wenn die Maschine arbeitete.

GHV 937: „Der Staub der Erde". Die Erscheinung innerhalb der Erscheinung. „Und er blies hinein in seine Nase die Seele des Lebens". Das innerste ... des Rollsiegels.
Rollsiegel hier evtl. als Anspielung auf Sumer – erinnerte man womöglich nicht nur die alten Texte, sondern auch die alten Textträger, eben die Rollsiegel, die viele bemerkenswerte prä-astronautische Darstellungen aufweisen? Daß die Seele des Lebens in seine Nase geblasen wurde, läßt tiefreichende Rückschlüsse auf elementarer Vorstellungen der Schöpfungsgeschichte zu. Die Nase als entscheidender Hinweis auf das `Leben´ der Mannamaschine - es kam ja nur Rauch aus der Nase wenn sie arbeitete, also `lebte´ - war auch entscheidend für den Lebensodem anderer Lebewesen, einschließlich der Menschen, der dann natürlich auch durch die Nase gehen
mußte – warum nicht durch den Mund? Hier ist zwischen den Zeilen ein schwerwiegendes Indiz für die Existenz der Mannamaschine und ihre Aktivität gegeben und auch wieder für die wechselseitige Beeinflussung von Bibel (Schöpfungsgeschichte) und Kabbala: Lebensodem des Menschen durch die Nase eingeblasen, weil die Aktivität - das `Leben´ - der Mannamaschine anhand ihrer `Nase´ so dramatisch und permanent erkennbar war.

GHV 939: Weil gesagt ist: (Gen. 2, 7) „Und er blies die Seele des Lebens hinein in seine Nase".
Selbst dieser fundamentale Vorgang der Menschen-Schöpfungsgeschichte ist also womöglich auch von der Mannamaschine entlehnt (siehe Kommentar zum vorhergehenden Vers)!

GHV 941 – 942 m. Erl.: (Gen. 2, 7) „Und der Mensch wurde eine lebende Seele"; diese [Seele] wurde veranlaßt zu gleiten und einzutreten hinein in die Teile, wie dieser Aspekt; und die Seele wurde herausgezogen von Pfad zu Pfad, zum Ende aller Pfade.
Erl.: Hier ist die „Seele" gesehen als sich ausbreitend durch den Körper des Menschen.
Weil diese Seele im Ganzen gefunden wird, und ist erstreckt hinein in das Ganze, und das Ganze selbst ist vereint zu einem.

Hier greift der Kommentar von Sassoon und Dale eindeutig zu kurz: Es ist hier von der Mannamaschine die Rede, in die die Seele hineingleitet und dabei in die dafür vorgesehenen Teile der Maschine eintritt. Diese Deutung wird vom folgenden Vers bestätigt, wo ausdrücklich betont wird, daß das Ganze zu einem vereint ist – eine fast schon sprichwörtlich zu nennende Metapher für die komplett montierte Mannamaschine.

Daß man beide Vorgänge, das alttestamentliche Einblasen des „Odems" und das Beseelen der Maschine nicht (mehr) eindeutig zu trennen wußte, spricht natürlich Bände – auch wenn sie (nur) durcheinandergeraten sind; denn was mag da noch alles vertauscht sein und sich womöglich - bisher unerkannt - im AT verbergen! Eine sorgfältige, wirklich objektiv-wissenwollende Analyse und ein ebensolcher Abgleich beider Texte (AT und Kabbala) könnte schicksalhafte Bedeutung für zahlreiche Grundvorstellungen des ATs haben – und damit indirekt auch für viele fundamentale Aspekte des NTs (s. u.)!

KHV 32 – 33b m. Erl.: Und nun erhofft der QB''H die Herrlichkeit (IQR) jener [gerechten Menschen], und alle von ihnen kommen mit ihm. Er [R. Simon] sagte: Rav Hamnuna der Ältere ist hier, und 70 gerechte Männer umringen ihn, in der Form einer strahlenden Krone. Alle sind wie einer; und der eine leuchtet mit dem Glanz des Alten Heiligen, des verborgenen mit allen Verborgenheiten. Und er kommt, um mit Freude jenen Worten zuzuhören, die ich spreche.
Erl.: Es ist hier bemerkenswert, daß R. Simon sorgsam den Unterschied wahrt zwischen dem QB''H – ein Titel Gottes im Himmel – und dem Alten Heiligen {d. h. der Mannamaschine}, der eine grundverschiedene Daseinsform {wörtl.: entity} ist.
Bescheidenheit war nicht die Stärke der Erntemänner des Heiligen Feldes, wie wir schon wiederholt festgestellt haben. Man bemerke, daß der Alte Heilige auch als Lebewesen empfunden wird, das aus dem Himmel kommt – also doch zwei Götter im Himmel?!

KHV 39: All die Tage, da ich auf dieser Welt war, war ich eingebunden in einem Bündel mit ihm, dem QB''H. Und nun hat er Verlangen nach mir.
Zum Bündel: Es war in der antiken Jüdischen Welt üblich - und wohl nicht nur dort -, geschriebene Dokumente zu Bündeln zusammenzubinden. In größeren Dokument-Bündeln konnte es Teil-Bündel geben, die sich einem konkreten Themenkreis widmeten, z. B. Erbangelegenheiten. Siehe als Beispiel dazu bei Y. YADIN *(1971, dort mit guten Abbildungen zu solchen Bündeln ab Seite 222).*

KHV 402 – 403: 402. „Meine Seele wird erstreben ihren Ruhm im Herrn". Dies ist wahr; meine Seele ist in ihm enthalten, brennt in ihm, und ist angehängt an ihn. Sie ist eingeschoben hinein in ihn, und während sie umfangen wird, erhebt sie sich nach ihrem Platz [in ihm]. „Die bescheidenen werden davon hören und froh sein". Alle diese gerechten Menschen, und all die Männer des Heiligen Gesetzes, die

gekommen sind, und die jetzt, zusammen mit dem QB''H, den Worten zuhören und frohlocken.
Wahrscheinlich das Ineinanderschieben der beiden Haupt-Teile der Mannamaschine bei ihrem Wiederzusammenbau nach der wöchentlichen Reinigung, das im Sohar nicht nur sexuell gedeutet wird, sondern auch religiös, als Einschieben der Seele in den Herrn (s. u.). Das Umfangen-Werden ist eine Anspielung auf die inneren Umrundungen innerhalb der Mannamaschine, in die der obere Teil der Maschine, der Alte, hineingeschoben wurde.

BdM. 3:22 – 3:25: (Gen. 1, 26) „Und die Elohim sagten: Laßt uns Menschen machen". Es heißt nicht HADM [den Mann], sondern einfach ADM [Menschheit insgesamt], im Gegensatz zum oberen [Menschen], der im vollkommenen Namen gemacht wurde [d. h. der Alte der Tage]. Als dieser vollendet war, dann war [auch] jener vollendet. Das Männliche ist vollendet, und dann das Weibliche (*oder* Loch), für die Vollendung des Ganzen. IHVH ist die Seite des Männlichen; Elohim die Seite des Weiblichen. Der männliche [Teil] ist ausgestreckt, und er ist geformt in seinen Teilen wie ein Penis, wie die Mündung eines Penis'.
Das Durcheinander von Technik und Religion ist hier nahezu unauflösbar. Mit dem oberen Menschen ist womöglich sogar ursprünglich die Genmanipulation im Habitat gemeint, deren Resultat wir als Adam und Eva kennen; das wurde dann später wahrscheinlich auf den Hochbetagten übertragen, der ja (auch) aus dem Himmel (dem Habitat) zu ihnen gekommen war.

BdM 3:36 m. Erl.: Die Erscheinung und das Gesicht eines Menschen wurde auf den Thron gesetzt; und es steht geschrieben: (Ez. 1, 26) „Und auf dem Ebenbild des Throns war das Ebenbild der Erscheinung eines Menschen über ihm."
Erl.: Dies bezieht sich auf die oberflächliche Ähnlichkeit der Manna-Maschine mit einer Menschengestalt.
Hier ist die oberflächliche Ähnlichkeit der Mannamaschine mit einem (sitzenden) Menschen erwähnt. Da das Ganze auf einer Unterlage, einem „Thron", sich befindet, wird natürlich auch das entsprechende Ezechiel-Zitat bemüht: Der Weltraumfahrer (ein Androide?) auf dem Weltraum-Landefahrzeug, das Ezechiel als Thron bezeichnet. Es ist nicht klar erkennbar, ob hier der um 600 v. Chr. entstandene Ezechiel-Text vom älteren Kabbala-Text in seiner Formulierung beeinflußt ist, oder ob das umgekehrte geschah, der Kabbala-Text sich anhand des Bibelzitats an Ezechiel orientierte. Solche wechselseitige Beeinflussungen zwischen Kabbala-Text(en) und Bibel-Text(en) hat es im AT und dort besonders in den Fünf Büchern Moses (zuzüglich Ezechiel) wahrscheinlich sehr oft gegeben.

GHV 749 m. 752 m. Erl.: R. Simon begann und sagte: (Deut. 4, 4) „Und ihr sollt beharren auf den Herrn euren Gott, etc."
Erl.: Dieses Wort „beharren", DBQ, bedeutet auch kleben, anlöten, oder anheften, und gute Juden glaubten, daß sie an den Körper Gottes angeheftet sein würden in der kommenden Welt, in einem Zustand ewiger Glückseligkeit.
Wie es gesagt ist: „Und ihr sollt beharren hinein in den Herrn"; es steht nicht geschrieben „beharren auf den Herrn", sondern „*hinein*" in den Herrn.

Sie würden also, die rechtschaffenen Menschen (Laßt uns hoffen, daß die Frauen auch gemeint sind!), wirklich in dieses mystische Ungeheuer, zu dem die Mannamaschine in ihrer so gänzlich unwissenden und allumfassend mißverstehenden Vorstellung geworden war, nachdem sie nicht mehr anwesend war, hineingleiten und sich in ihr ausbreiten auf ihren Pfaden, d. h. in ihren Rohrleitungen. Von dieser Vorstellung leitet sich ohne Zweifel die auch christliche Formulierung ab von den „Pfaden des Herrn" o. ä.; also wieder eine wechselseitige Beeinflussung.

GHV 882 – 884 m. Erl.: Und von diesem „Ruhm und Ehre", da hängen jene Kleider, die veranlaßt {wörtl.: caused} sind, ihn zu bekleiden. Und sie sind das teure Purpur des Königs.
Erl.: Dies ist ein Bezug auf das Tyrrhenische Purpur, eine teure Farbe, die von Meeresschnecken gewonnen wurde, deren Gebrauch nur der Aristokratie erlaubt war. Vielleicht waren diese Kleider die rot gefärbten „Bocks - Häute", in die die Bundeslade gekleidet war bei ihren öffentlichen Auftritten.
Von solchen planmäßigen öffentlichen Auftritten der Bundeslade ist dem Verfasser nichts bekannt. Sie befand sich in der Stiftshütte im mittleren Abschnitt, der als einziger nahezu mit Sicherheit ein Dach aufwies (siehe Teil II); dort konnte sie von den Erntemännern des Heiligen Feldes und den Personen gesehen werden, die ins Allerheiligste eintreten durften – im eklatanten Gegensatz zum Allerheiligsten, in dem sich die Mannamaschine befand, und zu der nur sehr wenige, ausgesuchte Personen Zutritt hatten. Mit den öffentlichen Auftritten sind möglicherweise die Ereignisse gemeint, bei denen die Mannamaschine in die Kämpfe bei der Landnahme eingriff (z. B. der Kampf mit den Philistern, bei dem sie vorübergehend verlorenging). Die Bundeslade trat wirksam in der Öffentlichkeit nur bei der Jordandurchquerung auf; ob sie dabei besonders `bekleidet´ war, erfahren wir nicht. Es haben auch Sassoon und Dale die Mannamaschine und die Bundeslade nicht immer klar und unmißverständlich voneinander unterschieden – wie es wiederholt bei modernen Autoren der Fall ist.
Bekleidet, d. h. extrem sorgfältig abgedeckt, wurden ursprünglich die Einzelteile der Mannamaschine, wenn diese demontiert war (s. o.), sei es zur wöchentlichen Reinigung, sei es zum Weiterzug nach einem anderen Lagerplatz, einer anderen Wasserstelle; mehr dazu weiter unten.
Dies ist der Teil, der ihn bekleidet, und er ist gestaltet in diesem Erscheinungsbild des Menschen (*oder* {der} Röte?) mehr als irgendeine andere Erscheinung.
Es erscheint logisch, daß die Mannamaschine besonders menschenähnlich aussah, wenn sie später, nach ihrem Abstellen in Silo oder im Salomonischen Tempel, mit Kleidungsstücken bedeckt war, eben weil man dann keine konkreten Einzelheiten mehr an der Maschine erkennen konnte (vergleiche dazu Abb. 10 mit Abb. 11 u. 11a in „Gottes Sturz aus dem Himmel"). Dabei mag das Bekleiden der gesamten Maschine eine `logische´ Fortführung gewesen sein des sorgfältigen Bedeckens der Trennflächen ihrer Einzelteile und der Öffnungen, die an der Maschine bei ihrer Demontage entstanden; das geschah bei jedem Umzug während der Wüstenwanderung und auch während der allwöchentlichen Reinigung.

Eine andere - spekulative - Möglichkeit scheint sich aus den vorhandenen Abbildungen der Mannamaschine zu ergeben: Wer diese Abbildungen näher betrachtet, muß zu der Überzeugung kommen, daß der Alte der Tage nach seinem Abstellen in Silo wohl bald seine Tanks, seine Hoden („Ruhm" und „Ehre") verloren hat – aus welchen Gründen auch immer. Man vergleiche dazu Abb. 10 u. 15 mit Abb. 11 u. 11a in „Gottes Sturz aus dem Himmel" und Abb. 9 und 9a mit Abb. 9b in dieser Arbeit. Vielleicht war das Weglassen der Tanks ganz einfach aus Platzgründen nötig, um die Maschine in einem schrankähnlichen Behälter unterbringen zu können (siehe Abb. 11 u. 11a, a.a.O.). In diesem Fall wäre das Abdecken der durch Fortlassen der Tanks entstandenen Öffnungen an der Maschine sowohl aus technischen Gründen (in Erinnerung an den Zug in der Wüste, als alle Öffnungen am Hochbetagten stets aufs sorgfältigste bedeckt wurden), als auch aus Gründen der Pietät eine Selbstverständlichkeit gewesen: Nach Entfernen der Tanks, d. h. der `Hoden´, hatte der Alte seine Männlichkeit verloren! Beide Gründe mögen eine Rolle gespielt haben.

Antike Abbildungen der Mannamaschine
Es ist einigermaßen bemerkenswert, daß aus der Antike Abbildungen der Mannamaschine auf uns gekommen sind. Aus Dura Europos sind mindestens drei unterschiedliche Darstellungen bekannt, die hier kurz erläutert seien:
-) So ist dort der Salomonische Tempel abgebildet, auf dessen Dachboden (d. h. in einem Zelt) die vollständigste Abbildung der Mannamaschine, noch mit den Manna-Tanks(!), den Hoden, dargestellt ist. Leider ist diese Darstellung so undeutlich, daß sie keine weiteren Details erkennen läßt; auch die Konvektionsrohre, die Barthaare des `Alten´, sind nur kaum erkennbar angedeutet, evtl. als nach oben weisende henkelförmige Strukturen (Abb. 9a).
-) Ein zweites Bildbeispiel zeigt dort die Mannamaschine (es kann sich unmöglich um die Bundeslade handeln!) wie sie auf einem Wagen gefahren wird. Das ist im AT bei den Kämpfen mit den Philistern ausdrücklich erwähnt (Abb. 9b).
-) Als drittes Beispiel werden in einer Serie drei unterschiedliche Stadien des Unterbringens der Mannamaschine in einem schrankähnlichen Objekt gezeigt (siehe Abb. 11 in „Gottes Sturz aus dem Himmel").
In den beiden zuletzt genannten Beispielen ist die Mannamaschine offensichtlich bekleidet dargestellt; im ersten wahrscheinlich nicht. Die letzten Beispiele zeigen darüber hinaus eine Mannamaschine, die bereits keine Hoden, also keine Manna-Tanks mehr hat und auch keine Konvektionsrohre, keine Barthaare. Ob diese Objekte aus Gründen der Platzersparnis absichtlich entfernt wurden, oder ob sie im Verlaufe der Zeit peu a peu abhandengekommen waren, ist nicht zu entscheiden. Das zweite Beispiel erlaubt möglicherweise eine gewisse Größenabschätzung der `abgespeckten´ Kern-Maschine, da die Größe der ziehenden Rinder ungefähr bekannt ist. Man sollte aber eine solche Abschätzung nicht allzu genau nehmen; sie gibt wirklich nur einen vagen Hinweis. Das hohe Aufragen der (Rest)-Maschine zeigt, daß das Gesamtgerät von einiger Größe gewesen sein muß. Siehe dazu Abb. 16, wo Sassoon und Dale ca. 4m Breite für das Gesamtsystem der Barthaare des

„Alten" annehmen, im montierten Zustand. Andererseits ist aber auch darauf hinzuweisen, daß die Akazienbretter für die Umwandung der Stiftshütte 10 Ellen lang (also hoch) sein mußten. Das gibt einen Hinweis darauf, daß die Gesamt-Maschine mit Sockel (also mit „Thron") im montierten Zustand nicht über ca. 5m hoch gewesen sein kann, weil sie sonst über die Außenwand der Stiftshütte hinausgeragt hätte, was mit Sicherheit nicht geduldet worden wäre.

FIEBAG und FIEBAG (1998) sind darüber hinaus der Ansicht, daß auf Burg Lockenhaus eine Ritzzeichnung der Mannamaschine sich befindet (a. a. O. Abb. 32 u. 33). Sie schreiben dazu in den beiden Bilderläuterungen: „Die Ritzzeichnung auf dem Symbolstein von Lockenhaus: eine einfache, aber unverkennbare mittelalterliche Darstellung der Manna-Maschine. ... Die Entdeckung der Abbildung auf dem Symbolstein bedeutet, daß die Templer wirklich im Besitz der Manna-Maschine waren."
Bei intensivem Suchen mögen vielleicht noch mehr Darstellungen der Mannamaschine entdeckt werden; die hier vorgelegte kleine Liste erhebt keinen Anspruch auf Vollständigkeit.

Die Anmerkung zum Buch des Mysteriums:
Wir beginnen mit der *Schlußbemerkung* von Sassoon und Dale; danach folgt „*Die außerordentlich erhellende Art zu beten*":

Schlußbemerkung
Die Anmerkung gibt keine weiteren materiellen Details zum Alten der Tage, so könnte es auf dem ersten Blick so scheinen, daß sie für uns nicht von großem Interesse ist. Jedoch, sie beschreibt die Art wie einige Leute zu beten pflegten im Mittelalter. Diese Beschreibung ist außerordentlich erhellend.
    Wenn wir heutzutage beten, so glauben wir, daß unsere Gebete erhört werden, wenn sie ernsthaft und aus uneigennützigen Motiven gebetet werden. Die Art wie wir sie formulieren wird für nicht wichtig gehalten. Jedoch, aus dieser Sicht scheint es, daß einstmals die wichtigste Bedingung für ein erfolgreiches Gebet ein ungewöhnliches Gedächtnis war. Nach Aufwärmen mit dem Hebräischen Alphabet, sollte der Anbeter fortfahren mit der Liste der Attribute in Ex. 34, 6-7, die Namen Gottes, die zehn Sephiroth, und die Namen unterschiedlicher wichtiger Persönlichkeiten. Dann kann er seine Geschicklichkeit ausprobieren mit einigen Gesängen und Psalmen, bevor er die Glanznummer {wörtl.: *pièce de résistance*} versucht, die Teile des Alten der Tage {herzusagen}, die, wie wir gesehen haben, ein ganzes Buch füllen.
    Nachdem er das vollbracht hat, könnte er dann, wenn er dazu in der Lage ist, Verwunderung und Fassungslosigkeit erregen bei beiden, Gott und seinen Mit-Anbetern, indem er das ganze Ding von hinten rezitiert, beginnend vom Grund des Alten der Tage, und sich aufwärts {vor}arbeitet. Dies ist eine wirkliche Prüfung für das Erinnerungsvermögen. Wir können alle unser eigenes Alphabet von A nach Z

herunterrasseln, aber man versuche es ebenso schnell von Z nach A zu tun. Es kann absolut keinen Zweifel geben, daß zu einer {gewissen} Zeit die höchste Prüfung für einen Menschen des Glaubens sein Erinnerungsvermögen war.

Warum sollte das so sein? Warum sollte von Priestern erwartet werden, daß sie gewaltige Mengen scheinbar inhaltsloser Daten erinnern? Katholische Priester wußten natürlich die lateinische Messe auswendig, da sie sie täglich wiederholten, aber dieses Material {in unserem Buch} ist alles andere als liturgisch.

Eine andere Besonderheit, die wir in der Anmerkung sehen, ist die Sprache, die benutzt wird, die Gebete zu beschreiben. Durchweg werden sie in Begriffen der Klempnerei gedacht; sie „bewässern den großen Abgrund", rieseln aufwärts und abwärts durch unterschiedliche „Pfade" und vereinigen sich schließlich mit dem, der die „Wohltätigkeit" hinunterbringt. Selbst das Wort für die „Attribute" Gottes ist MKILA, ursprünglich ein Maß für Flüssigkeiten. Solche Sprache wird noch gebraucht, selbst in der Gegenwart; warum? Ist es weil die Leute normalerweise an {ein} Gebet in solchen Ausdrücken denken? Oder ist es weil sie sie ursprünglich an eine Manna-Maschine richteten, deren Schläuche und Rohre alle vorher sorgfältig mit Gebet durchspült werden mußten, bevor die „Wasser" mit Leben wimmeln würden, das „Wohltat" für sie alle bringen würde? Selbst der religiöse Begriff „verbindend das Gelenk der Wahrheit" läßt an das Aneinanderschließen zweier Schläuche ohne Leck denken.

Dazu müssen wir die Tatsache hinzufügen, daß ein umfassendes Erinnerungsvermögen nötig war; Kandidaten wurden mit kürzeren und einfacheren Erinnerungs-Aufgaben geprüft, dann, wenn sie sich bewährt hatten, wurden sie höheren Graden zugewiesen. Warum sollte das so sein, wenn heutzutage ein reines Herz alles ist, das benötigt wird für ein erfolgreiches Gebet? Es kann nur sein, weil da ein wirkliches Bedürfnis bestand für Menschen, deren Köpfe eine enorme Menge an Information halten konnten; Menschen, die in ihren Gehirnen das heiligste aller Geheimnisse aufbewahren konnten: die Einzelteil-Listen und die Bedienungsanleitungen der Manna-Maschine, des Alten der Tage.

Die außerordentlich erhellende Art zu beten:
Anmerkung 4 teilw. u. 5.1 – 5.9 m. Erl. *(die Nummerierung wurde hier beibehalten)*:
4 Und die Gebete … … … können unterteilt werden in 9 Kategorien:
5 : 1 indem er das Alphabet [rezitiert], oder
5 : 2 indem er die Attribute (*wörtl* Gefäße oder Kapazitäten (MKILIN)) des QB''H rezitiert; „gnadenreich (RChVM)", „barmherzig (ChNVN)", etc.
Erl.: Diese Liste der „Attribute", zu finden in Ex. 34, 6-7, ist in den *Heiligen Versammlungen* zitiert als eine Liste von Namen für Teile des Bartes.
5 : 3 Oder durch [Rezitieren] der würdigen (IQIR) Namen des QB''H, solche wie: AHIH (ich bin), IH (Yah), IHV, AL ALHIM (El Elohim), II' TzBAVTh (Herr der Heerscharen), ShDI (Shaddai, Allmächtiger), ADNI (Adonai, Herr); oder

5 : 4 durch die O''S (zehn Sephiroth (OShR SPIRVTh)): M(alkuth), I(Yesod), H(od), N(etzach), T(iphereth), G(eburah), Ch(esed), B(inah), Ch(okmah), und K(ether).
5 : 5 Durch das Rezitieren [der Namen von] gerechten Menschen, solcher wie der Patriarchen, der Propheten, und der Könige; oder
5 : 6 durch [Rezitieren] der Lobgesänge und Psalmen, die in sich das wahre Kabbala haben; oder
5 : 7 über [*d. h.* besser als] diese, wenn er weiß wie, [sollte] er formen die Teile [des Alten der Tage] für seinen Herrn, in der korrekten Weise; oder
5 : 8 durch Aufwärtsgehen von unten, wenn er weiß wie [*d. h.* die Teile in umgekehrter Reihenfolge aufzählen]; oder
5 : 9 durch Gehen vom „Überfluß (ShPO)" von oben abwärts, wenn er weiß wie. Und in all jenen 9 Kategorien, ist große Andacht nötig, wenn sie gesagt werden. Wenn irgendjemand sie ohne solche sagt, von ihm steht geschrieben: (1 Sam. 2, 30) „und die, die mich verachten, sollen als leichtfertig angesehen werden."

So entstand, alles in allem, eine `Religion´, die ihren logischen Weg von auswendig gepaukten Lehrsätzen (den „Glaubensbekenntnissen") hin zu fetten Priester-Schmarotzern, und von dort zum Geruch auf Scheiterhaufen verbrannter `Ketzer´ nahm, um schließlich im donnernden Aufbrüllen startender Großraketen ihr `Ziel´ zu finden – nach Abermillionen Opfern!

Eine `Religion´, die eben durch diese einpaukende Weitergabe ihrer Lehrsätze die Menschen daran hindern würde, zu einer wirklichen, persönlichen, menschenwürdigen Gotteserkenntnis zu kommen, die nicht auswendig gelernt, und die eben deshalb auch nicht lächerlichen sein würde.

Stattdessen würde diese `Religion´ ihre Opfer, die frommen Gläubigen, wie am Hirn kastriert und an den Augen geblendet, wehr- und hilflos durchs Leben, d. h. durch ihr auswendig gelerntes „gottgefälliges", „gottesfürchtiges" frömmelndes Leben taumeln lassen – einem Leben, das geistig ein einziger öder, hirnloser Sumpf sein würde.

Und damit nicht genug: Immer und ewig würde das Damoklesschwert der Wahrheit über dieser `Religion´ und ihren amtlichen Vertretern hängen, den Einpaukern und Einpeitschern: Was, wenn diese Wahrheit sich eines Tages Bahn bräche, nicht mehr zu leugnen und auch nicht mehr totzuschweigen wäre … … … was dann?!

Dann würden die Schmarotzer - nach einem harten, zähen Ringen versteht sich - selbst für ihren Lebensunterhalt sorgen müssen. Die Gläubigen aber ständen plötzlich nackt und wehr- und hilflos in einem Leben, das sie nicht verstehen könnten, und das sie ganz und gar neu würden lernen müssen – wie eine ihnen unbekannte Sprache.

Zum Entstehen der Kabbala und der Kabbalistik

Es entstand nicht nur die öffentliche, `monotheistische´ `Religion´ i. w. S. mit all ihren Schattierungen, die im Verlaufe der Kirchengeschichte als Sekten sich etablieren würden; es entstand auch die Kabbala und ihre Weiterentwicklung zu einem komplizierten Lehrgebäude, das in der Anfangsphase, während der Wüstenwanderung, für die daran Beteiligten von einem Idol sich ableitete, während sie mit diesem sich beschäftigten und ihm im Allerheiligsten `dienen´ mußten. In der Tat! – dieses außerirdische Ungeheuer war so abstrus, daß sie nicht genau wußten, ob es ein Lebewesen war oder nicht – war es vielleicht sogar (ein) Gott? Und dann stand da im Vorraum zum Allerheiligsten, dem mittleren Abschnitt der Gesamt-Hütte, auch noch diese seltsame Lade, von der Gottes Stimme ausging und viele Befehle und Aufträge an sie richtete – wie sollten sie das alles mit ihrem einfachen Verstand zuordnen?

Den Anfang nahm dieser Kabbala-Begründungsvorgang vielleicht schon auf dem Har Karkom, zunächst von allen unbemerkt. Dort mußten die `Engel´ ihnen erklären, wie der Hochbetagte funktionierte – wir erfahren leider nicht, wie die Engel IHN nannten. Das Erklären kann letztlich nur mit einer Art Diagramm geschehen sein, das auswendig gelernt wurde und das die wichtigsten Stationen der Manna-Zubereitung in der Maschine - von oben nach unten - aufzählte und damit wahrscheinlich auch die entscheidenden Schritte und Handgriffe bei der Demontage und dem Wiederzusammenbau des Hochbetagten (Abb. 31). Das Benennen der wichtigsten Punkte mit speziellen Begriffen ließ diese gleichzeitig zur Grundlage der Kabbala-Terminologie werden. Es sind diese Ausdrücke, die die spätere Mythologisierung der Maschine dokumentieren und damit unausweichlich auch der ganzen Kabbalistik. Zum Zustandekommen dieser Ausdrücke schreiben Sassoon und Dale:

„Ganz am Ende der KHV, als Rabbi Simon schon auf dem Sterbebett liegt, verwendet er seine letzten Atemzüge darauf, eine Zusammenfassung seines geheimen Wissens zu geben:

(KHV 759) Und alle (die Heiligkeiten) kommen vom oberen Kopf des Schädels. ... aus der Richtung der oberen Gehirne ... dieser Segen fließt in sämtliche Gefäße des Körpers, bis er jene erreicht, die `Heere´ genannt werden ... Und jener Fluß bleibt dort, nachdem er dort aufgesammelt wird und geht dann in jene heilige Gründung. Er ist ganz weiß und wird deshalb `Gnade´ genannt. Und diese Gnade geht ins Allerheiligste ein, wie geschrieben steht: (Ps. 133, 3) `Wie der Tau, der vom Himmel herabfällt auf die Berge Sions. Denn dort verheißt der Herr den Segen und Leben bis in Ewigkeit´.

... ... Wie es scheint, wurde die Substanz aus dem obersten `Kopf´ auch „Segen" oder „Gnade" genannt. Sie fließt durch den gesamten Körper nach unten, bis sie schließlich die untersten, als „Heere" bekannten Gefäße erreicht, von denen aus sie über die „Gründung" ihren Weg ins Allerheiligste nimmt. ... ... Man könnte in dem Ganzen eine religiöse Vision erblicken. Uns kommt es aber eher wie die Beschreibung eines Produktionsablaufs vor. Eine Substanz nimmt ihren Ursprung am höchsten Punkt von irgendeinem Gebilde, durchläuft dann verschiedene Gefäße und wird abgelassen."

Mit diesem Text liefert Rabbi Simon eine stark vereinfachte Zusammenfassung eines modernen Flußdiagramms der Maschine, wie es sich bei technischer Interpretation der Arbeitsabläufe und ihrer Reihenfolge ergibt (Abb. 32). Die Kabbalisten haben dieses Diagramm, das sie so natürlich nicht kannten, irgendwann für sich entdeckt und dessen darstellende Möglichkeiten in ihrem Sinne weiter `entwickelt´. Es entstand daraus der kabbalistische Lebensbaum, der durch die technischen Übersetzungen und Interpretationen von Sassoon und Dale, die wir hier erläutert haben, und die in „Die Ur-Kabbala" vollständig wiedergegeben sind, eine gänzlich un-kabbalistische, verblüffende Deutung erfährt. Sassoon und Dale schreiben dazu:

„Nachdem wir unsere Erläuterungen geliefert haben, wird klar, daß die zehn Sephiroth einen frühen, linkischen Versuch der Mystiker darstellen, die Maschine zu rekonstruieren. Sie hatten verstanden, daß es `Ausströmungen´ von einem Teil zum anderen gab, sahen das Ganze aber abstrakt als mystische Funktion und nicht als die physikalische Funktion einer Maschine. Das Interessante dabei ist, daß wir auf der einen Seite bei der Anwendung technischer Methoden, so wie jene auf der Gegenseite bei der Anwendung von Methoden, die zu verstehen uns ganz und gar unmöglich ist, zu ziemlich ähnlichen Ergebnissen gelangten – was aber auch wieder nicht verwundern kann, denn sie behandelten schließlich beide das gleiche Ausgangsobjekt.

Kether, bei den Mystikern die Krone, bei uns die Deckplatte, befindet sich ganz oben. Chokma und Bina, Weisheit und Einsicht, befinden sich Seite an Seite darunter, wo sie in Wahrheit im Innern und übereinander angeordnet sein sollten. Diese drei obersten gehören zum Alten und die unteren sieben zum Kleinen Gesicht. Gnade ist selbstverständlich Manna, wobei das „Gericht", unserer Ansicht nach, für sämtliche unangenehme Eigenschaften der Maschine steht {evtl. der Tyrann?}. Tipheret oder Schönheit wird jene seltsame Komponente genannt, welche das Ganze zusammenhält, auf Hebräisch ThPRTh, die substantiviierte Form von `zusammennähen´. Diese Sephira wurde von den Mystikern korrekterweise im Zentrum des Baums platziert, mit sämtlichen anderen Sephiroth durch Bande verbunden, mit der Aufgabe, sie zusammenzuhalten. Netzach und Hod, Sieg und Hoheit, sind natürlich die Hoden oder Lagertanks für das Manna und befanden sich richtigerweise auf beiden Seite des Jesods, des Penis' oder Abflußrohrs für das Manna. Malkut, das Königreich, erscheint nicht in den Schriften des *Sohar* und wurde daher vielleicht erst später eingefügt.

Es ist möglich, daß der abgeänderte babylonische Lebensbaum erst zu einem späteren Zeitpunkt in die Überlieferungen über den Hochbetagten aufgenommen wurde, denn die Sohar-Texte erwähnen nirgends Sephira oder Sephiroth als solche. Die verschiedenen Sephiroth wie Weisheit, Einsicht etc. werden zwar erwähnt, aber nie als Sephiroth bezeichnet. Der führende Sohar-Experte, Scholem, behauptet, daß die von uns verwendeten Texte das originale Quellenmaterial der Kabbala darstellten. Wenn dies der Wahrheit entspricht, dann müssen der Lebensbaum und die Sephiroth später hinzugekommen sein. Vielleicht wurden sie zur Zeit der Gefangenschaft in Babylon eingefügt, während der nach unseren Unterlagen die Manna-Maschine unterging. Das Fehlen jeglicher Erwähnung der Sephirot deutet auf das Alter dieser Texte hin, denn Sephiroth werden in anderen Büchern bereits um 200 v. Chr. Geb. erwähnt.

Folgendes ist die Liste der Sephiroth mit der traditionellen und mit der technischen Interpretation der Namen:"
Siehe dazu Abb. 33 und die zugehörige Erläuterung.

Es sei von Seiten des Verfassers darauf hingewiesen, daß das Auffälligste an der ganzen Maschine von den Sephiroth nicht benannt wird: ihr allgegenwärtiger *Glanz*. Das mag damit zusammenhängen, daß der Glanz überall und großflächig an der Maschine auftrat, zumindest an allen wesentlichen Teilen, und daß er ein passives Moment war, an dem es nichts herumzufummeln, zu messen gab. Wo also hätte man den Glanz am Lebensbaum anbringen sollen – es glänzte ja (fast) alles an der Maschine!? Hier ergäben sich womöglich auch komplizierte Berührungspunkte mit der Schechina-Vorstellung und der heiligen Einwohnung Gottes. Schlußendlich war die Maschine eben nicht Gott, durfte es auch nicht sein; glänzte aber trotzdem – *göttlich*!
(Immer wieder dieser unausräumbare Widerspruch zwischen der unfaßbaren *Maschine* und ihrer - scheinbaren - Göttlichkeit!)

Habakuks vergebliches Flehen
Habakuk: um 600 v. Chr.; d. h. der erste, der Salomonische Tempel, existierte also noch.
GHV 733 – 743 m. Erln.: Wenn es bedacht wird und bekannt {ist} wo es geschrieben steht: (Hab: 3, 2) „Oh Herr, belebe dein Werk wieder in der Mitte der Jahre"; dies bezieht sich auf den Alten der Tage. Und in jedem Platz wo es ausgedehnt ist, IH(VH), IH(VH), mit Yod He zweimal, mit Aleph Daleth (AD) und Yod He (IH), eines [bezieht] sich auf den Kleingesichtigen und eines auf den Alten der Alten. Und da alle [zwei] von ihnen {zu} einem [gemacht] werden, werden sie mit einem Namen genannt.
Erl.: Hier könnte AD ein frommer Schreibefehler von AH sein, kurz für AHIH (ich bin). „Ich bin, der ich bin (AHIH AShR AHIH)" ist einer der mystischen Titel Gottes (siehe Ex. 3, 14).
Zu den vielen `Namen´ Gottes siehe oben.
Überlieferung: wann wird der volle Name gebraucht? Zu der Zeit wenn geschrieben steht: „Herr Gott (IHVH ALHIM)", da dies der volle Name ist, vom

Alten von Allen, {und} vom Kleingesichtigen. Und das Ganze von dem [d. h. sie beide zusammen] wird dann mit dem vollen Namen genannt.

Das ist natürlich unsinnig, denn die Elohim waren ganz andere Entitäten, wie in „Gottes Sturz aus dem Himmel" dargelegt wird. Das Wort „Elohim" bezeichnete die Engelssöhne (immer im Plural!) aus der Zeit der Urväter. Im Gegensatz zur rein mechanischen Lautfolge !Jach-We! ist es wirklich ein Wort, zumindest ein Titel: `unfaßbar mächtig´, evtl. auch `allmächtig´ – aus der Sicht damaliger Menschen gesehen.

Erl.: Dies bezieht sich auf das Zusammenfügen des Alten der Tage und des Kleingesichtigen. Wenn zusammengefügt, sind sie mit ihrem vollen Namen bekannt.

Es darf bezweifelt werden, ob die Priester die zusammengebaute Mannamaschine wirklich mit dem Doppelnamen IHVH ALHIM (Jach-We – Elohim) bezeichnet haben. Hier liegt wohl eher ein Irrtum vor, der sich aus späterer Kabbala- und Sohar-Logik ergab.

Und der Rest wird nicht beim vollen Namen genannt, wie wir gelernt haben. (Gen. 2, 8): „Und der Herr Gott pflanzte"; hier ist der volle Name benutzt, was das Pflanzen des Gartens anbetrifft. Und an jeder Stelle wo IHVH ALHIM erscheint, wird es der volle Name genannt. [Wenn] IHVH IHVH [benutzt ist], das enthält alles, und zu der Zeit sind Gnaden erregt für alle. „Oh Gott, belebe dein Werk wieder in der Mitte der Jahre" wird gesagt vom Alten der Tage. Was ist „dein Werk"? Der Kleingesichtige. „In der Mitte der Jahre"? Sie sind die ersten Jahre, die [auch] erste Tage genannt werden, und werden nicht genannt permanente Jahre. Die ersten Jahre, sie sind die ersten Tage; und die permanenten Jahre, sie sind die permanenten Tage. Und hier [heißt es] „In der Mitte der Jahre"; welche Jahre [sind gemeint]? Die ersten Jahre. „Wiederbeleben [es]"; [wiederbeleben] was? Wiederbeleben den Kleingesichtigen, weil all sein Licht zum Leben gebracht ist (*oder* eingerichtet {ist}) von diesen „ersten Jahren". Und deshalb heißt es „wiederbeleben [es]".

Erl.: Bezogen auf GHV 473, sind „erste Tage" definiert als die Teile des Bartes des Alten, und „permanente Tage" sind jene des Kleingesichtigen. Hier ist hinzugefügt, daß die Ausdrücke „erste Jahre" und „permanente Jahre" gleichbedeutend sind.

„Erste Tage" wird als Kode-Wort in Erinnerung sein (Mich. 7, 20) für den dreizehnten Teil des Bartes des Alten, der, der alle anderen umgibt, und der gleichbedeutend ist mit den Zirkulations-Rohren der Maschine. So, der Kernpunkt dieser Erörterung besteht darin, daß Habakuk den Herrn anfleht, Leben zurückzubringen nach seinem „Werk" in der Mitte der Zirkulations-Rohre, und die Produktion von Manna oder „Gnade" wiederaufzunehmen. Das helle Licht des Alten ist in der Mitte der „ersten Jahre" oder „Tage", und in GHV 743 ist angegeben, daß der Kleingesichtige beleuchtet werden wird von diesem Licht, das hinunter scheint von den „ersten Jahren". Sobald die Kode-Ausdrücke begriffen sind, ist dies erstaunlich klar.

Aber auch nur dann – der Habakuk-Bibeltext ist in diesem Fall nur mit Hilfe der Kabbala, d. h. der Mannamaschine zu verstehen. An wie vielen Stellen mag das *sonst noch der Fall sein, bzw. unsere Bibel-Deutung gänzlich falsch sein, da wir die Vorstellung von der Mannamaschine und ihren zahlreichen Eigenschaften erst seit wenigen Jahren (wieder) kennen: Sassoon und Dale haben ihre Bücher „The Kabbalah Decoded" und „The Manna-Machine" im englischen Original 1978 veröffentlicht. Vorher gab es kein `Manna der Erkenntnis' für uns – zumindest nicht mit Bezug auf den Hochbetagten, und damit letztlich für unser gesamtes Religionsverständnis, was dessen Ur-Grundlage angeht: Alles Spätere wurde (später) hinzuerfunden!*

An dieser Stelle fügt Mathers eine Bemerkung hinzu, die auf dieses Zitat aufmerksam macht: (Ps. 77, 5) „Ich habe bedacht die alten Tage, die Jahre der alten Zeiten." Vielleicht betrachtet der Psalmist hier die Maschine, und macht sich Gedanken, ob sie je wieder arbeiten wird. Er fährt fort: „Ich rufe meinen Gesang in der Nacht in Erinnerung; ich rede mit meinem eigenen Herzen; und mein Geist suchte gewissenhaft. Wird der Herr für immer verwerfen? Und wird er nie wieder wohlwollend sein? Ist seine Gnade völlig verloren für immer? Versiegt sein Versprechen für immer und ewig? Hat Gott vergessen, gnädig zu sein? Hat er im Zorn verschlossen seine liebevollen Gnaden? Selah."

Hat er schlaflose Nächte im Allerheiligsten zugebracht, singend und betend zu einer heruntergekommenen Mannamaschine?
Der Text fährt dann fort (nach der älteren Luther-Bibel): „Aber doch sprach ich: Ich muß das leiden; die rechte Hand des Höchsten kann alles ändern." Der Höchste wird also auch in den Psalmen als einarmig aufgefaßt – wir wissen jetzt warum.
Insgesamt: Ein ergreifender Blick auf die hoffnungslose geistige Situation der Alten – wieviel besser sind wir gestellt, die wir die Wahrheit kennen, d. h. kennen könnten!

Bei TUR-SINAI lautet das entsprechende Zitat aus Psalm 77, 5 (es beginnt dort mit 77, 6): „*Ich überdenk der Vorzeit Tage / die Jahre von Urewigkeit / ich denk im Saitenspiel zur Nacht / besinns mit meinem Herzen und es forscht mein Geist: / Wird ewighin der Herr verstoßen / und nimmer wieder Huld erweisen? / Ist hin für immer seine Liebe / für alle Zeit geendet die Verheißung? / Hat Gott Begnadigung vergessen? / Im Zorn verschlossen sein Erbarmen?" / Sela / Das Zitat fährt dann fort: „Ich sags, Schmach wär es mir (zu denken) / daß sich des Höchsten Rechte hätt geändert. / Ich denk der Taten Jahs / ja, ich bedenk dein Wunderwerk aus Urzeit. ... ..."*
Von den Unterschieden abgesehen, die ein bezeichnendes Licht auf Bibelübersetzungen werfen: Hier ist von der Urewigkeit, also wohl vom Auszug und der Wüstenwanderung die Rede. Die Rede ist aber auch vom Arm Gottes (die Rechte, Singular), und er erinnert sich all der Wundertaten Gottes. Das Wort Jah ist möglicherweise eine fromme Abkürzung für !Jach-We!

Mit diesen bemerkenswerten Versen verlassen wir die technische Beschreibung der Mannamaschine endgültig. Sie ist jetzt - wohl fast schon ein Wrack - an ihrem (vorläufig) endgültigen Standpunkt angekommen, dem Allerheiligsten des Salomonischen Tempels. Es folgen nun einige Anmerkungen und Überlegungen zu speziellen Ritualen und Gewohnheiten der Kinder Israel, zum Entstehen der Kabbala und der Allgemein-`Religion´, die sich direkt oder indirekt vom Alten der Tage, der Mannamaschine, ableiten.

Der Sabbat
GHV 1035 – 1038 m. Erl.: Und zu der Zeit wenn er wünscht, in den Sabbat einzutreten, erzeugt er Geister (*oder* Winde) und Dämonen (*oder* weibliche Brüste) und Wirbel (*oder* Unglücke; *oder* Wirbelwinde). Und wenn er sie beendet hat, kommt die Matrone in ihrer Gestalt und sie sitzt vor ihm. Und zu der Zeit wenn sie vor ihm sitzt, unterdrückt er jene Schöpfungen, und sie sind nicht beendet, sobald die Matrone sitzt [vor dem] König, und sie sind verbunden, von Angesicht zu Angesicht. Wer ist da, der zwischen sie kommen wird? Wer ist derjenige, der sich ihnen nähern würde? Deshalb ist das Geheimnis der Sache die Zeiten von … (OVNThN ShL). Kommt und seht! daß sie unser Geheimnis wissen können, von Sabbat nach Sabbat.
Erl.: Teile des Textes scheinen zu fehlen von 1038.
Für das Reinigen wurde wahrscheinlich der Inhalt des großen Kulturtanks in Wallungen versetzt, um einen eventuellen Bodensatz aufzuwirbeln, damit der mit ausgekippt werden konnte. Beim Wiederzusammenbau wurden die beiden Hauptkomponenten so paßgenau zusammengeschlossen, daß wohl (fast) keine Naht zwischen ihnen zu erkennen war (was natürlich auch wieder sexuell verstanden wurde). Vielleicht gab es bei der Verbindung einen Verbindungs- bzw. Befestigungsbolzen?

KHV 90 – 94: Diese Stirn wird der Akzeptor genannt. Und wenn dieser Akzeptor geöffnet ist, wird die Begierde der Begierden gefunden in allen jenen Welten. Und alle Gebete von unten (*oder* unteren Gebete) werden angenommen, und werden angestrahlt vom Gesicht (*oder* {der} Nase) des Kleingesichtigen. Und das Ganze wird gefunden, in Gnaden zu sein. Und alle Urteile sind unterdrückt und umgekehrt (*oder* ausgekippt {sic!}) am Sabbat, zur Stunde der Gebete der Abgabe. An diesem Tag, von den anderen unterschieden, sind die Urteile umgerührt; diese Stirn ist geöffnet. Alle Urteile sind umgekehrt, und Gnaden werden in allen jenen Welten gefunden. Und deshalb wird der Sabbat gefunden, ohne Urteil zu sein, weder oberes noch unteres [Urteil]. Und das Feuer der Hölle ist eingefügt (*oder* zum Blasen gebracht) hinein in seinen Ort; und die Sünder ruhen.
Während der Reinigung, d. h. am Sabbat, mußte die Energiezufuhr aus dem Reaktor unterbrochen werden. Das geschah möglicherweise nicht durch ein Abschalten des Reaktors, denn wer hätte ihn wieder anschalten können, ohne die empfindlichen Einstellungen der spitzen/scharfen Schlüssel zu verstellen?! Es war wohl eher so, daß seine Energieabgabe - das Feuer der Hölle - ganz einfach dergestalt umgelenkt wurde, daß es in seinen (Ruhe)-Ort eingefügt wurde, also

woanders hineinstrahlte bzw. hineinblies, wo es keinen Schaden (z. B. Überhitzung) anrichten konnte.

KHV 496 – 497: DIE STIRN des Schädels ist die Stirn zum Kontrollieren (*oder* Ausrotten) {der} Sünder, entsprechend ihren Taten. Und wenn diese Stirn geöffnet ist, reizen {wörtl.: irritate} die Herren der Urteile jene, die sich schämen ihrer Taten.
Hier ist vom Überprüfen (und Reinigen?) die Rede – aber wie und womit? Beim (Vor dem?) Öffnen wurden wohl Fremdsubstanzen aufgerührt und damit erkennbar. Die zu öffnende Kontrollklappe befand sich wahrscheinlich im oberen Bereich des großen Kulturtanks.

KHV 503 – 504: Und wegen des Sabbats, während der Zeit der Nachmittagsgebete, dürfen Urteile nicht umgerührt werden, die Stirn des Alten Heiligen ist geöffnet, *seine* {Stirn} [nicht diese {Stirn}].Und alle Urteile sind bedeckt, machtlos gemacht, und sind nicht gemacht.
Am Sabbat, bei der Reinigung, ist nicht nur die Stirn des Alten geöffnet, es darf deswegen auch keinerlei Manipulation an ihm stattfinden (die Keime!). Und es sollte sich überhaupt niemand im Lager unnötig bewegen – so wird es bis auf den heutigen Tag bei orthodoxen und ultraorthodoxen Juden gehalten.
Sassoon und Dale schreiben zum Sabbat (Auswahl, zitiert nach der Deutschen Übersetzung „Die Manna-Maschine"):
„Wenn das „Gericht" an Wochentagen vorhanden und am Sabbat nicht vorhanden war, bedeutet dies, daß der Hochbetagte die ganze Woche, mit Ausnahme des Sabbats, in Betrieb war.

Wie sollen wir diese Beschreibung verstehen? Um was immer es dabei gegangen sein mag – sie sind auf keinen Fall religiöser Art. Sie vermitteln aber zweifellos den Eindruck einer Art Maschine, die einmal pro Woche in zwei Teile zerlegt wurde. Die „Stirn" wurde nur am Sabbat geöffnet, an dem Tag, an dem es kein „Gericht" und keinen „Zorn" gab. ... ... Es hätte bestimmt wenig Sinn, einen religiösen Kultgegenstand auseinanderzunehmen und wieder zusammenzubauen, andererseits aber würde eine Maschine der regelmäßigen Wartung bedürfen. Früher oder später wird jede biologische Kultur von Bakterien infiziert und der Behälter, in dem sie sich befindet, muß gereinigt werden, bevor eine frische Kultur angelegt werden kann. Dies scheint hier der Fall gewesen zu sein. ... ...

Die Herren des Gerichts sind jene Priester, die für die Entfernung der „Sünder", das heißt von unerwünschten Gewächsen oder Ablagerungen verantwortlich waren. Nachdem sie ihre Aufgabe erfüllt hatten, konnte die Maschine am Sabbatnachmittag wieder zusammengebaut werden. Es ist daher auch nicht erstaunlich, daß während dieser kritischen Zeitspanne um „Gnade" gebetet wurde.

Vielleicht deutet die Bezugnahme auf `die Sünder beunruhigen´ auf ein Abbürsten oder Abschaben hin. Es ist leicht einzusehen, daß, wenn das Manna einmal unter

der Woche schlecht wurde, weil die Maschine am Sabbat zuvor nicht gründlich genug gereinigt wurde, dies Sünden des Volkes Israel zugeschrieben wurde. ... ...
... Das Versäumnis, die `Begierde der Begierden´ zu öffnen und das System zu reinigen, verursachte die Produktion von schlechtem Manna. Eine bestimmte Menge Manna war aber doch nicht so schlecht, daß man es hätte wegwerfen müssen, denn einer der Überlieferungen zufolge wurde es an das `fremde Volk´ ausgegeben, also an nichtjüdische Volksgenossen und Mischlinge, die das Volk Israel auf seiner Wanderung durch die Wüste begleiteten {wohl das „Fremdgemisch", siehe Teil I}.

In den Beschreibungen der Stirnen gibt es einige uralte Überlieferungen, die auf den ersten Blick nur vollkommenen Unsinn ergeben, aber als Beschreibung einer Maschine gelesen, erstaunlich gut zusammenpassen. Die beiden Teile - der Alte und das Kleine Gesicht - wurden an ihrer jeweiligen Stirnseite zusammengekoppelt, aber einmal pro Woche, am Sabbat, zwecks Ausmerzung von `Sündern´ getrennt. Wenn dies nicht sorgfältig durchgeführt wurde, gab es keine „Gnade" oder Manna. Wenn man den oberflächlich religiösen Wörtern technische Bedeutung zumißt, wird eine eindeutig technische Auslegung möglich.

Wenn die „Zeit des Empfanges" der Sabbatnachmittag war, dann war die nächste Ausgabe von Manna am Sonntagmorgen fällig, da anzunehmen ist, daß die Endmontage zur gleichen Zeit durchgeführt wurde. Da es sich hierbei um eine komplizierte Handlung drehte, wurde wohl auch um diese Zeit am inbrünstigsten um „Gnade" gebetet, da die Montage bis zum Einbruch der Dämmerung beendet sein mußte, weil eine derartige Arbeit nach Einbruch der Dunkelheit ohne künstliches Licht nicht mehr durchgeführt werden konnte. Der jüdische Sabbat dauert von Freitagabend bis Samstagabend, und sein Zeitlauf kann wie folgt rekonstruiert werden:

Freitagmorgen: Ausgabe der doppelten Mannaration, Abstellen der Maschine zwecks Abkühlens, Entleerung der Tanks.
Samstagmorgen: Bei Tagesanbruch Beginn der Demontage und der Reinigung.
Nachmittag: Zusammenbau unter Gebeten.
Nachts: Einschalten der Maschine, deren Gesicht aufleuchtet, um die richtige Funktion anzuzeigen, allgemeines Freudenfest.
Sonntagmorgen: Ausgabe einer einfachen Mannaration."
Soweit das Zitat nach Sassoon und Dale.

Der Sabbat zieht aus religiöser Sicht einige grundsätzliche Überlegungen nach sich. Da ist zunächst die Grunderkenntnis, daß die Priester und ihre Helfer hinter dem Vorhang während des ganzen Sabbats alles andere als ruhig waren: Sie schufteten die ganze Zeit im Schweiße ihres Angesichts, um den Hochbetagten zu demontieren, zu reinigen und wieder zusammenzubauen – von Sabbatruhe keine Spur! Da alle Tätigkeiten an der Maschine mit größter Sorgfalt, Aufmerksamkeit und Präzision - und peinlich sauber! - geschehen mußten, waren sie Samstagnacht ziemlich geschafft – so sah *ihr* Sabbat aus. Wenn sie aber so heftig und konzentriert arbeiten durften (und mußten), wieso dann die so gänzlich andere Anordnung für die Anderen, das `gewöhnliche Volk´? Die durften am Sabbat nichts, rein garnichts, verrichten.

Diese Frage hat eine sehr einfache Antwort: In der knochentrockenen Wüste und Halbwüste, der Steppe und Akaziensavanne in der man sich befand, hatte jede Bewegung ein Aufwirbeln von Sand und Staub und – Keimen zur Folge. Das mußte für den Alten der Tage natürlich vermieden werden, sonst mißriet das Manna – man möchte sowieso wissen, wie die Pflege und Versorgung der Maschine bei starkem Wind vor sich ging. Die vielen Einzelanordnungen, die von orthodoxen und ultraorthodoxen Juden bis heute verfolgt werden, waren dazu so etwas wie eine Durchführungsverordnung, die aber ohne das entsprechende Objekt im Allerheiligsten der Stiftshütte keinerlei Sinn gehabt hätte!

Eine ganz andere Betrachtungsweise ist in diesem Zusammenhang sehr reizvoll und aufregend: Man schwieg einerseits die Existenz der Mannamaschine mit absoluter Konsequenz tot; andererseits war aber gerade diese Maschine für einen zentralen Ritus der Jüdischen Welt, den Sabbat, ausschlaggebend. Wie paßte das zusammen? Man hatte da den siebenten Tag als Ruhetag eingeführt - schon von der Schöpfungsgeschichte her! Wieder die Frage: Was hat da wen beeinflußt – das AT den Kabbala-Text, oder dieser (nachträglich?) die Schöpfungsgeschichte, also das AT? Nun sollte man also am siebenten Tage ruhen, dieses Gottes wegen; das war akzeptabel. Aber: *Wer war dieser Gott?* Man sah ihn nicht; trotzdem wurde am Samstagabend im Gebet verkündet, daß dieser Gott (wieder) eine Einheit war! Das Ganze muß nicht nur für die Kinder Israel höchst verwirrend gewesen sein; es war gleichzeitig für die Erntemänner des Heiligen Feldes, die spätere religiöse Elite, ein sehr ernster Grund, die Sache totzuschweigen und dem Volk den Kern ihrer Religion vorzuenthalten – es gab da zu viele unbeantwortbare Fragen: ein Gott, der (scheinbar) nicht vorhanden war, aber ständig beschworen wurde (allwöchentlich!), und von dem sie nichts wissen durften; dessen Name bei Todesandrohung nicht ausgesprochen werden dufte (nie!), an den aber alle blind zu glauben hatten, und der trotz seiner scheinbaren Nicht-Anwesenheit ihnen täglich ihre Manna-Ration schenkte – nur an einem Tage in der Woche nicht, dann wurde dieser Gott nämlich demontiert und wieder zusammengebaut, was den Gläubigen dann auch als Gebet verkündet wurde –
wer sollte das alles verstehen?!

Aus der Sicht der Extraterrestrier ergab sich natürlich noch ein ganz anderer Aspekt: Entweder war das Ganze von vornherein als Religionsschöpfung geplant, dann war es mit geradezu teuflischer Perfektion angelegt: Die Kinder Israel würden nach etwa vierzig Jahren Sabbat-Dienst auch diesen endgültig verinnerlicht haben. Nach Abstellen der Mannamaschine in Silo würden sie den mit nichts mehr zu rechtfertigenden Ritus stumpfsinnig, monoton-stur bis in alle Ewigkeit weiter ausüben – bis in die Gegenwart.

Ganz anders stellte sich die Sache für die Extraterrestrier dar, wenn die Mannamaschine als letzte Notlösung fungierte, um die Kinder Israel zuverlässig an der Rückkehr nach Ägypten zu hindern. In diesem Fall war das Sabbat-Ritual mit allem was dazu gehörte, auch hinter dem Vorhang, ein zufälliges, ungewolltes Nebenprodukt - d. h. ein notwendiges Übel -, das mit unübersehbarer Dramatik zeigte, wohin das `kleine Abenteuer´ Exodus gedriftet war und wie sehr es ihnen schon jetzt, am Har Karkom, dank seiner Eigendynamik, entglitten war! Am stumpfsinnigen Ausüben dieses dann zufälligen Rituals, bis in alle Ewigkeit, würde aber auch das nichts ändern.

Die Beschneidung

Die sexuellen Vorstellungen, die sich um den Hochbetagten rankten, hatten für die Kinder Israel noch eine andre, groteske Folge, die sich ebenfalls bis auf den heutigen Tag erhalten hat: Es mußte auch der (äußere) `Penis´ der Mannamaschine, aus dem ja das Manna entnommen wurde, sorgfältig gegen jede Beschädigung und/oder Verschmutzung geschützt werden – also immer aufs sorgfältigste verbergen! Es ist bemerkenswert, daß es trotzdem mit so großer Konsequenz die Beschneidung der Männer unter den Juden gibt, der Penis dabei also verletzt werden darf. Da wurde die von der Natur - also von `Gott´(!) - gewollte Vorhaut wohl als Hindernis bei der Manna-Entnahme verstanden; der `Penis´ der Mannamaschine hatte ja keine Vorhaut. Sassoon und Dale haben zu diesem unlogischen Vorgang der Beschneidung, der streng genommen gotteslästerlich ist, da man an der göttlichen Schöpfung glaubt etwas korrigieren zu müssen, noch einen anderen, bemerkenswerten Erklärungsversuch präsentiert:

Begonnen hatte die „Tradition" der Beschneidung nach Sassoon und Dale möglicherweise schon aufgrund eines nicht vorgesehenen Vorfalls am Har Karkom. Sie schreiben (zitiert nach der Deutschen Übersetzung *„Die Manna-Maschine"*, ab Seite 291):

„Dies ging einige Tage gut, bis eines Morgens plötzlich die Katastrophe eintrat. Trotz eindringlicher Gebete und Anflehungen blieb der Gott [die Mannamaschine] ruhig und untätig. Das große Gesicht blieb dunkel; kein Tau floß aus dem Gehirn herab; kein Rauch oder Feuer kam aus der Nase.
Die Leute, die in einer Schlange, von einem Fuß auf den anderen tretend, auf die Ration ihres Gomers warteten, begannen wieder zu murmeln: `Wir sagten ja gleich, daß dies zu schön ist, um wahr zu sein. Auf den neuen Gott ist eben doch kein Verlaß, laßt uns nach Ägypten zurückkehren, solange wir noch können.´
Stunden später gab es immer noch kein Manna und Aaron arbeitete mit seinen Priestern fieberhaft an der Maschine, ständig belästigt von einer zunehmend feindselig werdenden Menschenmenge. Was war zu tun? Wenn es so weiterginge, würde es schließlich ganz unmöglich, die Maschine überhaupt zu reparieren, und es gäbe einen Volksaufstand großen Stil. Als Aarons Blick dabei über das

penisähnliche Abflußrohr für die Maschine wanderte, hatte er plötzlich eine Idee. Er warf sein Werkzeug zu Boden, und wandte sich der Menge zu. `O Kinder Israels!´, rief er aus. `Ihr habt den Zorn des Gottes auf euch gelenkt, denn er hat eure Penisse gesehen und bemerkt, daß sie verstopft sind. Deshalb hat er auch seinen eigenen Penis verstopft, so daß kein Himmelsbrot mehr aus ihm heraustreten kann. Deshalb muß jeder Mann hingehen und sich beschneiden. Wenn ihr dies getan habt, könnt ihr wiederkommen und dem Gott zeigen, daß es getan ist. Tut dies, und er wird euch wieder von seiner Nahrung geben.´ Dies machte Eindruck auf das Volk, so daß es sich entfernte um die Operation durchzuführen und Aaron und die Priester sich wieder ausschließlich der Maschine widmen konnten. Nachdem erst einmal die Ordnung wiederhergestellt war, konnte der Fehler auch schnell gefunden und behoben werden. Aaron nahm die Maschine aber nicht sogleich wieder in Betrieb, denn er witterte politisches und religiöses Kapital, das er aus dem Vorfall schlagen konnte. Die Priester gönnten sich deshalb zuerst einmal eine wohlverdiente Ruhepause, bis die Männer zurückkehrten, langsam und mit ziemlich gespreizten Beinen gehend. Nachdem sich alle vor der Maschine aufgestellt hatten, wandte sich Aaron um und sprach zu ihr. `O großer und mächtiger Gott´, mag er geschrien haben, `laß dein Gesicht auf uns leuchten und laß uns an deiner großen Gnade teilhaben. Wir bitten dich, öffne deinen Penis, so wie die Kinder Israels den ihren geöffnet haben!´ Auf ein Zeichen lüfteten die Männer dann ihre Kutten und zeigten ihre frisch beschnittenen Glieder, von denen das Blut troff, und Aaron warf sich eindrucksvoll vor der Maschine mit einem Aufschrei zu Boden, wobei er unbemerkt einen Knopf drückte. Daraufhin begann das Gesicht unverzüglich zu leuchten, Feuer und Rauch traten durch die Nase aus, und der Tau floß vom Gehirn herab. Ihre Schmerzen vergessend, brachen die Israeliten bei diesem Anblick in wilde Freude aus. Sich gegenseitig umarmend und singend, warfen sie ihre Kleider von sich und stellten sich im hemmungslosen Freudentanz um die Maschine schamlos zur Schau. Das konnte dem Volk dann als erfolgreiche Beschneidung aufgeschwätzt werden, denn man hatte ja inzwischen die Maschine wieder korrekt zusammengesetzt: sie arbeitete wieder, es gab wieder Manna."

Nach Sassoon und Dale:
„... ... Es ist daher durchaus möglich, daß im zweiten Teil dieses Verses `Bund´ für den beschnittenen Penis steht, sozusagen als Pendant zum `Geheimnis´ des ersten Teils, so daß der Vers ursprünglich ausdrücken wollte, daß nur diejenigen, die den Herrn fürchten, ihre Mannaration erhalten und den Anblick des Penis´ des Hochbetagten genießen durften. ... ... Für den Augenblick beschränken wir uns auf die Anmerkung, daß das hebräische Wort für „unbeschnitten" ORL ist, wörtlich „verstopft", und daß die Beschneidung gewöhnlich frühmorgens, zur Zeit der Verteilung des Mannas, vorgenommen wird. Furchtbar wären die Folgen für Israel, wenn der Penis des Hochbetagten verstopft wäre."

An anderer Stelle werden diese Gedanken von Sassoon und Dale weiter ausgeführt und erläutert:

„Wir haben mit Hilfe dessen, was wir aus dem Sohar entnehmen konnten und in der Bibel zwischen den Zeilen fanden, ein Modell der möglicherweise wirklichen Begebenheiten zur Zeit, als der Herr auf dem Berg herabstieg, konstruiert. Diese Rekonstruktion liefert die Erklärung für das goldene Kalb und gibt einige Denkanstöße bezüglich der Beschneidung. ... .

In der Bibel steht (1 Moses 17, 9ff), daß der Herr Abraham befahl, sich und alle seine Nachkommen zu beschneiden. Dies war aber lange vor der Zeit Moses. Träfe dies zu, dann hätte die Beschneidung zur Zeit des Auszuges schon weitverbreitet und lange üblich sein müssen. Im Buch Josua heißt es aber in Kapitel 5, Vers 5, daß alles Volk, das in der Wüste geboren war, nicht beschnitten war. Es erscheint uns recht sonderbar, daß ausgerechnet in der heiligsten Phase der Geschichte Israels, der Zeit, die in der Wüste zugebracht wurde und wo der Herr bei seinem Volk weilte, die vom Herrn angeordnete Sitte der Beschneidung fallengelassen worden sein sollte. Die moderne Theorie erklärt dies damit, daß es unter Wüstenbedingungen ´unangebracht´ war. Eine schwächere Erklärung hätte man wohl kaum finden können. Das Leben in der Wüste war sicher hart, aber wohl kaum so menschenunwürdig wie in den Konzentrationslagern des Dritten Reiches, wo die Operation aber trotz allem durchgeführt wurde. Es muß also einen anderen Grund für die Unterlassung der Beschneidung während des Aufenthalts in der Wüste gegeben haben, denn die Männer, die in die Wüste zogen, waren beschnitten, und in späterer Zeit erlangte die Operation wieder enorme Wichtigkeit. ... ...

Die Überschreitung des Jordans kennzeichnet mehrere wichtige Vorfälle. Diejenigen, die uns am meisten betreffen, sind das Versiegen des Mannas und die Massenbeschneidung:

(Josua 5, 3ff) Da machte sich Josua steinerne Messer und beschnitt die Kinder Israels auf dem Hügel der Vorhäute.
4. Und das ist die Sache, darum Josua sie beschnitt: alles Volk, das aus Ägypten gezogen war, die Männer, alle Kriegsleute, waren gestorben in der Wüste auf dem Weg, da sie aus Ägypten zogen.
5. Denn alles Volk, das in der Wüste geboren war, das war nicht beschnitten.

Wie der englische Bibelforscher Francis Schaeffer bemerkt, war diese Beschneidung von Josuas Standpunkt aus ein befremdliches Unterfangen. Immerhin handelt es sich bei Josua um einen messerscharfen, militärischen Führer, dem es gewiß fernliegen mochte, durch solch einen Befehl und dessen Durchführung seine ganze Kampfkraft lahmzulegen. Setzt es doch vollkommen unmilitärisches Denken voraus, seine Männer direkt in die Arme des Feindes laufen zu lassen, um sie dann selbst kampfunfähig zu machen. Josua tat dieses aber der vernünftigen Überlegung zum Trotz, weil Gott es befahl.
Keiner der Kinder Israels, die in der Wüste zur Welt kamen, war also beschnitten, aber auf einmal wird diese Sitte wieder zum Leben erweckt und ausgerechnet im ungünstigsten Moment. Die Bibel liefert uns hierfür keine Erklärung. Die Vermutung, daß die Lebensbedingungen in der Wüste es verhinderten, kam erst

viel später auf. Der wahre Grund liegt abermals bei der Manna-Maschine. Zur Zeit des `goldenen Kalbes´ war die Versorgung mit Manna vorübergehend unterbrochen. In der Folge muß sie aber ständig vorhanden gewesen sein, denn ansonsten hätten sich die Leute nicht so darüber beschwert. Das Manna wurde als selbstverständlich vorausgesetzt, als es bei der Ankunft im Gelobten Land plötzlich abermals versiegte. Dies geschah zur Zeit des Passahfestes, einem Frühlingsfest. In dieser Jahreszeit sind die Vorratskammern gewöhnlich nicht mehr sehr voll, und die Ernte des laufenden Jahres steht noch nicht zur Verfügung. Das Versiegen des Mannas hätte also zu keinem ungünstigeren Zeitpunkt erfolgen können, und Josua, der Führer, stand vor dem Problem der Nahrungsbeschaffung für seine Truppen. Er griff deshalb auch zu verzweifelten Maßnahmen. Das Manna war schon einmal, vor langer Zeit, versiegt, und damals hatte Aaron den Männern befohlen, sich zu beschneiden. Dies hatte damals scheinbar gewirkt, denn das Manna begann erneut zu fließen. Es war deshalb den Versuch wert, und alle – bis zu den Neugeborenen hinunter – wurden am `Hügel der Vorhäute´ beschnitten; allerdings ohne Erfolg. Der Penis des Hochbetagten blieb stur und gab nichts mehr von sich:
<u>(KHV 440) Und das Manna wurde mit Ausnahme einer bestimmten Zeit nicht aus diesem Tau gewonnen; der Zeit, in der die Kinder Israels in der Wüste wanderten. Damals ernährte der Urahn aller sie von dieser Stelle aus. Aber danach war es nicht mehr zu finden.</u>
Nachdem er ihnen vierzig Jahre lang treue Dienste geleistet hatte, ließ der Hochbetagte die Kinder Israels endgültig im Stich:

(Klagelieder 3, 22) Die Güte des Herrn ist´s, daß wir nicht gar aus sind; seine Barmherzigkeit hat noch kein Ende, sondern sie ist alle Morgen neu, und seine Treue ist groß.

Seit jener Zeit haben die Juden im treuen Glauben ihre gesamte männliche Nachkommenschaft beschnitten; immer am Morgen des siebten Tages nach der Geburt. Was mit dem Versuch begann, den Hochbetagten zur Wiederaufnahme seiner Arbeit zu bewegen und die `Gnade´ abermals von sich zu geben, wurde in späterer Zeit zur rituellen Brandmarkung mit dem Mal des altertümlichen Glaubens."
Soweit Sassoon und Dale zur Beschneidung; sie führen dann noch aus:

„Zu diesem Zeitpunkt traf dann Moses im Lager ein. Man kann sich vorstellen, welchen Schreck er beim Anblick des sich ihm bietenden ekelhaften Schauspiels bekam, da er erkennen mußte, daß das Volk, anstatt den wirklichen Herrn zu verehren, sich der Götzendienerei hingab. Es wurde ihm sofort klar, was zu zun war. Das Wissen um die Maschine mußte unterdrückt werden, koste es, was es wolle. Zweck der Übung war schließlich, daß aus Israel eine große Nation werden sollte. Die Maschine diente hierbei lediglich als Hilfsmittel zur Nahrungsversorgung während der Umziehung. Wenn man sie öffentlich aufstellte, lenkte sie nur ab und würde das Volk in Versuchung führen, zur Götzendienerei zurückzukehren und den Herrn zu vergessen."

Nach unserer Meinung hatte das so konsequente Verbergen der Maschine doch wohl andere Gründe, wie wir oben dargelegt haben, und die vermutlich ungleich schwerer wogen. Weiterhin: Auch der Begründung der Massenbeschneidung zur Zeit des Josuas ist nicht zuzustimmen, denn die Mannamaschine war da schon nicht mehr anwesend; wie hätte sein Penis also wieder aktiv werden können!? Der Befehl muß wirklich von den Extraterrestriern gekommen sein, die vielleicht ein <u>unauslöschbares Unterscheidungsmerkmal</u> zwischen den Juden und den Ureinwohnern Kanaans brauchten – jetzt, wo der Kronzeuge des ganzen Vorgangs, der Hochbetagte, nicht mehr anwesend war – und Moses und Aharon auch nicht.

Die Beschneidungs-Geschichte am Har Karkom ist völlig unbrauchbar! Sie kann schon deshalb nicht stimmen, weil die Maschine mit !Jach-We! (zweimal scharf hervorgestoßen, s. o.) gestartet wurde und nicht durch Drücken eines verborgenen Knopfes. Auch zeigt der Bau der von `oben´ bis ins Detail angeordneten Hütte, die wahrscheinlich auch auf dem Har Karkom dem Moses von den Extraterrestriern als Modell gezeigt worden war, daß der Hochbetagte von Anfang an konsequent verborgen werden sollte. Hätte er zu Anfang ganz unter freiem Himmel, für jeden sichtbar, da herumgestanden, dann hätte sich das spätere so tödlich konsequente Verbergen nicht nur erübrigt, es wäre wohl auch nicht mehr durchsetzbar gewesen!

Jom Kippur
Zum Jom Kippur schreiben Sassoon und Dale:
„Jom Kippur, der Tag der Versöhnung, ist der höchste Feiertag im jüdischen Kalender und fällt in den Monat August oder September des modernen Kalenders. … Das Wort `Kippur´, übersetzt als `Versöhnung´, bedeutet in Wirklichkeit `säubern´ oder `fortwischen´. Es ist der Tag, an dem alle Sünden fortgewischt werden und ein neuer, sauberer Anfang gemacht werden kann. … … … Eine der für den Tag der Versöhnung vorgeschriebenen Handlungen besteht darin, daß alle Gegenstände im Allerheiligsten mit Öl gesalbt werden sollen. Das Salben mit Öl hat heute religiöse Bedeutung, die von jener jüdischen Sitte abgeleitet wird. Es hat aber auch eine technische Bedeutung, denn es wirkt als ausgezeichneter Korrosionsschutz und dient zum Schmieren von beweglichen Teilen. Wenn eine Priestergruppe daher mit der Aufgabe betraut war, ein heiliges Überbleibsel in Form eines glänzenden Metallgegenstandes zu erhalten, werden sie in erster Linie darauf geachtet haben, daß dieser Gegenstand seinen Glanz nicht einbüßte. Im trockenen Klima Palästinas genügt hierzu ein gelegentliches Abreiben mit einem Öllappen. Dies wird in späterer Zeit auch zu den Ritualen des Tempels geführt haben, bei denen der Hohepriester sich in sauberes Leinen hüllte, sich dann ins Allerheiligste zurückzog und nach einiger Zeit vollkommen eingeölt wieder erschien. Psalm 133, 2 zufolge lief das Öl bis zum Saum seiner Kleidung hinab.

Bei 2 Moses 30, 26 heißt es:
Und sollst (mit dem heiligen Öl) salben ... die Lade des Zeugnisses.

Derartige Handlungen erwartet man im allgemeinen aber nicht gerade von religiösen Männern. ……… … .
Die Einzelheiten der Zeremonie, die im Allerheiligsten selbst abgehalten wurde, mögen in Vergessenheit geraten sein, weil ihre Heiligkeit verhinderte, daß sie schriftlich niedergelegt oder außerhalb des Allerheiligsten besprochen oder gar gezeigt wurden. …, daß wir eigentlich sehr wenig über die Jom-Kippur-Zeremonie wissen, die dort abgehalten wurde. Es ist uns aber bekannt, daß seit damals die Aussprache des heiligen Namens IHVH in Vergessenheit geraten ist, da er nur dort und bei dieser Gelegenheit ausgesprochen wurde. Dem Sohar zufolge sollte das Aussprechen dieses Namens ursprünglich das Manna oder die `Gnade´ herabfließen lassen.

Die Jom-Kippur-Feierlichkeiten beziehen sich also offensichtlich auf den Versuch, die Maschine wieder in Gang zu bringen oder zumindest auf ihre jährliche Reinigung. Theologen behaupten, daß Jom Kippur `der Tag des Fortwischens der Sünden Israels´ bedeutet. Die wahre Bedeutung muß aber `der Tag des Abwischens (des Hochbetagten mit einem Öllappen)´ (2 Moses 30, 26) gewesen sein. Während der Wandertage in der Wüste hatten Moses und [?]alle anderen Priester Zugang zum Allerheiligsten, danach aber, im Tempel, war nur noch der Hohepriester und auch nur an diesem Tage zugelassen. Niemand weiß, was er dann dort getrieben hat – aber es gibt einen Hinweis darauf, daß es sich nicht um eine religiöse Handlung im heutigen Sinne gehandelt hat. Dem Sohar zufolge (3, 67a) trug er eine goldene Kette um den Knöchel, die er hinter sich herzog. Falls etwas schiefgehen und er getötet oder verletzt werden sollte, konnten ihn die anderen Priester daran herausziehen [sie durften also auch in einem solchen dramatischen Fall nicht sehen, was im Allerheiligsten verborgen war; sie durften es auch dann nicht betreten!]. Wozu eine solche Vorsichtsmaßnahme bei einer gottesdienstlichen Handlung? … … … Die Hohepriester waren auch nicht notwendigerweise sehr alte Männer, die jeden Augenblick tot umfallen konnten. Deshalb muß es sich bei dem, was sich im Allerheiligsten befand, in der Tat um ein sehr gefährliches Objekt gehandelt haben. Da uns bekannt ist, daß es sich dabei um eine Manna-Maschine, den Hochbetagten, handelte, können wir die Zeremonie rekonstruieren, die an diesem einen Tag des Jahres vorgenommen wurde.

Indem er sich an das Buch des Mysteriums, die Bedienungsanleitung der Maschine hielt, überprüfte unserer Ansicht nach der Priester die verschiedenen Anschlüsse der Maschine sowie die dreizehn Teile des Bartes. Nach der Betätigung eines Schalters [nein! s. o.] vollzog er dann den Ablauf der Manna-Produktion an seinem eigenen Körper nach. Zuerst beträufelte er sein Haupt mit Wasser, welches den Tau des Gehirns symbolisieren sollte; danach bließ der {recte `er´} den eingeatmeten Rauch eines Opferfeuers nach oben, um die Auspuffdämpfe zu imitieren; dann goß er Öl über seinen Bart, um das himmlische Öl dazu zu bewegen, durch die dreizehn Teile des Bartes herabzufließen und entzündete schließlich den siebenarmigen Leuchter, um das Aufleuchten des Gesichtes zu

demonstrieren. Durch die Bereitlegung der Schaubrote sollte die Maschine zur Abgabe des Mannas bewegt werden. Ganz zum Schluß würde er dann seinen eigenen, beschnittenen Penis hervorholen, um eine Öffnung jenes großen glänzenden Organs zu bewirken und jenen schrecklichen Namen laut herausschreien, um dann in ekstatisches Beten zu verfallen.
[Es wurde, wie oben gezeigt, sicher kein Schalter oder Knopf betätigt, sondern der hinausgerufene „schreckliche" Name !Jach-We! sollte die Maschine starten; ob er wohl noch wußte, daß er diesen zweimal ausrufen mußte?]

Natürlich ist nie etwas passiert - die Kinder Israel waren vor ihrem Herrn wieder einmal nicht gut genug - so faßten sie es jedenfalls auf. Es war aber auch nicht so, daß sie das Manna benötigt hätten – vielmehr wünschten sie sich ein Zeichen der Zustimmung des Himmels, wenigstens ein kurzes Aufleuchten des Gesichts oder ein Rauchwölkchen aus jenen riesigen Nasenlöchern. Aus diesem Grund wurden auch jedes Jahr die notwendigen Vorbereitungen getroffen, die eine größtmögliche Reinheit des Volkes garantieren sollten. Nach ausgiebigem Beten und Fasten wurden dann die Sünden Israels rituell auf zwei Sündenböcke abgeladen: einer davon wurde dann auf dem Altar geschlachtet, der andere zum Sterben in die Wüste gejagt. Trotz all dieser Mühen blieb der Hochbetagte aber dunkel und still, so daß die Priester das Volk dazu anhielten, sich im nächsten Jahr noch mehr anzustrengen. Obwohl es sich nichts zuschulden kommen ließ, gelang es dem Volk nie, das gewünschte Zeichen der Zustimmung des Himmels zu bekommen, und es entwickelte deshalb ein permanentes Schuldgefühl.

Die Idee der Erbsünde ist ein einmaliges Merkmal der jüdischen sowie der christlichen Glaubensbekenntnisse und entstand, wie wir sehen, lediglich aufgrund des Versagens der Manna-Maschine. Andere frühgeschichtliche Religionen richteten ihr Hauptaugenmerk auf ein lustiges Leben mit Festivitäten und Orgien, Fruchtbarkeitsritualen und allen und jedermann in den Tempeln zur Verfügung stehenden heiligen Huren. Allein die Juden hatten diese düstere Besessenheit von Sünde und Schuld und lebten streng nach komplizierten Regeln und Gesetzen in der Hoffnung, sie dadurch abbüßen zu können. Was einmal mit dem Versuch, die Maschine wieder in Gang zu bringen, begonnen hatte, hat sich inzwischen zu einem feierlichen Fest entwickelt, bei dem die Juden die Ereignisse des vergangenen Jahres überdenken und nachdenken, wie sie im kommenden Jahr gottgefälliger leben könnten. Aus den technischen Systemen der Manna-Maschine entstand so ein ganzes philosophisches und ethisches System, das auch heutzutage volle Gültigkeit hat und praktiziert wird. Die Kulte von Bel und Marduk leben längst nicht mehr und sind schon fast vergessen – die Religion des IHVH, des unaussprechlichen Gottes, ist uns aber noch sehr gegenwärtig [als auswendig gelernter Kargo-Kult]."

Das Entstehen der „Idee der Erbsünde" wird hier ausschließlich auf den alljährlichen vergeblichen Versuch zurückgeführt, die Mannamaschine wieder in Gang zu setzen. Da das nicht möglich war, mußte aus diesem permanenten

Mißerfolg ein ebenso permanentes schlechtes Gewissen entstehen, wieder nicht gut genug gewesen zu sein. Sassoon und Dale scheinen der Paradies-Legende vom Apfel des Baumes der Erkenntnis nicht viel Gewicht beizumessen. Das kann angesichts der Tatsache, daß diese Geschichte ursprünglich vermutlich gänzlich anders abgelaufen ist als im AT dargestellt, auch nicht weiter verwundern. Tatsächlich hat einer der `Engel´ mit Eva sexuell verkehrt, nachdem er ihr gewisse Dinge und Zusammenhänge erklärt hatte, d. h. sie vom „Baum der Erkenntnis" hatte kosten lassen! Der Verfasser ist unabhängig von Sassoon und Dale zu einer sehr ähnlichen Interpretation des sogenannten Sündenfalls gekommen. Sie ist in seinem ersten Buch zur Prä-Astronautik „Gottes Sturz aus dem Himmel" erläutert. Daß aus einem vollständigen Mißverständnis - die eventuellen Sünden einzelner Volksangehöriger hatten natürlich nicht das geringste mit dem Versagen der Mannamaschine zu tun! - eine so weltbewegende religiöse Fehldeutung mit dem zugehörigen Wust (pseudo)-wissenschaftlich-psychologischer Interpretationen und Abhandlungen aller Art entstehen konnte, hängt mit der erbarmungslosen Weitergabe, d. h. dem Weiterprügeln, dieser unsinnigen, auswendig gelernten Kargo-Kult-`Religions´-Vorstellungen zusammen, die zutreffender wohl eher als geistige Deformationen, bzw. als Wahn, zu bezeichnen wären – und mit dem fanatischen Verbergen und Geheimhalten des Auslösers dieser `Religion´.

Die Liturgie
Wie oben bereits mehrfach angedeutet, muß das stereotype Wiederholen des Benennens einiger technischer Abläufe bei der Demontage und beim Wiederzusammensetzen des Hochbetagten zu einem Liturgie-ähnlichen `Herunterbeten´ eben dieser einzelnen Begriffe und ihrer korrekten Reihenfolge geführt haben. Zum Entstehen der Liturgie schreiben Sassoon und Dale unter dem Gesamt-Titel „Wissenschaft und Magie" das folgende (zitiert nach der deutschen Übersetzung „Die Manna-Maschine"):

„Während es sich bei den Heiligen Versammlungen um eine Vorlesungsreihe über den Hochbetagten handelt, besteht das Buch des Mysteriums aus kurzen, geheimen Notizen ohne jede Beschreibung oder Erläuterung. Dieses Buch ist so kurz, daß es ohne Schwierigkeiten in vollem Umfang auswendig gelernt werden kann. Bei näherer Betrachtung drängt sich uns der Gedanke auf, daß es ein Überbleibsel der ursprünglichen Bedienungsanleitung sein könnte, die beim Zeremoniell der Mannaverteilung und bei den wöchentlichen Instandhaltungsarbeiten verwendet wurde. So enthält es unter anderem Checklisten für die dreizehn Teile des `Bartes´, des Röhrensystems, welches die Maschine umgab. Vielleicht war es so, daß ein Priester das Buch herunterlas, während andere die verschiedenen Teile der eigentlichen Maschine überprüften. Hierbei handelt es sich um ein auf Schiffen, Flugzeugen und Raumschiffen altbekanntes und bewährtes Verfahren. Ein Mitglied der Mannschaft verliest von einer Liste die durchzuführenden Kontrollen, während andere diese durchführen und die Durchführung bestätigen. Dabei fällt aber wiederum die Ähnlichkeit mit der Rede und Gegenrede, dem Dialog zwischen dem Geistlichen und seiner Gemeinde beim kirchlichen Gottesdienst auf:

Priester: „Lobet den Herrn!"
Gemeinde: „Der Name des Herrn sei gelobt."

Könnte dies nicht eine Parallele sein zu:

Hoherpriester: „Druckventil öffnen!"
Unterpriester: „Druckventil geöffnet."

Der Titel des Buchs des Mysteriums lautet auf Aramäisch SPRA DTzNIOVThA (Siphra di-tzeni'utha), also das Buch des TzNIOVThA. Dieses aramäische Wort ist abgeleitet von TzNO (Tzena), was etwas Privates oder Geheimes bedeutet. Der ursprüngliche Titel lautete daher wahrscheinlich: Das Buch des geheimen Rituals. Tatsächlich wurde ja auch früher mit `Mysterium´ ein geheimes Zeremoniell bezeichnet. ... ... Wir können deshalb durchaus davon ausgehen, daß dieses Buch die Gebrauchsanleitung für irgendein geheimes Zeremoniell darstellte, so wie das der wöchentlichen Reinigung des Hochbetagten.

An früherer Stelle haben wir bereits die Vermutung geäußert, daß die am Jom Kippur, dem Tag der Versöhnung, im Tempel vollzogenen Rituale Versuche gewesen sein könnten, die Maschine zur Wiederaufnahme ihrer Arbeit zu bewegen. Mittlerweile entdeckten wir, daß der Wortlaut von Micha 7, 18-20 bis auf den heutigen Tag bei den Ritualen des Jom Kippur in der Synagoge benutzt wird. Laut Sohar sind diese drei Verse eine Zusammenfassung von dreizehn geheimen Formulierungen, den Namen der dreizehn Bartteile. Kann es sein, daß die Juden nach dreitausend Jahren immer noch die Checkliste für die dreizehn Teile des Bartes ablesen? Oder handelt es sich hier um einen bloßen Zufall?
... ...
Da wir im Verlauf der Vorarbeiten für dieses Buch einigen Gottesdiensten beiwohnten, fanden wir selbst neue Bedeutungen in den dort verwendeten Worten und Handlungen. Dabei konnten wir etwas von jener Erregung spüren, die damals das Privileg der Erntemänner vom Heiligen Feld gewesen sein muß.
... ...
Aber früher oder später mußte der Sohar von Leuten untersucht werden, die über das Interesse und die nötigen sprachlichen, technischen und auslegenden Fähigkeiten verfügen. Wir sind uns sehr wohl des uns damit gewährten Vorzuges bewußt."

Soweit das Zitat nach der Deutschen Übersetzung von Sassoon und Dale „Die Manna-Maschine" zum Ursprung der kirchlichen Liturgien.

Und der Verfasser ist sich seinerseits sehr wohl des einzigartigen Vorzuges bewußt, den er dadurch erhielt, daß die oben genannten Herren (BLUMRICH, SASSOON und DALE, BEIER) die allesentscheidenden Arbeiten zu einer objektiven Prä-Astronautik und damit auch zu diesem Buch geleistet haben.

Das Un-`Wort´: !JACH – WE!

Geblieben war aber nicht nur die Legende um die Mannamaschine, die bald nur noch wenigen `Kennern´, den `Erntemännern des Heiligen Feldes´, bekannt war - auch in dieser Hinsicht tat die konsequente Geheimhaltung durchaus ihre Wirkung -; geblieben war auch das Rätselwort „Jachwe" um dessen Herkunft und ursprüngliche Bedeutung sich die Gelehrten endlos gestritten haben. Der Verfasser konnte der Versuchung nicht widerstehen, dem Leser/der Leserin, eine Kostprobe von solcher (wortwörtlich) `endlosen´ wissenschaftlichen Diskussion um Entstehen und Herkunft des Wortes „Jachwe" hier zu präsentieren (vollständig nachzulesen bei BERMANT und WEITZMAN, 1979, ab Seite 146).

Zitat (stark gekürzt; das Gesamtzitat erstreckt sich auf über zehn eng beschriebene Seiten! Zitiert ist nur der reine Text, bibliographische Hinweise, Fußnoten etc. sind nicht mit zitiert. Da im Originaltext schon zahlreiche kursive Ausdrücke vorhanden sind, konnte das Zitat als Ganzes nicht kursiv gesetzt werden; auch waren bei diesem Zitat einige diakritische Zeichen aus technischen Gründen nicht wiederzugeben.):

„Das außergewöhnliche Interesse an dem in diesem Bericht erwähnten Gott Ja (oder, wie mitunter geschrieben, Jaw) ergibt sich natürlich aus dem Vorkommen des göttlichen Namens Jah in der hebräischen Bibel – insgesamt fünfzigmal, davon vierundzwanzigmal in dem Ausdruck Halleluja*h* – „Preiset *den Herrn*". Viel häufiger finden wir einen verwandten Namen, der in den meisten englischen Übersetzungen als „der Herr" wiedergegeben wird. Die jüdische Überlieferung hat nur die vier Konsonanten JHWH, aber nicht die Vokale bewahrt, so daß die Aussprache unsicher ist. Die Juden brachten dem Namen eine solche Ehrfurcht entgegen, daß sie ihn nie aussprachen, sondern stattdessen Adonay lasen. In ihren Manuskripten behielten sie die Konsonanten JHWH bei, aber wenn sie Vokale hinzufügten, so waren es die des Namens Adonay (ə-o-a). Christliche Bibelforscher, die sich nicht darüber im klaren waren, daß die Konsonanten und Vokale nicht zusammengehörten, sind spätestens von 1381 an von der irrigen Annahme ausgegangen, daß der Name als Jehovah auszusprechen sei. Obwohl in der jüdischen Überlieferung darüber nichts fortzuleben schien, behaupteten einige Kirchenväter, die Aussprache des Namens zu kennen. Der übliche Anlaß, das Thema zur Sprache zu bringen, war die Lehre einer Reihe von Ketzern, daß sich die verschiedenen Gottesnamen des Alten Testaments auf verschiedene göttliche - oder vielmehr dämonische -Wesen bezögen, welche die Welt regierten; um dies zu widerlegen, legten die Kirchenväter für jeden hebräischen Namen eine Übersetzung und eine lautliche Umschrift vor. Die Hauptformen, die sie weitergaben, waren Iaoue, Iave und Iavai. Aus diesem Grunde (neben einigen anderen) lautet die heute allgemein übernommene Aussprache Jahwe. Sie scheint zum ersten Male im Jahre 1567 vorgeschlagen worden zu sein, aber sie brauchte lange, um Anerkennung zu finden. Eissfeldt erzählt, wie Heinrich Ewald (1803 – 1875) seine Vorlesungen mit den Worten einzuleiten pflegte: „Großer Jahwe, den Gesenius in Halle noch immer Jehoah nennt, steh' uns bei!" Hinsichtlich der Bedeutung des Namens Jahwe sind eine Unzahl von Vorschlägen gemacht worden wie beispielsweise: Er, der ist *oder* sein läßt *oder* fallen läßt (Regen? Widersacher?) *oder* spricht *oder* befiehlt. Alle diese Meinungen gehen davon aus, daß Jah eine spätere Zusammenziehung sei. Theorien, nach denen Jah die ursprüngliche Form und Yahweh eine spätere Erweiterung sei, fanden vor etwa fünfzig Jahren eine gewisse Anhängerschaft. So trug beispielsweise G. R. Driver die Meinung vor, daß Jah ursprünglich ein inartikulierter Schrei gewesen sei, der in Augenblicken der Verzückung zu *a(h)wa(h)* oder dergleichen verlängert wurde; dies sei dann seinerseits auf dem Wege volkstümlicher Umdeutung mit dem hebräischen Wortstamm *hwh* „sein" in Verbindung gebracht und in der Aussprache als Jahwe fixiert worden. Derartige Theorien haben heute jedoch wenig Anhänger. Vielleicht sollten wir die Gelegenheit benützen, hier die bizarre, aber viel publizierte Theorie Dr. J. Allegros abzutun - obwohl es nicht ganz passend ist, Driver und Allegro in einem Atemzug zu erwähnen -, wonach der Name von den sumerischen (!) Wörtern IÀ (das er mit „Saft, starkes Wasser" wiedergibt und das in Wirklichkeit „Öl, Fett" bedeutet) und Us (was „brünstig" bedeuten kann) abzuleiten wäre; so gelangt er zu der Übersetzung „Saft der Fruchtbarkeit, Same des Lebens" – eine Etymologie, die uns vielleicht etwas über Allegro, aber nichts über Jahwe sagt.

Auf jeden Fall wurde berichtet, daß beide biblische Namen - in den Formen Ja und Jaw - im Ebla des dritten Jahrtausends aufgetaucht sind. Hinsichtlich der kürzeren Form Ja gründet Pettinato seine Behauptung auf das Vorkommen eines Bestandteils -ia in verschiedenen Namen, z. B. Mi-kà-ià, den er mit „Wer ist gleich Ja?" übersetzt, oder Ì-sa-ià mit „Ja ist vorangeschritten". Das Vorkommen einer Reihe anderer Namen, die alle mit einem der -ià-Namen identisch sind, nur daß sie statt dessen mit -Il enden, „beweist" nach Pettinatos Meinung „klar, daß zumindest in Ebla Ja denselben Stellenwert wie Il hatte und auf eine *bestimmte* Gottheit hinweist. Im Zusammenhang mit der längeren Form Jaw führt Pettinato nur einen Namen an, nämlich Schumijau (Šu-mi-a-ù), macht aber keinen Versuch, ihn zu übersetzen. Er fügte hinzu, daß „während bis zur Regierungszeit Ebrums alle Personennamen das göttliche Namenselement *Il* enthielten, von Ebrum an *Il* durch *Ja* ersetzt wurde", und schloß daraus, daß „unter Ebrum in den westsemitischen religiösen Vorstellungen eine neue Entwicklung eintrat, welche den Aufstieg Jas ermöglichte"; wenn diese Überlegung damals richtig erschien, so kann dies nach den von Pettinato vorgenommenen Umstellungen kaum mehr zutreffen, die beispielsweise den dritten Nachfolger Ebrums (nämlich Irkab-Damu) zu seinem Vorgänger gemacht haben."

… … … größere Lücke im Zitat … … …

„Ein edomitischer Ortsname *Jhw'* erscheint in einer ägyptischen Liste um 1400 v. Chr., aber die Ähnlichkeit mit Jahwe könnte reiner Zufall sein (etwa in derselben Weise, wie die Buchstaben auf Autokennzeichen manchmal richtige Wörter ergeben). Das in Ebla gefundene Ja könnte somit die erste überzeugende Entdeckung des Namens Jahwe vor der Bibel sein."

… … … größere Lücke im Zitat … … …

„So wird der Name Ahija (vgl. *ah* „Bruder") mitunter als „mein Bruder ist Ja" (oder „Bruder des Ja") interpretiert, was kaum mit dem zu vereinbaren ist, was sonst über die israelitischen Vorstellungen von Gottes Beziehungen zu den Menschen bekannt ist, so daß „kleiner Bruder" sehr viel wahrscheinlicher ist. Desgleichen ist es sicherlich weniger unwahrscheinlich, Bakbukiah in Nehemia 11;17 (vgl. *baqbuq* „Flasche") als „liebes Fläschchen" zu lesen, als etwa „Flasche des Ja"." So könnte das *-ja* in Ebla sehr wohl eine hypokoristische Endung sein, und die Tatsache, daß *-ja* mit einem bekannten Götternamen abwechselt (nach Pettinato: *Il*), bietet keine Gewähr, daß *ja* ebenfalls der Name eines Gottes ist."

Genug!!! - - - War nicht oben (bezogen auf des erste Buch des Verfassers zur Prä-Astronautik) - ganz am Anfang jenes Buches - vom „Meer des Irrtums" die Rede gewesen? Hier können Sie nicht nur studieren, wie hoffnungslos das Herumschwimmen in diesem Meer ist; Sie erfahren auch, wie ein solches Meer entsteht, sich durch die Wissenschaft fortwälzt und dabei Schritt für Schritt sich fortentwickelt und vergrößert. Man möchte der Versuchung nachgeben und ausrufen: „Oh Ihr Flaschen (oder vielleicht zutreffender: Fläschchen), hättet Ihr doch einmal nachgelesen und einmal an Euch selbst die Probe aufs Exempel gemacht: *!JACH-WE!*" ….. alle Diskussionen wären schlagartig zu Ende gewesen – wie hier demonstriert!"
SASSOON und DALE's Buch „The Manna-Machine" („Die Mannamaschine") ist 1978 in Großbritannien erschienen – also ein Jahr <u>vor</u> BERMANTs und WEITZMANs Buch.

Das Verbot, „den Namen des Herrn" auszusprechen
Mit der gleichen mörderisch-gnadenlosen Konsequenz mit der jeder hingerichtet wurde, der versuchte, das Allerheiligste zu betreten, ohne dazu berechtigt zu sein, wurde auch das Verbot durchgesetzt, den „Namen des Herren" von unbefugten Personen auszusprechen oder dieses Namens zu lästern. Wir erfahren dazu im AT: Als einmal ein Halbisraelite, der einen ägyptischen Vater und eine jüdische Mutter hatte, also wohl einer vom „Fremdgemisch", mit den israelitischen Männern in Streit gerät,

„Da benannte der Sohn des jisraelitischen Weibes den Namen und lästerte, und man brachte ihn zu Mosche ... . Und man tat ihn in Gewahrsam, bis ihnen Erklärung würde nach dem Ausspruch des Ewigen. Und der Ewige redete zu Mosche und sprach: „Führe den Lästerer hinaus vor das Lager, und alle, die es gehört haben, sollen ihre Hände auf seinen Kopf stützen, und die ganze Gemeinde soll ihn steinigen. Zu den Kindern Jisraels aber rede und sprich: Jedermann, so er <u>seinen Gott lästert</u>, hat seine Sünde zu tragen. Wer aber den <u>Namen des Ewigen benennt</u>, soll getötet werden, steinigen soll ihn die ganze Gemeinde; so Fremdling, so Volksgeborener, wenn er den Namen benennt, soll er getötet werden."
(unterstrichen: vom Verfasser hervorgehoben).

Es folgen dann noch weitere Rechtssatzungen nach dem Prinzip `Auge um Auge, Zahn um Zahn´, und schließlich wird berichtet:
„ ... da führten sie den Lästerer hinaus vor das Lager und steinigten ihn, und die Kinder Jisrael taten, wie der Ewige Mosche geboten hatte."

Dieser Text sagt zwischen den Zeilen mehr, als ursprünglich wohl beabsichtigt war: Es war *expressis verbis* eine *Tod*sünde, den *Namen* des `Ewigen´, (!JACH-WE!), zu benennen – warum wohl? Es kann dafür nur eine Erklärung geben: das Benennen des Namens konnte ein großes Unglück hervorrufen, nämlich das unbeabsichtigte An- oder Abschalten der Mannamaschine. Das durfte natürlich nicht geschehen wegen der (zusätzlichen) Lebensmittelversorgung, das Manna, das von der Maschine bereitet wurde.

Es gab da aber auch einen fundamentalen psychologischen Grund für ein absolutes Tabu, dieses `Wort´ auszusprechen: Was wäre das für ein `Gott´ gewesen, den irgendein Außenstehender, hier bezeichnenderweise ein Halbisraelite, durch das laute Aussprechen seines `Namens´ hätte an- oder abschalten können?! Das war schlicht undenkbar – da stand das Gesamtgebäude auf dem Spiel: Über einen solchen `Gott´ hätte man in der Tat nur lästern können! Etwa im Sinne von: „Paßt bloß auf, wenn ihr nicht Ruhe gebt, dann ruf' ich das eine Wort und euer Dingsbums da drüben im Zelt, vor dem ihr kriecht, steht still, und die ganze Geschichte ist aus!" Selbst die (Leviten)-Kinder würden in einem solchen Fall alsbald ihre Spielchen in der Nähe des Stiftszeltes mit lautem Rufen des `Namens´ getrieben haben – es konnte das Aussprechen des `Namens´ nicht zugelassen werden! Ein *absolut* einzuhaltendes Verbot, war aber nur über eine ebenso *absolute* Todesdrohung durchzusetzen. Man beachte, daß auch in der Erzählung des Vorfalls der Name selbst, (!JACH-WE!), nicht genannt wird. Es heißt nur: *„Da benannte der Sohn des jisraelitischen Weibes den Namen und lästerte ... ."*

Man könnte hier einwerfen, daß die Maschine eben nicht `Gott´ war, auch nicht werden sollte, das wäre ja ein Idol-Gott gewesen; das Nennen des Namens also keine so große Sünde sein konnte. Dazu ist zu sagen, daß zunächst das An- und Abschalten unbedingt aus dem genannten Grunde verhindert werden mußte (die Manna-Produktion). Es mußte natürlich auch das absolute Privileg Moses', den

Herrn zu starten (bzw. abzuschalten) gewahrt werden. Wir erfahren davon in der Ur-Kabbala, daß ausdrücklich gesagt ist, daß Moses *zweimal* den Namen IHVH aussprach. Daß auch ein anderer das tat, war aus dem gleichen Grunde und aus psychologischen Gründen indiskutabel – der „Andere" wäre unweigerlich in eine unerträgliche Konkurrenz-Situation zu Moses geraten. Bezogen auf den Idol-Gedanken sei angemerkt, daß diese Maschine immerhin als Gottes-Bote galt, sie war also eben nicht nur Maschine; – auch hier wieder der unauflösbare Widerspruch zwischen Wirklichkeit und angestrebter, also vorgetäuschter (Schein)-`Religion´, die nur durch mörderische Geheimnistuerei den wehrlosen Menschen angetan werden konnte (s. o.)!

Bezeichnenderweise ist anderes Sündigen ungleich geringwertiger. Es heißt da nur, wie beiläufig: *„Jedermann, so er seinen Gott lästert, soll seine Sünde tragen."*; nichts weiter. Es wird in diesem Fall, also bei allgemeiner Gotteslästerung, unfaßbarerweise keine weitere Strafe angedroht: das muß halt jeder mit sich selbst abmachen. Es ging also gar nicht um Gottesdienst und auch nicht um Gottesfurcht, und nicht um `Religion´, wenn von der allgemeinen Gotteslästerung die Rede war. Das war dem `Ewigen´, also den Extraterrestriern, völlig wurscht! Es ging wirklich nur um das eine Un-`Wort´ – aus heutiger Sicht wohl letztlich eine gotteslästerliche Anordnung, die da vom `Ewigen´ kam! Ein umfassenderes Geständnis über die geheimnisvolle, einzigartige - aber völlig religions*lose* - Bedeutung dieses Gottesnamens, !JACH-WE!, will dem Verfasser kaum möglich erscheinen: Wenn schon hier, ganz am Anfang der Religionsbegründung, nur auf eine einzige und dazu inhaltslose Lautfolge entscheidenden Wert gelegt wird – was bleibt dann für die Religionsbegründung übrig?! Es wird im anschließenden Kapitel bei der Beschreibung des elektro-akustischen Schalters an der Mannamaschine, und auch im ersten Buch des Verfassers zur Prä-Astronautik, die niederschmetternde Erkenntnis zum Entstehen dieses `Namens´ näher erläutert.

Wer sich all diese Aspekte objektiv vergegenwärtigt, dem drängt sich unweigerlich der Verdacht auf, daß den Extraterrestriern nicht nur organisatorisch, sondern auch geistig das Gesamtvorhaben `Exodus mit Religionsbegründung´ entglitten, bzw. die Kompliziertheit einer wirklich abstrakten, monotheistischen Religionsbegründung ihnen über den Kopf gewachsen ist. Beim eigentlichen Auszug und sehr viel mehr noch bei der Übergabe der Mannamaschine, haben sie die Tragweite ihres Tuns bei weitem nicht überschaut: Da wurden besonders mit der Übergabe der Mannamaschine, dieses außerirdischen Ungeheuers, mehrere Kettenreaktionen ungeahnten Ausmaßes in Gang gesetzt: Zunächst galt es, die komplizierten technischen Probleme auf der Wanderung zu bewältigen, die hier im Teil IV beschrieben sind. Diese waren aber von untergeordneter Bedeutung, denn sie gingen mit dem `Verschwinden´ der Maschine, nach Durchqueren des Jordans, (scheinbar) zu Ende; mehr dazu weiter unten. Ganz anders die geistigen Konsequenzen, die da in Gang gesetzt wurden: Mit Übergabe der Maschine wurde eine geistige Kettenreaktion initiiert, die als `Religion´ bis heute mit ungebrochener Kraft fortwirkt – mit zahlreichen Religionsrichtungen, die zum Teil in tödlicher Feindschaft eher gegeneinander als miteinander leben! Zudem haben die unfaßbaren Eigenschaften der verschwundenen Maschine mit den von ihnen abgeleiteten zahlreichen unbegreiflichen Ritualen, Kleidungs- und allgemeinen Lebensgewohnheiten der Kinder Israel diese stigmatisiert – bis hin zu zahlreichen mörderischen Verfolgungen.

Auch die Auswirkung des Zusammenköchelns der eigenen, streng geheimen Privat-`Religion´ der `Erntemänner des Heiligen Feldes´ `hinter dem Vorhang´ ist bis heute nicht beendet, wie die Existenz von Kabbala und Kabbalistik beweisen. Dabei müssen wir den Kabbalisten dankbar sein: Ohne das fanatische Geheimhalten ihrer Texte (Sohar!) und deren eben dadurch mögliches Bewahren, wäre ein so grundlegendes und umfassendes Durchschauen der `monotheistischen´ Religionen als Kargo-Kulte vielleicht nie geschehen!

Der elektro-akustische !JACH-WE! - Schalter
Eines der entscheidenden Argumente, wieso die Rekonstruktion der Mannamaschine insgesamt zutreffend ist, und das auch beweist, daß diese Maschine wirklich existiert hat, ist unerklärbarerweise von Sassoon und Dale und auch von allen späteren Autoren, die sich zu diesem Komplex geäußert haben, unerkannt geblieben: Wie war die Maschine nach dem Auseinanderbauen, ihrer Reinigung und ihrer erneuten Montage wieder zu starten, beziehungsweise am Abend vor dem Sabbat abzuschalten? Man konnte nicht gut einen Knopf zum Drücken oder einen wie auch immer von Hand zu betätigenden Schalter anbauen. Das ging aus mechanischen Gründen nicht - der Schalter würde bald in der staubhaltigen Wüstenluft abnutzen - und auch nicht aus psychologischen Gründen: Ein allmächtiger und allwissender (lebendiger!) `Gott´ (bzw. ein solches Gottesgeschenk, aber das wurde bald durcheinandergebracht), der auf Knopfdruck funktionierte, war eben wegen seiner Lebendigkeit nicht vorstellbar! Sehr wohl vorstellbar aber war eine Anrufung. Das kannte man schon und es war auch, entsprechend devot vorgetragen, den höheren Herren in Ägypten (Pharao u. a.) genehm gewesen. Also mußte es eine akustische Lautfolge sein. Nun ist das leichter gesagt als getan: Auch nur einen einzigen Fehler, ein einziges Versagen, durfte es aus zwei Gründen nicht geben:

-) Versagte der so betätigte Schalter, gab es kein Manna, und die Kinder Israel hätten womöglich hungern müssen – vielleicht gerade dann, wenn sie diese Zusatznahrung am dringendsten benötigten.

-) Auch wäre ein solches Versagen wieder kein gutes Zeichen für die Allmacht und die Allwissenheit des neuen `Gottes´ gewesen – es *durfte* einfach nichts mit dem Schalter passieren!

Die Extraterrestrier lösten das so wichtige Problem elegant und überzeugend: Sie brachten einen elektro-akustischen Schalter an, der hinter einer Membran verborgen, also nach kabbalistischer Logik `geheim´ war. Der Schalter war so gebaut, daß er über einen Stift die Bewegung der Membran auf einen Kontakt übertrug, der seinerseits bei entsprechender Bewegung der Membran die Maschine an- oder abschaltete (sog. T-Flipflop-Schalter).

Wie aber diese Membran bewegen? Ganz einfach: der zuständige Techniker (wohl nur Moses) beugte sich nieder - falls der Schalter entsprechend tief angebracht war - und stieß unmittelbar vor der Membran einmal scharf die Luft zwischen den Lippen in Richtung Membran aus. Unmittelbar danach sog er sie kräftig wieder ein. Die dadurch verursachte Bewegung der Membran löste dann den Kontakt aus; so wurde die Maschine an- oder abgeschaltet.

Dabei entstand, wie jeder an sich selbst nachprüfen kann, automatisch und unweigerlich die Lautfolge „!Jach-We!". Und damit ist die Bedeutung des `Wortes´ Jachwe erklärt. Es bedeutet dieses inhaltsschwere Rätselwort:

NICHTS!

Es war bzw. ist nur eine rein mechanische Lautfolge, die aber dennoch die Maschine und damit den ganzen wunderbaren Prozeß der Mannaproduktion, also die ganze `Welt´, in Gang setzte.

Damit wird auch klar, wieso der Verfasser es gewagt hat, sich dieses auf so ganz unreligiöse Art inhaltsschweren `Wortes´ als Pseudonym zu bedienen: Er hält sich natürlich keineswegs für einen wie auch immer gearteten Propheten. Er möchte aber sehr wohl mit seinen Büchern eine durchschauende Erkenntnis bei seinen Lesern und Leserinnen in Gang setzen; ihnen also ein gleichermaßen aufweckendes wie aufrüttelndes !JACH-WE! zurufen.

Da die Maschine später mit der ganzen Welt - und oft genug wohl auch bald mit `Gott´ selbst - verwechselt und nahezu unauflösbar vermischt und verquickt wurde, erhielt spätestens zu dieser Zeit auch die bloße Lautfolge, dieses Un-`Wort´ „!Jach-We!", eine zusätzliche, ungeheuerliche Bedeutung: Es wurde dieses `Wort´ zum Namen des Schöpfers der ganzen Gottes-Welt! Und dann gab es da noch die ominöse Überlieferung, daß dieses `Wort´, zur falschen Zeit ausgesprochen, Unglück über die ganze Welt (d. h. ursprünglich über die Mannamaschine und die Kinder Israel) bringen würde. Grund genug, dieses `Wort´ auch später noch mit größter Konsequenz zu meiden.

Wehe, das `Wort´ wurde im Allerheiligsten der sogenannten Stiftshütte zur falschen Zeit ausgesprochen! – dann konnte es geschehen, daß der Hochbetagte zur falschen Zeit seine Tätigkeit einstellte. Das Resultat war das gleiche wie oben angeführt. Ebenso gefährlich war die Situation natürlich auch beim

Wiederzusammenbau; dann durfte die Maschine nicht vorzeitig gestartet werden, da sie dann vielleicht durch Überhitzung sich selbst schwer beschädigen konnte; auch waren die Mitarbeiter eventuell durch die unvermutet anspringende Maschine gefährdet, weil die elektrische Spannung sich unerwartet aufbaute – es konnte dann leicht Tote geben! In all diesen Zusammenhängen und Gefahren ist nach Meinung des Verfassers der Grund zu sehen, weshalb die Juden den Namen des Hochbetagten - „!Jach-We!" - grundsätzlich nicht aussprechen durften; später nur einmal im Jahr der Hohepriester beim Versöhnungsfest, Jom Kippur.

Ob die `religiöse Bedeutung´ des inhaltslosen Un-`Wortes´ „!Jach-We!" ursprünglich von den Extraterrestriern so vorhergesehen war, oder nur geduldet wurde, weil das `Wort´ selbst beim Bedienen der Mannamaschine sich nicht vermeiden ließ, ist eine ganz andere Frage, die sich einstweilen nicht schlüssig beantworten läßt – aber:

Was für ein Menetekel für die ganze alttestamentliche `Religion´!

Das entscheidende `Wort´, der (zweite) Name des einen, `lebendigen´ `Gottes´, „!JACH-WE!", erweist sich als inhaltslose, mechanische Lautfolge, die rein zufällig(!) entstand; nachdem im ersten Buch zur Prä-Astronautik schon der dortige (erste) `Name´ `Gottes´, „Elohim", als rein faktenbeschreibend enttarnt wurde: Er beschreibt nur die an Allmacht grenzende technische Überlegenheit bzw. Macht der Extraterrestrier, und das (korrekt) im Plural; denn es waren mehrere „heilige Engel" (also wirkliche extraterrestrische Menschen) im Habitat und auf der Erde.

**Nach Erkennen und Durchschauen dieser Fakten und Zusammenhänge ist auch zu fragen, wer bzw. was denn nun unter dem `lebendigen Gott´ zu verstehen ist. Wir haben plötzlich zwei Kandidatengruppen und einen Einzelkandidaten:
1) die eigentlichen extraterrestrischen Menschen im Habitat (die „heiligen Engel" Henochs, wahrscheinlich der ersten Generation),
2) die Elohim, die auch heilige Engel waren (wahrscheinlich der zweiten Generation), also extraterrestrische Menschen, die sich anfangs auch auf der Erde betätigten, die Gottesmenschen (die Wächter), und
3) !JACH – WE!, also die Mannamaschine (der Hochbetagte) –
welche sind bzw. welcher ist es denn nun?
Und welche Rolle spielte `Der Ewige´ in diesem Konzert – gab es ihn überhaupt als wie auch immer geartetes Individuum?**

Darüber hinaus hatte die Mannamaschine, neben der Strahlenwaffe, dem Tyrannen, wahrscheinlich auch noch ein Gerät zum Horchen, wie indirekt aus den Texten des ATs hervorgeht. Zusätzlich gab es dann noch die Sprechfunk- und Horchanlage in der Kapporet in und auf der Bundeslade, die daneben auch die beiden Gesetzestafeln enthielt. Mit diesen Geräten konnte man alles, das in der eigentlichen Hütte und im Allerheiligsten vorging, sehr wirkungsvoll überwachen – und tat das auch, wie die Kinder Israel wiederholt sehr schmerzhaft erfahren mußten (s. u., Teil IV).

Die Mannamaschine in der Bibel und später
Da die Maschine so mörderisch konsequent geheimgehalten wurde, überrascht es nicht, daß sie in der Bibel nur bei Daniel (Daniel 7, 9 -14, nach Tur-Sinai) als „Hochbetagter" auftaucht. Aber eben wegen dieser Geheimhaltung war man den pseudo-religiösen Texten und Formulierungen, die aus der Stiftshütte kamen und von diesem außerirdischen Ungeheuer stammten (d. h. von den Extraterrestriern), so wehrlos ausgeliefert – man wußte ja nicht, daß da noch ein ganz anderer `Gott´ im Allerheiligsten mitmischte, ein Idol, eine Maschine! Man wurde zum Götzendiener, zum Idol-Verehrer, ohne es zu merken – und will es bis heute nicht merken! Da kann es nicht verwundern, daß bei (wieder) Bekanntwerden der Maschine, ursprünglich durch G. Sassoon und R. Dale, zahlreiche grundlegende Erkenntnisse sich ergeben, die zwar mit der Existenz und der Aktivität der Maschine vereinbar und für wirklich wissenwollende Menschen eben deshalb auch `logisch´ sind; für die ahnungslose Amtskirche aber mit ihrer gleichermaßen herbeiphantasierten und hinzuerfundenen und auswendig gelernten `Religion´ sind diese gänzlich unakzeptabel. Ja, es ist nicht übertrieben zu sagen, daß die bisher existierenden und durch permanentes Auswendiglernen von Generation zu Generation weitergegebenen (nicht selten weitergeprügelten) amtlichen Religionen gleichsam in der Luft hängen, da sie bis zu den Publikationen von BLUMRICH, SASSOON und DALE und von BEIER von ihrem Ausgang, dem Samenkorn, das doch eigentlich ihr Fundament sein müßte, nichts (garnichts!) wußten. Sie werden wohl auch jetzt von dieser so überraschend götzendienerischen beziehungsweise idolverehrenden Grundlage ihrer Theologie nichts wissen wollen – nichts wissen dürfen. Die höheren `Chargen´ werden das mit Zähnen und Klauen zu verhindern suchen, obwohl jeder Start einer Großrakete - davon gibt es in der Gegenwart etwa ein Dutzend pro Jahr - für sie eine rasend-brüllende, feuerspeiende Ohrfeige ist. Man lese nach im Buch Exodus, wo der `Herr´ auf dem Berg Sinai, dem Har Karkom, *landet* und im Hebräischen und im Äthiopischen Henochbuch, wo von Raketen*starts* wiederholt die Rede ist.

Eine ganz andere Frage war das Problem des Wieder-los-Werdens dieses außerirdischen Ungeheuers. So sehr wie man es verborgen gehalten hatte, so sehr würde man auch sein Verschwinden verbergen müssen, und eben deshalb würde ein solches Verschwinden, ein solches Wieder-los-Werden, bis zum endgültigen Durchschauen der Wahrheit nicht möglich sein. Da die Maschine, als Folge ihrer konsequenten Geheimhaltung, immer nur indirekt gewirkt hatte, würde ihr Entfernen gänzlich wirkungslos sein: Solange sie undurchschaut blieb, würde sie - anwesend oder nicht - dank der auswendig gelernten und weitergeprügelten Religion - ihrer (Maschinen)-Religion! - ständig mit mörderischer Konsequenz

weiterwirken – *bis in alle Ewigkeit*! Wir werden darauf am Schluß des Buches noch zu sprechen kommen
(„Zum Beschluß: Eine todernste Mahnung").

Nachdem wir all diese Dinge erkannt, durchdacht und durchschaut haben, kommt uns mit tief ergreifender Dankbarkeit der Herr KONFUZIUS in den Sinn – aber auch die epochale Leistung der Herren SASSOON und DALE – und der Herren BLUMRICH und BEIER: Indem sie gegen den Strom geschwommen sind und das Allerheiligste der Stiftshütte betreten haben, stehen wir im Angesicht der Mannamaschine unmittelbar an der Quelle zur letzten Wahrheit, die gleichzeitig auch die erste ist:

Alles ist von hier, von ihr, ausgegangen !
Alles findet hier seine Erklärung !

Es war aber trotz aller Vorsicht die Technologie der Extraterrestrier nicht 'unfehlbar'. Liest man das Buch Daniel im AT, so entsteht der Verdacht, daß mindestens einmal die Maschine während der Wüstenwanderung überhitzte, einen ungewöhnlichen Feuerstrahl (aus der 'Nase'?) von sich gab, und daß daraufhin ein Extraterrestrier kommen mußte, um sie zu reparieren; Zitat aus Sassoon und Dale (nach Daniel 7ff):

„Ich schaute so lange zu, bis Throne aufgestellt wurden und ein Hochbetagter Platz nahm. Sein Gewand war weiß wie Schnee, sein Haupthaar rein wie Wolle. Feuerflammen waren sein Thron, dessen Räder flackerndes Feuer ... .

Ich schaute in den Nachtgesichten, und siehe, mit den Wolken des Himmels kam einer, der aussah wie ein Menschensohn. Er gelangte bis zu dem Hochbetagten und wurde vor ihn geführt."

Der Text ist aus der englischen Bibel übersetzt, die den Begriff „Hochbetagter" an dieser Stelle kennt.

Der entsprechende Text (Daniel 7ff) lautet in der Luther-Bibel, die den Begriff „Hochbetagter" nicht verwendet (nach Sassoon und Dale):

„Ich sah, wie Throne aufgestellt wurden, und einer, der uralt war, setzte sich. Sein Kleid war weiß wie Schnee und das Haar auf seinem Haupt rein wie Wolle. Feuerflammen waren sein Thron und dessen Räder loderndes Feuer. Und von ihm

ging aus ein langer feuriger Strahl ... und siehe, es kam einer mit den Wolken des Himmels wie eines Menschen Sohn und gelangte zu dem, der uralt war, und wurde vor ihn gebracht."

An dieser Stelle ist wahrscheinlich von einer Reparatur am 'Hochbetagten', der Mannamaschine, die Rede. Denn sie gibt einen „langen feurigen Strahl" von sich, war also wohl heißgelaufen. Falls die ausgebildeten Leviten nichts von der Bedeutung (also auch nichts von der Bedienung) der „spitzen Schlüssel" wußten, konnte es geschehen, daß sie versehentlich die Stellung der Schlüssel verändert hatten - in diesem Fall hatten sie sie wohl herausgezogen, sodaß die Energieausbeute zu groß wurde und die Maschine überhitzte - deshalb der lange Feuerstrahl. In einem solchen Fall hatte der herbeikommende 'Engel' wahrscheinlich eine sehr einfache Aufgabe zu erfüllen: Er brauchte nur die Schlüssel wieder bis zur richtigen Position hineinzuschieben und zu fixieren – fertig!

Bemerkenswert ist der Hinweis, daß der, der zur Ausführung der Reparatur vom Himmel kam, nur wie ein „Menschensohn", bzw. wie eines „Menschen Sohn", aussah, also kein wirklicher Mensch war! Es war also ein Androiden-Engel, der immerhin so intelligent war, daß er das Raumschiff selbst fliegen (wir erfahren jedenfalls nichts von einem zusätzlichen Piloten) und auch die Mannamaschine reparieren konnte. Er beherrschte also ihre Technik. Die Androiden-Engel waren also zumindest zum Teil ausgesprochen intelligent. Kein Wunder, daß sie manchmal mit den 'heiligen Engeln', den wirklichen Menschen im Habitat, ernsthaften Streit hatten, wie im hebräischen Henochbuch beschrieben. Bemerkenswert ist natürlich auch, daß Daniel so selbstverständlich sagen kann: *"..., der aussah wie ein Menschensohn."* Man konnte die Androiden also sehr wohl auf einem Blick von wirklichen Menschen unterscheiden (vielleicht an der Kleidung? – siehe dazu bei BLUMRICH (1973) „Da tat sich der Himmel auf"); und ebenso bemerkenswert will es uns vorkommen, daß Daniel diesen Nicht-Menschen so selbstverständlich ohne jede Aufregung benennt. Man war da doch wohl so einiges an Kontakt mit diesen 'Engeln' gewohnt. Diese kleine Geschichte bestärkt natürlich unseren oben geäußerten Verdacht, daß auch Moses und seine Begleiter auf dem Har Karkom nur mit Androiden Kontakt gehabt hatten, also nur von solchen unterrichtet worden waren, nicht aber von wirklichen extraterrestrischen Menschen, also „heiligen Engeln".

Gleichzeitig erhalten wir natürlich auch eine Vorstellung davon, was nötig gewesen wäre, bzw. geschehen wäre, wenn Moses in der Gesamt-Stiftshütte wirklich jedesmal, wenn sich da eine Wolke zeigte, mit einem 'Engel' oder gar mit dem 'Ewigen' zusammengetroffen wäre, aber – nichts davon: Es war wirklich nur eine Wasserdampf-Wolke zusammen mit Holographie-Hokuspokus – jedes einzelne Mal!

Daß jemand zuschauen durfte bei dieser Aktion, die er später auch noch ganz selbstverständlich ausplauderte, ist hier vielleicht von zentraler Bedeutung: Man war in höchster Not und von der Mannamaschine ging ein Feuerstrahl aus. War sie vielleicht beim Absetzen nach einem Wüstentransport unvorsichtig berührt und waren dabei der „spitze Schlüssel" unbemerkt verstellt worden? Binnen kürzester Zeit wäre dann die Maschine gegebenenfalls überhitzt und eine strahlförmige Feuerflamme wäre aus dem Auspuff geschossen – das bedeutete höchste Gefahr! Man hatte von der Bundeslade her um Hilfe gerufen und diese traf auch bald ein; ob zufällig oder gewollt, bei Nacht, muß offen bleiben. Es konnte jedenfalls Daniel beim Aufstellen des `Thrones´ für den feuerspeienden Hochbetagten zuschauen (die Steine, die jedesmal zusammengelesen wurden), ohne, daß ihm etwas geschah. Das ganze wird wahrscheinlich in höchster Aufregung geschehen sein, und alle liefen durcheinander. Daniel konnte zuschauen, war von dem Ganzen aber doch nicht sehr überrascht, sonst hätte man das dem Text angemerkt. Gehörte er womöglich zu den Leviten, die zwar im Zelt Dienst taten, aber nicht unmittelbar im Allerheiligsten? Wir erfahren hier auch garnichts von der Stiftshütte insgesamt. Wann hat das hier beschriebene Reparaturereignis wohl stattgefunden – auf der Wanderung, oder später in Shilo? Die Tatsache, daß für den Hochbetagten ein Thron errichtet wird, läßt darauf schließen, daß der ganze Vorgang während der Wanderung stattfand und, daß man vielleicht bei Ankunft an einem neuen Lagerplatz die Maschine ungeschickt behandelt hatte – schon lief sie heiß.

Die Zeile: „Feuerflammen waren sein Thron und dessen Räder loderndes Feuer" ist natürlich aus dem Buch Ezechiel später in diesen Text geraten. Es ist an keiner Stelle die Rede von einem Thron mit Rädern für die Mannamaschine. Im Gegenteil, wir erfahren ausdrücklich, daß ein solcher an jedem neuen Lagerplatz neu aus unbearbeiteten Steinen errichtet wurde - wie in der ersten Zeile dieses Zitats auch richtig bemerkt -, und daß dieser „Thron" dann aber auch jedesmal beim Aufbruch zum Weiterzug zerstört wurde. Man wollte offensichtlich keinerlei Spuren des `Hochbetagten´ hinterlassen, die womöglich eine weitere, sekundäre, `Kargo´-Verehrung ausgelöst hätten (s. o.).

Es war aber auch später, nach dem Ende des Wüstenzuges und im nachfolgend beschriebenen Fall, vielleicht sogar nach der Zerstörung des Salomonischen Tempels, der Dienst am Hochbetagten nicht ungefährlich. Es blieb dieser Dienst immer eine unheimliche Erfahrung, der man sich möglichst entzog (Zitat nach Sassoon und Dale):

„Immerhin handelte es sich dabei um ein Gerät mit einer extrem starken Energiequelle. Wenn also irgend jemand, der die Wege nicht kannte, versuchte, an der Maschine zu arbeiten, und es ihm gelang, dabei schweren Verbrennungen durch das Feuer aus der Nase oder durch heiße, offenliegende Teile der Maschine selbst zu entgehen, würde er früher oder später einem tödlichen elektrischen Schlag erliegen, radioaktiv verseucht werden oder erblinden, weil er ins „Antlitz des Herrn" [die Laserlampen] blickte. Immerhin war die Lichtintensität der Hauptlampe auf kurze Entfernung unseren Berechnungen zufolge, einige hundert mal stärker als die Sonne, wenn man direkt in sie hineinschaut. Lediglich die Priester, die in der Bedienung der Maschine ausgebildet waren, konnten sicher mit dem Hochbetagten umgehen, wobei auch hier Unfälle nicht völlig auszuschließen waren:

KHV 704: „ „...eines Tages, als ich die Umhüllung des Königs in der Höhle Maronis ersetzte und ich eine feurige Laterne sein Gesicht erleuchten sah ... von jenem Tage an fürchtete ich mich und war trotz meines Wissens über ihn vorsichtig und mied ihn mein Lebtag."

Dies wird als Beschreibung einer `Vision´ des Rabbi Simon in der Höhle überliefert. Es ist jedoch möglich, daß sie auf einer viel früheren Überlieferung basiert. Wir werden noch sehen, daß es sich bei der „Umhüllung des Königs" um die Abdeckplatten des Kleinen Gesichts handelt."

Die Gefährlichkeit der Maschine ist hier, zusammenfassend, hinreichend dargestellt. Ob es sich aber tatsächlich um eine noch ältere Überlieferung handelt, scheint eher unsicher. Es wird die Situation, daß die Maschine sich in einer Höhle befand, und nicht mehr im Tempel, wohl kaum frei erfunden sein. Nach Meinung des Verfassers spielt diese Geschichte in einer Zeit nach der Zerstörung zumindest des Salomonischen Tempels, vielleicht noch später, als die Mannamaschine vorübergehend in einer Höhle verborgen gewesen sein mag. Auch der Hinweis, daß die „Umhüllung des Königs" Abdeckplatten gewesen sein sollen, will hier nicht einleuchten, denn wie hätte er sie dann ersetzen können? Wahrscheinlich war hier in Wirklichkeit die Stoffumhüllung gemeint, die der `Hochbetagte´ schon zur Zeit der Wüstenwanderung bei Ortswechseln zum Schutz gegen Sand und Staub getragen hatte, und die wirklich von einem Priester, wenn sie schadhaft geworden war, ersetzt werden konnte.

Interessant auch der Hinweis, daß er die Maschine mied „... trotz meines Wissen über ihn". Es war also klar und auch den wenigen Auserwählten bewußt, daß man ein spezielles Wissen brauchte, um mit dem `Hochbetagten´ (relativ) gefahrlos umgehen zu können. Bemerkenswert natürlich auch, daß er ihn sein Leben lang mied: die Maschine stand während dieser Zeit doch wohl irgendwo (unbeobachtet?) herum – oder gab es noch andere Personen, die sie betreuen konnten (und durften)? Dann hätte er das aber doch hier erwähnt, daß statt seiner der Priester, oder Rabbi, soundso diesen gefährlichen Dienst übernommen habe; aber davon ist nichts gesagt.

Aus all diesen Funktionen und Gefahren folgte die übergroße Vorsicht vor Verunreinigung der Maschine und daraus auch die ebenso große Vorsicht mit dem Ablaßventil für das fertige Manna. Dieser Teil der Maschine, der als Penis, also als Teil der `Genitalien´ des Hochbetagten interpretiert wurde, war besonders sorgfältig zu schützen, sonst gab es kein Manna! Auch wußten die Kinder Israel aus eigener Erfahrung wie schmerzempfindlich die menschlichen Genitalien sind; man denke an den Liebesverkehr im sandig-staubigen, primitiven Nomadenzelt. Es ist verständlich - aber letztlich doch auch grundlächerlich - daß alle diese Vorschriften alsbald, und auch noch später als niemand mehr ihren ursprünglichen Sinn verstand, auf das sexuelle Verhalten der Juden und schließlich auch aller anderen monotheistischen Konfessionen übertragen wurden – in vielen Fällen wirkt das bis heute nach.

Dabei darf uns die Tatsache nicht erstaunen, daß die Vereinigung der wichtigsten Teile der Mannamaschine bei ihrem Wiederzusammenbau als ein ungeheuerlicher Geschlechtsakt, oder doch zumindest als eine Art `Hochzeit´ zwischen dem männlichen und dem weiblichen Prinzip aufgefaßt wurde: Wir lesen zu unserer Überraschung, daß bis auf den heutigen Tag im Automobilbau die Vereinigung von Motor, Getriebe und Achsen mit der Karosserie als „Hochzeit" bezeichnet wird (so z. B. in Spiegel ONLINE vom 24. 04. 2005 nachzulesen) und auch die Vereinigung eines Vorbeiflugkörpers mit seinem Impaktor, die beide für eine Kometenmission vorgesehen sind, wird in der Zeitschrift *Sky and Teleskope* vom Juni 2005, als „mating ritual" (wörtl.: Paarungs-Ritual) bezeichnet.

Die Mannamaschine im Habitat
Wie unglaublich raffiniert dieses Gerät, die Mannamaschine, in das Konzept der Extraterrestrier paßte, wird erst klar, wenn man bedenkt, daß es nahezu mit Sicherheit ursprünglich für einen Betrieb an Bord des Habitats vorgesehen war. Ob beim Abflug des Habitats und seiner Mannschaft vom Ausgangsplaneten hin zur Erde, überhaupt eine Verwendung dieses Geräts auf der Erde, `unter freiem Himmel´, vorgesehen war, ist eher zweifelhaft (siehe dazu aber unten). Wir hatten oben gesehen, daß der lange Umweg durch die Wüste (bzw. Savanne, Steppe), der die Übergabe der Mannamaschine erst nötig machte, möglicherweise eine nicht geplante Notlösung war.

Für das Leben der (Androiden)-Mannschaft an Bord des Habitats aber war die Maschine in zweifacher Weise ideal konzipiert: Sie konnte einerseits, mit Algen, Nährsalzen und Wasser beschickt, dank ihrer starken Lichtquelle im großen Kulturtank nahezu unbegrenzt ein wertvolles Grundnahrungsmittel produzieren. Wurde sie in einer entsprechend sauberen Umgebung im Habitat installiert, brauchte man sie auch nur sehr selten zu demontieren und zu reinigen. Das Reinigen und das damit unweigerlich auftauchende Problem der Demontage und des Wiederzusammenbaus des Hochbetagten waren wohl die Hauptprobleme seines Betriebes während des Wüstenzuges auf der Erde.

Bei der Nahrungsproduktion ergab sich andererseits als `Abfall´ ein weiteres Produkt, ohne das die Mannschaft im Habitat auch nicht hätte überleben können: Bei der Algenvermehrung entstand unweigerlich ein Gas, nämlich Sauerstoff, und CO_2 wurde von der Algenkultur in der Mannamaschine veratmet. Die Menschen im Habitat, d. h. die Androiden-Engel während des langen Fluges, später auch die heiligen Engel, aber taten genau das Umgekehrte: Sie atmeten Sauerstoff ein und setzten CO_2 frei. Was lag also näher, als diese beiden Kreisläufe zu einem Gesamtkreislauf zu verkoppeln: Die Mannamaschine hatte an Bord des Habitats letztlich also eine Dreifachfunktion: CO_2 - (und Wasser) -Aufnahme, Nahrungsproduktion (Manna) und Sauerstoffproduktion. Wenn das im Habitat technisch perfekt und konsequent betrieben wurde, erlaubte das eine fast unbegrenzte Flugdauer. D. h. es wurden sehr lange, also sehr weite, interstellare Flüge mit einem verblüffend geringen Ausgangs-Vorrat an Grundstoffen möglich (Gas zum Atmen, Wasser und Nährsalze für die Algenkultur); die nötige Energie lieferte ein Miniatur-Atomreaktor.

Die Existenz der Mannamaschine weist unmißverständlich in diese Richtung. Sie zeigt aber auch, daß für solche Flüge einige Ersatz-Mannamaschinen mitgenommen wurden, für den Fall, daß ... . Man hat mit Sicherheit nicht die einzige Mannamaschine, die sich an Bord befand, den Kindern Israel gegeben, denn wie hätte man dann im Habitat leben können? Und man wird auch nicht die einzige Ersatzmaschine abgegeben haben – das Risiko war zu groß. Daraus folgt aber, daß beim Abflug des Habitats vom Ausgangsplaneten, wo immer der sich befunden haben mag, mehrere Mannamaschinen, d. h. mehrere(!) Jachwes an Bord gewesen sein müssen – teils aktive (es waren möglicherweise mehrere Mannamaschinen gleichzeitig tätig), teils als Reserve in der `Schatzkammer´ des Habitats, dem Maschinen- und Gerätelager.

Daß zumindest eine solche Mannamaschine im Habitat (ständig?) aktiv war, beweist ein Text des Äthiopischen Henochbuchs. Dort lesen wir (die Szene ereignet sich im Habitat):

„Ich sah dort einen, der ein betagtes Haupt (hat), und sein Haupt war (weiß) wie Wolle; bei ihm (war) ein anderer, dessen Antlitz wie das Aussehen eines Menschen (war), und sein Antlitz (war) voll Anmut gleichwie eines von den heiligen Engeln. Ich fragte den [heiligen?] *Engel, der mit mir ging und mir alle Geheimnisse zeigte, über jenen Menschensohn, wer er sei, woher er stamme, (und) weshalb er mit dem betagten Haupt gehe? ..."*

Dieser Text sagt sehr viel – aber man muß auch hier zwischen den Zeilen lesen! Zunächsteinmal, da wird zwischen einem „betagten Haupt, das weiß wie Wolle" ist und einem „anmutigen Antlitz" unterschieden. Die Träger beider müssen wohl auch grundverschieden gewesen sein, wir erfahren bezeichnenderweise darüber aber nichts. Auch sieht das anmutige „Antlitz" nur so aus wie das eines heiligen Engels, es ist also nicht wirklich ein solcher; und Henoch bemerkt das, er kennt die Gesichter der heiligen Engel also.

Der Betagte mit dem weißen Haupt ist natürlich eine Mannamaschine; auch die Mannamaschine auf der Erde hatte ein weißes Haupt (siehe Abschnitt A), deshalb der Begriff „Hochbetagter"; und es läßt tief blicken, daß ein Androide bei ihm sein muß, der zwar wie ein Mensch aussieht, aber erkennbar kein solcher ist. Es wird also auch diese Maschine im Habitat von einem Androiden versorgt. Das erhärtet unseren Verdacht, daß auf dem Har Karkom möglicherweise Moses und seine Begleiter nur von solchen unterrichtet wurden, und nicht von heiligen Engeln (also wirklichen extraterrestrischen Menschen). Daß der Androide ein anmutiges Antlitz hat, muß uns nicht verwundern: Warum einen häßlichen produzieren, dessen

Aussehen unschön ist, wenn man es besser haben kann? Ob wohl das Versorgen der Mannamaschine im Habitat durch einen Androiden ein Indiz dafür ist, daß diese während des langen Fluges Manna verzehrten?

Die angebliche Einzigartigkeit `Gottes´, der Mannamaschine auf der Erde, die oben so nachdrücklich betont wurde (wir erinnern uns: „nicht kopierbar" usw.), erweist sich als ausgesprochen lächerliche Lappalie: Man hat Mannamaschinen mit an Bord - so viele wie nötig -, und jede gerade aktive wird von einem Androiden versorgt. Sagen wir es deutlich: Die Dinger waren so selbstverständlich wie bei uns die Autos auf der Straße; und so selbstverständlich wie wir uns in ein solches setzen und losfahren, so selbstverständlich ging man hin und holte sich Manna, wenn man Hunger hatte – *das war ursprünglich die ganze Geschichte um `Gott´; – der Rest wurde später hinzuerfunden!*

Die Tatsache, daß sich im Habitat eine offenbar aktive Mannamaschine befand (denn wozu sonst der Androide, der bei ihr war?), beweist, daß das Habitat tatsächlich rotierte und somit eine künstliche Schwerkraft (d. h. Zentrifugalkraft) erzeugte. Ohne eine solche Kraft wäre eine Konvektion in den `Barthaaren´ der Maschine an Bord des Habitats aus physikalischen Gründen nicht möglich gewesen. Damit ist die entsprechende Vermutung im ersten Buch des Verfassers bestätigt; siehe dort „Die Abraham-Apokalypse".

Da wir uns mit dieser Szene im Habitat befinden, wollen wir an dieser Stelle ein wenig vom Thema abschweifen:

Aus technischer Sicht tut sich hier eine grundsätzliche Frage von (noch) nicht annähernd auszulotender Tragweite auf: Wenn die während des interstellaren Fluges jeweils nicht schlafenden Androiden beliebig mit Manna versorgt werden konnten und wenn sie keinerlei Zeitgefühl hatten und auch keine sexuellen Bedürfnisse (wir erinnern uns an die verleumderische Formulierung vom „stinkenden Samentropfen" und vom „männlichen Glied") – wie weit, d. h. wie lang, konnte man dann nach der im ersten Buch des Verfassers zur Prä-Astronautik rekonstruierten Vorgehensweise der Extraterrestrier mit dem Habitat fliegen? Daß das innerhalb einer Galaxis möglich ist, will plausibel erscheinen, auch bei einigermaßen normalen Geschwindigkeiten. Aber geht das auch so bei Flügen von einer Galaxis zur anderen? Diese befinden sich mehrere Millionen Lichtjahre voneinander entfernt im Kosmos, während eine normale Galaxis, wie die Milchstraße, einen Durchmesser von ca. 100 000 Lichtjahren hat. Der Abstandsunterschied ist so enorm, daß die Flugdauer von einer Galaxis zur nächsten rasch auf unabsehbare Zeiträume steigt. Können die Androiden so lange existenzfähig bleiben? Auch dort findet schließlich bei den nötigen Bewegungen u. a. ein mechanischer Verschleiß in den Gelenken statt; auch möchte man wissen, ob die verwendeten Materialien für das Habitat solange stabil existieren können.

Möglicherweise müssen wir uns an den Gedanken gewöhnen, daß ein Flug von einer Galaxis zur nächsten kaum möglich ist, wir also Gefangene unserer

Milchstraße sind. Das wäre so traurig nicht: Angesichts von eventuell Millionen oder gar Milliarden erdähnlichen Planeten in der Milchstraße wäre ein Erfüllen der Aufgabe, sie alle zu erforschen so unfaßbar umfangreich, daß ein Sich-Langweilen wohl kaum zu befürchten wäre. Unfaßbare Dimensionen erhält die Frage aber, wenn aus den angedeuteten Gründen *grundsätzlich* kein Flug von einer Galaxis zur nächsten möglich ist. Das Leben im Weltall wäre dann auf unzählige Inseln verteilt, die zwar einander sehen, deren eventuelle, technisch intelligente Bewohner einander aber nie besuchen könnten. Bezogen auf das Entstehen und Verbreiten des Lebens, wären die einzelnen Galaxien dann wirkliche Welten-Inseln – bis in alle Ewigkeit!

Soweit unsere kleine Abschweifung; wir kehren zurück zur Erde und zur Untersuchung des Buches Exodus i. w. S.

Die Mannamaschine und Religion – Religion und Mannamaschine
Mit der Übergabe dieser so gänzlich unverständlichen, aber doch so dramatisch effektiven Maschine und mit der Übergabezeremonie - alleine schon die niederschmetternd beeindruckende Raketenlandung war unweigerlich religionsbegründend - wurde dem Volk Israel eine (wortwörtlich) *unendliche* Last aufgebürdet, die kein Volk, ob klein oder groß, hätte tragen können, ohne es bei seinen Nachbarn in einen ganz besonderen Ruch kommen zu lassen: `Die haben einen ganz anderen, unvorstellbaren und mächtigen, aber auch tödlich-gefährlichen Gott, der ihnen vom höchsten Gott übergeben wurde, der mit einem feurigen, donnernden Wagen aus dem Himmel gekommen ist´, oder so ähnlich. Auch die strikte und permanente Geheimhaltung dieser Himmels-Höllenmaschine mußte in die gleiche Richtung wirken. Zusätzlich gab es die vielen seltsamen Verhaltensmaßregeln und die zahlreichen Opferrituale, die die Priester so effektvoll und so unsäglich kompliziert wie eine Mauer zwischen sich und dem Volk aufzubauen verstanden, wahrscheinlich um vom Allerheiligsten in der Stiftshütte mit der Mannamaschine abzulenken – und natürlich auch, um selbst gut zu leben, denn sie durften ja von fast jeder Opfergabe ausdrücklich „das Beste" für sich und ihre Familie abheben. Das alles würde sehr bald unweigerlich auch eine ähnliche Mauer zwischen den Kindern Israel und ihren Nachbarn herbeizwingen. Die begann anfangs nur als böser Ruf zu wirken, denn alles Fremdartig-Unverstandene, Andere, Auffällige und Abweichende wird sehr mißtrauisch unter den Menschen beäugt und dann meist abgelehnt. Von der Ablehnung hin zum Ausstoßen und von dort hin zum Haß, der Verfolgung und der offenen Aggression, sind es dann nur noch kleine Schritte!

Diese kleinen Schritte wurden aber von den Kindern Israel in vollkommenster Weise (wortwörtlich) *nolens volens* während ihres Auszuges, ihrer Wanderung und der anschließenden Landnahme verursacht; es war ein schicksalsschweres Verhalten, das die gesamte Zukunft dieses Volkes bestimmen würde: Zunächst hatte man da die Weidegebiete der dort seit Jahrtausenden herumziehenden Nomaden zu durchqueren. Da man selbst auch Vieh mitführte, das Gras und

Wasser brauchte, konnte das nicht ohne Ablehnung, Feindschaften und Kämpfe abgehen. Kombiniert mit dem brennenden, nachtragenden Haß des `Ewigen´, der Extraterrestrier, die schon hier, während der Wanderung, nur bedingungsloses Unterwerfen oder haßerfüllten Krieg kannten, war damit der Grundstein gelegt für die Feindschaft der Kinder Israel mit ihren Nachbarn, und umgekehrt (siehe dazu oben in Teil I: … *„Daß ich auslöschen will das Andenken Amaleks … … … Krieg hat der Ewige mit Amalek für ewige Zeiten!"*).

Später, bei der Landnahme, würde man auch die Unterwerfung nicht mehr akzeptieren: Es sollte, ja es mußte da ausgerottet werden – mit Stumpf und Stiel. Und als man es schließlich nicht mehr schaffte, den Genozid nicht perfekt beendete, kam ein Gottesbote - also von `oben´ - und machte ihnen bittere Vorwürfe und drohte für die *ausgebliebene* Ermordung der wehrlosen und unwissenden Urbevölkerung Kanaans harte Konsequenzen an:
Das hatte von nun an ihre Religion und ihr Verhältnis zu ihren Mitmenschen zu sein!

War es wirklich nicht vorherzusehen, was diese Maschine mit ihrer geheimnisumwitterten Existenz unter den Menschen anrichten *mußte*? Wieder die Frage: War die Kargo-Religionsbegründung gewollt, oder ergab sich das so `nebenbei´ – war die Religionsschöpfung der Extraterrestrier ursprünglich womöglich nur Trittbrettfahrerei? Die Existenz der Mannamaschine und ihre Übergabe an nur *ein* Volk, das zudem die Maschine streng geheim halten sollte - und das auch mit tödlicher Konsequenz tat! - führt zu sehr weitreichenden Schlüssen:

-) Die Maschine ist wohl kaum eine Neuschöpfung der Extraterrestrier `hier bei uns´; d. h. sie war schon während des Fluges hin zur Erde mit an Bord und hat dort auch ihre Aufgaben erfüllt (s.o.).
-) Sie hat die Mannschaft mit Manna versorgt; d. h. es gab Mannaesser an Bord.
-) Die Mannaproduktion verbraucht CO_2 und liefert O_2. Es waren also O_2-atmer an Bord – also `Menschen´!
-) Das läßt wieder nahezu endlose Rückschlüsse auf die Gegebenheiten des Ausgangsplaneten zu (dessen allgemeine geologische Entwicklung, die Entwicklung des Lebens, die dortige Atmosphäre und das Klima und die dortige Vegetation und Tierwelt): Es muß dieser Planet *sehr* Erd-ähnlich sein!
-) Die Maschine blieb auf der Erde; für die Rückreise stand also mindestens eine weitere zur Verfügung.
-) Der künstlich herbeigeführte Exodus und die Übergabe der Mannamaschine zeigen, welchen ungeheuren Stellenwert das Volk Israel für die Extraterrestrier hatte – warum nur?
-) Es hätte für Experimente aller Art genug andere Menschen gegeben, die auch nicht dumm waren (Ägypter, Babylonier, Inder, Chinesen und zahlreiche andere Völker).
-) Trugen, und tragen, die Israeliten ganz besondere Gene von der

letzten großen Manipulation (Adam und Eva) in sich, die unbedingt reingehalten werden müssen, also nicht verdünnt werden, nicht verloren gehen dürfen? Unwillkürlich erinnert man sich an die so oft verwendete Formel: „*Gedenke doch deines Erbteils!*" (oder so ähnlich) bei Diskussionen mit ´Gott´ (d. h. mit den Extraterrestriern) in kritischen Situationen während des Wüstenzuges. War das womöglich biologisch-wortwörtlich gemeint?

-) Daraus würde möglicherweise folgen, daß dem Volk Israel für die zukünftige Menschheit nocheinmal eine besondere Bedeutung zukommt – zumindest war das vielleicht ursprünglich so vorgesehen: Diaspora zur Verbreitung unter den Menschen: „*... an denen ich mich erherrlichen werde.*"; d. h. Ausbreiten ihrer Gene auf der ganzen Welt. Dann ergibt sich aber ein Widerspruch zur Reinhaltung der Gene, der bisher nicht aufgeklärt ist.

-) Wieso die Babylonische Gefangenschaft, die Diaspora; wieso die vielen brutalen Judenverfolgungen mit ihren zahllosen Opfern?

-) Erfolgt in der Gegenwart ein Sammlungsversuch der Juden im Staat Israel für die Zukunft,

-) oder hat die Sonderstellung der Juden inzwischen aufgehört – aus welchen Gründen auch immer?

Mit dem endgültigen Abschalten der Maschine, als die Kinder Israel sich aufmachten, den Jordan zu durchqueren (tatsächlich wahrscheinlich drei Tage vor dem eigentlichen Durchqueren, s. u. Teil IV), wurde diese überflüssig. Dennoch: Die ´Erntemänner des Heiligen Feldes´ haben sich intensiv weiter mit ihr beschäftigt und sie zu erforschen versucht – soweit ihnen das möglich war. Und sie war auch noch für Jahrhunderte ein Gegenstand der Verehrung, die erst nach der Eroberung Jerusalems durch Nebukadnezar und der Zerstörung des Salomonischen Tempels, 586 v.Chr., langsam aufhörte. Die Sagen und Legenden von der ehemaligen göttlichen Maschine, die regelmäßig zerlegt und wieder zusammengebaut wurde und die die Kinder Israel während ihrer Wüstenwanderung mit dem himmlischen Manna versorgte, haben aber nie ganz aufgehört, wie im Buch Sohar nachzulesen ist.

Es hat sich in der Zeit nach dem ´Verschwinden´ der Mannamaschine (sie war möglicherweise bis zur Ankunft der Kreuzritter im Tempelberg verborgen, der zahllose Gänge und Schlupfwinkel enthalten soll, siehe FIEBAG u. FIEBAG (1998)), bis in die jüngste Gegenwart hinein ein interessantes religionspsychologisches Wechselspiel ereignet: Im Verlauf der nachfolgenden Jahrhunderte führte zunächst das insgesamt *abnehmende* ´konkrete´ Wissen um die Wahrheit der Extraterrestrier und der Mannamaschine zu einer *Zunahme* der religionsähnlichen Vermutungen und Beschreibungen (z. B. der Kabbala) und der weit verbreiteten allgemeinen Volksreligion, die ihrerseits noch zu bedeutenden Weiterentwicklungen fähig war, z. B. das NT. Diese umfangreiche und komplizierte Gesamt-Entwicklung hatte zur Folge, daß bald nur noch die Kabbalisten dunkel ahnten wovon sie sprachen, d. h. phantasierten, und wovon ursprünglich das Ganze seinen Ausgang genommen hatte.

In der jüngsten Vergangenheit, der Gegenwart und in der Zukunft, wenn das Wissen um die zahllosen gleichermaßen unsinnigen wie lächerlichen Fehldeutungen und Irrtümer, bezogen auf den `Ewigen´, sowie um unverständliche und irreführende bzw. falsche `Übersetzungen´ der Bibel und anderer alter Quellen, Allgemeingut geworden sein wird, wird es zu einer Umkehrung dieses Vorgangs kommen: Das schrittweise Wiedererlangen eines konkreten Wissens um die wirklichen Aktivitäten der Extraterrestrier in der antiken Vorzeit, und besonders um den `Hochbetagten´, die hier anhand des Buches Exodus zusammenfassend dargestellt und erläutert sind, wird dann langsam eine durchschauende *Zunahme* des (technischen) Verständnisses für die alten Überlieferungen bewirken. Im gleichen Maße wird dann die bisherige `amtliche´ Religion als auswendig gelerntes, in frühester Kindheit eingepauktes Opium für Unwissende und Fanatiker erkannt werden, d. h. man wird beginnen aufzuwachen. Es wird dann die Bereitschaft zur Akzeptanz entsprechender Religionen, d. h. Kargo-Kulten i. w. S., kontinuierlich *abnehmen*. Die heutigen `monotheistischen´ Kargo-`Religionen´ werden dann allmählich ins Leere laufen, d. h. in Vergessenheit geraten. Dieser Vorgang hat spätestens seit der Publikation des Buches von J. BLUMRICH (1973) „Da tat sich der Himmel auf" anhand der modernen Technik und der Wissenschaft endgültig begonnen. Entscheidend dabei wird auch die ständige Weiterentwicklung der irdischen Technologien im weitesten Sinne sein, die die sogenannten `Wunder´ der Bibel erbarmungslos einem allgemeinen und alltäglichen Verständnis zuführen wird[1]. Viele `Wunder´ werden dann als banale Selbstverständlichkeiten und nicht selten als lächerlich bzw. kindisch sich erweisen.

[1] Während diese Zeilen geschrieben werden (2015/16) erfährt die Welt, daß in den USA erstmals eine Rakete, nachdem sie normal wie jede andere Rakete gestartet war, bei ihrer Landung senkrecht von oben her sanft aufgesetzt hat. Sie ist also so gelandet wie seinerzeit die Rakete auf dem Har Karkom als der `Herr´ hemiederfuhr und so dramatisch donnernd und Feuer und Rauch speiend mit den Kindern Israel `redete´!

Nach so vielen Beschreibungen zur Mannamaschine ist es an der Zeit, endlich auch die Geheimnistuerei, die mit so mörderischer Konsequenz um diese Maschine getrieben wurde, endgültig und zusammenfassend abschließend zu begründen. Aus dem Gesagten zur Wüstenwanderung, kombiniert mit den technischen Gegebenheiten der Maschine, und beides, kombiniert mit den psychologischen Signalen, die von einem so überwältigenden, aber auch tödlich gefährlichen `Gottes´-Geschenk ausgingen, gab es drei zentrale Gründe für ihre absolute Geheimhaltung: einen technisch bedingten Sicherheitsgrund, einen biologisch bedingten Reinheitsgrund und einen geistig-psychologisch bedingten religiösen Grund:

1) Der *technisch* bedingte Sicherheitsgrund ist am dramatischsten in der Bibel dargestellt: Zwei Söhne Aarons opfern „falsches Feuer vor dem Herrn". Was immer sie genau taten, sie haben die Maschine bei ihrem Hantieren vielleicht an einer falschen Stelle berührt und einen tödlichen Stromschlag erhalten, oder sind von der Strahlenwaffe der Mannamaschine, dem Tyrannen, `erschossen´ worden. Die Worte: „Da ging Feuer aus vom Ewigen" bedeutete zu Anfang des Zuges mit der Mannamaschine möglicherweise in vielen Fällen, daß die etwa stabförmige Strahlenwaffe tätig geworden war. Hatten die beiden Söhne garkeinen Zutritt zum Allerheiligsten, oder hatten sie nur vergessen, ihre Dienstkleidung mit dem richtigen elektronischen Kode anzulegen? Als Resultat waren sie tot. Ähnlich ging es sehr viel später auch Usa beim Transport der schon längst nicht mehr funktionsfähigen Mannamaschine, als diese nach Jerusalem gebracht werden sollte. Es erscheint dem Verfasser damit zweifelsfrei erkennbar, daß ein technisch Uneingeweihter leicht bei der Maschine zu Tode kommen konnte. Grund genug, nur `Experten´ an die Maschine zu lassen, eben einige, besonders ausgebildete Leviten. Das bedeutete aber, daß man die Maschine sorgfältig vor unbefugtem `Besuch´, d. h. vor Neugierigen, abschirmen mußte.

Man mußte sie auch konsequent vor Schwätzern schützen, denn es genügte ja, das ein solcher das Un-`Wort´ „!JACH-WE!" zur falschen Zeit mit scharfer Betonung im Allerheiligsten aussprach, um womöglich die ganze Maschine und den damit einhergehenden wunderbaren Prozeß ihrer Mannaproduktion zu beenden bzw. zur Unzeit in Gang zu setzen; und wer hätte das wohl nicht gerne `mal ausprobiert´?!

In völliger Unkenntnis der ursprünglichen, biotechnischen Situation würden die Erntemänner des Heiligen Feldes später daraus schließen, daß dann die ganze (Menschen)-Welt zum Stillstand kam, also untergehen müßte (Gemeint war ursprünglich aber nur die Algenkultur im großen Haupttank der Maschine!). Eingehüllt im Wust von Mißverständnissen, Fehldeutungen und schierer Unwissenheit, aber auch ihrer nicht nachvollziehbaren `religiösen´ Überheblichkeit, wußten sie nicht, womit sie da umgingen, und wie es ursprünglich gewesen war – wußten also nicht, wovon sie sprachen, diskutierten und was sie auswendig lernten.

2) Der *biologisch* bedingte Reinheitsgrund war zwar nicht ganz so dramatisch, aber dafür unsichtbar allgegenwärtig (auch außerhalb des Stiftszeltes!): Wenn beim Zerlegen und Reinigen Schmutz und/oder fremde Keime in den Kulturtank gerieten, konnte der biochemische Prozeß, der in ihm ablief, womöglich zu ungewollten Resultaten führen. Es konnten vielleicht giftige Stoffe oder bei der ungewollten Zufuhr von Hefebakterien sogar Alkohol entstehen; Manna hätte es dann nicht gegeben. Je nach allgemeiner Versorgungslage hätte man dann vielleicht sogar hungern müssen. Und es wäre eine erneute Demontage, eine erneute

Reinigung und ein erneuter Wiederzusammenbau der ganzen Apparatur nötig gewesen. Auch hier: Grund genug, die Maschine sorgfältig abzuschirmen und nur speziell unterwiesene Personen in ihre Nähe zu lassen, und auf peinlichste Sauberkeit zu achten, und den Kindern Israel im Lager zu verbieten, *während des Sabbats `da draußen´ viel herumzuwerkeln und zu -toben – am besten blieb man an diesem Tag im Zelt und bewegte sich möglichst wenig!*

3) Der *geistig-psychologisch-religiös* bedingte Grund war womöglich der von den Extraterrestriern ursprünglich am wenigsten erwartete und schließlich der mit seiner Langzeitwirkung am meisten gefürchtete: Wenn es geschehen konnte, daß die Mannamaschine mit einem sehr hochgestellten Menschen (`König´) verwechselt bzw. gleichgesetzt wurde, was bald geschah - schon in ältesten Überlieferungen wird sie als der „Alte", der „König", bzw. der „Hochbetagte" bezeichnet (schon im AT bei Daniel, s. o.) -, dann war es naheliegend, daß sie bald mit Gott selbst verwechselt und angebetet werden würde. Das wäre geistig das genaue Gegenteil dessen gewesen, das man eigentlich mit den Juden in der Wüste erreichen wollte, nämlich ein Entwöhnen von der Bilder- und Statuenabgötterei und -anbeterei. In diesem Fall wäre man genau wieder da gewesen, wo man beim Auszug aus Ägypten begonnen hatte. Das Ganze wäre also für die Katz gewesen; man hätte nur die zahlreichen Götter und Idole Ägyptens gegen eine Maschine ausgetauscht! Grund genug, diese mit größter Konsequenz zu verbergen, und sie ebenso konsequent nach der Jordandurchquerung nie wieder in Betrieb zu nehmen. Spätestens im Tempel zu Jerusalem ließ man sie dann im Allerheiligsten `endgültig´ verschwinden. Mag sein, daß die Extraterrestrier hofften, das ominöse Ding auf diesem Wege langsam aus dem Bewußtsein der Juden tilgen zu können.

Darin haben sie sich umfassend geirrt:

Die Mannamaschine wurde bald auch mit der ganzen Welt verwechselt, oder doch für ein göttliches Abbild der Welt gehalten. Es war also nur logisch, daß das helle Licht im Oberteil der Maschine -`oben´ - als (religiöser!) Himmel angesehen wurde. Zumal `oben´ im Habitat sowieso `Gott´ und seine `Engel´, die Lichtgestalten (wahrscheinlich die Androiden-Engel), wohnten. Damit blieb aber für `unten´ nur das schwarze, unsichtbare, tödliche `Licht´ der Radioaktivität des Feuertopfes. Wenn aber `oben´ `Gott´ und der religiöse Himmel waren, dann konnte `unten´ nur die (spätere, christliche) Hölle und der `Teufel´ sein – und es schien zu passen. Man sprach schließlich vom Engelssturz (des `Teufels´ aus dem `Himmel´, dem Habitat) nach *unten* zur Erde! Es mußte sich die monotheistisch-kargokultische Nicht-Welt außerhalb des Kulturtanks (s. o.) und später auch die christliche Hölle also `unten´ irgendwo auf oder in der Erde befinden. Eine Sehweise, die womöglich von Adams und Evas Verbannung aus dem (oberen)

`Paradies´, dem Habitat, hinunter zur Erde, gleichsam bestätigt wurde, denn sie hatten ja vorher, im (oberen) Paradies, `gesündigt´ – also auch für sie ein Höllensturz zur Erde mit ihren „Dornen und Disteln"!

Damit war die Ur-Grundlage für das monotheistische, auch christliche, Weltbild von Himmel (`oben´) und Hölle (`unten´) gelegt – ursprünglich abgeleitet vom Höllensturz, der Vertreibung aus dem Habitat und sehr viel später scheinbar `logisch´ bestätigt von der Mannamaschine mit ihrem `oben´ und `unten´!

Die Tatsache, daß man die Maschine (nur) mit einem Anruf, wie ein Mensch, zumindest aber wie ein Lebewesen, an- oder abschalten, also regieren konnte, mußte unweigerlich weitreichende psychologische Folgen haben. Die Versuchung, das Ungeheuer aus einer anderen Welt für ein Lebewesen zu halten, wenn nicht gar für (einen) Gott, war von Anfang an sehr groß – zu unfaßbar war das Verhalten dieses Ungeheuers aus dem Himmel, der Gotteswelt. Als es sich dann auch noch (unter den Leviten?) herumsprach, daß Moses das `Wesen´ mit einem Zuruf zum Arbeiten bringen konnte, also die Produktion von Manna (Gnade!) veranlassen konnte, war zumindest für alle Uneingeweihten ausgemacht, daß ein lebendiger Gott dort im Allerheiligsten anwesend war; zumal die ständige Wolke und der feurige Widerschein in ihr ängstlich-bewundernden Gesprächsstoff genug abgaben. Damit wurden die Eigenschaften dieses `Gottes´ aber um *die* entscheidende Dimension erweitert: Hätte man um die tote Maschineneigenschaft dieses Ungeheuers gewußt, wäre vielleicht alles nur halb so schlimm gewesen – und später geworden. So aber mußte jede ihrer Eigenschaften auch göttlichen Charakter haben, und man hatte sich ihnen bedingungslos anzupassen, gegebenenfalls sie nachzuahmen.

Und das hatte Folgen! Denn der Hochbetagte wurde ja, scheinbar, in einem gewaltigen Geschlechtsakt zusammengefügt. Also mußten seine sexuellen Gewohnheiten für alle bindend sein: Nichts durfte mehr freigelegt werden - besonders die Genitalien nicht, es war Sünde - das wurde und wird mit größter Konsequenz auch befolgt; höchstens, daß man mit schlechtem Gewissen beladen, in aller Heimlichkeit ein hastig-verkrampftes Liebesspiel sich abstahl. Andererseits war die Sexualität des `Alten´ für die Eingeweihten eine alltägliche Selbstverständlichkeit, die sich unweigerlich auch auf die gesamte Gemeinde der Gläubigen übertragen mußte. Es kam durch diese widersprüchliche, ängstlich-verborgene und doch allgegenwärtige Erotik eine platte, unreligiöse und zudem nervös-verkniffene Sexualität in die neue (Maschinen)-Religion und ins spätere Christentum, die da nicht hingehörte bzw. hingehört, und die von den Extraterrestriern wohl kaum so vorgesehen war. Bis zu welchem Grade und wie (poetisch)-grotesk diese Verquickung unverstandener Maschinen-Religion und (heimlicher) menschlicher sexueller Liebes-Begierde gehen konnte, lesen wir im Hohelied Salomos:

Das Hohelied
Das gesamte Hohelied ist eine einzige amourös-erotische, hochpoetische Liebesdichtung, deren Bezug zur alttestamentlichen Religion überhaupt erst dann erkennbar, bzw. nachvollziehbar wird, wenn die Mannamaschine und ihre Eigenschaften bei der Textauslegung bedacht werden. Deren rätselvoll-heimliche Existenz zieht sich durch das ganze Lied mit mehr oder weniger klar erkennbaren Bezügen; ähnlich heimlich und verborgen wie die Gefühle eines jungen Mädchens, das mit ihrem Geliebten eine solcherart intime Beziehung pflegt. Das konnte im alten Israel wohl nur sehr verborgen geschehen – weil ja auch die Mannamaschine und ihr `Liebesleben´ so streng und selbstverständlich verborgen waren. Ob der Verfasser des Liedes - wer immer es war - tatsächlich so unzureichende Informationen über den wirklichen „Geliebten" hatte, er also von den Erntemännern des Heiligen Feldes absichtlich nie nähere Informationen erhielt, oder ob hier eine überquellende persönliche Verehrung dieses „Geliebten" sich Bahn brach, ohne ihn je gesehen zu haben, muß offen bleiben. Es ist immerhin bemerkenswert, daß einzelne Formulierungen ganz offensichtlich auf die Mannamaschine sich beziehen; andere rühren möglicherweise her von Ereignissen während der langen Wanderung.

Einige Beispiele seien hier benannt und kurz erläutert (Begriffe, die unmittelbar an die Mannamaschine erinnern, sind unterstrichen; vergl. den Text in diesem Buch und den Gesamt-Text der „Ur-Kabbala"; Zitate nach JB):

(2, 5-7) „… … … *O, lehnt mich an die dicken Stämme hin / und bettet an den Apfelbäumen mich / denn krank vor Liebe bin ich. / Die Linke sein mir unterm Haupt / und seine Rechte, sie umfängt mich." / „Beschworen hab ich bei Jeruschalaims Triften euch / bei den Gazellen oder Hinden auf der Flur; / daß ihr nicht weckt, nicht schreckt die Liebe / bis sie erstarkt!"*
Das scheinbar sinnlose `Anlehnen´ ist auffällig: Ist hier vielleicht eine Erinnerung erhalten geblieben vom Ablegen, d. h. Anlehnen, der Hauptkomponenten der Maschine nach ihrer Demontage und während ihrer Reinigung? Wurden diese Komponenten möglicherweise auf einen kräftigen Holzbalken (einen dicken Stamm bzw. dicke Stämme) aufgesetzt und an einen solchen angelehnt? Der Apfelduft und vielleicht die apfelähnlichen `Augen´ des Hochbetagten (die kleinen Nährsalzbehälter) sind auch zu erinnern, wenn von Apfelbäumen die Rede ist; man hätte in Israel wohl eher Olivenbäume erwartet.

(3, 6) *„Wer steigt heran da von der Wüste / Rauchsäulen gleich / umduftet von der Myrrhe und von Weihrauch / von allem Würzgestäub des Krämers?"*
Die Rauchsäule(n) und der Duft sind eindeutig von der Mannamaschine übernommen, und in der Wüste hatte während der Wanderung die Mannamaschine sie ernährt; insgesamt war die Wanderung als „in der Wüste" sich ereignend empfunden worden.

(4, 5-6) „*Dein <u>Brüstepaar</u> zwei Rehlein gleich / Gazellenzwillingen / die in den Blumen weiden.*" Vielleicht eine Anspielung auf den Kleingesichtigen, bei dessen Mannaherstellung wahrscheinlich mehrere Male von einem Arbeitsschritt hin zum nächsten eine Saugaktivität wirksam wurde (siehe Abb. 29).

(4, 9) „ *... du hast den Sinn mir gefangen / mit <u>einem</u> deiner <u>Augen</u> / ...*"
Trotz allem gegenteiligen Bemühen der Kabbalisten: der Alte (das Oberteil der Mannamaschine) hatte nur ein Auge, die Hauptlampe, wie auch hier etwas verklausuliert zugegeben wird, denn weshalb sollte ansonsten der Liebhaber mit nur einem Auge ihren Sinn gefangen nehmen?

(5, 2-7) „ *... Er klopft: / 'Tu mir auf, meine Schwester / meine Freundin, mein Täubchen, mein Reines / <u>denn mein Haupt ist voll Tau</u> / meine <u>Locken von Tropfen</u> der Nacht.' / ... ... / Mein Liebster streckte / die Hand durch die Öffnung / da wogte mein Innres ihm zu / Aufstand ich, meinem Liebsten zu öffnen / und meine Hände troffen Myrrhe / du meine Finger Myrrhenharz / auf die Griffe des Riegels. / Auftat ich meinem Liebsten / – <u>mein Liebster war fort, entwichen.</u> / Da zog meine Seele aus / nach <u>seiner Rede</u>. / Ich suchte ihn, doch ich <u>fand ihn nicht</u> / ich rief ihn, er gab mir nicht Antwort. / Es fanden mich die <u>Wächter</u>, die die Stadt durchstreiften / sie <u>schlugen mich zu Wunden</u> / sie nahmen mir mein <u>Hülltuch</u> fort / die Wächter der Mauern.*"
Hier muß man die Ur-Kabbala kennen! – es sind gleich mehrere Begriffe von der Mannamaschine entlehnt: Unmißverständlich ist eingangs vom Taukondensator im Haupt des Hochbetagten die Rede und vom Tropfen des Wassers während der Nacht, wenn dieser Kondensator am effektivsten wirksam war. Danach folgen vage Anspielungen auf die Geheimhaltung, das Nicht-finden-Können des Liebsten (die Mannamaschine war ja stets verborgen), sein Reden (das Klappern der umhüllenden Deckplatten des Kleingesichtigen, vielleicht auch das Säuseln des Luftstroms am Mund, dem Lufteinlaß); auch die schützende Bekleidung (das Hülltuch) ist erwähnt und der entschlossene Schutz der Maschine durch die Wächter, die brutal ihre Funktion erfüllen.

(5, 15-16) „*Seine <u>Schenkel Marmorpfeiler</u> / auf goldener <u>Sockel Grund</u> / sein Anblick gleich dem Libanon(baum) / wie <u>Zedern erlesen</u>. / Sein <u>Gaumen voll Süße</u> – / ...*"
Hier sind die unterstrichenen Texte nahezu wörtlich aus der Ur-Kabbala übernommen: Man kennt die geraden Beine des Liebsten, d. h. der Mannamaschine, die auf einen Sockel gesetzt werden (ist hier der Thron gemeint?), und man weiß um die Düngung der Algenkultur im großen Kulturtank; d. h. es wurde der Algenschleim `gesüßt´ (die Süße); auch die erlesenen Zedern sind in der Ur-Kabbala erwähnt.

(8, 6-7) „ *... Brandvögel hat sie, Feuergeier / ein <u>Gottesflammen</u>. / ...*"
Das Gottesflammen war immer sichtbar, wenn die Maschine tätig war - der Reaktor also arbeitete - sei es als wirkliches Feuer aus dem Auspuffrohr, der Nase,

für die Arbeiter im Allerheiligsten, oder als unheimlicher Widerschein in der Wolke über dem Allerheiligsten für die, die nichts von der Ursache wissen durften, für das `gewöhnliche Volk´, das diese Dinge aber doch aus der Ferne wahrnahm.

Man vergleiche diese `Gottes´- Beschreibung mit der entsprechenden Beschreibung `Gottes´ nach dem Durchzug durch das Schilfmeer, als noch niemand etwas von der Mannamaschine wußte, auch Moses nicht. Da ist kein Deut von religionsfremder Erotik zu finden.

Damit nicht genug: Diese so menschlich-körperliche Erotik, die durchaus natürlich ist, die aber in einer streng monotheistischen, abstrakten Religion rein garnichts zu suchen hat, und die oft genug zu grotesken Mißverständnissen geführt haben muß (die Hexenprozesse!) - denn andererseits war jede Sexualität ja etwas sündhaftes (als Erbe des „stinkenden Samentropfens" zur Zeit der Urväter, im Habitat; wir erinnern uns) - ist bis in die Neuzeit und in die Gegenwart hinein latent immer vorhanden. Noch ein Johann Sebastian Bach würde in seinem allseits gerühmten Weihnachtsoratorium in seiner Alt-Arie „Schlafe mein Liebster" schreiben: „…. Labe die Brust…..empfinde die Lust …". Als Vater von zwanzig(!) Kindern wird er kein solcher Narr gewesen sein, daß er nicht wußte, was er da schrieb.

Auch in der modernen Kabbalistik ist ein unterschwelliges, in seinen Formulierungen aber eindeutigeres, unbewußtes Wissen über die Mannamaschine, den Alten der Tage, vorhanden. Wir zitieren nach BLOCH (1925): „ Sie [gewisse Lieder] werden noch heute von den Chassidim und kabbalistisch gesinnten Juden des Orientes bei den Mahlzeiten am Sabbat mit großer Innigkeit gesungen. … Ich lasse hier die Nachdichtung eines dieser Lieder, das für die „dritte Mahlzeit", nach Wiener, folgen:

„<u>Ihr Palastkinder</u>, die ihr euch sehnt,
Zu schauen den <u>Glanz des Kleinen Gesichtes</u>,
Wagt euch hervor an diesen Ort,
Des freudigen Königs freut euch jetzt,
Sorglos zu dieser Stunde lauterer Freundschaft,
Im Rat geflügelter Geister.

Kommt, nahet, sehet die Nacht.
<u>Weg und fort sind die strengen Rechte.</u>
Schmachten <u>draußen</u> festgebannt,
Jene <u>schamlosen</u> Geiferhunde.

Jetzt lade ich ein den <u>Ältesten der Tage</u>,
Zu ruhn, bis der Tag vorbei.
Ihnen zum Trotz;
Sein Wille <u>entblöße sie von ihren Hüllen</u>.

In <u>Abgründe</u> geworfen,
Verstecken sie sich in Felsspalten.
Freut euch jetzt in der Dämmerung
An der Freude <u>des kleinen Gesichtes</u>.

Bereiten wir nun das fromme Mahl,
Zur vollkommenen Freude des heiligen Königs,
<u>Der Alte der Tage vom heiligen Apfelgarten</u>
Kommt zu dem Mahl <u>des kleinen Gesichtes</u>."

Begriffe und Formulierungen, die besonders eindringlich an die Mannamaschine erinnern, sind auch hier unterstrichen. Insgesamt ist aber der Bezug auf die Ur-Kabbala so unmittelbar-eindeutig-eindringlich, daß man Rabbi Simon, die Schlüsselfigur aus der Ur-Kabbala, glaubt sprechen zu hören. Zwei Dinge fallen auf: Es gibt hier keinen Bezug auf Erotik, und die Erntemänner des Heiligen Feldes werden nicht erwähnt, was bei der Selbstverständlichkeit mit der der Alte der Tage und der Kleingesichtige genannt werden, immerhin bemerkenswert ist. Bemerkenswert ist auch der Schreibfehler in der modernen Bearbeitung: der Glanz des kleinen Gesichtes wäre nach Meinung des Verfassers korrekt stets zu schreiben: der Glanz des Kleinen Gesichts („Klein" als Teil des Titels „der Kleingesichtige"), so auch später, wo von der Freude des kleinen Gesichts die Rede ist: Der moderne Bearbeiter (Chajim Bloch) hat also nicht begriffen was er da bearbeitete; er konnte es wohl auch nicht wissen, denn seine Publikation stammt aus dem Jahr 1925.
Dazu kommt die Tatsache, daß der im Lied beschriebene Gesamtvorgang sich am späten Abend, in der Dämmerung und in der Nacht abspielt. Am Abend wurde die Maschine ja abgeschaltet, wie wir oben erfahren haben, dann waren alle „strengen Rechte" „weg und fort", schliefen also und waren „draußen" festgebannt, also außerhalb der Maschine und ihrer „Seligkeit" (s. o.).

Die Mannamaschine und die menschliche Sexualität - Sexualverhalten
Bei Licht besehen, mußte die Erotik der Mannamaschine - sie war natürlich das Resultat unfaßbar grotesker Irrtümer und Mißverständnisse – wie die ganze Geschichte mit den Engeln und den Gottesfahrzeugen bei Henoch auch, letztlich der gesamte Kargo-Kult, der sich als `monotheistische´ Pseudo-`Religion´ etablierte - die gläubigen Juden in unauflösbare Konflikte stürzen: Einerseits galt Sexualität grundsätzlich als negativ, wie im Hebräischen Henochbuch nachzulesen, andererseits paarte sich der Alte aber, so hieß es, an jedem Sabbat mit seiner Matrone, dem unteren Teil der Mannamaschine, dem Kleingesichtigen – und diese Paarung dauerte nicht nur jeweils eine ganze Woche, sie verlieh der Gesamt-Maschine, dem Hochbetagten, ihr `Leben´, war also die Voraussetzung für das Entstehen des Mannas, der `Gnade´! Es mußte also auch etwas Gutes bei der Sexualität sein – wenn man sie nur genau nach den Regeln des Hochbetagten, der Maschine, durchführte … !

Es ergab sich daraus der verschämte Zwang, die Trennflächen aufs sorgfältigste abzudecken; also auch das Loch, d. h. die Öffnung der Frau, des Kleingesichtigen, in das die nach unten vorragende Verlängerung des Mannes, des Oberteils der Maschine, der innere Penis, beim Wiederzusammenbau hineingepreßt wurde. Auf der Stelle wurde es auch auf das Verhalten der Menschen, besonders der Frauen übertragen, als Diktat von den Männern – denn der Mann herrscht ja über die Frau. Das Resultat ist bei den sog. Jüdischen Taliban zu besichtigen, deren Bekleidung - besonders die ihrer Frauen - ein Endresultat darstellt, das sich wahrscheinlich über zahlreiche Stufen aus der Lochabdeckung und der Bekleidung des Hochbetagten (einer Maschine!) zwangsläufig und für entsprechend fanatische Religions-Roboter auch `logisch´ ergab. Dabei war schon die Bekleidung des montierten Hochbetagten ein Mißverständnis gewesen, denn ursprünglich waren ja nur die bei der Demontage der Maschine sich ergebenden Öffnungen während der Reinigung und die zerlegten Einzelteile beim Transport der Maschine mit Textilien und/oder Fellen sorgfältig abgedeckt worden.

Wie immer die Extraterrestrier das Problem drehten und wendeten: Ihr Ablehnen der Sexualität war immer nur Notlösung, die nicht gelingen konnte, denn das Sexualverhalten ist nicht nur den Menschen angeboren (also genetisch-unausweichlich verankert), es ist auch das grundlegende Moment höheren lebendigen Daseins auf der Erde überhaupt: zur Vermehrung, d. h. zur Arterhaltung. Wie da gegenankommen, ohne schwerste und dauernde Probleme biologischer und psychologischer Art zu verursachen? So erwies sich alles Tun und Lassen der Extraterrestrier in dieser Hinsicht als zwecklos: Sie waren erbarmungslos dazu verurteilt, ständig in zweierlei Hinsicht (organisatorisch und geistig) von einer Zwangssituation in die andere zu taumeln. Da halfen keine Notlösungen – man hatte das ganze Unternehmen von Anfang an falsch angefaßt, hatte nicht begriffen, worauf man sich da einließ, und das vielleicht schon auf dem Ausgangsplaneten bei der Vorbereitung der ganzen Expedition. Man war da wohl aus Unerfahrenheit und aus gedankenloser Überheblichkeit in das ganze Vorhaben hineingetaumelt. Man hatte nicht begriffen, welches Verhängnis sich entwickeln konnte aus dem Zusammentreffen der *künstlich* herbeimanipulierten Nicht-Sexualität der Androiden im Habitat und den Menschen eines anderen Planeten, die über eine *natürliche*, d. h. unausweichliche Sexualität und ein ebensolches Sexualverhalten verfügten. Es würde dieser unauflösbare Zwiespalt zwischen der Nicht-Sexualität der vom Himmel herabkommenden Androiden-`Engel´ und der in der Natur der Menschen verankerten Sexualität sich bis in alle Ewigkeit rächen. Er würde von Anfang an gleichsam `hinter Band´ bei der gesamten Religionsbegründung und der späteren Religionsentwicklung (der Kirchengeschichte) und -ausübung mitlaufen – ob gewollt oder nicht. Eine Lösung dieses Problems konnte sich nur ergeben, sofern jemand die ursprünglichen Zusammenhänge erkannte und durchschaute und den gordischen Knoten ganz einfach durchschlug, indem er unüberhörbar, laut und klar die Wahrheit aussprach – bzw. mit unmißverständlichen Büchern publizieren würde, wie es mit den

Büchern von J. BLUMRICH, 1973, G. SASSOON und R. DALE, 1978 und H. BEIER, 1985, geschehen ist.

Das Labyrinth – Der unauflösbare Konflikt

Besonders verstörend ist das Unterscheiden zwischen *seinen Gott* und den *Namen des Ewigen*. Das ist in seiner Konsequenz kaum noch nachvollziehbar: Wurde hier nur etwas miteinander verwechselt (vielleicht von einem späteren Redaktor; aber konnte/durfte der an einer so entscheidenden Stelle so fundamental irren?); oder war es den Extraterrestriern nicht klar, daß sie mit dieser Unterscheidung zwischen `Gott´ und dem `Ewigen´ das ganze Vorhaben einer monotheistischen Religionsbegründung geistig ad absurdum führten? Es gab dann ja zwei Götter im Himmel! Ist hier womöglich einem Unbefugten der Extraterrestrier (einem Androiden?) etwas `durchgerutscht´? Man möchte mehr über das Religionsverständnis des `Ewigen´ erfahren, d. h. der Extraterrestrier – hatten sie überhaupt ein solches in unserem Sinne, oder wurde hier den Menschen nur etwas als `Religion´ aufgeschwatzt, mit dem man sie willfährig machen wollte – aber mit welchem schlußendlichen Ziel?

> *Wir erfahren die tiefste, fundamentale Begründung für die von den Extraterrestriern angestrebte religiöse Dimension des ganzen Vorhabens nicht.*

Liegt sie wirklich nur im Bewahren und im möglichst weltweiten Verbreiten der manipulierten Gensubstanz, wie wir oben vermutet hatten? Hätte man in einem solchen Fall das Ganze nicht einfacher haben können, ohne den komplizierten Weg über `Religion´ und `Gott´ – zwei Dinge, die körperlich wie geistig im Verlaufe der Jahrhunderte und Jahrtausende so entsetzliche Folgen haben würden? Man denke an die vielen Todesopfer im Namen des `Herrn´ bzw. der `reinen Lehre´!
(Siehe dazu aber auch das Kapitel im ersten Buch des Verfassers zur Prä-Astronautik (ab Seite 445): „Das vierte Buch – Die Auflösung des großen Welträtsels: „Warum das Ganze?" ")

Es zeigen die mörderischen Anordnungen des `Ewigen´ und seine gleichzeitige Unterscheidung zwischen diesem `Namen´ (!Jach-We!) und `Gott´ (also sich selbst) in welche ausweglose Situation die Extraterrestrier mit der Übergabe der Mannamaschine sich hineinmanövriert hatten: Einerseits durfte das Objekt nicht gesehen werden, da es mit `Gott´ verwechselt werden konnte, andererseits durfte aber auch der Name dieses außerirdischen Ungeheuers nicht benannt werden, denn man konnte es damit an- oder abschalten! Beides zusammen mußte unweigerlich dazu führen, daß von dem Objekt dauernd im Lager - zumindest unter den die Hütte als Schutz umwohnenden Leviten - angstvoll geflüstert und gemunkelt wurde. Es durfte aber diese grotesk-verhängnisvolle Wirklichkeit keinesfalls durchschaut werden, denn dann hätte man vielleicht verstanden, daß es sich um eine Maschine handelte und nicht um einen Gottesboten, und wer waren dann die Überbringer – vielleicht auch nicht ... `Gott´?

Andererseits mußte aber dauernd ein Dienst an diesem unsichtbaren Nicht-Gott `Gott´ verrichtet werden. Auch hieß es ausdrücklich „...*sende einen Boten vor dir her* ...", der also ein Gottes-Bote war und doch auch wieder nicht als Gott angesehen werden durfte ... und der aber auch wieder zu allem Unglück bei jedem Manna-Abholen sich unmißverständlich als existent dokumentierte – durch das Manna, das er produzierte; und in der Nacht glühte es feurig in der Wolke, die über – ja, worüber, stand? Und dieser Bote war auch noch ein Mißverständnis, das man von den dramatischen ersten Tagen und Nächten des Auszuges ständig mitschleppte (mehr dazu unten)! Wer um alles in der Welt sollte aus diesem Labyrinth hinausfinden und den Kindern Israel überzeugend klar machen, was da vor sich ging und wer was oder was wer war? Wo wir doch auch in der Technik-durchschauenden Gegenwart manchmal unsere Mühe haben, hier die „Schafe von den Böcken" zu unterscheiden; d. h. die (technische) Wahrheit von Irrtum und Mißverständnis und beide wieder von auswendig gelerntem religiös-wahnhaftem Wunschdenken und Machtkalkül zu trennen, und richtig einzuordnen. Und damit nicht genug: Es zog mit diesem unsichtbaren, aber allgegenwärtigen Gottesboten eine alle niederdrückende, furchtsame Stimmung ins Lager ein, die unwillkürlich an schlimmste Gefangenenlager aus noch nicht lange zurückliegender Vergangenheit erinnert (s. u., Teil IV); wie aus diesem Labyrinth aus Unwissenheit, Mißverständnissen, vagen Vermutungen und Furcht herausfinden? ... Es würde eines ganz anderen Zeitalters dafür bedürfen – das Zeitalter der Gegenwart.

Die seltsame Kleidung der Priester und der orthodoxen Juden
Ein unmißverständlicher Hinweis auf unerwartete Probleme mit den Leviten bzw. Priestern während der Belehrungen durch die Extraterrestrier, der bis heute so unmittelbar nachwirkt – als sei das Ganze gerade erst gestern geschehen.

Nun hätte man mit der großen Wanderung beginnen können, aber da gab es noch ein Grundproblem, das wohl in mehreren Abschnitten wiederholt auftauchte und so auch bewältigt wurde, das wir hier aber aus Gründen der Einfachheit zusammenfassen und als einen Komplex mit den entsprechenden jeweils angewendeten Abhilfen erläutern wollen. Das Problem betrifft die Kleidung der Priester und was diese erzählt. Wie so oft, waren auch da zwei Dinge zu beachten: die körperlichen und die geistigen.

Die *körperlichen* Probleme konnte man mit einer geeigneten Kleidung bewältigen, das war nicht weiter schwierig. Da hatte man zunächst Moses und die höchsten Priester eingekleidet; Moses erhielt eine kronenähnliche Tiara aufgesetzt, und an seiner Kleidung war so allerhand Schnickschnack daran (Abb. 34). Auch die übrigen höheren Priester erhielten ihre ganz spezifische Kleidung, wenn auch weniger aufwendig als bei Moses und Aharon. Dieser Unterschied war wohl nötig, um klar zu stellen, wer der Chef war.

Das war eine elegante Sache, denn die Priester konnten sich jetzt erhaben fühlen - sie würden das später auch erbarmungslos ausnutzen -, und man konnte in den ´Edelsteinen´ ihrer Kleidung zusätzliche Informationen verbergen, wovon der jeweilige Träger nicht unbedingt etwas zu wissen brauchte.

Das nächste war die gewöhnliche Arbeitskleidung für die Leviten, die aus isolierendem Leinen bestand (die Maschine stand unter Hochspannung!) und die auch noch vor der Verschmutzung während der allwöchentlichen Reinigung zu schützen hatte. Sie verfügten also über eine besondere Schutzkleidung wie heutige Techniker; ebenso natürlich auch die ständig tätigen ´Metzger´, die die vielen Opfer zu besorgen hatten und wahrscheinlich auch die übrigen, einfachen Priester; auch sie brauchten eine besondere Kleidung. Das war alles ziemlich logisch, wenn auch anfangs recht ungewohnt. Immerhin: jeder von ihnen konnte sich einbilden, etwas Besonderes zu sein, und von den übrigen Israeliten, die vielleicht in den Vorhof eintreten durften zur Entgegennahme ihrer Manna-Ration, wurden sie auch so angesehen; das wird den so durch ihre Kleidung hervorgehobenen gut getan haben.

Soweit die äußerlichen, *körperlichen* Dinge, die wohl auch die Rangfolge, den Dienstgrad, des jeweiligen Priesters bzw. Leviten festlegten. Diese Ordnung wird für die Extraterrestrier eine Selbstverständlichkeit gewesen sein, denn im Habitat gab es, wie bereits oben angemerkt, sehr wahrscheinlich auch eine strenge Abstufung nach Dienstgraden.

Daneben gab es das ganz allgemeine und allgegenwärtige Problem, die Priester und vielleicht alle Levite *geistig* ´bei der Stange´ zu halten, d. h. in Sachen ´Religion´ ihre ständige Aufmerksamkeit zu erhalten. Das war leichter gesagt als getan – es war nahezu unmöglich, beim Gebet ihre geistige Konzentration zu erhalten; und bei den komplizierten technischen Aufgaben an der Mannamaschine wird es anfangs solche Probleme auch gegeben haben. Diese Leute kannten ganz einfach keine geistige Konzentration, wie sie beim Erfüllen technischer Aufgaben nötig ist. Man konnte tun was man wollte, nach kurzen Augenblicken hatten sie das Gesagte, das gerade hoch und heilig Versprochene, wieder vergessen. Und bei den Gebeten oder anderen Diensten im Zelt: immer fingen ihre Hände nach kurzer Zeit an, sich mit anderen Dingen zu beschäftigen. Selbst der Kopf und die Augen gingen bald in alle mögliche Richtungen und ließen sich von der kleinsten Kleinigkeit ´da draußen´ ablenken. Wer kennt das nicht von den kleinen Abc-Schützen in der ersten Schulklasse: Immer sind die kleinen Händchen mit irgendetwas beschäftigt, immer hat der Platznachbar etwas interessantes, das man unbedingt sehen oder hören muß; und immer ist woanders - vielleicht draußen vor dem Fenster - etwas in Gang, das man auch gesehen haben muß – schon ist der Lehrer oder die Lehrerin vergessen. Ganz genau so ging es den Extraterrestriern mit den Leviten und überhaupt mit allen, die eine präzise Anweisung, eine genau auszuführende Handlung, oder einen Text, lernen mußten – es war zum Verzweifeln!

Wann und wo hätten sie auch die nötige geistige Disziplin lernen sollen!? Nun hat die moderne Welt Schulen, in denen man nicht nur so allerhand lernt, sondern, ganz nebenbei, auch lernt, sich zu konzentrieren; lernt, über das Gesagte nachzudenken, und die darin eventuell enthaltenen Aufgaben zu erfüllen, oder doch zumindest das Gesagte nicht gleich wieder zu vergessen. Die Extraterrestrier hatten diese Möglichkeit nicht. Einerseits waren ihre `Schüler´ erwachsene Menschen, die man nicht wie Schulkinder behandeln konnte, obwohl das sich noch am ehesten gefunden haben würde: sie, die Lehrer, waren ja `Gott´ – zumindest göttlich! Nein, sie hatten ganz einfach nicht die Zeit! Unsere Schüler gehen mindestens neun Jahre zur Schule. So lange konnte der Gottesdienst im Zelt unmöglich warten; es mußte schneller gehen, viel schneller. Und es mußte ein System gefunden werden, das schon während des Gottesdienstes einsetzte und mit einer gewissen Härte und Entschlossenheit durchsetzbar war. Da man also aus schierem Zeitmangel den Geist nicht nach dem Prinzip eines modernen Schul-System schulen und eingewöhnen konnte, mußte man den Körper entsprechend permanent in die Pflicht nehmen. Einzig so war in gewisser Weise das Zeitproblem zu lösen. Aber das ging auch nur auf einem gleichermaßen raffinierten wie grotesken Umweg: Man mußte die Kleidung, die den Körper bedeckte so gestalten, daß sie ununterbrochen an die Aufgaben des Geistes erinnerte. Diese Aufgabe konnte nur die ständig sichtbare Oberkleidung erfüllen; sie war entsprechend zu gestalten, denn die Unkonzentriertheit dieser kindlichen Naturburschen war allumfassend!

Wenn man aber die Oberbekleidung entsprechend gestaltete (Abb. 30), dann konnte man nicht nur für den Moment des Anziehens dieser Kleidung, sondern auch während des ganzen Tages, an die Pflicht, die Religion, an `Gott´, den Hochbetagten, den `Ewigen´, erinnern; damit war schon viel gewonnen. Aber es war nicht genug: das Hinsehen auf die Kleidung barg die Gefahr eines Gewöhnungseffekts: Da waren halt die Schnüre an den Ecken des Obergewandes – na und? Der Verstand war damit bestenfalls Sekunden oder Minuten beschäftigt. Wie ihn den ganzen Tag auf den Höchsten konzentrieren? Die Extraterrestrier fanden eine gleichermaßen groteske wie wirksame Lösung.

(Wie sehr und wie selbstverständlich diese unschuldige, kindliche Unkonzentriertheit unter ungeschulten Natur-Menschen verbreitet ist, mußten auch die Kolonisatoren der Alten Welt erfahren, als sie etwa ab Fünfzehnhundert auszogen, die `armen Heidenkinder´ der Neuen Welt zu bekehren. Dazu sei hier ein beliebiges Beispiel zitiert, das dem Verfasser zufällig in die Hände kam (zitiert nach DE LERY, 1977, dt. Ausgabe):

„Gott verlieh unseren Worten solche Kraft, daß unsere Tuupinambaults [ein Indianerstamm in der Nähe des heutigen Rio de Janeiro] *so tief bewegt waren, daß verschiedene von ihnen versprachen, in Zukunft so leben zu wollen, wie wir es sie gelehrt hatten. Auch das menschliche Fleisch ihrer Feinde wollten sie nicht mehr verzehren. Nach dieser Unterredung (die, wie ich sagte, recht lange dauerte)*

ließen sie sich gemeinsam mit uns auf die Knie nieder. Einer der Unsrigen dankte Gott und sprach das Gebet laut inmitten der Wilden. Sein Gebet wurde sogleich vom Dolmetscher übersetzt. – Nachdem dies geschehen war, ließen sie uns – auf ihre Art – in aufgehängten Baumwollbetten schlafen. Noch ehe wir aber einschliefen, hörten wir sie alle gemeinsam singen, daß sie sich an ihren Feinden rächen wollten. Sie müßten noch mehr von ihnen gefangennehmen und verzehren als bisher. Daraus kann man die Unbeständigkeit dieses bedauernswerten Volkes erkennen, ein gutes Beispiel für die Verderbtheit der Menschen.")

Der Text zeigt nicht nur die Unbeständigkeit der Naturmenschen, die einfach nur nie etwas anderes kennengelernt hatten, er zeigt auch die naive Einstellung der (damaligen) Christen: `Was nicht nach unserer Art lebt und uns gehorcht, das ist zumindest verderbt!´ Ob die Extraterrestrier auch so dachten, erfahren wir so direkt nicht. Aber das Phänomen der `Unzuverlässigkeit´ der Kinder Israel - so werden sie es gesehen haben, und so haben sie auch immer wieder bei Moses sich beschwert im Sinne von: „*Wie lange noch …*" -, das werden sie genauso gesehen haben. Anders als die langsame Erziehung in einer Schule mußten sie aber momentan Abhilfe schaffen; wohl innerhalb weniger Tage oder Wochen. Dabei konnten sie selbst nicht als Lehrer anwesend sein, man hätte ihre Menschenähnlichkeit unweigerlich erkannt. Sei es, daß es sich um geschlechtslose Androiden handelte; sei es, daß es wirkliche, heilige Engel, also außerirdische Menschen im Sinne Henochs waren (dann hätte sofort auch noch das Problem mit den schönen Menschentöchtern gedroht – man kannte das!): Man konnte da nicht wochen- oder monatelang im Lager oder auch nur im Stiftszelt einen Lehrer hinschicken; und wie hätte der sie unterrichten sollen? Auch hätte ein solcher Lehrer wahrscheinlich wenig genützt, denn nach seiner Rückkehr in den Himmel hätten seine Schüler bald wieder alles vergessen und sich verhalten wie vorher. Zumindest die nicht Unterrichteten hätten mit ihrem Tun ganz unbewußt die Unterrichteten sehr bald wieder auf alte, bekannte Pfade gelenkt; und alles wäre bald wieder so gewesen wie vorher.

Es mußte also eine andere, momentan und dauerhaft wirksame Lösung gefunden werden, und sie wurde gefunden. Das Problem schien zunächst nur ein äußeres zu sein: Man mußte den ausgewählten Leviten permanent klar machen, daß sie nun Priester waren und nicht mehr wahllos mit den übrigen Leuten im Lager Kontakt aufnehmen konnten und dabei womöglich ebenso wahllos herumquatschen konnten: Sie waren jetzt Geheimnisträger! Das mußten die aber erst einmal begreifen – jeden Tag neu, ununterbrochen. Also wurde das entsprechend manipuliert, das sie jeden Tag bei sich trugen: die Kleidung. Sie erhielten einen Gebetsmantel umgehängt mit farbigen Streifen und Troddeln daran (Zizit und Tallit); das hatte nicht jeder. Das war also nebenbei auch eine Auszeichnung: `Jetzt bist du was Besonderes´. Zumindest werden sie das so empfunden haben.

Bald wurde aber klar, daß auch das nicht ausreiche: Die ständig beschäftigten Hände und Arme bei den Gebeten – was war da zu tun? Es blieb nur eines: man mußte sie festbinden, und man tat es! Erfunden wurden die Gebetsriemen (Tefillin), die bezeichnenderweise sowohl die Finger als auch die Hände und die Arme beim Beten umschnüren – bei den orthodoxen und ultraorthodoxen Juden bis heute! Daran ist nichts zu ändern, nicht in Zeit und Ewigkeit, denn was von den Extraterrestriern kommt, ist Gottes Gebot – wie also daran etwas ändern, ohne eine schwere Sünde zu begehen?! Damit hatte man die Arme und Hände also ruhiggestellt (sie waren wirklich, wie bei einem tobenden Irren, *ruhiggestellt* worden! (siehe Abb. 30)). Aber der Geist – die ständig beschäftigten Hände und Arme waren doch nur das Abbild des ebenso ständig beschäftigten, also abgelenkten Geistes.

Man könnte an dieser Stelle vielleicht auf den Gedanken kommen, daß den Priestern schon auf dem Har Karkom beim Einüben der Prozeduren mit der Mannamaschine diese `Fesseln´ angelegt wurden. Dort war schließlich beim Lernen der komplizierten Vorgänge der Wartung, der Demontage und des Wiederzusammenbaus des `Hochbetagten´ die größte Konzentration von Nöten. Aus zwei Gründen war das aber sehr wahrscheinlich nicht der Fall. Einerseits waren auf dem Har Karkom nur Moses und einige Begleiter beim Unterricht zum Dienst an der Mannamaschine anwesend. Aus gutem Grunde wurde die Zahl der Eingeweihten möglichst klein gehalten – je weniger um die Wahrheit wissende, desto weniger unkontrollierbares Geschwätz. Hätte man diesen Wenigen irgendeine besondere Verhaltensnorm eingebläut, wären später alle anderen Priester in dieser Hinsicht nicht informiert gewesen – und wer wußte, ob sie von ihren Kollegen würden sich belehren lassen. Andererseits mußten ihre Hände und Arme für die technische Arbeit am Hochbetagten frei beweglich sein; das schloß dort das Anlegen der Gebetsriemen aus.

Auch waren die Priester, die das Allerheiligste betreten durften, durch ihre spezielle Dienstkleidung so sehr ausgezeichnet und so sehr permanent auf ihre todernsten Pflichten eingestimmt, daß dort wahrscheinlich keine zusätzliche Ermahnung nötig war – sie hatten aus der Situation heraus davon genug: die ständig vor sich hin zischelnde und kollernde Mannamaschine – und ihr Tyrann! Aber bei den Übrigen, die nicht das Allerheiligste betreten durften, genügte das nicht; ihr Geist, ihre Gedanken irrten ständig ab. Wie dem beikommen? Konnte man auch den Geist wie die Finger, die Hände und - bei konsequenter Anwendung - selbst noch die Arme einbinden, also fesseln? Natürlich kann niemand den Verstand, die Gedanken eines Menschen wie mit einem Strick festbinden. Aber das ist auch gar nicht nötig: Es genügt, die Konzentration des Geistes permanent auf den gewünschten Gegenstand, auf den gewünschten Gedanken zu fixieren, und das war möglich. Mit einer grotesken Einrichtung gelang es, den Geist der Betenden permanent auf das Gebet hin zu lenken und dort festzuhalten: Es wurde eine etwa würfelförmige Lederkapsel erfunden, die Phylakterien, die, von einer Schnur gehalten, während des Gebets ständig zwischen den Augen auf der Stirn sich zu befinden hatte! Damit war jedes Abirren des Geistes unmöglich geworden. So abgelenkt konnte niemand sein, daß er dieses Objekt zwischen den Augen je vergessen hätte (Abb. 30).

Die Haare und der Bart gehören auch in diese Kategorie: Es galt also, Peyes wachsen zu lassen, d. h. das Haar vor den Ohren nicht zu schneiden, weil ja auch der Hochbetagte, d. h. die Mannamaschine, Bartstränge hatte (die Konvektionsrohre), die nicht beschädigt werden durften! Aus dem gleichen Grunde wurde angeordnet: „*Die Ecke eures Haupthaares sollt ihr nicht abrunden.*" Entsprechend auch: „*Du sollst den Rand deines Bartes nicht verkürzen.*" Das Resultat sind die Schläfenlocken und der lange Bart bei den orthodoxen und ultraorthodoxen Juden – bis auf den heutigen Tag!

Seit talmudischen Zeiten eingeführt ist der Gartl. Der Stoffgürtel soll daran erinnern, daß es einen Unterschied zwischen dem oberen und dem unteren Teil des Körpers gibt; auch das ein Hinweis auf die zwei Haupteinheiten der Mannamaschine, die bei der Demontage und dem Wiederzusammenbau voneinander getrennt beziehungsweise wieder zusammengefügt wurden. Es ist also bis heute jeder orthodoxe und ultraorthodoxe Juden ein Abbild der von den Extraterrestriern verordneten `Stillhalte- und Konzentrations-Anordnungen´ und gleichzeitig der Mannamaschine! – es ist ihnen aber nicht bewußt. Bei sexueller Interpretation der Rolle des Gürtels trennt er zudem den oberen Teil des Körpers, den geistigen Aspekt des Lebens vom unteren Teil, den weltlich-animalischen Aspekten, z. B. den Geschlechtstrieb.

Die Gegenwart der Mannamaschine und das gleichzeitige Hantieren an ihr, das zumindest in einigen Phasen der Demontage und des Wiederzusammenbaus mit Lebensgefahr verbunden war, schlossen ein Abgelenkt-Sein, oder ein schläfriges Desinteresse aus. Stattdessen gab es bei ihnen einen ganz anderen Gefahrenherd: Sie mußten genau zu jeder Zeit den jeweils nötigen Handgriff in der richtigen Reihenfolge verrichten. Ihre dafür nötigen `Gebetsriemen´ waren deshalb äußerlich unsichtbar, denn es waren die des Geistes, der akuten Lebensgefahr. Es gab deshalb wahrscheinlich einen Liturgie-ähnlicher Singsang, der jeden Handgriff und seine Reihenfolge genau vorschrieb. Auf die Möglichkeit des Entstehens der Liturgie im Gottesdienst auf diesem Wege haben schon Sassoon und Dale hingewiesen (s. o.). So entstand eine religiöse Handlung, das Absingen der Liturgie, unmittelbar aus den technischen Gegebenheiten einer Maschine und dem Hantieren an ihr. Dabei hatte das korrekte Absingen dieser technischen Liturgie bei Demontage und Wiederzusammenbau der Maschine im gewissen Sinne die Funktion geistiger, auch akustischer, Gebetsriemen, deren Wirkung von der ständigen, akuten Lebensgefahr unterstrichen wurde. Beendet wurde dieser Vorgang mit dem Verkünden der erfolgreichen Vereinigung des Alten mit seiner Matrone: Der ungeheuerliche, lebenserweckende Geschlechtsakt, der die Algen im großen Kulturtank wachsen lassen würde, der erfolgreiche Wiederzusammenbau des Gottes, hatte stattgefunden, Gott war wieder *ein* Gott; es würde wieder Gnade geben, wieder Manna.

Die Dienst-Kleidung des Hohepriesters – Der Hohepriester an der Kette
Über seiner Oberkleidung trug der Hohepriester das ebenfalls als Efod bezeichnete Overall-ähnliche Kleidungsstück, das an seinem unteren Rand eine Aufreihung von kleinen Glöckchen und Granatäpfeln aufwies, die sich jeweils abwechselten; dazu gleich mehr (Abb. 34). Für den Gottesdienst waren die vielen bunten (Edel)-Steine von Bedeutung. Da waren zunächst zwölf, die auf der Brust zu tragen waren, das „Urim und Tummim". Sie waren wohl nicht nur eine symbolische Erinnerung an die zwölf Stämme Israels; sie hießen ja ausdrücklich Recht und Unrecht. Dort war also wahrscheinlich der Kode versteckt, der darüber entschied, ob einer zu Recht das Allerheiligste betrat –dann überlebte er.
Das würde bedeuten, daß während der Wanderung, als die Maschine aktiv war, alle Personen, die das Allerheiligste betreten durften, dieses `Urim und Tummim´ tragen mußten, oder eine andere elektronische Kennung, die die gleiche Wirkung hatte; später trug es dann aus Traditionsgründen wohl nur noch der Hohepriester. Falls jemand zu Unrecht in das Allerheiligste eindrang, ohne `Urim und Tummim´ zu tragen, wurde er von einer Strahlenwaffe an der Mannamaschine erschossen, war also auf der Stelle er tot! Den Söhnen Aharons war es wahrscheinlich so ergangen.

Darüber hinaus hatte der Oberpriester auch noch beleuchtete Edelsteine auf seinen Schultern. Deren Leuchten wurde von den Kindern Israel als Zeichen der Anwesenheit des Ewigen, der Schechina, aufgefaßt. Nach Flavius Josephus war dieses Leuchten bis ca. Zweihundert Jahre vor seiner Zeit sichtbar, also bis ca. Hundertfünfzig vor Chr. Sehr wahrscheinlich waren die Extraterrestrier nicht solange anwesend, sondern es waren in diesen Edelsteinen, und eventuell im Brustschild, vermutlich elektrische Bauteile vorhanden, die der Priester mit einer unauffälligen Bewegung anschalten konnte. Dann leuchteten die Edelsteine auf und alle erschauerten, denn dann war ja der Ewige anwesend! Auf dem Kopf trug der Hohepriester schon damals - während der Wüstenwanderung, Moses - eine kronenähnliche Mitra mit der (übersetzten) Aufschrift „Heiligkeit für Gott" (wahrscheinlich im Sinne von `hygienische Sauberkeit´ für Gott!). Der Verfasser hat schon in seinem ersten Buch zur Prä-Astronautik darauf hingewiesen, daß der Begriff (hygienisch) `sauber´ in den Fünf Büchern Moses wahrscheinlich oft mit (religiös) `heilig´ verwechselt worden ist. Ob das schon von Anfang an so geschah, oder ob spätere Redaktoren (Religionsmacher) und/oder spätere Übersetzer - oder sie alle gemeinsam - in frommer Einfalt (wohl nicht aus Böswilligkeit) solchen Irrtümern unterlagen, muß offen bleiben.

Insgesamt war also der obere Teil der Dienstkleidung des Hohepriesters eindeutig auf gottesdienstlich-psychologische Effekte und der untere Teil auf die Arbeit an der Mannamaschine abgestimmt. Ob das den Priestern und Leviten so bewußt war, darf bezweifelt werden. Eines aber müssen sie bemerkt haben: wo immer sie (keineswegs nur der Hohepriester, der war in dieser Hinsicht über alles erhaben) mit ihrer Kleidung gesehen wurden, wahrscheinlich nur im Vorhof des Stiftzeltes, da machten sie natürlich ganz unglaublich Eindruck – auch auf die jungen Frauen. Später, nach Moses' Tod und nach Durchqueren des Jordans, würde das Konsequenzen haben – die gleichen Konsequenzen wie schon bei den Engelssöhnen, den Annunaki: Sie schliefen mit welcher sie wollten.

Desweiteren hat die Kronenähnlichkeit der Kopfbedeckung Moses' möglicherweise zur gefährlichsten Revolte gegen ihn entscheidend beigetragen, der Revolte der Rotte Korah; davon unten mehr. Denn unweigerlich mußten die Kinder Israel angesichts dieser `Krone´ an die Krone Pharaos' denken. War Moses womöglich auf dem Weg dahin – der entsprechende Verdacht scheint aufgetaucht zu sein. Daß das ausgerechnet bei den Leviten geschah, ist so sonderbar nicht, denn die wohnten ja in unmittelbarer Nähe der Stiftshütte und sahen deshalb Moses und die höchsten Priester am häufigsten in ihrer Amtstracht. Bei ihnen mußten also `weiterführende´ Gedanken am ehesten auftreten. Das Volk im weit entfernten Lager hatte kaum Einblick in diese so ganz abgeschiedene Welt, diesen abgehobenen und so wirkungsvoll verbarrikadierten Jachwe-Vatikan.

So war die seltsame Kleidung der in der Stiftshütte beschäftigten Diener durchaus logisch – aus der Sicht der Extraterrestrier. Für die Menschen war es anfangs nicht nur eine Tortur – die bedauernswerten levitischen Priester mit ihren enggeschnürten Arm- und Fingerriemen und der seltsamen Kapsel auf der Stirn können einem bei heißem Wetter schon mal leid tun; sie war für die Juden aus dem entfernten Hauptlager darüber hinaus in zweifacher Hinsicht gefährlich: Da war einmal der Gedanke, daß `da draußen, beim `Ewigen´´ so vieles ablief, das sie nicht verstanden. Das sorgte unweigerlich für eine rasch zunehmende Distanz zwischen den `höheren´ Leuten in der Umgebung der Stiftshütte - von den höchsten Priestern in derselben ganz zu schweigen - und den `gewöhnlichen´ Menschen. Erstere würden schon wegen ihres Äußeren rasch unnahbar werden. Damit entstand eine Hierarchie, die bis heute nachwirkt: Der Priester einer Gemeinde würde unweigerlich auch ihr Herr und Aufseher, also Vormund sein; die Kleidung der Priester half da kräftig nach. Und da war andererseits die Gefahr der Religions-Diktatur und der schmarotzerhaften Ausbeutung; bis dahin war es nur ein kleiner Schritt, der sich auch bald einstellte – wenn auch anfangs vielleicht ungewollt: die Opfer, von denen sie das Beste abheben durften. In einer Zeit, in der man nur ausnahmsweise sich satt essen konnte, war das nicht zu verachten. Vielleicht hat Moses das ganz ohne entsprechenden Befehl `von oben´ so eingerichtet.

Dagegen war die untere Hälfte des Gewandes des Hohepriesters unverständlich; sie wurde wahrscheinlich als Arbeitskleidung beim Opfern am Altar und beim Dienst im Allerheiligsten verstanden. Das Gebimmel der Glöckchen am unteren Saum seines Gewandes (während der Wüstenwanderung wohl nur bei Aharon) wird man als Zierrat empfunden haben – wie sollte man auch anders; von der wirklichen Aufgabe dieser `Zierde´ wußten ja nur ganz wenige Eingeweihte etwas.

Schließlich trug später der Oberpriester neben den Glöckchen noch eine goldene Kette an einem Fuß (Abb. 34), mit der er aus dem Allerheiligsten herausgezogen werden konnte, wenn ihm beim Dienst an der Mannamaschine etwas `Menschliches´ zustieß, d. h. wenn er einen Stromschlag erhielt - wie der bedauernswerten Usa - und ohnmächtig oder gar tot war. In diesem Fall ergab sich ein Problem, das nahe mit der Quadratur des Kreises der Söhne Kehats verwandt war (s. u.): Man mußte den bewegungsunfähigen Körper dann aus dem Allerheiligsten herausschaffen, durfte aber den `Bewohner´ des Allerheiligsten dabei nicht sehen, es war ja der Hochbetagte, die Mannamaschine. Was also tun? Für diesen Fall trug der Hohepriester die goldene Kette am Fußgelenk, an der man ihn aus dem Allerheiligsten ziehen konnte, ohne es zu betreten. Jetzt begreifen wir auch die Funktion der Glöckchen: Sie waren wohl nicht so sehr dazu da, um mit ihrem Gebimmel die Tätigkeit des Priesters unter Beweis zu stellen, der wußte schon, was er da in welcher Reihenfolge zu tun hatte; nein, die Glöckchen waren dazu da, mit ihrem eventuellen *Verstummen*, auf einen Unfall hinzuweisen, die Zuhörer draußen im Vorraum zu alarmieren. Etwa im Sinne von: `Mein Gott, da klingelt nichts mehr, es muß ihm etwas zugestoßen sein!´ Daß die Glöckchen zum Hören da waren - also ihr Verstummen als alarmierend galt -, steht auch ausdrücklich im AT (nach der älteren Luther-Bibel im 2. Moses, 28, 35):
„ …, *daß man seinen Klang höre, wenn er aus und ein geht in das Heilige vor dem Herrn, auf das er nicht sterbe.*" Bei Tur-Sinai lesen wir dazu:
„*Und Aharon soll es bei der Dienstverrichtung tragen, daß dessen Schall gehört werde, wenn er hineingeht in das Heiligtum, vor den Ewigen, und wenn er herauskommt, auf daß er nicht sterbe.*"[1]
[1] Es wurde dort also ein spezieller Dienst verrichtet, bei dem man umkommen konnte – an oder vor der Bundeslade wäre das nie möglich gewesen; was also stand da im Allerheiligsten, das so lebensgefährlich war?! Beim Hineingehen ins Allerheiligste und beim Herauskommen gab es keine Gefahren; das „*... auf daß er nicht sterbe.*" kann sich also nur auf die Dienstverrichtung selbst beziehen. Auch glaubt man hier den zögernden Zwiespalt des Religionsmachers im Tur-Sinai-Text geradezu zu fühlen: Er spricht erst - sachlich richtig - davon, daß der Schall bei der <u>Dienstverrichtung</u> gehört werden soll; besinnt sich aber und schwenkt rasch wieder ein auf die harmlos-`korrekte´ Version vom Hineingehen in das Heiligtum und vom Herauskommen. Man muß nicht allzu boshaft sein, um an dieser Stelle von „Gleichschaltung" und von „religionspolitischer Korrektheit´ des Textes zu sprechen, die hier, wohl aus gedankenloser Unachtsamkeit, nicht vollkommen, d. h. nicht exakt linientreu, durchgehalten wurde.

Im Fall des Verstummens wird man zunächst durch den Vorhang gerufen haben, und erst wenn auch nach mehrmaligem Anrufen keine Antwort erfolgte, wurde an der Kette gezogen. Wenn er davon wieder aus der Ohnmacht erwachte – um so besser. Wenn nicht, mußte man ihn halt ganz herausziehen. Das hatte natürlich zur Voraussetzung, daß die Kette für die Draußenstehenden im Ernstfall auch wirklich greifbar war. Es mußte der diensthabende Hohepriester also immer die Kette nach draußen, unter den Vorhang hindurchgehend, in den Vorraum sich erstrecken lassen. Bei seiner Dienstverrichtung im Allerheiligsten war er also buchstäblich immer `an der Kette´.

Während der Wüstenwanderung war eine solche `Rück-Versicherung´ nicht nötig, denn nach allem was wir in diesem Zusammenhang aus der „Ur-Kabbala" vermuten dürfen, waren während der Wanderung wohl immer mehrere Personen im Allerheiligsten anwesend (Moses und/oder Aharon und eventuell die Leviten-Spezialisten), die den Hochbetagten sehen durften bei der Demontage, der Reinigung und beim Wiederzusammenbau, vielleicht auch bei der Manna-Entnahme. Die konnten auf einander aufpassen und erste Hilfe leisten, falls etwas Unvorhergesehenes geschah. Das ist andererseits aber auch wieder nicht ganz sicher, denn die Glöckchen wurden gleich bei der Einrichtung des Priestertums vorgeschrieben, unmittelbar nach Übergabe der Mannamaschine (siehe AT 2 Moses, 28, und oben); die goldene Kette kam erst später hinzu (siehe Sohar 3, 67a). Es wurde also auch hier schon Wert darauf gelegt, daß von außen her die Aktivität Aharons akustisch hörbar war. Eine goldene Kette war aus dem vorher genannten Grunde wohl noch nicht nötig, denn es gab ja einige Spezialisten, die den Hochbetagten sehen, also im Notfall ohne weiteres das Allerheiligste betreten durften. Vielleicht kam es öfter vor, daß Aharon alleine im Allerheiligsten am Hochbetagten Dienst verrichtete, dann waren die Glöckchen wegen der großen Gefahr auf jeden Fall nützlich. Zuhören konnten dann wahrscheinlich vom mittleren Abschnitt des Stiftzeltes die Erntemänner des Heiligen Feldes oder der „ Bursche, der nie aus dem Zelt wich".

Aber später, nach dem Bau des Tempels, als nur noch eine Person den Hochbetagten einmal im Jahr sehen durfte, eben der Hohepriester, war die Goldkette wohl eine zwingende Notwendigkeit. Das läßt aber natürlich auch tief blicken, denn es muß da mindestens einmal einen Unfall gegeben haben, der die Beteiligten nachdenklich machte; es wurde zumindest einmal tatsächlich ein Hohepriester an der Mannamaschine ohnmächtig, oder kam vielleicht sogar zu Tode, denn wie hätte man sonst auf die einigermaßen seltsame Idee kommen sollen, den Hohepriester beim Gottesdienst `an die Kette´ zu legen!? Und der Unfall wieder zeigt, daß der Hohepriester im Sinne der Erntemänner des Heiligen Feldes (zumindest aber im Sinne der `Herren der Herren´, die ursprünglich - während der Wanderung - die Maschine versorgt hatten) *nicht* zu den Eingeweihten gehörte; wozu hätte er sonst die Goldkette gebraucht? Die Erntemänner des Heiligen Feldes kannten den Hochbetagten gut genug, um zu wissen, wo sie anfassen durften und wo nicht. Auch zeigt die Goldkette, daß es keine anderen mehr gab, die den Hochbetagten sehen durften (also keine Erntemänner bzw. `Herren der Herren´), denn die hätten im Notfall den Priester herausholen können. Das hat wieder Folgen: Waren im Salomonischen Tempel keine Erntemänner des Heiligen Feldes (mehr) aktiv, oder war die Zusammenarbeit zwischen den Religionsvertretern, den Priestern, und den Kabbala-Vertretern, den ´Erntemännern des Heiligen Feldes´, so schlecht, daß man sich auch bei der Jom Kippur-Zeremonie aus dem Wege ging?

(Diese Zusammenhänge und Abhängigkeiten werfen womöglich ein bezeichnendes Licht auf die internen zwischenmenschlichen Verhältnisse zwischen den Priestern und anderen Religionsvertretern im Tempel. Es ist aber nicht Aufgabe dieses Buches, auf solche Dinge näher einzugehen. Die Folgen der hier dargelegten Fakten und Gedanken für die spätere jüdische Religionsgeschichte - etwa das Entstehen unterschiedlicher Schulen und deren Verhältnis zueinander - können nur theologische Spezialisten bearbeiten.)

Das Ganze hatte natürlich für den Extremfall eines tödlichen Unfalls oder bei tiefer Ohnmacht, wenn also der Körper unbeweglich war, noch eine weitere, gleichsam technische Folge: Der zusammengesunkene Hohepriester, oder seine Kleidung, konnte beim Ziehen an der Kette sich so unglücklich mit der Maschine verhaken - wenn um die Ecke gezogen werden mußte - daß ein Herausziehen unmöglich war. Wir erfahren nicht, was dann geschah. Möglicherweise durfte der Hohepriester nur von der Seite an die Maschine herantreten, von der aus die Goldkette geradewegs nach ´hinten´ hinausführte, ein Ziehen um die Ecke also auf keinen Fall nötig wurde. Vielleicht sind entsprechende Formulierungen im Sohar „ ... *von der Seite der Gnade her* ...", o. ä., ursprünglich aus der nicht mehr richtig verstandenen Gewohnheit abgeleitet, daß der Hohepriester sich nur auf der Seite der Maschine näherte, die auch in dieser Hinsicht ungefährlich war.

Insgesamt stellen die kleinen Glöckchen, zusammen mit der goldenen Kette, einen bemerkenswerten Hinweis dar auf die tödliche Gefahr, die beim Dienst im Allerheiligsten auftreten konnte; und sie legen auch Zeugnis davon ab, wie fanatisch man entschlossen war, auch später noch jeden, (aber auch *jeden*!) Blick auf den ´Hochbetagten´ zu verhindern.

Davids ´schamloser´ Tanz vor dem ´Ewigen´
Wer sich den Hohepriester mit seinen klingelnden Glöckchen an der Mannamaschine werkelnd vorstellt, der kann kaum anders als seine Beine sich permanent bewegen sehen; es mußten ja die Glöckchen immer klingeln! Die Bewegung seines Oberkörpers, die nicht sehr heftig gewesen sein wird, kann die Glöckchen nicht zuverlässig zum Klingeln gebracht haben. Denn es gab keinen Anlaß zu entsprechend kraftvollen Bewegungen des ganzen Körpers, und die Ängstlichkeit der Maschine gegenüber wird seine Hantierungen zusätzlich auf das Nötigste beschränkt haben. Man möchte weiterspekulieren, daß der Mann seine Beine wohl absichtlich permanent und deutlich bewegte. Von da hin zu tänzelnden und schließlich tanzenden Bewegungen war es dann nur noch ein logischer Schritt. Ein solcher ´Tanz´ wurde möglicherweise bei der ritualisierten ´Bedienung´ des

Hochbetagten am Jom Kippur vom Hohepriester tatsächlich ausgeführt. König David hatte beim Einbringen der Mannamaschine vielleicht nicht ganz zufällig *„mit aller Macht"* vor der Maschine *getanzt!*

Es heißt da (zitiert nach JB in 2. Samuel 6, 14 u. 20): *„Und Dawid tanzte mit aller Macht vor dem Ewigen* [Es war also nicht die Bundeslade, die da eingebracht wurde, die *nie* als `Ewiger´, o. ä. bezeichnet wurde!], *und Dawid war mit einem linnenen Efod (Schulterkleid) bekleidet."* [Michal, die Tochter Schauls, verachtete ihn deshalb sehr, und wir erfahren auch weshalb]: *„Als Dawid heimkehrte ... ... ging Michal, die Tochter Schauls, Dawid entgegen und sprach: „Wie würdevoll war heute der König Jisraels, da er sich bloßgestellt hat vor den Augen der Mägde seiner Knechte, wie sich ein Habenichts bloßstellt "."*

In der älteren Luther-Bibel lautet der entsprechende Text: *„Und David tanzte mit aller Macht vor dem Herrn her und war begürtet mit einem leinenen Leibrock. Und David samt dem ganzen Israel führten die Lade des Herrn herauf mit Jauchzen und Posaunen."*
[Hier wird die (Bundes)-Lade mit der Mannamaschine (vorsätzlich?) verwechselt! Das Schicksal Usas beweist, daß es sich um die Mannamaschine handelte, wie Tur-Sinai auch richtig übersetzt, wenn er vom „Ewigen" spricht.]
„Da aber David wiederkam, sein Haus zu grüßen, ging Michal, die Tochter Sauls, heraus ihm entgegen und sprach: Wie herrlich ist heute der König von Israel gewesen, der sich vor den Mägden seiner Knechte entblößt hat, wie sich die losen Leute entblößen!"
Diese Szene wird auch von Flavius Josephus beschrieben (nach der Clementz-Übersetzung):
„Doch tadelte sie ihn, dass er, der grosse König, so unziemlich getanzt und sich beim Tanzen vor den Augen seiner Knechte und Mägde entblösst habe [sic!]*. Er aber sagte, er brauche sich dessen nicht zu schämen, was Gott wohlgefällig sei, der ihn ihrem Vater und allen anderen vorgezogen habe, und er werde auch künftig noch öfter spielen und tanzen, ohne sich darum zu kümmern, ob das ihr oder ihren Mägden unanständig erscheine."*
(Die anderen Zitate zu diesem Vorfall äußern sich in der Fortsetzung des jeweils zitierten Textes nahezu wortgleich. Es zeigt der Text übrigens auch, was unter den „losen Leute(n)" Israels so alles geschah.)

Es hatte also David sich vor dem Hochbetagten, der Mannamaschine, öffentlich entblößt! Das war ein so grobes Fehlverhalten, ein solcher Skandal, daß seine Frau ihn dafür tadelt. David hat aber diesen Tadel nicht akzeptiert, wie die Textfortsetzung beweist – es war für ihn ein selbstverständliches Verhalten, das er für gottgefällig hielt. Wir möchten daraus schließen, daß die schon von Sassoon und Dale geäußerte Vermutung richtig ist, daß der Hohepriester, nach endgültigem Abschalten der Mannamaschine, sich vor ihr entblößte und den Namen !JACH-WE! laut ausrief. Der Leser, die Leserin, mag selbst weiter spekulieren, wieweit die Imitation des `Gnade´-fließen-Lassens, d. h. der Manna-Produktion, von ihm vollzogen wurde. Sassoon und Dale beziehen diese Vermutung auf den Jom Kippur, wenn der Hohepriester (einmal jährlich) ins Allerheiligste eintreten durfte. Aus dem David-Text entnehmen wir, daß es ein solches Verhalten wohl schon bald nach dem endgültigen `Aus´ der Maschine gab. Wir erfahren aber nicht, wann und wie oft das geschah. Gab es womöglich schon vor dem Tempelbau ein Jom Kippur - Fest bzw. eine vergleichbare Zeremonie? Falls der jeweils Diensthabende an der Mannamaschine schon während der Wüstenwanderung bei seinen Verrichtungen tänzelte, als die Maschine noch regelmäßig arbeitete, möchte man eine ungebrochene Tradition dieses Verhaltens bis hinein in den Salomonischen Tempel vermuten; eine Tradition, die also auch die Zeit der Maschine in Silo mit einschloß. Anderenfalls müßten wir davon ausgehen, daß das Tänzeln wohl erst in Silo, oder noch später, zur Gewohnheit wurde.

Eines ist klar: Angesichts der strikten Bekleidungsvorschrift, die sich vom Hochbetagten herleitete, war Davids Verhalten ungeheuerlich – um so bemerkenswerter seine ruhige Sicherheit mit der er nicht nur jede Kritik zurückweist, sondern ausdrücklich die Wiederholung dieses skandalösen Verhaltens ankündigt. Er nennt es gottgefällig! Und angesichts des allgemeinen Bekleidungszwangs kann das nur bedeuten, daß die Rechtfertigung für ein solches Tun sich über alle menschliche Kritik erhob; sie kann sich also nur von `göttlichen´ Gegebenheiten hergeleitet haben (von der Produktion der `Gnade´ der Mannamaschine), womit die Vermutung von Sassoon und Dale zum Verhalten des Hohepriesters am Jom Kippur-Fest nahezu wortwörtlich bestätigt wird!

Das Entblößen Davids und seine ruhige, selbstsichere Feststellung, daß er das auch in Zukunft wieder tun werde, weil es „Gott wohlgefällig" sei, wirft einen bemerkenswerten Blick auf die zwei Religionen, von denen unten die Rede sein wird: Indem David, bekleidet mit einem Ephod, also einem heiligen Priestergewand(!), etwas absolut unerlaubtes tat, sich entblößte, und das ausdrücklich als *gottgefällig* bezeichnete, entblößte er für einen Moment die Vorgänge hinter dem Vorhang. Wer hier aufmerksam mitdachte, der hätte anhand des ungeheuerlichen Verhalten Davids auf die so ganz andere Religion `hinter dem Vorhang´ aufmerksam werden können, hätte etwas von der Verrichtung des Hohepriesters beim Jom Kippur-Fest hinter dem Vorhang geahnt. David hatte da nicht nur sein männliches Glied gezeigt – mit seinem Tanzen „vor dem `Ewigen´" (also der Mannamaschine) und seiner rechtfertigenden Begründung dafür hatte er eine ganze Religion entblößt. Diese Religion - die streng geheime Kabbala - war im `gewöhnlichen Volk´ so unbekannt, daß selbst die Frauen des Königs (der seinerseits von dieser Religion sehr wohl wußte!), nichts von ihr wußten und sich dementsprechend empörten: Sie hatten also nicht begriffen, *was* sie da sahen!

Das Durchdringen der Welten - Wechselseitiges Beeinflussen *(Abb. 35a, b)*
Die endgültige Schnittstelle zwischen `oben´ und `unten´, sozusagen die (wortwörtliche) Inkarnation der Schnittstelle, war Moses, dem da eine so

einzigartige Aufgabe übertragen worden war von den Extraterrestriern; er selbst würde wohl eher von „aufgebürdet" gesprochen haben. Er war ja von Anfang an von dieser Aufgabe nicht begeistert gewesen – wir erinnern uns. Wie hätte er wohl damals reagiert, bei seiner „Berufung", wenn er geahnt hätte, *was* da auf ihn zu kam?!

Mit diesem kaum zu übersehenden Wust an Neuem und Unbegreifbarem beladen, mußten die Kinder Israel ihren Weg antreten, die endlos lange Wüstenwanderung. Dabei werden die Kleidung, die ruhigstellenden Gebetsriemen und die grotesken Phylakterien bei Gebeten wahrscheinlich Tag für Tag sich als nötig erwiesen haben (wohl nur bei den Leviten und Priestern, ob sie auch bei den `gewöhnlichen´ Kindern Israel, draußen im Lager, zur Anwendung kamen, erfahren wir nicht). Sie sind ein unmißverständlicher Hinweis darauf, wie sehr selbst die halbwegs eingeweihten Teilnehmer an diesem Zug anfangs vom Ganzen geistig überfordert waren. Bezogen auf die `religiösen´ Vorgänge, mit denen sie täglich konfrontiert wurden, befanden sie sich ja wirklich in der Rolle von Abc-Schützen. Es wird kaum jemandem bewußt geworden sein, daß sie permanent gleichermaßen das Opfer, aber auch die Mit-`Täter´ eines lautlosen, aber immerwährenden wechselseitigen Beeinflussens der beiden Welten waren – *oben* (im Habitat) und *unten* (in der Stiftshütte) mit den sie umwohnenden Leviten und sehr nachgeordnet auch im allgemeinen Lager. Gleichsam als Katalysator für beide Welten befand sich in der *Stiftshütte* das (im doppelten Sinne des Wortes, d. h. körperlich und geistig) allgegenwärtige Ungeheuer. Da es aus dem Himmel kam, dem Habitat, war es gleichsam der lange Arm `Gottes´. Zufällig hatte dieser Gott auch nur einen Arm, nur eine Vorgehensmöglichkeit: Alles war auf die eine Maschine und ihre technischen Eigenschaften abzustimmen! Diese Ausgangsgegebenheit für alle `monotheistischen Religionen´ ist bis auf den heutigen Tag nur wenigen eingeweihten Kennern der Prä-Astronautik klar. Und das wechselseitige Beeinflussen war nur scheinbar immer nur ein Befehlen von oben. Es gab da sehr viele Beeinflussungen auch von unten her, von den Menschen, nach der Devise: `Das geht so nicht, das können die nicht´, beziehungsweise `Das machen die nicht mit.´ Also waren oft Änderungen nötig, die den Menschen garnicht aufgefallen sein werden – sie wußten nichts von ihrem indirekten Beeinflussen des ganzen Vorgangs, nichts von ihrer Rolle als Mit-`Täter´; und sie hatten keine Chance, die rätselhafte `Religion´, die ihnen da übergestülpt wurde, als das Ergebnis eines Durchdringens zweier Welten, d. h. zweier planetarer Menschen-Welten, zu erkennen. Auch wir werden uns noch lange schwer tun, unsere `Religion´ als Kargo-Kult zu begreifen, der von einem anderen Planeten her initiiert wurde, aus einem anderen Sonnensystem.

Dieses wechselseitige Beeinflussen und Durchdringen zweier Welten, der Welt der wehrlosen Menschenkinder und der der `Herren´ von einem anderen Sonnensystem, würde mit seinen Konsequenzen zumindest die streng Kargokultisch-`monotheistisch´ glaubenden Menschen für alle Zukunft geistig formen und versklaven – bis sie die Wahrheit erkennen und durchschauen würden. Wir wollen deshalb dieses wechselseitige Beeinflussen hier zusammenfassend und vereinfacht darstellen:

Auf die Menschen, d. h. auf die Kinder Israel, und auf ihre Umgebung wirkten ein:
1) Für die nähere und weiterer Umgebung: Furcht und Neugierde aller dort wohnenden Völker: Der unfaßbare `neue´ Gott der Juden, der sie täglich mit Nahrung versorgte, von dem sie selbst aber nur ängstlich-verschüchtert sprachen - wenn sie denn überhaupt zu einer vagen Auskunft bereit waren - und dessen Namen sie um keinen Preis nannten, obwohl jeder wußte, daß er einen solchen hatte. Diese Gegebenheiten zwangen das Volk Israel in eine psychologische Sonder-Situation, aus der es bis heute nicht wieder herausgekommen ist; eine Situation, die sich im Staat Israel ebenso bemerkbar macht wie bei seinen Nachbarn; ein Ende dieser Situation ist nicht abzusehen (siehe aber im Anhang).

2) Direkte psychologische Wirkungen auf die Kinder Israel: `Gott ist uns nahe bzw. unter uns; wir werden ständig beobachtet, und seine Nähe ist mit steter Lebensgefahr verbunden´. Deshalb ängstliches Zagen und Unverständnis der Kinder Israel dem unfaßbaren Wirken der ganzen Göttlichkeit gegenüber, die sie da so plötzlich und so dramatisch in ihre unsanfte, gefährliche Arme nahm. Man hat zwar regelmäßig das Himmelsbrot, das Manna, das ist aber aus diesem unheimlichen Zelt abzuholen, wo stets eine Wolkensäule aufsteigt, die nachts auch noch feurig glost. Das Feuer kommt aus dem Allerheiligsten, wo nicht einmal die Priester hinein dürfen, nur Moses, Aharon und einige wenige ausgesuchte Leviten – was geschieht dort?

Wie unfaßbar hoch mußten die ausgezeichnet sein, die in diesen Teil der Hütte eintreten durften! Und dann erst Moses, der dann ja auch diese Hohepriester-Uniform mit einer Krone trug und Aharon mit seiner seltsamen Amtstracht und den klingelnden Glöckchen, und viele der anderen Leviten trugen auch spezielle Kleidung; das hatte bald eine gewisse Logik für sich. Aber die Träger dieser besonderen Kleidung wurden damit zu Herren, zu Halbgöttern unter den Juden, ob sie wollten oder nicht – und Herren befehlen!

3) Tödliche Gefahr und fassungsloses Unverständnis auch für die, die mit dem Ungeheuer umzugehen haben. Da ist jedesmal eine Prüfung auf Leben und Tod zu bestehen (das „Gericht"): Wer nicht die richtige Kleidung angezogen hat, stirbt auf der Stelle! Und dann dieser tödliche Befehl, nie seinen Namen auszusprechen; auch wer das tut, stirbt nach einem `kurzen Prozeß´. Man vergleiche dagegen das ganz selbstverständliche und laute Anrufen des jeweiligen Gottes (mit seinem Namen!) in der gesamten übrigen antiken Welt; auch in Ägypten, wo sie aufgewachsen waren!

Diese tödliche Geheimhaltung wurde so weit getrieben, daß die Söhne Kehats den Hochbetagten beim jeweiligen Weiterzug zwar tragen durften (besser: mußten), sie durften aber nicht wissen, was sie da trugen und durften das Getragene bei absoluter Lebensgefahr auch nicht sehen! Das hatte das sorgfältige Verpacken der gesamten demontierten Maschine zur Folge, nicht nur das Abdecken der Öffnungen, die bei der Demontage sich aufgetan hatten. Beides beeinflußte natürlich die Kleiderordnung der gläubigen Juden (und bis zu einem gewissen Grade auch der Christen) – bis in die Gegenwart.

4) Die (scheinbare) `Sexualität´ der Mannamaschine und ihre Geräusche (das Kollern der zirkulierenden Algenkultur im strahlend beleuchteten Tank, dazu wohl auch ein ständiges Zischeln), dazu die Abgase aus ihrer `Nase´, die nachts feuigrot glosten: War das ganze Ungeheuer eine Maschine, oder ein göttliches Lebewesen, das seinerseits die unsinnigen Kleidungsvorschriften bei den Menschen verursachte – zusammen mit dem auch von der Maschine abgeleiteten Sexualverhalten: nichts sehen, am besten garnichts wissen - immer alles streng geheim und verborgen wie im Allerheiligsten - und immer `sittsam´ alles bedeckt halten – wie bei der Maschine, dem Hochbetagten! Damit wurden bei den gläubigen orthodoxen Juden auch die menschlichen Sitten und Gebräuche, die Kleidungsvorschriften und das Sexualverhalten bis heute vorgegeben – als Resultat gänzlich fehlverstandener, aber nicht veränderbarer göttlicher Anordnungen, die sich ursprünglich ausschließlich auf die Mannamaschine bezogen hatten!

5) Die so auffälligen Konvektionsrohre der Mannamaschine führten dazu, daß strenggläubige Juden bis heute ihre Schläfenlocken und ihren Bart nicht schneiden – um die Bartstränge des Hochbetagten nicht zu beschädigen, die ja zerbrechen konnten, wie wir oben erfahren hatten (freilich ohne diese ursprünglichen Zusammenhänge zu kennen). Falls diese Anordnung wirklich schon zur Zeit der Wüstenwanderung gegeben wurde, muß spätestens hier den Extraterrestriern klar geworden sein, was da in Sachen Sekundärkult auf sie zu kam; ob ihnen das so ganz uninteressant war? Es würde sich nie wieder korrigieren lassen – Gottesbefehl!

6) Auch erhielten die beim Demontieren von der Maschine entfernten Teile eigene Namen (z. B. die Barthaare, die Konvektionsrohre), um sie unverwechselbar zu machen und wohl auch, um beim Zusammenbau die richtige Reihenfolge einzuhalten. Dafür kamen auf dem Har Karkom natürlich nur solche Namen aus der Jüdischen Sagenwelt in Betracht, die damals schon bekannt waren. Später konnte man dann auch Namen bzw. Kode-Begriffe aus jüngeren Zeitabschnitten verwenden. Davon haben aber nur die Erntemänner des Heiligen Feldes und die Kabbalisten etwas erfahren – wohl nicht mehr die `Herren der Herren´.

Ein gutes Beispiel für die nicht zu vermeidende Wechselwirkung zwischen dem Hochbetagten, den Menschen und der in der Menschenwelt neu entstehenden Religion sind die Buchstaben an der Maschine: Diese Buchstaben und die strikt einzuhaltende Reihenfolge der Handgriffe für die Demontage und dem Wiederzusammenbau der Maschine, wie sie schon auf dem Har Karkom eingetrichtert worden waren, ergaben ganz automatisch sehr bald einen Liturgieähnlichen Singsang – wie in Gottesdiensten bis heute! Und für die geheim entstehende Kabbala, der zweiten `Religion´, ergab sich noch etwas anderes: Durch ihre Funktion beim Wiederzusammenbau des Hochbetagten wurde den einzelnen Buchstaben jeweils sozusagen eine `individuelle´ religiöse Bedeutung beigelegt, die ebenfalls nie wieder in Vergessenheit geraten würde – sie kam ja auch aus dem Himmel, also von Gott. Zumindest die Kabbalisten würden das weiter verfolgen; und extrem streng- und enggläubige Juden bei der Auslegung der Tora auch – bis heute.

7) Das Abholen des Mannas durch die Kinder Israel verursachte möglicherweise manchmal ein Gedränge der vielen Menschen bei der Stiftshütte. Zusammen mit den draußen wohnenden Beduinen, die auch neugierig waren, erzwangen diese vielen Menschen wahrscheinlich die so sorgfältig konstruierte Außenumhegung der Gesamt-Hütte. Spätestens beim Manna-Abholen wäre diese nicht mehr vor den vielen herandrängenden Menschen aus dem Lager zu schützen gewesen (Juden, Fremdgemisch, evtl. auch Beduinen), wenn sie nicht noch als wirksame zusätzliche Abgrenzung eine hohe Bretterwand gehabt hätte. Das geschah aber nicht nur aus `religiösen´ Geheimhaltungsgründen: Teile der Maschine standen unter Hochspannung, und sie verfügte zudem über eine tödliche Strahlenwaffe, den Tyrannen, was den Söhnen Aharons und vielen anderen das Leben kostete.

Alle diese Dinge waren von den technischen Eigenschaften einer außerirdischen Maschine abgeleitet, die ständig unter ihnen war und im Allerheiligsten `lebte´, und die sie dennoch nie gesehen haben! Daraus entstand nun ihre neue Religion, die jeden Bereich ihres Lebens, öffentlich wie privat, gestalten, ja beherrschen würde.

8) Schließlich führte das technische Unverständnis der Kinder Israel dazu, daß der Wiederzusammenbau der Maschine als Geschlechtsakt mißverstanden wurde, da der obere Teil weit in den unteren (eigentlich den mittlere Teil, Abb. 28) hineinragte; dieser wurde deshalb als weiblich empfunden und der von oben hineingeschobene Alte war damit männlich. Das „Zwischending" zwischen beiden wurde damit ihr Kind, ihr Sohn! Und da dieser Sohn für den korrekten Zusammenbau mechanische Leitvorrichtungen und -stöpsel nach oben *und* nach unten aufwies - für den Vater, der Oberteil, der Alte - und für die Mutter, der Unterteil, der Kleingesichtige -, erbte der erstgeborene Sohn doppelt.

Was die Interpretation des „Zwischendings" als `Sohn´ angeht, möchte man darüber hinaus fragen, ob hier womöglich die geistige Keimzelle für das NT (Jesus als Gottes-Sohn) von der Maschine vorgegeben wurde? Das könnte fundamentale Folgen für die gesamte Religion des NT haben, die entscheidend auf Jesus fußt, dem Gottessohn (s. u.).

Auf die Mannamaschine und auf die Extraterrestrier wirkten ein:
9) Das absolute technische Unwissen der Menschen zwang zur Kennzeichnung von entscheidenden Stellen der zusammengehörenden Mannamaschinenteile und wohl auch noch zu anderen Veränderungen, um die Maschine `Erd-fähig´ zu machen. Die Extraterrestrier mußten deshalb schon im Habitat bei der Vorbereitung der Maschine für ihren Einsatz auf der Erde wichtige Teile mit Buchstaben kennzeichnen als Montagehilfen bei ihrer Demontage für das Reinigen und dem anschließenden Wiederzusammenbau danach. Mit der Notwendigkeit des Anbringens von wegweisenden Kennzeichen hatten die Menschen schon Einfluß auf die Gestaltung der Mannamaschine genommen, bevor diese überhaupt zur Erde kam und die Menschen etwas von ihr wußten. Das mag auch noch für andere technische Eigenschaften der Maschine gelten: Ob zum Beispiel im Habitat die Abdeckplatten (Mathers' „Kronen") nötig waren, erfahren wir nicht. Das Gleiche gilt natürlich auch für die Beine des Hochbetagten und für den Thron; wir wissen nicht, wie die Maschine im Habitat aufgestellt und eventuell befestigt war. Vielleicht erhielt sie ihre Beine erst als sie zur Erde gebracht wurde, um auf ihnen stehen zu können, aber auch als Vorrichtung zum Tragen. Überhaupt wird das „Anlegen der Stangen" so einige entsprechend angebrachte Ösen nötig gemacht haben, die im Habitat nicht nötig waren; die Maschine wurde dort wohl kaum herumgetragen.

10) Sehr weitgehend waren womöglich die Veränderungen im Bereich des Auspuffs, der `Nase´ der Maschine. Es darf bezweifelt werden, daß der Wasserdampf so frei in den jeweilig, geschlossenen, Innenraum des Habitats entlassen wurde; ähnliches gilt wohl auch für ihre Energieabgabe, die Wärme. Als Alternative kommt aber nur eine Konstruktion in Frage, die den Wasserdampf und die erhitzte Luft in einem geschlossenen Kreislauf absaugte, die Luft kühlte und das dabei kondensierte Wasser wieder der Maschine zuführte. Die anfallende Energie des Reaktors konnte man im Habitat zu Heizzwecken gebrauchen, denn es verlor ja permanent Wärme ans Weltall. Das hatte dann schon eine ganz andere Konstruktion zur Folge; d. h. die `Nase´ des Hochbetagten, die er auf der Erde hatte, mußte sehr wahrscheinlich nachträglich im Habitat konstruiert, gebaut und montiert werden, bevor die Maschine zu den Menschen gebracht wurde.

11) Als weitere Vorkehrungen für ihren Betrieb auf der Erde wäre zum Beispiel eine Anleitung für das genau senkrechte Aufstellen der Maschine denkbar. Auch eine Art Skala für die Kalibrierung der Bewegungsmöglichkeiten der spitzen Schlüssel für die Regelung der nuklearen Reaktion im Miniatur-Reaktor ist vorstellbar – ohne Rücksicht darauf, ob die Leviten daran etwas verstellen durften oder nicht. Auch ein Androide, der diese Vorrichtung eventuell nachjustieren mußte, würde eine solche Skala wahrscheinlich brauchen.

12) Der Versuch, das momentane Erscheinen `Gottes´ im Allerheiligsten zu simulieren, hatte weitere technische Ergänzungen an der Mannamaschine zur Folge: Man brauchte ein über Funk zu bedienendes Ventil für das Abblasen der

Hokuspokus-Wasserdampf-Wolke, und man brauchte einen (Laser)-Projektor, der das Bildnis `Gottes´ (evtl. eine Holographie?) in diese Wolke projizieren und damit seine Anwesenheit vorgaukeln konnte. Alle diese Dinge waren an den Jachwes im Habitat wohl kaum nötig.

13) Es ist weiterhin unklar, ob der Tyrann an der Maschine im Habitat nötig war; man hatte da Zugangskodes in der Kleidung bzw. Kopfbedeckung für jeweils spezielle Bereiche, oder für die jeweilige(n) Etage(n) im `Himmel´, die der jeweilige Androide betreten durfte; siehe dazu im ersten Buch zur Prä-Astronautik und im Hebräischen Henochbuch. Es brauchte der jeweils diensttuende Androide also nicht auch noch vor dem jeweiligen Jachwe, der jeweiligen Mannamaschine, sich zusätzlich `auszuweisen´.

14) Unklar ist auch, wie die Maschine im Habitat gestartet wurde: Mußte auch dort jemand !JACH-WE! rufen, oder hatte die Maschine im Habitat einen normalen Schalter? Die Antwort auf diese Frage führt unmittelbar zur Frage nach dem `Ohr´ des Hochbetagten: Hatten die Jachwes im Habitat jeweils ein `Ohr´, oder mußte auch das der Erd-fähigen Mannamaschine hinzugefügt werden? Andererseits ist es aber durchaus unklar, wie oft - oder wie selten? - die Maschine im Habitat für eventuelle Reinigungen überhaupt ab- oder angeschaltet werden mußte; hatte man da einen Knopf oder einen Schalthebel, der aber nur sehr selten benutzt wurde? All diese Dinge hatten womöglich eine komplizierte und umfangreiche Ergänzung der Mannamaschine an ihren äußeren Teilen zur Folge. Das Grundprinzip der Maschine blieb aber unverändert: das Haupt zur Wasserkondensation, der beleuchtete zentrale Kulturtank mit den Konvektionsrohren, die Manna-Produktionsanlage - der Kleingesichtige - und die `Hoden´ zum Speichern des Mannas.

Diese doch recht umfangreiche Liste führt uns zu einer ganz anderen Frage: War das alles so schnell zu bewerkstelligen, wenn der Umweg über die endlos lange Wüstenwanderung wirklich nur wenige Tage vor Ankunft am Har Karkom `oben´ beschlossen wurde? Ein Ausweg aus diesem Dilemma könnte sein, daß doch schon mindestens eine Erd-fähige Mannamaschine von Anfang an mit an Bord des Habitats war, um nach einer eventuellen Landung der Extraterrestrier auf der Erde (vielleicht nur Androiden?), diese mit Manna zu versorgen. Für einen solchen Fall wäre die Übergabe auch plausibler, denn die Extraterrestrier würden sich nicht erst an den Gedanken eines Zur-Erde-Bringens einer Mannamaschine gewöhnen müssen; und für die Bedienung der Maschine, des Gottesgeschenks, durch die Menschen, die Kinder Israel, hätte man als Montieranleitung nur die Buchstaben hinzufügen müssen – das wäre wohl in der kurzen Zeit zu machen gewesen.

15) Auf die seltsame Situation der Extraterrestrier, ihr permanentes Davonlaufen-Müssen vor ihrem eigenen `Schatten´, wurde oben bereits hingewiesen – sie waren ja die quasi allmächtigen Herren des ganzen Unternehmens, durften aber eben deshalb sich nie zeigen, und ihr wichtigster `Diener´, die Mannamaschine, mußte

auch konsequent unsichtbar bleiben. Die ständige Gefahr, einen ungewollten Kargo-Kult zu verursachen oder mit dem abstrakten ´Gott´ verwechselt zu werden, den sie aber auch nicht erklären konnten, war sozusagen ihr allgegenwärtiger Tyrann, vor dem sie sich in Acht nehmen mußten.

Insgesamt war das Durchdringen dieser beiden so garnicht zusammenpassenden Welten allgegenwärtig: Die Menschenwelt wurde an allen Ecken und Enden manipuliert und auch drangsaliert (die vielen Opfer, zu denen man spenden mußte, die vielen neuen Verhaltensmaßregeln, die ihnen gleichsam ein völlig neues, fremdes Leben vorschrieben), und die Extraterrestrier mußten sich ständig auf das technische Unwissen der Menschen einstellen, d. h. auch sie wurden - wenn auch indirekt - von der Unwissenheit der Menschen drangsaliert, und gleichzeitig mußten sie höllisch aufpassen, daß nicht durch irgendeine Bemerkung, ein Ereignis, oder ein Objekt, ein zusätzlicher, ungewollter Kargo-Kult entstand. Beide Parteien sind an dieser Aufgabe gescheitert. Aber die Extraterrestrier konnten sich zurückziehen und das Unglück unter den Menschen auf der Erde seinen Weg nehmen lassen; sie würden davon im Habitat nichts spüren. Die unwissenden Menschen hatten diese Möglichkeit nicht: sie blieben ´Gottes´ Diener, also Sklaven, mit Körper und Geist. Sie würden die ihnen übergestülpte Religion, die nicht die ihre war, wie einen selbst nicht lebensfähigen geistig mißgetalteten und sie geistig mißgestaltenden Siamesischen Zwilling mit sich herumschleppen und auch noch verehren müssen; – dank seiner Anwesenheit waren sie ja nun Gottes-Kinder! Das war aber nicht das schlimmste: Die Geist und Seele mordende Funktion dieses ´Zwillings´ würde darin bestehen, jeden einzelnen von ihnen - unbemerkt! - ein Leben lang von der Möglichkeit einer wirklichen, persönlichen, Gotteserkenntnis fernzuhalten, und ihn damit auch von der Möglichkeit abschneiden, seinen ureigensten Lebensauftag, der vielleicht ein ganz anderer war, zu finden; und das für alle Zukunft – solange diese ´Religion´ undurchschaut blieb! Solange, bis die Menschen mit Hilfe ihres inzwischen so mühsam errungenen technischen Wissens diesem so unnatürlichen Zwillingsbruder ins Antlitz schauen konnten und bemerken würden, daß er nicht ihr Bruder, sondern ihr Sklavenhalter war, der ursprünglich nichteinmal Teil der Menschenwelt gewesen war. Denn er war ja ein Fremdling auf der Erde und würde *jedes* Volk, das von ihm mit dem Kainszeichen der Auserwähltheit gezeichnet und mit seinen vielen Versprechungen und Verheißungen geschlagen war, zum geschmähten, verachteten, gefürchteten und schließlich nur noch verhaßten Außenseiter unter den Menschen gemacht haben!

Der Mensch Moses – seine Position bei der ganzen Geschichte
Es ist nicht leicht, sich über den Menschen Moses, also über seinen Charakter, ein Bild zu machen; gar zu wenig ist von den Eigenschaften dieses auf so seltsam-einzigartige Weise welthistorisch gewordenen Menschen zu erkennen. Wir können uns da nur an seine Aktionen und Re-Aktionen in kritischen Situationen halten – und die sind interessant genug. Freilich sind das Aussagen, die sich aus kritischen

bis dramatischen Situationen ergaben. Der alltägliche Mensch MOSES, sein Lachen und Lieben, seine Witze und sein Sarkasmus bleiben unbekannt – wenn es denn so etwas gegeben hat, und wenn es denn wirklich aufgezeichnet wurde. Das hat zwei Gründe:

-) Da das `Tagebuch´ der Wanderung, das es spätestens nach den Ereignissen am Har Karkom gegeben zu haben scheint, nur die wichtigen Dinge verzeichnet haben wird, können wir auf eine schriftliche Dokumentation kleiner, alltäglicher Vorkommnisse nicht hoffen, die oft mehr über einen Menschen aussagen, als die großen, wichtigen Ereignisse seines Lebens. Auch hat sich damals wahrscheinlich noch niemand um solche kleinen, aber wichtigen Nebensachen gekümmert. Einen wie auch immer gearteten psychologischen Denkansatz dürfen wir nicht erwarten. Deshalb die vielen katastrophalen `Fallen´, in die man so blind hineintaumelte – am Himmel wie auf Erden.

-) Der zweite Grund ist kurz und bündig darin zu sehen, daß für die späteren Redaktoren, d. h. für die Religionsmacher, nur zählte, was offensichtlich vom `Ewigen´ kam, oder sich auf andere Weise zu Religion verarbeiten ließ – anderes war nicht gefragt. Wirklich warmherzig-menschliches hatte im hier analysierten Buch Exodus keinen Platz!

Wir müssen uns also an einzelne kleinere oder größere Szenen halten, um zumindest indirekt eine vage Vorstellung davon zu bekommen, wer dieser Mensch war und wie und warum er so handelte, wie er es tat. Das kann nur anhand des Textes des ATs geschehen, für uns also anhand des Textes von Tur-Sinai. Dabei wird hier davon ausgegangen, daß die zitierten Ereignisse zumindest annähernd so geschehen sind, wie sie das AT beschreibt.

Da erhalten wir als erstes aussagekräftiges Ereignis die Erzählung mit dem Ägypter:
„Da sah er wie ein Mizräer einen Ebräer von seinen Brüdern schlug. Da wandte er sich dahin und dorthin, und als er sah, daß niemand zugegen war, erschlug er den Mizräer und verscharrte ihn im Sand."
Moses war wohl etwas kurz angebunden und aufbrausend, manchmal vielleicht auch jähzornig (man denke an die zerschmetterten Gesetzestafeln am Har Karkom!); und gewalttätig war man auch, obwohl eben das hier nicht überbewertet werden darf: Wir befinden uns in einer Zeit, in der ein Menschenleben nicht viel galt. Und wenn keiner hinsah – wo kein Kläger ist, da ist auch kein Richter!

Gleich danach erfahren wir einen weiteren Charakterzug, der schon deutlicher hervortritt und wohl auch für die zukünftige Aufgabe wichtig war, die er würde zu bewältigen haben:
„Da erschien ihm ein Sendbote des Ewigen in einer Feuerflamme aus dem Dornbusch her. Er schaute, und sieh: Der Dornbusch brannte im Feuer; aber der

Dornbusch wurde nicht verzehrt. Da sprach Mosche: „Ich will doch hingehen und diesen gewaltigen Anblick schauen, warum der Dornbusch nicht verbrennt.""
Ängstlich war er also nicht, der Moses, denn sonst hätte er sich hier wohl auf Distanz gehalten. Aber als typischer Naturmensch (Er war Hirte und hütete die Schafe seines Schwiegervaters bei diesem Ereignis), war es ihm selbstverständlich, sich dieses Naturereignis - denn dafür hielt er es anfangs -, das er noch nicht kannte, näher anzusehen. Ein Hirte hatte *alles* im Gelände zu kennen, schon der gehüteten Tiere wegen, für die er verantwortlich war; das war selbstverständlich!

Ganz anders reagiert er, als das über-natürliche für ihn erkennbar wird:
„Als der Ewige sah, daß er hintrat, um zu schauen, da rief ihm Gott aus dem Dornbusch zu und sprach: „Mosche, Mosche!" Und er sprach: „Hier bin ich!" Und er sprach: „Tritt nicht näher herzu! Wirf deine Schuhe von deinen Füßen, denn der Ort auf dem du stehst, ist heiliger Grund." Und er sprach: „Ich bin der Gott deines Vaters, der Gott Abrahams, Jizhaks und Jaakobs." Da barg Mosche sein Angesicht, denn er fürchtete zu Gott hinzublicken."
Hier ist die Situation nun plötzlich grundlegend verändert: Das Ereignis ist nicht mehr natürlich! Damit werden ganz andere Bereiche seines Charakters angesprochen: Er `erkennt´ Gott und fürchtet sich, verhält sich also religiös-angemessen. Jetzt hinzuzutreten, trotz der Warnung, wäre tollkühn gewesen; der heilige religiöse Schauer hielt ihn momentan zurück.

Nachdem der `Ewige´ mehrere Wunderzeichen dem Moses demonstriert hat, kommt es zu einem längeren Berufungs-Disput, in dessen Verlauf Moses einen weiteren Charakterzug erkennen läßt: Er ist standhaft und weiß sehr wohl zu feilschen, und er gibt nicht leicht nach – selbst dem `Ewigen´ gegenüber nicht(!):
„Da sprach Mosche zum Ewigen: „Ach Herr, ich bin kein Mann der Rede, weder von gestern noch ehegestern, noch seitdem du zu deinem Knecht redest, denn schwer von Mund und Zunge bin ich." Der Ewige aber sprach zu ihm: „Wer schafft dem Menschen einen Mund? Oder wer macht stumm oder taub, sehend oder blind? Bin ich es nicht, der Ewige? So geh nun, ich werde mit deinem Mund sein und dich lehren, was du reden sollst." Er aber sprach: „Ach Herr, senden doch durch wen du senden magst." Da flammte des Ewigen Angesicht auf wider Mosche ... ..."
Man muß schon einiges aufbieten, um Herrn Moses zu einer Sache zu bewegen, von der er glaubt, daß er dafür nicht geeignet ist – auch wenn man sich `Ewiger´ nennen darf. Der Mann konnte ein zäher Brocken sein! Es scheint auch an Selbstbewußtsein nicht zu fehlen – man bedenke die Situation.

Daß er ein zäher Verhandlungspartner war, und obendrein geistesgegenwärtig und intelligent, hat er auch später noch wiederholt unter Beweis gestellt. Das fing schon an im Verlaufe der zehn Plagen, d. h. während der Vorbereitung des Auszuges:
„Aber der Ewige redete zu Mosche und sprach: „Geh, rede zu Par'o, dem König von Mizraim, daß er die Kinder Jisrael ziehen lasse aus seinem Land." Da redete Mosche vor dem Ewigen und sprach: „Sieh, die Kinder Jisrael haben nicht auf

mich gehört, wie sollte da Par'o auf mich hören? Und ich bin doch ungelöster Lippen."
Das sind durchaus vernünftige Argumente, die der Situation angemessen waren. Die Situation ist aber auch: Man spricht mit extraterrestrischen Weltraumfahrern! Auch wenn das Moses und Aharon (noch) nicht klar war[1]. Die Alternative zu einer solchen Erkenntnis war: Sie hatten mit Gott(!) gesprochen; man muß ihren klaren Kopf bewundern!

[1] Ob ihnen das je ganz klar geworden ist, wird im ganzen Buch Exodus nicht wirklich eindeutig erkennbar.

Moses' Rolle im Gesamtvorgang wurde dann aber noch eine ganz andere: Als die Stiftshütte gebaut und das außerirdische Ungeheuer eingezogen war, wurde aus dem Anführer beim Exodus ganz automatisch auch ein Religionsvermittler, ein Priester, zusammen mit Aharon. Selbst begründen konnte er die Religion natürlich nicht, das taten die Extraterrestrier. Eine Einmischung Moses' in den Kerngedanken des Monotheismus' (was sie so dafür hielten, oder was sie als Monotheismus glaubten, den wehrlosen Juden überstülpen zu können) hätte der `Ewige´ nie zugelassen. Anderersseits mußte Moses aber doch alle Anordnungen weitergeben an die zukünftigen Gläubigen. Da mag so manches mit hineingeflossen sein, das den Priestern sehr nützlich war (s. o.), und dessen Tragweite die Extraterrestrier nicht gleich übersehen haben. Wohl nicht ganz zufällig wird in Jeremia 7, 22 – 24 darauf hingewiesen, daß beim Exodus (das Wort ist hier wahrscheinlich ganz wortwörtlich gemeint, der unmittelbare Auszug) nur gesagt wurde von Seiten der Extraterrestrier (zitiert nach Tur-Sinai):
„Denn ich sprach nicht zu euren Vätern und befahl ihnen nichts am Tag, da ich sie aus dem Land Mizraim führte, wegen Hoch- und Schlachtopfern.[1] Sondern dieses Wort befahl ich ihnen: `Hört auf meine Stimme! Dann will ich euch Gott sein, und ihr sollt mir Volk sein. Und wandelt ganz auf dem Weg, den ich euch gebiete, daß es euch wohlergehe."

[1] Dieser Text gibt indirekt einen Hinweis darauf, daß Moses so manches hinzuerfunden hat (die vielen Opfer!); und das wurde von den Extraterrestriern akzeptiert.

Auch sind die vielen stereotypen Eingangswendungen: „Und der Herr redete mit Moses....." verdächtig einfach. Er sprach übrigens immer nur mit Moses, (fast) nie mit Aharon, der war als (technischer) Hohepriester wohl für die Mannamaschine zuständig - die Glöckchen an seiner Kleidung! -, obwohl das auch wieder bemerkenswert ist: Er war auf dem Har Karkom ja nicht dabei, war an der Maschine also nicht ausgebildet; man muß ihn später (durch Moses?) eingewiesen haben. Da war auch nach Übergabe der Maschine wohl noch vieles zu tun und zu organisieren, bis der Betrieb in der Stiftshütte, und besonders im Allerheiligsten, reibungslos ablaufen konnte. Ob Moses wohl der Versuchung immer widerstanden hat, da ganz von sich aus so einiges umzudeuten, wie es ihm gefiel, oder vielleicht sogar ganz hinzuzuerfinden? Wenn wirklich ernsthafte Probleme auftauchten und neue Anordnungen nötig waren, dann wurden solche Gespräche vom `Ewigen´

meist anders eröffnet (s. u., Teil IV). Dabei dürfen wir mit Moses nicht zu hart ins Gericht gehen: Er war derjenige, der den Zirkus mit der Hokuspokus-Wasserdampfwolke - mit oder ohne Holographie - ständig ertragen mußte. Da es unmöglich ist, daß er wußte, was da technisch vor sich ging, glaubte er also bei jeder Erscheinung des Höchsten in der Wolke, Gott 'persönlich' zu sehen; ob er ihn auch für tatsächlich anwesend hielt, oder nur sein Abbild, bleibt offen; es wird aber doch bei Mirjams Sünde vorausgesetzt:

„Und der Ewige stieg in einer Wolkensäule hernieder und stand am Eingang des Zeltes; und er rief: „Aharon und Mirjam!" Und sie gingen beide hinaus. Und er sprach: „Hört denn meine Worte! Wenn ein Weissager unter euch ist, so tue ich, der Ewige, im Gesicht mich ihm kund, im Traum rede ich mit ihm. Nicht so mein Knecht Mosche! In meinem ganzen Haus ist er bewährt! Von Mund zu Mund rede ich mit ihm, und sichtbar, nicht in Rätseln, und die Gestalt des Ewigen darf er schauen.[1] *... ... ... So flammte des Ewigen Angesicht auf wider sie, und er verschwand. Als nun die Wolke von dem Zelt wich, ..."!*

[1] Auch hier muß man genau lesen: Er durfte wohl die Gestalt des Ewigen schauen, nicht aber den Ewigen selbst, *in natura*. Ob er eingeweiht war in das große Geheimnis der Extraterrestrier, in den großen Schwindel mit der Hokuspokus-Wasserdampf-Wolke; wußte er womöglich um die große Gesamt-Lüge des Ganzen – oder ahnte er zumindest etwas?

Als Erfüllungsgehilfe des 'Herrn' konnte - oder mußte? - er ausgesprochen brutal sein: Wir denken an die unfaßbaren Ereignisse während der Geschichte mit dem goldenen Kalb und auch an die Ereignisse kurz vor der Jordandurchquerung, als es vor seinen Augen ebenfalls zu brutalen Morden an den Kindern Israel kommt: Moses protestiert nicht(!); andererseits – ob ein Protest etwas genützt hätte?

Die Belastung muß zumindest anfangs ganz außerordentlich gewesen sein – später gab es auch da mit der Zeit vielleicht einen Gewöhnungseffekt. Wenn dann keine Korrektur, kein Verbot, des 'Herrn' erfolgte, mußte er doch glauben, daß seine wohl hier und da hinzuerfundenen Anordnungen akzeptiert waren. Daß man auch 'oben' nicht immer so ganz auf dem Laufenden war, hatte ja schon das Mißverständnis bei der Landung auf dem Har Karkom gezeigt (s. o., Teil II).

Man möchte auch wissen, ob er grundsätzlich alleine im Allerheiligsten war wenn der 'Ewige' mit ihm sprach, oder wurde die Erscheinung auch von den womöglich anwesenden Priestern, den 'Herren der Herren', gesehen (gesprochen wurde ja von der Bundeslade im Mittelabschnitt der Gesamt-Stiftshütte, dem Zelt der Bezeugung)? Wenn das so war, mußten die nicht unbedingt deshalb auch alles mithören, wie das Fatima-Ereignis 1916/17 gezeigt hat. Man konnte die Gehirne separat mit unterschiedlichen Wirkstoffen dotieren. Mit all dem mußte Moses fertig werden und es dann an die Leviten oder an die ganze Gemeinde weitergeben – die psychische Belastung für den Mann muß ungeheuer gewesen sein! Wen wundert es, daß er einige Male bei Diskussionen mit dem 'Ewigen' in kritischen

Situationen die Beherrschung verlor?! Die Strafe dafür will uns erbarmungslos erscheinen – er durfte Kanaan nicht betreten, das endgültige Ziel all der unendlichen Mühen. In den Augen der Extraterrestrier war das wahrscheinlich eine Lappalie: Man brauchte diesen Mücken-Menschen nicht mehr, und alt war der inzwischen auch geworden – weg mit ihm!

Auch wäre die Situation sehr verwickelt geworden, wenn er den Jordan hätte mit durchqueren dürfen: Dann hätte man ihm bei jeder Gelegenheit in den Ohren gelegen, daß er den Hochbetagten wieder starten sollte, damit es Manna gab; und was hätte er zur Begründung für das Ausbleiben des Mannas sagen sollen? Es hätte womöglich gewalttätige Auseinandersetzungen um oder sogar mit ihm gegeben. Ein Spalten der gerade erst im Entstehen begriffenen ´endgültigen´ Religion, und damit des ganzen Volkes, in ´Manna-Gläubige´ und in ´Ewiger- Gläubige´ hätte sich womöglich zwangsläufig ergeben, wenn große Teile der Kinder Israel im ganzen Land ausschwärmten und nicht mehr von Silo und der dort abgestellten Mannamaschine unmittelbar abhängig waren, wie auf der Wanderung. Man möchte auch wissen, ob ein Abstellen der Maschine in Silo dann überhaupt möglich gewesen wäre – insgesamt war Moses eine zu dominante und herausragende Persönlichkeit, als daß man ihn in Silo hätte mit ´abstellen´ können: Er *mußte* ´verschwinden´ – wie die Maschine selbst auch; und da ein Abstellen irgendwo an einem ´geheimen Ort´ nicht möglich war, blieb als einzige Lösung nur sein Tod!

Vielleicht hatten ähnliche Überlegungen schon bei der Hinrichtung Aharons eine entscheidende Rolle gespielt; wenn der starb, brauchte man später nur noch einen aus dem Weg zu schaffen – Moses. Das war psychologisch wichtig, denn wenn die Extraterrestrier beide gleichzeitig am Ende der langen Wanderung beseitigt hätten, wären womöglich bitterböse Gedanken unter den Kindern Israel aufgekeimt und auch solche Kommentare laut geworden: „Das ist also der Dank des ´Ewigen´ für soviel Arbeit, so viele Mühen und treue Dienste – der Tod!"

Vom unweigerlichen Entstehen zweier Religionen
Alle diese organisatorischen Gegebenheiten und die technischen Eigenschaften der Mannamaschine mußten, zusammengenommen, von Anfang an *zwei* Religionen initiieren, die aber ein gänzlich verschiedenes Schicksal unter den Menschen haben würden.

Weil die endgültig ausformulierte Allgemein-Religion jünger ist als die Ur-Kabbala, ist sie mit Sicherheit von ihr beeinflußt, was in der Ur-Kabbala auch wiederholt angedeutet wird, und das nicht immer nur zwischen den Zeilen. Eine umgekehrte Beeinflussung war aus zeitlichen Gründen und aus Überheblichkeits-Gründen der ´Erntemänner des Heiligen Feldes´ nicht möglich. Man beachte dazu die Abfolge der wichtigsten religionsverursachenden Ereignisse: Har Karkom-Ereignisse etwa zwischen 1210 - 1200 v. Chr.; endgültiges Konzept der Tora und des AT etwa um 600 v. Chr. Zur Überheblichkeit der ´Erntemänner des Heiligen Feldes´ siehe oben und in „Die Ur-Kabbala".

Da es *zwei* grundverschiedene Religions*verursacher* gab, entstanden notwendigerweise auch *zwei* grundverschiedene Religionen: Die Priester (zunächst wohl überwiegend/ausschließlich Moses, evtl. auch Aharon) berichteten und lehrten eine vom ´Ewigen´ d. h. von den Extraterrestriern vorgeschriebene, bereits fertig ausformulierte Allgemein-Religion an die (zukünftigen) Gläubigen, die diese auswendig lernen mußten. Die Gläubigen waren zunächst wahrscheinlich nur die Leviten, die wie ein zusätzlicher Schutzwall die Stiftshütte umwohnten und beschützten. Wann und wie intensiv die ´gewöhnlichen´ Leute ´draußen im Lager´ von der Religion erfuhren, wird nicht mitgeteilt.

Dagegen hatten die ´Herren der Herren´ im Allerheiligsten (Moses, Aharon und einige wenige ausgewählte Leviten) mit einem ganz anderen Religionsverursacher zu tun: der *Mannamaschine*, dem Hochbetagte. Zusammen mit den Erntemännern des Heiligen Feldes, die später auch mit an der Maschine herumbasteln, sie also ´untersuchen´ durften, phantasierten sie sich unter dem Eindruck der unfaßbaren Eigenschaften dieses Ungeheuers gleichsam eine Privat-Religion Schritt für Schritt zusammen, die Kabbala. Die strenge Geheimhaltung der Maschine bewirkte eine ebensolche strenge Geheimhaltung der unmittelbar von ihr abgeleiteten Religion (ursprünglich die ´Religion´ des Zusammenstöpselns, d. h. des korrekten Wiederzusammenbauens der Maschine)[1]. Da diese wenigen Personen den Religionsauslöser tatsächlich sehen und später auch zur Untersuchung an ihm basteln und herumfummeln durften, überrascht es nicht, daß ihre ´Religion´ so ganz anders wurde, als die allgemeine Volksreligion, die nur auf blind (d. h. gläubig) akzeptierte und auswendig gelernte ´fertige´ Anordnungen der Priester, insgesamt also nur auf Unwissenheit aufbauen konnte. Die ´Religion´ der ´Wissenden´, die Kabbala, ist in „Die Ur-Kabbala" erläutert.
[1] Das Zusammenstöpseln, d. h. der Wiederzusammenbau der Mannamaschine, muß psychologisch eine ungleich größere Belastung für die ´Herren der Herren´ gewesen sein als das Demontieren. Beim Wiederzusammenbau konnte man viele Fehler machen – dann gab es kein Manna! Beim Demontieren waren ernste Gefahren wohl nicht gegeben – abgesehen von der allgemeinen Vorsicht vor ihrer lebensgefährlichen Hochspannung. Was Wunder, daß nach erfolgreichem Zusammenbau ein Priester (erleichtert!) verkündete: „Höre Israel, dein Gott ist (wieder) *ein* Gott …!" Man hatte es wieder geschafft, alles war richtig zusammengestöpselt – uff! Vom Demontieren ist bezeichnenderweise nichts Vergleichbares überliefert.

Besonders grotesk ist dabei die Tatsache, daß die tote Mannamaschine sich letztlich in der genau gleichen Situation befand, in der auch der ´Ewige´, die lebendigen ´Götter´, sich befanden: Was immer sie taten, welche Eigenschaften sie immer hatten (beide: Menschen, d. h. ´Götter´, und Maschine): Alles, aber auch *alles*, wurde sofort göttlich und damit religionsbildend! Ob die tatsächlich agierenden Extraterrestrier, etwa bei der Unterweisung auf dem Har Karkom, wirklich „heilige Engel" waren, im Sinne der Henochbücher, also echte extraterrestrische Menschen, oder nur entsprechend instruierte, evtl. programmierte, Androiden, spielte dabei nicht die geringste Rolle – sie waren alle 'Götter' und damit all ihr Tun göttlich; und entsprechendes würde sehr bald auch für die Mannamaschine mit dem Wust ihrer unfaßbaren Eigenschaften gelten. Da beide gleichzeitig aktiv waren, war eine gleichzeitige, zweifache Religionsbegründung unausweichlich!

Ob das aber - insgesamt - die Religion war, die den Extraterrestriern ursprünglich vorschwebte, ist eine andere Frage. Besonders fraglich ist natürlich das Verhältnis der Extraterrestrier zum Entstehen einer zweiten, privaten Geheim-Religion, der Kabbala. Ob sie dessen Entstehen im Allerheiligsten während der Wüstenwanderung wirklich nicht bemerkt haben, muß offen bleiben. Vielleicht war es schon auf dem Har Karkom die einzige Möglichkeit gewesen, den so absolut Unwissenden den Umgang mit dem Ungeheuer irgendwie beizubringen – man denke an die Namen der Einzelteile der Maschine, die dort noch aus frühester jüdischer Zeit stammten, z. B. die ersten Könige des ATs. Diese Namen mußten unweigerlich die entstehende Maschinen-'Religion' noch logischer wirken lassen, denn die 'Schüler' auf dem Har Karkom kannten ja diese Namen. Das verlieh dem Maschinenverständnis und der daraus abgeleiteten Religion etwas Vertrautes. Letztlich spiegelte sich diese seltsame Doppelsituation der entstehenden 'Religionen' in den beiden Typen des Kontakts der Menschen zu der Maschine wider, mit der sie während der langen Wanderung unmittelbar beschäftigt waren. Sie nahmen damit die entstehende Religionswelt gleichsam vorweg – *nolens volens*:

1) Da gab es die zukünftigen Kabbalisten, die Leviten, die das außerirdisch-göttliche Ungeheuer wenigstens soweit kannten (also sehen durften), daß sie es demontieren, reinigen und wieder zusammenbauen konnten. Dazu waren die entscheidenden Teile der Maschine mit den ihnen bekannten Buchstaben gekennzeichnet, was der entstehenden Kabbala eine scheinbare Berechtigung gab, denn es war nicht gut vorstellbar, daß der 'Ewige' die Buchstaben ohne Sinn und Verstand an diesem unfaßbaren Heiligtum angebracht hatte – schon hatten die Buchstaben eine zusätzliche, religiös-mystische Bedeutung; und zwar jeder einzelne individuell für sich! Das gleiche galt im gewissen Sinne wohl auch für die mit Namen benannten Einzelteile der Maschine.

2) Dann gab es die Söhne Kehats, die die zerlegte Mannamaschine zwar tragen mußten, aber weder sehen noch wissen durften, *was* sie da trugen. Sie sind das Abbild der Träger der Allgemeinreligion, der (heutigen) Kirchensteuerzahler (Ein Schelm, wer hier Vergleiche zieht mit der gesamten Amtskirche und dem Schicksal der Gläubigen in ihr!). Also werden die Teile der zerlegten Maschine sorgfältig verpackt. Das wieder hatte unweigerlich auf das Verhalten der gläubigen Menschen Rückwirkungen: Verpackungsvorschriften als spätere

Bekleidungsvorschriften, die die Extraterrestrier - bezogen auf die Menschen - nicht angeordnet hatten. Wieder waren sie Opfer ihrer eigenen, göttlichen Stellung geworden: denn jede Anordnung `von oben´ hatte ja unweigerlich *zwei* Wirkungen: die technisch unmittelbar auszuführende und die `göttlich-religiöse´ Nach- und Nebenwirkung. Dem konnten die Extraterrestrier nicht entkommen, sie hätten denn sich zeigen müssen und so das Ganze als Schwindel einer ganz normalen technischen Zivilisation und sich selbst als ganz normale `Menschen vom anderen Stern´ entlarvt – das war natürlich indiskutabel.

Damit waren aber beide Parteien, die den Auszug aus Ägypten bewerkstelligt hatten in völlig ungewollte und unerwartete Dinge involviert: Die einen, die Menschen, waren ständig damit beschäftigt, neue Regeln auswendig zu lernen – logisch zu verstehen waren die nicht; und die anderen, die Extraterrestrier, mußten ständig irgendwelche Unglücke abwenden, Ungehorsamkeiten ahnden und Regeln an Moses durchgeben, damit er sie als `Gottes Wille´ den Gläubigen weitergab, die diese dann wieder auswendig lernen mußten – so vor und erst recht nach der Übergabe der Mannamaschine.

Es ist anzunehmen, daß keine den beiden Parteien wirklich verstand, was da vor sich ging, d. h. worauf man sich da eingelassen hatte – nicht die Menschen auf der Erde und auch nicht die Extraterrestrier. Die Menschen hatten zu keiner Zeit eine Chance für ein solches durchschauendes Verständnis, nicht damals und auch nicht später. Erst in der Gegenwart fällt schrittweise ein (technisches) Licht auf die seltsamen Berichte in den Fünf Büchern Moses und den zugehörigen Begleitbüchern. Möglich wurde das Ganze nur wegen des geringen konkreten Wissens der Extraterrestrier von der Menschenwelt – ein Unwissen, das ihnen wohl erst während der langen Wanderung Schritt für Schritt bewußt wurde. Ob sich daran bis heute grundlegendes geändert hat, wissen wir nicht. Eine Umkehr `zurück nach Ägypten´, d. h. zurück in das Löschen all dieser Ereignisse und ihrer Konsequenzen gab es auch für sie nicht: Der Zeitpfeil war auch für sie unumkehrbar – sie konnten auf dem einmal eingeschlagenen Weg nur `logisch´ fortfahren: Ebenso wie die Menschen, waren sie Gefangene der Eigendynamik des Gesamtereignisses „Exodus" geworden! Ob sie das alles sehr interessiert hat, oder ob sie am rein äußerlichen, d. h. alltäglichen Schicksal der von ihnen ge- und verführten Menschen keinerlei Interesse hatten, erfahren wir nur indirekt bei Straf-Situationen, und die sind nicht dazu angetan, Trost und Zukunftshoffnung zu spenden für die ihnen an Körper und Geist so wehrlos ausgelieferten Menschenkinder! Das Gleiche gilt auch für die Verheißung des gelobten Landes: Man konnte es nur mit `von oben´ ausdrücklich befohlener mörderischer Brutalität an sich reißen, mit Massenmord an der Urbevölkerung – mit Genoziden!

Jahrhunderte später: Der Redaktor, d. h. der Religionsmacher, bei der Arbeit: –
Die Irrtümer um den `Boten Gottes´

Die zahlreichen Irrtümer späterer Redaktoren und Religionsmacher in allen Bereichen der alttestamentlichen `Religion´ seien hier - am Schluß dieses Teils - anhand eines charakteristischen Beispiels erläutert. Auch der hier benannte Redaktor mag möglicherweise in Wahrheit mehrere Personen repräsentieren, die vielleicht in größeren zeitlichen Abständen, also nacheinander, den `Boten Gottes´ Schritt für Schritt zusammenphantasierten und -konstruierten.

Das Wirken späterer Redaktoren, die die von ihnen beschriebenen Ereignisse nicht selbst miterlebt hatten, mußte unweigerlich noch weniger Verständnis für die tatsächlichen Ereignisse aufweisen, als das bei den unmittelbar Beteiligten der Fall war. Für ihre Hauptaufgabe, das Religion-Machen bzw. -Fortschreiben, war das eher förderlich: Bekanntlich ist `Das Wunder (also das absolute Un- und Mißverständnis) des Glaubens (also der Unwissenheit) liebstes Kind´! Bei der Verquickung des Boten Gottes mit der Mannamaschine können wir dem Redaktor, dem Religionsmacher, über die Schulter schauen. Der hatte zwei (eigentlich drei) Geschichten, die ursprünglich nur wenig miteinander zu tun hatten, die aber so merkwürdig ähnlich klangen, daß er sie nicht auseinanderhalten konnte oder wollte:

A) *Der wirkliche Bote Gottes (Mal'akh), beim eigentlichen Auszug und auf der Nehrung*
Da war einerseits der Bote Gottes während der ersten drei bis fünf Tage, unmittelbar während und nach dem Auszug der Kinder Israel aus Ägypten und bei den dramatischen Ereignissen auf der Nehrung. Er war mit „... *sende einen Boten vor dir her...*" angekündigt worden. Dieser Bote war tatsächlich Richtung-weisend mit Rauch- bzw. Feuerzeichen aktiv vor ihnen her gegangen (nicht geflogen!), wie immer das technisch funktioniert hatte (siehe Teil I). Von diesem Gerät ist nur bekannt, daß es Rauch- und (rotierende?) Lichtzeichen gab. Es muß deshalb eine Konstruktion gewesen sein, die zumindest höher war als das Gebüsch der Umgebung, damit die Signale aus größerer Entfernung sichtbar waren und als Wegweiser dienen konnten. Das Gerät konnte sich im Gelände fortbewegen – wie, erfahren wir nicht. Möglicherweise verfügte dieser Bote Gottes über die omnidirektionalen Räder, die nach dem Prinzip der Räder des Weltraum-Landefahrzeugs bei Ezechiel funktionierten (siehe BLUMRICH, 1973 und im ersten Buch des Verfassers). Dieser Bote Gottes ist nach den Ereignissen auf der Nehrung, d. h. nach dem Durchqueren des Schilfmeeres, nicht mehr präsent. Sein kurzfristiges Vorhandensein hat deshalb in der Religion der Kinder Israel keine Spur hinterlassen. Daß aus ihm die `Stimme Gottes´ sprach, ist sehr wahrscheinlich ein Irrtum des Redaktors, der sich das - ausgehend von der Situation in der Stiftshütte - nicht anders vorstellen konnte, da ja beide Gerätschaften von den Extraterrestriern als `Bote Gottes´ bzw. als `Bote´ bezeichnet wurden. Also hat der Redaktor, aus seiner Sicht logisch richtig, auch dem ersten `Boten Gottes´ diese Gottesstimme mit ihren Befehlen und Anweisungen unterstellt. Ob das wirklich ein

vollständiger Irrtum war, oder ob der erste Gottesbote nicht doch an Moses bzw. Aharon, wer immer von ihnen in seiner Nähe sich aufhielt, gesprochene Befehle zur einzuschlagenden Zugrichtung gab, muß offen bleiben, denn wir erfahren von diesem Boten buchstäblich nur, daß es ihn gab, und daß er optische Signale aussendete, die alle sehen konnten – vielleicht ging er nur einfach voraus und die übrigen mußten ihm folgen, das konnte ohne jedes Sprechen geschehen. Daß er sprechen konnte, ist eher unwahrscheinlich, denn als ein wirklich bedeutender Befehl gegeben werden muß, lautet der Text: „Und der Ewige redete zu Mosche und sprach: `…, *daß sie umkehren* ….´." Wenn der Bote wirklich hätte reden können, wäre dieser Befehl doch wohl von ihm gekommen und nicht vom `Ewigen´. Der Vorfall zeigt auch, daß Moses schon während der Wanderung zum Verständigen mit dem `Ewigen´ sehr wahrscheinlich ein Funksprechgerät mit sich trug, wie oben erläutert.

B) *Der irrtümliche Bote Gottes (die Verquickung von Mannamaschine und Bundeslade) während der Wanderung*
Dieser Gottesbote bestand aus zwei Untereinheiten, B1 und B2, die der Redaktor aber nicht auseinanderhalten konnte, denn von einem dieser beiden Gottesboten wußte er nichts; zumindest durfte er sein eventuelles Wissen über ihn, die Mannamaschine, nicht verwerten.

B1) Der zweite Bote Gottes war von ganz anderer Art, es war die Mannamaschine, die sich nicht im Gelände selbstständig bewegen konnte, also als Wegweiser gänzlich ungeeignet war. Auch dort, am Har Karkom, war Moses gesagt worden, daß `Gott´ „… *einen Boten vor dir her*…" senden wollte. Auch dieser Bote hatte nachts ein glosendes Licht und am Tage war eine Rauchwolke (wohl eher eine Wasserdampf-Wolke) zu sehen. Er wurde sogar auf einen jeweils zu errichtenden Thron gesetzt. Seine Licht- und Rauchzeichen waren als notwendiges Übel bei der Manna-Produktion nicht zu umgehen; eine weitere Funktion hatten sie nicht; d. h. sie hatten überhaupt keine Funktion. Aber genau das wußte der Redaktor nicht, der Religionsmacher. Für ihn zählte nur „Rauch am Tage" und „Feuer bei Nacht" – also mußte das der gleiche Gottesbote sein wie beim Beginn des Auszuges. Da das Gerät beim jeweiligen Lagerwechsel abgeschaltet und demontiert war, konnte es ausgerechnet beim Transport, wenn es galt, den Weg zum neuen Lagerplatz zu finden, nicht als Wegweiser dienen! – wenn es denn dazu geeignet gewesen wäre. Weiter unten werden wir in Teil IV erfahren, daß das Gerät beim Zug zum jeweils nächsten Lagerplatz von den Söhnen Kehats getragen wurde; es wurde also ihm von den Trägern gleichsam der Weg gewiesen und nicht umgekehrt.

Die übrigen Eigenschaften dieses Gerätes wird der Redaktor, der spätere Religionsmacher, nicht gekannt haben; bzw. er durfte sie nicht erwähnen: Das Gerät produzierte das Manna und es produzierte bei Bedarf auch die so beeindruckende Hokuspokus-Wasserdampf-Wolke, in der angeblich der `Ewige´ Moses erschien und mit ihm sprach (wie das Abbild der heiligen Maria bei späteren Marienerscheinungen). Auch vom Tyrannen wurde nichts mitgeteilt; die Beschreibung des tödlichen Unglücks der Söhne Aharons mußte reichen.

B2) Sehr kompliziert, aber auch wieder - scheinbar - einfach wurde die Geschichte mit der Bundeslade. Die hatte nun wirklich eine Gegensprechanlage – und eine Horchapparatur, wie wir oben erfahren haben. Man konnte also mit Hilfe dieser Maschine mit `Gott´ sprechen, d. h. mit den Extraterrestriern im Habitat: Dieser Kasten war also wirklich ein Bote Gottes in dem Sinne, daß er `Gottes´ Befehle an den irdischen Sprecher (Moses, auch Aharon?) erteilen konnte. Aber, daß dieser Kasten nicht vor ihnen her gehen konnte, war nur allzu deutlich; trotzdem kamen von ihm aber `Gottes´ Anordnungen – wie zumindest die Erntemänner des Heiligen Feldes (und natürlich auch Moses und Aharon und die übrigen Helfer im Allerheiligsten) gewußt haben werden. Daß der Kasten keine Rauchsignale geben konnte, war angesichts der Hokuspokus-Wasserdampf-Wolke, gleich nebenan im Allerheiligsten, vielleicht nicht so schlimm. Er hatte auch keinerlei Feuerschein; für den galt aber das gleiche, wie für die Wasserdampf-Wolke: gleich nebenan gab es einen solchen Feuerschein. Unausräumbar war natürlich die Tatsache, daß jeder sehen konnte, daß der Kasten `weiter hinten´ in der Marschsäule getragen wurde – von Richtungweisen während des jeweiligen Weiterzugs keine Spur. Dennoch konnte dieser Bote dank der „Stimme Gottes", die in ihm war, Befehle weitergeben und deshalb wohl noch am ehesten den einzuschlagenden Weg weisen, d. h. beschreiben – vor Antritt der jeweiligen Wanderung, des jeweiligen Ortswechsels.

Mit all diesen Eigenschaften, verteilt auf drei Geräte, von denen der Redaktor, der Religionsmacher, eines zumindest nicht erwähnen durfte, vielleicht von seiner Existenz auch garnichts wußte, mußte der Bedauernswerte fertig werden, ohne zu wissen, *was* ursprünglich wirklich *in welcher Reihenfolge* und *warum* geschehen war; vom *wo* hatte er vielleicht eine gewisse Vorstellung.

C) *Der endgültige Gottesbote des Redaktors*
Dieser Gottesbote war eine bemerkenswerte Kombination aus A) und B1+2). Zunächst: der Redaktor scheint nicht das geringste vom äußeren Aussehen des Gottesboten gewußt zu haben; er hat sich darum erkennbar auch nicht bemüht – war er so desinteressiert, oder durfte er sich dafür nicht interessieren? Er hätte schließlich nur die `Erntemänner des Heiligen Feldes´ zu fragen brauchen. Er beschränkte sich aber konsequent auf das Beschreiben der Funktion des Gottesboten – soweit sie ihm bekannt war, und die war, bezogen auf die Mannamaschine, bestenfalls rudimentär und falsch verstanden. Als weiteres, beide Boten verbindendes Phänomen, war da noch der Befehl mit dem drohenden Unterton: „*... wenn du seiner Stimme gehorchst...*".

Das einzig Konkrete, das der Redaktor seinem - hypothetischen - Gottesboten unterstellt, sind die Feuer- und Rauchsignale, die angeblich während des gesamten Wüstenzuges den Kindern Israel als Wegweiser gedient haben, was definitiv *nicht* der Fall war. Diese Signale aber leitet er vom ersten Gottesboten ab, der beim

Auszug aus Ägypten nur wenige Tage anwesend war; dort (und nur dort!) hatte ein Gottesbote mit seinen Signalen wirklich als Wegweiser gedient. Dieser Gottesbote hatte also real existiert – für wenige Tage. Die weitere Dauer der Wegweisung leitete er von der Mannamaschine ab – in Rückgriff auf die Eigenschaften des wirklichen Gottesboten der ersten Tage und Nächte des Auszuges und der auch über der Mannamaschine befindlichen Wolke, die nachts feurig leuchtete; damit war für ihn alles klar. Das war vielleicht nur möglich, weil er wirklich nichts Konkretes von den Eigenschaften des Hochbetagten wußte. Weiterhin kann sein hypothetischer Gottesbote auch Anweisungen und Befehle aller Art erteilen. Das konnte auf der Wanderung aber nur die Gegensprechanlage der Bundeslade, die Bezeugung, die aber keine der vorher beschriebenen Signale geben konnte. Die Mannamaschine im Allerheiligsten verfügte sehr wahrscheinlich nicht über ein Mikrophon mit dem sie den `Herren der Herren´ bei ihrer Arbeit Anweisungen hätte erteilen können. Das hätten wir sonst erfahren, denn eine solche Stimme wäre dann ja die unmittelbare Stimme ihres Gottes gewesen; davon hätte man zumindest in der Ur-Kabbala berichtet.

Es hätte eine solche Stimme die `Herren der Herren´ möglicherweise in unauflösbare Konflikte gestürzt: Eine Stimme `von oben´ an der Maschine hätte diese auf der Stelle zum `Gott´ gemacht, nicht zuletzt auch wegen ihrer allgemeinen Menschenähnlichkeit - dann hätte man definitiv zwei Götter gehabt, den Herrn im Habitat und die Mannamaschine im Allerheiligsten. Wir spüren auch hier wieder den uneinholbaren Schatten der Wahrheit, vor dem die Extraterrestrier beständig auf der Flucht waren – wenn auch wahrscheinlich oft unbewußt.

Es bleibt unklar, ob dem Redaktor überhaupt bewußt war, daß er zwei (bzw. drei) `Gottesboten´ zusammenfügte. Er war damit wahrscheinlich derjenige, der unbewußt die wenigen Eigenschaften der Mannamaschine, die er kannte, bzw. kennen (und nennen) durfte, und die Eigenschaften des wirklichen Gottesboten der ersten Tage und Nächte des Auszugs und die Eigenschaften der Bundeslade zu *einem* Gottesboten verschmolz. Er hat dabei in gutem Glauben, d. h. aus Unwissenheit, alle Eigenschaften des ersten Gottesboten übernommen und auf die gesamte Zeit der Wanderung ausgedehnt; daran hat er dann das angefügt, das ihm passend erschien. Daß der alttestamentliche Redaktor (oder mehrere Redaktoren nacheinander) so vorging, ist ihm nicht anzukreiden, denn er hatte keine Chance, es richtig zu machen – aber heute …….. !

(Man möchte auch wissen welche Rolle in diesem Zusammenhang Moses' seltsamer Stab spielte, mit dem er dem Meer scheinbar hatte befehlen können. War dieser Stab, der vielleicht über ein Mikrophon verfügte, womöglich während des ersten Abschnitts der gesamten Wanderung, also schon vom eigentlichen Auszug an, der wahre Gottesbote, d. h. der wahre Befehlsgeber gewesen, und hatte der womöglich auch die jeweils einzuschlagende Richtung bis zum Har Karkom angegeben? In diesem Fall wäre der sogenannte Gottesbote mit seinen Licht- und

Rauchzeichen wirklich nur ein wandelnder Leuchtturm gewesen, der wohl von oben gesteuert wurde (siehe Teil I).)

Auf solche Art ʽlogischʼ zusammengefügt, wurde das Resultat dann ausdrücklich als „Bote Gottes" bezeichnet und in den Kanon der Bibel aufgenommen. Damit war die nunmehr ʽverständlicheʼ Geschichte um diesen Boten ein Teil dessen, das bis heute in unfaßbarer Gedankenlosigkeit und Verkennung der Fakten als „Gottes Wort" und „göttliche Offenbarung" bezeichnet wird.

Insgesamt handelt es sich beim Entstehen der Geschichte um den Gottesboten um ein Anhäufung von Irrtümern, Mißverständnissen, Verwechslungen, ʽlogischenʼ Verknüpfungen (und Totschweigen!) unverstandener Ereignisse, die wahrscheinlich typisch ist für das ganzen AT. Siehe dazu auch im ersten Buch des Verfassers, in dem in einigen Kapiteln ʽauf Schritt und Trittʼ deutlich wird, daß nahezu die gesamten Fünf Bücher Moses und ihre Begleitbücher von solchen allumfassenden Irrtümern und grotesken Mißverständnissen geradezu leben – und damit unweigerlich auch die daraus abgeleiteten ʽReligionenʼ, d. h. der geheime und der öffentliche Kargo-Kult, die Kabbala und die unterschiedlichen allgemeinen Amtskirchen-ʽReligionenʼ bzw. Sekten!

Wir fassen zusammen:
1) Da war der wirkliche Bote Gottes, der beim eigentlichen Auszug aus Ägypten nur wenige Tage anwesend war, der aber tatsächlich Licht- und Rauchzeichen gegeben hatte, um die Richtung zu weisen. Damit waren die Weichen für das spätere Gesamt-Mißverständnis um den ʽBoten Gottesʼ gestellt. Ob dieser wirkliche Bote Gottes sprechen, d. h. Befehle übermitteln konnte, muß offen bleiben (s. u.).
2) Dann war da die Mannamaschine, die unglücklicherweise (scheinbar!) auch Licht- und Rauchzeichen gab (d. h. eine Wasserdampf-Wolke, in der es nachts feurig gloste); damit war sie für den späteren Religionsmacher, den Redaktor, die logische Fortsetzung des ersten Gottesboten. Daß dieser zweite ʽGottesboteʼ erst später - am Har Karkom - auftauchte, wurde entweder verschwiegen, oder war dem Redaktor nicht bekannt; es paßte dieses Gerät so gut mit seinen (scheinbaren) ʽZeichenʼ, also mußte es das gleiche Objekt mit gleicher Funktion sein!
3) Die Funktion der Bundeslade wirkte *nolens volens* wie ein Bindeglied: sie konnte zwar keine Licht- und Rauchzeichen geben, aber sie konnte sprechen, d. h. die Befehle ʽGottesʼ übermitteln. Sie verfügte damit über die noch fehlende Eigenschaft, und sie war während der gesamten Wanderung anwesend – zusammen mit der Mannamaschine, dem scheinbaren Zeichengeber.
Es scheint nicht aufgefallen zu sein, daß während des ersten, kurzen, Abschnitts der Wanderung zwischen dem Schilfmeer und dem Har Karkom kein wie auch immer gearteter Gottesbote die Kinder Israel begleitete – real oder später hinzuphantasiert.

Welche Rolle in diesem Zusammenhang der seltsame Stab des Moses' spielte, der vielleicht über ein Mikrophon verfügte, bleibt unklar. Womöglich war er der `fehlende´ Gottesbote, der die nötigen Befehle `von oben´ übermittelte während des ersten, kurzen Abschnitts der Gesamt-Wanderung bis zum Har Karkom.

Daß keines der unter 2) und 3) genannten Geräte beim jeweiligen Weiterzug jemals die Richtung tatsächlich angab, hat der Religionsmacher verschwiegen; möglicherweise war das auch garkein erwähnenswerter Umstand nach seiner Diktion. Es wird damit das Zusammenbasteln und -konstruieren des Boten Gottes aus so vielen und so gründlich falsch verstandenen Einzelereignisse und -tatsachen zum Modellfall für das Zusammenphantasieren der gesamten AT-`Religion´, die als alleinseligmachende göttliche Offenbarung (Verbalinspiration!) und als Tora ihren Weg in die Menschheit antrat.

Teil IV

Der Feldversuch

Die Mannamaschine in der praktischen Anwendung:
Das Überstülpen der un-menschlichen `Religion´
Religionsmaschine – Maschinenreligion

Die Jordandurchquerung:

Wo war die Mannamaschine?

Einleitung
Wir werden auch in diesem Teil, der den ungleich längeren zweiten Abschnitt der Gesamt-Wanderung beschreibt, nur einzelne, auffällige Vorfälle erfassen und erläutern. Wer den gesamten Text mit allen Details lesen möchte, sei auf das AT verwiesen. Die Reihenfolge der hier erläuterten Ereignisse ist keineswegs sicher. Es kann aber nicht Aufgabe dieses Buches sein, eine Rekonstruktion ihrer korrekten Abfolge vorzunehmen – wenn eine solche denn möglich wäre. Deshalb wird hier die im AT gegebene Abfolge der Ereignisse, mit geringfügigen Korrekturen, unverändert übernommen.

Wir werden auf der langen Wanderung das Überstülpen der neuen, un-menschlichen Religion erleben – un-menschlich im doppelten Sinne des Wortes: Sie kam aus dem Weltall, konnte also nicht in der Menschenwelt entstanden, ihr nicht geistig-natürlich, gleichsam `organisch´, entsprossen sein, und sie wurde von außerirdischen Religionsverkündern (extraterrestrischen Menschen, Astronauten und Androiden) den Menschen aufdiktiert. Sie alle wußten (fast) nichts von der Menschenwelt, und Vertreibung, Mord, Totschlag und Genozide waren für sie nichts Besonderes – sie waren von Anfang an Teil des Gesamtplans, wie oben nachzulesen. Danach hatten sich die Gläubigen der neuen Religion zu richten. Mit von der Partie war auch eine Maschine, deren Einfluß man nicht hoch genug einschätzen kann, wie ebenfalls oben gezeigt wurde.

Die Kinder Israel werden auf dieser Wanderung sozusagen den praktischen Vollzug all dieser bisher doch nur weitgehend theoretisch mitgeteilten Dinge und Anordnungen - und deren Konsequenzen - an sich selbst erfahren. Es würde sich zeigen, was sie da als Geschenk erhalten hatten und wie dieses Geschenk ihr ganzes Leben, bis in die `Haarspitzen´ ihres Daseins hinein, nicht nur verändern, sondern mit tödlicher Gesetzeskraft auslöschen und durch ein neues, unverstandenes Leben ersetzen würde, das ihnen wie eine Gasmaske übergestülpt wurde – sie würden sich bald nicht mehr wiedererkennen; und das sollten sie ja auch nicht. Die damit unausweichlich verbundene seelische Tragödie des ganzen Volkes und der einzelnen Menschen sah man von außen nicht – damit existierte sie für die Extraterrestrier auch nicht.
Wir kehren aber zunächst in die Stiftshütte zurück.

Der doppelte Vorhang – wo stand die Bundeslade?
Der doppelte Vorhang in der Stiftshütte wird an zwei Stellen erwähnt. Zunächst beginnt der Text mit einer allgemeinen Beschreibung (nach Tur Sinai):

„Und du sollst einen Verhang anfertigen aus blauem und rotem Purpur, aus Karmesin und gezwirntem Byssus, in Kunstwebearbeit, soll man ihn herstellen, mit Kerubim. ... Und du sollst den Verhang anbringen unter den Spangen und sollst dorthin, innerhalb des Verhangs, die Lade der Bezeugung bringen; so soll euch der Verhang scheiden zwischen dem Heiligen und dem Hochheiligen. Und du sollst die Kapporet stellen auf die Lade der Bezeugung im Hochheiligen. Und du sollst den Tisch stellen außerhalb des Verhangs und den Leuchter dem Tisch gegenüber ... Und du sollst einen Vorhang anfertigen für den Eingang des Zeltes aus blauem und rotem Purpur, Karmesin und gezwirntem Byssus, Buntwirkearbeit. Und du sollst für den Vorhang fünf Säulen aus Akazienholz anfertigen ... .“

Hier ist einiges durcheinandergeraten!
Man möchte zunächst wissen, wieso ein Unterschied gemacht wird zwischen Verhang und Vorhang. Es entsteht der Eindruck, daß mit Vorhang der Vorhang gemeint ist, der die Abschnitte 1 und 2 voneinander trennt (siehe Abb.7 u. 8). Dagegen scheint der Verhang den Mittelabschnitt, das Heiligtum mit der Bundeslade, vom Hochheiligen, dem Allerheiligsten mit der Mannamaschine zu trennen. Unklar ist hier die Aufstellung der Bundeslade, die sicherlich nicht im Allerheiligsten stand. Andererseits stand sie dann im Mittelabschnitt, und die Erntemänner des Heiligen Feldes, die dort aktiv waren, konnten mithören, wenn Moses mit dem `Ewigen´ sprach; das war wohl kaum gewünscht. Es gibt zwei Auswege: Einerseits ist es denkbar, daß die Erntemänner den mittleren Abschnitt verlassen mußten wenn Moses mit dem `Herrn´ zu reden hatte, oder die beiden Vorhänge, die das Allerheiligste abtrennten (d. h. der doppelte Vorhang), waren so weit voneinander entfernt, daß zwischen ihnen die Bundeslade Platz hatte. Als dritte Möglichkeit ist natürlich an die Regelung zu denken, daß Moses nur mit dem

'Ewigen' sprach, wenn kein Manna ausgegeben wurde - die Manna-Ausgabezeiten waren natürlich bekannt-; dann hatten die Erntemänner des Heiligen Feldes im Mittelabschnitt nichts zu schaffen, und Moses konnte mit dem Herrn beliebig reden; der Verfasser hält diese Version für die wahrscheinlichste.

Es sollte aber klar sein, daß die Bundeslade keinesfalls im Hochheiligen stand, dem Allerheiligsten, wo sie sehr gestört hätte; denn dort war wohl kaum genug Raum für diese und für den Hochbetagten. Darüber hinaus ist auch daran zu denken, daß die ständige feucht-heiße Luft in diesem Abschnitt (die Mannaproduktion, die häufige Dampfwolke für den Hokuspokus mit dem 'Erscheinen' des 'Ewigen'), trotz des dort fehlenden Daches, die elektrische Apparatur in der Bundeslade wohl bald beschädigt hätte. Spätere Redaktoren hatten aber keine andere Möglichkeit der Platzierung der Bundeslade in ihren Texten, denn ohne diese wäre das Allerheiligste leer gewesen, und sie hätten die dann unweigerlich sich ergebende Frage nach dem Inhalt des Hochheiligen nicht beantworten können, denn die Wahrheit durften sie ja weder schreiben noch sagen – *mene tekel upharsin!* Eine Lösung des Problems im Sinne von Flavius Josephus, der schrieb, daß im Allerheiligsten nur ein „Abbild des Himmels" sich befand (s. o.), war in Israel nicht möglich: Die 'Erntemänner des Heiligen Feldes' wußten es besser, und sie waren dort anwesend; F. Josephus dagegen schrieb seinen Text sehr viel später im fernen Rom.

Die Wartung des 'Ewigen'
„Und aus dem Eingang des Erscheinungszeltes sollt ihr nicht gehen sieben Tage, bis zu dem Tag, da die Tage eurer Einsetzung vollendet sind; denn sieben Tage setzt man euch ins Amt ein. ... Und am Eingang des Erscheinungszeltes sollt ihr verweilen Tag und Nacht, sieben Tage, und die Wartung des Ewigen wahren, auf das ihr nicht sterbet; denn so ist es mir geboten worden."

Es gab also eine allgemeine Dienstordnung, die einen Dienst von sieben Tagen für die jeweils diensthabende Gruppe vorsah. Wir erfahren leider nicht, wer die zweite Gruppe bildete, und ob sich nur zwei Gruppen ablösten, oder ob es noch mehr Gruppen gab. Wir erfahren auch nicht, ob Moses und Aharon sich ablösten, oder ob sie 'permanent' Dienst taten. Diese Anordnung bildete aber nur den äußeren Rahmen des Dienstes am 'Ewigen'. Im Teil III (und in „Die Ur-Kabbala") ist dargestellt, was dieser Dienst im Detail so alles umfaßte, wovon hier aber stocksteif geschwiegen wird. Interessant - und verräterisch - ist hier die Formulierung: *„Und aus dem Eingang des Erscheinungszeltes sollt ihr nicht ..."* bzw.: *„Und am Eingang des Erscheinungszeltes sollt ihr verweilen Tag und Nacht ... die Wartung des Ewigen wahren, auf das ihr nicht sterbet; ..."*. Man kann zwar nicht ganz unterdrücken, daß da im Erscheinungs-'Zelt' eine Wartung zu verrichten ist, man fälscht aber den Gesamtvorgang dahingehend um, daß die Wartung des 'Ewigen' am Eingang des Erscheinungszeltes zu verrichten ist. Hier werden mehrere Dinge - versteckt zwischen den Zeilen - erkennbar: Man kann nicht die Tatsache unterdrücken, daß die Personen, die das Allerheiligste betreten durften, sich dem Eingang näherten, denn zumindest die Erntemänner des Heiligen Feldes sahen das täglich (siehe Abb. 7 u. 8); man sagt aber nicht, daß sie wirklich eintraten. Denn dann wäre natürlich sofort die Frage gekommen: „Ja, was hatten die denn da zu verrichten?" Es haben unweigerlich auch zwischendurch einzelne Personen das Allerheiligste und die Gesamt-Stiftshütte kurzfristig verlassen, z. B. um ihre Notdurft zu verrichten.

Andererseits konnte man auch den Dienst nicht vollständig verschweigen; er wurde deshalb in den Eingang des Allerheiligsten verlegt, was natürlich Unsinn ist; und es wird - auch wieder sehr verräterisch - vom Sterben gesprochen. Der Dienst war also lebensgefährlich! Es mußte der Redaktor hier allerhand umdeuten und - schreiben. Geholfen hat er sich durch ein Verlagern der Aktivitäten, die Wartung des `Ewigen´, in den Eingang und - natürlich! - durch Totschweigen: Eingang oder nicht, wir erfahren rein garnichts über die eigentliche „Wartung des `Ewigen´"; was ging da vor, was war da zu verrichten, wieso konnte man da sterben – worauf wiederholt unmißverständlich hingewiesen wird?!

Der Tod der Söhne Aharons
Trotz der unzweideutigen Anweisungen durch Moses kommt es aber bald zu einem tödlichen Zwischenfall, der so einiges ahnen läßt:

„Und sie nahmen die Söhne Aharons, Nadab und Abihu, ein jeder eine Pfanne, taten Feuer hinein und legten Räucherwerk darauf und brachten so vor dem Ewigen fremdes Feuer, das er ihnen nicht geboten hatte. Da ging ein Feuer aus von dem Ewigen und verzehrte sie, und sie starben vor dem Ewigen. ... ... Und Mosche sprach zu Aharon und zu El'asar und Itamar, seinen Söhnen: „Euer Haupt sollt ihr nicht freimachen und eure Kleider nicht zerreißen, damit ihr nicht sterbet, und er über die ganze Gemeinde zürne. Eure Brüder aber, das ganze Haus Jisrael, möge beweinen, was der Ewige verbrannt."

Sie durften also zum Zeichen der Trauer ausdrücklich nicht die sonst üblichen Handlungen vollbringen (Haupt frei machen, Kleider zerreißen), weil sie sonst sterben würden. Es muß an der Kleidung etwas ganz besonderes gewesen sein, das sie zwingend brauchten, um von der Mannamaschine nicht getötet zu werden. Wir haben oben gesehen, bei der Beschreibung der Mannamaschine, daß das in der Tat wahrscheinlich der Fall war, denn die Maschine hatte eine Strahlenwaffe, „etwas wie ein Stab" - der Tyrann -, die unweigerlich jeden tötete, der nicht über den richtigen elektronischen Kode in seiner Kleidung (und seiner Kopfbedeckung?) verfügte. Wer also als Zeichen der Trauer seine Kleider zerriß und/oder sein Haupt entblößte, dessen Kode war für den Hochbetagten eventuell nicht mehr lesbar, dann trat der Tyrann in Aktion – auch dabei konnte man also sterben, wie Moses ausdrücklich hinzufügt. Es wird damit der schon oben geäußerte Verdacht bestätigt, daß an der Kleidung derer, die das Allerheiligste betreten durften, in der

Tat eine lebenserhaltende Information sich befand. Es wird schon hier - wohl noch vor Beginn der langen Wanderung - eine allgemeine, ungute Tendenz erkennbar: Immer wenn vom Allerheiligsten die Rede ist, dann tritt auch bald der Tod auf den Plan, das zumindest angedrohte, technisch bedingte Sterben – <u>das kann kein Zufall sein</u>! So – was für ein potentielles Mordinstrument war da im Allerheiligsten verborgen?

Die weitere Bemerkung: *„Und von dem Eingang des Erscheinungszeltes sollt ihr nicht hinausgehen, damit ihr nicht sterbet; denn das Salböl des Ewigen ist auf euch"* läßt ahnen, was wirklich geschehen war: Die beiden Söhne Aharons waren ganz einfach in einem Augenblick, als niemand da war und sie bewachte, *hinaus* in das (nicht überdachte) Allerheiligste gegangen und hatten der Mannamaschine mit der falschen Kleidung sich genähert und waren nicht als Berechtigte erkannt worden – schon waren sie tot! Der Tyrann an der Stirn des Hochbetagten war tätig geworden. Dabei ist es aus technischen Gründen bemerkenswert, daß es heißt: *„Da ging ein Feuer aus von dem Ewigen und verzehrte sie, …"*. Die tödliche Strahlenwaffe befand sich also in der Tat am Hochbetagten, der Mannamaschine, wie hier wörtlich bestätigt wird. Die im AT-Text (von späteren Redaktoren?) vorgeschobene Begründung für das *permanente* Bewachen des Eingangs zum hintersten Abschnitt der Stiftshütte mit der Mannamaschine, dem Erscheinungszelt, das konsequente Sich-nicht-Entfernen von diesem Eingang (*„denn das Salböl des Ewigen ist auf euch"*) ist ebenso lapidar, wie an den Haaren herbeigezogen. Es ging natürlich um die Mannamaschine; der Eingang selbst war völlig nebensächlich bei der ganzen Geschichte und das Salböl auch: Auch Moses beschwindelte seine Leute, wenn es ihm nötig erschien. *„Und sie taten nach den Worten Mosches."*

Die Geschichte geht aber noch weiter: *„Und der Ewige redete zu Aharon und sprach: „Wein und Rauschtrank sollst du nicht trinken, du und deine Söhne mit dir, wenn ihr hineingeht in das Erscheinungszelt, auf daß ihr nicht sterbet – ein ewiges Gesetz für eure Geschlechter ... ."* Waren also die beiden so plötzlich umgekommenen Söhne Aharons auch noch betrunken, oder war das vielleicht sogar der einzige Grund gewesen – war das Ganze womöglich nur `im Suff´ geschehen?

Es ist interessant, daß hier ausdrücklich Aharon angesprochen und ermahnt wird vom Ewigen, Moses aber nicht. Aharon konnte also auch mit dem `Ewigen´ sprechen, wenn auch vielleicht nur in Ausnahmefällen; immerhin waren zwei seiner Söhne umgekommen. Vielleicht trank Aharon ganz gerne einen über den Durst – und seine Söhne womöglich auch. Es werden aber noch zwei weitere Dinge zwischen den Zeilen gesagt: Wenn beim Dienst Wein und Rauschtrank ausdrücklich verboten werden, so ist doch wohl anzunehmen, daß in übrigen Zeiten solche Getränke nicht unbedingt verboten waren. Wie heißt doch das Sprichwort so schön: „Dienscht isch Dienscht, und Schnapsch isch Schnapsch." Das galt also in einem so ernsten Zusammenhang auch schon bei der

Religionsbegründung im AT! Die zweite Sache ist ernster: Wenn sie im Erscheinungszelt nicht angetrunken Dienst verrichten durften „... *auf daß ihr nicht sterbet ...*", dann kann das doch nur bedeuten, daß vom bedienten Gerät eine tödliche Gefahr ausging. Damit ist einmal mehr - ganz ungewollt - bestätigt, daß im Erscheinungs-`Zelt´ (dem Allerheiligsten) in der Tat ein tödlich gefährliches Objekt sich befand. Das kann nur im Erscheinungszelt gewesen sein, denn von der Bundeslade im Zelt der Bezeugung, dem mittleren Abschnitt der Stiftshütte, ging keine Gefahr aus. In bzw. auf der Lade waren die Tafeln mit den Zehn Geboten und die Kapporet mit der elektrotechnischen Apparatur für die Gegensprechanlage (und für das Horchgerät), sonst nichts.

Und mehrere Seiten später heißt es dann mit der stereotypen Wendung, die solche Gespräche eröffnete: „*Und der Ewige redete zu Mosche nach dem Tod der zwei Söhne Aharons, die sich vor den Ewigen genaht hatten und da gestorben waren.*" Da steht, was wirklich geschehen war, sie hatten sich dem Ewigen genaht. Es ist interessant, wie hier die Nennung der Mannamaschine vermieden wird, obwohl die hier doch erwähnt werden müßte. Es darf nur die auffällig gewundene Formulierung „*..., die sich vor den Ewigen genaht hatten ...*" ausgesprochen werden, denn man konnte natürlich die Maschine nicht als `Ewiger´ selbst bezeichnen, das wäre Gotteslästerung gewesen: eine Maschine konnte nicht der `Ewige´ sein! – was also tun? Man `löste´ das Problem, wie so oft, mit einer nichtssagenden Phrase, die bei sorgfältiger Analyse einmal mehr die Ausweglosigkeit der ganzen verfahrenen Geschichte um diesen Nichtgott-`Gott´ erweist, denn: Wer war dieser `Ewige´? War er als potentielle Mordmaschine im Erscheinungszelt anwesend und gleichzeitig aber doch auch oben im Himmel? – der Konflikt ist unauflösbar!
Ach ja: Die Sache mit dem „fremden Feuer" können Sie wahrscheinlich vergessen, das war (gewollte?) Entstellung, eine Scheinbegründung, die das so plötzliche Verbrennen durch den `Tyrannen´ als logisch erscheinen lassen sollte, es also kaschieren sollte.

„*Da sprach der Ewige zu Mosche: „Sprich zu deinem Bruder Aharon, auf daß er nicht zu jeder Zeit hineingehe in das Heiligtum innerhalb des Vorhangs vor die Kapporet, die auf der Lade ist, damit er nicht sterbe, denn in der Wolke erscheine ich über der Kapporet. ...* „ „

Hier steht zwar die Wahrheit, aber auch sehr viel durcheinandergebrachter Unsinn. Es sollte also Aharon nicht zu beliebiger Zeit vor die Mannamaschine treten (also außerhalb des Doppel-Vorhangs, der den mittleren Abschnitt mit der Bundeslade abteilte vom Erscheinungs-`Zelt´ mit der Mannamaschine, dem Allerheiligsten), sondern nur wenn die Wolke über ihr - und damit über dem ganzen Stiftszelt - als Zeichen der Anwesenheit des Herrn vorhanden war. War *diese* Wolke also nur ein Zeichen: „Jetzt darfst du eintreten und mit mir sprechen" – im Gegensatz zur allgemeinen Arbeitswolke der Mannamaschine? Oder wurde hier die (allgemeine) Arbeits)-Wolke der Mannamaschine von späteren Redaktoren, die von der

Maschine ja nichts Konkretes mehr wußten, als Erlaubnis zum Eintreten, als Sprechaufforderung o. ä., fehlinterpretiert? Daß es neben der allgemeinen Arbeitswolke der Mannamaschine auch noch eine andere Wolke gab, erfahren wir noch wiederholt während des Wüstenzuges. Spätere Redaktoren haben hier gleich zweimal je zwei Dinge durcheinandergebracht: Da wird einmal nicht korrekt zwischen dem Zelt der Bezeugung, dem mittleren Abschnitt der Gesamt-Anlage (mit der Bundeslade), und dem dachlosen Erscheinungs-`Zelt´, dem Allerheiligsten (mit der Mannamaschine), unterschieden, und es wird auch nicht korrekt zwischen der permanenten Arbeitswolke der Maschine und der kurzfristigen Gottes-Erscheinungswolke unterschieden, die garkeine solche Erscheinung war, sondern lediglich Wasserdampf-Hokuspokus – evtl. zusammen mit holographischem Auch-Hokuspokus. Wie groß das Unverständnis späterer Redaktoren tatsächlich war mit Bezug auf die Wasserdampf-Wolken, geht aus der Formulierung hervor: „*... in der Wolke erscheine ich über der Kapporet.*" – das ist unmöglich, denn die Kapporet befand sich ja auf der Bundeslade und hatte keinerlei Bezug zum Erscheinungs-`Zelt´ und den nur dort möglichen Wasserdampf-Wolken. Gleichzeitig ist diese so weitgehende Verdrehung natürlich auch eine Warnung an alle naiven Gutgläubigen, hier und auch an anderen Stellen Zusammenhänge erkennen zu wollen, die es nicht gab, weil es sie nicht geben konnte. Die Darstellung der Redaktoren bzw. des Redaktors ist nur aus technischer Sicht und bei vorsichtiger Rekonstruktion der *tatsächlich möglichen* technischen Gegebenheiten nachvollziehbar, bzw. korrigierbar.

Es ist aber doch bemerkenswert, und sollte nicht übersehen werden, daß trotz all der Verwechslungen und Irrtümer eines konstant beibehalten wird: „*In der Wolke erscheine ich.*" Der Verfasser möchte aus der Selbstverständlichkeit folgern mit der diese Gegebenheit - nicht nur in dieser Textstelle - unverändert wiedergegeben wird, daß es in der Tat genau so war: In einer Wasserdampf-Wolke, die nur von der Mannamaschine im Allerheiligsten erzeugt werden konnte, erschien der `Ewige´, d. h. sein holographisches Abbild. Wir erfahren leider nicht, wie er in diesem Abbild dargestellt wurde (bei den sehr viel späteren Marienerscheinungen erscheint als holographische Projektion meist eine junge Dame mit lieblichem Antlitz, als Abbild der Muttergottes).

Diesen Wasserdampf-Hokuspokus gab es öfter; so z. B. auch noch bei der Einweihung des Salomonischen Tempels, bei der plötzlich eine umfangreiche Wolke im Tempel erschien, obwohl die eigentliche Funktion der Mannamaschine zu der Zeit längst eingestellt war. Es bleibt also offen, wie da die Wasserdampfwolke erzeugt wurde – und von wem. Die Androhung: „*Damit er nicht sterbe.*" ist unmißverständlich: Das Gerät stand unter Hochspannung und konnte deshalb bei unsachgemäßer Behandlung tödliche Stromschläge bewirken, wie sehr viel später u. a. noch der bedauernswerte Usa erfahren mußte. Es hatte darüber hinaus aber auch eine Strahlenwaffe, die während des Zuges durch die Wüste mehrere Male tätig wurde, wie Moses, Aharon und auch viele andere Kinder Israel selbst noch erleben sollte.

Es wird - wie so oft - im Text nicht immer klar zwischen dem dachlosen Allerheiligsten und dem überdachten mittleren Abschnitt mit der Bundeslade und der Kapporet unterschieden. Da werden spätere Redaktoren einiges nicht richtig begriffen und deshalb so manches durcheinandergebracht haben. Das geht soweit, daß „... *außerhalb des Vorhangs der Bezeugung, im Erscheinungszelt, soll es* [ein ständig brennendes Licht] *Aharon herrichten ....*"; genau umgekehrt war es richtig: Das Licht sollte vor der Lade der Bezeugung brennen, der Bundeslade, also außerhalb des (Doppel-)Vorhangs des Erscheinungs-`Zeltes´ mit der Mannamaschine. Ein Licht außerhalb des Vorhangs der Bezeugung wäre dagegen ein Licht im Vorhof gewesen (siehe Abb. 7 u. 8)! Der spätere Redaktor hat hier in seinem fehlerhaften Text wahrscheinlich also auch die Blickrichtung verwechselt. Angesichts der absoluten Unwissenheit der späteren Redaktoren mit Bezug auf die Mannamaschine, können solche Irrtümer zwar im ersten Moment verwirren, sie sind aber bei konsequent faktenbezogener Textanalyse leicht zu durchschauen und aufzuklären. Es wird bei späterer Textbearbeitung vielleicht garnicht mehr bekannt gewesen sein, daß das Allerheiligste, der hinterste Abschnitt der Gesamt-Hütte, nicht überdacht war. Auch wurde dieser hinterste Abschnitt tunlichst totgeschwiegen, denn man mußte ja seinen in vielerlei Hinsicht so sehr gefährlichen Bewohner ebenfalls totschweigen.

Das Ganze läßt noch eine gewisse organisatorische Unerfahrenheit erkennen. Wir meinen deshalb aus dieser Formulierung und der Gesamtsituation entnehmen zu können, daß diese Vorfälle - auch der vorhergehende mit Mirjams scheinbarem Aussatz, der oben kurz gestreift wurde, und der uns unten noch umfangreicher beschäftigen wird - sich bald nach Übergabe der Mannamaschine zugetragen haben, also wahrscheinlich noch vor Beginn der eigentlichen Wüstenwanderung.

Schlachtungen, privat
Man ist von Seiten der Extraterrestrier sehr darauf bedacht, grundsätzlich jedes Opfer für `Gott´ zu vereinnahmen. Im Text dazu lesen wir (nach Tur Sinai):

„Dies ist es, was der Ewige geboten hat: Jedermann vom Haus Jisrael, der schlachtet Rind, Schaf oder Ziege im Lager, oder der schlachtet außerhalb des Lagers, und es zu dem Eingang des Erscheinungszeltes nicht gebracht hat, um es dem Ewigen als Opfer darzubringen vor der Wohnung des Ewigen: Als Blut soll es jenem Mann angerechnet werden, Blut hat er vergossen, und es soll jener Mann ausgetilgt werden aus der Mitte seines Volkes. Auf das die Kinder Jisrael ihre Schlachtopfer, die sie auf freiem Feld schlachten, herbringen, sie dem Ewigen bringen zum Eingang des Erscheinungszeltes, ... Und nicht sollen sie fernerhin ihre Schlachtopfer den Bockdämonen schlachten, denen sie nachbuhlen; eine ewige Satzung sei ihnen dies für ihre Geschlechter."

Es ging also wohl garnicht so sehr um das eigentliche Schlachten, das ganz selbstverständlich ausnahmslos als Opfer bezeichnet wird - die Priester wurden davon gut versorgt - es ging um etwas ganz anderes: Da gab es wohl Leute, die (heimlich?) auf dem Felde, also außerhalb des Lagers, bei Bedarf Schlachtungen durchführten und dabei einem ominösen Bockdämon dienten; das galt es zu verhindern; und es wird sofort auch hier wieder mit dem Tode gedroht – natürlich! Ein strenges Befolgen dieser Regel wird die oben schon angesprochene Geruchsbelästigung kräftig vermehrt haben; ob die auf Abb. 8 dargestellte Luftzirkulation das immer bewältigen konnte, darf zumindest bei heißem Wetter und Windstille bezweifelt werden. Insgesamt: Im Vorhof der Gesamt-Hütte, diesem Schlachthaus, muß es manchmal gräulich gestunken haben! Es ist hier mit „Eingang des Erscheinungszeltes" mit Sicherheit der Eingang zur Gesamt-Hütte gemeint. Der mittlere Abschnitt der Gesamt-Hütte, in dem sich der Eingang zum eigentlichen Erscheinungszelt befand, dem Allerheiligsten, kann aus organisatorischen Gründen nicht gemeint sein, dazu war dieser Abschnitt bei weitem zu klein.

„Und jedermann von den Kindern Jisrael und von dem Fremdling, der unter ihnen weilt, der ein Wild fängt, von Tier oder Vogel, das gegessen werden darf, der soll dessen Blut weggießen und mit Erde bedecken."

Mit diesem bemerkenswerten Detail, das wir nicht übergehen wollen, erfahren wir endgültig, daß neben Manna noch so allerhang anderes gegessen wurde, z. B. jagdbares Wild auf dem Felde. Manna war also wirklich nur eine Zusatznahrung, die vielleicht nicht einmal regelmäßig verzehrt wurde. Es erübrigt sich damit jede weitere Diskussion um die Frage, ob die Kapazität der beiden Tanks, der Hoden, ausgereicht hat – sie hat ausgereicht, und hier erfahren wir endgültig warum. Wir erfahren aber nicht, was mit ganz überflüssigem Manna geschah, das man auch nicht mehr an des Fremdgemisch austeilen konnte, weil es evtl. manchmal garzuviel war; wenn z. B. draußen auf dem Felde die Jagd ungewöhnlich reichlich gewesen war: Man konnte dann ja auch nicht die Mannamaschine ruhen lassen, denn ein so ungewöhnlicher Erfolg war nicht immer vorherzusehen.

Die Scheinrechtfertigung für das „Vertilgen" der Ureinwohner Kanaans
„Und mit keinem Tier sollst du Beilager halten, dich an ihm zu verunreinigen, und ein Weib soll nicht vor einem Tier stehen zur Begattung; eine Schandtat ist dies. Verunreinigt euch nicht durch all dies! Denn durch all dies haben sich die Völker verunreinigt, die ich vor euch vertreibe. Da wurde das Land unrein, und ich bedachte seine Schuld an ihm, und das Land spie seine Bewohner aus. So wahrt denn ihr meine Gesetze und meine Rechtssatzungen und tut nichts von all diesen Greueln, der Volksgeborene und der Fremdling, der unter euch weilt. ... Daß nicht das Land euch ausspeie, wenn ihr es verunreinigt, wie es das Volk ausgespien hat, das vor euch war. Denn jeder, der eine von allen diesen Greueln tut – die Personen, die sie tun, sollen ausgetilgt werden aus der Mitte des Volkes."

Drei Seiten später werden all diese Begründungen etwas ausführlicher wiederholt, mit dem gleichen Resultat: Mit dieser Begründung hätte man zu damaliger Zeit wohl nahezu jedes Volk ausrotten können. Das war wohl auch der tiefere Grund für diese entschuldigenden Scheinbegründungen: Die Kinder Israel hatten sich über die eigene Zukunft wohl sorgenvolle Gedanken gemacht, die es zu zerstreuen galt. Auch möchte man wissen, was hinter der Formulierung verborgen ist „*... das Land spie seine Bewohner aus.*" und hinter „*...wie es das Volk ausgespien hat, das vor euch war.*" Was ist da womöglich schon vorher in Kanaan durch den `Ewigen´ geschehen? Man bedenke die vielen Zerstörungen durch die Proto-Philister und die Seevölker – war das alles vielleicht nicht ganz zufällig geschehen?!

„So wahrt all meine Satzungen und alle meine Rechtsvorschriften und übt sie, damit euch nicht das Land ausspeie, in das ich euch bringe, darin zu wohnen. Und wandelt nicht in den Satzungen des Volkes, das ich vor euch vertreibe; denn all dies haben sie getan, daß ich Abscheu empfand vor ihnen. Da sprach ich zu euch: Ihr sollt ihren Boden erben, und ich will ihn euch geben, ihn zu besitzen, ein Land, das von Milch und Honig fließt; ich bin der Ewige, euer Gott, der ich euch von den Völkern ausgesondert habe."

Der Namens-Lästerer
Die brutale Hinrichtung des Namens-Lästerers wurde oben in Teil III bereits beschrieben. Es sei aber nochmals daran erinnert, daß ausdrücklich nur das Benennen des Namens als - todeswürdige - Sünde beim `Ewigen´ gilt; andere Sünden muß jeder mit sich selbst abmachen. Ist es möglich, daß das ganze Religionsgerede in unserem Sinne auf das Mißverständnis zurückgeht, daß die Extraterrestrier eben nicht Religion in unserem Sinne initiieren wollten, sondern nur eine `Gottes´-Verehrung im Sinne eines absoluten Gehorsams? Aber wo liegt dann die Grenze zwischen diesem und unserer Religion – man denke an die zahlreichen Anordnungen, die schon im Teil III beschrieben wurden; und es werden hier im Teil IV noch weitere folgen. Geschah das alles nur, um Gehorsam zu erzwingen - und natürlich den Hochbetagten zu schützen -, und war garnicht so streng religiös gemeint wie wir es heute auffassen? Wir wissen letztlich nicht, was die Extraterrestrier unter `Religion´ verstanden – und eben deshalb wissen wir nicht, wieviel `Religion´ von uns selbst später - über Generationen hinweg - hinzugegeben wurde, um den `Kuchen´ komplett zu machen. Schlußendlich dürfen wir nicht vergessen, daß *wir* die Schöpfer von AT und NT mit *unserer* Logik sind und nicht die Extraterrestrier mit ihrem Lebensverständnis (man wagt nicht zu schreiben: `...mit ihrem Religionsverständnis´) und *ihrer* Logik! Können Menschen mit einem Höchstalter von mindestens ca. 500 Jahren und einem entsprechend anderen Zeitgefühl und -verständnis, die zudem (wahrscheinlich) mit größter Selbstverständlichkeit durchs Weltall schippern, überhaupt in unsere Welt und unser Ein-Planeten-Lebensverständnis mit der daraus folgernden

Froschperspektive sich hineindenken – können wir uns in ihre Welt und ihre Lebensauffassung hineindenken? – hier tun sich Abgründe auf!!
Siehe dazu auch im ersten Buch des Verfassers.

Die Rolle der Leviten
„Und der Ewige redete zu Mosche und sprach: ... und bestelle du die Lewiten über die Wohnung der Bezeugung und über alle ihre Geräte, sowie über alles, was dazu gehört; sie sollen die Wohnung und alle ihre Geräte tragen, und sie sollen sie bedienen, und rings um die Wohnung sollen sie lagern. Und wenn die Wohnung aufbricht, sollen die Lewiten sie abnehmen, und wenn die Wohnung lagert, sollen die Lewiten sie aufrichten; der Fremde aber, der sich naht, soll getötet werden. Und die Kinder Jisrael sollen lagern, jeder bei seinem Lager und jeder bei seiner Heeresgruppe nach ihren Scharen. Die Lewiten aber sollen lagern rings um die Wohnung der Bezeugung, damit nicht Zorn komme über die Gemeinde der Kinder Jisrael; und wahren sollen die Lewiten die Wartung der Wohnstatt der Bezeugung. Und die Kinder Jisrael taten es; ganz so, wie der Ewige Mosche geboten, so taten sie."

Die Leviten mußten also einen geschlossenen Ring, wie eine Zwiebelschale, um die Gesamt-Hütte bilden, „... *damit nicht Zorn komme über die Kinder Jisrael; ...*". Diese Begründung ist entweder eine bloße Lappalie, oder sie soll auf die vielfältigen Möglichkeiten von Unglücksfälle hinweisen, die Unbefugten an der Maschine zustoßen konnten; auf jeden Fall ist auch hier wieder eine sehr ernste Drohung ausgesprochen – natürlich. Die Anordnung: „...*der Fremde aber, der sich naht, soll getötet werden.*" zeigt, daß hier von der ganzen Hütte mit dem Allerheiligsten die Rede ist, was natürlich verschwiegen wird. Auf die Anordnung, daß jeder - wahrscheinlich in strenger Ordnung - bei seinem Lager lagern mußte, werden wir unten noch zu sprechen kommen. Eine solche Ordnung war wohl für ein lückenloses Überwachen und Kontrollieren der Menschen im Lager nötig; sie würde für einige Leviten aber noch tödliche Konsequenzen haben.

Der Dienst im Allerheiligsten war besonders streng geregelt; es waren nur wenige geeignet:

„Und der Ewige redete zu Mosche und sprach: „Dies ists, was für die Lewiten (gelten soll): Vom Fünfundzwanzigjährigen an und darüber kommt er, um in den Dienst einzutreten zur Arbeit am Erscheinungszelt. Und vom Fünfzigjährigen an trete er von der Dienstverrichtung zurück und tue keinen Dienst mehr. Und er bediene seine Brüder im Erscheinungszelt bei der Wahrung der Wartung, aber Dienst verrichte er nicht mehr. So sollst du tun mit den Lewiten bei ihren Wartungen."

Dieser Text gehört zu denen, sie harmlos klingen und doch ernste Konsequenzen haben: Das Alter der Leviten ist ein normales Alter für einen komplizierten - und gefährlichen - Dienst. Aber als Moses und Aharon ihren `Dienst´ antraten, d. h. die lange Wanderung mit ihrer endlosen Kette unterschiedlichster Probleme und gefährlicher Vorfälle, waren sie über achtzig Jahre alt! – wie reimt sich das zusammen? Wir hatten schon oben im Teil I dieses Problem angesprochen; wir können es auch hier nicht lösen – es bleibt ein Rätsel. Andererseits ist die hier festgelegte Altersbegrenzung von solcher Art, daß sie auf einen komplizierten Dienst bei der „Arbeit am Erscheinungszelt" schließen läßt. Was gab es da so kompliziertes zu verrichten? Es fällt auch auf, daß von der „Arbeit *am* Erscheinungszelt" die Rede ist; nicht etwa *im* Erscheinungszelt. Auch ist zu bemerken, daß hier - korrekt - ausdrücklich vom Erscheinungszelt die Rede ist, während im vorher zitierten Text nur von der „Wohnung der Bezeugung" o. ä. die Rede ist. Man benennt hier das Allerheiligste also korrekt – das war wohl nötig, um keine Mißverständnisse über den Geltungsbereich dieser Anordnung aufkommen zu lassen. Man hütet sich aber sehr wohl, die Kandidaten gleichsam in das Allerheiligste eintreten zu lassen – was hätte man da alles fragen können! Also deshalb die unauffällige, abmildernde Formulierung von der „*Arbeit am Erscheinungszelt*". Diese Formulierung war unauffällig, denn am Gesamt-Zelt gab es wahrscheinlich sehr viel zu tun (z. B. die vielen Opfer, das Versorgen des Altars; diese Arbeiten hatten unweigerlich schon Vorbereitungen außerhalb des Zeltes zur Folge, also am Zelt). Auch die Unterscheidung von der „*Wahrung der Wartung*" und „*Dienst verrichte er nicht mehr.*" ist auffällig – aber nur für den, der um die Existenz der Mannamaschine weiß: Da gab es ja einerseits die komplizierten Arbeiten bei der technischen Behandlung der eigentlichen Maschine; das durften dann wohl nur die Jüngeren tun. Andererseits war wohl im Allerheiligsten so manches zu verrichten und in Ordnung zu halten. So z. B. Säuberungsarbeiten nach dem Demontieren und dem Wiederzusammenbau der Mannamaschine, auch konnte vielleicht ein wenig Manna zur Erde fallen: das alles wollte beregelt sein; und wir denken auch an das richtige Positionieren der dicken Stämme, auf denen womöglich die demontierten Teile der Maschine abgestellt und an die sie angelehnt wurden (s. o., „Das hohe Lied"). Hier konnten die älteren Leviten sehr wohl sich nützlich machen und ihren jüngeren Kollegen zur Hand gehen, ohne in Lebensgefahr zu geraten, und das konnte natürlich *im* Erscheinungszelt geschehen, denn ihre Anwesenheit war damit für jeden erklärt: Sie gingen ihren jüngeren Kollegen zur Hand – nichts weiter zu fragen[1]. Darüber hinaus hatten sie noch einen weiteren, entscheidenden Vorteil: Sie kannten den Hochbetagten – von ihnen waren keine unbequemen Fragen zu erwarten.

[1] Daß man dann fragen konnte, was denn die jüngeren Kollegen da im Allerheiligsten zu schaffen hatten – soweit scheint man nicht gedacht zu haben.

Aus dem zeitlichen Ablauf des langen Abschnitts der Gesamt-Wanderung (ca. 40 Jahre) ergibt sich noch eine weitere Schlußfolgerung in diesem Zusammenhang: Da die Leviten im Erscheinungszelt höchstens fünfundzwanzig Jahre Dienst an der Maschine verrichten durften, mußten mindestens einmal (oder permanent?) jüngere nachrücken. Dazu mußten diese in das tödliche Geheimnis um den Hochbetagten eingeweiht und perfekt an der Maschine ausgebildet werden – wie geschah das?

Leider erfahren wir darüber nichts. Es wird damit aber doch sehr wahrscheinlich, daß die neu eingeweihten Leviten im Zelt ihren Mitbewohnern so einiges zuflüsterten vom Ungeheuer, dem sie da im Allerheiligsten begegnet waren: Gewisse Dinge sprachen sich hinter vorgehaltener Hand unweigerlich herum; das war im alltäglichen Leben schlechterdings nicht zu verhindern.

Das Aufbrechen zur Wanderung – Die Organisation der Marschsäule
Bevor man aber die Wanderung wirklich antrat, gab es noch ein ganz anderes Problem zu bewältigen, das wohl keiner wirklich erwartet hatte: Man mußte aufbrechen – und das war aus organisatorischer Sicht leichter gesagt als getan!

So zogen sie vom Berg des Ewigen fort einen Marsch von drei Tagen, und die Bundeslade des Ewigen zog vor ihnen her einen Marsch von drei Tagen, um für sie eine Weilstatt zu erspähen. Und die Wolke des Ewigen war über ihnen bei Tag, wenn sie aus dem Lager aufbrachen." [So war es mit Sicherheit nicht, wie auch aus dem entsprechenden AT-Text zu entnehmen!]

Schauen wir uns den Text im AT an, so erscheint auch der zunächst recht unauffällig; es werden jeweils drei Stämme zu einem sog. Lager zusammengefaßt, Auszüge aus Tur-Sinai (siehe Abb. 36):
Und es brach die Heeresgruppe des <u>Lagers der Söhne Jehuda</u> *zuerst auf nach ihren Scharen ... .*

War dann die Wohnung abgenommen, so brachen die Söhne <u>Gerschons</u> *und die Söhne* <u>Meraris</u> *auf, die Träger der* <u>Wohnung</u>*.*

Es wurde also die Wohnung abgenommen – ein verräterischer Ausdruck, der sich nur auf die Vorhänge und das Dach des Mittelabschnitts der Gesamt-Stiftshütte beziehen kann. Die Gesamt-Stiftshütte folgte also an zweiter Stelle in der Marschsäule. Der Text spricht hier noch von „Träger der Wohnung"; d. h. er berichtet vom Zustand vor der Übergabe der Wagen der Fürsten; später wurden diese Dinge gefahren, s. u.

Dann brach die Heeresgruppe des <u>Lagers Reuben</u> *auf nach ihren Scharen ... .*

Dann brachen die <u>Kehatiter</u> *auf, die Träger des* <u>Heiligtums</u>*; man hatte aber die* <u>Wohnung</u> *aufgerichtet bis sie ankamen* [sic!]. [Hier ist nun plötzlich vom Ankommen am neuen Lagerplatz die Rede.]
Nach dem Lager Ruben folgen also die Kehatiter, die wirklich ihre Last, den zerlegten Hochbetagten, die Mannamaschine, auf ihren Schultern trugen. Die Maschine selbst wird in diesem Text nur unauffällig als „Heiligtum" bezeichnet; ganz verschweigen konnte man die Last der Kehatiter natürlich nicht. Es folgt dann ein Satz von kritischer Bedeutung für die Existenz der Mannamaschine: „*Man hatte aber die Wohnung aufgerichtet bis sie ankamen.*" Dieser Satz, der ganz

unauffällig im Text angehängt ist - wie so oft bei Dingen von entscheidender Bedeutung im AT - enthält ein Geständnis: Nicht etwa, daß sie die zerlegte Maschine trugen, die damit den Weg nicht angeben konnte, sondern es wurde ihr sozusagen der Weg von den Trägern gewiesen. Das ist aber nicht das Entscheidende – entscheidend ist hier vielmehr die Tatsache, daß ausdrücklich darauf hingewiesen wird, daß die Wohnung, die Gesamt-Hütte, schon aufgerichtet war, wenn das Heiligtum, die Mannamaschine, eintraf: Sie konnte also geradewegs ins Allerheiligste einziehen, sich dort niederlassen und ... war damit wieder verschwunden! Die Tatsache, daß man immerhin die Gesamt-Stiftshütte (möglicherweise noch ohne die Umrahmung) aufgerichtet hatte, wenn der Hochbetagte eintraf, weist darauf hin, daß die einzelnen Abteilungen der Marschsäule einen beträchtlichen Abstand zueinander in Marschrichtung hatten: vielleicht zwei bis drei (oder fünf?) Kilometer?

Dann brach die Heeresgruppe des Lagers der Söhne Efraims auf nach ihren Scharen ... .

Dann brach die Heeresgruppe des Lagers der Söhne Dans auf, als Nachhut für alle Lager, nach ihren Scharen ... .

Schon vorher war im Text bemerkt worden, daß die Leviten, die während des Lagerns wie ein Schutzwall - eine Zwiebelschale - die Gesamt-Hütte umwohnten und beschützten, auch auf dem Marsch, wenn wir den Text richtig verstehen, den Hochbetagten, das Heiligtum, in der gleichen Ordnung begleiteten und abschirmten, wie sie während des Lagerns die ganze Hütte auch zum Schutz umgaben. Da nicht zu erwarten ist, daß man ausgerechnet bei dieser wichtigen Aufgabe wie wild durcheinander gezeltet hat, sondern wohl eher nach strenger, vorgegebener Ordnung („*... jeder bei seiner Heeresgruppe nach ihren Scharen.*"), war also in dem Moment, in dem der Platz für die Gesamt-Stiftshütte am neuen Lagerplatz festgelegt war, auch die Lage des Allerheiligsten exakt bestimmt - sein Bewohner, der Hochbetagte, konnte dann später schnurstracks in die Gesamt-Hütte einziehen und auf dem vorbereiteten Thron aus unbearbeiteten Steinen Platz nehmen, d. h. er wurde auf dem Thron abgesetzt -; auch der Lagerplatz der einzelnen levitischen Familien in der Umgebung der Gesamt-Hütte war damit *genau* vorgegeben. Wenn das stimmt, könnte das ein dramatisches Ereignis verständlich machen, auf das wir bei der Revolte der Rotte Korah noch zu sprechen kommen werden.

Die Söhne Kehats: die tödliche Quadratur des Kreises
„Und der Ewige redete zu Mosche und Aharon und sprach: „Nimm auf die Zahl der Söhne Kehats aus der Mitte der Söhne Lewis nach ihren Familien, nach ihrem Vaterhaus, vom Dreißigjährigen an und darüber bis zum Fünfzigjährigen, jeden, der in den Dienst eintritt, um am Erscheinungszelt Arbeit zu verrichten.

Es sollen also aus der Zahl der Söhne Kehats, ebenfalls Leviten, die Dreißigjährigen und älteren aufgenommen werden. Aber nur solche, die sowieso schon für den Dienst *am* Erscheinungszelt vorgesehen waren. Es ist bemerkenswert, daß hier nochmals ältere ausgesucht werden (jetzt ab dreißig und älter). Da wird also etwas wirklich kompliziertes zu verrichten sein, oder etwas, das nicht der jugendlichen Neugierde ausgesetzt werden darf. Mit „Erscheinungszelt" ist hier wieder mit Sicherheit die gesamte Stiftshütte gemeint, s. u.; unterstrichene Formulierungen bzw. einzelne Wörter sind vom Verfasser hervorgehoben.

Dies ist der Dienst der Söhne Kehats am Erscheinungszelt: Das Hochheilige. Da sollen Aharon und seine Söhne hineingehen, wenn das Lager aufbricht, und sie sollen den Verhang des Vorhangs abnehmen und mit ihm die Lade der Bezeugung bedecken. Und sie sollen darüber eine Decke von Tahaschfell legen und ein Tuch ganz aus blauem Purpur oben darüber breiten und ihre [Trage]-*Stangen daran legen. ... ... Wenn nun Aharon und seine Söhne damit fertig sind, das Heiligtum und alle Geräte des Heiligtums beim Aufbruch des Lagers zu bedecken, so sollen erst* nachher *die Söhne Kehats zum Tragen kommen, damit sie das Heiligtum nicht* berühren und sterben. *Das ist es, was die Söhne Kehats beim Erscheinungszelt zu tragen haben. ... ..."*

Im Gegensatz zur Bundeslade, bei der ausdrücklich gesagt wird, daß die mit Gold überzogenen Tragestangen nie aus ihren Halterungen herausgenommen werden dürfen (s. o.), müssen Aharon und seine Söhne jedes Mal (erneut) „*ihre Stangen daran legen*". Es war also nicht die Lade der Bezeugung, die Bundeslade, die hier verpackt wird, sondern es war die Mannamaschine (die zur Produktion der Erscheinung befähigt war, der Hokuspokus-Wasserdampf-Wolke, evtl. mit einer Holographie), aber das durfte der Redaktor - wenn er es denn gewußt hat - nicht schreiben. Dieser Unterschied zeigt deutlich, daß die Stangen an der eigentlichen Bundeslade eine zusätzliche, permanente Funktion hatten, sonst hätte man auch diese jedesmal an die Bundeslade legen, d. h. durch die dafür vorgesehenen Ringe/Ösen einführen können. Das wäre auch sehr viel bequemer gewesen, denn die an der Bundeslade verbliebenen Stangen ragten - zum Tragen - über die beiden Enden der Bundeslade hinaus ins Freie. Sie müssen ein ständiges Hindernis für die Erntemänner des Heiligen Feldes gewesen sein, die das Manna aus dem Allerheiligsten in Empfang nahmen (siehe Abb. 6, 7 u. 8), an das man leicht anstoßen konnte. Es waren diese Stangen an der Bundeslade mit großer Wahrscheinlichkeit in der Tat Antennen! Es zeigt dieser Text somit auch, daß das von den Söhnen Kehats zu tragende Objekt eben *nicht* die Bundeslade war! Das schien ansich eine klare Anordnung zu sein, aber sie hatte dennoch dramatische Folgen, von denen wir aber nur indirekt erfahren:

Und der Ewige redete zu Mosche und Aharon und sprach:
„Laßt den Stamm der Familie von Kehat nicht ausrotten aus der Mitte der Leviten. So tut dies für sie, auf daß sie am Leben bleiben und nicht sterben, wenn sie an das

Hochheilige herantreten: Aharon und seine Söhne sollen kommen und sie einsetzen, einen jeden an seinen Dienst und zu seiner Last, daß sie nicht hineinkommen zu <u>schauen</u>, wenn man das Heilige bloßlegt, und <u>sterben</u>."

Dieser Text eignet sich gut, um klar zu machen, wie sehr man in solche scheinbar harmlose Absätze hineinhorchen muß, um ihre wahre Bedeutung zwischen den Zeilen zu erkennen. Nicht selten erkennt man dann eine ganz andere Bedeutung des Textes, und manchmal erlebt man auch eine bestürzende Überraschung, wie in diesem Fall. Es scheint bei oberflächlicher Betrachtung nur die Rede von Unfallverhütung zu sein, und in Wahrheit offenbart sich hier die ganze mörderische Logik des Verbergens des Hochbetagten; eine Logik, die unweigerlich auch auf die entstehende Religion abfärben würde: Bei Fehlverhalten (sog. Ketzerei) war man schnell mit dem rächenden Schwert zur Hand – später hieß das dann Inquisition!

Aufzunehmen waren nur die Dreißig- bis Fünfzigjährigen. Man brauchte also Männer im besten Alter; andererseits bedenke man das hohe Alter von Moses und Aharon; siehe oben, in Teil I. Mit „Erscheinungszelt" ist hier wieder mit Sicherheit die Gesamt-Stiftshütte gemeint, denn es treten offensichtlich auch noch andere Leviten ein und verrichten da Arbeiten. Wenn sie in das wirkliche Erscheinungs-`Zelt´, das Allerheiligste, hätten eintreten dürfen, dann wäre da ein gefährliches Gedränge in unmittelbarer Nähe der Mannamaschine entstanden; auch hätten die tödlichen Geheimnistuereien, von denen wir gleich hören werden, keinerlei Sinn gehabt, denn sie hätten dann ja regelmäßig den Hochbetagten gesehen: Es kann hier also nur die Gesamt-Hütte gemeint sein.

Aufgeschlüsselter Text:
…wenn das Lager aufbricht, und sie sollen den <u>Verhang des Vorhangs</u> abnehmen und mit ihm die Lade der Bezeugung bedecken.
Das Ganze findet also nur statt zum Vorbereiten des Umzugs hin nach einem neuen Lagerplatz. Es gab offenbar zwei Vorhänge, die entweder übereinander hingen, oder sehr nahe beieinander, wie wir auch schon weiter oben vermutet hatten (siehe „Der doppelte Vorhang" und Abb. 7).

… ihre [Trage]-*Stangen <u>daran legen</u>. …*
und zwar noch von Aharon und seinen Söhnen. Es kann sich also nicht um die Bundeslade gehandelt haben, die Lade der Bezeugung, denn deren Stangen durften ausdrücklich <u>nie</u> aus den Ringen an der Bundeslade entfernt werden; diese (Trage-)Stangen hatten wohl eine Antennenfunktion.

…, so sollen erst <u>nachher</u> die Söhne Kehats zum Tragen kommen, damit sie das Heiligtum nicht <u>berühren und sterben</u>. Das ist es, was die Söhne Kehats beim Erscheinungszelt zu <u>tragen</u> haben. … … … ."
Es ging hier also zunächst wirklich überwiegend um Unfallverhütung, damit keine tödlichen elektrischen Stromschläge auftraten. Es wird aber auch ausdrücklich

gesagt, daß die Söhne Kehats erst <u>nachher</u> kommen dürfen, wenn Aharon und seine Söhne mit dem Abdecken des Hochbetagten fertig sind und die Tragestangen angelegt haben. Das war aber nur scheinbar eine unmißverständliche Anordnung, denn: Woher wußten die Söhne Kehats, wann Aharon und seine Söhne mit der Arbeit des "Verbergens" (so in „Die Ur-Kabbala") des Hochbetagten fertig waren (d. h. <u>ganz</u> fertig – da waren ja drei oder fünf Teile komplett zu verbergen); das wußten die Söhne Kehats aber nicht, denn sie kannten den Hochbetagten ja nicht! Vielleicht haben sie nach dem Abdecken und Ablegen einiger Teile geglaubt, daß sie jetzt an ihre Arbeit gehen konnten. Weit gefehlt – da war noch mehr zu bedecken; schon wurden die voreiligen hingerichtet, die, die noch nicht vollständig abgedeckte Teile gesehen hatten! Das mag mehrere Male so geschehen sein, denn der `Ewige´ sieht sich gezwungen einzugreifen:

Laßt den Stamm der Familie von Kehat nicht <u>ausrotten</u> aus der Mitte der Leviten.
Es muß also Lebensgefahr bei der Arbeit gewesen sein und auch schon Tote gegeben haben. Dann wird - indirekt, wie so oft im Buch Exodus - gesagt, was wirklich geschehen ist: die <u>neuen</u> Anordnungen des `Ewigen´ verraten es:

...wenn sie an das Hochheilige herantreten [Hier erfahren wir definitiv, daß vom Hochbetagten, der Mannamaschine, die Rede ist; die Bundeslade wurde nie als das „Hochheilige" bezeichnet!]: *Aharon und seine Söhne sollen kommen und sie einsetzen, einen jeden an seinen Dienst und zu seine Last, daß sie nicht hineinkommen zu <u>schauen</u>, wenn man das Heilige <u>bloßlegt</u>, und <u>sterben</u>.*
Sie waren also vorher nach eigenem Gusto hinein in das Allerheiligste getreten und hatten dabei zuviel gesehen. Jetzt ist ausdrücklich vom <u>Sehen</u> und Sterben die Rede, das <u>Berühren</u> und Sterben war wohl nicht wirklich aktuell gewesen. Und was hatten sie gesehen? Das bloßgelegte Heilige (die Öffnungen an der Maschine und die Kontaktflächen zwischen den Hauptkomponenten! Das ist gleichzeitig der Beweis, daß der Hochbetagte für den Weiterzug tatsächlich zerlegt wurde. Er konnte also keineswegs ein Richtung-weisendes Signal geben, konnte nicht als „Bote Gottes" wirken.). Die Söhne Aharons wußten natürlich genau, wann alles bedeckt war, und sie die Söhne Kehats (an der Hand?) an ihr jeweils zu tragendes Teil heranführen konnten; nur so gab es kein Zuviel-Sehen von Seiten der Söhne Kehats.

Die Söhne Kehats, die zuviel gesehen hatten wurden also hingerichtet – wahrscheinlich augenblicklich, an Ort und Stelle; deshalb wohl die Formulierung der Extraterrestrier: „*Laßt den Stamm der Familie von Kehat nicht ausrotten...*" Es ging also auch hier wieder nicht um die Menschen, die waren dem `Ewigen´ bekanntlich gänzlich egal, wie wir in zahlreichen unterschiedlichsten Zusammenhängen schon oft erkannt haben; aber man brauchte diese Kehat-Mücken noch zum Tragen, deshalb durften bzw. mußten sie noch länger leben.

Die Bewohner im Habitat müssen also gut unterrichtet gewesen sein über die Vorgänge im Allerheiligsten beim Demontieren der Mannamaschine. Entweder hat

Moses ihnen von den dortigen Vorgängen berichtet, mit Hilfe der Gegensprechanlage der Bundeslade, oder es gab eine Horchanlage auch an der Mannamaschine, evtl. sogar mit einer verborgenen Kamera.

Dieser Text erzählt so einiges! Es wird aus dem Stamm der Leviten also noch extra ein Trupp gebraucht, der das Hochheilige beim Weiterzug trägt. Das ist leicht gesagt, aber nahezu unmöglich auszuführen, denn die Träger dürfen nicht nur nicht wissen was sie da tragen – sie hätten es sowieso nicht verstanden; sie dürfen es auch nicht sehen! Denn auch für sie gilt offenbar, daß jeder, der das Hochheilige sieht, sterben muß! Das steht nun zwar nicht *expressis verbis* da, aber doch zwischen den Zeilen, denn es hat da offensichtlich das Problem gegeben, daß die Söhne Kehats schon in das Erscheinungszelt gingen, um ihre Last zu holen, wenn Aharon und seine Söhne noch mit dem Zerlegen der Mannamaschine beschäftigt waren, oder dessen Einzelteile zumindest noch nicht vollständig abgedeckt waren. Das zu sehen, hat entweder nach der gnadenlosen Anweisung des `Ewigen´ ihre Hinrichtung zur Folge gehabt, oder sie haben an den bereits demontierten Einzelteilen sich Stromschläge bzw. eine langsame, aber tödlich wirkende radioaktive Verstrahlung holen können. Wozu sonst die verräterische Eingangsformulierung: „Laßt den Stamm der Familie Kehat nicht *ausrotten* ..." (vom Verf. hervorgehoben). Es muß also (anfangs?) auch unter ihnen Todesopfer gegeben haben, sonst hätte die Formulierung vom „Ausrotten" keinen Sinn. Es wußten ja nur Aharon und seine Söhne, wohl auch Moses (und einige Leviten?), wie mit diesem Ungeheuer aus einer anderen Welt wirklich korrekt, d. h. ohne unmittelbare oder mittelbare Lebensgefahr, umzugehen war. Da in der Einlassung des Ewigen ausdrücklich vom Sehen die Rede ist, möchten wir meinen, daß sie beim ungewollten Sehen des Demontierens der Maschine, oder der demontierten und abgestellten Teile gestellt und, befehlsgemäß, hingerichtet wurden. Das geschah wohl nicht nur bei einem, denn daraus hätten die Extraterrestrier sich nichts gemacht – es müssen mehrere gewesen sein, sodaß man oben anfing, sich den Kopf zu kratzten und darüber nachzudenken, wie viele solcher Träger der Familie Kehat man eigentlich hatte; es mußte eine Abhilfe her, und die kam auch – eine sehr interessante:

Das Ganze grenzte zwar an Hexerei, es wurde schließlich aber doch eine Lösung gefunden: Aharon und seine Söhne (und einige eingeweihten Leviten?) demontierten grundsätzlich *alleine* im Allerheiligsten die Mannamaschine, verpackten (d. h. verbargen) die Einzelteile, und erst *danach* wurden die Träger aus der Familie Kehat von Aharon und seinen Söhnen abgeholt (wohl aus einer Wartestellung außerhalb der Umhegung der Gesamt-Stiftshütte), an ihr jeweils zu tragendes Teil geführt und dort „eingesetzt". Man war nicht nur mörderisch konsequent beim Einhalten des Gebotes, das jedem Unbefugten auch nur einen Blick auf dieses Höllengerät verbot; man war auch grotesk konsequent, wenn es darum ging, die Einzelteile der Mannamaschine selbst durch Verpacken zu verbergen. Die Begründung für so viel Übervorsicht ist fast schon stereotyp: Wenn sie die bloßgelegten Teile sehen, könnten sie sterben. Auch dieser Text ist mit unterschwelligen Ahnungen und Verdachtsmomenten beladen. Da ist die verräterische Wendung vom „Bloßlegen"; das hatte mit dem von Sassoon und Dale rekonstruierten ungeheuerlichen Geschlechtsakt zu tun, als den man das Zusammenfügen des oberen (männlichen) und des unteren, d. h. eigentlich des mittleren (weiblichen) Teils der Mannamaschine verstand. Und die Blöße durfte man ja auf keinen Fall aufdecken – d. h. die Trennflächen der Maschine durften dem zerkratzenden Staub der Luft nicht ausgesetzt werden und die bei der Demontage entstandenen Öffnungen durften nicht beschmutzt werden!

Der Gesamt-Vorfall hat noch eine andere interessante Konsequenz: Wenn unsere Vermutung zutrifft, daß die Söhne Kehats (d. h. die Träger), oder einige von ihnen, in das Allerheiligste eintraten, weil sie schon abgedeckte Teile sahen und daraus schlossen, daß nun alles fertig für sie war (ein tödlicher Irrtum!), dann möchte man daraus folgern, daß die drei bis fünf Einzelteile, in die der Hochbetagte zerlegt wurde, nicht gleichzeitig bearbeitet wurden - dann hätte der tödliche Irrtum nicht geschehen können, denn ein fertig verpacktes Teil hätte dann bedeutet, daß alle Teile fertig waren. Es wurden also die Teile nacheinander verpackt, was den Schluß zuläßt, daß wirklich nur wenige Personen mit dem Hochbetagten beschäftigt waren, vielleicht wirklich nur Aharon und seine zwei Söhne (und einige Leviten?). Die hätten dann die Einzelteile nur nacheinander bearbeiten und zum Transport ablegen, d. h. auf Bohlen aufsetzen und an Stämme anlehnen können. Das war den Söhnen Kehats aber nicht bekannt, was anfangs zu Irrtümern führte, die für sie tödlich waren.

Das Ablegen und Anlehnen an einen Balken o. ä., hat sich vielleicht bis in das Hohelied erhalten, wo es heißt:
„O, lehnt mich an die dicken Stämme hin / und bettet an den Apfelbäumen mich ... " Dieser seltsame Text erinnert vielleicht an das Anlehnen der schon fertig verpackten Einzelteile der Mannamaschine, die auf den Abtransport warten mußten bis alle Teile vollständig verhüllt waren; er kann natürlich auch an die Vorgänge bei der Demontage und Reinigung der Maschine erinnern, was aber, bezogen auf das Ablegen bzw. Anlehnen, letztlich das gleiche bedeutet. Das Wort „betten" läßt zudem die Vermutung zu, daß die Bohlen, auf denen die Einzelteile abgestellt wurden, vorher mit einer weichen Unterlage (Felle?) überdeckt wurden. So konnte man evtl. Beschädigungen der abzustellenden Maschinenteile besser verhindern. Die Apfelbäume erinnern wahrscheinlich an den Duft der arbeitenden Maschine.

Wir erfahren hier auch etwas über die von der Mannamaschine abgeleitete Verhaltenslogik der Menschen: Da die Maschine im demontierten Zustand extrem gegen Staub und Sandkörner empfindlich war, die mit ihrer Schleif- und Kratzwirkung die äußerst paßgenauen Kontaktflächen beschädigen konnten, durfte man aus diesen Gründen die `Blöße´ des Hochbetagten, also der Mannamaschine, keinesfalls aufdecken; nämlich eben diese Kontaktflächen und die Öffnungen. Auch durfte kein wie auch immer gearteter Schmutz in den Kulturtank (das Große Meer) oder andere Teile der Maschine geraten. Andererseits mußte sie demontiert und wieder zusammengebaut werden und wurde für jeden Transport auch sorgfältig mit Tüchern und Fellen abgedeckt. Es geht aus all diesen Maßnahmen auch endgültig hervor, daß die Maschine in der Tat für jeden Weiterzug demontiert wurde – ein Zweifel ist nach diesen Anordnungen von `oben´ nicht mehr möglich. Zusätzlich zu diesen schon komplizierten und nur schwer korrekt zu erfüllenden Maßnahmen (Haben Sie schon einmal versucht, bei nur gelindem Staubsturm in der Wüste oder Steppe ein Objekt *ganz* vor Staub zu schützen? – das ist nahezu unmöglich!) durften die Träger weder sehen noch wissen, was sie da, mit größter Vorsicht, über Stock und Stein trugen. In der Tat, was da verlangt wurde, kam einer Quadratur des Kreises gleich, wie sollte das in der Praxis funktionieren? – kein Wunder, daß es anfangs Tote gab! – wie so oft wenn im Buch Exodus vom Allerheiligsten und/oder seinem Bewohner die Rede ist!

Da aber die Maschine `göttlichen´ Ursprungs war, mußten auch die Anordnungen zu ihrer Wartung und Pflege eine göttliche, also unantastbare und nicht revidierbare (wortwörtlich) Gottes-dienstliche Bedeutung haben, aus der später die Liturgie während des kirchlichen Gottesdienstes hervorging - als abgesungenes Gedicht im Wechselgesang - wie es wahrscheinlich auch bei der Demontage und dem Wiederzusammenbau der Mannamaschine aufgesagt oder abgesungen worden war (s. o.). Andererseits wurde das Zusammenfügen der Teile beim Wiederzusammenbau der Maschine als ungeheurer, göttlicher Geschlechtsakt empfunden. Was lag näher, als die auf die Maschine bezogenen Anordnungen und Verhaltensweisen auch auf den Geschlechtsverkehr unter den Menschen zu übertragen – man war ja nun ein Gottesvolk! Es durfte also die Blöße des Partners bzw. der Partnerin nicht aufgedeckt werden. Und in logischer Fortsetzung davon, war überhaupt jede Nacktheit konsequent zu vermeiden – wie bei der Mannamaschine. Das war aber von den Extraterrestriern überhaupt nicht so gemeint gewesen. Die hatten beim Erläutern der Maschine wahrscheinlich an die `Fernwirkung´ dessen, das sie da anordneten, gar nicht gedacht (denen war ja sogar jede andere Gotteslästerung oder jedes andere Sündigen völlig egal, wie wir oben festgestellt hatten); – ebensowenig wie seinerseits ENLIL sich nach der Sintflut etwas bei seinem furchtbaren, mörderischen `Segen´ gedacht hatte:

„Seid fruchtbar und mehret euch!"

Wir finden unter den zahlreichen Anordnungen während der Wüstenwanderung keine entsprechende Regelung, die sich auf den Geschlechtsverkehr der Menschen bezieht. Wohl aber ist die Formulierung „die Blöße aufdecken" mit Geschlechtsverkehr nahezu identisch, so im ganzen AT. Die unselige Un-Logik dieses außerirdischen Danaergeschenks drang also schon während des Wüstenzuges über die Sprache (stereotype Wendungen, die sich ursprünglich ausschließlich auf die Mannamaschine bezogen) in das alltägliche Leben der Israeliten ein und fing an, ihr Verhalten an den Gesetzmäßigkeiten dieser Maschine zu orientieren – daraus konnte durch die nachfolgenden Jahrhunderte nur ein *maschinenhaft un-menschliches Liebes- und Geschlechtsleben* der gläubigen

Monotheisten entstehen! Das Beobachten des Paarungsaktes bei den Herdentieren, die jeder, auch die Heranwachsenden, zu jeder Zeit sah, besorgte dann den Rest: Dort wurde der Paarungsakt so selbstverständlich schnell, hastig und verkrampft vorgeführt, daß niemand eine andere Art des Geschlechtsverkehrs zwischen Mann und Frau sich vorstellen konnte: Von einem verspielt-sanften, einfühlsamen, genußvollen Liebesverkehr zwischen den Partnern wußte weder die Mannamaschine etwas noch das tumbe Herdenvieh – *und damit die sie begleitenden Menschen auch nicht*! Erst in der jüngsten Vergangenheit und in der Gegenwart fangen die Christen an, sich davon zu lösen. Wie aber war es noch bis zur Zeit der abendländischen Inquisition und bis zum Beginn der Aufklärung – ist das alles den Extraterrestriern durch die Jahrhunderte hindurch verborgen geblieben – oder hat es sie ganz einfach nicht interessiert? Wir erinnern uns der „Mücken"-Menschen im Hebräischen Henochbuch.

Was die Wagen der `Fürsten´ ganz unbeabsichtigt erzählen
Völlig unbeabsichtigt erbringen schließlich die Ältesten („die Fürsten") der Israeliten einen weiteren unmißverständlichen Hinweis auf die Existenz der Mannamaschine; und das kam so:

„Es war nun am Tag, da Mosche damit fertig war, die Wohnung [d. h. das Stiftszelt] *aufzustellen, und als er sie gesalbt und geheiligt hatte samt allen ihren Geräten ... . Da brachten dar die Fürsten Jisraels, die Häupter ihres Vaterhauses, das sind die Fürsten der Stämme, ... sie brachten als ihr Opfer vor den Ewigen sechs Lastwagen und zwölf Rinder, je einen Wagen auf zwei Fürsten und je einen Ochsen für einen, und sie brachten sie vor die Wohnung* [d. h. vor die Stiftshütte]. *Und der Ewige sprach zu Mosche: „Nimm es von ihnen, und sie sollen dazu sein, den Dienst des Erscheinungszeltes zu verrichten, und du sollst sie den Leviten übergeben, einem jeden seinen Dienst entsprechend." Da nahm Mosche die Wagen und die Rinder und übergab sie den Leviten. Zwei der Wagen und vier der Rinder gab er den Söhnen Gerschons, ihrem Dienst entsprechend, und vier der Wagen und acht der Rinder gab er den Söhnen Meraris, entsprechend ihrem Dienst durch Itamar, den Sohn Aharons, des Priesters. Aber den Söhnen Kehats gab er nichts, denn der Dienst des Heiligtums lag ihnen ob, auf der Schulter hatten sie zu tragen."*

Die Wagen als Opfer der Fürsten Israels kamen wohl etwas überraschend, denn Moses mußte erst nachfragen beim `Ewigen´, und der sagte ihm, daß er die Wagen und die Rinder nehmen und an die Leviten verteilen solle; und eben diese Antwort ist der Beweis, daß das Geschenk wirklich überraschend kam und er `oben´ erst nachgefragt hatte, bevor er es nahm.[1] Die Verteilung geschah auf vielsagende Weise sehr ungleichmäßig: Die eine Levitengruppe, die Söhne Gerschons, erhält nur zwei Wagen und vier Rinder, die andere Gruppe erhält vier Wagen und acht Rinder. Das war wohl darin begründet, daß die Söhne Meraris eine größere Materialmenge zu transportieren hatten. Aber wieso gehen die Söhne Kehats ganz leer aus? Warum müssen sie ihre Last ausdrücklich auf den Schultern tragen? Das kann nach Meinung des Verfassers nur bedeuten, daß ihre Lasten so (stoß)-empfindlich waren, daß man sie den primitiven, ungefederten Wagen der damaligen Zeit nicht glaubte anvertrauen zu können; es waren ja auch keine irgendwie gebahnten Wege vorhanden. Auf den Schultern der Träger waren diese Lasten aber von vorneherein ungleich stoßsicherer aufgehoben. Wenn man dann noch den Trägern zusätzliche Anweisungen und Ermahnungen gab zum vorsichtigen Tragen ihrer Last bei kritischen Stellen im Gelände, konnte nicht mehr viel passieren. Das kann aber doch nur bedeuten, daß ihre Lasten mit keinen anderen vergleichbar waren.

Dagegen kann nicht eingewendet werden, daß ja sie die eigentliche Bundeslade zu transportieren hatten. Die war von zwei oder vier Leuten bequem zu tragen – und sie wurde wahrscheinlich *auch* getragen, wegen der Technologie, die in ihr verborgen gewesen sein muß, und wegen der Stangen, die nie entfernt werden durften; die boten sich zum Tragen geradezu an. Mit der wahrscheinlich mindestens in drei, beziehungsweise fünf, Teile zerlegten Mannamaschine (drei Hauptteile und die beiden Tanks) war das ganz anders: sie zu tragen, mag insgesamt über ein Dutzend kräftige Männer erfordert haben; und kein Teil der technisch exakt paßgenau vorgefertigten Einzelteile durfte beim Transport irgendwie beschädigt oder auch nur angekratzt werden; deshalb – keine Wagen für die Söhne Kehats!
[1] Der Vorgang zeigt, daß man tatsächlich zu jeder Zeit über Funk mit dem `Ewigen´ sprechen konnte; der war dafür - im Habitat - wohl immer bereit (dort wachte also eine Art UvD, Unteroffizier vom Dienst); aber eben nur dort. Er befand sich nicht unter den Menschen, auch kein Abgesandter, kein `Engel´, kein `Bote Gottes´! Das hatte zur Folge, daß man bei jeder wirklich wichtigen und/oder neuen Sache erst `oben´ anfragen mußte (siehe z. B. auch den Vorfall mit dem Namenslästerer).

Was geschehen konnte, wenn man den empfindlichen Hochbetagten - aus Gedankenlosigkeit? - doch auf einen Wagen setzte, erfuhr sehr viel später der bedauernswerte Usa: Er mußte zulangen, um einen Sturz des `Alten´ vom Wagen zu verhindern und war auf der Stelle tot! Mit diesem traurigen Ereignis erfahren wir also zwei Ding: man konnte den `Alten´ in der Tat nicht durchs holperige Gelände fahren - er würde unweigerlich früher oder später vom Wagen stürzen - und: er stand unter Hochspannung – nach so vielen Jahren, immer noch! Was hier auf dem ersten Blick wie eine Ungerechtigkeit oder wie eine Zurücksetzung beim Verteilen der Wagengespanne aussieht, war also in Wahrheit eine Auszeichnung, die darin bestand, daß man ihnen, den Söhnen Kehats, dieses einzigartige Objekt - zerlegt - anvertraute.

Da steht aber wahrscheinlich noch mehr zwischen den Zeilen: Wenn das Geschenk wirklich völlig überraschend kam, und wir möchten das meinen, weil Moses erst beim `Ewigen´ anfragen muß, dann kann das nur bedeuten, daß die Wagen nicht extra angefertigt worden waren, sie waren also nicht neu. Ein Anfertigen der Wagen im Lager wäre Moses sicher aufgefallen, oder seinem Horcher und Schnüffler - dem `Burschen´ -, und er hätte dann `oben´ schon vorher angefragt, weil er dann unweigerlich schon vorher erfahren hätte, was da beabsichtigt war. Da die Wagen also sehr wahrscheinlich nicht neu waren, ist die Vermutung gerechtfertigt, daß man zum Transport von Gütern auf der Wanderung schon seit langem auch Wagen dabei gehabt hatte; vielleicht schon von Anfang an, also auch schon beim Durchzug durch das Schilfmeer.

Insgesamt erinnert die Beschreibung des Vorfalls mit den Wagen der `Fürsten´ an die der Sünde Mirjams (s. u.) wo wir auch zwischen den Zeilen wichtige Dinge erfahren - Überdachung des Zeltes der Bezeugung und die Nicht-Überdachung des Erscheinungszeltes, des Allerheiligsten -; obwohl eigentlich von ganz anderen Dingen die Rede ist.

Der Pfadfinder
Auch die Pfadfinderhilfe, die Moses vom Sohn seines Schwiegervaters, d. h. von seinem Schwager, erbittet, erzählt so manches:

"Da sprach Mosche zu Hobab, dem Sohn des Midjaniten Reuel, des Schwiegervaters Mosches: „Wir ziehen weg von den Ort, von dem der Ewige gesprochen hat: `Ihn will ich euch geben!´ Geh mit uns, und wir wollen dir Gutes erweisen, denn der Ewige hat Gutes über Jisrael verheißen." Da sprach er zu ihm: „Ich will nicht mitgehen, sondern nach meinem Land und zu meiner Verwandtschaft will ich gehen." Er aber sprach: „Verlaß uns doch nicht! Denn du kennst nun die Lagerplätze für uns in der Wüste und kannst uns als Auge dienen. Wenn du nun mit uns gehst, so soll es sein: Das Gute, das der Ewige uns erweisen wird, wollen wir dir erweisen.
[Aus der Tatsache, daß Moses ihn so eindringlich bat und wir von einem endgültigen Ablehnen nichts erfahren, möchte der Verfasser schließen, daß sein Schwager Hobab letztlich doch mitgezogen ist auf der langen Wanderung und ihnen als „Auge", d. h. als Pfadfinder, auf dem Weg nach dem jeweils nächsten Lagerplatz diente.]
So zogen sie vom Berg des Ewigen fort einen Marsch von drei Tagen, und die Bundeslade des Ewigen zog vor ihnen her einen Marsch von drei Tagen, um für sie eine Weilstatt zu erspähen. Und die Wolke des Ewigen war über ihnen bei Tag, wenn sie aus dem Lager aufbrachen." [Im Kapitel zur Organisation der Marschsäule haben wir oben gesehen, daß das nicht zutrifft!]
Er hat den Hobab also eindringlich gebeten (*„Verlaß uns doch nicht! ..."*); er hatte wohl zu der Führung durch die Extraterrestrier nur wenig Vertrauen – wenn es denn eine solche Führung während der ganzen Wanderung gegeben hätte. Wahrscheinlich hatten die aber keine Lust, diesen Haufen tagtäglich leiten und führen zu müssen. Auch mußten die Kinder Israel lernen, sich selbst im Leben zurechtzufinden bzw. durften ein solches Sich-zurechtfinden-Können nicht

verlernen. Wenn Hobab tatsächlich ihr „Auge" bei der Suche nach dem jeweils neuen Lagerplatz sein konnte (und mußte; sie brauchten ihn wohl zwingend, warum hätte Moses ihn sonst so eindringlich gebeten?), wie hätte er den angeblich zurückgelegten Weg um die ganze Sinaihalbinsel herum kennen können, wie immer noch von einigen Theologen behauptet wird? Er war ja ein Kind des südlichen Negevs (d. h. der nördlichen Sinaihalbinsel) und seiner weiteren Umgebung. Das spricht doch sehr gegen einen Weg um die ganze Sinaihalbinsel herum – von der Unsinnigkeit eines solchen mit nichts zu begründenden enormen Umweges ganz zu schweigen. Das schließt natürlich nicht aus, daß man zu unterschiedlichen Malen von Norden her nach Süden vorstieß. Auch ist hier ausdrücklich von „... *Lagerplätzen .... in der Wüste* ... " die Rede und nirgends von solchen im Gebirge Sinais oder am Meer.

Die Notwendigkeit eines Pfadfinders, der eindringlich um seine Dienste gebeten wird, und dem man (wortwörtlich) `Gottes-Lohn´ verspricht, zeigt eindeutig, daß es eine allgegenwärtige Leitung durch einen wie auch immer gearteten Gottesboten oder einen göttlichen Engel (z. B. Androiden) nicht geben würde, und daß Moses das von Anfang an auch wußte. Das bedeutet natürlich nicht, daß man nicht von `oben´ beobachtet wurde – im Gegenteil …! Die unzutreffende Vorstellung von der Wolke erklärt sich wahrscheinlich sehr einfach aus der Tatsache, daß ihnen beim Auszug, bis hin zum Durchzug durch das Schilfmeer, tatsächlich Tag und Nacht ein Gottesbote vorausgegangen war; später war da dann jeden Tag die Wolke über dem Allerheiligsten – aber nur wenn sie *nicht* zogen. Die Redaktoren, d. h. die Religionsmacher, haben das dann durcheinandergebracht und einen einzigen Gottesboten aus dem ganzen `Teig´ zusammengerührt (s. o., Teil III, Abschnitt B, „... Die Irrtümer um den Boten `Gottes´".).

Damit wird natürlich auch endgültig klar, daß der eigentliche Gottesbote auf der ganzen Wanderung, die oben erläuterte Verquickung von Mannamaschine und Bundeslade mit der Sprech- (und Horch-)Anlage, von Anfang an eine ganz andere Aufgabe zu erfüllen hatte: Dieser `Bote´ Gottes sollte `Religion´ vermitteln, d. h. blinden Kadaver-Gehorsam im Sinne der Extraterrestrier.
Es war also auch das Führen von Lagerplatz nach Lagerplatz aus den Ereignissen der allerersten Tage, wo ein solches Führen und Lenken des Auszuges wirklich stattgefunden hatte, von den Redaktoren als ganz selbstverständlich übernommen und auf die ganze Wanderung übertragen worden – ohne jede Berechtigung, wie die zu vermutende Teilnahme des Hobab zeigt.

Man konnte nun endgültig die große, mehrjährige Wanderung antreten, auf der sich so manches Dramatische ereignen würde; zunächst wohl vorsichtig und gleichsam tastend mit einer nur dreitägigen (Versuchs-)Wanderung; auch dabei würde man noch erst Erfahrungen machen müssen. Es würde kein leichter Weg werden, und besonders zwei Grundprobleme sind wahrscheinlich wiederholt aufgetreten: Einerseits die Versorgung mit Wasser - man zog schließlich durch eine halbwüstenartige Landschaft -, andererseits die rasch eintönig werdende zusätzliche Kunstspeise, die man Manna nannte, und die im Stiftszelt von einer von wenigen Eingeweihten gewarteten und bedienten außerirdischen Maschine produziert wurde – jeden Tag auf gleicher Weise und immer mit dem gleichen Geschmack. Auch das mußte bald zu sich steigernden Problemen und Protesten führen. Das Problem mit dem eintönigen Manna wurde natürlich in Zeiten der Not, wenn die natürliche Nahrung der Umgebung nur karg war, rasch ein sehr ernstes – man konnte `das Zeug´ dann bald `nicht mehr sehen´!

Die Bundeslade – Das Sprechen
Zur näheren Beschreibung der Bundeslade siehe oben, Teil II, „Die Bundeslade …, die Bezeugung mit der Kapporet." Wir erfahren in diesem Zusammenhang aber ein interessantes Detail:

„ Und wenn Mosche in das Erscheinungszelt hineinging [es handelt sich ohne Zweifel um das Zelt der Bezeugung, dem Mittelteil der Gesamt-Hütte, da ausdrücklich von der Kapporet die Rede ist]*, um mit ihm zu reden, hörte er die Stimme, wie es zu ihm redete von der Kapporet herab, die über der Lade der Bezeugung war, zwischen den beiden Kerubim hervor; so redete er mit ihm."*

Das hört sich sehr unpersönlich-technisch an, und das war es auch. Es sprach eben nicht eine Person mit ihm - wie angeblich im Erscheinungszelt nebenan - er hörte nur wie „es" mit ihm sprach. Und er hörte die Stimme über der Lade der Bezeugung „…, *zwischen den beiden Kerubim hervor; …* ." Da kein noch so kleines Gerät oder Objekt als zwischen den Kerubim befindlich erwähnt wird, kann das nur bedeuten, daß die Flügel der Kerubim in der Tat als Tongeber fungierten. Weil das kein sehr natürlicher Ton gewesen sein wird - es schnarrte und klapperte wohl ziemlich - findet so auch die etwas gewundene Formulierung eine plausible Erklärung, daß „es" mit ihm redete. Andererseits ist aber auch nicht auszuschließen, daß in den Köpfen der beiden Kerubim je ein kleiner Lautsprecher sich befand, die gemeinsam zu ihm sprachen (siehe Abb. 6). Der Stereo-Klang der beiden Lautsprecher wird bei ihm den Eindruck hervorgerufen haben, daß *es* zwischen den beiden Kerubim hervor zu ihm redete. Die Schlußbemerkung: „… *so redete er mit ihm."* ist angesichts der vorausgehenden eindeutigen Beschreibung als zusammenfassende Allgemeinfeststellung des Redaktors zu verstehen im Sinne von: „So redete der `Ewige´ mit ihm."

Der Aufbruch und die Wolke
„…. Und blast ihr Lärm, so brechen die Lager auf, die gegen Osten lagern. Und blast ihr zum zweitenmal Lärm, so brechen die Lager auf, die gegen Süden lagern. Lärm blase man zu ihrem Aufbruch. … Aharons Söhne aber, die Priester, sollen in die Trompeten blasen; … ."

Es werden dann noch weitere Anordnungen bezüglich des Blasens getroffen, die hier nicht von Bedeutung sind.

„Und es war im zweiten Jahr, im zweiten Monat, am Zwanzigsten des Monats, da hob sich die Wolke von der Wohnung der Bezeugung. Da brachen die Kinder Jisrael auf zu ihren Zügen von der Wüste Sinai, und die Wolke ließ sich nieder in der Wüste Paran."

Gemeint ist hier natürlich die Wohnung der Erscheinung, d. h. das Allerheiligste; das Zelt der Bezeugung war bekanntlich der mittlere Abschnitt der Gesamt-Hütte mit der Lade der Bezeugung, der Bundeslade. Das geht oft durcheinander, weil der Redaktor nicht genau wußte wovon er sprach, bzw. was er beschrieb. Die letzte Bemerkung ist wahrscheinlich eine `logische´ Hinzufügung eines Redaktors; wir wissen aus dem vorher Gesagten, daß sich da keine Wolke niedergelassen haben <u>kann</u>, denn die demontierte Maschine konnte keine solche Wolke abgeben. Auch war das nicht nötig, denn sie hatten ja den Pfadfinder dabei, das „Auge" (Hobab). Dieses `Auge´ genügte vollauf, denn es heißt ausdrücklich, daß sie aufbrachen „*... zu ihren Zügen von der Wüste Sinai, ...*". Von einem Weg um die ganze Sinai-Halbinsel herum, den Hobab nicht hätte kennen können, ist nirgendwo auch nur andeutungsweise die Rede – wen wundert's?!

Das Feuer am Rande des Lagers – Das Problem mit dem Fleisch – Das Wachtel-`Wunder´

Es wird dann das vermutlich oft aufgetretene Problem mit dem Fleisch angesprochen. Da dessen `Bewältigung´ durch den `Ewigen´ uns in unserer Suche nach der Wahrheit um die Stiftshütte, und speziell um den Bewohner des Allerheiligsten, nicht weiterhilft, werden hier die wichtigsten Vorkommnisse zum Fleischproblem zusammengefaßt dargestellt.

„Das Volk aber war wie Klagende, übel vor den Ohren des Ewigen; und der Ewige hörte es und sein Angesicht flammte, und es loderte Feuer des Ewigen gegen sie auf und fraß am Rand des Lagers. Da schrie das Volk zu Mosche, und Mosche betete zu dem Ewigen, und das Feuer sank. Und man nannte jenen Ort Tab'era, denn aufgeflammt war (baara) gegen sie ein Feuer des Ewigen."

Es ist nicht klar, ob diese `kleine Szene´ sich wirklich zu Anfang der Wanderungen, die ja inzwischen begonnen hatten, so abspielte, oder ob ein späterer Redaktor sie, aus welchen Gründen auch immer, dahin gesetzt hat. Man murrt jedenfalls - es wird nicht gesagt, weshalb - und der Ewige tut das, das er in solchen Fällen als erstes zu tun pflegt: er flammt auf. Dieses Aufflammen hat möglicherweise mit dem feurigen Auspuffrohr der Mannamaschine zu tun, wie Sassoon und Dale wahrscheinlich gemacht haben. Es bleiben aber doch Fragen offen. Wenn das Auspuffrohr, was ohne Zweifel der Fall war, überschüssige Energie nach oben abführte, wie konnte dann das Gras in der

Umgebung des Lagers entzündet werden? Denn so möchte der Verfasser die Formulierung: „*...und fraß am Rand des Lagers*" interpretieren. Eine ganz andere Frage muß in diesem speziellen Zusammenhang gestellt werden: ob hier nicht ein einfacher Grasbrand vorlag, der womöglich auf eine Art entzündet worden war, die mit der Mannamaschine nichts zu tun gehabt hatte. Selbst wenn es so war, können die vielen Stellen, die vom „Aufflammen" des Ewigen reden, nicht alle auf zufällige Brände zurückzuführen sein. Eine Kompromißlösung ist vielleicht darin zu sehen, daß die Abgase der Mannamaschine so heiß waren, daß der Funkenflug in der Umgebung des Lagers das trockene Gras entflammen konnte. Wenn dann noch ein kräftiger Wind hinzu kam, drohte rasch eine Katastrophe. Es wird jedenfalls klar, weshalb das Allerheiligste *kein Dach hatte*: es wäre sofort verbrannt und mit ihm die ganze Stiftshütte mit allem was darin war, also auch die Mannamaschine und die eigentliche Lade der Bezeugung (d. h. die Bundeslade) mit der Kapporet. Die Extraterrestrier und die Kinder Israel hätten in einem solchen Fall wieder bei `Null´ anfangen müssen! Insgesamt war das `Aufflammen´ ursprünglich wohl ein Terminus technicus für `heftig in Zorn geraten´, der aber in einigen Fällen, bezogen auf die Mannamaschine (die heißen Abgase des Auspuffrohrs, die „Nase" des Alten; oder den Tyrannen mit seiner tödlichen Strahlenwaffe) wortwörtlich zu nehmen ist. Unmittelbar anschließend fährt der Text fort (und hier erhalten wir möglicherweise die wirkliche Erklärung für das Klagen der Kinder Israel):

„Aber das Gesindel, das unter ihnen war, hatte Gelüste und da weinten auch die Kinder Jisrael wieder und sprachen: Wer wird uns Fleisch zu essen geben? Wir gedenken der Fische, die wir in Mizraim umsonst gegessen, der Gurken und der Melonen, des Gemüses, der Zwiebeln und des Knoblauchs, und jetzt verschmachtet unsere Seele; nichts ist da, nur auf das Manna sind unsere Augen gerichtet!" – Das Manna aber war wie Koriandersamen, und sein Aussehen war wie das des Bedelliumharzes.

Es wird hier eine schon oben (siehe Teil I) angedeutete Kausalitätskette endgültig klar: Es weinte (oder murrte, oder stänkerte) zuerst das Gesindel (wahrscheinlich das Fremdgemisch), und dieses Weinen etc. führte dann dazu, daß auch die Kinder Israel weinten etc. Nach diesem Muster werden die menschlichen Probleme oft aufgetaucht sein und sich im Lager ausgebreitet haben.

Dann war da noch die Tatsache, daß man ja ein Fremdling in dieser Umgebung war und sicherlich nicht sehr willkommen; da lebten schon andere Stämme. Die absolute Kommandogewalt, die Moses inne hatte, führte schließlich noch zu einem anderen Problem, das aber nur einmal auftrat, weil es von den Extraterrestriern mit der ihnen eigenen mörderischen Brutalität `gelöst´ wurde. Auch war Moses mit der großen Zahl der Menschen, für deren Schicksal er sich verantwortlich fühlen mußte, oft überfordert, weil sie mit jedem ernsthaften Streit und jedem Problem zu ihm kamen. Das führte zu einem so dramatischen Auftritt mit dem `Ewigen´, daß der sich genötigt sah, die Last der Probleme aller Art auf mehrere Schultern zu verteilen (s. im anschl. Kapitel: „Eine Ausgießung des Heiligen Geistes?").

Vielleicht war es aber in vielen Fällen auch so, daß das „Gesindel" - da war wohl so manches aus den unterschiedlichsten Gründen aus Ägypten mitgezogen, und diese Leute und ihre Gründe waren nicht immer die besten - ganz einfach Lust auf Fleisch hatte. Es wird nicht endgültig klar, ob diese geduldeten Mitläufer (das „Fremdgemisch") überhaupt von dem Manna etwas abbekamen. Und wenn die erst einmal anfingen zu murren, was sich leicht zum Herumstänkern steigern konnte, dann waren sicher auch von den Kindern Israel viele bereit, mit zu maulen und zu klagen (s. o.); bald nach dem Aufbruch kam es wie es kommen mußte:

„ Und Mosche hörte, wie das Volk weinte, nach seinen Familien, jeder am Eingang seines Zeltes. Und des Ewigen Angesicht flammte gewaltig, und in den Augen Mosches war es mißfällig. Und Mosche sprach zum Ewigen: „Warum hast du deinem Knecht übel getan, und warum habe ich nicht Gunst gefunden in deinen Augen, daß du die Last dieses ganzen Volkes auf mich legst? Bin ich mit diesem ganzen Volk schwanger gewesen oder habe ich es geboren, daß du zu mir sprichst: `Nimm es auf deinen Schoß, wie der Wärter den Säugling (und bringe es) in das Land, das du seinen Vätern zugeschworen?´ Woher soll mir Fleisch kommen, es diesem ganzen Volk zu geben! Denn sie weinen vor mir und schreien: `Gib uns Fleisch, daß wir essen!´ Nicht vermag ich allein dieses ganze Volk zu tragen, denn es ist zu schwer für mich. Und wenn du solches mit mir tust, so bringe mich doch um, wenn ich Gunst gefunden in deinen Augen, daß ich mein Unglück nicht sehe!"

Kein Zweifel, Moses hat hier aus aufrichtiger Verzweiflung gesprochen und wünscht sich sogar den Tod, um das Scheitern der ganzen Aktion nicht mitansehen zu müssen. Es wird hier, aus dem Munde Moses', auch die anfänglich so naive Unwissenheit der Extraterrestrier bei der ganzen Sache deutlich: Man hatte diesen Menschen die wunderbar funktionierende Mannamaschine gegeben, und nun mußte auch alles klappen. Sie brauchten ja nur, wenn weitergezogen wurde, eine gewisse Distanz zu laufen, und dann gab es wieder Manna.

(Unwillkürlich erinnert diese Situation an gewisse Entwicklungshilfeprojekte, von denen so viele kläglich gescheitert sind, weil man die zahlreichen sozialen Verflechtungen und die menschlichen Eigenschaften der so `Beglückten´ nicht bedacht hatte. War den Extraterrestriern ein ganz ähnlicher Fehler unterlaufen, hatten sie die Menschen unwillkürlich mit den in dieser Hinsicht wohl sehr bedürfnislosen Androiden-Engeln im Habitat gleichgesetzt?)
Daß den Kindern Israel das Manna bald zum Halse hinaushängen würde, war wohl nicht vorhergesehen. Man möchte an dieser Stelle auch wissen, wie die Extraterrestrier ihrerseits speisten. Hatten sie das Problem mit dem eintönigen Manna nicht; waren sie Vegetarier? Gab es bei ihnen noch allerhand andere Sachen, wie wir es mit den Fruchtbäumen und den Düften des Paradieses -

ursprünglich ein Garten der Extraterrestrier auf der Erde - schon früher, im ersten Buch des Verfassers, angedeutet haben? Aber das Fleischproblem der Menschen war mit irgendwelchen guten oder böse-dräuenden Worten nicht aus der Welt zu schaffen:

Das Wachtel-`Wunder´
„Ein Wind aber erhob sich von dem Ewigen her und trieb Wachteln vom Meer herbei und ließ sie auf das Lager fallen ... ... das Fleisch war noch zwischen ihren Zähnen, noch nicht aufgezehrt, da flammte des Ewigen Angesicht auf wider das Volk, und der Ewige schlug das Volk mit sehr schwerem Schlag. Und man nannte jenen Ort: Kibrot ha-Taa (Gräber der Lüsternheit); denn dort begrub man das lüsterne Volk."

Man bekam also jede Menge Wachteln zu essen. Das war aber ein teuer erkauftes Mahl, denn der Ewige flammte mächtig auf gegen sie. Was immer damit technisch gemeint ist - war seine Strahlenwaffe wieder tätig geworden? -, es war wohl eine Lehre der Extraterrestrier, daß sie sich nicht unterstehen sollten, ihn nochmals so nachdrücklich um etwas anzugehen. Die Begierde, Fleisch zu essen, wird hier ausdrücklich als Lüsternheit bezeichnet, wird also mit diffamierendem Unterton verurteilt. Andererseits kann man nicht umhin, das Vorgehen der Extraterrestrier zu kritisieren: Erst Fleisch zu liefern - sie hatten den Wachtelzug wohl von oben kommen sehen - und dann die Leute wegen des Fleischessens zu töten (im Bericht ist ausdrücklich von *Gräbern* die Rede, es hatte also Tote gegeben)[1], ist ein ausgesprochen hinterhältiges, fast schon offen menschenfeindliches Verhalten; sie hatten die unzähligen Wachteln schließlich selbst als `Wunder´ hergebracht. Oder war diese Strafe in Wahrheit auf den Einfluß der nichtjüdischen Mitläufer, das „Gesindel", gezielt, von dem ja ursprünglich der Ruf nach Fleisch ausgegangen war?
[1] War da vielleicht in der Hitze ganz einfach Fleisch verdorben und waren einige der Kinder Israel an Fleischvergiftung gestorben?

Damit wollen wir das Fleisch-Problem beenden, das sicherlich öfter aufgetreten ist als hier dargestellt. Wir wenden uns wieder dem weiteren Verlauf der Wanderung zu, der uns wichtigere Details offenbart. Vorher wollen wir aber noch die hier so ganz andere Beschreibung des Windes bemerken: Es ist die Rede vom „*Wind ... von dem Ewigen her*" – man vergleiche diesen (natürlichen) Wind mit dem künstlichen `Wind´, der beim Durchgang durch das Schilfmeer technisch-korrekt als „des Herren *Blasen*" bezeichnet worden war. Nachdenklich macht auch die Tatsache, daß in beiden Fällen ausdrücklich nicht von einem `Sturm´ (bzw. Sturmesblasen) die Rede ist. Es wurden wahrscheinlich ganz einfach in beiden Fällen die gefühlten, beziehungsweise gesehenen Fakten korrekt benannt. Damit wird aber klar, daß das `Blasen´ beim Durchgang durch das Schilfmeer wirklich ein *technisch-künstliches* BLASEN gewesen war und eben kein *natürlicher* WIND!

Eine „Ausgießung des Heiligen Geistes"?

„Da sprach der Ewige zu Mosche: „Versammle mir siebzig Männer von den Ältesten Jisraels, von denen du weißt, daß sie die Ältesten des Volkes und seine Amtmänner sind. Und bringe sie zum Erscheinungszelt, daß sie dort bei dir stehen. Ich aber werde hernieder steigen und dort mit dir reden und werde von dem Geist, der auf dir ist, nehmen und auf sie legen, daß sie mit dir tragen an der Last des Volkes, und nicht du allein zu tragen hast. Zu dem Volk aber sprich: Haltet euch bereit auf Morgen, da sollt ihr Fleisch essen, denn ihr habt geweint vor den Ohren des Ewigen und gesprochen: `Wer wird uns Fleisch zu essen geben? Denn besser ging es uns in Mizraim!' So gibt euch denn der Ewige Fleisch und ihr sollt es essen. Nicht einen Tag sollt ihr zu essen haben und nicht zwei Tage, nicht fünf und nicht zehn und nicht zwanzig Tage: Einen vollen Monat, bis es euch zur Backe herauskommt (Luther schreibt: „... *daß es euch zur Nase ausgehe…"*) *und euch zum Ekel wird! Weil ihr den Ewigen verschmäht habt, der in eurer Mitte ist und vor ihm geweint und gesprochen habt: `Warum auch sind wir aus Mizraim gezogen?'" Da sprach Mosche: „Sechshunderttausend marschfähige Männer zählt das Volk* (die Zahlenangabe ist natürlich unsinnig, das wurde wiederholt erläutert), *in dessen Mitte ich mich befinde, und du sagst: `Fleisch will ich ihnen geben, daß sie einen vollen Monat zu essen haben.' Sollten Schafe und Rinder für sie geschlachtet werden, wird es für sie reichen* [Man führte also seine Herden mit und man schlachtete sein Vieh auch bei Bedarf und verzehrte es; Manna war nur eine Zusatz- und Aushilfsnahrung – wir sagten es schon.]*? Oder sollten alle Fische des Meeres für sie herangeschafft werden, wird es für sie reichen?" Der Ewige aber sprach zu Mosche: „Ist des Ewigen Hand zu kurz? Jetzt sollst du sehen, ob mein Wort dir eintrifft, oder nicht!"*

Man streitet sich kräftig. Auch Moses ist nicht so blind gläubig, den Worten des `Ewigen´ bedingungslos zu glauben. So viele Menschen (etwa sechshundert Familien, also wohl einige Tausend) kann man gar nicht so plötzlich und für so lange Zeit mit Fleisch versorgen. Sein gesunder Menschenverstand weigerte sich, das für möglich zu halten. Und wenn schon er so vehement zweifeln konnte, der den `Ewigen´ in Form der Mannamaschine und der Bundeslade mit der Stimme des Höchsten und obendrein in der Hokuspokus-Wasserdampf-Wolke - vielleicht auch noch mit einem holographischen Abbild des `Ewigen´ - immerhin jeden Tag vor Augen und Ohren hatte, dann sollten wir den übrigen Juden ihre Zweifel an diesen für sie unsichtbaren `Gott´ nicht übel nehmen – es war sehr menschlich für sie zu zweifeln! Man wird bemerken, daß Moses' Äußerungen dem `Ewigen´ gegenüber manchmal geradezu respektlos sind. Das würde `oben´ nicht vergessen werden!

„Da ging Mosche hinaus und kündete dem Volk die Worte des Ewigen; dann versammelte er siebzig Männer von den Ältesten des Volkes und stellte sie rings um das Zelt [Bei der Anweisung des `Ewigen´ hatte es nur geheißen: `*Und bringe sie zum Erscheinungszelt, …*´; sie durften also ausdrücklich nicht in das Zelt eintreten.]*. Da stieg der `Ewige´ hernieder und redete zu ihm, und er nahm von dem Geist, der auf ihm war, und legte auf die siebzig Männer, die Ältesten; und*

nun war es, als der Geist auf ihnen ruhte, da weissagten sie, aber dann nicht mehr. Es waren aber zwei Männer im Lager zurückgeblieben, der Name des einen war Eldad, und der Name des anderen Medad; da ruhte auf ihnen der Geist, sie waren ja mit unter den Aufgezeichneten, aber sie waren nicht zum Zelt hinausgegangen; so weissagten sie im Lager. Da lief der Bursch hin und berichtete es Mosche und sprach: „Eldad und Medad weissagen im Lager!" Und Jehoschua, Sohn Nuns, Mosches Diener von seiner Jugend an, entgegnete und sprach: „Mein Herr Mosche, wehre ihnen!" Mosche aber sprach zu ihm: „Willst du für mich eifern? O, daß doch das ganze Volk des Ewigen Weissager wären, daß der Ewige seinen Geist auf sie legen wollte!" Und Mosche zog sich in das Lager zurück, er und die Ältesten Jisraels."

Hier steht *sehr* viel – wieder zwischen den Zeilen!
Zunächst die Sache mit den Burschen, den Wächtern und Dienern Moses'. Neben seinem Diener Jehoschua gab es da noch (mindestens) einen weiteren Burschen, der im Lager lauschte und beobachtete und dann alles an Moses meldete. Man war also *nie* unbelauscht, unbeobachtet, unbespitzelt und -beschnüffelt – auch nicht im Lager! Aber das mag hier nebenbei abgehakt werden; es ist nicht so wichtig, und es überrascht auch nicht – es ist verblüffend modern!

An diesem kurzen Absatz werden sich wahrscheinlich noch lange die Geister scheiden: Ist hier nur von Religionssymbolik die Rede, wenn gesagt wird: „ *… und er nahm von dem Geist, der auf ihm* [Moses] *war, und legte auf die siebzig Männer, die Ältesten; …* „; oder gibt es eine noch wenig erforschte Möglichkeit, den Verstand des Menschen so zu beeinflussen, daß hier tatsächlich von der geistigen Manipulation des Moses' etwas auf die Ältesten übertragen wird? Diese Manipulation war bei Moses dann ja wohl auch schon vom `Ewigen´ installiert worden – wahrscheinlich zu einem sehr viel früheren Zeitpunkt, irgendwann bei einem Berufungs- und Informationsgespräch vor Beginn der ganzen Geschichte, ähnlich wie auch bei einigen neuzeitlichen Marienerscheinungen, z. B. Fatima.[1)]
Wir erinnern uns aber auch an die Formulierung, daß der `Ewige´ vor dem Auszug „*das Herz Par'os verstocken*" will, und auch, daß beim Ausleihen der Geräte ein guter Geist auf die Ägypter gelegt werden wird, der diese dazu bringen soll, daß sie möglichst viele (und wertvolle) Geräte den Juden leihen sollen; Geräte, die die Ägypter nie wiedersehen würden. War das alles vielleicht sehr wörtlich gemeint? Die moderne Hirnforschung fängt gerade an, sich für solche Dinge zu interessieren, wenn auch einstweilen immer nur auf eine Person bezogen – kann man das womöglich auf größere Menschengruppen oder gar auf ganze Landschaften ausdehnen – was kommt da möglicherweise eines Tages auf uns zu?!
[1)] Die Tatsache, daß Moses bei dieser Geist-Übertragung anwesend sein muß -was ansich wohl nicht nötig gewesen wäre (auch hier also wieder Hokuspokus!) - ist ein doppelter Trick der Extraterrestrier: Einerseits werden die so `gesegneten´ Geist-Empfänger mit Moses geistig auf eine Stufe gestellt; andererseits wird aber auch gezeigt, wie wichtig Moses ist: Nur von ihm ist ein solcher Geist möglich, nur sein Geist ist der `richtige´ - nämlich von Gott!

Es drängt sich auch hier der Vergleich mit den Fatima-Ereignissen auf: Es waren die Kandidaten wahrscheinlich - nachts? - von einem unbemerkten `Engel´ (bzw. `Engeln´) mit einer Droge präpariert worden, deren Wirkung mit einem einfachen Trick (z. B. mit einem Gebet, wie in Fatima)[2)] während der Versammlung der Ältesten bei der Hütte aktiviert werden konnte – sie weissagten dann, aber nur für eine kurze Zeit, und dann nicht mehr: Die Wirkung der Droge hatte aufgehört (Das ist verblüffend korrekt beobachtet und beschrieben!). Um die richtigen von den Ältesten des Volkes nach dem Zelt zu rufen, hatte der `Engel´ (oder die `Engel´) wohl eine Liste mit Namen der Kandidaten angelegt („… *unter den Aufgezeichneten, …*"), und die waren nicht schwer zu finden, denn man mußte ja - wie wir oben hörten - in strenger Ordnung immer am gleichen Platz innerhalb der Gemeinschaft des Lagers sein Zelt aufschlagen; man konnte also `mit einem Plan in der Hand´ herumgehen und die richtigen Kandidaten, d. h. ihr Zelt, zuverlässig ausfindig machen, sie ruhigstellen, und dann unbemerkt behandeln – ihr Gehirn mit einer Droge dotieren (vielleicht mit einer heimlichen Einspritzung, oder einer speziellen Nahrung?).

[2)] Bei FIEBAG (1986) lesen wir dazu: „Im Laufe des Gespräches kommt es zu einem nicht uninteressanten Zwischenfall. Francisco ist offenbar nicht in der Lage, in der hellen Lichterscheinung tatsächlich auch eine Frauengestalt zu erkennen (während dieser und in den folgenden Ereignissen ist jeweils nur Lucia dazu in der Lage, mit der Erscheinung zu sprechen). Verwundert wendet sich der Junge an die ältere Kusine: „Ich sehe ja niemand. Wirf doch einen Stein nach ihr; dann bist du sicher, ob jemand da ist."

Lucia, die die Gestalt sehr deutlich sieht, wendet sich erstaunt an die junge Frau: „Wie kommt es denn, daß Francisco Euch nicht sieht?"

„Sag ihm", antwortet die Frau, „er soll den Rosenkranz beten, dann wird er mich auch sehen."

Der Junge beginnt, den Rosenkranz zu beten, so, wie es von ihm verlangt wird. Und plötzlich sieht auch er die „schöne Dame". Sie hören und mit ihr sprechen kann er jedoch nicht."

Es war also nicht nur möglich mit einem speziellen Signal (hier ein Gebet), das vorher dotierte Gehirn gezielt zu aktivieren, es waren auch mindestens zwei verschiedene Substanzen zur Dotation verwendet worden, denn nur Lucia konnte mit der „schönen Dame" sprechen; sie hatte also zwei verschiedene Substanzen bei der Dotation bekommen, die (wahrscheinlich) mit verschiedenen Aktivitäten zur Wirkung gebracht werden konnten. Damit dürfte alles Notwendige gesagt sein, um die Ereignisse bei der `Ausgießung des Heiligen Geistes´ im Lager während der Wanderung zu erklären, und auch in NT. Auch hier waren keine Wunder im Spiel; nur eine Mischung aus (chemischer?) Gehirnmanipulation und Hokuspokus.

Fast schon kritisch ist in diesem Zusammenhang die Tatsache, daß zwei der Ältesten, die mit auf der Liste standen, im Lager weissagten, obwohl sie nicht mit zum Zelt gegangen waren. Wie war diese Liste zustandegekommen? Auch fällt auf, daß ausdrücklich gesagt wird, daß sie alle nur eine kurze Zeit weissagten und dann nicht mehr – auch die zwei Männer, die im Lager geblieben waren! War da eine Beeinflussung in ihrem Geist erfolgt, die man mit einem speziellen Kommando, z. B. einem Lichtsignal (infrarot, ultraviolett, also unsichtbar), aktivieren konnte? Die Geschichte geht aber noch weiter, und da hört der `Spaß´ endgültig auf: Was ist es mit der Ausgießung des Heiligen Geistes zu Pfingsten – im Neuen Testament?! Wurde da wirklich ein Heiliger Geist (eine psychologisch wirkende Manipulation?) - wie im Lager während des Exodus' - `ausgegossen´, oder hat man diese Geschichte nur hinzuerfunden - wie so viele andere auch -, um an den entsprechenden Vorgang während des Exodus' zu erinnern und daran anzuknüpfen? Wir dürfen nicht vergessen, daß das NT erst neu konzipiert wurde, daß man also gut daran tat, sich auf schon Bekanntes zu berufen – gleichsam zur Bezeugung, aber auch aus alltäglicher Gewohnheit; die Schöpfer des Neuen Testaments waren schließlich auch nur Menschen. Das wirft natürlich einen bemerkenswerten Blick auf das NT (s. u.) …!

Mirjams Sünde

In der Geschichte mit Mirjam und dem dummen Gerede um Moses' Frau (s. o., Teil II, „Was dummes Gerede vermag …") erfahren wir technische Details zu den Vorgängen im Allerheiligsten, die diesen Vorfall ganz besonders interessant und wichtig machen; hier können wir sozusagen den Extraterrestriern bei der psychologischen `Behandlung´ Moses' über die Schulter schauen:

„Da redete Mirjam, und Aharon, wider Mosche wegen des kuschitischen Weibes, das er genommen; denn ein kuschitisches Weib hatte er genommen. Und sie sprachen: „Hat denn nur mit Mosche allein der Ewige geredet? Hat er nicht auch mit uns geredet?" Und der Ewige hörte es [Die Abhöranlage an er Bundeslade!]. *Der Mann Mosche aber war sehr demütig, mehr als irgendein Mensch auf dem Erdboden. Da sprach der Ewige plötzlich zu Mosche, zu Aharon und zu Mirjam: „Geht ihr drei in das Erscheinungszelt hinaus!" Da gingen die drei hinaus. Und der Ewige stieg in einer Wolkensäule hernieder und stand am Eingang des Zeltes; und er rief: „Aharon und Mirjam!" Und sie gingen beide hinaus. Und er sprach: „Hört denn meine Worte! Wenn ein Weissager unter euch ist, so tue ich, der Ewige, im Gesicht mich ihm kund, im Traum rede ich mit ihm. Nicht so mein Knecht Mosche! In meinem ganzen Haus ist er bewährt! Von Mund zu Mund rede ich mit ihm, und sichtbar, nicht in Rätseln, und die Gestalt des Ewigen darf er schauen. Warum denn habt ihr euch nicht gescheut, wider meinen Knecht, wider Mosche, zu reden?" So flammte des Ewigen Angesicht auf wider sie, und er verschwand. Als nun die Wolke von dem Zelt wich, sieh, da war Mirjam aussätzig, wie Schnee; und Aharon wandte sich zu Mirjam, und sieh, sie war aussätzig. Da sprach Aharon zu Mosche: „Ach Herr, lege uns doch nicht Schuld auf dafür, daß*

wir uns erdreistet und gesündigt haben. Laß sie doch nicht sein wie ein Totes, dessen Leib, da es eben aus dem Schoß seiner Mutter kommt, halb verwest ist." Da *schrie Mosche zum Ewigen und sprach: „O Gott, heile sie doch!" ... ... So wurde Mirjam außerhalb des Lagers sieben Tage abgeschlossen; das Volk aber brach nicht auf, bis Mirjam wieder hereingenommen war. Danach brach das Volk von Hazerot auf und lagerte in der Wüste."*

Diese kleine Erzählung berichtet von sehr interessanten Dingen; hier können wir einiges lernen:
- Da ist zunächst die Tatsache, daß man über Moses' Frau sich den Mund zerreißt – sie war keine Jüdin!
- Dann die *plötzliche* Stimme des `Ewigen´.
- Der `Ewige´ befiehlt sie „... in das Erscheinungszelt *hinaus.*"
- Dann erscheint da der `Ewige´ – eben nicht, sondern nur eine Wolke.
- Als die Wolke verschwindet, hat Mirjam eine weiße Haut wie eine Aussätzige.
- Die Art des Verschwindens des `Ewigen´ und der Wolke ist nahezu kritisch, bezogen auf unsere Vermutung, daß es sich bei Erscheinungen des `Ewigen´ im Allerheiligsten der Stiftshütte in Wahrheit um Holographien gehandelt hat, die in die Hokuspokus-Wasserdampf-Wolke hineinprojiziert wurden. Es heißt da im Text: *„So flammte des Ewigen Angesicht auf wider sie, und er verschwand. Als nun die Wolke von dem Zelt wich ... ".* Vergleichbare Vorgänge sind von mehreren Marienerscheinungen der Neuzeit bekannt (siehe „Gottes Sturz aus dem Himmel").
- Nach sieben Tagen hat Mirjam wieder ihre normale Hautfarbe.

Wir wollen uns diese sieben Punkte nacheinander näher ansehen, es lohnt sich.

In der Stiftshütte geschieht zunächst sehr Menschliches: man zerreißt sich über Moses' Frau den Mund, weil sie keine Jüdin ist. Erst danach kommt der eigentliche Grund für diese Diskussion: Man neidet es Moses, daß er alleine mit dem `Ewigen´ so intim ist. Das hatte Moses vielleicht ein wenig zu sehr betont – schon war das neidvolle Gerede da.

Da ertönt *plötzlich* die Stimme des `Ewigen´; damit sind wir im Himmel, d. h. im Habitat. Daß die Stimme plötzlich ertönt, möchten wir dahingehend verstehen, daß ihr Eingreifen unerwartet erfolgte. Aber einerlei, sie ertönt. Man wurde also vom Habitat, vom Himmel her, abgehört: *„Und der Ewige hörte es."*
Dann befiehlt der `Ewige´ sie „... in das Erscheinungszelt *hinaus.*"
(Näheres zu diesem Abschnitt der Ereignisse, die von Mirjams und Aharons Gerede verursacht wurden, siehe oben in Teil II: „Was dummes Gerede...")

Es soll dann der `Ewige´ im Erscheinungszelt erschienen sein. Das ist schlicht unmöglich, denn wie sollte da ein Extraterrestrier (Mensch oder `Engel´, d. h.

Androide) so schnell vom `Himmel´, aus dem Orbit, herabkommen? Wir erfahren auch nichts über sein Aussehen und über die zu erwartenden Begleiterscheinungen bei seinem `Erscheinen´. Man denke an die Ereignisse bei der Landung des `Herrn´ auf dem Har Karkom, oder bei der Landung des Weltraumfahrzeuges im Buch Ezechiel oder bei der tatsächlichen Ankunft eines Extraterrestriers während der Wanderung (wahrscheinlich ein Androide) im Buch Daniel 7, 13 – 14, (nach Tur-Sinai). Wir erfahren nur, daß da eine Wolke erschien. Das ist kein Problem, denn ein solches Phänomen, das wiederholt im Verlaufe der Geschichte auftrat - z. B. bei der Einweihung des Salomonischen Tempels - war vermutlich mit einem einfachen Funkbefehl an die Mannamaschine zu erzeugen. Wahrscheinlich hatte sie ein entsprechendes Ventil irgendwo im Bereich des Kleingesichtigen, wo entsprechend hohe Temperaturen bei der Mannaverarbeitung auftraten. Da konnte man dann durch Öffnen dieses Ventils eine beeindruckende Dampfwolke erzeugen – schon war der `Ewige´ anwesend; persönlich, wie es schien! Der Hokuspokus erhielt seinen Sinn darin, daß damit das von ihm Ausgehende in seiner Bedeutung ungeheuer gesteigert wurde: <u>Mit der Wolke war für die Unwissenden Gott selbst anwesend!!</u> Was immer während seiner `Anwesenheit´ von ihm gesagt wurde, hatte ein mit Worten nicht zu beschreibendes Gewicht: Gott selbst hatte es den Menschen sozusagen persönlich ins Gesicht gesagt; jedes noch so kleine, eventuell unbedachte Wörtchen war Gottesbefehl – wer denkt da nicht an die so oft gedankenlose Überheblichkeit und Weltfremdheit der Extraterrestrier! Wir erkennen nicht, ob die überwältigende momentane Wirkung und die unweigerlichen Spätfolgen eines solchen Tuns den Extraterrestriern immer klar waren; wir wissen nicht einmal, ob sie sich je Gedanken darüber gemacht haben.

Aber diese Wolke und die Ereignisse um sie herum sagen noch mehr: Die Wolke „*wich*" von dem Allerheiligsten, d. h. sie erhob sich wohl nur langsam; man denkt an die Formulierung: „*… wenn die Wolke sich aufhob …*", später, im Verlaufe der Wanderung. Jeder von den `Herren der Herren´, die im Allerheiligsten anwesend sein durften, konnte sehen und begreifen was da vor sich ging: Da entwich eine Wolke, d. h. sie hob sich `gemächlich´ auf, wie man es von jeder Dampfwolke aus einem Kochtopf o. ä. kannte. Dagegen „*verschwand*" der `Ewige´; das ging also blitzartig, sein holographisches Abbild wurde wohl schlagartig abgeschaltet – wie eine elektrische Lampe. Wir möchten im Unterschied dieser beiden Vorgänge in der Tat eine nahezu kritische Bestätigung für unsere Vermutung sehen, daß das `Erscheinen´ des `Ewigen´ im Erscheinungszelt eine holographische Projektion in einer von der Mannamaschine produzierten Wasserdampf-Wolke war.[1] Beide, die Wolke und die Holographie, konnten über Funk von den Extraterrestriern an- oder abgeschaltet werden. Vielleicht hatten sie irgendwo im mittleren Abschnitt der Gesamt-Hütte, oder im Allerheiligsten, eine unauffällige Beobachtungskamera installiert, die sie erkennen ließ, wann es Zeit war, die Hokuspokus-Wasserdampf-Wolke auszulösen; dann war es auch bald danach Zeit, die Holographie anzuschalten. Ob die vielleicht auch vom Tyrannen abgestrahlt wurde, enthielt der also auch einen Laser-Projektor, war es ein kombiniertes Gerät, das über mehrere Funktionsmöglichkeiten verfügte? – wir erfahren es nicht.

Dabei hat die Wolke wohl nur eine untergeordnete Rolle gespielt. Man konnte die Holographie auch ohne sie erzeugen; sie war dann aber nur für die im Allerheiligsten anwesenden sichtbar, d. h. für die Herren der Herren und Moses, wenn er anwesend war. Die Wolke aber würde auch für die Außenstehenden sichtbar sein und sie erschauern lassen, denn sie stieg ja langsam auf: *Der Herr war persönlich herniedergefahren – Gott war unter sie getreten!!*

[1] Eine sehr ähnliche (die gleiche?) Technik wurde offensichtlich auch bei den Fatima-Erscheinungen (1916/17) angewendet. Wir lesen dazu bei FIEBAG (1986): „ ... als die drei Kinder, die in der Nähe der Steineiche beteten (...), von der bereits bekannten weißen Wolke umhüllt wurden, die dann bis in eine Höhe von fünf bis sechs Metern emporstieg. Erneut für die Umstehenden nicht sichtbar, erschien *darin* die Frauengestalt, ...". Vergleiche dazu auch Moses' Berufung; dort war es ein Dornbusch, anstatt einer Steineiche, die wohl eine Art Antennenfunktion hatte; bei den Erscheinungen im Allerheiligsten der Stiftshütte wird die Mannamaschine diese Funktion ausgeübt haben.
Kursiv: vom Verfasser hervorgehoben.

Beim ´Wunder´ mit dem Dornbusch bei Moses' Berufung, war eine Wolke nicht nötig, denn es sollte ja nur Moses angelockt werden; andere Menschen sollten dieses Ereignis nicht sehen. Aber in den anderen Fällen - wohl auch in Fatima - sollten möglichst viele Menschen das ´Wunder´ sehen; das ging nur mit einer langsam aufsteigenden Wolke; die holographische Projektion sollten nur die Kinder bzw. Moses sehen. Dabei ist noch zwischen zwei Gegebenheiten zu unterscheiden: In der Stiftshütte genügte es, wenn die draußen stehenden nur die Wolke sahen, die dann ja auch prompt mit der Anwesenheit des ´Ewigen´ verwechselt wurde. Was Moses wirklich im Allerheiligsten in der Wolke sah, erfahren wir nicht. In Fatima war die Situation ähnlich: dort sollten möglichst viele der umstehenden Menschen die aufsteigende Wolke sehen und als Gotteswunder verehren – wie die Kinder Israel auf der Wanderung. Aus der Sicht des jeweils beabsichtigten Ergebnisses sind also zwei Fälle voneinander zu unterscheiden: Dornbusch (nur holographisches Abbild), einerseits, und Allerheiligstes und Fatima (Holographie mit langsam aufsteigender Wolke), andererseits; obwohl sie bei oberflächlichem Hinsehen jeweils die gleiche Situation wiederzugeben scheinen. Diese scheinbare Gleichheit wird natürlich von der gleichen Technologie verursacht, die da dreimal zum Einsatz kam.

Man möchte wissen, ob Moses über die Hokuspokus-Natur des Erscheinens des ´Ewigen´ im Allerheiligsten unterrichtet war, oder ob auch er von den Extraterrestriern ganze einfach - wie alle anderen auch - beschwindelt wurde – aber ließ sich das während der ganzen Wanderung aufrechterhalten? Es muß ihm irgendwann klar geworden sein, daß z. B. die Wolke nur erscheinen konnte, wenn Wasser in der Mannamaschine vorhanden war und diese arbeitete. Ob er wohl die Natur der Holographie wenigstens soweit durchschaute, daß er begriff, daß es sich da lediglich um ein Abbild des `Ewigen´ handelte, das dann so seltsam blitzartig verschwand?

Als die Wolke schließlich wieder von ihnen gewichen ist, ist Mirjams Haut weiß wie die einer Aussätzigen. Was war geschehen? Nach Meinung des Verfassers war der Tyrann tätig geworden, d. h. die Laserwaffe an der Stirn der Mannamaschine. Ein Problem ist natürlich die Tatsache, daß Mirjam nur eine weiße Haut erhielt und nicht starb, wie die Söhne Aharons. Entweder konnte man die Intensität des Laserstrahls so dosieren, daß nur die Haut sich verfärbte, oder es gab noch eine zweite Waffe an der Mannamaschine, die entsprechendes bewirkte, wenn sie aktiviert wurde. Wie dem auch sei, ein Gotteswunder war für diese Hautverfärbung nicht nötig, wie wir gleich sehen werden.

Man ist natürlich verzweifelt und erreicht beim `Ewigen´ auf Fürbitte Moses' dann auch einen Hinweis, was zu tun sei: Mirjam muß wie eine unartige Tochter, die von ihrem Vater gestraft (angespien wird, sieben Tage Scham) sieben Tage außerhalb des Lagers verbringen. Dabei verliert sich ihre Hautverfärbung und sie kann nach Ablauf der sieben Tage wieder ins Lager kommen. Das Ganze war ein Hokuspokus gewesen, der mit wirklichem Aussatz nichts zu tun gehabt hatte. Es darf auch bezweifelt werden, daß ihre ganze Haut weiß war; es waren wohl eher die freiliegenden Partien, Gesicht, Arme und Hände; evtl. auch der unbekleidete Teil ihrer Beine.
Damit war dieser Vorfall zu Ende, und man konnte weiterziehen.

Das Land wird abgeschritten – Das Problem mit den Riesen
Bei der anschließenden Erkundung des verheißenen Landes (*„Und der Ewige redete zu Mosche und sprach: „Entsende dir Männer, die das Land Kenaan abschreiten, das ich den Kindern Jisrael gebe ... ."*) trifft man auch auf die Nachfahren der Riesen: *"Dort haben wir die Riesen gesehen, die Söhne des Anak* [d. h. die Söhne der ANUNAKI!] *von dem Geschlecht der Riesen; wir waren in unseren Augen wie Heuschrecken, und so waren wir es in ihren Augen."*

Auch der Text klingt eigentlich recht harmlos, aber er birgt eine religiöse Sensation und Sprengstoff für das ganze AT: Wenn die Sintflut tatsächlich auch nur annähernd so hoch gestiegen wäre wie in der Bibel behauptet, wie hätten dann die Söhne der Riesen, die ja von den `Göttern´ (d. h. von den Extraterrestriern) und deren Nachfahren abstammten, die *vor* der Sintflut schon zur Erde gekommen waren, diese überleben können (siehe dazu im ersten Buch des Verfassers zur Prä-Astronautik)? Wohl nicht ganz zufällig gab es sehr viel später Rabbiner, die darüber diskutierten, ob die Sintflut das Land der Juden, d. h. Kanaan, überhaupt erreicht hatte. Eine aus ihrer Sicht durchaus begründete und sehr logische Diskussion, wie wir hier erfahren. Es wird an dieser Stelle die unsinnige Behauptung, daß die Sintflut alle Berggipfel überstiegen habe, endgültig, wenn auch indirekt, vom biblischen Text selbst ad absurdum geführt!

Es kommt dann zu einer heftigen Auseinandersetzung über die Menschen des zu
erobernden Landes, und ob eine solche Eroberung überhaupt möglich sein werde:

*"Da erhob die ganze Gemeinde ein lautes Geschrei, und das Volk weinte in jener
Nacht. Und es murrten gegen Mosche und Aharon alle Kinder Jisrael, und die
ganze Gemeinde sprach zu ihnen: „Wären wir doch im Lande Mizraim gestorben,
oder wären wir doch in dieser Wüste gestorben! Und warum bringt uns der Ewige
in dieses Land, um durchs Schwert zu fallen, daß unsere Frauen und Kinder zur
Beute werden! Ists nicht besser für uns, nach Mizraim zurückzukehren?" Und sie
sprachen einer zum anderen: „Setzen wir uns ein Haupt und kehren wir nach
Mizraim zurück!" Da fielen Mosche und Aharon auf ihr Angesicht vor der ganzen
Volksschar der Gemeinde der Kinder Jisrael. Jehoschua aber, der Sohn Nuns, und
Kaleb, der Sohn Jefunnes, von denen, die das Land abgeschritten hatten, zerrissen
ihre Kleider, und sie sprachen zur ganzen Gemeinde der Kinder Jisrael: „Das
Land, das wir durchzogen haben, um es abzuschreiten, ist ein sehr, sehr gutes
Land. ... ... Und ihr – ihr braucht das Volk des Landes nicht zu fürchten, <u>denn
Brot für uns sind sie!</u> Gewichen ist ihr Schirmer von ihnen – und mit uns der
Ewige! Fürchtet sie nicht! Da dachte die ganze Gemeinde sie zu steinigen, aber die
Herrlichkeit des Ewigen erschien im Erscheinungszelt allen Kindern Jisrael.*
Unterstrichen: vom Verfasser hervorgehoben.

Da war wohl wieder die Hokuspokus-Wasserdampf-Wolke losgegangen, die
immer erschien, wenn es im Lager irgendwie kritisch wurde; das sah dann so aus,
als sei der `Ewige´ persönlich herniedergefahren, und es machte natürlich enormen
Eindruck – der `Ewige´ hatte also auch hier wieder gehorcht! In diesem Fall, wo es
wirklich um Steinigung ging, war das Erscheinen der Wolke vielleicht eine
allerletzte Notbremse: Man konnte unmöglich so schnell anwesend sein, also
mußte man die Gemeinde täuschen; man tat es - wieder - mit der Hokuspokus-
Wasserdampf-Wolke. Die Wolke alleine genügte offenbar, denn eine eventuell
darin erscheinende Holographie sah die außen stehende Gemeinde ja nicht. Die
Wolke stieg also wohl recht hoch, damit sie von außen sichtbar wurde, von
außerhalb der Hütten-Umwandung. Man möchte auch hier - wie in vielen anderen
Fällen auch - wissen, was mit „Gemeinde" gemeint ist: Waren das nur die die
Stiftshütte umwohnenden Leviten, oder hatte sich wirklich die ganze Gemeinde
aufgemacht zur Hütte?
Wir bemerken auch, daß diese Auflehnung spontan geschieht, also ungeplant; sie
hatte damit eine ganz andere Vorgeschichte als die bald erfolgende Revolte der
Rotte Korah.
*Und der Ewige sprach zu Mosche: „Wie lange noch soll dies Volk mich
verwerfen? Und wie lange noch werden sie nicht an mich glauben bei allen
Zeichen, die ich in seiner Mitte getan? Ich will es erschlagen durch die Pest und es
vertilgen, dich aber will ich zu einem Volk machen, größer und mächtiger als es."
Da sprach Mosche zu dem Ewigen: „Da haben es die Mizräer gehört - denn du
hast dies Volk mit deiner Kraft aus ihrer Mitte heraufgeführt - und es den
Einwohnern dieses Landes erzählt; die haben gehört, daß du, Ewiger, in der Mitte*

dieses Volkes bist, der du, Ewiger, Aug in Aug erschienen bist, daß deine Wolke über ihnen steht, und du vor ihnen einherziehst in einer Wolkensäule des Tags und in einer Feuersäule des Nachts; wenn du nun dieses Volk tötest wie einen Mann, dann werden die Völker, die von dir gehört, sprechen: `Weil der Ewige nicht imstande war, dies Volk in das Land zu bringen, das er ihnen zugeschworen, darum hat er sie in der Wüste hingeschlachtet!´ So mag denn nun die Kraft des Herrn sich groß erweisen, wie du geredet und gesprochen: `Ewiger, langmütig und reich an Liebe, der vergibt Schuld und Missetat, aber ungestraft nicht läßt, der die Schuld der Väter an den Kindern bedenkt bis ins dritte und vierte Geschlecht!´ Verzeih doch die Schuld dieses Volkes nach der Größe deiner Liebe, und wie du diesem Volk vergeben hast von Mizraim bis hierher!" Das sprach der Ewige: „Ich verzeihe nach deinem Wort! Jedoch: Ich lebe, und die ganze Erde wird erfüllt von der Herrlichkeit des Ewigen! Alle die Männer, die meine Herrlichkeit und meine Zeichen gesehen haben, die ich in Mizraim und der Wüste vollführt, und die mich dennoch versuchten, nun schon zehnmal, und nicht hörten auf meine Stimme: Ob sie das Land sehen sollen, das ich ihren Vätern zugeschworen! Alle die mich verworfen, sollen es nicht sehen! Mein Knecht Kaleb aber – dafür, daß ein andrer Geist in ihm war und er mir völlig folgte – ihn werde ich in das Land bringen, in das er gekommen, und sein Same soll es besitzen. Der Amalekiter und Kenaaniter aber wohnt im Talland; morgen wendet euch und zieht in die Wüste den Weg zum Schilfmeer!" Und der Ewige redete zu Mosche und Aharon und sprach: „Wie lange noch hat es diese böse Gemeinde, daß sie wieder mich murren? Das Murren der Kinder Jisrael, das sie wider mich erheben, habe ich gehört. Sag ihnen: Ich lebe! Ist der Spruch des Ewigen: Ob ich nicht so, wie ihr vor meinen Ohren geredet, euch tun werde! In dieser Wüste sollen eure Leichen fallen, alle eure Gemusterten nach eurer ganzen Zahl, vom Zwanzigjährigen und darüber, die ihr gemurrt habt wider mich. Ob ihr in das Land kommen werdet, in dem euch wohnen zu lassen ich meine Hand erhoben – außer Kaleb, dem Sohn Jefunnes, und Jehoschua, dem Sohn Nuns! Eure Kinder aber, von denen ihr gesagt habt: `Zur Beute werden sie´, sie werde ich hinbringen, und sie sollen das Land kennen lernen, das ihr verschmäht habt. Eure Leichen aber werden in dieser Wüste fallen. Und eure Söhne werden in der Wüste umherziehen vierzig Jahre und eure Untreue tragen, bis alle eure Leichen dahingeschwunden sind in der Wüste. Nach der Zahl der Tage, die ihr das Land abgeschritten habt, vierzig Tage, so sollt ihr, einen Tag fürs Jahr, je einen Tag für ein Jahr, eure Sünde tragen, vierzig Jahre, und sollt meinen Einspruch merken. Ich, der Ewige habe gesprochen: Ob ich nicht so dieser ganzen bösen Gemeinde tue, die sich wider mich zusammengerottet hat! In dieser Wüste sollen sie hinschwinden, und da sollen sie sterben."
Die Männer aber, die Mosche ausgesandt hatte, um das Land abzuschreiten, und die heimgekehrt waren und die ganze Gemeinde wider ihn zum Murren gebracht hatten, indem sie ein Gerede über das Land ausbrachten, die Männer starben, die das böse Gerede über das Land ausgebracht hatten, durch einen Gottesschlag vor dem Ewigen. Jehoschua aber, der Sohn Nuns, und Kaleb, der Sohn Jefunnes, blieben am Leben von jenen Männern, die ausgezogen waren, das Land abzuschreiten."

Das ging haarscharf an einer Katastrophe vorbei!
Man überlegt, einen anderen Anführer zu wählen, um wieder nach Ägypten zurückzukehren. Der Ewige spricht von „*nun schon zehnmal*" daß sie abfallen und zweifeln. Die Tendenz, bei jeder größeren Schwierigkeit nach den `Fleischtöpfen Ägyptens´ sich zurückzusehnen, war also latent ständig vorhanden.

Wenn man jetzt das Land von Süden her gleich besetzt hätte, wie es wohl ursprünglich geplant war - denn wozu sonst das Abschreiten, also auch ein Ausmessen der Größe des Landes, wenn nicht die Inbesitznahme unmittelbar bevorstand? - dann wären sicher viele bei der ersten verlorenen Schlacht wieder nach Ägypten zurückgekehrt. Die heftige Auflehnung und die große Angst zeigten das nur allzu deutlich. Daß es dann ganz anders kam, rührte von der offenen Rebellion her, die fast zur Vernichtung des Volkes durch die Extraterrestrier geführt hätte; mit einer Pest, also mit einer künstlich erzeugten Krankheit! Man kannte `oben´ also auch den biologischen Krieg, und wer nicht blind gehorchte... !

Die mörderische Selbstverständlichkeit, mit der das Auslöschen des Volkes angedroht wurde, entspricht nur allzu sehr der Tradition der früheren Kontakte der Extraterrestrier mit den Menschen. Man wußte wie man ganze Völker ausrotten konnte; man hatte Übung darin (die Sintflut, Sodom und Gomorrha)!
Moses' Entgegnung, die die Schadenfreude der Ägypter und anderer Bewohner des Landes miteinbezieht, zeugt von einigem diplomatischen Geschick.
Als Kompromiß wird schließlich das Volk auf viele („vierzig") Jahre in der Wüste festgehalten, damit alle die, die Ägypten noch aus eigener Anschauung kannten, inzwischen starben. Dadurch würde die Tendenz, bei Problemen und Gefahren sich wieder nach Ägypten zurückzusehnen, entscheidend vermindert werden und eines Tages ganz erlöschen.

Das wirft natürlich ein ganz anderes Licht auf den langen Aufenthalt in der Akazien-Dornbusch-Savanne und der Steppe, der „Wüste": Auch der war ursprünglich nicht so geplant gewesen, war also erneut eine Notlösung. Das war das zweitemal, daß der `Ewige´ seine Pläne ändern mußte, und zwar so, daß alle Menschen, die am Exodus beteiligt waren, das auch mitbekamen – kein Kompliment für die `Allwissenheit´ diese `Gottes´! Wahrscheinlich wurde die Mannamaschine erst nach dieser Änderung der Pläne des `Ewigen´ an die Kinder Israel übergeben; sie hätten sonst den langen Aufenthalt in der Steppe bzw. Savanne (der `Wüste´) nicht überlebt. Das würde aber bedeuten, daß das Abschreiten des Landes schon vor Übergabe der Mannamaschine stattfand (evtl. von Kadesch-Barnea aus?). Man hatte wohl den Har Karkom, oder schon eine frühere Station zum Ausgangspunkt für die Landabschreiter gewählt. Andererseits erfahren wir, daß die Wolke des `Ewigen´ in der Hütte erschien, daß die Mannamaschine also schon anwesend war. Dieser Widerspruch ist nicht aufzuklären, es sei denn, ein Redaktor, der die Lokalität(en) der hier beschriebenen Ereignisse nicht kannte hat sehr viel später so einiges nach seiner Lesart `plausibel´ gemacht. Es erscheint auch nicht ausgeschlossen, daß er, vielleicht sogar ohne es selbst zu bemerken, zwei Ereignisse zu einem verschmolz und sie dabei in eine ihm logisch erscheinende Reihenfolge brachte.

Unabhängig davon, welcher Irrtum, bzw. welche Irrtümer, hier später wirklich geschehen ist bzw. sind, erscheint doch die Vermutung gerechtfertigt, daß die Landnahme ursprünglich wirklich von Süden her geplant war. Es ist weiterhin bemerkenswert, daß auch hier von den Extraterrestriern nur von „in der Wüste umherziehen" die Rede ist; keineswegs von einer - gänzlich unsinnigen! - Umrundung der ganzen Halbinsel Sinai.

Eines aber sollten wir uns noch merken: Was hatten Jehoschua und Kaleb gesagt? „*... denn Brot für uns sind sie!*". – Das läßt nichts Gutes ahnen; die Ureinwohner würden diese mörderische Einstellung mit ihrem Leben und dem Leben ihrer Frauen und Kinder bestätigen müssen! Brot pflegt man zu essen, wann immer es dem Hungrigen gerade paßt. Und wenn es nicht in handlichen Portionen daherkommt, nun – dann zerbricht oder zerschneidet man es…!

„Und Mosche sprach diese Worte zu den Kindern Jisrael; da trauerte das Volk gar sehr.

Des Morgens aber machten sie sich früh auf, zogen zur Spitze des Berges hinan und sprachen: „Hier sind wir, wir wollen zu dem Ort hinaufziehen, von dem der Ewige gesprochen hat; denn wir haben gesündigt." Da sprach Mosche: „Warum denn wollt ihr den Befehl des Ewigen übertreten? Das kann nicht gelingen! Zieht nicht hinauf, denn der Ewige ist nicht in eurer Mitte, daß ihr nicht geschlagen werdet vor euren Feinden. Denn der Amalekiter und der Kenaaniter sind dort vor euch, und ihr würdet durchs Schwert fallen; weil ihr euch von dem Ewigen abgekehrt habt, und der Ewige nicht mit euch sein wird." Sie aber vermaßen sich, auf die Spitze des Berges hinaufzusteigen; doch die Bundeslade des Ewigen und Mosche wichen nicht aus der Mitte des Lagers. Da kam der Amalekiter und der Kenaaniter, die auf jenem Berg wohnten, herab und schlugen sie und zersprengten sie bis ha-Horma."

Dieses Ereignis hat wohl kaum so unmittelbar nach dem schweren Gottesschlag stattgefunden, der im vorhergehenden Absatz beschrieben wurde; denn die kaltschnäuzige erneute Auflehnung gegen den Willen des Ewigen ist so unmittelbar am folgenden Tag („des Morgens") kaum vorstellbar. Hier ist eine größere zeitliche Distanz zu vermuten (deshalb wurde vom Verfasser an dieser Stelle im Zitat ein neuer Absatz begonnen). Die Situation bleibt auch mit dieser vorsichtigen zeitlichen `Richtigstellung´ unklar genug: Warum auf dem Berg Krieg führen, weil man sich vor dem `Ewigen´ versündigt hat? Und was hat (vorher) der `Ewige´ über diesen Berg gesagt? Geschah dieser Feldzug vielleicht aus einem schlechten Gewissen heraus, oder aus der Überzeugung: „Also, wenn es so einfach ist, dann laßt uns doch gleich anfangen." Und wie war die Relation zu den Amalekitern und den Kenaanitern – wurde man von ihnen belagert, oder waren die ahnungslos? Wie waren sie überhaupt dorthin gekommen? Vorher heißt es doch, daß „*der Amalekiter und der Kenaaniter wohnt im Talland*", und jetzt saßen die plötzlich da auf einem Berg, auf den sie wahrscheinlich nur vorübergehend hinaufgestiegen waren („*denn der Amalekiter und der Kenaaniter sind da vor euch*").

Oder hatten die Amalekiter und Kenaaniter sich schon vorher auf der Flucht vor anderen Raubscharen auf einen in der Nähe befindlichen Berggipfel geflüchtet? Wir dürfen nicht vergessen, daß wir uns insgesamt in einer äußerst wilden und bewegten Zeit befinden: Die Raubscharen der Seevölker und Proto-Philister werden nicht immer treu und brav auf der Via Maris einhergezogen sein. Wie dem auch sei: Die Bundeslade, hier mit Sicherheit die eigentliche Lade der Bezeugung und nicht, wie sehr viel später, nach der Landnahme, beim Kampf mit den Philistern, die Mannamaschine, blieb mit Moses im Lager und der Kampf ging verloren; man wurde geschlagen, wie Moses richtig vorhergesagt hatte.

Bemerkenswert ist die Selbstverständlichkeit, mit der die Anwesenheit der „Bundeslade des Ewigen", also der eigentlichen Lade der Bezeugung, als in der Schlacht entscheidend angesehen wurde. Hatte man damit schon entsprechende Erfahrungen, von denen wir aber nichts wissen –; oder ist diese Bemerkung von einem sehr viel später tätigen Redaktor in Anlehnung an die Ereignisse der Philisterkämpfe bei und nach der Landnahme hier `logisch´ hinzugefügt? Wurden bei Anwesenheit der Bundeslade im Kampf womöglich Befehle und Verhaltensmaßregeln `von oben´ an die Kämpfenden durchgegeben? Kennzeichnend für die Gesamtsituation der Kinder Israel ist aber immerhin die Selbstverständlichkeit, mit der sie von den Anderen als Feinde angesehen und auch mit der gleichen Selbstverständlichkeit bekämpft wurden.
Das konnte für die Zukunft dieses so außerordentlich *aus*gezeichneten und eben deshalb *ge*zeichneten Volkes kein gutes Menetekel sein!

Aber kehren wir nocheinmal zum vorhergehenden Ereignis mit der Rebellion gegen Moses nach dem Abschreiten des Landes zurück. Das Abschreiten war wohl eine grobe Erkundung der geographischen Dimensionen des Landes, die den Kindern Israel ja noch gänzlich unbekannt waren. Dieses Abschreiten war natürlich auch ein unübersehbarer Hinweis darauf, daß ursprünglich die Landnahme von Süden her, also zu einem sehr viel früheren Zeitpunkt, vom `Ewigen´ geplant war. Die nachfolgenden Ereignisse brachten die Extraterrestrier dann aber zu der Überzeugung, daß eine Inbesitznahme des Landes Kanaan mit den Israeliten der Generation derer, die die „Fleischtöpfe Ägyptens" noch in Erinnerung hatten, nicht möglich sein würde: Diese Leute würden bei den kleinsten ernsthaften Schwierigkeiten wieder nach Ägypten `auskneifen´.

Man würde also entweder ein langsames Ausbluten der für die Landnahme zur Verfügung stehenden Menschenzahl akzeptieren müssen (maximal einige Tausend, wie wiederholt ausgeführt) - das war nicht machbar, die verbliebenen wären ganz einfach untergegangen in der Volksmasse der Ureinwohner -, oder man würde die Kinder Israel in ihrer neuen Heimat nicht nur ständig militärisch (also technisch) unterstützen, man würde sie auch ständig wie einen `Sack voll Flöhe´ hüten müssen, um sie an der Rückkehr nach Ägypten zu hindern. Und die Kinder Israel hätten in diesem Fall sich immer mehr und immer blinder auf die Extraterrestrier verlassen, anstatt anzufangen, ihr eigenes Leben zu leben und einen eigenen, unabhängigen, lebensfähigen Staat zu begründen: Es wäre das Ganze für die Extraterrestrier eine Geschichte ohne Ende geworden! Das eine wie das andere war für sie indiskutabel: Sie hätten sich auf unabsehbare Zeit an das kleine Häuflein der Juden gebunden. Das war aber erkennbar nicht ihre Absicht, wie der baldige schrittweise Rückzug aus den Geschicken der Kinder Israel nach der Jordandurchquerung zeigt.

In dieser Zwickmühle, entweder auf unabsehbare Zeiten dieses Volk am Hals zu haben und trotzdem nicht zu wissen, ob aus der Besiedlung Kanaans wirklich etwas werden würde, oder miterleben zu müssen, wie das ganze Projekt, dank der tröpfchenweisen Rückkehr nach Ägypten, für die Katz gewesen war, kamen die Extraterrestrier auf eine gleichermaßen grandiose wie gewagte, um nicht zu sagen, verzweifelte, aber auch brutale Idee: Sie entschieden sich für eine lange Version der Wanderung, um alle Älteren in der Wüste sterben zu lassen. D. h. sie richteten das Volk nicht eigenhändig hin, wie sie angedroht hatten, sondern überließen diese brutale Beschäftigung dem natürlichen Gang der Dinge. Zum Ausführen dieses Plans übergaben sie auf dem Berg Horeb, dem Har Karkom, den Kindern Israel eine äußerst komplizierte Maschine zur permanenten Produktion einer *zusätzlichen* Nahrung, die Mannamaschine. Es ist also die Möglichkeit nicht auszuschließen, daß die Übergabe dieses kleinen technischen Wunderwerks wieder eine Notlösung war, die man ebenfalls ursprünglich nicht vorgesehen hatte – genauso wenig wie den langen Aufenthalt in der Wüste und die zweimalige Richtungsänderung des bisherigen Zuges der Kinder Israel. Wahrlich – sehr allwissend war der `Ewige´ nicht!

Nahezu endgültig bestätigend ist die abschließende Anordnung: „*Wendet euch Morgen zum Schilfmeer*" (hier das Rote Meer bei Eilat). Das war eine (zweite) Umkehr in eine Richtung, die ursprünglich sehr wahrscheinlich nicht vorgesehen war. Es war das die `endlose´ Version des Weges nach Kanaan, die ohne die Mannamaschine nicht zu bewältigen war. Die Extraterrestrier hatten erkannt, daß es einer ganzen Generation bedürfen würde, um die Sehnsucht nach den „Fleischtöpfen Ägyptens" vergessen zu lassen. War also das Nicht-mit-Hinaufziehen der Bundeslade und die damit verbundene Niederlage der Juden in diesem Fall von den Extraterrestriern sogar gewollt, um die Richtungsänderung als Ausweichen vor den Amalekitern und Kenaanitern plausibel zu machen?
Das Resultat dieser Umkehr war nicht nur ein zeitlicher, sondern auch ein räumlicher Umweg riesigen Ausmaßes. Schließlich eroberte man das verheißene

Land von Osten her, also gleichsam durch die Hintertür, nachdem man den Jordan bei Jericho durchquert hatte.

Die Revolte der Rotte Korah: Der Blick in den Abgrund: Massenmord und eine perfide Sprengfalle

Es war aber die Tendenz zur Revolte gegen Moses doch wohl mehr oder weniger durchgehend vorhanden, zumindest anfangs. Denn es kam bald zu einem Ereignis, das als Aufstand, oder Revolte, der Rotte Korah bekannt ist. Die Tatsache, daß ein unmittelbarer Nachkomme (Enkel) des Kehats an erster Stelle genannt wird, sollte nicht übersehen werden: Möglicherweise waren die gnadenlosen, blitzartigen Hinrichtungen, von denen die Familie natürlich erfuhr, deren Begründung sie aber wohl nicht erfuhr, der Auslöser für die sorgfältig geplante Erhebung gegen Moses und Aharon. Denn wie hätte man es den Angehörigen der Familie Kehat plausibel machen sollen <u>warum</u> da <u>was</u> geschah, ohne den wirklichen Grund zu benennen, und genau das war ja bei Todesstrafe verboten. Dabei haben sich Dinge ereignet, die nicht nur für die hier vorgelegte und erläuterte Interpretation des Buches Exodus i. w. S. von Bedeutung sind, sondern auch für das gesamte AT-Verständnis:

Zitiert nach Tur Sinai:
„Und es unternahm Korah, Sohn Jizhars, des Sohnes Kehats, des Sohnes Levis, und Datan und Abiram, die Söhne Eliabs, und On, Sohn Pelets, die Nachkommen Reubens – und sie traten hin vor Mosche, dazu zweihundertfünfzig Männer von den Kindern Jisrael, Fürsten der Gemeinde, zur Versammlung Berufene, Männer von Namen. Und sie scharten sich gegen Mosche und Aharon und sprachen zu ihnen: „Zu viel für euch! Denn die ganze Gemeinde, sie alle sind heilig, und in ihrer Mitte ist der Ewige. Und warum erhebt ihr euch über die Volksschar des Ewigen?" Als Mosche das hörte, fiel er auf sein Angesicht. Und er redete zu Korah und zu seiner ganzen Gemeinde und sprach: „Morgen, da wird der Ewige kund tun, wer sein ist und wer heilig ist, daß er ihn sich nahen lasse; wen er erwählt, den wird er sich nahen lassen. Tut dies: Nehmt euch Pfannen, Korah und seine ganze Gemeinde; und gebt Feuer hinein und legt Räucherwerk darauf morgen vor dem Ewigen; und es soll sein: Der Mann, den der Ewige erwählt, der ist der Geheiligte. – Zu viel für euch ihr Söhne Levis!" Und Mosche sprach zu Korah: „Hört doch, ihr Söhne Levis! Ist es euch zu wenig, daß Jisraels Gott euch aus der Gemeinde Jisraels ausgesondert, euch ihm nahen zu lassen, den Dienst an der Wohnung des Ewigen zu verrichten und vor der Gemeinde zu stehen, um für sie den Dienst zu versehen? Und nun er dich und alle deine Brüder, die Söhne Levis mit dir, sich hat nahen lassen – nun verlangt ihr noch das Priestertum? Darum ..., du und deine ganze Gemeinde, die ihr euch wider den Ewigen zusammenrottet! Denn Aharon – was ist er, daß ihr wider ihn murrt? Und Mosche schickte hin, um Datan und Abiram, die Söhne Eliabs, rufen zu lassen [die waren keine Leviten, sondern Nachfahren Reubens, das mag eine Rolle gespielt haben für ihr Nicht-Erscheinen; sie wohnten ja nicht in der unmittelbaren Umgebung der Stiftshütte, waren nicht Teil ihrer

Zwiebelschale]: *sie aber sprachen: „Wir kommen nicht hinauf! Ist's zu wenig, daß du uns aus einem Land heraufgeführt, das von Milch und Honig fließt, um uns in der Wüste sterben zu lassen, daß du dich auch noch zum Herrscher über uns machen willst? Hast uns ja nicht in ein Land gebracht, das von Milch und Honig fließt, und uns Feld und Weinberg zum Besitz gegeben. Willst du `jenen Leuten´ (uns) die Augen ausstechen?* [eine Formulierung, die darauf schließen läßt, daß sie das Ganze für einen ausgeklügelten Betrug hielten] *Wir kommen nicht hinauf!"*

Da verdroß es Mosche sehr und er sprach zum Ewigen: „Wende dich nicht zu ihrer Opfergabe! Nicht habe ich den Esel eines unter ihnen genommen, und nicht habe ich einem von ihnen ein Leid getan!" Und Mosche sprach zu Korah: „Du und deine ganze Gemeinde, seid vor dem Ewigen, du, sie und Aharon, morgen. Und nehmt jeder seine Pfanne, tut Räucherwerk darauf und bringt jeder seine Pfanne vor den Ewigen, zweihundertfünfzig Pfannen, auch du und Aharon, jeder seine Pfanne. Da nahmen sie ein jeder seine Pfanne, taten Feuer darauf und legten Räucherwerk darauf und stellten sich an den Eingang des Erscheinungszeltes, und auch Mosche und Aharon. Und Korah versammelte gegen sie die ganze Gemeinde an den Eingang des Erscheinungszeltes; da erschien die Herrlichkeit des Ewigen der ganzen Gemeinde.

Und der Ewige redete zu Mosche und Aharon und sprach: „Sondert euch ab aus dieser Gemeinde, daß ich sie im Nu vertilge!" Da fielen sie auf ihr Angesicht und sprachen: „Gott, du Herr des Odems von allem Fleisch! Ein Mann sündigt, und über die ganze Gemeinde willst du zürnen?" Da redete der Ewige zu Mosche und sprach: „Rede zur Gemeinde und sprich: Hebt euch hinweg aus dem Umkreis der Gemeinde Korahs, Datans und Abirams!" Da machte sich Mosche auf und ging zu Datan und Abiram, und es folgten ihm die Ältesten Jisraels. Und er redete zur Gemeinde und sprach: „Weicht doch von den Zelten dieser frevelhaften Männer und rührt nichts an von dem, was ihnen gehört, daß ihr nicht hinweggerafft werdet durch all ihre Sünden." Da hoben sie sich hinweg aus dem Umkreis der Wohnung Korahs, Datans und Abirams; Datan und Abiram aber waren herausgekommen und standen am Eingang ihrer Zelte mit ihren Frauen, ihren Söhnen und ihren Kindern. Da sprach Mosche: „Daran sollt ihr erkennen, daß der Ewige mich gesandt hat, alle diese Taten auszuführen, daß es nicht von meinem Herzen aus geschieht: Wenn diese wie alle Menschen sterben, und aller Menschen Verhängnis über sie verhängt wird, so hat der Ewige mich nicht gesandt. Wenn aber der Ewige etwas Neues schafft, und die Erde ihren Mund auftut und sie verschlingt samt allem, was ihnen gehört, und sie lebendig in die Gruft fahren, dann sollt ihr erkennen, daß diese Männer den Ewigen gelästert haben.

Es war aber, als er alle diese Wort zuende gesprochen hatte, da spaltete sich der Boden unter ihnen, und die Erde öffnete ihren Mund und verschlang sie, sowie ihre Häuser und alle Leute, die Korah angehörten, und alle Habe. So fuhren sie samt allem, was ihnen gehörte, lebendig zur Grube; und die Erde bedeckte sie, und sie verschwanden aus der Volksschar. Ganz Jisrael aber, das rings um sie stand, floh

*bei ihrem Geschrei; denn sie sprachen: „Daß uns die Erde nicht verschlinge!"
Und ein Feuer ging aus vom Ewigen und verzehrte die zweihundertfünfzig Männer,
die da Räucherwerk darbrachten."*

Der Vorfall läßt eine gewisse Strategie und Erfahrung der `Rebellen´ erahnen: Man verbündete sich mit 250 Männern von Ansehen und Namen; man sichert sich ab. Es war also klar geworden, daß einige wenige gegen die Führungsgruppe um Moses nichts würden ausrichten können. Das läßt auf eine lange Latenz und auf gründliche Vorbereitung der Rebellion schließen, denn 250 Personen sind nicht von heute auf morgen zu einer Erhebung zu überreden und zusammenzuschmieden; und die Tatsache, daß so viele angesehene Personen bereit waren, bei dieser Erhebung mitzuwirken, zeigt, daß vorher Ungeheuerliches geschehen sein muß – wahrscheinlich die Hinrichtungen, d. h. Ermordungen, von einigen der „der Söhne Kehats" beim Abtransport der verpackten Einzelteile des Hochbetagten (s.o.).

Da aber `Herr Moses´ immer seine(n) Burschen im Lager hatte, kann diese längere Vorbereitung Moses und den Seinen nicht verborgen geblieben sein. Er wußte also was auf ihn zu kam, und er wird es auch dem Herrn oben, im Habitat, mitgeteilt haben. Auch oben war man also nicht überrascht; konnte sich also vorbereiten. Aus dieser Sicht gesehen, war eine Vorbereitung zu etwas Neuem (einer Sprengsetzung, die die `Sünder´ vor aller Augen verschlingen würde) durchaus vorab technisch zu bewerkstelligen. Man konnte dann den ganzen Vorgang leicht so gestalten, daß wirklich die `Sünder´ erfaßt wurden - mit ihren Familien - und keine weiteren. Deshalb mußten alle anderen sich fortbegeben. Und daß Moses „etwas Neues" zuverlässig vorhersagen konnte und auch sagen konnte, was geschehen würde („*… und die Erde ihren Mund auftut und sie verschlingt samt allem …*") zeigt, daß er in der Tat genauestens über den ganzen zu erwartenden Vorfall informiert war. Das Ganze war auf beiden Seiten von langer Hand vorbereitet! Es bleibt aber eine Frage: Wenn eine solche Sprengsetzung beabsichtigt war, wie konnte man die Sünder genau an die richtige Stelle bringen – wer garantierte dafür, daß sie sich im Lager an der `richtigen´ Stelle befanden, sie und ihre Zelte? Das war nur möglich, wenn im Lager eine ständig gleiche Ordnung der einzelnen Familien streng eingehalten wurde; und genau das war der Fall, besonders bei den Leviten, die den Hochbetagten zum Schutz begleiteten, wie wir beim Aufbruch erfahren haben. Nur aufgrund dieser strengen Ordnung konnte man bei geschickter Strategie des letzten Lager-Aufschlagens vor der Sprengung sicher sein, die `richtigen´ Opfer zu erfassen. Es waren aber zwei Gruppen von `Sündern´ da: Die eine Gruppe ging willig hinauf zur Stiftshütte – weitaus die meisten; nur die beiden `Sünder´ Datan und Abiram mit ihren Familien weigerten sich, am Zelt zu erscheinen. Sie müssen geahnt haben, daß von dem Ungeheuer im Erscheinungszelt eine tödliche Bedrohung ausging. Daß eine ebenso tödliche Gefahr unter ihren Füßen von den Extraterrestriern installiert war, konnten sie unmöglich wissen.

Das Ganze ist nach unserer Interpretation wie eine Kettenreaktion etwa wie folgt abgelaufen:

-) Man bestellt die Söhne Kehats zum Tragen des Hochheiligen.
-) Bei der Vorbereitung zum Weiterzug gab es wiederholt Tote, die zuviel gesehen hatten und deshalb (ohne jeden Grund, so schien es) auf der Stelle hingerichtet wurden; wohl noch im Allerheiligsten, das bereits für den Weiterzug abgebaut wurde.
-) Das erboste die Übrigen der Familie Kehat so sehr, daß sie heimlich (auf der Wanderschaft, etwa nachts wenn gelagert wurde?) einen verbotenen Blick ins Gepäck taten. Sie fanden dort aber keinen Gott, bzw. Götter, sie fanden nur tote, nichtssagende Gegenstände. Das hatte zwei Folgen:
-) a)Man beschloß, Moses und Aharon, als Hauptvertreter des ganzen Schwindels (so muß es ihnen vorgekommen sein), zur Rede zu stellen.
-) b) Die Weiterdenkenden werden darüber gegrübelt haben, wozu der ganze Schwindel denn eigentlich da sei. Sie fanden rasch einen Grund: das Ganze ergab nur einen Sinn, wenn Moses (und Aharon) nach der Allmacht (Königtum) nach dem Vorbilde der Ägypter strebten (sie kamen ja aus Ägypten) – das mußte des Pudels Kern sein!
-) Man fing an zu reden, zu beratschlagen und sich zu verabreden. Das hatte wieder eine unausweichliche Folge: Der Bursche, irgend ein Horcher und Schnüffler, berichtete Moses vom heimlichen Gerede; der informierte nicht nur Aharon, sondern auch seinen Dienstherren `oben´.
-) Damit nahm das Verhängnis seinen Anfang. Denn der `Ewige´ war nicht bereit zu dulden, daß so viele in der Gemeinde etwas ahnten und eben deshalb quasi zu beliebigen Zeiten wieder Revolten anzetteln konnten. Man mußte das ganze `Rudel auf der Lichtung´ haben, damit man sie alle um so sicherer „vertilgen" konnte. Das wurde mit Moses (und Aharon) auch so besprochen und geplant.
-) Mit Datan und Abiram - vielleicht die Anführer, die die Idee gehabt hatten, nachts mal etwas genauer hinzuschauen - plante man noch etwas besonders eindrucksvolles: Es genügte nicht, sie einfach zu ermorden, das kannten die Kinder Israel ja schon zur genüge, wir erinnern uns an die Mordschlächterei nach der Geschichte mit dem goldenen Kalb, nein – sie mußten auf besonders teuflische Weise zu Tode gebracht werden, sie mußten vor aller Augen gleichsam von der Erde verschlungen werden, also lebendig in die Grube fahren, zur hoffentlich endgültigen Warnung der Übrigen; so geschah es dann auch.
-) Im übrigen verhielt man sich aber ruhig; man wartete bis die Frucht reif war, und alle sich zeigen würden.
-) Das geschah auch bald; es waren insgesamt 250 Mann. Diese Zahlenangabe ist ausnahmsweise glaubwürdig, was der Glaubwürdigkeit des ganzen Vorfalls sehr zugute kommt.
-) Man macht Moses die oben genannten Vorwürfe; der stellt sich aber seltsamerweise vor Aharon („*....was ist er, daß ihr wider ihn murrt?*"). Es war also Aharon besonders hart angegriffen worden, der ja die Arbeiten am Hochbetagten leitete, im Allerheiligsten also das Sagen hatte, obwohl doch Moses die `Krone´

trug und damit den Verdacht seiner Herrschaftsgelüste auf sich zog. Als Kommandant im Allerheiligsten mußte Aharon aber die Hinrichtung der Söhne Kehats, die zuviel gesehen hatten, persönlich veranlaßt haben. Und die Tatsache, daß auch er angegriffen wurde beweist, daß von den Ereignissen im Allerheiligsten in der Tat etwas nach außen gedrungen war, zumindest zu den Leviten, die die Stiftshütte umwohnten – das wird wohl nicht nur in diesem Zusammenhang geschehen sein; die ganze Wanderung zog sich schließlich etwa vierzig Jahre hin; daß da nicht geflüstert wurde von denen, die das Allerheiligste betreten durften, sie also ihre Leviten-Verwandten heimlich über vieles informierten, ist nicht vorstellbar! Es werden bald viele Leviten gewußt haben, daß da im Zelt ein unfaßbares, lebensgefährliches Ungeheuer stand, von dem das Manna kam.

-) Die Vorwürfe sind interessant: Man beschuldigt Moses, sich zum Herrn aufschwingen zu wollen, man sagt aber nichts von den toten Söhnen Kehats. Das wurde wahrscheinlich später unterdrückt (von den Redaktoren, den Religionsmachern, die auch Totschweiger waren). Denn, wenn unsere Vermutung richtig ist, daß die wiederholten Hinrichtungen von Angehörigen der Söhne Kehats das Ganze auslösten, wird man das Moses (und Aharon) gegenüber nicht ungesagt gelassen haben! Das beweist eindrücklich die Tatsache, daß Moses Aharon verteidigt, von dem - angeblich - überhaupt nicht die Rede gewesen war. Tatsächlich war der aber scharf angegriffen worden, sodaß Moses sich genötigt sah, sich vor ihn zu stellen. (Die Szene weist auch darauf hin, daß der Redaktor, der Religionsmacher, hier unaufmerksam war: Er hat wohl den Text der Vorwürfe an Aharon getilgt, hat aber nicht daran gedacht, daß Moses' Reden diese - indirekt - erkennbar macht – wenn auch natürlich nicht wortwörtlich.)

-) Es erscheint dann die Herrlichkeit des Ewigen der ganzen Gemeinde. Falls das nur die Wasserdampf-Wolke war, kann man nur sagen: „Mal wieder." Falls die Holographie für alle sichtbar wurde, wäre auch das ein Beweis dafür, daß das Ganze von langer Hand geplant und abgesprochen war. Denn um die Holographie des `Ewigen´ der ganzen Gemeinde zu zeigen, brauchte man technische Vorbereitungen, die über das Erscheinen des Herrn im Allerheiligsten weit hinausgingen. Man mußte dann mit einem Fluggerät selbst anwesend sein, wie die Ereignisse in Fatima gezeigt haben, und wie es wahrscheinlich auch bei Moses' Berufung der Fall war.

Man zeltet wahrscheinlich irgendwo in der `Wüste´, wohl schon länger an diesem Ort; das würde viel erleichtern – sowohl für die Extraterrestrier als auch für die `Rebellen´. Die offenbar sorgfältig geplante und oft durchgesprochene Auflehnung konnte während eines Wanderzuges kaum geplant und beschlossen werden – man brauchte dazu Zeit und Muße; und Moses' `Bursche´, irgendeiner, konnte bequem zuhören.

-) Zumindest die Anführer gehörten zu den Leviten, waren also über alle Interna der Stiftshütte außerhalb des Allerheiligsten informiert; wieweit das auch für die Ereignisse innerhalb des Allerheiligsten gilt, muß offen bleiben – vielleicht hatten ihnen einige derer etwas zugeflüstert, die das Allerheiligste betreten durften, und die über die Morde, die `Hinrichtungen´, an den Söhnen Kehats ganz einfach entsetzt waren. Die Rolle Datans und Abirams, die zum Stamme Reuben gehörten, bleibt trotz ihrer brutalen Ermordung durch eine Sprengung etwas diffus, und On, der aus dem gleichen Stamme kam, tritt nicht wieder auf.

<u>Vielleicht war es von ausschlaggebender Bedeutung, daß Korah ein Enkel Kehats war, denn die Söhne Kehats hatten ja den Hochbetagten zu tragen, hatten auch anfangs, wie wir oben erfuhren, wohl etwas zuviel gesehen.</u> War das womöglich der eigentliche Anlaß gewesen, daß man so aufrührerisch nachdenklich wurde? <u>Hatte man womöglich unterwegs gar einen verbotenen Blick ins Gepäck getan und die Angaben der Söhne Kehats, der Träger, bestätigt gefunden? Hatte man das wiederum dahingehend mißverstanden, daß Moses sich dieses Ungeheuers bediente, um ihr König, ihr `Pharao´, zu werden? Hatte man die Anordnungen des `Ewigen´ womöglich für solche gehalten, die Moses sich ausdachte, um das Ganze in seinen Hofstaat verwandeln zu können?</u>

-) An dieser Grundtatsache ändert sich nichts, wenn die Begriffe „Enkel" und „Söhne" nicht wortwörtlich zu nehmen sind: Sie bleiben damit ihre Verwandte, also Familienangehörige, für deren gewaltsamen Tod Rache zu nehmen war. Es waren also bei der Revolte der Rotte Korah möglicherweise auch Blutrache-Gedanken mit im Spiel wegen der so brutalen Hinrichtungen! Solche Gedanken und Gefühle hatte die oben vermuteten nächtlichen Untersuchungen des Gepäcks zur Folge gehabt oder hatten zumindest den Leviten, die das Allerheiligste betreten durften die Zunge gelöst........!
-) Da man zu den Leviten gehörte, war man also Angehöriger der Gruppe, die ständig in der äußeren Umgebung der Stiftshütte zeltete. Wenn dort eine strenge Ordnung eingehalten wurde, erleichterte das ihre Vernichtung durch eine Sprengmine sehr, denn dann konnte man sie unauffällig, der üblichen, schon lange eingehaltenen Ordnung entsprechend, an den `richtigen´ Platz bringen, der natürlich, eben dieser Ordnung entsprechend, vom `Ewigen´ vorher präpariert worden war. Das eine (die streng eingehaltene Zeltordnung im Umgrenzungslager) bedingte also das andere (die richtige Lage der Sprengmine): der `Ewige´ hatte etwas (mörderisch) Neues geschaffen! Selbstredend mußten die ganzen Familien mit hinab in die Grube; das ist beim hohen Herrn so Sitte! Daß es eine solche streng eingehaltene Ordnung gab, beim Wandern und auch beim Zelten, hatten wir oben erfahren.
-) Man macht Moses (und Aharon) Vorwürfe, daß sie sich über alle erheben, obwohl doch alle heilig seien und der `Ewige´ sich in ihrer Mitte aufhält:
„Zu viel für euch! Denn die ganze Gemeinde, sie alle sind heilig ... ."
-) Moses' Reaktion ist recht seltsam: Er fällt auf sein Angesicht und spricht sie sehr konkret an, bezogen auf Ereignisse, die für den kommenden Tag zu erwarten sind. Falls das wirklich so geschah, war das Niederknien wahrscheinlich ein abgesprochenes Signal mit den Extraterrestriern, damit die wußten, daß sie das Vorbereitete `Programm´ würden anlaufen lassen können – das Wild hatte sich gezeigt, die tödliche Vorstellung konnte beginnen! Dieses Niederknien Moses' war

als äußerlich sichtbares Signal an die Extraterrestrier wahrscheinlich nötig, denn das Ganze wird sich nicht in der Nähe der Bundeslade mit der Abhöranlage ereignet haben, dazu waren es wohl zu viele Leute. Man brauchte also ein für die Extraterrestrier erkennbares optisches Zeichen, das sie unauffällig von oben her beobachten konnten (ähnlich wie bei Moses' Berufung am Dornbusch und in Fatima).

-) das Abschlachten des ´Wildes´ geschieht dann aber doch auf besondere Art und Weise: Es bilden sich zwei Gruppen, bzw. Moses veranlaßt, daß sich zwei Gruppen bilden, die jeweils einer gänzlich anderen Art der Ermordung zum Opfer fallen:

-) Gruppe A (ca. 250 Leviten mit Räucherpfannen)

-) Gruppe B (Datan und Abiram und ihre Familien), die vor ihren Hütten stehen.

-) Diese sorgfältige Trennung läßt tief blicken: Es sollten eben nicht nur Datan und Abiram und ihre Familien durch die Sprengsetzung *„lebendig zur Gruft fahren"*; - deshalb mußten sie sich von der Gesamt-Stiftshütte entfernt halten, damit die von der Sprengung nicht beschädigt wurde - es sollten auch die Anderen, die über Räucherpfannen verfügten, also doch wohl eine Funktion in der Gesamt-Stiftshütte versahen, auf ihre Art zu Tode kommen; und dieser Tod war ein anderer: Er ging vom ´Ewigen´ aus; ob das hier gleichbedeutend ist mit der Mannamaschine - wir erinnern uns an den „Tyrann(en)" - erfahren wir nicht. Man hatte ja Zeit genug gehabt, um möglicherweise etwas Anderes vorzubereiten. Aber davon später mehr.

-) Aus der Reaktion Moses' und seiner Ankündigung des ´besonderen Todes´ dieser Rebellen geht klar hervor, daß Moses auch über die Sprengung vorab informiert war; er wußte genau was geschehen würde – mit allen Einzelheiten!

-) Es bleibt das Feuer vom Ewigen, das die Zweihundertfünfzig Männer verzehrt. Es ist kaum vorstellbar, daß der Tyrann, die Strahlenwaffen an der Mannamaschine, dazu imstande war. Das ist aber auch wieder nicht so bedeutsam, denn wenn die Extraterrestrier Zeit gehabt hatten, die Sprengfalle zu legen, dann hatten sie auch Zeit genug, ein anderes Gerät, das eine tödliche Strahlenwaffe enthielt, an der entsprechenden Stelle an oder in der Stiftshütte zu installieren, das dann den Rest besorgen konnte; so geschah es dann auch. Anschließend waren die Zweihundertfünfzig ´Rebellen´ tot, und ein Exempel war statuiert. Daß der Tod diesesmal vielleicht nicht unmittelbar von der Mannamaschine ausging, wird nicht aufgefallen sein: Man befand sich im Bereich der Stiftshütte, und damit war eine von ihr ausgehende Todesstrafe eine Strafe vom ´Ewigen´. Über detaillierte Umstände werden die zu Tode erschrockenen Überlebenden nicht nachgedacht haben – sie waren mit ihrem nackten Entsetzen beschäftigt!

(Die Rolle der Räucherpfannen bleibt unklar: Was hatten die mit der Bestrafung zu tun? Eine Antwort auf diese Frage ergibt sich möglicherweise aus der Tatsache, daß die Räucherpfannen aus Metall waren – dienten sie womöglich jeweils als identifizierende Antenne für das Mordgerät, dessen tödlicher Strahl schließlich nicht wahllos jeden erschießen sollte? Während der Aktivität des tötenden Strahls waren Moses und Aharon wohl nicht in der unmittelbaren Nähe derer, die Räucherwerk darbrachten; auch hatten sie bei ihrem Niederknien ihre

Räucherpfannen wohl (unauffällig?) beiseite gestellt; sie wurden also nicht vom Mordstrahl erfaßt. Wenn das tödliche Feuer vom Himmel gekommen wäre - von einem Fluggerät -, dann hätten wir das sehr wahrscheinlich erfahren, denn ein so offensichtliches Eingreifen vom Himmel hätte man ebenso wenig verschwiegen wie die vielen Erscheinungen des `Ewigen´ von ferne `in den Wolken´; es kam also der mordende Strahl nahezu mit Sicherheit von einem Gerät, das sich auf der Erde befand, also `auf Augenhöhe´.)

Auch die Begründung ist tiefergreifend: Man verdächtigt Moses, sein Priesteramt zu einer Machtergreifung zu mißbrauchen. Wenn wir den Text nicht vollständig falsch verstehen, oder er nachträglich vollständig verdreht wurde, dann waren weitaus die meisten der Aufwiegler Leviten, die also sowieso schon privilegiert waren, die aber eben deshalb auch am ehesten das ganze Getriebe in der Stiftshütte durchschauen konnten – sie sahen ja (fast) täglich Moses und die höchsten Priester dort ein und aus gehen. Zumindest äußert sich Moses dahingehend mit seiner vorwurfsvollen Antwort. Tiefenpsychologisch ist diese Unterstellung schon interessant: Sie zeigt womit sie selbst - wenn auch vielleicht noch unbewußt - schon umgingen: Sie kamen sich schon als die Herren des Volkes vor, auch wenn sie es noch nicht wahrhaben wollten oder konnten. Das würde sich im Verlaufe der weiteren Entwicklungen ergeben; und eben deshalb unterstellten sie Moses und Aharon ihre eigenen, noch unbewußten Absichten. Interessant ist auch, daß Datan und Abiram gar nicht erst zum Zelt kamen; sie ahnten wohl, daß dort die entscheidenden Manipulationen stattfanden; dort würde Schlimmes geschehen. Sie hatten wohl begriffen, daß die Macht Moses' von den unbegreiflichen Ereignissen und Möglichkeiten dieses Zeltes entscheidend gestützt wurde.

Schließlich sollten alle Aufrührer mit ihren Räucherpfannen, ca. 250 Personen, nach dem Eingang des Erscheinungszeltes kommen, das waren vielleicht 5 – 10% der gesamten Volksschar(!), falls diese Zahlenangabe korrekt ist. Es kann nach Meinung des Verfassers nur der allgemeine Eingang zur Gesamtanlage der Stiftshütte gemeint sein, denn es ist unwahrscheinlich, daß so viele Menschen im Zelt-Abschnitt mit der Bundeslade Platz gefunden hätten.

Es kamen aber Datan und Abiram nicht, und Moses mußte zu ihnen gehen. Er warnt sie und kündigt ein Unglück an, dem sie dann auch prompt zum Opfer fallen: Es öffnet sich die Erde und verschlingt sie. Dieser Vorfall wurde wiederholt als Erdbeben gedeutet. Nun ist zwar die in Frage kommende Gegend, Südisrael und Nordsinai, geodynamisch durchaus als erdbebengefährdet einzustufen, aber ein solches hätte doch bei seiner katastrophalen Intensität im Bereich der Zelte von Datan und Abiram unweigerlich das ganze Lager in Mitleidenschaft gezogen, und natürlich auch die Gesamt-Stiftshütte. Es hätte evtl. sogar die Mannamaschine umwerfen und dabei beschädigen können; davon erfahren wir aber nichts. Auch ist eine nur einigermaßen präzise Vorhersagemöglichkeit eines Erdbebens, bezogen auf Ort, Zeitpunkt des Eintretens und Bebenintensität, bisher nicht bekannt; aber

Moses konnte diese drei Eigenschaften des Ereignisses exakt vorhersagen. Der Verfasser möchte deshalb vermuten, daß hier eine Explosion ausgelöst wurde, die man gezielt eingerichtet hatte, weil man die Anhänger der Rotte Korah, besonders aber Datan und Abiram, schon seit langem abgehört oder bespitzelt hatte. Es war dann nicht mehr schwer, beim nächsten Weiterzug einen sehr genau lokalisierten Platz für die Stiftshütte auszuweisen und damit den zu erwartenden Zeltplatz der Rotte Korahs genau festzulegen, denn sie lagerten ja alle in einer festen, exakten Anordnung, wie wir bei der Organisation der Marschsäule oben erfahren haben. Dann hatte man unter ihrem zukünftigen Zeltplatz Explosivstoffe so vergraben, daß man sie mit einem elektromagnetisch übertragenen Funkbefehl von 'oben her' würde zünden können – fertig war das Gottesurteil!

Um das Ganze erfolgreich durchziehen zu können, mußten Moses und die Extraterrestrier in jeder Hinsicht über *alles genauestens* vorab informiert sein. Das kann nur mit mehreren sehr detaillierten Gesprächen zwischen Moses und dem 'Ewigen' geschehen sein: Es wurde also die eine Verschwörung auf der Erde von einer Gegen-Verschwörung im Himmel, d. h. im Habitat, beantwortet und zu einem Gesamt-Programm ergänzt – so mörderisch wirkte man zusammen; und Moses war auch hier der entscheidende Katalysator, der willige Helfer – wie so oft! Wir wollen ihm aber zugutehalten, daß wir letztlich nicht wissen können, ob ein Protest seinerseits an der ganzen Sache hätte etwas ändern können – vielleicht waren auch Moses und Aharon hier mehr Opfer als willige Diener.

Daß es zu einer solcherart nur sehr lokal wirkenden Sprengung kommen würde, war also Moses vorher bekannt, er ordnete deshalb als Sicherheitsmaßnahme die Räumung nicht etwa des ganzen Lagers an, sondern nur die der unmittelbaren Umgebung der Zelte um Datan und Abiram (*ganz exakt* war die Sprengladung also nicht zu platzieren gewesen, was nicht verwundern kann) – er wußte also von der zu erwartenden, nur ungefähr lokal-präzisen Auswirkung der Sprengung. Auch das buchstäbliche Verschlingen der 'Rebellen' und ihrer Familien ist so wunderbar nicht: Die Ingenieurgeologie hat für solche gezielten Sprengungen im Tiefbau, die so angelegt werden, daß vom hochgeschleuderten Material genau der beabsichtigte Anteil *unter* dem nachfallenden Material zu liegen kommt (also vom Sprengvorgang gleichsam verschlungen wird), den Fachausdruck der Sprengsetzung.

Damit ist die Geschichte aber noch nicht vollständig ausgedeutet: Wenn Datan und Abiram (und natürlich auch ihre Familien) von der Explosion vernichtet werden sollten, dann durften sie keineswegs der Aufforderung Moses' Folge leisten und zur Stiftshütte kommen, denn sie wären dann ja bei der Sprengung nicht mit umgekommen, und die wäre damit sinnlos gewesen. Sie haben sich dann ja auch planmäßig geweigert – wieso genau die beiden 'richtigen' und keine anderen? Wurde hier wieder von 'oben' mit dem geheimnisvollen Beeinflussen des Geistes gearbeitet? Oder hatte man sich bei belauschten Gesprächen schon vorher dahingehend geäußert, daß die Stiftshütte bei der Revolte unbedingt zu meiden sein werde. Mit einer solchen Bemerkung hätten sie dann die Sprengung überhaupt erst (sinnvoll) möglich gemacht. Die Sprengung selbst hatte natürlich unweigerlich auch einen dramatischen propagandistischen Effekt: Jeder zukünftige Gedanke an Erhebung war damit momentan ausgelöscht; alle hatten die tödliche Strafe `Gottes´ ja gesehen und gehört, hatten unmittelbar miterlebt, was mit Datan und Abiram und ihren Familien geschah. Und sie alle hatten das miterleben sollen, als unvergeßliche tödliche Mahnung für die Zukunft!

Wahrlich, der `Ewige´ hatte etwas Neues geschaffen: Es war ja nicht nur der Tod vom Himmel gekommen - vermittels einer von dort zur Erde gebrachten Maschine -, er war auch aus der Erde heraus über sie hergefallen. Die Szene erinnert auf brutale Art an Picassos berühmtes Gemälde „Guernica", auf dem sich die Menschen vergeblich hilfeflehend gen Himmel wenden, von dem aber Bomben auf sie fallen – die Kinder Israel konnten auch der Erde nicht mehr vertrauen, auf der sie standen, denn auch die hatte die Menschen verschlungen, hatte mit Donnergetöse ihren Mund geöffnet und sie gleichsam in den Abgrund gerissen, *war also von `Gott´ zum Komplizen gemacht worden*! Sie waren nun beiden, Himmel und Erde, ganz schutzlos ausgeliefert (so werden sie es empfunden haben) – dank dieses `Gottes´, der sich `Ewiger´ nannte!
Die psychologische Wirkung des ganzen Ereignisses muß verheerend gewesen sein!!

Der Vorfall hatte ein Nachspiel mit einem bemerkenswerten Vorwurf an Moses und Aharon. Die JB behauptet, daß es sich bereits am folgenden Tag ereignet habe:
„Es murrte aber die ganze Gemeinde der Kinder Jisrael am anderen Tag wider Mosche und Aharon und sprach:
„ Ihr habt das Volk des Ewigen getötet!" *Es war nun, als die Gemeinde sich gegen Mosche und Aharon zusammenscharte, da wandten sie sich zum Erscheinungszelt hin, und sieh, die Wolke bedeckte es, und es erschien die Herrlichkeit des Ewigen. Und Mosche und Aharon kamen vor das Erscheinungszelt. Da redete der Ewige zu Mosche und sprach: „Hebt euch hinweg aus dieser Gemeinde, daß ich sie im Nu vertilge. Da fielen sie auf ihr Angesicht. Und Mosche sprach zu Aharon: „Nimm die Pfanne, tu Feuer vom Altar darauf, lege Räucherwerk hinzu, bringe es eilends zur Gemeinde und erwirke Sühne für sie; denn der Zorn ist vom Ewigen ausgegangen, der Gottesschlag hat begonnen!" Und Aharon nahm sie, wie Mosche gesagt hatte, und eilte mitten unter die Volksschar, und sieh, der Gottesschlag hatte mitten unter dem Volk begonnen; da legte er das Räucherwerk auf und erwirkte Sühne für das Volk. Und er stand zwischen den Toten und den Lebenden; da ward dem Gottesschlag Einhalt getan. Und es waren der durch den Gottesschlag Gestorbenen vierzehntausendsiebenhundert* [diese Zahlenangabe ist wieder völlig unsinnig!] *– außer denen, die um Korahs willen gestorben waren. Und Aharon kehrte zu Mosche an den Eingang des Erscheinungszeltes zurück, und dem Gottesschlag war Einhalt getan."*

Wir erfahren hier nicht nur von der tödlich angespannten Situation im Erscheinungszelt (hier die Gesamt-Hütte) und in seiner Nähe – die Kinder Israel hatten sich wohl in großer Zahl, entsetzt über die vielen Toten des Vortages (und dann auch noch Leviten, „das Volk des Ewigen"!), um die Stiftshütte geschart und eine drohende Haltung angenommen; sie waren wohl auch in sie eingedrungen, in den Vorraum, den ersten Abschnitt. Das zwang Moses und Aharon, die sich im Allerheiligsten aufhielten, hinaus (aus dem Allerheiligsten), also in das Zelt der Bezeugung einzutreten, und sei es nur, die zornigen Leviten, die ganze Gemeinde, an ein Eindringen ins Allerheiligste zu hindern – mit unabsehbaren Folgen für alle. Sie befanden sich jetzt also in der eigentlichen Hütte, dem Zelt der Bezeugung, direkt neben der Bundeslade mit ihrer Sprech- und Horchanlage. Die Hokuspokus-Wasserdampf-Wolke war natürlich auch wieder da und mit ihr die (holographische?) Herrlichkeit des Herrn; wohl ein sehr helles Licht. Damit erscheint aber auch das Sprengereignis vom Vortage in einem anderen Licht: auch dabei waren ganz überwiegend nur die Leviten anwesend, die in der Nähe der Stiftshütte zelteten. Ob vom übrigen Lager in ca. 1 000m Entfernung jemand etwas mitbekam von dem Ereignis und ob dort irgendwelche Reaktionen eintraten, erfahren wir nicht.

Von einem allgemeinen Interesse ist in diesem Zusammenhang natürlich auch die Bemerkung von Datan und Abiram: „Wir kommen nicht *hinauf*." Befand sich die Stiftshütte (grundsätzlich) oben, d. h. auf einem Hügel? Das wäre durchaus sinnvoll, denn bei einer Tallage bestand die Möglichkeit, daß jemand von einer benachbarten Erhebung aus von oben in das Allerheiligste hineinschauen konnte (es hatte ja kein Dach) und vielleicht den obersten Teil der Mannamaschine hätte sehen können – das durfte natürlich nicht sein (Angehörige von Naturvölkern haben manchmal ein sehr scharfes Sehvermögen)! Also war es sinnvoll, die Stiftshütte grundsätzlich auf einer Anhöhe zu errichten. Ob das aber immer so konsequent geschah, oder ob nicht vielleicht doch jemand einen Blick von oben her ins Allerheiligste hatte werfen können und berichtet hatte, daß da kein Gott, sondern nur ein ominöses Gerät, ein Idol, oder eine Statue, sich im Allerheiligsten befand, was vielleicht entscheidend mitwirkte beim Zustandekommen der Revolte der Rotte Korah – darüber können wir nur spekulieren.

Der `Ewige´ läßt nicht lange mit sich diskutieren, was auch garnicht versucht wird, sondern der tödliche Laserstrahl des Hochbetagten, der Tyrann, fängt an, die Umstehenden zu erschießen, also zu ermorden. Daraufhin befiehlt Moses dem Aharon etwas sehr Seltsames: Er läßt ihn eine Räucherpfanne nehmen, Feuer vom Altar darauf legen und auch Räucherwerk, das extra erwähnt wird, und sich zwischen den Gottesschlag (den tödlichen Laserstrahl) und die noch Unversehrten stellen. Damit steht Aharon nun also zwischen der Quelle des Gottesschlages (der Mannamaschine?) und den noch lebenden Kindern Israel, mit der Räucherpfanne in der Hand. Es wird hier ein technischer Hinweis erkennbar, was der `Gottesschlag´ vielleicht wirklich war. Wenn es möglich war, ihm mit der Räucherpfanne, also doch wohl mit dem Rauch, der von der Pfanne aufstieg,

Einhalt zu gebieten, so möchte man vermuten, daß es sich dabei um eine Strahlung handelte, die den Rauch der Räucherpfanne nicht durchdringen konnte. Erstaunlich ist aber auch die Selbstverständlichkeit, mit der Moses dem Aharon in höchster Eile befiehlt, sich mit der Räucherpfanne (schützend) zwischen die Kinder Israel und den Hochbetagten, die Mannamaschine, zu stellen; <u>er muß also diesen Effekt gekannt haben</u>! Wir erfahren nicht, woher: Hatten ihm die Extraterrestrier für alle Fälle einen Tip gegeben, als sie ihm die Funktion der Mannamaschine erklärten, oder handelte es sich da um eine Zufallsentdeckung? Man hantierte schließlich öfter mit Räucherpfannen herum, die für den Gottesdienst benutzt wurden. Aus den vorhergehenden Absätzen wissen wir, daß viele Familien der Leviten eine solche Pfanne hatten.

Das Problem ist damit aber nur scheinbar gelöst: Wie konnte eine Strahlung, die von der Mannamaschine ausging - und eine andere Quelle will in diesem Zusammenhang nicht plausibel erscheinen (siehe aber vorher bei der Ermordung der 250 Revoltierenden) - den Doppelvorhang des Allerheiligsten durchdringen, in dem sich der Hochbetagte ja befand, aber andererseits vom Rauch der Räucherpfanne aufgehalten werden? Zur Klärung des beschriebenen Phänomens wären technische Versuche in Laboratorien hilfreich; vielleicht gibt es aber auch schon solche Strahlenwaffen auf der Erde? Andererseits, wenn die tödliche Strahlung des Tyrannen so leicht aufgehalten werden konnte, hätte dann womöglich jemand unter Zuhilfenahme einer Räucherpfanne und eines kräftig qualmenden Feuers auf dieser vor den Hochbetagten treten können, ohne fürchten zu müssen, vom Laserstrahl erschossen zu werden!? War das der Grund, weshalb immer jemand an der Tür zum Allerheiligsten stehen mußte? – vielleicht mit Ausnahme der Zeiten, wenn die Erntemänner des Heiligen Feldes ihren Dienst am Doppelvorhang verrichteten.
Hier bleiben äußerst interessante technische Details - leider - einstweilen unklar.

Andererseits: Wenn Moses und Aharon so selbstverständlich wußten, wie man einen `Gottes´-Schlag mit so lächerlich einfachen Vorkehrungen unterbinden konnte - ein wenig Feuer und Rauch auf der Pfanne, schon war der hohe Herr machtlos! - konnten sie dann ernsthaft glauben, daß das Ungeheuer im Allerheiligsten wirklich `Gott´ war? Wir wollen aber auch ihnen und den Herren der Herren, den unmittelbaren Dienern der Mannamaschine, Gerechtigkeit wiederfahren lassen:

In der damaligen Zeit, in der damaligen absolut unwissenden Situation der Menschen, müssen die nagenden, ratlosen Zweifel all derer, die mit dieser so rätselhaft-tödlichen Gottes-Maschine zu tun hatten, mark- und geisterschütternd gewesen sein! Wir sollten uns nicht darüber wundern, daß aus all diesem eine einigermaßen seltsame Kargo-Kult-`Religion´ entstand, die Kabbala - neben der ausdrücklich gewollten allgemeinen Volks-`Religion´ -; und wir sollten uns auch nicht über den Charakter beider `Religionen´ wundern!

Es folgt dann aber doch so etwas wie eine klarstellende Aktion der Extraterrestrier, denn sie werden wohl erkannt haben, daß die abstrakte Verfügung, daß die Leviten den Gottesdient verrichten sollten, nicht genügte, sie vor bösen Verdächtigungen zu schützen. Also sinnt man auf ein Zeichen, um allen klar zu machen, daß tatsächlich die Leviten - und nur sie - den Dienst im Zelt der Erscheinung versehen sollten. Dieses Zeichen wird auch alsbald gefunden: Es muß von jedem Stamm einer dem Moses einen Stab geben, und der Stab, der am anderen Morgen grün ist und Früchte trägt, der soll den Stamm bezeichnen, der im (Gesamt-)Erscheinungszelt Dienst tun soll (Es waren also doch wohl Angehörige von allen Stämmen bei der Bestrafungsaktion am Vortage dabei gewesen.). Natürlich ist am anderen Morgen der Stab des Aharon, den dieser für den Stamm Levi 'eingereicht' hatte, der erwählte: *„Und es war am anderen Morgen, als Mosche in das Zelt der Bezeugung kam, sieh, da blühte der Stab Aharons, für das Haus Levi; er hatte Knospen hervorgebracht und Blüten getrieben und Mandeln ausgereift."* Damit war unzweifelhaft klar, daß tatsächlich der Stamm Levi für den Dient im Erscheinungszelt bestimmt war, und zwar ausdrücklich vom Höchsten dazu, und nicht etwa von Moses; das war also auch in Frage gestellt worden.

(In einigen orientalischen Ländern (z. B. Indien) gibt es bis heute 'Zauberer-Gurus', die vor einem verblüfften Publikum, trockene kleine Zweige grünen und Früchte treiben lassen – mit viel Hokuspokus, unter einer Decke. Wer da Ähnlichkeiten mit dem Grünen des Zweiges über Nacht in der Stiftshütte vermutet (eine Decke war nicht nötig – im Dustern ist gut schmustern!), der muß ein arger Schelm sein (schon wieder)! Sagen wir es klar und eindeutig: Eine plumpere Täuschung war in diesem Zusammenhang kaum noch möglich – die vielen Toten störten nicht! Merke: Tote stören den 'Ewigen' oben im Habitat nie – solange es die 'richtigen' sind! Und wenn es die 'richtigen' sind, dann darf auch beliebig gemordet werden; es ist dann gottgefällig!)

Der Absatz endet mit einer bemerkenswerten Feststellung, die nach Meinung des Verfassers beweist, daß alle diese Vorfälle sich mehr zu Anfang ereignet haben - vielleicht bald nach Beginn der langen Wanderung -, als man mit der Mannamaschine und mit dem 'Ewigen' erst wenige Erfahrungen gemacht hatte:
"Da sprachen die Kinder Jisrael zu Mosche: „Ach, wir kommen um, wir sind verloren – alle sind wir verloren! Jeder, der nur der Wohnung des Ewigen nahe kommt, der stirbt. Fürwahr, wir kommen vollends um."
Das wurde doch wohl so gesagt, als die ganze so sehr fremde und unfaßbare Situation mit der Stiftshütte und ihrem tödlich gefährlichen Bewohner im Allerheiligsten allen noch ziemlich neu war.

Insgesamt gewährt dieser Vorfall mit seiner äußerst brutalen 'Bereinigung' einen Blick in den Abgrund dessen, das da als 'Religion' installiert wurde und *wie* das geschah. Unwillkürlich wird man an moderne diktatorische Regime übelster Sorte

erinnert, in deren Staaten auch niemand ein falsches Wort sagen konnte, ohne sich in Lebensgefahr zu bringen. Als Beispiel sei hier ein Zitat aus dem Rußland der Stalinzeit zwischen 1931 und 1939 gebracht (zitiert nach S. PODLUBNYI (Tagebuch, hintere Umschlagklappe), herausgegeben von J. HELLBECK):
„Alle werden verfolgt, an jedem Wort wird etwas ausgesetzt. Mach ja keinen Mucks, rühr dich nicht und mach alles streng nach Vorschrift. Wenn was ist, dann wird erbarmungslos, mit allen erdenklichen Mitteln gestraft. Das ganze Land (lies Lager) ist im eisernen Griff."

Von dieser Feststellung hin zur Vorstellung, daß dieses Lager wohl eher ein wanderndes Religions-KZ war, zum Überstülpen einer neuen, un-meschlichen Religion, anstatt eine Stätte der Vermittlung einer liebevollen, lebensbejahenden, menschenfreundlichen, wirklichen Religion zu sein, ist es nur ein kleiner Schritt, das sollten wir uns vergegenwärtigen; und wir sollten uns auch vergegenwärtigen, daß von nun an endgültig

Todesangst und Mord ihre Religion sein würden.
Und davon wurde dann später vermittels Übernahme der wichtigsten Fakten und Ereignisse - und Totschweigen der einen, wirklichen Kern-Wahrheit - und vermittels Weiterspinnen und -spintisieren das NT abgeleitet und `ausgestaltet`!

Erneute Verhaltensregeln
Da die vorhergehenden Ereignisse im Zelt beim Dienst am Hochbetagten wohl nicht so abgelaufen waren, wie es die Extraterrestrier gewollt hatten, wird nochmals der Dienst am (also *im*) Erscheinungszelt nachdrücklich geregelt:
„Und der Ewige sprach zu Aharon: „Du, deine Söhne und dein Vaterhaus mit dir, ihr sollt die Verschuldung [= die Verantwortung] *gegen das Heiligtum tragen, und du und deine Söhne mit dir, ihr tragt die Verschuldung eures Priestertums. Auch deine Brüder, den Stamm Levi, den Stamm deines Vaters sollst du mit herantreten lassen ... ... jedoch den heiligen Geräten und dem Altar dürfen sie nicht nahen, auf das sie nicht sterben, so wie ihr. Sie sollen sich dir zugesellen und die Wartung des Erscheinungszeltes wahren für alle Arbeit am Zelt; ein Fremder aber darf euch nicht nahen. Und ihr sollt wahren die Wartung des Heiligtums und die Wartung des Altars, damit kein Zorn mehr komme über die Kinder Jisrael. ... ... Du aber und deine Söhne mit dir, ihr sollt eures Priestertums warten in allen Dingen des Altars und innerhalb des Verhangs und Dienst tun; als Dienst der Gabe gebe ich euer Priestertum; und der Fremde, der sich naht, soll getötet werden."*

Es folgt dann eine ausführliche Anleitung, welcher Teil des Opfers den Leviten als Lohn für ihren Dienst im Erscheinungszelt gehören soll, nämlich jeweils ein Zehntel, und zwar das Beste vom jeweiligen Opfer, und ein Zehntel davon, also ein Hundertstel von jedem Opfer, soll Aharon gehören. Das soll bis in Ewigkeit so bleiben. Dafür werden die Leviten später bei der Verteilung des Landes keinen Erbbesitz haben. Es folgt dann die bemerkenswerte Anordnung:

"Nicht aber sollen fortan die Kinder Jisraels dem Erscheinungszelt nahen, daß sie nicht Sünde auf sich laden und sterben; vielmehr der Levite, er soll den Dienst des Erscheinungszeltes verrichten, und sie haben deren Schuld [= Verantwortung] *zu tragen; ein ewiges Gesetz sei es euch für alle eure Geschlechter; aber unter den Kindern Jisrael sollen sie keinen Erbbesitz haben. ... ...* [und an die Leviten, bezogen auf ihren Anteil des Opfers:] *Und essen dürft ihr es an jenem Ort, ihr und euer Haus; denn ein Lohn ist es euch, Entgelt für euren Dienst beim Erscheinungszelt. Und ihr werdet darob keine Sünde zu tragen haben, wenn ihr davon das Beste abhebt, und werdet die Weihgabe der Kinder Jisrael nicht schänden und nicht sterben!"*

Es war also sogar nötig, die Leviten wegen der großen Gefahr zu beschwichtigen. Es war aber doch wohl naiv von den Extraterrestriern, ihnen ausdrücklich zu gestatten, das Beste zu nehmen; das mußte früher oder später zu Mißbrauch führen! Auch war zu besorgen, daß sehr bald - zumindest in Zeiten guter Ernten - die Leviten fett und träge werden würden: das ist immer der Beginn des Niedergangs. Daß sie ihren Anteil an Ort und Stelle verzehren dürfen, beweist einmal mehr, daß neben dem Manna zumindest beim Opfer auch erhebliche Fleischmengen verzehrt wurden, und zwar von allen Israeliten. Wir erfahren nichts von Vorwürfen, daß nur die Leviten Fleisch bekamen; und solche Proteste hätte es bei entsprechender Handhabung des Fleischessens unweigerlich sofort gegeben.

Aus organisatorischer Sicht scheint die Anordnung: *"Nicht aber sollen fortan die Kinder Jisraels dem Erscheinungszelt nahen, daß sie nicht Sünde auf sich laden und sterben; ..."*, besonders bedeutsam zu sein. Diese Formulierung läßt nur die Deutung zu, daß vorher auch das ʿgewöhnliche´ Volk (oder doch nur Leviten von denen, die in der unmittelbaren Umgebung der Stiftshütte zu deren Schutz zelten mußten (s. o.), aber innerhalb der Stiftshütte nichts zu verrichten hatten?) sich dem Erscheinungszelt nahen (und betreten?) durfte. Zumindest ist es wohl ab und an vorgekommen, denn sonst wäre diese Anordnung sinnlos. Waren einige der als Bestrafung gedeuteten ʿGottesschläge´ ganz einfach Unfälle gewesen, die sich ereigneten, als man am Hochbetagten in unbeobachteten Momenten neugierig herumgefummelt, beziehungsweise sich ihm mit der falschen Kleidung (ohne Kodenummer) genähert hatte (s.o., Teil III)? Von nun an würden jedenfalls auch die Leviten draußen im Bezeugungszelt bei der Bundeslade bleiben müssen und spätestens dort die ʿBesucher´ abfangen; und das Allerheiligste, das Erscheinungszelt, durften nur noch Moses, Aharon und seine Söhne betreten – vielleicht zusammen mit einigen, ausgesuchten Leviten-Spezialisten, die mit dem Hochbetagten umzugehen wußten.

Es ist bemerkenswert, daß jetzt ein Unterschied zwischen denen gemacht wird, die draußen im Bezeugungszelt Dienst taten, denen *"ein Fremder aber darf euch nicht nahen"* anbefohlen wird; während Aharon und seine Söhne, die im Allerheiligsten (hinter dem doppelten Vorhang), dem Erscheinungszelt, Dienst taten, weiterhin gnadenlos zu sein hatten: *„...und der Fremde, der sich naht, soll getötet werden."* Da der Redaktor von der Mannamaschine nichts wußte, beziehungsweise nichts schreiben durfte, geht im Text die Nennung des Zeltes der Bezeugung (mit der Bundeslade) und des Erscheinungs-`Zeltes´ (mit der Mannamaschine) auch hier wieder durcheinander. Erst die tödliche Drohung macht endgültig klar, von welchem Abschnitt innerhalb der Gesamt-Stiftshütte die Rede ist. Es erscheint möglich, daß der Redaktor die beiden Abschnitte mit ihrem so sehr verschiedenen Inhalt, den er wohl nur vage kannte, garnicht voneinander unterscheiden konnte.

Insgesamt ist auch dieser Text ein indirekter Hinweis darauf,
daß hinter dem (Doppel)-Vorhang ein absolutes Geheimnis stand,
das absolut gewahrt werden sollte,
das absolut (tödlich) gefährlich war und
das beim Transport absolut vorsichtig, also nur auf den Schultern speziell eingewiesener Helfer getragen werden durfte und nicht mit Wagen transportierbar war.
Es war der `Hochbetagte´, eine atomar betriebene, extraterrestrische Mannamaschine!
Und diese Maschine war in zweierlei Hinsicht brandgefährlich:
Sie konnte körperlich töten;
sie konnte aber auch sehr leicht zum Verwechseln ihrer selbst mit `Gott´ führen; beides war absolut zu vermeiden![1]
Entsprechend absolut wurde sie von nun an abgeschirmt und totgeschwiegen – bis heute!
Genützt hat es nichts, denn sie wirkt mit unverminderter Heftigkeit weiter, teils bei den Kabbalisten, die die Wahrheit zu kennen glauben, aber die wirkliche Wahrheit nicht erkennen wollen, teils bei den etablierten `amtlichen´ Religionen, die ebenfalls von der Wahrheit um ihren alttestamentlichen `Gott´ nichts wissen wollen: Beiden ist die Wahrheit zu unbequem! Dabei müssen wir ihnen dankbar sein, denn so ergibt sich eine winzige Chance, daß noch irgendwo ein Rest der Maschine existiert - natürlich streng geheim -, und der eben deshalb überlebt hat.

[1] Daß dieser `Gott´ sich von einer Maschine ableitete, macht den unauflösbaren Konflikt deutlich, in den die Extraterrestrier hineingetaumelt waren – immer tiefer – immer mörderischer: Sie versuchten, eine abstrakte monotheistische Religion zu installieren, die keine Symbole (Idole) welcher Art auch immer, kennen durfte. Da das eine übermenschliche Forderung war - man war in Ägypten aufgewachsen, dem Land mit seinen Tausend Göttern und Idolen - wurde die Maschine alsbald zum Stellvertreter des `Ewigen´, und damit zum `Ewigen´ selbst, ohne den Menschen wirklich bekannt zu sein; was in diesem Zusammenhang vielleicht ganz nützlich war. Aber: *Wer war dieser Ewige?* War es die Maschine im Allerheiligsten; war es `Gott´ oben im Habitat (den es auch nicht gab, wie wir gesehen haben); oder war es beides gleichzeitig – also letztlich nichts von alledem?

Die Tatsache, daß die Frage nach der Identität des ʿEwigenʾ nie beantwortet wurde, zeigt unmißverständlich, daß man an der Darstellung ʿGottesʾ gescheitert ist – bis heute. ʿGottʾ ist nicht darstellbar, da er weder Person noch Objekt ist; die Göttlichkeit des Lebens ist aber sehr wohl abstrakt erfahrbar (aber auch nicht als wie auch immer geartetes Objekt darstellbar – wie im Zen-Buddhismus zu erfahren): Man hatte sich nicht nur eine unlösbare Aufgabe vorgenommen; sie war auch unmöglich. Ebensogut hätte man versuchen können, eine Farbe zu finden, mit der sich die allgegenwärtige, aber unsichtbare Luft hätte malen lassen!

Es will dem Verfasser so vorkommen, daß auch hier zwischen den Zeilen der erneuten Anordnungen der Extraterrestrier erkennbar wird, daß ihnen erst im Verlaufe der vielen Unfälle und des häufigen Murrens der Kinder Israel klar wurde, worauf sie sich mit dem ganzen Exodus eingelassen hatten. Die lebensbedrohlichen Probleme mit der Mannamaschine spiegeln das auf ihrer Weise besonders deutlich wider – wie unter einem Brennglas gebündelt. Der ganze Vorgang hatte schon in der frühesten Anfangsphase, noch vor dem Durchzug durch das Schilfmeer, eine Eigendynamik entwickelt, der auch die Extraterrestrier sich nicht entziehen konnten, wollten sie nicht riskieren, daß das Ganze in eine Katastrophe einmündete und mit der Rückkehr der Kinder Israel nach Ägypten endete, oder mit ihrem Untergang ʿin der Wüsteʾ. Nach der Übergabe der Mannamaschine wuchs sich diese Eigendynamik als Folge der für die Menschen so unfaßbaren Eigenschaften dieses Ungeheuers momentan zum allesbestimmenden Grundelement der ganzen Wanderung aus. Bei der Gestaltung des menschlichen Zusammenlebens anhand ihrer zukünftigen ʿReligionʾ war es kaum anders, denn diese entstand zum großen Teil als Resultat der Eigenschaften und des ʿVerhaltensʾ dieses Ungeheuers.

Die tödliche Wassersuche am Haderwasser in der Wüste Zin
Nach dem Weiterzug kam man in die Wüste Zin, in der es wieder kein Wasser gab; es kam deshalb auch prompt so wie es kommen mußte:

„Und das Volk haderte mit Mosche, und sie sprachen: „Ach, wären wir doch umgekommen, als unsere Brüder vor dem Ewigen umkamen! Und warum habt ihr die Volksschar des Ewigen in diese Wüste gebracht, hier zu sterben, wir und unser Vieh [Erneut ein Hinweis auf mitgeführtes Vieh, also Fleisch zum Essen – neben dem ʿmagerenʾ Manna.]*? Und warum habt ihr uns aus Mizraim heraufgeführt, um uns an diesen üblen Ort zu bringen? Kein Ort ists von Saat und Feigen und Wein und Granaten, auch Wasser zum Trinken ist nicht da!" Da gingen Mosche und Aharon von der Volksschar hinweg an den Eingang des Erscheinungszeltes und fielen auf ihr Angesicht; und die Herrlichkeit des Ewigen erschien ihnen. Und der Ewige redete zu Mosche und sprach: Nimm den Stab, versammle die Gemeinde, du und dein Bruder Aharon, und rede zu dem Felsen vor ihren Augen, daß er sein Wasser gebe; so wirst du ihnen Wasser aus dem Felsen hervorbringen und wirst*

die Gemeinde und ihr Vieh tränken." Da nahm Mosche den vor dem Ewigen liegenden Stab, wie er ihm befohlen."

Moses muß dann mit dem Stab, so jedenfalls die Geschichte, an den Felsen schlagen und es *„kam Wasser die Menge heraus, und die Gemeinde und ihr Vieh tranken."* Der eher unbedeutende Vorfall könnte an dieser Stelle beendet sein, wie andere im Verlaufe der langen Wanderung auch, und als weiteres `Wunder´ gelten. Die Geschichte nimmt aber eine dramatisch-tödliche Wendung, denn der `Ewige´ spricht zu Moses und Aharon:

„Weil ihr nicht an mich geglaubt habt, mich zu heiligen vor den Augen der Kinder Jisrael, darum sollt ihr diese Volksschar nicht in das Land bringen, das ich ihnen gebe." Dies ist das Haderwasser (Me meriba), wo die Kinder Jisrael mit dem Ewigen haderten, und er sich an ihnen heiligte."

(Das Wasserschlagen aus dem Felsen ist so unmöglich nicht: Es ist bekannt, daß in weiten Bereichen Nordafrikas fossiles Grundwasser aus der letzten Eiszeit in großen Mengen im Untergrund vorhanden ist und in der Gegenwart auch umfangreich genutzt wird, siehe Libyen! Solche wasserführenden Gesteinsschichten erstrecken sich aus Nordafrika über die Nordhälfte der Sinai Halbinsel bis nach Arabien hinein. Es wird aus dem Orbit nicht schwer gewesen sein, aus dem Verlauf der erkennbaren Wadis, auf unterirdische Wasservorkommen zu schließen; man mußte dann nur noch eine günstige Stelle finden, um an dieses Wasser zu gelangen. Die moderne Fernerkundung tut mit ihrer Satellitenbildinterpretation nichts anderes, wenn nach Wasser in trockenen Gebieten gesucht wird. Was den Kindern Israel als Gotteswunder vorkam – und so auch gemeint war(!), war für die Extraterrestrier, den `Ewigen´, also eine wohl eher langweilige Lappalie.)

Viel auffälliger ist die ungewöhnlich harte Strafe durch den Ewigen, die er diesesmal an Moses und Aharon verkündet: Beide sollen nicht in das verheißene Land hineinkommen – trotz der endlosen Gefahren, Probleme und Quälereien auf dem langen Zug durch die Wüste, die sie oft genug nur mit verzweifeltem Mut, und unter Lebensgefahren - und mit Hilfe der Extraterrestrier - bewältigen konnten. Angesichts ihrer großen Leistungen, die sie auf der langen Wanderung vollbracht haben, will das dem Verfasser eine ungewöhnlich harte und unverdiente Strafe erscheinen. Es sei denn ... . Wer genau in den Text *hineinhorcht*, erlebt, wie so oft, eine Überraschung: Die erste Hälfte der Beschreibung des Vorfalls klingt so harmlos und logisch, daß er keine irgendwie geartete Strafe überhaupt rechtfertigt. Tatsächlich wird aber sehr hart vom `Ewigen´ zugeschlagen, nicht gegen das murrende Volk, was immerhin noch eine gewisse extraterrestrisch-alttestamentliche `Logik´ für sich gehabt hätte, sondern diesesmal gegen Moses und Aharon. Was war da wirklich geschehen?

(Die zwischen den beiden Beschreibungen der Ereignisse am Haderwasser eingeschobene Episode mit dem König von Edom, der sie nicht durch sein Land ziehen lassen will, ist in diesem Zusammenhang bedeutungslos. Auch das erneute Erwähnen des Berges Horeb sollte nicht täuschen: Im gesamten Bericht des Exodus' und der Wüstenwanderung sind von späteren Redaktoren sehr oft Textteile vertauscht worden; das darf nicht irritieren und kann am Gesamtinhalt des hier Berichteten nichts ändern.)

Aharons Hinrichtung
Die zweite Hälfte der Beschreibung des Vorfalls am Haderwasser sagt da schon mehr, wenn auch leider nichts wirklich detailliertes: Man muß vor dem zu allem entschlossenen König der Edomiter abziehen und erreicht den Berg Hor.

„Da sprach der Ewige zu Mosche und Aharon am Berg Hor [vielleicht der Jebel Harun, nicht der Berg Horeb=Har Karkom]*, an der Grenze des Landes Edom: „Aharon soll zu seinen Sippen eingetan werden; denn er wird nicht in das Land kommen, das ich den Kindern Jisrael gebe, weil ihr meinem Befehl getrotzt habt beim Haderwasser. Nimm Aharon und seinen Sohn El'asar und führe sie auf den Berg Hor. Dann nimm Aharon seine Gewänder ab und bekleide damit seinen Sohn El'asar; Aharon aber soll eingetan werden und dort sterben."*[1] *Und Mosche tat, wie der Ewige befohlen; sie stiegen auf den Berg Hor vor den Augen der ganzen Gemeinde. Und Mosche nahm Aharon seine Gewänder ab und bekleidete damit dessen Sohn El'asar; und Aharon starb dort auf der Spitze des Berges, Mosche aber und El'asar stiegen vom Berg hinab. Und die ganze Gemeinde sah, daß Aharon verschieden war; da beweinten sie Aharon dreißig Tage lang, das ganze Haus Jisrael."*

Diese zweite Hälfte der Beschreibung der Ereignisse am Haderwasser wirft ein ganz anderes Licht auf den Gesamtvorfall: Es müssen da ganz unglaubliche Dinge geschehen sein, und zwar diesmal nicht von den Kindern Israel, die murrten nur, wie schon so oft, nein, von Moses und Aharon! Sie haben *„meinen Befehlen getrotzt"* beim Haderwasser. Das mag für die Extraterrestrier um so unangenehmer gewesen sein, da sie womöglich eine sehr beeindruckende Szene geplant hatten: Wasser aus dem Felsen! Und dann haben Moses und Aharon wahrscheinlich den entscheidenden Befehl dramatisch verweigert (sie konnten sich das Wasserschlagen aus dem Felsen wohl ganz einfach nicht vorstellen – wen wundert's?). Aharon hatte den Befehl wohl nachdrücklicher als Moses verweigert, denn er wird anschließend von den Extraterrestriern zum Tode verurteilt und auf dem Berg Hor hingerichtet! Das kann nur bedeuten, daß er sich in grundsätzlicher Hinsicht vergangen hatte. Das ist aber auch wieder nicht gar zu überraschend, denn er hatte ja schon wiederholt eine etwas zwielichtige Rolle gespielt; man erinnere sich nur an seine undurchsichtige Rolle beim Goldenen Kalb.

Dennoch: Aharon nahm nach Moses die zweite Stelle in der Priester-Hierarchie ein. Ihn zu opfern, war eine Verzweiflungstat der Extraterrestrier, die ihnen nicht leicht gefallen sein wird. Und auch an Moses geht der Kelch nur ganz knapp vorüber: Er wird das verheißene Land zwar sehen, aber nicht betreten. Das war eine Art psychologisches Todesurteil – nach allem was er auf sich genommen hatte! Es müssen da wirklich dramatische Dinge am Haderwasser geschehen sein – nicht das Volk, nein, Moses und Aharon hatten sich geweigert, den Extraterrestriern zu gehorchen. Das brachte ganz andere Dimensionen mit sich: Wenn das `gewöhnliche Volk´ sündigte, war das verständlich, sie waren ja Unwissende – eine kräftige Zurechtweisung - eine Strafe - genügte da jedesmal. Und ihre Unwissenheit war ebenso jedesmal die - scheinbare - Begründung und Erklärung für ihr Sündigen; auf die Extraterrestrier, deren Allmacht und Durchsetzungsvermögen, fiel dabei kein Schatten. Aber Moses und Aharon waren die amtlichen Diener `Gottes´; wenn die sich weigerten, ihnen zu gehorchen, mußte das unweigerlich den allmächtigen Gottes-Status der Extraterrestrier ins Wanken bringen! Das durfte natürlich nicht geschehen; wahrscheinlich deshalb das Todesurteil, das quasi auf der Stelle vollstreckt wurde.

Wer sich das Schicksal Moses´ vor Augen hält (s. o., Teil III, Abschnitt B), der könnte hier wohl auch noch auf andere Gedanken kommen: Man würde beide, Moses und Aharon, noch vor dem Durchqueren des Jordans irgendwie loswerden müssen, weil ihre Anwesenheit das Abstellen der Mannamaschine, wo auch immer, nahezu unmöglich gemacht hätte, s. o. Nun war es aus psychologischen Gründen aber nicht ratsam, die beiden treuesten Diener des `Ewigen´ gleichzeitig abzutun, wie Abfall; das hätte viele nachdenklich gemacht über die wahre Natur dieses `Gottes´ und seiner `Religion´. Was lag also näher, als den, dessen Verhalten sowieso oft `nicht ganz koscher´ gewesen war, und auf den man zur Not wohl verzichten konnte, unter einem Vorwand hinzurichten. Damit war das Problem schon mal zur Hälfte erledigt; die andere Hälfte würde sich dann viel natürlicher regeln lassen; den Grundgedanken hinter den Hinrichtungen würde von den Kindern Israel niemand durchschauen.
[1] Es ist immerhin bemerkenswerte, daß es nur heißt: „… *eingetan werden und dort sterben.*" Nichts von „…*eingetan werden zu deinen Sippen.*" o. ä., wie später bei Moses. Man erhält den Eindruck, daß für die Extraterrestrier mit dem Tode alles vorbei war; kein Hinweis auf eine Weiterexistenz - wie auch immer - nach dem Tode.

Bileam und Balak
Die gänzlich undurchsichtige Geschichte mit der versuchten Zauberei von Bileam und Balak ist im ersten Buch des Verfassers wiedergegeben und erläutert. Da sie uns bei unserer Suche nach Wahrheit, bei unserem Schwimmen gegen den Strom bis ins Allerheiligste hinein, nicht hilft, wird sie hier weitgehend übergangen.

Vielleicht ist diese Geschichte noch am ehesten dahingehend zu verstehen, daß sie eine Verquickung von Zaubergeschichten darstellt, die man gut gebrauchen konnte, weil sie immer mit einem Segen für das Volk Israel endeten. Dieser Teil mag noch am ehesten in einem gewissen Sinne auf Wahrheit beruhen, da den Moabitern das viele Vieh der Kinder Israel sicherlich aus weiderechtlichen Gründen beschwerlich war – man teilte nicht gerne Weide und Wasser mit den Fremden. Dabei hat man vielleicht wirklich auch Zaubereien versucht, um die Fremden zu schädigen und möglichst zu vertreiben. Die Erzählung mit den Extraterrestriern ist vielleicht mehr zufällig in die Geschichte hineingeraten, um das Verhältnis zu `Gott´ zu beleuchten und herauszustreichen – insgesamt handelt es sich bei dieser seltsamen Erzählung am ehesten wohl um eine Mischung aus Märchen und Propaganda. Darauf deutet auch der Umfang der Geschichte hin, der ihre Bedeutung hervorhebt. Es geschieht dann das, das die Moabiter schon geplant und unauffällig in die Wege geleitet hatten:

Der Massenmord in Schittim
„Während nun Jisrael in Schittim weilte, fing das Volk an, mit den Töchtern Moabs zu buhlen. Und sie luden das Volk zu den Schlachtmahlen ihrer Götter, und das Volk aß mit und warf sich vor ihren Göttern nieder. Und Jisrael schloß sich dem Baal-Peor an. Da flammte des Ewigen Angesicht auf wider Jisrael. Und der Ewige sprach zu Mosche: „Nimm alle Häupter des Volkes und fälle sie angesichts der Sonne vor dem Ewigen, so wird des Ewigen Zornglut von Jisrael sich wenden." Da sprach Mosche zu den Richtern Jisraels: „Erschlagt jeglicher seine Leute, die sich dem Baal-Peor angeschlossen haben."

„Da kam gerade ein Mann von den Kindern Jisrael und führte zu seinen Brüdern die Midjaniterin, vor den Augen Mosches und vor den Augen der ganzen Gemeinde der Kinder Jisrael, und die weinten am Eingang des Erscheinungszeltes. Da sah es Pinehas, der Sohn El'asars, des Sohnes Aharons, des Priesters; da erhob er sich aus der Gemeinde und nahm einen Speer in seine Hand. Und er ging dem jisraelitischen Mann nach in das Gemach und durchbohrte sie beide, den jisraelitischen Mann und das Weib, in ihrem Gemach; da ward der Gottesschlag von den Kindern Jisrael abgewehrt. Es waren aber der durch den Gottesschlag Gestorbenen vierundzwanzigtausend [diese Zahl ist wieder unsinnig].

Und der Ewige redete zu Mosche und sprach: „Pinehas, der Sohn El'asars, des Sohnes Aharons, des Priesters, hat meinen Grimm von den Kindern Jisrael abgewendet, da er für mich eiferte unter ihnen, daß ich die Kinder Jisrael nicht aufrieb in meinem Eifer.
Darum sprich: Sieh, ich gewähre ihm meinen Bund: Frieden! Und er sei ihm und seinem Samen nach ihm ein Bund ewigen Priestertums, dafür, daß er für seinen Gott geeifert und den Kindern Jisrael Sühne erwirkt hat." Und der Name des erschlagenen jisraelitischen Mannes, der mit der Midjaniterin erschlagen wurde, war Simri, Sohn Salus, der Fürst eines Vaterhauses von Schim'on. Und der Name

des erschlagenen midjanitischen Weibes war Kosbi, Tochter Zurs, der das Stammhaupt einer Mutterschaft in Midjan war."

Einige wenige Formulierungen sind es auch hier, die aus dem Ganzen eine interessante Geschichte machen: Moses und die Gemeinde der dem `Ewigen´ treu gebliebenen steht am Eingang der Stiftshütte, denn der Abfall hatte wieder einen Gottesschlag bewirkt, dem sie anscheinend wehrlos ausgeliefert waren. Als dann auch noch einer ihrer Fürsten eine Midianiterin vor aller Augen in sein Zelt führt, waren die treu gebliebenen so bestürzt, daß sie weinten. Es ist interessant, daß Moses hier nicht persönlich eingreift und dem Simri sein Tun untersagt; er wagte es wohl nicht, denn der war ja wer: der Fürst eines Vaterhauses aus dem Stamm Simeon (oder dessen Sohn?). Auch war Moses' Frau selbst eine Midianiterin, wie wir oben erfahren haben; vielleicht war sie mit der ermordeten Midianiterin sogar verwandt?![1)]
Die Formulierung, daß Zur Stammhaupt einer *Mutter*schaft in Midjan war, weist darauf hin, daß die midianitische Gesellschaft wohl matriarchalisch gegliedert war.
[1)] Es scheint nicht klar zu sein, ob Zippora mit der kuschitischen Ehefrau Moses' identisch ist, die im 4. Buch Moses erwähnt wird. Wir wollen hier die Problematik mit Moses' Ehefrau(en) nicht weiter verfolgen, da sie uns bei der Suche nach der Wahrheit im Allerheiligsten nicht hilft.

An der mörderischen Durchsetzung der überzustülpenden un-menschlichen Religion hatte sich also nichts geändert, und es würde sich auch nichts ändern. Das war auch nicht zu erwarten, solange der `Ewige´ anwesend war. Erst nach Durchqueren des Jordans würde sich langsam etwas ändern. Es ist aber doch bemerkenswert, mit welcher Selbstverständlichkeit man sich fremden Göttern anschließt, wenn es um Frauen geht; und die werden dann natürlich gleich mit ermordet. Dieser latente Abfall würde nie enden, eben weil die neue Religion nicht unter ihnen, in ihrer Menschenwelt, und auch nicht aus ihrem menschlichen Leben heraus sich entwickelt hatte - also gleichsam ihr Kind war -, sondern ein, im doppelten Wortsinn, Welt-fremdes Konstrukt, das man nur auswendig lernen und blind-gläubig nachplappern konnte.

Es ist in diesem Zusammenhang unendlich wichtig, sich vor Augen zu halten, daß wir aus der ganzen antiken Welt keine vergleichbaren Abfälle von irgend einer Volks-Religion kennen, wie es von der AT-Religion so oft und so leicht geschah: Das ist auch nicht weiter verwunderlich, denn sie wurde als Fremdkörper von den Gläubigen empfunden. Es würde Generationen dauern, bis sie einigermaßen konstant akzeptiert wurde - als von Kindesbeinen an auswendig gelernte und eingepaukte Selbstverständlichkeit -, zumindest von einer kleinen Elite. Und die hatte dann nichts Wichtigeres zu tun, als Sektenbildung zu betreiben und Andersgläubige zu verteufeln, zu verfolgen und nach Möglichkeit brutal zu bekämpfen!

Zum Durchsetzen des Ganzen half nur zweifacher blindwütiger Fanatismus, beim Auswendiglernen ebenso wie beim Auswendiglernen-Lassen und schließlich auch beim mörderischen, lebenslänglichen Durchsetzen des auswendig gelernten Unbegreiflichen: Die eine Blindheit war sozusagen die logische Fortsetzung der anderen und damit auch ihr Spiegelbild: Je brutaler die einen zum Auswendiglernen gezwungen worden waren, desto brutaler würden sie ihrerseits die Andersgläubigen, die Ketzer, verfolgen. Denn so hatten sie es ja kennengelernt, so war es ihnen beim Auswendiglernen als gottgefällig dargestellt und aufgeschwatzt worden. Das Verbot: „Du sollst nicht töten!" hatte in solchen Fällen keine Bedeutung – aber das kennen wir ja schon. Von dieser wahnwitzigen Mordbereitschaft würde es später unter gegebenen Umständen nur ein kleiner Schritt sein hin zum mordbereiten Rassismus und von dort zum Genozid an andere Völker bei der Landnahme.

„Und der Ewige redete zu Mosche und sprach: „Bedrängt die Midjaniter und schlagt sie! Denn Bedränger sind sie euch durch ihre Ränke, die sie gegen euch geschmiedet haben in betreff des Peor und in betreff Kosbis, der Tochter des midjanitischen Fürsten, ihrer Schwester, die erschlagen wurde am Tag des Gottesschlags wegen des Peor."... ."

Nun ist hier plötzlich auch noch von einer Schwester die Rede, deren Rolle nicht näher erläutert wird; war das Ganze überhaupt nur ein Vorgang, oder sind hier - einmal mehr? - zwei Ereignisse unter den Händen späterer Redaktoren miteinander verschmolzen? Und war es nur ein Gottesschlag, dessen Fortsetzung wir im zweiten Absatz erfahren, oder waren es zwei gewesen? Hier bleibt rein äußerlich, was die Ereignisse anbetrifft, einiges unklar; was das Morden anbetrifft – leider nicht.

Insgesamt erleben wir hier ein Beispiel des Durchsetzens, d. h. des Überstülpens, der neuen Religion bei vergleichsweise alltäglichen Vorkommnissen; man wird solches öfter erlebt haben. Die Tatsache, daß nicht klar erkennbar ist, ob es sich um ein oder zwei Vorfälle handelt, ist vielleicht symptomatisch: Man hatte solcher Vorfälle wohl mehrere während der Gesamtwanderung; und da mußten die Religionsmacher dann später sich durchfinden – sie vereinfachten und faßten zusammen.

Die Rache an den Midianitern
„Und der Ewige redete zu Mosche und sprach: „Nimm Rache für die Kinder Jisrael an den Midjanitern; hernach wirst du eingetan werden zu deinen Sippen". Da redete Mosche zum Volk und sprach: „Rüstet euch Männer von euch zu Heereszug aus; sie sollen über Midjan, um die Rache des Ewigen an Midjan zu vollstrecken. ...[Die dann folgenden Zahlenangaben sind wieder unsinnig.] ... Und sie zogen zum Krieg aus wider Midjan, wie der Ewige Mosche befohlen hatte; und sie erschlugen alles Männliche. Auch die Könige von Midjan erschlugen sie ... .

Und die Kinder Jisrael führten die Frauen Midjans und ihre Kinder gefangen fort, und all ihr Vieh, alle ihre Herden und all ihr Gut erbeuteten sie. ... ... und brachten es zu Mosche und zu El'asar, dem Preister ... ... ins Lager, in die Niederungen Moabs, die am Fluß von Jereho liegen [Man war also nahe bei Jericho.]. ... .

Da zogen Mosche und El'azar, der Priester, und alle Fürsten der Gemeinde ihnen entgegen, hinaus vor das Lager. Mosche aber zürnte über die Vorgesetzten des Heeres, die Obersten der Tausendschaften [die es wahrscheinlich garnicht gab!] *und der Hundertschaften, die vom Kriegszug zurückkamen, und Mosche sprach zu ihnen: „Habt ihr alle Frauen am Leben gelassen? Diese waren es ja, die den Kindern Jisrael auf den Rat Bil'ams Herausforderung zur Untreue gegen den Ewigen wurden um Peors willen, so daß der Gottesschlag kam über die Gemeinde des Ewigen. So erschlagt nun alles Männliche unter den Kindern, und jedes Weib, das einen Mann im Beilager erkannt hat, sollt ihr erschlagen. Aber alle Kinder unter den Frauen, die noch nicht das Beilager eines Mannes erfahren haben, laßt für euch am Leben. ... ..."* [größere Lücke im Zitat; es wird u. a., mit vermutlich maßlosen Übertreibungen, die Beute aufgezählt, die man den Ermordeten geraubt hat].

Es sollte nicht übersehen werden, daß *alles* Männliche ermordet werden muß, unterschiedslos, daß aber von den Frauen (bzw. Mädchen) immerhin die überleben dürfen, die noch keinen Geschlechtsverkehr gehabt hatten, die also nicht unerkannt schwanger sein konnten. Sollte man auch hier die Gensubstanz möglichst rein erhalten?

„... Und Mosche und El'asar, der Priester, nahmen das Gold von den Obersten der Tausendschaften und der Hundertschaften und brachten es zum Erscheinungszelt zum Gedächtnis für die Kinder Jisrael vor dem Ewigen."

Wie später noch so oft, wird hier also ein Genozid vorexerziert – zum ersten Male. Auch das würde sich natürlich in der Umgebung herumsprechen und die Furcht, aber auch den Haß der benachbarten Völker gegen die Juden schüren. Sie würden diesen Haß nie wieder ganz los werden – er war der Preis für ihr Auserwähltsein!

Schließlich stirbt Moses im Alter von Hundertzwanzig Jahren und die JB berichtet, daß *„sein Auge nicht trübe geworden und seine Frische nicht geschwunden"* sei in dieser langen Lebenszeit.

Am Jordan
Nachdem man nach den Ereignissen am Berg Hor vor den Edomitern ausgebogen ist, gelangt man schließlich über mehrere Etappen und nach siegreichen Kämpfen gegen die jeweils ansässige Urbevölkerung, von Osten, also `von hinten her´, an den Jordan, Jericho gegenüber:

„Dann brachen die Kinder Jisrael auf und lagerten sich in den Niederungen Moabs, jenseits des Flusses (Jardens [= Jordan]) und Jereho (Jericho)."

Die Moabiter waren über diese Gäste verständlicherweise nicht sonderlich erfreut. Sie waren selbst Hirten und brauchten ihr Land und sein Gras für ihr eigenes Vieh. Da sie aber wohl schon so einiges von den Wunderdingen gehört hatten, die in dem seltsamen Zelt verborgen waren, das diese Leute überall hin mitschleppten, und daß man da ganz üble Überraschungen erleben konnte -manchmal, besonders bei Kämpfen, kam sogar eine mächtige Gottheit vom Himmel und half diesem Nomadenvolk, diesen Heuschrecken -, so versuchten sie es halt ohne offenen Kampf, mit einem doppelten Trick: Ihr König Balak engagierte einen weitbekannten Zauberer Bil'am, der die Eindringlinge verfluchen sollte. Auch hatte man hübsche junge Mädchen und sagte den eigenen jungen Männern, sie sollten doch mal ein wenig tolerant sein und wegschauen. Das taten die dann auch... .

Das Durchqueren des Jordans – Wo war die Mannamaschine?
Das nachfolgende Buch JEHOSCHUA (Josua) beginnt mit der Beschreibung des Durchquerens des Jordans. Dieser Vorgang wird mit einer gleichermaßen seltsamen wie verräterischen Anordnung eingeleitet (Josua 1, 10):

„Da gebot Jehoschua den Hauptleuten des Volkes und sprach: „Geht umher inmitten des Lagers, gebietet dem Volk und sprecht: `Bereitet euch Wegzehrung; denn in noch drei Tagen durchschreitet ihr diesen Jarden, um einzuziehen, dies Land in Besitz zu nehmen, das der Ewige, euer Gott, euch gibt, es zu erben´."

„Da stand Jehoschua früh am Morgen auf, und sie brachen auf von ha-Schittim und kamen bis zum Jarden, er und alle Kinder Jisrael, und übernachteten dort, ehe sie noch hinübergingen. Es war aber am Ende von drei Tagen, da gingen die Hauptleute inmitten des Lagers umher, geboten dem Volk und sprachen: „Wenn ihr die Bundeslade des Ewigen, eures Gottes, seht, und die Priester, die Lewiten, tragen sie, dann brecht ihr auf von eurem Standort und geht ihr nach - doch eine Entfernung sei zwischen euch und ihr, etwa zweitausend Ellen an Maß, kommt nicht an sie heran - damit ihr den Weg wißt, auf dem ihr gehen sollt, denn ihr seid nicht auf dem Weg gezogen gestern und ehegestern. ... ... Dann sprach Jehoschua zu den Priestern: Nehmt die Bundeslade auf und zieht hin vor dem Volk." Da nahmen sie die Bundeslade auf und gingen vor dem Volk."

Die Mannamaschine war also schon nicht mehr anwesend, sonst hätte die Aufforderung, sich Wegzehrung für drei Tage zu bereiten, keinen Sinn; auch erfahren wir nichts vom Zerlegen und vom Abtransport der Stiftshütte, die dann aber später, bei Silo, wieder errichtet wurde. Was war da in den drei Tagen geschehen? Hatte man sich bei Dunkelheit unbemerkt fortgeschlichen? Angesichts der Entfernung zum Allgemeinlager war das gut möglich.

Falls die Mannamaschine auf dem provisorischen Damm, der bei Adam/Adamah das Wasser des Jordans für kurze Zeit (wenige Stunden?) zurückhielt, diesen überqueren sollte, ergäbe das die Möglichkeit, die mittlere Marschgeschwindigkeit des Hochbetagten von einem Ort zum anderen zu ermitteln: Die Distanz von Jericho nach Adam beträgt Luftlinie ca. 35km. Das ergäbe bei drei Tagesmärschen eine Tagesleistung von ungefähr 10-12km; das ist angesichts der damaligen (wortwörtlichen) Weglosigkeit des Landes ein plausibler Wert. Dabei war natürlich darauf zu achten, daß sowohl der Jordanübergang bei Adam (die Mannamaschine) und seine Durchquerung bei Jericho (die Kinder Israel) zeitlich genau aufeinander abgestimmt waren: Wenn auch das Wasser des Jordans - die Flußmäander mit eingerechnet - drei Tage brauchte, um von Adam nach Jericho zu fließen, dann mußte die Sperrung des Flusses bei Adam genau diese Zeitspanne vorher vollzogen werden, damit das Durchqueren bei trockengefallenem Flußbett vor sich gehen konnte. Es war also alles genau aufeinander abgestimmt: die Wegzehrung für drei Tage, da die Mannamaschine dann schon nicht mehr anwesend war, und das Absperren des Flusses bei Adam, was zur Folge haben würde, daß dieser bei Jericho drei Tage später für eine kurze Zeit trockenfiel: In dieser kurzen Zeit mußte die Jordandurchquerung der Kinder Israel mit Sack und Pack und Kind und Kegel (und dem Vieh) zwingend erfolgen, denn das Flußbett würde rasch wieder geflutet werden. Es ergab sich also eine dynamische räumliche und zeitliche Dreiecksbeziehung zwischen diesen Gegebenheiten, deren Ablauf nach dem Absperren des Flusses bei Adam nicht mehr beeinflußbar war (siehe Abb. 37).

Damit wurde das Absperren des Flusses bei Adam zum allesbestimmenden auslösenden Faktor, ohne daß auch nur einer der Kinder Israel das wußte – mene tekel upharsin! Sie dienten also - zum wievielten Male nun schon? - völlig unbewußt einem von außen veranlaßten Vorgang, der mit der blinden Unausweichlichkeit eines Uhrwerks ablief. Einzigartig war am ganzen Vorgang, daß nach Sperren des Flusses bei Adam auch die Extraterrestrier diesem Uhrwerk unterworfen waren. Sie mußten, wie auch die Kinder Israel, exakt nach der Fließgeschwindigkeit des Jordans sich richten, denn die würde das kurzfristige Trockenfallen des Flusses bei Jericho diktieren.

„Es war nun, als das Volk aus seinen Zelten aufbrach ... ... und die Füße der Priester, die die Lade trugen, in den Rand des Wassers eintauchten ... da standen die Wasser still, die von oben herabkamen, aufrecht, als ein Wall, weit entfernt von Adam, der Stadt, die zur Seite von Zaretan ist, und die zum Meer der Niederung, dem Salzmeer abfließenden versiegten, verschwanden, und das Volk ging hindurch, gegenüber von Jeriho. Es standen aber die Priester, die die Bundeslade des Ewigen trugen, auf dem Trockenen inmitten des Jardens fest, während ganz Jisrael im Trockenen hindurchzog, bis das ganze Volk damit fertig war, den Jarden zu durchschreiten. ... ... Die Priester aber, die die Lade trugen, blieben mitten im Jarden stehen, bis all das vollendet war, was der Ewige Jehoschua befohlen, dem Volk anzusagen - ganz wie Mosche Jehoschua befohlen hatte - und das Volk <u>*eilte*</u> [vom Verfasser hervorgehoben] *und zog hinüber.“*

Hier ist einiges seltsam! Wieso wird da den Juden gesagt: *"Wenn ihr die Bundeslade ... seht ... ."* Das wäre bei der Mannamaschine schon deshalb nicht möglich gewesen, weil die immer schön sorgfältig verpackt und mit geradezu fanatischer Entschlossenheit vor den Augen der übrigen Juden verborgen gehalten worden war; aus Reinhaltungsgründen (keine fremden Keime), aus technischen Gründen (Unfallgefahr) und aus religiösen Gründen (Keinen zusätzlichen Abgott, d. h. weiteren Kargo-Kult verursachen.). Der Kabbala-Kult lief nebenher; er hatte sich nicht vermeiden lassen, denn die Maschine mußte schließlich bedient werden. Es war also auf die Sichtbarkeit der Bundeslade ausdrücklich hinzuweisen; auch aus dem Grunde, weil der Hochbetagte sie nie angeführt hatte (wie jetzt die Bundeslade), denn der war ja immer ungefähr in der Mitte des Zuges getragen worden (siehe Abb. 36), und niemand hatte sich ihm nähern dürfen. Das erklärt wahrscheinlich, weshalb jetzt die Kinder Israel sich der bekannten und harmlosen Bundelade nicht nähern durften. Sie mußten einen - völlig unnötigen - Abstand von „etwa zweitausend Ellen" einhalten. Auch das wäre bei der Mannamaschine, wenn die mit dabei gewesen wäre, ganz unnötig gewesen: Nach so vielen Jahren wußte jeder im Schlaf, daß man sich ihr auf keinen Fall nähern durfte. Diese war aber offensichtlich nicht dabei, und der Lade der Bezeugung, der eigentlichen Bundeslade, hatte man sich zumindest während der Wanderung nähern dürfen – wozu sonst an dieser Stelle das ausdrückliche Verbot, sich ihr zu nähern? Der jetzt einzuhaltende Abstand zur *Bundeslade* ist wahrscheinlich psychologisch zu verstehen: Wenn man sich ihr hätte nähern dürfen, wäre das Fehlen der Mannamaschine gar zu deutlich geworden. So aber war ihr Fehlen nicht so fühlbar: Man mußte ja auch jetzt den so gnadenlos eingepaukten Abstand einhalten – alles war also (scheinbar) wie immer.

Die Tatsache, daß die Lade den Weg weist „*... denn ihr seid nicht auf dem Weg gezogen, gestern und ehegestern ...*" ist eine verräterische Lappalie: Sie waren schon immer unbekannte Wege gezogen und die Vorausgehenden (mit dem Pfadfinder, Hobab) hatten ihnen den Weg schon immer gewiesen, nicht die Bundeslade und auch nicht die zerlegte Mannamaschine, die stets etwa in der Mitte des Zuges von den Söhnen Kehats getragen worden war. Die Bundeslade würde das aber *jetzt* tun, und dementsprechend wurde es extra angekündigt; das war also wirklich neu. Es kann dieses Zeigen-des-Weges durch die Bundeslade aber nicht lange gedauert haben, denn wir begegnen ihr bald in Silo – wieder bei der Mannamaschine.

Es ergibt sich somit bei einfühlender Textanalyse und bei wissenwollendem Kartenstudium (siehe Abb. 37) der Verdacht, daß die Mannamaschine weiter nördlich, bei der Stadt Adam den Jordan überquerte. Damit wäre auch die seltsame Bemerkung der Bibel sinnvoll erklärt, daß das Wasser *fernhin bei Adam* (so die ältere Lutherbibel) aufgestaut wurde. Dort, bei Adam, gab es nämlich Jordanfurten, die in der weiteren Geschichte der Kinder Israel wiederholt eine Rolle gespielt haben. Entlang der Furten konnten die Extraterrestrier den Fluß vermutlich leicht provisorisch aufstauen. Auch war der Transport der Mannamaschine entlang der Furten leichter zu bewerkstelligen, als wenn er in aller Eile, und auch noch vor den Kindern Israels möglichst verborgen (wie immer), durch das Jordanbett bei Jericho geschehen wäre. Die Jordanquerung der Mannamaschine bei Adam würde weiterhin ihren nächsten Aufenthaltsort zwanglos erklären, der sich nämlich genau westlich vom Adam, in Silo (Schilo) befand; und nicht etwa in er Nähe von Jericho, was sonst zu erwarten gewesen wäre.

Die Technik des Übergangs war damit recht einfach zu bewerkstelligen: Man brauchte nur den Jordan an der flachsten Stelle, also im Bereich der Furten, bei Adam, abzusperren und die vorgesehene Durchzugsstelle, die sich ca. 35km Luftlinie weiter südlich bei Jericho befand, würde etwa drei Tage später, die vielen Mäander mit eingerechnet, trocken fallen. Dann konnten die Zwei- bis Dreitausend Teilnehmer an der Wanderung nach Kanaan den Jordan wirklich trockenen Fußes durchqueren – na ja, *so* trocken nun auch wieder nicht, wir erinnern uns an das Durchqueren des Schilfmeeres in Teil I.

In diesem Zusammenhang ist die Bemerkung, daß das Volk *eilte* beim Durchzug ebenfalls logisch: Wenn man den Fluß bei Adam sperrte, konnte das nur für eine kurze Zeit geschehen, denn das sich aufstauende Wasser würde sehr bald jedes notdürftig errichtete Wehr entweder überfluten oder umfließen; Grund genug, die Kinder Israel bei Jericho genau im zeitlich richtigen `Fenster´ des Wassertiefstandes *eilig* hindurchziehen zu lassen.

Daß das Wasser dabei *aufrecht als ein Wall* stand, ist natürlich von den Ereignissen beim Durchzug durch das Schilfmeer zu Beginn des Exodus´ übernommen; da war mal wieder ein naiv-gutgläubiger (und unwissender!) Redaktor tätig, der sowohl den räumlichen als auch den strömungsdynamischen Zusammenhang zwischen Adam und dem Ort des Durchquerens des Jordans bei Jericho nicht kannte beziehungsweise nicht begriffen hatte.

Dieses *eilige* Hindurchziehen stellt ein weiteres Indiz dar für die Nichtanwesenheit der Mannamaschine bei der Jordandurchquerung, Jericho gegenüber: Hätte man sich mit der Mannamaschine aus dem vorher angeführten Grunde beeilen müssen (das kleine, nur kurzfristig vorhandene `Fenster´ in der Wasserführung des Flusses), so wäre der in der Marschsäule immer konsequent eingehaltene Abstand zu den Kindern Israel nicht einzuhalten gewesen. Das *eilige* Hindurchziehen beweist, daß nur ein kurzer Zeitraum für das Durchqueren des Flußbetts verfügbar war. Man hätte also auch die Mannamaschine in Eile, und vor den Augen der neugierig zuschauenden Anderen, hinüberschaffen müssen. Und wenn etwas passiert wäre, wenn ein Träger gestolpert wäre – alle hätten dann gesehen, daß der Gott Israels, der so verehrte und gefürchtete Hochbetagte, nur ein totes Objekt war, das sich, den übrigen Götzen gleich, nicht selbst helfen konnte! Die psychologische Katastrophe wäre umfassend gewesen. Zumindest die Nichtjuden hätten bei späteren Streitigkeiten um die Religion immer sagen können: `Gebt doch

nicht so an, man hat doch damals bei der Jordandurchquerung gesehen, usw. ....
!´ Und welchen Stellenwert hätte dann noch die Behauptung gehabt, daß der
`Ewige´, von dem dieser (dann als hilflos erkannte) `Hochbetagte´ stammte, ihren
Vorfahren und ihnen das Land Kanaan als Erbbesitz verheißen hatte – keinen!

Der Durchgang der Kinder Israel durch den Jordan bei Jericho hatte damit noch
eine weitere, wahrscheinlich von den Extraterrestriern vorausschauend berechnete
und gewollte Konsequenz: Nicht ganz zufällig wird darauf hingewiesen, daß genau
in dem Moment, in dem die Priester mit der Bundeslade das Wasser berührten,
dieses sich zurückzog bzw. aufstaute (Wie erläutert, kann das so wortwörtlich
nicht stimmen, es wird aber so ausgesehen haben.). Auch wird es kein Zufall sein,
daß die Priester während der ganzen Zeit des Durchzuges, für alle sichtbar, mitten
im Jordan mit der Bundeslade stehen mußten. Das war angesichts des Aufstaus des
Flusses garnicht nötig, denn es hatte auf den Wasseraufstau beziehungsweise -
abfluß nicht den geringsten Einfluß; der Damm bei Adam hielt das Wasser so oder
so zurück.[1] Aber die Lade ersetzte damit in gewisser Hinsicht die Bläser beim
Durchqueren des Schilfmeeres. Damit nahm das Prestige der Bundeslade ganz
außerordentlich zu, etwa im Sinne von: `Seht ihr, wir brauchen den seltsamen,
immer so rätselhaft verborgenen, und so tödlich gefährlichen Hochbetagten, die
Mannamaschine, garnicht; man kann auch mit der Lade der Bezeugung Wunder
genug tun; der `Ewige´ ist auch ohne den `Hochbetagten´ unter euch.´ Das hätte ein
entscheidender Schritt sein können, die Mannamaschine möglichst bald in
Vergessenheit geraten und langsam aus der Erinnerung der Kinder Israel
verschwinden zu lassen. Wenn das gelungen wäre, wäre sie auch als potentielles
Objekt der Verehrung eliminiert gewesen, was aber nicht gelang. Darüber hinaus
war das Verharren der Bundeslade im Flußbett, von den Priestern getragen,
natürlich auch eine willkommene Gelegenheit, den alles `von oben´ beobachtenden
Extraterrestriern ein Zeichen zu geben, wann der eigentliche Durchzug begann,
und wann er beendet war – die Bundeslade, d. h. die Priester, gingen dann ja auch
ans Ufer, und die Extraterrestrier wußten dann, daß das Durchqueren beendet war:
Das Ziel der endlosen Wanderung war erreicht!
[1] Tatsächlich hatte er ihn natürlich schon etwa drei Tage vorher *kurzfristig*
aufgestaut und den Wasserabfluß bei Adam zur Zeit des eigentlichen Durchquerens
schon längst wieder freigegeben: der Fließgeschwindigkeit des Flusses
entsprechend, war das `Fenster´ ja ca. drei Tage unterwegs, bis es die Stelle des
Durchquerens erreichte; entsprechend früher mußte es durch den Aufstau
verursacht werden, wie oben bereits beschrieben. Hätte man den Fluß für die
gesamte Zeit, ca. drei Tage, aufstauen können, so hätten die Kinder Israel sich
nicht zu *eilen* brauchen beim Durchzug.

(Wir wollen an dieser Stelle ein letztesmal auf die Unmöglichkeit der grotesken
Zahlenangabe von Sechshunderttausend marschfähigen Männern aufmerksam
machen, insgesamt also wahrscheinlich mehreren Millionen Menschen: Wenn auch
nur ein nennenswerter Bruchteil dieser Anzahl sich auf den Weg durch den Jordan
gemacht hätte – wie lange hätte das Durchqueren dann wohl gedauert?!)

Mit der Vorbereitung zum Durchqueren des Jordans gab es ab sofort kein Manna mehr, was angesichts der Entfernung nach Silo (ca. 35km Luftlinie) nicht verwundern kann – deshalb die Anordnung, sich für drei Tage Wegzehrung zu bereiten. Auch aus der Sicht der Mannaversorgung war die möglichst unauffällige, aber konsequente `Entführung´ der Mannamaschine geradezu eine Notwendigkeit gewesen, weil sonst die Kinder Israel dem Josua in jeder Notsituation unweigerlich in den Ohren gelegen hätten, er möge doch für Manna sorgen – und sei es nur als willkommene Zukost, mal eben zur Aushilfe. Mit einem Wort, wenn die Mannamaschine nicht schon vor dem Durchqueren des Jordans entfernt worden wäre, hätte man sie ohne großes Aufsehen wahrscheinlich nie mehr aus der Mitte des Volkes Israel `verschwinden´ lassen können – und auch nicht ihre Verehrung. Mehr noch, mit dem Verbleib der Mannamaschine bei den Kindern Israel in oder nahe bei ihrem jeweiligen Lager hätten unweigerlich alle Begleiterscheinungen der Existenz und Dynamik dieser Maschine endlos weitergewirkt: Die Extraterrestrier wären nicht nur die Diener der Kinder Israel geblieben, sie wären auch die Diener, d. h. die technischen Helfer, der Mannamaschine in allen Problemsituationen geblieben. Das Durchqueren des Jordans bot die ideale logistische und psychologische Gelegenheit, das alles zu beenden. Die Extraterrestrier wären sehr ungeschickt, bzw. gedankenlos gewesen, wenn sie diese hätten ungenutzt verstreichen lassen.

Da in Silo auch die übrigen Teile der Stiftshütte wieder aufgestellt wurden, waren auch sie wahrscheinlich bei der Jordandurchquerung in der Nähe von Jericho nicht dabei. Auf Wagen verladen, wie seit Beginn der Wanderung, konnte auch dieses Material den Jordan am besten über Furten passieren, bei Adam (und ohne Eile); zumindest hören wir bei der Jordandurchquerung der Kinder Israel nichts von den Trägern der übrigen Objekte, die zur Stiftshütte dazugehörten und auch nichts von deren Wagen.

<u>Wir fassen zusammen: Unter Berücksichtigung all dieser Überlegungen, Wahrscheinlichkeiten und Indizien kann nahezu mit Sicherheit vermuten werden, daß der Hochbetagte (die Mannamaschine mit ihrer Bedienungsmannschaft, den Leviten, und allem weiteren Material der Stiftshütte und der eigentlichen Stiftshütte auch) bei Jericho nicht den Jordan durchquert hat; er wird vielmehr die Furten bei Adam benutzt haben (siehe Abb. 37).</u>

Nach dem Durchqueren des Jordans fehlte aber nicht nur die Mannamaschine unter den Kindern Israel, was wegen der großen Geheimhaltung in der Stiftshütte und ihres konsequenten Verbergens auch nicht weiter auffiel – es war ja auch die Stiftshütte selbst nicht mehr anwesend und wohl auch nicht die `Herren der Herren´ und die `Erntemänner des heiligen Feldes´. Sie alle mußten ihren `Herrn´, den Hochbetagten, begleiten, weil kein anderer mit ihm umzugehen verstand. Es zogen sich auch die Extraterrestrier langsam aus dem Gesichtskreis der Kinder

Israel zurück. Sie halfen zwar noch hier und da bei den brutalen ʻEroberungenʼ des den Juden versprochenen Landes Kanaan, aber die Tendenz ist unverkennbar, sich immer weniger einzumischen.

Es wurden dennoch auch in Silo die Verbindungen der Extraterrestrier zu den Kindern Israel nicht vollständig abgebrochen. Interessante Details dazu erfahren wir direkt und indirekt im Buch SCHEMUEL (SAMUEL). Da heißt es:

„Es war nun zu jener Zeit - Eli lag an seinem Ort, und seine Augen hatten begonnen trübe zu sein, er konnte nicht sehen, und die Leuchte Gottes war noch nicht erloschen, und Schemuel lag im Tempel des Ewigen, wo die Lade Gottes stand - da rief der Ewige zu Schemuel. ... ... Und der Ewige fuhr fort, sich schauen zu lassen in Schilo, denn der Ewige offenbarte sich Schemuel in Schilo mit dem Wort des Ewigen."

Da geschah also so einiges am Ort des einstweiligen Verbleibs der Mannamaschine und der Bundeslade in Silo, die dort inzwischen also auch eingetroffen war. Es wurde von Eli und Samuel in zwei verschiedenen Räumen Wache gehalten; man schlief des Nachts bei den heiligen Geräten. Eli wahrscheinlich bei der Mannamaschine, deren Licht („ ... *die Leuchte Gottes* ... ") noch nicht erloschen war, es gab da also immer noch eine intakte, starke Stromquelle, was sich später wiederholt mit tödlichen Folgen erweisen sollte. Die Lautsprecher der Bundeslade, d. h. die (Gegen)-Sprechanlage der Kerubim auf ihr, waren auch noch funktionsfähig; Samuel konnte damit gerufen werden, und er konnte antworten. Auch ließ der Ewige sich in Silo sehen – wie auch immer das geschah (Wir denken an die Hokuspokus-Wasserdampf-Wolke; das funktionierte also wohl auch noch, neben der Leuchte Gottes.). Vielleicht geschah das als Erscheinung, als Holographie. Das konnte durchaus noch mit der Wolke geschehen, denn wenn die Energieversorgung der Maschine noch funktionierte (die Lampe war noch nicht erloschen), dann konnte der Wasserkreislauf der Mannamaschine unbegrenzt weiter funktionieren. Wenn keine Algen und keine Nährsalze hinzugegeben wurden, hätte es zwar kein Manna gegeben – die Wolke wäre aber trotzdem abrufbar gewesen, und der ʻEwigeʼ hätte auch weiterhin sich sehen lassen können, wie von der Wanderung her gewohnt – mit oder ohne Holographie.

Vielsagend ist die Teilung der Wächterfunktion: *„Eli lag an seinem Ort* [dieser Ort bleibt unbeschrieben!] ... *und Schemuel lag im Tempel des Ewigen, wo die Lade Gottes stand."* Die Lade Gottes, die Lade der Bezeugung, die Bundeslade, wird also ausdrücklich benannt, und der Ort der „Lade Gottes" wird schon in Silo als „Tempel" bezeichnet. Man hatte sich also doch wohl auf eine längere Zeit eingerichtet; es handelte sich sehr wahrscheinlich um den überdachten Mittelbschnitt der Stiftshütte. Dagegen wird die Mannamaschine und ihr Raum hinter der überdachten Hütte auch in Silo so konsequent totgeschwiegen, daß nichteinmal der Ort, an dem sie stand, näher benannt oder beschrieben wird – es hatte sich nichts geändert. Und in dieser Hinsicht, bezogen auf das fanatische Verbergen des Hochbetagten, würde sich auch nichts ändern – niemals!

Das hatte jetzt nur noch historische und psychologische Gründe: Der biologisch-technische Grund, das Reinhalten des Kulturtanks von Fremdkeimen war entfallen, man produzierte ja kein Manna mehr. Der religiös-psychologische Grund war aber geblieben: Die Gefahr einer Verwechslung dieser Maschine mit `Gott´ bestand unverändert weiter. Für die Erntemänner des Heiligen Feldes war das konsequente Verbergen des Hochbetagten zudem geradezu lebenswichtig: Wenn das Ungeheuer für alle sichtbar gewesen wäre – wie hätten sie den Status der Einzigartigkeit ihres Gotteswissens, der Kabbala, aufrechterhalten können? Jeder hätte dann ja die Wahrheit sehen können, das durfte natürlich keineswegs geschehen: sie wären dann nichts Besonderes, keine Elite mehr gewesen! Und was wäre aus der Allgemeinreligion geworden? – sie wäre unweigerlich in den Erkenntnis-Strudel des Aufwachens und Durchschauens der Wahrheit geraten: „Ach das ist des Pudels Kern; und das war er auch schon während der ganzen Wanderung …!" Es zeigen diese Zusammenhänge natürlich auch, wie unausweichlich, bis in alle Ewigkeit, beide, die Kabbala und die Allgemeinreligion, von diesem außerirdischen Ungeheuer abhängig sein würden – besonders die Kabbala würde sich nie von ihm befreien, seiner speziellen Kabbala-`Logik´ nie entkommen können! Selbst das Neue Testament hat diese Zusammenhänge und Abhängigkeiten nur mühsam und wenig überzeugend kaschieren können: Auch seine Rahmen- und Kernereignisse orientieren sich zu einem bestürzend großen Teil am AT und damit an Kabbala und Mannamaschine (s. u.).

Da Samuel an seinem Ort gerufen wurde, müssen wir annehmen, daß er bei der Bundeslade mit der (Gegen)-Sprechanlage der Kerubim wachte, mit dessen Hilfe schon Moses mit dem `Ewigen´ Kontakt gepflogen hatte. Das würde bedeuten, daß der Ältere und Würdigere, der Eli natürlich war, Wache bei der Mannamaschine hielt. Auch zeigt der Fortgang der Geschichte, daß beide Abteilungen „am Hause des Ewigen" wie das Gebäude wörtlich genannt wird, voneinander getrennt waren. Denn Samuel wird mehrere Male vom `Ewigen´ gerufen, ohne daß Eli es hört. Auch muß er jedesmal aufstehen und zu Eli gehen; man lag also nicht in einem Raum zusammen: Mannamaschine und Bundeslade waren auch hier getrennt untergebracht und die Mannamaschine wurde vom Älteren, Würdigeren und Erfahreneren bewacht. Hatte man in Silo vielleicht sogar die Gegebenheiten der Stiftshütte während der Wanderung genau nachgestellt – lag also Eli des Nachts `hinten´ im Allerheiligsten? Auf der Wanderung hatte man die Bundeslade und die Mannamaschine ja auch immer strikt getrennt voneinander aufgestellt. Daß der `Ewige´ sich weiterhin sehen ließ, zeigt nur, daß man den Verbleib der Mannamaschine und der Bundeslade im Habitat - natürlich - kannte, und daß man auch weiterhin beobachtete, was an diesem Ort, an dem auch Opfer gebracht wurden, so alles geschah – und wohl auch was gesprochen wurde.

Es war also Silo vorübergehend so etwas wie ein Zentrum der Verehrung geworden; man hatte auch die Bundeslade, von Jericho, dahin gebracht. Es wird aber nicht richtig klar, ob man dort die beiden wichtigsten Dinge aus der Zeit der Wanderung, die Mannamaschine und die Bundeslade, wirklich in einem eigenen festen Gebäude untergebracht, oder ob man nur die originale Stiftshütte wieder errichtet hatte, denn es heißt in der gleichen Geschichte von Samuel an anderer Stelle: „..., *die sich am Eingang des Erscheinungszeltes scharten.*" Demnach hatte man wahrscheinlich doch die Stiftshütte dort aufgestellt – was auch logisch und sinnvoll war, denn wo und wie hätte man ihre Einzelteile sonst lagern sollen? Einfach `wegwerfen´ oder verbrennen konnte man sie schließlich nicht; sie waren ja geheiligt. Der Text fährt schließlich fort:

„Und Schemuel wuchs heran, und der Ewige war mit ihm und ließ nichts von all seinen Worten zur Erde fallen. Und ganz Jisrael von Dan bis Beer-Scheba erkannte, daß Schemuel bewährt war als Gottbegeisteter vom Ewigen. Und der Ewige fuhr fort, sich schauen zu lassen in Schilo, denn der Ewige offenbarte sich Schemuel in Schilo mit den Worten des Ewigen."

Die Formulierung: „ ... *der Ewige offenbarte sich ... mit den Worten des Ewigen.*", eine Formulierung, die wiederholt verwendet wird, zeigt, daß man wußte, daß die (Gegen-)Sprechanlage der Bundeslade (was immer sich technisch genau dahinter verbarg) eben nicht der `Ewige´ selbst war, sondern, daß da nur seine Stimme (d. h. sein Wort) hörbar wurde[1] – alles wie bereits zu Beginn des Auszuges gehabt, als vom Boten Gottes die Rede war. Es ist einigermaßen bemerkenswert, daß das selbst hier noch technisch korrekt ausdrücklich wiederholt wird, und das, obwohl die ganze Geschichte, die große Wanderung, schon längst vorüber war – es sprach in Wahrheit ja nur ein Lautsprecher zu ihnen. Diese Unterscheidung wird den Kindern Israel aber logisch gewesen sein, denn `persönlich´ hatte Gott bei der Landung des Raumschiffs auf dem Har Karkom zu ihnen gesprochen (s. o.) – *und das hatte sich anders angehört*!!

[1] Zur Unterscheidung von Stimme und Wort des Herrn siehe auch im Teil III, Abschnitt A, bei der Beschreibung des Funkverkehrs, und in "Die Ur-Kabbala".

Damit war das Gottesgeschenk vorerst an seinem Ziel angekommen, und wir wollen die interpretierende und kommentierende Beschreibung seines Weges hier beenden. Wer sich für den Fortgang seines Daseins in Israel interessiert, sei auf das erste Buch des Verfassers zur Prä-Astronautik verwiesen und auf FIEBAG und FIEBAG (1998): „Die Ewigkeitsmaschine". Beschließen wollen wir die hier versuchte Gesamt-Darstellung dieses so unsäglich dramatischen und folgenschweren Eingriffs der Extraterrestrier in den Ablauf der Menschheitsgeschichte, mit einem Zitat aus dem Buch der Richter:

Im Buch SCHOFETIM (RICHTER) wird die ganze brutale Entschlossenheit der Extraterrestrier zum Vertreiben und Vernichten der Ureinwohner erneut deutlich, als es den Kindern Israel aus unterschiedlichen Gründen nicht gelingt, alle Völker der Ureinwohner (sofort) zu vertreiben und zu vernichten, d. h. abzuschlachten (nach Tur-Sinai):

„Da kam ein Sendbote des Ewigen vom Gilgal nach ha-Bochim hinauf; und er sprach: „Ich habe euch aus Mizraim heraufgeführt und euch in das Land gebracht, das ich euren Vätern zugeschworen, und habe gesprochen: Nie werde ich meinen Bund mit euch brechen. Ihr aber sollt keinen Bund schließen mit den Bewohnern dieses Landes, ihre Altäre sollt ihr niederreißen. Doch ihr habt nicht auf meine Stimme gehört. <u>Was habt ihr da getan?</u> [vom Verfasser hervorgehoben]. Und so sage denn auch ich: Ich werde sie nicht vor euch vertreiben, damit sie euch zu Fangeisen und ihre Götter euch zum Fallstrick werden. Es war nun, als der Bote des Ewigen diese Worte zu allen Kindern Jisrael geredet hatte, da hob das Volk seine Stimme und weinte. Und sie nannten jenen Ort Bochim (Weinende) und opferten dort dem Ewigen."

Es sei an dieser Stelle unmißverständlich klargestellt, warum der Sendbote des `Ewigen´ kommt und ihnen Vorwürfe macht – wir erfahren nicht, ob es sich um einen echten, also heiligen Engel im Sinne Henochs handelt, d. h. um einen (Extraterrestrier)-Menschen, oder um einen Androiden-Engel –: Er fragt so vorwurfsvoll-drohend: *„Was habt ihr da getan?"* weil die Kinder Israel *nicht alle* Ureinwohner Kanaans ausgetrieben und vertilgt (also abgeschlachtet) hatten. Es war nicht genug gemordet, d. h. „mit dem Schwert verbannt" worden (so der Terminus technicus bei M. Luther für solcherart Genozide). Man muß sich das ganz klar machen, um den ganzen mörderischen Gang der Landnahme, wie er bei den Extraterrestriern ursprünglich vor-gesehen war zu erkennen: Es sollte da niemand von der Urbevölkerung überleben, nicht Mann, nicht Frau, nicht Kind; und wer dem zuwider handelte, wer da menschliches Mitgefühl hatte, der machte sich *schuldig* vor dem `Ewigen´! *Solcherart war die neue, `monotheistische´ (Kargo)-`Religion´ des Alten Testaments – wahrlich ein „eifernder" Gott!! Und sein fünftes Gebot hieß und heißt: <u>„Du sollst nicht töten!</u>"*

Man beachte auch, daß dieser Engel trotz seiner schwerwiegenden Botschaft eher unauffällig `alleine´ daherkommt – man wollte keine großen, auffälligen Kontakte mehr mit den Kindern Israel, dafür war die Zeit vorbei (siehe dazu auch im ersten Buch des Verfassers).

So mutierte innerhalb eines Menschenalters das Gottesgeschenk rasch zum Teufelsgeschenk; und im gleichen Verhältnis verwandelte das Haus des Herrn, die Stiftshütte, dieser !Jach-We! - Vatikan, sich in ein wanderndes Religions-KZ; das fand schließlich in Israel, im verheißenen Land, bald sein endgültiges Ziel. Eines aber blieb und überwucherte und durchtränkte mit nimmermüder, geschäftiger Emsigkeit die gesamte Menschenwelt: die von Missionaren, Geistlichen und Lehrern durch fleißiges Auswendiglernen-Lassen - und bei Bedarf auch durch Einprügeln -, den Kindern eingetrichterte Maschinen-`Religion´.

Eben dadurch wurde diese zum unsterblichen Kind jenes entsetzlichen Gottes-, d. h. Teufelsgeschenks.

Wir wollen unsere Betrachtungen und Erläuterungen zum Exodus der Kinder Israel und besonders zu den Ereignissen am Har Karkom, dem Berg Sinai, beenden mit einer gleichermaßen erhellenden wie auch verstörenden Textstelle aus dem Werk zur Jüdischen Geschichte des bis heute berühmten jüdischen Historikers Heinrich GRÄTZ (1817 – 1891): Er betont im letzten Band seines vielbändigen Werkes (Hauptausgabe 11 Bände) „...., dass die Eigenart des „jüdischen Volksstamms" in der Nachwirkung und Erinnerung seiner biblischen Berufung am Berg Sinai besteht. Ohne Kenntnis dieses Ursprungs bleibe das Gemeinschaftsgefühl heutiger Juden unverständlich."

Das mag wohl so sein, aber wie sehr haben das Wissen der Menschen um die Welt und das Bewußtsein der Menschen in ihr sich gewandelt!! Was hätte Herr Grätz wohl gesagt, wenn er erfahren hätte, was am „Berg Sinai" wirklich geschah?! Es sei dem Verfasser deshalb gestattet hinzuzufügen: Und ohne Kenntnis dieses nunmehr durchschauten Ursprungs am Berg Sinai, dem Har Karkom, bliebe auch das spätere, so *entsetzlich unausweichliche* Schicksal der Kinder Israel unter den übrigen Menschen unverständlich!

Es folgt aber aus dem Durchschauen der Ereignisse am Har Karkom das Erkennen, *wer* sich da so skrupellos als (allmächtiger und allwissender!) `Gott´ gerierte – eine kleine nichtssagende Mannschaft eines winzigen Raumschiffes von irgendeinem kleinen Planeten-Nichts (etwa so wie die Erde).

Und wer ein solches Planeten-Nichts, ein solches Staubkorn im Kosmos, mit der unfaßbaren Größe des Weltalls und ihren unzähligen Planeten-Welten in Beziehung setzt, der kommt unweigerlich zu der alles umwälzenden, alles umstürzenden Grunderkenntnis - wie hoch die technische Entwicklung einer solchen Habitats-Besatzung auch immer sein mag, und auch dann, wenn es sich um ein Habitat handelt, das von einem ganzen Planeten-Imperium geschickt wurde, das vielleicht Dutzenden oder Hunderte Planeten umfaßt -, der kommt unausweichlich zu der grundstürzenden Erkenntnis,

daß die Fünf Bücher Moses die größtmögliche Gotteslästerung überhaupt darstellen – letztlich aber auch die lächerlichste!!

Es wird jeder/jede für sich entscheiden müssen, bis zu welchem Grade die Bücher des Alten Testaments für ihn bzw. für sie nach Erkennen all dieser Dinge und nach Durchschauen all dieser Zusammenhänge als Religionsgrundlage noch akzeptabel sind.

Einige Hinweise und Denkanstöße zum Neuen Testament

Neben der ständigen (Zusatz)-Nahrung hatte die Maschine aber auch noch etwas anderes ständig mit sich geführt und an die Kinder Israel abgegeben: Ihre zahllosen unfaßbaren Eigenschaften und die ebenso unverständlichen Ereignisse in ihrer Nähe; beide würden sich unweigerlich auf die entstehende Religion auswirken. Und nicht nur das: Verborgen und immer weniger verstanden, d. h. immer Wunder-barer und (schein)-religiöser, würden diese Eigenschaften und Ereignisse auch bei der Gestaltung des NT wie ein unaufhaltsames Wasser durch alle `Ritzen´ sich hindurchzwängen und eine allgegenwärtige Rolle spielen, würden gleichsam die entscheidenden Stichwörter geben. Natürlich haben auch die Ereignisse des AT, besonders die der Fünf Bücher Moses und ihrer Begleitbücher (die Bücher Henoch und das Buch Ezechiel), auf das NT `ausgestrahlt´. Man denke z. B. an den angeblichen hellen Stern (das Habitat des ATs) bei Christi Geburt. Noch während des Bar Kochbar-Aufstandes (132 – 135 n. Chr.) war diese Vorstellung so selbstverständlich, daß der Anführer sich `Sohn des Sterns´ nannte (Bar Kochbar, eigentlich Schim'on bar Kosiba); in Wahrheit also `Sohn des Habitats´! – denn das hatte wohl in AT-Zeiten als heller Stern am Nachthimmel so auffällig geleuchtet.

Man beachte die geistige Groteske seines angenommenen Namens: Er nannte sich `Sohn des Sterns´; dieser war ursprünglich aber ein außerirdisches Habitat gewesen, wovon er natürlich nicht das geringste wußte – obwohl von diesem Habitat, diesem Stern, die ganze Geschichte im AT ihren Ausgang genommen hatte: Er war also geistig tatsächlich ein Sohn dieses `Sterns´! Was für ein Menetekel für die Unwissenheit aller `monotheistischen´ Kargo-Kult-`Religionen´, wo doch die Wahrheit seit Jahrzehnten in der Gestalt von hell leuchtenden Satelliten-`Sternen´ wieder am Nachthimmel zu beobachten ist!
Die Taten und das Schicksal des fanatischen Herrn Bar Kochbar, seiner Anhänger und aller Religions-Fanatiker machen unweigerlich nachdenklich … !

Wer sich diese Zusammenhänge klar macht, der wird auch die Fortsetzung der ganzen Geschichte, das Neue Testament, aus einem anderen Blickwinkel sehen müssen: War der Vorgang mit der Kreuzigung Jesu der verzweifelte Versuch der Extraterrestrier, endlich und endgültig aus der Kargo-Kult-Falle zu entkommen? Um das zu erreichen, mußten sie selbst - endgültig - aus der ganzen `Geschichte´ verschwinden, brauchten also einen menschlichen(!) Stellvertreter, der dank seines Menschseins als göttlicher Kargo-Kult-Auslöser nicht in Frage kam. Aber: `Gott´ selbst - der `Ewige´ im Habitat - würde sich dann nicht mehr sehen lassen dürfen! Und so ist es dann auch später bei den Marienerscheinungen geschehen: Statt `Gott´ tritt dort die Jungfrau Maria auf, wenn auch in unterschiedlichen Gestalten und mit geringfügig abgewandelten Benennungen; und immer bezogen auf ihren Sohn Jesus und dessen von den Sünden der Menschen durchbohrtes Herz (übrigens auch fast immer mit einem Strahlenkranz, der die ganze, holographische, Figur von hinten her zu umleuchten scheint – der Glanz!). Es hat sich aber bei näherem Hinsehen doch nichts geändert: Die Menschenwelt wird auch dort als grundsätzlich sündig dargestellt und entsprechend furchtbare Strafen werden angedroht. Der Grundgedanke, `Zuckerbrot und Peitsche´, ist der gleiche geblieben: Die Katze läßt das Mausen nicht – auch nicht nach über Dreitausend Jahren!

Es gab aber die Propheten, die zwar zur Frömmigkeit im Sinne des ATs mahnen konnten, denen es aber nicht gelang, diese so entsetzlich belastete Kargo-Kult-`Religion´ aus der Wüste entscheidend zu verändern oder gar ganz `neu zu erfinden´. Falls das ihr Auftrag war - wohl nur der Auftrag einiger von ihnen - so sind auch sie an dieser Aufgabe gescheitert, mußten sie daran scheitern: Die auswendig gelernten Traditionen waren übermächtig, die sich herleiteten vom eigentlichen Auszug aus Ägypten, vom Durchzug durch das Schilfmeer, von den dramatischen Ereignissen am Har Karkom und vom Hochbetagten, der sie an die vierzig Jahre lang ernährt hatte. Die Vertreter dieser Traditionen, die Inhaber der `reinen Lehre´, also der `Wahrheit´, die gesamte Priesterschaft, lebte gut von den Opfern! – und auch die Obrigkeit, die sich natürlich hüten würden, mit `der Kirche´ sich anzulegen.

Die zentralen - ursprünglich extraterrestrischen - Punkte des ATs, die an prominenter Stelle im NT wiederkehren
Die jungfräuliche Geburt Jesu – die unbefleckte Empfängnis
Das bei Henoch nachzulesende Phänomen der Zeugung „aus einem stinkenden Samentropfen" hatte natürlich im NT als logische Folge, daß Jesus `göttlich´ empfangen wurde und damit von einer Jungfrau geboren werden mußte – eine Vorstellung, die sich ursprünglich vollständig aus den Gegebenheiten im Habitat herleitet und mit der Menschenwelt nichts gemeinsam hat! Sie war im Habitat als verleumderische Bemerkung ins Spiel gebracht worden, um auf die quälenden Fragen der Androiden-Engel nach der Sexualität der Menschen etwas antworten zu können; es war also ursprünglich eine Notlüge, die im Habitat verwendet wurde. Diese mußte man dann nolens volens auf die Menschen übertragen, weil man nicht gut den fragenden Androiden-Engeln sagen konnte: „Nein, für die Menschen gilt das nicht, die dürfen sich nach Belieben sexuell vergnügen!" Geboren wurde solcherart auch die unsinnige Idee von der unbefleckten Empfängnis, ein Lügenmärchen, das schon im ersten Buch zur Prä-Astronautik als aus dem Habitat stammende und von dort übernommene Notlüge durchschaut wurde. Man übernahm also diese verleumderischen Lügen aus dem Habitat. Ob man wirklich nicht bedacht hat, daß damit *jede* andere Empfängnis befleckt, also unrein ist, und damit auch *jeder* Sexualität und jedem sexuellen Verhalten ein Ruch von „schmutzig" und „sündhaft" anhaftet? Oder war das als allzeit brauchbarer Hebel zum Erpressen der Gläubigen kaltschnäuzig kalkulierend so konstruiert? – denn ohne Sexualität ist höheres Leben nicht möglich, deshalb dieser so übermächtige Trieb in der Natur. Dieses Verteufeln aller Sexualität würde sich nie wieder verlieren – bis in die Gegenwart, in der man anfängt, auch in dieser Hinsicht

aufzuwachen – und bedauerlicherweise prompt weit über das Ziel einer vernünftigen, natürlichen Sexualität hinausschießt!

Der Gottessohn
Man darf weiterhin spekulieren, ob die seltsame Idee eines Gottes-Sohnes nicht schlicht der kabbalistischen Tradition des `Sohnes´ in der Mannamaschine entsprang; dort als „Zwischending" zwischen dem Alten, dem Oberteil der Maschine und der Unterlage, dem Kleingesichtigen, der Mutter. Denn: Kann der angebliche Weltenschöpfer einen `Sohn´ haben – sind nicht alle Menschen seine Kinder, wieso ist dieser eine so einzigartig? Unterstützt wird die Vorstellung, daß `Gott´ einen Sohn haben kann - wie ein Mensch - vom Verhalten der himmlischen `Engel´ bei Henoch und im AT, die ja auch mit den Menschentöchtern Kinder gezeugt hatten. Hätten sie das nicht getan, hätte es also entsprechende Überlieferungen nicht gegeben – wer wäre dann wohl auf die Idee gekommen, daß der Schöpfer des ganzen Weltalls, `Gott´, einen einzelnen, individuellen Sohn haben könnte, wie jeder normale Hinz und Kunz auch, und der dann auch noch in jeder Hinsicht Menscheneigenschaften hatte!?

Die körperliche Wiederauferstehung
Ähnliches ist für die (körperliche) Wiederauferstehung anzunehmen: Eine so unsinnige Idee konnte nur als Resultat der scheinbaren Wiederauferstehung der Algen im großen Kulturtank der Mannamaschine entstehen. Ein weiteres Wiederauferstehen erlebten die Herren der Herren jedesmal beim Wiederzusammenbau der Mannamaschine, wenn diese plötzlich - zusammengesetzt aus zwei `toten´ Einzelteilen - zum `Leben´ erwachte und wieder Manna produzierte (s. o., Teil III). Seien wir sicher: Ohne diese unerklärlichen `Wunder´ wäre niemand auf eine solche offensichtlich haltlose Idee gekommen! Jesus selbst ist bekanntlich am Kreuz nicht gestorben – er war nur ohnmächtig, was seit langem bekannt ist. Es spricht aber Bände über die Herkunft der zentralen Ideen und Vorstellungen im NT, daß man glaubte, auch eine so offensichtliche Unsinnigkeit - um nicht zu sagen Lüge - als Gotteswunder in den Kanon des NT aufnehmen zu müssen – eben weil die Algen, und die wieder zusammengebaute Mannamaschine, (scheinbar) vom Tode wiederauferstehen konnten!

Die Ausgießung des `Heiligen Geistes´
Eine bisher unverstandene Sonderstellung nimmt die „Ausgießung des Heiligen Geistes" ein. Wir verstehen nicht, was da geschehen ist: War es reiner Hokuspokus, oder gab es bereits im Buch Exodus ein vergleichbares Ereignis, als der `Ewige´ Moses befiehlt, zuverlässige Männer zusammenzurufen, damit er einen Teil von Moses' Geist auf sie übertragen kann? Falls eine solche bleibende Beeinflussung des menschlichen Geistes wirklich möglich ist, ergibt sich hier der Verdacht, daß auch Moses bei irgend einem anfänglichen Kontakt in der Wüste, wohl schon lange vor dem Auszug, entsprechend manipuliert wurde – vergleichbar mit den Fatima-Ereignissen (Falls die „zuverlässigen Männer" tatsächlich mit der gleichen Droge manipuliert wurden, wie sehr viel früher schon Moses, könnte die Formulierung „ ... von Moses Geist auf sie übertragen ..." sogar (fast)

wortwörtlich gemeint sein!). Gänzlich unfaßbar wird die Dimension solcher Vorstellungen, wenn an die Möglichkeit gedacht wird, die Menschen ganzer Landstriche (vorübergehend) psychisch zu beeinflussen. Von daher wäre erneut nach der Bereitwilligkeit der Ägypter zu fragen, den Juden wertvolle Objekte und Kleider zu `leihen´. Man möchte wissen, was da wirklich geschah, und was Phantasiegebilde war und später ergänzt wurde aus Gründen der hinzuerfindenden Religions-`Logik´.
Im NT konnte man das wunderbar mit dem Auftrag verbinden: „Gehet hin in alle Welt und …..!" Die Herkunft ist eindeutig: auch dieses Histörchen stammt ursprünglich aus der Zeit der Wanderung. Siehe dazu oben im Kapitel: „Eine Ausgießung des `Heiligen Geistes´?"

Christi Himmelfahrt
Als weiteren Hauptaspekt ergibt sich natürlich Christi Himmelfahrt: Auch die Erzväter hatten `Engel´ mit lautem Posaunenschall aufsteigen sehen, die mit Lärmblasen, also mit überlautem Trompetenschall, gen Himmel fuhren, die in Wahrheit Raketen waren. Die fuhren mit ihrem Düsengeräusch und mit einem an den Seiten scharf begrenzten fallenden Feuerstrahl auf. Das war alles auswendig gelernt, und deshalb nimmt es nicht Wunder, daß auch Jesus mit Triumph - also doch wohl mit lautem Geräusch - gen Himmel(!) fahren will; er übernahm also auch AT-Vorstellungen. Geschehen ist von der ganzen Himmelsfahrerei natürlich rein garnichts – es kam keine Rakete, oder irgend ein anderes Gottesfahrzeug, um ihn abzuholen. Nicht zufällig ruft Jesus am Kreuz in höchster Not aus: „Mein Gott, mein Gott, warum hast du mich verlassen? (Matthäus 27, 46 und Markus 15, 34)" Er muß wirklich vom Eingreifen eines „Vaters im Himmel", also des `Ewigen´, überzeugt gewesen sein. Nur aus dieser Sicht ergibt sein Ausruf, der seinem Auftrag als `Welterlöser´ diametral gegenübersteht, einen logischen Sinn – wie kann der angebliche Welterlöser sonst so dramatisch - und verständnislos-vorwurfsvoll! - zweifelnd eben den Gott anrufen, in dessen Auftrag er (angeblich) gekommen ist!?

Das Zerreißen des Tempelvorhangs
Zu dieser Liste gehört wahrscheinlich auch das Zerreißen des Tempelvorhangs. Dessen Zerreißen entbehrt aus der Sicht der Stiftshütte, der Mannamaschine und des dortigen Vorhangs, der auch ein Allerheiligstes absolut absperrte, nicht einer gewissen religiösen Pikanterie: Das Allerheiligste war durch das Zerreißen des Vorhangs bloßgelegt – sollte das so sein, von den Extraterrestriern her (falls es denn wirklich stattfand[1]), oder hat eine andere Strömung innerhalb des Judentums diese Geschichte aus Rache an den Erntemännern des Heiligen Feldes hinzuerfunden? Etwa im Sinne von: „Der Vorhang konnte nichts verbergen, denn das Allerheiligste war leer!" – Für das entstehende Christentum womöglich eine Feststellung von zentraler Bedeutung!
[1] Ein Zerreißen eines größeren Stoff-Vorhangs, der frei schwingende, pendelnde Bewegungen ausführen kann, ist als Folge eines Erdbebens, das das zugehörige Gebäude nicht zerstört (und davon erfahren wir nichts), kaum denkbar. Es sei

denn, dieser Vorhang war allseitig solcherart fest angeschlagen, daß er nicht elastisch nachgeben konnte; er müßte dann wirklich fest aufgespannt gewesen sein, wie auf bzw. in einem Rahmen.

Wer die Selbstverständlichkeit dieser blinden Übernahme auswendig gelernter und gänzlich unverstandener Dinge und Ereignisse aus der Zeit der Urväter und der Wanderung, dem Exodus i. w. S., in die Jesus-Geschichte und damit ins NT bedenkt, wird unweigerlich gewisse Ähnlichkeiten zum späteren Schicksal der Mannamaschine entdecken, deren wirkliche Funktion und Bedeutung auch alsbald vollständig in Vergessenheit geriet; was aber eben deshalb die Kabbala-Spintisierereien hervorrief. Den alttestamentlichen Ereignissen aus der Zeit der Urväter und der Zeit des Exodus´ erging es beim endgültigen Abfassen des Neuen Testaments genauso: Zahlreiche zentrale Gedanken des NT erweisen sich bei prä-astronautischer Interpretation als religiös-vergeistigte Fortschreibung - also als Weiterspintisieren - eben solcher Ereignisse – zusammen mit einigen grotesken Fehldeutungen der Mannamaschine (z. B. die Sohn-Vorstellung, das Zwischending in der Mannamaschine; oder auch der Wahn von der Möglichkeit einer körperlichen Wiederauferstehung, abgeleitet von der Algenvermehrung im großen Kultur-Tank der Maschine).

Aus dieser Perspektive gesehen, sind weite Bereiche des NT eine Art religiös vergeistigte Kabbala. Kernerkenntnis bleibt über allem, daß weder die Maschinen - Kabbalisten bisher das Geringste von der Wahrheit ihrer `Lehre´ wußten, noch die Anderen, die geistigen Kabbalisten, die auch nur auswendig gelernte Phantasien weiter ausschmückten und `logisch´ ergänzten. Beide `Lehren´ haben aber eines gemeinsam: Ihre `amtlichen´ Vertreter wollen die Wahrheit auch garnicht wissen; es wäre gar zu unbequem für sie – und zu lächerlich!

Daß auch hier, bei der Jesus-Geschichte, von Anfang an nicht auszumachen ist, wer Jesus war, und ob die Extraterrestrier von Anfang an den ganzen Vorgang seines Lebens und seiner (neuen) Religionsbegründung dirigierten, oder ob sie später als Trittbrettfahrer zustiegen, oder garnicht mitmachten und erst später, bei der so auffälligen, nahezu weltweiten Ausbreitung der neuen, nun (scheinbar) wirklich Kargo-Kult-freien Religion mitwirkten, darf nicht überraschen: Das Vorgehen der Extraterrestrier ist grundsätzlich so, daß wir Menschen in dieser Hinsicht nichts Bestimmtes in Erfahrung bringen können – es sei denn, sie zeigen sich von Anfang an gewollt und unzweideutig, wie auf dem Har Karkom.

Dieser ganze Wust von (pseudo)-religiösen Phantasiegebilden wäre ohne die seltsamen Weltraum-Überlieferungen der Urväter im Buch Genesis (mit seinen Begleitbüchern) und ohne die Ereignisse des Exodus' i. w. S. nicht möglich gewesen: Es wäre dieser Unsinn nie entstanden, weil ganz einfach niemand je auf solche unsinnigen Ideen gekommen wäre!

MADUK (1986) hat in seinem sehr lesenswerten Buch geschrieben: „ Die Frage muß erlaubt sein, ob unter diesen Aspekten das Alte Testament als Ganzes überhaupt noch verantwortet werden kann, das ja ohnehin nur künstlich mit dem Neuen Testament verknüpft wurde."
Und später schreibt er sehr zu Recht: „Hier ist jedenfalls überdeutlich zu spüren, zu welch grotesken, ja wahnsinnigen Folgerungen bestimmte Stellen des Alten Testaments führen können. Jesus wußte offensichtlich ganz genau, warum er beschwörend seine Hand hob und zornig ausrief: „Ihr wißt, was die Alten sagten, `ich´ aber sage euch!" Die christliche Religion im Zuge einer eventuellen Extremlösung von jener des Alten Bundes zu lösen[,] würde Millionen von Gläubigen eine schwere Last nehmen und Christus endlich zu seinem Recht kommen lassen, nämlich seine Lehre der Liebe, Demut, Geduld und Versöhnung ohne jeglichen Klassen- oder Standesunterschied nicht zuletzt auch im Sinne Buddhas zu verwirklichen."

Dem hat der Verfasser nur seine eigenen Gedanken hinzuzufügen, die sich ihm schon beim Abfassen seines ersten Buches zur Prä-Astronautik und auch bei diesem Buch unabweisbar aufdrängten: „Man kann der institutionalisierten Amtskirche nicht dringend genug empfehlen, sich möglichst rasch, umfassend und für immer vom Alten Testament als Religionsgrundlage zu trennen. Tut sie es nicht, droht ihr sehr bald ein haßerfülltes, homerisches Gelächter. *Haßerfüllt* deshalb, weil der Tod all derer, die im Namen einer grotesken, blödsinnigen `Religion´ bei lebendigem Leibe verbrannt wurden, kein leichter Gang war! Und *homerisch* deshalb, weil jeder Start einer heutigen Großrakete (jährlich etwa ein oder zwei Dutzend, oft mit seitlich angelaschten Hilfstriebwerken, also `gefesselten Engeln´!) eine rasende, donnernd-brüllende, feuerspeiende Aufklärung darüber ist, was im Alten Testament und bei Henoch in Wahrheit erlebt und beschrieben wurde. Entsprechend nachdrücklich ist die Ohrfeige, die von jedem dieser Starts den „Gläubigen" verabreicht wird, d. h. den in frühester Kindheit erfolgreich qua Auswendiglernen im Kopf kastrierten Menschen, und auch ihren „Lehrern", den eigentlichen Geist-Kastraten und Augen-Ausstechern (wie auf den genannten Bildern von Hieronymus Bosch und Pieter Breughel d. Älteren dargestellt; s. o., „Zur Einführung" im Kapitel „Die Jagd nach der Wahrheit beginnt …")."

Wir hatten zu Beginn dieses Buches geschrieben: „...*Wir bekommen hier im Feldversuch, also in der alltäglichen Praxis, vorgeführt, was es heißt, auf einem fremden Planeten mit Hilfe einer komplizierten Maschine einem Volk - und zwar nur einem einzigen von vielen! - eine gänzlich neue, theoretisch-abstrakte Religion, letztlich `Gott´, aufzudrängen und schließlich wie eine Maske überzustülpen – wie mag das wohl ausgehen?"*
Und was wurde uns vorgeführt? Alles mußte auswendig gelernt, also künstlich antrainiert werden, denn nichts von dieser `Religion´ war aus dem alltäglichen Leben der Menschen dieser Welt als ureigene, persönliche Erfahrung und Erkenntnis aus Herz und Geist hervorgegangen und damit gleichsam natürlich-organisch unter ihnen herangewachsen!

Um aus dieser Jahrtausende währenden Falle des Auswendiglernens zu entkommen, um dieses ungewollte `Kind´ wieder auszutreiben, wird es einer ganz neuen Religion mit gänzlich anderen, jetzt wirklich auf Liebe und Lieben und Selbsterkenntnis gegründeten Kerngedanken bedürfen: das bereinigte und umfangreich buddhistisch ergänzte Neue Testament! Man mag immerhin einiges aus dem Alten Testament in die neu zu gründende Universalreligion übernehmen wollen, so zum Beispiel die Zehn Gebote, aber auch diese nach einer kritischen Überarbeitung und einer Ergänzung aus dem Buddhismus (die fünf Silas).

Damit sind wir an der Quelle des Stromes angekommen - es gibt kein Ausweichen mehr!

So wie Konfuzius uns zu Anfang des Buches dazu aufgerufen hatte, gegen den Strom zu schwimmen und wir dabei !JACH-WE!, den Hochbetagten, die Mannamaschine, gefunden haben, indem wir die Wahrheit bei und in den Fakten suchten, so möchte der Verfasser nach dieser Entdeckung seinerseits ausrufen – selbstverständlich ohne sich mit Konfuzius vergleichen zu wollen:

Du mußt wissen <u>wollen</u>, um wissen zu <u>können</u>!

Zum Wissen-Wollen ist da wirklich ein entschlossener, fester Vorsatz nötig!

Anhang

Der Weg zurück aus dem endlosen Verhängnis

Ein neuer Babel-und-Bibel-Streit – Jetzt anhand der Prä-Astronautik und der Mannamaschine, des Hochbetagten
„Die Geschichte ist unrevidierbar – sogar die Götter sind nicht imstande, Geschehenes ungeschehen zu machen. Zu dieser Erkenntnis der antiken Griechen können wir hinzufügen: Es übersteigt jede Kraft, Nichtgeschehenes als Geschehenes vorzutäuschen (V. M. FALIN)."
Man könnte in Versuchung kommen hinzuzufügen, daß die Grundlage jedes noch so penetrant eingehämmerten `Religion´- Wahns nicht länger stabil sein kann als die menschliche Unwissenheit in dieser Hinsicht reicht. Jedes Durchschauen ihrer Grundlage läßt den Wahn des angeblich Geschehenen wie Schnee in der Sonne schmelzen; nämlich den Wahn des Erscheinens des einen allmächtigen Gottes, der das ganze Universum geschaffen haben soll und der bei diesen Erscheinungen sich `irdischer´ Weltraumfahrzeuge bedienen mußte, deren banal-einfache Technologie heute jedes intelligente Kind auf der Erde kennt und versteht, also durchschaut! Zurück bleibt dann nur das Schmelzwasser der Fassungslosigkeit:

„Wie konnten wir so blind sein!?"

Zwar ist der Zeitpfeil unumkehrbar, aber indem wir mit offenen Augen und durchschauendem Geist hinsehen und die Wahrheit aufrichtig wissen wollen, sie also bei den Fakten suchen und nicht in auswendig gelernten Phrasen, die das Resultat von Unwissenheit und grotesken Mißverständnissen sind, können wir der Vergangenheit so entscheidende Erkenntnisse hinzufügen, daß sie uns nicht nur gänzlich neu erscheinen, sie beherrscht uns dann auch nicht mehr. Wir sind dann gefeit gegen allgemeine Unwahrheiten aller Art, Totschweigelügen, Heucheleien und hirnloses Herunterleiern hohler Phrasen. Unser Blick auf die Vergangenheit wird sich dabei so grundlegend ändern, daß wir den Ablauf der entscheidenden Ereignisse, d. h. der noch bekannten und rekonstruierbaren Dinge, gleichsam neu durchleben müssen, um die Vergangenheit - und mit ihr die Gegenwart - wirklich zu verstehen. Wer sich darauf einläßt, hat zwar den Zeitpfeil nicht umgekehrt, er hat aber die Möglichkeit, ihn gleichsam ein zweitesmal die Menschheitsgeschichte durcheilen und gestalten zu lassen; er kann dabei die Geschichte erneut und mit offenem Verstand durchleben. Ihm ist die Vergangenheit dann nicht mehr, was und wie sie vorher, scheinbar, war; auch die Gegenwart erscheint ihm in einem gänzlich anderen Licht. Selbst die Möglichkeiten der Zukunft der Menschheit wird ein solcher Mensch mit anderen Augen sehen. Für sein eigenes, individuelles

Leben erhält der solcherart Erwachte als Lohn für seine Mühen Einblick in sein wirkliches Ich, in sein wahres Selbst:

Sein „Lohn des Lichtes" wird dann sein: das Manna der faktischen Wahrheit und der geistig-seelischen Selbsterkenntnis.

Die hier dargelegten und erläuterten Fakten und die unzähligen weiterführenden Vermutungen, die sich aus ihnen ergeben, werden unweigerlich zu grundlegenden Diskussionen und Streitigkeiten führen. Dazu ist zu bemerken, daß ein vergleichbarer Streit bereits schon einmal als Babel-und-Bibel-Streit des frühen Zwanzigsten Jahrhunderts geführt wurde (DELITZSCH, 1903, 1920). Damals wurde der Streit ausgelöst von Inhalten Alt-Orientalischer Schriftdokumente, deren Entziffern einigen alttestamentlichen Texten eine Wurzel im Zweistromland zuwies; solche Texte waren also keineswegs göttliche Offenbarungen! Diese grundsätzliche Feststellung ist für die Zeit der Urväter und ihrer Erzählungen insgesamt als zutreffend zu betrachten. Dabei ist aus prä-astronautischer Sicht zu bemerken, daß wir es im Vorderen Orient insgesamt mit zwei bzw. drei Überlieferungskomplexen im allgemeinsten Sinne zu tun haben:

Komplex A: Älteste Erzählungen aus dem Zweistromland (damals noch ein Vierstromland, siehe erstes Buch), die zumindest zum Teil von den Sumerern übernommen wurden (den „Wächtern", wir erinnern uns), und die Ereignisse aus der Zeit der Biblischen Urväter beschreiben.
Komplex B: Das Buch Exodus i. w. S., das ganz überwiegend den eigentlichen Exodus der Kinder Israel aus Ägypten beschreibt, das Durchqueren des Schilfmeeres, die Ereignisse am Har Karkom und die der anschließenden Wanderung in der Wüste bis hin zum Durchqueren des Jordans bei Jericho.
Komplex C: Die Landung bzw. Landungen des Weltraum-Landefahrzeugs, das Ezechiel an Fluß Kebar sah und so vorbildlich präzise beschrieben hat, daß eine technische Rekonstruktion des Fahrzeugs mit allen wesentlichen äußerlichen Details möglich ist. Da von diesen Ereignissen keine `Religion´ begründet wurde und es sehr wahrscheinlich ist, daß Moses das gleiche Fahrzeug, zumindest den gleichen Typ, auf dem Har Karkom schon ca. Sechshundert Jahre vorher gesehen hat, mag man Komplex C zu Komplex B hinzuzählen.

In der Gegenwart, über Hundert Jahre nach Delitzsch, sind wir im Stande, die dort berichteten Ereignisse anhand moderner Technik besser zu verstehen, die wir in diesem Buch zusammenfassend als Weltraumtechnik bezeichnet haben. Das gilt ganz besonders für das Buch Exodus i. w. S., dessen wahrer Inhalt ohne die Übersetzungsarbeit und technische Interpretation von G. Sassoon und R. Dale nicht verständlich ist; der aber nach Entschlüsseln des technischen Inhalts der ältesten Bücher der Kabbala, d. h. nach Erkennen und Wiederauffinden der Mannamaschine, momentan verständlich und logisch wird. Die Konsequenzen für die Alttestamentlichen Religionen sind freilich katastrophal: Es ist nicht mehr möglich, das *Alte* Testament - insbesondere die Fünf Bücher Moses - als Grundlage, welcher `Religion´ auch immer, in Betracht zu ziehen – es ist nur noch ein Geschichtsbuch mit zahleichen interessanten technischen Aspekten, die durchaus auch für die Technikgeschichte interessant sein könnten. Über die Folgen für das *Neue* Testament wird man streitig verhandeln müssen. Der Babel-und-Bibel-Streit wird also wieder aufleben, jetzt intensiviert und vertieft anhand der Informationen und Erkenntnissen der Prä-Astronautik. Die Folgen werden für alle `monotheistischen´ `Religionen´ umwälzend sein, denn dank der modernen technischen und wissenschaftlichen Erkenntnisse ist die Situation jetzt nicht nur dramatisch anders – sie ist auch eindeutig!

Zwölf Jahre Weltgeschichte (1973 – 1985): Die technische Erkenntnis-Kaskade

Angesichts der großen Bestimmtheit, mit der Delitzsch für seine Überzeugung eintrat, ist es besonders reizvoll, seinen Umgang mit den Ereignissen am Har Karkom nachzulesen, den er natürlich „Berg Sinai" nennt. Dort erfährt der Leser/die Leserin wie wehrlos auch noch der Christ des frühen Zwanzigsten Jahrhunderts den dort beschriebenen Ereignissen ausgeliefert war (im von uns zitierten Buch von Delitzsch ab Seite 52 („II. Die Gottesoffenbarung vom Sinai")): Es hatte sich seit Moses am (Un)-`Verständnis´ der durchweg technischen Ereignisse am Har Karkom nichts geändert; also seit ca. Dreitausend Jahren nicht! Nur deshalb konnte dieser Kargo-Kult als `Religion´ seinen Siegeszug um die Welt antreten.

Aber:
1) Als **F. DELITZSCH** (1850 geb.) 1922 starb, tollte durch die Straßen Steyrs in den Tiroler Alpen ein neunjähriger Bub.
2) Er hieß **J. BLUMRICH** (1913 geb.); 1973 würde er das allesentscheidende Buch zu Ezechiels Weltraum-Landefahrzeug veröffentlichen und damit das Tor zu einer ernst zu nehmenden Prä-Astronautik endgültig aufstoßen: *Von nun an würde es kein Zurück und kein Totschweigen mehr geben!*
3) Nur sieben Jahre nach Delitzsch' Tod, 1929, erblickte in Deutschland ein Junge das Licht der Welt, **H. H. BEIER**, der 1985 den `Tempel´ Ezechiels als Versorgungs- und Wartungsgebäude für das von J. Blumrich erkannte und rekonstruierte Weltraum-Landefahrzeug identifizieren und anhand des AT-Textes seinerseits rekonstruieren würde.
4) Ein Jahr später, 1930, erblickte in Florenz der spätere Prof. **E. Anati** als Sohn jüdischer Eltern das Licht der Welt. Nach dem Zweiten Weltkrieg führte er den Beweis, daß der Har Karkom der wahre Berg Sinai ist und nicht irgend ein schroffer Felsen im unwegsamen Sinai-Gebirge.
5) Nur wenige Jahre später erblickten in Großbritannien drei kleine Jungen das Licht der Welt, **G. SASSOON** (1936 geb.) und **R. DALE** (1933 geb.), denen die entscheidende geistig-technische Leistung mit dem Entdecken und Rekonstruieren der Mannamaschine anhand des Textes der ältesten Sohar-Bücher gelingen würde; zusammen mit **M. RICHES** (1942 geb.), der die technischen Zeichnungen zur

Rekonstruktion der Mannamaschine anfertigte und sie damit `sichtbar´ machte (siehe Abb. 9). Publiziert wurde das Gesamt-Resultat 1978 in zwei Büchern in Großbritannien.
6) In Berlin forschte zu dieser Zeit bereits **O. HAHN** (1879 geb.), der 1938 die Kernspaltung entdecken, und damit den entscheidenden Baustein für die Funktion der Mannamaschine liefern würde, deren Energieversorgung, – wenn auch ohne von der Mannamaschine zu wissen.
O. Hahn hat also mit seiner Entdeckung <u>drei</u> welthistorische Entwicklungen angestoßen:
a) die Möglichkeit der friedlichen Nutzung der Kernkraft, die Atomkraftwerke;
b) die Möglichkeit der militärische Nutzung der Kernenergie, die Atombombe;
c) den Nachweis der Möglichkeit außerirdischer, extrasolarer Besucher auf der Erde. Ohne die Entdeckung der Kernspaltung wäre jeder Rekonstruktionsversuch der Mannamaschine unweigerlich an der Frage nach der Energieversorgung der Maschine gescheitert. Diese letzte Möglichkeit hat Otto Hahn nicht mehr erfahren; er ist 1968 verstorben – fünf Jahre vor J. Blumrichs historischer Publikation.

Angesichts der Tatsache, daß vorher Dreitausend Jahre nichts in technischer Hinsicht zum Verständnis des Hochbetagten geschehen war, möchten wir diese Entwicklung als rasend schnell bezeichnen (Alle hier genannten Personen wurden innerhalb von nur 92 Jahren geboren!); und die entscheidenden Publikationen erschienen geradezu blitzartig innerhalb von nur zwölf Jahren! Möglich wurde diese kaskadenartig auf die Menschheit einstürzende Erkenntniskette natürlich nur dadurch, daß die wissenschaftlich-technische Entwicklung der Menschheit den entsprechenden Entwicklungsstand der Extraterrestrier inzwischen nahezu eingeholt hatte. Es zeigt diese Erkenntnis-Kaskade aber auch wie unausweichlich das Erkennen und Durchschauen der Wahrheit mit dem Erreichen des dafür nötigen technischen Erkenntnis- und Entwicklungsstandes einsetzen würde: Einmal losgetreten (J. Blumrich, 1973), würde die Lawine unweigerlich abgehen!
Man darf gespannt sein, wie lange es dauern wird, bis die `amtlichen´ `Religions´-Vertreter ihrerseits aufwachen und endlich angemessen reagieren!

Der Weg zurück ins normale Leben
Es ist nicht der Sinn dieses Buches, die wirklichen Aufgaben und Möglichkeiten einer die Menschen und das Menschenleben natürlich-aufrichtig liebenden (christlichen) Religion herzuleiten, darzustellen und zu erläutern. Die wie auch immer geartete individuelle Gottesvorstellung im Sinne eines lebendigen Gottes - also `Gott´ als Person! - ist nicht nur unsinnig, sondern sie mußte unausweichlich in die hier erkannte und erläuterte geistige Katastrophe einmünden. Das alles war nur möglich, weil diese `Religion´ aus einem mit Worten kaum zu beschreibenden Wust von Irrtümern und Mißverständnissen und den aus ihnen abgeleiteten Unsinnigkeiten entstand – und das schon seit der Zeit der Urväter! Zu dieser Katastrophe gehört natürlich auch der so grundlächerliche aber so teuflisch mörderische Streit um die *richtige* Religion, der, bewußt oder unbewußt, immer auch ein Streit um die *richtige* Gottesvorstellung ist.

<u>Dabei gilt es mit allergrößtem Ernst zu bedenken:</u>

**Man kann über GOTT nicht streiten;
über Gott streiten zu wollen ..... das wäre so, als wenn
draußen im großen Meer die Fische über das Wasser
streiten wollten!**

Die Umwälzungen, die unweigerlich von den wiederholt genannten Büchern der jüngsten Vergangenheit, seit 1973, ausgelöst werden werden, darf man als welthistorisch bezeichnen: Es wird nicht mehr möglich sein, die technischen Ereignisse des ATs als `Wunder´ welcher Art auch immer zu `verkaufen´ – man wird sich damit lächerlich machen! Damit wird natürlich auch der politische Einfluß, der von diesen `Religionen´ bisher ausging, wie Schnee in der Sonne schmelzen. Es wird sich aber auch die Erkenntnis durchsetzen, daß die Kinder Israel das erste Opfer dieses außerirdischen Ungeheuers waren. Denn: <u>*Jedes*</u> Volk, das mit einem solchen Ungeheuer und der Art seiner Übergabe und der Geheimnistuerei um es geschlagen worden wäre, wäre unweigerlich dem Judenschicksal anheimgefallen, wäre dank seiner so gänzlich unverständlichen seltsamen Sitten und Traditionen alsbald ein ausgestoßenes `Juden´- Volk geworden und hätte ein entsprechend erbarmungsloses Schicksal gehabt, wie es die Kinder Israel seit ca. Dreitausend Jahren durchleben und durchleiden müssen, ohne bisher den wahren Grund für ihr entsetzliches Schicksal zu begreifen und zu durchschauen.

Das Ausgestoßen-Sein dieses Volkes (die vielen seltsamen Traditionen, die Sitten und Gebräuche, die `unchristliche´ Religion und die Kompromißlosigkeit mit der diese vertreten wurde und wird) hat es in der Diaspora zudem dazu verurteilt, stets nach Gleichberechtigung mit den übrigen Menschen zu rufen, ohne diese Gleichberechtigung tatsächlich je erhalten zu können, oder auch nur wirklich erhalten zu wollen: Sie waren (und sind!) ja wirklich Ausgestoßene: Die Einzigartigkeit ihrer Geschichte hat sie wortwörtlich von der Gemeinschaft der übrigen Menschen aus-gestoßen; sie gehörten spätestens nach Übergabe der Mannamaschine nicht mehr zur Menschenwelt. Zu sehr war das unbegreifliche Extraterrestrische, das Außerirdische ihrer Geschichte, in ihrem Leben, in all ihrem Tun, auch noch in den alltäglichsten Dingen, von der Welt der übrigen Menschen verschieden. All diese Dinge gilt es zu begreifen und zu durchschauen - von uns und auch von den Juden -, *<u>damit</u>* das Volk Israel endlich zur Ruhe kommt und seinen Platz unter den Menschen erhält und leben und gedeihen kann! Nicht länger darf - bewußt oder unbewußt - der bitterböse Ausspruch „*Brot sind sie für uns.*" gleichermaßen Auftrag und Rechtfertigung für ihr Tun und Lassen sein: Es gilt zu erkennen, daß dieser Ausspruch ein teuflischer und letztlich gleichermaßen

mörderischer (die Landnahme!) wie selbstmörderischer Irrtum war (die Judenverfolgungen!), der bis in die Gegenwart wirkt!
Ängstliche Naturen werden dieses Durchschauen, den damit verbundenen geistigen Absturz und die darauf folgende Unsicherheit und Ratlosigkeit als Bedrohung empfinden. Sie werden sich erschrocken ganz schnell in ihren lichterloh brennenden Stall auswendig gelernter Lebensanleitungen und Phrasen - ihren `Glauben´ - zurückflüchten. Solche Menschen werden nie begreifen, daß sie mit der Erkenntnis der Wahrheit ein lebensgestaltendes Geschenk erhalten haben, sozusagen das irdische Gegenstück zum außerirdischen Teufelsgeschenk aus ferner Vergangenheit; sie werden nie erfahren, daß sie, wie die jungfräuliche Venus aus dem Meer, ihrerseits aus dem Meer leerer Phrasen, Formeln und grotesker Irrtümer hätten aufsteigen und ein neues, ihr eigenes Leben hätten leben können und an dessen nicht auswendig gelernten - wirklichen - Problemen an Geist und Seele hätten wachsen können. Da so sehr viele Menschen in Israel diesem Schema folgen und dem Auswendiggelernten den Vorzug geben, mag diese Feststellung auch für den ganzen Staat und sein weiteres Schicksal gelten.

Es ist die Tragödie dieses Volkes, daß es in der Falle dieser `Religion´ gefangen ist, ohne das erkennen zu können; es pflanzt vielmehr diese Falle und ihre ständigen Auswirkungen durch Auswendiglernen fort und hält beide somit am Leben – und eben damit auch sein ganzes unfaßbares Schicksal! Es wird aber auch von den übrigen kargokultisch-`monotheistisch´ glaubenden Menschen dieses Märchen als Religion mißverstanden und auf gleicher Weise weitervererbt. Sie alle spinnen also selbst, wenn auch unbewußt, an ihrem Schicksalsfaden – und nicht irgendeine geheimnisvolle, allmächtige Norne!

Wer nun ausruft: „Ach, das Ganze ist doch ein ganz besonders perfider Versuch, die Juden zu missionieren!", der hat nicht mitgedacht: Auch den Christen steht mit dem Durchschauen des ATs, besonders der Fünf Bücher Moses, die gleiche kalte Dusche ins Haus; auch sie werden sich unweigerlich von den religiösen Interpretationen dieser Bücher verabschieden müssen, werden diese Texte dahin verschieben müssen, wohin sie gehören: in die Geschichtsbücher. Das Ganze läuft für den konstruktiv mitdenkenden Leser/die Leserin auf die Erkenntnis hinaus, daß wir eine Universal-Religion brauchen, die aus einer sorgfältig durchdachten Mischung aus dem NT und dem (Zen)-Buddhismus bestehen wird.

Man wird sich auch von zahlreichen theologischen Darstellungen des NTs verabschieden müssen und es auf die - auch buddhistische - Idee von der Möglichkeit der Nächstenliebe und des sich Opferns für den Anderen beschränken, was Jesus wahrscheinlich am Kreuz demonstrieren wollte oder sollte. Wird es gelingen, beide Aspekte dieser neuen Universalreligion, Christentum (NT) und Buddhismus, - wie die beiden Hauptkomponenten der Mannamaschine - zusammenzufügen zu einer neuen Weltreligion, die dann die Menschen nähren, d. h. sie geistig und seelisch wachsen lassen wird, anstatt sie zu bevormunden und sie in Nachschwatz-Papageien zu verwandeln?

Zum Beschluß: Eine todernste Mahnung

(Matthäus 27, 24; zitiert nach der älteren Luther-Bibel)
Da aber Pilatus sah, ..., nahm er Wasser und wusch die Hände vor dem Volk und sprach: Ich bin unschuldig an dem Blut dieses Gerechten; sehet ihr zu!

Das heißt in unserem Zusammenhang: Falls auch nur noch ein Rest dieser Maschine irgendwo `hinter der Ecke´, oder `tief im Keller´, streng geheim, verborgen steht, so mögen diejenigen wissen, die für diese Geheimhaltung verantwortlich sind, daß das Blut der nächsten Judenverfolgung, die sich bereits ankündigt, diesesmal unweigerlich auch über ihre Hände fließen wird. Denn die Schüssel mit dem Wasser der Unwissenheit - in der man bisher seine Hände so bequem waschen konnte - ist spätestens seit Sassoon und Dale ausgekippt: <u>Niemand kann mehr sagen, er/sie habe nicht gewußt um welcherart Objekt es sich gehandelt habe und was dieses Objekt - eben wegen seiner fanatischen Geheimhaltung - seit über Dreitausend Jahren unter den Menschen anrichtet.</u>

Mit dem Durchschauen der ganzen Geschichte anhand der Entdeckung und Rekonstruktion von Sassoon und Dale ist die Schale dieses entschuldigenden Nichtwissens nicht nur ausgekippt, es befindet sich jetzt in ihr eine Flüssigkeit, die bei der leisesten zukünftigen Berührung oder Manipulation sich in Blut verwandelt; ein Blut mit dem nicht zurückzuweisenden Vorwurf: „Du hättest es verhindern können." Von nun an wird jeder/jede sich entscheiden müssen, ob er/sie wider besseren Wissens am großen Geheimnis - und damit am zukünftigen Judenmord - aktiv oder passiv weiterhin mitstrickt, oder ob er/sie hilft, die Wahrheit an den Tag zu bringen und zu verbreiten. Das wäre ein neuer Anfang in der modernen Menschheitsgeschichte, und in einem ganz speziellen Sinne, nämlich im Sinne dieses Buches, ein Anfang ganz ohne `Juden´; d. h. ohne Judenverfolgungen und ohne Judenschicksal. – <u>Es wird dann kein mörderisches Totschweigelügen mehr geben können!</u>

Und es nützt auch nichts, das Objekt nun endgültig zu vernichten oder verschwinden zu lassen (z. B. es irgendwo ins Meer zu werfen): Es war ja gerade das fanatische Verbergen, also die allgemeine Unwissenheit um die Existenz dieser Maschine, das die hier beschriebene `Religions´-Katastrophe so unausweichlich möglich machte, geradezu erzwang. Wer also einen eventuell noch existierenden Rest des Hochbetagten endgültig verschwinden läßt, verlängert unweigerlich die mörderische Kette des Unglücks, die von dieser Maschine ausging und ausgeht bis in alle Ewigkeit! Die einzige Möglichkeit, einem evtl. noch existierenden Rest der Maschine, und damit der ganzen Maschine, ihre mörderische Wirkung zu nehmen, kann nur darin bestehen, diesen Rest offen `auf den Tisch´ zu legen und zu sagen: „Ihr lieben Menschen, da habt ihr die Wiege eurer Religion. –
Nun öffnet die Augen eures Herzens und eures Geistes und erkennt die Wahrheit!"

Literaturverzeichnis

AHARONI, Y. und AVI-YONAH, M. (1991): Der Bibel Atlas. Die Geschichte des Heiligen Landes 3000 Jahre vor Christus bis 200 Jahre nach Christus; 264 Karten mit kommentierendem Text. – Lizenzausgabe für Weltbild Verlag GmbH, Augsburg.

ANATI, E (1981): Frühe Spuren des Menschen: Felskunst im Negev und auf Sinai. – Gustav Lübbe Verlag GmbH, Bergisch Gladbach.

ANATI, E. (2001): The Riddle of Mount Sinai – Archaeological Discoveries at Har Karkom. – Edizioni del Centro, 25044 Capo di Ponte, Valcamonica (BS), Italy.

von BECKERATH, J. (1994): Chronologie des ägyptischen Neuen Reiches. – Hildesheimer ägyptologische Beiträge **39**. – Gerstenberg Verlag, Hildesheim.

BEIER, H. H. (1985): Kronzeuge Ezechiel, sein Bericht - sein Tempel - seine Raumschiffe. – Ronacher Verlag, München.

BELLINGER, A. R., BROWN, F. E., PERKINS, A. AND WELLES, C. B. (1956): The Excavations at Dura Europos; Conducted by Yale University and the French Academy of Inscriptions and Letters. Final Report VIII, Part I. *The Synagogue* by KRAELING, C. H. with contributions by TORREY, C. C., WELLES, C. B. and GEIGER, B. – New Haven. Yale University Press; London. Geoffrey Cumberlege. Oxford University Press.

BERMANT, Ch. und WEITZMAN, M. (1979): Ebla - neu entdeckte Zivilisation im alten Orient. – Umschau Verlag, Breidenstein KG, Frankfurt am Main.

BIBEL (unterschiedliche Ausgaben): Es wurden neben der Jüdischen Bibel (JB, siehe unter TUR-SINAI) eine ältere Lutherbibel des Deutschen Evangelischen Kirchenausschuß aus dem Jahre 1931 benutzt und die moderne „Gute Nachricht"-Bibel.

BLOCH, Ch. (1925; Nachdruck o. J.): Kabbalistische Sagen. – Reprint-Verlag-Leipzig.

BLUMRICH, J. F. (1973): Da tat sich der Himmel auf. – Econ Verlag GmbH, Düsseldorf.

DE LERY, J. (2001 bzw. 1557[recte 1578]): Unter Menschenfressern

am Amazonas. Brasilianisches Tagebuch 1556 - 1558. – Patmos Verlag GmbH & Co. KG, Albatros Verlag, Düsseldorf, 2001.
Französische Originalausgabe: Histoire d'un voyage fait en laterre du Brésil, autrement dite Amérique. – a La Rochelle pour Antoine Chuppin, 1578.

DELITZSCH, F. (1903): Babel und Bibel, ein Vortrag. – J. C. Hinrichs´sche Buchhandlung, Leipzig.
Zweiter Vortrag über Babel und Bibel. – Deutsche Verlags-Anstalt, Stuttgart.
Beide Vorträge in einem Band.

DELITZSCH, F. (1920): Die große Täuschung. – Deutsche Verlags-Anstalt, Suttgart und Berlin.

FALIN, V. M. (1993): Politische Erinnerungen. – Droemer Knaur, München.

FIEBAG, J. (1986): Die geheime Botschaft von Fatima. – GIE German-Impex-GmbH, Tübingen.

FIEBAG, P. und FIEBAG, J (Hrsg., 1995): Aus den Tiefen des Alls, Wissenschafter auf den Spuren extraterrestrischer Eingriffe. – Ullstein-Buch Nr. 35494, Frankfurt/M.; Berlin.

FIEBAG J. und FIEBAG, P. (1998): Die Ewigkeitsmaschine. – Langen Müller in der F. A. Herbig Verlagsbuchhandlung GmbH, München.

GERSTER, G. (1964): Nubien – Goldland am Nil. – Artemis Verlags-AG, Zürich/Stuttgart.

GRAETZ, H. (1853 – 1875): Geschichte der Juden. Von den ältesten Zeiten bis auf die Gegenwart. Aus den Quellen neu bearbeitet (11Bände). – Ausgabe zur letzten Hand, Leipzig 1890 – 1909.
Es lag die sechsbändige „Volkstümliche Geschichte der Juden" von Heinrich Graetz vor. Unveränderter photomechanischer Nachdruck der Ausgabe des Verlags Benjamin Harz, Berlin und Wien 1923. – Deutscher Taschenbuch Verlag GmbH&Co.KG, (dtv reprint) München 1985.

HELLBECK, J. (1996): Tagebuch aus Moskau 1931 – 1939 (Tagebuch des S. PODLUBNYJ). – dtv Dokumente, 2971, München 1996.

HOFMANNN, H. (1985): Das sogenannte hebräische Henochbuch (3 Henoch). – 2., durchgesehene Auflage; Band 58 der Bonner Biblischen Beiträge – Peter Hanstein Verlag GmbH, Königstein/Ts., Bonn.

JACHWE, A. R. (2008): Gottes Sturz aus dem Himmel. Was sich hinter `Gott´, seinen `Engeln´ und den Marienerscheinungen in Wahrheit verbirgt. – Book on Demand (BoD), Norderstedt.

JACHWE, A. R. (2013): Die Ur - Kabbala (Übersetzt aus dem Englischen; mit Kommentar). – Book on Demand (BoD), Norderstedt.

JOSEPHUS, FLAVIUS (*recte*: JOSEPHUS BEN MATHITJAHU HA KOHEN) (1899): Des Flavius Josephus Jüdische Altertümer, I. u. II. Band, Buch I – XX. übersetzt von Dr. Heinrich CLEMENTZ. – Hendel'sche Verlagsbuchhandlung, Halle/Saale. Nachdruck im Fourier Verlag, Wiesbaden, 7. Auflage, 1987.
Griechischsprachige Originalausgabe: „Antiquitates Judaicae", Rom, ca. 94 n. Chr.; diese Version mit fremder Hilfe von F. JOSEPHUS verfaßt. Aramäische Originalversion verlorengegangen.

KRAMER, S. N. (1959): Geschichte beginnt mit Sumer. Berichte von den Ursprüngen der Kultur. – List Verlag, München.

KRAMER, S. N. (1974): Mesopotamien. Frühe Staaten an Euphrat und Tigris. – Rowohlt, Taschenbuch, Reinbek.

MADUK, H. (1986): Tod ohne Moral: Gott Jachwe und Prophet Ezechiel. Kritisches über Herkunft und Standort unserer Religion. – Verlag Mehr Wissen, Düsseldorf.

MÜLLER, E. (Hrsg., 1984): Der Sohar; Das Heilige Buch der Kabbala (Auswahl); 2. Auflage – Eugen Diederichs Verlag (Diederichs Gelbe Reihe, 35: Judaica), Köln.

SASSOON, G. und DALE, R. (1978): The Kabbalah Decoded. – Duckworth & Co. Ltd, London.

SASSOON, G. und DALE, R. (1979): Die Mannamaschine; Deutsche Übersetzung. – Moewig Verlag KG, Rastatt.
Das Buch ist 1994 erneut erschienen beim Verlag Ullstein GmbH, Frankfurt/M – Berlin (Ullstein-Buch; Nr 35462).
Das Englischsprachige Original ist 1978 bei Sidgwick and Jackson Limited erschienen.

SCHAMP, H. (1977): Ägypten. – Horst Erdmann Verlag, Tübingen und Basel.

SCHWAB, H. (1995): Süßwassertiere. Ein ökologisches Bestimmungsbuch. – Ernst Klett Verlag, Stuttgart, Düsseldorf, Leipzig.

SCHWEIGER-LERCHENFELD, A. Freiherr von (1875): Nach den von ihm bearbeiteten und herausgegebenen Tagebüchern von Josef Cernik: *„Ingenieur Josef Cerniks technische Studienexpedition durch die Gebiete des Euphrat und Tigris nebst Ein- und Ausgangsrouten durch Nordsyrien."* in „Petermanns Geographische Mitteilungen". – Justus Perthes, Gotha. Aus: WOLF-CROME, E. (1977, Hrsg.): *„Pilger und Forscher im Heiligen Land. Reiseberichte aus Palästina, Syrien und Mesopotamien vom 11. bis zum 20. Jahrhundert in Briefen und Tagebüchern."* – Wilhelm Schmitz Verlag, Giessen.

SURVEY OF ISRAEL (AMIRAN, D. H. K., ELSTER, J., GILEAD, M., ROSENAN, N., KADMON, N., PARAN, U.; 1970,): Atlas of Israel (Englischsprachige Ausgabe). – Elsevier Publishing Company, Amsterdam, 1970.

STEINBAUER, F. (1971): Melanesische Cargo-Kulte, Neureligiöse Heilsbewegungen in der Südsee. – Delp'sche Verlagsbuchhandlung KG, München.

THE NATIONAL GEOGRAPHIC MAGAZINE (September, 1929): Into Primeval Papua by Seaplane (E. W. BRANDES).

THE NATIONAL GEOGRAPHIC MAGAZINE (April, 1953): New Guinea's Rare Birds and Stone Age Men (E. Th. Gilliard).

TUR-SINAI, H. N. (Harry Torczyner) (1959): Die Heilige Schrift (ins Deutsche übersetzte jüdische Bibel). – 2. Auflage, Hänssler Verlag, Neuhausen-Stuttgart.

WEIMAR, P. und ZENGER. E. (1979): Exodus – Geschichten und Geschichte der Befreiung Israels; 2. Auflage. Stuttgarter Bibelstudien, **75** – KBW Verlag, Stuttgart.

YADIN, Y. (1971): Bar Kochba. Archäologen auf den Spuren des letzten Fürsten von Israel. – Hoffmann & Campe, Hamburg.
Dort gute Abbildungen ab Seite 222 zu gebündelten Dokumenten, die zu einem Gesamtbündel zusammengefaßt sind.

YADIN, Y. (1985): Die Tempelrolle. Die verborgene Thora vom Toten Meer. – Albrecht Knaus Verlag, München.

ZAHN, J. (1979): Nichts Neues mehr seit Babylon – kulturgeschichtliches und technisches aus fünf Jahrtausenden. – Hoffmann & Campe, Hamburg.

ZAHN, U. (Leitung) und DORNBUSCH, J. (Redaktion) (1997): Großer Atlas zur Weltgeschichte. – Georg Westermann Verlag GmbH, Braunschweig, 1997.

Abbildungsteil

Abbildungserläuterungen

Abb. 1
Ägypten in Bedrängnis
Die Zeit zwischen ca. 1220 und ca. 1180 v. Chr.: der sog. Seevölkersturm. Man beachte, daß Ägypten innerhalb weniger Jahre von Westen und von Osten her angegriffen wird. Der Angriff aus dem Osten war zudem ein zweifacher, zu Wasser (Flußschlacht in einer Nilmündung) und zu Lande: welthistorische Schlacht mit den Proto-Philistern und anderen Völkern, die zusammenfassend als die „Seevölker" oder der „Seevölkersturm" bezeichnet werden. Die Herkunft dieser zahlreichen Völkerschaften ist sehr umstritten. In der Abbildung wurde etwa der heutige Küstenverlauf skizziert – also mit der Nehrung, die sehr bald eine so dramatische Rolle spielen würde.
Nach Westermann „Großer Atlas zur Weltgeschichte", Seite 9, Ausschnitt, vereinfacht und ergänzt.

Abb. 2
Der Auszug der Kinder Israel aus Ägypten, Teil 1
Die drei möglichen Wege:
1 = Möglichkeit 1 (gepunktete Linie), Auszug der Kinder Israel entlang der Via Maris ins (zukünftige) Pelischtäerland (Pl.). Dieser Weg, der der bequemste (= kürzeste) gewesen wäre, wurde garnicht erst versucht.
2 = Möglichkeit 2 (gerissene Linie), der ursprünglich wahrscheinlich tatsächlich beabsichtigte Weg ungefähr geradeaus ostwärts nach Kadesh Barnea (K) und von dort zum Har Karkom (H K), dem Gottesberg.
3 = Möglichkeit 3 (durchgezogene Linie), der (Aus)-Weg über die Nehrung mit Umkehr (U.) entweder östlich des `Walls Ägyptens´ (durchgezogene Bogenlinie bei U. oder schon früher, westlich dieser Befestigungen (gerissener Bogen bei U.). Dieser Weg wurde tatsächlich zurückgelegt.
4 = Das überraschend schnelle Vordringen der Seevölker und Proto-Philister.
5 = Zug der Kinder Israel auf der Nehrung nach Osten mit Lager auf der Nehrung („gegenüber Baal Zefon", B); flache Lücke in der Nehrung? Siehe auch Abb. 3 a – d.
6 = Nachsetzen der Ägypter auf der Nehrung und deren Lager hinter (also westlich) des Lagers der Kinder Israel. Am folgenden Tag Durchbruch der Kinder Israel nach Süden hin zum Festland, der Nordküste der Sinai-Halbinsel.
7 = Festungsgürtel („Der Wall Ägyptens", Signatur: XXX); dort, und wohl auch schon vorher, entlang ihres Anmarschweges, wiederholt schwere

Abwehrkämpfe der Ägypter mit den Seevölkern und den Proto-Philistern (Das „Kriegsgetümmel" im Buch Exodus).
8 = Das Schilfmeer, d. h. das Haff zwischen dem Festland im Süden und der Nehrung im Norden.
9 = „Der Bach Ägyptens" (Wadi El Arisch).
10 = Die Kinder Israel kreuzen (wahrscheinlich beiderseits unbemerkt) die Route der nach Westen vorstoßenden Seevölker und Proto-Philister und erreichen schließlich Kadesh Barnea (K).
11 = Wadi Qiraiya

Orte:

N = Noph (Memphis)	O = On (Heliopolis)
P = Pitom	S = Sukkot
PR = Pi Ramses	E = Etam
M = Migdol	B = Baal Zafon (Baal Zefon)
G = Gaza	K = Kadesh Barnea
Pl. = (zukünftiges) Pelischtäerland	HK = Har Karkom (Gottesberg)

Eine detaillierte Rekonstruktion des von den Kindern Israel tatsächlich zurückgelegten Weges und der wirklichen räumlichen und zeitlichen Abfolge der Einzelereignisse im Buch Exodus kann nicht Aufgabe dieses Buches sein.
Es wurde hier der generelle Weg übernommen, wie er im Bibelatlas von AHARONI und AVI-YONAH (1991) auf den Seiten 8 und 9 dargestellt ist.
Dabei wurde von diesen Autoren (und wird auch hier vom Verfasser) vorausgesetzt, daß die damalige Nehrung, über die man zog, von der heutigen nicht grundsätzlich in Lage und Größe sich unterschied. Die heutige Nehrung ist der Sinaihalbinsel im Norden als ca. 80km lange bogenförmige Struktur vorgelagert. Es sei aber darauf aufmerksam gemacht, daß der Verfasser - im Gegensatz zu Aharoni und Avi-Yonah - den Durchbruch nach Süden, zurück zum Festland, schon nach Zurücklegen etwa der halben Länge der Nehrung erfolgen läßt. Aharoni und Avi-Yonah lassen die Kinder Israel die ganze Länge der Nehrung zurücklegen, was der Verfasser für unmöglich hält; siehe Text.

Abb. 2a
Der Auszug der Kinder Israel aus Ägypten, Teil 2, die Jordandurchquerung
Der Weg der Kinder Israel nach Kanaan; der Weg der Mannamaschine und der Bundeslade.
I Kadesch Barnea
II Har Korkom (Berg Horeb): *Dort Übergabe der Mannamaschine (Mm)!*
III Totes Meer
IV Jordan
V See Genezareth
VI Mittelmeer (Das große Meer)
VII Golf von Eilat
VIII Zerka (Zarqa)

1 Der Weg der Kundschafter (gerissene Linie; bis nach Lebo-Hamat im Norden, 27)
2 Vergeblicher Versuch, von Südwesten her in Kanaan einzudringen (gerissene Linie; Schlacht bei Horma/Arad); noch vor Übergabe der Mannamaschine?
3 Horma/Arad (verlorene Schlacht); danach *zweite Umkehr* und Weg über
4 Umgehungsroute durch die Wüsten Edom und Moab, östlich des Toten Meeres (vereinfacht, durchgezogene dicke Linie: jetzt mit Bundeslade *und* Mannamaschine). Dieser Weg führte vermutl. z. T. entlang des Königswegs, der sich etwa entlang der Linie 4, ungefähr zwischen den Nummern 29 und 5 erstreckte.
5 Lager im Bereich von Heshbon und Umgebung; dort (vorübergehende) Trennung der Wege von Bundeslade und Mannamaschine
6 Lager vor Durchqueren des Jordans; warten auf Vorbeizug des ʻFensterʼ in der Wasserführung des Flusses
7 Adama, (dort vermutlich Jordanüberquerung der Mannamaschine und der Stiftshütte; kurzfristiger Jordanaufstau bei den Jordanfurten); Weitertransport der Mannamaschine nach
8 Schilo (=Silo), westlich von Adama; dort längerer Verbleib der Mannamaschine (ca. 250 Jahre?); bald auch der Bundeslade.
9 Jericho (östlich von Jericho): Jordandurchquerung der Kinder Israels *nur mit der Bundeslade*
10 Eben-Eser (Die Mannamaschine wird - vorübergehend - von den Philistern erobert)
11 Aphek
12 Aschdod
13 Gat
14 Ekron
15 Bet-Schemesch
16 Gibea-Kirjat Jearim (dort Verbleib der Mannamaschine bis zur Zeit Davids)
17 Jebus/Jerusalem (dort ʻendgültigerʼ Verbleib der Bundeslade und der Mannamaschine im Allerheiligsten des unter Salomon errichteten ersten Tempels)
18 Zoar
19 Gaza
20 Jafo/Joppe
21 Sichem
22 Megiddo
23 Akko
24 Zyros/Zor
25 Sidon
26 Byblos
27 Lebo-Hamat
28 Damaskus
29 Elat/Ezjon-Geber

30 Lajisch
31 Zaretan
37 Hebron
32 Wadi Qiraiya
33 Wadi Khadikhid
34 Wadi Saggi
35 Wadi Paran
36 Wadi Araba   (Die Lage der Nummern 32 – 36 wurde von Hand skizziert.)
Dünne gestrichelte Pfeile weisen auf die Wanderungsbewegungen der Juden hin in der weiteren Umgebung des Har Karkoms und im Norden der Sinai-Halbinsel; bzw. auf die spätere Landnahme der Juden nach Überqueren des Jordans.
Die Ortschaften mit den Nummern von 10 – 37 sind für dieses Buch nicht relevant; siehe jedoch das erste Buch des Verfassers zur Prä-Astronautik; dort Abb. 8.

Abb. 3a – d
Der Durchzug durch das Schilfmeer in vier Stadien
3a) *Ausgangssituation: Die Nacht davor*
   An. Bezeichnet den Anmarschweg der Kinder Israel mit ihrem Vieh und die verfolgenden Ägypter. Sie übernachten im Lager (L1) und die Ägypter im Lager L2. Zwischen ihnen befindet sich der Bote Gottes (3), der das Lager der Israeliten mit seinem Licht (Li.) bescheint. Es bleibt offen, ob er das Ägyptische Lager L2 mit einem speziellen Rauch (Rau.?) abdunkelte, oder ob durch das helle Licht nur ein solcher Eindruck entstand. Man übernachtet Baal-Zefon (B.-Z.)? gegenüber. Dessen Lage ist unklar und auch die (flache) Lücke in der Nehrung an dieser Stelle ist hypothetisch. Der starke Ostwind treibt das Wasser des Haffs nach Westen, wodurch der Wasserspiegel im Osten und in der Mitte des Haffs sinkt. Die Bläser (Bl.) sind noch nicht angeschaltet, die Fächer sind dementsprechend noch offen. Zwischen der Untiefe (U.) und der Nehrung befand sich eine schmale Rinne (R.), in der das Wasser tiefer war.

3b) *Beginn des Durchzuges*
   Die Bläser (Bl.) sind jetzt angeschaltet, ihre Fächer sind dementsprechend ausgefüllt. Sie blasen entlang der Untiefe (U.), und
   besonders in der Rinne, eine unregelmäßig umgrenzte Gasse frei, in die wahrscheinlich hier und da von außen her auch kleine Wasserrinnsale hineinströmen (einwärts weisende Pfeile entlang der Wasserlinie (W.)); das Ganze war sehr naß und schlammig! Die Kinder Israel mußten wahrscheinlich als erstes ihr Vieh hindurchtreiben, dann konnte erst der größere Teil der Menschen folgen, oder geschah es womöglich abschnittsweise? Hinter ihnen folgten bald die Ägypter, die möglicherweise vom Boten Gottes (3) verwirrt und angetrieben wurden. Dann müßte dieser aber schon jetzt seine Position erneut geändert haben, wie auf 3c dargestellt. Das vom nächtlichen Ostwind nach Westen getriebene Wasser beginnt, wieder zurückzufluten. Falls die Untiefe zu keiner Zeit überflutet

war, wären in diesem Bereich die Kinder Israel tatsächlich „trockenen Fußes" durch das Meer gezogen; die hydrodynamischen Zusammenhänge (dann dauernde Trockenheit im Bereich der Untiefe) kannten sie ja nicht.

3c) *Der Höhepunkt des Durchzuges; das Nachdrängen der Ägypter*
Die Fächer der Bläser (Bl.) sind ausgefüllt, sie sind also noch aktiv; dementsprechend sind auch die Wasserwände mit den eindringenden kleinen Rinnsalen noch vorhanden. Das Vieh mit den ersten Menschen, wahrscheinlich ihren Hirten, erreicht das jenseitige (südlich gelegene) Festland. Die Masse der Durchziehenden hat wahrscheinlich schon die Hälfte des Weges durch die Gasse zwischen den Wasserwänden zurückgelegt.
Vielleicht vom Boten Gottes (3)? getrieben, setzen die Ägypter nach und geraten in das rasch ansteigende Wasser. Diese undramatische Rekonstruktion nimmt keine besondere Rücksicht auf die Funktion der Rinne bei der sich anbahnenden Katastrophe (siehe Text).

3d) *Der Kampf(?) an der Rinne; der Untergang der Ägypter*
Das rasch zurückflutende Wasser vermischt und verwirbelt mit dem Wasser der Schließungsbewegung entlang der Gasse, denn die Bläser sind nun abgestellt, d. h. die Fächer sind wieder offen dargestellt. Da die Rinne (R.) tiefer ist als die Untiefe (U.) wird sie bevorzugt durchflossen und damit am schnellsten, also auch am heftigsten geflutet; es kommt zur Wirbelbildung (W.). In diesen Wirbel geraten die meisten Ägypter und fliehen in Panik nach Westen („nur zurück!"), dem zurückströmendem Wasser entgegen. Im Wasser (und Schlamm) kommen viele von ihnen um, sie ertrinken.
Die Kinder Israel haben inzwischen ihren Durchzug ´mit Sack und Pack´ beendet. Sie stehen auf dem festen Südufer und können sich die Schlußphase des Infernos ansehen. Der Bote Gottes (3)? befand sich möglicherweise noch auf der Nehrung.
Wesentlich dramatischer war der ganze Vorgang, wenn das eigentliche Blasen und die zugehörigen Wasserwände auf den schmalen Bereich der Rinne beschränkt waren, die Untiefe (U.) also zu keiner Zeit von Wasser bedeckt war. In diesem Fall mußte es wegen der Enge des Raumes fast zwangsläufig zu Kämpfen zwischen den Ägyptern und den Kindern Israel kommen, und der Wirbel würde auch seine Rolle dabei spielen (siehe Text). Der Bereich des hypothetischen Kampfes (K?) ist aus zeichentechnischen Gründen ein wenig nach Süden gerückt; er müßte weiter nördlich, in unmittelbarer Nähe zur Rinne, oder innerhalb dieser, eingetragen sein.

Abb. 4
Das Wasserloch in den Nuba Bergen als Modell für die Situation bei Mara
Das Wasserloch wurde so in den Nuba-Bergen im Zentralsudan von den einheimischen Begleitern des Verfassers in seinem Beisein gereinigt und für das Gewinnen genießbaren Wassers vorbereitet. D. h. es wurden zunächst die

Schichten aus Laub, Dreck, Schlamm, Sand und Erde von Hand entfernt, eventuelles Getier ebenso. Danach wurde mit der Kalebasse (getrocknete halbe Kürbisschale, die ist sehr hart) mit schabend-abkratzenden Bewegungen etwa 2 bis 5cm Material rundum von der Wand abgetragen, bis auch das letzte dunkle Material entfernt war. Das nachfließende Grundwasser wurde mehrere Male mit der Kalebasse ausgeschöpft, bis das Wasser hell und klar war. Es konnte danach bedenkenlos getrunken werden und schmeckte überraschend gut. Der Grundwasserstrom ist hier nur angedeutet, er umspült natürlich das ganze Wasserloch.

Die längste Erstreckung des insgesamt länglich-schmalen Wasserlochs mag an der Oberfläche etwa 0,6m betragen haben, die größte Breite kaum über 0,4m; nach unten hin wurden diese Maße etwa um ein Drittel kleiner; die Tiefe des Lochs betrug ca. 0,5m. Das Loch selbst befand sich am Fuß einer steilen Felswand, die das Tal begrenzt. Die Darstellung ist ohne Maßstab; sie wurde unverändert aus dem Tagebuch des Verfassers kopiert.

Abb. 5
Das Weltraum-Landefahrzeug des Ezechiel, nach J. Blumrich mit Ergänzungen des Verfassers
Die Größe des Gesamt-Fahrzeugs ist nicht angegeben; die relative Größe der einzelnen Maschinenteile zueinander ist wahrscheinlich etwa korrekt.
Das Fahrzeug klappt beim Landeanflug die mit Rotoren versehenen vier Hubschrauberlandebeine nach unten. Mit diesen, d. h. mit deren Metallplatten, den `Füßen´, setzte es auf. Die Rotation der Rotorblätter der Hubschrauberlandebeine wurde von den Alten als Eigenbewegung eines Lebewesens mißverstanden, was ihnen die Bezeichnung „die heiligen Tierwesen" eintrug. Dieses Mißverständnis hatte zur Folge, daß die vier Hubschrauberlandebeine, die Kerubim, - da `lebendig´ - als Engel, d. h. als Diener, des zentralen Flugkörpers, des Markom, angesehen wurden. Daraus entstand dann bald die Vorstellung von den vier Erzengeln, die den Herrn, den Markom, das zentrale Landefahrzeug, nie verlassen – sie sind ja im Kopfbereich fest mit dem Zentralkörper verbunden![1] Diese Kerubim hatte Moses also am „Thron Gottes", dem Markom, auf dem Har Karkom gesehen! Die Rekonstruktion dieses Weltraum-Landefahrzeugs geschah durch J. Blumrich anhand des Ezechiel-Textes im AT.
Näheres zur Technik der `Erzengel´, d. h. der Hubschrauberlandebeine, im ersten Buch des Verfassers zur Prä-Astronautik; dort Abb. 17A – 24.
[1] Vergleiche dagegen die Raketen-Engel, die den Herrn, `Gott´ im Habitat, zu eigenen, scheinbar autonomen Flügen verlassen können.

Abb. 6
Die Bundeslade mit den Kerubim und der Bezeugung; Prinzipskizze ohne Maßstab
Die Bundeslade war ein vergleichsweise kleiner Kasten, der der Kommunikation mit dem `Ewigen´, d. h. den Extraterrestriern, diente (Sprechen und Horchen, d. h. unbemerktes Abhören). Für diese Kommunikation gab es im Innern des Kastens eine elektromagnetische Einrichtung, die Bezeugung (El. = Bz.), die Moses

ausdrücklich getrennt von den Gesetzestafeln von den Extraterrestriern als
'Geschenk' erhielt. Um die Kommunikation über Funk zu ermöglichen, brauchte
das Gerät eine Antenne, die Tragestangen (St.), die ausdrücklich nie aus ihren
Ringen entfernt werden durften. Als Tongeber dienten vermutlich entweder die
Flügel der Kerubim auf der Kapporet (K.), oder Lautsprecher im jeweiligen Kopf
der beiden Kerubim. Die Rotationsfähigkeit der Flügel erlaubte wahrscheinlich
auch eine Frequenzabstimmung. Mit dieser Gestalt und der Rotationsfähigkeit ihrer
Flügel offenbarten sich die Kerubim als stark verkleinerte Modelle der
Hubschrauberlanderbeine, der Kerubim, am göttlichen Weltraum-Landefahrzeug
(siehe Abb. 5). Auf der dargestellten Skizze müßten die Kerubim näher am
jeweiligen Kasten-Ende angebracht sein, und die Flügel müßten länger sein, damit
sie übereinander, bzw. aneinander vorbeigleiten konnten wie die
Kondensatorflächen in Radiogeräten. Es ist unklar, wie der Kopf des jeweiligen
Kerubims exakt aussah; hier wurde der eine Kopf um 90° verdreht dargestellt.
Daneben diente der Kasten auch als Aufbewahrungsort der beiden Gesetzestafeln
(G.) mit den zehn Geboten.

Abb. 7
*Der doppelte Vorhang, die Manna-Übergabe und die Tätigkeit der Erntemänner
des Heiligen Feldes, Aufsicht; Prinzipskizze ohne Maßstab*
Dargestellt sind die entscheidenden Vorgänge in den Abschnitten **3** (das
Allerheiligste) und **2** (die eigentliche, überdachte Hütte, der Mittelabschnitt)
innerhalb der Gesamt-Stiftshütte, wie sie nach dem derzeitigen Wissensstand
vermutet werden können. Entscheidend ist das Vorhandensein eines doppelten
Vorhangs zwischen Abschnitt 3 und 2, der lt. Flavius Josephus mit einem
Schnurzug (Sz) auseinandergezogen (und geschlossen) werden konnte. Das
Vorhandensein des Schnurzuges erlaubt nach Meinung des Verfassers die
Vermutung, daß zwar der Schnurzug sich im Allerheiligsten befand, also auch nur
von dort aus bedient werden konnte, daß aber der mit der Schnur bediente Vorhang
der äußere der beiden Vorhänge war, also der im Abschnitt 2 befindliche; beide
gemeinsam bildeten den Doppelvorhang (siehe auch Abb. 8). Die Herren der
Herren (H. d. H.) im Allerheiligsten haben für die Bedienung des inneren
Vorhangs, den sie unmittelbar erreichen konnten, wohl keine besondere
Vorrichtung benötigt.

Die Betätigung des Schnurzuges von innen, d. h. vom Abschnitt 3 her, dem
Allerheiligsten, hatte für die dort tätigen Herren der Herren den entscheidenden
Vorteil, daß sie den Zugriff auf die Omer-Gefäße (O.) zwischen den beiden
Vorhängen zuverlässig regeln konnten: Solange der Vorhang geschlossen war, war
ein solche Zugriff seitens der Erntemänner des Heiligen Feldes (E. d. H. F.), die in
Abschnitt 2 Dienst taten, unmöglich und damit auch jeglicher Einblick ins
Allerheiligste – gewollt oder ungewollt. Man brauchte ihnen ja nur zu sagen, daß
jedes Berühren des Vorhangs mit Todesstrafe verbunden war – schon war der
Vorhang *nur noch* von innen, d. h. vom Allerheiligsten her zu öffnen. Eine solche
Todesandrohung wird niemandem aufgefallen sein, denn besonders die Leviten

und alle in der Hütte irgendeinen Dienst verrichtenden waren von Todesdrohungen und den zugehörigen Strafen geradezu umstellt. Man war in der Tat permanent von tödlichen Gefahren aller Art umgeben, wie die weiteren Ereignisse auf der Wanderung zeigen würden.

Die Herren der Herren werden im Allerheiligsten bei der Manna-Übergabe, d. h. beim Abstellen der gefüllten Omer-Gefäße im Zwischenraum zwischen den beiden Vorhängen, den ihnen zugekehrten Vorhang ganz einfach beiseitegeschoben (oder angehoben) haben. Sie konnten das problemlos tun, denn der äußere war ja so lange geschlossen, wie sie es wünschten, da der Schnurzug sich auf ihrer Seite befand. Insgesamt hatte die Manna-Übergabe an die Erntemänner des Heiligen Feldes im Abschnitt 2 etwa den folgenden Ablauf:
-) Einer der Herren der Herren überzeugte sich, daß der äußere Vorhang geschlossen war. Das war mit Hilfe der Position des Schnurzuges, an dem sich vielleicht eine entsprechende Markierung befand, ohne weiteres möglich; er brauchte dazu nichteinmal die Erntemänner des Heiligen Feldes zu fragen.
-) Bei geschlossenem äußeren Vorhang wurde der innere Vorhang entweder zur Seite geschoben, oder angehoben. Damit war der Zwischenraum für die Aufnahme der Omer-Gefäße frei zugänglich.
-) Es wurden nun die mit Manna gefüllten Omer-Gefäße - vermutlich in festgelegter Ordnung - im Zwischenraum zwischen den beiden Vorhängen abgestellt und aufgereiht.
-) Wenn das geschehen war, wurde der innere Vorhang wieder geschlossen.
-) Erst danach wurde vermittels Schnurzug der äußere Vorhang geöffnet.
-) Das Öffnen des Vorhangs per Schnurzug war gleichzeitig das Signal an die Erntemänner des Heiligen Feldes im 2. Abschnitt (der überdachten Hütte), daß jetzt die Omer-Gefäße mit dem Manna entnommen werden konnten.
-) Nach Entnahme der Omer-Gefäße wurde der geöffnete (äußere) Vorhang vom Allerheiligsten her mit dem Schnurzug wieder geschlossen; wohl nach Zuruf durch den Vorhang.
-) Auch bei der Rückgabe der leeren (und gereinigten) Omer-Gefäße wird ein einfacher Zuruf der Erntemänner des Heiligen Feldes durch die beiden Vorhänge hindurch genügt haben, der den Herren der Herren im Allerheiligsten anzeigte, daß sie den Vorhang wieder öffnen mußten zum Einstellen der leeren Gefäße in den Zwischenraum zwischen den beiden Vorhängen.
-) Wenn das geschehen war, geschah ein weiterer Zuruf, der das Schließen des geöffneten Vorhangs über Schnurzug zur Folge hatte.
-) danach konnten die Herren der Herren den inneren Vorhang wieder öffnen und die leeren Omer-Gefäße aus dem Zwischenraum entnehmen.

An dieser Stelle konnte der gesamte Zyklus sich am gleichen Tage beliebig wiederholen, falls eine weitere Manna-Übergabe (bzw. Manna-Übergaben) noch am gleichen Tag nötig war bzw. waren. Falls das nicht nötig war, begann ...
-) mit der Kontrolle des geschlossenen äußeren Vorhangs und der Manna-Entnahme an der Maschine am nächsten Tag der Zyklus von vorne.

Es muß in diesem Zusammenhang offen bleiben, wie das eigentliche Betreten des Allerheiligsten durch die Herren der Herren bzw. Moses und Aharon geschah; man wird wohl kaum dafür jedesmal den ganzen Vorhang geöffnet haben. Vielleicht gab es einen ansonsten konsequent geschlossenen und streng bewachten (der Bursche, der nie aus dem Zelt wich!) kleinen Seiteneingang, eine Art Schleuse, für solche Fälle (? D.).
Es wurde hier sowohl im Allerheiligsten als auch in der Hütte jeweils nur eine Person angedeutet; es ist nicht bekannt, wie viele Personen jeweils gleichzeitig anwesend und aktiv waren.
Umrahmt und untergliedert wurde das Ganze von der Hüttenwand (H.W.) bzw. von den Vorhängen (e.V. = einfacher Vorhang) und dem doppelten Vorhang mit den Omer-Gefäßen (d. V. m. O.)
Die Säulen, an denen die Vorhänge hingen, sind nicht dargestellt.
Weiterhin befanden sich (skizziert) im zweiten Abschnitt (**2**) die Bundeslade mit den Kerubim (B.) und dem die ganze Nacht hindurch brennenden Licht (Li.); im dritten Abschnitt (**3**) stand die Mannamaschine (M.m.) auf einem `Thron´ aus unbearbeiteten Steinen.

Abb. 8
Die Luftzirkulation in der Gesamt-Stiftshütte; Prinzipskizze, Schnittbild ohne Maßstab
Die Luftzirkulation in der Gesamt-Stiftshütte bildete zwei getrennte Systeme: Im Allerheiligsten wurde die Luft von der Mannamaschine, dem Hochbetagten, angesaugt und nach Passieren der gesamten Maschine durch die `Nase´ des Kleingesichtigen als heißes Abgas, das senkrecht aufstieg wieder abgeblasen. Wegen ihrer großen Hitze stieg sie rasch auf und verursachte damit ein Nachströmen von außerhalb der Hütte; Antrieb für diese Zirkulation war also der Miniatur-Reaktor. Das muß ein Luftstrom gewesen sein, der über die äußere Umgrenzung hinwegstreichen mußte, da eine Lücke in dieser und der Hüttenwand natürlich nicht akzeptiert werden konnte – man hätte dann womöglich den Hochbetagten von außen sehen können!

Die Zirkulation im ersten Abschnitt, bzw. Vorhof, geschah ähnlich: Als Antrieb diente hier das permanent brennende Feuer des Altars, dessen aufsteigende Heißluft den Zustrom durch die Öffnung in der äußeren Umgrenzung, dem Eingang und unter dem nur halb hinunterreichende Vorhang hindurch besorgte (deshalb als gerissene Linie dargestellt). Wegen der vielen Opfer-Schlachtungen war diese Frischluftzufuhr wahrscheinlich dringend nötig; ob sie bei Windstille immer ausreichte, ist eine andere Frage. Man beachte die trennende Wirkung der Hütte, deren Aussehen und Größe, d. h. Höhe, nicht näher bekannt ist, zwischen den beiden Ventilations-Systemen. Der Luftstrom innerhalb der Mannamaschine ist hier nicht dargestellt; siehe dazu Abb. 27.
Benennungen:
1 = Erster Abschnitt (Vorhof?), <u>ohne</u> Dach
2 = Zweiter Abschnitt (das Zelt der Bezeugung), <u>mit</u> Dach

3 = Dritter Abschnitt, das Allerheiligste (das ʿZeltʹ der Erscheinung, <u>ohne</u> Dach)
G. O. = Geländeoberfläche
ä. U. = äußere Umgrenzung
Hw. = Hüttenwand
d. V. O. = doppelter Vorhang mit Omer-Gefäß dazwischen
e. V.$_1$ = einfacher Vorhang
e. V.$_2$ = Einfacher Vorhang (nur bis zur Hälfte hinabreichend)
A. = Altar mit ständig brennendem Feuer
B. = Bundeslade mit den Kerubim
Mm. = Mannamaschine
Es wurde auch hier nur eine Person angedeutet; es ist nicht bekannt, wie viele Personen gleichzeitig im Allerheiligsten anwesend sein durften, beziehungsweise sein konnten (siehe auch Abb. 7).
Der Vorhof hatte von außen her einen breiten Zugang; das wurde im Schnittbild durch eine gerissene äußere Umgrenzungslinie angedeutet.
Die Säulen, an denen die Vorhänge hingen, sind nicht dargestellt.

Abb. 9
Das Ungeheuer aus der anderen Welt: die Mannamaschine, Erläuterungen (nach G. Sassoon und R. Dale, gez. v. M. RICHES, ergänzt)
1 Der ʿMundʹ (Luftzufuhr) transportiert den ʿLebensatemʹ (Luft) durch …
2 ein ringförmiges Rohr in …
3 ʿdas Hirn des Hochbetagtenʹ (Taukondensation). Der Taukondensator ist abgedeckt mit dem …
4 ʿÄtherʹ, beziehungsweise dem ʿdurchsichtigen äußeren Hirn des Hochbetagtenʹ. Das Wasser aus dem Kondensator läuft in
5 ʿdas Große Meerʹ (Tank mit *Chlorella*-Kultur), wo die Manna-Produktion beginnt. Die Kultur-Lösung zirkuliert durch …
6 ʿdie Haare das Bartesʹ des Hochbetagten (Gas-Austauschröhren) und wird vom ʿoberen Augeʹ (der - nicht sichtbaren - Lichtquelle mitten im Kultur-Tank) bestrahlt. Der Kultur-Tank ist versehen mit dem …
7 ʿRestʹ (Sicherheitsventil) und den …
8 ʿAbflüssen des Gehirnsʹ (Abflußstutzen). Mit dem Kultur-Tank verbunden sind …
9 ʿdie drei unteren Augenʹ (kugelförmige Tanks, gefüllt mit Nährsalzen) durch …
10 ʿdie Kanäle der unteren Augenʹ (Verbindungsrohre). Licht und Energie für die Maschine stammen vom …
11 ʿGefäß, das Feuer enthältʹ (Kernreaktor) mit seinen …
12 ʿSchlüsselnʹ (Dämpfungsstabschiebern). Fernbedienung erfolgt mit dem …
13 ʿArm des Kleinen Gesichtsʹ (mechanischer Arm und mechanische Hand). Die durch den Kondensator zugeführte Luft strömt durch …
14 ʿdie lange Naseʹ (Ventilationsrohr), wird am Reaktor (11) vorbeigeführt, um ihn zu kühlen, und steigt dann, erhitzt, auf durch …
15 ʿdie Nase des Kleinen Gesichtsʹ (Auspuff), wobei …

16 `die Rauchsäule bei Tag und die Feuersäule bei Nacht´ erzeugt werden. Eine (nicht sichtbare) Buchnerpumpe im Auspuff erzeugt den Unterdruck, der benötigt wird, um die *Chlorella* in die ...
17 `Aushöhlungen des Hirns des Kleinen Gesichts´ (Manna-Verarbeitungsapparatur) zu befördern. Die Buchnerpumpe ist an die `Aushöhlungen des Hirns´ angeschlossen durch den ...
18 `Bart des Kleinen Gesichts´ (Mehrzweckunterdruckrohr). Das verarbeitete Manna kommt zur Speicherung in ...
19 `die Heere´ (Manna-Speichergefäße) und wird abgezapft durch den ...
20 `Penis´ (Manna-Abfüllrohr) und ...
21 `die Penis-Abdeckung´ (Vakuumschleuse). Die Maschine steht auf ...
22 `Beinen wie sechs Säulen´ (sechs Beine mit Ringen für Tragstangen). Diese ruhen auf dem ...
23 `Thron´ (Plattform aus unbearbeitetem Material der Umgebung), der `abgerissen´ wird, wenn die Maschine abtransportiert wird. Die ganze, `der Hochbetagte´ genannte Maschine läßt sich in ...
24 `den Alten´ (Oberteil) und ...
25 `das Kleine Gesicht´ (Unterteil) zerlegen. Zwischen diesen beiden Teilen ist ...
26 `die Nacktheit´ (Grenzflächenteil; siehe auch Abb. 28, der `Sohn´). Darunter befinden sich ...
27 `Die Kronen des Kleinen Gesichts´ (Inspektionsabdeckplatten) und ...
28 `das Ohr des Kleinen Gesichts´ (Kommunikationseinheit).
(gez. v. M. RICHES)

Ergänzung des Verfassers
Zu 28: ... d. h. Lauschanlage, evtl. mit Überwachungskamera und Schalter, siehe 30.
29 Strahlenwaffe (Die `Plage des Herrn´, `der Tyrann´; verborgen und ausfahrbar, evtl. auch schwenkbar: „etwas wie ein Stab" lt. des Hebräischen Henochbuchs).
30 Elektro-akustischer „!JACH-WE!" - Schalter für die Gesamt-Maschine.
31 Die Notabschaltung, ein Barthaar, das `nicht gesüßt wird´, also wahrscheinlich ein Hebel im Bereich des Bartes des Alten durch den keine Zirkulation stattfand. Die Objekte der Nummern 29 und 30 sind hier jeweils hinter der Nummer verborgen; evtl. waren sie an anderer Stelle der Maschine angebracht. Ihr konkretes Aussehen ist genauso unbekannt wie das der Notabschaltung.

Abb. 9a
Die Mannamaschine in Dura Europos
Die noch mit den Tanks ((T) den „Hoden"; der „Bart", die Konvektionsrohre, ist nicht eindeutig zu erkennen) versehene Mannamaschine (M) befindet sich in einem Zelt, das gleichzeitig das Dach des insgesamt dargestellten Salomonischen Tempels bildet. Zur Tempeldarstellung mit den Benennungen und der

Nummerierung, siehe erstes Buch des Verfassers zur Prä-Astronautik, dort Abb. 15; siehe auch BELLINGER, A. R. et al. (1956).

Abb. 9b
Die Mannamaschine auf einem Wagen in Dura Europos
Die ohne Tanks (`Hoden´) und Konvektionsrohre (`Barthaare´) dargestellte Mannamaschine befindet sich auf einem von Rindern gezogenen Wagen. Die Maschine ragt hoch auf, verglichen mit dem übrigen Wagen; sie war also nicht gerade klein. Sie kann deshalb in die eigentliche Bundeslade unmöglich hineingepaßt haben – wie schon oft irrtümlich behauptet wurde. Eine weitere Abbildung der Mannamaschine mit drei Verpackungs-/Öffnungs-Stadien befindet sich im ersten Buch des Verfassers, dort Abb. 11 auf Seite 509.

Abb. 10
Schematische Darstellung des Tau-Kondensators
Das Gehirn des Alten; die ständige Wassergewinnung aus der Luft durch Feuchtigkeitsentzug: permanenter Luftstrom über gekühlter Oberfläche. Das Wasser, und damit das Manna, kam also wirklich aus dem Himmel, d. h. aus der Luft, wurde aber keineswegs vom Boden aufgelesen; das ist eine frei erfundene spätere Hinzudichtung; (gez. v. M. RICHES).

Abb. 11
Die Aushöhlungen
Die drei Schädel, d. h. Köpfe bzw. Häupter des Alten: zwei Häupter, die von einem dritten, größeren, umschlossen werden (nach KHV 175); (gez. v. M. RICHES).

Abb. 11a
Der Abfluß des Taus nach unten
Der Abfluß des kondensierten Taus nach unten, hinein in den beleuchteten großen Kulturtank, der die Algenkultur für das Manna enthält; (gez. v. M. RICHES).

Abb. 12
Die Weisheit, der Vater, der in die Einsicht, die Mutter, eindringt
Gemeint ist das Eindringen des oberen Teils (des Vaters) in den Kleingesichtigen, die Mutter, beim Wiederzusammenbau der Maschine; siehe auch Abb. 28; (gez. v. M. RICHES).

Abb. 13
Das gesamte Haupt des Alten
Der Mund (Luftzufuhr), die Ätherhaut (durchsichtig), Tau-Kondensator (oberes Hirn), Wasserabfluß in den großen Kulturtank und Kaltluftzufuhr zum großen Kulturtank zum Kühlen der Beleuchtung und danach des Kleinen Gesichts: die lange (`sanftmütige´) Nase des Hochbetagten; (gez. v. M. RICHES).

Abb. 14
Etwa Fortsetzung von Abb. 13
Schematische Darstellung des Kulturtanks. Der große Kulturtank enthält die Algenkultur (Algenschleim), die in den Konvektionsrohren zirkuliert für den Luftaustausch und zum Abkühlen. Diese Rohre wurden als die Barthaare des Hochbetagten aufgefaßt (siehe Text, Teil III und „Die Ur-Kabbala")! Die Algenkultur wurde von einer leistungsstarken Laser-Lampe beleuchtet für die Photosynthese; beide gemeinsam wurden vom Kaltluftstrom von oben her gekühlt. Beachte, daß keine innere Fortsetzung der Konvektionsrohre vorhanden ist, was den Alten rätselhaft vorkam. Ein so extrem einfacher und offensichtlicher Zusammenhang wurde also nicht durchschaut – kein Wunder, daß nie ganz klar wurde, ob es sich beim Alten (insgesamt) um ein Idol (ein totes Gerät) oder um einen lebendigen Gott handelte; (gez. v. M. RICHES).

Abb. 15
Zusammenfassung
1) Die Weisheit, das obere Hirn, das obere Eden, die Weisheit der Weisheiten, das Hirn, das beruhigt und ruhig ist, der Vater, das verborgene Hirn oder Eden.
2) Die Ätherhaut, der klare Äther, das Fenster (oder die Blase).
3) Die Einsicht (oder das Zwischending), das Große Meer, der Garten, die Mutter.
4) Die Hauptlampe, der Funke.
5) Die zweiunddreißig Wege der Weisheit.
6) Das Hirn des Kleinen Gesichts, das untere Hirn, das untere Eden, das andere Eden.

Siehe jedoch Abb. 28 aus der die Position des Zwischendings (der `Sohn´ von `Vater´ und `Mutter´) korrekt zwischen beiden angebracht ist. Auf der Zeichnung dieser Abbildung müßte dementsprechend der `Sohn´ (das Zwischending) etwa in der Position von 5 sich befinden, zusammen mit den Wegen der Weisheit; (gez. v. M. RICHES).

Abb. 16
Die Konvektionsrohre, der Bart des Alten
Die Konvektionsrohre sorgten für den Gas- und Wärmeaustausch des Algenschleims im großen Kultur-Tank, d. h. in ihnen zirkulierte der Algenschleim. Das hatte einen gewissen Aufstieg der erwärmten Luft zwischen den Rohren zur Folge; ob der für die Funktion der Maschine sehr wichtig war, bleibt offen, denn die Barthaare können nicht sehr erhitzt worden sein, weil die Temperatur des Algenschleims sehr moderat gewesen sein wird – anderenfalls wären die Algen abgestorben. Dennoch war ein permanenter Luftstrom zwischen den Konvektionsrohren für den Gasaustausch nötig. Der „Abgas-Ausstoß nach oben" darf nicht mit dem zentral im großen Kulturtank verlaufenden Rohr verwechselt werden, das Kaltluft zum Kleinen Gesicht nach unten leitete (vergl. Abb. 13). Dieses Rohr durchlief den großen Kultur-Tank zentral; der endgültige Abgas-

Ausstoß (also das Auspuff-Rohr) befand sich dagegen seitwärts außerhalb des großen Kultur-Tanks (vergl. Abb. 9).
Für die Kabbalisten ist der Bart nur deshalb so wichtig geworden, weil die Konvektionsrohre so unübersehbar nach außen vorragten und wohl auch, weil man mit ihnen hantieren mußte (und konnte) bei der wöchentlichen Reinigung; (gez. v. M. RICHES).

Abb. 17
Querschnitt durch ein (steifes) Barthaar
In den Konvektionsrohren floß der Algenschleim, also die Kulturlösung (d. h. Wasser, Algen und flüssige Nährlösung, also gelöste Mineralsalze). Wichtig ist der Gasaustausch; die Wärmeabgabe kann nur moderat gewesen sein (siehe auch Erläuterung zu Abb. 16); (gez. v. M. RICHES).

Abb. 18
Schematische Darstellung einer künstlichen Algenkultur
Die Darstellung zeigt das Prinzip einer künstlichen Algenzucht. Es fehlt nur noch das Verarbeiten zu Manna (siehe Abb. 29); (gez. v. M. RICHES).

Abb. 19
Die unteren Augen
Die kleinen, wahrscheinlich kugelförmigen Gefäße für die Mineralsalze (evtl. auch für Algen-Nachschub?) wurden als Augen angesehen. Damit gab es neben dem einen Auge im großen Kulturtank, der Hauptlampe, mit dem die Kabbalisten so große Schwierigkeiten hatten (Gott konnte natürlich nicht einäugig sein! – also mußte irgendwie ein zweites Auge hinzuphantasiert werden (siehe im Text und in „Die Ur-Kabbala")), auch noch das Problem mit den unteren Augen, deren Rolle nur geahnt wurde: das Süßen (d. h. Düngen) der Algenkultur. Diese Lampen hatten unterschiedliche Farben, was auch `erklärt´ sein wollte; auch reflektierten sie wahrscheinlich nur das Licht der Hauptlampe, waren also von dieser gewissermaßen abhängig; (gez. v. M. RICHES).

Abb. 20
Das Beleuchtungssystem im großen Kultur-Tank (schematische Interpretation nach GHV 123)
Das (eine!) Auge im großen Kulturtank, das Obere Auge, das Beleuchtungssystem im großen Kulturtank. Das Laser-Licht wurde über mehrere komplizierte Spiegel-Systeme nach oben verteilt (wie hier dargestellt), aber ebenso auch nach unten. Es heißt z. B. ausdrücklich in „Die Ur-Kabbala" „... geht aufwärts und abwärts". Daß das über drei Stufen geschah, war offensichtlich bekannt, denn es wird vom ersten, zweiten und dritten Weiß gesprochen. Daß nur ein Auge vorhanden war, erklärt natürlich schlagartig alle Formulierungen in der Bibel, wo vom „Auge Gottes" o. ä. (immer im Singular) die Rede ist – eine der wahrscheinlich zahllosen Ableitungen bzw. Übernahmen in der Bibel aus der Kabbala; bis hin zu den intimsten Einzelheiten über `Gott´, d. h. über die Mannamaschine! (gez. v. M. RICHES).

Abb. 21
Die `Hand´ des Herrn
Auch die mechanische, wahrscheinlich dreifingerige `Hand´ des Herrn und den zugehörigen Arm gab es nur einmal – das gleiche Problem wie beim Oberen Auge, und die gleichen Versuche, eine zweite Hand und einen zweiten Arm herbeizuphantasieren. Dieser Arm hatte wahrscheinlich drei Gelenke und konnte ausgestreckt werden – wir wissen nicht genau wozu. Vielleicht hängt seine Aktivität mit der Atombatterie zusammen (siehe Abb. 24 u. 25). Auch in diesem Fall erklärt die Einarmigkeit der Mannamaschine momentan den in der Bibel so oft erwähnten einen „Arm Gottes" o. ä; entsprechend natürlich auch die Hand Gottes. Solche Montierarme waren weit verbreitet im Reich extraterrestrischer Technik: Mannamaschinen hatten wahrscheinlich grundsätzlich einen solchen Arm, wie auch im Hebräischen Henochbuch ausdrücklich beschrieben wird. J. Blumrich hat die gleichen Montierarme an Ezechiels Weltraum-Landefahrzeug identifiziert. Dort hatte jedes Hubschrauberlandebein, d. h. jedes heilige Tierwesen, also letztlich jeder (Erz-) Engel, einen solchen Arm mit Hand; man erfährt aber nicht, wozu diese Hand dort nötig war; (gez. v. M. RICHES).

Abb. 22
Das Messen am Hochbetagten, der Mannamaschine
Das Vermessen der Teile, die dafür erreichbar waren, konnte nur mit einem möglichst formbeständigen Samenkorn geschehen. (Sandkörner waren nicht geeignet, denn die sind alle unterschiedlich groß, eine Zahlenangabe hätte also nichts ausgesagt, weil der Leser nicht das tatsächlich verwendete Korn-Maß gekannt hätte.) Andere Maßeinheiten im modernen Sinne kannte man nicht. Es ist bemerkenswert, daß die angegebenen Zahlen bei Verwendung eines Senfkorns größenordnungsmäßig durchaus sinnvoll sind. Die Abbildung macht die Vorgehensweise beim Messen mit solchen losen Samenkörnern deutlich. Es lassen sich damit durchaus Längen, Flächen und Volumina sinnvoll ausmessen; (gez. v. M. RICHES).

Abb. 23
Die Manna-Lagerung in den Tanks, die `Hoden´ des Hochbetagten, das himmlische Heer
Das Manna wird so in den Tanks gelagert, daß jeweils täglich eine Ration ausgegeben werden kann. Da die Maschine wöchentlich gereinigt wurde, wurde am sechsten Tag die doppelte Ration ausgegeben. Das himmlische Heer sind also aus der Sicht der Kabbalisten die Hoden einer Maschine (die `Heere´), d. h. ihre Tanks. Auch das Christentum kennt das himmlische Heer, beziehungsweise die himmlischen Heere, also diesen grotesken Irrtum; (gez. v. M. RICHES).

Abb. 24
Der Miniatur-Reaktor, irdische Technologie
Die Technologie solcher Miniatur-Atomreaktoren ist auch auf der Erde seit Jahrzehnten bekannt. Ihre Existenz löst das Energieproblem für den Antrieb der

Mannamaschine momentan. Die Handhabung, d. h. das Regulieren der Energieabgabe, ist vergleichsweise einfach; siehe folgende Abbildung. Allerdings hatte der atomare Antrieb der Mannamaschine eine grundsätzliche Konsequenz, die symptomatisch ist für die gesamte Prä-Astronautik: In Anlehnung an das juristische Prinzip: „Nulla poena sine Lege" könnte man hier sagen: „Keine verständnisvolle Interpretation eines prä-astronautischen Phänomens ohne vorherige Schlüsselerkenntnis und/oder -entdeckung zum jeweils zugehörigen entscheidenden technischen Problem. Das bedeutet, daß eine Entdeckung und überzeugende Rekonstruktion der Mannamaschine grundsätzlich erst *nach* Entdecken der Atomspaltung, 1938, möglich war. Selbst eine vollständige Rekonstruktion der Maschine *vor* diesem Terminus post quem hätte nichts genützt, denn sie wäre unweigerlich an der Frage gescheitert nach der Energieversorgung, also dem Antrieb der Maschine. Vergleichbares gilt sinngemäß nicht nur auch für die Laser-Lampe im großen Kulturtank (die Lasertechnik mußte erst entdeckt werden); es gilt grundsätzlich für *jeden* technischen Aspekt von Bedeutung im Bereich der Prä-Astronautik![1] In Umkehrung dieses Prinzips können wir nicht sicher sein, ob nicht `morgen´ eine weitere entscheidende Entdeckung, z. B. im Bereich der Biochemie und/oder Genetik gelingt, die die Existenz und Aktivität der Androiden endgültig erklärt. Möglicherweise ist die technologische Entwicklung auf der Erde aber schon so weit fortgeschritten, daß keine weiteren grundlegenden Entdeckungen mehr nötig sind, sondern nur noch graduelle Weiterentwicklungen, um die bisher bekannten technischen prä-astronautischen Phänomene vollständig zu verstehen und evtl. rekonstruieren und nachbauen zu können.
Man sollte sich klar darüber werden, was das für das Schicksal aller `Religionen´ bedeutet, die aus Prä-Astronautischen Ereignissen abgeleitet, also Kargo-Kulte sind: Sie werden ganz einfach der Lächerlichkeit anheimfallen und verschwinden; dabei wird ein unauffälliges Einschlafen (also Vergessen-Werden) noch die beste, d. h. die am wenigsten dramatische Möglichkeit sein ....! (gez. v. M. RICHES).

[1] Auch ein Verstehen der Lichterscheinungen im Allerheiligsten mit dem Abbild des `Ewigen´, das wahrscheinlich von einer Holographie verursacht wurde, war Zeitabhängig: Die Möglichkeit der Holographie wurde erst 1947 entdeckt. Das gleiche gilt für die Laser-Technik, die erst seit 1960 zur Verfügung steht. Alle diese Daten stellen zeitliche Grenzbedingungen dar, die keine frühere Rekonstruktion der Mannamaschine bzw. holographischer Phänomene zugelassen hätten; sinngemäß gilt das gleiche für das Verständnis der Technik, derer sich die Extraterrestrier z. B. in Fatima bedienten (1916/17) und bei (allen?) anderen Marienerscheinungen i. w. Sinne (siehe erstes Buch des Verfassers).

Abb. 24a, b
Die spitzen/scharfen Schlüssel, die Energie-Regelung
Die Formulierung von den spitzen bzw. scharfen Schlüsseln ist bemerkenswert: Sie macht deutlich, wie die Energieabgabe aus dem Miniatur-Reaktor geregelt wurde. Nach dem Prinzip antiker Schlüssel des Vorderen Orients und Nordafrikas (24a, siehe Text) konnten die `Schlüssel´ (S), wohl von unten her, zwischen radioaktive

Elemente eingeschoben werden (24b). Je nach Stellung der Schlüssel wurden die radioaktiven Elemente weiter voneinander entfernt, d. h. auseinandergedrückt (geringere Energie-Ausbeute, ausgefüllte Pfeile), bzw. näher zusammengebracht (stärkere Energie-Ausbeute, offene Pfeile); sie rotierten dabei um den Drehpunkt D. Es ist nicht klar, ob die Leviten-Experten an diesen Schlüsseln etwas verändern durften. Das bei Daniel beschriebene Reparatur-Ereignis läßt den Verdacht aufkommen, daß sie es nicht durften, also wohl über keine entsprechenden Kenntnisse Verfügten.

Abb. 25
Der Luftstrom innerhalb der Maschine
Der Luftstrom in der Maschine erfüllte eine Doppelfunktion. Die durch den ʻMundʼ (Zufuhr) eintretende Luft lieferte zunächst Feuchtigkeit, die am gekühlten Tau-Kondensator sich niederschlug. Die dabei sich ansammelnden Wassermengen sind beträchtlich (siehe Text). Danach wurde die gekühlte Luft nach unten gesaugt - sank wohl auch aufgrund ihrer höheren Dichte (da jetzt gekühlt) nach unten - und kühlte die mannaproduzierende Apparatur, den Kleingesichtigen, und danach den wahrscheinlich extrem heißen Reaktor (der Feuerschein bei Nacht!). Die von diesem rasch aufsteigende sehr heiße Luft verursachte also einen Sog, der durch die ganze Maschine gewirkt haben muß und die Abwärtsbewegung des Luftstroms durch die ʻlange Naseʼ beträchtlich verstärkt haben wird. Es war also letztlich der heftige Aufstieg der sehr heißen Luft vom Reaktor, der den Luftstrom innerhalb der Maschine verursachte. Es verursachte also der heiße Reaktor den Aufstieg der Heißen Luft durch den Auspuff und sog eben damit gleichzeitig relativ kühle Luft vom Kleingesichtigen an und versorgte sich auf diesem Wege also ständig mit kühler Luft.

Das Ganze war ein äußerst raffiniert ausgetüfteltes technisches Wunderwerk, das biologische Gegebenheiten (die Algenproduktion) mit physikalischen Gegebenheiten (der Luftstrom durch die ganze Maschine, der gleichzeitig Wasser und Kühlung lieferte) verkoppelte und gleichsam ʻnebenherʼ, durch seine Saugwirkung, auch noch die Algenverarbeitung zur Mannaproduktion im Kleingesichtigen steuerte; das alles konnte nur funktionieren, wenn es äußerst genau aufeinander abgestimmt war (die vielen Überwachungen durch elektrische Leitungen)! Das Rohr nach unten mit dem langen Weg der vergleichsweise kühlen Luft wurde als die lange und gutmütige Nase angesehen; das Rohr mit der rasch aufsteigenden sehr heißen Luft, das Auspuffrohr, ließ diese ʻNaseʼ als aggressiv und gefährlich erscheinen: die beiden Nasen waren also von sehr verschiedenem Charakter. Das wurde entsprechend auch auf die Menschen übertragen: Wer langnasig war galt als maßvoll und gutmütig; wer eine kurze Nase hatte als aggressiv und gefährlich!
(Auf der Abbildung wurde auf die Darstellung des Kleingesichtigen verzichtet, d. h. auf die mannaproduzierende Einheit; sie müßte unterhalb des großen Kulturtanks sich befinden, etwa in dem Bereich, in dem der Luftstrom nach links wegknickt); (gez. v. M. RICHES).

Abb. 26
Die Saugwirkung der kurzen Nase
Die rasch aufsteigende extrem heiße Luft der kurzen Nase, vom Reaktor, verursachte einen Sog, der für die Manna-Produktion, neben anderen technischen Dingen und Vorgängen, wahrscheinlich von entscheidender Bedeutung war, siehe dazu Abb. 29. Er bewirkte dabei auch den nach unten gerichteten kühlenden Luftstrom der langen Nase, siehe Abb. 25; (gez. v. M. RICHES).

Abb. 27
Schematische Darstellung der Nasen des Hochbetagten
Die Zeichnung wiederholt im Prinzip das auf Abb. 25 bereits Dargestellte. Beachte die entgegengesetzte Strömungsrichtung der Luft in den beiden Nasen, die von der heißen Energiequelle verursacht wird. Auch auf dieser Abbildung ist der Kleingesichtige nicht dargestellt; (gez. v. M. RICHES).

Abb. 27a
Die neun hellen Strahler
Das eine Licht konnte durch neun Schlitze nach außen strahlen. Das Lampen-`Wunder´ zeigt die ganze Hilflosigkeit der Alten auch den primitivsten technischen Zusammenhängen gegenüber: Es wurde nicht einwandfrei erkannt, daß da in Wahrheit nur eine Lampe war, weil man bei Umschreiten dieser aus größerer Entfernung durch die Lücken neun (individuelle) Strahler zu sehen glaubte; (gez. v. M. RICHES).

Abb. 28
Der Zusammenbau der beiden Hauptkomponenten, der Sohn
Der Zusammenbau der beiden Hauptkomponenten geschah mit Hilfe einer Stöpsel-Lehre, die von den Experten, die mit der Maschine umgehen durften als der `Sohn´ angesehen und vielleicht auch so bezeichnet wurde. Dieser `Sohn´ ist auf der Abbildung irrtümlich weiblich dargestellt; er müßte natürlich männlich sein. Da das Verbindungsteil Bauanleitungen nach oben *und* nach unten aufwies, erhielt er doppelten Anteil; d. h. der erstgeborene Sohn erhielt einen doppelten Anteil bei einer evtl. eintretenden Erbschaft! Der von oben her in den Kleingesichtigen, die Mutter, eindringende Zapfen wurde als der Penis des Alten aufgefaßt, da er ja von oben in die Mutter eingepreßt wurde. Dieser innere Penis war nach Zusammenbau der Maschine nicht mehr sichtbar.
Der Verarbeitungsteil („Verarbeitung"), der Kleingesichtige, die Mutter, müßte als weiblich ausgewiesen sein. Dagegen ist es logisch, daß die beiden `Hoden´, die Heere, d. h. die Manna-Tanks, wieder als männlich ausgewiesen sind. Das zwischen den Heeren, den Manna-Tanks, sichtbare Rohr zur Manna-Entnahme war der äußere Penis des Hochbetagten; dieser Penis war ständig sichtbar.
Im Gegensatz zu den Abbn. 25 und 27 ist auf dieser Zeichnung der Kleingesichtige dargestellt; er befand sich unter dem großen Kulturtank, von dem er ja den Algenschleim zur Weiterverarbeitung erhielt; er ist hier mit „Verarbeitung" bezeichnet. Auf ihn bezieht sich in den Texten die Bezeichnung „das Kleine

Gesicht" bzw. der „Kleingesichtige"; selbstverständlich nicht auf die Hoden (Tanks) und den Penis, d. h. das Abfüllrohr; (gez. v. M. RICHES).

Abb. 29
Die Manna-Verarbeitung nach GHV 559, 563, 577 und KHV 488
Nach dieser Interpretation durchlief der Algenschleim bei der Manna-Produktion drei Arbeitsgänge, die jeweils vom Unterdruck des luftableitenden Rohres (hin zur kurzen Nase, dem Auspuff, siehe Abb. 25 – 27) gesteuert und angetrieben wurden. Es ist anhand dieser Rekonstruktion gut vorstellbar, daß der Kleingesichtige so kompliziert gestaltet war, daß die Alten ihn nie begriffen, obwohl er, nach aufklappen der Abdeckplatten, durchaus zugänglich war – im Gegensatz zum oberen Haupt, dem oberen Gehirn, das aus Reinhaltungsgründen fest verschlossen und versiegelt, also ständig unzugänglich war. Es leuchtet auch ein, daß die vielen Aktivitäten im Kleinen Gesicht dieses als aktiv und in Bewegung befindlich erscheinen ließ – im Gegensatz zum oberen Gehirn, das als in absoluter Ruhe befindlich empfunden wurde „Wie guter Wein auf seinem Sediment."
Das Saugen des Unterdrucks mag immerhin zu den Formulierungen geführt haben, die sich auf Brüste beziehen; siehe Text. Vielleicht gehen diese Vergleiche schon auf die früheste Zeit zurück, als auf dem Har Karkom die Extraterrestrier den so gänzlich Unwissenden etwas von Unterdruck und Saugen klar machen mußten; (gez. v. M. RICHES).

Abb. 30
Lesender orthodoxer Jude
Dargestellt sind die typischen Attribute orthodoxer Juden: Die Haarlocken mit dem langen Bart (1), die Gebetsriemen (2), die selbst noch die Finger ruhigstellen und die Phylakterien, die den Geist `fesseln´, die jüdische Kleidung (4) mit den Schaufäden (3). Der Gartl (Gürtel) ist hier nicht dargestellt. Haare und Bart sind ungeschnitten, da die Konvektionsrohre der Mannamaschine, die als Bart des Hochbetagten angesehen wurden, nicht beschädigt werden durften, das gleiche gilt auch für die Haare des Hochbetagten, d. h. die dünnen elektrischen Leitungen; siehe Text.

Abb. 31
Flußdiagramm der Maschine nach KHV 759
Das am Sohar orientierte, sehr einfache Diagramm zählt u. a. einige der späteren Sephiroth auf, benennt sie aber nicht als solche. D. h. die Begriffe sind noch nicht von späteren Mystikern und Kabbalisten übernommen worden – ein überzeugender Beweis für das hohe Alter der von Sassoon und Dale benutzten Sohar-Texte; (gez. v. M. RICHES).

Abb. 32
Technisches Flußdiagramm der Maschine, moderne Interpretation
Das Diagramm zeigt alle wesentlichen Arbeitsschritte und Vorgänge in der Mannamaschine aus moderner, technischer Sicht. Es gibt damit auch eine

Vorstellung von der Kompliziertheit des Gesamt-Geräts, mit dem die technisch so absolut unwissenden Leviten umgehen mußten. Es wundert nicht, daß nur auf dem Umweg spezieller Hilfsausdrücke und -vorstellungen (die spätere Liturgie, die Erotik) ein zuverlässiges Bedienen des Ungeheuers möglich war. Und es wundert natürlich auch nicht, daß aus den komplizierten technischen Gegebenheiten der Maschine und ihrem unfaßbaren Pseudo-Leben `Religionen´, d. h. Kargo-Kulte, abgeleitet wurden; (gez. v. M. RICHES).

Abb. 33
Der Lebensbaum der Mystiker/Kabbalisten

1	KThR	Kether	Krone(n)	Umhüllende, abnehmbare Deckplatten
2	ChKMH	Chokma	Weisheit	Gehirn, Taukondensator, der einem Gehirn ähnelt
3	BINH	Bina	Einsicht	Zwischenstück, Tank für Kulturen
4	ChSD	Chesed	Gnade	Manna
	(GDVLH	Gedula	Größe)	
5	DIN	Din	Gericht	Unannehmlichkeiten, schlechtes Manna
	(GBVRH	Gebura	Stärke)	Verbrennungen, elektrische Schläge usw.
6	ThPARTh	Tipheret	Schönheit	Teil zum Zusammenschließen der Maschine (bei Lesart ThPRTh), nähen (abgeleitet von ThPR)
7	NTzCh	Netzach	Sieg	bedeutet auch Saft: ein Hoden oder Lagertank für Manna
8	HVD	Hod	Hoheit	der andere Hoden oder Lagertank für Manna – möglicherweise mit ChDR verbunden: einschließen, innere Kammer, oder ChDH: sich freuen
9	ISVD	Jesod	Gründung	SVD: geheimer Teil, Penis, Abfluß oder Auslaßrohr für das Manna
10	MLKVTh	Malkut	Königreich	Nicht direkt in den Heiligen Versammlungen erwähnt, aber möglicherweise ist die Grundplatte gemeint, auf der die Maschine `hockt´,
(11)	DOTh	Da'at	Wissen	

In Klammern gesetzte Erwähnungen sind manchmal auftretende Alternativen: wenn Da'at vorhanden ist, wird es zwischen Chokma und Bina gesetzt; (gez. v. M. RICHES).

Abb. 34
Kleidung und Attribute des Hohepriesters im AT
Die Dienstkleidung und Ausrüstung des Hohepriesters wie sie in 2 Moses 28, im Sohar 3, 67a und in Alte jüdische Geschichte III 8, 8 beschrieben ist. Kleidung und Ausrüstung stellen ein einzigartiges Gemisch dar aus Arbeitskleidung, extraterrestrischen Ausrüstungsgegenständen für den (Gottes)-Dienst (beleuchtete

Edelsteine, Urim und Tummim) und Sicherheitsvorkehrungen für den Dienst an einer tödlich gefährlichen Maschine (Warnglöckchen). Zwei weitere kritische Dinge kommen hinzu, die die genannten Aspekte ergänzen: Die Krone mit der Aufschrift „Sauberkeit (wörtl. Heiligkeit) vor Gott" und die goldene Kette, die ohne die im Text beschriebenen Bedingungen bei der Arbeit an der Maschine nicht erklärbar ist (Lebensgefahr kombiniert mit dem absoluten Nicht-sehen-Dürfen der Mannamaschine); siehe Text; (gez. v. M. RICHES)

Abb. 35a,b
Das Durchdringen der Welten
Zunächst zur Gliederung der Zeichnung: Sie stellt den Himmel dar (Bereich A), die Stiftshütte mit Gottesgeschenk (Bereich B) und die Erde, d. h. das Lager (Bereich C).
Mm. = Mannamaschine, M. = Moses, H. = Habitat und L. = Lager.
Die Tatsache, daß der Begriff „Ewiger" zweimal auftaucht, im `Himmel´, alo im Habitat, und auf der Erde, im Allerheiligsten der Stiftshütte, beruht nicht auf ein Versehen: Die Mannamaschine wurde sehr bald mit dem `Ewigen´ im Himmel verwechselt und so sehr verquickt, daß eine Trennung spätestens bei den Kabbalisten (schon in der Ur-Kabbala) nicht mehr möglich war und wohl auch nicht ernsthaft versucht wurde, denn man wußte bald nicht mehr, daß es sich ursprünglich um zwei verschiedene Objekte (Habitat und Mannamaschine) gehandelt hatte. Erkennbar wird momentan die so gänzlich unnatürliche, von oben übergestülpte künstliche Natur der neuen Religion, die sich nicht zufällig einer Maschine als `Stellvertreter Gottes´ bedient, d. h. des `Ewigen´. Bis zum Grotesken, aber zum theaterhaft Lächerlichen gesteigert sind die Vorgänge im Erscheinungszelt, wo allen Ernstes `Gott´, d. h. der `Ewige´, als Holographie in einer Hokuspokus-Wasserdampf-Wolke vorgegaukelt wird, die - mene tekel upharsin - ebenfalls von einer Maschine, der Mannamaschine, jedesmal produziert werden muß: Ohne Dampfwolke kein (allmächtiger!) Gott! Und diesen allmächtigen Gott, d. h. seine Erscheinung, kann man dann natürlich auch allen Ernstes wie eine Lampe ausknipsen, wenn sie nicht mehr benötigt wird: sie verschwindet dann blitzartig – im Gegensatz zur Hokuspokus-Wasserdampf-Wolke, die sich aufhebt und dabei langsam verflüchtigt.

Moses' Situation bei der ganzen Sache (**M**)
Pfeil 1: Er erhält Anordnungen aus dem Habitat.
Pfeil 2: Er muß die Mannamaschine starten oder ihre Aktivität beenden (jeweils zweimal „!Jach-We!" im Allerheiligsten ausrufen; siehe Text).
Pfeil 3: Er führt (wahrscheinlich) die Oberaufsicht im Allerheiligsten und Kontaktiert den `Ewigen´ im Habitat mit Hilfe der Bundeslade.
Pfeil 4: Es findet auch eine ständige Überwachung statt `von oben´ (auch Moses!) durch die Horchapparatur in der Bundeslade (Kapporet und Bezeugung mit den aufsitzenden Kerubim), evtl. auch an der Mannamaschine.

Pfeil 5: Moses erläßt Anordnungen (auch solche aus dem `Himmel´) an Priester und Leviten, die ihrerseits vieles davon als `Religion´ an das Lager weitergeben.
Pfeil 6: Es gibt auch allgemeine Klagen an ihn im Lager, wo er sich aufhält; er wohnt dort und ist Schiedsrichter in komplizierten Streitfällen.

Man vergleiche diese ganz und gar künstliche Situation, dessen hier skizzierte graphische Darstellung wohl nicht zufällig Ähnlichkeiten aufweist mit einer entsprechenden Skizze für den Aufbau zu einem technischen Versuch in einem Labor, und dessen `Versuchsablauf´ (d. h. der Feldversuch) zu einem exakt gegebenen Zeitpunkt begann (Moses' Berufung, wann immer und wo das exakt geschah), mit einem Jahrhunderte oder Jahrtausende umfassenden natürlich-organischen Heranwachsen einer menschlichen, und deshalb auch menschenwürdigen, Volks-Religion, die eben deshalb auch ganz selbstverständlich vom Volk als natürlich verstanden wird, weil sie letztlich das Ergebnis einer endlosen Kette persönlicher Erfahrungen - auch Leiden - des alltäglichen Lebens ist. Das alles wurde jetzt binnen kürzester Frist durch einen kaum zu übersehenden Wust mörderischer Vorschriften und Todesdrohungen ersetzt, der ihnen wie eine Gasmaske übergestülpt wurde. Zum Gesamtgetriebe der Menschen im Lager und in der Umgebung der Stiftshütte siehe im Text, wo diese Dinge aus unterschiedlichen Blickwinkeln und in unterschiedlichen Zusammenhängen erkennbar werden und jeweils erläutert sind.

Abb. 36
Die Ordnung der Marschsäule
Die Abfolge der aufbrechenden Einheiten (der Lager) ist von kritischer Bedeutung für die hier vorgelegte Gesamt-Interpretation: Angeführt wird die Marschsäule vom Lager Juda, bei dem wahrscheinlich der Pfadfinder war, Hobab. Danach kommen Gerschon und Merari, die als „Träger der Wohnung" bezeichnet werden. Sie trugen also wahrscheinlich die Bundeslade zusammen mit der (gesamten?) Hütte, dem Zelt der Bezeugung; evtl. auch den Altar. Danach folgte das Lager Ruben. Erst dann folgten die Kehatiter, die das Heiligtum trugen, also die Mannamaschine. Der Hochbetagte führte also keineswegs als Gottesbote die Marschsäule an (Rauch- und Feuerzeichen konnte er auch nicht von sich geben, denn er war demontiert, `schlief´ also); er zeigte also nicht den Weg, sondern die Träger mußten ihm den Weg zeigen; entsprechendes galt auch für die Bundeslade. Nach dem Lager Ephraim folgt dann zum Schluß, als Nachhut für alle Lager, das Lager Dan.
Die hier nicht dargestellten Leviten umgaben und begleiteten, d. h. beschützten, die Mannamaschine (Mm.) in einer streng einzuhaltenden, festgesetzten Ordnung. Sie würden also auch bei jedem neuen Lagerplatz wieder genau die gleiche Position mit Bezug zur ganzen Stiftshütte einnehmen. Das war bei den Ereignissen während der Revolte der Rotte Korah wahrscheinlich von zentraler Bedeutung für die Vernichtung von Datan und Abiram durch eine gezielte Sprengung.

Der Text kennt nur das Tragen, weiß also noch nichts vom Fahren auf Wagen der einfachen Gegenstände. Wirklich getragen wurden schließlich nur die zerlegte Mannamaschine, die Bundeslade und evtl. der Altar. Alles andere wurde auf den Wagen gefahren, die von den Fürsten zur Verfügung gestellt wurden; siehe Text.

Abb. 37
Das Durchqueren des Jordans, der Abtransport der Mannamaschine: Das interaktive Dreieck (Prinzipskizze)
Abkürzungen:
A = Adam(ah), (modern: Damiya)
H = Heschbon (modern: Hisban)
J = Jericho
S = Silo (Schilo)
T. M. = Totes Meer
Die Lage von Abel Schittim ist nicht sicher bestimmbar, evtl. Tell el-Hammam? Es befand sich jedenfalls östlich des Jordans, zwischen diesem und Heshbon.
F_1 = Abfließendes Jordanwasser
F_2 = Nachfließendes Jordanwasser
F. (groß) = „Fenster" in der Wasserführung des Jordans: Durchquerungsmöglichkeit.
Die Karte ist genordet.

Beim oberflächlichen Betrachten erscheint es so, als würde der Aufbruch der Kinder Israel nach dem Jordan (ca. drei Tage bis dahin) und die unbeobachtete `Entführung´ der Mannamaschine (und der ganzen Stiftshütte, mit (allen?) Leviten, aber ohne die Bundeslade; bei Nacht?) das ganze Ereignis auslösen. Tatsächlich ist aber die Fließgeschwindigkeit des Jordans zusammen mit seinem vorübergehenden Aufstauen bei Adam der eigentliche `Dirigent´ des ganzen Ereignisses. Die Fließgeschwindigkeit entschied die Passage des durch den Aufstau entstandenen „Fensters" (groß F.) in der Wasserführung des Flusses am Ort der vorgesehenen Flußdurchquerung östlich von Jericho. Da ein Durchqueren des Jordans nur während der Passage des `Fensters´ an der dafür vorgesehenen Durchgangsstelle möglich war, entschied die Fließgeschwindigkeit des Flusses alles: Im gleichen Moment, in dem der künstliche Damm (wahrscheinlich eine einfache Aufschüttung aus Sand, Erde und Steinen) bei Adam geschlossen wurde, mußte alles andere mit der Unausweichlichkeit eines Uhrwerks nach dieser Geschwindigkeit sich richten:
-) beginnender Abzug des `Fensters´ von Adam nach Süden entlang des Jordans;
-) Aufbruch der Kinder Israel mit der Bundeslade und den Priestern, die sie trugen; die übrigen Leviten werden nicht erwähnt(!);
-) Eintreffen des `Fensters´: rascher Durchzug der Kinder Israel durch das jetzt `trockene´ Jordan-Bett; man muß sich ausdrücklich „eilen".
-) Unabhängig davon: Übergang von Mannamaschine und allen anderen Objekten der Stiftshütte, und dieser selbst, bei Adam, zusammen mit den Herren der Herren, den Erntemännern des Heiligen Feldes und den meisten (allen?) Leviten (wahrscheinlich entlang des notdürftig errichteten Damms

oder unmittelbar talabwärts von diesem).

Der Übergang der Mannamaschine bei Adam erklärt zwanglos das anschließende langfristige Abstellen der Maschine mit der vermutlich wieder komplett aufgebauten Stiftshütte in/bei Silo; damit war auch vorgegeben, daß die Bundeslade dort bald abgestellt werden würde, wie es dann auch geschah (siehe Text).

Das alles war zeitlich so eng bemessen - und von der Fließdynamik der beiden Wasserkörper (das abfließende, F_1 und das nachfließende, F_2) eingegrenzt -, daß die Kinder Israel beim Durchqueren des trockengefallenen Jordans ausdrücklich „eilen" mußten!

Anschließend wurde der bei Adam notdürftig errichtete Damm vermutlich wieder restlos abgetragen, da er sonst Auslöser eines ungewollten Kargo-Kultes hätte werden können – ähnlich wie der Thron des Hochbetagten, der aus dem gleichen Grunde auch immer wieder restlos abgetragen wurde und der ausdrücklich nur aus unbearbeiteten Steinen errichtet werden durfte.

Danksagung – Abbildungsnachweis

Es ist dem Verfasser eine angenehme Pflicht, sich aufrichtig bei Herrn MARTIN RICHES, Berlin, zu bedanken für die Erlaubnis, zahlreiche der von ihm gezeichneten Abbildungen zur Mannamaschine hier verwenden zu dürfen.
Die Originale dieser Abbildungen sind publiziert in „Die Mannamaschine" von G. SASSOON und R. DALE (1978). Diese Abbildungen sind am Schluß des jeweiligen Erläuterungstextes ausgewiesen durch (gez. v. M. RICHES). Auf sie wird in diesem Buch ganz überwiegend im Teil III Bezug genommen.
Alle übrigen Abbildungen nach Unterlagen des Verfassers.

Abbildungen
Es folgen die Abbildungen.

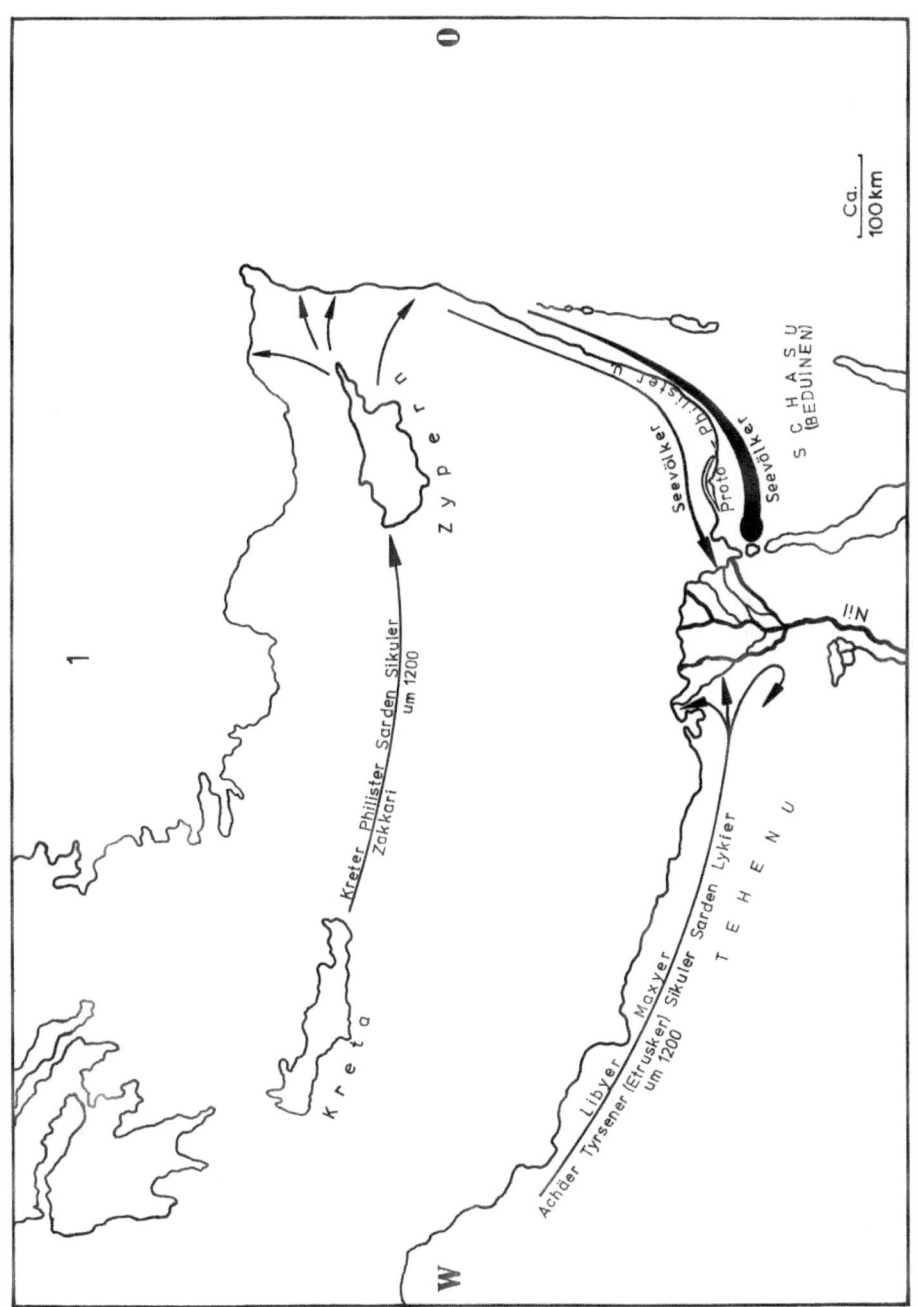

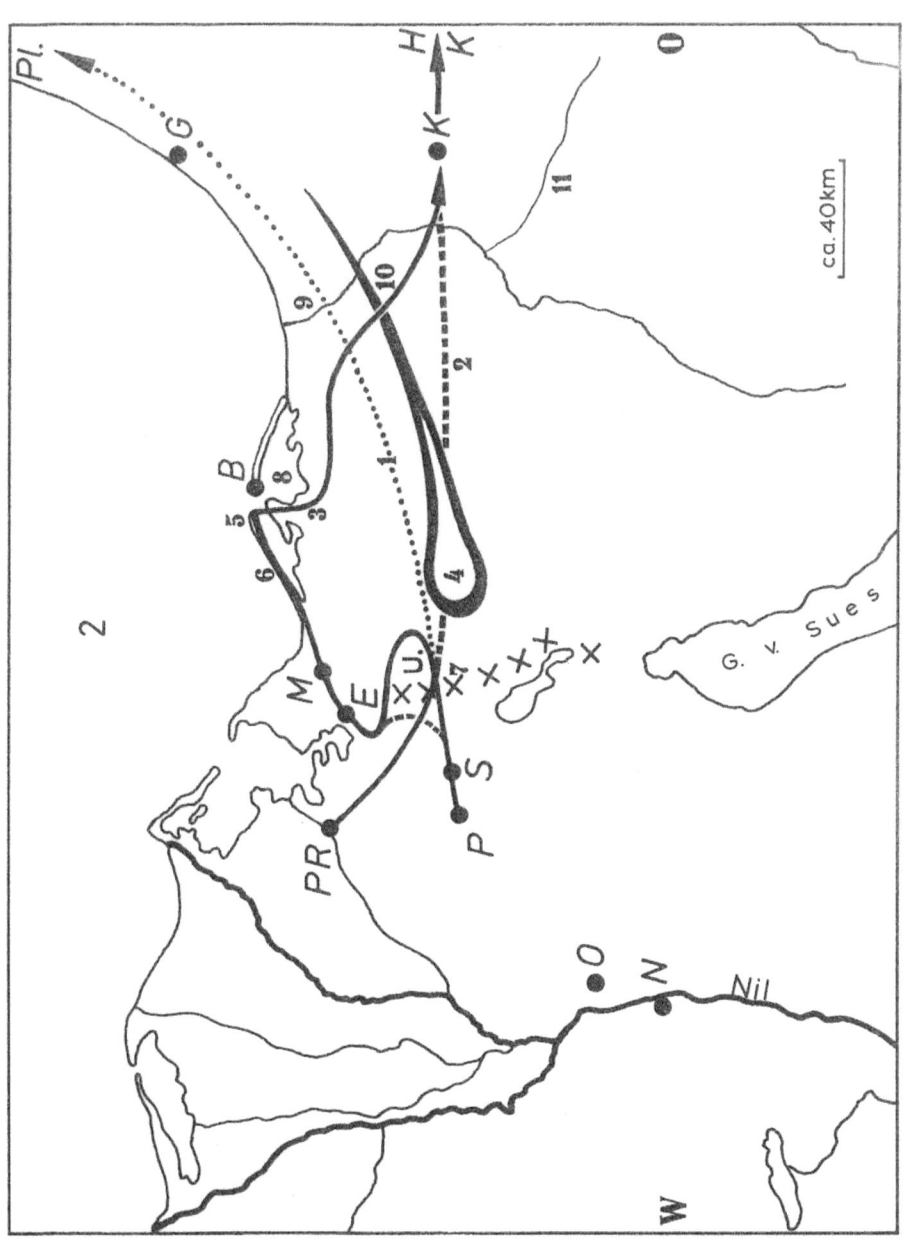

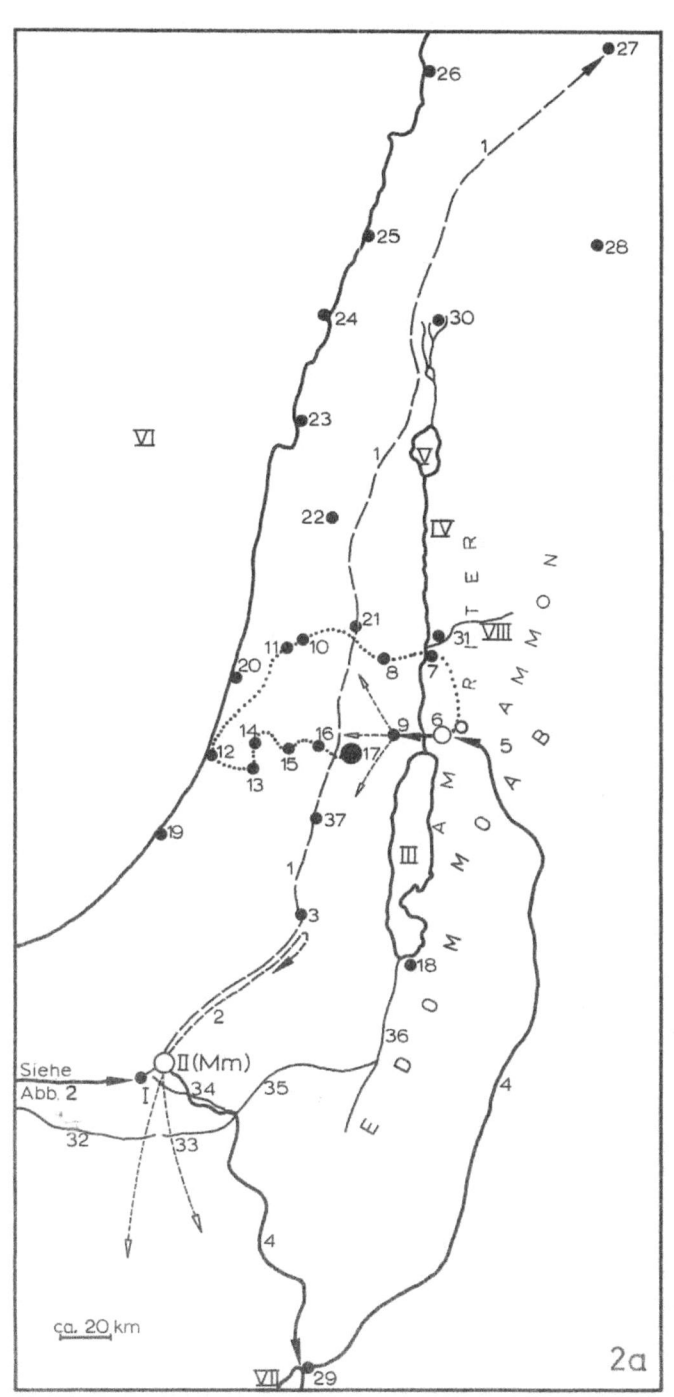

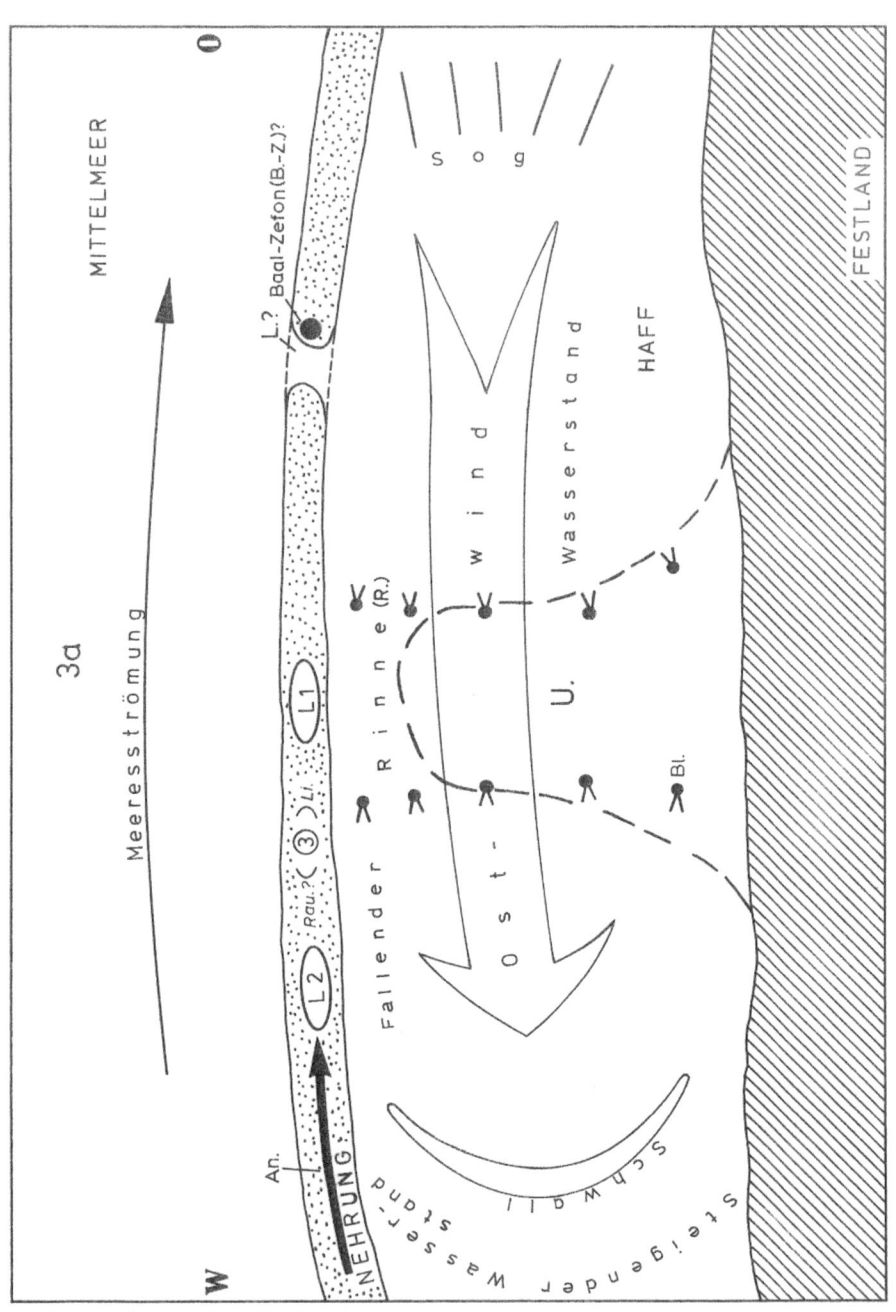

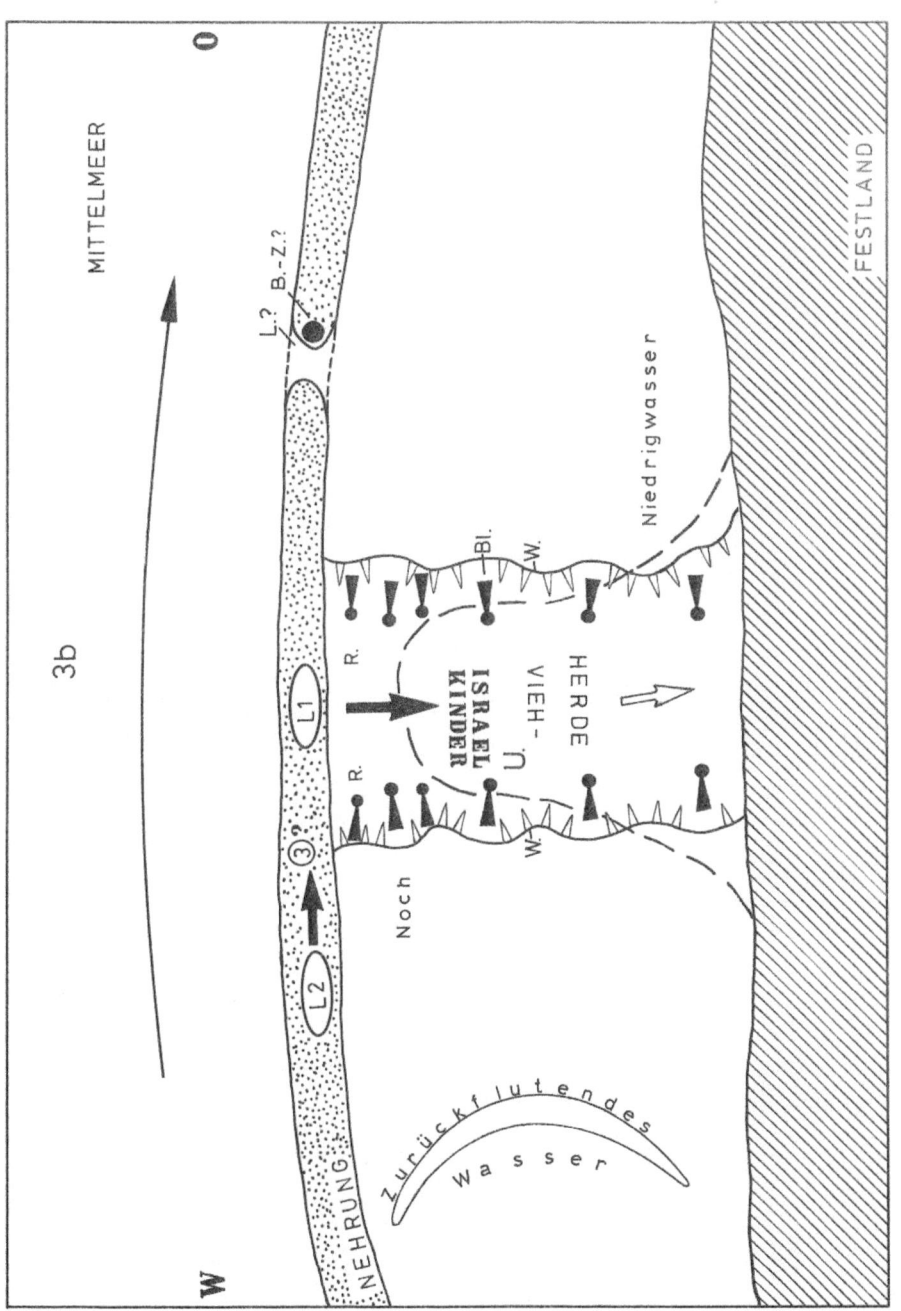

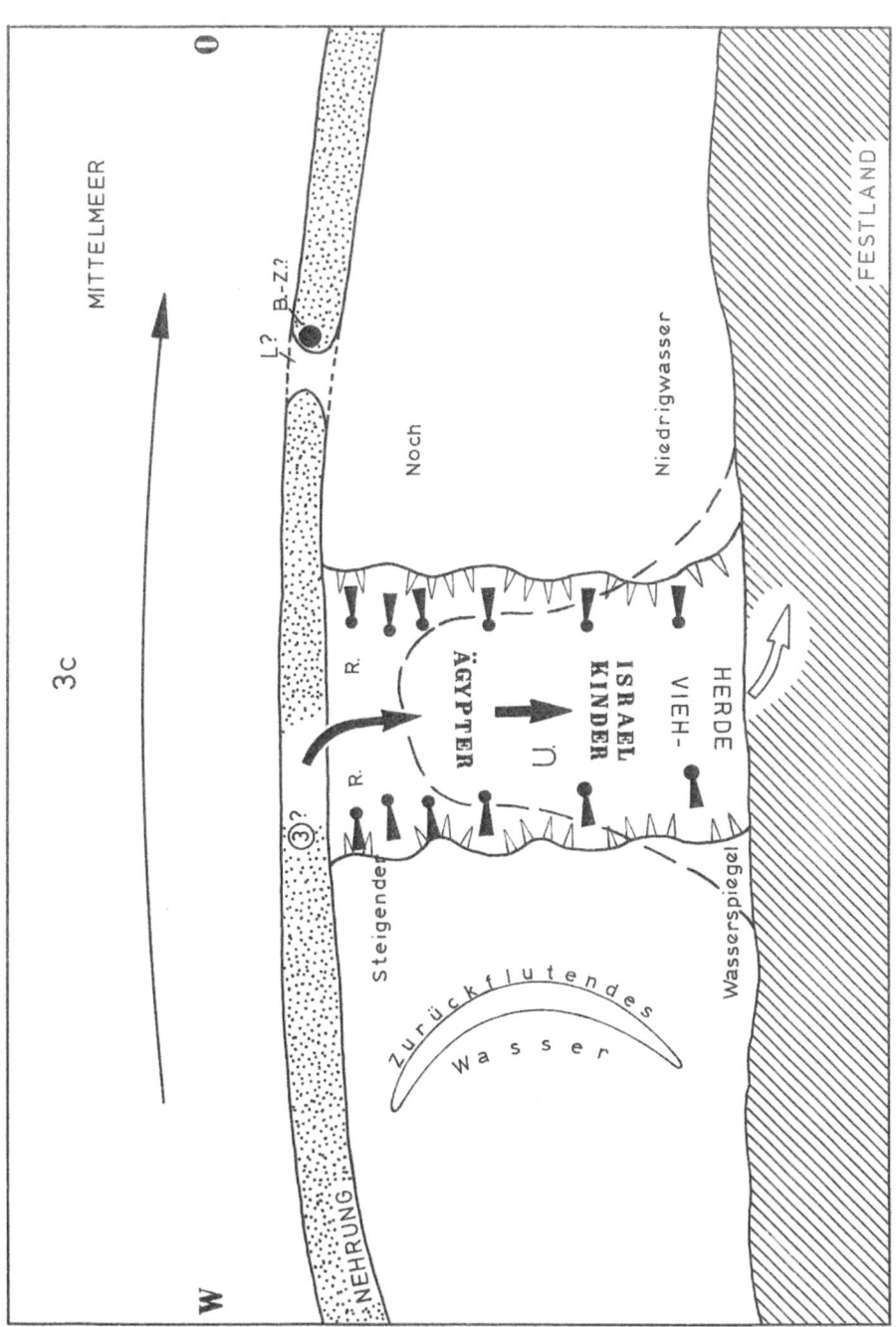

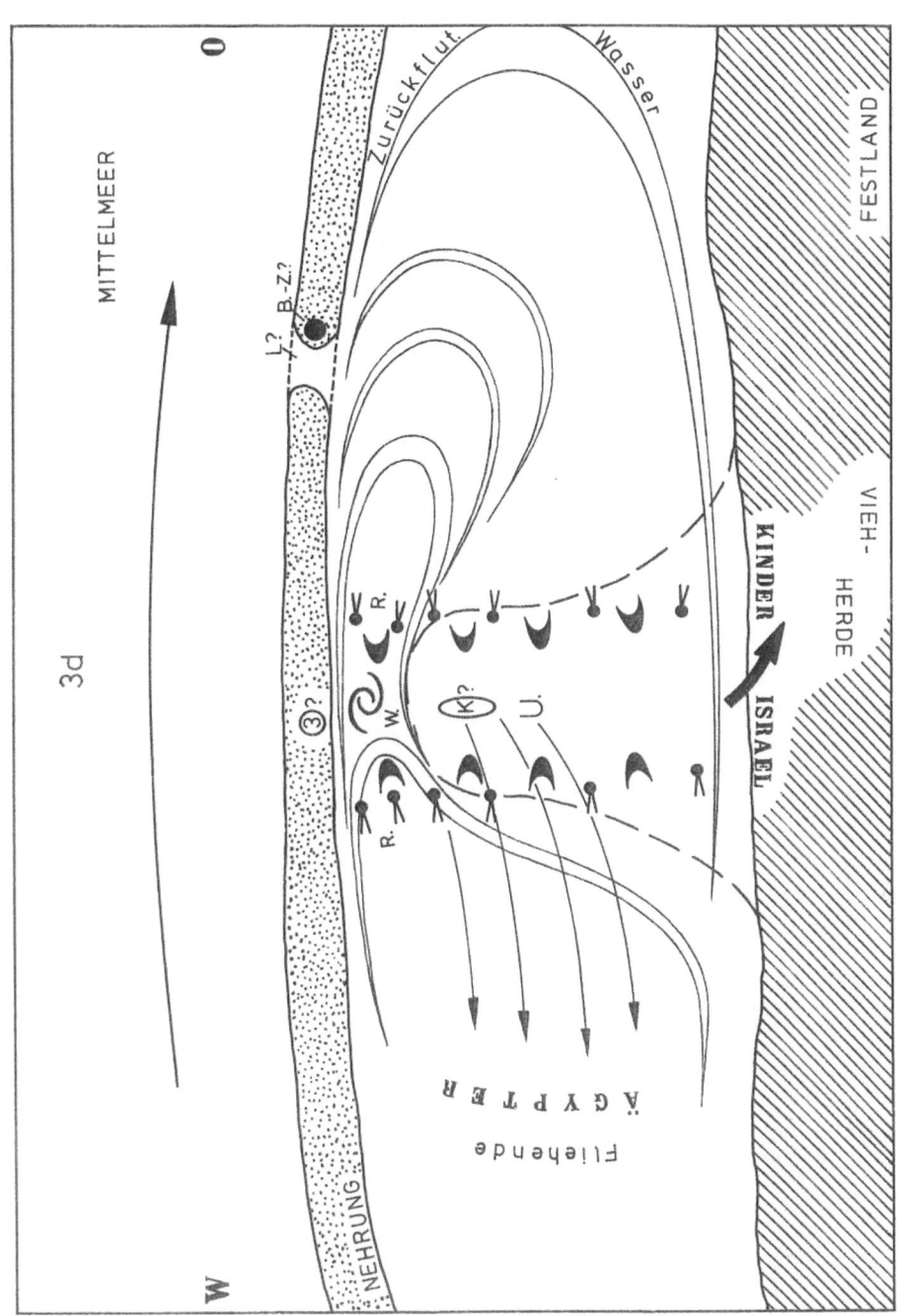

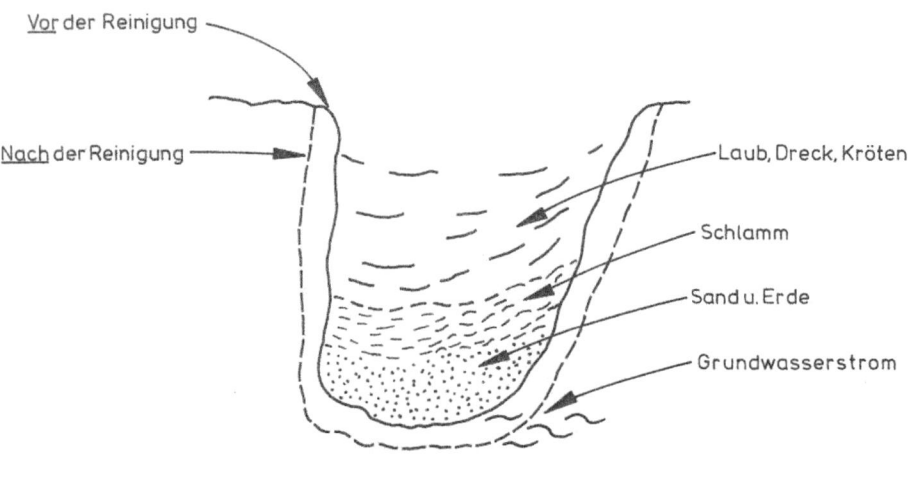

4

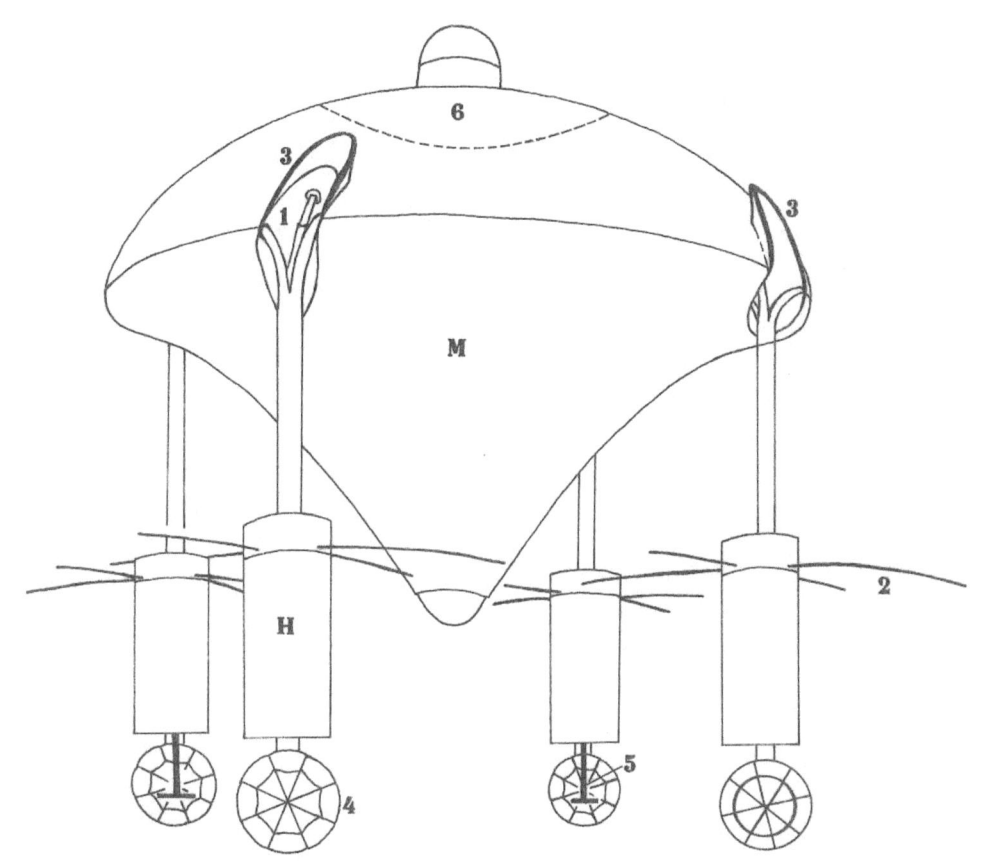

5

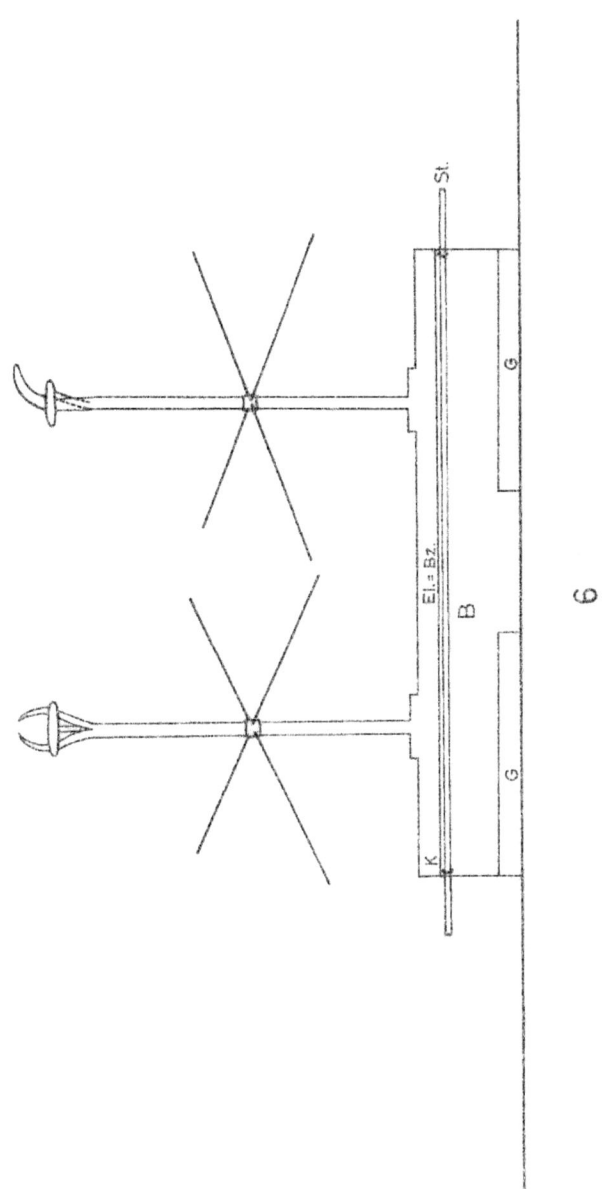

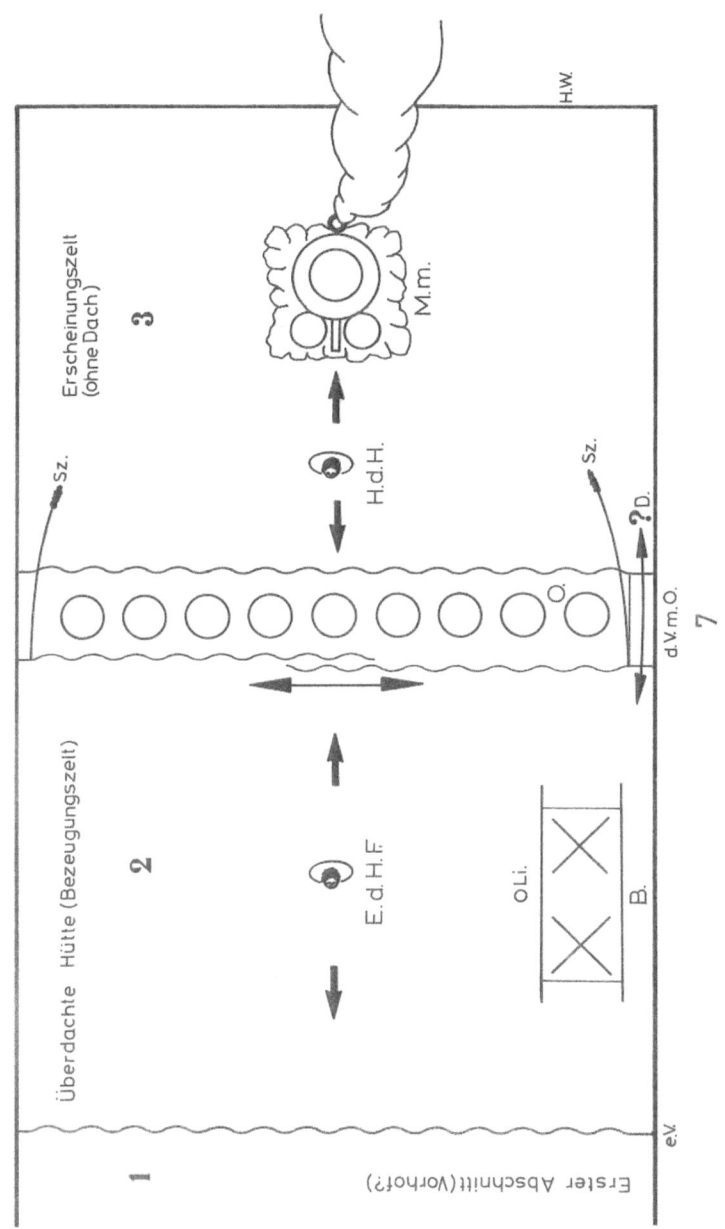

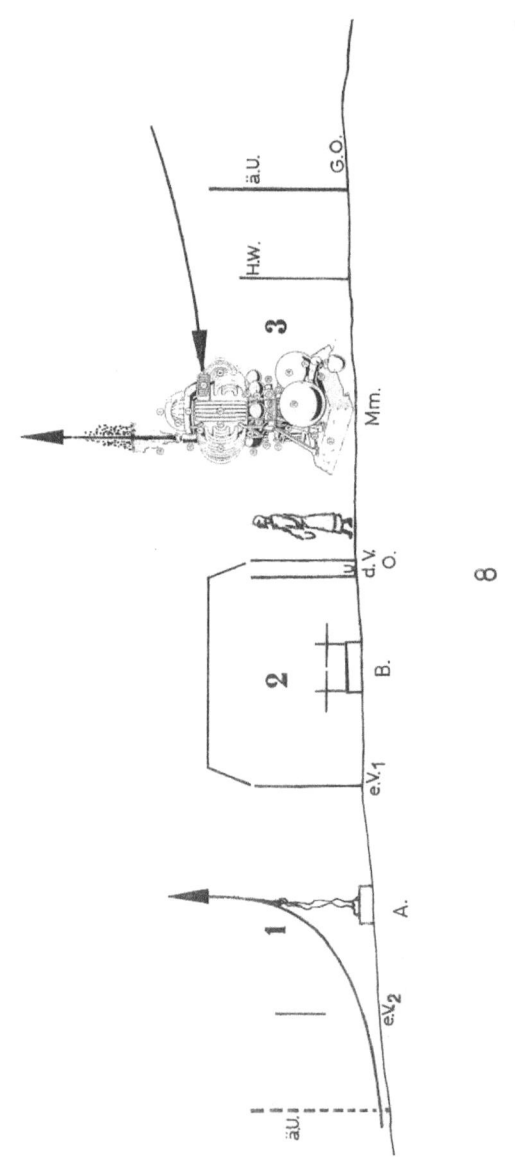

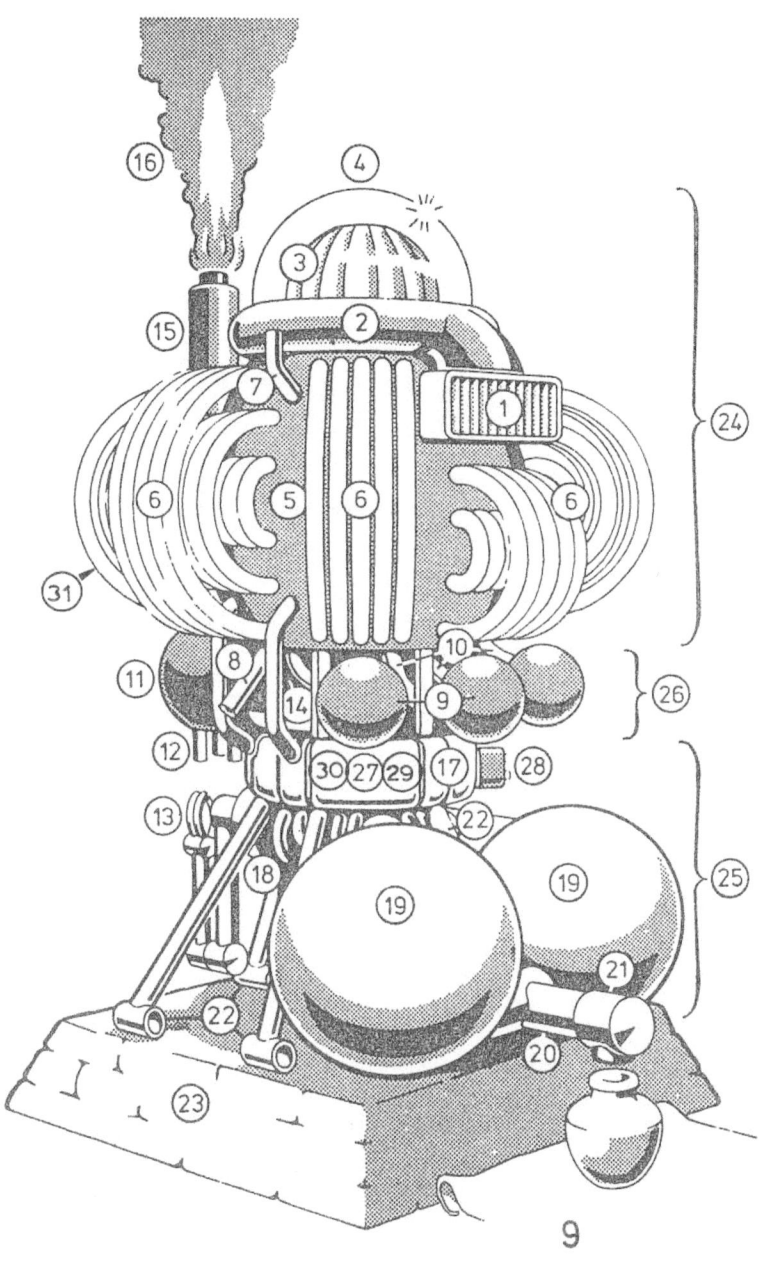

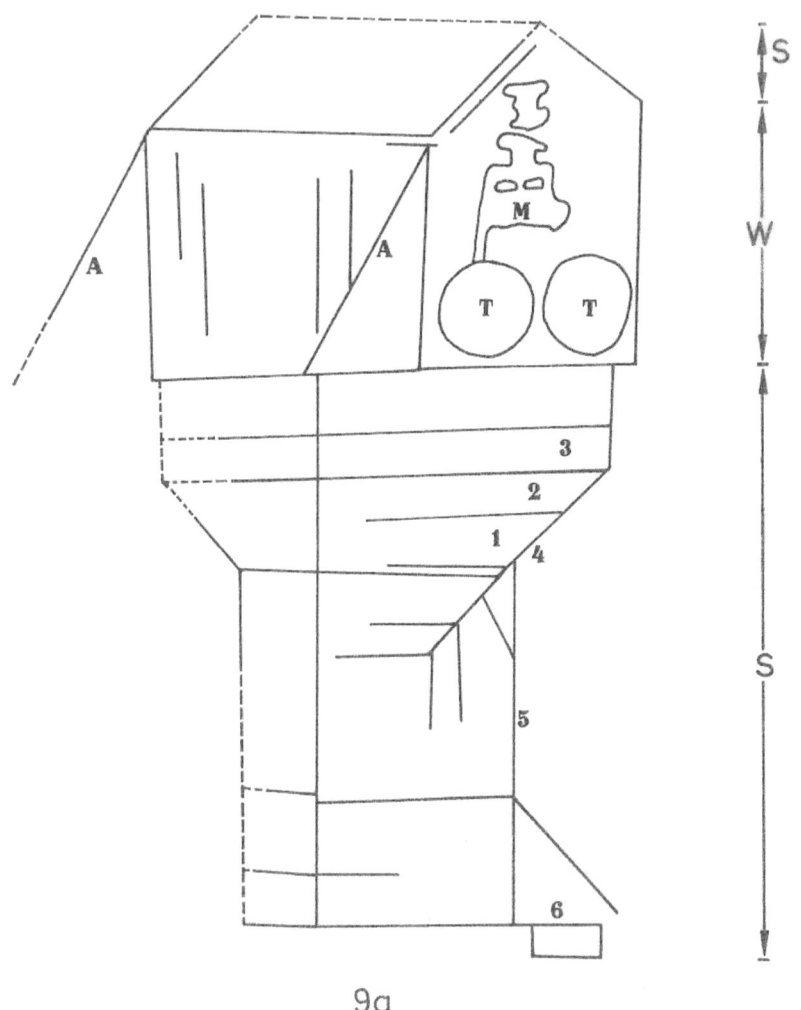

9a

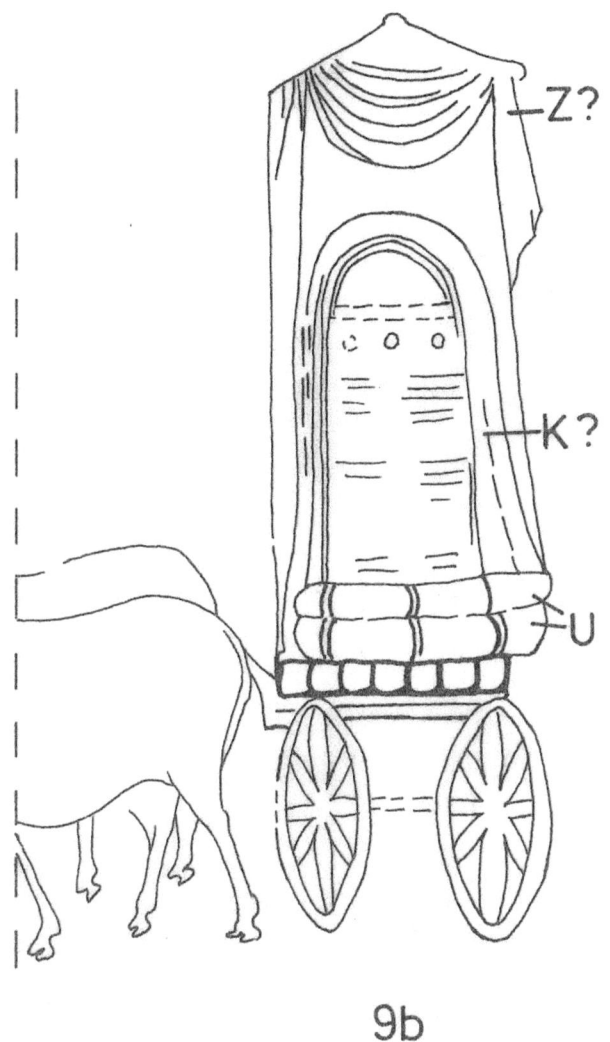

9b

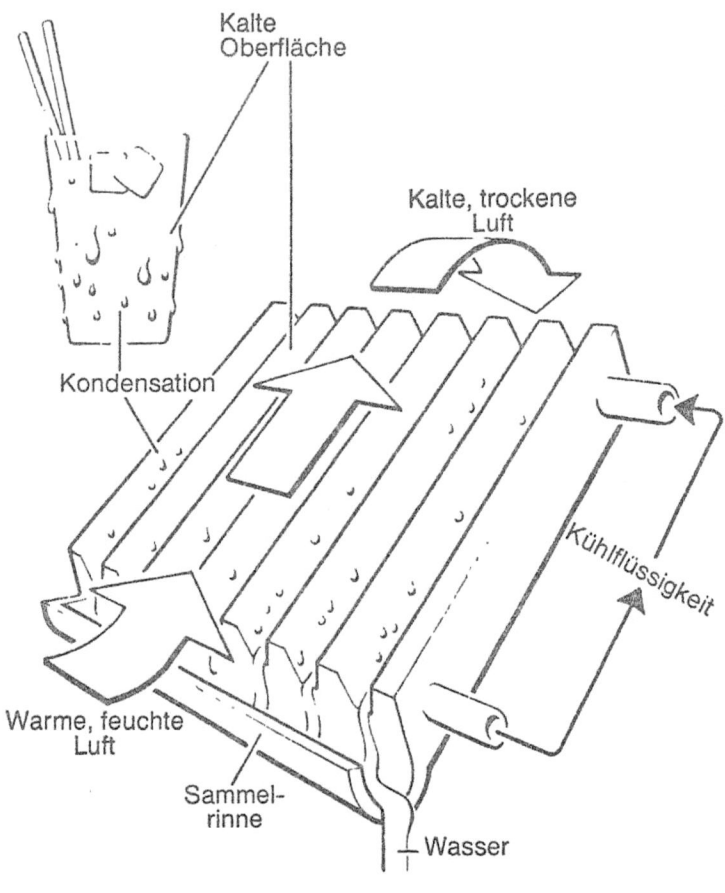

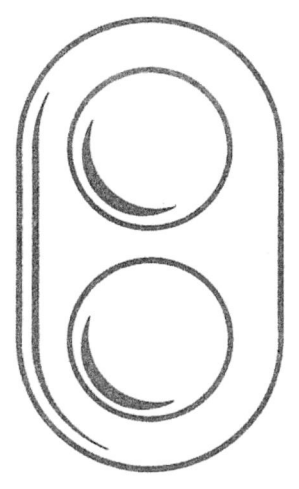

11

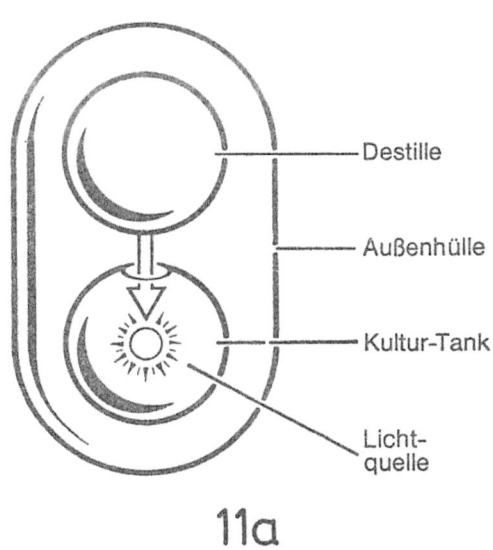

11a

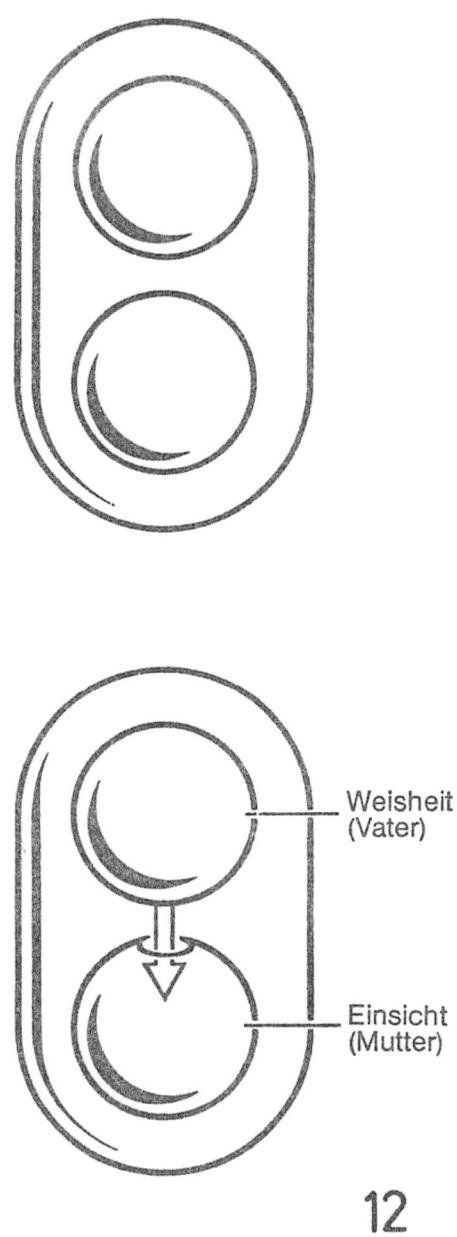

12

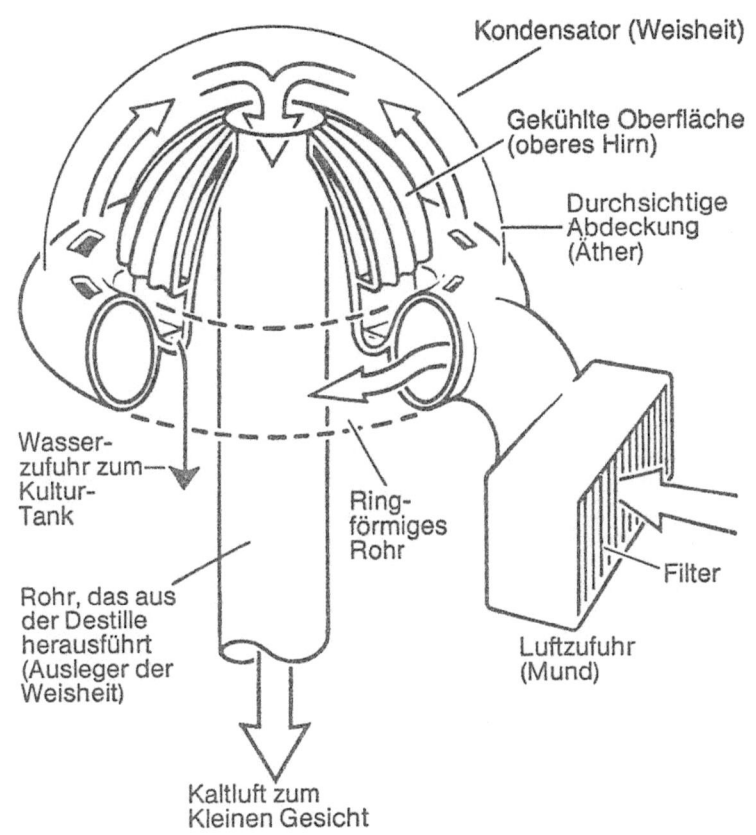

13

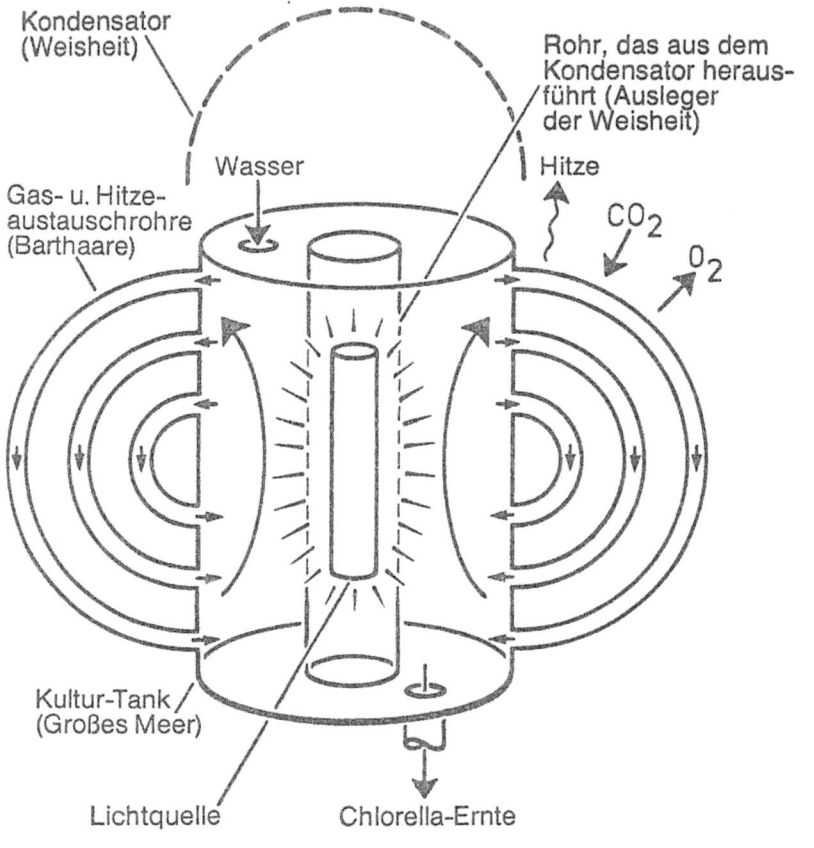

14

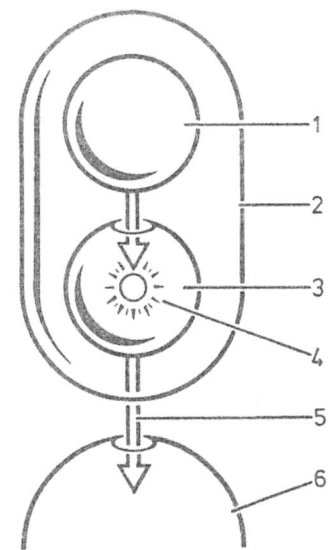

15

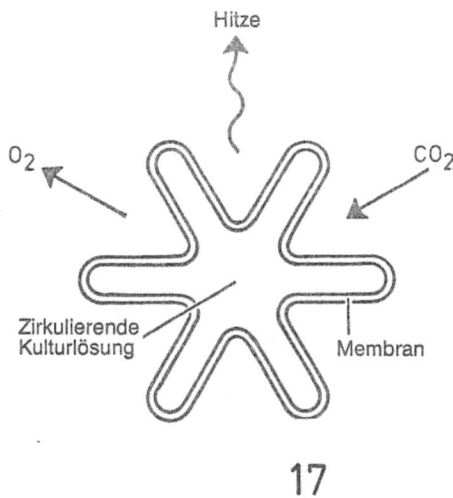

17

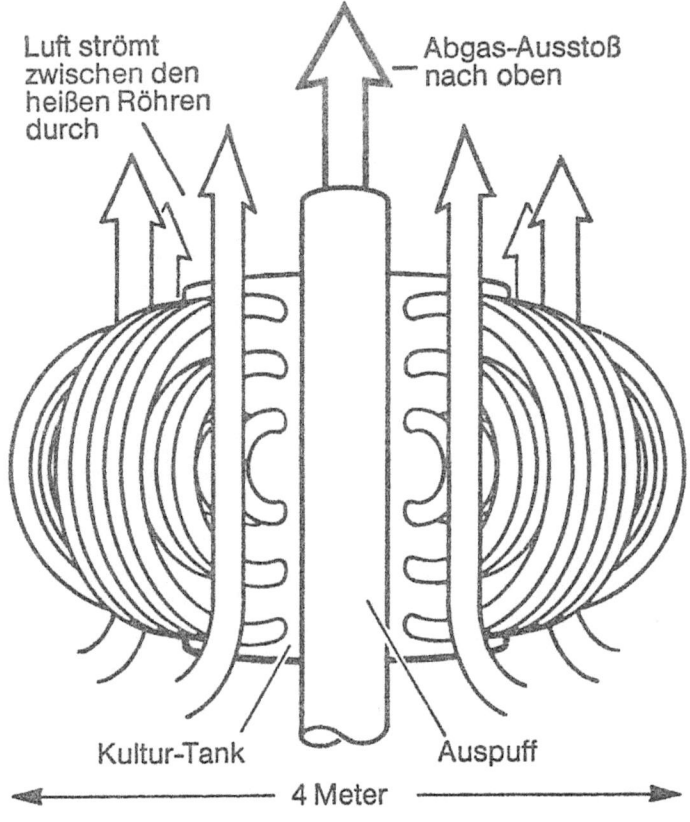

16

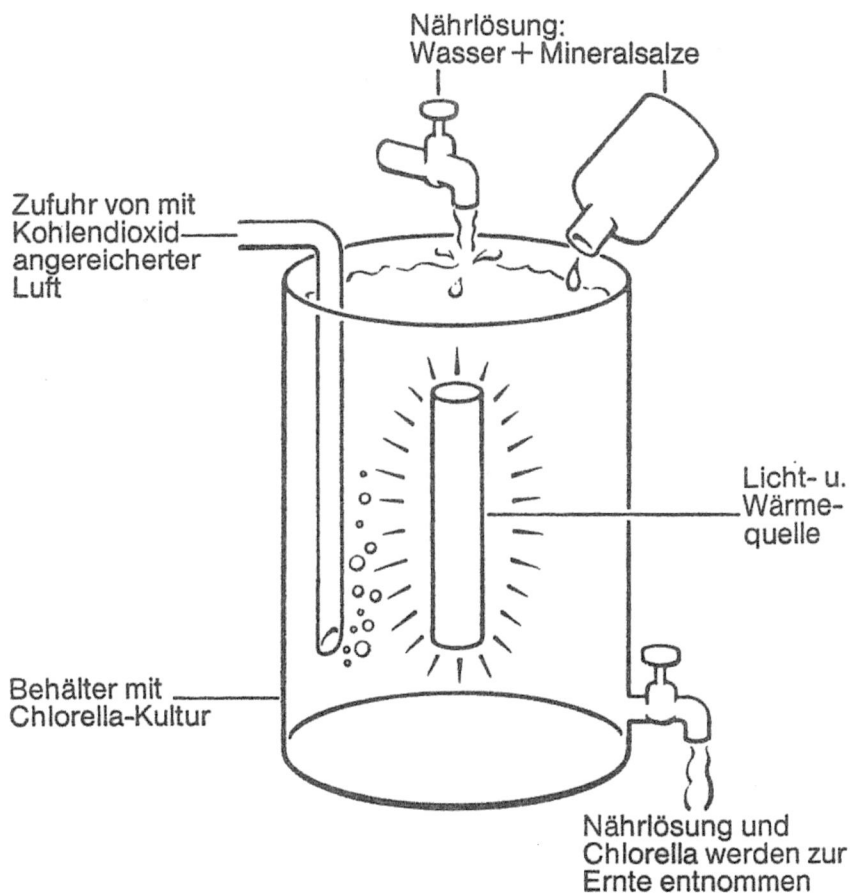

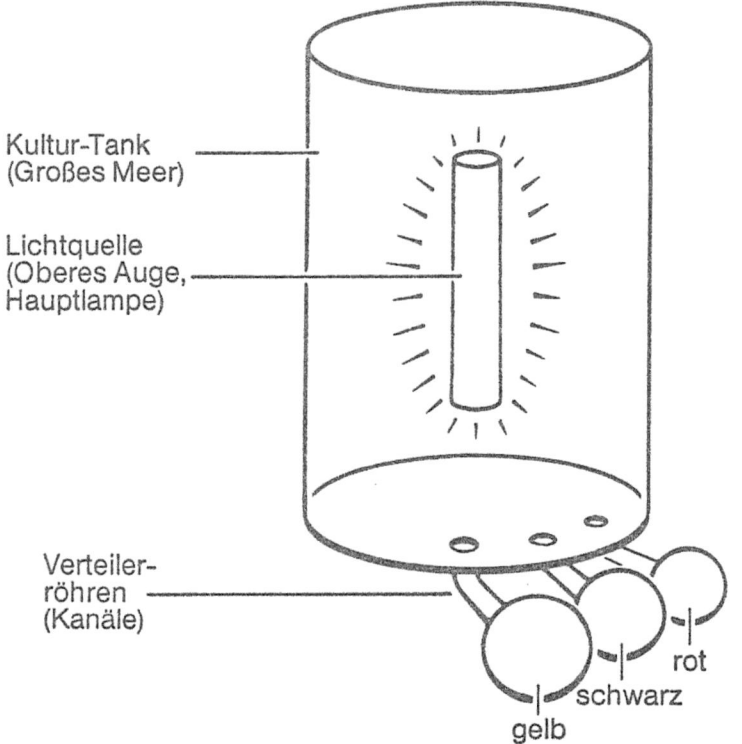

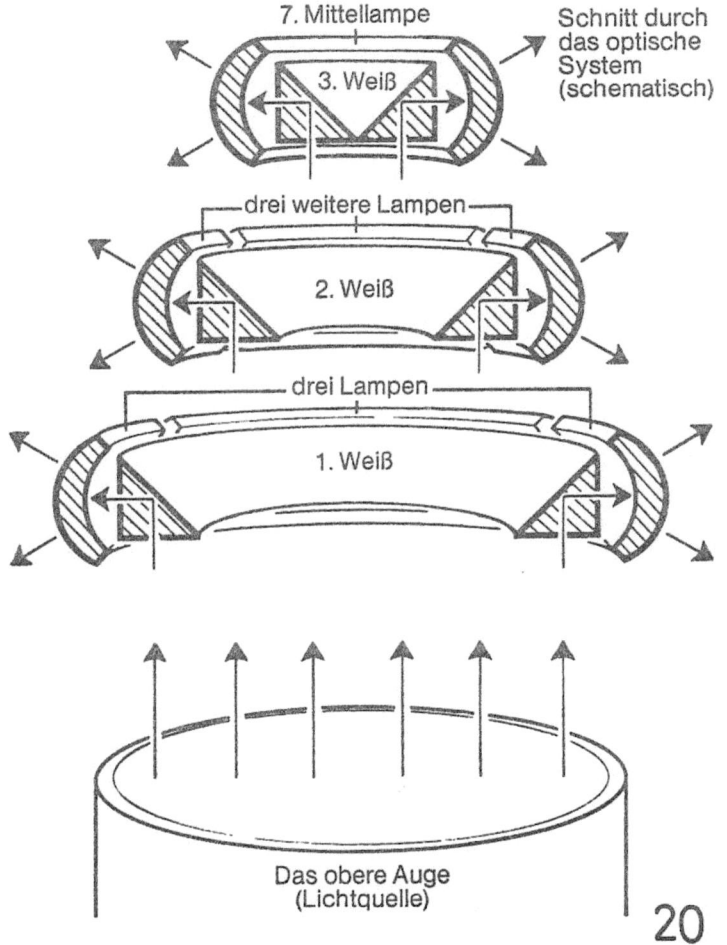

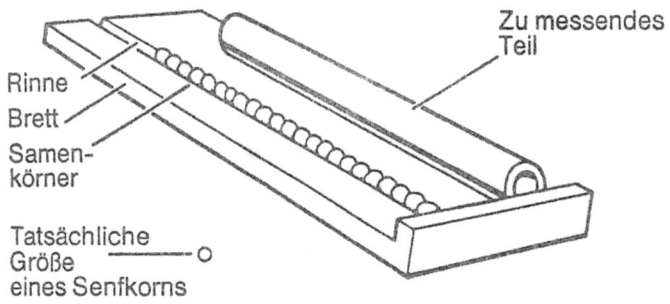

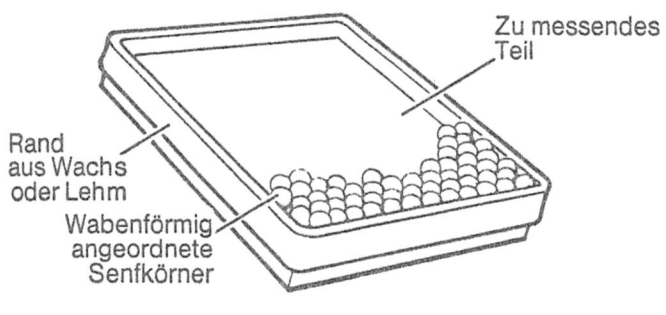

22

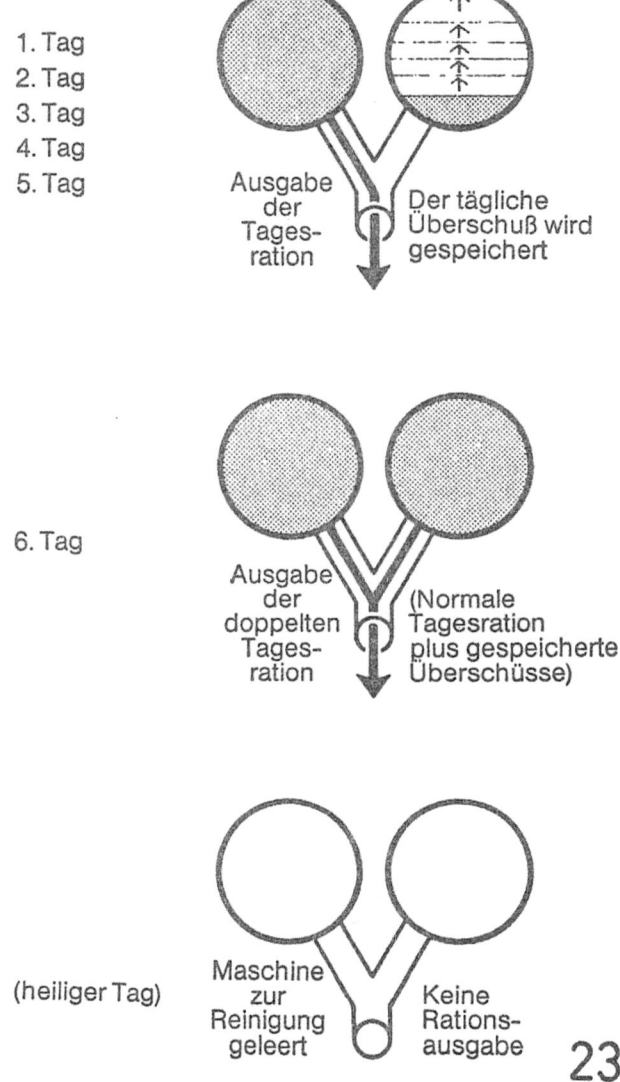

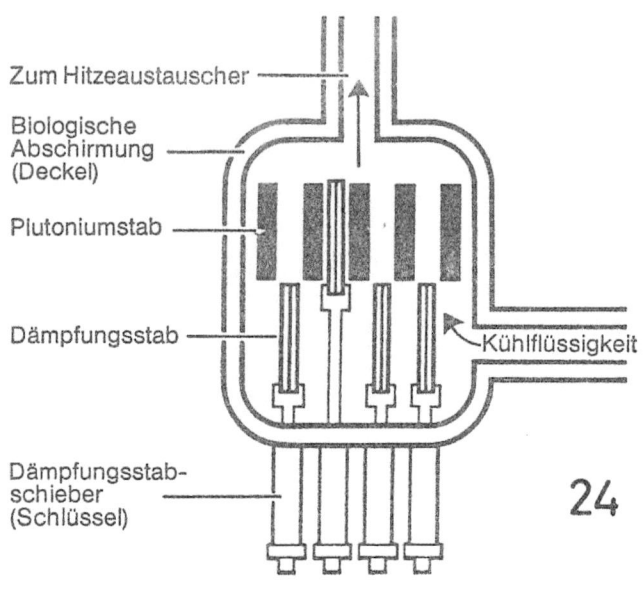

24

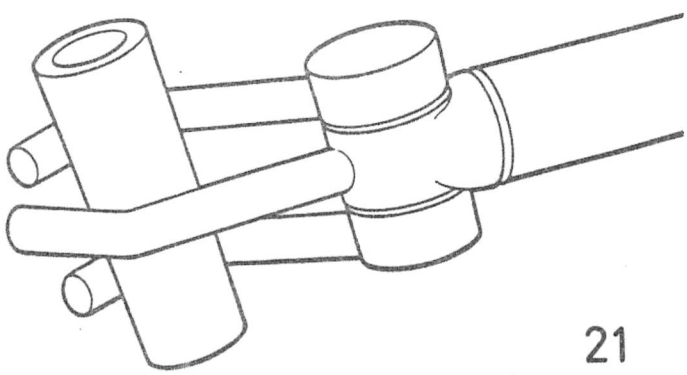

21

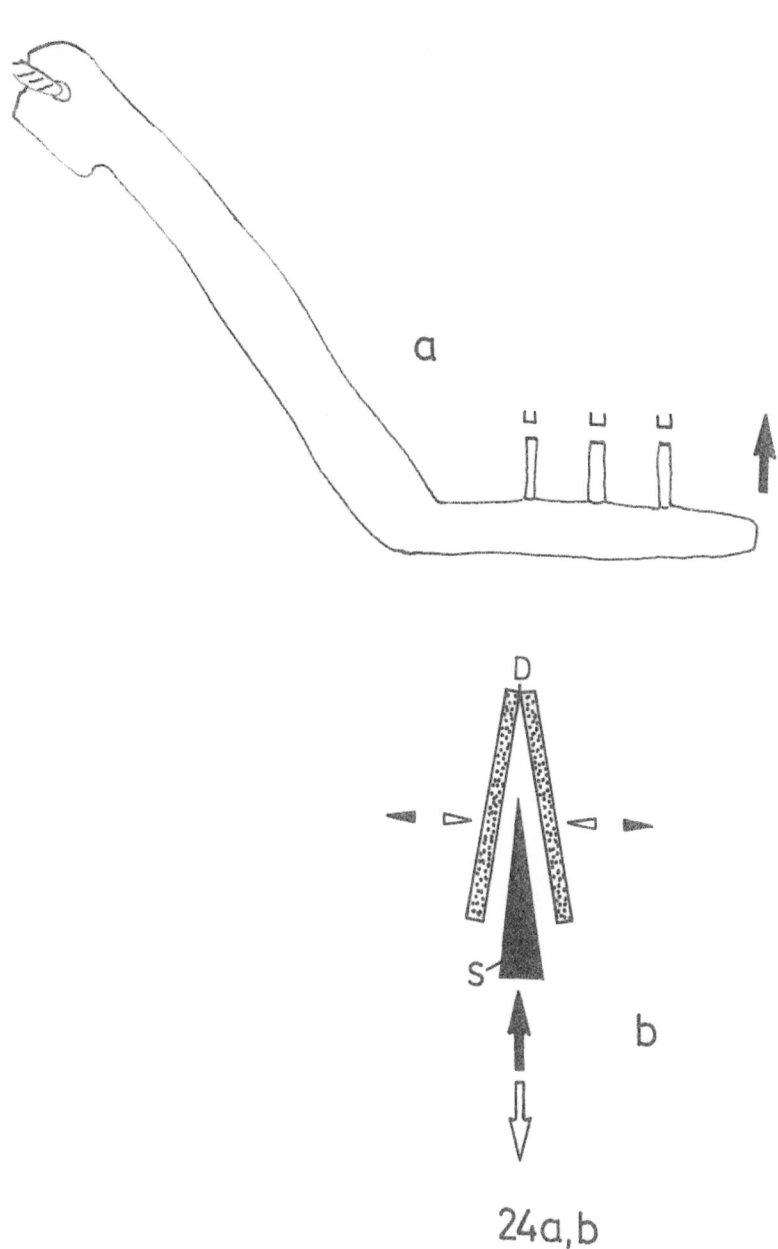

24a,b

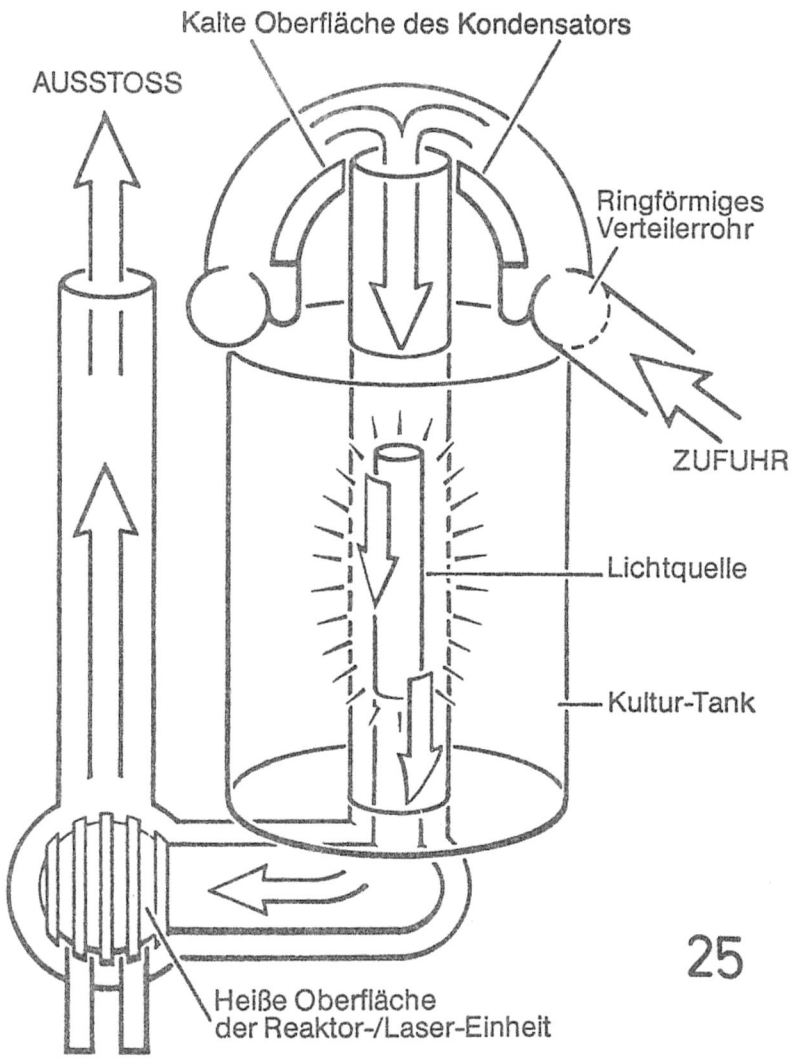

25

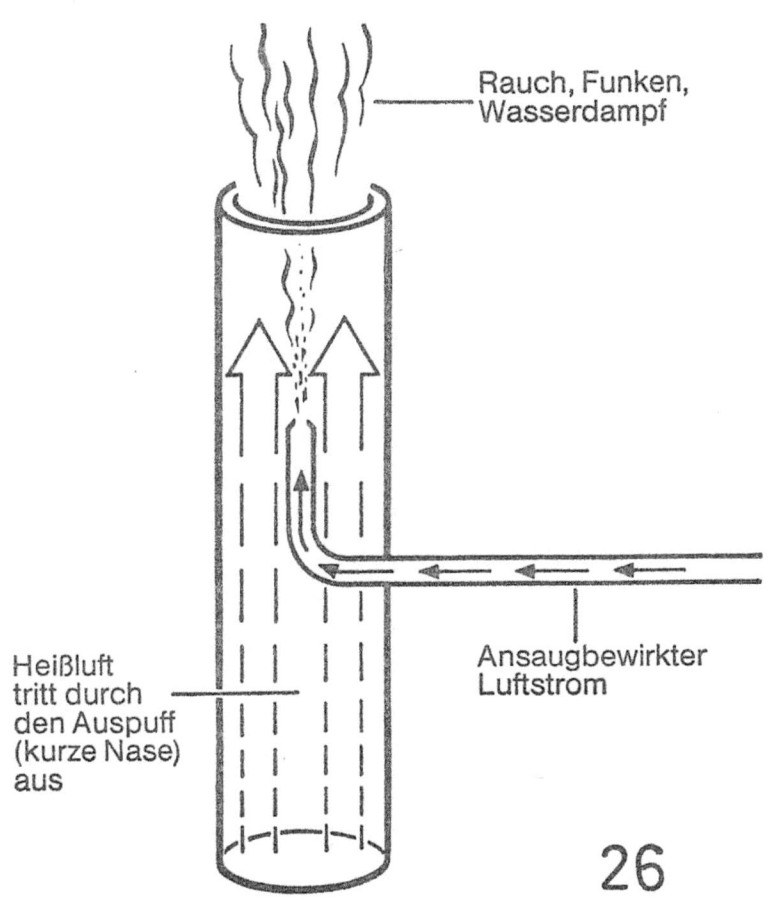

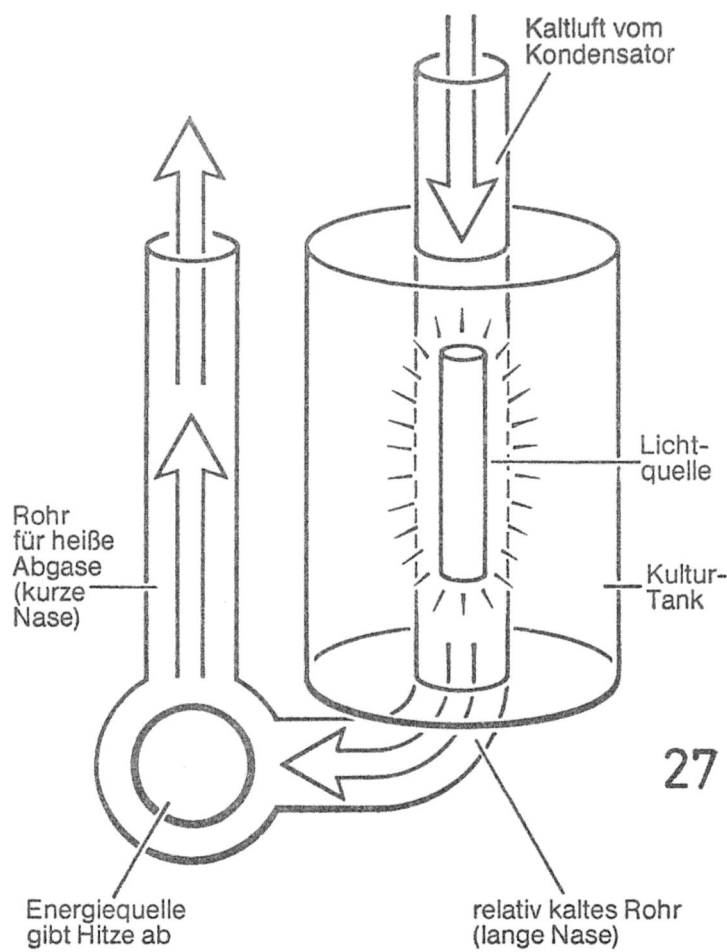

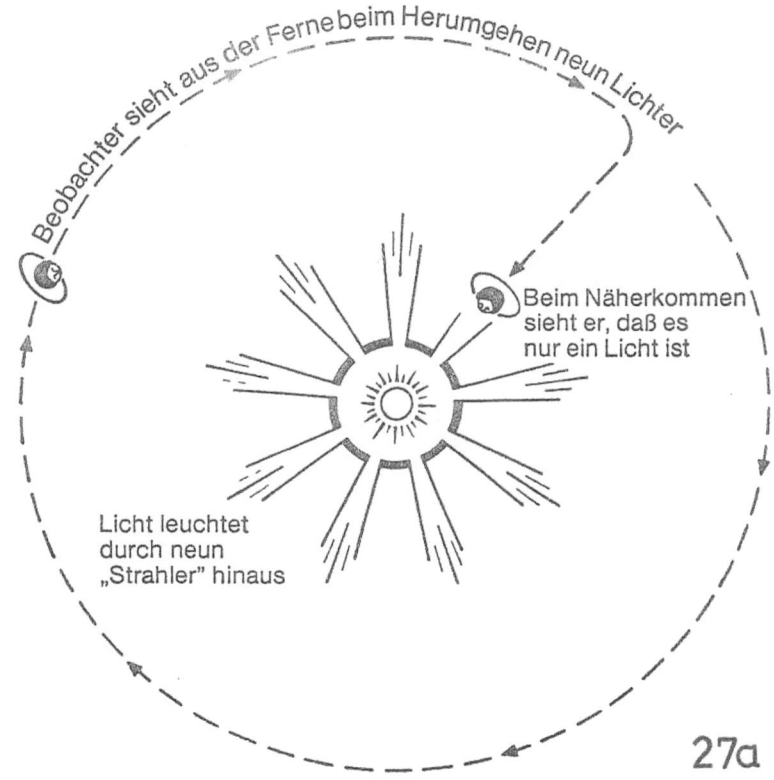

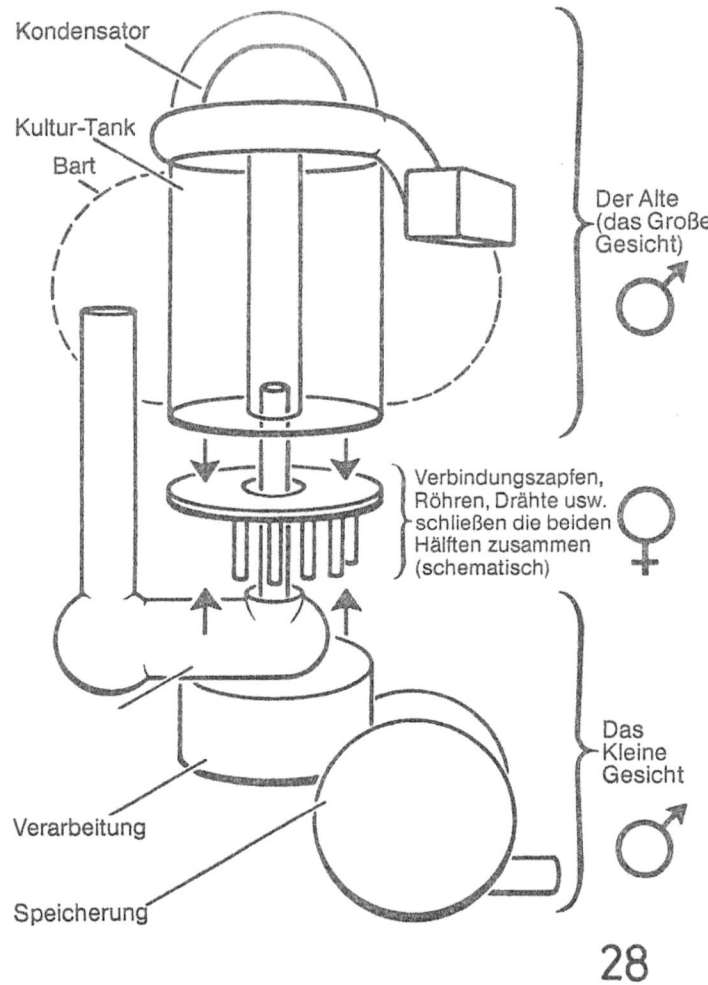

28

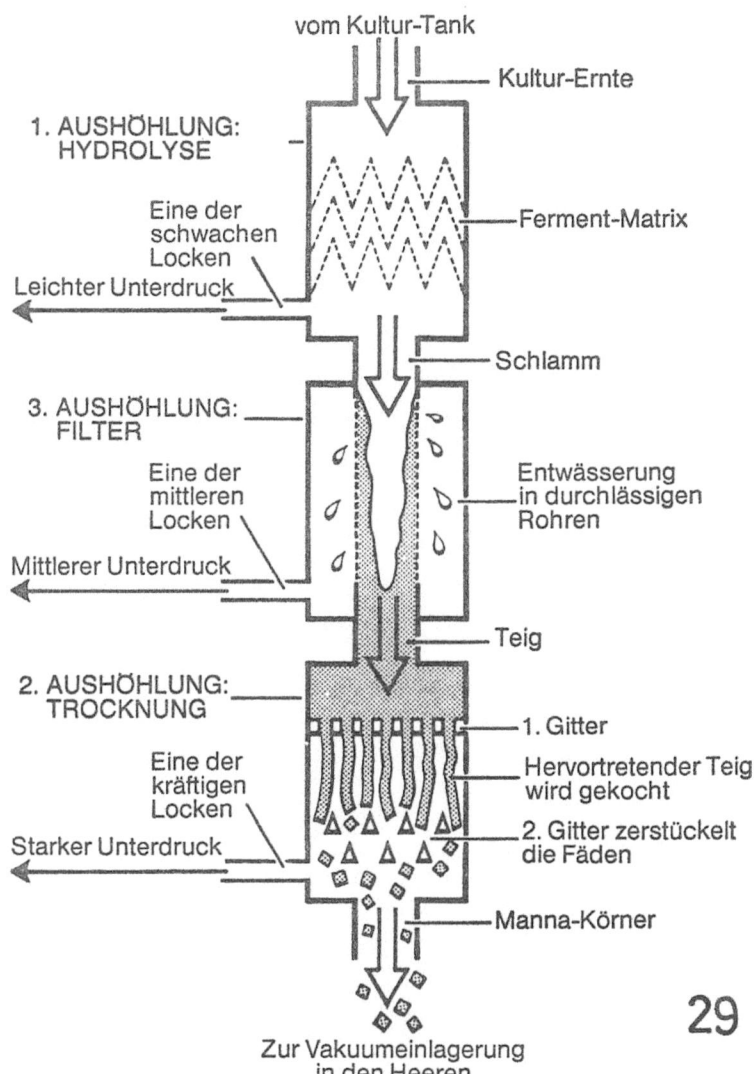

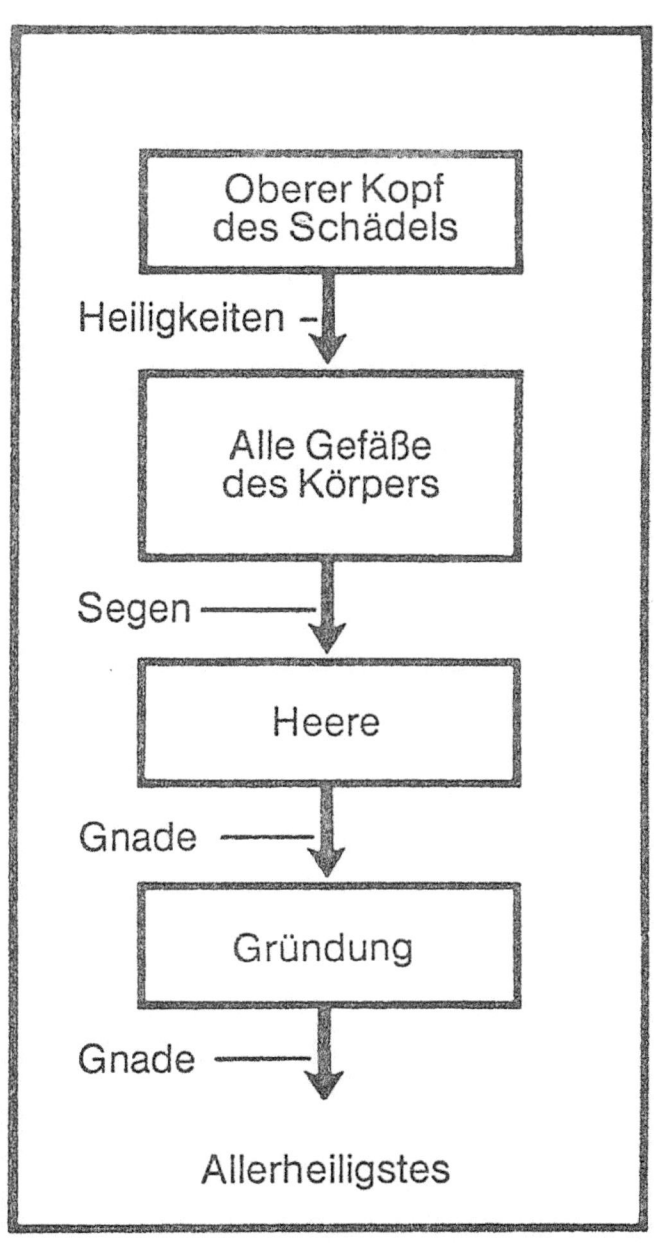

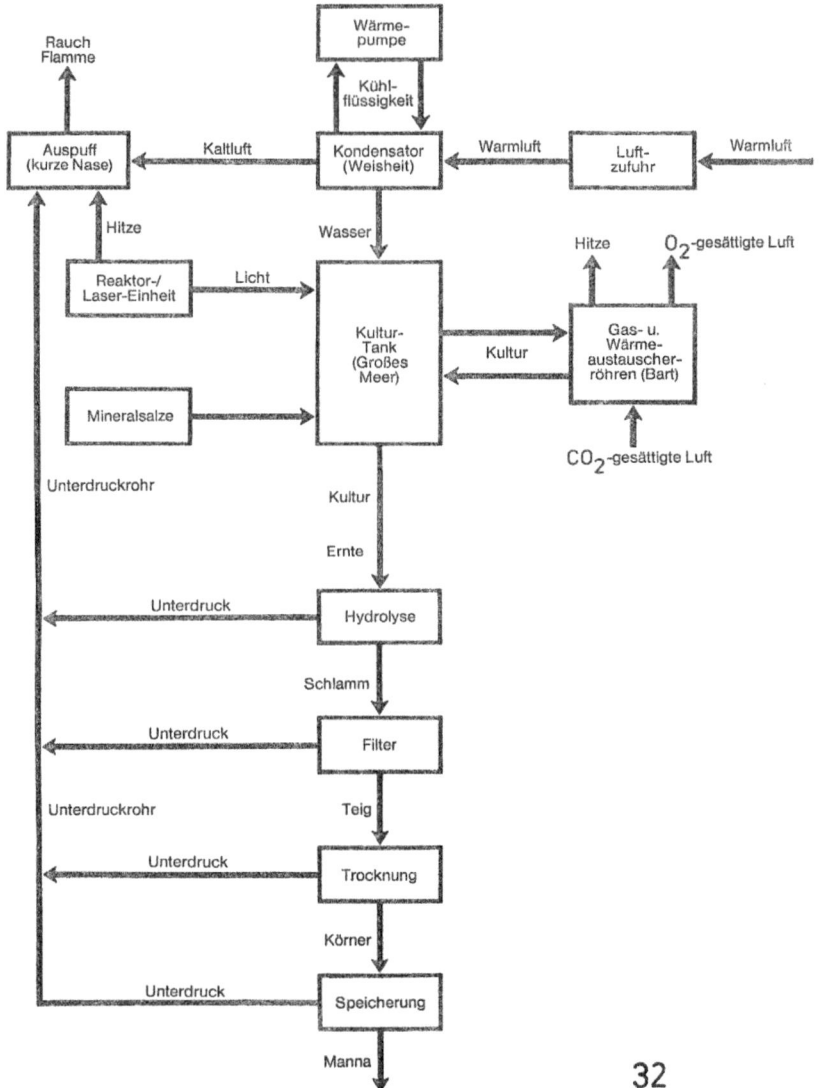

32

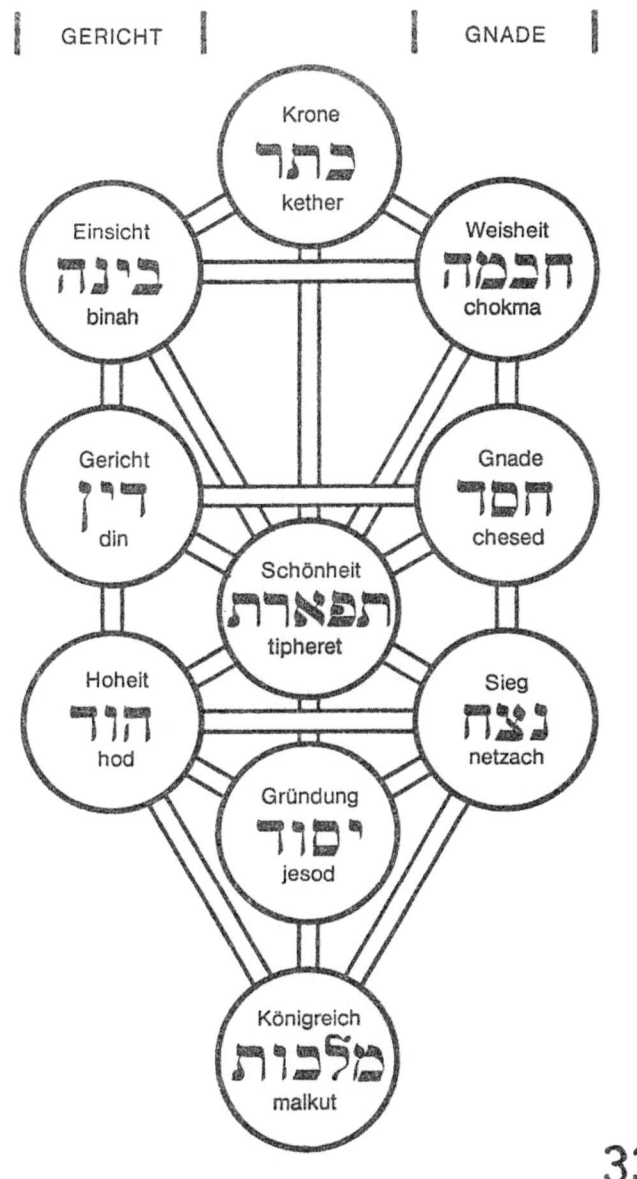

33

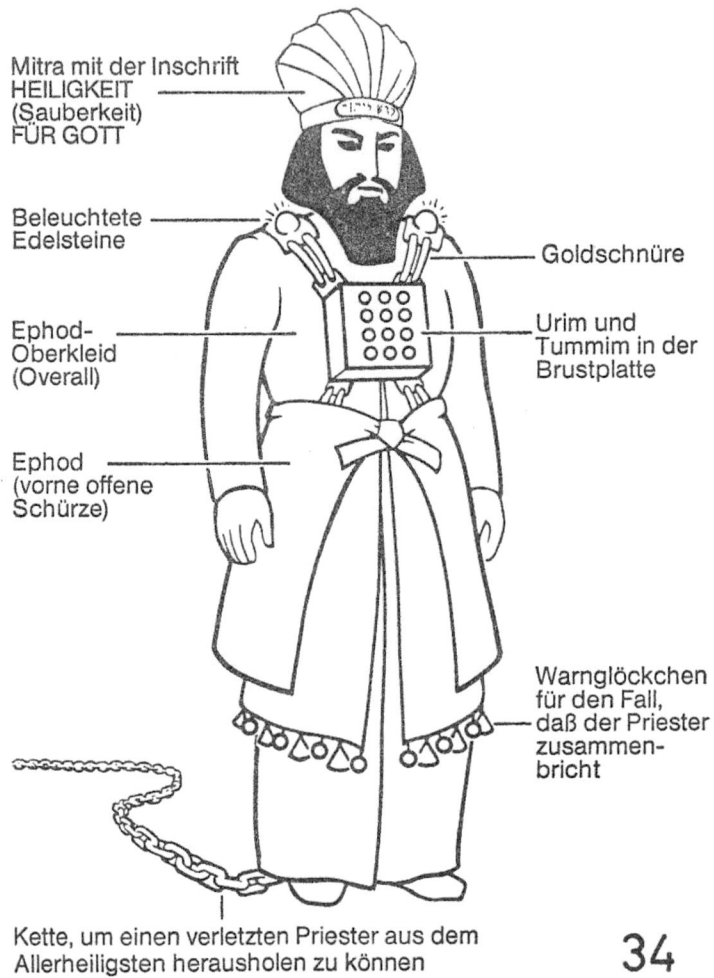

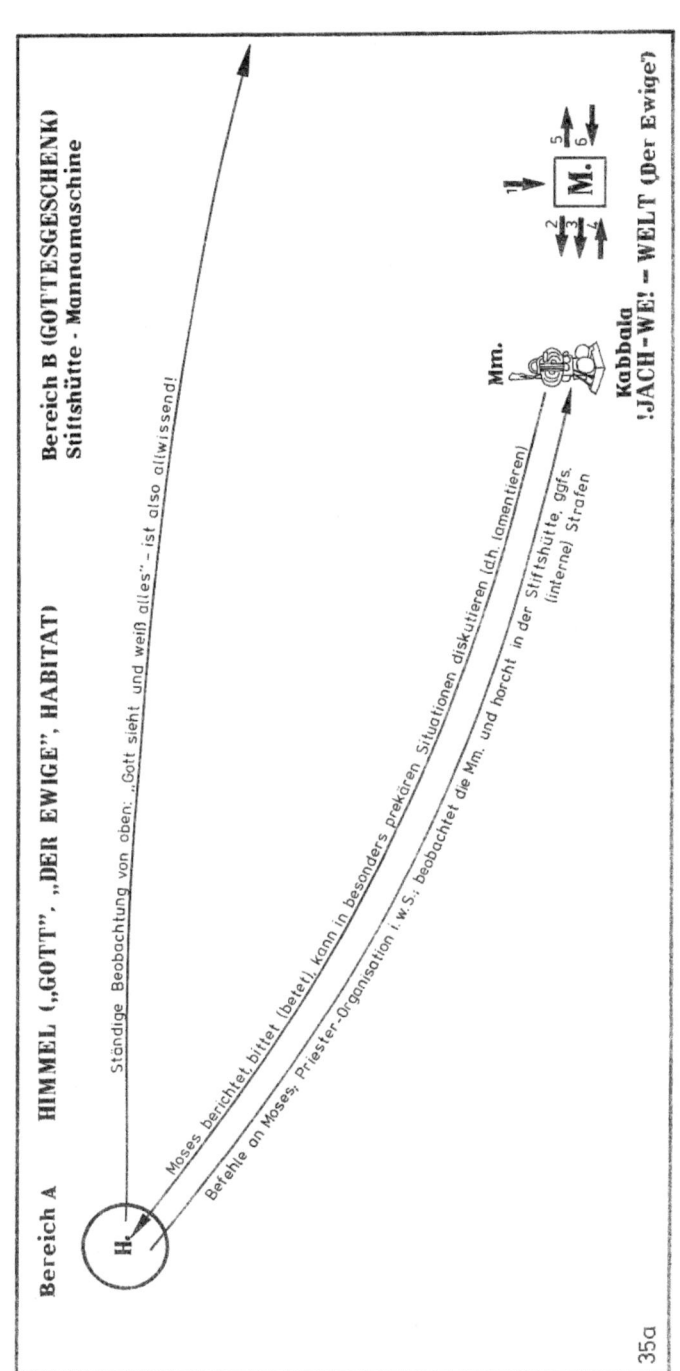

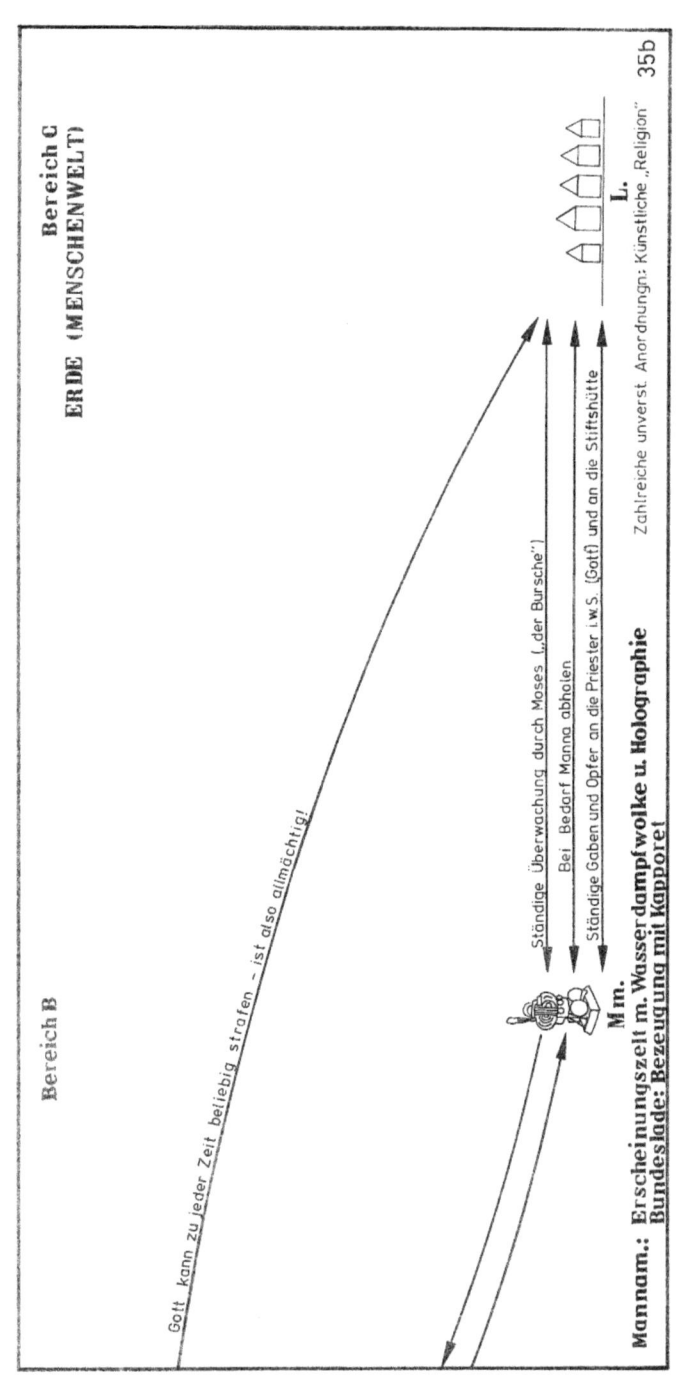

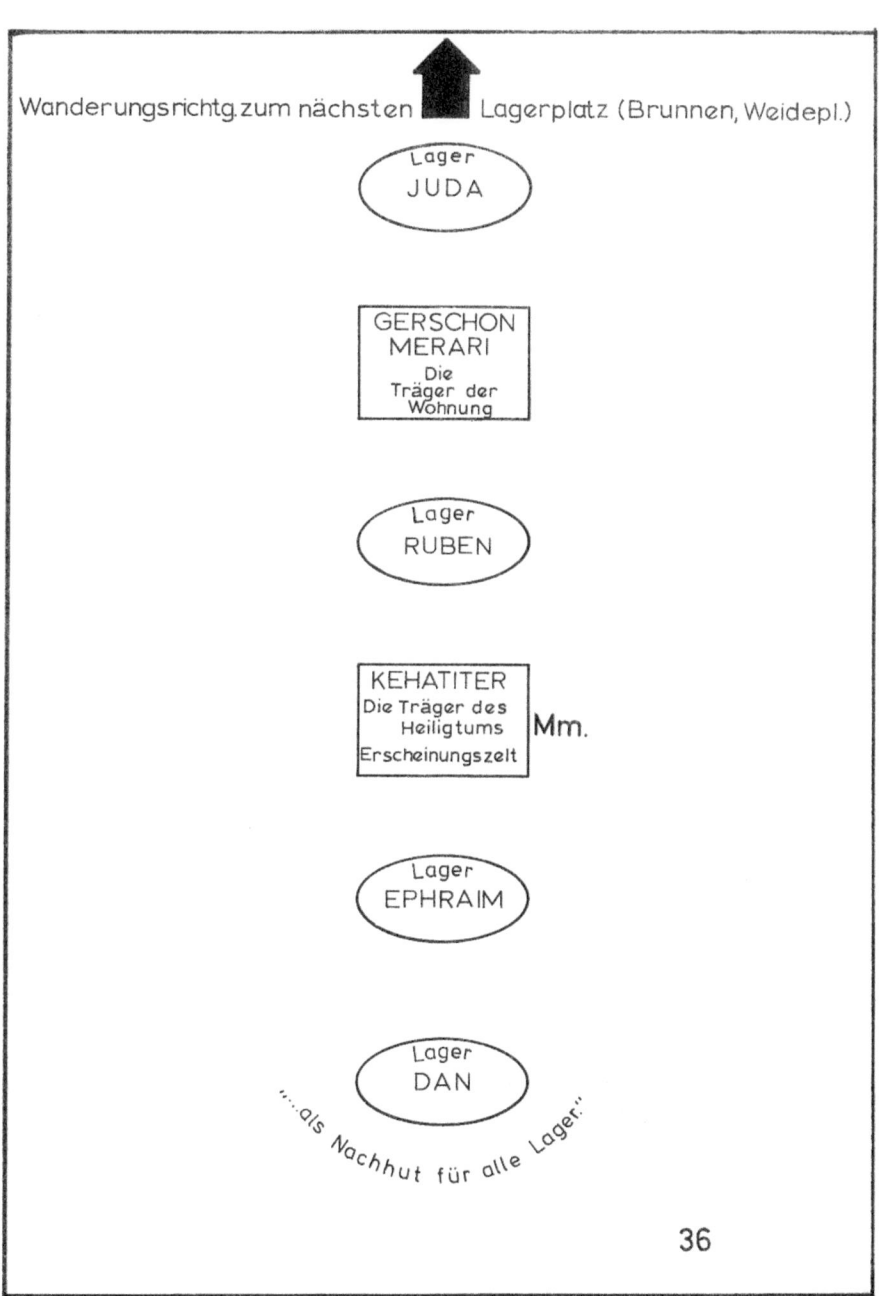

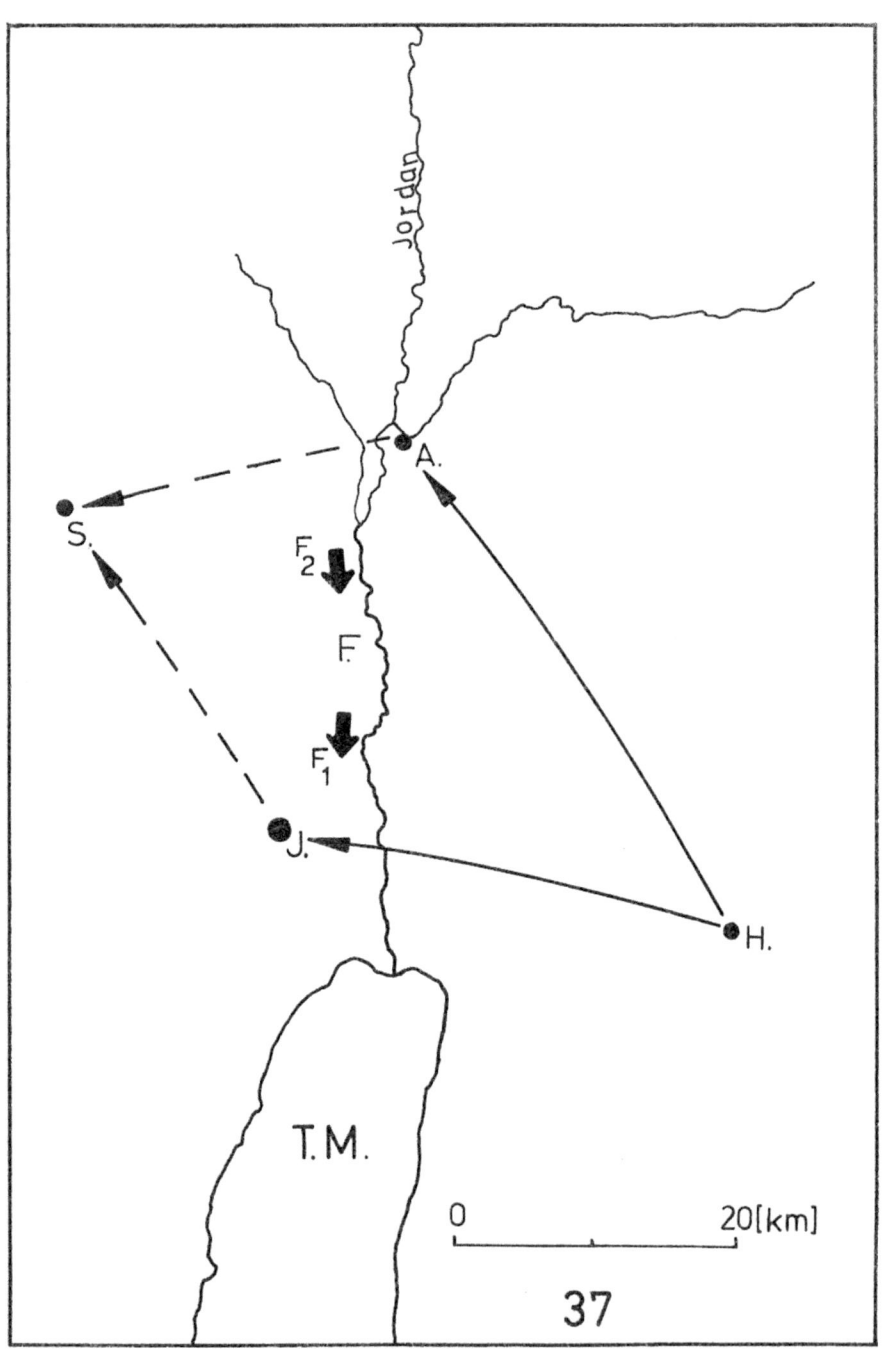

Bisher vom Verfasser bei BoD publizierte Bücher

Der Venediger
Ein nicht ganz alltägliches Lese- und Lehrbuch zu Liebe, Lust, Ehe und Kindererziehung im Zeitalter der elektronischen Medien

Gottes Sturz aus dem Himmel
Was sich hinter `Gott´, seinen `Engeln´ und den Marienerscheinungen in Wahrheit verbirgt

Die Ur-Kabbala
Eine neue Übersetzung der Zohar-Texte „Der Alte der Tage" nach dem englischen Originaltext „The Kabbalah Decoded" von George SASSOON und Rodney DALE; mit kommentierendem Anhang, umfangreichem Literaturverzeichnis zur Kabbalistik und zur frühesten Esoterik und einem Lexikon zur Kabbala mit etwa zweihundert Stichwörtern